21世紀民事法学の挑戦　上巻

謹んで古稀をお祝いし
加藤雅信先生に捧げます

執筆者一同

〈上　巻〉

執筆者一覧（掲載順）

大村敦志（おおむら　あつし）	東京大学教授
坂本武憲（さかもと　たけのり）	専修大学法学部教授
北居　功（きたい　いさお）	慶應義塾大学大学院法務研究科教授
吉田邦彦（よしだ　くにひこ）	北海道大学大学院法学研究科教授
小林洋哉（こばやし　ひろや）	名古屋外国語大学現代国際学部教授
川﨑政司（かわさき　まさじ）	慶應義塾大学大学院法務研究科客員教授
太田勝造（おおた　しょうぞう）	東京大学大学院法学政治学研究科教授
菅原郁夫（すがわら　いくお）	早稲田大学大学院法務研究科教授
加藤新太郎（かとう　しんたろう）	中央大学法科大学院教授
金　祥洙（キム　サンスウ／ Kim Sangsoo）	西江大学校法学専門大学院教授
青木　清（あおき　きよし）	南山大学法学部教授
高見澤磨（たかみざわ　おさむ）	東京大学東洋文化研究所教授
季　衛東（キ　エイトウ／ Ji Weidong）	上海交通大学法学院院長，凱原講席教授
渠　涛（キョ　トウ／ Qu Tao）	北京理工大学珠海学院民商法律学院特聘教授
朱　曄（シュ　ヨウ／ Zhu Ye）	静岡大学地域法実務実践センター・大学院法務研究科教授
孟　觀燮（メン　カンソプ／ Maeng Kwansup）	元ノースアジア大学法学部准教授
平田勇人（ひらた　はやと）	朝日大学法学部・同大学院法学研究科教授
中野邦保（なかの　くにやす）	桐蔭横浜大学法科大学院准教授
櫻井圀郎（さくらい　くにお）	宗教法および宗教経営研究所所長，元東京基督教大学教授
伊藤栄寿（いとう　ひでとし）	上智大学法学部教授
金山直樹（かなやま　なおき）	慶應義塾大学大学院法務研究科教授
髙森哉子（たかもり　ちかこ）	名古屋学院大学法学部教授
石田　剛（いしだ　たけし）	一橋大学大学院法学研究科教授
中村昌美（なかむら　まさみ）	名古屋学院大学法学部教授
田髙寛貴（ただか　ひろたか）	慶應義塾大学法学部教授
山城一真（やましろ　かずま）	早稲田大学法学学術院准教授
古積健三郎（こづみ　けんざぶろう）	中央大学大学院法務研究科教授
鄭　芙蓉（テイ　フヨウ／ Zheng Furong）	広島修道大学大学院法学研究科准教授
水津太郎（すいず　たろう）	慶應義塾大学法学部教授
青木則幸（あおき　のりゆき）	早稲田大学法学学術院教授
小林友則（こばやし　とものり）	山口大学経済学部准教授
能登真規子（のと　まきこ）	滋賀大学経済学部准教授
山田創一（やまだ　そういち）	専修大学大学院法務研究科教授，弁護士
山田　希（やまだ　のぞみ）	立命館大学法学部教授
深川裕佳（ふかがわ　ゆか）	東洋大学法学部教授
深谷　格（ふかや　いたる）	同志社大学大学院司法研究科教授
渡邊　力（わたなべ　つとむ）	関西学院大学法学部教授

〈下　巻〉

執筆者一覧（掲載順）

中舎寛樹（なかや　ひろき）	明治大学法務研究科教授
谷江陽介（たにえ　ようすけ）	立命館大学法学部准教授
大塚哲也（おおつか　てつや）	流通経済大学法学部講師
大原寛史（おおはら　ひろふみ）	中京大学法学部准教授
奥冨　晃（おくとみ　あきら）	上智大学大学院法学研究科法曹養成専攻（法科大学院）教授
丸山絵美子（まるやま　えみこ）	名古屋大学大学院法学研究科教授
岡本裕樹（おかもと　ひろき）	筑波大学ビジネスサイエンス系教授
平林美紀（ひらばやし　みき）	南山大学法学部准教授
森嶋秀紀（もりしま　ひでき）	富山大学経済学部准教授
尾島茂樹（おじま　しげき）	名古屋大学大学院法学研究科教授
道垣内弘人（どうがうち　ひろと）	東京大学大学院法学政治学研究科教授
千葉惠美子（ちば　えみこ）	大阪大学大学院高等司法研究科教授
川地宏行（かわち　ひろゆき）	明治大学法学部教授
宮下修一（みやした　しゅういち）	中央大学大学院法務研究科教授
久須本かおり（くすもと　かおり）	愛知大学大学院法務研究科教授
村田大樹（むらた　だいじゅ）	関西大学法学部准教授
笹川明道（ささかわ　あきみち）	神戸学院大学法学部教授
油納健一（ゆのう　けんいち）	広島大学大学院法務研究科教授
加賀山茂（かがやま　しげる）	名古屋大学名誉教授，明治学院大学名誉教授
藤原正則（ふじわら　まさのり）	北海道大学法学部教授
瀧　久範（たき　ひさのり）	関西学院大学法学部准教授
平田健治（ひらた　けんじ）	大阪大学大学院法学研究科教授
武川幸嗣（むかわ　こうじ）	慶應義塾大学法学部教授
渡邉知行（わたなべ　ともみち）	成蹊大学大学院法務研究科教授
前田陽一（まえだ　よういち）	立教大学大学院法務研究科教授
大塚　直（おおつか　ただし）	早稲田大学大学院法務研究科・同法学部教授
平野裕之（ひらの　ひろゆき）	慶應義塾大学大学院法務研究科教授
鈴木將文（すずき　まさぶみ）	名古屋大学大学院法学研究科教授
佐藤啓子（さとう　ひろこ）	愛知学院大学法学部教授
富田　哲（とみた　てつ）	福島大学行政政策学類教授
副田隆重（そえだ　たかしげ）	南山大学法学部教授

加藤雅信先生 近影

献 呈 の 辞

　加藤雅信先生は，めでたくも平成28年9月9日に古稀をお迎えになりました。

　先生は，昭和21年にお生まれになり，大学紛争に揺れた昭和44年に東京大学法学部を卒業された後，東京大学助手となられ，研究生活をスタートされました。そして昭和48年に名古屋大学法学部に助教授として着任，昭和57年からは同大学教授に就任され，研究・教育に尽力をしてこられました。平成19年には研究・教育の場を上智大学法科大学院に移されるとともに，同年秋には弁護士登録もされ，研究者・教育者と，実務家との「二足のわらじ」を履く日々をスタートされました。平成25年に名古屋学院大学法学部に移られてからも，ますます精力的に研究・教育・実務すべての方面にわたって，第一級のご活躍を続けておられます。

　加藤先生は，本論文集に収められた70頁におよぶ「業績一覧」が示すとおり，民法学を中心とする法律学，さらには基礎法学としての法社会学，法人類学等々，さまざまな領域にわたって膨大かつ貴重な研究業績をあげてこられました。

　総計900頁を超える処女論文『財産法の体系と不当利得法の構造』は，通説・判例の立場を占めていた衡平説，当時は有力少数説であった類型論の双方に対峙し，不当利得研究の第一人者としての地位を確立されました。このほか，『製造物責任法総覧』，『損害賠償から社会保障へ』，『民法学説百年史』，『現代民法学の展開』，『現代不法行為法学の展開』等，学界に大きな衝撃を与えた著作は多数にのぼります。加藤先生が，その研究の集大成として50歳代後半に執筆した民法学の体系書『新民法大系』5巻は，加藤民法学の到達点を民法の体系にしてお示しになったものといえましょう。また，現時の民法学界においてさまざまなホットテーマを提唱する先生方と鼎談の形で丁々発止の討議をされた内容は，『現代民法学と実務——気鋭の学者たちの研究フロンティアを歩

く』と題する3巻本にまとめられております。

　この10年，加藤先生は，「国民の，国民による，国民のための民法改正」を標榜しつつ，社会の各方面の意見を集積し，あるべき民法改正を実現するべく，さまざまに研究交流を展開し，意見表明をしてこられました。その一部は，『民法（債権法）改正 —— 民法典はどこにいくのか』，『迫りつつある債権法改正』等の著作になっております。また，先生が代表をお務めの「民法改正研究会」では民法改正案の作成がすすめられており，その成果としての具体的な改正条文案は，『日本民法典改正案Ⅰ 第一編 総則 —— 立法提案・改正理由』，『民法改正 国民・法曹・学界有志案』において提示されております。前者については，中国本土では簡体字で，台湾では繁体字で翻訳出版され，参照されているとうかがっております。

　加藤先生は，民法の領域以外においても，憲法分野の著作である『天皇 ——昭和から平成へ，歴史の舞台はめぐる（日本社会入門1)』をはじめ，『国際取引と法』，『現代中国法入門』，『現代日本の法と政治』等，多数の著作を発表してこられました。論文にまで目を広げれば，先生が研究論文等を発表している分野は，民法，商法，民事訴訟法，労働法，社会保障法，経済法，国際取引法，憲法，行政法，租税法，環境法，刑事政策，中国法等，法律学のほとんどに及んでいるといっても過言ではありません。

　さらに，実定法学を離れても，加藤先生は，「所有・契約・社会」をテーマに数多くの法人類学及び法社会学の論文を発表してこられました。『「所有権」の誕生』として一書にまとめられた「所有」研究においては，土地所有権の確立が曖昧な焼畑・遊牧・狩猟採集を生業とする世界のさまざまな地域におもむいて自ら現地の所有権・入会権・無主の土地等の権利状況につき人類学的な実態調査を実施し，所有権発生の社会構造の理論的解明に成功されました。また，「契約」研究としては，契約締結後に契約環境が激変した場合の契約遵守度の法社会学的な国際比較調査を世界22か国で実施し，その結果，日本人・東洋人の弱い契約意識とアメリカ人・西洋人の強い契約意識という川島博士以来の伝統的なテーゼが打破され，成果物である『日本人の契約観』において，日本はじめ世界各国の人々の法意識の実態が実証的に描出されました。さらに，「社会」研究については，東洋社会と西洋社会における法意識の構造的な差異を明らかにするために，日本，中国，アメリカの3か国それぞれにおいて法社

会学的な全国法意識調査をされ，各国の法意識がそれぞれに相反する，いわば正三角形をなしていることを明らかにされました。その研究成果は，河合隼雄氏と共編著の『人間の心と法』に収められています。

　特筆すべきは，さきに紹介しましたもの以外にも，これら加藤先生のご業績のうち相当数のものが，中国や韓国，そしてアメリカで翻訳出版ないし出版予定であることです。先生のご研究が日本のみならず海外でも評価されていることは，ご研究の内容が一定の普遍性をもつものであることの証左であるように思われます。

　先生が古稀をお迎えになったのと時を同じくして，『加藤雅信著作集』の第一弾として『第3巻　不当利得論』が刊行されました。この著作集は，現時点では第23巻までの編成がすでに明らかになっておりますが，加藤法学の全容が，このように学界の共有財産としてまとまった形となることは，誠に有り難く，喜ばしい限りです。

　以上では先生のご研究について記して参りましたが，加藤先生は，教育活動にも精力を傾けてこられました。名古屋大学，上智大学，名古屋学院大学で教鞭をおとりになり，また後進の研究者の育成にあたられてきたほか，海外でも，コロンビア大学やハワイ大学，ワシントン大学，北京大学等で客員教授を，ハーバード大学，ロンドン大学で客員研究員をお務めになりました。本論文集が刊行される直前にはモンゴルにて，またその前年には台湾にて，裁判官の再教育機関等で民法学を講じておられたとうかがっております。

　さらに，加藤先生の社会貢献には，わが国の立法・行政・司法の三権において，また国際的にも社会的にも，大きなものがあります。加藤先生は，司法試験考査委員，法制審議会民法部会委員をはじめ各種政府審議会等の委員・責任者を務めるとともに，衆参両院で国鉄清算事業団の債務処理等に関する特別委員会の参考人をお務めにもなりました。債権法改正をめぐり衆議院法務委員会で参考人として発言をされたのも，記憶に新しいところです。国際的には，国連アジア・太平洋地域経済社会委員会環境問題エクスパート，「国際ファイナンス・リースに関するユニドロア条約，国際ファクタリングに関するユニドロワ条約」採択に関する外交会議日本政府代表代理や条約草案起草委員等を歴任されました。

先生の古稀を祝し，献呈を申し上げる本論文集は，上下巻で1700頁を超える大部のものとなりましたが，これもひとえに，加藤先生のご研究の広大さと影響の大きさ，そして何よりそのご人徳の賜であろうかと存じます。このたびの論集刊行にご賛同をいただき，貴重なご論稿をお寄せいただいた皆様方には，心より御礼を申し上げますとともに，本書刊行が古稀から時間を空けてのこととなってしまいましたことを，加藤先生とご執筆をくださった皆様方にあらためてお詫びを申し上げます。

　また，本書刊行にあたっては，信山社，および同社の袖山貴社長，稲葉文子氏，今井守氏に多大なご助力を賜りました。記して感謝の意を表します。

　長年にわたって，学界，社会でひろく研究，教育その他さまざまな活動に尽くしていらっしゃった加藤先生におかれましては，これからもますますお元気でご活躍をいただきたく，先生のご健康と，ご多幸をお祈り申し上げ，献呈の辞とさせていただきます。

　2018年2月25日

記念論文集発起人　加藤新太郎

太田勝造

大塚　直

田髙寛貴

目　次

献 呈 の 辞（*xi*）

◆ I ◆ 基礎法学・司法制度論

1 『「所有権」の誕生』を読む
　　── 認識の学としての民法学のために ………………………〔大村敦志〕…5

　Ⅰ　はじめに（*5*）
　Ⅱ　『「所有権」の誕生』の内的読解 ── 著者の意図を読解する（*8*）
　Ⅲ　『「所有権」の誕生』の外的読解 ── 著書の意義を開示する（*12*）
　Ⅳ　お わ り に（*23*）

2 理性による経験的諸認識の合目的性に基づく統一
　　──「実践的自由」による体系化についてのカント哲学理論・管見
　　………………………………………………………〔坂本武憲〕…25

　Ⅰ　は じ め に（*25*）
　Ⅱ　ア・プリオリな理性理念の超越的（構成的）使用（*26*）
　Ⅲ　ア・プリオリな理性理念の内在的（実践的）使用（*28*）
　Ⅳ　ア・プリオリな理性理念の内在的（規整的）使用（*31*）
　Ⅴ　経験的諸認識の合目的性による最高の体系的統一（*39*）
　Ⅵ　結びに代えて（*44*）

3 近代私法法典のディレンマ
　　── 19世紀ドイツと現代ヨーロッパの比較から …………〔北居　功〕…47

　Ⅰ　近代私法法典のディレンマ（*47*）
　Ⅱ　私法統一の比較対照（*49*）
　Ⅲ　私法統一の方法論（*54*）
　Ⅳ　現代私法法典の意義（*63*）

xv

目　次

4　生態文明と環境保護法・居住福祉法
　　── 日中韓比較………………………………………〔吉田邦彦〕…*67*

Ⅰ　序（*67*）

Ⅱ　環境汚染問題の変質（*69*）

Ⅲ　環境保護法の日中の相違と今後（*71*）

Ⅳ　日中韓間の環境保護比較のまとめ（*73*）

Ⅴ　おわりに ── 中国環境規制レジームの理論的意義（*76*）

5　グローバル化の進展による Med-arb における
　コモン・ローとシビル・ローの調和・融合………〔小林洋哉〕…*81*

Ⅰ　は じ め に（*81*）

Ⅱ　コモン・ローとシビル・ローの定義（*82*）

Ⅲ　両制度下の裁判官（*82*）

Ⅳ　バック・ローディド（後半重視）手続とフロント・ローディド
　　（前半重視）手続（*85*）

Ⅴ　シビル・ロー地域間での文化的相違 ── 徹底度の低い調停
　　（ドイツ，スイス）（*95*）

Ⅵ　今後の展開（*98*）

6　判例への法律的対応のあり方に関する一考察 …〔川﨑政司〕…*101*

Ⅰ　は じ め に（*101*）

Ⅱ　考察を行うにあたっての整理・確認（*103*）

Ⅲ　判例が法律の規定のあり方等に与える影響（*107*）

Ⅳ　法律的対応がなされる契機と意義（*111*）

Ⅴ　具体例の検討（*113*）

Ⅵ　まとめにかえて（*124*）

7　統計学の考え方と事実認定の構造
　　── 頻度論の *p* 値主義からベイズ統計学へ………………〔太田勝造〕…*127*

Ⅰ　統計学の考え方の革新（*127*）

Ⅱ　統計的検定の考え方と一般人の判断構造（*141*）

Ⅲ　証明度についての国民の態度（*151*）

Ⅳ　まとめと展望（*156*）

目　次

8　民事訴訟にかかわる司法制度改革の効果の検証
　　── 民事訴訟利用者調査と一般市民調査の対比 …………〔菅原郁夫〕…161

　　Ⅰ　はじめに ── 本報告の目的（161）
　　Ⅱ　調査の基本構造（163）
　　Ⅲ　利用者調査の経年比較（168）
　　Ⅳ　一般意識調査の経年比較（174）
　　Ⅴ　利用者調査と一般意識調査の比較（177）
　　Ⅵ　ま と め（182）

9　司法書士の本人確認義務と成りすまし対応 ……〔加藤新太郎〕…185

　　Ⅰ　はじめに ── 問題の限定（185）
　　Ⅱ　司法書士の本人確認義務の根拠論（187）
　　Ⅲ　本人確認の現状（190）
　　Ⅳ　現行不動産登記法の下における本人確認義務違反に関する裁判例（193）
　　Ⅴ　考察と私見（204）

10　仮処分の裁判と登記 …………………………………〔金　祥洙〕…209

　　Ⅰ　は じ め に（209）
　　Ⅱ　最近の大法院の判例（210）
　　Ⅲ　仮処分の執行と登記（212）
　　Ⅳ　商業登記の効力との関係（222）
　　Ⅴ　終 わ り に（224）

◆　Ⅱ　◆　外国法・国際私法

11　日韓二重国籍と氏(姓) ………………………………〔青木　清〕…229

　　Ⅰ　は じ め に（229）
　　Ⅱ　日韓両国における父母両系血統主義の採用（230）
　　Ⅲ　国籍選択制度とその限界（234）
　　Ⅳ　二重国籍者の日韓両国での姓(氏)の登録（239）
　　Ⅴ　むすびに ── 同一人性識別機能を高めるために（245）

目　次

12　『人民法院案件質量評估指数編制辦法（試行）』（「人民法院事件処
　　理質評価指数編制辦法（試行）」）及び『最高人民法院関於開展案
　　件質量評估工作的指導意見』（「事件処理質評価任務遂行を展開す
　　ることに関する最高人民法院指導意見」）試訳
　　………………………………………………………………〔高見澤　磨〕…247

　　Ⅰ　序（247）
　　Ⅱ　『人民法院案件質量評估指数編制辦法（試行）』試訳（250）
　　Ⅲ　『最高人民法院関於開展案件質量評估工作的指導意見』試訳（253）
　　Ⅳ　解　説（262）
　　Ⅴ　結 ── 課題の抽出（263）

13　中国法制改革の行方
　　── Oriental Morning Post 記者インタビューの記録……〔季　衛東〕…267

　　Ⅰ　「法治中国」論の社会背景（267）
　　Ⅱ　法規範による公権力制限の課題（269）
　　Ⅲ　権威としての法律秩序の形（271）
　　Ⅳ　法治中国のグランド・デザイン ──「三審制」（274）
　　Ⅴ　中国法制改革のテコ入れ（276）
　　Ⅵ　司法独立と司法問責の狭間で進む改革（281）

14　人格権保護に関する法体系的考察
　　── 中国民法典の立法作業を背景に…………………………〔渠　涛〕…285

　　Ⅰ　は じ め に（285）
　　Ⅱ　民法の拡張と縮減（287）
　　Ⅲ　法体系上の予防と救済（291）
　　Ⅳ　人格権保護制度に関する法体系的構想（292）
　　Ⅴ　結　び（294）

15　中国民法総則における第三者保護規定の欠如をめぐって
　　………………………………………………………………〔朱　曄〕…297

　　Ⅰ　は じ め に（297）
　　Ⅱ　制度誕生の経緯および中身の概観（298）
　　Ⅲ　従来の理論状況（305）

Ⅳ 物権法における善意取得制度 (310)

Ⅴ 従来の実務における善意取得制度の運用状況 (315)

Ⅵ 問題解決に向けての検討 (317)

Ⅶ 終 わ り に (319)

16 韓国における賃貸借存続期間の問題について
    ―― 憲法裁判所の違憲決定を基にして ……………………〔孟　觀燮〕…321

Ⅰ 憲法裁判所と民法 (321)

Ⅱ 賃貸借存続期間に関する規定 (324)

Ⅲ 憲法裁判所の決定について (325)

Ⅳ 3 人の反対意見 (331)

◆ Ⅲ ◆ 民 法 総 則

17 民法の基盤にある信義則……………………………………〔平田勇人〕…335

Ⅰ は じ め に (335)

Ⅱ 信義則の基層にある法的価値の抽出 (336)

Ⅲ 信義則は民法条文にいかに投影・具体化されているか？ (336)

Ⅳ 判例に投影された信義則を巡る諸価値 (349)

Ⅴ ま と め (351)

18 非営利団体法制の変容と展開
    ―― 団体設立スキームの構想…………………………………〔中野邦保〕…353

Ⅰ は じ め に (353)

Ⅱ 裁判例からみた団体法制の課題 (354)

Ⅲ 今後の非営利団体法制のあり方 (365)

Ⅳ お わ り に (379)

19 宗教法人法制の検証と展開………………………………〔櫻井圀郎〕…383

Ⅰ 問題の所在 (383)

Ⅱ 戦前戦後の宗教法人法制 (385)

Ⅲ 宗教法人の特殊性 (392)

Ⅳ 宗教法人法の問題点 (397)

目　次

Ⅴ　結　び（409）

20　権利能力なき社団論の展開
　　　── 財産帰属の観点からの再検討‥‥‥‥‥‥‥‥‥〔伊藤栄寿〕…411

　Ⅰ　問題の所在（411）
　Ⅱ　財産帰属関係に関する従来の議論（413）
　Ⅲ　二重の財産帰属論（419）
　Ⅳ　おわりに（427）

21　民法173条1号の射程‥‥‥‥‥‥‥‥‥‥‥‥‥‥〔金山直樹〕…429

　は じ め に（429）
　Ⅰ　立法の沿革（430）
　Ⅱ　判例の展開（441）
　Ⅲ　解決の方向性 ── 設例を念頭に（450）
　お わ り に（457）

22　「日常家事行為と表見代理」再論‥‥‥‥‥‥‥〔髙森哉子〕…459

　Ⅰ　序（459）
　Ⅱ　日常家事代理権の性質（464）
　Ⅲ　日常家事の範囲の具体的判断基準（469）
　Ⅳ　日常家事行為と表見代理（477）
　Ⅴ　結　語（482）

◆ Ⅳ ◆　物権・担保物権

23　「相続登記の欠缺を主張する正当の利益」に関する覚書
　　　‥‥‥‥‥‥‥‥‥‥‥‥‥‥‥‥‥‥‥‥‥‥‥‥〔石田　剛〕…485

　Ⅰ　は じ め に（485）
　Ⅱ　判例準則の意義と問題点（487）
　Ⅲ　分析視角の設定（492）
　Ⅳ　改正案の意義と問題点（498）
　Ⅴ　試　論（505）

24 高齢社会と不動産物権変動
—— 意思無能力者による譲渡の問題………………〔中村昌美〕…513

I はじめに（513）

II 意思能力のとらえ方（516）

III 意思能力をめぐる判例動向（517）

IV 意思能力確認の重要性と確認義務（525）

V おわりに（531）

25 金銭価値返還請求権の効力と限界
——「騙取金員による弁済」における返還請求権の二重構造
………………………………………………〔田髙寛貴〕…533

I はじめに（533）

II 騙取金員による弁済の不当利得要件論との接合（536）

III 騙取者の無資力＝債権無価値化の不当利得要件への組み入れ（541）

IV 騙取金の返還請求権の二重構造（546）

V 金銭価値返還請求権の展開（552）

VI 結語（558）

26 地上権設定契約の法的構成………………〔山城一真〕…561

I はじめに（561）

II 概念の定礎（563）

III 解釈論的帰結（572）

IV 結びに代えて —— 残された課題（585）

27 入会権をめぐる訴訟の形態について…………〔古積健三郎〕…587

I はじめに（587）

II 判例・学説の展開について（589）

III 実在的総合人・総有の法的構造と訴訟への反映（607）

IV おわりに —— 近時の立法論について（618）

28 不動産抵当権の売却代金への物上代位の可否について
—— 中国物権法の議論を手がかりとして………………〔鄭　芙蓉〕…623

I はじめに（623）

II 中国不動産抵当権制度の概観（626）

xxi

目　次

Ⅲ　中国における抵当不動産の譲渡の規定（630）

Ⅳ　結　び（640）

29　動産譲渡担保権と動産売買先取特権の優劣
　　　──譲渡担保権の重複設定との関係………………………〔水津太郎〕…647

Ⅰ　は じ め に（647）

Ⅱ　動産譲渡担保権と動産売買先取特権の優劣（649）

Ⅲ　譲渡担保権の重複設定（652）

Ⅳ　333 条の「第三取得者」と譲渡担保権者（657）

Ⅴ　お わ り に（663）

30　アメリカ不動産担保法における所有権留保の現状について
　　　──ニューヨーク州法における未履行売主リーエンの処遇を中心に
　　　………………………………………………………〔青木則幸〕…665

Ⅰ　は じ め に（665）

Ⅱ　理論的背景 ── 不動産売買契約における売主の救済手段（666）

Ⅲ　救済方法の限定における未履行売主リーエンの位置づけ（681）

Ⅳ　お わ り に（684）

◆ Ⅴ ◆　債 権 総 論

31　損害軽減義務の内容に関する一考察
　　　──ドイツ法上の Obliegenheit の観点から………………〔小林友則〕…689

Ⅰ　問題の所在（689）

Ⅱ　Reimer Schmidt の見解（694）

Ⅲ　Schmidt の見解に対する批判（699）

Ⅳ　オプリーゲンハイト概念の構造（703）

32　民法改正と「保証人の保護」………………………〔能登真規子〕…711

Ⅰ　は じ め に（711）

Ⅱ　審議過程と改正法案の内容（712）

Ⅲ　審議の詳細（717）

Ⅳ　「保証人の保護」の顛末（732）

目　次

33　保証制度に関する債権法改正の考察 ……………〔山田創一〕…735

　　Ⅰ　は じ め に（735）
　　Ⅱ　民法改正法の概要（738）
　　Ⅲ　民法改正法の問題点（741）
　　Ⅳ　私　見（755）

34　民法改正後の債権者代位権の無資力要件 ………〔山田　希〕…759

　　Ⅰ　問題の所在（759）
　　Ⅱ　「無資力」をめぐる学説の変遷（760）
　　Ⅲ　フランス法の状況（765）
　　Ⅳ　日本の裁判例にみる債務者の「無資力」（767）
　　Ⅴ　結びに代えて（770）

35　多数当事者間相殺の法的性質と「集団的な行為理論
　　（théorie de l'acte collectif）」
　　　　── フランスにおける「複合行為（acte complexe）」概念の発展
　　　　　…………………………………………………〔深川裕佳〕…771

　　Ⅰ　は じ め に（771）
　　Ⅱ　フランスの学説における「法律行為（l'acte juridique）」概念の受容（772）
　　Ⅲ　多数者による法律行為：Gesamtakt と「複合行為（acte complexe）」（773）
　　Ⅳ　フランス私法学における「集団的な行為」理論の発展（778）
　　Ⅴ　集団的な行為概念の衰退と復活（785）
　　Ⅵ　相殺契約の法的性質に関する若干の検討（791）
　　Ⅶ　お わ り に（794）

36　損害賠償債権を受働債権とする相殺の禁止について
　　　　…………………………………………………〔深谷　格〕…797

　　Ⅰ　は じ め に（797）
　　Ⅱ　改正前509条の立法過程の再検討（797）
　　Ⅲ　判例の展開（802）
　　Ⅳ　学説の展開（810）
　　Ⅴ　改正509条の立法過程の検討（818）

xxiii

目　次

37　担保保存義務と免除特約……………………………〔渡邊　力〕…825

　Ⅰ　は じ め に（825）
　Ⅱ　担保保存義務の議論状況（826）
　Ⅲ　免除特約の議論状況（830）
　Ⅳ　若干の考察（837）
　Ⅴ　結びに代えて（846）

〈下　巻〉

目　次

38　三層的法律行為論と多数当事者間契約論 ……………………〔中舎寛樹〕

39　契約自由と公共性・序説 ── 公共性理論の意義と限界
　　　………………………………………………………………………〔谷江陽介〕

40　情報提供義務違反に基づく損害賠償と機会の喪失
　　　………………………………………………………………………〔大塚哲也〕

41　契約責任法の改正と履行不能 ── 履行不能の判断基準と
　　契約規範との関係性 …………………………………………………〔大原寛史〕

42　民法改正法案 605 条の 2 第 2 項に対する一異見 ………〔奥冨　晃〕

43　請負契約における注文者の任意解除に伴う損害賠償
　　── 損害賠償の制限ルールに関する一考察 ……………〔丸山絵美子〕

44　組合契約の締結構造について ………………………………………〔岡本裕樹〕

45　過払金返還請求権と和解契約 ──「和解と錯誤」論をめぐって
　　　………………………………………………………………………〔平林美紀〕

46　パック旅行契約における取消料の算定要素 ── ドイツ
　　民法典（BGB）651i 条を中心に ……………………………〔森嶋秀紀〕

47　クレジット・カードのチャージバックに関する覚書
　　　………………………………………………………………………〔尾島茂樹〕

48　"Trust" という法制度の訳語としての「信託」── 中間報告
　　　……………………………………………………………………〔道垣内弘人〕

49　適格消費者団体による差止請求制度の保護法益とエン
　　フォースメントの流動化 ── 私法・公法領域における
　　集団的利益論の展開のために ……………………………〔千葉惠美子〕

50　消費者法への適合性原則の導入に関する一考察 ………〔川地宏行〕

目　次

51 「消費者」としての「高齢者」への「支援」のあり方
　　……………………………………………………〔宮下修一〕

52 震災時における障害者福祉施設の利用者に対する
　　事業者の法的責任………………………………〔久須本かおり〕

53 不当利得法における箱庭説と分解説…………………〔村田大樹〕

54 不当利得返還請求権の行使に対する信義則・権利濫用
　　法理に基づく制限………………………………………〔笹川明道〕

55 不当利得法における「使用利益」の意義——「使用利益」
　　と消費利益・譲渡利益・営業利益の関係を中心に…………〔油納健一〕

56 民法707条の「法律上の原因を有する不当利得」と
　　しての位置づけ——給付不当利得の否定（1項），三者間
　　の支出不当利得の肯定（2項）………………………〔加賀山　茂〕

57 破産管財人の不当利得返還請求と不法原因給付の抗弁
　　——民法708条本文の適用の制限………………………〔藤原正則〕

58 不法原因給付と横領罪と贈賄罪………………………〔瀧　久範〕

59 金銭騙取事例における第三者弁済類型の位置づけ
　　…………………………………………………………〔平田健治〕

60 転用物訴権と他の法理との関係………………………〔武川幸嗣〕

61 金融商品取引に関与した者の不法行為責任…………〔渡邉知行〕

62 不法行為に基づく損害賠償と統計・確率・蓋然性に
　　関する覚書……………………………………………〔前田陽一〕

63 共同不法行為・競合的不法行為論と建設アスベスト
　　訴訟判決について……………………………………〔大塚　直〕

64 取締役の消費者に対する不法行為責任——会社法429条
　　1項の直接損害への適用の是非について………………〔平野裕之〕

65 侵害者利益と損害賠償に関する覚書——特許権侵害の観点
　　から……………………………………………………〔鈴木將文〕

目　次

66　ドイツ法における「家事の主管者」概念について
　　……………………………………………………………………〔佐藤啓子〕

67　親子関係を成立させる諸要因 ── 生殖補助医療をめぐって
　　……………………………………………………………………〔富田　哲〕

68　特別縁故者への相続財産分与について ── 近時の分与否定
　　例・慎重論を中心に………………………………………………〔副田隆重〕

　　加藤雅信先生　略歴

　　加藤雅信先生　業績一覧（兼 年譜）

xxvii

〈上　巻〉

執筆者紹介
(掲載順)

大村敦志（おおむら　あつし）
東京大学教授
東京大学法学部卒業
〈主要著作〉
『典型契約と性質決定』（有斐閣，1997 年），『フランス民法』（信山社，2010 年），『民法読解　親族編』（有斐閣，2014 年）

坂本武憲（さかもと　たけのり）
専修大学法学部教授
北海道大学大学院法学研究科修士課程修了
〈主要著作〉
「請負契約における所有権の帰属」星野英一ほか編『民法講座 5 契約』（有斐閣，1985 年），「建築請負代金債権の確保」米倉明ほか編『金融担保法講座Ⅳ　質権・留置権・先取特権・保証』（筑摩書房，1986 年），「『意思自律の原則』についての一考察」中川良延ほか編『日本民法学の形成と課題（上）星野英一先生古稀祝賀』（有斐閣，1996 年），「環境問題が要請する行為規範革新の方向性」矢澤昇治編『環境法の諸相』（専修大学出版局，2003 年）

北居　功（きたい　いさお）
慶應義塾大学大学院法務研究科教授
慶應義塾大学大学院法学研究科博士課程単位取得退学，博士(法学)
〈主要著作〉
『契約履行の動態理論 第一巻 弁済提供論』（慶應義塾大学出版会，2013 年），『契約履行の動態理論 第二巻 弁済受領論』（慶應義塾大学出版会，2013 年），『法典とは何か』（共編著）（慶應義塾大学出版会，2014 年）

吉田邦彦（よしだ　くにひこ）
北海道大学大学院法学研究科教授
東京大学法学部卒業，博士(法学)
〈主要著作〉
『債権侵害論再考』（有斐閣，1991 年），『民法理論研究 1 巻〜6 巻』（有斐閣，2000〜2011 年，信山社，2015〜2017 年），『家族法（親族法・相続法），不法行為等，所有法（物権法）・担保物権法，債権総論，契約各論 講義録』（信山社，2007〜2016 年）

執筆者紹介

小林洋哉（こばやし　ひろや）

名古屋外国語大学現代国際学部教授

名城大学法学部大学院前期課程修了，中部飼料㈱社外取締役，中部鋼鈑㈱社外取締役

〈主要著作〉

「コンプライアンスに関する日本の現状 ── CSR マネジメントの一環としてのコンプライアンス」Sogang Law Journal Vol. 5 No. 2, The Institute for Legal Studies Sogang University (2016 年)，『ビジネス入門: Business Studies Primer』（共著）（三恵社，2015 年），「Med-arb における仲裁人のジレンマ」名古屋外国語大学現代国際学部紀要 10 号（2014 年）

川﨑政司（かわさき　まさじ）

慶應義塾大学大学院法務研究科客員教授

慶應義塾大学法学部卒業

〈主要著作〉

『現代統治構造の動態と展望 ── 法形成をめぐる政治と法』（尚学社，2016 年），『法を考えるヒント I ── キーワードから現代の法を読む』（日本加除出版，2016 年），『法律学の基礎技法〔第 2 版〕』（法学書院，2013 年）

太田勝造（おおた　しょうぞう）

東京大学大学院法学政治学研究科教授

東京大学大学院法学政治学研究科修士課程修了

〈主要著作〉

『現代日本の紛争処理と民事司法③：裁判経験と訴訟行動』（共編著）（東京大学出版会，2010 年），『日本人の弁護士イメージ』（「法曹の質」研究会代表として執筆）（商事法務，2011 年），『日本人から見た裁判員制度』（共編著）（勁草書房，2015 年）

菅原郁夫（すがわら　いくお）

早稲田大学大学院法務研究科教授

東北大学法学部卒業，博士（法学）

〈主要著作〉

『民事裁判心理学序説』（信山社，1998 年），『民事訴訟政策と心理学』（慈学社，2010 年），菅原郁夫ほか編『利用者が求める民事訴訟の実践』（日本評論社，2010 年）

加藤新太郎（かとう　しんたろう）

中央大学法科大学院教授

名古屋大学法学部卒業，1975 年〜2015 年裁判官，博士（法学）

〈主要著作〉

『民事事実認定論』（弘文堂，2014 年），『コモン・ベーシック弁護士倫理』（有斐閣，2006 年），『弁護士役割論〔新版〕』（弘文堂，2000 年）

執筆者紹介

金　祥洙（キム　サンスウ／Kim Sangsoo）
西江大学校法学専門大学院教授
名古屋大学大学院法学研究科博士後期課程修了，博士（法学）
〈主要著作〉
『日米比較・民事訴訟法 —— 当事者行為論をめぐって』（商事法務研究会，1995 年），『オーストラリアの民事司法』（信山社，1997 年），「주주대표소송과 강제집행」법과기업연구 5 권 3 호（2015 年）

青木　清（あおき　きよし）
南山大学法学部教授
名古屋大学大学院法学研究科博士後期課程退学
〈主要著作〉
『韓国家族法 —— 伝統と近代の相剋』（信山社，2016 年），『国際＜家族と法＞』（共編著）（八千代出版，2012 年），「韓国家庭法院の機能強化と国際私法」南山法学 39 巻 3・4 号（2016 年）

高見澤　磨（たかみざわ　おさむ）
東京大学東洋文化研究所教授
東京大学大学院法学政治学研究科博士課程満期退学，博士（法学）
〈主要著作〉
『現代中国の紛争と法』（東京大学出版会，1998 年），『叢書 中国的問題群 3 中国にとって法とは何か 統治の道具から市民の権利へ』（共著）（岩波書店，2010 年），『現代中国法入門〔第 7 版〕』（共著）（有斐閣，2016 年）

季　衛東（キ　エイトウ／Ji Weidong）
上海交通大学法学院院長，凱原講席教授
京都大学大学院法学研究科博士課程修了，法学博士
〈主要著作〉
『超近代の法』（ミネルヴァ書房，1999 年），『中国的裁判の構図』（有斐閣，2004 年），*Building the Rule of Law in China: Vol. I Procedure, Discourse and Hermenutic Community, Vol.II Ideas, Praxis and Institutional Design*（Routledge, 2017）

渠　涛（キョ　トウ／Qu Tao）
北京理工大学珠海学院民商法律学院特聘教授
名古屋大学大学院法学研究科博士後期課程単位取得退学
〈主要著作〉
「日本民法編纂及学説継受的歴史回顧」環球法律評論 2001 年秋季号，「中国における民法典審議草案の成立と学会の議論（上）（下）」ジュリスト 1249 号，1250 号（2003 年），「中国における非典型担保制度の現状」NBL 1054 号（2015 年）

xxxi

執筆者紹介

朱　曄（シュ　ヨウ／Zhu Ye）

静岡大学地域法実務実践センター・大学院法務研究科教授

立命館大学大学院法学研究科博士課程修了，博士(法学)

〈主要著作〉

「不動産二重売買における自由競争と第三者悪意の認定 —— 比較法から見た中国法の課題」北大法学論集 57 巻 5 号（2007 年），「中国」床谷文雄=本山敦編『親権法の比較研究』（日本評論社，2014 年），「中国における遺留分制度の構築にあたって —— 家族主義的理念と個人主義的理念に揺れる制度の行方」立命館法学 369・370 号（2016 年）

孟　觀燮（メン　カンソプ／Maeng Kwansup）

元ノースアジア大学法学部准教授

名古屋大学大学院法学研究科博士後期課程退学

〈主要著作〉

「韓国における新たな身分登録制度の評価と課題」民事研修 618 号（2008 年），「憲法裁判所の登場による民法の変化 —— 韓国の憲法裁判所と民法を素材として」秋田法学 51 号（2010 年），「韓国における民法改正作業の成果」秋田法学 54 号（2013 年）

平田勇人（ひらた　はやと）

朝日大学法学部・同大学院法学研究科教授

名古屋大学大学院法学研究科博士後期課程満了退学，博士(法学)明治学院大学

〈主要著作〉

『信義則とその基層にあるもの』（成文堂，2006 年），「トピク的思考の観点からの信義則の法解釈学的考察」名古屋大学法政論集 207 号（2005 年），「民事調停のあり方について —— 法乖離型と法志向型の対立をめぐって」小島武司編『ADR の実際と理論Ⅱ　日本比較法研究所研究叢書⒅』（中央大学出版部，2005 年）

中野邦保（なかの　くにやす）

桐蔭横浜大学法科大学院准教授

名古屋大学大学院法学研究科博士後期課程満了退学

「近代私法体系の成立と展開 —— 新たな私法体系の再編に向けて」桐蔭法学研究会編『法の基層と展開 —— 法学部教育の可能性』（信山社，2014 年），「カントによる『自由の体系』の基礎づけ —— 啓蒙期自然法論からの哲学的転回」竹下賢=宇佐見誠編『法思想史の新たな水脈 —— 私法の源流へ　筏津安恕先生追悼論文集』（昭和堂，2013 年），「啓蒙期自然法体系の法構造と思考原理 —— 給付と反対給付の等価性確保の問題から」名古屋大学法政論集 227 号（2008 年）

櫻井圀郎（さくらい　くにお）

宗教法および宗教経営研究所所長，元東京基督教大学教授

名古屋大学大学院法学研究科博士課程(民法専攻)満期退学。東京基督神学校(修士課程)卒

業，フラー神学校神学大学院神学高等研究院(組織神学専攻)修了，高野山大学大学院文学研究科(密教学専攻)満期退学

〈主要著作〉

『広告の法的意味』（勁草書房，1995 年），『教会と宗教法人の法律』（キリスト新聞社，2007 年），『Q&A 宗教法人をめぐる法律実務〔加除式〕』（共著）（新日本出版，2004 年）

伊藤栄寿（いとう　ひでとし）

上智大学法学部教授

名古屋大学大学院法学研究科博士後期課程単位取得満期退学，博士(法学)

〈主要著作〉

『所有法と団体法の交錯 ── 区分所有者に対する団体的拘束の根拠と限界』（成文堂，2011 年），『物権法（日評ベーシックシリーズ）』（共著）（日本評論社，2015 年），「ドイツにおける共有者間の法律関係」名古屋大学法政論集 254 号（2014 年）

金山直樹（かなやま　なおき）

慶應義塾大学大学院法務研究科教授

パリ第 1 大学博士課程私法専攻修了 DEA droit privé，博士(法学) 京都大学

〈主要著作〉

『時効理論展開の軌跡 ── 民法学における伝統と変革』（信山社，1994 年），『時効における理論と解釈』（有斐閣，2009 年），『法典という近代 ── 装置としての法』（勁草書房，2011 年）

髙森哉子（たかもり　ちかこ）

名古屋学院大学法学部教授

関西大学大学院法学研究科博士課程後期課程単位取得退学，博士(法学) 千葉大学

〈主要著作〉

『代理法の研究』（法律文化社，2008 年），『無権代理と相続』（法律文化社，2006 年），『表見代理理論の再構成』（共著）（法律文化社，1990 年）

石田　剛（いしだ　たけし）

一橋大学大学院法学研究科教授

京都大学大学院法学研究科博士後期課程満期退学，博士(法学)

〈主要著作〉

『債権譲渡禁止特約の研究』（商事法務，2013 年），『〈判旨〉から読み解く民法』（有斐閣，2017 年）（共著），『リーガルクエスト民法 II 物権〔第 2 版〕』（共著）（有斐閣，2017 年）

中村昌美（なかむら　まさみ）

名古屋学院大学法学部教授

慶應義塾大学大学院法学研究科博士課程単位取得満期退学

〈主要著作〉

執筆者紹介

『アメリカ不動産法の研究』（信山社，2002 年），『条解不動産登記法』（成文堂，2013 年），『プロセス講義民法Ⅲ 担保物権』（信山社，2015 年）

田髙寛貴（ただか　ひろたか）
慶應義塾大学法学部教授
名古屋大学大学院法学研究科博士後期課程単位取得退学，博士(法学)
〈主要著作〉
『担保法体系の新たな展開 ── 譲渡担保を中心として』（勁草書房，1996 年），『クロススタディ物権法 ── 事例をとおして学ぶ』（日本評論社，2008 年），『リーガルクエスト民法Ⅱ物権〔第 2 版〕』（共著）（有斐閣，2017 年）

山城一真（やましろ　かずま）
早稲田大学法学学術院准教授
早稲田大学大学院法学研究科博士後期課程修了，博士(法学)
〈主要著作〉
『契約締結過程における正当な信頼 ── 契約形成論の研究』（有斐閣，2014 年）

古積健三郎（こづみ　けんざぶろう）
中央大学大学院法務研究科教授
京都大学大学院法学研究科博士後期課程単位取得退学，博士(法学)
〈主要著作〉
『〈判旨〉から読み解く民法』（共著）（有斐閣，2017 年），『換価権としての抵当権』（弘文堂，2013 年），「入会権の変容について」法学新報 122 巻 1・2 号（2015 年）

鄭　芙蓉（テイ　フヨウ／Zheng Furong）
広島修道大学大学院法学研究科准教授
京都大学大学院法学研究科博士課程修了，博士(法学)
〈主要著作〉
「中国における不動産登記制度の現状と立法問題（1）〜（3・完）」法学論叢 155 巻 5 号，155 巻 6 号，156 巻 1 号（2004 年），「中国物権法成立の経緯と意義」（共著）ジュリスト 1336 号（2007 年），『中国物権変動法制の構造と理論 ── 日本法との双方向的比較の視点から』（日本評論社，2014 年）

水津太郎（すいず　たろう）
慶應義塾大学法学部教授
慶應義塾大学大学院法学研究科博士課程単位取得退学
「代償的取戻権の意義と代位の法理」法学研究 86 巻 8 号（2013 年），「民法体系と物概念」吉田克己＝片山直也編『財の多様化と民法学』（商事法務，2014 年），「民法（債権法）改正の方針と民法典の体系」民商法雑誌 153 巻 1 号（2017 年）

執筆者紹介

青木則幸（あおき　のりゆき）

　早稲田大学法学学術院教授

　早稲田大学大学院法学研究科博士後期課程満了退学

　〈主要著作〉

「アメリカ不動産担保法における後順位担保権の位相(1) ── コマーシャル・モーゲージにおけるメザニン・ファイナンスの展開を契機として」早稲田法学 92 巻 1 号（2016 年），「アメリカの動産債権担保法と日米の ABL 取引類型」NBL 1070 号（2016 年），「アメリカ法における契約譲渡の自由の制約について」新井誠ほか編『現代法と法システム　村田彰先生還暦記念論文集』（酒井書店，2014 年）

小林友則（こばやし　とものり）

　山口大学経済学部准教授

　名古屋大学大学院法学研究科博士後期課程単位取得退学，博士(法学)

　〈主要著作〉

「契約の履行過程における債権者の責任（1）〜（5）── 合意を基礎におく責任と合意とは異なる原理に基づく負担」名古屋大学法政論集 246 号，247 号，249 号，262 号，263 号（2012〜2015 年），「ドイツ建築請負契約約款における発注者の協力 ── 履行プロセス全体において問題となりうる債権者の協力の一類型として」名古屋大学法政論集 254 号（2014 年），「損害軽減義務の法的性質に関する一考察 ── 過失相殺制度を中心として」名古屋大学法政論集 270 号（2017 年）

能登真規子（のと　まきこ）

　滋賀大学経済学部准教授

　名古屋大学大学院法学研究科博士後期課程単位取得退学

　〈主要著作〉

「現代の身元保証 ── 2012 年度実態調査(1)〜(6・完)」彦根論叢 399 号〜404 号（2014・2015 年），「保証人の『過大な責任』── フランス保証法における比例原則」名古屋大学法政論集 227 号（2008 年）

山田創一（やまだ　そういち）

　専修大学大学院法務研究科教授，弁護士

　中央大学大学院法学研究科博士課程後期退学

　〈主要著作〉

「民法（債権法）改正の中間試案に関する考察」専修ロージャーナル 9 号（2013 年），「安全配慮義務に関する債権法改正について」法学新報 121 巻 7・8 号（2014 年），「危険負担に関する債権法改正」法学新報 122 巻 9・10 号（2016 年），「定型約款に関する債権法改正の考察」名城法学 66 巻 3 号（2016 年）

執筆者紹介

山田　希（やまだ　のぞみ）
立命館大学法学部教授
名古屋大学大学院法学研究科博士後期課程満期退学
〈主要著作〉
「契約自由の原則とその制約法理をめぐる改正論議の帰趨」立命館法学 363=364 合併号
（下）（2016 年），「旅行中の事故と旅行業者の安全確保義務」名古屋大学法政論集 254 号
（2014 年），「過労自殺と安全配慮義務」現代民事判例研究会編『民事判例Ⅳ』（日本評論社，
2012 年）

深川裕佳（ふかがわ　ゆか）
東洋大学法学部教授
明治学院大学大学院法学研究科博士後期課程修了，博士（法学）
〈主要著作〉
『相殺の担保的機能』（信山社，2008 年），『多数当事者間相殺の研究』（信山社，2012 年），
「預貯金口座に対する振込みによる弁済の効果（1）～（3・完）」東洋法学 59 巻 1 号～3 号
（2015・2016 年）

深谷　格（ふかや　いたる）
同志社大学大学院司法研究科教授
名古屋大学大学院法学研究科博士前期課程修了，博士（法学）
〈主要著作〉
『相殺の構造と機能』（成文堂，2013 年），「18 世紀フランスの法学教育とポルタリス ——
民法典成立前史一斑」西南学院大学法学論集 32 巻 1 号（1999 年），『大改正時代の民法学』
（共編著）（成文堂，2017 年）

渡邊　力（わたなべ　つとむ）
関西学院大学法学部教授
名古屋大学大学院法学研究科博士後期課程単位取得満期退学，博士（法学）
〈主要著作〉
『求償権の基本構造 —— 統一的求償制度の展望』（関西学院大学出版会，2006 年），「一般免
責請求権論 —— ドイツ法の紹介と日本法への示唆」法と政治 61 巻 4 号（2011 年），「共同
保証人間の求償権と弁済者代位の統合可能性」名古屋大学法政論集 270 号（2017 年）

21世紀民事法学の挑戦　上巻

I　基礎法学・司法制度論

1 『「所有権」の誕生』を読む
―― 認識の学としての民法学のために

大 村 敦 志

I はじめに

加藤雅信教授[1]は数々の業績を有するが，代表的なものを挙げよと言われれば，モノグラフィーとしての『財産法の体系と不当利得法の構造』（有斐閣，1986 年）や概説書としての『新民法大系』（有斐閣，2001 年～）が挙げられることが多いだろう。しかしながら本稿では，『「所有権」の誕生』（三省堂，2001 年）[2]を取り上げて，その内容を紹介・検討したい（以下，同書への言及やその引用に際しては「誕生」と略称する）。同書は非常に重要な（少なくとも私にとっては最も興味深く思われる）業績でありながら，言及されることが相対的に少ない。同書への言及に限らず，そもそも所有権論に関する言は全体として少なくなってきている[3]。この状況を変える必要があるのではないか，というのが本稿の基本的な問題意識である[4]。すなわち，本稿の目標は「所有権論の再発見」に置かれるが，そのために所有権論における近時の最大の業績である同書

---

(1) 本稿は加藤雅信教授の古稀を祝する意図で書かれたものであるが，以下においては，学術論文の通例にならい，他の論者と同様に敬称は省略する。

(2) 「『所有権』概念発生の構造・私論 ―― 土地所有権の発生と無体財産権の成立を手がかりに」と題してジュリスト 1069 号-1075 号（1995 年）に連載された論文がもとになっている。なお，そのエッセンスは，加藤『新民法大系 II 物権法』（有斐閣，2003 年）第 14 章にまとめられている。

(3) 以前に指摘したように（大村『もうひとつの基本民法 I』〔有斐閣，2005 年〕113 頁），近代的所有権論が退潮して以来，「所有権論離れ」が進んでおり，私自身のものも含めて民法の教科書において割かれる紙幅も少なくなっている。加藤の物権法教科書（前掲注(1)）を書評した小粥太郎も，この点には一言するだけにとどめている（同『日本の民法学』〔日本評論社，2011 年〕146 頁）。

『21世紀民事法学の挑戦』加藤雅信先生古稀記念〔信山社，2018年3月〕 *5*

1 『「所有権」の誕生』を読む〔大村敦志〕

の意義を明らかにしようというわけである。

　日本民法学における所有権論研究の出発点をなすのは言うまでもなく，川島武宜『所有権法の理論』（岩波書店，1949年）である（以下，「理論」と略称する）。川島は同書において近代的所有権の構造の解明を試み，これを自身の民法体系の基礎に据えた。川島の民法教科書が所有権論から始まることはよく知られている[5]。この川島理論を念頭に置きつつ，近代的所有権の成立過程を解明しようという試みが「近代的所有権論」であった。当初，イギリスをモデルとして展開されたこの議論は，国ごとの諸事情を考慮に入れた後続の研究によって相対化された[6]。そのこと自体がこの議論の影響力の後退を導く理由の一つになったが，より大きな理由としては，1980年代の日本の経済的繁栄によって近代化論自体が魅力を失ったことが挙げられるだろう[7]。これらの研究は，ヨーロッパの近代を基準として日本の近代を評価しよう（日本の特殊性を摘出しよう）とする点において，同時代の西洋経済史を強く意識したものであった[8]。これに対して，（初出論文が）1990年代に現れた加藤の『「所有権」の誕生』は，もはや近代化論にも日本特殊論にも立脚することなく，人類学の知見とフィールドワークによりつつ所有権の発生を普遍的な現象として説明しようとする。その意味で，同書は近代的所有権論の退潮とは無縁のはずである。そ

---

(4)　大村『広がる民法 1 入門編』（有斐閣，2017年）では，川島の『所有権法の理論』とあわせて加藤の『「所有権」の誕生』を教材として掲げて，紹介・検討を加えている。本稿は，その理由を説明するために書かれたものであるとも言える。

(5)　川島『民法 I 総論・物権』（有斐閣，1960年）。大学紛争のために同 II が刊行されることはなかったが，川島の債権法構想は，同『債権法総則講義第一』（岩波書店，1949年），特に第1章に窺われる。なお，人・家族・法人に関しては同『民法（三）』（有斐閣，1951年）がある。

(6)　初期の業績として，渡辺洋三『土地・建物の法律制度（上）（中）』（東京大学出版会，1960年，1962年），水本浩『借地借家法の基礎理論』（一粒社，1966年），甲斐道太郎『土地所有権の近代化』（有斐閣，1967年），後続の業績として，戒能通厚『イギリス土地所有権法研究』（岩波書店，1980年），原田純孝『近代土地賃貸借法の研究』（東京大学出版会，1980年）を挙げておく。

(7)　近代的所有権論の盛衰につき，森田修「戦後民法学における『近代』──『近代的土地所有論』論史斜断」社会科学研究48巻4号（1997年）を参照。

(8)　大塚久雄『近代欧州経済史序説』（岩波書店，1981年，元版，1944年），高橋幸八郎『近代社会成立史論』（日本評論社，1947年），松田智雄『近代の史的構造論』（ぺりかん社，1967年，元版，1948年）など。

れにもかかわらず，同書が十分に注目されないのはなぜか[9]。この問いへの回答は，著者自身によって与えられている。著者は同書のエピローグで，文化人類学的な考察の意義について述べた上で，次のように付け加えている。「もちろん，右に述べたような研究が，法律の条文の文字解釈に直接役立つことは少ないであろう。本書においても，条文がらみの議論がでたところは例外的であって，基本的には所有権，入会権，無体財産権等の制度的基盤を浮き彫りにすることが研究の中心であった」（誕生192頁）。近代的所有権論が実践的な目的を持った議論であった（だからこそその目的が疑問視されなくなるまでは影響力を持ちえた）のに対して，著者の所有権起源論は解釈論と直結させられていない[10]。民法教科書において言及されにくい理由はおそらくはこの点に求められるだろう。

　しかし，このような状況はそのまま放置されてよいのだろうか。問題は所有権論に限られない。現行法を叙述・説明することこそが実定法学の任務であり，現行法の解釈論と直結しない議論は（基礎研究としてはともかく）教科書に書くようなことがらではない。こうした暗黙の了解が現代日本の民法学を覆いつつあるのではないか。こうした現状については，同時代を生きる民法学者の一人として私自身もいくばくかの責任を負っている。自省の念も込めつつ，この状況を変えていくきっかけとなるようないくつかの小論を書きたいと考えているが，本稿はそのうちの一つである[11]。

　加藤の所有権起源論のメリットを説くには，何はともあれ『誕生』を読み直し，その内容を紹介することが肝要であろう。以下においてはまず，著者の構想そのものを理解する読み（内的読解）を示し（Ⅱ），そのうえで，著書の意義をその他の試みとの関係で位置づける読み（外的読解）を試みる（Ⅲ）。その上

---

[9]　書評として，小林茂「加藤雅信著『「所有権」の誕生』」法学教室252号（2001年），大原寛史「民法学における『所有権の誕生』研究の意義」名古屋学院大学論集社会科学編51巻2号（2014年）があるが，それぞれ理由は異なるものの民法学界の評価を代表するものとは言えない。他方，加藤自身は，本書を含む一連の研究を非常に重視している（たとえば，加藤「不当利得論と『所有・契約・社会』研究」加藤雅信・加藤新太郎編・現代民法学と実務〔判例タイムズ社，2008年〕などを参照）。

[10]　もっとも，解釈論上の主張もなされているが（加藤「総有論，合有論のミニ法人論的構造」中川良延ほか編『日本民法学の形成と課題 星野英一先生古稀祝賀（上）』〔有斐閣，1996年〕），それ自体が目的とされているわけではない。

1 『「所有権」の誕生』を読む〔大村敦志〕

で，今後の展望を付け加えよう（Ⅳ　おわりに）。

Ⅱ　『「所有権」の誕生』の内的読解 ── 著者の意図を読解する

1　本書の紹介

　『誕生』は，プロローグとエピローグに挟まれた五つの章からなる。プロローグの末尾で著者は次のように述べている（誕生18頁）。「所有権，あるいは所有という言葉は，小学生でも知っているような，世の中のもっとも基本的な概念のひとつであるといってもよいだろう。そして，それぞれの社会における所有の形態がどのようなものかによって，社会の性格づけがなされてきた」。それにもかかわらず，「所有とは何かなどということは……もはやだれも論じようとはしない」。「本書は，この，所有権とは何か，所有権という概念はどうして発生したのかという問題に，蛮勇をもって挑もうとするものである」。では，どのように挑むかと言えば，「自分の専門にとらわれることなく，文化人類学や経済学の成果を借り，また自分自身で調査に出かけたモンゴル，ヒマラヤ・ネパール，中国雲南省のラオス国境付近の山村，アンデス，アマゾン等々の状況をも織り込みながら，少し幅広く問題を考えていく」という戦略が採用されている（誕生18頁）。

　第1章「所有権概念の源を求めて ── 『所有権』誕生前の世界へ」ではまず，モンゴルの例から説き起こして遊牧社会・狩猟社会あるいは焼畑農業社会では私的所有権の観念は成立しない（しにくい）という見方が示される。では所有権が観念されるのはなぜか。第2章「土地所有権発生の社会構造」では，ポズナーの経済学的分析などを参照しつつ様々な例証を挙げて，生産財としての土地の所有権は投下資本を保護する点にあるとする。続く第3章「入会権発生の

⑾　いくつかの事情により，2017年は1年間に七つの記念論文集に寄稿をすることとなった。そこで「七つのつぶて」（小さなものを多数ばらばらと投げるという原始的な方法による趣旨である）とも言うべき一群のエッセイを草して責めを塞ぎ，この機会に，（私自身もその担い手の一人にほかならない）現在の民法学に対する疑問を提示するとともに，今日における哲学・思想の展開に対する所感を述べることとした。本稿は「その1」にあたるものであるが，「制度」の概念を（非言語＝実在の次元と言語＝解釈の次元，あるいは，未分化の原制度・分化した原制度・未分化の法制度・分化した法制度）に階層化することを将来の目標としている。

社会構造 —— 所有，非所有の中間形態としての入会権」では，土地の生産性という観点から，中位の生産性を持つ土地については，（私的）所有でも非所有でもなく共同体的所有が成立するとして，入会権をこのレベルに定位する。他方，第4章「無体財産権発生の社会構造」では，以上の考え方に従って，無体財産権の発生メカニズムが検討されており，それ自体は興味深いが，本稿ではこの点には立ち入らない。まとめの章にあたる第5章「『権利』の発生」では，前章までの考察が簡潔に提示されており，特に，第2章・第3章における主張は，図1・図2に集約されている（誕生169頁・171頁）。また，「本書では文化人類学の資料そのものを基礎としながら分析を展開してきたわけではあるが，本書が析出したテーゼそのものは，必ずしも文化人類学で論じられているものではなく，むしろ経済学的な考え方に近いといえるであろう」との注記がなされたうえで，ロックの所有論のある部分との近似性に言及している。

　巻末に置かれたエピローグには「社会科学・人文科学の統合のなかから」という副題が付され，家族法・国家論を例にして文化人類学的考察の有用性が示唆されるとともに，『誕生』の示すシェーマによって取得時効を説明する可能性にも触れられている。これに続くのが，本稿「はじめに」に引用した「もちろん，右に述べたような研究が，法律の条文の文字解釈に直接役立つことは少ないであろう」以下の部分である。著者はこのことを認めながらも，次のように言う。「しかし，このような基礎的問題に思考をめぐらすことなく，単に条文の文字解釈のみを行っていては，我々法律家は単に，法をめぐる文字の職人としての役割を果たすにすぎないのである。我々が条文の文字解釈を行うにさいしても，法制度の全体をおさえておいてこそ，はじめて安定的な法解釈が可能になるように思われる」（誕生192-193頁）。他方，「専門を異にする多数の手によるこのような研究（種々の法制度の根源を探る研究—大村注）が，法律学，そして社会科学，人文科学のフロンティアをともに開拓し，学問の総合化が進展していくこと」が期待されている（誕生193頁）。

　簡単ではあるが，以上が『誕生』の概要である。

2　本書の特徴
　『誕生』の特徴が，主題（所有権の起源）や方法（文化人類学的資料の経済学的解釈）にあることは言うまでもないが，ここではもう一歩立ち入って，その特

1 『「所有権」の誕生』を読む〔大村敦志〕

徴を指摘しておこう。

第一に，先行業績である川島の『理論』がヨーロッパにおける近代的所有権の論理構造を明らかにしようとしたのに対して，加藤の『誕生』は非ヨーロッパを視野に入れることによって，換言すると，牧畜型社会の側から農耕型社会を照射することによって，（近代的所有権成立以前の土地支配権をどう呼ぶかという問題は別にして）「所有権」の生成過程を解明しようとしたものである。広い視野に立ってシンプルなモデルを提示しようという研究であり，和辻哲郎の『風土』や梅棹忠夫の『文明の生態史観』などを想起させる。知的な刺激に富むだけでなく，『誕生』の第1章が示唆するように，農耕社会以外の社会が市場社会化していく過程を理解する上でのヒントを含んでいる[12]。

第二に，様々な人類学的研究を援用するだけでなく自ら調査を試みており，文献に基づく知見と経験的な洞察の双方に基づく立論がなされている。加藤の行動力には誰もが脱帽するだろう[13]。様々な資料の選択や解釈には異論もありうるだろうが，全体としての説得力は経験の持つ力によって統合されている。もっとも，テーマがテーマであり，誰がチャレンジしても「蛮勇」にならざるを得ないだけに，実証の観点からはなお検討すべき点も少なくないだろう。たとえば，『誕生』よりも後に出版されたものであるが，松村圭一郎『所有と分配の人類学 ── エチオピア農村社会の土地と富をめぐる力学』（世界思潮社，2008年）を見ると，詳細な観察に基づく考察がなされており，より多元的な要素を含んだモデルが求められそうである[14]。しかしながら，このことによって

⑿ 加藤も言及している中央アジアや東南アジアなど，ヨーロッパ的な農耕型社会とは異なる社会を対象とする研究や支援のためには，このような観点は非常に有益であろう。このような地域に関する研究・支援については多数の文献があるが，さしあたり，千葉正士編『アジア法の環境 ── 非西欧法の法社会学』（成文堂，1994年），安田信之『開発法学 ── アジア・ポスト開発国家の法システム』（名古屋大学出版会，2005年），鮎京正訓『法整備支援とは何か』（名古屋大学出版会，2011年），松尾弘『開発法学の基礎理論 ── 良い統治のための法律学』（勁草書房，2011年）を挙げておく。

⒀ 小粥・前掲注⑵は，「著者のエネルギッシュな活躍ぶり」，「疑問を抱けば直ちに立ち上がり世界の果てまで出かけて行って答えをつかみと（る）」と評している。

⒁ 松村は加藤も引用する Dyson-Hudson のモデルを引用しつつ，「侵害に対する脆弱性」を組み込んだ考え方を提示している（松村145-149頁）。この点を含む同書第2部の議論は加藤のモデルと接合可能なレベルの議論であるが，そのほかに第一部では分配との関係も重視されている。

Ⅱ　『「所有権」の誕生』の内的読解

『誕生』によるモデル提示の試みが意義を失うわけではない。それが，より具体的な研究のための一つの仮説となるのであれば，その目的は達せられたことになろう。

　第三に，『誕生』のモデルは日本の民法学者によるモデル，すなわち，実定法学（民法学）の知見を下敷きにしたモデルである。このことは当然のことのように思われるが，二重のメリットを生み出しうる。すなわち一方で，これに基づいて，現代日本の所有権法についてのマクロの解釈（所有権法は全体としてどのような世界観に立脚するのかという理解）が示されるのであれば，それ自体に大きな意味がある[15]。たとえば，『誕生』のモデルに立脚すれば所有権と入会権とを適切に説明できる「個人・共同体・社会」モデルを展開することが可能なので，現行日本民法の（広義の）所有権法の全体像をよりよく理解することができる。他方で，「所有」に対する学際的な研究に法学者が貢献するには，法学的な知見を利用することが不可欠だからである[16]。

　第四に，「所有（財産）」（および「契約」，さらには「家族」）[17]の生成過程（加藤の言葉で言えば「根源」）を探ることには，とりわけ今日的な意義がある。現代日本の民法学においては，「生きた法」と「制定法」の二重構造に対する意識が希薄化している。その背景には，長期的には日本社会の「近代化」があり，

---

[15]　本文で引用したように，加藤が「法制度の全体をおさえおいてこそ，はじめて安定的な法解釈が可能になる」と述べるのは，このことを指しているのだろう。もちろん，民法学以外の学問に立脚した所有論も「所有」の理解に資することは言うまでもないが，その主張内容を民法理解に接続するのは簡単ではない（たとえば，ジャック・アタリ〔山内訳〕『所有の歴史』（法政大学出版局，1994年），大庭『所有という神話』〔岩波書店，2004年〕などを見よ）。

[16]　松村・前掲注[13]は，民法や法理論についての一定の知見を踏まえつつ，法的な観点に拘束された考察の乗り越えを図ろうとする。文化人類学の中では必要かつ有益な試みであろうが，法学者による検討がなされるならば，批判の対象となっている「法的な観点」そのものの更新が図られることも十分に考えられる。（西欧近代の）法制度を与件としない『誕生』の考察の中には，そのような契機がすでに含まれている。

[17]　カルボニエは家族・財産・契約を「法の三つの柱」と呼ぶ（Carbonnier, *Flexible droit*, 10ᵉéd., 2014, 1ʳᵉéd., 1969, p. 257et s.）。この観点を軸とした最近の歴史研究として，Laurent-Bonne et al., *Les piliers du droit civil : Famille, propriete, contrat*, 2014．なお，Rouland, *Anthropologie juridique*, 1988 も，基本的な法関係として親子関係・土地関係・契約関係の三つを挙げている。また，注[4]で触れたように，日本でも川島は，財産・契約・人（家族）という民法体系を構想していた。

1 『「所有権」の誕生』を読む〔大村敦志〕

短期的にはポスト司法制度改革（ポスト・ロースクール）の民法学における実定法への傾斜がある。しかし，このような傾向は，法認識の面においても法実践の面においても望ましいとは言えない[18]。『誕生』には，このような状況を打破する契機が含まれている。また，加藤も指摘するように，「所有」は小学生も知っている基本概念であり，かつ，社会を性格づけるものである。そうであるならば「所有」は，法や社会について関心を有するすべての人々がまず知るべき（知っていると思っていることを問い直すべき[19]）ことがらであると言うべきだろう。

Ⅲ　『「所有権」の誕生』の外的読解 ── 著書の意義を開示する

1　発想源としての人類学

(1)　研究の周辺

　加藤の所有権起源論は人類学的知見の導入を図るものであったが，同様の試みは民法学の他の領域においても見られないわけではない。すでに一言したように，民法の（あるいは社会の）基本的に構成要素としては，所有（財産）のほかに，契約（交換）と家族を挙げることができるが，交換と家族もまた法学のみならず人類学の関心事となってきた。そして，民法学における契約の基礎理論や家族の基礎理論に人類学の知見を取り込む試みもすでになされている。

---

(18)　近年，日本では東アジア諸国との学術交流が盛んになっているが，実体法の平面での比較検討にとどまり，社会で行われている法と司法が実現する法を区別する視点を欠くならば，真の意味での相互理解を深めることは難しいであろう。また，市民の法への関心を促すことも求められているが，実定法中心の考え方は市民の法に対する見方を狭めることに繋がるだろう。

(19)　個人的な経験にわたるが，小中学生や高校生に対して民法を教える際に，伝えるべきなのはこの点であり，この点を欠いていては社会や法に対する市民の認識は深まらないと考えている（この点を多少意識した小学生向けの民法入門として，大村『リサとなかまたち，民法に挑む』〔太郎次郎社エディタス，2015 年〕を参照）。なお，法科大学院の学生たちの多くがこの点の認識を欠いているのは大きな問題であるが，彼らにその必要性を理解させるのは小中学生・高校生以上に難しい（大村・前掲注(3)は，上記の小学生向け入門書を大学生に向けて解説するものとして書かれている）。小粥・前掲注(2)はやや逆説的な表現で，「自明視された所与の前提」への「根本的懐疑」を惹起する点に，加藤の民法教科書の存在理由を求めているが，『誕生』の所有権起源論はまさにそのような意味を持つのである。

Ⅲ　『「所有権」の誕生』の外的読解

　契約（交換）に関してよく知られるのは，広中俊雄の研究であろう。広中の
代表作の一つである『契約とその法的保護』（創文社，1974 年）は序にあたる
第 1 章のほか，第 2 章「契約法前史」と第 3 章「ローマ契約法の歴史像」とか
らなる。このうち第 3 章で展開されたローマ契約法の発展史の部分はよく知ら
れており，現代の契約法理論にも有形無形の影響を与えている。他方，第 2 章
「契約法前史」は全体の紙幅の約 4 割があてられているにもかかわらず，第 3
章ほどの影響力を持っていないように思われる[20]。しかしながら，広中が掲げ
る課題の筆頭には「契約の原初的形態とみらるべきものは，どのようなもので
あるか。法的保護という現象がまだ出現していない社会には，どのような契約
が存在し，且つ，それらはどのようにしてその実効性をギャランティされてい
るのか」という問いが掲げられており[21]，広中にとって契約の原初的形態の探
求（契約起源論）は極めて重要な課題とされていたことがわかる。

　この点について広中は次のようにも述べている。「未開社会には，いわゆる
『政治的に組織された社会』におけるような強制権力によるギャランティ──
法的保護──は，契約のために存在してはいなかったのではあるが，しかも，
先に述べたように，われわれは，未開社会の中に，契約の原初的な存在形態を
見出すことができる。……未開社会の調査──たとえばマリノフスキーの──
で明らかにされたように，ある場合には，卑劣な行為に対する嘲笑や，あるい
は，契約の履行から生ずる物質的または感性的な実益などでも十分である。そ
して，契約に対する法的保護が出現しはじめる以前においては，その存在を必
要としない時代が続いていたのであった」[22]と。広中が契約法前史を書くにあ
たって参照したのは，「主として人類学（その特殊化された部門としての文化人
類学あるいは社会人類学）」であり，特にモースやマリノフスキー（さらにトゥ
ルンワルトやハースコヴィッツ）の研究が重視されている[23]。第 2 章の叙述は資
料的には古くなったかもしれないが[24]，広中の関心にはいま顧みるべきものが
含まれているように思われる[25]。

---

(20)　第 2 章は第 3 章とともに広中俊雄「有償契約と無償契約」同『契約法の研究』（有斐閣，
　　　1958 年）の基礎となっている。この論文は大きな影響力を持ったので，その限度では
　　　間接的な影響力を有していることになる。

(21)　広中俊雄『契約とその法的保護』（創文社，1974 年）12 頁。

(22)　広中・前掲注(20)9-10 頁。

1 『「所有権」の誕生』を読む〔大村敦志〕

　家族に関しては，日本民法学は早い時期から人類学への関心を有していた。よく知られるのは中川善之助『身分法の基礎理論』（河出書房，1939 年）であろう。中川は「本質社会・目的社会」，「統体法・個体法」という概念枠組を用いて身分法を特徴づける。その背後には，ドイツの法学説（ギールケなど）のほかに当時の社会学説（テンニースなど）が存在するが，とりわけテンニースの影響が大きい[26]。そしてテンニース自身は，中川によれば「ポスト，モルガン，バッホーフェン等の原始社会研究家より古代に於ける共同社会の理論を暗示さられ」，マルクスやイェーリングにより「目的社会の構成を大体見当付けることを得たのであつた」（その上でメーンの古代法によって統合がはかられた）とされている[27]。

　中川もまたここにいう「原始社会研究家」の研究を直接参照している。たと

---

(23)　Mauss, *Essai sur le Don*, 1925（邦訳，『社会学と人類学 I』〔弘文堂，1973 年〕），Malinowski, *Kula, the circulating exchange of valuables in the archipelagoes of Eastern New guinea*, 1920, Id., *Argonautes of the Western Pacific*, 1922（邦訳『西太平洋の遠洋航海者』，1967），Thurnwald, *Die menschliche Gesellshaft*, III, 1932，Herskovits, *The Economic Life of Primitive Peoples*, 1940 などが引用されている。なお，日本語文献としては，杉浦健一『未開人の政治と法律』（彰考書院，1947 年），鈴木次郎『未開人の社会組織』（世界書院，1950 年）が引用されているほか（杉浦からの伝聞資料も利用されている），川島・前掲注(5)『債権法総則講義第一』7 頁の記述に言及されているのが注目される。

(24)　最新の研究をフォローしておらず手元にあるものに限られるが，マーシャル・サーリンズ（山内訳）『石器時代の経済学』（法政大学出版局，1984 年，原著，1972 年），メアリー・ダグラス（浅田・佐和訳）・儀礼としての消費 —— 財と消費の経済人類学』（新曜社，1984 年，原著，1979 年），山本泰・山本真鳥・儀礼としての経済 —— サモア社会の贈与・権力・セクシュアリティ』（弘文堂，1996 年），今村仁司・交易する人間（ホモ・コムニカンス）—— 贈与と交換の人間学（講談社，2000 年）などが興味深い。また最近では，歴史学における贈与研究も盛んになっているようである（ナタリー・デーヴィス〔宮下訳〕『贈与の文化史 —— 16 世紀フランスにおける』〔みすず書房，2007 年，原著，2000 年〕，桜井英治『贈与の歴史学 —— 儀礼と経済のあいだ』〔中央公論新社，2011 年〕などを参照）。

(25)　様々なギャランティを想定した広中の立場は，今日では進化経済学や行動経済学の関心のありかと接点を有するように思われる。

(26)　中川『身分法の基礎理論』（河出書房，1939 年）131 頁注(1)ほか。ただし，同 14-15 頁ではやや批判的なスタンスがとられていた。Tönnies, Einteilung der Soziologie, in *Soziologischen Studien und Kritiken*, II, 1926, Id., *Gemeinshaft und Geselshaft*, 1887（邦訳『ゲマインシャフトとゲゼルシャフト』〔理想社，1954 年〕）が参照されている。

(27)　中川『身分法の基礎理論』263-264 頁。

えば，中川『略説身分法学』（岩波書店，1930年）には，バッホーフェン，モルガン，さらにはメーン，フェステル・ドゥ・クーランジェの名が引かれている[28]。より端的に，中川が家族の起源に関心を寄せていたことは，中川「婚姻と家族の理論 —— その起源に関する学説史」（穂積追悼・家族法の諸問題〔有斐閣，1952年〕）に窺われる。そこでも，上記の著者たちが引かれ，さらにマクレナン，ウェスタマーク，マリノフスキー，ブリフォートらへの言及もなされている。中川以降，この種の研究は必ずしも十分になされていないが[29]，その理由や現在における必要性については別の機会に述べることとして，ここでは，家族起源論が中川理論の形成に一定の影響を与えていたことを確認しておくにとどめる[30]。

(2) 研究の展開

所有（財産）については，『誕生』の議論の発展（展開）可能性について述べておく必要がある。すでに述べたように，『誕生』は入会権に新たな光を当て

---

[28]　中川『略説身分法学』（岩波書店，1930年）38頁（フェステル・ドゥ・クーランジェ），41頁（バッホーフェン），45頁（メーン，フェステル・ドゥ・クーランジェ），74頁（モルガン）。引用は家族・婚姻に関する部分に集中している。なお想定される引用文献は，フェステル・ドゥ・クーランジェ『古代都市 上・下』（白水社，1944年・1949年），バッホーフェン『母権制 上・下』（白水社，1992年・1993年），モルガン『古代社会 上・下』（而立社，1924年）である。なお，中川『新訂親族法』（青林書房新社，1965年）には，これらの著者のほか，自身の南洋諸島研究を含む日本の研究も引用されている。

[29]　家族の起源については，その後，参照すべき研究も少なからず現れている。人類学の領域に属するものとしては，とりあえずマードック（内藤監訳）『社会構造 —— 核家族の社会人類学』（新泉社，1978年，原著，1949年），レヴィ＝ストロース（福井訳）『親族の基本構造』（青弓社，2000年，原著，1967年），そして近年のトッド（石崎ほか訳）『新ヨーロッパ大全ⅠⅡ』（藤原書店，1992-92年，原著，1990年），同『家族システムの起源Ⅰ ユーラシア（上下）』（藤原書店，2016年，原著，2011年）のみを挙げておく。また，霊長類学の業績も参照されなければならないが，これらについては別稿で取り上げる。

[30]　なお，中川は「親族相続法の社会法律学」（『略説身分法学』の副題）の必要性につき，次のように述べている。「法科学生は身分私法に必要なる社会学的知識を授かる機会を殆んど持ち得ない実状にある。（経済学や国家学・政治学を聴講することで—筆者注）日本憲法の字句を離れても，主権なり領土なりの性質を学生は或る程度まで考へ得る様になる。民法・商法とは別に借地・地代・担保・手形等の取引上に於ける実相を述べることが出来る様になる。併し家族態が如何に発達し，また如何なる要求を以て現在如何に在るかの問に対して，多くの学生は恐らく余り詳しい確かな返事をし得ないであらう」（中川・前掲注[28]）序2-3頁。

1 『「所有権」の誕生』を読む〔大村敦志〕

たが，入会権に対する関心は「コモンズ論」という形をとって，その後も強まりつつある[31]。こうした中で，『誕生』が再び光をあてて見せた日本の入会権研究をはじめとする慣習的権利に関する研究も，新たな位置づけを与えられることになろう[32]。また，『誕生』の著者はラオス北部での調査も行っているが，東南アジアの山奥部をフィールドとして　国家なき社会のあり様を分析した研究も現れている[33]。これも『誕生』の著者が指摘する国家論の観点からすると興味深いものである[34]。

2　認識の学としての民法学

(1) 従来の主張

『誕生』は，隣接する問題についての研究関心を惹起するだけではなく，方法論的な再検討を要請する。実はこの点は，加藤の年来の主張である法学方法論と密接に関連する。それは各所で述べられているが，ここでは『財産法の体系と不当利得法の構造』の巻末に付された「あとがきにかえた方法的覚え書──『認識としての法律学』を求めて」（以下「覚え書」と略称する）によって[35]，その内容を紹介・検討する。

---

[31]　これも文献は手元にあるものに限られるが，『誕生』が引用する宇沢弘文＝茂木愛一郎編『社会的共通資本 ── コモンズと都市』（東京大学出版会，1994 年）のほか，鈴木龍彦＝富野暉一郎編『コモンズ論再考』（晃洋書房，2006 年），室田武・三俣学『入会林野とコモンズ』（日本評論社，2004 年），小畑清剛『コモンズと環境訴訟の再定位』（法律文化社，2009 年），高村学人『コモンズからの都市再生』（ミネルヴァ書房，2012 年）など。中山充『環境共同利用権』（成文堂，2006 年）もこれに加えることができる。

[32]　入会権研究については『誕生』の文献表を参照。そのほか，漁業権につき，潮見俊隆『漁村の構造 ── 漁業権の法社会学的研究』（岩波書店，1954 年），水利権につき，渡辺洋三『農業水利権の研究』（東京大学出版会，1954 年），温泉権につき，北条浩『温泉の法社会学』（御茶の水書房，2000 年）など。なお，水利権につき経済的な観点から分析するものとして，野田浩二『緑の水利権 ── 制度派環境経済学からみた水政策改革』（武蔵野大学出版会，2011 年），再発見された温泉権研究として，杉山直治郎『温泉権概論』（御茶の水書房，2005 年）もある。

[33]　スコット（佐藤監訳）『ゾミア ── 脱国家の世界史』（みすず書房，2013 年）。

[34]　なお，『誕生』には「狩猟採取社会における人間間の平等性」に対する言及があるが（188 頁），この点に異論を提出するものとして，アラン・テスタール（山内訳）『新不平等起源論 ── 狩猟＝採集民の民族学』（法政大学出版局，1995 年，原著，1982 年）がある。同著は，備蓄・非備蓄という観点を提出しており，『誕生』の提示しているシェーマともかかわりを持つ。

加藤は「覚え書」において「認識として法律学」への志向を明らかにしている。加藤は法解釈学論争の成果をふまえて,「法の解釈が当為判断であるかぎりにおいて,それが実践的性格をもっており科学ではない,という点にはまったく異論がない」(覚え書 868 頁)としつつ,「はたしてそのような実践的判断をすることが法律学のすべてなのだろうか,という点に疑問を感ずるのである」(覚え書 869 頁),「いわゆる基礎法と呼ばれる分野のみならず,『法の解釈』と呼ばれている分野においても,検証ないし反証が可能な形で客観性を保持しうる科学的な認識としての性格をもつ学問 —— 法律学が成立するのではないか……一定の法規範現象に即して認識としての法律学が成立するのではないか」(覚え書 869 頁)とする。

加藤はこのような観点から,不当利得法につき自らが行った作業を 3 段階に分けて説明している。第一段階は,「当為判断の是非には原則として立ち入らず,個別の当為判断のもつ規範的実態ないし規範構造あるいは判例,学説,立法史などを総合的にみて多くの当為判断の全体的な規範的実態および規範構造を認識する」(覚え書 869 頁)という作業である。「当為判断そのものを対象化すれば,この当為判断に内在していた実質的な判断基準を発見し,その実質的な判断基準の認識が事実認識として成立する余地がでてくる」(覚え書 870 頁)というのである。このような作業の結果として加藤が提出するのが,「裁判官は不当利得における『法律上ノ原因』の有無について財貨移転を基礎づける法律関係の存否を基本的な判断要素としてきた」という「認識命題」である。そして,このような認識命題は「追試可能性と反証可能性によって客観性を付与されている」(覚え書 871 頁)とするのである。

加藤はこのレベルにとどまらず,先に進む。第二段階として「『法律上ノ原因ナク』=財貨移転を基礎づける法律関係不存在が,全体としてどのような構造をもっているかという,構造分析がはじまることになる」(覚え書 872 頁)と

---

(35) そこで加藤自身が述べているように,最も早い時期の発言としては,「特集・これからの法律学」ジュリスト 655 号(1978 年)における発言がある。私事にわたるが,この年に大学に入学し,ジュリストの該当号を手にした筆者にとって,座談会における加藤のこの発言は,平井宜雄の法政策学の存在感,淡路剛久のスタルク理論の紹介,前田達明による民法学の関心の推移についての説明などと並んで,記憶に残るものであった。いまやこうした企画自体が成立しにくくなっているのは残念なことであるが,本稿はこうした現状を打破するためのささやかな試みでもある。

1 『「所有権」の誕生』を読む〔大村敦志〕

し，「財貨移転と直接・間接に関連するかぎりでは，実定法体系全体が投影されたものとして，不当利得の『法律上ノ原因』が存在しているとまでは，まずいえそうである。本書で，『不当利得の「法律上ノ原因」の内容は，全実定法体系の箱庭』であると述べたのは，このような『法律上ノ原因』の構造認識の問題として述べたものである」と結論づける（覚え書873頁）。そして加藤は，「第一段階の……分析と，第二段階の……分析との間には，認識の抽象度にかなりの差があり，分析素材と導かれた命題との事実的な密着度にも，かなりの差があることは事実であろう」としつつも，両者はいずれも検証の可能性を有するという意味で「認識としての法律学」に含まれるとする（覚え書873-874頁）。さらに第三段階が続く。そこで問われるのは「不当利得の『法律上ノ原因』が全実定法体系が投影されたような構造をもっているのはなぜだろうか，そのような構造を不当利得法の要件がもってこざるをえないということはどんな意味をもっているのだろうか，という問題」（覚え書874頁）である。この点につき，加藤は「不完全な財貨移転の矯正法としての不当利得法の機能」に根拠を求めているが（覚え書875頁），「このような意味づけの問題というのは……経験的事実そのものとのつき合わせはできないので，第二段階までの認識が有していた意味での客観性をもちえないことは否定できない。その意味で，『意味』とか『理解』というものは少しずつ形而上学的なにおいを帯びやすいような気はする」（覚え書874頁）としている。最後の点につき，加藤は「当初の方法的出発点からすると多少迷路に入ってしまった気味もあ（る）」と述べている（覚え書876頁）。

　このような方法論をどう考えるか。この点については，すぐ後で項を改めて検討することにして，ここでは議論のための素材として，同様の方法論に言及する吉田克己の見解に触れておく。吉田は「民法学の方法・覚書」（ジュリスト1126号，1998）（以下，「方法」と略称）において，次のように述べている。吉田はまず，「民法学の危機」とは「法の形成過程における民法学説の地位の低下」であるとした上で，「たとえば，裁判所がその人的資源の充実や経験の蓄積などによって法形成能力を高め，その結果，そこでの法形成について学説に依存する部分が少なくなったというのであれば，学説の地位の低下を否定的に評価する必要はない，という議論もありうることになろう」とする（方法254頁）。そして，最後の文章に注を付して，「この発想を延長すれば，法学者の法

Ⅲ 『「所有権」の誕生』の外的読解

形成への関与は否定されてよいことになろう」と述べて，柳澤弘士「実用法学と理論法学 —— 私法学方法論のためのプロレゴメナ」（日本大学法学研究所法学紀要 17 巻，1975）を引用し，これを「十分にありうる発想」であると評して，「現に，フランスなどでは，民法学の本来の任務を法認識論に求める発想が強いように思われる」（方法 260 頁注 3）としている。しかしながら吉田は，このような立場に正面からは与することなく，「少なくとも現代日本社会において，学説が法形成の全体的プロセスの中で積極的な役割を果たすべきだと考えている」とする。ただしその際に，このことを自明視せずに，「その正当性を明らかにする努力をすることが必要であろう」としている（方法 254 頁）。

そして「それはまた，民法学がどのような作業を通じて法形成に関与することが望ましいのかという問題と密接に関連する」と述べ，このような観点から，法形成を左右することになる「説得力」の諸要素として，①法的構成の巧拙や論理的整合性，②結論の妥当性・根拠づけの妥当性や社会的に承認された価値との整合性，③法の背景事情との関連づけ，比較法的・歴史的考察を挙げ，民法学が①〜③のいずれに重点を置くべきかを問う。吉田は，裁判官への直接の働きかけを目的とするならば①が重視されるべきだろうが，民法学はそれとともに（むしろ）②③を重視すべきであるとする。それはなぜか，という点については項を改めて述べることとして，ここでは，吉田のいう「法認識論」と②③（さらに①）とは，どのような関係に立つのだろうかという問いを立てておきたい。というのは，上記の引用個所にも窺われるが，吉田には「法認識論」に対する強い志向が見出されるからである。吉田が完全にこれを退けたとは考えにくいのである。この問いについてもまた，すぐ後で検討する。

(2) これからの可能性

はじめに，加藤の「認識のための法律学」と吉田の「法認識論」の異同について，若干の検討を行っておこう。

加藤も吉田も，法実践（法形成への参加）の意義を否定しないが，法実践を直接の目的とはしない法認識の可能性と有用性を認める点で一致している。もっとも，少なくとも「覚え書」における加藤が法認識の可能性を積極的に追及するのに対して，吉田は法認識のみを目的とする法学を最終的には退けている。しかしながら，吉田は民法学がなすべき作業としての②③の意義を強調することによって，法認識に裏づけられた法実践（法形成への参加）を推奨して

19

1 『「所有権」の誕生』を読む〔大村敦志〕

いる。そうだとするとむしろ，加藤が法認識と法実践とを切断した上で法認識の可能性を探っている（法実践と並存する法認識）のに対して，吉田は法実践の内部において法認識に大きな領分を認めている（法実践に包摂された法認識）というべきだろう。こうした違いはあるものの，両者はどちらも法認識の可能性・有用性を積極的に認めていると評価することができよう。ただし，法認識を法実践の中に置くのか外に置くのか，中に置く場合にはもちろん外に置く場合にも，両者の連結をどう図るべきかは大きな問題である。これらの点では，加藤と吉田の見解が一致するかどうかはわからない。

　他方で，加藤と吉田の「認識」観は同じではなさそうである。加藤が拠って立つのは，ポパー流の反証可能性論であり，経験科学的な知的営みと親和性の高い「認識」観である。これに対して，「方法」を見る限りでは吉田の立場は必ずしも判然としないが，フランス（民）法学に対する言及から推察するに，20世紀フランスの（特に最近50年ぐらいの）実定法学のあり方が念頭に置かれているようである。筆者の理解するところによれば，確かにフランス民法学は，何らかの実践的主張を行うことを主たる目的に据えてはいないように見える。そこで目指されているのは，錯綜する実定法源を分析・総合する作業を通じて，概念や理論を導入・更新していく（反対に，概念・理論によって実定法を整序する）ことであるように思われる。このような知的営みは実践性がひとまず捨象されているという点では確かに「認識」と呼びうる。しかしながら，フランスの民法学者たちは反証可能性テーゼを前提にしているかと問われれば，おそらくはノンと答えるであろう。では何を行っているのかといえば，よりよい法の理解（解釈）を示そうとしているということになるであろう。注意すべきは，ここでの「解釈」（理解）とは法実践としての主観的な解釈ではないということである。そこにあるのは，解釈学的な営みと親和性の高い「認識」観である。

　もっとも，最近の加藤の立場は微妙な揺らぎを見せているようでもある。加藤は次のように述べている。「私自身は，処女作の末尾に付した『方法的覚え書』にも述べたように，経験主義的実証が学問の出発点であると考えており，現在でもその姿勢は変わらない。ただ，経験主義的実証を重視する姿勢は堅持し，経験主義的実証によって理論的基礎を固めながらも，そこから昇華したより高次な抽象化された分野は思惟の世界であるとも考えている。また，経験主義的方法だけではカバーしきれない分野は推論によって補わざるをえないこと

20

も意識しながら，この論稿の叙述を進めたいと考えている」[36]。ここでの加藤は，かつての「迷路」から抜け出しているように見える。少なくとも（経験的事実による検証ができないという意味での）「思惟」が肯定的にとらえられている。では，加藤は「覚え書」にいう「形而上学」に転じたのであろうかといえば，そうでもなかろう。

「覚書」での立論と合わせて注意すべきことは，「経験的事実」による「検証（つきあわせ）」は可・否のどちらかに分かれるわけではないことである。加藤自身がそのような前提に立っており，前述のように，「『意味』とか『理解』というものは「少しずつ形而上学的なにおいを帯びやすい」と，程度を考慮に入れた表現をしている。また，加藤のいう第1段階・第2段階では「経験的事実」による「検証」は本当に可能なのか，といえば，そこにもまた程度の差を観念せざるを得ない。「経験的事実」とは何であり，「検証」とはいかなる作業であるかが問題になりうるからである。たとえば，ある制度の歴史について語る場合に[37]，1次資料があるものについては「経験的事実」による「検証」が可能かと言えば，必ずしもそうではない。その存否自体に対する争いは別にして，資料の意味は一義的に確定されない。反対に，大きな射程を持つ「理論」の当否については全く議論が成り立たないのかといえば，これもそうではない。その「理論」に内在する矛盾を指摘したり，その「理論」では十分に説明できない点を指摘することはできる。また，ほかの「理論」や「事実」との整合性の観点から，複数の「理論」の優劣を論ずることも不可能ではない。以上に見られるような，論証における「事実」のウエイト，「検証」の解釈的性質は法学に固有の問題ではない。その意味では（「認識」の成立条件を過度に狭めなければ），加藤が言うように「認識としての法律学」は十分に成り立つ。吉田が援用するフランス民法学も暗黙裡にこのことを前提としているはずである。

「認識としての法律学」が成り立つとして，『誕生』が収集・構成したような知見から私たちは何を導くことができるのだろうか。換言すれば，そうした知見にはいかなる意味があるのか。この点については，次の2点を指摘しておきたい。

---

(36) 加藤「所有権法の歴史と理論」法社会学 80 号（2014 年）52 頁。

(37) 大村「民法学における『歴史』の位相」同『法典・教育・民法学』（有斐閣，1999 年）
175 頁以下，遅塚忠躬『史学概論』（東京大学出版会，2010 年）115 頁以下。

1 『「所有権」の誕生』を読む〔大村敦志〕

　第一に，近代においては，法制度の成立につき，その根拠を「自然」に求める見解はどちらかと言えば劣勢に立たされてきた。しかし，今日，法制度の恣意性（規約性・実定性）を再検討に付す議論が隣接諸学のそこここに登場しつつある。誤解を恐れずに単純化して言えば，脳科学・認知科学や進化生物学・霊長類学・人類学，ゲーム理論や行動経済学などの発展によって，ひところは優勢であった社会構成主義が退潮し，実在論が復調しつつあるように思われるのである[38]。（民）法学もまた，このような潮流と無縁ではいられないであろう[39]。人間とその社会的環境・自然的環境はいかなる制度を生み出すのか。こうした研究を行うための基盤が徐々に整いつつある[40]。『誕生』は，このような空気を敏感に映し出した先駆的な業績であると言えるだろう。

　第二に，しかしながら，「意味」や「理解」の意義はなお失われないであろうことにも，留意しておく必要がある。新しい実在論もまた実在の基礎に立ちつつ，解釈の持つ意味を承認している。ポストモダンの潮流が知の世界を席捲した後，「大きな物語」に対する警戒感や揶揄は決まり文句になった観があるが，常に再検討に付されうる，より「大きな物語」（実際には中範囲の理論）は，（民）法学の領域でも必要であろう。このような「理論」による整序がなされ

---

[38]　バスカー（式部訳）『科学と実在論』（法政大学出版局，2009 年）同（式部訳）『自然主義の可能性』（晃洋書房，2006 年），アーチャー（佐藤訳）『実在論的社会理論 —— 形態生成論アプローチ』（青木書店，2007 年）など。なお，ドレフュス＝テイラー『実在論を立て直す』（法政大学出版局，2016 年）も。ほかに，青木昌彦（谷口訳）『コーポレーションの進化多様性』（NTT 出版，2011 年），ヒース（瀧澤訳）『ルールに従う』（NTT 出版，2013 年），ギンタス（小川ほか訳）『ゲーム理論による社会科学の統合』（NTT 出版，2011 年）が興味深い。さらにドゥ・ヴァール（柴田訳）『道徳性の起源』（紀伊国屋書店，2014 年），ボーム（斉藤訳）『モラルの起源』（白揚社，2014 年），ビンモア（須賀訳）『正義のゲーム論的基礎』（NTT 出版，2015 年），トマセロ（橋彌訳）『ヒトはなぜ協力するのか』（勁草書房，2013 年），ボールス＆ギンタス（竹澤訳）『協力する種』（NTT 出版，2017 年）なども参照。なお，翻訳はないが，Searle, *The Construction of Social Reality*, 1945, Id., *Making the Social World*, 2010 を付け加えておく。

[39]　興味深いことに，同一の論文集（『日本民法学の新たな時代　星野英一先生追悼論文集』〔有斐閣，2015 年〕）所収の論文中で，共通に「進化」が語られている（内田論文 48 頁，山本論文 74 頁，大村論文 102 頁）。

[40]　飯田高『法と社会科学をつなぐ』（有斐閣，2016 年），大浦宏邦『人間行動に潜むジレンマ —— 自分勝手はやめられない？』（化学同人，2007 年）などが展望を与える。なお，歴史学の領域では，長谷川貴彦『現代歴史学への展望』（岩波書店，2016 年），ハント（長谷川訳）『グローバル時代の歴史学』（岩波書店，2016 年）。

なければ，私たちは輻輳する法源の海原を海図なしに漂うほかなくなるだろう[41]。繰り返しになるが，『誕生』のモデルに対する批判はいろいろありうるだろうが，それによって『誕生』の意義が失われるわけではない。

Ⅳ　お わ り に

　最後に，今後の課題について一言して結びに代えよう。

　一つは，人類学から霊長類学への展開可能性についてである。この点は，加藤自身が最近になって言及している点でもある[42]。そこでは，『誕生』での議論を生産財に関する議論であるとした上で，消費財に関する議論を展開するための手がかりとして，霊長類における「分配」の問題が取り上げられている。食物の分配の問題は，土地所有のあり方と密接に関連するという見方も十分にありうるので[43]，この区別についてはなお検討を要するものの，私たちが霊長類学の著しい発展から学ぶべきことは多い[44]。紙幅の関係で別に紹介するが，分配の問題は家族（集団）の問題とも密接にかかわる[45]。この点において，所有論は家族論・団体論と接続する。

　もう一つは，私たちが持つ知的資産の再利用可能性についてである。加藤は『誕生』において，長い実態調査の歴史のある入会研究に新たな光をあてた。同様にして再評価・再利用が可能な在庫資産はないだろうか。たとえば，戦前に行われた旧植民地・支配地域における各種の慣行調査はどうか[46]。あるいはヨーロッパに関しては，貴重な実態調査の結果が残されている[47]。進んだ日本

---

[41]　諸学の成果の一部から一定の示唆を得る試みは，別稿で展開する。

[42]　加藤・前掲注(36) 68 頁以下。

[43]　松村・前掲注(13)のほか，黒田末寿『人類進化再考』（以文社，1999 年）。

[44]　紙幅の関係もあろうが，加藤・前掲注(36) 84 頁以下が挙げているもの以外にも，霊長類学の研究成果で参照可能なものは多数ある。なお，『現代思想』の特集，「人類の起源と進化」（2016 年 5 月号），「霊長類学の最前線」（2016 年 12 月号）なども参照。

[45]　たとえば，山極寿一『家族の起源 —— 父性の登場』（東京大学出版会，1994 年）。なお，山極には『家族進化論』（東京大学出版会，2012 年）もある。

[46]　最近の研究として，李英美『韓国司法制度と梅謙次郎』（法政大学出版会，2005 年），西英昭『「台湾私法」の成立過程』（九州大学出版会，2009 年）など。

[47]　福本洋之助＝原田純孝＝鎌田薫「フランスにおける家族農業経営資産の相続 ——1978〜81 年実態調査中間報告」社会科学研究 33 巻 5 号（1981 年）ほか。

1 『「所有権」の誕生』を読む〔大村敦志〕

（西欧），遅れたアジア（非西欧）という枠組を取り去って，これらの資料を改めて見直すならば，土地所有権のあり方について得るべきものがあるのではないか⒇。

　ここまで述べてきた可能性は，すべて『誕生』が惹起したものである。『誕生』はその意味で，様々な研究の結節点なのである。道はここから四方八方へと広がっていく。

⒇　この点については，「座談会・アジアの民法」ジュリ 1406 号（2010 年）。

2 理性による経験的諸認識の合目的性に基づく統一
——「実践的自由」による体系化についてのカント哲学理論・管見

坂 本 武 憲

I はじめに

　民法が「人」を最重要視していることは，民法全体に関係する「通則」規定に続いて，「権利能力」（第3条）以下の規定を定めている位置付けからも，十分に理解しうる。しかしこれまでは，権利義務の第一の帰属主体としての人間という，法技術的側面からだけ法的保護が議論され，この世界で創造的な「生き方」をすべき，そして目的それ自体とされるべき存在であるとの実践的認識に立ったうえでの解釈論は，乏しかったように思われる。もちろんそのような議論は，民法解釈学という枠の中に止まりえないものであるが，人はもはや「幸福」や「豊かさ」に浴せばよいだけの存在ではないのが自明となっているいま，21世紀民法学が避けて通りえない問題なのは確かである。更に，現今のグローバリゼーションの潮流に身を置く民法学は，もはや日本の枠を超えなければならず，世界の動向をみすえながら「人」について考えるようにも要請されているであろう。

　人間の「生き方」の問題は，我々にとって最重要なものであるとは，誰もが認めるところである。しかし，少なくともこの現代にあって，我々はいまの問題について，どこまでの合意に達しているだろうか。例えば，「神」の理念は共有されているであろうが，果たしてこの理念は人間の生き方にどうかかわるべきなのか，世界の人々に大筋だけでも共通認識があるようには見えない。また，自然科学は経験的世界のあり様をありのままに認識している学と称して，これまでのように人の生き方そのものを考えるのとは無縁な学問であってよいのか，それとも我々がこの経験的世界（現象的世界）で自由な，そしてそれぞ

『21世紀民事法学の挑戦』加藤雅信先生古稀記念〔信山社，2018年3月〕　　*25*

2 理性による経験的諸認識の合目的性に基づく統一〔坂本武憲〕

れに創造的な生き方を志しうるために，この目的に適う研究を推し進める体系的学であるべきなのか，確信をもっている学者や識者は少ないように思われる。このような合意の欠如は，やがて人間同士に「生き方」を巡る争いを生じさせ，更にはより大きな勢力間の根深い紛争となって，現代に惨劇を出現させるに至っている。

確かに，上記の問題は最も重要であるだけに，困難の度合いも最大のものなのだが，幸いにも我々には二世紀以上も以前に，カントという稀有の哲学者が残したこの上なく明確な解答が与えられており，ただこれまではその深遠さと高邁さのゆえに，世人から遠ざけられ続けてきた不幸な状況だけが存しているのである。そこで本小論は，かかる状況を打開して，この最高の賢者が生涯をかけて思惟し，我々に提示したところの貴い理論を紹介するとともに，延いては民法解釈学にも役立てようとするものであるが，そのためにはこの哲学者によるこのことの説示の新たな紹介に加えて，筆者がこれまでささやかながら続けてきたカント研究を，その依拠した原典とともに頻繁に引用しなければならなかった。そのような事情からも，残念ながら思うような明確さには到達できていないのであるが，この執筆によりカントの理論がどれほどに正しいかという確信には近づいたつもりである。そこで，筆者の行き届かぬところは引用した原典に目を通していただいて，人間の自由な生き方を真剣に考えた最大の形而上学者が残している見解に，触れていただきたいと今は希求するばかりである。

Ⅱ　ア・プリオリな理性理念の超越的（構成的）使用

我々がそこにおいて諸対象を認識しているのは，物それ自体の世界なのではなく，この世界からの触発が，我々の主観に具わる空間と時間という感性の形式によって受容されたところの現象的世界であること，そしてそれゆえにこの時間の形式に従っている現象にあっては，諸表象について認識させる関係が，一つの連続体としての時間とそれの諸部分（特定の諸時間），先後，同時存在の関係だけとなるから，現象において相異なるものの時間関係を認識させるア・プリオリな要素（カテゴリー）も，実体とそれの偶有性（状態），原因と結果，同時存在（相互作用）の三つであるとア・プリオリに結論しえること，かかる

Ⅱ　ア・プリオリな理性理念の超越的（構成的）使用

三つのカテゴリーのうち前の二つでは，前者が条件で後者が条件付けられたものであり，最後のカテゴリーでは相互に条件と条件付けられたものの関係にあること，これらがカントの提唱した認識論の要約的内容であった[1]。しかし我々の理性は，対象認識を決してこの現象的世界にとどめておくことなく，可能的経験（空間と時間の形式がア・プリオリに知らしめるところの，我々がもちうるとしたら唯一可能な経験）の限界を超出しようとする自然的傾向があり，まずそのために本小論でも中心的に考察される，いくつかの理念を形成しようとする。

　我々は，条件付けられたものがあれば，それを条件付けたものの総体も与えられているに違いないとの誤謬推論により，「不死なる心神・霊魂としての私」「自由」「神」という無条件者の理念を形作り，それらの実在性の証明を試みても，すべて失敗に終わるのをカントから教わっている。第一の理念は，認識の主体（認識の条件）であるだけで決して認識の客体（認識の条件付けられたもの）とはなりえない（さもなければそれを認識した別の主体が存することになる）もの，それゆえにカテゴリーを逆利用してその認識されないものの性質をア・プリオリに導き，空間にはありえない単成的で（存在において部分から成るものではない），時間においてありえない常に数的に同一な（時間における「私」は数多でしか現れない）等々の無条件者，がいわれる。第二のものは，原因（条件）と結果（条件付けられたもの）の系列を終結させる第一原因（もはや先行する原因・条件をもたない無条件的なもの），がいわれる。第三のものは，この現象的世界で共存しうる経験的内容が無限ではなく，何通りかのものでなければならないところから（さもなければ他の経験的内容ではなくこれとの選定的判断ができない），選定肢（部分）となる経験的内容から条件付けられた単なる集積ではなく，逆に無条件な全体（やはり前述した単成的なものとなる）としてあり，それの多様な制限によって何通りかの選定肢を条件付けている無条件者，がいわれる[2]。

---

(1)　Kant,Kritik der reinen Vernunft, 2Aufl. (B), 1787.（以下では reine Vernunft と略記する）S. 132ff. 坂本武憲「カントにおける道徳学と法学の構想（一）」（以下では「構想」と略記する）北大法学論集 39 巻 5・6 合併号（1989 年）204 頁以下，坂本「構想」（二）北大法学論集 44 巻 5 号（1994 年）318 頁以下。

(2)　Kant, reine Vernunft, S. 399ff. 坂本武憲「環境問題が要請する行為規範学革新の方向性」矢澤昇治ほか編『環境法の諸相』（専修大学出版局，2003 年）168 頁以下。

2 理性による経験的諸認識の合目的性に基づく統一〔坂本武憲〕

しかし，これらの理念が形作られえたということから，それらの客体の実在性を結論付けうるものではない。その訳は，これらの理念が，この経験的世界で対応する直観（概念によって規定されるしかしそれとは別の要素として認識に服しうる表象・印象）をもつはずがなく（第一と第三ではそれらの理念そのものがかかる直観保有の可能性を拒否しており，第二では先行する原因がなければそれの起因性が諸表象の継時的綜合により直観として認識されえないから），また我々が直観をもちうるのはこの現象的世界だけであること明らかであり，その基礎にあると想定しうる，物自体の世界にあってはいかなる直観ももたないのだから，遂に客体の実在を認識させることができないからである。結局のところ思弁理性がこれらの理念を直接対象に関係させて，その実在を証明するための構成的使用（konstitutive Gebrauch）により得られた結論は，これら三つの理念の直観がそもそも与えられないこと明かな物自体の世界（悟性界）では，確かに実在するとの証明もできないが，しかし実在しないとの証明もできないというものであった。言葉を換えていえば，これら三つの理念の対象の実在する蓋然性（ないとはいえない）までは，否定されていないのである。我々はかかる蓋然性をしか語りえないのに，どうしてこれらの理念だけはもちえたりできるのだろうか。それは対象としての認識という目的（思弁的目的）とは区別しうる，実践的目的のためではないか[3]。

Ⅲ　ア・プリオリな理性理念の内在的（実践的）使用

思弁理性が，前述の三つの理念により，それらの対象の実在を論証しようとする試み（構成的使用）は，この理性の内在的（土着的）使用ではなく――後述のごとくこの理性によるこれら理念の内在的使用は，規整的なそれ（regulative Gebrauch）である（後掲Ⅳ参照）――，超越的（飛躍的）なそれとなって，これらの実在は否定されないという意味での蓋然性（ないとはいえない）をしか残さなかった。これに対し，我々の実践理性にとっては，これらの理念の実り多い内在的使用が約束されている。カントがかかる使用における先陣の支柱とするのは，無条件的な起因性を意味する先験的自由であるが，しかしそれの

---

(3)　Kant, reine Vernunft, S. 737ff. 坂本武憲「序論――カントの演繹的行為規範学(一)」(以下では「序論」と略記する) 専修ロージャーナル六号 (2011年) 32頁以下。

Ⅲ　ア・プリオリな理性理念の内在的（実践的）使用

対象の実在証明という試みとは区別される，「実践的自由」の可能性に関する「自由の理念」を形成するためにだけこの先験的自由を利用する。我々の欲求能力は対象からの触発をうけて，それがもつ誘因により規定されるのであるが，もしも規定され尽くすとすれば，それは動物的な恣意選択となろう。人間的な恣意選択は自主的なものであり，それゆえ我々の欲求能力一般が，かかる誘因によって規定される以前に，我々が目指すべき最高の道徳的目的に従って思惟しうる理性（それが純粋理性として現象界ではなく物自体の世界・叡知界に属しているがゆえにかかる目的も道徳的諸法則も着想できる）が，それ自体で正当とされる自立した普遍妥当的法則（純粋思想）・道徳的法則を意思（規則に従う欲求能力）に提示して，それによる内的行為・外的行為を規定する可能性をもたなければならず，これこそが実践的自由の能力であり，そのような能力があるのを正に内面的に自己確認するために，ア・プリオリな「自由の理念」が形成されるのである。

　実践的自由も，無条件的な起因性である点についてだけは，先験的自由と同じであるから，決して条件付けられたものとして条件からその実在を証明できるものではなく，ア・プリオリに形成された「自由の理念」により，各人が内面的自己確認（意識化）しえて初めて，その実践的実在性が確認されるはずのものである。そしてこの理念の中心は，理性が自立した普遍妥当性をもつ道徳的法則により，意思（規則に従う欲求能力）を規定する作用に存すること当然である。しかしこの哲学者は，我々の理性がこれらの法則によって意思を規定するについては，同時にその諸法則を遵守することによってだけそれとの正確な対応において達成しうる，「最高善」（受けるのが至当な至福性）の実現までを志せと意思に命じるとし，さもなければそれら法則は無意味な（最高善とは無関係な）単なる妄想でしかありえないのをその理由とする[4]。そしていま述べた道徳的法則の遵守とそれに正確に対応する「最高善の実現」を，我々の理性が意思に志せと命じうる前提として，何の実在が実践的に要請されるかという問題へと進むために，後陣の支柱として配されているのが「不死なる心神・霊魂としての私」および「神」である。

---

(4)　Kant, Kritik der praktischen Vernunft, 2Aufl.（B），1787.（以下では praktische Vernunft と略記する）S.35ff. 坂本「序論」（七）（八）専修法学論集 122 号（2014 年）123 号（2015 年）参照。

2 理性による経験的諸認識の合目的性に基づく統一〔坂本武憲〕

およそ経験的世界で，実践的に自由な（創造的な）生き方をなすためには，感性的誘因（経験的利益や幸福への誘い）にまず規定されてしまうのではなく，我々に内面的な要求である道徳的法則にだけ従うとの志・心意をどこまでも持続させなければならないのであるが，しかしかかる要求である道徳的法則に，志・心意を完全に一致させるのは（即ち完全な徳の実現は），この現象的世界で有限な存在者（それが実在できる条件に服している身体的人間）としてだけの，それゆえ道徳的不完全性を免れない存在である人間には不可能であるから，低い段階からより高い段階への進行をし続けることになる。しかしそのような有限な存在者であっても，あくまでも志・心意については，前述した道徳的法則との完全な一致を目指し，そしてこの一致があって初めて実現できる「最高善」の実現を目指していなければならないのであるから，かかる志・心意は無限の進行における実践的自由の行使により，これらを達成しようと欲していることになる。もちろん，実践的自由の無限の行使による目標の達成という着想を，この経験的世界がもたせることはありえず，かかる自由と正反対の因果関係の法則により，精々がいつか達成できる経験的目標への前進を教えるだけである。すると，かかる無限の進行をせよとの命法を与えうるものは，感性界とは別に想定しうる叡知界に属し，それ自体が無限性を有する我々の「不死なる心神・霊魂としての私」（実践理性）しかありえず，その実践的実在性は疑うことのできない要請というべきである[5]。

カントが最後の，そして思弁理性と実践理性を合一させる，最も大切な支柱（また筆者が本小論の中心に位置付けなければならないものでもある）として説くのが，「神」の理念に他ならない。前述のように，我々の「不死なる心神・霊魂としての私」（実践理性）は，道徳的法則と志・心意との一致（完全な徳の実現）を無限の進行において実現し，そのゆえにだけ得ることの許される「最高善」へと到達せよと意思に命ずるのであるが，しかし無限の進行においてではあっても，完全な徳の実現に正確に対応した「最高善」の実現が，この経験的世界でやはり可能でなければ，かかる命令（低い段階からより高い段階を目指させる）は不合理なものであるから，実践理性はその可能性について自ら確信をもち，そして意思にもかかる確信に裏付けられた志・心意をもたせなければな

---

(5) Kant, praktische Vernunft, S. 219ff. 坂本「序論」（十）専修法学論集 125 号（2015 年）3 頁以下。

IV　ア・プリオリな理性理念の内在的（規整的）使用

らないであろう。ところで，理性的存在者としての我々は，世界と自然そのものの原因であったりできず，それゆえにこの理性にも意思にも，道徳的志・心意ある行為を通じて，直接にかかる最高善をこの経験的世界（自然法則にだけ従っている世界）で実現しうる自然原因となる能力がないのは明らかである。すると，「この上なく神聖な命令により，我々に実践的自由を可能とする，そして我々が無限の進行においてなす自由への努力に無限の見通しによって最高善を配与する」目的で，人間の意思のためにある道徳的表象と，この表象に完全に適合した意思（実践的に完全に自由な意思）の意のままとなるはずの全自然を用意したであろう，最高原因であるべき神の実践的実在性がやはり要請されるのである(6)。

IV　ア・プリオリな理性理念の内在的（規整的）使用

　これまでの実践的考察からは，この現象的世界の内には，人間が自己の完全に自由な実践的意思にまで到達することで，その意のままとなる最高善を実現できる可能性（有限的存在者としての不完全性のゆえに現実に達成できず，その低い段階からより高い段階に向かって努力しうるだけだとしても）が内包されていなければならないといいうる。それは見方を変えると，悟性がそのカテゴリーによって達成する多様な経験的諸認識は，最高善という一つの最高目的のために，体系的に統一されうるとの意味にもなるだろう。かかる統一のために思弁理性は，先の三つの理念を使用しうるのであるが，それは前述したそれらの理念を構成的原理となそうとする超越的使用とは区別されるところの，これら理念を規整的原理とだけする内在的使用なのである。まずその点の説示がなされてゆく。

　前記した理性の先験的諸理念が，偽りでそれらに対応している対象（仮象）

───────────

(6)　Kant, praktische Vernunft, S. 223ff. 坂本「序論」（十）（注5参照）8頁以下。以上の三つの理念の実践的実在性は，あくまでも我々がこの経験的世界で道徳的法則に従い，最高善への到達を意欲し，自由に生きようとしていることが確認されるときに，同時にその帰結として確認されるべき性質の前提なのであり，それゆえ神に関しても，我々が道徳的法則を初めから神の命令であるとか，この経験的世界はその命令に従って生きる場であると考えて，生きるための前提では全くない（坂本「序論」（十）（注5参照）23頁以下）。

2 理性による経験的諸認識の合目的性に基づく統一〔坂本武憲〕

に向けられ、それの実在を論証するために用いられるいわゆる構成的使用は、超越的で欺瞞的にならざるをえない。これに対し、理性が諸概念（カテゴリー及び対象に関する経験的概念）の駆使により個別的統一にだけ従事する悟性をして、ある目標へと向かわせる悟性規則に従わせ、その方向線を一点に集めるために、かかる諸理念をいわば虚焦点として利用しつつ、悟性諸概念に最大の拡張と、最大の統一とを与えるところのそれら理念の規整的使用については、内在的でありかつ不可欠・必須なものである[7]。

理性は、悟性による雑多な経験的諸認識を前にして、もしそれらがどれも経験的真実性をもつとしたら、その真実性というメルクマールで一つに括らしめるような、ある関連性がそれらに存しているに違いないと確信する。ところで、もしそれらがア・プリオリに得られた綜合的諸認識であれば、そのことだけでそれらは真理なのであるから、その真理性のメルクマールでひと括りにすることができる。しかし綜合的な経験的諸認識にあっては、たとえそれらがカテゴリーにより得られた認識であっても、その経験において対象としていたもの（それは我々に偶然的にだけ与えられる）と一致しているかどうか（対象認識の真偽）はまだ確定していないのであるが、真実性ある経験的認識にはそのゆえに存する関連性があり、そしてそれは特殊な認識からより普遍的な認識という統合可能性なのではないか、観点を変えれば悟性カテゴリーによる認識が、「条件」と「条件付けられたもの」の関係によっているのであるから、それらの認識に真実性のメルクマールとなる関連性というものは、特殊な条件からより普遍的な条件へと進むそれしかありえず、また真実性に基づくかかる統合は必然的に体系的統一へと向かう（個々の経験的諸認識は必ず前もって統一が意図されるかかる全体の内に部分相互の位置と関係をもつ）、そう理性は思惟するのである[8]。カントはそのような体系的統一のプロセスの例として、多様な力に関するそれらの根源性の比較による統合をあげている。「悟性の諸概念による多様な種類の統一には、力と呼ばれるある実体の起因性のそれもまた属する。全く同一の実体の多様な諸現象が、一見したところでは非常に多くの非同質性を示し、その帰結として人は結果として現れているのとほぼ同様に種々雑多なそのものの諸力を仮定しなければならないほどであり、例えば人間の感性・情緒に

---

(7) Kant, reine Vernunft, S. 670ff.

(8) Kant, reine Vernunft, S. 678ff.

Ⅳ　ア・プリオリな理性理念の内在的（規整的）使用

おける知覚，意識，構想力，記憶，機知，識別力，快，欲求等々である。最初
はある論理的な格率（信条）—— 思弁理性に本性的な意欲 —— が，この見かけ
上の多様性に対して，比較によって隠されている同一性を見つけ出し，構想力，
意識と結び合わされた記憶，機知，識別力は，おそらく全く悟性（知覚が受容
したいかなる表象をも綜合的に統一しようとしているある意識として存する，内的
現象における統括者としての悟性をいうものと思われる —— 筆者）と理性（同じく
既に有している経験的諸認識を体系的に統合しようとしているある意識として存す
る，統括者としての思弁的理性をいうものと思われる —— 筆者）ではないのかどう
かを確かめてみることにより，できうる限り少なくするように命ずる。根源力
（決して経験的認識の対象となるものでないが，経験的認識をそれにできるだけ近付
けてゆくための虚焦点として役立つ「不死なる心神・霊魂としての私」を指してい
ると思われる —— 筆者）の理念 —— それについてはしかし論理学がそのような
ものが存在するのかどうか決して見つけ出さないところの —— は，少なくとも
諸力の雑然性の一つの体系的表象の問題である。論理的な理性原理は，この統
一をできる限り成就することを要求し，そして両方の力の現象がそれらの比較
的な根本力と呼ばれうる同一の力の異なった表れ以外のものではないことがよ
りありそうとなればなるほど，それらは一層よくお互い同士で同一的であると
理解されるのである。残余の場合も全く同様に取り扱われる」[9]。

　理性が必然的と考える，体系的統一という全体への個別的な経験的認識の位
置付けは，それゆえ普遍と特殊という論理的原理でなされるのであるが，しか
しここでなされるべきものは理性の必然的使用なのではなく，仮定的使用と名
付けるべきものである。その点がこう説かれる。「もし理性が，特殊なものを
普遍から導来する能力であるとすれば，二つの場合が考えられる。第一の場合
は，普遍は既にそれ自体確実で，かつ与えられている，そうすると普遍は包摂
のための判断力のみを必要とし，そして特殊なものはそれにより必然的に規定
される（普遍の必然性を受け継ぐ —— 筆者）。私はこれを，理性の必然的使用と
名付けようと思う。第二の場合には，普遍は蓋然的にのみ想定され，そしてあ
る単なる理念であり，またこの特殊は確実であるが，しかしこの帰結への規則
（理念としての普遍と確実な特殊を結び付ける規則 —— 筆者）の普遍性は一つの問

---

(9)　Kant, reine Vernunft, S. 676-677.

2 理性による経験的諸認識の合目的性に基づく統一〔坂本武憲〕

題である。それだから，いくつかのすべて確実な特殊な場合が，規則において
そこから生じたものであるかどうか検証されることになる。そしてこの場合に，
挙示されうるすべての特殊な場合が，規則によって生じたということの外観を
持つならば，この規則の普遍性が導かれる。更にその後で，またそれ自体では
与えられていない一切の場合が，これから導かれるのである。私はかかる使用
を理性の仮定的使用と名付けたい。

　理性の仮定的使用は，つまり蓋然的概念として根底に置かれた理念に基づく
仮定的使用は，本来的に構成的ではない。すなわちそれによって人が，すべて
の厳密さを判断しようとするのであれば，仮定として想定された普遍的規則の
真実性が生ずる性質のものではない。なぜなら，同一の想定された原則から生
ずることにより，それの普遍性を証明するような一切の可能的結果をいかにし
て知ろうというのか。そうではなく，それは規整的なものにすぎず，それに
よって特殊な認識に可能な限り統一をもたらし，そしてそれによりその規則を
できるだけ普遍性に近づけてゆくためである」[10]。

　ところで，先の三つの理念は，感性の形式（空間と時間）よりア・プリオリ
に演繹したカテゴリーから，条件付けられたものがあれば条件の総体も，それ
ゆえ無条件的なものも与えられているとする推論を通じて，やはりア・プリオ
リに導かれたのであるが，前述した構成的原理としてこれらを使用するために
は，誤謬推論との評価を受けなければならなかった。しかしここで問題の規整
的原理として使用される理念（経験的諸認識の体系的統一を可能な限り進めるた
めの図式として使用される理念）としてなら，正当な先験的演繹であったと評価
できることになる。というのも，これら三つの理念の演繹は，悟性が実在認識
のために依拠する諸条件を捨象する，無条件なものの演繹だったのであるから，
構成的原理ではなく，実在的な物を体系的に統一するために，それらに対応し
ているそしてかかる統一の基礎に置かれるべき理念（理念とされるだけであるか
らその成立可能性即ち内容に内的矛盾がなければよい[11]）としての演繹というのが，
そもそも適切なことだったのだからである[12]。

　以上の事柄についてこの哲学者は，あるものについて「絶対的に前提とする
権限（suppositio absoluta）」と「相対的に前提とする権限（suppositio relative）」

---

(10)　Kant, reine Vernunft, S. 674-675.

Ⅳ　ア・プリオリな理性理念の内在的（規整的）使用

との区別で説明している。前者はあるものの現存在を，それ自体として前提と
する場合に必要な権限である。これに対し後者は，ここで問題の規整的原理に
ついてあてはまり，前述のようにこのア・プリオリに導かれた原理の必然性自
体は認識するが，しかしそのことの源となるものの認識まではしない場合に，
加えるにその原理の普遍性をますます明確に考えるために，その意図のみであ
る最高の根拠を前提とする場合に —— 例えばある純然たるそして先験的な理念
に相応する存在者を最高の根拠としてだけ前提とする場合に —— 必要な権限で
ある⒀。そこで，これから我々にとって最大限可能な体系的・完結的統一（合
目的的統一）の基礎とされるはずの，「神」の先験的理念によってより詳しく
説明すると，こうである。「ある理念（私がまもなく論述するであろう体系的・完
結的統一の）が私の理性の最大限可能な使用の基礎となっていて，その理念は
それ自体としては決して経験において十分に提示されるというものではないが，
にもかかわらずそれが経験的統一を最大限可能な程度に近づけるためにどうし
ても必要であるという場合には，私はこの理念を次の仕方でだけではあるが実
在化する権能，即ちそれにある現実的対象を設定する権能があるだけでなく，
必要でもある。ただしその仕方は，私がそれ自体としては全く認識しえないあ
るもの一般としてだけ，そしてそれにはかの体系的統一の根拠としてだけ，こ
の後者との関係で経験的使用における悟性諸概念（カテゴリー —— 筆者）に類
似した特性（経験的認識を導くという特性 —— 筆者）を与えるようなそれである。
だから私は，世界における諸実在性，つまり諸実体，起因性，の類推によって，
一切のかかるものを最高の完全性において保持しているある存在者を考えてみ
ることができるだろうし，またこの理念は私の理性（所与の現象を自発的に認識

⑾　ただし，先験的自由が意味するところの「無条件的な起因性」の理念には，現象界で
　　の実在的な起因性に対応するものとして必要ないかなる起因性なのかの内容がなく（そ
　　の内容を与えようとすれば条件・前提が必要となるが，そうするともはや先験的自由で
　　はなくなる二律背反があるから），この点で例えば「心神・霊魂」や「神」における部
　　分から条件付けられるのではない単成的なものとして実在するとの内容を含んでいるの
　　とは異なる。結局のところ先験的自由（無条件的な起因性）は，実践理性が行使する「実
　　践的自由」の内に含められて実践的にだけ使用されるのであり，思弁理性が原因と結果
　　の体系的統一のために理念の役割を果たすのは，後述するこの統一の最高のものとされ
　　る合目的的統一での，神であるほかない（Kant, reine Vernunft, S. 701.）。

⑿　Kant, reine Vernunft, S. 700-701.

⒀　Kant, reine Vernunft, S. 704.

2 理性による経験的諸認識の合目的性に基づく統一〔坂本武憲〕

し統一しようとするだけではあるが自立している理性——筆者）にだけ基づいているのだから，この存在者を自立している理性——最大限の調和と統一の理念を通じて世界全体の原因であるところのもの（自発的に世界全体を創造する神を指す——筆者）——として考えてみることができるであろう。その結果として，私はその理念を制約する諸条件を削除するのであるが，それはもっぱらあるそのような根本原因の援護の下で世界全体における雑然たるものの体系的統一を，そしてそのことを介して最大限可能な経験的理性使用を可能にするためなのである。私はそのためにすべての拘束をあたかもそれらがある最高の理性——我々のものはそれの虚弱な模写であるところの——による諸配備（Anordnungen）であるかのようにみなすのである[14]。私はその際には，この最高存在者を本来的に感性界においてだけそれらの適用をもつ純粋な概念を通じて考えてみる。しかし私はまたかの先験的前提を相対的使用以外のいかなる使用のためにも持たない，つまりそれが最大限可能な経験統一を交付するはずであるということ以外の使用をもたないのであるから，私は私が世界から区別するある存在者を，もっぱら感性界に属する諸特性を通じて十分によく考えることが許されている。というのも私は，私の理念のこの対象を，それがそれ自体としてあるかもしれないところのものに従って認識することを要求したり知っているのではなく，また要求する権能もないからである。なぜなら，私はそのためにいかなる概念ももたず，そして実在性，実体，起因性の概念，それどころか現存在の必然性の概念ですら，私がそれによって感官の領域の外に出かけてゆくという場合には，それらはすべての意義を失い，一切の内容のない，諸概念のための空虚な称号である。私は，私にそれ自体では全く知られていないある存在者の，世界全体の最大限の体系的統一だけを考えてみるのであるが，その目的は偏にその存在者を私の理性の最大限可能な経験的使用の規整的原理の図式とするためなのである」[15]。

以上のところから規整的原理にあっては，感性界の事物の一切の結合を，あたかもそれがこの理性的存在者（神）においてそれの基礎をもっているかの如くに，蓋然的にだけではあるけれども理性理念が基礎に置かれるのであるが，

---

[14] 経験における対象が従っている諸制約は，かかる最高の理性が配備したものなのであれば，その理性自体はその制約から自由なはずだから。

[15] Kant, reine Vernunft, S. 705-707.

Ⅳ　ア・プリオリな理性理念の内在的（規整的）使用

かかる最大限可能な合目的的統一へと進む前に，カントは先の三つの理性理念
を基礎として，いかなる体系的統一ができるのかを提示する。我々の思弁的理
性は，「心神・霊魂としての私」を虚焦点として，以下のようにして認識の体
系化に努めることができる。我々が認識する諸対象（諸物）において，それが
もつ原因性の大きさはそれの実体性（存在の根源性・無依存性・自立性）の大き
さということができ，それが含む結果性・偶有性の大きさは受動的な状態性
（存在の依存性）の大きさということができる。色々な経験的内容をもつ諸対象
（諸物）について，いま述べた実体性の大きさという一つの原理に従ってそれ
らを体系的に統一しようとする場合（諸物の経験的内容を捨象したア・プリオリ
な原理による体系的統一となる）には，あたかもそれらを全く自発的に（根源的
に）思惟している我々の心神・霊魂が，これらの対象と共存しているかのごと
くに考えて，それにア・プリオリに付される単成性やそれに由来する自立性
（存在の無依存性）の理念に　先の実体性（根源性）に基づく体系的統一を限り
なく近づけてゆく図式とするのが極めて有効な仕方となる。それどころか，
我々は主観の内にある対象の解明諸根拠（諸カテゴリー）によって，対象に関
する多様な認識を自発的（根源的）に得るのであるが，それでもそれら多様な
経験的内容をもった諸対象を，前述した意味での実体性（存在の無依存性）と
いう一つの原理で統一するには，かかる心神・霊魂としての私が存在するかの
ようにする図式の使用が，むしろ不可欠なのである[16]。

　いま述べた経験的世界における諸物の実体性（根源性・自立性）の体系的連
関は，決して経験的直観が自ずと諸物にどのような連関があるかを認識させる
ものではなく，完全に自発的に思惟する力をもつ心神・霊魂としての「私」が，
正にその自発性から自己の自立性（根源性・無依存性）を導いて，あたかもそ
のようなものとして存在するかのようにして，自己を基点とする連関に基づく
体験的統一をやはり自発的思惟により実現しなければならなかった。換言すれ
ばこの統一にあっては，基点とすべき「私」の前述のごとき理念がもしなけれ
ば，少しも連関に基づく綜合がなされる可能性はなかったのである。これに対
し，物体的自然における原因と結果の連関は，本来的に経験的直観が我々を導
いてそのような綜合へと導くものであるから，そのような綜合をなすためには
経験を超越しているような理念をそもそも必要としていない。我々が虚焦点と
しての「自由（無条件的起因性）」の理念――しかし結局のところ原因の系列の

37

2 理性による経験的諸認識の合目的性に基づく統一〔坂本武憲〕

全体性という理念より以上に体系的統一に役立つものではなく，むしろ後述の最高の統一である目的的統一において神の理念がその役割を果たすことになる（注11参照）[17]——のもとに，特定の事柄についてこの感性界の始まりにまで認識を到達させたいとする理由は別にあり，それは我々が道徳的法則によりそこで実現すべき実践的自由との関係で，この感性的世界はどのようにしてかかる自由が行使されうるように作られたものなのかを，古い時代の原因との系列的関係で問うてゆくということにある[18]。そしてカントはこのことを人種論にお

---

(16)　Kant, reine Vernunft, S. 710–712. 何度か言われてきたように，かかる心神・霊魂としての私がそれ自体として認識されるものではないのであるが，カントは「また全く別の原因に基づきうるもの」であるとのコメントも加えている。これは神による人間の創造を意味しているのであるが，それはここでの系列も最高の体系的統一である神を虚焦点とした合目的的統一に帰着させうることを示す指摘であると思われる。なお後にも説明する通り，かかる神による創造のゆえに人間は神の他律に服しているのでは決してなく，あくまでも人間が「自律」できるように創造されていなければならず，その事情はこう説明できるであろう。諸現象はそれ自体で実質をもつのではない無としての形式，即ち空間と時間という人間の感性形式において，我々が延長量と強弱量（坂本「構想」（二）326頁以下）によって把握できるような実質として存するのであるから，この諸現象の実在そのものは我々の感官と悟性が成立させている（表象している）というべきであり，それゆえ神の創造行為は可想的存在者としての人間に同時にそのような感官と悟性を完全な仕方で具えさせたところまでについていわれるべきである。なぜなら人間が感官と悟性を根拠にして諸現象を感官によって固有に表象し悟性によって認識しうる対象としてもちうるようにしたということと，それでも神が人間の感官上の個別具体的な諸現象そのものを創造してすべて与えているのだという説明は，理念において許されない矛盾に他ならないからである（確かに物自体からの触発を我々は受容しているであろうが，その触発は我々が無としての時間と空間の上で全く独自に表象し，全く独自に対象を成立させうるような触発だという外はないであろう）。そしてこのことは，我々が感性界での自己の行為もまた，現象として延長量と強弱量で把握している以上は，当然ながらそれにも当てはまるであろう。かくして人間は，可想界（悟性界・叡知界）での存在者として創造されたのであり（その創造の仕方については全く解らない），そしてそのゆえに無条件な道徳的法則を着想できるようにされているのであるが，しかし同時に我々には時間と空間の形式で我々の感官が成立させる固有の現象的世界が与えられており，そしてこれら二形式から演繹されるカテゴリーによって，対象を条件と条件付けられたものとの関係で必然的に認識できるようにされているのであるから，前述のごとくして着想される道徳的法則が，この現象的世界において我々の行為で創造せよと命ずるものを，この条件と条件付けられたものに関する必然性のある対象認識に依拠して，目的と手段の関係で実現できるのであれば，我々にだけ固有な感性界にあって完全に自由な行為がなされうることになる。そしてこれらの事情は，我々が容易に内面的自己確認しうるところであろう。

いて展開している（詳細は坂本武憲「カントの実践的目的を基礎とする人種論」星野英一先生追悼論文集『日本民法学の新たな時代』（有斐閣，2015 年）所収参照）。

V　経験的諸認識の合目的性による最高の体系的統一

　最後の「神」を虚焦点とした思弁的理性による体系化は，世界にありうる何通りかの経験的内容を並列的に認識してゆきながら，それらはどのような目的適合的統一の下に共存しうるものとして感性的世界が用意されたのか，可能な限り世界創始者の意図にまで近づいてゆかせるようなものとなるのは，前述したこの理念そのものの演繹からも明らかである。しかしここでは，思弁理性と実践理性の合一という，我々の最終目的からの考察が加わらなければならない。

　この哲学者は我々にまず，次のような自己確認を促していた。我々はこの経験的世界を道徳的世界といえるものにしたいという目標をもったり，この経験的世界にあって我々は自立的正当性を有する道徳的法則に従って行為することにより，幸福（最高善）を受けるための至当性をもつ（たとえ実際には有限的存在者としての不完全性により受けえないとしても）と考えたりしてはいないか。もしそう考えているとすれば，我々は経験的世界が教えるはずもないそんな着想を，いったいどこで得たのだろうか。考えられる答えは一つしかありえず，我々はそこに属していること疑いない経験的世界に加えて，少なくとも想定しうるところの物自体の世界（悟性界・叡知界）に属しているかもしれないがゆえに，我々の理性（心神・霊魂）が目標とすべき道徳的世界という着想を有し

---

(17)　むしろ「先験的自由（無条件な起因性）」は，実践理性が道徳的法則により意思を規定して行使する無条件な起因性として考察され，そしてその意思の志・心意が完全に道徳的法則と一致するならば，それに正確に対応する「最高善」が実現されるように（有限な存在者としての人間はただそれを志しうるだけで，完全な実現には至らないにせよ），その可能性がこの経験的世界に含まれていなければならないのであるが，すると原因と結果の系列を絶対的に始めたのは，最高叡知者（神）であることが規整的原理との関係で要請され，そして我々が現に完全な徳の実現とそれに正確に対応する「最高善」の実現を志しているのであれば，それは必然的な要請なのである（詳細は後述 V）。

(18)　Kant, reine Vernunft, S. 712-713. もちろん，我々がこの感性界で有する実践的自由のために，経験的認識を利用しうるような体系化の目的でだけ，神が原因と結果の系列を始めたかのように仮定するのであって，この感性界の出来事をすべて神に帰し，我々の実践的自由を否定するためでは決してない（後掲 V 参照）。

2 理性による経験的諸認識の合目的性に基づく統一〔坂本武憲〕

えたのであり，またその着想を得た我々が改めてこの経験的世界を顧みて，この世界は不完全ではあるがしかしここでかかる道徳的法則に従って行為すれば，幸福（最高善）を受けるに至当となりうるということを知るのであるが，このような認識に達しえたのは，我々が着想しえた道徳的世界や道徳的法則が，そしてこの経験的世界が，最高叡知者（神）の一つの意思に発するものであるという事情があればこそではないか[19]。しかし，この確認は決して，我々が神の「他律」に服しているというものではない。そうではなく人間は，可想界（悟性界・叡知界）での存在者として神により創造されたのであり（その創造の仕方については全く解らない），そしてそのゆえに無条件な道徳的法則を着想できるようにされているのであるが，しかし同時に我々には空間と時間の形式で我々の感官が成立させる固有の現象的世界が与えられており，そしてこれら二形式から演繹されるカテゴリーによって，対象を条件と条件付けられたものとの関係で必然的に認識できるようにされているのであるから（前掲注[16]参照），前述のごとくして着想される道徳的法則が，この現象的世界において我々の行為で創造せよと命ずるもの（最高善）を，この条件と条件付けられたものに関する必然性のある対象認識に依拠して，目的と手段の関係で実現できる（たとえ実際には有限な存在者としての不完全性により実現できないとしても）のであれば，我々にだけ固有な感性界にあって完全に自由な行為がなされる可能性はあることになる。そしてこれらの事情は，我々が容易に内面的自己確認しうるところである[20]。

　我々の経験的世界が，物それ自体の世界ではなく，いま述べたような実践的意義をもって，我々に固有な世界として与えられている現象界であるのなら，思弁理性の規整的原理においてすべての宇宙論的系列の唯一でそして十全な根本原因としての存在者の，ある相対的前提を含む第三のまた最高の理念は神となる。「我々は，この理念の対象を絶対的に前提とする（それ自体において前提とする），最小限の根拠も持たない。というのも，それについて我々にする気にさせるところのことは，あるいはまたそれだけが正当であるところのことは，最高の完全性をもち，それの本性について必然的なものとしての，ある存在者をそれの単なる概念そのものに基づいて信ずるということ，さもなければそれ

[19]　Kant, reine vernunft, S. 823 ff 坂本「序論」（三）専修法学論集 118 号 2 頁以下。
[20]　Kant, praktische Vernunft, S. 179-184.

V 経験的諸認識の合目的性による最高の体系的統一

との関係でこの前提だけが唯一必然的なところの世界（神がただひとつ必然的なものであるとの前提に基づいて，およその経験的認識とされる対象は，それから生じているごとくして体系的に統一しうる世界 ── 筆者）など存在しないと主張することだからである。そしてそこでは次の点が自明となる。すなわち，この存在者の理念はすべての思弁的諸理念と同様に，理性は世界の結合をある体系的統一の諸原理に従って考察するように命じているという点，それゆえに世界は総じてある唯一のすべてを包括する存在者 ── 至高のそして十全な根本原因としての ── から生じているかのように，考察するように命じている，という以上のことを意味するものではないという点である」[21]。

　前述した内面的自己確認からは，道徳的法則がそれに完全に一致するよう我々の意思に命じつつ，同時にその一致に正確に対応して配与される「最高善」の実現を志すようにも命じており，そして意思がこれらを実際に意欲できている（この経験的世界で完全に実現するのは不可能であるとしても）事情により，その前提として要請される「神」の実践的実在性も承認される次第となるが，そうであれば理性による最高の形式的統一は以下のような合目的統一となるはずである。「理性の諸概念にだけ基づく最高の形式的統一は，事物の合目的的統一であり，そして理性の思弁的関心は世界における一切の配備を，あたかもそれがある至尊の理性の意図から生じているかのようにみなすのを必然的とする。あるそのような原理がつまりは，諸経験の分野で適用される我々の理性に，世界の事物を目的論的な諸法則によって結合し，そしてそれによってその世界の最も大きな体系的統一に到達するとの展望を切り開く。かかる世界全体の唯一の根本原因としてのある最高叡知者の前提 ── しかしもちろん理念においてだけの ── は，従って常に理性にとって有益であり，そして加えて決して害となることがない。というのも，我々が地球の形（丸いがしかしいくらか偏円な）に関して，山脈や海等々に関して，ある創始者のただただ賢明な諸意図を前もって前提とするならば，我々はこの道において多数の発見をなすことができる。我々がある純然たる規整的原理としてのこの前提を固守するだけで，誤謬

---

(21)　Kant,reine vernunft, S. 713-714. 神の実践的実在性という要請からは，我々が経験的世界で道徳的法則に従って自由に生きようと意欲すれば，必ず経験的諸認識をこの要請としての先験的理念にできるだけ近づけて，体験的統一をなそうと意欲する帰結となるのである。

2 理性による経験的諸認識の合目的性に基づく統一〔坂本武憲〕

さえも我々を害したりはできない。なぜなら，いずれにせよそこからは，我々が目的論的連関（目的上の連結）を期待していたところで，ある単なる機械的あるいは自然的なそれ（結果上の連結）が見出される —— そのような場合に我々はそのことを通じてある統一がもうなくなっているのに気付くだけで，しかしそれの経験的使用における理性統一を駄目にするのではない —— ということ，それ以上の何ものも帰結しないからである。しかしこの失敗さえもが，決して一般的で目的論的な意図において法則（目的論的探求を必ず失敗とする理由となる法則 —— 筆者）そのものを見出したりできない。なぜなら，ある誤謬の分析家である者が，ある動物の身体の何かある肢を，それについてはそこから由来しているのではないことが明瞭に示されうるところのある目的に帰するという場合には，咎を承服させられうるにせよ，しかしある場合にある自然の装備についてそれがいかなるものであれ，完全にいかなる目的も持たないと証明することは全く不可能である。だからまた生理学（医者達の）は，ある有機的身体の四肢の構造の諸目的から，もっぱら純粋理性が人は全く気おくれなくそして同時にすべての思慮深さをもってそれにおいて一致すると前提するその限りで交付するある法則ともいうべきものを通じて，その四肢の構造はすべて動物においてそれの諸利益と良き意図を持つとして，それの非常に制限されている経験的認識を拡張している。この前提がもしも構成的であるべきだとすれば，これまでの考察が我々に正当としうるよりも，ずっと先にまで進んでいる。およそそれ（構成的前提の過大さ —— 筆者）からは，この前提が理性のある規整的な原理に他ならず，至高の世界根本原因の目的的起因性の理念を介して，そしてあたかもこの最高の叡知者としての根本原因が，最も広い意図の点から一切のものの根本原因であるかのように，最高の統一へと達するためのものであるということが，見て取られうるのである」[22]。だが他方でこの哲学者は，この目的的原理に次のような制約が伴うとしているのにも，十分な注意が払われなければならない。それは，あくまでも理論的・思索的研究に，その全能力を当該の事柄において試すための第一の優先権が確保されていること，同様に更なる前進についてこの自由が確保されていることであり，その理由も理論的欠陥については目的論にせよ実践的合目的性にせよ，決して償えるものではないから，という事情である[23]。

　人間の主観に具わる感性の形式（空間と時間）を通じて，我々に固有の世界

V　経験的諸認識の合目的性による最高の体系的統一

として与えられている現象的世界では，カテゴリーにより自然諸法則は条件と条件付けらものの関係で認識され，そして目的と手段の連関で思惟する能力を有する我々の理性は，この条件関係に従っている感性的世界が，そのゆえに感性・情緒の諸傾向性に基づく関心を促進させ，そして至福性の増進という目的のために利用しうると十分に知っているとは，特に現代において誰も疑うはずもない真実であろう。しかしこれらの統一は経験の一部についてのものであるが，ここでの最高善を究極目的とするもの —— それは各人がそれぞれに創造的な（自由な）生き方ができるように，経験的諸認識を体系的に統一して示す目的のものでもある —— は，いまの経験的目的における普遍と特殊の関係での体系的真実性（どこか途中で統一が終結してしまうのではない，最高善という究極目

⑵　Kant, reine vernunft, S. 714-716. これまでのところから，我々がこの経験的世界で真に創造的な（自由な）生き方をなすための前提として，次の三つを列挙しうるであろう。第一の前提は，「心神・霊魂」を虚焦点とする諸事物の実体性・付属性（存在における根源性と依存性）の体系化に基づいて，この世界での自然を最大限に保存するように努めなければならないということである。続いて第二の前提は，「自由（無条件的起因性）」を虚焦点とする諸事物の原因と結果の連鎖の体系化に基づいて，それらの進展の仕方を決して乱さずに継承しつづけるよう努めなければならないということである。そして最後のそれとして，「神」を虚焦点とする諸事物の何通りかの多様性の体系化に基づいて，その定まっていると想定しうる多様性そのものを，諸事物について維持し続けるように努めなければならないということである。かかる諸前提を掲げる理由は，さもなければ我々のこの経験的世界での生き方が，そこでの自然を破壊したり改造したりするものとなろうけれども，神の意思に発すると想定できる道徳的法則に基づく我々の実践的自由は，同一の意思に基づいて用意されたと想定しうるこの経験的世界を，恣意的に破壊したり改造するものとなるはずがなく，逆にそこでの自然をできる限り守りながら，創造的な生き方をするという意味のものとなろうからである。かくしてまた，自然科学（経験科学）の本来的使命（目標）も，各人がこれら三つの前提を守りながら，それぞれに有する天性の能力に応じた創造的な生き方をなしうるように，認識の体系を建築術的に築いてゆくところに存することとなろう。他方でこれまで実定法が，その自由な経済活動を優先的に保護してきたかに見える「法人」も，決して我々の経験的世界を「改造」するための組織 —— 自然人をそのために動員するための組織 —— であってはならず，各人（その存在自体が究極の目的とされるべき）のいま述べたような生き方について，それをサポートするためのものとなってゆく必要があるだろう（より詳細な考察は他日を期したい）。

⑵　Kant, Über den Gebrauch teleologisher Prinzipien in der Philosophie in "Metaphysische Anfangsgründe der Naturwissenschaft", 1787, S. 36ff. Kant, Von der Verschiedenen Rassen der Menschen in "Von den verschiedenen Racen der Menschen zur Ankündigung der Vorlesungen der physische Geographie", 1775, S. 125ff.

2 理性による経験的諸認識の合目的性に基づく統一〔坂本武憲〕

的にどこまでも近づいてゆけるような普遍と特殊の関係における体系的真実性）ある結合を積み重ねてゆきながら，それをどこかで止めるのではなく，経験の全対象をなす事物の本質において，即ち我々の客観的に妥当する一切の認識において，ゆえにまた普遍的で必然的な諸法則において，完結性ある合目的的体系的統一（この統一も思弁理性は必然的とア・プリオリに思惟しており――前掲Ⅳ参照，各認識がその内で他のものと部分相互の位置と関係をもつ）が目指されているのである（人種に関する系列的関係を問うたカント自身の研究の紹介として，前掲Ⅳの最後に記した坂本「カントの実践的目的を基礎とする人種論」参照）。他方において立法・法則定立する能力である我々の理性が，かかる統一を必然的と考え，その帰結として自己の意思に課す道徳諸法則も，そして同時に意思に目指させる最高善の可能性を内包するこの経験的世界も，我々が「実践的自由」を意欲しうるように原型的知性（神）の意思が用意したと前提するのは，ごく自然なことなのである[24]。

Ⅵ　結びに代えて

我々がこの経験的世界で，「実践的自由」を志さなければならないとは，実際のところ「言うは易く行うは難し」の最たるものであり，現代において真にこの課題が果たされているとは，とても肯じえない状況が眼前に広がっている。一方では，神の理念をカントのいう構成的原理として用い，理性にとってのそれの歩みの道しるべを確かに含む経験の大地から離れて，諸原因を物質の機構上の普遍的諸法則に置く代わりに，最高叡知者の測りがたい思し召しに依拠し，更には自然に諸目的を強制的にそして圧政的に押し付けて，自らの怠惰で不合理な主張を正当化する勢力が跋扈している。また他方では，自然科学（経験科学）は自然（物自体の世界として）の有り様をありのままに認識している唯一正しい学問だとする，誤った信仰（迷信）に基づきながら（この学問をして実践的自由に有益なものとするには「神」の理念が不可欠であるとの信仰をもたないままで），「豊かさ」などの経験的目的のために，この地球をそして人までも，かかる目的の手段とする体制に向けて着々と進み続けている大きな勢力がある。

---

[24]　Kant, reine vernunft, S. 722-723.

VI 結びに代えて

　これら両勢力の誤りが,「神」についての理解不足にあるとは, カントの理論からもはや明らかである。確かに一見すると, この理性理念の対象がいかなるものかについて認識させる,「構成的原理」を我々の理性がもつとすれば,それは望ましく思われるかもしれない。しかしながら, もしも人間がそのような知識までをもったとすれば, 我々の眼前に実見されうるごとくに存する神の威厳が, それゆえ無限への確かな見通しと約束が, 道徳的法則を乗り越えこれを自己の威圧と驚異（畏れ）により使いこなして, 確かに望ましい行為へとやがて導くに至るであろうが, それはもはや生きた人間の自律による行為の規定ではなく, 知識となったものによる他律（それゆえ本質的に現象）となるであろう(25)。

　では, 我々の理性が構成的に使用できない神の理念は, 自然科学（経験科学）と全く無縁なのか, これの別な使用は考えられないのか。それこそが本小論で紹介してきたこの理念の規整的使用なのである。なるほど理性がもつこの規整的原理の能力は, 普遍がそれ自体確実で, ただ正しい包摂のみによって特殊が規定される必然的原理ではなく, 普遍は理念において蓋然的にだけ想定され, 確実な特殊がそこから生じたごとくに, 可能な限り統一に近づけて, 普遍と特殊の間の規則を普遍性に近づけてゆく仮定的原理である。しかし, 神の理念は我々を律するのではなく, 単に我々が実践的自由を志すための知性的動機として機能すべきものなのだから, なお不明瞭で不確かな将来の見通ししかもたせず, 世界統治者の現存在やそれの支配を推量させるだけで, 探知させたり明確に証明させたりはしない理念にとどまるというのは, 人間にとって賢明な能力均衡なのであって, それでも自由を志すところに我々の道徳的価値があるのではないか。それゆえに, 最も大きな体系的統一である合目的的統一は, 人間理性の最大限の使用可能性の鍛錬の場であり, そして基礎でさえなければならない(26)。

　我々の眼の前には, 神への強い信仰および依存と, 自然科学（経験科学）への強い信仰および依存とが, 悲惨な衝突を繰り返して, 互いに手段を選ばない（一部には選べない）事態にまで進み, 相手を倒すしか解決がないと思い込まれ

---

(25)　坂本「序論」（十）（注(5)参照）50 頁以下。

(26)　Kant, reine vernunft, S. Kant, reine vernunft, S. 674ff., 717ff. Kant, praktische Vernunft, S. 263-266. 坂本「序論」（十）（注(5)参照）50 頁以下。

2 理性による経験的諸認識の合目的性に基づく統一〔坂本武憲〕

ている。カントは世界に「実践的自由」を広げ，この人間が手段とされかねない現実世界を，彼らが目的それ自体として扱われる「諸目的の国」としたいとの希望から，誰もなしえなかった「実践的自由」「不死なる心神・霊魂としての私」「神」の理念の演繹を完結させたのであるが，この人類に対する最大の功績を粘り強く世界に広げてゆく以外には，「生き方」の問題までに達している直面する紛争を，完全に終結させる道はないであろう。そして当然ながらわが国の民法学も，「人」の大切さを十分に認識し，解釈によってそれの普及に精一杯努めるために，やはりこの道を進まなければならないのも確かである。

3 近代私法法典のディレンマ
── 19 世紀ドイツと現代ヨーロッパの比較から

北 居 功

I 近代私法法典のディレンマ

　経済活動が国境を跨いで進展する現代において，それに関わる私法は，たいていなお国境の中にとどまっている。しかし，この経済活動と私法通用との領域上の「ギャップ」こそが無用に嵩む取引費用を生み出し，国境を跨ぐ円滑な経済活動の障害となるという認識が，国境を超えた私法の調和，ひいては私法の統一への動きを後押しすることになる[1]。そもそも，近代の私法法典の編纂は，おしなべて，法典が適用される主権国家の範囲で国家が法を独占して他の法源を排除し，私法を統一することを目指していた[2]。したがって，私法が通用する範囲を超えた経済活動と私法の適用領域との一致をもたらす試みは，決して新しい現代的事象ではない。むしろ，その一致をもたらす必要がある範囲が拡大の一途を辿り，主権国家の国境を超えて出たところに，新たな現代的事象が見いだされよう。

---

[1]　たとえば，ヨーロッパ共同体が推し進めてきたヨーロッパにおける私法調和は，この取引費用の低減の必要性に駆られている。たとえば，「ヨーロッパ契約法に関する欧州理事会および欧州議会に対する欧州委員会の報告」(2001/C255/01) COM（2001) 398final の No. 31 は，「異なる国内規則は，取引に関連する費用（とりわけ情報入手と何か法的紛争のための費用）も，一般的には事業者の下で，個別的には中小企業と消費者の下で高まり得る。契約当事者は，諸事情の下で，彼らの知らない他の国の法の解釈と適用に関して情報を自ら入手し，あるいは，法的助言者を介在させることを余儀なくされる」として，国内私法の相違がヨーロッパの域内市場の機能化を妨げることを指摘する。

[2]　この点の詳細は，北居功「法統一のための法典編纂」岩谷十郎＝片山直也＝北居功編著『法典とは何か』（慶應義塾大学出版会，2014 年）8 頁以下を参照。

3 近代私法法典のディレンマ〔北居　功〕

　では，経済活動と私法通用とのギャップを埋める私法の統一は，どのように
して達成できるのであろうか。そのもっとも古典的な方策が私法法典の編纂で
あったが，反面で，法典編纂は国内での私法を統一する効力を持つものの，主
権国家の枠組みを超えて経済活動が展開する場合には，経済活動領域を包摂す
る私法の統一を妨害する。なぜなら，主権国家が強制できる私法法典は，その
国境を超えては強制できず，かえって主権国家ごとに分裂した私法を固定する
ことにより，私法統一のいわば足かせとなるからである[3]。ここにこそ，現代
における私法統一の一つの大きな問題が潜んでいる。いわば，近代の私法法典
が現代の経済事象を前に抱える「ディレンマ」ということができるであろう。

　したがって，現代において，経済活動の領域範囲と一致する適用範囲を持つ
私法の統一を図るには，どのような方法があるのかということを探求すること
にも，一定の価値が見いだされるであろう。周知のとおり，この現代の難題に
挑んでいるのが，現在のヨーロッパにおける私法統一の試みである。しかし，
私法を通用させる主権領域を超えた私法の統一に向けた試みは，すでに19世
紀のドイツにも見いだすことができるであろう。当時のドイツは領邦国家に分
裂しており，各領邦に法制定権力が分断されていたにもかかわらず，経済活動
はその領邦領域を超えた広がりを持つようになり，経済の活動範囲と私法の適
用範囲とに「ギャップ」が生じていたからである。

　では，そもそも，19世紀ドイツの私法統一問題と現代ヨーロッパにおける
私法統一問題とを，単純に比較対照すること自体が可能なのであろうか（後述
Ⅱ）。もし，それが可能であるとするなら，私法統一の方法論の観点から，そ
れぞれをどのように分析・整理することができ（後述Ⅲ），一応の総括をする
ことができるのか（後述Ⅳ）。この問題を，以下で，順次検討することを試み
よう。

---

(3)　政治的主権国家の成立と法典編纂との関係には，前者が後者に先行する場合に，主権
　　国家内での統一的・完結的な法典編纂が可能となるが，政治的主権国家の成立前に果た
　　して法典編纂自体が可能なのかどうかということ自体が，一つの重大な問題を提起する。
　　19世紀ドイツと現代ヨーロッパが直面する法典編纂は，まさにここに重大な限界を提
　　示してもいるといえよう。この点については，北居功「ヨーロッパ連合における民法典
　　論議 ―― 統一性と多様性の相克と調和」民法改正研究会（代表：加藤雅信）『民法改正
　　と世界の民法典』（信山社，2009年）484頁以下を参照。

II　私法統一の比較対照

　そもそも，19世紀ドイツと現代ヨーロッパとの比較が可能であるのかどう
かが，まずは検証されるべきである。その比較の可能性をめぐって，主として
次のような諸点が提示されている。

1　政治レヴェルでの検証

　第一に，統一的な法典編纂を実施しようとする政治権力の意思に相違がある
のは事実である。19世紀のドイツは，その政治的な統一を果たして後は，20
年以上の歳月を要したとはいえ，最終的に，民法典をはじめとした私法の統一
法典を編纂した。そこでは，当時のドイツ帝国の政治権力が，確固たる意思を
持って法典編纂を推進したのであって，政治参加するほとんどの人びとがそれ
を支持した。これに対して，現代のヨーロッパでは，なるほど，ヨーロッパ議
会はヨーロッパ私法法典の編纂を望んできたとしても，実際にその企画を推進
する役割を担うべきヨーロッパ委員会は，法典編纂には消極的な態度しか示し
てこなかった[4]。

　もちろん，19世紀のドイツは，プロイセンがドイツの他の領邦国家に対し
て相対的な優位に立つことで，オーストリアを排除して政治的な統合を実現し，
それによって法典編纂も実現した。このような政治的統合プロセスは，現代の
ヨーロッパに起きようはずもなく，その限りで，現代ヨーロッパとの比較には
疑念が挟まれる。それでも，19世紀ドイツでの私法法典の編纂では，プロイ
センの優位な影響をあえて排除することで他の勢力との妥協を図るビスマルク
の意向や，プロイセンよりはむしろドイツ帝国に忠実であろうとする帝国司法
庁の職員意識は，私法法典編纂に対する各種の政治勢力が均衡する中での法典
編纂の実現という面で，なお現代ヨーロッパでの一つのケーススタディーとな
り得るとも指摘される[5]。

---

[4]　Dirk HEIRBAUT, Is Germany's Past European's Future? Unification and Codification
　　of Private Law in 19th Century Gemany and Today's Europe, in J. M. MILO/ J. H. A.
　　LOKIN/ J. M. SMITS (eds), Tradition, Codification and Unification, Comparative-Histo-
　　rical Essays on Developments in Civil Law, Cambridge, 2014, pp. 80-81.

3 近代私法法典のディレンマ〔北居　功〕

　さらに，19世紀ドイツは，その政治的な統一が果たされるまでは政治的な分裂状態にあり，法的な統一よりもまずは政治的な統一が必要であった。事実，政治的な統一が果たされるや，法典の編纂作業は開始されたのである。また，当時，政治的な分裂状態にある中でも，ドイツ連邦による商法分野での私法統一は実際に進捗しており，この点では，現代ヨーロッパに比肩できる状況といえる。したがって，政治権力が法典を編纂しようとする意思に着目するよりは，むしろ，19世紀ドイツの政治的な分裂状況の中でも必要とされ，実際に進められた債務法，とりわけ商法分野の私法統一は，現代ヨーロッパでも将来起き得ることであって，両者の比較を十分に可能なものとするであろう[6]。

2　文化レヴェルでの検証

　第二に，19世紀ドイツと現代ヨーロッパにおけるナショナリズムの役割に相違があるのも事実である。19世紀の初頭にティボーが全ドイツの法典編纂を提唱した時点では，なお，各領邦での地域主義が優勢であったが，一つの言語と一つの文化が，19世紀後半でのドイツのナショナリズムを席巻するようになる。もちろん，現代ヨーロッパでの言語の多様性は，当時のドイツとは大きく異なるが，英語はコミュニケーションツールとして便利に利用されるようになっている。ヨーロッパにおける文化の多様性もまた，当時のドイツと大きく異なる背景事情であるが，こと法律家にとっての法文化という面では，ヨーロッパレヴェルでの共通法が明確になりつつある。ドイツにおいて，大学の講義テキストを普通法から法典へと変更したのが，1896年のアイゼナッハ会議であったとすれば，ヨーロッパにおいて，共通ヨーロッパ原則を法学教育での共通テキストと決議する将来のヨーロッパ会議を想定することもできるかもしれない[7]。

　とりわけ，言語の多様性については，すでにスイス連邦がその問題に直面していた。スイスは，ドイツ語，フランス語およびイタリア語の三言語を公式言語とする国家であり，法典は，各公式言語で同じ拘束力を持っている。したがって，スイス民法典の起草者であるオイゲン・フーバーは，「一般的に，本

---

(5)　HEIRBAUT, op. cit., pp. 83ff.

(6)　HEIRBAUT, op. cit., pp. 81-82.

(7)　HEIRBAUT, op. cit., pp. 82-83.

50

Ⅱ　私法統一の比較対照

　草案の審議が我々に証明したのは，頻繁に引用される次の原則の真実性であった，すなわち，翻訳に注意を払うことを余儀なくすることは，表現方法の正確さを促進できる。また，構文上の構造で，フランス語が，明瞭で単純であるため，ドイツ語にとって法律言語としてしばしば模範として役立ち得ることも否定し得ないであろう。ただし，個別の言い回しについていえば，我々が経験したところでは，フランス語の天分が，何か自明なものとしての概念の明瞭な指示に逆らうが，他方で，より簡略な表現方法は，ドイツ語にとって単純に不正確さを意味する。この関係で，翻訳作業は，そこでは幾重にも，相互的な我慢と譲歩にあった。可能と映る場合には，フランス語が求める簡略な表現が，ドイツ語条文にとっても受け入れられた，たとえば，〈利益を持つ者〉といった言い回しである。ドイツの言語感覚は，ここでは，より詳しい呼称を前提とするであろう。すなわち，法的な，重大な，十分な利益といった具合である」とも述べている(8)。その点からすれば，確かに四言語以上の言語の多様性は問題をさらに孕むことにはなるであろうが，言語の精密さへの配慮は，再び言語の多様性の問題を縮減する。ことは，単なる翻訳文言の正確な対応ではなく，包括的な体系的比較に基づくテキスト文言の意味適合性にあるといえよう(9)。

　他方で，少なくとも現代ヨーロッパにおける法律家に共通の法文化が，いわゆるユス・コムーネの法伝統に則して語られてきた。もちろん，このような趨勢がただちにヨーロッパに共通の私法法典の創設への確信にまでは至っておら

(8)　Eugen HUBER, Schweizerisches Civilgesetzbuch — Erläuterungen zum Vorentwurf des Eidegenössischen Justiz- und Polizeidepartements, Bern, 1902, S. 17f.

(9)　Joachim MÜNCH, Strukturprobleme der Kodifikation, in Okko BEHRENDS/ Wolfgang SELLERT（hrsg.）, Der Kodifikaitonsgedanke und das Modell des Bürger- lichen Gesetzbuch（BGB）, 9. Symposon der Kommission "Die Funktion des Gesetzes in Geschichte und Gegenwart", Göttingen, 2000, S. 161ff. バベルの塔に関する物語が示すとおり，言語はコミュニケーション手段であり，法もまた言語を通じて初めて通用するにもかかわらず，ヨーロッパにとっていかなる統一的言語も存在せず，むしろヨーロッパ連合は各文化と各言語を尊重するため，共同体法の置換も翻訳によるのでは足りず，解釈も多言語の比較によって確立されなければならないという。Raphael KOCH, Babylo- nische Verhältnisse in Europa? Die Konvergenz europäischen und nationalen Parivatrechts vor dem Hintergrund der Sprachvielfalt, in Christoph BUSCH/ Christina KOPP/ Mary-Rose McGUIRE/ Martin ZIMMERMANN, Europäische Methodik: Konvergenz und Diskrepanz europäischen und nationalen Privatrechts, Stuttgart, 2010, S. 51ff.

51

ず，むしろ，伝統的な各国の法文化が対峙することも事実である。しかし，たとえばドイツ民法典は，その成立当初は，「一つの民族，一つの帝国，一つの法！」[10]としての「ドイツ帝国のための民法典」であったのが，今日では，「統合されたヨーロッパの実現」に向けたヨーロッパ連合の一加盟国の法典でしかない。それぞれの背景となる法文化の相違は無視できないとしても，少なくとも各加盟国の実定私法は，もはやそれぞれの国単位ではなく，ヨーロッパ連合のコンテキストの中に置かれているのである[11]。

3　経済レヴェルでの検証

　さらに，経済理論から，私法の統一理論を説く見解もある。すなわち，ゲーム理論的分析によれば，似通った嗜好を持つ当事国間では，国境を跨ぐ取引の利益が，そのための取引費用を超えるときにしか，他の国の取引法を採用しない。たとえば，AとBの二カ国間で，他の国の取引法に切り替える費用が利益を超えるなら，それぞれは固有の法に固執する。しかし，A国にとってはB国の取引法に切り替える利益が費用を超えるが，B国にとっては切り替え利益が費用を超えない場合には，A国がB国の取引法を採用することで法の統一が実現する。さらに，他の国の取引法に切り替える利益が両国にとって費用を超える場合には，一方だけが他方の取引法を採用すれば法の統一は実現するが，双方が他方の取引法に切り替えるなら法の統一は実現しない。ここでは，双方の国が自身の選択 —— 自身の法に固執するか，あるいは，他方の取引法に切り替えるのか —— について最適な選択をするためには，互いの戦略について十分な情報を必要とする。その場合に，この情報の流通を確保する手段が，前もっての競争にあるというのである[12]。

---

(10)　Deutsche Juristenzeitung, 1900, Sonderbeilage, http://dlib-zs.mpier.mpg.de/pdf/2173669/05/1900/21736690519000021.pdf.「とはいっても，ひとは今や，自身の母国的性格を購うことに甘んじた。ドイツの法統一というドームは，その要石を手にしていた。確かに，その法典は，欠陥を持っており，法形成のプロセスがそれによって終了したのでもなかったが，母国の喜びという基本的な感情は，あらゆる面で圧倒した」。Hans HATTENHAUER, Das BGB in der Zeitung, in Festschrift für Walter Hadding zu 70. Geburtstag, Berlin, 2004, S. 75.

(11)　Reiner SCHULZE, Ein Jahrhundert BGB — deutsche Rechtseinheit und europäisches Privatrecht, in Deutsche Richter Zeitung, 1997, S. 369ff.

Ⅱ　私法統一の比較対照

　事実，19世紀前半の商事売買において，プロイセンでは，売主が商品を引き渡さない場合に，買主はなお履行を求めることができるだけであったが，フランスおよびオランダでは，買主は損害賠償と合わせて，解除または履行の選択権を有していた。しかし，19世紀中葉以降，各国での工業化が進展して国際市場での取引が活発になる中で，それら三カ国の裁判所は，市場価格が変動する商品が引渡期日に履行されない場合に，買主に契約価格と市場価格との差額を即座の損害賠償として認めるようになる。もっとも，一般ドイツ商法典はなお履行請求を認めていたのに対して，オランダ法およびフランス法は法律上当然の解除を認めていた⑬。したがって，法の一定の収斂は見られるものの，なお，ドイツで一定の乖離が見られるのは，ドイツ国内での取引量が国外取引量を凌駕していた事情があるという⑭。

　19世紀が経過する中で，鉄道網の発展に即したドイツ国内の工業化は，適時に商品供給を受ける必要がある買主にとって，履行請求よりはむしろ，損害賠償（および／または解除）による救済を必要とした。ドイツの各領邦国家では，1830年代以降，このような救済の選択を認めるようになっていったが，必ずしも統一的な解決へと至ったわけではない。したがって，ドイツ国内では，売買法の統一の必要があったにせよ，いまだ，統一に必要な調整機能が十分に働いてはいなかった。ようやく一般ドイツ商法典が，ドイツ連邦内の売買法の統一を実現することになるが，それは，履行請求と損害賠償（および／または解除）との救済の選択を認める（第355条）⑮。すでに，多くの地域は，そのよ

⑿　Janwillem OOSTERHUIS, Convergence and Unification of Nineteenth Century European Commercial Sales Law, Why the CESL Might Just Be an Intermezzo in the Game of Unifying European Commercial Sales Law, in European Review of Private Law, Vol. 21, 2013, pp. 993 et seq.

⒀　たとえばフランスでは，注釈学派がフランス民法典第1184条に従って裁判上の解除に固執したのに対して，すでに19世紀後半の裁判実務は，法律上当然の解除を認め，当事者が当然解除を定める合意の効力も認めていた。Janwillem OOSTERHUIS, Specific Performance in Germany, French and Dutch Law in the Nineteenth Century: Remedies in an Age of Fundamental Rights and Industrialisation, Leiden, 2011, pp. 317 et seq. ラーベルも，フランス法が買主に原則として履行請求権と解除権との選択を認めつつも，期限の遵守が本質的とされ，たとえば価格変動が激しい商品の引渡期日の不履行は，即座に履行請求権を排除すると説いている。Ernst RABEL, Das Recht des Warenkaufs, Bd. 1, Berlin, 1957, S. 200f.

⒁　OOSTERHUIS, Convergence and Unification, op. cit., pp. 996 et seq.

53

3 近代私法法典のディレンマ〔北居　功〕

うな選択を認めていた以上，一般ドイツ商法典の採用に切り替える費用は総じて必要なく，統一を主導する相対的に優位な勢力（プロイセン）を通じた調整が働いたと評価できる。以上の帰結を一般化するなら，法システム間の競争は，特定の条件の下で，法的解決の一定の収斂を導く。そして，その利益が費用を凌駕し，各法システム間の競争を通じて十分な調整がされることで，私法の統一が実現し得ることになるというのである[16]。

　この 19 世紀のとりわけドイツでの経験を参照すれば，ヨーロッパの域内市場での取引が増大し続け，法統一の費用がヨーロッパにおける法システムの先行し発展する収斂と調和のおかげで縮減し，ヨーロッパ委員会が加盟国の交渉力を克服する政治権力を十分に獲得しているなら，統一的なヨーロッパ私法の創設にとって残るのは，「時間の問題」だけになるという[17]。

Ⅲ　私法統一の方法論

　以上のように，19 世紀ドイツと現代ヨーロッパの状況は，もちろん，重大な相違点がいくつもあるとはいえ，国境を跨ぐ取引の進展に併せた私法の調和・統一の必要性という観点から見て，比較対照が可能であるように映る。以下では，そのような経済活動の進展に合わせて私法の統一の必要があるとき，どのようにして私法を統一できるのかという問題，つまり，私法法典のディレンマを克服する方法について検討を試みよう。

1　19世紀ドイツの立法論

　先にも見たとおり，19 世紀初頭のいわゆる法典論争の時点では，ドイツというよりはむしろ各領邦での地域感情が優位しており，また，工業の発展ももっと後まで俟たねばならなかったという点で，いまだ経済的観点からの私法統一の必要性は必ずしも存在していなかった。それでも，政治的ないしは文化

---

(15)　一般ドイツ商法典第 355 条
　　売主が商品の引渡しについて遅滞にあれば，買主は，彼が遅れた履行に基づく損害賠償と共に履行を請求するか，履行に代えて不履行に基づく損害賠償を請求するか，または，契約が締結されていなかったのように契約を解除するかの選択権を有する。

(16)　OOSTERHUIS, Convergence and Unification, op. cit., pp. 1000 et seq.

(17)　OOSTERHUIS, Convergence and Unification, op. cit., p. 1007.

54

Ⅲ　私法統一の方法論

的観点，あるいはもっと民族感情的な側面から政治的統一に先駆ける統一ドイツ法典の編纂が叫ばれたのは，フランス支配からの解放という一つの時代状況のコンテキストが大きく作用したものであろう。

　当時の法典論争は，いうまでもなく，ドイツ全域にとって法典編纂が必要かどうかをめぐる論争である。もっとも，法典編纂を必要とする見解は一つではない。たとえば，多面的にドイツの再生策を論じる一環で，シュミットは，「民族の特質のほとんど全てが，その法律とその運用に依存するとの原則」からすれば，「一つの民族に真に内在する統一がもたらされるべきで，その目的は，民族が同じ種類の民事法律と刑法によって支配されていない限り，まったく未達成なままとなる」として法の統一を求めつつ[18]，そのためにフランス法典に依拠する意見もある中で，「他人の叡智を借用する必要はまさに何もない。我々は，要するに，オーストリアに民法典を持っており，それはフランス法典に少なくとも並び立ち得るのであって，我々にとっては，それ以上のあらゆる準備なくして，全ドイツに適用できるという利点を持っている」とする[19]。

　このようなドイツ領邦の既存法典を全ドイツ領域に拡張しようとする提案に対して，新たな法典を整備する旨を主張したのがティボーであった。ローマ＝普通法の混沌とした状況を非難し，全ドイツ人のために合理的な法を創設する方策として，「私が考えるには，我々の市民法（このもとで私はここではいつも私法，刑法および訴訟を理解している）をこそ，この迅速な変化全体が必要としており，ドイツのすべての統治機関が，結合された力で個別の統治機関の恣意を奪ったドイツ全体のために制定される法典の起草を実現しようとする場合以外には，ドイツ人はその市民関係において幸運になれない」。なぜなら，「人はすべての立法に当たって，二つのことを要請できるし，また要請しなければならない。すなわち，立法はその規定を明確に疑義がなく言い尽くすように定めること，および，立法は市民の要請を賢明にかつ目的に適った形で被統治者の需要に完全に従って定めることである。しかし，残念ながら，一つの立法のみがこの要請を大半充足するドイツ法の国はひとつも存在しない」からである[20]。

　このように，ティボーは，全ドイツに適用される統一的な法典編纂を主張し

---

(18)　Karl Ernst SCHMID, Deutschlands Wiedergeburt, Jena, 1814, S. 126.

(19)　SCHMID, a.a.O., S. 133f. シュミットは，同時に，プロイセン一般ラント法は，公法を含む点，時代遅れな内容を持つ点で，オーストリア法典の採用が望ましいとする。

55

3 近代私法法典のディレンマ〔北居　功〕

たのに対して，ゲンナーは，ドイツの各領邦ごとの法典編纂を提唱する。すなわち，「我々を取り囲むより大きな諸国の事例は，確かに充分に，将来ゲルマン連邦を構成することになるドイツ諸国が，一つの同形式の法典を持ち得ると思われることを証明する。しかし，すでに，そのそれぞれが自身に従属しない諸国からなる連邦という精神は，それらが，最上位権力としての連邦自身に由来する一つの法典によって統治されることとは一致しない……オーストリアとプロイセンといった，二三のより大きなドイツ諸国は，よい例をもって模範を示し，他の諸国は長く置き去りにされることはあり得ない。そのようにして，連邦化される諸国家の下で，徐々に一つの実質的な市民法典の同一形式が形成され」るという[21]。

　以上の見解は，いずれも法典編纂を支持する見解としては共通するが，その具体的な方策では相違する。とりわけ，シュミットとティボーの提案は，全ドイツのための統一法典の導入を提唱するが，ゲンナーは，各領邦国家での法典編纂を起点としつつ，将来構想される連邦の中で，有力な領邦国家の法典が各領邦国家の法典として採用され，浸透することを通じて，実質的に法が統一されることを想定している。すなわち，同じ法典編纂支持論であっても，法典編纂を通じた法の一元化を目指す立場と，多元的な法典編纂を起点として，将来の調整による法統一を目指す立場とに区別されるのである。

　これに対して，サヴィニーは，周知のとおり，法典編纂を否定する見解を主張する。すなわち，民族の本質と法との有機的な関連における法の生成から，「法は最初，慣行と民族確信によって，次に法学によって生み出され，概して，内的で静かに作用する力によって生み出されるのであって，立法者の恣意によるのではない」[22]。しかも，「ひとが自身生きる時代に関して，確実な判断を下すことは非常に困難である。それでも，あらゆる徴表が欺かないなら，生き生きとした精神が我々の学問に立ち現れ，それが学問を将来，再び特徴ある形成

---

[20]　Anton Friedrich Justus THIBAUT, Ueber die Nothwendigkeit eines allgemeinen bürgerlichen Rechts für Deutschland. in Hans HATTENHAUER (hrsg.), Thibatut und Savigny, 2. Aufl., München, 2002, S. 41.

[21]　Nicolaus Thaddäus von GÖNNER, Ueber Gesetzgebung und Rechtswissenschaft in unsrer Zeit, Erlangen, 1815, S. 274ff.

[22]　Friedrich Carl von SAVIGNY, Vom Beruf unserer Zeit für Gesetzgebung und Rechtswissenschaft, in HATTENHAUER (hrsg.)., a.a.O., S. 68.

Ⅲ　私法統一の方法論

へと高め得る。ただ完成しただけでは，この形成にとってほとんど何にもならないのであり，この理由から私は称賛に値する法典をもたらす我々の能力を否定する」[23]。フランス法典，プロイセン法典およびオーストリア法典の三つの法典の検証から導かれるのは，それらの法典が持つ欠陥から，「今日の時代は法典を企画する何らの任務も担ってはいない」ことである[24]。したがって，「歴史が国民の青年期に概して優秀な教師であるなら，それは我々の如き時代においてなお，異なるより神聖な職責を持つ。なぜなら，歴史によってのみ，国民の本来の状況との活力ある関連性が獲得されるからであり，この関連性の喪失は各国民からその精神的生命の最良の部分を奪うに違いない。この見解に従えば，普通法とラント法が法源として真実利用され非の打ち所がないとされるべきことがもたらされるのは，法律学の厳に歴史的な方法である。……むしろ，その方法の努力は，それぞれの所与の素材をその根源まで追跡し，その有機的原則を発見することに存するのであり，それによって，自ずからなお生命を持つものが，すでに死に絶えたもの，なお歴史にのみ属するものから区別されるに違いない」[25]。

　このように，サヴィニーは，時代的な要請および立法者の能力の観点から法典編纂に反対するが，しかし，サヴィニーはドイツ法の統一についても否定するのではない。かえって，サヴィニーは，ドイツ法の統一のための方策として，法典編纂ではなく，法学ないしその探求を基礎にした法学教育を提示する。その上で，ゲンナーの提案に対して，「しかし，何故に何ら事実的に一般的な法典ではないのか？何故に，その独立性を損なわれない個別の国家は，すでに存在する法典，たとえば（シュミットの提案によれば）オーストリア法典を受け入れることができず，あるいは，共通の委員会によって，それぞれの諸国にとって有効な一つの法典を，それでも一旦それぞれの国家にある法典が存在すべきとすれば，起草させることができないのか？こうした共同性は連邦の精神と一致しないのか？」と批判する[26]。したがって，サヴィニーもまた，私法の統一

---

(23)　SAVIGNY, a.a.O., S. 81.

(24)　SAVIGNY, a.a.O., S. 105.

(25)　SAVIGNY, a.a.O., S. 109.

(26)　Friedrich Carl von SAVIGNY, Rezension in Zeitschrift für geschichtliche Rechtswissenschaft, Bd. 1, 1815, S. 411f.

3 近代私法法典のディレンマ〔北居 功〕

を目標に据えつつ，そのための方策として，法典編纂ではなく，歴史的な法学の探求を提示したのであり，これこそが，その後のドイツ法学を支配する歴史法学である。

　以上の，法典編纂をめぐる法典論争での各種の提案を纏めれば，法典編纂賛成論はいずれも，法典を編纂する政治権力による「上からの法統一」を目指しつつも，一元的な法統一を図るか，多元的な法典編纂を通じた緩慢な法統一に託すのかに分かれる。これに対して，サヴィニーの法典編纂反対論は，法学および法学教育を通じた「下からの法統一」を目指しつつ，それを「ドイツ人の法」として一元化することを目論むものと理解できよう。したがって，論理的には，「下からの法統一」を多元的な形で実現する方策も想定できるが，それは，たとえば各ラント法の法学研究・教育を通じて将来のあるべき法統一に託すとする見解となろう。しかし，18 および 19 世紀ドイツでの大学教育は，たとえラント法が立法されても，なお普通法の教育を主眼としていた[27]。ドイツの大学教育が普通法から離れるのは，アイゼナッハ会議からであったといわれる[28]。つまり，19 世紀ドイツでは，とりわけサヴィニーが創設した歴史法学派と，その学派が構築したパンデクテン法学を通じた「下からの法統一」において，すでにローマ＝普通法という共通テキストが存在したのである[29]。

　しかし，その後，19 世紀が経過する中で，状況は大きく変化する。すでに，商事法の分野では，ドイツ連邦の下で，1948 年の普通ドイツ手形法，1861 年

---

　(27)　HEIRBAUT, a.a.O., S. 82f. たとえば，バイエルン市民法典が制定された後にも，当時の政府からの再三の要請にもかかわらず，バイエルンの大学が普通法の講義の継続に固執した経緯について，Sten GAGNÉR, Die Wissenschaft des gemeinen Rechts und der Codex Maximilianeus Barvaricus Civilis, in Helmut COING/ Walter WILHELM (hrsg.), Wissenschaft und Kodifikation des Privatrechts im 19. Jahrhundert, Bd. 1, Frankfurt am Main, 1974, S. 1ff.

　(28)　アイゼナッハ会議については，Emil FRIEDBERG, Die künftige Gestaltung des deutschen Rechtsstudiums nach den Beschlüssen der Eisenacher Konferenz, Leipzig, 1896 を参照。ツィンマーマンによれば，「〈歴史的〉解釈は，広範にわたって，法典起草者によって生み出された史料と理由書の精読にまで堕した。その点で重要な意義を持つのは，ドイツ民法典に法学カリキュラムの中心的な地位を与えるという，1896 年に開催されたアイゼナッハ会議でのドイツ法学教授達の決定であった」。Reinhard ZIMMERMANN, The German Civil Code and the Development of Private Law in Germany, in The New German Law of Obligations, Historical and Comparative Perspectives, New York, 2005, p. 16.

III 私法統一の方法論

に一般ドイツ商法典が制定され，1871年に帝国上級商事裁判所が設立されることで，上からの一元的な私法統一は大きく進展する。ドイツ連邦の傘下で，とりわけプロイセンの主導の下に，競合する多元的な商事法を一元化する動きと把握できよう[30]。他方で，普通法でも，パンデクテン法学による「ドイツ民法」の形成が進むとともに，ドイツ連邦の下で，一般ドイツ債務関係法草案，いわゆるドレスデン草案が制定され[31]，「上から」と「下から」の一元的な民法統一，少なくともそのための準備が進展した。もっとも，各領邦国家もそれぞれの法典編纂を進めており，「上からの多元的な」志向の様相も呈していた。

最終的には，政治的統一を果たしたドイツ帝国の下で，それらすべての成果を基礎にして，「上からの一元的な」民法典の制定に結実するのである。これは，ドイツ民法典のための部分草案理由書に明らかになるとおり，パンデクテン法学はもちろん，各ラントの立法（草案）を総合する成果であるが，「法典」という立法形式での上からの一元的な私法統一は，やはり政治的な統一が先行しなければ実現できなかったことが明らかとなろう。

---

[29] 「ドイツ語圏では，基本的な知的法統一性が，19世紀全体を通じた細部でのそのあらゆる相違においても存在したままであった」。Reinhard ZIMMERMANN, Heutiges Recht, Römisches Recht und heutiges Römisches Recht, Die Geschichte einer Emanzipation durch "Auseinanderdenken", in ders (hrsg.), Rechtsgeschichte und Privatrechtsdogmatik, Heidelberg, 1999, S. 6.

[30] 一般ドイツ商法典の成立経緯については，北居功『契約履行の動態理論II 弁済受領論』（慶應義塾大学出版会，2013年）272頁注(8)および(9)を参照。

[31] ドレスデン草案の成立経緯については，北居・前出注[30] 54頁注[49]参照。

59

3 近代私法法典のディレンマ〔北居　功〕

2　現代ヨーロッパの方法論

　現代ヨーロッパにおける私法統一もまた，上記の座標軸に沿って整理が可能である[32]。

　いうまでもなく，18世紀末以降，ヨーロッパ各国は，それぞれ固有の法典編纂に従事してきたため，法典とその運用という形で，国境ごとに異なる私法を形成してきた。しかし，20世紀になって，それぞれ各国の法を，比較法を通じて相対化し，共通ルールを探求する試みも続いてきた。この比較法を私法の統一へと結び付けた格好の成果が，ラーベルの『商品売買法』であり[33]，ハーグ条約の挫折を得て，1980年に成立した「国際物品売買に関する国際連合条約（United Nations Convention on Contracts for the International Sale of Goods: CISG）」の結実である。

　しかし，現代ヨーロッパにおける「上からの私法統一」は，多くの困難に直面してきた。ヨーロッパ委員会を中心とするヨーロッパ立法機関は，私法分野では，1980年代中葉以降，消費者保護に関わる限定的分野で，いわば散発的にしか介入してこなかった。したがって，私法の大部分では各国の既存私法が並立している状況であったため，とりわけ域内市場の統合が始まる1990年代から，「上からの多元的な私法統一」の方策も有力に提起された。すなわち，各国の私法が並立している多元状況を前提にして，それらを統合するよりは比較的容易に実現できる抵触法を統一することによって，ヨーロッパにおける私法を統一しようとする提案である[34]。もっとも，ヨーロッパ立法機関は，抵触法の統一はもちろんのこと[35]，実体私法の調和・統一にもっと前向きであり，

---

[32]　北居功「EU契約法」庄司克宏編『EU法・実務篇』（岩波書店，2008年）232頁以下。

[33]　Ernst RABEL, Das Recht des Warenkaufs, Bd. 1, Berlin, 1957; Bd. 2, 1958.

[34]　Jochen TAUPITZ, Europäische Privatrechtsvereinheitlichung heute und morgen, 1993, Tübingen, S. 62ff.

[35]　すでに1980年の「契約債務の準拠法に関する1980年条約（ローマ条約）」で，抵触法の統一が図られたが，2008年の「契約債務の準拠法に関する欧州議会および理事会規則（ローマＩ規則）」によって，契約法に関する抵触法の統一が図られている。ローマＩ規則については，高橋宏司「契約債務の準拠法に関する欧州議会及び理事会規則（ローマＩ規則）——ローマ条約からの主要な変更点を中心に」同志社法学第352号（2012年）1頁以下，同「契約債務の準拠法に関する欧州議会及び理事会規則（ローマＩ規則）——4つの視点からのローマ条約との比較」国際私法年報13号（2011年）2頁以下を参照。

Ⅲ　私法統一の方法論

散発的ながらも各種の消費者保護指令を制定してきた[36]。しかしながら，こうした措置は，「継ぎ接ぎ絨毯」あるいは「パッチワーク」と揶揄されるように，私法分野を包摂するような一元的統一にはほど遠い。

　ヨーロッパにおける私法の一元的統一は，ヨーロッパ議会の決議にも現れたが，実際にそれを担ったのは，むしろ，様々な私的研究グループが進めてきた多様な研究およびその成果であった。その中でもとくに影響が大きいのは，オーレ・ランドーが私的に主催したヨーロッパ契約法委員会の学術研究の成果である「ヨーロッパ契約法原則（Principles of European Contract Law: PECL）」であり，ユニドロワの「国際商事契約原則（Principles of International Commercial Contract: PICC）」であったといえよう[37]。前者の学術活動は，その途中からEU（当時のEC）からの財政的な援助も受けるようになったが，依然として，学術の自発的なヨーロッパ私法の一元化を志向する「下からの統一」を目指したものである。今や，ヨーロッパ各国の比較法は，各国の法的価値判断の単純な比較から，ヨーロッパ私法というコンテキストの中に位置付けられるようにもなる[38]。すなわち，「複数の国々の法律家によるこうした共同の業績は，もはや伝統的な意味での比較法ではない。それらは，むしろ，私法学の〈ヨーロッパ化〉への道の第一歩とみなされる」[39]。そして，「これらのルール業績は，ある法分野を体系的に，しかも可能な限り完全に包摂することを試みる。それらには国家的な通用命令が欠けることは別にして，それらは法典編纂の概念に対応する」とさえ評される[40]。

　しかし，「消費動産の売買および保証の一定局面に関する1999年5月25日のヨーロッパ議会および理事会の指令（1999/44/EC）」を契機として，ヨーロッパ立法機関は，伝統的な私法分野へも介入し始めた。この指令のインパク

---

(36)　鹿野菜穂子「EU消費者法」庄司克宏編『EU法・実務篇』（岩波書店，2008年）213頁以下。

(37)　北居・前出注(32)240頁以下。

(38)　Reinhard ZIMMERMANN, Die Europäisierung des Privatrechts und Rechtsvergleichung, Berlin, 2006, S. 19ff.

(39)　SCHULZE, a.a.O., S. 7.

(40)　Reinhard ZIMMERMANN, Europäisches Privatrecht: Irrungen, Eirrungen, in Professorinnen und Professoren der Bucerius Law School (hrsg.), Begegnungen im Recht, Ringvorlesung der Bucerius Law School zu Ehren von Karsten Schmidt anlässlich seines 70. Geburtstag, Tübingen, 2011, S. 322.

3 近代私法法典のディレンマ〔北居 功〕

トは大きく，指令の置換要請に対して民法典の改正で対応するのか，それとも，消費者保護の特別法の改正にとどめるのかといった「再法典論争」を加盟各国内で惹起したのも，伝統的な売買法自体に関わる置換要請となっていたためである[41]。

　その後，ヨーロッパ立法機関は，私法分野での調和・統一へのあり得る方策を模索しつつ，一方で，2011年に，各種の消費者保護指令を横断的に取り纏めるための「消費者の権利に関するヨーロッパ議会および理事会の指令（2011/83/EU）」を制定するとともに，他方で，ヨーロッパ契約法原則や従来の各種指令の成果を包括的に取り込む「共通参照枠草案（Draft Common Frame of Reference: DCFR）」の策定を援助した[42]。「消費者の権利指令」によって，散発的・限定的な消費者保護指令を全体として調和させることを目論みつつ，それとは連動するようには映らないものの，他方で，私法の全体的な分野を包摂するヨーロッパ私法の総括的な内容を持つ「共通参照枠草案」によって，「名称以外のすべてにおいてヨーロッパ民法典」とも称されるルール業績を公表した[43]。しかし，この「共通参照枠草案」は，あくまで学術成果に基づく草案であったため，ヨーロッパ委員会は，実務家の手でその内容を改訂し，「共通ヨーロッパ売買法（Common European Sales Law: CESL）」の草案を提示したが，

---

[41] 北居功「ヨーロッパにおける民法の改正と日本法──再法典化の時代と立法学の要請」長谷部恭男他編『岩波講座：現代法の動態 4 国際社会の変動と法』（岩波書店，2015年）129頁以下。

[42] 北居・前出注[41] 135頁以下。

[43] Martijn HESSELINK, The Common Frame of Reference as a Source of European Private Law, in Tulane Law Review, vol. 83, 2009, p. 923.

ヨーロッパ委員会はその提案を撤回した。その原因は，これを契機に法典編纂に向かうのではないかという疑心暗鬼に加えて，草案が提示する高い消費者保護水準でさえもすべての関係者を満足させることができなかったことにあるとされる[44]。このような経緯から明らかになるとおり，ヨーロッパ立法機関は，学術活動を通じて目指された「下からの一元的な法統一」を，その立法権限を通じて「上から」実現しようと試みていたのであって，明らかに私法の一元化を志向していたのである。

Ⅳ　現代私法法典の意義

　近代私法の統一は，まず最初，国内の地域ごとに異なる多様な法源を国家の制定法へと一元化する「法典編纂の第一波」から始まった。ところが，現代では，反対に，この国ごとに一元化された「法典」こそが，国を跨いで進展する経済活動の障害になると認識されるようになった。すなわち，近代私法法典のディレンマである。そのため，市場の一体化が進む経済領域，とりわけヨーロッパで，国ごとの「法典」を克服する方策が多様に模索されているのである。

　19世紀のドイツと現代のヨーロッパの状況は，主権国家の領域を超えて出る経済活動の領域と主権国家の枠内にとどまる私法の通用領域との「ギャップ」を埋めるという観点で眺める限り，十分に比較可能である。しかも，主権国家の領域を超えて出る経済活動に合わせて私法を調整・調和する方策もまた，大きなその方向性において比較可能である。主権国家の領域ごとに通用する私法の存在を前提にして，それを「上から」調整する方策は，19世紀のドイツでは連邦内の「調整」に託され，現代ヨーロッパでは抵触法の統一が実現されたといえようが，抵触法の統一方策だけでは，なお取引当事者は異なる実質法の内容を調査・確認しなければならないため，取引費用の削減は難しい。

　他方で，「下から」の私法の統一は，19世紀ドイツでは，すでにドイツ普通法という共通テキストが存在したため，その解釈を通じた法学に託された。これに対して，現代ヨーロッパでは，比較法からヨーロッパ私法への学術活動の重心移動により，ヨーロッパに共通の私法ルールの模索が続いているが，19

---

[44]　撤回の経緯と背景については，Pavel SVOBODA, The Common European Sales Law ― Will the Phoenix rise from the Ashes again? in ZEuP., 2015, pp. 689 et seq.

3 近代私法法典のディレンマ〔北居　功〕

世紀ドイツの普通法に相当する共通テキストはいまだ見いだされていない。それでも，ヨーロッパ契約法原則やアキ原則を通じた共通ヨーロッパ私法の探求は，共通ルールの具体的策定に向かっており，EU が主導する共通参照枠草案（Draft Common Frame of Reference）は，その一定の成果と位置付けられるであろう[45]。

　しかし，抵触法の統一でもなお私法統一は不十分であり，また，「下から」の統一でも共通テキストの通用力を確保することはできない。したがって，現実に通用する私法の統一を確保するには，「上から」の「一元的」な私法統一が必要となる。確かに，19 世紀のドイツでは，とりわけドイツ連邦で策定され，各領邦国家がそれを承認することで通用した一般ドイツ商法典が，そのような統一方策の具体的な成功例として提示されよう。したがって，それに比肩するような現代ヨーロッパでの私法統一は，たとえば，「ヨーロッパ民法典」が，指令によって加盟国の国内法に置換されることで実現されよう。しかし，共通ヨーロッパ売買法は，指令（directive）ではなく規則（regulation）として構想され，当事者の選択によってその通用力を確保するため，現代ヨーロッパでの新たな方策の試みである。それでも，法典への疑心暗鬼から共通ヨーロッパ売買法草案が挫折したことに見られるとおり[46]，「上からの一元的な」ヨーロッパ民法典への展望は，いまだきわめて厳しい状況にあるといえよう[47]。

---

(45)　単にルール作りだけでなく，法学教育レヴェルでのヨーロッパ化の進展を検証するのは，Peter HÄBERLE, Juristische Ausbildungszeitschrift in Europa, in ZEuP., 2000, S. 263ff.

(46)　「多くの者は，共通ヨーロッパ売買法を，ヨーロッパ民法典のための隠れ蓑ではないかと疑った。それが，イングランドおよびウェールズにおける法実務家の敵対心の本来の理由であって，たとえ共通ヨーロッパ売買法が，コモンローの世界で卓越した多くの特質によって支持されていてさえもである。冗談ながらも，フランス人が敵対したのは，共通ヨーロッパ売買法がドイツ民法典であるためであり，また，ドイツ人が敵対したのは，それがそうではなかったからであるといわれる」。SVOBODA, op. cit., p. 692.

(47)　プファイファーは，立法者による準備努力と個別事例での法適用を通じた法形成の双方が法の発展には必要であるため，「そのことは，すでに 19 世紀のドイツで，一方で法典編纂理念の賛同意見と他方で歴史法学派の間の対立にとって当てはまった」と指摘する一方で，共通ヨーロッパ売買法が挫折した今，下からの法統一を支援するには，抽象的なルール形成ではなく，個別事例への法適用を通じた私法調整を達成すべく，ヨーロッパ商事裁判所の創設を提言する。Thomas PFEIFFER, Ein europäischer Handelsgerichtshof und die Entwicklung des europäischen Privatrechts, in ZEuP., 2016, S. 795ff.

Ⅳ　現代私法法典の意義

そこでは，もはや「法典」とはいっても，それは本来持つ正当な立法権限に由来する強制力を持った成文法を必ずしも意味しない。むしろ，構想された共通ヨーロッパ売買法のように，他の法源と併存しつつ，その品質と便宜によって，当事者の選択によって他の法源に優位する法的ルールさえも含意する[48]。その意味で，国境を跨ぐ私法の一元的な統一は，たとえそれが上から志向されるときであっても，当然の強制的な通用力を予定できず，他の法源との「競争」に晒される可能性がある。

　しかし，他の法源を排除することこそ，本来，近代の「法典」に託された国家による法統一の意味であり，機能であったはずである。なるほど，「法典」が他の法源と併存する限り，その競合と競争に晒されることも，国境を跨ぐ経済活動に適応するためのやむを得ない法的通用力の限界であろう。むしろ，現代私法法典は，国家権力に担保された強制通用力ではなく，他の私法に対するその競争力の優位によって他の私法法源を排除できるという意味で，なお「法の統一」を託されるに値しよう[49]。そして，そこに，今日，比喩的に「法典」

---

[48]　共通ヨーロッパ売買法は，その制定時点で EU の 27 カ国の加盟国数だけ存在する 27 個の私法システムに新たに加わるべき「第 28 番目」の私法システムと位置付けられるとする見解もある。Sabine CORNELOUP, Der Anwendungsbereich des Optionalen Instruments, die Voraussetzungen seiner Wahl und das Verhältnis zur Rom I-VO., in ZEuP., 2012, S. 716. これに対して，むしろ抵触法で選択される国内法の中で当事者によって選択されるべき「第 2 番目の売買法」とする見解が優勢と映る。Stefan PERNER, Zum Anwendungsbereich des Gemeinsamen Europäischen Kaufrechts（Art 1 - Art 16 VO-Entwurf), in Christiane WENDEHORST/ Brigitta ZÖCHLING-JUD (hrsg.), Am Vorabend eines Gemeinsamen Europäischen Kaufrechts, Zum Verordnungsentwurf der Europäischen Kommission vom 11. 10. 2011. KOM (2011) 635 endg., Wien, 2012, S. 30f.; Horst EIDENMÜLLER/ Nils JANSEN/ Eva-Maria KIENINGER/ Gerhard WAGNER/ Reinhard ZIMMERMANN, Der Vorschlag für eine Verordnung über ein Gemeinsames Europäisches Kaufrech, in JZ., 2012, S. 269; Jan M. SMITS, The Common European Sales Law（CESL), Beyond Party Choice, in ZEuP., 2012, p. 907.

[49]　「抵触法に関するヨーロッパ規則に対して共通売買法は体制的優位を持っておらず，それらすべては，互いに同じランクの〈第二次法〉である。しかしながら，注目されるべきなのは，共通売買法が当事者によって選択された場合には，共通売買法が概して適用され得ることであり（規則 8 条)，その場合にとって，共通売買法それ自体が，規則 11 条によって，排他的適用を要請することである」。Axel FLESSNER, Der Status des gemeinsamen Europäischen Kaufrechts: Kommentar zu Sabine Corneloup, in ZEuP., 2012, S. 728.

3 近代私法法典のディレンマ〔北居　功〕

が語られる限り，私法統一のためのもっとも有力な方策が，今日でもなお「法典」に託されている意味が，端的に現れているといえよう。今日でもなお，私法法典は他の法源を排除して私法の統一を図る機能を担うが，それは法の強制力によるのではなく，他の法源に優位する競争力によるのである。

4 生態文明と環境保護法・居住福祉法[*]
── 日中韓比較

吉 田 邦 彦

Ⅰ 序

　陝西省西安，さらには同じく歴史都市である韓城での日中韓居住問題会議（第 14 回）（2016 年 10 月開催）での報告の機会を戴き，歴史都市ならではの最高の環境を準備してくださった関係諸氏に最初にお礼申し上げるが，私の出身の札幌に関して，明治維新後に開拓される際のまちづくりに寄与があったのは，島義勇開拓使判官（1822〜1874）であり，島判官は，京都を模して設計したとされており（恰度京都の東西をひっくり返したように，円山公園，伏見稲荷，そして鴨川ならぬ鴨鴨川（創成川）がある）[(1)]，碁盤の目のごとき仕切りは，実は長安（西安）から来たと思うと，その因縁に改めて驚かされる。

　さて私は，建築についての専門でもなく，早川和男東アジア居住学会（上記日中韓居住問題会議の開催母体）会長からは，私の専門も考慮されて，自由に環境法の問題を論じてほしいということで，とくに本年の統一テーマの《生態文明》理念につき，私が重要な概念と考える理由を説明し，その環境法学ないし居住福祉法学において持つ意義を論じたいと思う。

---

[*] 本稿は，2016 年 10 月 13 日に中国陝西省韓城において開催された第 14 回日中韓居住問題会議での報告原稿を元としたものである（その簡単な要約は，中国房地産業協会・日本居住福祉学会・韓国住居環境学会編・生態文明与地区再生（第 14 回中日韓住房問題研討会優秀論文集）（2016 年）にも記載されている）。加藤雅信先生の古稀記念論文集にこのような短編を提出することには躊躇したが，日中法学交流にも尽力された方でもいらっしゃるのでご関心を持って下さるとも愚考し，ご海容を乞う次第である。

(1) さしあたり，島義勇ウィキペディア（https://ja.wikipedia.org/wiki/%E5%B3%B6%E7%BE%A9%E5%8B%87）など参照。

『21世紀民事法学の挑戦』加藤雅信先生古稀記念〔信山社，2018年3月〕

4 生態文明と環境保護法・居住福祉法〔吉田邦彦〕

ところで，近時のわが国（日本）の環境問題としては，目につく大きな問題としては，例えば，第1に福島原発事故の放射能汚染問題（福島第一原発の爆発事故は浜通りのみならず，福島市・郡山市などの中通りにも，深刻な放射能被害をもたらしたにも拘わらず（従って，アメリカ基準である爆心地から50マイル以内の避難地域（evacuation zone）は，それらをカバーする），わが国の避難指示対象にはされておらず，健康被害を憂慮して自ら避難したいわゆる「自主避難者」には──チェルノブイリとは対照的に──基本的に転居支援がなされておらず，彼ら・彼女らへの唯一の支援である住宅無償提供も2017年3月で打ち切られ，全国各地で「強制立退き」がなされるという深刻な居住福祉問題があり，また多くの被災者が深刻な初期被曝を被り，既に様々な健康被害が出ているのに，自由に疾患を語ることができないという深刻な環境問題を抱えている）[2]，第2に，東京・豊洲新市場における土壌汚染問題（1935年から築地市場がオープンされているが，1999年に東京都と市場団体による築地市場再整備推進協議会が豊洲移転の結論を出し，2001年に都の卸売市場整備計画の中に豊洲移転が盛り込まれ，2014年には豊洲市場の建設が開始されたが，同地は東京ガスの跡地で，高濃度の有害物質（鉛・砒素・六価クロム・ベンゼンなど）による土壌汚染は，かねて指摘されていて，小池百合子新都知事選出後の2016年7月に建設ストップがかかり，建物の建設工法（報告と異なる空洞の判明）の欠陥が指摘された。そのために，食の安全に関わる不安が前面化し，引越しを予定していた市場関係者の経済損失が深刻である），第3に，異常気象（地球温暖化）による災害（とくに水害）の続発（例えば，台風10号による北海道・東北の被害）（2016年8月）などによる災害復興問題の前面化がすぐに挙げられる。

さらに，日中関係との関連で，近時調査を進めている，中国東北部における毒ガス弾遺棄による環境問題における日本の責任問題も深刻である[3]。

---

(2) これについては，私も既に何度か論じており，吉田邦彦「居住福祉法学と福島原発被災者問題（上）（下）──特に自主避難者の居住福祉に焦点を当てて」判例時報2239号3〜13頁，2240号3〜12頁（2015年），同「東日本大震災・福島原発事故と自主避難者の賠償問題・居住福祉課題（上）（下）──近時の京都地裁判決の問題分析を中心に」法と民主主義509号33〜39頁，510号41〜47頁（2016年）など参照〔同『東アジア民法学と災害・居住・民族補償（後編）（災害・居住法学現場発信集）（民法理論研究7巻）』（信山社，2018年）（近刊）所収〕。

Ⅱ　環境汚染問題の変質

　わが国の環境法問題としては，かつて高度成長の頃は，四大公害訴訟（熊本・新潟水俣病，イタイイタイ病，四日市ぜんそく）に代表される深刻な公害が注目された（中国では，未だ炭鉱被害や大気汚染も深刻である）。しかしこうした深刻な問題は少なくなったと言えるが，他方で，アスベスト問題（尼崎クボタ工場におけるアスベスト問題が前面化してまもなくアスベスト救済法が制定されたが，その救済額が低額との問題がある）[4]や放射能被害など，長期的な晩発性の致命的被害が脚光を浴びており，いずれも長期間の潜伏期間の下にそれが発現すると深刻な不可逆的被害をもたらすことになる。これらにおいては，因果関係など，従来の不法行為の枠組の再構築を余儀なくされているのである。

　確かに，「四大公害訴訟」（名古屋高裁金沢支部判昭和 47.8.9 判時 674 号 25 頁（イタイイタイ病訴訟），新潟地判昭和 46.9.29 下民集 22 巻 9 ＝ 10 合併号 1 頁（新潟水俣病訴訟），津地裁四日市支部判昭和 47.7.24 判時 672 号 30 頁（四日市喘息訴訟），熊本地判昭和 48.3.20 判時 696 号 15 頁（熊本水俣病訴訟））においては，高度の注意義務設定による過失認定，因果関係要件の立証負担の軽減，共同不法行為論など，注目すべき法理の展開が見られて，また昭和 48 年制定の公害健康被害補償法（公健法）とともに，隣国に対する影響力もそれなりにあった。

　しかし，例えば，その中でも最重要の水俣病問題を採ってみても，その後の展開は，決して諸外国に誇れるものではないことにも留意しておきたい。すなわち，昭和 53 年 6 月にチッソ救済のための公的資金の投入（2200 億円もの投入）が決められると同時に，水俣病認定の判定基準の厳格化がはかられた（政府サイドは，延長線上に明確化したと言われるが，いわゆる「昭和 52 年判定基準」

---

(3)　これについては，吉田邦彦「中国での毒ガス兵器遺棄を巡る戦後補償問題 ―― チチハル毒ガス被害者の聞取りを受けて」法と民主主義 512 号（2016 年）（要約），北大法学論集 67 巻 5 号，6 号（2017 年）を参照〔同『東アジア民法学と災害・居住・民族補償（中編）（補償法学現場発信集）（民法理論研究 6 巻）』（信山社，2017 年）所収〕。

(4)　これに関する筆者の手になるものとして，吉田邦彦「日本のアスベスト被害補償の問題点と解決の方途（上）（下）―― とくにアメリカ法との比較から」NBL829 号 60～71 頁，830 号 37～47 頁（2006 年）〔同『多文化時代と所有・居住福祉・補償問題（民法理論研究第 3 巻）』（有斐閣，2006 年）に所収〕がある。

4 生態文明と環境保護法・居住福祉法〔吉田邦彦〕

は，単なる四肢末梢の感覚障害では足りず，運動失調や視野狭窄などの複数の症状の組み合わせがある場合に限ることとし，それまでの昭和46年基準と比べて厳格になり，従来の51%の認定割合は，この基準採用以降は，4.9%と激減した）。その判断基準作成に関与した井形昭弘教授など医学部研究者は，「高度の学識，豊富な経験」によると正当化したが，この点は，津田敏秀教授が鋭く指摘されているように，わが国における疫学的因果関係的発想の欠如ゆえに，既にある食品衛生法27条（現在58条）に基づく食中毒的調査からはあり得ない，患者の絞り込みプロセスであり，全く医学的根拠に欠けるものであった[5]。そして最近，この絞り込みの実質的根拠としては，「財政的考慮」があって，原理的理由からではないことが明らかとされている[6]。

　問題の源は，1956年の水俣病の公式発表から1968年に至るまで有機水銀が流され続けたという加害企業チッソ及び監督官庁の杜撰さにあるにも拘わらず，このように学問的な合理的根拠ない，また疫学的因果関係の認定とは程遠い，恣意的に厳格な『水俣病認定』という行政プロセスを課したことにより，被害者間の分断・対立，ストレス，苦悩を生じさせ，多くの水俣病患者の閑却という事態を招くこととなった[7]ところなどは，前述の福島の放射能問題における

---

(5)　この点は，津田敏秀『医学者は公害事件で何をしてきたのか』（岩波書店，2004年）（岩波現代文庫版，2014年）58頁以下，とくに，83頁以下。また，同『医学的根拠とは何か』（岩波書店，2013年）113頁以下も参照。

(6)　2016年8月23日放映のNHKクローズアップ現代「加害企業救済の裏で ── 水俣病60年『極秘メモ』が語る真相」での久我正一チッソ元副社長の手記及び藤井裕久元財務大臣の証言。

(7)　凧に，故原田正純博士は，水俣病救済の門戸が開かれようとしてもそれが幻想であることは，認定制度に補償受給資格要件を付与したところにあることと述べ，その出発点は，既に1959年12月のチッソの見舞金契約（それは熊本地判で，公序良俗違反で無効としたものである）における3条「今後水俣病の認定は審査協議会による」という一項目に由来すること。そして水俣病の診断を委員会に独占させるというメカニズムはその後潜在患者の問題を連綿として作り出したことを鋭く指摘されている（原田正純『水俣病』（岩波書店，1972年）61頁，同『水俣病は終わっていない』（岩波書店，1985年）9頁，38頁以下など）。さらに，「無機水銀がどう有機化するかとか，有機水銀のどの物質が脳神経細胞を冒すかなどの学問上〔診断学上〕の問題は，……企業責任の問題とは別個のものである。疫学的に，工場排水に起因する中毒であることがわかれば企業責任の立証はそれで充分なのである」との注目すべき指摘 ── それはまさしく津田教授の指摘と同様である ── も既になされている（前掲書（1972年）55頁）ことも付記しておこう。

原賠審の線引きがもたらした被曝者相互の分断・対立現象とも二重写しになる。

　ともあれその後，平成 7（1995）年の「政治解決」や同 21（2009）年の水俣病救済特別措置法による 200 万円余の一時金支払いの対応はなされたが，上記基準を前提としているという意味で，弥縫策的なものであり，司法の場での水俣病認定を巡る訴訟で，こうした行政対応を克服する判断がなされた（最判平成 16.10.15 民集 58 巻 7 号 1802 頁（関西訴訟）（未認定原告にたいするチッソの責任，国・熊本県の国賠責任の肯定），同平成 25.4.16 民集 67 巻 4 号 1115 頁（公健法 4 条 2 項に基づく水俣病認定申請棄却処分の取消訴訟（認定義務づけ判決）。「四肢末端優位の感覚障害のみの水俣病が存在しないという科学的立証はない」とし，「個々の舞台的症状と原因物質との間の個別的な因果関係の有無等に係る個別具体的な判断により水俣病と認定する余地を排除するものとはいえない」とした）のは，もっともなことである。こうした状況は，行政と住民との対立に学者はつけ入っている[8]という点でも，恥ずかしいスキャンダル的事態であり，他山の石とされなければならないことであろう。

III　環境保護法の日中の相違と今後

　1　ところで，日本では従来民事訴訟（環境不法行為法）中心の環境保護法であったが，これに対して，中国では，行政的規制が注目されるとの比較法的指摘がある（例えば，王燦発教授（中国・政法大学）[9]）。

　他方で，環境問題は，生態系に関わる問題として前面化していることは，かねて私（吉田）も指摘するところであり[10]，とくに地球温暖化問題が，『不都合な真実』（inconvenient truth）として注目されて久しい[11]。そして「生態系に留

---

(8)　津田・前掲注(5) 321 頁，330 頁（医学的誤りを分析し，指摘する人の不在構造），342 頁（情報を無視した官僚による非合理的行動）など参照。

(9)　例えば，王燦発『中国環境訴訟典型案例与評析（律師版）』（中国政法大学出版社，2015 年）。さらに，同『北京市地方環境法治研究』（中国人民大学出版社，2009 年）。

(10)　吉田邦彦「環境権と所有理論の新展開」『新・損害賠償法講座 2 巻』（日本評論社，1998 年）同『民法解釈と揺れ動く所有論』（有斐閣，2000 年）422 頁以下，とくに，440 頁以下で展開する，『緑の所有権』論を参照。（なお本論文は，淡路剛久ほか編『リーディングス環境 2 巻権利と価値』（有斐閣，2006 年）に収録された。）

(11)　AL GORE, AN INCONVENIENT TRUTH: THE CRISIS OF GLOBAL WARMING (Viking Juvenile, 2006). 同年に，同名での映画も封切られて，ノーベル平和賞も付与された（2007 年）。

4 生態文明と環境保護法・居住福祉法〔吉田邦彦〕

意した緑の所有権（green property）」概念が求められる所以は，従来の人格権の延長線上での環境保護の捉え方では，原理的に，「人間中心主義（andropo-centrism）」に伴う問題があり（思想的には，人間と自然（ピュシス）のいずれを優位に考えるかについて，ギリシア哲学の頃に既にプラトンとアリストテレスとの対立があり（後者がヘレニズム哲学といわれる所以である），それが近代においてのカントとヘーゲルとの対立に繋がり，そして後者の系譜は，ハイデガーやデリダなどの現代思想（ポスト近代の思想）に受け継がれる）[12]，手続的にも，民事訴訟では不整合であるとの問題があり（例えば，原告適格の問題），よりグローバルな国際的対応が求められる。脱炭素対策は，通勤システムの変革，森林管理，エネルギー対策など，多面的・広域的政策問題として，切実な課題対応が迫られている。

　2　この点で，中国環境法は，1970〜80年代には，日本のそれから学ぶことが多かったが，1990年代以降は，むしろアメリカ環境行政法の影響が強く，近時は中央政府の環境保護部が中心となり，①汚染・汚水の許可制，②汚染に関する総量コントロール，③公益訴訟（公民訴訟）・環境資源訴訟の増加（2012年中国最高裁の司法解釈，2013年民訴改正，2014年環境保護法改正），④環境影響評価（環境アセスメント）に関する速やかな立法がなされ，⑤代替エネルギーの開発も急速に進んでおり，むしろ日本の方が中国から学ぶところが多い[13]。とくに，習近平政権になってから，「緑山，青水は財産」の謳い文句の下に，環境保護理念・生態文明が環境政策の前面に出て，環境保護を踏まえた経済発展の質を真摯に考えられるようになっている（2012年の全人代第18回大会が転機となっている）。環境保護強化の下に，2014年には，環境保護法が改正されて，規制は強化されている意義が大きい[14]。

---

(12)　これについては，さしあたり，吉田邦彦「現代思想から見た民法解釈方法論 —— 平井教授の研究を中心として」北大法学論集47巻6号（1997年）1855頁以下，とくに1859-1860頁参照〔同『民法解釈と揺れ動く所有論（民法理論研究1巻）』（有斐閣，2000年）に所収〕。

(13)　これらについては，北川秀樹編著『中国の環境問題と法・政策：東アジアの持続可能な発展に向けて（龍谷大学社会科学研究所叢書）』（法律文化社，2008年）も参照。

(14)　この点については，王燦発主編『新《環境保護法》実施情況評価報告』（中国政法大学出版社，2016年）参照。

3　日中の相違の背景

　どうしてこのようになってしまったのであろうか。その第1として，日本社会の利権構造が改まらず，土建国家的体質は，近時の災害復興で益々強化されている。例えば，福島における除染，防潮堤への巨額投資，原発再稼働問題（それに向けての放射能被害の隠滅），沖縄における辺野古問題，仮設住宅における旧態依然としたプレハブ建築によるスクラップ・アンド・ビルド方式の踏襲など，具体例は事欠かない。それによる環境被害は慮外に置かれる。災害復興への巨額投下（25兆円以上）を契機とした，土建業者の一次的な経済浮揚によるトリクルダウン方式の景気回復策は，中国の経済政策とは大きな違いがある。第2に，環境民事訴訟は，被災者などの人権保護のために，重要であろうが（そしてこの方面で，中国法は不十分だと批判がなされる），その反面で，それが生態系保護の21世紀型の環境保護に有機的に繋がらない。環境保護法制も遅れ，環境アセスメントも，業界保護のために軽視される。環境保護団体が，公益的に生態系保護を訴える訴訟は貧弱である。

Ⅳ　日中韓間の環境保護比較のまとめ

　1　環境保護は，居住福祉と密接な関係を有し，その外郭をなす。近時の災害は，疲弊した中山間地を襲い，その居住福祉は危機的状況である。また，環境保護は，平和理念と密接不可分であり，東アジアにおける緊張悪化による軍備増強は，環境保護理念に反する（例えば，沖縄における辺野古・高江問題，韓国済州島における江汀海軍基地問題（折角戦後数十年基地なしの平和島の済州島理念は，1940年代後半からの悲劇である4.3事件における悲劇への反省としての平和希求に由来する。しかしそれが崩れると沖縄の如く，歯止めがなく，THAAD参加を決定した韓国政府はその候補地として済州島を指定しかねない）。原発に頼らない『代替エネルギー』開発の長期計画も不可欠である。公式の政治回路が行き届かない『非公式の生の政治（informal life politics）』（生活対応の居住福祉政治）が，その重要性の裏腹で閑却されている[15]。その際には，日本や韓国などの《土建国家構造，そこにおける経済的利権構造の批判的再考》も不可欠である。そう考えると，環境法的に日本には，それほど世界に誇れるものが無いとの謙虚な反省が必要であろう。

4 生態文明と環境保護法・居住福祉法〔吉田邦彦〕

2 制度的・原理的には，民事訴訟における事後的対応は環境保護においては，不整合なところがあり，事前的な行政的対応の重要性の認識の下に，その指導理念である『予防＝警戒原則』（precautionary principle）の多面的展開（そこにおける主知主義・合理主義・科学主義的な近代原理への謙虚な反省も必要である[16]），アクラシア問題の環境法学的克服は，東アジア全体の 21 世紀的トップ課題であるとの認識を高める必要があるわけである。

3 環境規制の分野では，日本や韓国のような自由主義体制よりも，中国のようなトップダウンの社会主義法制の方が，効果的な法実現が可能の面もあろう。例えば，しばらく前の事例として，西湖の水質浄化の取り組み，そして最近も PM2.5 に関して状況は急速に改善されているとの指摘もある[17]。また，地球温暖化対策としての太陽光エネルギー，風力発電の開発が，2025 年計画を目途に，急速に変わりつつあり，中国がこの分野では，世界市場を席巻しつつあるとの指摘もある[18]。

---

[15] この問題意識は，Tessa Morris-Suzuki, *Invisible Politics*, 5 HUMANITIES AUSTRALIA 53, at 56-（2014）; do., *Re-Animating a Radioactive Landscape: Informal Life Politics in the Wake of the Fukushima Nuclear Disaster*, 27（2）JAPAN FORUM 167（2015）等で示唆されるところが大きい。

[16] この点で示唆的なものとして，例えば，Francois Ewald, *The Return of Descartes's Malicious Demon: An Outline of a Philosophy of Precaution*, in: TOM BAKER ET AL.EDS., EMBRACING RISK: THE CHANGING CULTURE OF INSURANCE AND RESPOSIBILITY（Cambridge U.P., 2002）273-が優れている。

[17] 王主編・前掲注[14] 221 頁以下参照。

[18] See, e.g., Keith Bradsher, *China Stepping Up On Climate: With U.S. in Retreat in Drive for Clean Energy, Beijing Plans to Take Lead*, THE NEW YORK TIMES, INTERNATIONAL EDITION, June 8th, 2017, p. 1, 7（中国は，石炭業による大気汚染で悪名高く，400 万人もの炭鉱夫が，国家の電力の 7 割を占める火力発電を支えるのであるが，他方で，代替エネルギー開発に向けての動きは急ピッチである。太陽光発電は電力需要の未だ 2% であるが，100 万人以上もの労働者が，太陽光パネルの製造などに従事している。アメリカのパリ協定離脱を横目に地球温暖化対策で世界のリーダーシップをとるような，世界最大の太陽光エネルギー開発に打ち込んでいる。『2025 年中国製計画』を目標に，クリーンエネルギー事業開発に毎年何百億ドルもの投資をして，太陽光，風力発電の開発に努めている。すでに中国は，低炭素エネルギー技術開発に世界をリードしており，世界の太陽光パネルの 3 分の 2，風力タービンの半分を生産しているのである。そしてアジア諸国，中近東，東アフリカ，東ヨーロッパに輸出している。こうしたクリーンエネルギーへの努力は，石炭産業の変革を迫っているのである。米国や日本が製品開発に二の足を踏んでいるときに，中国は開発を進め，安価な製品を開発し，それは世界

IV　日中韓間の環境保護比較のまとめ

　もっともこれに対して，中国で関心があるのは，国内の大気汚染の浄化にとどまり，反面で中国の各電力会社は，海外に石炭火力発電の開発に大々的に乗り出しており（例えば，エジプト，イラン，パキスタン，ベトナム，マラウィなど）[19]，これでは，パリ協定（気候変動枠組合意）（2016年4月）（次述する）遵守への習近平主席のリーダーシップも尻抜けではないかとの批判も成り立つ

市場を席巻している。Junko Solar とか Trina Solar がそれである。例えば，蘇州のGCL集団などがその生産を行い，労働力をカットし，過去4年間に生産量を倍増させている。そしてインドやサウジアラビアなどにも販売している）。中国のエネルギー革命のめざましさを説くものである。

[19]　See, Hiroko Tabuchi, *Projects Run Counter to Beijing's Coal Talk: Chinese Companies Build Plants Around the World, Despite Emissions Goals*, THE NEW YORK TIMES, INTERNATIONAL EDITION, July 3rd, 2017, p. 1, 8（中国は，地球温暖化対策において，指導者的な新たな役割を演ずるということだったが，それに反して，石炭の火力発電を推進していくという中国電力会社の実像が明らかとなっている。ドイツの環境保護団体のUrgewald（1992年設立。ベルリン本部）によれば，中国電力会社は，700以上もの石炭の火力発電所を国内，海外に作るということになっており，全体として，1600もの石炭火力発電所を62カ国で建設予定である。これにより，石炭による発電能力は，43%拡大されることになる。こんなことでは，産業革命前からの世界の平均気温上昇を2度未満（華氏では，3.6度未満）に抑えるというパリ協定（気候変動枠組条約）の実施は事実上不可能だということになる（トランプ大統領により，2017年6月にアメリカ合衆国の離脱も表明されているし）。確かに中国は，国内における大気汚染事情から国内的には，代替エネルギーに急速にシフトし，石炭の火力発電も（発電需要が減っていることからも）発電容量よりも遙かに低い運用となっている。ところが海外においては，中国は全く別の役割を演じている。例えば，上海電力グループは，エジプト，パキスタン，イランにおいて，合計6285メガワットの石炭火力発電所を建設予定である（これは，中国国内で建設予定の660メガワットのそれのおよそ10倍である）。また中国エネルギー技術会社は，ベトナム，マラウィに2200メガワットの石炭火力発電所を建設予定である。かくして，世界の20もの石炭火力発電所開発企業のうちの11は中国企業であり，今後世界中で計画されている34万ないし38万6000メガワットの石炭火力発電拡充の背後に，中国企業は存在しているとUrgewaldは結論する。ボストン大学のグローバル開発政策研究のガラガー教授（中国の海外エネルギー投資専門）は，「発電会社の国内需要の頭打ちから，その海外投資に中国政府は支援している」という。これは同国で2013年に表明された「一つのベルト，一つの道（一帯一路）」政策〔陸路のシルクロード経済ベルトと海路の21世紀経済で世界的経済協力を得るという中国の国家戦略〕の下での海外インフラ（例えば，高速鉄道，港湾，ガス・パイプライン，発電施設）への9000億ドルの投資にもマッチしている。しかし，エジプト，パキスタンなどは，未だほとんど石炭の火力発電はないところに，エジプトでは17000メガワット，パキスタンでは15300メガワット（今は190メガワット），マラウィでは3500メガワットの石炭火力発電所を作ろうとしている。

4 生態文明と環境保護法・居住福祉法〔吉田邦彦〕

(これをどう見るかは，推測の域を出ないが，次述する国内で影響力が大きい経済権力である各電力会社との鬩ぎ合いないし調整不全ということなのか。ともかく，地球温暖化に対する環境政策は，グローバルな課題であり，国内と海外で使い分ける等のやり方は，国際的には通用しないことであり，中国は今後国際的な批判に晒されかねないであろう）。

　もとより，中国においても，中央と地方との関係の微妙さ，つまり，地方政府は，地域的な経済業界（経済権力）に押されて（ないし癒着し），中国政府の環境規制の抵抗勢力となりうるだろうし，経済発展と環境保護のバランスの取り方も難しく，国毎にカテゴライズして，差異を強調することにも問題があるかも知れない。それにしても，環境問題という東アジア全体の脅威になり得る広域的な課題について，日中韓の三国が鳩首凝議してその異同を明らかにしつつ，今後の対策を模索することは有益なことと思われる。

V　おわりに ── 中国環境規制レジームの理論的意義

⑴　市場主義的な環境規制に対する悲観的な見方

　ところで，本稿では，環境汚染（特に大気汚染）が最も深刻な中国での，環境規制法に最も肩入れし，注目していて，奇妙な感想を読者に与えるかもしれない。そこで，これに関わる私の環境規制法学の理論的関心を示して終わりにしたい。

　これは背後に，欧米を中心とする自由主義陣営の市場主義スキームで，今日の市場のグローバル化がもたらす地球温暖化の脅威に対処できるかという問題

　　もとより石炭火力発電所建設に乗り出そうとしているのは中国だけではない。インドの国家熱電力会社は，インド及びバングラディッシュに 38000 メガワットのそれを建設しようとしているし，米国の AES 会社も，インド及びフィリピンに，1700 メガワットのそれを建設しようとしている（もっとも，同社は，代替エネルギーや天然ガスにシフトしようとしているとするが）。また日本の丸紅は，ミャンマー，ベトナム，フィリピン，インドネシアに，5500 メガワットの石炭火力発電所の建設を考えている。確かに中国は，太陽光・風力発電の海外シェアも高めようとしてはいるのであるが，習近平主席は気候変動政策に決然としているといっても，それは国内問題の解決にとどまっており，それは国際問題に視野が及んでいない（エネルギー刷新研究所（サンフランシスコが拠点）のギモン氏の発言））。中国の地球温暖化政策の刷新姿勢を裏切るような現実報告であり，暗然とせざるを得ない。

V　おわりに

に対する私の悲観的な見方がある（その一例として，排出権取引などによる規制の効果に対する懐疑的な見方は，かつて論じたことがある[20]）。これは何も，例えば，トランプ政権によるパリ協定（Paris Agreement）（2015 年 12 月に採択，2016 年 4 月から署名。同年 11 月に発効）（第 21 回気候変動枠組条約締約国会議（COP21）の所産で，京都議定書（1997 年）以来の気候変動に対する国際的な枠組み）からの離脱の動きに示される，自国産業保護主義的・環境規制緩和の動きの問題だけではなく（それ自体深刻であるが），ヨリ広く自由主義陣営のスキームだけで対応できるのかということへの懐疑である。

(2) オストロム理論の意義と限界

例えば，E・オストロム博士（1933〜2012）のコモンズの資源管理論[21]は，新制度派経済学の共同所有論，共同利用論への応用ということで，彼女へのノーベル経済学賞の授与（2009 年）という形で，国際的関心を浴びており，私も注目しているが[22]，それとともに疑問も禁じ得ない。

すなわち，①彼女の問題意識としては，「コモンズの悲劇」（G・ハーディンの指摘）[23]ないし「囚人のディレンマ的状況」にある，コモンプール資源問題へのアプローチとして，「私的所有権化」でも，「権威主義的解決」でも限界があり，その克服として，「自己組織的・自己統治的なコモンプール資源の管理の在り方」を模索する[24]。②そしてその追求手法は，実証的・経験主義的であり，例えば，スペインやフィリピンの農業灌漑，スイスや日本の森林管理，トル

---

(20)　Kunihiko Yoshida, *Green Property, Commons, and the Economics of Emissions Trading: From a Post-Modern Eco-Friendly Property Law Perspective*, in: OVERVIEW AND CHALLENGES OF LEGISLATION ON GREEN GROWTH IN ASIAN COUNTRIES (2011).

(21)　E.g., ELINOR OSTROM, GOVERNING THE OCOMMNS (Cambridge U.P., 1990). See also, do. et al., RULES, GAMES, & COMMON-POOL RESOURCES (Michigan U.P., 1994).

(22)　本項の部分は，冒頭に記した会議報告とは別に，2010 年 6 月に（インディアナ州ブルーミングトン市所在のインディアナ大学にて，）オストロム博士と面会・議論を行い，同年 8 月岩手近現代史研究会での「日本の入会問題と E・オストロム教授のコモンズ論」と題する報告に由来する。これに関する私のものとして，吉田邦彦『所有法（物権法）・担保物権法講義録』（信山社，2010 年）171 頁以下くらいにとどまっている。その後，高村学人『コモンズからの都市再生 —— 地域共同管理と法の新たな役割』（ミネルヴァ書房，2012 年）が，都市再生に即して扱っている。

(23)　Garett Hardin, *The Tragedy of the Commons*, 162 SCIENCE 1243 (1968).

(24)　Ostrom, *supra* note 21 (1990), at 8-25.

4 生態文明と環境保護法・居住福祉法〔吉田邦彦〕

コ・メキシコにおける沿岸漁業，南キャリフォーニアにおける地下水などと世界中から多様な成功事例を摘出する[25]。さらに，こうした視角は，(a)「集合住宅論」，(b)「都市のコモンズとしての再生」，(c)「会社をめぐる規律」（労働者，株主，経営者の関係），(d)「知的所有権とネットワーク時代における利用と課金」にも応用できるとされる[26]から，その視野の広さには驚かされる。③そしてその上での「理論枠組み」（彼女の言うコモンプール資源管理のデザイン原理）としては，(i)明確な領域設定，(ii)取得・提供ルールと地域状況との調和，(iii)集団的な選択の合意（世代を超えたルール適用），(iv)監視および段階的な制裁，それによる準任意的な遵守，(v)紛争解決メカニズム，(vi)入れ子的な企画（nested structure）などである[27]。

このように魅力的な制度分析で，関係的・協調的制度志向は，私の支持する「関係的理論」と理論関心は同様であり，その所有権版ということができる。しかしながら，制度がうまく機能しているときは良いのであるが，それが破綻した場合（入会制度にしても，かなりが解体の危機に瀕している）の資源管理，環境保護のためには，外在的規制が —— 自律的資源管理とともに —— どうしても必要になるのではないかという疑問が残る（彼女の言う「入れ子的構造」にそうした外在規制を入れる余地があるとも考えられるが，思想的・原理的に，ハイエク，ブキャナンなどの自立原理・自己組織秩序を強く彼女は支持するので，やはり疑問は残される）。

---

[25] *Id.* at 60〜. なおこの点で，オストロム博士の視角を受け継ぎ，日本の入会制度の実証調査をするのが，マッキーン教授である。See, Margaret McKean, *Management of Traditional Common Lands (Iriaichi) in Japan*, in: DANIEL BROMLEY ED., MAKING THE COMMONS WORK: THEORY, PRACTICE, AND POLICY (ICE, 1992).

[26] これに関しては，ELINOR OSTROM, UNDERSTANDING INSTITUTIONAL DIVERSITY (Princeton U.P., 2005); do.et al., PRIVATE AND COMMON RIGHTS (Workshop in Political Theory & Policy Analysis, Indiana Univ.) (2007). なお，(b)に関しては，D・ハーヴェイ教授の「持続的コモンズ（sustainable commons）論」も参考になる。See, DAVID HARVEY, JUSTICE, NATURE, AND THE GEOGRAPHY OF DIFFERENCE (Blackwell, 1996) 14 （ポストモダン的，社会的エコロジカルな時空の関係理論），420〜，429〜（モザイク的な都市発展，グローバル世界における都市の位置）.

[27] OSTROM, *supra* note 21, at 90〜. また，これを受けて，日本の森林枯渇を回避させた制度的工夫としての「入会制度」のデザイン原理として，マッキーン教授が，北富士の入会のケーススタディから指摘するのは，村落による自律的規律，集団の相互監視，段階的制裁，ルールの公平性，平等性などである（See, McKean, *supra* note 25）.

V　おわりに

⑶「垂直的な規律手法」の効用と中国への期待

　かくして，今日の環境危機の時代においては，共同利用・共同所有管理のスキームに簡単に移行できるとも思われず（現代社会における私的・個人主義的所有スキームの強固さ），「囚人のディレンマ」的資源破壊・資源浪費に対しては，何らかの国家的規制・垂直的規制のスキームが求められるのではないか。そういう意味で中国の規制スキームは比較法的には際立っているといえるから，今後の帰趨には注目されるのである（例えば，浙江省の西湖の水質浄化における中国の行政規制の威力には，王教授は，面会時それほど積極的ではなかったが，他国に比べれば目覚ましいことは否定できないであろう）（もちろん同国でも，官僚腐敗が横行する地方政府と中央政府からの垂直的規制との鬩ぎあいという問題はあろう）。

　こうした中で注目されるのは，長年「対応的規制」（responsive regulation）（J・ブレイズウェイト教授ら）[28]にコミットされてきたP・ドラホス教授（オーストラリア国立大学）が，やはり「一方向的規制（regulatory unilateralism）」として中国の環境規制に注目されていることであり[29]，私だけの問題意識ではないことがわかる。本稿における中国への注視の理論的背景を簡単に述べれば，以上のごとくである。

---

[28]　E.g., IAN AYRES & JOHN BRAITHWAITE, RESPONSIVE REGULATION (Oxford U.P., 1992); JOHN BRAITHWAITE & PETER DRAHOS, GLOBAL BUSINESS REGULATION (Cambridge U.P., 2000); PETER DRAHOS ED., REGULATORY THEORY: FOUNDATIONS AND APPLICATIONS (ANU Press, 2017).

[29]　See, e.g., Peter Drahos & Christian Downie, *Regulatory Unilateralism: Arguments for Going It Alone on Climate Change*, 2016 GLOBAL POLICY J. 3.

5 グローバル化の進展による Med-arb における コモン・ローとシビル・ローの調和・融合

小 林 洋 哉

I は じ め に

Med-arb（調停と仲裁との組み合わせ）とは，Mediation（調停）と Arbitration（仲裁）の複合手続であり，企業の国際取引における紛争解決の際に使用される ADR（Alternative Dispute Resolution，代替的紛争解決）の一つである。ここでは Med-arb には「調停後に仲裁する一般的な複合手続」とともに，最近 Arb-med-arb と称される「仲裁人による調停とその後の仲裁手続」をも含めて Med-arb と称するものとする。[1][2][3]

ところで，Med-arb 等の ADR を実施する際に関連当事者は，コモン・ローとシビル・ローの制度の違い，あるいは，各国の思想や文化等の違いに大いに影響を受ける。例えば，コモン・ロー諸国の裁判制度とシビル・ロー諸国の裁判制度との間には，典型的相違が存在する。その相違が，仲裁手続における仲裁人，実務家，そして，当事者にも大きな影響を与えている。そして，このような違いが，Med-arb に対する関連当事者の態度にも大きな影響を与えながら，今後 Med-arb においてコモン・ローとシビル・ローの調和・融合が進むことを以下の順序によって提示していく。

---

(1)　加藤照雄「所謂『Arb-Med-Arb』の三段階方式は世界の紛争解決の主流となるか」仲裁・ADR フォーラム vol. 5（公益社団法人日本仲裁人協会編）（2016 年）75 頁。

(2)　Med-arb における仲裁人のジレンマの詳細については以下参照：小林洋哉『Med-arb における仲裁人のジレンマ』（名古屋外国語大学現代国際学部紀要，2014 年）。

(3)　全世界の各種 ADR を体系的に整理した文献として以下参照：小林洋哉「代替的紛争解決（ADR）スペクトラム（The Spectrum of Alternative Dispute Resolution（ADR））」名城法学論集大学院研究科年報（修士論文要旨）（1999 年）。

『21世紀民事法学の挑戦』加藤雅信先生古稀記念〔信山社，2018 年 3 月〕

5 グローバル化の進展によるMed-arbにおけるコモン・ローとシビル・ローの調和・融合〔小林洋哉〕

・コモン・ローとシビル・ローの定義（第2節）
・両制度下の裁判官（第3節）
・バック・ローディド（後半重視）手続とフロント・ローディド（前半重視）
手続（第4節）
・シビル・ロー地域間での文化的相違 —— 徹底度の低い調停（ドイツ，スイ
ス）（第5節）
・今後の展開 —— コモン・ロー地域における変化（米国の裁判官）（第6節）

なお，上記項目の第3節〜第5節では特に，これまであまり紹介されてこな
かった様々な学者等の見解を邦訳・紹介しながらコメントしていく。

Ⅱ　コモン・ローとシビル・ローの定義

コモン・ロー（Common law，英米法）は，シビル・ロー（Civil law，大陸法）
と対比的用語であり，前者が判例法だけでなく制定法も含めた英米法の全体を
指すのに対して，後者はローマ法を淵源とし，その影響を強く受けた，ヨー
ロッパ大陸諸国において行われている法およびそれを継受した法を指す。[4]

そのほか様々な定義がコモン・ローとシビル・ローには存在するが本稿にお
いては上記とする。

Ⅲ　両制度下の裁判官

1　ケース・マネージャーとブラインド・アンパイア

Vincent Fischer-Zernin and Abbo Junker によると，シビル・ローの裁判官
は，「ケース・マネージャー」であり，コモン・ローの裁判官は，「ブライン
ド・アンパイア」である。その結果，シビル・ローの下での仲裁人は，訴訟手
続に影響を受けて，手続管理を積極的に行いながら，調停努力義務を果たそう
とする。そして，コモン・ローの下での仲裁人は，管理を積極的には行わない
「審判的」な行動を示す傾向があると言える。しかし，近年，米国の裁判官が
訴訟手続における調停に，活動的に参加する傾向があり，それが，仲裁人にも

---

(4)　田中英夫（編集代表）『英米法辞典』（東京大学出版会，1991 年）147 頁，165 頁。

Ⅲ　両制度下の裁判官

影響を及ぼしつつあると想定される。——「裁判官の立場は，シビル・ローとコモン・ローの手続的原型の比較分析における最も重要なファクターの一つであると広く認識されている[5]。シビル・ローにおいては，裁判官は，「ケース・マネージャー」として活動する[6]。コモン・ローにおいては，「ブラインド・アンパイア」として活動する[7]。ところで，ドイツにおける商事仲裁の実務者は，国際ビジネス紛争を解決するために個別の調停手続を必要とするとは考えていない。和解の促進は，仲裁人の手によるべきであると広く考えられている[8]。調停規則は，実際に，ドイツ法には存在せず，そして，それらを導入する提案もない。その代わりに，調停の概念は，ドイツの仲裁概念に付随している。仲裁人の仲裁中の調停努力義務は，ドイツの機関によって提案されているほとんどの仲裁規則に規定されている[9]。一般的に言えば，同様のことが，ほとんどの大陸の西ヨーロッパ諸国に該当する[10]。支配的意見によれば，仲裁と調停の分離は，不必要な手続的ダブリであり，そして，意味のないことである。この考えは，訴訟手続に影響を受けている仲裁の「管理的」システムにおいて，仲裁人によって演じられる異なった役割に由来している。アングロ・アメリカンの手続においてしばしば実施されている「対立的」と「糾問的」とする区分よりも，むしろ，「審判的」と「管理的」システムに区分することが好ましい[11]。シビル・ローの方法は，言葉の厳格な意味での「糾問的」とは全く異なり，例えば米国の手続システムよりも「対立的」ではないと定義できる。ドイ

(5)　例えば，以下参照。Ehrenzweig, Psychoanalytic Jurisprudence（1971）p. 265-266.

(6)　この概念は，次によって展開された。Peckham, The Federal Judge as a Case Manager: The New Role in Guiding a Case from Filing to Disposition（69 Calif. L. Rev., 1981）p. 770; Resnik, Managerial Judges（96 Harv. L. Rev., 1982）p. 376.

(7)　Flanders, Blind Umpires- A Response to Professor Resnik（35 Hastings L. J., 1984）p. 505.

(8)　Lionnet, supra note, p. 73〜74; Tanneberger, Schlichtungs- und Schiedsverfahren im Produkthaftungsrecht（1985）p. 203-206.

(9)　Fischer-Zernin/Junker, Between Scylla and Charybdis: Fact Gathering in German Arbitration（4 J. Int. Arb., June 1987）p. 2, 9.

(10)　Wetter, supra note, p. 10（Sweden）; Craig/Park/Paulsson, French Codification of a Legal Framework for International Commercial Arbitration（12 Law & Pol'y Int'l Bus., 1981）（France）p. 727, 731.

(11)　Hazard, supra note, p. 120〜135; Ehrenzweig, supra note, p. 260〜265; Langbein, The German Advantage in Civil Procedure（52 U. Chi. L. Rev., 1985）p. 823-824.

ツにおいても，当事者自治の原則と当事者の呈示の原則が重要な位置を占める。裁判官は，当事者が呈示した事実に基づいて決定する。ドイツのシビル・ロー手続と米国のシステムを区別する最も特徴的な事項は，ケース・マネージャーとしての裁判官の役割である。このように，「糾問的」よりも「管理的」という言葉を使用する方が，より適切なのである。もちろん，実務においては，いずれか一方のみの純粋な形のシステムは存在しない。「審判的」システムにおける最も消極的な裁判官でさえ，時々質問を行うし，「管理的」システムにおける最も消極的な訴訟当事者が時々，反応する際に何らかの弁護的態度をとることがある。加えて，米国の裁判官が訴訟手続に活動的に参加すべしとの提案に対し，それを，より受け入れる傾向が出てきている事実は看過できない。それにもかかわらず，コモン・ロー裁判官とコモン・ロー仲裁人が，ドイツとほとんどのシビル・ロー諸国のそれと全く異なることを想定することは正しい判断であると思われる。」[12]

　上記のコメントにおいて，コモン・ローとシビル・ローの手続について，コモン・ローでは，「ブラインド・アンパイア」ないしは「審判的」特徴があり，シビル・ローでは，「ケース・マネージャー」ないしは「管理的」特徴があるとしながらも，実務においては，いずれかに明確に区分されるものではなく，これらの区分はあくまでも相対的相違にとどまると指摘していることは，両者の歩み寄りないしはダイナミクス発揮の余地が十分にあることを示唆しており，非常に興味深い。

　そして，Harold I. Abramson は，異なる文化経験が仲裁人の調停人兼務に対する態度を形成していることを指摘している。[13]

2　裁判官の調停関連会合方法のコモン・ロー諸国とシビル・ロー諸国との相違

　裁判官が調停する場合の調停方法としての会合についても，日本等のシビル・ロー諸国とコモン・ロー諸国には，相違が見られる。即ち，シビル・ロー諸国では，交互面接方式（caucus）に対して抵抗がない反面，コモン・ロー諸

---

(12)　Vincent Fischer-Zernin and Abbo Junker, Arbitration and Mediation: Synthesis or Antithesis?（Journal of International Arbitration, Vol. 5, No. 1, March 1988）p. 21-31.

(13)　Harold I. Abramson, Supra note, p. 5.

国においては，その抵抗が根強く，対席方式が手続の公正さを担保するという考えが根深いと言える。この点については，以下の記述を参照。——「交互面接方式（結果・実体志向的な関係論的アプローチ）が日本の調停においては一般的である。日本の調停委員や裁判官は，調停者として，パターナリズム的に手続を進める。即ち，調停者は，当事者の意向から相対的に独立して存在する「良い」内容の調停・和解を発見でき，かつ，「良い」調停・和解の成立に向けて，場合によってはなだめすかしてでも，当事者に対して調停者が発見した調停・和解案の受容を促すべきであるという考え方が根深く定着している。一方，対席方式（過程志向的な自己決定論的なアプローチ）が定着しているコモン・ロー諸国では，調停の手続過程において，手続外での力の不均衡を是正するとともに，当事者ができるだけ多くの有意的な情報を手にした上で合意に入ることを可能とするなど，自己決定を内実のあるものにすることが期待されることになる。そこでの手続の規律の指導理念はフェアネス（公正さ）である，と言うことができよう。交渉過程におけるフェアネスの要請は，手続情報を両当事者が共有することをも要請するから，調停者による情報の操作を可能とする交互面接方式に対する消極的な態度に繋がっていく。その結果，例えば「両当事者の同意がなければ，交互面接方式を採用することは許されない」といったルールによって手続をある程度構造化し，調停者の裁量を排除することが要請されることになる。」[14]

　以上の指摘の中で，コモン・ロー諸国においても，両当事者の合意があれば，caucus を採用することができるとの前提に立ったコメントは，立法論的にも大いに参考にすべきである。

Ⅳ　バック・ローディド（後半重視）手続とフロント・ローディド（前半重視）手続

1　Christopher Koch and Erik Schafer の見解

Christopher Koch and Erik Schafer によると，コモン・ローとシビル・ローのそれぞれの観点から仲裁と調停の相互交流作用を見ると，前者が否定的なのに対して，後者は肯定的である。そして，彼らによると，仲裁人が調停に対し

---

(14)　小島武司＝伊藤眞編『裁判外紛争処理法』（有斐閣，1998 年）65-66 頁。

て積極的か消極的かの相違の根源は，それぞれの裁判制度の違いにあるとする。即ち，コモン・ローの裁判制度においては，各当事者の主張の全貌が判明するのが手続の最終局面となる「バック・ローディド手続」を採用しており，それに対して，シビル・ローの裁判制度においては，当事者に最初から可能な限り開示を行う義務を課す「フロント・ローディド手続」を採用している。従って，シビル・ローの裁判官は，コモン・ローの裁判官より，当事者を調停することに関して，より積極的になる素地があるのである。また，シビル・ロー地域内においても，ドイツ，オーストリア，スイスのドイツ語圏においては，フランスやイタリアにおけるよりも，調停に関して，より積極的対応を行う傾向がある。また，コモン・ローの裁判官も少しずつ変貌している。即ち，米国の裁判官もプリ・トライアル段階からアクティブなケース・マネージャーとして，調停に対する積極性を示し始め，それに関連する判例も蓄積されつつある。従って，仲裁人が，その活動する国の法的・倫理的枠組みに影響されるとすれば，裁判官と同様，コモン・ローの仲裁人も仲裁中の調停・和解勧試に対して，よりアクティブになっていく傾向が予想される。

2 Christopher Koch and Erik Schafer のコメントの詳細
—— 仲裁人が和解を活動的に促進することはよくないことか？

(1) はじめに

コモン・ローの観点からは，仲裁と調停との相互交流作用があるべきだという考えには賛同し難い。シビル・ローの観点からは，仲裁と調停との相互交流作用には大いに賛同できる。即ち，どの仲裁廷も手続を終結させるために，当事者間の和解を達成しようとする特権を有しているのである。仲裁は，他のADRとは，それが裁定的であるという点で異なっている。裁判官が究極的に一方当事者を認めて判決を与えるように，仲裁人は，実際，当事者の救済要求，そして，法の関連規則に基づいて事件を決定しなければならない。しかし，究極的な裁定者としての裁判官でさえ，裁判官席に黙ってじっと座っていられない。全ての裁判管轄において，最終的な判決が出される前に，和解によって解決される事件が漸増している。同様に，当事者に和解の利便性を理解させるよりも，紛争を裁定することの方が仲裁人の業務であるが，多数の仲裁手続において，事実上，仲裁判断が与えられる前に和解によって終結しているのである。

Ⅳ　バック・ローディド（後半重視）手続とフロント・ローディド（前半重視）手続

(2) 裁判官，仲裁人あるいは魔法使いの弟子

　なぜコモン・ローの伝統のある国の出身の仲裁人は，交渉により相互に受容可能な解決を探求する努力に積極的に関与することに難色を示すのか。そして，なぜドイツの仲裁人は，当事者の和解の可能性を活動的に探索することに心を向けているのか。回答は，次のような事実に存在している。即ち，いずれの仲裁人の役割に関する観念も，自らが最も馴染んでいる法的文化によって形成されている。仲裁人の役割は，敵対的な手続の終わりに，拘束力のある決定をなすことであるので，仲裁人の行動が，裁判官が最も親しみを感ずるような裁定的機能遂行方法によって大きく影響を受けても驚くに値しない。しばしば，仲裁人は，訴訟において当事者を代理する弁護士として活動してきている。そのように，彼らは一定の基本的手続の影響を受けており，そして，司法から一定の標準的な行為を期待するに至る。このように，彼らは慣れ親しんだ法的基準に立って，その行動を形成する傾向がある。その上，弁護士は，国際仲裁経験を有する者でも，自らが最初に知った手続を基に，通常の仲裁手続を構成する傾向がある。これでは，外国の手続の公正さや効率性を検討もしないという結果をもたらしかねない。このように，仲裁人の仲裁手続における倫理的義務，そして，和解達成のための支援者としての役割が，仲裁人がコモン・ローとシビル・ローの伝統のいずれに立脚しているかによって異なることとなるのである。コモン・ローとシビル・ローの仲裁人の相違は，前者が当事者との和解会合に難色を示すのに対して，後者は進んで和解会合を行うことである。しかし，シビル・ローの中でも，アプローチに違いが見られ，様々な法的伝統に影響を受けている。

(3) コモン・ローとシビル・ロー

　コモン・ロー下で訓練を受けた多くの弁護士が，当事者間の和解会合にて活動的役割を演ずることに難色を示す一つの理由は，コモン・ローの伝統において，高度に「バック・ローディドな（後半に重点をおいた）」裁定手続上の性質にある。コモン・ローの審問の際立った特徴は，英国における訴訟が陪審裁判の形式で発生したという事実による。英国は商業的訴訟においては，陪審員の使用を廃止したが，陪審裁判が，多くの基本的な点で，現代のコモン・ロー訴訟を形成していることは否定できない。（注－米国においては，陪審員による裁判の権利は，憲法の 7th Amendment において保障されている。即ち，「コモン・

ローにおける訴訟では，陪審員による裁判権が留保される。陪審員によって決定された事実は，米国のいかなる裁判所においても再検査されることはない。」)　最初に，事件における権利について素人であるグループに何をなすべきかを確信させるために口頭のプレゼンテーションが必要である。二番目に，陪審員グループは，一定の場所に一定の時間に参集しなければならないので，申立人は，ヒアリングのある審問時に事件説明をしなければならない。それは，コモン・ローの中心的なイベントである。陪審裁判は，手続内の裁判官の役割にも影響を与えている。裁判官ではなく，陪審員がどちらの事実が正しいかを決定するので，裁判官の役割は，事実の正確性を固めることではなく，当事者の弁護士が確実に，ルールにそって陪審員の面前で議論することを支援することである。裁定的手続は，二つの局面に分割される。即ち，プリ・トライアルとトライアルの局面である。ファクト・ファインディング的なプリ・トライアル局面は，原則として，裁定者ではなく，当事者によって進められる[15]。トライアルは，数年にもわたる準備的ファクト・ファインディングの最終的到達点であって，手続の中心的なイベントと見なされている。一般的に，裁定者のプリ・トライアル局面での関与は，最小のものである。そして，各当事者の主張の全体像が現れるのが手続の最終局面であるトライアルにおいてであることから，このタイプの訴訟は，「バック・ローディド（後半重点）手続」と言える。反面，シビル・ロー訴訟は，これとは大変異なっているように見える。それは，陪審員の介入がなく，常にプロの裁判官の面前で行われる。このことによって，シビル・ロー手続は，二つの基本的方法で形成されている。即ち，最初に，手続は主に書面で進められること，そして，二番目に，裁判官がファクト・ファインディング手続をコントロールすることである。民事手続法は，極めて明白に，書面の主張が満たすべき正式な要求事項を定義する傾向がある。ある法では，どの事実上の主張も，後ほど証明する方法を明示すべきで，証明されない主張事実は，二度と認められることはないとの規定がなされている。ほとんどのシビル・ロー制度では，申立人は，当初から主張を明確にし，救済希望を述べなければならない。これは次のことを意味する。即ち，主張の陳述あるいは正義の要求は，全ての文書証拠を含む十分な文書での主張でなければならず，文書証

(15)　Michael Schneider, Combining Arbitration with Conciliation（ICCA Congress Series, No. 8, Kluwer, 1996）p. 60.

Ⅳ　バック・ローディド（後半重視）手続とフロント・ローディド（前半重視）手続

拠は主張事実を証明するのに必要なものであると当事者が考える文書であり，手続において証拠を他の方法で補充することにも言及しなければならない。反論も同様に十分な文書にて行われ，複雑な事件では，裁判官の許可によって，再度の文書交換の可能性もある。シビル・ロー訴訟においては，裁判官が大部分の証拠手続をコントロールする。当事者が主張事実を証明する提案をし，そして，裁判官を信用させることができると考える証拠を示すのであるが，当事者の最初の主張を読み，そして，評価した後に，どの程度の証拠手続が必要か，そして，どの事実が証明されなければならないかを決定するのは，裁判官である。証拠手続における裁判官の支配的役割は，例えばシビル・ロー制度における証人が，通常，当事者から質問を受けるのではなく，裁判官から質問を受けるという事実にも見受けられる。このタイプの手続は，「フロント・ローディド（最初に重点の置かれた）手続」と見なされる。なぜなら，裁判官は，手続の初期の段階より，各当事者の事件における事情を比較的十分な情報をもって見ることができるからである。シビル・ロー訴訟は，また，意思決定手続における中心的イベントの欠如によっても特徴付けられる。そのようなトライアルは存在しないのである。それは，一連の当事者と弁護士と裁判官の間での書面によるコミュニケーションと会合から成っている継続的な手続である。それは，裁判官が事件について決定する機が熟したと判断し，証拠手続を終わらせるまで継続する。その後，判決が言い渡される。当事者のファクト・ファインディング局面を形成し方向付けるために最初の情報交換後に事件評価を開始することが，この手続に付随するのである。当事者間の和解を目指す手続における裁判官の可能な役割として上述されたことは，重要な意味合いを有している。即ち，裁定者が手続の最終局面まで事実について十分に知らず，そして，当事者が裁判所にて相当期間過ごした後でないと事件の全貌を呈示できないという制度（バック・ローディド手続）においては，裁判官や仲裁人が和解会合に関与することに難色を示すということを理解することができる。そのような制度においては，裁定者は，当事者が紛争を解決する支援を活動的に行ことについて，最小限の役割しか果たせない。他方，当事者に当初から可能な限り十分な事件に関する開示を行う義務を課し，そして，裁判官にファクト・ファインディング手続を形成する自由を認めている制度（フロント・ローディド手続）においては，最初の段階から，当事者の紛争解決を支援することに関して，裁判官の活

動的役割を引き出す素地があると言える。

(4) シビル・ロー制度における文化的相違

　シビル・ローとコモン・ローの手続間の相違のみが影響要因ではない。シビル・ロー制度の中でも，調停手続への司法の関与の程度に違いが見られる。ドイツの法文化とフランス・南ヨーロッパの法文化との間でも違いが見られる。経験上，ドイツ，オーストリア，スイスのドイツ語圏の裁判官や仲裁人は，フランスやイタリアの裁判官や仲裁人よりも，和解を達成しようとする試みにおいて，かなり活動的である。基本的な制度の相違がないにもかかわらず，明確な態度の違いが生ずるのは，文化的・歴史的要因による。ドイツの民事手続法の第279条は以下のように規定している。──「手続のどの段階においても，裁判所は，紛争あるいは紛争となっている個々の事例の友好的な和解を達成する試みを行う。」この規定は，長年の法的伝統の成果である。第279条は，ドイツの司法関係者によって，和解勧試を可能にする規定であるのみならず，可能なときはいつでも和解の試みを行うべしとの明確な宣言として解釈されている。同様の文言が，オーストリアの民事手続法やスイスのドイツ語圏の州の民事手続法に見られる。対照的に，フランスの新民事手続法第21条は以下のように規定している。──「当事者に和解勧試することは裁判官の権限内である。」これは，紛争の調停人としての裁判官の役割を肯定的に述べたものではあるが，1975年に導入された比較的新しい規定である。実際，フランスの裁判官は，手続中での調停人としての役割について訓練されておらず，あまり活動的役割を果たしていない。しかし，事件の負荷の増大と司法の限定的能力のために，司法主導のADRに対する興味が増大している。フランスでは，最近，裁判官の調停に関する詳細な規定を定めた（注－1995年の立法によって，第831条～835条を廃止して，第832条～832条の10を新設し，同時に第131条～131条の15を新設することによって，裁判官の調停について定めた。）。同様に，イタリアの民事手続法の第183条は以下のように規定している。──「最初のヒアリングにおいて，マジストレイトは，自由に当事者に対して質問し，事件の性質上許されれば，和解勧試を行うことができる。」第185条によると，この試みは，手続のいかなる段階においても行うことが可能である。ここで重要なことは，ドイツやオーストリアのモデルと異なり，この規定は，和解勧試を可能にはしているが，裁判官による調停的介入を要求しているものではないということで

Ⅳ　バック・ローディド（後半重視）手続とフロント・ローディド（前半重視）手続

ある。スイスのような小国においてさえ，アプローチはかなり様々である。例えば，ジュネーブにおける強制的な和解手続は裁判所に事件をファイルする前の単なる形式上の手続にすぎなく，めったに事件の解決には至らないが，チューリッヒにおける和解ヒアリングでは，当事者に彼らの案件に真に向き合う最初の機会を提供している。

(5) コモン・ロー地域での裁判官主導手続への流れ

　コモン・ロー裁判官が紛争の和解を積極的に促進すべしとの明確な規定はないが，1983 年以降，米国連邦手続規則の第 16 条(c)(7)は，和解勧試，そして，他の特別な司法手続の使用によって紛争を解決する可能性に関する議論が，プリ・トライアル・カンファレンス（公判前会合）における話題の一つとなることを予見したものであった。この規定は，事件の和解に向けての司法の介入を増大させる基礎となっている。米国の裁判官が進んで事件の和解勧試手続において活動的になることから発生する判例法は，バック・ローディド手続における裁定者が手続のプリ・トライアル段階の活動的マネージャーに進化し始めるときに随伴する緊張に対して興味ある光を放っている。裁判官の偏見を主張する控訴人は，裁判官を忌避し，あるいは，トライアル裁判官のプリ・トライアル時点での和解勧試活動が控訴人に対して偏見を有するものであったことを主張して判決に対して抗議する。しかし，控訴審裁判所は，当事者に紛争の和解をさせるためのトライアル裁判官の試みに対して，裁判官に制裁を科すことについては大変慎重な姿勢をとってきた。公判前に得た情報が裁判官の資格を剥奪するかどうかについての基準は，米国と Grinell 社との独占禁止法上の事件において生成された（注－384 U. S. 563 (1966)）。裁判官は，彼が，プリ・トライアル・カンファレンスにおいて，政府に関連する事件において，どのようなことが適切な救済策であったと信ずるかとの質問を当事者から受けたので，個人的偏見を有するに至ったとして非難を受けた。提出された文書を基礎として，彼は当事者に政府が正しいとの彼の意見を伝えた。それから，控訴人は，裁判官が公判前に意思決定をしたという理由で，不偏な判決を付与する能力がないとして裁判官を忌避した。最高裁は，裁判官に過失はなかったとした。なぜなら，裁判官の意見は，当事者によって導入された証拠開示や文書によって形成されたからであるとした。のちの第 6 節冒頭にも記載するように，最高裁は，裁判官の当該偏見による資格剥奪のためには，事件に参画したときに，不適切

な情報を知ったことのみでは足らず，偏見に基づいた理非曲直の意見にまで結びついたことが必要であるとした。この基準は依然として支配的である。さらに最近，Fong とアメリカン・エアラインの事件において問題が発生した。これは，サンドイッチと飲み物を盗んだという理由で解雇された原告によって起こされた不当解雇訴訟である。和解会合中に，裁判官が，今日では，人が少しばかりのサンドイッチを盗んだという理由で人生が破滅に至るという事実によって原告が衝撃を受けたとのコメントをした。これが，エアラインをしてトライアル裁判官は公判前に偏見を有していたと不満を述べるに至らしめた。ディストリクト・コートは次のように述べた。「和解手続における裁判官の介入は，それがたとえ普遍的に好まれていなくても，あるいは，実践されていなくても，連邦裁判制度においては絶対に必要なものである。なぜなら，めまいがするくらい事件負荷が増大しているからである。もちろん，介入は，個々の裁判官の個性，スタイル，そして，経験によって様々な形をとり得る。訴答書面に含まれる主張・認可・否定についての反応，および，訴訟における各当事者の勝算についての裁判官の意思表明という形式をとり得る。このようなことを述べただけで裁判官が忌避されるリスクを負うということになれば，和解勧試手続における触媒としての有効性を危機に陥れることになってしまう（注－431 F. Supp. 1334（N. D. Cal. 1977））。これが示すことは，コモン・ローの裁判の性質が変わりつつあるということである。もはやプリ・トライアルでの比較的消極的な観察者ではなく，裁判官は手続のマネージャーとなりつつある。事件への関わりと事件に関する知識が増すに従って，紛争解決における活動的役割を果たそうとする気持ちも増大するに至るのである。しかし，これは比較的最近の進展であり，映画や学校教育においても長年受け継がれてきたコモン・ローの裁判のパラダイムに適合するとは限らないのである。裁判官の調停人としての役割は，信念や長年の伝統からではなく，必要性から生じたことは，この傾向に対する研究者の悲嘆によっても証明できる（注－Owen M. Fiss; "Against Settlement"（93 Yale Law Journal, 1984）p. 1014. Fiss 教授は，訴訟の規範的役割について興味ある議論を提起している。和解は，裁判官や社会から先例を設け，法を生成する機会を奪っている。その上，和解は，弱者から所与の和解内容の正義を保証するための裁判官のレビュー手続を奪っている。これは，英国の商業裁判官が発見していることにも繋がる。国際商事訴訟が仲裁によって解決されるこ

Ⅳ　バック・ローディド（後半重視）手続とフロント・ローディド（前半重視）手続

とが増大しているという事実は，裁判官から法を確立する機会を奪っている。そして，裁判官と法を国際商事取引における新たな進展から隔離するリスクが発生している。）。調停を行う裁判官という考えは，対席的なコモン・ロー手続の考え方に十分に組み入れられているとは言えないことは，次の事実からも見て取れる。即ち，米国におけるプリ・トライアル段階でのADRの試みは，それが強制的であるかどうかにかかわらず，トライアル裁判官が偏見に汚されることから保護する意図の下で，連邦マジストレイトやスペシャル・マスターのような別人にしばしば委任するという事実がある。同様のことは英国においてもあてはまるようである。次の引用は，コモン・ローにおける弁護士がこれらの傾向を観察するときの居心地の悪さを表している。「裁判官が和解を強制する強いインセンティブがある。そして，強制の危険性は，調停的機能と裁定的機能との間に関連性がある場合，最大のものとなる。裁判官の和解交渉における行為を規制する説得力のある規律は，調停的機能と裁定的機能の分離を保証しようとするものでなければならない。手続開始時点において，規律として，公判前のいかなる手続においても事件評価あるいは法の状態に関する裁判官の表明を禁止すべきである。裁判官が当事者に対して，事件に関する法，理非曲直，あるいは，評価について意見を述べたり，表明することが認められるとき，裁判官が好ましからざる当事者に対して偏見を持つに至る蓋然性が増大するのである。」

(6) 要　約

　我々は，当事者を和解させる試みに活動的に関与するというドイツの法文化における裁判官の組織的，文化的，歴史的な傾向を観察した。フランスやイタリアにはそのような関与に対するシステム的障壁はないが，そのような法的伝統がなかったことを見てきた。そして，最後に，コモン・ロー裁判官が和解の触媒としての活動的役割を引き受けることに対してシステム的障害が確かにあるにもかかわらず，コモン・ロー裁判官がその事件負荷を活動的に管理すべしという大きな圧力があり，そして，和解勧試手続に関与することが増加するに至っているという事実がある。我々の見解では，この裁判官の行動の変化は，訴訟提起人の手続における役割に対する認識方法にも影響を与えている。なぜなら，プリ・トライアル局面における裁判官の活動的事件管理は，弁護士から裁判所への権限移転を意味しているからである。「仲裁人は魔法使いの弟子である」という我々の当初の仮定は，当たっている。即ち，仲裁人が活動する国

93

の法的，倫理的フレームワークに同様の態度を発見することを期待できるからである。

(7) 結　論

　この論文では，調停人として活動する仲裁人に関する態度が，仲裁人の所属する国の法的伝統によって大いに条件付けられていることを示そうと試みた。我々は，コモン・ロー地域出身者とシビル・ロー地域出身者との間で，特筆すべきほど，態度が異なること，そして，シビル・ローの国々の中でさえ，当事者が事件を和解することを支援する際の仲裁人の正確な役割について，大変異なる認識があることを見てきた。我々は，コモン・ロー裁判管轄地域において，特に，米国において，裁判官の役割が公判前において，かなり活動的になりつつあること，そして，その結果，公判において裁判官が当事者を和解に導くために，より活動的で「干渉主義的態度」をとるようになってきたことを示そうと試みてきた。我々は，これが，時間の経過とともに，コモン・ロー出身の実務家が，調停・和解勧試手続における仲裁人の役割についてどのような見解を有するか，に影響を与えると信じている。特に，国際商事仲裁の場において，調停人と裁定者としての仲裁人の二つの役割の存在が，特に好ましいものとなっていくように映る。国際仲裁廷は，裁定する団体であるのみならず，国際的存在でもあるために，相互理解の架け橋でもあり，そして，単に国家の裁判所と同等の国際的存在というのではなく，より柔軟に国際商事紛争を解決するという重要で有益な役割を果たすことによって，当事者により大きな利益をもたらすことができるのである。」[16]

(8) ま　と　め

　以上の Christopher Koch and Erik Schafer の指摘の中で，コモン・ロー諸国の裁判官に，フロント・ローディド的な積極的調停活動が見られるようになってきたことによって，仲裁人にもその影響が及ぶであろうとの見解は興味深い。国際的紛争の当事者に利益の最大化をもたらすためにも，真正調停の様々な技術を駆使する道を広く開くことが重要なのである。

―――――――――――――――――

(16)　Christopher Koch and Erik Schafer, Can it be sinful for an arbitrator actively to promote settlement?（Part 3, The Arbitration and Dispute Resolution Law Journal, 1999）p. 153-161, 184.

V　シビル・ロー地域間での文化的相違
　　── 徹底度の低い調停（ドイツ，スイス）

　James T. Peter によると，ドイツとスイスの仲裁人は，オーストリアと同様，シビル・ロー諸国の中でも，仲裁中の調停・和解勧試について，より熱心であると言われる。しかし，一般的に，その調停は，徹底度の低い調停，即ち，準調停であり，真正調停が行われることはまれであり，従って，caucus が実施されることも通常はないとする。しかし，私見によると，これまでは，この一般論は当たっているけれども，今後，真正調停も，より一層行われ得るので，仲裁中の調停を固定的に捉える必要もないと考える。──「（ドイツとスイスにおける仲裁時の調停）：ドイツとスイスには，Med-arb と呼ばれる手続は存在しないが，ドイツとスイスの仲裁人は，事案の決定の前の仲裁手続中に，ある種の和解会合を開く傾向がある。この点で，ある種の Med-arb が行われていると言える。しかし，これは，真の Med-arb ではないので，当事者が正式な Med-arb 手続を行うことに合意すれば，調停部分の重要性はより一層高まることとなることには疑いがない。仲裁人は，彼の本国における裁判手続と同様の態様にて，仲裁手続を進める傾向がある。従って，当該仲裁人の手続上の背景が何かを理解するために，和解会合に関する当該民事訴訟手続規則を調べることは意味のあることである。ドイツの民事手続法第 279 条は，裁判官が和解により紛争を処理するために，和解会合に従事することを許容している。事件の半数近くが和解勧試され，これらの介入により 50〜60％の案件に和解をもたらすことに成功している。ドイツ人の裁判官（および仲裁人）は，手続のいかなるときにも和解会合を勧めることができる。裁判官は暫定的な事件評価を行い，法的問題のみならず，何が証明されなければならないか，そして，誰が立証責任を負うかについても評価する。しかし，少ない資料から判断する限りでは，caucus は，ドイツの裁判官や仲裁人には，あまりなじみのあるものではない。そして，当事者が caucus 中に裁判官に追加的情報を伝達した場合，この情報は，機密としては扱われないということについては議論がない。スイスにおいては，どの州にも民事手続に関して独自の規則がある。従って，例えば，仲裁人がジュネーブで法的経験がある場合，チューリッヒの法の経験のあ

る仲裁人とは全く異なった形態で事件にアプローチする。従って，スイスの仲裁人は，必ずしも同じ手続上のバックグラウンドを有しているとは限らないのである。ここではチューリッヒ州に限定するが，しかし，スイスの仲裁の一般的な面も扱う。チューリッヒ州では，民事の裁判官は，民事手続法の第62条に従って，和解会合のため，当事者を招集する権限を有する。和解率の点でチューリッヒで最も実績のある裁判所は商業裁判所である。従って，裁判所が和解会合をどのように扱うかの例として使用され得る。通常，商業裁判所は，各当事者が最初の書面の主張をファイルした後に，和解会合のために当事者とその弁護士を招集する。この和解会合のときに，進行役の判事は，最初の文書による弁論に基づいて事件を評価する。シビル・ローのシステムでは，「裁判官は法を知っている」という原則により，裁判官は，当事者から呈示された事実と自らの法認識に基づいて，法的評価を行うことが期待されている。彼は，ある一定の事実が証明されなければならないことを考慮に入れるであろう。一般的に裁判官は，調停・和解勧試を行い，そして，それから，ランダムに当事者を選び，その提案が受け入れられるかどうかを検討させる。この慣行は，当事者のみならず弁護士によっても，しばしば，何らかの強制であると認識されてきた。スイスとドイツの調停・和解勧試は，確立された手続規則を欠いている。従って，手続は曖昧であり，そして，著しく裁判官に依存している。しかし，一般的には，ドイツとスイスの介入手続は，裁判官が事件の暫定的評価を行うことと，交渉手続自体にはめったに介入しないことにおいては，類似しているように見える。この手続的バックグラウンドのために，スイスとドイツの仲裁人は，調停・和解勧試を彼らの仕事の一部であると理解する傾向がある。そして，仲裁人が業務として調停・和解勧試するのであれば，当事者にとって，仲裁人に和解会合を開催するよう要請する必要がなくなる。既述のように，仲裁人は，彼らの本国の裁判手続によって影響される傾向がある。しかし，どのドイツやスイスの仲裁人も上述のような態度で調停・和解勧試を行うとはとても言い難い。特に，当事者が仲裁人を前にして，そのような和解会合を行うことに抵抗を示す場合には。しかし，少なくとも，彼らの本国の手続的バックグラウンドは，和解会合を意思決定者の業務の一部であると認識していることは間違いない。従って，ドイツとスイスの仲裁人は，偏頗性の心配がなく，暫定的な事件評価を提供できる場合，調停・和解会合に向かうように当事者を鼓舞

Ｖ　シビル・ロー地域間での文化的相違

することには抵抗がない。ドイツとスイスの調停・和解勧試手続は，（真正）
調停とは異なり，限界がある。従って，アメリカの慣行に慣れている者が抱く
調停人への期待は実現されない。ドイツとスイスの仲裁人の主な目標は，事件
を仲裁することであり，調停することではない。当事者が和解するのを支援す
るのが主要な機能なのではなく，それが強制されることもない。一方，例えば，
オリジナルな Med-arb では，調停部分は，仲裁部分と同じように重要である。
なぜなら，仲裁部分は，調停部分が紛争全体を解決する和解に至らない場合に
発生するからである。ドイツやスイスの仲裁人は，和解会合部分は，主要な業
務ではなく，単なる「高潔な業務」と信じている。従って，これがかなり「徹
底度の低い形の調停（準調停）」となっている一つの理由でもある。優先度は，
常に，執行可能な仲裁判断を与えることに向けられ，そして，仲裁人の不偏性
が問題とならないことを保証する方向に向けられる。スイスとドイツの仲裁人
が紛争を調停しているとき，仲裁人の機能をどう認識するかについては，相違
がある。しかし，調停・和解勧試スタイルには，かなりの程度まで評価を行う
という特徴があり，問題の対象を狭くしてアプローチする傾向がある。裁判官
と仲裁人は，法的問題に焦点を当て，そして，潜在的利益を顕在化させること
によってその中立的スタンスを崩すことがないように努める。そして，多分，
最も重要な相違は，交渉手続への介入はあっても最小であることである。さら
に，caucus は，通常実施されない。デュー・プロセスの問題は，caucus が実
施されない限り，起こらない。caucus がなされない場合，仲裁人が当事者に
開示された情報によって偏見を有するという問題は，ほとんど起こらない。な
ぜなら，当事者は，何が議論されたかを聞いており，そして，caucus にて不
偏性が侵害されているとは主張できないからである。このような状況の下でも，
仲裁人が感情的になったり，偏見を抱くに至る可能性はあるが，潜在的なビジ
ネス上の利害や個人的問題を議論しないので，不偏性を侵害しているという問
題をそれほど心配する必要はないであろう。仲裁人が事件を事前に裁定するこ
とによって偏見を有するに至るという問題は，スイスやドイツの手続において
は，深刻な問題とは見なされない。これまでのどの事件でも，そして，現在に
おいても，スイスやドイツにおいて広く議論を呼んだことはない。結論として
は，ドイツやスイスの和解アプローチは，裁判所のアプローチのように実施さ
れる限りは，ほとんど「（真正）調停」と呼ぶことが不可能である。なぜなら，

97

それは，調停人に期待されることからは程遠いからである。ドイツとスイスの調停・和解勧試アプローチは，単に事件を評価し，そして，当事者に裁定のあり得べき結果を予想させることである。このアプローチは，当事者のコミュニケーションを支援することによって和解への障害を取り除くことを意図しているものではない。従って，その結果は，調停と仲裁の組み合わせが紛争解決手続の利点としてもたらすべき，あるいは，もたらすことのできるものとは程遠いのである。また，この種の和解アプローチの動機は，問題解決というよりも問題処理なのである。」[17]

　以上のように，ドイツ等における仲裁人による調停・和解勧試は，通常，準調停であり，真正調停とは程遠いことが指摘されている。しかし，当事者利益最大化を目指して，ADR ダイナミズムを構築する手続に関する当事者の合意までも排除するものではない。即ち，当事者の合意に基づき，仲裁人によって真正調停を実施する余地は十分あると言えよう。

Ⅵ　今後の展開

1　コモン・ロー地域における変化（米国の裁判官）

　前述したように，コモン・ロー地域にある米国の裁判官も和解に対して，従前より積極的になりつつある。そして，プリ・トライアル段階において個人的意見を表明したことに対する上訴審において，最高裁判例は，「裁判官の当該偏見による資格剥奪のためには，事件に参画したときに知ったことのみでは足らず，それが，偏見に基づいた理非曲直の意見にまで結びついたことが必要である。」と判断した。このような判例の蓄積によって，仲裁人の態度にも変化が生じ得ることが十分予想される。

2　コモン・ローとシビル・ローの垣根の低下

　Christian Borris も，以下のように，コモン・ローとシビル・ローの垣根が低くなり始めていると述べ，手続デザインにおいても，双方の利点を比較し，選択することが当事者にとってプラスとなると主張する。——「調和と統一への

---

[17]　James T. Peter, MED-ARB in International Arbitration（The American Review of International Arbitration, Vol. 8, No. 1, 1997）p. 109-114.

進展によって，コモン・ローとシビル・ローとの法的制度間の相違が次第に排除されつつある。仲裁を規制する規則の（世界的）調和と自由化に向けた歓迎すべき傾向において，仲裁人に対して，最良の方法で，仲裁手続を構築し，実施することを妨害することはないであろう。反対に，仲裁人は，コモン・ローあるいはシビル・ローの法制度のうち個別のケースの目的に最も適合するものを選択し，各手続上の技術を使用することについて，より柔軟性を有することとなろう。この意味で，法制度間の「競争」は，当事者と仲裁人に対して，フェアで相互に受容できる仲裁手続を探索するときに，プラスの刺激を与えるであろう。」[18]

3　コモン・ローとシビル・ローの調和・融合とADRダイナミズムの実現

上述のChristian Borrisの言葉は，Med-arbにおけるコモン・ローとシビル・ローの調和・融合によってもたらされるADRダイナミズムの発現という今後のあるべき方向性にも重要な示唆を与えている。即ち，国際的紛争処理手続においてコモン・ローとシビル・ローの各手続を比較検討し，各事例に最も相応しい手続を当事者と中立者が相談・選択し，当事者自治によって，双方の利点をダイナミックに組み合わせることによって，当事者利益の最大化を図るという真のADRダイナミズムの発現を果たすことができるのである。

---

[18]　Christian Borris, Common law and civil law: fundamental differences and their impact on arbitration（The Arbitration and Dispute Resolution Law Journal, Part 2, June 1995）p. 103.

6 判例への法律的対応のあり方に関する一考察

川﨑政司

I はじめに

日本においては，これまで，法形成に関し裁判所が果たす役割・機能について，必ずしも十分に目が向けられてはこなかった。

そこでは，成文法主義の下，裁判は，あくまでも法令を動かし難い所与のものとしつつ，具体的な事件について法令を適用することにより裁定する作用と捉えられ，裁判所は，法形成を担う存在とは目されてこなかったといえる。

このような傾向は，とりわけ公法学において強く，判例の法形成に与える影響は限定的との見方が一般的であった。確かに，従来，公法の分野では，裁判所は，立法機関や行政機関の判断を追認することが多く，法令の規定が違憲・違法とされたり，行政機関の解釈が否定されたり，行政処分が取り消されたりすることは少なかった。

しかしながら，そのほかの法分野でも同じであったというわけではない。

例えば，民事法，労働法などの分野では，判例が重要な意味をもつだけでなく，法形成ということでもそれなりに大きな役割を果たしてきたとされる[1]。刑事法の分野についても，判例による簡潔性・抽象性の高い刑法の規定の具体化や新たな状況への対応などが認められる。公害の社会問題化以降，発展して

---

[1] 個別紛争の処理では，社会的に弱い立場にある者の利益を擁護する方向で，一般条項や規定の柔軟な解釈等を通じて，判例の形成・展開を行ってきたことがその特徴の1つとして挙げられる。もっとも，それは特定の問題に関する「小さな司法」にとどまるとの指摘もあり，また，訴訟を好まない国民の傾向なども相まって，権利救済や紛争解決の実効的手続として日本の裁判所がどの程度役割を果たしてきたかということになると懐疑的な見方も少なくない。

『21世紀民事法学の挑戦』加藤雅信先生古稀記念〔信山社，2018年3月〕

きた環境法の分野でも，裁判所が法形成において重要な役割を果たしてきた。

さらに，近年は，公法の分野でも，裁判所が踏み込んだ判断をすることにより，法律のあり方にも影響を及ぼす状況などもみられるようになってきている。

その意味では，裁判所が法形成において果たす役割については，それぞれの法分野ごとに丁寧にみていくことが必要であり，また，社会的な変化や要求に対し立法が現実に果たしてきた役割との関係，裁判所の動向や判例をめぐる最近の状況などにも目を向けていくことが必要である。

そもそも，法律の文言は抽象的で多様な意味を含んでいることが少なくなく，その適用がなされる場合には，解釈を通じて，そのうちのいずれかを裁判所が選択することになるのであり，そこにおいては裁判所が法形成的な機能を果たすことになる。また，法律と現実とのズレや法の欠缺が生ずることも避けられないところであり，その場合には，裁判所がそれらを補充する機能（法の継続形成）などを果たしている。

裁判の法形成機能については，これを否定する見解もなおみられるものの，以上のことにかんがみれば，これを正面から認めざるを得ないのではないかと思われる[2]。そして，そのような裁判所の判例が，法律の規定のあり方に影響を及ぼしたり，法律に取り入れられたりすることなどもある。

近年，法形成における立法者と裁判所の相互作用や役割分担ということが改めて注目されるようになっており，昨今の日本における法状況を踏まえるならば，これからの法形成のあり方を考える上で，そのような視点は一層重要になってくるのではないかと思われる[3]。そして，成文法主義の下でも，法の発展ということからは，制定法をベースにしつつ社会状況に応じ形成・蓄積されてきた判例が法律に取り入れられ，さらにそれをもとに判例が展開されていくというのは，1つの望ましいあり方とみることもできるだろう。特に，民事法

---

(2)　裁判所による法形成は，司法そのものに内在する機能であり，権力分立制や民主制もこれを否定するものではないとの見方も可能である。もっともその一方で，それらの観点から裁判所による法形成の限界も原理的に問題となりうることにもなり，また，裁判の法形成機能はその本来的な機能とは区別されるべきところもある。

(3)　制定法主義の建前のほか，立法における法的なものの軽視・後退といった近年の状況などを考慮するならば，そこでは，裁判所による制定法の補完・修正ということが中心とならざるを得ない面もあるが，不十分・硬直的な判例の修正や判例への対抗のための立法といったことなどもあり得よう。

については，その位置付け・性格・法形成のあり方などからしてそのことがより妥当するのではないかと思われる。

しかしながら，日本では，判例が実際に立法に結び付くようなことはあまり多くはなかったことなどもあって，判例に対する法律的対応のあり方について十分な検討・議論が行われてきたとは言い難い。

もとより，判例が法律の規定のあり方や立法に及ぼす影響については，法分野，社会状況，事柄等によっても異なり，一般的・網羅的に分析・検討を行うことは容易ではない。本稿では，判例によって形成された「法」への法律的対応のあり方について[4]，若干の概念的な整理を行った上で，いくつかの事例も取り上げながら，考察を加えることとしたい。

Ⅱ　考察を行うにあたっての整理・確認

法形成における立法と判例のかかわりは，幅広く多様であり，この点について少し整理をしておくことも必要だろう。

まず，法形成における立法と判例の位置付け・役割について，簡単にみておくこととしたい。

この点，コモンローの伝統をもつ英米法系と，制定法を中心とする大陸法系とでは，その相違はかなり相対化してきているものの，基本的に異なるとされてきた。

すなわち，英米では，基本的に判例法による対応がなされ，それが判例集に集積されるとともに，リステイトメントなどとして整理されていくことになる一方，制定法は，コモンローを補完・修正する二次的なものと位置付けられることになる。もっとも，現代では，議会や行政府が立法により積極的に対応するような状況もみられ，また，アメリカでは，裁判所の判決に疑義や問題点などが指摘される場合にはこれを変更する立法がなされることも少なくない。

他方，ドイツ・フランスなどでは，判例の役割が高まってきているものの，立法による対応を重視する傾向が強く，裁判実務家を中心に，なお判例による

---

(4)　判例と立法との関係について検討を行う場合のアプローチの仕方として，判例の役割・法形成のあり方の面からのアプローチと法律的対応のあり方（立法論）の面からのアプローチなどが考えられうるが，本稿は後者に重きを置きつつ検討を行うものである。

6 判例への法律的対応のあり方に関する一考察〔川﨑政司〕

法形成につき消極的な見方が根強く存在するともいわれる。

これらに対し，日本は，基本的に大陸法系に属するものであり，制定法が法の中心を成すものとみなされてきた。しかし，実際には，社会的な変化やニーズに応じた立法が積極的・十分には行われてこなかったこと，伝統的に法律の規定の抽象性が高いことなどもあって，裁判所が法解釈等を通じてそれらに対応してきたともいわれる(5)。加えて，最高裁が，かなり大胆な解釈等を行うことで法律の規定を実質的に書き換えるようなことも少なからず行ってきたことなども，指摘されている(6)。

また，裁判所の判決が法律の規定のあり方や立法に影響を与える場合としては，様々なケースが考えられうる。

最も端的に立法者に対応を迫ることになるのは，最高裁の違憲判決であり(7)，そのほかにも，最高裁や下級審の判決が社会的に大きなインパクトをもち，それが立法の動きに結び付くことがある。特に，近年は，いわゆる制度改革訴訟において下級審の踏み込んだ判断が立法に結び付く例も少なからず見受けられ

---

(5) 大阪国際空港事件・最大判昭 56・12・16 民集 35 巻 10 号 1369 頁の反対意見において，団藤重光裁判官は，「わが国においては，新しい事態に対する立法的対処がきわめて緩慢であり，ばあいによってはむしろ怠慢でさえあるということである。このことは，いわゆる国益に直結することのない社会的ないし個人的な利益に関する場面においてとくにいちじるしいようにおもわれる。……したがって，わが国においては，おなじ成文法国であっても立法的対応がおこなわれる国におけるよりは，裁判所が法形成の上で担うべき役割はいっそう大きいといわなければならない」と述べていた。このような認識は，時代や法分野により異なるところはあるものの，多くの研究者により共有されてきたといえるだろう。1990 年代後半以降，立法活動が活発化しているが，部分的にはともかく，基本的な傾向に変化はみられない。もっとも，これに対し，日本の裁判所がどの程度立法の補完的な役割を果たしてきたかに関しても評価の分かれるところであり，この点については前掲注(1)も参照。

(6) 例えば，星野英一『民法概論Ⅰ（序論・総則）』（良書普及会，1971 年）36 頁は，民法に関し，「最近の最高裁は，規定の文理に反するかなり大胆な解釈をしていることが少なくない」としており，また，長谷部恭男『憲法学のフロンティア』（岩波書店，1999 年）75 頁は，違憲審査に関連して，「日本の裁判所は，ほとんど制定法を違憲と判断することなく，したがって「司法積極主義」との非難を受けることなく，しかし制定法を最高裁判所の有権解釈権を通じて読み替えることで，積極的に政治部門の判断を変更し，しかもそれを「現状」として固定してきた可能性がある」とする。

(7) 最高裁は日本国憲法施行後 70 年の間に 10 件の法令違憲判決を行っているが，これに対し，刑法の尊属殺重罰規定のように削除までに 20 年余を要したものもあるものの，すべて立法による対応がなされている。

るようになっている[8]。知的財産法の分野では，下級審の裁判例による問題点の提示やその集積が立法作業を促し，その結果，それに沿った方向で立法作業が行われる例が多いといわれる[9]。

　しかし，ここでは，裁判所（特に最高裁判所）により，法律の規定の解釈や欠缺補充等を通じて形成・確立された判例（法）を中心に考察を加えることとし，違憲判決，立法者の対応等を求める警告判決や勧告的判決，具体的な事実を前提にその限りで下される事例判決などは対象とはしないこととしたい。

　もっとも，判例といっても，何を判例とすべきかをめぐっては様々な議論があり，必ずしも一致したものがあるわけではない。例えば，結論命題が判例となりうることにはそれほど異論がないとしても，法令上の概念や関係について示した一般的命題が判例たりうるかどうかについては議論が分かれる[10]。また，最高裁判決において「判例とするところである」などとして先例が引用されることもあるが，それによっても何が判例なのか不明であることが少なくない。学説などでは，簡単に判例として捉えたり，判例の射程を広く解して一般化したりするような傾向もみられないではない。

　当該事案の具体的な事実を超えて広く一般に通用する法理論を明らかにしたものとされる「法理判決」について，藤田宙靖元最高裁判事が，「全ての最高裁判決は本来「事例判決」であるのであって，「法理判決」のように見えるものであっても，その実「事例判決」としての性質を内蔵するものであることを否定できない」[11]と述べていることにも注意が必要であろう。加えて，判例法

---

(8)　法制度が適切さを欠いているにもかかわらず国会がその役割を果たさない場合に裁判に訴えることで改革の促進を目指す「制度改革訴訟」では，裁判所の消極的な姿勢が批判されることが少なくなかったが，近年は，その踏み込んだ判断が立法の契機ともなったハンセン病訴訟・熊本地判平 13・5・11 訴月 48 巻 4 号 881 頁，ALS 訴訟・東京地判平 14・11・28 訴月 49 巻 8 号 2213 頁，成年被後見人選挙権訴訟・東京地判平 25・3・14 判時 2178 号 3 頁など，裁判所側の変化も指摘されている。

(9)　高林龍「立法化に果たす知的財産判例の役割」速報判例解説(6)（法学セミナー増刊，2010 年）250 頁。また，商事法の分野などでも，紛争の早期解決のインセンティブが働くことなどにより下級審の裁判例が重要な機能をもつことになり，下級審判決を受けて立法がなされることもある。

(10)　研究者・実務家の両方で，一般的命題まで含めて判例と捉えることが少なくないが，これに否定的な立場に立ちつつ，この点につき詳細に論じるものとして中野次雄編『判例とその読み方〔三訂版〕』（有斐閣，2009 年）46-66 頁等。

(11)　藤田宙靖『裁判と法律学』（有斐閣，2016 年）38-39 頁。

6 判例への法律的対応のあり方に関する一考察〔川﨑政司〕

などといっても，一般的な法命題の形で示されているわけではないだけでなく，下級審判決をも含む複数の判決から導き出されることも少なくなく，揺らぎや社会状況等の変化に伴う変遷といったこともありうる。

しかしながらその一方で，裁判所が示した法原則や判断枠組みなどが繰り返され，定着することで，関係者の間で判例法や判例法理(12)などとして捉えられ，広く通用しているものが存在していることも確かであり，これらが法律の規定のあり方に影響を及ぼしたり，立法に結び付いたりすることもあるのであって，上記のことに留意しつつも，それらについて考察を加えることにはそれなりの意味があるといえるだろう。

このほか，判例に対する法律的対応ということで立法者側の対応に着目するのであれば，「立法者」の捉え方や範囲についても整理しておくことも必要となる。

すなわち，立法者といえば，立法の本来の主体である国会を指すことになるが，実際に制定される法律の多くは所管省庁で作成された政府提出法案である。制定後の法律の執行等を担うだけでなく，そのあり方や社会への適合状況について検討を行うのも所管省庁である(13)。これに対し，国会は制定した法律についてフォローアップを行うことはあまり多くはなく，とりわけ，政治は，基本的に裁判所の判決には無関心であり，政治的な影響を及ぼし，あるいは社会的な注目を集めるような判決にアドホックに反応するにとどまることが多い。そして，そのようなことからすれば，所管省庁を中心とする行政府も立法者に含めるほか，その検討・立案のプロセスに組み込まれ，かつ，判例に強い関心をもつ研究者や利害関係者が参加する審議会等(14)も射程に入れて考察を行うことが必要となってくるといえるだろう。

---

(12)　判例や判例法だけでなく，学説・実務では「判例法理」，「判例理論」等の用語もしばしば用いられるが，その意味するところや捉え方は一様ではなく，その意義・射程も曖昧なままに認定されるような傾向も見受けられないではない。本稿では，基本的に「判例」（部分的に「判例法」）を用いるが，事例等の分析では学説・実務の状況を前提にそれらの用語も用いる。

(13)　所管省庁の官僚が判例に関心を寄せてきたかといえば，省庁や事柄にもよるものの，必ずしもそうとはいえない面があるが，法律を所管しその執行を担う以上は，政治と比べれば，判例に関心をもたざるを得ない立場にあるはずであり，また，最近は，判例の影響力の高まりや官僚の影響力の低下に伴い，判例やその動向を考慮せざるを得なくなってきている。

Ⅲ　判例が法律の規定のあり方等に与える影響

　それでは，判例は，どのような場合に，法律の規定のあり方に影響を与え，これに対して法律的対応が問題となりうるのだろうか。

　この点，ある事項につき判例法が形成されたからといって，直ちに法律的対応が必要となるわけではない。例えば，法律の規定は，裁判所の解釈によって具体的な規範としての意味をもつことになるのであり，とりわけ法律の規律密度が低く抽象性が高い場合には判例による具体的な規範の形成や発展が織り込まれているといってよいだろう。一般条項については，裁判所に規範の形成を委ねたものとみることもできる。

　また，社会的な変化やニーズへの法的対応が判例により行われることで，法律の規定の意味の変容や実質的な修正・補完といったことがもたらされることもあり，それもある程度は司法の機能の中に織り込まれているといえる。

　確立された判例とはいえ，法律化に馴染むものあればそうでないものもある。例えば，その射程範囲が広く安定的なもの，特に一般的規範としての性格をもちうるようなものであれば，法律に取り入れやすいのに対し，個別の事案に即して規範を具体化するような判例や安定的ではない判例を条文として取り入れることは，規定を複雑なものとしたり，硬直的なものとしたり，不安定なものとしかねない。また，一般的な条文の形とするのが容易ではなく，判例に委ねておいた方が妥当な場合もある[15]。

　他方，判例が示した解釈・判断がどのようなものかによって，法律の規定や立法者側に与えるインパクトも異なりうるのではないかと考えられる。この点について，若干敷衍しておくならば，一般的には次のように整理できるのではないかと思われる。

　第1に，判例の解釈が基本的に法律の規定の文理の範囲にとどまるものであ

---

[14]　所管省庁における法案の立案は審議会の答申に基づいて行われることが多く，また，私的諮問機関で検討が行われたり，審議会での検討に先行して省庁のイニシアティブで設置された研究会で検討が行われたりする例などもあり，これらも含めた考察が必要である。

[15]　例えば，再審の門戸拡大と刑事訴訟法345条の見直しに絡んでこの点を指摘するものとして，団藤重光『実践の法理と法理の実践』（創文社，1986年）193頁等。

6 判例への法律的対応のあり方に関する一考察〔川﨑政司〕

る場合には，法律の規定のあり方等が問題となることはないといえる。それが法律の規定を具体化・明確化するものであったとしても，その条文化は規定をいたずらに複雑なものとすることなどにもなりかねず，直ちに立法に結び付くものではない。

ただし，そのようなものであっても，立法者が意図したものとは異なる解釈をしたものである場合には，立法者側が何らかの対応をしようとすることも考えられないわけではない。しかしながら，法律の解釈に関しては，制定された法律の文言に基づいて客観的になされるべきものとされ，立法時の立法者の意図は参考にすぎないとの理解が一般的であり，また，判例の解釈が合理的で，社会的にも支持されうるものである限り，立法者側もこれを受け入れざるを得ないことが多いといえる[16]。

第2は，判例が法律の規定の拡大解釈を行うものである場合だが，法律の規定が不十分であるにもかかわらずそれを拡大解釈して適用し事件を処理することは，一般的には立法者の側にとっても好ましいものであることが多いと考えられ，それが立法のインセンティブとなることはあまりないように思われる。類推による対応については，欠缺補充といった色彩がより強くなるものの，基本的には同じではないかと思われる。

もっとも，判例による拡大解釈や類推にかなり無理があり，法律の規定との乖離が大きくなる場合には，裁判所の役割（解釈の限界）や予測可能性の点から批判を生じるなどして，それが立法に結び付くこともある。そのような例として，刑法の窃盗罪における「所有物」（後に「財物」）につき，可動性と管理可能性の有無を標準とすべきとした上で，電気は可動性と管理可能性を併有するので所有物に当たるとした大判明36・5・21刑録9輯874頁の問題も踏まえて，その立法的解決のため追加された刑法245条の規定[17]，電子情報処理組織による自動車登録ファイルが刑法157条1項の「権利，義務ニ関スル公正証書

---

[16] 行政法について所管省庁の解釈が裁判所によって否定された場合でも，所管省庁はこれを受け入れざるを得ないことが多い。例えば，日本に居住・現在していることが被爆者たる地位の効力存続要件であるかどうかが争われた在外被爆者訴訟において，厚生労働省は，立法的な対抗の余地もなかったわけではないものの，国側の解釈・主張を否定した大阪高判平14・12・5判夕1111号194頁の判断を受け入れ，その根拠ともしてきた通達を廃止するなどした（その後，最判平19・2・6民集61巻8号2733頁により当該通達とそれに基づく失権の取扱いは何ら法令上の根拠はなく違法と判断されている）。

Ⅲ　判例が法律の規定のあり方等に与える影響

ノ原本」に当たるとして同罪の成立を認めた最決昭 58・11・24 刑集 37 巻 15
号 38 頁を受けた同項の改正[18]などを挙げることができる。

　刑事法の場合には，罪刑法定主義の要請から，拡大解釈は限定的に許容され，
類推は禁止されるとの理解が多数説とされるが，最高裁は，結果の妥当性を重
視して法創造的な解釈を行ってきており，とりわけ刑事立法が長らく不活発な
状況にあったことなどもあって，裁判所は，法律が予想していなかった新たな
事態にも，立法を待つことなく解釈によって対応する傾向がみられ，立法者側
もそれに依存してきたといえる。そのような中で，上記の例のように法律的対
応が行われることもあるが，例外的なものにとどまる[19]。

　他方，逆に，裁判所が，法文に重きを置いて厳格な解釈を行ったり，従来の
判例との整合性等に縛られたりすることで，行政当局の解釈・対応を認めな
かったり，社会状況や問題状況に対応した解釈・判断を示すことができなかっ
たような場合には，規制の必要等から，判決などをきっかけに立法がなされる
こともある。

　第 3 は，法律の規定の趣旨を限定したり，実質的に否定したりする場合であ
る。

　前者は，判例が限定解釈（縮小解釈）を行う場合であり，それに合理性があ
る限り，立法者側も受け入れざるを得ないといえる。ただし，それが立法者の

---

(17)　学説上この判例に対する批判が少なくなく，また，ドイツでは同じ時期に立法により
　電気の盗用を犯罪とする対応を行ったことなども考慮して，追加されたものであり，改
　正法案の提出案理由書には「通説ニ依レハ電気ハ物ニ非ス故ニ電気ヲ窃取シタル場合ヲ
　罰スル為メ本条ヲ設クル必要アルナリ」としていた。

(18)　学説上，この判例に対する評価が分かれ，判例の趣旨について，電磁的記録の文書性
　を認めたと解するもの，公正証書の原本には文書性を必要としないことを認めたものと
　解するもの，道路運送車両法 6 条によって公正証書の原本にみなされたことによるもの
　と解するものなど種々の理解を生じることになったことから，改正が行われたものであ
　る。この点については，河村博「コンピュータ犯罪とテロ防止のための法改正　刑法等
　の一部を改正する法律」時の法令 1321 号（1988 年）9-10 頁等参照。

(19)　例えば，公文書偽造罪の客体である「公務所又ハ公務員ノ作ル可キ文書」にコピーも
　含まれるとした公文書写真コピー事件・最判昭 51・4・30 刑集 30 巻 3 号 453 頁につい
　ては，罪刑法定主義の面から批判が強かったものの，法律的対応はなされていない。な
　お，近年は，刑事立法の活性化といった状況を生じているが，その主眼は厳罰化という
　ことであり，処罰の必要性ということから積極的に展開されてきた判例を取り入れるよ
　うな条文の整備などは行われていない。

意図を否定したり，限定解釈に無理があり法律の規定との乖離が大きいものである場合には，立法者側として対応を検討する必要が出てくるようにも思われるが，実際に立法に至る例はあまり見受けられない。

問題は，判例が法律の規定を否定するような解釈を行った場合である。このような「反制定法的解釈」が許されるのかどうか問題となりうるところであるが，学説はこれを認めるものが多い[20]。そして，その場合には，立法者側としていかに対応すべきかが問われることにもなる。

第4は，第2の場合との区分・相違は相対的なところもあるが，法律の規定を欠く事項について判例が新たな法の形成を行った場合である。

この場合，法律の規定の類推などや一般条項を通じて行うこともあれば，慣習の承認，条理等をもって行うこともある。そして，予測可能性や分かりやすさなどの観点からは，法の空白を埋める判例については法律的対応がなされることが望ましいようにも思われるが，実際には，判例に委ねておくことのメリットや妥当性，立法の容易性，法律の画一性，立法者側の姿勢など，様々な事情が絡んでくることになる。

他方，そのような事項について裁判所による判断・対応が難しいことを判決で明らかにすることもあり，この場合には，立法者側にボールが投げ返されることになる[21]。

一般論としてはおおむね以上のように整理することが可能であるが，日本においては，法律的対応が問題となりうるような場合でも，立法者側が積極的に検討・対応することはあまりない。たとえ，最高裁の大胆な解釈により法律の規定の実質的な修正や書き換えがなされるような場合であっても，立法者側は，政治や特定の価値に影響するものでない限り[22]，それに対する反応は鈍く，放

---

[20] 法律の規定の実質的な修正と否定とを区別するかどうか，裁判所の機能の限界の問題と捉えるかどうかなどにより，肯定説，条件付き肯定説，否定説に分かれる。この点について，広中俊雄『民法解釈方法に関する十二講』（有斐閣，1997年）106頁は，「反制定法的法形成は，制定法の定めた規律が民事紛争の処理としていちじるしく妥当性に欠ける結果を当事者間に生じさせるものとなっており立法部の対処を必要とするにいたっているのに立法措置がとられないでいる（いわば立法部の怠慢が認められる）という場合にのみ，正当なものというべきである。」とする。

[21] その場合には，裁判所が判決の傍論として立法的解決の必要性に言及することも少なくないが，立法者側がこれに反応することはあまり多くはないのが実情である。

置することが多いといえる。その理由として，一般的には，立法者側は，様々な立法課題を抱える一方，時間や資源が限られる中で，目の前の立法課題に取り組まざるを得ない状況にあることが挙げられうるが，特に，日本の場合には，公法の分野での裁判所の自己抑制的な傾向なども相まっての，立法者側の判例に対する関心の薄さなどを指摘することができるのではないかと思われる。

Ⅳ　法律的対応がなされる契機と意義

　判例が社会において現実の法として機能している以上，立法に際しては，法の分野を問わず，関係する判例を踏まえた検討は避けられないはずであり，そのことは，いわば立法者の責務ということもできるだろう。

　もっとも，判例として確立したものであっても，これに対してはそれぞれの立場から様々な評価がありうる。例えば，研究者や実務家においてほとんど異論がないものもあれば，評価が分かれるものや多くの研究者により理論的に批判されているものもあり，社会的に支持されているものもあれば，社会的な評価の芳しくないものなどもある。当然のことながら，判例によって権利利益を保護されることになる者がいる一方で，不利な立場に置かれる者もいるのであり，後者の側から反発を生じることもある。判例が制度のあり方や政策にもかかわる以上，判例が示した価値判断や法的な論理が，経済的・政策的な観点から批判されることもある。

　多くの支持を得た安定的な判例であれば，むしろ，それを直ちに法律に取り入れるという力学は働きにくく，法律の改正・整備を行う際に，それまで形成されてきた判例が検討の前提の1つとされ，それを条文化するかどうかが問題となることが多いといえる。

　そして，そのような場合における判例の条文化の意義としては，法の明確化

⑵　判決が政治や特定の価値に影響を及ぼすような場合には，政治的なリアクションやバックラッシュを生じることもある。例えば，公務員の争議行為の「あおり」について東京中郵事件・最大判昭41・10・26刑集20巻8号901頁がいわゆる二重の絞りによる限定解釈を示したのに対し，当時の与党において反発や裁判所批判を生じ，結局，全農林警職法事件・最大判昭48・4・25刑集27巻4号574頁で，判例を変更して当該限定解釈を否定することになった。この一件は，その後の最高裁の政治に対する姿勢にも大きな影響を与えることになったといわれる。

6 判例への法律的対応のあり方に関する一考察〔川﨑政司〕

や法律の条文と実際の法との乖離の解消などによる予測可能性や分かりやす
さ[23]の確保がその主なものとして挙げられることになってくるだろう。その一
方で，そのような判例の条文化は，内容的には現状維持的なものとなるほか，
柔軟性や機動性・発展性などが失われることにつながりかねないといった面も
ないわけではない[24]。

　もっとも，判例の条文化といっても，何が判例であり，何をもってそれを条
文化したといえるかは微妙なところもある。むしろ，個別の事案の解決のため
にそれに必要な限りにおいて示された判決により形成される判例は，法という
ことでは断片的で不明確・不完全なところがあることも少なくなく，それを取
り入れることになれば，法理論，関係法令，実務に与える影響なども考慮しつ
つ，修正や補充といったことも必要となることの方が多いのではないかと思わ
れる。その違いは相対的ではあるものの，基本的に現行法を前提として示され
る判例はそれに引きずられることにならざるを得ない面があるのに対し，立法
はそれよりは自由に対応することが可能といったこともある。

　さらに，判例をどこまでどのような形で取り入れるかといった問題もあり[25]，
結果として，判例が示した判断の基準や要素のうち一定のものを法律上の考慮
要素として例示するにとどまるようなこともある[26]。

---

[23]　法の整備にあたり「分かりやすさ」ということが目的に掲げられることが多いが，建
　　前はともかく実際には，抽象的・専門的な条文について一般の国民がどこまで理解可能
　　かといった問題もあり，また，判例の条文化については，可視化されるとはいえ，それ
　　だけで国民に分かりやすいものとなるわけではない。

[24]　判例による場合には，個別具体の事情や社会状況の変化に応じた判断が可能であるの
　　に対し，法律による場合にはどうしても画一的・固定的な基準・対応とならざるを得な
　　いところがある。

[25]　行政手続法 33 条は，品川区マンション事件・最判昭 60・7・16 民集 39 巻 5 号 989 頁
　　を基礎として，申請者が行政指導に従わない旨を表明したにもかかわらずその継続によ
　　りその権利行使を妨げてはならないと規定するが，地方自治体の行政手続条例では，同
　　判例を踏まえ，行政指導に従わないことが公益を著しく害するおそれがある場合の行政
　　指導の継続の許容の留保を付しているものが多い。行政手続法 33 条もそのような例外
　　を否定する趣旨ではないとされるが，判例の取り入れ方としてどちらが妥当か議論とな
　　りうるところだろう。

[26]　例えば，1991 年に制定された借地借家法では，借地契約・建物賃貸借契約の更新拒
　　絶の要件につき，議論のあった正当事由を法文上明確化するという方法はとらず，判例
　　で示されてきた正当事由の判断基準を考慮要素という形で列挙する方法がとられた（6
　　条・28 条）。

法律のない事項につき新たに判例法が形成された場合に，判例だけでは法制度として完結せず十全ではないところがあるがために，立法がなされることもある。判例に揺れや有力反対意見の存在など，理論的な面などで対立や混乱がある場合には，それが収斂するのを待つことになるが，その一方で，対立や混乱の収束のために立法が求められることもある。

他方，判例に批判的な立場に立つ側は，判例変更に期待することになるが，裁判所において判例が維持され，その変更が見込めないことになれば，立法による変更が残された途となる。それがどこまで成就するかは，立法者側の判断にかかってくることになるが，立法を働き掛ける側の政治力や戦略等によるところもある[27]。ただ，実際には，先に述べたような立法者の状況があるほか，立法による判例の変更は，それによる利益関係・利害状況を変えることにもなり，社会的な影響や関心の大きい問題であればあるほど，様々な議論や調整の必要を生じることになるなど，そのハードルは決して低くはないようにみえる。

政府内や政治において，政策的な面から立法による判例の見直しを企図する動きを生じることもある。

法律による判例の変更は，判例が最終的・絶対的なものではない以上，直ちに問題があるわけではないが，実際には政治的な思惑などが絡んだり，政治的なものが優先されるようなこともないわけではなく，その変更のためには，政策的・法的な観点から必要性・合理性の説明が求められるというべきだろう。

そして，仮に判例を変更するような立法がなされたとしても，そのような法律の規定について，裁判所の側がどう解釈し適用していくのかということもあるのであり，それをもって決着するとは限らない。

V　具体例の検討

日本では，必ずしも判例に対して法律的対応が積極的に行われてきたわけではないが，それについては法分野や社会経済状況，問題状況，社会的ニーズ・必要性などによって異なるところもある。

---

(27)　時代的にはかなり前のものとなるが，富山康吉『現代商法学の課題』（成文堂，1975年）30-31頁は，商事法関係では，判決に対する反発による判例否定的な法改正がなされることが多く，それが経済団体の要求がテコになって進行することを指摘する。

6 判例への法律的対応のあり方に関する一考察〔川﨑政司〕

ここでは，判例への法律的対応のあり方についてもう少し具体的に考えてみるために，判例と立法との関係が特に問題となった仮登記担保，解雇規制や労働契約，金利規制の事例を素材として検討を加えることとしたい。

1 仮登記担保の法制化

(1) 立法の経緯等

判例法の形成が幅広く行われてきた民法については，従来，民法の大幅な改正に慎重な議論も根強かったことなどもあって，法律的対応はあまり行われず，判例任せとなっていたところがある[28]。そのような中で，判例を踏まえて立法がなされたものに仮登記担保制度がある。

仮登記担保は，債権者と債務者の間で，債権の担保を目的として，債務者所有の不動産につき停止条件付代物弁済契約，代物弁済予約等を締結するとともに，将来の所有権取得の保全のために仮登記をするもので，担保不動産を丸取りできることなどもあって，戦後，幅広く行われてきた。

これに対して，判例は，最判昭42・11・16民集21巻9号2430頁において，代物弁済予約の担保的構成をとり清算ルールを承認するようになり，また，それ以降に展開された判例を集約するものとして最大判昭49・10・23民集28巻7号1473頁が示されるに至り，判例法理が確立することになったとされる[29]。

しかし，個別的・具体的事件の解決を目的とする判例の性質上，理論的根拠や法律関係などにつき明確でない点も少なからず存在したことなどから，これらの問題を立法的に解決すべく1978（昭和53）年に「仮登記担保契約に関する法律」が制定されたものである。

仮登記担保法は，判例法理を承継するとともに，その修正や新たな工夫も行っているものであり，その主な特徴として，①清算義務を認め，債務者に不利な特約を無効としたこと，②仮登記担保権者の私的実行と後順位担保権者による余剰価値の取得の調整につき，判例法理は先着手主義を採用したのに対し，

---

[28] なお，2017年には，債権法見直しのための民法改正法が成立するに至った。そこでは，判例法理の明文化が改正の柱の1つとされているが，争いの少ないものの現状維持的な条文化にとどまった。

[29] もっとも，仮登記担保をめぐっては，判例が変転し，不安定で好ましくない法状況にあったともいわれ，そのことが立法の動きに結び付いた面もある。

仮登記担保権者に債務者・後順位担保権者への清算金に関する通知を義務付け，後順位担保権者が，清算金の額に不満がなければ債務者が有する清算金請求権を物上代位できるようにし，清算金の額に不満があり競売手続をとった場合には仮登記担保権者は競売手続内で優先弁済を受けるべきものとされたこと，③根仮登記担保の効力を限定したことなどが挙げられよう。

　仮登記担保法については，従来の民法にはないだけでなく，ヨーロッパ諸国では債権契約としての効力が認められていない変態担保契約を創設したものとされるが[30]，その一方で，結果としてその利用の大幅な減少につながったとされる。

(2) 若干の考察

　仮登記担保をめぐっては既に多くの論考が存在し，門外漢である筆者が何か付け加えることは基本的にないが，判例に対する法律的対応ということから若干の感想めいたことを述べることとしたい。

　まず，仮登記担保の法制化が大幅な利用の減少につながったのは，皮肉な結果などとされ，様々な教訓を残すことになったともいわれる。しかし，清算ルールによる債権者のうま味の減少は既に判例によりもたらされていたのであり，また，仮登記担保が面倒でメリットの少ない競売手続の回避をも目的とするものであったことなどからすれば，上記の②で競売手続での処理も取り入れたことは，実務界からニーズのあった根仮登記担保に関する③の措置と相まって，債権者が仮登記担保を選択する魅力をさらに削ぐことになり，そのような結果はある程度運命づけられていたともいえなくもない。

　問題は，それにもかかわらず，なぜ判例に委ねることなく，あえてそのような立法を行ったのかということだろう。

　この点，当時の立法担当者や法制審議会での審議にかかわった研究者によれば，立法する意味への疑問や判例に任せておくべきとの意見が当初は強かったものの，判例法理では不明確・不都合な点の手当の必要などから立法の方向に進んでいったということのようであり[31]，その背景には，判例立法に対する疑問や判例の展開への不安などもあったようにみえる。また，仮登記担保の立法

---

(30)　吉野衛『新仮登記担保法の解説〔改訂版〕』（金融財政事情研究会，1981 年）32-33 頁。

(31)　「仮登記担保法の諸問題〈座談会〉」ジュリスト 675 号（1978 年）18 頁，加藤一郎教授・吉野衛法務省参事官の発言。

6 判例への法律的対応のあり方に関する一考察〔川﨑政司〕

化にあたっては，流抵当特約付抵当権につき規定を整備するのが本筋とする考え方，さしあたり判例によって形成された仮登記担保（法）の明文化・修正・補正を行うとする考え方があり，後者については所有権取得機能を重視する方向と仮登記担保を担保権にふさわしい法律構成とする方向があったが，前者については実体法・手続法にわたる詳細な検討が必要となり，早急な立法は困難であるとして選択肢とならず，また，後者に関しては，法務省の担当者としては第1の方向で考えていたものの，法制審議会における検討では第2の方向を主張する議論も強く，結局，所有権取得機能と担保権としての優先弁済機能をもったモザイク的・ヌエ的な法律となったとされる[32]。

そこでは，前者の理想的なアプローチが難しいとして選択肢とはなり得なかったことなどもあり，「仮登記担保という変則的なものは大いに奨励して，みんなが使えるように一生懸命にしてやるというところまで積極的に推進していくべき制度ではない」という言[33]に，当時の立法関係者の考え方や姿勢が現れているのではないかと思われる。立法担当者による「こんなあまり活用されてほしくない，債権担保」といった言[34]にもみられるように，仮登記担保法は，判例法の法制化とされるが，実は，仮登記担保の抑制法であり，また，判例立法に枠をはめるものであったと評してもあながち不当ではないだろう。

仮登記担保法の制定後はそれへの逃げ込みも懸念された譲渡担保については，戦前から判例によって清算義務がうたわれたこと，不動産のみならず動産や権利をも含むきわめて広い担保制度で，動産抵当制度や権利担保制度の問題を内包し法制化が容易ではないことなどもあって，従来から立法の必要性を指摘する議論や立法提言があるものの，立法化の具体的な動きはみられない。

仮登記担保法は，譲渡担保等の権利移転型の変則担保に関しても一定の指針

---

(32) 吉野・前掲注(29) 16 頁，宇佐美隆雄「仮登記担保法 ── 判例が創出した担保権の立法化」ジュリスト 805 号（1984 年）84-88 頁参照。

(33) 座談会・前掲注(30) 19 頁，加藤教授・吉野参事官の発言。

(34) 座談会・前掲注(30) 50 頁の吉野参事官の発言。なお，これに対し，鈴木禄弥教授が「合理的にことが済むような手続きを民衆が考え出したということ自体を高く評価したほうがいいのではないか」とした上で「この民衆の努力に立法が手を貸して，その新しい道を作ることの手伝いをするのがやはり基本的な立法のあり方じゃないか」と述べているのが，興味深い。仮登記担保法をめぐっては，立法の意味や役割が問われることになったともいえようか。

V　具体例の検討

を示すものとなるともいわれるが，仮登記担保法の立法プロセス・内容ともに，流担保立法のモデルとは必ずしもなり得ない面があることは[35]，改めて指摘するまでもないといったところだろうか。

2　労働契約立法と判例法理

近年，労働契約に関する立法の動きが活発化しているが，そこでは判例法理をめぐり様々な攻防が展開され，結果として判例法理がそのまま条文化されるといったことが少なからず見受けられる。これらについて概観してみたい。

(1) 解雇権濫用法理

解雇権濫用法理[36]は，2003 年の労働基準法改正により労働基準法 18 条の 2 として明文化され，その後，労働契約法の制定に伴い同法に移されたものである。

労働政策審議会労働条件分科会の建議，厚生労働省における改正法案要綱の作成，労働政策審議会への諮問，衆議院での法案修正といった経過を経て法制化された解雇規制については，「判例法理を足しも，引きもせず」とするものであったとされるが，次の点について留意が必要であろう。

第 1 に，解雇法制をめぐる議論は，規制緩和・規制改革の流れの中で経済政策などの面から活発に主張されるようになったものであり，これに対抗して労働者側からは解雇規制を強化する提案などもなされ，そのような状況の下で，審議会を舞台に労・使・公三者の間において解雇権濫用法理の根幹部分をルール化するという合意が成立したことにより立法化されたものである。

第 2 に，判例法理の明確化とはいっても，その条文についてはその理解や思惑の違いなどが露呈し，それが立法過程にも現れることになったことである。すなわち，労働基準法改正法案に 18 条の 2 として盛り込まれた当初の案は次のようなものであった。

「使用者は，この法律又は他の法律の規定によりその使用する労働者の解

---

(35)　宇佐美・前掲注(31) 88 頁は，立法論的には仮登記担保法が流担保型の担保権の立法の唯一のモデルではないとあえて言及している。

(36)　解雇権濫用法理は，昭和 20 年代以降，解雇の自由を定める民法 627 条等の規定をそのまま適用するのではなく，信義則や権利濫用によって事案を処理する裁判例が続出し，これを受けて示された日本食塩事件・最判昭 50・4・25 民集 29 巻 4 号 456 頁や高知放送事件・最判昭 52・1・31 労判 1268 号 17 頁を通じて確立したものとされる。

117

雇に関する権利が制限されている場合を除き，労働者を解雇することができる。ただし，その解雇が，客観的に合理的な理由を欠き，社会通念上相当と認められない場合は，その権利を濫用したものとして，無効とする。」

しかし，この条文案については，裁判実務における主張立証責任の変更につながる懸念[37]や，本文につき使用者側が原則として自由に解雇できるといったアナウンス効果を生じるおそれなどが議論となり，衆議院厚生労働委員会において調整の結果，ただし書だけを残す形で，現行規定のとおりに修正されることになった。

さらに，衆参の厚生労働委員会では，「解雇ルールは，解雇権濫用の評価の前提となる事実のうち圧倒的に多くのものについて使用者側に主張立証責任を負わせている現在の裁判上の実務を何ら変更することなく最高裁判所判決で確立した解雇権濫用法理を法律上明定したものであることから，……施行に当たっては，裁判所は，その趣旨を踏まえて適正かつ迅速な裁判の実現に努められるよう期待する。」との附帯決議が付された。国会の法案審議で裁判での立証責任が争点となること自体があまり例がないだけでなく，国会の側が裁判所の対応のあり方について意思を表明するというのも異例なことといえるだろう[38]。

第3は，解雇法制をめぐっては，その後も整備や規制の緩和を求める議論・動きなどが活発にみられることである。

(2) 就業規則法理と雇止め法理

判例法理をそのまま条文化するという手法は，その後に制定された労働契約法にも，結果として取り入れられることになった。すなわち，2007年に制定された労働契約法は，厚生労働省に設けられた「今後の労働契約法制の在り方に関する研究会」の報告書，労働政策審議会労働条件分科会での同報告書を審議の土台にしないことを前提としての検討と議論の紛糾，同分科会報告，同審議会への要綱の諮問，衆議院での法案修正などを経て成立したものである。内

---

(37) 解雇権濫用に関する主張立証責任は形式的には労働者の側が負担するものの，解雇理由の客観的合理性と社会的相当性に関する証拠提出責任を使用者の側に負担させることにより，実質的な立証責任を使用者側が負担する実態があったことによるものである。

(38) 附帯決議は，立法者の意思や希望を表明したものにとどまり，拘束力のあるものではないが，行政を方向付け・枠付けるものとして所管省庁に対するものはともかく，裁判所を対象とするものについてはその適否も含め慎重な検討が必要であろう。

容的には，争いの少ない一般原則や判例法理を成文法化したものにとどまり，審議会を舞台に労使が合意できた一部の事項についてとりあえず対応がなされた「小ぶりな立法」などと形容されることとなった。

その中で，焦点となったのが就業規則に関する判例法理の条文化である。

就業規則については，その性格，とりわけ不利益変更の拘束力をめぐり，契約説と法規説の対立など論争が繰り広げられてきたところであり，最高裁が，秋北バス事件・最大判昭43・12・25民集22巻13号3459頁で合理的な労働条件を定めているものである限り労働者はその適用を受けるとして労働契約を規律する効力を認め，第四銀行事件・最判平9・2・28民集51巻2号705頁などで就業規則の変更に関する合理性の判断基準を樹立していった後も，理論的・実際的な面からその妥当性に関する議論が続けられてきた。

就業規則に関しては，労働契約との関係について定める7条と，就業規則による労働契約の内容変更について定める10条が，判例法理を条文化したものとされるが，とりわけ判例法理をそのまま条文化したものといえるかどうかが議論となったのが10条の合理性の判断要素についてであった。これに対し，厚生労働省は，国会審議や通達など通じて，判例法理に沿ったものであることを強調し，第四銀行事件最高裁判決が列挙した①労働者が被る不利益の程度，②使用者側の変更の必要性の内容・程度，③変更後の就業規則の内容自体の相当性，④代償措置その他関連する他の労働条件の改善状況，⑤労働組合等との交渉の経緯，⑥他の労働組合又は他の従業員の対応，⑦同種事項に関する我が国社会における一般的状況の7つの考慮要素について，内容的に互いに関連し合うものもあるため，「労働者の受ける不利益の程度，労働条件の変更の必要性，変更後の就業規則の内容の相当性，労働組合等との交渉の状況」に整理統合したものであるとした。

さらに，2012年の労働契約法改正では，有期労働契約に関する「雇止め法理」が新たに19条として条文化されることになったが，その際にも判例の内容や適用範囲を変更するものではないとして「判例どおり」ということが強調された。すなわち，その対象とされる①過去に反復更新された有期労働契約で，その雇止めが無期労働契約の解雇と社会通念上同視できると認められるもの（1号）に関しては，東芝柳町工場事件・最判昭49・7・22民集28巻5号927頁の要件を規定したもの，②労働者において，有期労働契約の契約期間の満了

時にその有期労働契約が更新されるものと期待することについて合理的な理由
があると認められるもの（2号）に関しては，日立メディコ事件・最判昭61・
12・4集民149号209頁の要件を規定したものとの説明であったが，これにつ
いては，国会審議でも議論となったほか，学説上も疑義を呈するものが少なか
らず見受けられた[39]。

(3) 若干の考察

これまでの労働契約法制の整備の過程では，判例法理どおりの条文化が焦点
となったことが大きな特徴として挙げることができるだろう。

労働関係の法案の作成過程では，労・使・公の三者構成による審議会を舞台
に調整が行われるのが通例であり，それに参加した労働者側・使用者側ともに，
判例法理の条文化についてはとりあえずそれなりの意義があると評価していた。

もっとも，判例法理どおりの条文化というのは当初から意図されたものでは
なく，労使の利害が鋭く対立する中で，その妥協点として，両者が一致できる，
あるいは強くは反対しない判例法理に限り条文化することになったものであり，
法的な観点よりも，政治的な妥協の結果といった色合いが強いことは否めな
い[40]。すなわち，判例法理どおりの条文化は，基本的に現状維持であり，実務
への急激な影響の回避，内容をめぐる労使の対立の最小化と法案の成立の容易
化といった政策的・政治的な利点があったといえるが，その一方で，判例法理
どおりということがまずありきとなり，判例法理の妥当性やその取入れ方に関

---

(39)　19条1号・2号と判例の文言の相違のほか，「有期労働契約の更新の申込み」「契約期
間満了後遅滞なく有期労働契約の締結の申込み」といった要件の付加，さらには判例法
理が雇止めにも解雇権濫用法理が類推適用されるとしたことの理解の仕方による相違な
ども問題とされた。なお，2つの号への書き分けについては，パナソニックプラズマディ
スプレイ（パスコ）事件・最判平21・12・18労判993号5頁の整理に従ったものとも
いわれるが，その理論的妥当性や実益についても議論がある。これらの点については，
唐津博「改正労働契約法第19条の意義と解釈 —— 判例法理（雇止め法理）との異同を
踏まえて」季刊労働法241号（2013年）2-16頁参照。

(40)　このほか，就業規則法理については，理論的な面で議論があるだけでなく，労働者側
にとって不利な面があるにもかかわらず比較的すんなりと法制化されたことについて
は，安定した労使関係にあり法制化の影響が少ない大企業の組合を中心とする連合（日
本労働組合総連合会）が審議会の委員を出していたこととの関係を指摘する向きもある。
三者構成の審議会については，（特定の）労働組合の代表性や増加が著しい非正規雇用
者の意見の反映の問題，政府による事前の方向付け，国会修正を織り込んだ上での形式
的な合意など，その機能不全や形骸化などもいわれるようになっている。

し十分な検討がなされたとは言い難い面もあるようにみえる[41]。

　また，判例法理の条文化の意義として，明確化ということが挙げられるが，判例法理が労働者・使用者には十分に知られておらず，法制化によってそれが行為規範となり，予測可能性が高まるところがあるとはいえ，例えば，解雇規制の規定も一般条項であり，解雇の妥当性に関するルールの明確化が十分に進んだわけではなく，裁判所に行ってみなければ分からないといった状況が大きく変わったわけでもない[42]。他の判例法理を条文化した規定も抽象的な要件に依存した規範であるものが多い。

　判例法理の条文化の意味として，裁判所だけで変更・廃棄することはできなくなるとの指摘もみられるが[43]，それよりも，法制化によってその事項については立法の問題として立法者側が主導権を取り戻したともみることができ，現に解雇法制のあり方をめぐってはその後も立法課題として議論され続けてきているのである。

　そもそも，社会経済状況を踏まえつつ法制度の整備を行うのであれば，それまでの判例法理の条文化だけではとどまらないことが少なくないはずであり，また，争いの少ない判例法理のみの条文化は，逆に法律や規定として不十分さを残すものとなりかねず，法制度全体としてみた場合に理念や整合性を欠いたものとなる可能性もないわけではない。判例法理をそのまま条文化しても，その規定だけでなく，関連規定や法制度の目的・理念なども考慮されながら解釈されていくことになるのであり，他方，裁判所側も，従来どおりの判断を繰り返すとは限らず，社会的な変化やニーズを踏まえ，軌道修正をしながら判例を

---

[41]　それらの判例法理は，具体的な事件につき，不十分な法律を前提にその補完のために民法の一般条項の解釈などを通じて模索・形成されてきたものであり，それによる問題や限界もあったはずであるが，そのことに十分に目が向けられず，また，そこで示された要件・要素の意味・妥当性についても十分に吟味されることなく，条文化されたところもある。

[42]　もちろん，解雇の妥当性に関するルールの明確化がどこまで可能かといった問題もあり，その明確化には限界もあることは否めないが，だからといって，やむを得ず権利濫用を用いた判例法理をそのまま条文化するのが妥当かどうかは別問題であり，また，「その権利を濫用したものとして」という規定の必要性についても議論のありうるところだろう。

[43]　荒木尚志・菅野和夫・山川隆一『詳説　労働契約法〔第 2 版〕』（弘文堂，2014 年）163 頁。

6 判例への法律的対応のあり方に関する一考察〔川﨑政司〕

展開していくこともありうる。

　労働契約法制の漸進的な整備を否定するわけではないが，以上の点からは，何が判例であり何をもって判例どおりというのか見方も分かれる中で，立法プロセスにおいて判例どおりかどうかが焦点となったり，判例どおりであることが所管省庁によって再三再四強調されるというのは，やや異例ともいえるのであり(44)，そのような言説の背景にあるものやその隠れた意図などにも注意を向ける必要があるのではないだろうか。

3　金利規制をめぐる裁判所と立法者の対応

(1)　判例と立法の経緯

　判例により法律の規定の適用が限定されたり否定されたりするようなことが見受けられるが，消費貸借の金利規制をめぐり最高裁はそのような解釈を展開し，立法者側との間で攻防らしきものもみられた。

　すなわち，民事法である利息制限法の上限金利と刑罰法規である出資法の上限金利の間（いわゆるグレーゾーン金利）において当事者間で金利が約定され，それに従って利息の弁済がなされていたところ，最高裁は判決を通じて徐々に借り手保護の範囲を広げ，債務者が所定の利率を超えて利息・損害金を支払ったときはその超過部分の返還を請求できないとしていた利息制限法1条2項等について，最大判昭39・11・18民集18巻9号1868頁で債務者が任意に支払った制限超過部分は民法491条により残存元本に充当されるとしたのに続き，最大判昭43・11・13民集22巻12号2526頁が計算上元本が完済となった後の債務者の支払については不当利得の返還を請求できるとの解釈を示し，当該規定は実質的に空文化されるに至った。

　このような判例に対して，国会は，しばらくの間，立法措置を講じることはなかったが，1983（昭和58）年に制定された貸金業規制法43条において，債務者が貸金業者に対して任意に支払った超過利息については契約の際の17条

---

(44)　労働契約法の規定は民事ルールであるとされながら，判例法理どおりということを強調するために，厚生労働省の通達で裁判所の判断に委ねるべき規定の解釈を詳細に示すというのは，疑問なしとしないだけでなく，ともかく判例どおりとしたことが条文として不十分さや分かりにくさにつながり，それがゆえに通達による対応が必要となったとすれば，立法のあり方として本末転倒といえないだろうか。

V　具体例の検討

の所定の書面の交付と弁済を受ける都度の18条の受取証書の交付を要件として有効な利息の債務の弁済とみなすと規定すること（みなし弁済規定）により，その範囲で判例は修正されることとなった。

これに対し，最高裁は，直ちに対抗することはなかったが，その後，多重債務者問題が再び社会問題化するに伴い，書面や受領証書の交付の要件や任意性の解釈などを厳格化する判決（最判平16・2・20民集58巻2号475頁・民集58巻2号380頁，最判平18・1・13民集60巻1号1頁など）を相次いで出すことにより，実質的に43条の適用の余地を大幅に限定するに至った。

そして，このような最高裁の動きやグレーゾーン金利に対する批判の高まりを受け，2006年に貸金業規制法等改正法が制定され，出資法の上限金利の引下げなどによりグレーゾーン金利が撤廃されたほか，利息制限法1条2項等，貸金業規制法43条のみなし弁済規定は削除されることとなった。

(2)　若干の考察

金利規制をめぐっては最高裁が社会的弱者保護の観点から積極的な役割を果たしてきたとみることができるが，その一方で，社会的正義を貫く最高裁 VS. 貸金業者に配慮する立法者側との構図で一連の動きを捉えるのは，やや単純に図式化しすぎているきらいがある。

もともと，利息制限法1条2項等は，金融の実態などを踏まえ小口金融の途をふさがないよう，判例により培われた慣行を明文化したものといわれ，最大判昭37・6・13民集16巻7号1340頁は文理解釈により超過部分の元本充当を認めなかった。この判決に対しては，むしろ法務省が，立法の趣旨に反するとして批判的で，法改正の動きもみせたといわれる[45]。その後の判例の展開は上記のとおりであるが，それは，利息制限法の債務者保護という基本理念を論理的に推し進めた結果というよりは，問題状況や世論の動向もにらみつつ，最高裁判事の構成の変化も相まって，解釈的な転回が行われたものとみるべきだろう[46]。貸金業規制法43条をめぐっても，最高裁は，当初，その任意性の要件との関係で債務者の利息制限法の不知の救済を認めなかったこと（最判平2・

---

[45]　例えば，毎日新聞昭和39年11月18日夕刊等。

[46]　昭和37年判決と昭和39年判決の2つの事件が最高裁に上告されたのは同じ1960（昭和35）年であり，このような転回が生じた背景には最高裁判事の構成の変化などもあったといわれる。この点については団藤・前掲注[15]261-262頁も参照。

6 判例への法律的対応のあり方に関する一考察〔川﨑政司〕

1・22 民集 44 巻 1 号 332 頁）などで，批判を受けることになった。

　そのようなことからすれば，弱者保護という最高裁の一貫した態度というよりも，なかなか適切な対応を打ち出せない立法者側を横目でにらみつつ，それよりは早く問題状況や社会的要求に反応した結果とみるべきではないだろうか（それも裁判所の役割といわれれば，そのとおりではあるが……）。

　他方，立法者が，様々な社会状況や利害を考慮しつつ判例に対抗する立法を行うことも，直ちに否定されるべきものではない。ただし，みなし弁済規定は，貸金業者の規制（ムチ）と引き換えに定められた妥協の産物（アメ）といった側面があったことは否めない。社会的にも評価された判例を修正・否定するような立法を行うためには，立法事実に裏付けられた必要性・合理性や社会的支持などが必要となるのであり，法律が成立したとしても，それが十分でなければやがて改廃を余儀なくされる運命が待ち受けているとでもいえようか。

　結局，利息制限法 1 条 2 項等と貸金業規制法 43 条については，最高裁が展開してきた解釈を立法者の側が受け入れた形とはなったが，その過程では政治的な紆余曲折もあり，その趣旨や方向性を必ずしも全面的に受け入れたものではなかったところがあるだけでなく，それをもって金利規制の問題の最終的な決着が図られたとまでいえるかどうか微妙なところもあり[47]，なおその動向・行方について注視していく必要がある。

Ⅵ　まとめにかえて

　立法の際には生きた法でもある関係判例の存在を無視することはできず，判例は，1 つの物指しとして立法者の恣意などを排除するものともなりうる。特に，立法者，とりわけ政治に対しては懐疑的な見方が根強く，また，政治的なものの強まりとともに立法の質などを問う声も聞かれるようになっており，裁判所の役割に期待する議論も強まっている。

---

[47]　貸金業規制法等改正法案の立案過程では，貸金業者の働き掛け等を受けて上限金利に関する特例金利の規定が金融庁の案に盛り込まれるなどの動きもあったほか，その施行前には，経済情勢の悪化等を背景として政府内で規制の見直しを行うための検討が行われ，施行後には，一部でやみ金融の横行がみられたことなどもあって，与党等で上限金利の特例的な引上げを検討する動きを生じるなどしている。

Ⅵ　まとめにかえて

もっともその一方で，政治は，法的な面だけから判断するわけではなく，また，相対立する意見や利害が存在する以上，立法にあたっては政治的な調整が不可欠となる。そして，その判断は，具体的事件を前提に当事者の主張を踏まえつつ法の論理に基づいて示される裁判所の判断とは異なることもありうる。本来的には，立法は未来思考で一般的，判例は過去思考で個別的といった色彩が強いともいわれる。

他方，法の形成ということでは，裁判所は民主的正統性，政策的な資源や能力などを十分には備えてはおらず，また，裁判所とはいえ価値判断と無縁ではない。裁判所においては論理や一貫性が重視される一方，政策的な面からみると，その判断が社会の実情やこれからの社会に必ずしも適合的ではないこともありうる。制定法だけではなく，判例についても，現実社会とのディレンマやズレといったことから逃れることはできない。

日本では，政治・裁判所のいずれも一方通行的であるが，現実の法状況を考慮するならば，それらの間での役割分担や相互作用を促進していくことも必要である。そこでは，法の形成に関し，立法による場合と判例による場合のそれぞれの特性・相違・限界等も踏まえつつ，立法による対応が妥当な領域と判例による対応が妥当な領域といった視点も必要となってくるほか，両者の間における判断の齟齬については法形成のあり方として異例なもの・忌避すべきものと捉えるのは妥当ではないといえるだろう。そして，その判断の対立の調整については，国民を巻き込んだ議論とその支持の調達が重要となるが，その際には，現状をみる限りその困難性を認めざるを得ないとしても，その役割の自覚と相互理解の見地に立ち，かつ，十分な理由と説明に基づいた理性的・建設的な対話・対応が求められることになる。

法形成をめぐる立法者と裁判所の役割と関係のあり方などが問われることになるが，そこでの学説の役割も含め，議論は日本ではまだ緒に就いたばかりである。しばらくは，試行錯誤・学習・経験の蓄積といった段階が必要となるのであって，両者にいきなり過度の期待をするのは禁物だろう。

〔付記〕本稿は，平成28年度科学研究費助成事業・基盤研究(A)25245011の研究成果の一部である。

7 統計学の考え方と事実認定の構造
—— 頻度論の p 値主義からベイズ統計学へ

太 田 勝 造

I 統計学の考え方の革新

　日本の法律家の間でもよく知られた言葉であるが，アメリカ合衆国連邦最高裁判所のオリヴァー・W・ホームズ判事が次の指摘をしたのは今から約 120 年も前のことである。

　「法の合理的研究に適しているのは訓詁学の人（blackletter man）であると現在では考えられているかもしれないが，将来においては統計学のできる人や経済学を修得した人でなくてはならない。」（Holms, 1897）

　ホームズ判事の時代の統計学や経済学は，数理的にもデータ的にも，高度に発達した現在のそれらとは比べ物にならないレヴェルのものではあったが，それでも当時の法律家にとっては難解なものであった。その後，統計学はフィッシャー（Ronald Aylmer Fisher）らによって数学的に厳格な統計的検定と実験計画法が確立され，経済学も論理学や数学，ゲーム論によって最も厳格な社会科学として確立している。このような社会科学の発展に対して，法律学も多くの影響を受けている。現在では，日本の法律学者の間でも，「法社会学（law & society）」や「法と経済学（law & economics; law & behavioral economics）」，「法と心理学（law & psychology）」はもとより，「人工知能と法（AI & law）」や「法と脳科学（NeuroLaw）」，「法と進化論（law & evolution）」など文理の垣根を超えた学際的研究が盛んとなりつつある。

　筆者も 1982 年に刊行した論文において統計的意思決定論の応用による訴訟上の事実認定，心証形成の理論的再構成を試みた（太田 1982）。当時の統計学はフィッシャー以来の頻度論に基づく p 値主義が圧倒的な主流であり，マグレ

イン (2013) が説明するように，ベイズ論ないしベイズ統計学は論理的正しさと解釈の素直さにもかかわらず異端とされていた[1]。社会科学研究における統計分析においても p 値による検定が主流であった。法律学においては統計分析どころか，社会データや実験データに基づく研究 (evidence-based law) さえ稀でしかなかったのであり，法律学は社会科学的基礎の乏しい中で議論がなされていた (cf. Brandeis 1916)。

　社会科学においてベイズ統計学が活用されなかったことにはその実用性上の問題も存在した。すなわち，確率値のアップデイトのためのベイズの定理や確率分布のアップデイトのためのベイズ法則は高度の微積分によって定式化されなければならないことが多く，それらの場合には解析的に解くことができなかったのである。要するに，科学的手法として利用することができなかった。もちろん，近似解を求める方法としての「MCMC (Markov Chain Monte Carlo) 法」は 1950 年代から知られていたが，例えば初めの 1000 回とか 1 万回のシミュレーション結果を捨てて（このシミュレーション初期部分を「焼入れ (burn-in) 期間」とか「慣らし運転 (warming up) 期間」と呼ぶ），その後の例えば 1 万回とか 10 万回のシミュレーション結果から分布を求める等の，厖大な計算量が必要であり，20 世紀の計算機の能力ではほとんどの社会科学者にとって使えるものではなかったからである。

　これに対して頻度論の p 値による検定の場合，我々の知りたい研究仮説が真である確率が実験や調査の結果というデータによってどのように上昇するか下落するかについての解答を示してはくれないが，他方，研究仮説を否定する命題である帰無仮説が真である場合に，今回の実験や調査の結果ないしそれ以上に極端なデータが得られる確率については解析的に解答を示してくれる。この計算可能性の存在によって自然科学や社会科学で広範に利用されるようになっ

---

(1)　その 1 つの理由としては，フィッシャーによる激しい情緒的なまでの批判が貢献したと言えよう。初版だけで当時 2 万冊売れ，統計分析を自然科学と社会科学の標準的手法として確立した著作である Fisher (1925：9-11) は「逆確率 (inverse probability) の理論［＝ベイズ理論］は誤謬の上に構築されたものであり，完全に拒絶されなければならいものであると，私は個人的に確信している。」と述べている。欧米の法律学研究者の中にも一部に批判者が存在したが，それらは全て確率論の基礎に対する誤解と無理解に基づく情緒的で非科学的な批判であったと言える。Finkelstein & Fairly (1970) に対する Tribe (1971) の批判などが典型であろう。

たといえる。

しかしながら，1990年代以降，とりわけ今世紀に入ってからのコンピュータの進歩と普及はめざましく（例えばムーアの法則など参照），現在ではMCMC法による厖大な計算もパソコン・レヴェルで短時間に実施することができるようになり，社会科学者にとっても日常的に利用できるようになっている。それを反映して，ベイズ統計学の普及が急速に進展し，統計学の主流となりつつある。以下では，本稿の導入として，頻度論における p 値による検定の論理構造と問題点，ベイズ統計学の論理構造と問題点についてかいつまんで説明し，その後のベイズ統計学に基づく分析につなげることにする。

1　頻度論における p 値による統計的検定の考え方

自然科学と社会科学が共有するコアの方法論の主要なものの1つとして，統計的検定の考え方を挙げることができよう[2]。データ蒐集や実験を実施した結果については，自然科学であれ社会科学であれ，それが偶然の結果に過ぎないものか否かについて統計的検定をすることは当然の前提とされているからである。そして，結果が単なる偶然によるものではない，すなわち，「統計的に有意（statistically significant）」であることが分かった場合のみ，その結果を用いてデータの解釈をすることができる。

この統計的有意性とは，我々が知りたい研究仮説 H に対して，その否定（not H）である「帰無仮説（Null Hypothesis）」を構築し，帰無仮説の方が真である場合に今回の実験や調査の結果であるデータ，あるいはそれ以上に極端なデータ[3]が得られる確率（これが「p 値」である）が，一定の既定の水準（これは「有意水準（significance level）」と呼ばれる）よりも小さいことを意味する。この統計的有意性の説明から p 値が小さい方が研究者としては嬉しいことが導

---

(2)　法統計学については，フィンケルスタイン（2014），森田（2014）など参照。疫学（epidemiology）と法については，ルー（2009）など参照。

(3)　「当該結果」ではなく「当該結果かそれ以上に極端なデータ」としてあるのは，「当該結果」がピンポイント得られる確率は通常は非常に小さく（分布が確率密度関数の場合はゼロ），統計的検定では「当該結果かそれ以上に極端なデータ」が得られる確率を計算するからである。この点もベイズ統計学と頻度論の統計的検定が異なる点である。なお，確率密度関数は累積確率分布関数の微分であり，領域上での積分値が，当該領域のどれかの事象が起きる確率となる。

7 統計学の考え方と事実認定の構造〔太田勝造〕

かれるが，論理が屈折しているために，なぜ p 値が小さい方が有意で本当に嬉しいのかは，一般の人々には単純明快には思えないであろう。以下で少し詳しく説明する。

自然科学や社会科学の具体的手順は，まず研究課題について理論モデルを構築し，そこから検証可能な仮説を導き出す（この仮説は「研究仮説」と呼ばれる）。この場合の検証可能な研究仮説とは，既に正しいとされている関連する理論や知見と，当該研究課題についての理論モデルとから，当該研究仮説が正しいなら高い確率で得られると期待されるデータや実験結果が本当に得られるかについて，経験的に検証することができる程度まで具体化した仮説の意味である。次にデータ蒐集や実験を実際に実施する。そして，期待どおりの結果が得られたならば，当該研究仮説は高い確率で正しいと期待でき，よって理論モデルは正しいであろうと判定することができる。もしも期待通りの結果が得られなかったならば，当該研究仮説は高い確率で正しくなく，よって理論モデルも現実に対応していないと結論されることになる。以上の手順は，研究者が自分のやっている研究についての率直で素直な自己理解であることが多いであろう。

ここで注意するべきは，以上の手順においては，まだ統計的検定の考え方は使われていないという点である。すなわち，上記の手順の中の「データ蒐集や実験を実施して，期待通りの結果が得られたならば」という点が問題であり，本当に期待通りなのかもしれないが，期待通り風に見えるが実は単なる偶然の結果として同様の結果が得られてしまっただけなのかもしれない，という疑問を払拭しなければならない。この疑問払拭の作業こそが統計的検定である。

このように，統計的検定は，単純化していえば，得られた結果が偶然の結果に過ぎないわけではないことを保証するための作業である。これを保証するためには，得られた結果が偶然によるに過ぎないという確率が十分に小さければよい[4]。たとえば，偶然による結果であったならば，20回に1回とか100回に1回しか得られないような結果であるならば，当該結果を偶然によるものということはできないのが通常である，ないし常識的であろう。このような偶然による確率の十分な小ささの基準を有意水準と呼び，5%（20回に1回）や1%

---

[4] 条件付確率で表記すれば，偶然の結果当該結果が得られる確率は p（当該結果｜偶然）であり，これが十分に小さくなければならない。

（100 回に 1 回）を用いるのが社会科学の事実上の約束事である[5]。このように統計的検定の論理構造は，お目当ての研究仮設を一旦否定して帰無仮説を立て，実験や調査のデータで帰無仮説を棄却するという非常に屈折した間接的なものであるが，他面，実は人々の極めて常識的で日常的な判断の構造と同じものであるとも言える。その基準である有意水準の設定も，実は後述のように常識的な判断にすぎない。

　このように，統計的検定は，研究仮説の否定命題である帰無仮説を棄却できるか確かめる作業ということができる[6]。そこでは，研究仮説自体が真である確率の検討を直接には対象としていないことに注意が必要である。研究者としては真であり妥当であると見込んでいるお目当ての研究仮説について，一旦それを否定する命題（帰無仮説）を構築し，その帰無仮説をデータによって棄却し，そこから遡って研究仮説を保持するという，屈折した論理を用いるのである。後述のように，帰無仮説が棄却できたとしても，研究仮説が真であるないし真である確率が高いと言えるか否かは，統計的検定とは直接的な論理的関連性がないのである。伝統的な統計学においては，研究仮説が真である確率はいわば知りえないものとされている。ちなみに，研究仮説の真である確率を直接の対象としないのみならず，その否定である帰無仮説についても，それが真である確率を問題としていないことにも注意が必要である[7]。統計的検定の論理において問題とされているのは，もしも帰無仮説が真であったとしたら今回のような結果が得られる確率はどの程度か，である[8]。

---

[5]　有意水準は学問分野ごとの約束事である。社会科学では 5% や 1% を用いることが通常であるが，自然科学の分野ではもっと高いことも多い。たとえば，素粒子論の実験等では 5σ（five sigma），すなわち p 値が 350 万分の 1 以下であることを要求するとされる。

[6]　統計的検定についてより専門的説明としては，ジャクソン他（2014），第 8 章，山内（2012）など参照。

[7]　言うまでもなく，p（研究仮説）＋ p（帰無仮説）＝ 1，p（研究仮説｜当該データかそれ以上に極端なデータ）＋ p（帰無仮説｜当該データかそれ以上に極端なデータ）＝ 1 である。これらの確率の大きさについては不問に付されているといえる。

[8]　条件付確率で表記すれば，p（当該データかそれ以上に極端なデータ｜帰無仮説が真）となる。帰無仮説が真である確率は p（帰無仮説が真｜当該データかそれ以上の極端なデータ）であり，両者は論理的に全く別物である。たとえば，サイコロを投げるとき，p（5 以上の目が出る｜歪みのないサイコロである）と p（歪みのないサイコロである｜5 以上の目が出る）とが異なることから一見明白であろう。

7 統計学の考え方と事実認定の構造〔太田勝造〕

ここで，上記の「偶然の結果にすぎないこと」と帰無仮説の関係が気になるところであろう。実は，統計的検定の計算においては，帰無仮説自体ではなく，それを「偶然」に近似させて計算しているのである。これは，いわば計算のための便法である。というのも，帰無仮説が真であるときに，それから直接に当該結果ないしそれ以上に極端な結果が得られる確率を計算することは通常は困難であるからである。そこで，帰無仮説が真である場合（＝研究仮説が偽である場合）の部分集合である「偶然の場合」を取り出して，偶然の場合であることが真であるときに当該結果ないしそれ以上に極端な結果が得られる確率を計算するのである。ここで，偶然の場合とは，例えば，母集団における一定の分布を前提として，そこからランダム抽出する場合のことを指しており，そのようなランダム抽出の結果として，当該結果ないしそれ以上に極端な結果が得られる確率は，当該の前提分布から数学的に導くことができる。逆に言えば，その前提分布から数学的に確率計算をすることができるような量（検定統計量）を工夫することが統計学と言える。

このように一定の前提を置いた場合にその分布（確率密度関数）の分かっている量を検定統計量と呼ぶ。検定統計量としては，たとえば，z 値，t 値，F 値，χ 二乗値など様々なものが工夫されており，実際にも使われている[9]。これらの検定統計量の分布（標本抽出分布）が分かっているので，偶然の結果である確率，すなわち p 値を求めることができる。要するに帰無仮説が真である場合に当該結果かそれ以上に極端な結果が得られる確率は，それを直接求めることができない場合が多いので，近似解として計算可能な，偶然の結果である確率を求めていることになる[10]。

ところで，当該結果が単なる偶然によるものではないとして，帰無仮説を棄却する場合の「棄却する」という推論はどのような意味なのであろうか。後述

---

(9) 統計分析をエクセル等で自習できるものとして，山内（2008）がある。その他では，小塩（2011），ボーンシュテット＆ノーキ（1990）など参照。

(10) 近似計算としての便法であることは以下からも分かる。すなわち，たとえ偶然による結果ではないと言えたとしても，そこから論理必然的に帰無仮説が否定されるわけではない。例えば，偶然による結果ではない場合にも，研究仮説が偽で，研究仮説以外に真なる仮説が存在する場合，それが偶然の場合ではない限り，帰無仮説が偽となることはない。むしろ帰無仮説は真となる。なぜなら，その場合，帰無仮説の中の部分集合に真なる命題が存在するからである。

I 統計学の考え方の革新

のように，筆者の社会調査によれば，この推論は人々の日常的な推論と整合的な推論である。たとえば，あるゲームでは競技連盟がプレイヤーをランキングしており，甲と乙はこのランキングで全く同じ強さであると認定されているとする。ここで「実験」として，甲と乙が 15 番勝負をしたとする。結果が例えば甲の 8 勝 7 敗や 9 勝 6 敗だったような場合，人々は「甲と乙はランキングが同じで強さが同じである」という前提を疑ったりはしないであろう。むしろ，勝ち星の差は「偶然の結果に過ぎない」と評価するであろう。他方，結果が甲の 14 勝 1 敗や 13 勝 2 敗だったような場合，これを人々は単なる「偶然の結果」とは思わず，むしろ，競技連目のランキングの信憑性の方を疑うようになる可能性が高い。結果が偏っている場合，同じ強さであるという前提の方を棄却するようになる。これこそ，上記で説明してきた統計的検定における帰無仮説の棄却の論理に他ならない[11]。

　頻度論における p 値による統計的検定の考え方の説明は以上にして，最後に，統計的検定に関する重要な注意点を記しておこう。帰無仮説が棄却できた場合に，研究仮説が真である確率は 1 に近づくかどうか，についてである。結論から先に言えば，そのような論理的保証は存在しないのである。そもそもデータ蒐集や実験によって，帰無仮説が真であるとすれば稀にしか起きないような結果が得られたとして，当該結果が得られる以前よりも以後の方が研究仮説の確率が上昇する論理的保証さえも存在しない。

　たとえば，飛行機のある乗客について「武器を隠し持っている」という研究仮説を立てて例にしよう。これに対する帰無仮説は研究仮説の否定であるから「武器を隠し持っていない」となる。武器を持っていない客がくぐっても 1% の確率でランプが誤作動で点灯するような武器探知機を飛行場に設置したとする[12]。ある客がこの武器探知機をくぐったところランプが点灯したとする。帰

---

(11)　しかも，統計的検定の論理も，本文で説明した人々の日常的な論理も，共に論理の飛躍をしている点でも同じである。偶然による結果であると仮定すれば非常に稀な結果が得られたからと言って，偶然の結果ではないという結論は論理的には導くことができない。確率がゼロでない限り稀な結果が得られても論理的にはどこにも矛盾は生じない。データ蒐集や実験を何回も繰り返して行けば，相対頻度として当該の稀な結果が得られる確率が近似的に求められ，それがいかに小さい値であったとしても，稀な事態が稀に起きたというだけのことでしかないことになる。同じ強さの 2 人でも 15 番勝負を何万回も行えば，稀には 14 勝 1 敗や 13 勝 2 敗となる。

133

7 統計学の考え方と事実認定の構造〔太田勝造〕

無仮説（武器を隠し持っていない）が棄却されることになる。この場合に，この客が武器を隠し持っている確率（研究仮説が真である確率）はどの程度であろうか。100%-1% の 99% であろうか，帰無仮説が棄却されたので 100% であろうか。実は以上の記述のみからは「分からない」が正解となる。この点は，たとえば，この武器探知機は不良品で，武器を持っている客がくぐっても 1% の確率でしかランプが点灯しないような代物だった場合を考えればよい[13]。誰がくぐっても 1% の確率でランプが点灯する機械であるから全く役に立たないことになる[14]。

以上のことから示唆されることは，自然科学や社会科学におけるデータ蒐集や実験の工夫において，単に研究仮説が真であれば高い確率で得られると期待できるようなデータ蒐集や実験を行っているのではないということである。それだけであれば単なるお手盛りと区別できない。自然科学や社会科学の研究では，研究仮説が真であれば得られる確率が高く[15]，かつ，研究仮説が偽であれ

---

(12) これを条件付確率で表記すれば p（ランプ点灯｜武器不所持＝帰無仮説）＝ 0.01 となる。

(13) これは条件付確率で書けば 0.01 ＝ p（ランプ点灯｜武器所持＝研究仮説）＝ p（ランプ点灯｜武器不所持＝帰無仮説）となる。これらの比の値，$\dfrac{p(ランプ点灯｜武器所持)}{p(ランプ点灯｜武器不所持)}$ の値は 1 となる。このような分数式の分母と分子は尤度（likelihood）と呼ばれ，分数式は尤度比（likelihood ratio）と呼ばれる。尤度比が 1 の場合，事後確率 p（武器所持｜［検査したら］ランプ点灯）＝事前確率 p（武器所持｜［検査する前］）となる。尤度比が 1 より大きければ事後確率（posterior）＞事前確率（prior）となり，1 より小さければ事後確率（posterior）＜事前確率（prior）となる。これはベイズの定理から導くことができる。ベイズの定理は，この例では，

$$p(武器所持｜ランプ点灯)=\frac{p(ランプ点灯｜武器所持)\times p(武器所持｜［検査する前］)}{p(ランプ点灯｜武器所持)\times p(武器所持｜［検査する前］)+p(ランプ点灯｜武器不所持)\times p(武器不所持｜［検査する前］)}$$

となる。

(14) 尤度比が分かれば事前確率よりも事後確率が上昇するか，下降するか，同じかを判断できる。しかし，事前確率の値が分からなければ，事後確率の値を特定することはできない。本文の例の場合は尤度比が 1 であるから，事前確率が 0 から 1 の間のどれかであり，事後確率も従って 0 から 1 の間の事前確率と同じ値となる。このことから，ポパー流の反証可能性理論にも，ベイジアンにも与しない中間的立場として，研究仮説と対抗仮説の間で尤度比を取って，それが 1 より大きければ，当該実験結果・証拠は対抗仮説よりも研究仮説の方を支持するものである，と考える立場もある。ソーバー（2012）を参照。反証可能性理論についてはポパー（1971-72），科学方法論についてはクーン（1971）参照。

ば（帰無仮説が真であれば）得られる確率が低いと期待できる[16]ようなデータ蒐集や実験を工夫していることになる[17]。

2　ベイズ統計学の考え方

上記 1.1. で頻度論における p 値による統計的検定の考え方を見てきたが，それを通じて伝統的な頻度論による検定の限界も見えてきたであろう。ベイズ主義者からの議論も付加してまとめると以下のようになろう（See e.g., Kaplan 2014）。

（1）p 値は p（当該データかそれ以上に極端なデータ｜帰無仮説）であったので，帰無仮説や研究仮説が真である確率とは論理的に無関係であった。通常は，p 値が小さければ研究仮説の方が尤もらしく思われるのは，統計的検定の論理によってではなく，研究デザインにおいて p（当該データかそれ以上に極端なデー

---

(15)　この部分は明確に意識される。但し，どの程度高いかは尤度比の分母の値との相対評価であり，必ずしも 1 に近くなければならないわけではない。尤度比の分母である「帰無仮説が真である場合に当該データかそれ以上に極端なデータが得られる確率」が非常に小さい場合には，分子である「研究仮説が真である場合に当該データかそれ以上に極端なデータが得られる確率」は分母より大きければ，絶対値的には小さくても構わない。この点は，研究デザインが複数の対立競合する研究仮説を比較する場合に重要となる。複数の研究仮説からもっともらしいものを選択する実験や調査は日常的に行われており，$\dfrac{\text{p（当該データかそれ以上に極端なデータ｜研究仮説}A\text{が真）}}{\text{p（当該データかそれ以上に極端なデータ｜研究仮説}B\text{が真）}}>1$ である場合には，当該データは研究仮説 A の方を研究仮説 B よりも支持するものとなる。この分数式をベイズ・ファクターと呼ぶ。この場合の研究デザインとは，このように研究仮説の間でのベイズ・ファクターができるだけ 1 と異なるようなものとなるよう工夫することとなる。

(16)　これは尤度比で書けば $\dfrac{\text{p（結果｜研究仮説が真）}}{\text{p（結果｜研究仮説が偽）}}$ の値が 1 より大きくなる場合である。

(17)　なお，当該研究仮説が真であれば得られる確率が高く，偽であれば得られる確率が低いような結果が得られたとしても，その結果として研究仮説が真である確率がどの程度になるかは，それだけでは分からないままである。もう 1 つの確率，すなわち事前確率や事前分布の値を知らなければならない。但し，確率分布として確率密度関数 f(.) でベイズ式を表すと，$f(x|E)=\dfrac{f(E|x)f(x)}{f(E)}$ となり，尤度関数 f(E｜x) と f(x) が分かりさえすば，MCMC 法によって事後分布の近似を求めることが簡単にできる。MCMC 法については，豊田（2008）など参照。

タ | 研究仮説）が十分に大きくなるような実験や調査が工夫されているからである。

(2) 得られたデータによる p 値が小さいことから，帰無仮説を棄却する手順は，常識的直感に合致はするが（後述），論理的な推論としては不完全なものである。確率値がゼロでない以上，それが起きたからと言って，どこにも矛盾や不自然さは論理的には生じていないからである。

(3) p 値の頻度論的理解によれば，実験や調査を多数回（無限回）繰り返して得られるとされる仮想的な標本抽出分布に基づいて定義される相対頻度としての確率であるが，現実には多くの場合に1回しか実験や調査は実施しておらず，せいぜい数回でしかない。言い換えれば，p 値による検定は仮想の推論でしかない。

(4) 帰無仮説を棄却するか否かの境目の閾値である有意水準の値自体（5% や1% など）は，確かに人々の日常的な判断の閾値と整合的ではあるが（後述），厳密な数理的・論理的根拠があるわけではない。学術領域ごとの，ある意味で恣意的な約束事に過ぎない。

(5) 帰無仮説を棄却する根拠である p 値は，その定義により「当該結果かそれ以上に極端な結果が得られる確率」であり，その「それ以上に極端な結果」は未だ得られたものではなく，その意味で，棄却は非現実的な事実に基づく仮説の棄却であるという問題点を内含している。

(6) 上記 1.1. では触れなかったが，区間推定における「信頼区間（confidence interval）」も，p 値が研究仮説や帰無仮説の真である確率とは論理的に無関係であるのと同様，推定される真の値が当該信頼区間の範囲内に存在する確率を意味するものではまったくない。p 値が仮想的な標本抽出分布におけるデータ抽出の相対頻度であるのと同様，信頼区間も未知の固定値と仮定される「真の値」の推定値の範囲とは無関係であり，実験や調査を無限回（多数回）繰り返したと想定し，その都度区間推定をも繰り返した場合，無限に（多数）得られる信頼区間のうちの信頼度（99% や 95%）に対応する割合のものが，「真の値」を含んでいるというものである。それぞれの信頼区間は「真の値」を含むか含まないかの二値であり，信頼区間という用語が日常用語的に意味するような，真の値の存在範囲という含意は全く持たない。

では，以上の伝統的統計的検定手法に対して，ベイズ統計学はどのようなメ

リットがあるのであろうか。その点について結論先取り的に下記にまとめておこう。

(1*) p 値は仮説が真である確率とは論理的に無関係である点について。

ベイズ統計学では，p 値は用いず，事後確率（posterior）及び事後確率分布を用いる。事後確率は当該証拠やデータ，実験結果が出てきた後の研究課題の真である確率，すなわち p（研究課題｜当該結果）であるので，仮説が真である確率（分布）そのものである。

(2*) p 値が小さいことから帰無仮説を棄却する手順は，常識的直感に合致はするが，論理的な推論としては不完全なものである点について。

ベイズ統計学では p 値，すなわち，帰無仮説が真である場合に当該データかそれ以上に極端なデータが得られる確率は問題としない。すなわち，帰無仮説を棄却するか否かという，研究仮説にとっては重要でない課題を問題とすることなく，最も重要な課題である研究仮説の事後確率（分布）を直接に問題とする。

(3*) p 値は仮想的な標本抽出分布に基づいて定義される相対頻度としての確率であり，仮想の推論でしかない点について。

ベイズ統計学では，事後確率ないし事後確率分布，すなわち p（研究仮説｜当該データ）を直截に探求するのであり，仮想的な標本抽出分布とは無関係である。

(4*) 有意水準の値自体（5% や 1% など）は，恣意的な約束事に過ぎない点について。

ベイズ統計学においても「確信区間（credible interval）」は 95% が通常用いられるが，頻度論のように 1% や 5% などの有意水準を金科玉条とすることはない。得られるものがデータに基づく事後確率分布であるから，1%，5%，95%，99% などの基準を杓子定規に用いる必要はまったくなく，柔軟にかつ素直に解釈すれば済むからである。

(5*) 小さい p 値による棄却は非現実的な事実に基づく仮説の棄却である点について。

ベイズ統計学においては，事前確率分布から事後確率分布への変化を問題とするので，得られたデータによる事後確率密度を利用する。したがって，非現実的ないまだ得られていない要素は考慮しない。

7 統計学の考え方と事実認定の構造〔太田勝造〕

（6*）区間推定における「信頼区間」が，推定される真の値が当該信頼区間
の範囲内に存在する確率を意味するものではまったくない点について。

ベイズ統計学では，確率変数としての真なる値の事後分布が分かるので，事
後確率として研究仮説に基づく「真の値」が分布しているという，日常的で常
識的で直截的な解釈をすることができる。そして，例えば「真の値」が95%
の確率で含まれている範囲，などのように確率値（ベイズ有意水準）を設定す
れば，その確率で「真の値」が分布する範囲を確定できる。これを確信区間と
か「ベイズ信頼区間（Bayesian confidence interval）」，場合により「事後確率区
間（posterior probability interval: PPI）」と呼ぶ。なお，頻度論では「真の値」
は固定されているものとされるが，ベイズ統計学においては「真の値」も確率
変数として分布するものとされている。

以上のように，ベイズ統計学では頻度論による p 値の場合のような屈折した
晦渋な解釈をする必要がなく，常識的で直感的な理解そのままでよい。ベイズ
統計学は，①主観確率ないし判断確率という確率概念を用いる点，及び②ベイ
ズの定理を情報の蓄積による確率判断のアップデートの法則として重視する点，
の2つの点で頻度論と異なる。すなわち，頻度論での確率概念は，多数の試行
の相対頻度として観念するので，1回限りの事象等について確率を論じること
ができない。これに対し，ベイズ統計学では，確率を「確信の程度（degree of
belief）」として定義するので，ほとんどあらゆる事象について確率を論じるこ
とができる。もちろん，確率論であるので，ベイズ統計学の確率概念も確率の
公理を満たすものとして構築されており，非合理で恣意的な「確信」の程度を
問題としているのではない。

ベイズ統計学が重視するベイズの定理自体は確率の公理から即座に導くこと
のできる定理であり，いかなる確率概念を採用しようとも，真なる定理である
ことに変わりはない。確率の形で記述すれば次のようになる。

$$p(H_i|\theta) = \frac{p(\theta|H_i) \times p(H_i)}{p(\theta)} = \frac{p(\theta|H_i) \times p(H_i)}{\sum_j p(\theta|H_j) \times p(H_j)} \propto p(\theta|H_i) \times p(H_i)$$

$p(H_i|\theta)$ は証拠命題 θ が真であると分かった後の仮説 H_i の事後確率（posterior
probability ないし posterior）であり，$p(H_i)$ は証拠調べ前の仮説 H_i の事前確率
（prior probability ないし prior）である。$p(\theta|H_i)$ は仮説 H_i が真であるときに証
拠命題 θ が真である確率であり，$p(\theta)$ は証拠命題 θ が真である確率である。な

お，∝ は比例関係を表している。

　法律や裁判で問題となるような，要件に該当する主要事実が真であるか偽で
あるかという場合には，

$$p(H\,|\,\theta)=\frac{p(\theta\,|\,H)\times p(H)}{p(\theta)}=\frac{p(\theta\,|\,H)\times p(H)}{p(\theta\,|\,H)\times p(H)+p(\theta\,|\,not\,H)\times p(not\,H)}$$

と単純になる。なお*not H*は仮説命題*H*の否定命題である。このようにベイズ
の定理は事前確率が証拠命題という新たな情報の追加によって事後確率に変化
する仕方を与える定理である。

　定義域（確率変数）が連続的である場合，数学的には確率の分布を表す確率
密度関数で示され，ベイズ法則は事前確率分布（prior distribution）から事後確
率分布（posterior distribution）への遷移を与える式となる。事前確率密度関数
$p(y)$と尤度（likelihood）関数$p(\theta\,|\,y)$の積と，事後確率密度関数$p(y\,|\,\theta)$とが比
例する。

$$p(y\,|\,\theta)=\frac{p(\theta\,|\,y)\times p(y)}{\int p(\theta\,|\,y)\times p(y)\mathrm{d}y}=\frac{p(\theta\,|\,y)\times p(y)}{p(\theta)}\propto p(\theta\,|\,y)\times p(y)$$

このように，確率密度の場合は，確率の事前分布が新たな情報θの追加によっ
て事後分布に変化する仕方を与える法則である。コンピュータの機能の急激な
進展によって，尤度関数$p(\theta\,|\,y)$と事前確率分布$p(y)$が分かれば事後確率分布を
求めることができるように現在ではなっている。すなわち，MCMC（Markov
Chain Monte Carlo）法というアルゴリズムによるシミュレーションによって，
精度の高い近似分布を求めることができるようになっている。

　以上の伝統的統計学である頻度論における(1)～(6)とベイズ統計学における
(1˙)～(6˙)とを対比させると，今世紀に入るまで社会科学においてベイズ統計
学が活用されなかったこと[18]が不思議に見えるかもしれない。しかしそれには
理由があった。第一に，確率概念の問題である。頻度論者から見ると「確信の
程度」という主観的な判断を確率として構成することが，不確かで恣意的で，
よって非科学的に見えた。しかし，確信の程度と言っても，確率の公理を満た
すものとして構築され，頻度論の意味での確率が分かる場合は合理的判断とし

---

[18]　マグレイン（2013）を参照。頻度論との比較についてはたいていのベイズ統計学の書
　籍に記述がある。例えば，Kaplan 2014, Ch. 10, Ntzoufras 2009：1-2，豊田 2016：21-23，
　豊田 2015：第 1 章，松原 2010）など参照。

7 統計学の考え方と事実認定の構造〔太田勝造〕

ての主観確率はそれと一致することになって主観確率の主体間の間主観性を保証するものと位置付けられる。こうして，現在では，確率を主観確率として構築することに論理的欠陥はないとされる。この問題は量子力学の解釈とも対応する重要な哲学的かつ科学的な問題であるがここではこれ以上立ち入らない。

ベイズ統計学が活用されてこなかった第二の理由は，事前確率をどうするかである。事前確率が未知であったり決定不能であれば，上記の式から明らかなように事後確率を求めることができない。恣意的に事前確率の値を設定すれば，事後確率という結果も恣意性を免れない。しかしながら，この問題も現在では重大な問題とは考えられなくなってきている。第一に，いかなる自然科学や社会科学の課題においても，従前の研究の蓄積が多少なりともあり，一定の合理的推測（educated guess）ないし見込み（reasonable estimate）として事前確率をある程度合理的に設定できない領域は稀となっている。第二に，上記MCMC法の実践に鑑みれば，事前確率を十分に幅の広い一様分布や十分に平らな正規分布を使って「無情報的事前分布」を仮定しても，十分なデータが存在する限り非常に正しい事後分布が得られている[19]。無情報的事前分布から求められる事後確率分布は，頻度論における最尤推定値と一致するのであり，頻度論の統計学とも整合性があるといえる（松浦 2016：16）。

今世紀に入るまで社会科学においてベイズ統計学が活用されなかったことの最大の理由は，ベイズの定理の式の計算，とりわけ密度関数の計算が困難であった点であろう。多次元積分等，解析的に解を求めることが不可能な場合も多かったのである。しかし，反面，MCMC法によって近似解を求めることができることも 1950 年代から知られていた。ところが，そのためには数千回のシミュレーション試行をした上で，それらのデータを捨て，さらに数万回のシミュレーション試行を繰り返してデータを取って事後分布を構築するような非常に大きな計算量が必要であり，今世紀に入るまで一般の社会科学者が利用す

---

[19] Kaplan 2014 では事前確率分布を知ることのできる「OECD 生徒の学習到達度調査（Program on International Student Assessment: PISA）」のデータを用いて，無情報的事前分布からの分析と有情報事前分布からの分析とを比較している。種々の点で相違が出ており，無情報よりも有情報の方が望ましい（既知の情報に基づいてより正確な事前確率分布を設定した方が良い）ことは事実であるが，両者の結果で大きく矛盾するものは殆どない。本稿の分散分析の結果などにおいても，後述のように無情報的事前分布からの分析と頻度論の分析とで，数値的には大きな差が生じてはいない。

るコンピュータでの計算は不可能に近かった。これが最大の理由である証拠に，パソコンの能力が進展した今世紀においては，ベイズ統計学が普及し始めている。

　以上の理由から，本稿の分析においてはベイズ統計学を用い，一部参照のために頻度論における p 値による統計的検定の結果を示すことにする。

II　統計的検定の考え方と一般人の判断構造

　上述のように，頻度論における p 値による統計的検定の考え方は，非常に技巧的で屈折したものである。他方，このような統計的検定の考え方は20世紀の社会科学や自然科学を席巻し，多くの学術的成果をもたらした。法律家の中には，統計的検定の考え方は，統計学の専門家にしかわからない特殊な思考様式であると信じている者も多いようである。しかし，社会科学や自然科学が当然の前提とする思考様式が，人々の常識的論理と大きく乖離しているとは考えにくい。

　研究仮説に対して，それを否定する帰無仮説を導き，帰無仮説が真である場合に非常に稀にしか生じないようなデータの蒐集や実験結果から，帰無仮説を棄却して研究仮説を使うという，若干屈折した論理が，統計的検定の基本的思考方法である。これに対して，裁判官や弁護士などの法律専門職の中には，自身も含めての一般人の常識的判断構造とは水と油のような異質な判断構造ではないか，という印象を持つ者もいるかもしれない。本当にそうか，を確かめるために，筆者が2016年2月に実施した実験計画法を組み込んだ社会調査の結果を紹介する[20]。

　具体的には，結果が，帰無仮説が真であるとすると非常に稀なものである場合には帰無仮説を棄却し，それほど稀なものではないならば帰無仮説を維持して研究仮説を捨てる，という判断の構造を一般人も用いているか否かを検証した。そのために次のようなリサーチ・デザインを構築した。すなわち，「ある知的ボードゲーム[21]では競技連盟がプレイヤーをランキングしています。甲さ

---

[20]　中央調査社に委託したインターネット調査で，6ヴァージョン，各300データの合計1800データを性別と年代で二段階層化無作為抽出法でサンプリングしたシナリオ・スタディーである。

7 統計学の考え方と事実認定の構造〔太田勝造〕

んと乙さんはこのランキングで全く同じ強さであると認定されています。甲さんと乙さんが15番勝負をしました。その結果は甲さんが13勝で乙さんが2勝でした。」というシナリオを作成し，シナリオ操作として「甲さんが13勝で乙さんが2勝でした」（p=0.0045 < 0.01），「甲さんが11勝で乙さんが4勝でした」（0.05 < p=0.0707 < 0.1），および「甲さんが9勝で乙さんが6勝でした」（p=0.4386 > 0.1）の3種類と，競技について知的ボードゲームとスポーツの2種類[22]を組み合わせて6ヴァージョンを作成してランダムに配布した（各回答者は，他のヴァージョンが存在することを知ることなく回答している。回答者にp値は示していない）。シナリオを読んでもらい，次の質問に答えてもらった。

あなたは次の判断についてどのように評価しますか。次の二つの種類の評価について，それぞれ最もあてはまるものを選んでお答えください。

質問1.「同じ強さの二人のプレイヤーの勝負であるから，この結果は偶然によるものに過ぎない。」

```
1————2————3————4————5————6————7
全く納得  納得    どちらかといえば どちらとも どちらかといえば 納得できる とても納得
できない  できない 納得できない   いえない  納得できる         できる
```

質問2.「勝負の結果にこれだけの格差が生じた以上，競技連盟のランキングは信用できない。」

```
1————2————3————4————5————6————7
全く納得  納得    どちらかといえば どちらとも どちらかといえば 納得できる とても納得
できない  できない 納得できない   いえない  納得できる         できる
```

まず，質問1について集められたデータにベイズ統計学の分散分析を施した。使用したソフトウェアはGibs Sampling法によるデータ抽出をシミュレーションするWinBUGSである。最初の1000回の試行をburn-in期間として捨て，その後の2万回の試行のデータを採集した（チェイン数は1本）。なお，事前確率分布としては，事後確率にできるだけ影響を与えない「無情報的事前分布

---

(21) 3つのヴァージョンでは「知的ボード・ゲーム」，他の3つのヴァージョンでは「スポーツ」としたが，両者の間での有意な相違は見られなかったので一元配置に統合した分析を以下に示す。

(22) 本来は二元配置で分析すべきであるが，スポーツと知的ボードゲームとで大きな差は生じなかったので一元配置と同様に分析する。

Ⅱ　統計的検定の考え方と一般人の判断構造

図1　自己相関関数図（autocorrelation function）：質問1

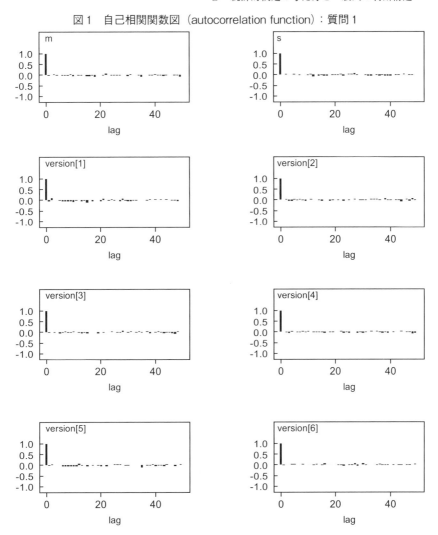

(non-informative prior distribution)」を採用した[23]。具体的には，平均 0.0, 標準偏差 100 の十分広く平たい正規分布とした。標準偏差に関しては平均 1.0, 標準偏差 100 のガンマ関数とした（以下のベイズ分析でも同様）。「図 1. 自己相

---

[23] 無情報的事前分布としては一様分布や非常に平たい（分散の大きな）正規分布やガンマ分布などが用いられる（cf. Ntzoufras (2009))。

143

7 統計学の考え方と事実認定の構造〔太田勝造〕

図2 トレース図（trace plots）：質問1

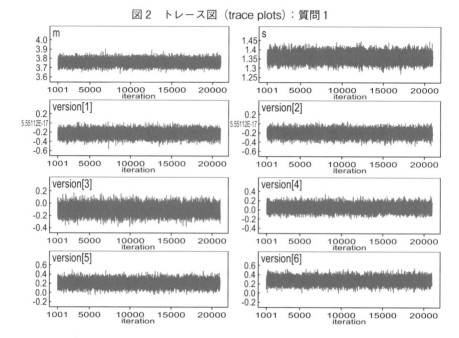

関関数図（autocorrelation function）」によれば自己相関は急速に減少しており，マルコフ連鎖は不変分布に収束していると判定できる。この点は，「図2．トレース図（trace plots）」によっても，そこには系統的な偏りの存在は認められず，収束（convergence）を確認できる。このMCMCによるサンプリング結果である事後分布は「図3．事後確率分布（posterior probability density）」にある。

Ⅱ 統計的検定の考え方と一般人の判断構造

図3 事後確率分布 (posterior probability density):質問1

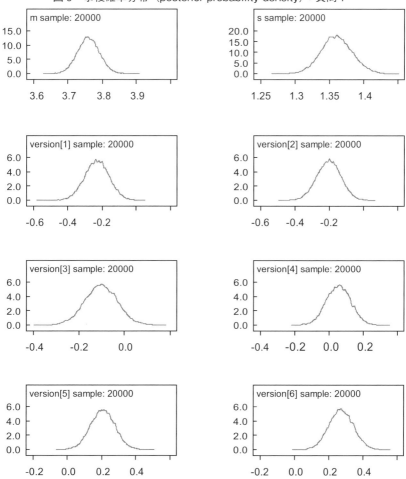

この事後確率分布は，データを得た後の，真の値が存在する事後確率の密度関数である[24]。事後分布の全体平均値 m，標準偏差 s，及び各ヴァージョンの平均値と全体平均値との差は表1にある。

7 統計学の考え方と事実認定の構造〔太田勝造〕

表1 事後統計量（生成量の推定結果）：質問1

node	mean	sd	MC error	2.50%	median	97.50%	start	sample	事後平均値
全体平均値 m	3.76	0.0317	2.24E-04	3.698	3.76	3.823	1001	20000	
全体標準偏差 s	1.361	0.02277	1.60E-04	1.317	1.36	1.407	1001	20000	
ヴァージョン No.1 スポーツ 13:2	-0.2297	0.07184	4.97E-04	-0.3699	-0.2298	-0.08892	1001	20000	3.5303
ヴァージョン No.2 ボード 13:2	-0.2033	0.0715	4.91E-04	-0.3447	-0.2023	-0.06554	1001	20000	3.5567
ヴァージョン No.3 スポーツ 11:4	-0.1026	0.0714	5.65E-04	-0.2435	-0.1028	0.03753	1001	20000	3.6574
ヴァージョン No.4 ボード 11:4	0.05563	0.07183	4.95E-04	-0.08503	0.05596	0.1954	1001	20000	3.8156
ヴァージョン No.5 スポーツ 9:6	0.2073	0.07152	5.27E-04	0.06768	0.2072	0.347	1001	20000	3.9673
ヴァージョン No.6 ボード 9:6	0.2727	0.07178	5.33E-04	0.1333	0.2723	0.4139	1001	20000	4.0327

なお，表1の version の操作は，下記である。

version[1]：スポーツ・ランキングで結果が13勝2敗

version[2]：ボードゲーム・ランキングで結果が13勝2敗

version[3]：スポーツ・ランキングで結果が11勝4敗

version[4]：ボードゲーム・ランキングで結果が11勝4敗

version[5]：スポーツ・ランキングで結果が9勝6敗

---

⑭　データ θ を得た後の仮説 H が真である確率 $p(H \mid \theta)$ についての確率密度関数 $f(H \mid \theta)$ である。よって，確率密度関数の下の領域の面積が，真の値がその領域内に存在する確率となる。その確率がある特定の値となる範囲をベイズ統計学では事後確信区間（posterior credible interval）とか事後確率区間（posterior probability interval）と呼び，95% をその値とすることが通常である。具体的には事後分布の両端から 2.5% の面積を切り取った残りの中央部の区間である。確信区間は信用区間とも呼ばれる。伝統的な頻度論における標本抽出分布はこれと全く異なり，仮説 H の否定である帰無仮説 not H が真である場合に標本抽出（データ蒐集）を繰り返したときに得られる標本の統計量の分布である（標本抽出分布）。すなわち $f(k(\theta) \mid not H)$ であり，実際に得られたデータの統計量 $k(\theta)$ か，それよりも極端な統計量が抽出される確率が p 値である。

Ⅱ　統計的検定の考え方と一般人の判断構造

version[6]：ボードゲーム・ランキングで結果が9勝6敗

MC Error はどの要素も sd の 1% 以下であり，十分に信頼できると判断できる。
「図4．ヴァージョン間比較の箱ひげ図」において事後確率 95% での重なりを
見た。なお全体平均の 3.76 が各ヴァージョンの平均値（mean）における 0.0
である。参考のために伝統的な頻度論での分散分析，Tukey 法による多重比
較の結果が表2に示されている[25]。

表2　分散分析：ヴァージョン間比較：質問1

同じ強さの二人のプレイヤーの勝負であるから，この結果は偶然によるものに過ぎない.				
Tukey HSD[a]				
		$a = 0.05$ のサブグループ		
ヴァージョン No.	度数	1	2	3
ヴァージョン No.1 スポーツ 13:2	300	.53		
ヴァージョン No.2 ボード 13:2	300	3.56		
ヴァージョン No.3 スポーツ 11:4	300	3.66	3.66	
ヴァージョン No.4 ボード 11:4	300	3.82	3.82	3.82
ヴァージョン No.5 スポーツ 9:6	300		3.97	3.97
ヴァージョン No.6 ボード 9:6	300			4.03
有意確率		.102	.059	.371

ここから判るように，ベイズ統計学と頻度論の結果は数値的にはそれほど劇的
な差異はない。しかしその背景にある考え方と論理は全く異なることに注意が
必要である。ベイズ統計学の分散分析の結果は，「図4．ヴァージョン間比較
の箱ひげ図」に示されている。

⑸　分散分析と多重比較については，山内（2012）など参照。

図4 ヴァージョン間比較の箱ひげ図：質問1

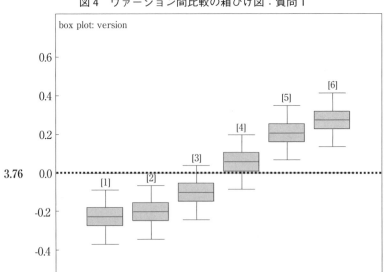

次いで，質問2について同様のベイズ統計分析を施した。紙面の制約のために以下では，収束のチェック等の記録は省略する。ベイズ統計分析の結果と伝統的統計学の分散分析の結果は，表3，表4，及び図5に示されている。

表3 事後統計量（生成量の推定結果）：質問2

node	mean	sd	MC error	2.50%	median	97.50%	start	sample	事後平均値
全体平均値 m	4.018	0.02936	2.08E-04	3.961	4.018	4.076	1001	20000	
全体標準偏差 s	1.26	0.02109	1.48E-04	1.219	1.26	1.303	1001	20000	
ヴァージョンNo.1 スポーツ13:2	0.3419	0.06654	4.60E-04	0.2121	0.3419	0.4723	1001	20000	4.3599
ヴァージョンNo.2 ボード13:2	0.115	0.06622	4.55E-04	-0.01594	0.116	0.2426	1001	20000	4.1330
ヴァージョンNo.3 スポーツ11:4	0.07567	0.06613	5.23E-04	-0.05486	0.07547	0.2055	1001	20000	4.0937

II 統計的検定の考え方と一般人の判断構造

ヴァージョンNo.4 ボード11:4	-0.07263	0.06653	4.58E-04	-0.2029	-0.07232	0.05686	1001	20000	3.9454
ヴァージョンNo.5 スポーツ9:6	-0.1878	0.06625	4.88E-04	-0.3171	-0.1879	-0.05832	1001	20000	3.8302
ヴァージョンNo.6 ボード9:6	-0.2722	0.06648	4.93E-04	-0.4014	-0.2726	-0.1415	1001	20000	3.7458

表4. 分散分析：ヴァージョン間比較：質問2

ヴァージョンNo.	度数	$a=0.05$ のサブグループ			
		1	2	3	4
ヴァージョンNo.6 ボード9:6	300	3.75			
ヴァージョンNo.5 スポーツ9:6	300	3.83	3.83		
ヴァージョンNo.4 ボード11:4	300	3.95	3.95	3.95	
ヴァージョンNo.3 スポーツ11:4	300		4.09	4.09	4.09
ヴァージョンNo.2 ボード13:2	300			4.13	4.13
ヴァージョンNo.1 スポーツ13:2	300				4.36
有意確率		.375	.108	.456	.099

図5　ヴァージョン間比較の箱ひげ図：質問2

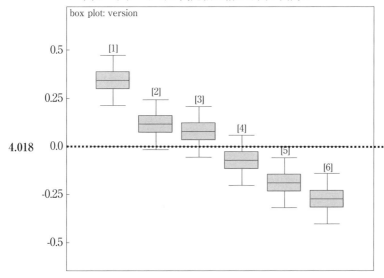

7 統計学の考え方と事実認定の構造〔太田勝造〕

表1・図4と表3・図5を比較すれば，1% 有意の 13：2 の対戦結果である
ヴァージョン1とヴァージョン2については，質問1では納得しない方向（偶
然の結果と思わない方向）の回答，質問2では納得する方向（ランキングの方を
疑う方向）の回答である。傾向性の程度（p=0.0707）の 11：4 の対戦結果であ
るヴァージョン3とヴァージョン4については，質問1では納得しない方向
（偶然だとあまり思わない方向）の回答，質問2では「どちらともいえない」と
いう回答である。これは帰無仮説を棄却するか否かの判断に迷っている状態で
あると言える。統計的に有意ではない 9：6 の対戦結果であるヴァージョン5
とヴァージョン6については（p=0.4386），質問1では「どちらともいえない」
という回答であり，質問2では納得しない方向（ランキングの方を疑わない方
向）の回答である。全体として，ランキングが正しいとするとよく起きる試合
結果の場合に，結果を偶然の産物として受け入れるか「どちらともいえない」
とする回答で，前提であるランキングの方は疑わない。逆にランキングが正し
いとすると稀にしか起きない試合結果の場合には，前提であるランキングの方
を疑う。これはまさに帰無仮説を棄却するか否かの判断と全く同じ構造であり，
どちらの判断構造を取るかの分岐点が 5% から 1% の付近にあることが示唆さ
れていると解釈できる[26]。

　以上から言えることは，一般人の日常的判断においても，前提が正しいとす
ると稀な結果が出た場合は前提の方を疑い，よく起きる結果が出た場合は前提
を受け容れるという，統計的検定における帰無仮説の棄却の論理と同じ判断構
造が使われており，しかも，疑うか受け容れるかの分岐点は 1% から 5% とい
う統計学における有意水準と整合的なものであることが明らかとなった[27]。一
般的に言って統計学には詳しくない点で，一般人と同じ判断構造を持つと予想
される裁判官等の法律家も，帰無仮説を棄却するか否かの判断において，統計
的検定と同様の判断構造を用い，しかも分岐点も有意水準と同等であると予想
される。

---

[26] 統計的証拠を用いた場合の，雇用における格差の認定判断においても統計的に有意で
　あるか否かが，人々の判断の分岐点となっていることが明らかとなっている。太田
　（2017）参照。p 値が 1% 以下の統計的証拠の場合は格差を認定し，5% 前後では判断が
　分かれ，それ以上の値では格差は認定しない傾向が見られている。このような人々の常
　識的判断構造に鑑みると，ベイズ統計学の確信区間の設定において 95% を通常用いる
　ことも理解できるであろうと思われる。

Ⅲ　証明度についての国民の態度

　日本の民事訴訟における証明度は高度の蓋然性であるとされている。それに対してアメリカ合衆国では証拠の優越であるとされている。日本でも近時，証明度を下げる方向で，様々な議論が表明されている[28]。民事訴訟制度の正統性が究極的には国民による支持と納得と公正評価に由来するものであるとすれば，国民が証明度についてどのような態度（attitude）を示すかを明らかにすることは重要な意義があると思われる。そこで，国民は高い証明度に対してどのような評価をするかを，実験計画法を用いたインターネットによる社会調査の手法で調査しベイズ統計学によって分析をした。

　まず，いろいろな心証度の事案で，裁判官がどのように判決をするべきであると国民が考えているのかを確認するために，以下のような質問を設計した。

甲さんと乙さんの間の民事裁判で，甲さんは自分の主張した事実について証拠を提出したり，証人を呼んで証言してもらったりしました。
それに対し，乙さんはそのような事実は存在しないと主張して，やはり証拠を提出したり，証人を呼んで証言してもらったりしました。
その結果，裁判官は，甲さんの主張の方が乙さんの主張よりもはるかに確からしいと判断しました（甲主張8割以上，乙主張2割未満確か）。

---

[27]　なお，一般人の確率判断が一定の場合にベイズ的法則と整合的であるという調査結果として，Oaksford & Chater (2007)，Hahn, Harris & Oaksford (2012)も参照。なお，Walton (2014) は訴訟上の証明度や推定の論理構造が訴訟以外の議論一般においても妥当すると主張しているが，それ自体は常識レヴェルの主張であるし，ベイズ論はもとより統計学には全く基づいておらず，証明度をどう決定するか，証明度を心証を超えて主観的証明責任が移転するのはどのような場合か，推定が生じるのどのような基準によってか，などの実質についての議論が欠落しておりあまり有用ではない。

[28]　加藤（2014），亀本（2014），新堂（2011：570-574），田村（2010年），伊藤（2002）など参照。筆者の見解としては，高度の蓋然性（確率）は一般的証明度として高すぎると考えるのみならず，「一般的証明度」という概念そのものに疑問を提示し，個別適用法規範ごとに判断するべき個別の実体法的問題であると考えていると考えている（太田（1982），太田（1986：124-141），太田（1986），太田（2000），太田（2015）参照）。

7 統計学の考え方と事実認定の構造〔太田勝造〕

ヴァージョン操作は最後の「その結果，裁判官は，…」の部分について，すなわち，甲の主張事実についての裁判官の心証について，ヴァージョン1からヴァージョン6の順番で，5割心証形成，6割心証形成，7割心証形成，8割心証形成，9割心証形成，および4割心証形成の，6ヴァージョンを構築した。その上で，「あなたは，この裁判官は，甲さんの主張に基づいて判決をするべきだと思いますか，乙さんの主張に基づいて判決をするべきだと思いますか。以下の中であなたの考えに最もあてはまるものを一つ選んでお答えください。」と尋ね，下記の選択肢から1つを選んで回答してもらった。

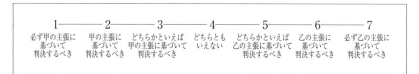

蒐集したデータについてWinBUGSによるMCMCのシミュレイションを施した結果が以下である。ここでも最初の1000試行をburn-inとして捨てて，その後の2万試行をサンプリングしている。収束も確認しているがここでは省略する。分析は「どちらともいえない」の4との箱ひげ図における重なりを見ることでなされる。

表5 事後統計量（生成量の推定結果）：質問4

node	mean	sd	MC error	2.50%	median	97.50%	start	sample	事後平均値
全体平均値 m	3.795	0.01812	1.28E-04	3.759	3.795	3.831	1001	20000	
全体標準偏差 s	0.7779	0.01302	9.14E-05	0.7528	0.7777	0.8043	1001	20000	
ヴァージョン1：心証5分5分	0.2085	0.04107	2.84E-04	0.1283	0.2085	0.289	1001	20000	4.0035
ヴァージョン2：心証6分4分	0.07167	0.04088	2.81E-04	-0.00916	0.07226	0.1504	1001	20000	3.8667
ヴァージョン3：心証7分3分	-0.2079	0.04082	3.23E-04	-0.2885	-0.208	-0.1278	1001	20000	3.5871
ヴァージョン4：心証8分2分	-0.1656	0.04107	2.83E-04	-0.246	-0.1654	-0.08566	1001	20000	3.6294

Ⅲ　証明度についての国民の態度

| ヴァージョン5:
心証9分1分 | -0.1453 | 0.04104 | 3.05E-04 | -0.2251 | -0.1456 | -0.06463 | 1001 | 20000 | 3.6497 |
| ヴァージョン6:
心証4分6分 | 0.2387 | 0.04089 | 3.01E-04 | 0.1589 | 0.2386 | 0.3186 | 1001 | 20000 | 4.0337 |

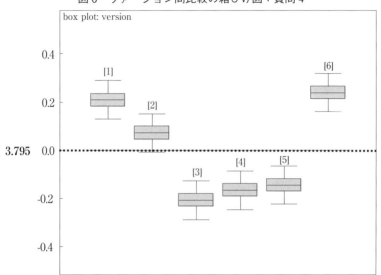

図6　ヴァージョン間比較の箱ひげ図：質問4

このように，甲の主張についての心証が6割，7割，8割，9割の事案（ヴァージョン2～5）では甲の主張に基づいて判決をするべきであると国民は評価している。それに対して，甲の主張についての心証が4割及び5割の事案では，「どちらともいえない」という回答である。なお，6割のヴァージョン2では甲側判断であるが，かなり「どちらとも言えない」に近い。

次に，裁判官が高度の蓋然性という証明度に基づいて判断することについてどのように評価するかを見た。具体的には，ルンバールショック判決における判示事項を以下のように説明した。

> ある先例は次のように述べました。
> 「訴訟上の立証は，一点の疑義も許されない自然科学的証明ではなく，経験則に照らして全証拠を総合検討し，高度の蓋然性［確率］を証明することで

153

7 統計学の考え方と事実認定の構造〔太田勝造〕

> あり，その判定は，通常人が疑を差し挟まない程度に真実性の確信を持ちうるものであることを必要とし，かつ，それで足りるものである。」
> 要するに，裁判での事実の証明は，高度の確からしさまで立証することであり，普通の人が疑いを持たない程度に確かであれば十分であると述べました。甲さんの主張の方が乙さんの主張よりもはるかに確からしいので（甲主張8割以上，乙主張2割未満確か），この先例に従えば，甲さんの主張が認められ，甲さんの勝訴，乙さんの敗訴となります。

ヴァージョン操作は，最後の2行の部分が，それぞれのシナリオにおける心証度に即して改定されている。その上で，以下の質問をした。

> あなたは，この裁判の結果をどう思いますか？　以下のそれぞれについて，あなたの考えに最もあてはまるものを一つ選んでお答えください。
>
> 1————2————3————4————5————6————7
> 非常に　　不公正である　どちらかといえば　どちらとも　どちらかといえば　公正である　　非常に
> 不公正である　　　　　不公正である　　いえない　　公正である　　　　　　　公正である

蒐集されたデータにベイズ統計学の分散分析を施した結果が下記である。

表6　事後統計量（生成量の推定結果）：質問5

node	mean	sd	MC error	2.50%	median	97.50%	start	sample	事後平均値
全体平均値 m	4.065	0.02448	1.73E-04	4.017	4.065	4.113	1001	20000	
全体標準偏差 s	1.051	0.01759	1.23E-04	1.017	1.051	1.086	1001	20000	
ヴァージョン1：心証5分5分	0.06856	0.05548	3.84E-04	-0.03974	0.0685	0.1773	1001	20000	4.1336
ヴァージョン2：心証6分4分	-0.04167	0.05522	3.80E-04	-0.1508	-0.04086	0.06475	1001	20000	4.0233
ヴァージョン3：心証7分3分	-0.2678	0.05514	4.36E-04	-0.3766	-0.2679	-0.1595	1001	20000	3.7972
ヴァージョン4：心証8分2分	0.1275	0.05548	3.82E-04	0.0189	0.1278	0.2355	1001	20000	4.1925

Ⅲ　証明度についての国民の態度

| ヴァージョン5:
心証9分1分 | 0.2012 | 0.05544 | 4.11E-04 | 0.09352 | 0.2009 | 0.3102 | 1001 | 20000 | 4.2662 |
| ヴァージョン6:
心証4分6分 | -0.08785 | 0.05524 | 4.07E-04 | -0.1957 | -0.08794 | 0.02008 | 1001 | 20000 | 3.9772 |

図7　ヴァージョン間比較の箱ひげ図：質問5

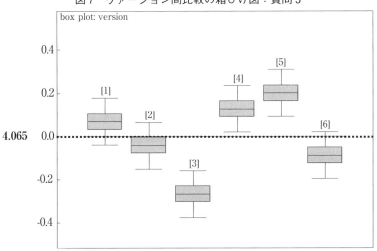

　甲の主張について8割，9割の心証形成をして証明度を超えている場合に（ヴァージョン4と5），甲を勝訴させる判決に国民は公正であると判断する。これは予想通りである。五分五分の心証形成で証明度に達していないとして甲を敗訴させることには，国民は公正であると判断する傾向がみられる（ヴァージョン1）。甲の主張について6割の心証を形成しても証明度に達していないとして，甲を敗訴させることに，国民は「どちらともいえない」という評価をしている（ヴァージョン2）。4分6分で原告敗訴も同様である（ヴァージョン6）。一番注目されるのは，甲の主張について7割の心証を形成しても，まだ証明度に達していないとして甲を敗訴させることには，国民は不公正であると判断する点である（ヴァージョン3）。以上から，証明度を「高度の蓋然性」として，7割の立証をした側を敗訴させる証明責任判決を国民は不公正と評価することが明らかとなり，国民にとっての適切な証明度が高度の蓋然性よりかなり低く，7割よりも低く設定するべきであると考えていることが分かった。他方，5分

5分での敗訴には公正だと判断するとともに，4分6分や6分4分の場合は「どちらともいえない」の反応であることから，アメリカ合衆国のように証拠の優越（preponderance of evidence）として50%を超えた方を勝訴させるべきであるとも考えていないことがうかがわれる[29]。そうすると，日本国民にとって公正であるとして納得できる証明度は6割から7割の間であるという推測ができると思われる[30]。

Ⅳ　まとめと展望

本稿では，伝統的な統計学である頻度論における p 値による検定の論理構造を説明してその限界と問題点を指摘した。その上で，伝統的な統計学を克服する新しい統計学としてのベイズ統計学の考え方を説明した。これからの統計学はベイズ統計学となるであろうと思われる。とはいえ，その道は必ずしも平坦ではなかろうと危惧もされる。研究会等で「p 値による帰無仮説有意性検定（Null Hypothesis Significance Test：NHST）からベイズ推論へ」と主張しても，「せっかく一所懸命 p 値による統計検定を勉強したのに……」というような反応を受けることも少なくないからである。マックス・プランクが喝破したように，古いパラダイムから新しいパラダイムへのシフトの移行コストは小さくない（Planck 1949）。

以上を踏まえて，ベイズ統計学を用いて，筆者が実施した実験計画法による社会調査のデータをベイズ推定の手法で分析した。統計的検定における1%や

---

[29]　なお，アメリカ合衆国法と同様に一般的証明度が証拠の優越（50%）であるイスラエルで，ヘブライ大学の法学部生387名を被験者として実施した実験によれば，50%より原告有利だと判断しても，原告敗訴にする者が多数おり，統計分析によれば，原告勝訴・敗訴の分岐点（証明度に対応）は3つのヴァージョンそれぞれで60%，65%，および75%であった。133人のイスラエルの弁護士に同様の実験をした結果は2つのヴァージョンで共に分岐点（証明度に対応）が70%であった。証明度は証拠の優越の法系であるイスラエルでも相当高い可能性が指摘されている（Zamir & Ritov（2012））。

[30]　伊藤（2002）は，日本の民事判決を検討して，裁判所は，高度の蓋然性が証明度であるとしつつも，実際にはより低い証明度で判断をしているのではないかと指摘しており，それが真実に合致するなら，そして，本稿の社会実験結果が裁判官についても妥当するなら，日本とイスラエル（および多分アメリカ合衆国）の実質的な証明度は，その文言の相違に拘わらず大きな相違はないということになるかもしれない。

5% の有意水準の考え方が，人々の常識的判断構造とも整合的であることを示した。さらに，証明度についての立法事実を探求した。国民の評価によれば，民事訴訟の証明度とされている高度の蓋然性は，高すぎて不公正であると判断されることが示された。

　ベイズ統計学における事後確率分布や確信区間の考え方は非常に簡明で，人々の日常的な判断と整合的である。本稿は法律の分野においてベイズ統計学を用いた研究としてはパイオニア的なものの一つではなかろうかと考えている。法律学や法社会学の分野で，ベイズ統計学がさらに活用されるようになることを祈念したい。

〔付記〕加藤雅信教授はその開拓者魂を十二分に発揮されて民法学，そして広く法律学の分野で画期的な研究を次々と発表されて来られた。筆者も名古屋大学法学部に民事訴訟法の助教授として勤務した際に加藤教授の薫陶を受け，その後法社会学を専攻するようになってからも，加藤教授を研究代表者とする種々の学際的研究においてお手伝いをすることができた。加藤先生の甚大な学恩に鑑み，先生の古稀のお祝いに参画することができて光栄の至りである。先生の学問的ご貢献のさらなる進展と，末永いご活躍を記念して，先生の古稀のお祝いとしたい。

〔文　献〕

ボーンシュテット，ジョージ＆デイヴィド・ノーキ（海野道郎＆中村隆監訳）（1990）『社会統計学：社会調査のためのデータ分析入門』ハーベスト社［Bohrnstedt, George W. & David Knoke (1988) *Statistics for Social Data Analysis*,2nd Ed., F.E. Peacock Publisher］。

Brandeis, Louis D. (1916) "Living Law," 10 *Illinois Law Review* 461-471.

Finkelstein, Michael O., & William B. Fairly (1970) "A Bayesian

Approach to Identification Evidence," *Harvard Law Review* 83 (1970).

フィンケルスタイン，マイクル・O（太田勝造監訳）（2014）『法統計学入門：法律家のための確率統計の初歩』木鐸社［Finkelstein, Michael O.(2010) *Basic Concepts of Probability and Statistics in the Law*, Springer］。

Fisher, Ronald A. (1925) *Statistical Methods for Research Workers*, Oliver and Boyd.

Hahn, Ulrike, Adam J.L. Harris & Mike Oaksford (2012) "Rational Argument, Rational Inference," *Argument & Computation*, DOI:10.1080/19462166.2012.689327.

Holms, Oliver Wendell, Jr. (1897) "The Path of the Law," 10 *Harvard Law Review* 457, 469.

伊藤眞（2002）「証明度をめぐる諸問題」判例タイムズ 1098 号 4 頁。

ジャクソン，ハウェル他（神田秀樹＆草野耕一訳）（2014）『数理法務概論』有斐閣。

7 統計学の考え方と事実認定の構造〔太田勝造〕

亀本洋（2014）「裁判と科学の交錯」亀本洋編『岩波講座・現代法の動態 6：法と科学の交錯』岩波書店，65-99 頁所収。

Kaplan, David (2014) *Bayesian Statistics for the Social Science*, Guilford Press.

加藤新太郎（2014）『民事事実認定論』弘文堂。

小塩真司（2011）『SPSS と AMOS による心理・調査データ解析：因子分析・共分散構造分析まで〔第 2 版〕』東京図書。

クーン，トーマス（中山茂訳）（1971）『科学革命の構造』みすず書房［Kuhn, Thomas (1962) *The Structure of Scientific Revolution*, Univ. of Chicago Press］。

ルー，サナ（太田勝造監訳）（2009）『法，疫学，市民社会：法政策における科学的手法の活用』木鐸社［Loue, Sana (2002) *Case Studies in Forensic Epidemiology*, Plenum Pub. Corp.］。

松原望（2010）『ベイズ統計学概説：フィッシャーからベイズへ』培風館。

マグレイン，シャロン・B（冨永星訳）（2013）『異端の統計学ベイズ』草思社［McGrayne, Sharon Bertsch (2011) *The Theory That Would Not Die: How Bayes' Rule Cracked the Enigma Code, Hunted Down Russian Submarines, and Emerged Triumphant from Two Centuries of Controversy*, Yale U.P.］。

Ntzoufras, Ioannis (2009) *Bayesian Modeling Using WinBUGS*, Wiley & Sons.

森田果（2014）『実証分析入門』日本評論社。

Oaksford, Mike & Nick Chater (2007) *Bayesian Rationality: The Probabilistic Approach to Human Reasoning*, Oxford U.P.

太田勝造（1982）『裁判における証明論の基礎：事実認定と証明責任のベイズ論的再構成』弘文堂。

太田勝造（1986）「手続法の推論構造：民事訴訟における事実認定の構造とエキスパートシステム」吉野一編著『法律エキスパートシステムの基礎』ぎょうせい，124-141 頁。

太田勝造（1986）「民事訴訟法と確率・情報理論：証明度・解明度とベイズ決定方式・相互情報量」判例タイムズ 598 号（季刊・民事法研究 14 号）203-220 頁。

太田勝造（2000）『社会科学の理論とモデル 7：法律』東京大学出版会。

太田勝造（2015）「統計学の考え方と事実認定」高橋宏志他編『民事手続の現代的使命 伊藤眞先生古稀祝賀論文集』有斐閣，71-95 頁。

太田勝造（2015）「法を創る力としての国民的基盤：震災報道と原子力賠償を例として」大村敦志編『岩波講座・現代法の動態 5：法の変動の担い手』岩波書店，65-99 頁所収。

太田勝造（2017）「訴訟上の判断：統計学の考え方と事実認定」民事訴訟雑誌 63 号。

Planck, Max (1949) "A Scientific Autobiography," in Max Planck (2014) *Scientific Autobiography and Other Papers*, Philosophical Library.

新堂幸司（2011）『新民事訴訟法〔第 5 版〕』弘文堂。

ソーバー，エリオット（松王政浩訳）（2012）『科学と証拠：統計の哲学入門』名古屋大学出版会［Sober, Elliot (2008) *Evidence and Evolution: The Logic behind the Science*,

Cambridge U.P.］。

田村陽子（2010）「民事訴訟における証明度論再考」立命館法学 327・328 号合併号 515 頁。

田中規久雄（2013）「米国における統計的証拠の意義と技法：もう一つの法情報学」名古屋大学法政論集 250 号，347-371 頁。

豊田秀樹編著（2008）『マルコフ連鎖モンテカルロ法』朝倉書店。

豊田秀樹（2015）『基礎からのベイズ統計学：ハミルトニアンモンテカルロ法による実践的入門』朝倉書店。

豊田秀樹（2016）『はじめての統計データ分析：ベイズ的〈ポスト p 値時代〉の統計学』朝倉書店。

Tribe, Laurence H. (1971) "Trial by Mathematics: Precision and Ritual in the Legal Process," 84 *Harvard Law Review* 1329.

Walton, Douglas (2014) *Burden of Proof, Presumption, and Argumentation*, Cambridge U.P.

山内光哉（2008）『心理・教育のための分散分析と多重比較：エクセル・SPSS 解説付き』サイエンス社。

山内光哉（2009）『心理・教育のための統計法〔第 3 版〕』サイエンス社。

Zamir, Eyal & Ilana Ritov (2012) "Loss Aversion, Omission Bias, and the Burden of Proof in Civil Litigation," *Journal of Legal Studies*, vol. 41, pp.165-207.

8 民事訴訟にかかわる司法制度改革の効果の検証
―― 民事訴訟利用者調査と一般市民調査の対比

菅 原 郁 夫

I はじめに ―― 本報告の目的

　司法制度改革審議会はその報告書において各種の提言をなすにあたって，「国民に利用しやすい民事訴訟制度の在り方」を検討する基本的な資料とすべく，民事訴訟の利用者調査を実施した（以下，「2000年利用者調査」とする）。また，司法制度改革審議会の報告書は，そのむすび（「おわりに」）において，「何より重要なことは，司法制度の利用者の意見・意識を汲み取り，それを制度の改革・改善に適切に反映させていくことであり，利用者の意見を実証的に検証していくために必要な調査等を定期的・継続的に実施し，国民の期待に応える制度等の改革・改善を行っていくべきである。」として，利用者調査等の定期的・継続的実施の必要性を強調している[1]。

　筆者は上記審議会の「民事訴訟利用者調査」の実施の委託を受け，2000年にこれを行ったほか，上記報告書の指摘を受け，2006年と2011年には民事訴訟制度研究会の一員として，日弁連法務研究財団および最高裁の支援と協力のもと，民事訴訟の利用者調査を実施した（以下，それぞれ「2006年利用者調査」，「2011年利用者調査」とする[2]）。また，上記の2000年の調査時点より利用者調査と合わせ，一般市民対象の調査の必要性も認識されていたが，これを実現すべく，2003年には2000年調査とほぼ同じ地域において，調査票の構造を合わせた一般市民対象の意識調査を実施した（以下，「2003年意識調査」とする）。以降，2009年および2013年にも，同様の形で一般市民対象の意識調査を実施し

---

(1)　司法制度改革審議会『司法制度改革審議会意見書 ―― 21世紀の日本を支える司法制度』（司法制度改革審議会，2002年）117頁。

『21世紀民事法学の挑戦』加藤雅信先生古稀記念〔信山社，2018年3月〕　　*161*

8 民事訴訟にかかわる司法制度改革の効果の検証〔菅原郁夫〕

てきた（以下，それぞれ「2009 年意識調査」，「2013 年意識調査」とする）。

　これらの調査を実施した意図は，上記審議会の報告書の指摘に呼応し，とくに民事訴訟制度の利用者の意見・意識を汲み取り，それを同制度の改革・改善に適切に反映させていくこと，さらにその調査対象を潜在的な利用者である一般市民にも広げ，潜在的な利用者も視野に入れた制度の検証を行い，それによりさらなる改革のための基礎資料を提供することにある。本稿で示す 6 つの調査は，いずれも多くの部分が同一の構造であることから民事訴訟の利用者と一般市民の評価をそれぞれ経年的に比較することに加え訴訟利用者と一般市民の評価を横断的に比較することも可能にしている[3]。

　以下では，まず比較対象となる 6 つの調査の基本構造を説明したのちに（Ⅱ），はじめに利用者調査結果の経年比較を行い（Ⅲ），ついで一般意識調査結果についての経年比較を行う（Ⅳ）。そして引き続き利用者調査と一般意識調査との横断的比較を行い（Ⅴ），最後に，これらの比較から導かれる結果の意義ついての私見を提示する（Ⅵ）。いずれの分析においても，その目的は網

---

(2)　これらの調査の報告書として，民事訴訟制度研究会編『2006 年民事訴訟利用者調査（JLF 叢書 Vol. 13）』（商事法務，2007 年），同『2011 年民事訴訟利用者調査（JLF 叢書 Vol. 20）』（商事法務，2012 年）がある。その概要および評価に関しては，座談会「民事訴訟利用者実態調査の分析」ジュリスト 1250 号（2003 年）74 頁以下，特別座談会「2011 年民事訴訟利用者調査の分析」論究ジュリスト 2013 年 4 号 160 頁以下，さらに，2011 年利用者調査の成果報告としては，「シンポジウム『求められる民事訴訟とは —— 民事訴訟利用者調査をもとに考える』」NBL No.1002（2013 年）7 頁以下，No.1003（2013 年）22 頁以下がある。なお，2000 年調査および 2006 年調査に関しては，調査報告書が公刊されて以降 2 次分析がなされ，それぞれ出版されている。2000 年調査に関しては，佐藤岩夫＝菅原郁夫＝山本和彦編『利用者からみた民事訴訟：司法制度改革審議会「民事訴訟利用者調査」の 2 次分析』（日本評論社，2006 年），2006 年調査に関しては，菅原郁夫＝山本和彦＝佐藤岩夫編『利用者が求める民事訴訟の実践：民事訴訟はどのように評価されているか』（日本評論社，2010 年）がある。なお，2011 年調査に関しては，英語版：Society for the Study of the Civil Procedural System ed., Report on Japan's 2011 Civil Litigation Survey, Jigakusha 2014 が公刊されている。なお，2009 年意識調査終了時点の 4 調査の比較分析をなしたものとして，菅原郁夫「民事訴訟に対する利用者の評価と市民の評価」東北学院法学 71 号（2011 年）19 頁以下がある。

(3)　同様の調査としては，文部科学省科学研究費特定領域研究「法化社会における紛争処理と民事司法」（領域代表・村山眞維，2003〜2008 年）があり，民事訴訟利用者と一般市民の評価を比較した研究としては，垣内秀介「民事訴訟の機能と利用者の期待」ダニエル・H・フット＝太田勝造編『訴訟経験と訴訟行動』（東京大学出版会，2010 年）93 頁以下がある。

羅的，包括的な分析を行うことにあるのではなく，大まかに今後の方向性を探るとこりにある。そのため，比較する質問項目は，前記の6調査に共通して用いられた項目に限定し，訴訟手続，裁判官評価，制度評価に関する質問項目に絞って比較することにする。また，最後に提示する私見も多くは仮説の域を出るものではないことをお断りしておく。

Ⅱ　調査の基本構造

1　民事訴訟利用者調査の概要

はじめに，民事訴訟利用者調査の概要は以下のようになる。

① 2000年利用者調査

調査対象：地裁第1審の民事通常訴訟・人事訴訟の既済事件の中，判決，和解，取り下げで終局したもの（いわゆる欠席事件は除く）

調査対象地裁：全国16地裁（札幌，秋田，福島，前橋，東京，富山，甲府，静岡，大津，大阪，松江，岡山，松山，福岡，宮崎，那覇）

調査対象人数：1,612人（法人を含む）

有効回答者数：591人（回収率36.7%）

調査方法：構造化面接法

② 2006年利用者調査

調査対象：2000年と同じ（但し，人事訴訟は法改正により除かれた。また，この調査以降，いわゆる欠席事件も調査対象に含めることにした。）

調査対象地裁：全国118の地裁本庁と地裁支部（層化なし確率比例二段抽出法）

調査対象人数：2,925人（法人を含む）

有効回答者数：921人（回収率31.5%）

調査方法：無記名郵送方式

③ 2011年調査

調査対象：2006年と同じ

調査対象地裁：全国133の地裁本庁と地裁支部（層化なし確率比例二段抽出法）

調査対象人数：2,406人（法人を含む）

有効回答者数：785人（回収率32.6%）

調査方法：無記名郵送方式

8 民事訴訟にかかわる司法制度改革の効果の検証〔菅原郁夫〕

なお，この2011年の調査の実施年の3月には東日本大震災が起こった。そのため，被害の大きかった地域の地裁（盛岡地裁，仙台地裁，福島地裁，水戸地裁）の事件は調査の対象から除外した。また，この時期に一時的に急増したいわゆる過払い事件に関しては，調査の対象から除外した。

2 一般意識調査の概要

次に，一般意識調査の概要は，以下のようになる。

① 2003年意識調査[4]

調査対象：20歳以上の一般市民（選挙人名簿から任意抽出）

調査対象地域：2000年民事訴訟利用者調査の対象となった裁判所の所在地10
地区中の20市町村を対象

調査対象人数：4,000人

有効回答者数：1,273人（回収率31.8%）

調査方法：無記名郵送方式

② 2009年意識調査[5]

調査対象：20歳以上の一般市民（選挙人名簿から任意抽出）

調査対象地域：2006年利用者調査の対象地裁所在地の中から全国20都市

調査対象人数：4,000人

有効回答者数：1,609人（回答率40.2%）

調査方法：無記名郵送方式

③ 2013年意識調査[6]

調査対象：20歳以上の一般市民（選挙人名簿から任意抽出）

調査対象地域：2011年利用者調査の対象地裁所在地の中から全国19都市

調査対象人数：3,000人

有効回答者数：928人（回答率30.9%）

調査方法：無記名郵送方式

---

(4) この調査は，2003年度文科省・科学研究費補助金基盤研究(C)「民事訴訟制度の意識
調査」（代表：菅原郁夫，課題番号15530061）により行われた。

(5) この調査は，2009年度文科省・科学研究費補助金基盤研究(C)「民事訴訟制度の意識
調査（継続）」（代表：菅原郁夫，課題番号21530079）により行われた。

(6) この調査は，2009年度文科省・科学研究費補助金基盤研究(C)「民事訴訟の意識調査
（経年）」（代表：菅原郁夫，課題番号25380118）により行われた。

Ⅱ　調査の基本構造

3　本稿における比較項目

最後に，以下の考察で比較する質問項目について説明する。

①　質問項目の全体的構造

まずは，質問項目の全体的構造であるが，利用者調査に関しては一連の調査の原型になったのは，2000年利用者調査である。この調査では，当事者および事件の種類についての質問に引き続いて，①訴訟にいたる経緯，②当事者の訴訟利用動機，訴訟回避傾向の有無とその理由，③弁護士の依頼の有無と依頼した理由（あるいは依頼しなかった理由），④弁護士へのアクセス状況（あるいは，アクセスのできなかった理由），⑤訴訟の進行態様の一般的印象，⑥訴訟にかかる費用と時間，⑦訴訟に関与する法律家（裁判官，裁判所職員，弁護士）に対しての印象，⑧訴訟結果に対する評価，⑨今日の裁判制度全般に対する評価，訟制度全体に対する満足度，再利用の意思を尋ねている。2006年，2011年の各調査も，質問項目に後述のように若干の変更はあったものの，ほぼ同様の構造となっている。

これに対し，一般意識調査は，2003年意識調査が原型となる。そこでは，①過去における法律問題の経験の有無，弁護士の利用経験の有無といった過去の経験，②「離婚・相続問題」，「契約不履行問題」，「不法行為問題」などの問題が起きた場合の訴訟の利用意志と回避理由に関する質問，仮に訴訟を行う必要が生じたとして，回答者がどの様な点を訴訟や法律家に期待し，どの様な対応を予想するのか，を尋ねている。この訴訟や法律家に対する期待や予想の部分が，前記の2000年利用者調査と構造を合わせた部分（上記の⑦から⑨の部分）であり，具体的には「訴訟手続に対する評価」，「裁判官に対する評価」，「弁護士に対する評価」，「訴訟結果に対する評価」，「訴訟制度に対する評価」が含まれる。それらの質問に関しては，現実の体験に関する評価を尋ねるのか，想像上の評価を尋ねるのかという点において質問の仕方が異なるものの，質問内容は同じくなるように構成されていた。そのため，今回これら各調査の結果を用いることによって，民事訴訟の手続やその結果，裁判官や弁護士，さらには訴訟制度全般に関し，実際に訴訟を経験した者と未だ経験したことない者の評価がどの様に異なるのかを比較することが可能になっている。

②　比較対象の質問項目

各調査の質問項目の概要は概ね以上の通りである。本来ならば，比較可能な

165

8 民事訴訟にかかわる司法制度改革の効果の検証〔菅原郁夫〕

【表1】 手続評価質問項目

項目名	質問文
立場主張	裁判の中で（裁判では），自分の側の立場を十分に主張できたと思いますか（ると思いますか）
証拠提出	裁判の中で（裁判では），自分の側の証拠を十分に提出できたと思いますか（ると思いますか）
手続のわかりやすさ	裁判の一連の手続きはわかりやすかった（わかりやすいと）と思いますか
進行の公正	今回の裁判では（裁判では），結果はともあれ，裁判の進み方は公正・公平だったと（公正・公平だと）思いますか
進行の合理性	今回の裁判の進み方（裁判の進め方）は合理的だったと思いますか（だと思いますか）
時間的効率性	今回の裁判の進み方は（裁判の進め方は）時間的に効率的だったと思いますか（だと思いますか）
審理の充実性	今回の裁判では（裁判では），充実した審理が行なわれたと思いますか（ると思いますか）
費用評価	地方裁判所の裁判を終えて，かかった費用はあなたにとって高いものでしたか，安いものでしたか。（一般的に，あなたは裁判にかかる費用について，どのように思いますか）
時間評価	裁判を終えて，かかった時間をどのように思いますか（一般的に，あなたは裁判にかかる時間をどのように思いますか）

（　）の中は，意識調査の表現，【表2】および【表3】も同様

質問項目全てに対し考察を加えるべきところであるが，本稿では，手続に関する評価，裁判官に関する評価，制度全体に関する評価に限り，かつ，比較する6つの調査に共通して用いられた質問に限定して比較をなすことにする。制度全体に関する評価に加え，手続に関する評価を取り上げる理由は，そこには訴訟に要する時間や費用といった訴訟の利用を大きく左右する質問が含まれていると同時に[7]，2006年利用者調査の結果によれば，訴訟過程の評価が訴訟制度

---

[7]　この関係に関しては，2011年調査に関し，菅原郁夫「利用者調査の結果から示唆されるもの」NBL, No. 1002（2013年）9頁参照。同様の点に関する2次分析として，2000年調査に関しては，藤田政博「訴訟利用にともなう費用と時間」佐藤ほか『利用

II　調査の基本構造

【表2】　裁判官評価質問項目

項目名	質問文
中立性	その裁判官は（裁判官は）中立的な立場で審理を行なった（行う）と思いますか
傾聴	その裁判官は（裁判官は），あなたの言い分を十分に聞いたと（聞くと）思いますか
信頼性	その裁判官は（裁判官は），信頼できる人物だと思いましたか（思いますか）
権威性	その裁判官は（裁判官は），権威的・威圧的だと思いましたか（思いますか）
ていねいさ	その裁判官は（裁判官は），あなたに対してていねいに接したと（接すると）思いますか
価値観理解*	その裁判官は（裁判官は），あなたの考え方や価値観を理解してくれると思いますか
背景理解*	その裁判官は（裁判官は），事件の背景にある実情をよく理解してくれると思いますか
法律外知識	その裁判官は（裁判官は），法律以外のことでも，裁判に必要な知識を十分に持っていたと（持っていると）思いますか
十分な準備	その裁判官は（裁判官は），あなたの事件の審理のために十分な準備をしていたと（準備をすると）思いますか
法的知識	その裁判官は（裁判官は），法律の知識を十分に持っていたと（持っていると）思いますか
裁判官満足度	今回の裁判で，その裁判官に満足していますか（今日の裁判官は一般的に見て市民にとって満足のいく存在だと思いますか）。

＊　【表11】のみ

全体の評価に相対的に大きな影響をおよぼしている点が指摘されているからである[8]。また，訴訟関与者の中で裁判官の評価のみを取り上げる理由も同様で，

者からみた民事訴訟』前掲注(2) 105頁以下，また，2006年調査に関しては，藤田政博「訴訟をためらう原因は何か」菅原ほか『利用者が求める民事訴訟』前掲注(2) 74頁以下がある。

8 民事訴訟にかかわる司法制度改革の効果の検証〔菅原郁夫〕

【表3】 制度評価質問項目

項目名	質問文
紛争解決機能	日本の民事裁判制度は紛争解決の役目を十分果たしていると思いますか
利用しやすさ	日本の民事裁判制度は，国民にとって利用しやすい制度だと思いますか
制度の公正さ	日本の民事裁判制度は，公正なものだと思いますか
法律の公正さ	日本の法律は，公正なものだと思いますか
法律の現状一致度	日本の法律は，国民生活の現状によく合っていると思いますか
制度の満足度	日本の民事裁判制度は，国民にとって満足のいくものだと思いますか
再利用意志（利用意志）	将来，同じような問題状況にいたった（重要な法律問題に直面した）場合，再び裁判で（裁判で）問題を解決しようと思いますか
推奨意志	同じような問題で困っている知人がいたら（将来重要な問題で困っている知人がいたら），裁判で問題を解決するように勧めると思いますか

それが訴訟制度全体の評価に相対的に大きな影響を及ぼす可能性が示唆されていることによる[9]。

　以下の比較の中で，具体的に用いられる質問項目と以下におけるその名称は，【表1】から【表3】に示したようになっている。以下の報告では，質問は表中の「項目名」をもって示すことにする。

Ⅲ　利用者調査の経年比較

はじめに，利用者調査についての経年比較を行う。前述のように，2000年，

---

(8)　今在慶一朗「訴訟経験は制度への信頼につながるか」菅原ほか『利用者が求める民事訴訟』前掲注(2) 251頁以下

(9)　2011年調査に関しては，菅原郁夫「利用者調査の結果から示唆されるもの」NBL, No. 1002（2013年）12頁参照。

Ⅲ　利用者調査の経年比較

2006 年，2011 年の利用者調査は，当初から経年比較を行うことを予定し，質問も同じ構造になっている。しかし，当初意図しなかった事柄として，調査方法が，2006 年の調査以降，対面調査から郵送調査に変更になっている。そのため，2006 年調査は 2000 年調査に較べ質問の分量が絞られた他にも，若干質問の表現が変更された。また，調査対象地裁の選定方法も異る。その意味では，これら両調査を無条件に比較することは好ましくない。しかし，「調査の概要」に示したように，有効回答率もさほど大きく異ならず，とくに今回分析の対象とする質問群に関しては，質問文はほとんど変更になっていない。その意味で，十分な留意は必要ではあるが，なお両調査を比較することには一定の意義があると考える。以下では，そのような留保付きで分析を試みることにする。

1　手続評価に関する比較

【表 4】は，訴訟手続に対する評価項目に関し，各調査の結果を比較したものである。

2000 年利用者調査以降，民事訴訟制度をめぐる改革は，民事訴訟法の改正による計画審理の導入や，裁判迅速化法の施行により実務の状況が大きく変わっている。これらの変化が利用者の評価にも何らかの影響を及ぼしたことが考えられる。[10]

表によれば，統計的に有意な差がでているのは，「主張立証」，「進行の公正」，「審理の充実性」「費用評価」の項目である。手続に対する評価については，「時間的効率性」，「審理の充実性」を除き，当初より高い評価が得られていた。「証拠提出」に関しては有意な高まりはないが，当初から高い評価となっていたことが原因と考えられ，加えて「主張立証」評価がさらに高まったことが影響し，「進行の公正」，「審理の充実性」の評価も有意に高まったものと思われる。とくに「審理の充実性」の評価は 2000 年時点ではかなり低かったものが，2013 年に至りその評価が有意に上がった点は大いに評価しうる点である。ま

---

[10]　この間の法改正や実務の状況に関しては，山本和彦「新民事訴訟方 10 年その成果と展望」判タ 1261 号 90 頁以下，須藤典明「実務からみた新民事訴訟法 10 年と今後の課題」民訴雑誌 55 巻（2009 年）94 頁以下などを参照のこと。なお，この間の民事訴訟事件の概要に関しては，最高裁の「裁判の迅速化に係る検証に関する報告書」に詳しい紹介がある。民事訴訟の状況に関しては，最高裁判所『裁判の迅速化に係る検証に関する報告書（第 6 回）』（2015 年）21 頁以下参照のこと。

8　民事訴訟にかかわる司法制度改革の効果の検証〔菅原郁夫〕

【表4】　利用者調査の経年比較：手続評価

		有効回答数(件)	まったくそう思わない	あまりそう思わない	どちらともいえない	少しそう思う	強くそう思う	わからない	平均
主張立証*	2000年利用者調査	583	14.4%	16.5%	10.1%	19.4%	29.2%	10.5%	3.36
	2006年利用者調査	835	10.9%	15.2%	12.1%	25.0%	31.1%	5.6%	3.53
	2011年利用者調査	728	9.5%	13.3%	10.6%	27.5%	29.1%	10.0%	3.59
証拠提出	2000年利用者調査	581	9.3%	11.9%	10.7%	20.1%	38.2%	9.8%	3.73
	2006年利用者調査	824	6.1%	13.0%	14.0%	23.5%	37.6%	5.8%	3.78
	2011年利用者調査	728	6.5%	9.8%	12.8%	25.8%	36.1%	9.1%	3.83
手続のわかりやすさ	2000年利用者調査	582	10.7%	14.3%	19.9%	17.7%	20.3%	17.2%	3.27
	2006年利用者調査	816	8.2%	15.4%	27.3%	26.0%	12.6%	10.4%	3.22
	2011年利用者調査	724	6.4%	12.0%	28.7%	24.4%	13.5%	14.9%	3.31
進行の公正さ**	2000年利用者調査	582	15.5%	15.5%	11.7%	17.2%	27.1%	13.1%	3.29
	2006年利用者調査	822	12.4%	10.5%	16.5%	24.0%	27.9%	8.8%	3.49
	2011年利用者調査	721	10.7%	9.3%	15.3%	24.1%	27.0%	13.6%	3.55
時間的効率性	2000年利用者調査	583	22.3%	15.8%	14.4%	15.6%	20.4%	11.5%	2.96
	2006年利用者調査	808	15.6%	16.6%	26.2%	18.8%	12.0%	10.8%	2.94
	2011年利用者調査	721	13.3%	16.8%	25.0%	18.7%	12.2%	14.0%	3.00
審理の充実性**	2000年利用者調査	583	20.1%	16.5%	18.4%	12.9%	16.6%	15.6%	2.88
	2006年利用者調査	803	15.6%	13.4%	23.8%	18.6%	13.2%	15.4%	3.00
	2011年利用者調査	721	14.6%	11.7%	18.4%	20.9%	16.1%	18.3%	3.15

		有効回答数(件)	非常に安い	やや安い	どちらともいえない	やや高い	非常に高い	わからない／支払わなかった	平均
費用評価***	2000年利用者調査	563	2.3%	5.0%	59.5%	17.9%	15.3%	0.0%	3.39
	2006年利用者調査	777	3.2%	6.3%	42.2%	27.8%	20.5%	0.0%	3.56
	2011年利用者調査	720	2.4%	4.0%	32.8%	26.7%	16.4%	17.8%	3.62

		有効回答数(件)	短すぎる	合理的範囲	どちらともいえない	やや長い	長すぎる	無回答	平均
時間評価†	2000年利用者調査	591	7.8%	27.6%	26.7%	13.2%	21.7%	3.0%	3.14
	2006年利用者調査	887	3.7%	31.0%	23.8%	18.6%	22.9%	0.0%	3.26

		有効回答数(件)	短すぎる	やや短い	合理的範囲	やや長い	長すぎる	どちらともいえない
時間評価	2011年利用者調査	746	3.5%	4.6%	34.0%	22.8%	21.4%	13.7%

†　P＜.1　＊　P＜.05　＊＊　P＜.001　＊＊＊　P＜.0001　(以下，すべての表に共通)

た「時間的効率性」に関しては，改善の兆しが見られないではないが，有意な差には至っていない。さらに一層の改善が期待される点である。その点に係わるのが，「時間評価」であるが，この点に関しては，評価尺度が変わったことから，経年の比較ができない[11]。ただ，尺度が同じ2000年と2006年の間では評価の低下傾向が見られるものの，すべての調査に共通して存在する「合理的範囲」の割合は増加している[12]。それらの点を考えるならば，一定の改善は見られるものの，それが数値には表れていない可能性もある。この審理時間の点に関しては，評価を留保せざるをえないが，目立った評価の悪化があるわけではなく，「審理の充実性」等の評価が上がったこととあわせ考えるならば，改革の成果は一定程度見て取れるように思われる。

反面，評価が悪化したのは「費用評価」の点である。この点は，経済状況の悪化が影響している面もあると思われるが，何らかの対応が望まれる点である。

2 裁判官評価に関する比較

【表5】は，裁判官に関する評価の変化を示したものである。統計的に有意な差がでた項目は，「権威性」（逆転項目）および「裁判官満足度」である。裁判官評価に関しては，あまり差は目立たないが，「裁判官満足度」の評価が上がったことは特筆に値しよう。前述の手続評価同様，実務改善の効果である可能性があろう。ただ，「権威性」に関しては，数値が上がれば消極評価となる逆転項目であるため，2006年時点以降の評価の方が下がったことになる。この点は，「裁判官満足度」の評価が上がったことと矛盾する面もあるだけに，さらに分析が必要なところであるが，もともと悪い値ではなく，2006年時点でもそれほど大きく評価が下がっているわけでもない点は指摘しておくべき点であろう[13]。

---

[11] 【表1】にある質問の表現は異ならないが，回答の選択肢が，2006年調査までは「1　短すぎる」「2　合理的範囲」「3　どちらともいえない」「4　やや長い」「5　長すぎる」の5項目であったが，2011年調査からは「1　短すぎる」「2　やや短い」「3　合理的範囲」「4　やや長い」「5　長すぎる」「6　どちらともいえない」の6項目に変わっている。

[12] この点に関し，否定回答に着目すれば状況は改善しているとの指摘もある。また，2006年にはいわゆる過払い事件の影響もあり，新受件数が前年の1.6倍に急増したことを勘案すべきとの指摘もある。これらの点に関しては，手嶋あさみ「裁判官の目から見た利用者調査の意義」NBL, No. 1002（2013年）17頁参照。

8 民事訴訟にかかわる司法制度改革の効果の検証〔菅原郁夫〕

【表5】 利用者調査の経年比較：裁判官評価

		有効回答数(件)	まったくそう思わない	あまりそう思わない	どちらともいえない	少しそう思う	強くそう思う	わからない	平均
中立性	2000年利用者調査	581	9.8%	10.3%	11.4%	18.4%	27.5%	22.5%	3.56
	2006年利用者調査	810	9.4%	10.2%	12.6%	23.2%	24.6%	20.0%	3.54
	2011年利用者調査	703	7.0%	9.5%	13.8%	20.2%	23.0%	26.5%	3.58
傾聴	2000年利用者調査	579	12.3%	11.7%	10.7%	18.7%	24.0%	22.6%	3.39
	2006年利用者調査	804	11.1%	11.3%	13.4%	22.3%	22.8%	19.2%	3.42
	2011年利用者調査	705	8.9%	12.6%	14.6%	19.4%	20.0%	24.4%	3.38
信頼性	2000年利用者調査	580	7.6%	6.9%	18.6%	15.7%	25.0%	26.2%	3.59
	2006年利用者調査	802	8.9%	6.0%	18.1%	20.0%	23.2%	23.9%	3.56
	2011年利用者調査	702	7.1%	7.5%	16.0%	19.9%	19.1%	30.3%	3.52
権威性**	2000年利用者調査	574	27.4%	20.4%	15.9%	7.0%	6.3%	23.2%	2.28
	2006年利用者調査	801	18.1%	20.7%	22.7%	8.5%	6.9%	23.1%	2.55
	2011年利用者調査	701	15.4%	23.3%	21.1%	7.4%	4.0%	28.8%	2.46
丁寧さ	2000年利用者調査	573	6.1%	7.0%	15.5%	23.9%	24.6%	22.9%	3.70
	2006年利用者調査	806	5.0%	6.5%	21.7%	27.0%	18.2%	21.6%	3.60
	2011年利用者調査	700	3.9%	4.9%	20.0%	23.9%	18.3%	29.1%	3.68
法律以外知識	2000年利用者調査	574	8.9%	9.1%	24.9%	13.9%	11.8%	31.4%	3.16
	2006年利用者調査	805	9.9%	9.2%	20.2%	15.2%	8.9%	36.5%	3.06
	2011年利用者調査	701	6.7%	8.8%	20.7%	15.3%	9.1%	39.4%	3.19
十分な準備†	2000年利用者調査	574	10.1%	9.9%	23.3%	16.0%	11.0%	29.6%	3.11
	2006年利用者調査	806	10.2%	11.9%	20.6%	15.1%	9.4%	32.8%	3.03
	2011年利用者調査	703	7.0%	10.0%	20.2%	15.1%	10.8%	37.0%	3.20
満足度***	2000年利用者調査	578	17.6%	13.5%	15.1%	30.3%	8.3%	15.2%	2.98
	2006年利用者調査	824	19.1%	22.2%	28.5%	14.0%	16.3%	0.0%	2.86
	2011年利用者調査	698	15.2%	13.3%	30.7%	19.6%	21.2%	0.0%	3.18

3 制度評価に関する比較

【表6】は，制度評価に関する経年比較である。統計的に有意な差が生じたのは「紛争解決機能」，「利用しやすさ」，「法律の現状一致度」，「制度の満足度」，「推奨意志」である。「推奨意志」以外はいずれも積極的方向での変化で

⒀ なお，2006年調査に関し，裁判官評価の判断構造に関わる分析として，石田京子「利用者はどのように裁判官を評価しているか」菅原ほか『利用者が求める民事訴訟』前掲注⑵108頁以下がある。それによれば，「事件に対する十分な準備」，「人格的信頼性」が重要である点が示されている。

172

Ⅲ　利用者調査の経年比較

【表6】　利用者調査の経年比較：制度評価

		有効等回答数(件)	まったくそう思わない	あまりそう思わない	どちらともいえない	少しそう思う	強くそう思う	平均
紛争解決機能**	2000年利用者調査	548	12.6%	27.0%	20.3%	29.6%	10.6%	2.99
	2006年利用者調査	862	9.0%	18.9%	26.8%	34.2%	11.0%	3.19
	2011年利用者調査	732	9.4%	14.1%	31.0%	34.2%	11.3%	3.24
利用しやすさ**	2000年利用者調査	558	21.7%	34.8%	21.0%	17.7%	4.8%	2.49
	2006年利用者調査	859	14.1%	34.3%	27.9%	18.7%	4.9%	2.66
	2011年利用者調査	733	13.6%	31.4%	32.7%	17.1%	5.2%	2.69
制度の公正さ	2000年利用者調査	559	12.9%	19.9%	23.4%	28.3%	15.6%	3.14
	2006年利用者調査	862	9.7%	16.2%	35.3%	29.4%	9.4%	3.12
	2011年利用者調査	734	9.9%	14.3%	36.0%	27.9%	11.9%	3.17
法律の公正さ	2000年利用者調査	549	11.1%	16.9%	26.8%	29.0%	16.2%	3.22
	2006年利用者調査	860	9.9%	15.3%	35.5%	30.1%	9.2%	3.13
	2011年利用者調査	733	10.1%	16.0%	35.9%	27.8%	10.2%	3.12
法律の現状一致度***	2000年利用者調査	542	16.6%	32.1%	31.4%	17.5%	2.4%	2.57
	2006年利用者調査	860	11.6%	26.0%	39.9%	17.7%	4.8%	2.78
	2011年利用者調査	729	11.0%	24.4%	44.7%	16.3%	3.6%	2.77
制度の満足度***	2000年利用者調査	545	17.1%	33.4%	31.0%	16.0%	2.6%	2.54
	2006年利用者調査	862	11.9%	24.8%	39.1%	20.3%	3.8%	2.79
	2011年利用者調査	733	11.9%	25.1%	42.3%	18.0%	2.7%	2.75
再利用意思	2000年利用者調査	559	11.8%	10.9%	21.3%	23.4%	32.6%	3.54
	2006年利用者調査	837	9.2%	9.6%	27.7%	19.6%	33.9%	3.59
	2011年利用者調査	722	9.3%	9.0%	31.3%	18.7%	31.7%	3.55
推奨意思**	2000年利用者調査	556	14.6%	14.7%	27.0%	20.0%	23.7%	3.24
	2006年利用者調査	838	9.1%	11.8%	33.7%	21.2%	24.2%	3.40
	2011年利用者調査	723	8.2%	10.7%	46.6%	17.7%	16.9%	3.24

あり，民事訴訟利用者の中では訴訟制度全般に関する評価が上がってきていることが示されたといえよう。とくに，「利用しやすさ」，「法律の現状一致度」，「制度の満足度」に関しては2000年時点の評価がかなり低かったことから，少しずつでも改善が見られたことは大いに評価に値しよう。とはいえ，これらに関しては，改善が見られたとはいえ，依然平均値が，中間点「3」以下であり，一層の改善が期待されよう。また，「推奨意志」は2011年時点で有意に低下している。制度自体の評価が上がったにもかかわらず，その利用を推奨する意志が低下するのは矛盾する傾向といえるが，2006年時点で上がったものが元に戻ったとの評価も可能であろう[14]。

8 民事訴訟にかかわる司法制度改革の効果の検証〔菅原郁夫〕

Ⅳ 一般意識調査の経年比較

つぎに，一般意識調査の経年比較を行う。訴訟利用者は自らの体験を通じて訴訟手続や訴訟制度に関する評価を形成するであろうが，訴訟経験のない者も，国の制度として訴訟制度に関しては一定のイメージを当然持っているはずである。そのイメージが，潜在的利用者が訴訟を利用するか否かの判断を迫られたときに大きな影響力を持つことは容易に予想できるところである。その意味で，制度運営者にとっても潜在的利用者である一般市民の訴訟制度に関するイメージとその変化は重要な関心事といえる。

ところで，本稿で分析する一般意識調査のいずれにおいても一定割合の対象がすでに訴訟あるいは調停の経験を有していた。これらの回答者の評価も興味のあるところではあるが，今回の分析では，訴訟制度とはもっとも距離があると思われる訴訟等の経験のない回答者の回答に限り分析の対象としている。それによって，訴訟経験の全くいない大方の市民にとっての訴訟像がよりクリアーに描き出されるものと思われる。

1 手続評価に関する比較

【表7】を見ると，多くの項目で統計上有意な変化が見られる。その方向性は，2009年時点の変化には異なるものもあるが，2003年と2013年を比較するとほぼ一様に積極的な方向に評価が変化している。有意差が見られない項目である「進行の公正さ」は，調査当初から比較的評価が高かったことが大きな変化が生じない原因であろう。そのように考えるならば，一般市民の訴訟に対するイメージも全般的に好転傾向にあるといってよかろう。ただし，「手続のわかりやすさ」，「進行の合理性」，「時間的効率性」は，有意に評価は高まっているとはいえ，いまだ平均評価は中間点の「3」を下回った状態であり，さらに

⑴⑷　なお，2006年調査に関しては，制度の使いやすさに関する2次分析がなされている。それによれば，制度の使いにくさに影響する要因として，「金銭的コスト」，「時間的コスト」，「法律家の常識に対する懸念」といった要素が指摘されている。今後こういった要素の変化との比較も含めた分析が必要である。これらの分析に関しては，今在慶一朗「当事者からみた使いやすい制度とは」菅原ほか『利用者が求める民事訴訟』前掲注⑵264頁以下。

Ⅳ　一般意識調査の経年比較

【表7】　一般意識調査の経年比較：手続評価

		有効回答数(件)	全くそう思わない	あまりそう思わない	どちらともいえない	少しそう思う	強くそう思う	わからない	平均
主張立証**	2003年意識調査	1076	1.7%	15.7%	20.2%	34.8%	13.0%	14.7%	3.49
	2009年意識調査	1392	1.7%	17.7%	22.1%	33.3%	9.3%	15.8%	3.37
	2013年意識調査	801	1.5%	13.9%	21.0%	36.6%	12.7%	14.4%	3.53
証拠提出***	2003年意識調査	1068	1.3%	12.9%	21.9%	33.7%	14.0%	16.1%	3.55
	2009年意識調査	1380	2.2%	15.1%	23.6%	31.6%	10.4%	17.2%	3.40
	2013年意識調査	793	1.4%	11.2%	24.2%	34.7%	12.9%	15.6%	3.55
手続のわかりやすさ**	2003年意識調査	1064	20.7%	32.9%	14.0%	3.8%	2.0%	26.7%	2.09
	2009年意識調査	1375	16.7%	34.6%	19.9%	4.4%	1.2%	23.1%	2.21
	2013年意識調査	792	16.8%	31.3%	21.5%	5.4%	1.3%	23.7%	2.25
進行の公正さ	2003年意識調査	1073	2.8%	17.2%	30.8%	23.9%	10.0%	15.3%	3.25
	2009年意識調査	1382	2.2%	14.6%	34.7%	24.1%	9.6%	14.8%	3.28
	2013年意識調査	799	3.6%	11.3%	34.8%	25.9%	8.8%	15.6%	3.30
進行の合理性***	2003年意識調査	1060	9.8%	27.5%	26.9%	12.5%	3.2%	20.2%	2.65
	2009年意識調査	1371	3.6%	19.0%	33.3%	18.1%	3.9%	22.2%	2.99
	2013年意識調査	794	3.9%	17.9%	33.9%	19.1%	4.2%	21.0%	3.02
時間的効率性***	2003年意識調査	1063	33.4%	38.2%	12.2%	2.4%	0.6%	13.3%	1.83
	2009年意識調査	1372	15.5%	38.8%	21.1%	5.3%	1.2%	18.1%	2.24
	2013年意識調査	792	16.2%	38.3%	22.2%	4.9%	1.5%	16.9%	2.25
審理の充実性*	2003年意識調査	1067	5.8%	21.4%	31.9%	16.7%	4.7%	19.6%	2.91
	2009年意識調査	1376	4.5%	20.1%	33.1%	16.6%	4.3%	21.5%	2.95
	2013年意識調査	790	4.6%	16.7%	33.8%	19.9%	4.9%	20.1%	3.05

		有効回答数(件)	非常に安い	やや安い	どちらともいえない	やや高い	非常に高い	わからない	平均
費用評価**	2003年意識調査	1021	0.0%	0.0%	6.9%	17.1%	37.9%	38.1%	4.50
	2009年意識調査	1220	0.1%	0.1%	9.0%	18.5%	33.0%	39.3%	4.39
	2013年意識調査	691	0.1%	0.0%	9.8%	19.8%	35.6%	34.6%	4.39

		有効回答数(件)	短すぎる	合理的範囲	どちらともいえない	やや長い	長すぎる	わからない	平均
時間評価***	2003年意識調査	1072	0.0%	0.6%	5.7%	20.1%	42.6%	31.1%	4.52
	2009年意識調査	1397	0.4%	1.0%	8.9%	20.7%	24.1%	44.9%	4.22
	2013年意識調査	802	0.0%	1.1%	9.6%	21.2%	24.6%	43.5%	4.23

175

8 民事訴訟にかかわる司法制度改革の効果の検証〔菅原郁夫〕

一層の好転が求められよう。

「費用評価」,「時間評価」(いずれも逆転項目) に関しても積極方向での変化が生じている。この2点は,訴訟を躊躇する2大要因として指摘されるものだけに[15],この点に関する意識が改善されてきたことは特筆に値する。しかし,この点に関しても改善されたとはいえ中間点「3」以上の消極評価であり,依然として訴訟を躊躇させる要因となっていることが推測される。

2 裁判官評価に関する比較

【表8】は,裁判官に対する一般市民の評価である。「傾聴」,「裁判官満足度」に有意な差が見られ,「権威性」(逆転項目) には有意傾向 (10% 水準) の差が見られる。「権威性」(逆転項目),「ていねいさ」,「裁判官満足度」に関しては,積極的方向の変化であり,「傾聴」に関しては消極的な方向への変化である。ここでは傾向が二分している。しかし,消極的な変化の生じた「傾聴」に関しても 2003 年時点の評価が高かったことを考えれば,むしろ評価がより精緻なものになった結果とも考えられる。現状でも他に比べ評価が低いわけではなく,問題のある変化とまではいえまい。

3 制度評価に関する比較

【表9】は,訴訟制度の評価に関する変化である。これに関しては,多くの項目で有意差が生じている。「利用しやすさ」,「法律の現状一致度」は,2003年時点の評価がかなり低かったものが,有意に評価が高まっている。前述の手続評価の好転を反映しているものと思われる。しかし,とはいえ,これらは依然として平均は中間点を下回っている。「法律の公正さ」は従来も低い評価ではなかったが,さらに評価を上げている。これらは,好ましい変化といえる。

それに対して,「利用意志」と「推奨意志」に関しては,2003 年時点で高かったものが逆に評価が下がっている。前述のように,手続や裁判官に対する評価が改善され,「利用しやすさ」に関する評価も改善される中で,これら利用意志が下がるのは矛盾した傾向といえる。なぜこのような傾向が生じるのかに関しては,掘り下げた検討が必要といえよう (この点については後述)。

---

(15) 費用評価と時間評価が訴訟に対する大きな躊躇要因となる点に関しては,藤田政博「訴訟をためらう原因は何か」菅原ほか『利用者が求める民事訴訟』前掲注(2) 74 頁以下参照。

V 利用者調査と一般意識調査の比較

【表8】 一般意識調査の経年比較：裁判官評価

		有効回答数(件)	全くそう思わない	あまりそう思わない	どちらともいえない	少しそう思う	強くそう思う	わからない	平均
中立性	2003年意識調査	1057	1.5%	6.3%	17.6%	40.2%	24.9%	9.5%	3.89
	2009年意識調査	1366	1.5%	8.5%	18.2%	38.4%	25.4%	8.1%	3.85
	2013年意識調査	779	1.4%	8.0%	19.9%	37.1%	25.9%	7.7%	3.85
傾聴*	2003年意識調査	1055	0.8%	8.6%	25.4%	37.2%	12.6%	15.5%	3.62
	2009年意識調査	1357	1.8%	11.1%	27.2%	33.6%	12.7%	13.6%	3.52
	2013年意識調査	780	1.2%	9.5%	26.9%	33.5%	14.5%	14.5%	3.59
信頼性	2003年意識調査	1059	0.9%	5.9%	22.2%	40.6%	19.8%	10.6%	3.81
	2009年意識調査	1362	2.0%	7.7%	21.4%	37.5%	20.0%	11.5%	3.74
	2013年意識調査	780	1.8%	6.4%	23.5%	36.5%	20.1%	11.7%	3.76
権威性†	2003年意識調査	1052	1.2%	14.4%	25.0%	34.8%	12.5%	12.1%	3.49
	2009年意識調査	1356	2.4%	14.6%	27.4%	31.7%	10.8%	13.1%	3.39
	2013年意識調査	778	1.2%	14.4%	25.4%	32.4%	12.0%	14.7%	3.46
ていねいさ†	2003年意識調査	1054	2.6%	12.9%	28.8%	26.9%	7.8%	21.0%	3.31
	2009年意識調査	1357	1.9%	10.8%	30.1%	27.8%	8.8%	20.6%	3.39
	2013年意識調査	778	1.9%	10.2%	29.7%	30.7%	7.8%	19.7%	3.40
裁判外知識	2003年意識調査	1054	4.1%	19.9%	22.4%	26.7%	12.0%	14.9%	3.27
	2009年意識調査	1357	4.0%	19.3%	24.5%	25.5%	12.5%	14.2%	3.27
	2013年意識調査	779	4.5%	16.0%	26.1%	26.1%	10.5%	16.8%	3.27
十分な準備	2003年意識調査	1054	1.6%	9.4%	21.8%	33.3%	16.4%	17.5%	3.65
	2009年意識調査	1362	1.5%	10.4%	22.5%	33.3%	18.1%	14.2%	3.65
	2013年意識調査	779	1.8%	10.5%	21.4%	36.5%	14.9%	14.9%	3.61
裁判官満足度*	2003年意識調査	1074	3.0%	13.6%	22.1%	36.2%	1.5%	23.6%	3.26
	2009年意識調査	1397	2.4%	9.7%	22.3%	38.6%	1.9%	25.1%	3.37
	2013年意識調査	792	2.8%	10.1%	24.4%	38.4%	2.0%	22.3%	3.34

V 利用者調査と一般意識調査の比較

　最後に，利用者調査と一般意識調査との横断的な比較を行う。一般意識調査の方は自然人のみの評価であるのに対して，利用者調査の方は法人の評価も含まれており，必ずしも条件が均一ではないが，なお，大まかな傾向を知るためには有益な比較と思われる。比較は，利用者調査，意識調査ともに，制度の改善改革の成果を最も反映していると思われる最新のものを用いる。

8 民事訴訟にかかわる司法制度改革の効果の検証〔菅原郁夫〕

【表9】 一般意識調査の経年比較：制度評価

		有効回答数(件)	全くそう思わない	あまりそう思わない	どちらともいえない	少しそう思う	強くそう思う	平均
紛争解決機能	2003年意識調査	1078	2.7%	18.0%	35.8%	40.5%	3.0%	3.23
	2009年意識調査	1373	2.3%	14.3%	41.4%	38.7%	3.3%	3.27
	2013年意識調査	786	2.3%	15.3%	39.3%	39.9%	3.2%	3.26
利用しやすさ***	2003年意識調査	1079	10.7%	38.7%	37.0%	12.0%	1.7%	2.55
	2009年意識調査	1374	8.2%	34.6%	41.1%	14.3%	1.8%	2.67
	2013年意識調査	787	5.2%	33.9%	43.6%	15.4%	1.9%	2.75
制度の公正さ	2003年意識調査	1079	2.2%	12.3%	45.0%	36.7%	3.7%	3.27
	2009年意識調査	1371	2.3%	11.4%	46.5%	35.4%	4.4%	3.28
	2013年意識調査	789	1.5%	9.1%	51.0%	34.5%	3.9%	3.30
法律の公正さ**	2003年意識調査	1074	4.2%	20.6%	36.0%	34.1%	5.1%	3.15
	2009年意識調査	1369	3.4%	16.8%	38.8%	35.6%	5.4%	3.23
	2013年意識調査	790	3.3%	13.9%	39.7%	36.2%	6.8%	3.29
法律の現状一致度***	2003年意識調査	1079	8.0%	32.8%	38.3%	19.7%	1.2%	2.73
	2009年意識調査	1367	6.1%	27.4%	46.8%	17.3%	2.3%	2.82
	2013年意識調査	789	5.7%	25.7%	44.9%	21.0%	2.7%	2.89
制度の満足度	2003年意識調査	1073	5.0%	26.7%	44.0%	22.8%	1.5%	2.89
	2009年意識調査	1369	3.9%	19.6%	55.1%	19.5%	1.8%	2.96
	2013年意識調査	791	3.2%	21.5%	53.9%	19.7%	1.8%	2.95
利用意思***	2003年意識調査	1080	2.6%	12.2%	32.0%	40.3%	12.9%	3.49
	2009年意識調査	1375	3.3%	16.0%	33.8%	36.9%	9.9%	3.34
	2013年意識調査	793	2.4%	13.2%	39.8%	35.2%	9.3%	3.36
推奨意思***	2003年意識調査	1081	3.1%	13.8%	42.0%	31.8%	9.3%	3.31
	2009年意識調査	1375	4.7%	15.4%	42.5%	29.6%	7.8%	3.20
	2013年意識調査	792	4.9%	16.9%	44.8%	27.4%	5.9%	3.13

1 手続評価に関する比較

【表10】は，手続評価に関する比較であるが，ここで示された範囲では一般市民の評価と訴訟利用者との評価にはかなり大きな差がみられる。明らかに利用者の評価が一般市民の評価を上回っている。使ってみたことのない者よりも，実際に使った者の評価が高い点は制度運営者側の視点からかすれば，決して否定的に解されるべきことではなく，利用者の評価を上げるべくさらに努力がなされるべきであろう。しかし，それ対し，一般市民の低評価への対応は，その根拠が必ずしも明らかでない分だけ難しい。とくに，「費用評価」と「時間

V 利用者調査と一般意識調査の比較

【表10】 2011年利用者調査と2013年一般意識調査の比較：手続評価

		有効回答数(件)	全くそう思わない	あまりそう思わない	どちらともいえない	少しそう思う	強くそう思う	わからない	平均
主張立証	2011年利用者調査	728	9.5%	13.3%	10.6%	27.5%	29.1%	10.0%	3.59
	2013年意識調査	801	1.5%	13.9%	21.0%	36.6%	12.7%	14.4%	3.53
証拠提出 ***	2011年利用者調査	728	6.5%	9.8%	12.8%	25.8%	36.1%	9.1%	3.83
	2013年意識調査	793	1.4%	11.2%	24.2%	34.7%	12.9%	15.6%	3.55
手続のわかりやすさ***	2011年利用者調査	724	6.4%	12.0%	28.7%	24.4%	13.5%	14.9%	3.31
	2013年意識調査	792	16.8%	31.3%	21.5%	5.4%	1.3%	23.7%	2.25
進行の公正***	2011年利用者調査	721	10.7%	9.3%	15.3%	24.1%	27.0%	13.6%	3.55
	2013年意識調査	799	3.6%	11.3%	34.8%	25.9%	8.8%	15.6%	3.30
時間的効率性***	2011年利用者調査	721	13.3%	16.8%	25.0%	18.7%	12.2%	14.0%	3.00
	2013年意識調査	792	16.2%	38.3%	22.2%	4.9%	1.5%	16.9%	2.25
審理の充実性***	2011年利用者調査	721	14.6%	11.7%	18.4%	20.9%	16.1%	18.3%	3.15
	2013年意識調査	790	4.6%	16.7%	33.8%	19.9%	4.9%	20.1%	3.05

		有効回答数(件)	非常に安い	やや安い	どちらともいえない	やや高い	非常に高い	わからない	平均
費用評価 ***	2011年利用者調査	720	2.4%	4.0%	32.8%	26.7%	16.4%	17.8%	3.62
	2013年意識調査	691	0.1%	0.0%	9.8%	19.8%	35.6%	34.6%	4.39

		有効回答数(件)	短すぎる	合理的範囲	どちらともいえない	やや長い	長すぎる	わからない	平均
時間評価 ***	2011年利用者調査	746	3.5%	4.6%	34.0%	22.8%	21.4%	13.7%	3.63
	2013年意識調査	802	0.0%	1.1%	9.6%	21.2%	24.6%	43.5%	4.23

評価」（いずれも逆転項目）の差は大きいが，これが訴訟回避の大きな要因にもなり得るだけに放置しがたい面がある。ここでの差は，一般に市民は訴訟に要する時間と費用を気にしているが，相対的に見れば，その中でも訴訟利用者は費用や時間を気にしない者の集合と見ることもでき，それがこの差の原因と見ることも可能であるが，他の評価に較べ，その差は大きくなっている点は見逃せない点であろう。実際に訴訟経験もないにもかかわらず，何故，一般市民の訴訟に要する費用と時間に関する評価がこれほども低いのかに関しては，その

179

8 民事訴訟にかかわる司法制度改革の効果の検証〔菅原郁夫〕

【表11】 2011年利用者調査と2013年一般意識調査の比較：裁判官評価

		有効回答数(件)	全くそう思わない	あまりそう思わない	どちらともいえない	少しそう思う	強くそう思う	わからない	平均
中立性***	2011年利用者調査	703	7.0%	9.5%	13.8%	20.2%	23.0%	26.5%	3.58
	2013年意識調査	779	1.4%	8.0%	19.9%	37.1%	25.9%	7.7%	3.85
傾聴**	2011年利用者調査	705	8.9%	12.6%	14.6%	19.4%	20.0%	24.4%	3.38
	2013年意識調査	780	1.2%	9.5%	26.9%	33.5%	14.5%	14.5%	3.59
信頼性***	2011年利用者調査	702	7.1%	7.5%	16.0%	19.9%	19.1%	30.3%	3.52
	2013年意識調査	780	1.8%	6.4%	23.5%	36.5%	20.1%	11.7%	3.76
権威性***	2011年利用者調査	701	15.4%	23.3%	21.1%	7.4%	4.0%	28.8%	2.46
	2013年意識調査	778	1.2%	14.4%	25.4%	32.4%	12.0%	14.7%	3.46
価値観理解	2011年利用者調査	699	10.2%	11.0%	18.5%	19.2%	14.3%	26.9%	3.23
	2013年意識調査	779	2.2%	14.6%	38.4%	21.8%	4.6%	18.4%	3.15
背景理解***	2011年利用者調査	703	12.4%	12.4%	17.1%	16.2%	12.7%	29.3%	3.06
	2013年意識調査	777	2.3%	12.7%	31.4%	33.5%	5.8%	14.3%	3.32
ていねいさ***	2011年利用者調査	700	3.9%	4.9%	20.0%	23.9%	18.3%	29.1%	3.68
	2013年意識調査	778	1.9%	10.2%	29.7%	30.7%	7.8%	19.7%	3.40
法律外知	2011年利用者調査	701	6.7%	8.8%	20.7%	15.3%	9.1%	39.4%	3.19
	2013年意識調査	779	4.5%	16.0%	26.1%	26.1%	10.5%	16.8%	3.27
十分な準備***	2011年利用者調査	703	7.0%	10.0%	20.2%	15.1%	10.8%	37.0%	3.20
	2013年意識調査	779	1.8%	10.5%	21.4%	36.5%	14.9%	14.9%	3.61
法的知識***	2011年利用者調査	703	4.4%	6.1%	17.2%	18.5%	14.9%	38.8%	3.55
	2013年意識調査	778	0.8%	1.7%	8.1%	36.0%	46.0%	7.5%	4.35
裁判官の満足度**	2011年利用者調査	698	15.2%	13.3%	30.7%	19.6%	21.2%	0.0%	3.18
	2013年意識調査	792	2.8%	10.1%	24.4%	38.4%	2.0%	22.3%	3.34

原因を明らかにする必要があろう。

2 裁判官評価に関する比較

　裁判官評価に関する比較は【表11】に示されている。裁判官評価に関しても
もほぼ全ての質問項目に関して有意差がでているが，その差は，手続評価とは
逆で，一般市民の評価が高く，利用者の評価が低くなっている。これは，一方
において，公的機関の評価は取り立てて根拠がなくても高くなるという，一般
に知られているディフューズ・サポートと呼ばれる現象[16]が生じたのと，訴訟
当事者の場合は，裁判官は勝った当事者からは肯定的に評価される反面，負け
た当事者からは否定的に評価されるという打ち消し合いが生じたことの結果と

V　利用者調査と一般意識調査の比較

【表12】　2011 年利用者調査と 2013 年一般意識調査の比較：制度評価

		有効回答数(件)	全くそう思わない	あまりそう思わない	どちらともいえない	少しそう思う	強くそう思う	平均
紛争解決機能	2011年利用者調査	732	9.4%	14.1%	31.0%	34.2%	11.3%	3.24
	2013年意識調査	786	2.3%	15.3%	39.3%	39.9%	3.2%	3.26
利用しやすさ	2011年利用者調査	733	13.6%	31.4%	32.7%	17.1%	5.2%	2.69
	2013年意識調査	787	5.2%	33.9%	43.6%	15.4%	1.9%	2.75
制度の公正さ**	2011年利用者調査	734	9.9%	14.3%	36.0%	27.9%	11.9%	3.17
	2013年意識調査	789	1.5%	9.1%	51.0%	34.5%	3.9%	3.30
法律の公正さ**	2011年利用者調査	733	10.1%	16.0%	35.9%	27.8%	10.2%	3.12
	2013年意識調査	790	3.3%	13.9%	39.7%	36.2%	6.8%	3.29
法律の現状一致度*	2011年利用者調査	729	11.0%	24.4%	44.7%	16.3%	3.6%	2.77
	2013年意識調査	789	5.7%	25.7%	44.9%	21.0%	2.7%	2.89
制度の満足度***	2011年利用者調査	733	11.9%	25.1%	42.3%	18.0%	2.7%	2.75
	2013年意識調査	791	3.2%	21.5%	53.9%	19.7%	1.8%	2.95
再利用意思(利用意志)**	2011年利用者調査	722	9.3%	9.0%	31.3%	18.7%	31.7%	3.55
	2013年意識調査	793	2.4%	13.2%	39.8%	35.2%	9.3%	3.36
推奨意思*	2011年利用者調査	723	8.2%	10.7%	46.6%	17.7%	16.9%	3.24
	2013年意識調査	792	4.9%	16.9%	44.8%	27.4%	5.9%	3.13

見ることができよう。ただ，「権威性」（逆転項目）と「ていねいさ」に関しては，利用者評価の方が高くなっている点は注目に値する。一般市民にとっては権威的で距離感のある裁判官であるが，いざ接してみるとそうではないということであろうか。多くの面で，現実に裁判官に接した者の評価が下がる中で，この人間関係的な要素において評価が上がる点は裁判官としても歓迎すべき点であろう。

3　制度評価に関する比較

【表12】は，制度評価に関する比較を示している。制度評価に関しても多くの項目に関して有意差が生じているが，その方向は分かれている。「制度の公正さ」，「法律の公正さ」，「制度の満足度」に関しては一般市民の評価の方が高

⒃　ディフューズ・サポートに関しては，さしあたり，藤本亮「『漠然とした支持』と裁判所の正当性−実証分析のための予備的考察」法学雑誌 39 巻 2 号（1993 年）280 頁以下，同「裁判所に対する国民の意識研究の枠組み」法社会学 44 号（1992 年）265 頁以下参照。

く，「再利用意志（利用意志）」，「推奨意志」に関しては利用者の評価の方が高くなっている。本来ならば，制度に公正さを感じ，満足を感じるが故に訴訟制度を利用するし，他人にも利用を勧めるという関係が生ずべきところ，そのような形にはなっていない点が気になるところである。一方において訴訟利用者に再利用意志や推奨意志を生じさせるものが何なのかが気になるのと同時に，何故，訴訟を利用した者の制度評価が他の評価，具体的には手続評価のように，高くならないのか，という点が疑問である。かりに，制度に対する信頼が自らの経験から導かれるとしたら，自らの経験した手続を相対的に高く評価している訴訟利用者の制度評価は，手続を相対的に低く評価している一般市民の評価よりも高くなってしかるべきである。反対に，一般市民が制度を全般的に高く評価していることがディフューズ・サポート現象として理解できるとしても，なぜそれが利用意志にまで及ばないのであろうか。これらの点に対しては，一般市民にも利用者にも受け入れられる制度を構築するためには，さらに踏み込んだ分析が必要なところといえよう。

VI　ま　と　め

以上，本稿では，これまでなされてきた民事訴訟に対する利用者調査と一般意識調査とに関し，経年的及び横断的視点からの比較を試みた。ここで明らかになったことは，利用者の評価も一般市民の評価も時間の流れに沿って変化している部分があるということと，その方向性は利用者と一般市民ともに多くは肯定的な方向に推移しているという点である。その意味では，司法制度改革の効果は一定程度見て取れたことになる。ただ，その程度は一様ではなく，また，部分的には異なる傾向も見られた。

まず，訴訟利用者と一般市民を比較した場合，手続評価に関しては，一般的に肯定評価の高かったのは利用者の方である。訴訟利用者に関していえば，その変化の方向はいわば一方向であり，法や実務の改善改革に沿った方向での変化，すなわち，改善・改革を反映した積極方向の変化が見て取れる。それに対し，一般市民の評価は，評価が好転したものも散見されるが，それは，以前の評価が極端に低かったものが，いわば平準化して他の評価に近づいたといったものが多いようである。時間に関わる評価あるいは費用に関わる評価がそれに

VI　まとめ

あたる。この状況に関する現時点での筆者の仮説を述べるならば，この時間と費用に関する評価は情報の普及により精緻化したが，いまだ市民の視点からすれば要求水準に見合うものではなく，実際の利用者の評価よりも低くなっているのが今回の調査結果の示すところのように思われる。

それに対し，制度評価に関しては，むしろ一般に一般市民の評価の方が高い。一般市民の評価は，抽象的な制度への信頼であり元来高いものが，近時の改善改革の情報により，手続等に関するネガティヴな情報が克服されることによってより高くなったことが推測される。と同時に，利用者の評価は，具体的な訴訟では不利な結果に終わったものが含まれる分，一般市民よりも低くなることも理解可能である。

以上の点は，制度改革等の効果を確認するものであり，理解可能な点でもある。しかし，それに対し理解が難しいのは，制度評価の高まった一般市民の評価の方で制度の利用意志が有意に低下している点である。常識的に考えれば，時間や費用に関する評価が改善され，以前より利用しやすくなったと感じ，法律がより公正なものに思われ，現実生活にもより一致しているように思われるようになれば，制度を利用してみようとする意志も高まるはずである。しかし，結果はまさに逆の形になっている。見ようによっては，制度改革の結果が逆効果をもたらしているようにすら見える。いかに考えるべきであろうか。重要かつ難解な問題であるが，ここでは，1つの仮説を述べるにとどめたい。

制度改革はどうしても具体的な制度の中で行われる。そのため，実際の利用者に関しては一定のインパクトをもつが，その利用者の数は未だ少なく，影響力は限られている。そのため，一般市民の評価に対する効果に関しては限界があるように思われる。しかし，それでも一般市民の評価の中では，これまで以上の情報に接することでかつては直感的に，ステレオタイプ的になされていた判断（たとえば，時間と費用，手続のわかりやすさ，充実性）には精緻化がもたらされたのであろう。しかし，その精緻化された理解が，結局は市民の要求水準を満たしていない場合には，いわば一定程度根拠のある情報にもとづいた分，実際に利用しよういう意志はこれまでによりも低くなるという皮肉な結果が生じているようにも見える。たとえていえば，高嶺の花だった高級品（たとえば高級車）が，若干のコストダウンと積極的なセールスのせいで，少し詳しく性能を見ることができ，その品質等には少し理解が進みそれなりのものであるこ

8 民事訴訟にかかわる司法制度改革の効果の検証〔菅原郁夫〕

とを知ったが，結局のところ，現実的に考えてやはり手の届く商品ではなかったことを強く意識した，といった状況（「情報の精緻化の逆効果」とでも呼べる現象）ではなかろうか。

実践的な視点でいえば，利用者の手続評価に示されるような，個々の場面での評価の高まりは大いに評価すべきであると同時に，今後はさらなる分析によりその評価の原因や因果関係がより明らかにされるべきであろう。それによって制度や実務のさらなる改善改革に向けた有益な情報が提供されることになろう。しかしまた，より大きな政策的視点からいえば，そういった個々の改善努力がより大きな制度の利用意志にまでは発展していない点にも十分な注意が必要である。上記の解釈からすれば，この現象は改善改革の効果が一般市民の要求レベルに近づき訴訟利用がより一般化するまでの間の過渡的な現象かも知れないが，今回の調査に表れた1つの課題，すなわち，漠然と，遠巻きに制度は支持するが，あまり使ってはみようとしない一般市民の評価の背後にあるものは何なのかという問題は，今後そのメカニズムを明らかにすべき重要な課題といえる。

なお，この民事訴訟利用者調査に関しては，通算4回目となる2016年の調査が実施され，現在集計段階にある。その報告書は2018年5月までには発表される予定であるが，それによって，本稿に示された状況のその後の変化が明らかにされることが期待される。

〔付記〕本稿は，公益財団法人日本証券奨学財団の平成28年度研究調査助成金による研究成果の一部をなすものである。

9 司法書士の本人確認義務と成りすまし対応

加藤新太郎

I はじめに ── 問題の限定

　司法書士は，通常，依頼者と委任契約を結んでおり，したがって，当該事務処理を善管注意のレベルをもって履行し，その正当な利益を実現することが義務となる（民法643条，644条）。そこで，司法書士の民事責任は，業務に応じて善管注意義務がどのような内容のものとして構成されるか，どのような行為（事実）がその義務違反に当たるかをめぐる議論となる[1]。

　司法書士の中心的業務である登記申請代理についてみる限り，執務規範の基準となる善管注意義務に関する学説上の議論は，充実してきている[2]。議論の内容は，例えば，本人確認義務，登記意思確認義務，登記書類調査義務，説明・助言義務，登記必要書類保管義務など，善管注意義務の分節化・具体化に関するもの，依頼に応じる義務，立会における注意義務，登記義務者と登記権利者との利害対立を洞察・配慮すべき義務など，問題となる場面に即した注意義務の展開に関するものなど多岐にわたる[3]。個別案件についての当てはめの適否は別として，登記申請代理における善管注意義務の内実の理解は落ち着いてきているとみてよいであろう。

　司法書士が執務規範に反する原因は，過誤事例では，単純ミス型，技能不足型，不誠実型に分けられるが，意図的に規範を逸脱するケースもみられないわけではない。

　大阪地判平17・12・21（D1-Law28115068）【私文書偽造・同行使，不動産登

---

[1]　筆者は，このテーマについて，モノグラフィーと実務書との中間に位置する著書を著している。加藤新太郎『司法書士の専門家責任』（弘文堂，2013年）。

9 司法書士の本人確認義務と成りすまし対応〔加藤新太郎〕

記法違反被告事件】がこれである。このケースは「共犯者がその実父の痴呆に
つけ込んで同人名義の土地を勝手に売却処分しようとした際，司法書士が，共
犯者の依頼によりこれに加担し，その土地の登記を移転するのに必要な実父名
義の委任状や『登記原因証明情報』を偽造するとともに，登記義務者たる実父
に関する虚偽の『本人確認情報』を作成し，それらの書類を登記官に提出して
虚偽の情報提供をしたという事案」である。司法書士の立場にありながらこの
ような悪質な犯罪に走ったことについて，懲役1年2か月の実刑に処されてい
る(4)。

司法書士が通常の自律的執務をしていく限りにおいて，意図的な規範逸脱型
のものは回避することができる。これに対して，過誤類型のものについては，
執務の基本を遵守するとともに，一定のスキルをもって対応すべきであろう。

(2) 代表的なものとして，①山崎敏彦『登記代理委任契約論』（一粒社，1988年），②同「登
記代理委任契約の成立について — 最近の理論状況」『民法と著作権の諸問題 半田正夫
教授還暦記念』（法学書院，1993年）407頁，③同「司法書士の登記代理業務にかかる
民事責任 — 最近の動向」太田知行ほか編『民事法学の新展開 鈴木祿弥先生古稀記念』
（有斐閣，1993年）420頁，④同「司法書士の登記代理業務にかかる民事責任 — 最近
の動向・補論（上）（下）」青山法学論集38巻3＝4号93頁，40巻3＝4号259頁（1993
年），⑤同「司法書士の義務と責任」山川一陽＝根田正樹編『専門家責任の理論と実際』
（新日本法規，1994年）135頁，⑥同「司法書士・土地家屋調査士と民事責任」鎌田薫
ほか編『新不動産登記講座7』（日本評論社，1998年）300頁，⑦同「司法書士の責任」
川井健＝塩崎勤『新・裁判実務大系8 専門家責任訴訟法』（青林書院，2004年）110頁，
⑧鎌田薫「登記申請業務にかかわる注意義務（上）（下）」登記先例解説集339号6頁，
341号38頁（1990年），⑩同「わが国における専門家責任の実情」専門家責任研究会編
『専門家の民事責任』〔別冊 NBL28号〕（商事法務研究会，1994年）63頁，⑨矢野義宏
「司法書士の民事責任」篠原弘志編『判例研究 取引と損害賠償』（商事法務研究会，
1989年）299頁，⑩小野秀誠「司法書士の責任」川井健編『専門家の責任』（日本評論社，
1993年）327頁〔同『専門家責任と機能』（信山社，2000年）に所収〕，⑪工藤祐厳「わ
が国における専門家責任事件の具体的展開」加藤雅信編『新・現代損害賠償法講座3』
（日本評論社，1997年）403頁，⑫國井和郎＝下村信江「司法書士の損害賠償責任をめ
ぐる裁判例の分析」阪大法学49巻1号1頁（1999年），⑬國井和郎＝若松陽子「専門
家たるべき司法書士の職務内容に関する考察」阪大法学50巻2号1頁（2000年），⑭
加藤新太郎編『判例 Check 司法書士の民事責任』（新日本法規，2002年），⑮一木孝
之「司法書士・行政書士・税理士の責任」能見善久＝加藤新太郎『論点体系判例民法8
不法行為Ⅱ〔第2版〕』（第一法規，2014年）239頁，⑯七戸克彦「不動産登記業務にお
ける司法書士の専門家責任をめぐる近時の動向」市民と法58号51頁（2009年）など。

(3) 加藤・前掲注(1)参照。

(4) 加藤・前掲注(1)212頁。

Ⅱ　司法書士の本人確認義務の根拠論

　不動産登記申請代理の依頼者の中に，登記権利者であるとしてその者に成り
すまし，不当・違法な利得を得ようとする者もいることは，周知の事実である。
そして，こうした成りすまし案件を司法書士が見抜けるかどうかは，司法書士
と詐欺犯との真剣勝負の場面である。ところが，司法書士が成りすましを見抜
くことができず，関係者に損害を生じさせ，損害賠償請求訴訟を提起される
ケースがある。この場合には，債務不履行構成であれば，司法書士の善管注意
義務違反の存否が，不法行為構成であれば，一定の行為義務違反が争点となり，
過失責任の有無が問題となる。

　成りすましには，本人確認義務を尽くせば，そのほとんどは対応できるので
はなかろうか。とりわけ，現行不動産登記法において本人確認情報提供制度が
設けられたことにより，手続を適正に履践すればその被害を可及的に少なくし
ていくことができると思われる。

　本稿は，このような問題意識の下に，司法書士の登記申請代理における執務
規範の基準となる善管注意義務としての本人確認義務の構造とその具体的発現
としての成りすまし対応時の注意義務違反の判断枠組みのあり方について考察
する(5)。その構成としては，司法書士の本人確認の根拠を押さえ（Ⅱ），本人確
認がどのようにされているかの現状を観察する（Ⅲ）。その上で，現行不動産
登記法の下における本人確認義務違反に関する裁判例を考察し（Ⅳ），その結
果を要約し，私見を提示して「むすび」とする（Ⅴ）。

　加藤雅信先生に対する学恩に報いるには，ささやかにすぎるテーマではある
が，筆者の感謝の気持ちのみお受け取りいただければ幸いである。

Ⅱ　司法書士の本人確認義務の根拠論

1　司法書士の職責と本人確認義務

司法書士が職務（同3条）をする場合，「誰のために，何を，どのようにす
るのか」を押さえることは事柄の性質上必須である。つまり，これを押さえず

---

(5)　本稿は，加藤・前掲注(1)の第14章，第15章，加藤新太郎①「司法書士の本人確認義
　　務の現在問題」登記情報613号（2012年）9頁，同②「実務に活かす判例登記法第2回
　　成りすまし」登記情報666号（2017年）11頁に依拠しつつ，考察を深化・発展させよ
　　うとしたものである。

して，仕事はできない。すなわち，司法書士の業務における本人確認義務の実質的根拠は，司法書士の制度目的・職責（司法書士法1条・2条）に求められる[6]。

また，本人確認義務には，依頼者の本人確認のほか，関係者の本人確認をすべき義務も観念される。これも，「司法書士は，常に品位を保持し，業務に関する法令及び実務に精通して，公正かつ誠実にその業務を行わなければならない」（同法2条）ことから，公正誠実義務（公正誠実執務規範）が導かれ，公益配慮義務・一般的損害発生回避義務として発現するからである。すなわち，司法書士には，職務の遂行において「専門的知識・技能を活用して依頼者の利益のみならず関わりを生じた第三者の利益をも害することのないようすべき注意義務」が課せられるが，その一環として，関係者の本人確認をして関係者の成りすましを発見し，可及的に損害発生を回避する義務があると解されるのである。これは，司法書士の役割の公共的性格（業務内容の公共性・公益性）を基礎にするものである。

したがって，司法書士に課せられる依頼者の本人確認義務と関係者の本人確認義務とは，厳密に言えばその理論的根拠は異なるが，司法書士の制度目的・職責が基礎になっている点では等質である。

2 登記申請代理における実定法上の根拠

(1) 本人確認情報提供制度の趣旨

現行不動産登記法は，旧法（平成16年改正前不動産登記法）の登記申請手続において，本人確認手段として用いられていた登記済証の制度（旧不動産登記法35条1項3号，60条）を廃止し，登記識別情報の制度に移行した（現行不動産登記法21条，22条）。また，旧法では，登記済証が滅失した場合には保証書及び事前通知の制度（旧法44条，44条ノ2）によることとされていたが，現行法においては，保証書制度を廃止するとともに，事前通知の方法を改善した。そして，事前通知に代わる本人確認手段として，司法書士をはじめとする資格者代理人からの本人確認情報の提供等を制度化した（現行法23条4項1号）。さらに，本人確認情報を提供する資格代理人には申請者（登記義務者）と面談

---

(6) 加藤・前掲注(1) 183頁。

II 司法書士の本人確認義務の根拠論

する義務が課される（不動産登記規則72条1項1号）など執務行為規範が明示されている[7]。

旧法では，登記申請書に添付すべき書類として，登記義務者の意思の確認をするため，登記義務者の権利に関する登記済証を添付して提出することとされ（旧法35条1項3号），登記済証が滅失したような時には，登記済証の代用の制度として，保証書の制度があった（旧法44条）。そして，保証書を利用した登記申請が行われた場合には，登記義務者に対して登記申請があったことを葉書で通知をし，登記義務者がその受け取った葉書を登記官に提出して間違いない旨の申し出をした場合に初めて登記手続をする（所有権移転登記の場合）という事前通知制度が設けられていた。しかし，保証書を利用した不正登記が行われることがしばしばみられた。

このような弊害を排除するため，現行法においては，保証書制度を廃止する代わりに，登記義務者について住所変更登記がされている場合には，現住所のほかに前住所にも通知書を発送し（不動産登記法23条2項），かつ，本人限定受取郵便によって通知をする（不動産登記規則70条）こととするなど厳格な手続によって登記義務者に事前通知をすることとする一方，司法書士や公証人等の資格を有する者が，登記申請者が登記義務者本人であることを確認するために必要な情報を提供し，かつ，登記官がその内容を相当と認めたときは，事前通知をしないまま登記手続を行うこととされたのである[8]。

(2) 本人確認義務の実定法上の根拠

司法書士の登記申請代理における本人確認義務の実定法上の根拠は，以上のとおり，不動産登記法23条4項1号に求められる。これは，その違反に罰則を伴う強行法規であり，虚偽の登記名義人確認情報を提供した者は，2年以下の懲役または50万円以下の罰金に処せられる（同法160条）。

また，司法書士倫理は，同54条1項（権利関係等の把握）において，「司法書士は，登記手続を受任した場合には，当事者及びその意思並びに目的物の確

---

[7] 本人確認情報提供制度については，山野目章夫『不動産登記法』（商事法務，2009年）132頁，船橋諄一＝徳本鎭編『新版注釈民法(6)〔補訂版〕』（有斐閣，2009年）327頁〔清水響〕，不動産取引とリスクマネジメント研究会編『不動産取引とリスクマネジメント』138頁（日本加除出版，2012年）〔水谷公孝〕など参照。

[8] 加藤・前掲注(5)②13頁。

認等を通じて，実体的権利関係を的確に把握しなければならない」と定める。これは，司法書士の制度目的・職責（司法書士法1条・2条）を具体化した行為規範であるが，登記申請代理における，ヒト・モノ・意思の確認を求めることが基本的執務として要請されたものである[5]。本人確認情報の提供が制度化された現在では，司法書士が本人確認をせず，実体的権利関係の把握をなおざりにする執務をした場合には，損害が発生していないときであっても，懲戒に付されることがあり得るのである。

　このようなことから，司法書士が登記義務者と登記申請代理の依頼者の同一性を確認すること（本人性の確認）は，実体的権利関係に密接に関連するものであり，その限りで，実質的な調査義務と解される[9]。

3　「犯罪による収益の移転防止に関する法律」（いわゆる犯罪収益移転防止法）

　司法書士の本人確認については，以上とは別に，「犯罪による収益の移転防止に関する法律」（いわゆる犯罪収益移転防止法）が実体法上の根拠となるものもある。これは，司法書士の執務のうち一定の受託（特定取引）に際して，犯罪収益移転防止の趣旨で，取引関与者と取引内容を記録化することが求められるのであるが，本人確認は，依頼者の実在性・同一性を確認するものである。不動産登記法上の本人確認との間には，対面確認を原則とし，公的証明書の提示により実在性・同一性を確認する点において共通性がある[10]。

Ⅲ　本人確認の現状

1　甲司法書士の陳述書

　裁判官時代に担当した案件で，甲司法書士の陳述書が証拠として提出されているものがあった。これにより，司法書士による本人確認の現状の一端をうかがうことができるであろう。

　このケースは，貸金業法の登録を取消された貸金業者Yが，Aに高利で融資し，Aの父親であるX所有の土地に抵当権設定登記をしたが，「この抵当権設定登記手続がXの知らないままにされたものか」が争点の一つになってい

---

(9)　加藤・前掲注(5)② 13 頁。
(10)　加藤・前掲注(5)② 13 頁。

たものである。

この登記申請代理を受任した甲司法書士は，陳述書において，次のとおり述べている。

① 銀行融資ではない個人間の貸金で抵当権設定登記の申請代理をする場合の基本型は，登記権利者と登記義務者の双方に司法書士事務所に来てもらい，本人確認と登記意思の確認を行い，同意が得られれば必要書類に署名押印を求める。個人間の抵当権設定契約書は司法書士（自分）が作成し，その後の手続を進める。

② 本件登記の申請に当たり，登記原因証明書として抵当権設定金銭消費貸借契約書，印鑑証明書，代理権限証明書，登記済証を添付した。

③ 本件登記申請代理においては，自分はXと会ったことはなく，連絡もとっていない。Yが，Xの運転免許証のコピーを含む関係書類一切を司法書士事務所に直接持参した。本件の抵当権設定金銭消費貸借契約書は自分が作成したものではない。登記手続の終了後，関係書類は登記済証も含めてすべてYに返却した。

④ Yからは，5年間ほど登記申請代理を受任したが，別件でトラブルがあり，それ以来関係を断っている。

⑤ Yは貸金業法違反で警察に逮捕され，自分も参考人として事情聴取されたことで，無登録業者であることを知った。Yが登録業者であることを知っていれば，登記申請代理を受任することはなかった。

⑥ 本件登記申請代理において，Xと連絡もとらず，面接をしなかったことは私の落ち度であるが，Yにいいように利用されてしまい悔んでいる。

甲司法書士は，20年余の経験があるという。この陳述書では，無登録の貸金業者に利用された面を強調しており，なぜ自分の執務の基本型である①のような仕事をしなかったのかは記載されてはいない。Yが，登記済証，Xの印鑑証明書，運転免許証のコピーなどを持参して，「大丈夫である」と言ったことは想定されるが，そうであっても，登記義務者本人と直接面談して本人確認・意思確認をする執務の基本型に則ることは困難ではなかったはずである。甲司法書士は，①が執務の基本型と述べているが，実はそれは建前で，日常的に（または，しばしば），本件のような杜撰な仕事ぶりをしているのかもしれない[11]。

2　甲司法書士の懲戒処分

このエピソードには後日談がある。

甲司法書士は，その後，別件で2週間の業務停止（懲戒処分）を受けたのである。

甲は，平成△年2月に，自分の事務所において，Aを貸主，Cを借主，Bを連帯保証人とする金銭消費貸借契約に関して，債務支払いがないときにはB所有の土地建物の所有権をAに移転する所有権移転請求権仮登記及び所有権移転本登記申請の依頼を受任した。その際には，関係者と面談しており，格別の問題もなく，甲の登記申請代理により本件仮登記は完了した。その後の同年5月に，甲は，AからCの債務不履行を理由とする本件本登記申請の具体的依頼を受け，必要書類も受領した。しかし，甲は，必要書類のうちBの土地建物の登記済証を紛失したにもかかわらず，改めてBの本人確認・登記申請意思を行わずに，2月に面談した結果に基づきBの本人確認情報を作成して，本件本登記申請代理をして，本登記を完了させた。

甲は，本件仮登記は，仮登記担保契約に関する法律の適用を受ける事件であるのに，これを見落として手続を進めているという非違行為と併せて，2週間の業務停止に処されたのである。もっとも，事後処理をみると，甲は非違行為を素直に認め，反省し，Bが必要とする金員を貸し付けるなど紛争解決に協力しているということであるから，司法書士として，適切な事後対応をしているとはいえる。しかし，それでは遅いのである[12]。

甲司法書士の執務は，第1のエピソードでは登記義務者本人とまったく面談をせず，第2エピソードでは登記義務者本人と改めて面談も電話連絡もすることもしていないのである。第1のエピソードではYに，第2のエピソードではAに利用されたという側面が大きいが，専門家としては，そうであるからといって責任を免れることはない。

甲司法書士の仕事ぶりから，本人確認の現状の一端を観察したが，必ずしもこれが司法書士の一般的な執務とはいえないであろう。しかし，例えば，抵当権抹消登記申請について，登記義務者である金融機関において登記権利者の委任状を含めた登記に必要な書類のすべてを準備したうえで，司法書士へ依頼し

---

(11)　加藤・前掲注(1)379頁。

(12)　加藤・前掲注(1)379頁。

た場合にはどうであろうか。このような場合でも，司法書士は，登記申請にあたり登記権利者の本人確認及び意思確認を適切な方法で行うべきであるが，安易に流れているかもしれない。多くは，それで格別の問題が生じないから問題視されないとしても，リスクは伏在しているのである。また，司法書士の懲戒事由として最も多いのは本人確認業務違反であることも，司法書士層の反省材料といえよう。

甲司法書士のエピソードは，いずれも成りすましケースではなかった。しかし，成りすましケースで，司法書士がこのような執務をしていれば，地面師らの思う壺であろう。

Ⅳ 現行不動産登記法の下における本人確認義務違反に関する裁判例

1 総 説

本節では，現行不動産登記法の下において，成りすましに係る司法書士の本人確認義務違反の存否が争点とされた裁判例【対象裁判例】について検討していく。

【対象裁判例】

【1】東京地判平 20・11・27（判時 2057 号 107 頁，判タ 1301 号 265 頁）

【2-1】宮崎地判平 22・5・26（判時 2111 号 45 頁）

【2-2】福岡高宮崎支判平 22・10・29（判時 2111 号 41 頁）

【3-A】東京地判平 24・12・18（判タ 1408 号 358 頁）

【3-B】東京地判平 26・6・25（判例秘書 - L06930436）

【4】東京地判平 25・5・30（判タ 1417 号 357 頁）

【5】東京地判平 26・11・17（判時 2247 号 39 頁）

【6】東京地判平 27・11・10（判時 2308 号 90 頁，判タ 1426 号 253 頁）

成りすましにも，①司法書士を騙しにかかるプロの詐欺師（いわゆる地面師）のケースと，②何らかの理由で，関係者の一人がその件について別人に成りすますケースとがみられる。いずれにしても，司法書士はこれを見破らなければならない。しかし，①の場合には，相手はプロであり，それらしい舞台装置を整え，道具立ても用意して騙しにかかっているのであるから，一筋縄ではいかない。しかし，司法書士もプロであるから，負けてはいられない。実際に，立

会いを依頼された30年の経験を有する司法書士が注意深い執務により登記済証の偽造に気づき，成りすましによる詐欺を未然に防いだケースの報告もされている[13]。

ところが，司法書士が成りすましを見抜くことができず，関係者に損害を生じさせ，損害賠償請求訴訟を提起された場合であっても，基本的な手順を踏んで本人確認をしていれば，注意義務違反とは評価されないことはいくらでもある。本節では，本人確認義務違反の存否の判定がどのようにされるのかという判断枠組み，どのような要素により本人確認義務違反＝過失が認定されるのかについて考察する[14]。

2　本人確認義務違反肯定事例

(1)　偽造運転免許証のチェック──【1】東京地判平20・11・27

(a)　事案の概要

Xは，土地所有者になりすました人物A（厳密には，その人物の息子と称するB）との間で売買契約を締結し，売買代金を騙し取られた。Xは，そのように主張して，土地所有者と称するAについて本人確認情報を提供した司法書士であるY₂及び同人が社員となっているY₁司法書士法人に対し，Y₂には誤った本人確認情報を提供した過失がある旨主張して，損害賠償を求めた（請求額は2億5000万円余）。Y₂のした登記申請については登記官が申請却下をしており，不実の登記がされることはなかったが，Xは売買代金相当額を詐取された。

裁判例【1】は，本人確認情報提供制度に基づき，資格者代理人となった司法書士が行った登記義務者の本人確認に過失があったとして，不法行為による損害賠償責任を認めた（過失相殺2割）[15]。

(b)　【1】判決の概要

---

(13)　佃一男「不動産詐欺取引──偽造権利証による立会登記事件報告」登記情報595号38頁（2011年）。この事例は，司法書士が法律専門職として期待される役割を見事に果たした良いサンプルであり，実践面において多いに参考になる。

(14)　筆者は，このテーマについて，検討結果を公表しているが，それは裁判例【1】ないし【3】及びそれ以前の裁判例の分析にとどまっていた。加藤・前掲注(1)181頁-217頁，同前掲注(2)①9頁。本節では，加藤・前掲②13頁以下の考察を発展させることにしたい。

(15)　山野目章夫「不動産登記の申請における本人確認情報と資格者代理人の過失──東京地判平20・11・27の検討」登記情報574号11頁（2009年），加藤・前掲注(1)193頁。

Ⅳ　現行不動産登記法の下における本人確認義務違反に関する裁判例

裁判例【1】は，一般的・原則的規範として，「①司法書士が，本人情報の提供の前提として本人確認を行うに当たっては，登記義務者本人に対する事前通知制度に代替し得るだけの高度の注意義務（本人確認義務）が課せられる。②司法書士の本人確認義務は登記義務者，登記権利者に対して負う義務である」と判示した上で，過失の有無については，次のような理路で判断した。

【ア】司法書士は，Aからケースに入ったままの本件免許証を手渡され，中身をケースから出すこともしないまま，本件免許証が真正なものであると判断し，本件免許証に貼付された写真とAの容貌を照合して同一人物であると判断した。

【イ】ケース入りのままでは運転免許証の外観，形状に異常がないかどうかを十分に確認することができない。中身の確認は容易に行うことができる。

【ウ】司法書士による本件免許証の外観，形状の確認は，本人確認を行う司法書士に求められる確認としては不十分なものであった。

司法書士の過失の評価根拠事実は，①運転免許証につきケース入りのままでその外観，形状に異常がないかを確認したこと，②そのため，偽造運転免許証であることを発見できなかったこと，③その結果，免許証に貼付された写真とAの容貌を照合して同一人物と判断したことである。司法書士としては，「ケースから運転免許証を出したうえで，注意深く外観，形状を観察する」ことにより，偽造運転免許証であることを発見できた可能性があるから（結果回避可能性の存否），そのようにすべきであったと評価されたのである。

裁判例【1】は，現行の本人確認情報提供制度の重要性を重視するものであり，「本人確認義務原則モデル」と呼ぶことができる[16]。

(2)　成りすましに対する質問の精粗——【2-1】宮崎地判平22・5・26

(a)　事案の概要

司法書士Yは，XがA及びBに対し500万円を貸し付けるに際し，Xの依頼を受け，Bの夫であるCが所有する本件不動産につき，登記権利者をX，登記義務者をCとする抵当権設定登記の申請手続を行った。その際，YがCであるとして面談した人物は，A及びBがCの身代わりとして立てたD（C

---

[16]　加藤・前掲注(1)198頁。

の成りすまし）であった。Ｘは，上記登記申請手続に際し，Ｙの抵当権設定者（登記義務者）についての本人確認行為に重大な落ち度があったため，Ａらに500万円を詐取されたと主張して，Ｙに対し，登記委任契約の債務不履行又は不法行為に基づき，500万円の損害賠償請求をした。

(b) 【2-1】判決の概要

裁判例【2-1】は，「ＹはＤに対する口頭での住所確認を怠ったために，結果として，ＤがＣの身代わりであることを見抜けなかったものであり，Ｙの本人確認には過失があるが，本件において有効な抵当権設定登記が行われなかったことについては，Ｘにも過失があり，その過失割合を7割と認めるのが相当である」として，Ｘの請求を一部認容した（過失相殺7割）[17]。

裁判例【2-1】では，司法書士の過失の評価根拠事実は，①Ｄに対して生年月日を尋ねたが，住所について直接確認していないこと，②Ｄには金銭消費貸借抵当権設定契約証書の債務者欄に署名をさせたのみで，住所はＢに書かせたこと，③Ｄから提出された後期高齢者医療被保険者証などの本人確認書類には，顔写真が貼付されたものはなかったことと捉えている。本件では，ＡらはＤに対し，Ｃの生年月日，借入金額は教えたが，住所は覚えさせていなかったようであるから，司法書士が住所を確認すれば，Ｄは答えに窮し，さらに詳細な質問をしていけば，Ｄの成りすましが露見した蓋然性が高かったから，司法書士Ｙが「住所を尋ねなかったこと」が，本件における具体的な過失に当たると評価したのである。

これに対して，ＸＹの双方が控訴して，【2-2】判決で，【2-1】が取り消された。

(3) 偽造運転免許証のチェック ——【3-A】京地判24・12・18

(a) 事案の概要

Ａが所有する不動産を売買により取得したＢから，さらにＣが売買により取得する際，Ｘが売買のトラブルにより生じた損害をＣに対して保証する旨の契約を締結していた。司法書士であるＹは，ＡＢ間の売買において，実際にはＡではないＤ（Ａの成りすまし）から所有権移転登記手続の委任を受け，その際，本人確認における注意義務を怠ったため，ＤをＡであると誤って認

---

(17) 加藤・前掲注(1) 201頁。

識し，AからBへの所有権移転登記手続の申請を行い，その旨の登記が経由された。その結果，CがAから所有権移転登記抹消登記手続請求訴訟を提起される等のトラブルが発生し，上記保証契約に基づきXがCから債権を差押されるなどして損害を被ったと主張し，XがYに対して，不法行為に基づいて損害賠償を求めた。なお，本人確認の際にDがYに提示した運転免許証は偽造の運転免許証であった。

(b)【3-A】判決の概要

裁判例【3-A】は，本人確認情報提供制度の趣旨からすれば，司法書士等の資格者代理人が本人確認を行うに当たっては，登記義務者本人に対する事前通知制度に代替しうるだけの高度の注意義務が課されている（裁判例【1】と同旨）と判示し，Yの行ったDに対する本人確認が不十分かつ不適切なものであり，過失があったとして，Yの責任を肯定した。

司法書士の過失の評価根拠事実は，①運転免許証許の有効期間につき，誕生日が昭和10年5月23日であれば，道路交通法92条の2第1項により，運転免許証の有効期間は誕生日から1月を経過する日とされているから，本件運転免許証の有効期間は平成00年6月23日となるべきところ（道路交通法92条の2第1項），本件免許証は同年5月23日までとなっていたこと，②委任状及び登記原因証明情報に捺印した印影と印鑑証明書の登録印影が異なっていたこと（Yが印影につき印鑑証明書の登録印影と一致しているかの確認を怠ったといわざるを得ない），③本件登記申請に至る経緯からして，真実A本人による売買であるか慎重に判断すべきであったことである。

上記①につき，Yは，過失の評価障害事実として，司法書士には運転免許証が偽造であるかどうかを見抜く専門的能力はないこと（したがって，運転免許証が偽造である可能性を想定した審査まで必要とするのは過大な要求である）と反論した。しかし，裁判例【3-A】は，これを容れず，道路交通法に明記されている以上，司法書士として当然に知っておかなければならない知識であるとし，運転免許証の提示を受ける日において有効なものかどうかのみを確認すれば足りるという旨の主張を排斥した。

(4) 偽造運転免許証のチェック──【3-B】東京地判平26・6・25

(a) 事案の概要

不動産売買契約により所有権移転登記を経たXは，前所有者Aとの売買契

約がＡを名乗る別人（偽Ａ）との間で締結されたことに関し，同登記手続の委任を受けた司法書士Ｙが，Ａの本人確認を怠ったことによるとして，Ｙに対し，購入代金（保証人による填補額控除後の残額）等の支払を求めた。裁判例【3-A】と同じ事実関係をもとにした案件である（本件Ｘは【3-A】に登場するＣである。）。

(b)【3-B】判決の概要

裁判例【3-B】は，Ｙが，本人確認時に提示を受けた運転免許証は，道交法に反する記載があるもので真正なものではなく，Ａを偽Ａと気づかず本人確認情報を作成したことは過失があると認定し，損害賠償責任を肯定した（過失相殺3割）。

司法書士の過失の評価根拠事実としては，①生年月日が昭和10年5月23日であれば，運転免許証の有効期間は平成00年6月23日となるべきところ，これは同年5月23日までとなっていたこと（【3-A】と同旨），②免許証番号の上から3ケタ目と4ケタ目が免許取得年の西暦の下2ケタとされているところ，本件免許証は，免許を取得した年と番号が不整合であったことである。

すなわち，裁判例【3-B】は，司法書士としては，①道路交通法92条の2第1項により，運転免許証の有効期間は誕生日から1月を経過する日とされていること，②免許証番号の上から3ケタ目と4ケタ目が免許取得年の西暦の下2ケタとされていることを基本知識として弁えておくべきであり，それが本人確認義務の前提であると判示するものである。本件では，Ｙは，過失の評価障害事実として，自分は運転免許を持っていないこと（したがって，上記知識を欠いてもやむを得ない）と主張したが，裁判例【3-B】は，同【3-A】と同様に，司法書士の注意義務は軽減されないとした。

(5) 印鑑登録証明書の真否のチェック ── 【5】東京地判平26・11・17

(a) 事案の概要

本件土地建物の所有者Ａに成りすました自称Ａは，土木建築業者兼不動産業者Ｘとの間で，3500万円で売買契約を締結し，Ｘは司法書士Ｙに，所有権移転登記手続を委任した。Ｙは，登記申請手続をしたが，自称Ａの印鑑登録証明書は偽造したものであり，申請が却下された。そこで，Ｘが，Ｙに対し，登記義務者の本人確認義務を怠り成りすましを看過したことにつき債務不履行に基づき損害賠償を求めた。

IV 現行不動産登記法の下における本人確認義務違反に関する裁判例

(b)【5】判決の概要

裁判例【5】は，Yは，Xから，運転免許証や印鑑登録証明書等の登記申請書類の真否確認を含む登記義務者の本人確認を委任されたものであると認定した上で，Xの請求を一部認容した（過失相殺7割）。

司法書士の過失の評価根拠事実としては，①本件運転免許証にはインクのにじみ，本件印鑑登録証明書にも印字のずれ，消去した文字の残像のようなものがあったこと，②平成21年に東京法務局及び東京司法書士会がした注意喚起では，偽造された印鑑登録証明書には氏名や住所等の上書きした部分に消去した文字の残像が一部残っていると紹介されていること，③上記書類の不審な痕跡を看過し，運転免許証の顔写真との風貌の一致や生年月日等を確認したのみであったことである。上記①②から，司法書士としては，上記書類が真正なものか，これを所持する自称AがA本人であるかを証明できる客観的資料の提出をさらに求め，Xに対しても不審な点があることを伝えて注意喚起をする義務があったと評価し，③の事実から，本人確認を怠った過失による債務不履行がある旨の判断をしたものであった。

以上のように，裁判例【5】は，司法書士の委任事項につき，単に登記申請代理だけでなく，運転免許証や印鑑登録証明書等の登記申請書類の真否の確認を含む本人の確認であるとして，債務不履行責任を肯定したのである。

3 本人確認義務違反否定事例

(1) 成りすましに対する質問の精粗 ── 【2-2】福岡高宮崎支判平22・10・29

(a)【2-2】判決の概要

裁判例【2-2】は，次のような理路により，司法書士の民事責任を否定した[18]。

【ア】司法書士が登記申請を依頼される場合，依頼者の権利が速やかに実現されるように登記必要書類の徴求を指示し，依頼者が用意した書類相互の整合性を点検して，その目的に適った登記の実現に向けて手続的な誤謬が存しないか調査確認する義務を負う。本人性や登記意思の存否は，原則として，適宜の方法で確認すれば足りる。

---

(18) 加藤・前掲注(1) 201頁。

9 司法書士の本人確認義務と成りすまし対応〔加藤新太郎〕

【イ】司法書士の本人確認義務は，疑念性が存する場合に生じる。具体的には，①特に依頼者からその旨の確認を委託された場合，②依頼の経緯や業務を遂行する過程で知り得た情報と司法書士が有すべき専門的知見に照らして，事者の本人性や登記意思を疑うべき相当の理由が存する場合である。

【ウ】Yには登記義務者Cの本人性や登記意思を疑うべき相当の理由があったとはいえず，本人確認義務はなかった。

(b)【2-2】判決の判断枠組み

　裁判例【2-2】の判断枠組みは，①一般的調査確認義務を肯定する一方で，本人確認義務については適宜の方法で足りるという規範を定立し（【ア】），②本人確認義務が生じるのは，疑念性がある場合に限定する（【イ】）ものである。【イ】のような考え方は，司法書士は，（ⅰ）当事者の本人性や登記意思の存否に関する事情を知り得る立場にはない，（ⅱ）当事者の取引や内部事情に介入することはその職分を超えたものである，（ⅲ）当事者の本人性や登記意思の存否は，本来的に取引の相手方である依頼者において調査確認すべきものであるという認識によるものである。ある意味では現実的な見方であり，司法書士の専門家責任と登記事務の迅速処理，取引当事者の自己責任と調和させようとの意図を有する。

　このような判断枠組みを「疑念性判断モデル」と呼ぶことができる[19]。「疑念性判断モデル」のルーツは，最判昭和50・11・28（金法777号24頁）である。これは，「司法書士が，登記義務者の代理人と称する者の依頼により所有権移転登記申請をしたが，不実の登記になった場合において，登記義務者本人について代理権授与の有無を確かめなかったことが，司法書士の過失となるか」という問題が争点となったケースであり，「司法書士において依頼者の代理権の存在を疑うに足りる事情があるときには，その点の確認義務が生じる」という規範が定立された。すなわち，司法書士の確認義務の存否を「疑念性」により判定しようという判断枠組みである[20]。

　疑念性判断モデルの下では，「標準的な司法書士が登記申請代理を遂行するプロセスにおいて疑念を生じさせる事情があったか否か」という点が争点とな

---

(19)　加藤・前掲注(1)204頁。

(20)　加藤・前掲注(1)219頁-221参照。

る。本件においては，(a)Cの印鑑登録証明書，後期高齢者医療被保険者証などの本人確認書類の提示を受けていることをどのように評価すべきか，(b)「DがCの替え玉としてY事務所に来所し，Yが氏名，生年月日，借入金額について質問した際に，Dは，誤って『大正13年……』と回答し始め，その直後，隣に座っていたAに身体を突かれ，暗記させられていたCの生年月日に訂正した」事実が認定されるかなどの点が問題となる。このうち，(a)について，裁判例【2-1】は，後期高齢者医療被保険者証などは顔写真が貼付されたものではなく本人確認として不十分と評価したのに対して，裁判例【2-2】は，「○○県司法書士会依頼者等の本人確認等に関する規程」を遵守した本人確認及び登記意思確認の方法であることから，一応の確認は行ったと評価した。また，(b)についても，裁判例【2-2】は証拠上認定できないとした。つまり，裁判例【2-2】は，本件においては，疑念性（Cの本人性や登記意思を疑うべき相当の理由）を基礎づける事実は認められなかったと判断し，過失評価も消極に解したのである。

(2) 登記済証等の真否のチェック ── 【6】東京地判平27・11・10

(a) 事案の概要

Xは，土地の売買契約を締結するに先立ち，司法書士であるYとの間で，同土地の所有権移転登記手続業務等の委任契約を締結し，本件売買契約の締結への立会いを依頼した。本件売買契約当日，Yにより，売主と称する者（成りすまし）が持参した運転免許証，登記済証及び印鑑登録証明書の内容が確認された上で，Xと成りすましとの間で売買代金の授受が行われた。しかし，その後，法務局において上記登記済証等の偽造が発覚し，当該登記申請が却下された。そこで，Xは，Yに対し，売主が所有権登記名義人本人であることの確認，印鑑登録証明書による実印の確認及び真正な登記済証であることの確認を行うべき本件委任契約上の注意義務を怠ったとして，債務不履行に基づき，売買代金相当額の損害賠償を請求した。

(b) 【6】判決の概要

裁判例【6】は，債務不履行に当たらないと判断した。

つまり，裁判例【6】は，Yは，本件において，「司法書士としての専門的知見に照らし，登記申請書類の真否について，その場で行い得る現実的な調査確認の方策を行うべき注意義務」を負うが，疑念性（詐称人が申請の権限を有す

9 司法書士の本人確認義務と成りすまし対応〔加藤新太郎〕

る登記名義人であることを疑うに足りる事情）は認められない以上，「登記手続申請に必要な書類の用紙や印影の状態を目視で確認した」ことで足り，「詐称人の持参した運転免許証につき確認義務を怠ったとはいえない」とするのである。

その前提として，「依頼者の用意した書類が偽造，変造されたものか否かの成立に関する真否については，本来的に依頼者において調査確認すべきものであるから，司法書士は，原則として調査義務を負わない」という認識がある。しかし，司法書士は，「①依頼者から特別に真否の確認を委託された場合や，②当該書類が偽造又は変造されたものであることが一見して明白である場合のほか，③依頼の経緯や業務を遂行する過程で知り得た情報と司法書士が有すべき専門的知見に照らして，書類の真否を疑うべき相当な理由が存する場合は，その書類の成立について調査確認して依頼者に報告したり，少なくとも依頼者に対して注意を促すなどの適宜の措置を取る義務がある」が，疑念性の認められない本件において，Yは，③の義務を怠ったということはできないと判断したのである。このような司法書士の調査義務についての理解は，裁判例【2-2】と同旨のものである。裁判例【6】も疑念性判断モデルによったものということができる。

4 本人確認義務違反肯定否定併存事例

(1) 登記済証の真否のチェック ──【4】東京地判平25・5・30

(a) 事案の概要

不動産業及び金融業を営むXは，本件土地の所有者Zと称する者（自称Z，成りすまし）と訴外会社の間での売買契約（前件，本件第1売買契約），訴外会社とXの間での売買契約（後件，本件第2売買契約）及び各所有権移転登記手続を同じ日に行った。Xは，その後自称Zが成りすましであることが判明したために，本件土地の所有権を取得できなかった。そこで，Xは，訴外会社から前件の登記手続（登記申請をすること）の委任を受けた司法書士Y₁と，Xから後件の登記手続の委任を受けた司法書士Y₂には本件土地の登記済証が偽造されたものであることを看過した注意義務違反があると主張して，Y₂に対しては不法行為又は債務不履行に基づき，Y₁に対しては不法行為に基づき，本件土地の売買代金等相当額の損害賠償を求めた。

(b)【4】判決の概要

Ⅳ　現行不動産登記法の下における本人確認義務違反に関する裁判例

　裁判例【4】は，Y₁の責任は肯定した（過失相殺9割）が，Y₂の責任は否定した。

　全体について，「司法書士は，登記手続を依頼された場合，依頼者の用意した書類が偽造，変造されたものであるか否かについては，原則として調査すべき義務を負わないが，①特に依頼者からその真否の確認を委託された場合や，②当該書類が偽造又は変造されたものであることが一見して明白である場合のほか，③司法書士が有すべき専門的知見等に照らして，書類の真否を疑うべき相当な理由が存する場合には，依頼者に対して，依頼者の用意した書類の真否について調査すべき義務を負う」。

　Y₁については，「不動産登記法上，登記手続をする場合，原則として登記義務者の登記識別情報を提供しなければならないが（同法22条），本件のように連件申請がされたときには，後件の登記手続の際に提供すべき登記識別情報が提供されたものとみなされる（不動産登記規則67条）。このように，連件申請においては，前件と後件の登記手続が密接な関連性を有しており，前件の登記が完了することが後件の登記のために必要となることに加え，司法書士が公益的な責務を負っていることからすれば，連件申請であることを知って前件の登記手続を受任した司法書士は，その依頼者（前件の登記権利者かつ後件の登記義務者）に対してだけではなく，委任関係のない後件の登記権利者に対しても上記調査義務を負うというべきであり，かかる調査義務を怠って後件の登記権利者に損害を生じさせた場合には，後件の登記権利者に対して不法行為責任を負う」ところ，「司法書士が，不動産の所有権移転登記申請手続を行うに際して，登記義務者（現在の権利者）への所有権移転の原因の日付が登記記録と登記済証とで齟齬がないかを確認することは基本的審査事項であり，通常の注意を尽くせば本件登記済証の誤記（所有権移転に係る原因行為の年月日について，本件登記済証では「平成壱参年八月参日売買」となっているが，全部事項証明書では平成13年8月31日売買となっていた）を発見することは容易であり，この誤記は本件権利証の真否を疑うべき相当な理由に当たるといえ，Y₁には本件登記済証の真否を調査すべき義務を怠ったことが認められ」，Xに対して不法行為責任を負う。

　Y₂については，「登記手続が連件申請の方法により行われる場合において，前件の登記手続を代理する別の司法書士がいるときは，後件の登記手続を代理

する司法書士は，原則として，前件の登記手続書類については，前件の登記が受理される程度に書類が形式的に揃っているか否かを確認する義務を負うに止まるというべきであって，前件の登記手続書類の真否について確認することを依頼者との間で合意したか，前件の登記手続を代理した別の司法書士が，その態度等から，およそ司法書士としての職務上の注意義務を果たしていないと疑うべき特段の事情がない限り，前件の登記手続書類の真否について調査すべき義務を負わないものと解するのが相当」であり，疑念性（前件の司法書士が職務上の注意義務を果たしていないと疑うべき特段の事情）が認められない本件では，Y₂に責任はない。

裁判例【4】は，連件申請ケースにおいて，後件の登記手続のみ申請代理をする司法書士の登記書類真否調査義務の判定につき，疑念性判断モデルにより，これを消極としたものである[21]。

V　考察と私見

1　検討結果の整理

成りすましケースの裁判例を検討した結果明らかになったところを，法的構成，責任の成否，判断枠組みなど観点から整理しておこう[22]。

第1に，法的構成についてみよう。不法行為構成をとるものは，裁判例【1】，【2-1】，【3-A】，【3-B】，【4】，【5】であり，債務不履行構成をとるものは，裁判例【2-2】，【6】である。

登記申請代理をした依頼者が請求主体になるのであれば，債務不履行構成でよさそうであるが，司法書士の債務は手段債務であり，一定の善管注意義務違反を主張立証することが必要となり，不法行為構成をとる場合とで実際上の差異は少ない。そうしたことから，法的構成それ自体からは，格別の意味ある命題を導くことはできない。

---

(21)　裁判例【4】と同様の理由により，連件ケースにおいて，後件の登記手続のみ申請代理をする司法書士につき，特段の事情（疑念性）のない限り，前件の登記義務者の本人確認をする義務はないとした裁判例（東京地判平 27・12・21 判タ 1425 号 28 頁）がみられる。

(22)　加藤・前掲注(5)②19 頁。

V 考察と私見

第2に，司法書士の責任の成否である。司法書士の責任を肯定したものは，裁判例【1】，【2-1】，【3-A】，【3-B】，【4】，【5】であり，その責任を否定するものは，裁判例【2-2】，【4】，【6】である。その結論が分かれたものがある（【2-1】，【2-2】）が，それを除いて，事実関係との関連では個別の結論はおおむね妥当であると受け止めることができる。

第3に，司法書士の本人確認義務及び義務違反の判定における判断枠組みとしては，「本人確認義務原則モデル」と「疑念性判断モデル」とがみられた。「本人確認義務原則モデル」は，裁判例【1】，【3-A】，【3-B】が採用し，「疑念性判断モデル」は，裁判例【2-2】，【4】，【6】が採用する立場である。裁判例【2-1】，【5】は，いずれの立場であるか明らかではない。もっとも，裁判例【5】は司法書士が書類の真否確認を含む本人確認を依頼されていたケースであるから，疑念性の有無にかかわらず，注意義務を尽くすことが要請されていたものである。

第4に，司法書士層としては，成りすましを見破る能力とスキルを体得することを目標とすべきである。そのためには，裁判例【1】，【2-1】，【3-A】，【3-B】，【4】，【5】において具体化された過失評価根拠事由を学ぶことが有用であると考えられる。各裁判例にあらわれた，偽造運転免許証のチェック（【1】，【3-A】，【3-B】），成りすましに対する適切な質問の方法（【2-1】，【2-2】），登記済証の真否のチェック（【4】，【6】），印鑑登録証明書の真否のチェック（【5】）における留意事項は，日常的な登記代理申請の執務に役立つものである。

2 判断枠組みモデルの提唱

司法書士の本人確認義務違反の存否の判断枠組みをいかに考えるかは，その結論を左右することもあるという意味で重要である。

結論との関係からいえば，「本人確認義務原則モデル」は，「司法書士が，本人情報の提供の前提として本人確認を行うに当たっては，登記義務者本人に対する事前通知制度に代替し得るだけの高度の注意義務が課せられる」という理解がされ，具体的な本人確認義務を肯定し，その違反と評価されることが多くなる。これに対し，「疑念性判断モデル」を採用する立場においては，具体的な本人確認義務の発生は限定され，ひいては結論において義務違反と評価されることが少なくなる傾向をうかがうことができる[23]。

9 司法書士の本人確認義務と成りすまし対応〔加藤新太郎〕

　従前は，司法書士の善管注意義務違反を判定する際において「疑念性判断モデル」を採用する裁判例が，少なからずみられ，司法書士の専門家責任と登記事務の迅速処理，取引当事者の自己責任との安定的調和との観点から，一定の合理性を有するものと受け止められていた[24]。これに対して，「本人確認義務原則モデル」は，本人確認情報提供制度が採用された現行不動産登記法が施行された後にみられる判断枠組みである。

　もっとも，両者は，必ずしも論理的に排斥しあうものではない。この点について，司法書士の本人確認義務は，「疑念性判断モデル」と「本人確認義務原則モデル」とを折衷するような適正モデルを構想し，「疑念性判断維持・修正モデル」を提唱したことがある[25]。しかし，このモデルの説明ぶりは，いささか分かりにくかったので，今回，これを整理し直すことにする。

　二つのモデルが論理的に排斥しあうものではないという意味は，「本人確認義務原則モデル」においても，標準的な技能を有する司法書士が水準（登記義務者本人に対する事前通知制度に代替し得るだけの注意義務）と目される本人確認・書類真否確認を行っても，なお疑念性がない場合には，注意義務違反を問われることはないからである。具体的には，完璧に成りすました関係者が本物と見分けがつかない精巧な偽造書類を提示した場合に，司法書士が，上記注意義務を尽くしたとしても，疑念性をうかがうことができなかったために，成りすましも書類の偽造もみつけられなかったケースでは，「回避可能性なし」という理由で注意義務違反（過失）とは評価されず，民事責任は問われることはない。

　つまり，「本人確認義務原則モデル」の判断枠組みは，つぎのようなものである。

【A】　本人情報の提供の前提として本人確認における，登記義務者本人に対する事前通知制度に代替し得るだけの高度の注意義務性の原則的肯定。

【B-1】　疑念性のないことを本人確認義務の発生障害事由とする例外性の肯定。

【B-2】　回避可能性のないことを過失の評価障害事由とする抗弁の承認。

　したがって，このモデルでは，被告である司法書士が「疑念性のないこと」

---

(23)　加藤・前掲注(5)② 20頁。
(24)　加藤・前掲注(1) 221頁。
(25)　加藤・前掲注(5)① 16頁。

206

V 考察と私見

を抗弁として主張証明することになる。これに対して,「疑念性判断モデル」
では,原告である依頼者が,疑念性のあることを過失の評価根拠事実として請
求原因として主張証明することになるのである。前者の方が,本人確認情報提
供制度が採用された現行不動産登記法の下における本人確認義務のあり方とし
て整合的であるように思われる。

　もっとも,「疑念性判断モデル」は,書類真否確認義務や書類調査義務に重
点があり,登記事務の迅速処理の要請,取引当事者の責任と司法書士の責任と
の役割分担と調和との観点を考慮しているのであり,その限りで合理性を有す
る。そこで,(ア)本人確認義務が中心となるケース,(イ)それ以外の書類真
否確認義務・書類調査義務が中心となるケース,(ウ)両者が競合している
ケースとで,判断枠組みをシフトすることが相当と考えられる。すなわち,
「本人確認義務原則モデル」は(ア)類型と(ウ)類型,「疑念性判断モデル」は
(イ)類型を分担するのである。

　司法書士の本人確認義務違反の存否が争点となるケース群について,一律に,
いずれかのモデルで判断するのではなく折衷モデルである「本人確認義務原
則・疑念性判断折衷モデル」が,これからの判断枠組みとして相当なものと考
える[26]。

　なお,現段階では,裁判例は,「本人確認義務原則モデル」と目されるもの,
「疑念性判断モデル」の立場をとるものとが拮抗している。この後,いずれに
収束していくかは,定かではないが,類型に応じた棲み分けの方向が望ましい
と考える。この種の案件を担当する裁判官としては,「本人確認義務原則・疑
念性判断折衷モデル」によって,類型を見極めて審理・判断していくことが適
正な結論を導くものであると考え,このような枠組みを提唱することにしたい。

---

[26]　加藤・前掲注(5)①16頁では,「疑念性判断維持・修正モデル」として「①疑念性ある
　　ことを前提とする本人確認義務の措定,②疑念性判断の緩和による本人確認義務顕在
　　化の拡充」を提唱してきたが,改説する。

10 仮処分の裁判と登記

金　　祥　洙

I　は じ め に

　仮処分を命ずる裁判がなされれば，それが狭義の意味であれ広義の意味であ
れ，およそ執行（一般に登記）が行われる。仮処分裁判の効力が生ずるのは，
そのような執行をしたときであるか，さもなければその裁判の送達・告知をし
たときであるかにつき争いがある。この研究での主たる対象となる職務執行停
止・代行者選任仮処分（以下，「職務停止仮処分」と略する）でもその登記をす
べきこととなっているが，その仮処分の効力は登記時なのか，それともその裁
判の送達・告知のときなのかという問題である。この問題につき，民事保全法
を単一法として制定した日本では，立法的に解決されたといわれている。他方，
日本の民事保全法を一定の部分に限って民事執行法の中で導入した韓国では，
立法的に解決されたのか，それとも解釈に任されているのか明らかでない。
　この点につき，韓国の学説ではまだ十分に研究されているとはいえず，実務
家による研究や実務の指針が主に出されている状況である。ところが，最近，
次章でとりあげるように，職務停止仮処分の効力と登記についてふれた重要な
大法院の判例（以下，「本件判例」と略する）が登場するようになった。本稿は，
本件判例の意義にふれながら，職務停止仮処分の効力と登記という問題をあら
ためて検討しようとする研究である。
　本稿では，仮処分の中でも職務停止仮処分を中心にその効力と登記の問題を
検討する。すなわち，その登記は仮処分の執行として効力発生要件であるか否
かである。もっとも，必要によっては仮処分の効力の一般的な部分（たとえば，
処分禁止仮処分など）にも言及したい。

『21世紀民事法学の挑戦』加藤雅信先生古稀記念〔信山社，2018年3月〕　　*209*

10 仮処分の裁判と登記〔金　祥洙〕

Ⅱ　最近の大法院の判例

1　事実関係

　職務停止仮処分がなされれば，登記嘱託が合わせて行われる（韓民執法306条，日民保法56条）。韓国の実務では，およそその裁判の送達・告知の前に嘱託によって登記が行われるか，遅くとも同時に登記が行われている。職務停止仮処分は，当事者だけでなく第三者にも絶対的な効力（対世効）を有する。このような効力発生を明確にするために，また善意の第三者に不測の損害を与えないために，登記が必要となるが，この登記のときにはじめて職務停止仮処分の効力が発生するのか，登記されない場合にはそのような効力が発生しないのか，問題となるのである。

　本件判例（大判2014.3.27，2013다39551）は，職務停止仮処分を登記すべきだったにもかかわらず，結果的に登記をすることができなかった場合に関するものである。まず，やや複雑な事実関係の整理から議論を進めていきたい。

　2011年4月6日，Xは釜山地裁東部支院にY会社等を相手に株主総会決議不存在確認等を求める訴えを提起した。本件の訴訟途中である2011年6月20日に，訴外BはYの社内理事および代表理事に就任した。本件の訴えでは2011年12月15日に（正本の送達は同月22日），X敗訴を命ずる一審判決が下され，2012年1月4日に控訴が提起された。

　控訴審の途中である2012年5月4日に，Y2はYの社内理事に就任した。また，同年6月28日に訴外Aは，「株主総会を開催してBとY2をYの社内理事から解任し，XとA，C，D，E，F，GをYの社内理事として選任する決議をした」という内容の株主総会議事録を作成した。続けて同日に，Aはその株主総会決議に基づき，「BをYの社内理事および代表理事から解任し，Y2をもYの社内理事から解任するとともに，EをYの社内理事および代表理事に選任し，X，A，C，D，F，GをYの社内理事に選任する」という内容の役員変更登記を済ませた。

　さらに，2012年7月17日に，B・Y2・Y3は，X・A・C・D・E・F・Gを相手として，釜山地方法院東部支院に職務執行停止・職務代行者選任の仮処分を申し立てた。この仮処分手続の途中である2012年11月8日に，E・Fの社

210

内理事（および E の代表理事）の辞任登記と A の代表理事の就任登記がなされたが，このような登記のあった事実が知られないまま，約 10 日後である 2012 年 11 月 19 日に，「B，Y2，Y3 の Y に対する株主総会決議不存在確認事件の本案判決の確定時まで，E は Y の代表理事および理事の職務を，X・A・C・D・F・G は Y の理事の職務をそれぞれ執行してはならない。この職務執行停止期間中に B を Y の代表理事および理事の職務代行者に選任する」という内容の仮処分認容決定（以下，「本件仮処分決定」という）がなされた。ところが，仮処分申請の後に役員登記が変更されるという時間的な理由により，本件仮処分決定の内容と登記の現状が一致しなくなったため，本件仮処分決定に伴う登記が不可能となった。

　一方，2013 年 2 月 25 日に，本件訴訟の原審において，X の訴訟代理人は Y の代表理事を登記簿上の A に訂正して Y の住所地を補正し（これは，Y の代表理事が原審の弁論期日に出席しなかったためである），原審はその後 A に弁論期日通知書などをすべて送達した。そして，2013 年 4 月 23 日に原審では X 勝訴判決がなされ，この判決正本は A に送達された。このような原審判決に対して上告が提起され，ここでの争点は，原審手続の途中に原告である X が裁判所の仮処分によって代表理事の代行者として選任された B でない A に当事者表示の訂正をした上で，A に送達したことは違法であったか否かである。言い換えれば，登記のない本件仮処分決定の効力は，X にも及ぶかという問題である。

2　判　旨

　大法院は破棄・差戻しをしたが，まず原則論として次のような法律判断を下した。

　「株式会社の理事の職務執行を停止し，職務代行者を選任する仮処分は，性質上当事者間だけでなく第三者に対する関係においても効力が及ぶから，仮処分に反してなされた行為は第三者に対する関係においても無効となり，仮処分によって選任された理事職務代行者の権限は裁判所の取消決定のあるまで有効に存続する（これまでの判例を引用—筆者注）。また，登記すべき事項である職務執行停止および職務代行者選任の仮処分は，商法第 37 条第 1 項によってこれを登記しなければ，かかる仮処分でもって善意の第三者に対抗することがで

きないが，悪意の第三者には対抗することができ，株式会社の代表理事および理事に対する職務執行を停止し，その職務代行者を選任する裁判所の仮処分決定は，その決定の前に職務執行が停止された株式会社の代表理事の退任登記と職務執行が停止された理事に対しては依然その効力があるから，その仮処分決定に基づき選任された代表理事および理事の職務代行者の権限は有効に存続し，その反面，その仮処分決定の前に職務執行が停止された理事が代表理事に選任されたとしても，その選任決議の適法の如何にかかわらず，代表理事としての権限を有することはできない。」

次に，このような法理を先にみた事実関係に次のように適用する判断を下した。

「本件仮処分決定に関する登記がなされていないとはいえ，本件仮処分決定はその当事者であったＸにも当然その効力が及ぶし，本件仮処分決定によって 2012 年 11 月 19 日からＹを代表すべき適法な権限のある者は，代表理事および理事の職務代行者として選任されたＢであると解すべきである。それにもかかわらず，かかる事情を知っていたと解されるＸが 2013 年 2 月 25 日にＹの代表理事をＡに訂正する内容の違法な当事者表示訂正申請をして，それによってＹの適法な代表者でないＡに訴訟書類が送達され，Ｙの代表者であるＢが帰責事由なく原審の第 6，7 次の弁論期日に出席して攻撃防御方法を提出する機会を奪われ，そのまま弁論が終結された結果，Ｙは当事者として手続上与えられた権利を侵害されたのである。このような場合にも当事者が代理人によって適法に代理されなかった場合と同じく，民事訴訟法第 424 条第 1 項第 4 号（日民訴法 312 条 2 項 4 号）の規定を類推適用することができるから，この点から原審判決は違法である。この点を指摘する趣旨のＹの上告理由の主張もまた理由がある。」

以上のように，破棄・差戻判決がなされ，差戻審では 2015 年 8 月 13 日に控訴を棄却する判決によって事件は終了した。

Ⅲ　仮処分の執行と登記

1　序
本件判例では，代表理事であったＥはＹの代表理事および理事としての職

務執行停止を，理事であったＡとＸは理事としての職務執行停止を，それぞ
れ命ずる仮処分がなされたが，Ｅに対する代表理事としての職務執行停止とＢ
の職務代行の部分の登記が不可能になったものと推測される。すると，現状は，
代表理事として登記されている者はＡであり，仮処分は代表理事Ｅの職務執
行停止とＢを職務代行者と命ずる決定であったが，その登記がなされていな
い状態である。このような場合，現在のＹの代表理事はＡであるかＢである
かが問題となったわけである。本件判例は，仮処分によってＢが適法な代表
理事であり，このような事実を登記がなくても知っていたＸにおいても，適
法な代表理事がＢであるという効力が及ぶとした判断であるといえよう。

　とくに，本件判例は，仮処分が取り消されない限り，職務代行者の権限は有
効であるという先例を引用しながら説示している。このことは当然な解釈とし
て議論の余地はないであろう[1]。また，職務停止仮処分が対世効のある点につ
いても判例と学説に差異はない[2]。職務停止仮処分でなされる登記も狭義の執
行でない広義の執行であるという点にも異説はみられない[3]。その他，初めか
ら登記が不可能であれば，登記と仮処分の効力の関係を論じるまでもなく，仮
処分自体の裁判の効力として対世効をもつことになるであろう[4]。

---

(1)　仮処分の後に新たな理事が選任されたとしても仮処分決定が取り消されない限り，職
　　務代行者の権限は有効に存続し，新たな代表理事は代表理事等の権限を有することはで
　　きない（大判 2010.2.11, 2009 다 70395[このような判例の引用はすべて大法院の判例
　　の韓国での方式に従ったものである－以下同]）。ただし，新たな代表理事の選任という
　　理由により事情変更を理由とした仮処分取消を求めることができる（大判 1997.9.9,
　　97 다 12167）。このとき，事情変更による仮処分の取消の申請適格者についての問題が
　　あるが，韓国の判例は仮処分事件の当事者となれない法人などは，その仮処分取消申請
　　をすることができないと解する（大判 1997.10.10, 97 다 27404）。また，韓国の実務で
　　は，職務代行者も自己が選任された仮処分の取消を求めることができないと解されてい
　　る（法院行政処『法院実務提要　民事執行[Ⅳ] ── 保全処分』(2014 年) 427 頁以下[韓
　　国の大法院により刊行されている実務の指針書である]）。逆に，韓国の判例（大判
　　1968.1.31, 66 다 842)は，仮処分目的物（物権）の特定承継人は適格者になることがで
　　き，学説でも同様である。この 1968 年の判例を根拠に，仮処分発令後に新たに選任さ
　　れた代表者や理事は，仮処分債務者の代表者や理事の地位の特定承継人として直接事情
　　変更による仮処分申請の適格を有すると解する見解もある（『法院実務提要』前掲書
　　428 頁)。さらに，仮処分申請が取り下げられ仮処分執行が取り消されても遡及効はな
　　い（大判 2008.5.29, 2008 다 4537)。

10 仮処分の裁判と登記〔金　祥洙〕

2　関連法規の比較

　本稿でとりあげる問題点は，民事執行法や商法などの関連法規の内容とも密接に関連しているが，それらはまた日本法の関連規定とも類似しており，両国の関連法規を比較しておくこととする。

　まず，韓国の商法183条の2は，「業務執行停止仮処分等の登記」という題目で，「社員の業務執行を停止または職務代行者を選任する仮処分をし，またはその仮処分の変更・取消をする場合には，本店および支店のあるところの登記所にこれを登記しなければならない。」という内容で，2001年12月29日の改正によって規定されたものである（日本と異なって会社法の部分が商法の中にある）[5]。この規定とほとんど同じ時期に民事訴訟法から分離・独立して制定された韓国の民事執行法306条は，「法人役員の職務執行停止等の仮処分の登記

---

(2)　大判1992.5.12, 92 다 5638など。권성 외『仮処分의 研究〔改訂版〕』（2008年）5頁（〔韓国では現在どんどん著者名が漢字で書かれなくなっており，本稿では書名や論文名を筆者により漢字で表すことにする〕仮処分はその命令によって新たな法律関係が形成されるというその形成裁判的性格のため，また法律関係の画一的処理によって取引の安全を図るべき必要性のため，絶対的効力が認められ，したがってその効力は第三者にも及ぶ。강봉수「理事 등의 職務執行停止・職務代行者　選任의 仮処分」裁判資料38輯（1987年）；『会社法上의 諸問題(下)』252頁（対世的効力はこの仮処分が満足的仮処分であるという点から当然に導き出される効力である）。日本の場合，たとえば，松浦馨＝三宅弘人編『基本法コンメンタール　民事保全法』（日本評論社，1993年）302頁[松浦]（職務権限を喪失して代行者が権限を取得する。この効果が形成力であり，対世的に絶対的に発生する）。

(3)　김연『民事保全法』（2010年）316頁（職務執行停止等の仮処分での登記は，本来の執行というより広義の執行である）。김홍엽『民事執行法〔第3版〕』（2015年）473頁（登記は本来の執行でなく広義の執行に過ぎない）。日本の場合，高橋宏志「不動産の処分禁止仮処分」中野貞一郎他編『民事保全講座 3── 仮処分の諸類型』（法律文化社，1996年）440頁（職務執行停止代行者選任の仮処分における登記は処分禁止仮処分登記と同じく本来の執行でなく広義の執行である）。山崎潮監修＝瀬木比呂志ほか編『注釈民事保全法（下）』（民事情報センター，1999年）181頁[山崎]（処分禁止仮処分の登記に対する説明として，仮処分命令は債務者に処分の禁止（不作為）を命ずるものであり，通常の給付判決のような執行ということが考えられないが，権利保全を実効のあるものにするため登記すべき必要があるという）。松浦＝三宅編・前掲注(2)302頁（職務執行停止仮処分の場合，形成裁判であり給付裁判ではないから，狭義の執行力はなく任意履行を期する仮処分であるが，登記記入などが広義の執行として当然に行われる）。

(4)　たとえば，最高裁の判例（最判昭和41.4.19民集20巻4号687頁）は，登記することができない合資会社の業務執行社員に職務執行停止仮処分は適当な方法で当事者に告知することによって効力が発生し，その効力は第三者に及ぶとしている。

嘱託」という題目で，「裁判所事務官等は，裁判所が法人の代表者その他の役員として登記された者に対して職務の執行を停止またはその職務を代行すべき者を選任する仮処分をし，またはその仮処分の変更・取消をしたときには，法人の主たる事務所および分事務所または本店および支店のあるところの登記所にその登記を嘱託しなければならない。ただし，この事項が登記すべき事項でない場合には，この限りでない。」と定めている。韓国商法183条の2は日本会社法917条と，韓国民事執行法306条は日本民事保全法56条とほぼ同じである。

とくに，韓国民事執行法306条も，職務停止仮処分が特殊保全処分でない通常の保全処分であることを明確にした点に条文の趣旨がある。もともと職務停止仮処分は，仮の地位を定める仮処分であるというのが判例[6]であり，このような解釈を受け入れた条文でもある。これに伴って，この仮処分については民事執行法の規定が全般的に適用され，商法の規定は注意的規定として単に職務代行者の権限の範囲および公示方法などを補充したものにすぎないとするのが韓国の実務の態度である[7]。韓国がモデルとした日本民事保全法56条は，その制定の前には登記嘱託の規定が個別的に存在していたが，これを総論的に新しく規定したものである。他方，登記嘱託規定のほかにも，仮処分がなされればこれを登記事項とするという規定が必要であるが，これは前と同じく個別の法律，すなわち各法人の登記に関する規定を定める法律によるものとされた[8]。したがって，韓国商法183条の2も，登記事項という点に意義のある条文である[9]。

ところで，日本では，職務停止仮処分に関する根拠規定が民事保全法に規定されることによって，それまで商法にあった旧270条などの従来の根拠規定を

---

(5) 改正理由は，株式会社および有限会社の理事・監事・清算人については，その選任決議の無効の訴え等を提起しながら，職務執行停止・職務代行者選任仮処分を申請することができ，その命令が発令されたときにはこれを登記するように規定するという点である。

(6) 大判 1989.5.23，88 다카 9883 など（通説でもある）。김능환=민일영編集代表『注釈民事訴訟法(Ⅶ)〔第3版〕』(2012年) 833頁[권창영]。

(7) 法院実務提要・前掲注(1) 411頁。

(8) 小野瀬厚「職務執行停止の仮処分の登記」ジュリスト969号 (1990年) 248頁。

(9) 日本会社法では，同法917条のほかにも937条1項2号イで，職務代行者選任の仮処分は裁判所書記官が登記嘱託をすると規定されている。

削除した[10]。これに比し，韓国商法407条は，日本の旧商法270条と同じ条文として1962年の制定時から存在している。職務停止仮処分が通常の保全処分であるということが民事執行法によって明らかになったから，日本の場合と同じく削除（とりわけ同条の1項と2項）すべきであろう。その3項は，登記事項であるという根拠条文として商法に規定する必要があるともいえるが，このことも先にみたように，商法183条の2に規定があるのでその意義を考えにくい。その他，本件判例で引用された商法37条は，日本商法9条1項と同じである。

　以上のような条文のほかにも，この研究との関連でより重要であると考えられるのは，職務停止仮処分の執行と関連する条文である。日本の場合，民事保全法の制定の前には民事執行法での本差押の効力に関する規定（46条1項）が仮処分にも準用される（同法旧180条3項）ことになっていたため，仮処分の効力は仮処分命令が債務者に送達されたときに発生し，仮処分登記がその送達の前になされたときは，その登記時に効力が発生するということになっていた。しかし，民事保全法では47条5項と53条3項において，民事執行法46条1項（韓国民事執行法83条4項も同じである）の規定を準用せず，同法制定前の民事執行法の立場を変更した。すなわち，民事保全法の起草者は不動産の処分禁止仮処分に関する限り日本の多数説の立場を踏襲しているが，同法53条1項で確実に，「仮処分の執行は，処分禁止の登記をする方法により行う」とし，同3項では意識的に民事執行法46条1項の準用を除外させたのである[11]。これに比し，韓国民事執行法では，本差押の効力に関する規定が保全処分に対しても準用されるか否かについての明確な規定がない[12]。同法は概括的に仮差押執行に対しては本差押に関する規定を準用し（民事執行法291条），さらに仮処分の場合には仮差押を準用していること（同法301条）になっている。

3　実務の態度

　それでは，仮処分の効力と登記の問題につき，まず韓国の実務の態度からみていくこととする。もっとも，以下でふれるのが必ずしも実務の態度であると断定することはできないが，議論の展開上，実務家（とくに裁判官）らの指針

---

(10)　瀬木比呂志『民事保全法〔第3版〕』（判例タイムズ社，2009年）562頁。

(11)　松浦＝三宅編・前掲注(2) 300頁参照。

(12)　이시윤『民事執行法〔第6補訂版〕』（2014年）580頁。

となってる『法院実務提要』でみられる態度をとりあげるものである。さて，1990 年版の法院実務提要では，「この（仮処分）登記は第三者に対する公示の方法であり，仮処分の執行方法ではないから，この登記をすることによってはじめて仮処分が対外的に有効となるものではない」と述べている[13]。このことは，後述する学説からも分かるように，対抗要件説をとっている解釈ということができる。

しかし，同書の 2003 年版では，民事執行法制定の影響のためか，その態度に変化がみられる。ここでは，「この仮処分登記は，第三者に対する対抗要件であると同時に仮処分の執行方法としての性格を有することとなった」と述べている[14]。これは，効力発生要件説と同様な態度であると解される。ところが，2014 年版では，「仮処分の効力が債務者に対する関係で発生する時期と第三者に対する関係で発生する時期を一致させ，その法律関係が簡明になるように，特別の事情がない限り，各個別法上の登記期限にかかわらず債権者に仮処分が告知または送達されたときから 2 週間以内に嘱託手続をしなければならず，別途の事情のない限り，仮処分命令の送達と同時に嘱託手続をするのが望ましい」と言及している[15]。この部分は，2003 年版と差異のない部分であるが，他方で先にみた 2003 年版で述べられたことを意図的に削除している。したがって，効力発生要件説の重要部分を除いたことにより，実務の態度が現在どのようなものであるかは明らかでないといえよう。

4　学説の態度

学説については，次のような三つの見解に分けて議論するのが一般である。すなわち，①効力発生要件説（仮処分の執行方法は公示であるから，仮処分の効力はその公示によってはじめて発生する），②対抗要件説（送達・告知によって仮処分の効力が発生するが，登記しなければ第三者に対抗することができない），③善意排除説（送達・告知によって仮処分の効力が発生するが，善意者保護の規定が適用される限り，仮処分執行について善意の第三者に対してはその効力が及ばないから，公示によって第三者の善意を排除する必要がある）がそれである[16]。

---

(13)　法院行政処『法院実務提要　強制執行（下）』（1999 年）699 頁。

(14)　法院行政処『法院実務提要　民事執行［Ⅳ］』（2003 年）344 頁。

(15)　法院実務提要・前掲注(1) 429 頁。

10 仮処分の裁判と登記〔金　祥洙〕

　この中で，効力発生要件説が韓国の学説の多数説ないし通説である[17]。職務
停止仮処分が発令されたときにこれを登記すべき事項となる場合には，この仮
処分登記は第三者に対する対抗要件であると同時に仮処分の執行方法としての
性格をも有し，この登記嘱託は執行方法であるという見解である[18]。このよう
なことは，日本においても同様である。すでに，民事保全法の制定前から仮処
分の効力が発生するのは，その命令の発令時ではなく命令が執行された時であ
ると主張[19]されていたし[20]，民事保全法の制定時に当該規定を置いたのも，こ
のような見解を明確にしようとしたものである[21]。

　他方，対抗要件説は登記を公示処分にすぎないとし[22]，後にみるように善意
排除説は登記を実体法上の対抗要件と関連するものというよりは善意の第三者
の出現を排除して仮処分を実効的にするものであるという見解である。もっと

---

(16)　松浦＝三宅編・前掲注(2) 338 頁；高橋・前掲注(3) 441 頁参照。

(17)　노혁준「会社仮処分에 관한 研究 ── 基本構造와 主要 仮処分의 当事者 및 効力을 中心로」民事判例研究 32 巻（2010 年）1028 頁。김연・前掲書注(3) 316 頁。なお，韓国の学説は，主に実務家による見解である。

(18)　김능환=민일영 編集代表・前掲注(6) 853 頁。とくに，同 854 頁では，仮処分の執行の効力および第三者に対する対抗力は，登記がなされた時点に生じ，登記の第三者に対する効力はこれに関する各個別法の規定に従うので，商法によって登記すべき事項であれば，商法 37 条が適用されるとしている。この部分を本件判例が参照したものと解される。ただし，明確にすべきことであるが，そのような注釈書の主張はもともと同書の初版である，김상원 外 編集代表『注釈民事執行法(Ⅵ)』（2004 年）451 頁[조관행]の叙述をそのまま引き継いでいる。

(19)　菊井雄大＝村松俊夫＝西山俊彦『仮差押・仮処分〔3 訂版〕』（青林書院新社，1982 年）73 頁。

(20)　民事保全法の制定後にはよりはっきりと主張されている。竹下守夫＝藤田耕三編『注解民事保全法(下巻)』（青林書院，1998 年）171 頁で，仮処分執行の効力および第三者に対する対抗力は，すべて仮処分が登記された時点に発生するとし，登記の嘱託は仮処分の効力が債務者に対する関係で発生する時期とこれを第三者に対抗する効力が発生する時期を一致させ，法律関係が簡明になるように解釈するのが妥当である（登記嘱託はこの仮処分の執行方法であり，したがってその執行期間は二週間に制限）という。その他，三宅弘人他編『民事保全法の理論と実務[下]』（ぎょうせい，1990 年）574 頁。

(21)　山崎潮『新民事保全法の解説』（財政事情研究会，1990 年）292 頁では，対抗要件と執行方法の両者の性質を兼有することにより，この仮処分の執行の効力が発生する時期と第三者に対抗する効力が発生する時期が一致して法律関係が簡明になる利点があり，日本の民事保全法 56 条は登記嘱託につきそれが執行方法にもなるということを前提にして，一般的・包括的な規定を民事手続法に規定したものであると述べている。その他，小野瀬・前掲注(8) 249 頁。

Ⅲ　仮処分の執行と登記

も，このような二つの学説は主に処分禁止仮処分での登記との関連で議論している。したがって，かかる学説の内容については，より根本的に処分禁止仮処分（ないしは占有移転禁止仮処分）との関係で再検討することにする。

5　処分禁止仮処分との関係

　仮処分の効力と登記については，もともと不動産に対する処分禁止仮処分の効力と登記との関係についての議論が主になされた。まず，韓国の判例は，職務停止仮処分とは異なって，明確に不動産に対する仮処分命令がなされたとしても，それがまだ登記される前に仮処分債務者がその仮処分の内容に違反して処分行為をし，それをもとに第三者名義へ所有権移転登記等がなされたら，その登記は完全に有効であり，ただかかる仮処分命令が執行不能になるだけであるとして登記が効力発生要件であると判断している[23]。

　これに対し，韓国の学説は，まず判例と同じく登記が効力発生要件であるという見解（①説）が多数説ないし通説である。すなわち，執行（登記）の結果によって仮処分の効力が発生するという解釈である[24]。日本の場合は，先にみたように，民事保全法の制定でより確固に効力発生要件であると同時に対抗要件であるという解釈が多数説である[25]。

---

[22]　さしあたり，韓国の学説として，강봉수・前掲注(2)243頁では，この仮処分は告知（被申請者に対する送達）によって効力が生ずるから，別途の執行行為をとる必要はなく，韓国商法407条3項の登記は単純に取引の安全のためにこれを公示するためのものにすぎず，登記の前にも第三者に対する効力があるが，善意の第三者は韓国民法129条によって保護されると述べている。

[23]　大判1997.7.11，97다15012.「〔被告が本件各アパートを訴外人に分譲した経緯と時期などの記録に表れた事情に照らせば，本件各アパートについて訴外人の名義で所有権移転登記がなされたことが第一審判決言渡期日の後であるという事情だけでは，かかる登記が原告をがいするための反社会的法律行為によるものと解することはできないとした原審の判断は正当であり，原審判決に所論のような法理誤解や判断遺脱の違法があるとはいえない。／原告が被告を相手として本件アパートに対する分譲禁止の仮処分決定を受けたとしても，この仮処分はその執行に該当する登記によって初めて仮処分債務者および第三者に対して拘束力を有することになるから，その仮処分登記がなされる前に被告がその仮処分の内容に違反して処分行為をすることによって，これに基づき訴外人名義の所有権移転登記がなされたのであれば，その所有権移転登記は完全に有効であるので，同様な趣旨の原審判断は正当であり，原審判決に仮処分の効力を誤解した違法があるとはいえない。」

次に，②説である対抗要件説は少数説として，仮処分命令は形成裁判であるから執行ということはありえず，仮処分の記入登記嘱託は仮処分裁判でなく仮処分に付随する一種の公示処分にすぎないものであり，これらの実行をもって仮処分の執行であるとはいえないと解する[26]。公示処分の意義については，公示処分は仮処分裁判とは区別され，またその実行も仮処分の効力発生とは関係ないものであり，公示処分がなければ仮処分の効力を善意の第三者に主張しえず，公示処分の実行は仮処分債権者がその処分禁止効を善意の第三者に対抗することができるようにする要件になると主張する[27]。

最後に，③説である善意排除説は，韓国ではこれを主張する学説はほとんどみられず，周知のように日本の少数説の見解である。すなわち，この見解は次のように主張する[28]。処分禁止仮処分は，その成立によって執行されたものとなり，広義の執行として登記簿等の記入がなされる。仮処分命令の成立（債務者または第三者に対する送達）や登記簿への記入による法律要件的効力として処分禁止効が発生するわけではない。ただし，仮処分命令の成立だけではその成立後にまだ登記簿へ記入していない段階で仮処分について善意の第三者が目的物の権利を取得すれば，そのような第三者に処分禁止効がおよばないため，成立直後または成立と同時にもしくはその前に登記簿へ記入するのが実際上妥当であり，実務上もそのように処理されているという解釈である。

6　小　括

以上，仮処分の効力と登記に関する見解の対立にふれてみた。登記嘱託という執行の明確性を重視すれば，効力発生要件説が多数の支持をうけることも十分に納得することができよう。もともと成立要件説の形態で日本の民事保全法の規定が取り入れられたのも，仮処分命令の送達が登記に先立って行われる場

---

(24)　김연・前掲注(3) 286 頁は引き続き，実際に仮処分による登記や執行官保管などの処分を本来の意味の執行であるというのはいささか不自然なところがあるとはいえ，これを執行であるとするのが不可能ではなく，これを執行であるといえれば，裁判の効力が発生するのが執行時であると解することが間違いとはいえないであろうと述べている。

(25)　高橋・前掲注(3) 442 頁；山崎監修＝瀬木編・前掲注(3) 181 頁以下参照。

(26)　권성 外・前掲注(2) 4 頁。

(27)　권성 外・前掲注(2) 10 頁，12 頁，16 頁。

(28)　松浦＝三宅編・前掲注(2) 300 頁。

Ⅲ　仮処分の執行と登記

合は考えにくいということから，実務家の大勢であった見解を採択したものでもある[29]。

　上記した三つの見解の中で，効力発生要件説とその他の二つの学説が明確に分かれる。効力発生要件説は，効力の発生時点を明確にすることに長所があり，仮処分を通じた法律関係の画一的処理ということにも資する。とくに，登記つまり登記嘱託という疑問の余地のない確実な公示手段が伴うからである。しかし，本件判例でもみたように，そのような登記が常になされるという保障もないということに注意しなければならない。仮処分は裁判所の重要な裁判である。発令手続を経て申請者の権利を暫定的であるとはいえ裁判所が認めるものであるから，それに当たる効果が単に登記がないという理由で発生しないと解することは，裁判の有する本来の効力を無視することになるのではなかろうか。言い換えれば，効力発生要件説が送達・告知のみによっては何ら効果がなく，公示をしてこそ効果が生ずるとするが，通常の裁判の効力でみるように送達・告知によっても裁判の効力が生ずると解するのが常識であるといえよう[30]。このことは，登記時点を遅くとも仮処分裁判の送達・告知時にしようとする実務の処理とも一脈相通し，本件判例でのような不測の事態にも備えることができる解釈方法になると考えられる。

　他方，対抗要件説と善意排除説には大きな差異はみられないであろう。あえて差異をあげるとすれば，前者は背信的悪意者に対しては登記なく対抗できるが，後者は悪意の第三者に登記なく対抗できるという点である。これについては，裁判によって発生する処分制限の公示を私的法律行為によって発生する処分制限ないし物権変動の公示と同視することに根本的な問題があるといわれる[31]。このことはまた，以下でみるように，本件判例が商法の商業登記のもつ対抗要件に関する規定を根拠にすることが妥当でない点からも窺える。

　結果的に，日本でも韓国でも現行法と実務の運用からみれば，仮処分の登記を効力発生要件説でのように効力発生の要件であると解することに大きな問題

---

[29]　高橋・前掲注(3) 442 頁。日本では，民事保全法を制定する前には強制競売と類似する立場をとっていた関係で，対抗要件の具備のためのものであると解するのが一般であった（山崎監修＝瀬木編・前掲注(3) 181 頁）。

[30]　松浦＝三宅編・前掲注(2) 339 頁。

[31]　松浦＝三宅編・前掲注(2) 339 頁。

221

はないということができる。しかしながら，実務が登記嘱託を早期に行っていることから，仮処分の登記を善意者を排除するための手段と解する善意排除説をとるとしても大きな問題は生じないであろう。また，実際に登記が可能な場合であったのに事情によって登記が不可能となる場合もありえる。そのような場合をも含めてより実際に適合する柔軟な解釈をあげるとすれば，効力発生要件説よりは善意排除説になるのではなかろうか。

IV　商業登記の効力との関係

1　商業登記の意義

本件判例は，職務停止仮処分の登記につき，商法を適用して商業登記としての意味を付与している。この解釈は，先にみた実務家の解釈[32]を判例が受け入れたものである。しかしながら，もともと商業登記の効力については，日本商法9条（旧商法12条）の登記は登記事項に新たな対抗力を与えるのではなく，第三者の悪意を擬制することがその唯一の法律上の効力であり[33]，このような見解が日本の通説である[34]。このような解釈からすれば，商法の規定を援用するのはむしろ善意排除説に即した解釈となる。

そうであるとしても，そもそも商法の規定を援用することは適切ではないと考える。何よりも，韓国商法37条1項は，登記がないと善意の第三者には対抗することができないと定めるが，同条2項によって登記がなされたときに登記のことを知らなかったことに正当の理由のある第三者には対抗することができないようになる。したがって，職務停止仮処分が登記された後に正当の理由でそのような登記の存在を知らない第三者には対抗することができないという結論になり，登記された職務停止仮処分の効力が第三者の正当の理由という主観的意思に左右され，手続的にも画一的に処理すべき性格にふさわしくない。すなわち，仮処分の効力が商法登記に関する商法の条文の解釈に左右されるこ

---

(32)　김능환=민일영 編集代表・前掲注(6) 854頁。この見解は先にみたように明確に効力発生要件説をとっているが，本件判例の態度は明確ではない。

(33)　竹田省『商法の理論と解釈』（有斐閣，1959年）4頁以下；田中誠二＝喜多了祐『全訂コンメンタール商法総則』（勁草書房，1975年）155頁参照。

(34)　加藤徹『商業登記の効力』（成文堂，1992年）130頁参照。

IV 商業登記の効力との関係

ともありえるからである。

また，同条文でいう登記すべき事項には絶対的登記事項だけでなく相対的登
記事項も含まれるが[35]，そのような登記の効力は継続的に多くの取引をする使
用人と第三者との間の利害調整を図るものであり，適用されるものとして想定
されているのはもっぱら取引行為である[36]。したがって，登記事項に関する登
記義務者の登記義務履行を確保することも目的とする。

2 商業登記の効力の適用範囲

さらに，同条は訴訟関係においては適用されないという解釈もある[37]。本件
判例は結果的に，訴訟上問題となる当事者の表示訂正につき，商業登記の効力
に関する規定を適用した形態となった。大法院がこのことを明確に認識してそ
のような判断をしたのかは明らかでない。商法上の表見法理の規定は訴訟行為
には適用されないと解釈するのが判例の態度であるが，今後は実体法上の表見
法理が訴訟上にも適用されるものと解されるのか疑問である。善意の第三者が
登記簿上の代表理事である本件判例での A と訴訟行為をしたとき，その効力
があるのかにつき総合的に検討する必要があろう[38]。

このような訴訟関連のほかにも，一定の場合にそこでいわれる第三者に含ま
れない者も存する。まず，大法院の判例によれば，国家は第三者に含まれない
と解している[39]。解釈上も，当該会社の株主は第三者には含まれない。株主は，
株式会社の構成分子であり，当該登記事項変更の総会決議に参加することもで

---

(35) 정동윤 編集代表『注釈 商法［総則・商行為(1)］〔第 4 版〕』(2013 年) 273 頁［정경영］。

(36) 江頭憲治郎 = 中村直人『論点体系 会社法 6』(第一法規，2012 年) 334 頁［舩津］。

(37) 江頭 = 中村・前掲注(36) 329 頁。

(38) これに対し，韓国の学説は，適用説（多数説）と適用排除説（少数説）があり（정동
윤 編集代表・前掲書注(35) 274 頁参照），判例はみられない。日本の場合，それ自体が実
体法上の取引行為である民事訴訟で誰が当事者たる会社を代表すべき権限を有するかを
定めるにおいては，本条は適用はないと解する判例（最判昭和 43・11・1 民集 22 巻 12
号 2402 頁）もあるが，民事訴訟は実体法上の取引行為の権利実現手段として取引行為
とは密接な関係があるから，第三者との取引関係の安全を目的とする本条は適用される
と解するのが正当であるといわれている（田中 = 喜多・前掲注(33) 166 頁；江頭 = 中村・
前掲注(36) 334 頁など）。とくに，かかる最高裁判例を批判する高橋宏志「判例評釈」『商
法（商法總則・商行為）判例百選〔第 5 版〕』(別冊ジュリスト 194 号)（有斐閣，2008 年)
15 頁は，会社の内部紛争について本条 1 項の適用可否を論ずることは適切ではないと
指摘している。

10 仮処分の裁判と登記〔金　祥洙〕

き，その変更の事実を知っているからである[40]。本件判例での事実関係は，問題となったＸは株主ではないが，当該会社の理事であったものであるから当然に第三者であるということはできないと考える。このような点からも，商法の当該規定が本件判例の結論のためにどのような意味があるのかは理解しにくい。

Ｖ　終 わ り に

以上のように，韓国の判例を素材として仮処分の効力と登記の問題を検討してみた。本件判例は先例にあたる不動産処分禁止仮処分でのように登記が効力発生要件となるという判断を受け入れていない。だからといって，事例のような場合に職務停止仮処分の効力を無視することもできず，その方法として商法の規定を持ち込んだのではないかと考えられる。結論的に仮処分の効力を生かせようとしたことは理解できるが，そのような結論を導き出すための判断過程で明確でない部分が少なくない。

実務上運用される仮処分では，裁判所がその登記を嘱託するためにほとんど効力発生の基準が問題になることはないであろう。しかし，場合によっては，登記することができない場合も発生する。本件判例の事例のようにもともと登記が可能な場合であったのに，状況の変化によって登記が不可能になる場合である（実務上は，本件判例のような事例の場合，効力発生要件説をとれば仮処分決定がなされたにもかかわらず債務者の職務執行を停止することができないため，仮処分決定が無力化するおそれがあるといわれている）。このような場合にも対処できる善意排除説の意義については，これから再検討する必要があるのではなかろうか。韓国の現行民事執行法上でも競売開始決定という裁判の効力が仮差押や仮処分にも準用されることになっているから，本件判例でのように無理して商法を援用ないし準用するよりは，民事執行法自体でも十分に対処できたはず

---

(39)　大判 1990.9.28，90ㄷ4235．「登記すべき事項は登記と公告後でなければ善意の第三者に対抗することができないという商法 37 条所定の第三者とは，対等な地位でする普通の取引関係の相手方を指すと解すべきであり，租税権に基づき租税の賦課処分をする場合の国家はここに規定された第三者ではない。」

(40)　田中 = 喜多・前掲注(33) 159 頁。

V　終わりに

である。

　今後，韓国でも民事保全法を分離・制定すべき必要があるが，その関係でも仮処分の効力と登記の関係につきどのような規定を置くべきか，重要なテーマとしてさかんに議論されて行くと考えられる。また，日本でも，仮処分を無力化する当事者からの企みが出される可能性があり，登記のない仮処分決定にも裁判としての効力を認める善意排除説を再検討すべきであろう。

〔追記〕私は，1985年に名古屋大学大学院に入学した以降，大学院生のごろから名古屋大学法学部の助教授のごろまで，さらに韓国に戻って現在に至るまで，加藤雅信先生から公私にわたり多大な恩恵をいただいた。加藤先生のこれからの変わらぬご活躍のことを思えば，そのようなことはこれからも続くであろうと考えている。このような機会であるが，記して謝意と古稀のお祝いを表するとともに，ますますのご健勝をお祈り申し上げたい。

Ⅱ 外国法・国際私法

11　日韓二重国籍と氏 (姓)[1]

青　木　　清

I　はじめに

　日本と韓国の現行国籍法を前提にすれば，日韓国際結婚をした夫婦の間に生まれた子は，原則として日韓二重国籍になる。本文で後ほど検討するように，それは，不可避なことである。国籍立法の原則の一つである「国籍唯一の原則」からすれば望ましくないことから，日韓両国籍法は，それぞれ国籍選択制度を設けて，こうした重国籍状態に対処している。しかし，これにも限界がある。この点も詳しくは本文で検討するが，韓国では韓国国籍法 13 条に従い「外国国籍不行使誓約」を行えば，また日本では日本国籍法 14 条に従い「選択の宣言」を行えば，その後は，特別な場合を除き（日 16 条等。以下，カッコ内では両国の国籍法は，日または韓という国名と条数のみで表示する），その国籍を喪失させられることはない。換言すれば，日韓の二重国籍者は，これらの手続を履践さえしていれば国籍選択の期間を過ぎても，なお二重国籍であり続けられるのである。

　二重国籍であるということは，一人の人間が二つの国に国民としてそれぞれ登録されることを意味する。国民登録については，当然，それぞれの国に登録のルールがある。日韓について言えば，日本では，戸籍法（13 条等）および戸籍法施行規則（34 条，35 条等）において，また韓国では，家族関係の登録等に関する法律（以下，家族関係登録法という。）（9 条 2 項等）および家族関係の登録等に関する規則（以下，家族関係登録規則という。）（51 条～56 条等）において，

---

(1)　本稿は，2016 年 12 月発行の韓国国際私法学会の学会誌『國際私法研究』22 巻 2 号（元会長孫京漢教授停年記念号）にも韓国語に翻訳して発表している。

『21世紀民事法学の挑戦』加藤雅信先生古稀記念〔信山社，2018年3月〕　　*229*

11 日韓二重国籍と氏（姓）〔青木　清〕

それぞれ登録すべき事項が定められている。日韓で異なるものもあれば，名前や出生年月日等のように同一のものもある。このうち出生年月日は，事実の問題であるため，その記載が両国で食い違うことは原則としてない。名前（韓国でいえば姓名，日本でいえば氏名）のうち，ファーストネームの名は両国で同じ登録をすれば，これについても食い違うことは生じない。これに対して，ファミリーネームの姓（氏）は，これを婚姻や出生に際してどう名乗るかは，それぞれの家族法等において法定されており，当事者が自由に決められるものではない。しかも，日韓では，それらに関するルールが異なっており，その結果，同一人の姓（氏）が，日本と韓国で異なって登録されることになる。両国で同一の姓（氏）になるよう国民登録をすることはもちろん可能であるが，それには，当事者が両国法の内容を意識した上で，それぞれが定める手続を，適切かつ適時に行う必要がある。漫然と登録してしまうと，異なった姓（氏）での登録になりかねない。二重に国民登録されるばかりに，一人の人間について異なる姓（氏）が登場する事態が生じてしまう。同一人性を識別する機能を担うはずの姓（氏）が，その役割を果たし得ない情況が現出するわけである。単一国籍の場合には生じない問題，すなわち姓（氏）の不統一ないし抵触という問題がここに発生する。

　本稿は，両国国籍法を分析して日韓二重国籍者が出現する構造を明らかにするとともに，こうした人々の国民登録における姓（氏）の不統一ないし抵触の問題を検討しようというものである。

II　日韓両国における父母両系血統主義の採用

　1984 年に日本の国籍法が，1997 年に韓国の国籍法が，いずれも従来の父系優先血統主義から父母両系血統主義に改められた（施行日は，日本が 1985 年 1 月 1 日，韓国が 1998 年 6 月 14 日である）。これらの改正以前（すなわち 1984 年以前）では，両国が採用していた父系優先血統主義の原則に基づき，韓国人と日本人の国際結婚から生まれた子は，父の国籍のみを継承し，そこに国籍の抵触が生じることはなかった。この枠組みが大きく変わるのは，1980 年「女子に対するあらゆる形態の差別の撤廃に関する条約」いわゆる女子差別撤廃条約が成立し，日韓両国がこの条約に加入したからである。同条約 9 条 2 項は「締約

Ⅱ　日韓両国における父母両系血統主義の採用

国は，子の国籍に関し，女子に対して男子と平等の権利を与える。」と定め，子の国籍付与につき父親と母親を同等に扱うことを求めている。これにより，父系優先血統主義を採用している条約加盟国は，血統主義をなお維持しようとすれば，それを父母両系血統主義に変更しなければならないことになった。日韓両国は，まさにそれに該当した[2]。

　こうした経緯から，両国は，国籍法を改正し，出生時に「父または母」のいずれかが自国民であれば，その子に国籍を与えるように改めた（いずれも2条1号）。その結果，現在では，日韓国際結婚をした夫婦から生まれる子は，出生と同時に必ず日韓二重国籍を持つことになる[3]。

　では，この出生段階で，日韓両国籍法は，国籍唯一の原則に対してどのように対応しているのであろうか。

　韓国国籍法は，これに関しては特別な規定を設けていない。すなわち，出生時の重国籍については特に対応せず，ただ，法令適用において「大韓民国国民としてのみ処遇する」（韓11条の2第1項）としているにすぎない。

　一方，日本の国籍法は，日本国内で出生した重国籍者については韓国法と同様，やはり特に対応する規定を設けていない。しかし，海外で出生した重国籍者には，いわゆる「国籍留保制度」を適用している。すなわち，海外で出生した重国籍者については，通常の出生届と同時に（日・戸籍法104条2項），日本の国籍を留保する意思を表示しなければ，出生時に遡って日本国籍を喪失させるとする（日12条）。国籍留保制度そのものは，実は戦前から日本に存在している制度である[4]。その意味では，父母両系血統主義の採用と特別な関わりがあるわけではない。元々は，生地主義を採用している国において日本人親から生まれた子の重国籍を解消するために設けられた制度である。とりわけ，在米日系移民の子を念頭において作られたものである。生地主義に基づく出生地国の国籍と血統主義に基づく日本国籍の二つの国籍を取得した者に対して，引き続き日本国籍を保持したければ「留保届」を提出させ，それを行わない者につ

---

(2)　日韓で改正の時期がずれているのは，韓国が，女子差別撤廃条約加入当初，同条約9条2項を留保した上でこれに加入したいたからである。

(3)　本稿は，国際結婚をした夫婦から生まれた子すなわち嫡出子を対象としており，非嫡出子については本分の記述はあたらない。別途，検討をする予定である。

(4)　1924（大正13）年改正により設けられた。

11 日韓二重国籍と氏（姓）〔青木　清〕

いては出生の時に遡って日本国籍を喪失させるという制度である。結果的に，これによって日系移民の子どもたちの重国籍が解消されたのである。1920年代初期，米国で日系移民排斥の気運が激化し，米国籍に加え日本国籍も有する日系移民の子には合衆国市民としての完全な権利を認めるべきではないと主張されていた。そこで，こうした状況を脱するために，日本政府が彼らの日本国籍離脱を容易にしようとして設けたのがこの制度である[5]。

　導入の経緯はともかく，国籍留保制度は，その後，国籍選択制度が登場するまで，日本の国籍法上，二重国籍を解消するための唯一の手段として存在し，その機能を果たしてきた。

　1984年改正により，日本の国籍法は，出生時に二重国籍となった者については22歳までに国籍を選択すればよいことにした。こうした考え方を前提にすれば，国籍留保のような，出生時の絞り込みを当事者に要求する制度は，国籍選択制度導入後は特に必要ではなくなるはずである[6]。しかし，日本は，1984年改正後も，国籍留保制度を維持することとした。しかも，その適用対象を拡大し，従来の生地主義国との重国籍者のみならず，広く海外で生まれたすべての重国籍者（すなわち血統主義国との重国籍者も含める）に対して同制度を適用することとした[7]。これには例外はないので，日韓国際結婚の夫婦から生まれた子にも適用される。従って，韓国で生まれた日韓夫婦の子については，日本国籍を維持するためには出生届と同時に留保届も提出しなければならないこととなった。留保届は，具体的には，出生届書の「その他」欄に「日本の国籍を留保する。」と記入し，署名捺印することによって行われるが[8]，在外公館で準備されている出生届書用紙の「その他」欄には既にその文が印字されている。従って，出生届を在外公館を通じて提出する限り，留保届をすることなく出生届のみを提出するということは，実際上，ほとんど考えられないであろう。なお，出生時に留保届を提出しなかったため日本国籍を喪失した者に対しては，日本の国籍法は，一定の条件を前提にするものの，届出のみで国籍を取得できる国籍再取得制度を設けている（日17条）。

---

(5)　江川英文＝山田鐐一＝早田芳郎『国籍法〔第3版〕』（有斐閣，1997年）141頁注（二）参照。

(6)　江川＝山田＝早田・前掲注(5)『国籍法』144頁には，そうした意見があったことが記されている。

Ⅱ　日韓両国における父母両系血統主義の採用

　繰り返しになるが，留保届は日本国外での出生のみを対象とする。日本国内で生まれた日韓夫婦の子には適用されない。その結果，日本国内で生まれた日韓二重国籍者は成人時の国籍選択制度1回のみで，日本国外で生まれた日韓二重国籍者は出生時の国籍留保制度と成人時の国籍選択制度のダブルで，日本国籍を保持するか否かのチェックを受けることになる。

　以上，要約すれば，両国籍法により，日韓国際結婚夫婦から生まれる子は，すべて日韓二重国籍者となる。日本国外で生まれた日韓二重国籍者については，日本国籍法の定める国籍留保制度が適用され，留保届を提出しないと出生の時に遡って日本国籍が喪失されることになるが，前述したように，多くの場合それが提出されていると思われるので，日本国外で生まれた子も含め日韓夫婦の子は，出生によりほとんどが日韓二重国籍になると思われる。そして，その子らは，日韓両国にそれぞれ国民として登録されることになる。

----

(7)　国籍留保制度が，適応範囲を拡大してまでなぜ存続することになったのか。江川＝山田＝早田・前掲注(5)『国籍法』144頁以下は，国籍留保制度が持つ重国籍防止機能を重視した結果であると説明する。木棚照一『逐条註解国籍法』（日本加除出版，2003年）368頁は，在外日本人団体や在外公館の実務担当者の多くが国籍留保制度を支持した結果であるとしている。改正当時は，法制審議会の議事録は公開されていなかったため，その間の議論の詳細を知ることはできなかった。今般，情報公開制度を通じて当時の議事録を法務省から入手することができ，その内容については別稿で紹介した（拙稿・国際私法 No. 2『新判例解説　Watch【2016年10月】（法学セミナー増刊速報判例解説 Vol. 19）』331頁）。改正作業では，当初，廃止論が優勢であったものの，外務省関係の委員および幹事が中心に存置論が叫ばれ，結果としては，適用対象を拡大した上で残されることになったものである。そこでの狙いは，在外日本国民の把握ということになる。この制度があれば，日本国籍を保持しようとする本人側から届出がなされることになり，在外公館としても，出生時段階からその存在を把握することができる。なお，1997年の韓国国籍法の改正作業においても，初期の段階では，この「国籍留保制度」の導入が検討されていた（1992年の改正試案の中には存在していた）。しかし，在日韓国人弁護士の金敬得氏らを中心に在日韓国人社会から，導入に対する強い反対意見が出され，1996年の改正試案からは外された経緯がある（石東炫＝具本俊（金汶淑・訳）『最新・大韓民国国籍法』（日本加除出版，2011年）46頁以下および197頁，석동현＜石東炫＞『국적법』（法文社，2011年）67 면 이하 및 221 면）。

(8)　法務省ホームページ「国際結婚，海外での出生等に関する戸籍 Q&A」（http://www.moj.go.jp/MINJI/minji15.html）。

11 日韓二重国籍と氏（姓）〔青木　清〕

Ⅲ　国籍選択制度とその限界

1　選択の手続

　日韓の両国籍法は，父母両系血統主義を採用すると同時に，国籍選択制度を採用した。その基本的な構造は，外国国籍と自国国籍とを有する重国籍者に対して，所定の期限までにいずれかの国籍を選択することを義務づけ，所定の期間内に国籍の選択をしない重国籍者には，法務大臣（法務部長官）がその国籍を選択するよう催告（命令）し，それでも選択しない場合には，自国国籍を喪失させるというものである(9)。この枠組みは，現在，日韓にほぼ共通する。ここでいう所定の期限とは，二重国籍になった時が20歳に達する以前であるときは22歳に達するまで（本稿の検討対象者はこちらに属する），その時が20歳に達した後であるときはその時から2年以内，とされている（日14条，韓12条）。この期限設定の趣旨については，「成年に達した時から二年，成年後の重国籍となった時から二年というのは，重国籍者に与えられた熟慮期間である」(10)といった説明がなされている。いずれにせよ，これも日韓で共通である。

　具体的な手続としては，外国国籍を喪失することにより重国籍を解消するか，自国国籍を選択する方法の2種類である。そして，前者は両国籍法に共通するが，後者は日韓で異なる。

　まず，日本では，「日本の国籍を選択し，かつ，外国の国籍を放棄する」という「選択の宣言」（日14条2項）を行うことによってこれを行う。「選択の宣言」は，宣言をしようとする者が戸籍法に基づきその旨の届出を行う（日・戸籍法104条の2第1項）。届出という行為から理解されるように，これは日本国に対して行うものである。ここにいう外国国籍の放棄も日本に対し行っているのであって，当該外国国家に対して行っているものではない。従って，これによって，当然，重国籍が解消されるわけではない。このため，日本の国籍法は，「選択の宣言をした日本国民は，外国の国籍の離脱に努めなければならない」（日16条1項）と定め，「選択の宣言」後であっても，当該外国国籍の離脱を当事者に要求している。とはいえ，それは，文言にある通り重国籍解消を最終的

---

(9)　江川＝山田＝早田・前掲注(5)『国籍法』150頁参照。
(10)　江川＝山田＝早田・前掲注(5)『国籍法』151頁。

Ⅲ　国籍選択制度とその限界

に宣言をした人の自主的な努力に委ねており，制度的に重国籍解消が担保されているわけではない。

　一方，外国国籍離脱もせず，また上記所定期限内に「選択の宣言」も行わない重国籍者に対しては，日本の国籍法は，厳しく臨むことにしている。すなわち，法務大臣が，当該重国籍者に対し書面により国籍選択をすべきことを催告することができるとし（日 15 条 1 項），その催告を受けてから 1 か月以内に国籍選択をしなければ，その期間経過時に，当該重国籍者は日本国籍を喪失するとする（同条 2 項）。こういう形で，日本の国籍法は，当事者に間接的な圧力をかけ，国籍の選択を促しているのである。

　次に韓国であるが，韓国も，1997 年の改正以来，国籍選択制度を採用してきているが，その内容は 2010 年の改正を境に大きく変化している。それ以前は，重国籍者に対して極めて厳格な形での国籍選択を要求していた。すなわち，韓国国籍を選択しようとする者は，まず外国国籍を放棄し，その上で韓国国籍の選択手続をするよう求めていた（韓旧 13 条 1 項）。当時の戸籍法施行規則においても，国籍選択申告書に「外国国籍を放棄した事実及び年月日を証明する書類」を添付することを求めていた。さらに，これに加えて，当時の国籍法は，前述の選択の期限までに選択をしなかった者については，期限経過後，自動的に大韓民国国籍を喪失するとしていた（韓旧 12 条 2 項）。重国籍の発生を抑制しようとする姿勢が顕著であった。

　2010 年改正で，こうした姿勢が大きく改められることになった。国籍の選択期間，すなわち満 20 歳前に複数国籍となった者は満 22 歳になる前までに，満 20 歳後に複数国籍となった者はその時から 2 年以内に，一つの国籍を選択しなければならないという点は，従来と変わっていない。しかし，その選択の内容が変更された。外国国籍の放棄という手段は従来と同様であるが，上記選択期間内に韓国籍を選択しようとする者は，韓国において外国の国籍を行使しない旨を誓約（以下，「外国国籍不行使誓約」という。）すれば足りるとされた（韓 13 条 1 項）。外国国籍不行使誓約[11]をすれば，外国国籍の放棄を要求しない，すなわち二重国籍を容認するとしたのである。従来の姿勢の大転換といえる。

---

　[11]　2010 年改正では，優秀な外国の人材を確保するため，一部の帰化でもこうした誓約を行うことを認め，その結果，当該帰化者の二重国籍を容認することとした（韓 10 条2 項）。

11 日韓二重国籍と氏（姓）〔青木　清〕

　従来の選択制度では，重国籍者のほとんどが大韓民国の国籍でない外国国籍を選択したようで，またその一方で選択期間内に国籍選択をしない者も続出し，これにより大韓民国国籍を自動喪失してしまう者が少なくなかったようである[12]。こうした流れをくい止めるために，二重国籍容認の方向に大きく舵を切ったのである。急激な少子化が進む韓国社会で無視できない人口流出現象だったのであろう。なお，この外国国籍不行使誓約という手法は，国籍選択期間を徒過してしまった者には認められない。期間経過後は，従来と同様，外国国籍を放棄した上で韓国国籍を選択する必要がある。加えて，生地主義国の国籍取得を目的に母がそうした国に赴き出産するいわゆる遠征出産で生まれた者についても，同様に，選択の手続として外国国籍の放棄を要求している[13]。

　このように，一部，適用除外があるものの，今日では，外国国籍不行使誓約を行えば，韓国法上，重国籍のままでいることが可能となった。

　以上の点から，日本では「選択の宣言」を，韓国では「外国国籍不行使誓約」を行えば，日韓二重国籍を維持できることになる。なお，日本の国籍法は，選択の宣言をした国民が自らの志望により国籍のある外国の公務員に就任した場合において，その就任が日本国籍選択の趣旨に著しく反すると認めるときは，法務大臣は日本国籍喪失の宣告をすることができるとしている（日16条2項）[14]。

2　選択期間徒過者への対応

　2010年の韓国国籍法改正では，国籍選択制度に関してもう一点大きく改められたところがある。選択期間徒過者への対応である。選択期間内に選択をしなかった場合，それまでは自動的に韓国国籍が喪失されていた。それを，選択期限が到来したら，法務部長官が，まず当該の者に選択の命令を出すシステムに改められた（韓14条の2第1項）。これにより，何もしない者が知らない間に自らの韓国国籍を喪失するという事態は避けられるようになった。この構造

---

[12]　石＝具・前掲注(7)『最新・大韓民国国籍法』54頁，석동현『국적법』76면。

[13]　国籍法13条3項の対象になる者は，「国内に生活基盤を置いている母が妊娠した後，子の外国の国籍取得を目的に出国して外国で滞留する間出生した者」である。近時の韓国では，兵役の義務との関係で，こうした遠征出産者の国籍が問題視されている。

[14]　韓国国籍法にも同趣旨の規定があるが（韓14条の3），そこでは，出生により取得した韓国国籍は対象としていない。

は，日本の国籍法が採用している，選択期間徒過→法相の催告→日本国籍喪失，という3段階構造によく似たものとなっている。日本法では，法相の催告を受けてから1か月以内に対応しないと日本国籍を喪失するが，韓国法では，法務部長官による国籍選択命令から1年以内に対応しないと韓国国籍を喪失するとしている。対応のための期間が韓国の方がかなり長く，その点では，韓国法の方が最終段階において丁寧な対応をしているともいえる。なお，韓国国籍法は，「法務部長官は，……選択することを命じなければならない。」（韓14条の2第1項）と義務的に規定しているが，立法担当者の一人は，この点について，国籍選択不履行者を逐一把握するのは難しく，また「命令」の伝達も物理的に難しい場合が多いと思われるので，公務遂行過程で国籍選択を履行していない事実が発見または確認された者について「命令」を出すのが現実的でまた望ましい，と解説している[15]。このような運用がなされているのであれば，法相が「催告することができる」と定めている日本の国籍法と，その実態において差がないものといえよう。

　以上の点から理解できるように，日本の「法相の催告」制度も韓国の「法務部長官の国籍選択命令」制度も，該当者すべての人に適用，実施することを想定していない。これは，国籍選択制度の網羅性，すなわちすべての重国籍者に網をかけ，必ず国籍選択をさせる，という仕組みを担保していないことを意味する。重国籍解消という観点からすれば，日韓両国の国籍選択制度は，制度的にその貫徹をそもそも放棄しているといえる。

3　重国籍者の把握

　網羅性という観点からいえば，これらの制度にはさらに難点がある。上記の催告や命令を出す大前提として，誰が重国籍者であるかをそれぞれの行政が認識，把握する必要があるが，日韓両国は，これをどのような方法で実現しようとしているのか。

　一般論としては，各国は，自国国民については国民登録制度を通じて，まさに「網羅的に」把握している。これに対して，他国国民については，自国に在留する者を除き，まったく情報を持たない。主権国家の枠組みを前提にする限

---

[15]　石＝具・前掲注(7)『最新・大韓民国国籍法』214頁以下，석동현『국적법』236면 이하。

11 日韓二重国籍と氏 (姓)〔青木 清〕

り，当然のことである。では，こうした中で，どのようにして重国籍者を特定するのか。

問題を日韓に限定して考える。日本の国民登録は，戸籍制度によって行われている。日本国籍を持つ者は，戸籍に登載され，日本国籍を持たない者は戸籍に登載されない。従って，内国人か外国人かは，戸籍への登載の有無で判断できるが，外国国籍をも有する内国人を特定する方法は，現状では存在しない。戸籍にある「身分事項欄」には，日本の国籍得喪や外国国籍の喪失について記載することが求められているが，重国籍の事実は記載事項とされていない（日・戸籍法施行規則 35 条参照）。外国人の父ないし母については，その配偶者である日本人の身分事項欄にその国籍を記すこととされ，子は，その同じ戸籍に登載されるので，当該子に外国人親がいることは戸籍から読みとることはできる。しかし，当該子がその外国人親と同じ国籍を，日本の国籍に加えて有しているか否かまでは，その記載からは判断することはできない。つまり，日本の行政は，戸籍制度だけから誰が重国籍であるかを特定することはできないのである。現行法も，それを踏まえて，「市町村長が，戸籍事務の処理に際し，国籍法第 14 条第 1 項の規定により国籍の選択をすべき者が同項に定める期限内にその選択をしていないと思料するときは，その者の氏名，本籍その他法務省令で定める事項を管轄法務局又は地方法務局の長に通知しなければならない。」とするのみである。つまり，戸籍公務員が，そうした人の存在に気が付いた場合には法務局に知らせよ，と言っているに過ぎない。選択期間を徒過した二重国籍者も含め，日本では二重国籍者を制度的に把握することができていない。

韓国についても，自国民と他国民の把握に関して前述した一般論があてはまる。さらに，国籍法 14 条の 4 において，公務員が，職務上，重国籍者を発見したときは，法務部長官にその事実を通報しなければならないとしている。こうした枠組みは日韓共通であるが，韓国では，これらに加えて，子が複数国籍を有して出生したときは，その出生申告をする際に複数国籍を有している「事実及び取得した外国国籍」を申告することが求められている（家族関係登録法 44 条 2 項）。この申告義務がどの程度国民に周知されているのか必ずしもよくわからないが，これが徹底されていれば，家族関係登録簿によって重国籍者の補捉をかなり実現することができる。日韓国際結婚から生まれた子のように日

韓二重国籍であることがよく知られている事例では，窓口対応もできほぼ間違いなくその申告が行われると思われるが，そうでない場合は窓口もその対応は難しい。外国国籍保有の事実を義務に反して申告しない者がいても，それを発見，検証する方法は，韓国の登録業務の中にも存在しない。この点から，韓国法務部長官の国籍選択命令も，対象者すべてに網羅的に発せられることは極めて難しいものと思われる。とはいえ，韓国実務が，自国民が外国国籍を保有することを申告させる点は，従来の枠組みからは一歩踏み出すもので，行政上，有用性の高い手続であろう。

Ⅳ　二重国籍者の日韓両国での姓（氏）の登録

　以上の国籍選択制度の検討から，日韓二重国籍者が今後も一定の割合で，コンスタントに増えていくことがわかる。そうした人々は，日本と韓国の双方で国民登録をすることになる。

　登録事項は，日本では，本籍，氏名，出生年月日，父母の氏名等の事項が記載される（日・戸籍法 13 条）。さらに，各人に設けられている身分事項欄に，出生，認知，養子縁組，婚姻，離婚，親権等に関する事項が記載されることになっている（日・戸籍法施行規則 35 条）。他方，韓国では，家族関係登録簿に，登録基準地，姓名，本，性別，出生年月日，住民登録番号，さらには出生や婚姻に関する事項等が記載されることになっている（韓・家族関係登録法 9 条）

　事実に関わる項目は，原則，両者で食い違うことはなかろう。これに対して，法律により定まる事項については，当然，適用される法の内容次第となり，準拠法の問題，すなわち国際私法の問題に帰する。こうした中で，同一人性の識別機能を担う姓（氏）は，それぞれの国でどのように登録されているのか。以下では，この問題を検討する。

　具体的に検討するため，韓国人男性・李容鎭と日本人女性・鈴木花子が婚姻し，その間に，子・徹が生まれたというケースを使って考えてみたい。これまで述べてきたところから明らかなように，徹は，日韓両国籍法により日韓二重国籍となる。

11 日韓二重国籍と氏（姓）〔青木　清〕

1　日韓両国の法理論

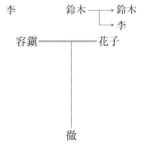

まずは、日本の学説状況から紹介したい。学説は4つに分かれる。まずは、氏の問題は氏名権なる一種の人格権に関するものであるから、本人の属人法によるべきとする見解（氏名権説）、氏の問題は原則として属人法によるが、それが身分変動によって生ずる場合は、当該身分変動の効果を定める準拠法すなわち夫婦の氏について言えば婚姻の効力の準拠法、子の氏について言えば親子間の法律関係の準拠法によるべきとする見解（身分変動効果法説）、後述する日本の戸籍実務の立場を意識し、それとの調和をはかる氏名公法権説、さらには当事者自治を認める見解とに分かれている。学界のかつての多数説は、身分変動効果法説である。子の氏に即して言えば、この問題は親子関係の効果として生ずる問題であり、その氏は個人の意思とは無関係に、法の規定に基づき当然に変更ないし決定されるものであるとする[16]。現行法でいえば、「法の適用に関する通則法」（以下、通則法と略称）32条の定める準拠法によることになる。同条は、子の本国法が父または母の本国法と同一である場合には子の本国法により、その他の場合は子の常居所地法によるとしている。李容鎭家族の例で考えてみると、李容鎭の本国法は韓国法、鈴木花子の本国法は日本法である。徹の本国法については、通則法38条1項により日本で問題となる場合は日本法が本国法となる[17]。従って、日本で氏（姓）が問題になれば、日本法がその準拠法となり、日本民法790条が適用される、と身分変動効果説は考える。

---

[16] 折茂豊『国際私法（各論）〔新版〕』（有斐閣、1972年）387頁、山田鐐一『国際私法〔第3版〕』（有斐閣、2004年）524頁。夫婦の氏に関連して身分変動効果法説を主張する者として、鳥居淳子「夫婦の氏」演習国際私法（有斐閣、1987年）112頁、櫻田嘉章「国際結婚した夫婦の氏・戸籍」判例タイムズ747号（1991年）436頁、判例としては、平成元年法例改正以前のものであるが、札幌家審昭和59年3月7日家月37巻1号139頁、札幌家審昭和57年1月11日家月35巻7号98頁ほか。ここで「かつての多数説」と呼んだ理由は、以前に比べ、近時、各説が拮抗しているからである。

[17] 二重国籍者の本国法決定は、韓国国際私法も同じ構造である。韓国で問題となる場合は、韓国国際私法3条1項により韓国法がその本国法となる。

IV 二重国籍者の日韓両国での姓(氏)の登録

　しかし，こうした処理は妥当ではないと，筆者は考えている[18]。上記の例では徹の本国法が準拠法となっているが，通則法32条では，子の常居所地法が準拠法になる場合もある。身分変動効果説によると，家族の国籍やその時住んでいる場所により，その準拠法が変わってくる。そのような流動性は，ここでは適切ではないと考える。韓国のみならず中国や北朝鮮も含めた東アジアの地域では，姓は単なる個人の呼称にとどまらず，血統を表し，家族制度の根幹をなすものとの意識が存在する。こうした考え方は，その社会の伝統，文化，習慣といったものと深く結び付いたところで形成されており，容易に変わるものではない。日本の国際私法が，各国・各民族の伝統や文化などの影響を強く受ける親族・相続の問題において，属人法の適用を認め，そしてその属人法の基準として第一次的に国籍を採用しているが，ここにあげた姓のような問題は，まさにその属人法すなわち本国法により規律されるべき問題である，すなわち本国法説が適切である，と考えている。

　この他に，日本民法と異なる内容のルールを構成し，これを一方的に適用する戸籍実務の立場に配慮し，氏の公法的性格からこの問題を説明しようとする，いわゆる氏名公法権説[19]，さらには，氏の準拠法につき当事者に選択を認めようとする見解[20]が近時主張されるようになってきた。特に氏名公法権説は，戸籍実務の処理に理論的な根拠を与えるもので，この見解を支持する研究者が少

---

[18]　詳しくは，1994年段階の法律を対象とする青木清「夫婦の氏の準拠法について——日韓渉外関係から」南山法学17巻3号（1994年）1頁以下，現行法を対象とする青木清「日韓国際結婚と姓（氏）」韓南法学研究（韓南大学校科学技術法研究院）第3輯（2015年1月）133頁以下参照。身分変動に伴う氏の問題も当事者の属人法（本国法）によるべきとする氏名権説としては，久保岩太郎「婚姻の成立」国際私法講座2巻（1955年）530頁，溜池良夫『国際私法講義〔第3版〕』（有斐閣，2005年）444頁，出口耕自『論点講義 国際私法』（法学書院，2015年）393頁，西谷祐子「渉外戸籍をめぐる基本的課題」ジュリスト1232号（2002年）147頁等がある。

[19]　澤木敬郎「人の氏名に関する国際私法上の若干の問題」家月32巻5号（1980年）24頁以下，澤木敬郎＝道垣内正人『国際私法入門〔第7版〕』（有斐閣，2012年）152頁，島野穹子「国際婚姻に基づく氏の変動について」民事研修259号（1978年）26頁，佐藤やよひ「渉外婚姻と夫婦の氏」中川良延ほか編『日本民法学の形成と課題（下）』（有斐閣，1996年）1083頁。

[20]　当事者に準拠法選択を認めようとする見解としては，木棚照一＝松岡博＝渡辺惺之『国際私法概論〔新版〕』（有斐閣，1991年）215頁（木棚執筆）や，松岡博＝岡野祐子「妻の氏」『演習ノート国際私法〔改訂版〕』（法学書院，1992年）107頁がある。

なくない。日本法のみならず，韓国法においても，姓はかつての戸籍簿，現在の家族関係登録簿に記載され，国家が国民登録制度の中でこれを利用している点からは，それが公法的側面をもつことは否定できない。しかし，姓・氏は，本来，私法上のものであり，それを戸籍制度ないし家族関係登録制度が利用しているに過ぎない。その点では，公法的側面から氏に適用する法を決定するアプローチは，日韓の姓と氏の事例からすれば，姓ないし氏の付随的効果を，その問題の中心に置いてこれを考えようとするものであり，いわば主客が転倒した議論になっているように思われる。

　一方，韓国の学説状況は，この点に関しては身分変動効果説が長く通説とされている[21]。韓国学界では，この問題は，ほとんど「夫婦の姓」の問題として議論されており，「子の姓」の問題として議論しているのは極めてわずかである[22]。いずれにしろ，その見解は身分変動効果法説に基づくものであり，本国法説については，その存在を紹介する文献が一部に存在するにすぎない[23]。韓国の通説によれば，夫婦の姓には国際私法 37 条が，子の姓には国際私法 45 条が，それぞれ適用されることになり，いずれも段階的連結を採用する条文で，当事者の国籍や住んでいる場所等により準拠法が変わってくる。しかし，韓国の国民登録では，後述するように，実はそのような処理を行っていない。日本では，この問題について長く学説と実務が対立しているが，韓国も対立していることがわかる。

　以下では，両国の実務を見てみることにする。

---

(21)　「渉外私法」当時のものとして，黄山德＝金容漢『新國際私法』（博英社，1962 年）
　　266 頁。李好珽『國際私法』（經文社，1981 年）345 頁，徐希源『新稿版國際私法講義』
　　（一潮閣，1990 年）271 頁以下，金容漢＝趙明來『全訂版國際私法』（正一出版社，1992
　　年）317 頁。「国際私法」制定後のものとして，金演＝朴正基＝金仁獻『國際私法』（法
　　文社，2002 年）324 頁，신창섭『국제사법』（세창출판사，2011 年）279 頁。

(22)　李好珽『渉外私法』（韓國放送通信大學，1991 年）374 頁，金演＝朴正基＝金仁獻『國
　　際私法』（法文社，2002 年）358 頁。

(23)　筆者自身は，かつて韓国国内でこの問題に付き本国法説が望ましいことを発表したこ
　　とがある（青木清〔呉勝鏞訳〕「韓日 渉外婚姻에 있어서의 姓」國際私法研究創刊号〔1995
　　年〕167 頁）。

Ⅳ 二重国籍者の日韓両国での姓(氏)の登録

2 日韓両国の実務

(1) 日本戸籍への登録

　日本の戸籍実務は，かねてより，氏は戸籍制度上のものであるから，戸籍の
ない外国人には氏を観念することができないとし，民法750条や790条等の氏
に関する条文は日本人用の規定であると考えている。従って，戸籍実務では，
氏の問題には法の抵触が生じないので，国際私法は適用されないと考えている。
こうした考え方を前提に，戸籍法も作られている。同法は，国籍法改正の際に
改正され，国際結婚をした人々やその子の氏につき新しいルールを制定した
（日・戸籍法107条2項～4項）。

　李容鎭家族に即して述べれば，鈴木花子は婚姻時に戸籍法107条2項の届出
をすれば自らの「鈴木」を「李」に変更することができる。この届出をしなけ
れば，「鈴木」のままである。そして，その子・徹については，出生届を出す
だけであれば，その時の日本人親すなわち花子の氏を称する（日・民法790条）。
花子が鈴木であれば鈴木を，花子が李であれば李を，名乗ることになる。さら
に，戸籍法は，花子が鈴木であっても，徹についてのみ外国人父の「李」を名
乗ることを認めている。この場合は，家庭裁判所の許可を受けて「李」を名乗
ることになる。なお，父母ともに李を名乗っているときに徹だけが鈴木を，す
なわち，父，母のいずれとも一致しない氏を名乗ることは，日本人親の氏から
外国人親の称している氏への変更を認める戸籍法107条4項の趣旨からして認
められないであろう。本稿の検討対象である徹の姓（氏）についてまとめれば，
日本の戸籍実務では，徹は，李を名乗ることも鈴木を名乗ることもありうる，
ということになる。

(2) 韓国家族関係登録簿への登録

　韓国の家族関係登録の実務では，どのように処理されるか。

　まず，徹のケースのような父が韓国人の場合は，「子女の姓と本に関する家
族関係登録事務処理指針」（家族関係登録例規394号2014年5月16日，当初は
2007年12月10日101号）13条によれば，国内事案と同様の処理をするよう定
めている。すなわち，原則は子は父の姓を継ぐが，父母の婚姻申告の際に協議
で母の姓を継ぐとしていれば，子は母の姓を継ぐことになる。逆に，父が外国
人で母が韓国人の場合は，非嫡出子について「その子女は母の姓と本を継ぐ」
（11条1項）とし，嫡出子については「民法第781条第2項に従いその子女は

11 日韓二重国籍と氏（姓）〔青木　清〕

母の姓と本を継ぐことができる」（11条2項）としている。いずれの場合の処理も，結論的には，韓国民法を適用したものと同じであるといえる。繰り返しになるが，通説で問題となるような，子がどこに住んでいるかを問うてはいない。

さらに，韓国の実務には，「外国人父と韓国人母の間に出生した婚姻中の子の姓と名の表記及び家族関係登録簿に記録する手続」（家族関係登録例規327号2010年8月18日，当初は2008年1月1日107号）という例規があり，そこでは，「外国人父と韓国人母との間で出生した婚姻中の子は出生と同時に韓国国籍を取得するので，出生申告によって家族関係登録簿を作成する」（2項）とし，その「出生申告は，外国人父がすでに出生申告をして父の姓を継いで父の国の身分登録関係帳簿が作成されている場合にもこれを行うことができる」としている。加えて，その際の姓については「外国人父の姓を継いでも，韓国人母の姓と本を継いでも」（3項）よいとしている。ここでは，外国人父の国での登録とは無関係に，韓国での身分登録を行おうとしている姿勢が読み取れる。この二つの例規をあわせ考えると，韓国国籍を有する子に対しては，韓国民法781条の枠組みの中で登録業務を行っていると理解することができる。常に韓国法を適用する韓国の家族関係登録実務は，明らかに準拠法を前提とする韓国の通説とは立場を異にしている。

ここで韓国法を導き出す根拠については，本国法説に基づいた結果であるとも，あるいは日本の戸籍実務のような立場，すなわち氏名公法権論の適用の結果であるともいえる。とはいえ，韓国の家族関係登録実務は，日本の戸籍実務のように自国民法と異なる結論を採用しているわけではないので，そこでは氏名公法権論をわざわざ持ち出す必要性はない。さらに言えば，韓国社会では，姓は伝統的な家族規範として維持されてきており，これを公法と断言することは，さすがに韓国では難しいと思われる。本国法の適用の結果と解するのが，最も合理的であり，自然であると考える。筆者が本国法説を主張する理由は，こうした点にもある。

李容鎭家族に即して韓国実務をまとめれば，李容鎭と鈴木花子が婚姻時に花子の姓を継ぐとしていれば鈴木になるが，そうでなければ，徹の姓は李となる。結論から言えば，日本でも韓国でも，徹は李を名乗る可能性も鈴木を名乗る可能性もあることになる。それは，日本での戸籍手続，韓国での家族関係登録手

続をどのように進めるかに依存している。両国で，同一の姓（氏）を名乗ることも，異なる姓（氏）を名乗ることもあり得るということである。

V　むすびに —— 同一人性識別機能を高めるために

　以上，検討してきたように，日韓国際結婚から生まれてくる子は，原則，日韓二重国籍となり，国籍選択期間を経ても二重国籍状態を継続することが可能で，今後は，こうしたケースが増えていくと予想される。そうした場合に，現行の両国の国民登録制度の下では，当該人の姓（氏）が同一に登録されるかどうかについては，何の保証もない。各国の主権のもと成り立っている現代の国際社会では，こうした「くい違い」はやむを得ないものともいえる。しかし，姓（氏）の有する同一人性識別機能が阻害されることは，各登録国にとっても，また当事者自身にとっても不便なことである。各国の国籍法が複数国籍容認に流れている現下の状況を考慮すると，こうしたことにも一定の配慮が国際社会としても必要であろう。

　ところで，韓国の家族関係登録実務は，前述の「外国人父と韓国人母の間に出生した婚姻中の子の姓と名の表記及び家族関係登録簿に記録する手続」において，父の国での国民登録とは別個に韓国で出生申告をすることができるといいつつ，「父の国の身分登録関係帳簿に外国人の姓を継ぎ，外国式で記録されている場合に，それと異なる他の姓又は名で出生申告をする場合は，出生申告書のその他欄に外国で申告された姓名を記載しなければならない。その場合，……出生に関する事項を記録する際に外国での姓名を下記のように記録する。＜書式，略＞」として，家族関係登録簿上に外国の姓名を記載するよう求めている。韓国は，前述したように，外国国籍保有の事実についても当事者に申告させることにしており，こうした取り扱いは，韓国当局からすればいずれも管轄外の事柄ではあるが，国際的な業務の円滑な遂行を実現するためには有用な対処法であり，結果において，無用な混乱を回避することができるといえよう。同じ発想だと思われるが，韓国の実務は，「名」に関して，「父の国の身分登録関係帳簿に外国人父の姓を継いで外国式名で記録されている場合には，それ以外の新しい外国式名を記載する申告はそれを受理できない」（4項ナ号）として，名が果たす同一人性識別機能へも一定の配慮を払っている。

11 日韓二重国籍と氏（姓）〔青木　清〕

　日本は，外国国籍の保有や外国での登録氏名について，特に届け出る制度を持っているわけではない。国際社会の原則に則った対応ではあるが，人的交流がますます活発化していく国際社会において，そうしたことに無関心であることは，結果において，大いなる不便をもたらすことになる。当事者のみならず日本社会にとっても，それらを制度化する意義は，決して少なくないように思われる。

　〔付記〕本稿は，JSPS 科研費 JP26380061および南山大学2016年度パッヘ研究奨励金 I‐A‐2
　　　（特定研究助成・一般）の研究成果の一部である。

12 『人民法院案件質量評估指数編制辦法（試行）』（「人民法院事件処理質評価指数編制辦法（試行）」）及び『最高人民法院関於開展案件質量評估工作的指導意見』（「事件処理質評価任務遂行を展開することに関する最高人民法院指導意見」）試訳

高見澤　磨

I　序

　小論は，標記『人民法院案件質量評估指数編制辦法（試行）』（以下，本辦法）及び『最高人民法院関於開展案件質量評估工作的指導意見』（以下，本意見）の和訳と若干の解説を試みるものである。後者に基づいて前者が制定されている。『案件質量』とは直訳すれば「事件の質」というほどであるが，意味を通じやすくするため「事件処理の質」とし，『評估』（評価）が後ろに来る場合には「事件処理質評価」とする。なお，原語は『』で標記する。

　小論は 2015 年 6 月 10 日までに知り得た情報に基づいている。また，日本学術振興会・科学研究費補助金・基盤（A）「中国，ベトナム，ロシアおよび中央アジア諸国の裁判統制制度に関する比較総合研究」（課題番号 22243002, 平成 22 年度〜25 年度，代表杉浦一孝名古屋大学教授）の連携研究者としての成果である。

　法院の活動につきいくつかの指標を定め，法院としてあるべき姿につき『較優値』を，そうあってはならない姿に『較差値』を定め（なお，全くの理想の姿としてではなく，80％の法院がこの上下の範囲にはいる程度のものとして定める），評価する。そこから得られる数値に一定の式をあてはめて，40 点から 100 点の範囲で指数を算出して評価の基準とするというものである。多くの法院が 70 点から 90 点の間に収まるように設計される。特段に評価の高いところでも 100 点どまり，悪いところでも 40 点どまりとし，指数至上主義とならないようにしている。

　こうした複雑な手法をとってまで，また，指数至上主義の心配をしてまで，

『21世紀民事法学の挑戦』加藤雅信先生古稀記念〔信山社，2018 年 3 月〕　*247*

12 『人民法院案件質量評估指数編制辨法（試行）』及び『最高人民法院関於開展案
件質量評估工作的指導意見』試訳〔高見澤　磨〕

評価システムを確立しようというのは，一方では裁判の質を上げて司法の権威
を獲得しようという意欲の現れともとれるが，他方では，裁判統制の手法とも
なる。よい事件処理として定められることに傾斜して仕事は行われ，また，そ
うでないことはしないようにするという誘導を受けるからである。このことの
本格的な分析は今後の課題とし，そのための準備作業のひとつが小論の試みで
ある。また，今後研究すべき課題のいくつかを抽出することも小論の目的であ
る。

　本辨法は，最高人民法院から発されたものであるが，いわゆる『司法解釈』
とは異なる。「最高人民法院の司法解釈業務に関する規定」（2007 年 3 月 9 日）
によれば，その形式には『解釈』（特定の法律，事件類型，問題についての法運用
について解釈を示したもの），『規定』（立法の精神にもとづき一般的に規則，意見を
制定するもの），『批復』（高級人民法院，軍事法院からの照会に対する回答），『決
定』（『司法解釈』を改廃する際に用いる形式）があり，これらは法の解釈・運用
の指針を示すものであり，下級法院を拘束する。「辨法」「意見」はこの範疇に
ない。『辨法』という形式は，『行政法規』（国務院が制定する法規），『地方性法
規』（省・自治区・直轄市や特定の大都市の人民代表大会及びその常務委員会が制定
する法規），『国務院部門規章』（国務院に属する部や委員会が制定する規則）など
に見られる形式であり自らの業務遂行のための規則制定に属すると考えるべき
である。「意見」もまた「指導意見」であって，参照すべきではあるが，拘束
はしない，という立ち位置にある。なお，最高人民法院や各法院での規則類の
形式やそれにともなう文書行政の詳細については今後の課題としたい。

　（試行）とあるのは，中国法にときに見られる形式であり，より整った法令
を後に制定するために試行版を試行するものであるが，効力としては施行と同
様である。「後に」がどの程度先のことになるのかは特段の決まりはない。本
意見も 2008 年 1 月 11 日に発された（試行）版（以下「指導意見（試行）」）がま
ずあり，2009 年から第三次の法院改革の五カ年計画が始まって，2011 年 3 月
10 日に本意見が発布されている。

　本意見発布前の 2010 年 12 月 9 日には，最高人民法院から『関於加強基層人
民法院審判質量管理工作的指導意見』が発されている（『中華人民共和国最高人
民法院公報』2011 年 3 期 12-13 頁）。詳細な手順を示すものではなく，裁判の質
の管理の重要性を基層法院に対して説くものである。この時点での評価指標は

248

2008 年の試行版に基づくものであったが，小論Ⅲで触れるように 2010 年頃に
実際の指標の取り方や重点の置き方の変動等があったので，それでも評価シス
テムをやりぬき，質の向上を求めたのが 2010 年の指導意見であって，その後
2011 年の本意見が発せられたことになる。

　なお，やや不思議なことに，「指導意見」（試行）は，『最高人民法院公報』
に載り，また，最高人民法院の公式サイトなどでも検索可能であるが，本意見
は『最高人民法院公報』に載らず，また，公式サイトでも本稿執筆時において
は検索できない。発されたことについての記事について見出すことができるの
みである。手抜かりなのか，公表の基準が変わったのか，特段の意図があるの
かはわからない。あるいは筆者の見落としかもしれない。テキストとしては
「百度文庫」にあったものを用いた（http://wenku.baidu.com/view/47c78969aflff
c4fff47ac07.html）（筆者のアクセスは，2014 年 3 月 31 日）。

　網羅的に観察したわけではないが，「百度文庫」にしばしば見られる情報の
書誌情報の少なさを補うためには，関連する他の記事とつきあわせなければな
らない。上記 2011 年 3 月 10 日の日付も同様である。関連記事としては，『正
義網』の http://news.jcrb.com/jxsw/201103/t20110311_510192.html（筆者の
アクセスは 2014 年 3 月 31 日）が『中広網』北京 3 月 11 日として伝える「最高
法正式発布案件質量評估工作指導意見」なる記事である。しかし関連情報とし
て「意見」のテキストにはリンクしていない。

　頻出する用語のうち『工作』は「任務遂行」とした。裁判は判決によって終
結する場合と裁決で終結する場合とがあるが，行論の便のため，判決で代表さ
せる。

　句読点は原文通りではなく，日本語訳として切りやすいところで用いた。

　その他翻訳に関することは作業の覚え書きとして末尾に附した。

　本辦法が前提とする統計や指標・指数などの算定手法に関しては，それらに
ついての専門用語が中国にあり，また，それに適した日本語訳があると思われ
るが，この点の点検も今後の課題としたい。

　なお，本辦法についての著者初見のテキストは『人民法院報』2013 年 6 月
22 日 3 面のものである。

12 『人民法院案件質量評估指数編制辦法（試行）』及び『最高人民法院関於開展案件質量評估工作的指導意見』試訳〔高見澤　磨〕

II　『人民法院案件質量評估指数編制辦法（試行)』試訳

「人民法院事件処理質評価指数編制辦法（試行)」を印刷・配布することに関する最高人民法院の通知

法〔2013〕137 号

各省，自治区，直轄市高級人民法院，解放軍軍事法院，新疆維吾爾自治区高級人民法院生産建設兵団分院：

　人民法院の事件処理質評価制度を十全なものとし，全国法院の事件処理質評価活動を規範に合わせ指導し，評価任務遂行の効果を現実に発揮するために，最高人民法院は≪人民法院事件処理質評価指数編制辦法（試行）≫を制定した。

　ここに「人民法院事件処理質評価指数編制辦法（試行)」を印刷して貴院に配布するので，裁判任務遂行の実際と結びつけ，真にこれに基づいて執行されたい。執行過程において問題が生じた場合には，遅滞なく最高人民法院に報告されたい。

最高人民法院

2013 年 6 月 15 日

　第一条　人民法院の事件処理質評価制度を十全なものとし，全国法院の事件処理質評価活動を規範に合わせ指導し，評価任務遂行の効果を現実に発揮するために，「事件処理質評価任務遂行を展開することに関する最高人民法院指導意見」に基づき，本辦法を制定する。

　第二条[(1)]　本辦法において指標とは，人民法院事件処理質評価システムにおける三級指標をいう。人民法院が普遍的に追求する指標『較優値』を指標満足値という。普遍的に出現することが許されない指標『較差値』を指標不満足値という。満足値と不満足値とから構成される指標の値の範囲を指標の『満足区

---

(1)　〔訳注〕第 2 条：無次元化：原語は『無量綱化』。単位のついている数を次元数といい，こうした数を単位のない数字に変えることを無次元化という。無次元化により各種の数値を計算可能な数字に変えて指数を導く。

　　合成法：原語は『合成方法』。ここにいう合成とは，Synthesize することであり，各種の指標を総合してある指数を導く。

Ⅱ 『人民法院案件質量評価指数編制辦法（試行）』試訳

間』とする。指数とは，指標の『満足区間』を利用し，三級指標に対して無次元化した後に形成する三級指数，及び，合成法を通じて形成した二級指数並びに一級指数をいう。

第三条　指標の満足値と不満足値とを合理的に確定し，指標の『満足区間』を科学的に設定する。『満足区間』の設定には，以下に掲げる事項について考慮しなければならない。

（一）各地法院の３年来の指標の実際値の中位を主要な参考とし，一定時期内の指標の平均値，最大値，最小値等の状況を総合的に参考とする。

（二）80％以上の法院の指標の実際値が『満足区間』内に位置する。

（三）裁判任務遂行の実際と結合させて合理的に確定する。

新たに設ける指標の『満足区間』は，裁判任務遂行の実際に基づいて確定しなければならない。

第四条　裁判任務遂行の状況の発展・変化に基づき関連する指標の『満足区間』を遅滞なく調整する。５年ごとに一度指標の『満足区間』を調整する。最高人民法院は定期的に調整後の『満足区間』を公布する。

『満足区間』調整後，評価指数について経時比較を行うときには，調整後の標準を用いて経時的な指数を改めて計算しなければならない。

第五条　『満足区間』の基礎の上に，各指標の警告区間を設定する。法院を評価するには，指標データの測定・分析に力をいれなければならない。指標値が警告値を超えたときには，関連する法院に対して合理的な説明を求めることができる。

第六条　『功効係数法』を用いて三級指標に対して指数化を行う。処理方法は以下に掲げるものとする。

（第六条）

$$\frac{実際値x - 不満足値x^s}{満足値x^h - 不満足値x^s} \geq 0 \text{ のとき,}$$

$$指標評価値d = \left| \frac{実際値x - 不満足値x^s}{満足値x^h - 不満足値x^s} \right|^{1.4} \times 20 + 70$$

251

$$\frac{実際値x-不満足値x^s}{満足値x^h-不満足値x^s}<0 \text{ のとき,}$$

$$指標評価値 d=-\left|\frac{実際値x-不満足値x^s}{満足値x^h-不満足値x^s}\right|^{1.4}\times20+70$$

第七条　加重算術平均法と加重幾何平均法とを総合的に用い，三級指数を二級指数に合成する。合成方法は以下に掲げるものとする。

（第七条）

d_i：三級指数

W_i：二級指数算定のための加重

D：二級指数

$$D=\frac{1}{2}(\sum d_i\cdot W_i+\prod\cdot d_i{}^{W_i})$$

第八条　加重算術平均法を用いて，二級指数を一級評価総合指数に合成する。合成方法は以下に掲げるものとする。

（第八条）

D_i：二級指数

W_f：一級指数算定のための加重

D（総合）：一級評価総合指数

D（総合）：$\sum D_i\cdot W_i$

第九条　指数の値の範囲は 40 から 100 の間に限定する。指数の実際値が『指数区間』を超える場合には，区間の上限または下限を以てそれに代える。

第十条　各級人民法院は，その管轄地域の裁判の実際に基づき，本規定と結合させて相応の調整を行い，当該法院またはその管轄地域の具体的な細則を定めることができる。

第十一条　各種の評価指数及び『類型』指数の編制方法は本辦法を参照する。

第十二条　本辦法は，最高人民法院研究室が解釈の責任を負い，2013 年 7 月 1 日から実施する。

Ⅲ 『最高人民法院関於開展案件質量評估工作的指導意見』試訳

「事件処理質評価任務遂行を展開することに関する最高人民法院指導意見」

　客観的に，公平に人民法院の裁判任務遂行を評価し，人民法院の裁判管理の効果が現れるようにし，監督を強化し，裁判の質を高めるために，「人民法院第二次五カ年改革綱要」に基づき，ここに人民法院において事件処理質評価任務遂行を展開することを試みることにつき以下の意見を示す。

　一　思想を統一し，観念を更新し，人民法院事件処理質評価任務遂行の重要な意義につき深く認識する。

　1　科学的，統一的な人民法院事件処理質評価体系をうちたてることは，「人民法院第二次五カ年改革綱要」におけるひとつの重要な内容である。「事件処理質評価」とは，人民法院の裁判任務遂行の目的，機能，特徴に照らして，裁判の公正，効率及び効果の各面の情況を反映する若干の評価指数をデザインし，各種の司法統計資料を利用し，多指標総合評価技術を運用し，事件処理質評価の定量化モデルをうちたて，事件処理質総合指数を計算し，全国各級人民法院の事件処理の質に対して全体的な評価と分析とを行うことである。この任務遂行は，裁判の情勢を正しく把握し，裁判の経験を総括し，裁判能力を強め，裁判任務遂行を改進し，国家の法治化建設の進度を推し進めることに重要な意義がある。

　2　人民法院の事件処理質評価体系をうちたてることは，人民法院が人民代表大会及び及び社会の監督を自覚的に受け入れ，人民法院の裁判任務遂行の客観的で，科学的で，公正な評価を実現することに有利であり，上級法院の下級法院に対する指導と監督とに効果が現れるようにすることに有利であり，人民法院の各改革措置の科学的政策決定と正しい実施とに有利であり，裁判人員の素質を高め，裁判任務遂行の責任感を強め，裁判任務遂行の良性循環を促進することに有利である。

　3　評価体系を通して人民法院の裁判の質の定量化標準を確立し，法院内部の斬新な動態監督メカニズムと科学的な裁判管理とをうちたてることができる

ようになり，裁判の質に影響を与える各種の要素を分析することで各級人民法院の裁判における政策決定と管理に整った詳細な参考となる根拠を提供し，法院の裁判の質の全面的向上を推進することができる。

4　評価体系指標間の関連，制約及び総合の作用を通して，人民法院の裁判任務遂行の科学的管理の効果が現れるようにし，裁判の公正と効率とを最大限実現することができる。

　二　科学を尊重し，法則に従い，公正で合理的な事件処理質評価体系の構築に努力する。

5　事件処理質評価は，正しい方向を堅持し，訴訟コストを低減し，高い指標をただ追求したり，裁判の独立を妨げたり，当事者の訴訟上の権利及びその他の合法的権利・利益を損なうことがないようにしなければならない。管理における民主の思想を堅持し，データの収集，とりまとめ，整理の過程を公開し，評価が良好な客観性，予見性及びアカウンタビリティを有することを確保しなければならない。

6　評価目的の多元化の要請に適応し，モジュール化の指標デザイン方法を採用し，裁判の質に対して総合評価を行い，評価指標・評価指数の転換及び組み合わせを通して，訴訟並びに執行の各段階や各種の裁判に対する評価，及び，裁判官の事件取り扱いに対する評価を実現する。

7　評価指標体系は，裁判任務遂行管理の必要性に基づき，裁判の公正，裁判の効率，裁判の効果の3つの二級指標に分かつ。二級指標は，31の三級指標から成る。

　各級人民法院は，実施の状況に基づき指標を増減することができる。

8　裁判の公正の指標は11とし，立案変更率，一審事件陪審率，一審における判決が二審で改判されたり，差し戻されて一審法院で改判した（誤った裁判であったとして）率，二審における改判または差し戻し（誤った裁判であったとして）率，二審開廷審理率，下級法院の効力が発した事件に対しての再審率，効力が発した事件における改判・差し戻し率，下級法院の効力が発した事件に対する再審を行い，改判・差し戻しした率，再審審査事情聴取率，司法賠償率，裁判文書評価から成る。

9　裁判の効率の指標は10とし，法定期限内立案率，一審簡易手続適用率，

Ⅲ 『最高人民法院関於開展案件質量評估工作的指導意見』試訳

第一開廷日判決率，法定（正常）審理期限内終結率，平均審理時間指数，平均
執行時間指数，審理期限延長後未決の比率，月次結案数の均衡度，法院内一人
あたり結案数，裁判官一人あたり結案数から成る。

10　裁判の効果の指標は 10 とし，一審にて事件が終結した率，調解率，訴
えの取り下げ率，実際執行率，執行目的（物と債務とを含む：訳者註）処理率，
裁判結果の当事者による履行率，調解事件における執行申請率，再審審査率，
信訪による苦情等提出率，公衆満足度から成る。

11　評価においては，定量的方法を運用し，専用のコンピュータプログラム
を通して事件処理質評価総合指数，二級指数並びに三級指数を編制し，また，
訴訟と執行との各段階，刑事，民事，行政各分野の裁判類型の指数を編制する。

12　最高人民法院は，評価目的，裁判任務遂行の特徴に基づき，全国法院の
近年の評価指標の平均値，最大値及び最小値を参照し，評価指数の合理値，警
告値を確定する。

13　重みの値は，総合評価体系におけるある指標の重要性の程度を示す数値
である。最高人民法院は，評価目的並びに指標の重要性，起こりうる消極的影
響，及び，データの来現の信頼性などの要素に基づいて評価体系における重み
の値を合理的に確定する。

各級人民法院は，当該法院の任務遂行の重点に基づき，評価指標の重みを適
切に調整することができる。

14　最高人民法院は，事件処理の質の総合指数に対して，係数の調整を通し
て修正を行い，各地の社会経済の発展の不均衡が評価の客観性に影響を与える
問題を解決する。

人民法院の裁判の情況の変化及び評価任務遂行の必要性とに基づき，最高人
民法院は，評価指標，重み，合理値，警告値等に対して適時の調整を行う。

三　機構を健全にし，関係を順調にし，事件処理質評価の水準を高めるよう
努力する。

15　最高人民法院の事件処理質評価任務遂行は，研究室が責任を負い，地方
各級人民法院は，必要性に基づき，（研究室を：訳者補足）設立し，または，相
応の管理機構に責任を負わせることができる。評価管理機構は，評価指標のデ
ザイン，データの収集・整理，評価指数編制，及び，評価結果の通報・分析な

255

12 『人民法院案件質量評估指数編制辦法（試行）』及び『最高人民法院関於開展案件質量評估工作的指導意見』試訳〔高見澤　磨〕

どの任務遂行に責任を負う。

　各級人民法院の関連部門及び人員は評価任務遂行に積極的に協力し，支えなければならない。

　16　上級人民法院は，下級人民法院の評価任務遂行を組織し，指導することに責任を負い，自己及びその管轄区法院の事件処理質に対して評価を行うことができる。

　各級人民法院は自己の評価データの収集・整理・分析に責任を負い，定期に上級に対して評価基礎情報を報告する。

　17　裁判の工程管理，各事件処理の評価，法律文書の評価，司法統計の働きを十分に発揮させ，分業を合理的にし，職責においてお互いに補い，データを共有することを行い，評価の客観・真実性を保証する。

　18　事件処理質評価は，以下に掲げる来源及び経路に基づいて評価指標データを収集する。

　(1)　評価データは，裁判の工程管理，法律文書，統計台帳，司法統計表，紀律検査統計報告表等の裁判及び執行の任務遂行及びその監督，管理活動において生成した情報を根拠とする。

　(2)　公衆満足度の評価は，必要に基づき各級法院が組織し，または，民間調査機構に委託して人民代表大会代表，政治協商会議委員，廉政監督員及び当事者並びに代理（弁護）弁護士，社会公衆に対してアンケート調査を行い収集することができる。

　(3)　評価指数が関連する社会経済データは，前年度の政府『統計年鑑』を基準とする。

　19　各級人民法院は，標準的法律文書データベース及び統一的統計台帳を構築し，評価データの真実性検査の根拠とする。裁判過程及び結果を記載した法律文書及び統計台帳は，裁判の工程管理情報からコンピュータが自動的に取り出し，生成しなければならない。裁判工程のコンピュータネットワーク管理を行っていない場合には，法律文書は事件処理情報データベースに入れ，事件処理情報の取り出し及び統計データの生成は，事件の裁判，執行と同調して完成させ，事件記録記載情況と完全に一致することを保証する。

　四　メカニズムを革新し，制度を完全なものとし，評価メカニズムの働きを

Ⅲ　『最高人民法院関於開展案件質量評估工作的指導意見』試訳

全面的に発揮する。

20　裁判任務遂行の発展と裁判管理の必要性とに適応する司法統計制度をうちたて完全なものとし，司法統計指標の名称，統計の規格，統計の時間，計算法及び計量単位を統一する。

21　データの蓄積を速め，事件処理質評価指標の核となり，裁判任務遂行，隊伍建設，司法による保障などの基本情況を反映することを主要な内容とし，社会，政治，経済，文化各方面の情況を包含するコンピュータデータベースをうちたて，評価のためにデータを提供してこれを支える。

22　評価は，情報化管理を行い，評価指標のデータの採集，整理，伝達及び指数編制は，コンピュータが自動的に完成させ，リアルタイムで更新し，人為的要素が評価に干渉することを避け，または，減少させる。

コンピュータを管理するソフトウェアは，最高人民法院が統一して開発する。

23　各級人民法院は，最高人民法院の要請に基づき，定期的に裁判過程及び結果を記載する各種の法律文書及び統計報告表を級を逐って上級に報告しなければならない。上級に報告する情報は，整合的であり，真実であり，全面的であり，正確であらねばならない。コンピュータネットワークによる伝達の条件を備える法院は，コンピュータネットワークを通して上級に伝え，コンピュータネットワークによる伝達の条件を備えていない法院は，ディスク媒体に記録して上級に報告する。

24　最高人民法院は，半年ごと及び年度ごとに評価データ及び評価指数に対して分析を行い，全国法院の事件処理質評価分析報告を作成する。高級人民法院，中級人民法院，基層人民法院の事件処理の質の情況に対して総括を行い，定期的に各級人民法院の事件処理質評価の情況をフィードバックする。

25　評価データの検査の効果が現れるようにする。法律の内在的規定性と司法統計指標の間の関連性を通して，評価データの真実性に対して検査を行う。検査後の評価データと報告されたデータとが一致しない場合には，報告した単位は，理由を説明し，上級法院の審査を経て更正の許可を受け，誤差率に按じて上級に報告したデータに対して修正を行わなければならない。

26　評価データ検査制度及び違法統計告発制度をうちたて，実行する。最高人民法院は，年一回司法統計データのテーマ別検査を組織し，適宜若干の評価

指標を選択し，そのデータの真実性に対して検査を行う。

　司法統計データの検査情況及び違法統計の調査・処分情況は，検査が終了した後に全国の法院に通報しなければならない。

　評価指数の虚偽的作成，虚偽的報告，欺瞞的報告，統計データの改ざんを追及し，情状が深刻でその影響が悪劣な場合には，関連規定により紀律検査部門，監察部門が党紀律上及び行政紀律上の処分を行う。

　27　評価は，法院管理において全く新たな任務遂行である。評価結果は，人民法院裁判任務遂行の総合的な反映であり，裁判任務遂行の管理，政策決定及び各級人民法院を評価する重要な根拠のひとつである。各級法院は，評価結果に正しく向かい合い，評価データの総合的利用を高度に重視し，定期的に評価が反映する状況及び問題を分析しなければならない。

　評価任務試行においては，意見を集め，経験を総括することに留意し，とくに評価指標，重みの値及び評価方法，総合指数の利用等の面で検討を行うことに留意しなければならず，法院管理に適合し，科学的評価に利する意見及び建議を提出しなければならず，最高人民法院に報告し，評価任務遂行を不断に発展させなければならない。

訳注1　25 の「法律の内在的規定性」は原語は『法律的内在規定性』である。具体的に何を意味するのかこの文脈では不明である。

訳註2　「Ⅰ序」で触れた 2008 年 1 月 11 日の「指導意見（試行）」との異同は以下のとおりである。

　「二，科学を尊重し，法則に従い，公正で合理的な事件処理質評価体系の構築に努力する。」の 7，8，9，10 の具体的な指標に言及する部分において，変更が見られ，また，14 は，第二項としての部分が追加されている（最高人民法院による評価方法の適時の調整）。それ以外には字句の変化は見られない。以下，7〜10 の変化について触れる。

	2008 年（試行）	2011 年
7（三級指標の総数）	33 の三級指標	31 の三級指標
8（裁判の公正の指標）	2008 年（試行）	2011 年
	11	11

Ⅲ　『最高人民法院関於開展案件質量評估工作的指導意見』試訳

総数	『立案変更率』	『立案変更率』
	『一審陪審率』	『一審案件陪審率』
	『一審上訴改判率』*	『一審判決案件改判発回重審率（錯誤）』*
	『一審上訴発回重審率』*	『二審改判発回重審率（錯誤)』*
	『生効案件改判率』**	『対下級法院生効案件提起再審率』**
	『生効案件発回重審率』**	『生効案件改判発回重審率』**
		『対下級法院生効案件再審改判発回重審率』**
		『再審審査詢問（聴証）率』***
	『二審開廷率』	『二審開廷審理率』
	『執行中止終結率』	
	『違法審判率』****	『司法賠償率』****
	『違法執行率』****	
	『裁判文書質量指標』	『裁判文書評分』

＊　2008 年においては『一審上訴改判率』『一審上訴発回重審率』が指標とされていた。前者は一審判決が上訴され，二審において破毀自判する場合である。後者は，上訴され，二審において一審に差し戻すこととなった場合である。したがって個々の事件を基準として指標をとる枠組みとなっていた。2011 年においては『一審判決改判発回重審率（錯誤）』『二審改判発回重審率（錯誤）』が指標とされている。前者は，一審における判決が二審で改判されたり，差し戻されて一審法院で改判した（誤った裁判であったとして）率，後者は，二審における改判または差し戻した（誤った裁判であったとして）率と読める。個々の裁判から言えば，一審法院側と二審法院側とで二度数え込まれていることになる。法院の側からすれば，自分の手元にある事件の由来を見て一審・二審両法院で調整して指標を出すという手間は省けていることになる。また，『（錯誤）』とあるので，手続き，事実認定，実体法の適用などのいずれかで誤りがあることが条件となっている。但し，このような読みが正しいかどうかは，今後他の使用とつきあわせたり，聞き取りを行ったりして確認したい。いずれにしても，上訴されただけでは，法院にとっては，「公正」の観点からは消極的評価を受けることはない枠組みとなっている。

＊＊　2008 年においては，『生効案件改判率』『生効案件発回重審率』の二項目が指標とされていた。前者は，すでに効力を発している判決を改めた場合である。後者は，すでに効力を発している判決に誤りを発見して原審法院に再審を命じた場合である。判決の確定という概念がないことを前提としての表現であり，再審が広く認められていた時代のなごりの指標の取り方であった。2011 年においては，『対下級法院生効案件提起再審率』『生効案件改判発回重審率』『対下級法院生効案件再審改判発回重審率』が指標となっている。それぞれ，下級法院の効力が発した事件に対して再審を命じた率，効力が発した事件を自ら改判または上級法院から差し戻された率，下級法院の効力が発した事件に対する再審を行い，改判・差し

12 『人民法院案件質量評估指数編制辦法（試行）』及び『最高人民法院関於開展案件質量評估工作的指導意見』試訳〔高見澤　磨〕

戻しした率である。こちらも法院の扱いが基準となっている。

＊＊＊　2008年にはなかった，『再審審査詢問（聴証）率』が2011年では指標となっている。再審となった事件につき事情聴取まで行った率である。裁判の公正の指標にとられていることから，手続き・事実認定・法の適用に問題があった，または，その疑いがあったので，再審になったことを消極的に評価するのか，事情聴取まで行ったことを積極的に評価するのか，その意図はわからない。

＊＊＊＊　2008年においては，『違法審判率』『違法執行率』のふたつが指標となっていた。2011年においては，『司法賠償率』のひとつにまとめられている。これは，上記＊で『（錯誤）』という表現が加わったことと表裏をなしていると思われる。司法に故意・過失による誤りがあり，当事者から賠償を求められ，かつ，それが認定される程度のものが『司法賠償率』で指標としてとられ，そこにまで至らぬものも含めて＊の『（錯誤）』に属すると思われる。

9（裁判の効率の指標）	2008年（試行）	2011年
総数	11	10
	『法定期限内立案率』	『法定期限内立案率』
	『法院年人均結案数』	『法院年人均結案数』
	『法官年人均結案数』	『法官年人均結案数』
		『法定（正常）審限内結案率』
	『結案率』	
	『結案均衡度』＊	『結案均衡度』＊
	『一審簡易程序適用率』	『一審簡易程序適用率』
	『当廷裁判率』	『当廷裁判率』
	『平均審理時間与審限比』	『平均審理時間指数』
	『平均執行時間与執行期限比』＊＊	『平均執行時間指数』＊＊
	『平均未審結持続時間与審限比』	『延長審限未結比』
	『平均未執結時間与執行期限比』＊＊	

＊　『結案均衡度』は，2008年にも2011年にもとられている。各月の結案数のばらつきが少ない方が評価される仕組みとなっている。通常統計は1-12月でとられる。事件処理が全体としては遅れ気味になることを背景とし，西暦の暦年内の未結事件を減らそうとして，12月末までになんとか事件を終結させようとする傾向が強いことを背景としている。うがち過ぎかもしれないが，12月末までに著しくは批判されない程度に，できれば積極的に評価される程度に成果を上げ，ほっとしたところで1月末から2月のいずれかに訪れる年夜・春節を迎えるのが一年の仕事のサイクルなのだろうか。

＊＊　2008年においては，『平均執行時間与執行期限比』『平均未執結時間与執行期限比』のふたつが指標としてとられていた。2011年では『平均執行時間指数』の一本にまとめられている。審理時間とは異なる扱いである。インターネット環境を利用した競売による効率化と安易な入札による不成立や不動産・有価証券などの資産価格が必ずしも右肩上がりではな

260

Ⅲ　『最高人民法院関於開展案件質量評估工作的指導意見』試訳

くなっていることを背景として，執行の期限ということを強く意識することが求められなく
なっているのであろうか。今後の検討課題としたい。

10（裁判の効果の指標）	2008 年（試行）	2011 年
総数	11	10
	『上訴率』*	
	『申訴率』	『再審審査率』
	『調解率』	『調解率』
	『撤訴率』	『撤訴率』
	『信訪投訴率』	『信訪投訴率』
	『重複信訪率』**	『実際執行率』
	『実際執行率』	
	『執行標的到位率』	『執行標的到位率』
	『裁判主動履行率』	『裁判自動履行率』
		『調解案件申請執行率』***
	『一審裁判息訴率』*	『一審服判率』*
	『公衆満意度指標』	『公衆満意度』

　「裁判の効果」として意識されているのは，『社会効果』であるように見える。定められた手
続きに従い事実を認定し，認定した事実に対して法を適用して法的事件としては終結する，と
いう任務の評価は，「公正」や「効率」において行われ，ここで近年の中国で用いられる表現
で言えば，「案結」の状態となる。さらに社会的に存在する事件としても解決し（「事了」），人
間関係も修復される（「人和」）までもが裁判の効果として求められている。
＊　　2008 年においては，『上訴率』が指標にとられていたが，2011 年では指標とはならない。
「公正」指標で見たように，原審に誤りがある場合，再審となる場合，『信訪』による不服の
申し立てが行われるほどに当事者が不満を持つ場合などにはじめて消極的評価の対象となる
ように設計されているように読める。他面，2008 年（『一審裁判息訴率』），2011 年（『一審
服判率』）ともに一審判決で当事者が一応の納得をすれば，積極的には評価される仕組みと
なっているので，上訴されることが法院にとって一切気にならないというほどには設計され
ていない。この点は『社会効果』まで求め，かつ，評価しようとすることの現れと言える。
＊＊　　2008 年においては，『重複信訪率』が指標にとられていたが，2011 年では指標とはなら
ない。
＊＊＊　　2008 年においてはなかった，『調解案件申請執行率』が 2011 年では指標にとられて
いる。法院が訴訟手続きにおいて調停を行い，両当事者によって協議成立となり，そのこと
が訴訟記録にも記され，書面も両当事者に送達されているという情況でありながら，債務者
が自ら履行せず，執行の申請が行われたという事態が想定されている。胡錦濤政権下で和諧
社会が提唱され，それを受けて『能動司法』や司法の『社会効果』が重視され，裁判実務に
おいては訴訟上の調停を積極的に求めるということが時代の背景となっていると思われる。
2008 年の指標設計時にはそこまでは意識されていなかったのであろう。但し，これは仮説
であって，今後の検討課題である。

261

12 『人民法院案件質量評估指数編制辦法（試行）』及び『最高人民法院関於開展案件質量評估工作的指導意見』試訳〔高見澤　磨〕

Ⅳ　解　説

『人民法院報』2013 年 6 月 22 日 3 面に本辦法が載り，また，3，4 面にわたって，厳戈・馬剣「関於《人民法院事件質評估指数編制辦法（試行）》的理解与適用」（以下，「理解と適用」）が併載されている。「理解と適用」は，最高人民法院が 2012 年 8 月に重慶で行った評価活動を比較的に順調に行っている法院を集めて行った座談会以降の簡単な説明のあと，紙幅の大部分は本辦法の説明となっており，かつ，その大部分は辦法の文言の反復であり，さらに詳細な用語の説明はない。指標や指数などを扱うことに慣れていない法院関係者が仮にいたとすれば，かならずしも親切な解説とはなっていない。但し，その中にやや興味深い点がいくつか触れられている。

第一が，2005 年から 2012 年の全国法院事件処理質評価数値は変動が大きかったこと，2010 年前後の数値はとくにそうであり，他方，2008 年前後の数値は比較的安定的であるという記述があることである。故に，本辦法以前に少なくとも 2008 年の試行版の意見に基づいて，あるいは，さらにそれよりも前から数値化型の評価が行われていたことを示している。

浙江省臨海市人民法院の公式ホームページに掲載された朱瑪「審判管理工作的反思与完善　以浙江省審判質効評估体系為視角」2014 年 1 月 18 日（http://www.linhaicourt.com/InfoPub/ArticleView.aspx?ID=4252）（筆者のアクセスは 2014 年 3 月 31 日）（以下，朱 2014）は，浙江省では 2008 年から開始されたとしている。

浙江省高級人民法院が 2008 年からこの評価プロジェクトに着手していることは，許雁・姚海涛・盧亜新・蒋国華・成琳・林立・李斌・戴龍軍・楼軍民・王建新「案件質効評估背景下的類型化与差別化管理　浙江高院関於創新和加強審判管理的調研報告」（人民法院報 2015 年 10 月 15 日 8 面）によっても知ることができる。また同紙面には曹醒萍・李礦・崔友愛・龍蘭軍・羅海・龍振華・田凱晋・寧宇「科学核算法官工作　努力実現人案協調　広州市花都区法院関於基層法官工作量的調研報告」もあり，他の地域でも仕事の質と量との評価手法の開発が行われていることを示している。

第二が，説明の例として挙げられる指標から，それが重視されていることを

うかがわせることである。『調解率』（調停率。ここでは，調停を試みて成功した率なのか，調停を試みた率なのか判然としない。前者であろうか），『実際執行率』（これも判決内容が実際に執行された率なのか，調停によるそれも含むのか判然としない），『結案率』（法の定める標準内に結審した率であろうか），『申訴率』（当事者や利害関係のある第三者などからの再審請求の率であろうか）などが見られる。例として挙げられているだけなので，それぞれ具体的な定義はない。

　上記朱 2014 では，民事調解率として民事調解結案数と民事撤訴結案数との和を民事結案数（特別手続き事件を除く）で除した数値として紹介している。

　第三が，指数追求第一となることを危険であると強く認識していることである。本辦法第三条第一項第二号が 80％の法院が『満足区間』内に位置するという標準を設けた。『徴求意見稿』段階では 70％となっていたが，多くの法院からはこの数字が小さすぎるとしたので，80％となったとする。また，指数（本辦法の方法では，まず指標から三級指数を得て，それをもとに二級指数を得，さらに二級指数をもとに一級指数を得る仕組みとなっている。そのいずれも）40 から 100 の間になるように定めている。

　一方，上記のように 80％の法院が範囲に収まるように定める『満足区間』から導き出される指数は 70 から 90 となるようになっているとする。残り 20％のうち特段に指数の高い法院がさらに上を目指しても 100 までしか指数を得られないようにしてある。故に特段に指数の低い法院にのみ奮起を促す評価方法となっている。

V　結 —— 課題の抽出

　小論は，本辦法及びその根拠たる本意見の紹介にとどまる。どの指標にどの程度の重みを与えて具体的な計算を行っているのか，それを行う法院ごとの規則やマニュアルはどのようなものか（あるいは高級人民法院や中級人民法院レベルでの標準的マニュアルがあるのか），このように得られた指数はどのように利用されるのか（例えば人事評価など），といった事柄はすべて今後の課題とせざるを得ない。Ⅳで示した朱 2014 も人事考課に用いるには慎重であるべしとしている。また，単純な数値追求のために月末・年末に事件を受理しないということになっては転倒であるとして戒めている。あまりに数値追及になると，裁

263

判官の中には裁判業務より法院管理業務につきたがる人まで現れかねないと懸念している。そこまで懸念を表明しつつ，結論としては合理的な評価システムを作り，それを前提として，業績評価システムにまでつなげることが提唱されている。

　小論は，法院活動を数値で評価しようとすること自体の中国内における賛否についても言及していない。数値至上主義がよくないと考えられていることは「理解と適用」や朱2014からうかがえる。しかし，それでもなお数値的評価を必要とする理由，あるいは，評価制度そのものを必要とする理由は，「理解と適用」には積極的には説明されていない。このことについては，司法改革に関する各種文書及びこれらに言及する実務家や研究者やメディアの見解をたんねんに見る必要がある。また，序で見たように，本意見のテキスト情報をめぐる不明な点も今後の課題とする。

　日本の大学においても標準を定めたり，評価したり，といったことが行われているが，現段階では，これに払われるコストとそれによって得られる質の向上といったベネフィットとを考えると，後者が前者を上回っているといえるかどうかはわからない。中国司法に関しては，評価システムを導入することがどのように評価されているのかを検討することは，上述のように今後の課題である。むしろ，概ね多くのところはそれなりに頑張っていることが広報でき，特段に問題のあるところについて改善を迫る根拠となる，という程度に役立てばそれでよいのかもしれない。そこまで考えると，評価（及び標準化）と統制というふたつの要素だけではなく，正当化（広報を軸とした情報の公開を含む）という要素も総合的に検討しなければならない。数値の出方によっては，我々はこれだけよくやっている，ということを示すことも可能だからである。但し，それさえもがある方向への誘導であり，柔らかな統制とも言える。これらのことも今後の課題とする。

　そのほかに本文中に今後の課題として言及したことは，以下の点である。

　最高人民法院及び各級法院が業務遂行のため定める規則類や文書行政の全体像を整理すること。

　訳語とくに『合法権益』のような日本語に訳しにくく，用例の歴史的及び定量的検討が必要なものや，本意見25の「法律の内在的規定性」（第二節）のような用語を説明をつけて適切に訳すこと。とくにこれらの用語は中国における

V　結

法のありようと関わる可能性がある。

　統計や指標・指数などの算定手法についての中国語及び日本語の用語の確認。
筆者がこうした手法を研究に用いないための学習不足に由来するものである。

　2008 年試行版と 2011 年の本意見とが異なる部分の意義についての確認作業。
一応訳註として指摘はしたが，多くは仮説であって，別途資料のつきあわせや，
場合によっては聞き取り調査が必要である。

　〔付録〕 序で触れたもの以外の翻訳上の覚え書き

　定訳ではなく，今後の作業の便宜として，翻訳上の覚え書きを記す。

『加強』：効果が現れるようにする。ここでいう効果は法的効果ではなく，社会的実践におけ
　　る「効きめ」である。
『強化』：強化する。
『増強』：強める。
『提高』：高める，または，向上（名詞として使われる場合）
『公信力』：accountability
『合法的権益』：合法的権利・利益。「非洲投資倶楽部章程」（アフリカへの投資やアフリカと
　　の貿易を促進するための会員制組織の規約）の『第五章　会員権益』は，Chapter V
　　Member's Rights and Interests となっている。また，23 条の『合法権益』は legal rights
　　and interests となっている。これを参照した。2015 年 5 月 13 日に温州中小企業発展促進
　　会に聞き取り調査に訪れた際，周徳文会長より資料のひとつとしていただいた。ここに記
　　して謝意を表す。網羅的に英訳を参照してはいない。
『根拠〜』『按照〜』：〜に基づき
『辦案』：事件を取り扱う，事件取り扱い
『案巻』：事件記録
『作用』：働き
『形勢』：情勢
『工程』『流程』：工程
『落実』：実行可能にする，実行する
『模块』：module

13 中国法制改革の行方
—— Oriental Morning Post 記者インタビューの記録

季　衛　東

I 「法治中国」論の社会背景

中国の社会構造は1990年代中頃から非常に実質的な変化が起き始め，即ち多元的な構造となった。最も基本的な変化として次の幾つかの点が挙げられる。第1に，中国は従来から都市と農村で異なる管理方式を採用しており，これによってもたらされた社会の二元構造はますます顕著なものとなっている。第2は貧富の格差拡大がもたらした社会の二極分化であり，これは別の意味での二元構造である。第3に，市場化の過程において利益集団の多元化という局面が作り出された。これは利益集団の多元主義構造が中国の政治の中でも漠然とした形で現れてきたことを意味する。2001年，朱鎔基首相は政府活動報告を行った際，社会的強者と社会的弱者が存在することを初めて認めた。これは人民が必ずしも一枚岩でなく，実際にはそれぞれの利益集団に分けることができ，彼らの利益的要求は同じでないことを政府が初めて認めたものだ。全体論から多元論に至るまで，社会構造に対する認識は全く異なっており，社会の統治方式に対する理解もこれに伴って変化するのは必然的なことである。こうした利益集団の多元主義構造は，2011年に「個人所得税法」の改正を行った時にはっきりと示された。当時，立法機関は全人民に意見を求め，公聴会を開いたが，それぞれの集団の全く異なる利益的要求がこの過程で十分に示されたのである。

このため，法治は統治方式の改革における1つの方向となった。これについては基本的な共通認識を持たなければならない。第1に，権力一元化の統治モデルは社会多元化の構造に既に適応できなくなっている。各利益階層はそれぞ

13 中国法制改革の行方〔季 衛東〕

れの主張を表明する必要があり，異なる主張の間で矛盾と衝突が生じることに
なるため，調整メカニズムが必要となる。第2に，社会がそれぞれの利益集団
に分化し，人民がもはや抽象的な全体として想像できなくなった時，国家権力
は超然とした，公正な立場で異なる利益集団間の矛盾と衝突を調整しなければ
ならない。理念上，うまく治めることを追求する国家は必ず中立化の方向に
沿って努力しなければならず，さもなければ多元構造の下において進退ともに
拠り所を失うことになる。政府の関与が多過ぎ，さらには人民と利益を争うな
ら，超然とした地位と公正な権威を失い，信頼の危機を招くことになろう。
「お碗を持ち上げて肉を食べ，箸を置いてどなり散らす」という言葉が現在の
中国で流行しているのはなぜか。政府は多くの事をやったのに，結果として満
足する人がほとんどおらず，はては役人自身も含め，大いに不平不満を持って
いるのはなぜか。結局のところ，それは「中立でなければ，信頼はない」とい
う一言に尽きる。

　利益集団に分化し，人民がもはや抽象的な全体として想像できなくなった時，
国家権力は超然とした，公正な立場で異なる利益集団間の矛盾と衝突を調整し
なければならない。理念上，うまく治めることを追求する国家は必ず中立化の
方向に沿って努力しなければならず，さもなければ多元構造の下において進退
ともに拠り所を失うことになる。政府の関与が多過ぎ，さらには人民と利益を
争うなら，超然とした地位と公正な権威を失い，信頼の危機を招くことになろ
う。「お碗を持ち上げて肉を食べ，箸を置いてどなり散らす」という言葉が現
在の中国で流行しているのはなぜか。政府は多くの事をやったのに，結果とし
て満足する人がほとんどおらず，はては役人自身も含め，大いに不平不満を
持っているのはなぜか。結局のところ，それは「中立でなければ，信頼はな
い」という一言に尽きる。

　然るに中国の問題の状況は欧米各国に比べて余りにも多くの差異があり，こ
のため，法治の原理は欧米の言語環境の下での説明と中国の言語環境の下での
説明の間にしばしば本質的な違いが存在する。欧米では超越規範，国家規範，
社会規範の関係が非常にはっきりとし，各規範の範囲は互いに独立したもので
あり，規範の効力において等級性を備えている。法律の共通した解釈を通じ，
レベルが全く異なるこの3つの規範は効果的な整合が得られた。しかし，中国
の言語環境の下で，状況は同じでない。伝統的な中国であれ，現代の中国であ

れ，その超越規範，国家規範，社会規範の間には明確な区分が欠け，複雑に交錯し，モザイクのようなジグソーパズル構造が形成されている。より重要なのは，中国の伝統的な観念において，法律体系がこれまでずっと等級化されたものでなく，タイプの異なる規範が主権者の意志として効力面で違いを持たず，基本的に平面で繰り広げられ，さらには具体的規則が基本的規則を超越する事態が現れたことである。法律にはそれぞれの地方版があり，また，規範の効力面における「下剋上」式の僭越が中国では今なお珍しいものでなく，それは主に行政法規と規則の絶えざる膨張として現れている。

　上述の文化的伝統から，我々が目にするのは法律の多元化である。権力構造を多元化し，権力のチェックアンドバランスを作り上げ，権力の過度な集中と強大化による社会の活気・活力の抑圧を防止すると同時に，社会の整合性を維持しようと考えるのなら，連続して一貫し，調和の取れた法律規範を各種権力活動の共通コードとしなければならない。しかし，これまでのやり方は一方的に権力を用い，集中した，強大な権力を用いて足並みを揃えるというものであった。1980年代初めに「刑法」と「刑事訴訟法」の規定を突然破り，「厳しい取り締まり」運動を進めたが，その原因はここにある。この道理をよく考えず，軽々しく政治改革を推進するなら，間違いなく大きなリスクを伴うことになる。絶対的な権力は絶対的な腐敗をもたらすという現実問題を前に，我々は権力を制限し，権力を分散してチェックアンドバランスを図る道を歩まざるを得ず，そうである以上，まず法律を一元化して，統一的な法律共同体を通じ，権力の分散が支離滅裂な状態を招くのを防止しなければならない。私の理解によれば，実際において，現代の法治国家の原理は結局のところ「法律の多元，権力の一元」から「法律の一元，権力の多元」へという一言に尽きる。この公式はやや単純化されているが，耳目を整理し，混乱を収拾するのに役立つ。

Ⅱ　法規範による公権力制限の課題

　まず権力と権威という2つの言葉が含む意味について簡単な区分を行おう。権力志向は強制に基づく秩序をもたらすことになろう。この時，制度配置の核心は国家による暴力であり，規則実施の条件は外部からの物理的制裁であり，個人的行為の特徴は恐れに基づく服従である。一方，権威志向はこれとは異な

13 中国法制改革の行方〔季 衛東〕

る。権威に従うことは共通認識に基づく，合意に基づく，承認に基づく秩序を意味しており，制度配置の核心は人類の理性であり，規則実施の条件は各人の心の内のアイデンティティである。また，個人的行為の特徴は賛同に基づく順守である。これからわかるように，権威が存在する場合は権力行使のコストを節約することができる。我が国に現在あるのは権力志向であり，欠けているのは権威志向である。このため，法治改革を通じて法律の権威システムを構築し，権威によって権力行使のコストを節約することは重要な意味を持つ。

法治は二重性を備えており，1つは権力を守り，もう1つは権力を制限することである。国家は何に依拠して一般大衆を従わせるのか。全国が一体としてまとまり，整然として秩序のある状況はどのようにして形成されるのか。法律・規則が必要なのは当然のことである。権力自体も含め，全ての人が法律・規則に従って行動し，勝手に振る舞ってはならないとするなら，この時，権力は制限を受けることになる。法律の前では誰もが平等であり，いかなる個人又は団体にも特権はない。こうした状況は公正なものであり，正当化することができる。このため，法治の内在的本質は権力の擁護と権力の制限という二重性にあり，これは権力が制限を受けることで権威を得るというパラドックスを体現している。こうした視点から見るなら，法治を推し進めれば，中国の政治改革を着実に秩序よく進めることができる。

法治主義に構想の違いが存在することについて言うなら，中国法家式の法治，英米式の法の支配（Rule of Law），ドイツ・フランス式の法治国家（Rechtsstaat）及び米国が戦後，大衆デモクラシー出現後の社会的条件に基づき打ち出した法によるデモクラシー（juridical democracy）等がある。要するに，法治のモデルは唯一のものではなく，複数の選択項目があるのであり，我々は中国の法治の制度設計を斟酌する時，これらの違いを考慮に入れ，国情に基づき，適切なモデル又は基本的要素の組合せ方式を選択しなければならない。いずれの場合においても，法治の秩序を築く際，権力を制限する2つの制度を持つのは非常に重要なことだ。1つは行政訴訟制度である。中国で流行している言葉を用いるなら，それは即ち「民が官を訴える」ことである。民が官を訴えることができ，官と民が同時に法廷で裁判を受けることは，法律で権力を制限する非常に重要な方式である。行政訴訟制度は政府と公民が同時に法を守る状態を最も典型的に反映している。もう1つは司法審査制度であり，より正確に言う

なら，それは司法的性格を帯びた違憲審査制度である。独立した第三者としての司法的性格の機関を通じ，権力を制限するには，この機関に比較的強大な力を持たせる必要がある。我々は国の権力構造の中で，司法的性格を持つ判断者，裁判権は相対的に言うなら，比較的弱い立場にあり，立法権より弱く，さらには行政権より弱いことを知っている。このため，違憲審査制度を通じて裁判権を強化する必要がある。司法的性格の違憲審査制度とは法規が合憲であるか否かの判断を通じ，立法権を抑制して均衡を図り，議会の多数派が公民の権利と義務の関係を任意に変更するのを防止し，法律全体の安定性，一貫性，綿密性を維持することである。裁判所は行政機関に対しても司法審査を行い，各級政府の措置，命令，政策，規定等が既にある法律に合致するか，上位の規範に合致するか否かを判断し，行政権が本分を越えて逸脱するのを防止する。こうすれば行政権を抑制して均衡を図ることができる。

　これからわかるように，司法審査制度の主な役割は裁判所にお墨付きを与え，それを弱者から強者に変え，法的効力の等級原理に従い，立法権と行政権に対して制約を行うことである。弱いことを知っている。このため，違憲審査制度を通じて裁判権を強化する必要がある。司法的性格の違憲審査制度とは法規が合憲であるか否かの判断を通じ，立法権を抑制して均衡を図り，議会の多数派が公民の権利と義務の関係を任意に変更するのを防止し，法律全体の安定性，一貫性，綿密性を維持することである。裁判所は行政機関に対しても司法審査を行い，各級政府の措置，命令，政策，規定等が既にある法律に合致するか，上位の規範に合致するか否かを判断し，行政権が本分を越えて逸脱するのを防止する。こうすれば行政権を抑制して均衡を図ることができる。これからわかるように，司法審査制度の主な役割は裁判所にお墨付きを与え，それを弱者から強者に変え，法的効力の等級原理に従い，立法権と行政権に対して制約を行うことである。

Ⅲ　権威としての法律秩序の形

　では，権威システムとしての法治の基本的構成は何であるか。まず良い憲法が必要となる。憲法とは社会の基本的な共通認識であり，誰もが認め，又は受け入れる構造である。同様に又，憲法の実施も非常に重要であり，さもなけれ

ば憲法は空文となり，共通認識を結集して社会の基本的構造を形作ることができない。憲法実施の監督と保障については，各国に徐々に認められ，受け入れてもらうため，制度設計が重要なものとなる。司法的性格の違憲審査がそれである。米国において，違憲審査は普通裁判所が行うが，それは具体的案件の審査の中で発効済みの法律に対し，付帯的性格の審査を行うだけである。裁判所はその事柄の是非を論じ，抽象的，一般的な判断はせず，違憲審査の効力も当案件の当事者に限定される。違憲審査の中で最も大きな役割を果たし，政治に対して影響を及ぼすことができるのは連邦最高裁判所である。ドイツでは司法機関が憲法の意味について異なる判断を下すという困った事態に陥るのを防止し，憲法実施の統一性と権威性を確保するため，専門の憲法裁判所を設置し，集権化した審査を行っている。当然のことながら，国会に違憲審査委員会を設置し，憲法判断に対する政治的コントロールを強化することも悪くはない。しかし，こうした機構が機能を真に発揮しようとするなら，やはり憲法を巡る紛争を受理・解決すべきであり，そのため，司法的性格をある程度帯びたものでなければならない。いずれにせよ，社会の共通認識と法律体系の統一性及び権威性を守るため，違憲審査制度を導入する必要がある。

　次に，権威システムとしての法治の中には幾つかのカギとなる要素がある。1つは契約である。契約は自由意思の承諾であり，承諾したことを忠実に守るのは人としての最低限の道徳である。このため，契約関係は規則を順守するよう導くことになり，これは秩序形成メカニズムの中心となる。2つ目は手続きである。公正な手続きは透明性，公開性，公正性が求められるため，手続きの中で下す法的決定，民主的手続きの中で下す政治的決定はいずれも人々の賛同を得ることができ，一層の権威を持つことになる。契約を通じて行う承諾，手続きを通じて下される決定の実質的内容は異なってもよいが，形式面ではいずれも同様の要求があり，機能面ではいずれも仲介の役割を果たす。ある意味において，契約と手続きは権威の媒体であり，また，権威システムの最も重要な運営メカニズムであると言うこともできる。さらに，公正な裁判制度は当然のことながら法治の重要な構成部分であり，決定的な役割を果たすものである。なぜなら，個人の自由を保障し，異なる利益的要求について調整を行うには理性的な対話を促さなければならないからである。裁判制度，裁判所はこうした場と平等な対話の条件を提供する。法治の権威は主に公正な裁判を通じて具現

Ⅲ　権威としての法律秩序の形

されると言うことができる。最後は制裁である。権威を持つかどうかは，規則が実際の効力を持つかどうかと言い換えることもできる。違法行為があれば必ず制裁を加えなければならず，これは規則の信用度に関わるものだ。違法は必ず追及するようにしなければ，人々は法律を無視することになる。法律は牙を与えて初めて権威を持つ。法律を超越できる者がいるなら，また，当局自身も法に従って事を運ぶことをしないなら，大衆は法律体系に信頼を置くことができず，力の対比関係だけを見るようになる。その結果，問題を解決する実力を持つ人がいれば，その人を信用し，はては法律・規則を踏みにじる度胸がある人を信用することになろう。要するに，権威システムとしての法治は少なくとも上述のがら法治の重要な構成部分であり，決定的な役割を果たすものである。なぜなら，個人の自由を保障し，異なる利益的要求について調整を行うには理性的な対話を促さなければならないからである。

　ここではさらに権威とデモクラシーの間の関係に触れる。1980 年代後期に中国では新権威主義の論争が起きた。無論，権威の概念に対する人々の理解には若干の違いがあるのかもしれない。多くの発言者は権威，権力の区別について明確な線引きをしなかった。権威としての個人と権威としての制度の間に本質的な違いが存在するのは言うまでもないことである。当時，権威はデモクラシーの対立面として理解された。欧米の政治学には 1 つの重要な命題があり，即ち民主主義社会は権威を必要としないのではなく，それとは全く逆に，他の社会よりも権威を必要としているのだ。なぜなら民主主義社会では，誰もが自由に意見を表明する権利を持ち，投票する権利を持っており，こうした状況の下でいかに共通認識を結集し，分裂を回避するのか，特に投票結果で互いに対立し，譲らない時，いかに善後処置を講じるのかが非常に重要な問題となったからである。ここで，危機を解消するには権威に頼らなければならない。最も典型的な場面は米国の 2000 年の大統領選挙で現れた。その時，ブッシュ・ジュニアとゴアの得票数は僅差であり，さらにブッシュ・ジュニアには不正の疑いが掛けられていた。権威性を備える米国の司法機関は選挙結果について判断を下し，一件落着となり，敗訴した側が集計結果を認め，敵対陣営同士が握手し和解したのである。これからわかるように，民主主義社会は一段と権威を必要としている。こうした権威がないのなら，非常に危険であり，分裂が起きやすくなる。他の多くの国は民主化の過程で分裂，内戦を招いたが，これらは

273

いずれも権威の空白状態，基本的共通認識の欠如と関係がある。

法治の権威としての優位性は権威を非人格化，持続化させ，制度とシステムの助けを借りて普遍的な社会の信頼を強化できることである。特に指摘すべきなのは，デモクラシーも権威を強化できることだ。最も典型的な実例としてヒトラーを挙げることができる。彼は選挙を通じて権力を掌握し，圧倒的多数の支持を得たことにより，絶対的な権威を持つようになった。しかし，民主政治自体から生じる個人的権威は確かなものでなく，時には危険でさえある。民主政治と法治の権威が結び付いた時に初めて，こうしたデモクラシーは安定し，成熟した，持続可能なものとなる。このため，我々は法治と結び付いたデモクラシーだけが良いものであることを強調しなければならない。これはデモクラシーと権威の間の関係についての最も基本的な判断である。ければならない。これはデモクラシーと権威の間の関係についての最も基本的な判断である。

Ⅳ　法治中国のグランド・デザイン ──「三審制」

さて，先に述べた法治の権威を確立するための幾つかの要素は，どのような制度設計を通じて具体化することができるか。私はかねてから「3審制」という主張を出したことがある。この「3審制」は訴訟上の3審制とは全く異なる意味を持つ。

第1の「審」は予算の審議を指す。これは我が国の立法機関，人民代表大会（人代＝議会）の制度改革と政治生活の秩序ある民主化のための最も重要な方途である。即ち我々は各級人代を財政・税務の民主的なフォーラムへと徐々に変えていかなければならない。経済改革の成果は中国のパイを大きくした。このため，次の段階の政治改革は一言でいうなら，このパイをいかに均等に分けるかである。パイを分ける仕事は中国の今後の政治改革における中心任務であり，予算審議の主な目的はこのパイをいかによりよく分配し，皆が喜ぶように分けるかということである。予算審議を政治改革の主軸に据えるなら，それは人代代表（議員）のエキスパート化に有利である。なぜなら，各種の数字，報告書及び計算結果を理解するには，専門知識と洞察力を必要とするからである。また，大衆の参画にも有利であり，なぜなら財政予算は一般大衆の切実な利益に関わるからである。それぞれの利害を比較・考慮し，選択と決定を行うことは，

Ⅳ　法治中国のグランド・デザイン

公民の政治的交渉能力を培うのに有利である。予算審議で実質的な効果が得られたなら，公民は人代の活動に一段と関心を寄せ，討議と決定の場に居合わせることを一段と重視し，誰が納税者の利益を本当に代表しているのか，誰が自分の要求を本当に代表しているのかといった問題を問い詰めることになろう。これは選挙制度の改革，人代代表と選挙民の相互作用及び人代審議の実況中継を促すものである。言い換えるなら，公民は法で定められた権利に対し，一段と真剣に向き合うであろう。そうなったなら，制度的ロジックの連鎖反応が現れ，政治改革が力強く段階的に進むことになる。

　第2の「審」は問責監査（原語は『問責審計』）を指す。これは行政権の新たな位置付けに関わるものである。問責監査の利点は行政権力を制限できるだけでなく，行政効率も向上することである。問責監査を通じ，政治を行政の中にはめ込み，さらに行政を財政の中にはめ込み，政策目標に対する命令式の調整を間接的な調節又は財政・税務資源の分配に転換することができる。こうすれば，政治的資源と行政権力はいずれも計算可能なものとなる。それが計算可能なものとなれば，責任を問い，予測することができる。この意味から言うなら，問責監査という改革は非常に重要なものである。問責監査が予算審議と互いに補い合い，影響し合うなら，それは一層顕著な効果を挙げることができる。行政部門の問責監査を行うことで，人代代表の予算審議は力点が得られ，目標が明確となり，具体的なデータを基礎とすることができる。他方，人代代表の予算審議が行われることで，政府の問責監査にもプレッシャーがかかり，一層の効力が得られることになる。この両者は互いに補い合い，影響し合うものであり，その舞台は人民代表大会となる。これにより，人民代表大会の機能が強化される。予算審議と問責監査を結び付ければ，情報とデータに基づく統治が形成され，管理方式は一段と理に適い，適法なものとなる。ータに基づく統治が形成され，管理方式は一段と理に適い，適法なものとなる。

　第3の「審」は司法審査を指す。司法的性格の違憲審査を通じ，法律の一元化を実現し，法制の統一性，正当性を保証することができる。また，こうした司法審査を通じ，裁判権を強化し，裁判所で憲法を活性化し，法に従って権利を守ろうとする公民の行為を活性化し，法制の権威を確立することができる。司法審査にはさらに重要な機能があり，それは即ち我が国の法律体系を予測でき，計算できるものに変えることである。言い換えるなら，法的概念を計算に

入れることを通じ，それぞれの利害を比較・考慮することが可能となる。司法審査がなければ，ミクロレベルの具体的な違法・違憲行為を発見，是正できず，法律体系の内在的矛盾は解消されず，混沌とした現象が生じることになろう。司法審査の結果，法律規範の間の論理関係は厳密で明確なものとなり，各段階の法的推理をしっかりと結び付けることができる。このため，司法審査は中国の法治改革にとっても非常に重要なものである。しかし，我々はここで大きな障害にぶつかることになろう。なぜなら，司法審査制度の有効な運用は前提条件を必要とするからだ。それは法律システム全体に対する信頼，裁判官に対する信頼であり，この2つの点はどちらも欠くことができない。だが，現在の中国ではこうした前提条件がまだ完全に備わっていない。この制度が重要であることはよくわかるが，目下，多くの人は裁判官に信頼を置いておらず，期待していないように思われる——ぶつかる障害とはこれを指す。しかし，我々がはっきりと認識し，解決することを希望すれば，この問題も解決できない訳ではない。

V　中国法制改革のテコ入れ

　法治中国設計図を実行に移すための操作テコとして，主に次の幾つかの点を挙げることができよう。第1は，地方の改革ボーナスを巡る競争である。一部の地方，例えば上海，浙江，江蘇，広東，湖南等は自らの法治経験を探求しており，当然のことながら教訓もある。これらの経験と教訓はいずれも総括するのに値するものだ。2013年，国務院は上海に国家自由貿易試験区を設置することを認可し，大規模な制度革新を許可したが，これも地方が法治面で試行を重ねるのに新たなチャンスを提供することになる。このため，法治を巡る地方間の競争と言うのは全く根拠がない訳ではない。地方を通じて予算議会のトッププレベルデザインを実践し，「大監査」措置の助けを借りて上層部を突き動かし，さらに情報公開，財政再配分に関する末端圧力を加えるなら，下から上への財政・税務民主化の改革プロセスを促すことが可能である。これと同時に，立法，問責，監督等の面における地方人代代表の機能を一段と強化し，まず地方人代代表の活動を活発にさせることができる。実際のところ，地方政府の債務問題はこうした改革に重大な契機を与えるものである。中央政府の監督管理

コストの節約という視点から見ても，地方レベルの財政・税務民主化を進めるべきであり，人々はこの点を認識している。一方，地方人代代表の役割が大きくなるほど，政治改革をソフトランディングさせる条件も熟することになる。末端で上述の改革に着手することは，現在の体制において何らの障害もなく，十分な現実性を備えている。無論，改革の原動力又は誘因という問題がある。このため，改革自体のボーナスを強調しなければならず，また，条件付きで地方にボーナスを放出する方式を通じ，情勢に応じてうまく導き，改革を推し進める必要がある。

　第2のテコは非常に重要であり，それは即ち個人の法に基づく合法的権益の保護に関する訴訟である。我が国は人民が主人公となる国であり，主権在民だが，人民はどのようにしてその権利を主張するのか，公民個人はどのようにして主人公としての権利を持つのかははっきりとしない。一般的に言うなら，個人が一方的に確実に主張できるのは訴権しかない。このため，合理的な訴権システムは現代の法治秩序における核心となる。大多数の一般公民について言うなら，法律は抽象的で分かりにくく，遥かに遠いものであり，大衆は往々にして自らが目にし，事情を理解している具体的案件の裁判を通じ，法律を感じ取っている。法律体系又は法律秩序の評価についても，個別の案件に基づき，感じ取っている。審理は公平であるのか，判決は正義に対する自らの理解，公正感に合致しているのかという感性的認識が法律制度に対するその人の理性的認識を決定付けている。ドイツの著名な法学者，イェーリングが「権利のための闘争」という命題を提起した時，その意図は合法的権益の保護を巡る訴訟を奨励することにあり，こうした訴訟は公民の権利であるだけでなく，公民の義務でもあると特に強調した。合法的権益の保護を巡る訴訟を公民の義務として理解することは公序良俗の視点であり，確かに意味深長である。訴訟は自らの個人的権利を守るためだけでなく，法律の秩序を守り，社会的正義を守るためでもあり，このため，権利侵害行為に遭遇したら必ず不公正に反対し，法廷に訴えなければならず，さもなければ公民の尽くすべき義務を尽くさないことになる。訴訟がなければ，法治は全く機能しない。これからわかるように，訴訟を通じて公民個人の権利主張を強化することは重要な積極的意味を持つ。過度な訴訟は奨励しないが，こうした訴訟を抑え付けることは懇願する社会的弱者に対し，門戸を閉ざすものであり，決して賢明な措置ではない。

合法的権益の保護を巡る訴訟を支持することには1つのメリットがある。そ
れは公民が制度の枠内で矛盾と衝突を解決するのを奨励できることである。当
然のことながら，法廷での言い争いは街頭での言い争いに比べ，社会の秩序を
形成し，発展させるのに一段と有利である。中央は権力をケージの中に入れる
ことを打ち出した。しかし，我々が立法者に伸縮自在のケージを作らせること
は不可能であり，また，牛，猫，虎及び鼠用のケージを別々に作ることも不可
能である。では，どうすれば統一された制度のケージを用い，牛，猫，虎，鼠
を閉じ込めることができるのか。実際の必要に応じ，ケージの中に比較的細密
な鉄の網を追加することができ，また，ケージ内のそれぞれの隅に適度な大き
さの各種の小さな柵を設けてもよい。これは訴訟でやるべき事柄である。裁判
官は訴訟を審理する際，法律の枠内で個別案件に基づき，裁定を下し，法律上
の推理と解釈を通じ，具体的状況に適した法網のサイズを確定するのである。
このため，合法的権益の保護を巡る訴訟がなく，裁判官の判決がなかったなら，
法律制度のケージはいい加減なものとなり，そのサイズは永遠に合わないもの
となってしまう。この視点から見るなら，個人の権利侵害行為について起こさ
れた公民間の訴訟及び，行政面の権利侵害行為について起こされた公民・政府
間の行政訴訟という内のそれぞれの隅に適度な大きさの各種の小さな柵を設け
てもよい。これは訴訟でやるべき事柄である。裁判官は訴訟を審理する際，法
律の枠内で個別案件に基づき，裁定を下し，法律上の推理と解釈を通じ，具体
的状況に適した法網のサイズを確定するのである。このため，合法的権益の保
護を巡る訴訟がなく，裁判官の判決がなかったなら，法律制度のケージはいい
加減なものとなり，そのサイズは永遠に合わないものとなってしまう。この視
点から見るなら，個人の権利侵害行為について起こされた公民間の訴訟及び，
行政面の権利侵害行為について起こされた公民・政府間の行政訴訟という内の
それぞれの隅に適度な大きさの各種の小さな柵を設けてもよい。これは訴訟で
やるべき事柄である。裁判官は訴訟を審理する際，法律の枠内で個別案件に基
づき，裁定を下し，法律上の推理と解釈を通じ，具体的状況に適した法網のサ
イズを確定するのである。このため，合法的権益の保護を巡る訴訟がなく，裁
判官の判決がなかったなら，法律制度のケージはいい加減なものとなり，その
サイズは永遠に合わないものとなってしまう。この視点から見るなら，個人の
権利侵害行為について起こされた公民間の訴訟及び，行政面の権利侵害行為に

V 中国法制改革のテコ入れ

ついて起こされた公民・政府間の行政訴訟という内のそれぞれの隅に適度な大きさの各種の小さな柵を設けてもよい。これは訴訟でやるべき事柄である。裁判官は訴訟を審理する際，法律の枠内で個別案件に基づき，裁定を下し，法律上の推理と解釈を通じ，具体的状況に適した法網のサイズを確定するのである。このため，合法的権益の保護を巡る訴訟がなく，裁判官の判決がなかったなら，法律制度のケージはいい加減なものとなり，そのサイズは永遠に合わないものとなってしまう。この視点から見るなら，個人の権利侵害行為について起こされた公民間の訴訟及び，行政面の権利侵害行為について起こされた公民・政府間の行政訴訟という。

　中国は非常に大きく，法律を実施するには大衆のエネルギーが必要で，各人が積極的に参画する必要があり，そうして初めて効果を得ることができる。また，個人が法律の実施を促し，制度の変遷を促す最も重要な手段は即ち訴訟である。実際上，法律は日常生活における多くの私的な訴訟行為を通じ，具体的なものとなる。私的訴訟を通じ，法律を実行に移し，法律を細分化するメカニズムは市場経済の競争メカニズムと調和し，偶然に一致している。このため，私的訴訟は公益性も有する。だが，個人が訴訟を提起し，訴訟を争うのは社会的コストが掛かるものであり，まして中国のような訴訟を面倒に思い，訴訟を嫌がる社会においてはなおさらのことだ。このため，合法的権益の保護を巡る庶民の訴訟に対しては障害を設けてはならず，それとは全く逆に，適切な切っ掛けを与え，便宜を提供しなければならない。例えば，現行制度の中で規定されている法に基づく合法的権益の保護に関する各種要素をより合理的に配置しなければならず，これには十分な法律情報を提供し，訴訟の社会的コストを引き下げ，法的行為の予測できる利益と損失がどこにあるのかを明確にすること等が含まれる。このため，我々は社会の法治の度合いを考察する際，制度設計が公民の訴訟に便利であるか否かを見なければならない。その他，公民の合法的権益を保護するための専門サービスを提供する弁護士が十分に揃っているか否か，弁護士が真剣に取り組むか否か，技術面で案件の審理活動と法律判断に対し，厳密な検討を加えることができるか否かも非常に重要なことである。

　私が特に強調したいのは，庶民の訴訟をサポートする，その道に通じた法律専門家は重要であり，弁護士は重要であるということだ。弁護士の規模が大きいほど，専門の分化と役割分担が可能となり，合法的権益の保護に対するサー

ビスは保障が得られる。弁護士の社会的地位が高いほど，その果たす役割が大きいほど，合法的権益保護の事柄をうまく処理することが可能となり，また，法律を確実に実行に移すことが可能となる。このため，弁護士の頑固一徹派は第3のテコを構成していると言えよう。「頑固一徹」とは生真面目なことである。弁護士は本気で取り組まなければならず，そうしてこそ顧客の合法的権益をしっかり守ることが可能となり，法律の実施を確実に促すことが可能となる。しかし現在，我が国の頑固一徹派の弁護士にはやや偏った傾向が見られ，それは政治に関わり過ぎ，感情的になり過ぎることである。これは別に咎めて言っている訳ではない。なぜなら，一部の地方政府は強大な力を持ち，（弁護士を）相手にせず，返答せず，はては打撃を加え，抑え付ける態度を取っており，感情的になるのは免れ難いことだ。ましてや弁護士が政治に参画するのは悪い事ではなく，逆に，それは秩序を持つ民主化に有利である。しかし，私は生真面目で頑固一徹の弁護士に対し，もう少し理性的になり，感情的になるのを抑え，技術的要素を増やし，政治的色彩を薄めことを勧める。こうすれば，法治国家における弁護士の仲介者としての位置付けに一段と合致し，中国の社会発展における現実的な条件に合致することになる。急がば回れということだ。無論，これには前提条件があり，それは政府が統治面で理性を持ち，積極的に対話し，法に基づく権益保護の訴えに応じることである。上述の条件の下で，弁護士が真面目に取り組み，相手側の欠点をつくことは初めて意味を持つ。個人と政府の相互作用は法治とデモクラシーの発展に有利である。かし，私は生真面目で頑固一徹の弁護士に対し，もう少し理性的になり，感情的になるのを抑え，技術的要素を増やし，政治的色彩を薄めことを勧める。こうすれば，法治国家における弁護士の仲介者としての位置付けに一段と合致し，中国の社会発展における現実的な条件に合致することになる。急がば回れということだ。無論，これには前提条件があり，それは政府が統治面で理性を持ち，積極的に対話し，法に基づく権益保護の訴えに応じることである。上述の条件の下で，弁護士が真面目に取り組み，相手側の欠点をつくことは初めて意味を持つ。個人と政府の相互作用は法治とデモクラシーの発展に有利である。

もう1つは，ニューメディアによるチェック機能である。ニューメディア時代は我が国の伝播環境に非常に大きな変化をもたらした。伝統的なマスメディアは専門化された等級構造であるが，ニューメディアは大衆が参画する平面構

造である。誰もが自由に情報を発信し，情報を受けることができ，発言権が移
り，自己中心主義の傾向が強まった。こうした平面の相互作用は社会のさざ波
効果をもたらすことになろう。こうした世論は2つの側面の結果をもたらした。
第1に，案件を処理する裁判官及び司法システム全体が白日の下に晒され，大
衆からじろじろと見られ，あれこれと批評されており，法律問題は社会の関心
事となった。裁判権が端っこから中心に移ったかのようである。第2に，裁判
所の一挙一動が世論の監督の下に置かれ，最後には世論が裁判結果を左右する
事態がしばしば発生し，さらには世論が裁判を行う現象さえ見られるように
なった。

　こうした幾つかの点から見ると，中国の今後の政治体制改革がなぜ必然的に
法治を突破口とするのかを理解することは難しくない。なぜなら，法治は市場
経済の発展における内在的要求であり，また，多元社会を管理する基本的な方
式でもあり，共通認識が最も容易に得られるからである。事実上，これは既に
国を挙げての中心的な共通認識となっている。従って，中国の政治改革の突破
口は法治であり，司法改革はそのキーポイントで切り口となる。

Ⅵ　司法独立と司法問責の狭間で進む改革

　司法改革の視点から見ると，幾つかの新しい動向が最近現れた。1つ目は司
法の公開により公正な司法を促したことである。2013年以降，最高人民法院
（最高裁）は薄熙来事件の法廷審理記録を同時進行でインターネットに載せる
ことを含め，幾つかの措置を講じてきた。2つ目は冤罪・でっち上げ・誤審事
件を防ぐ仕組みを確立したことである。特に2013年8月，中央政法委員会は
冤罪・でっち上げ・誤審事件を防止するための指導意見を出し，その中で特に
責任を強調し，冤罪・でっち上げ・誤審事件については生涯にわたる責任の追
及を実行しなければならないと規定するとともに，有罪の推定を行うことに明
確に反対した。3つ目は司法の公開であり，3,000余りの裁判所にその判決文
をインターネットで開示させている。これらは非常に重要な進歩だと言えよう。
　しかし，ここで指摘すべき点がある。それは裁判の独立と検察の独立であり，
合わせて言うなら司法の独立に他ならない。我々が司法の独立について語る時，
幾つかの敏感な問題にぶつかることになる。誰から独立するのか。独立して何

をやるのか。また，党の指導は必要としないのか。その他，司法の腐敗は非常に深刻であり，それでも司法を独立させられるのか。独立したら一層腐敗しやすくなるのではないか。実際のところ，これらは多くの中国人が抱いている疑問である。他の事はさておき，司法に対する問責を考えてみよう。だが，たとえ冤罪・でっち上げ・誤審事件に対する責任追及という視点から司法改革を見たとしても，頭が混乱し，司法独立の意味がよく分からない。司法が独立しなければ，司法の主体は必然的に重層化・多様化し，その結果，一体誰が決定したのか，何に基づいて決定したのか，決定の誤りに対して誰が責任を負うのかが曖昧なものになってしまう。言い換えると，司法が独立すれば，司法の責任の所在もはっきりとし，問責もやりやすくなる。逆に，司法が独立しなければ，司法の責任もはっきりさせることができず，火事場泥棒を働き，責任逃れをする機会も次々と生まれ，司法の腐敗がこれに伴って広がり，防ぐ手立てがなくなる。この数年，多くの冤罪・でっち上げ・誤審事件が見つかったが，いずれも是正する方法がなく，人々は不思議に感じている。これは責任主体が明確でなく，責任を問うことができないからだ。言うなら司法の独立に他ならない。我々が司法の独立について語る時，幾つかの敏感な問題にぶつかることになる。誰から独立するのか。独立して何をやるのか。また，党の指導は必要としないのか。その他，司法の腐敗は非常に深刻であり，それでも司法を独立させられるのか。独立したら一層腐敗しやすくなるのではないか。実際のところ，これらは多くの中国人が抱いている疑問である。他の事はさておき，司法に対する問責を考えてみよう。だが，たとえ冤罪・でっち上げ・誤審事件に対する責任追及という視点から司法改革を見たとしても，頭が混乱し，司法独立の意味がよく分からない。司法が独立しなければ，司法の主体は必然的に重層化・多様化し，その結果，一体誰が決定したのか，何に基づいて決定したのか，決定の誤りに対して誰が責任を負うのかが曖昧なものになってしまう。言い換えると，司法が独立すれば，司法の責任の所在もはっきりとし，問責もやりやすくなる。逆に，司法が独立しなければ，司法の責任もはっきりさせることができず，火事場泥棒を働き，責任逃れをする機会も次々と生まれ，司法の腐敗がこれに伴って広がり，防ぐ手立てがなくなる。この数年，多くの冤罪・でっち上げ・誤審事件が見つかったが，いずれも是正する方法がなく，人々は不思議に感じている。これは責任主体が明確でなく，責任を問うことができないからだ。

Ⅵ 司法独立と司法問責の狭間で進む改革

実は低コスト，高効率の措置があるのだが，我々はこれまで行っておらず，又は非常に不十分なものであった。それは判決の理由説明に力を入れるとともに，全ての判例を公開することである。判例の公開は拒絶できないようにする。これは基本的に全くお金が掛からない。しかし，この事が実現すれば，司法は腐敗の余地が大幅に狭まり，司法監督のコストも大幅に下がることになろう。判例の公開後，誰もが監督できるようになり，理論的に言うなら，13億人が判決内容に絶えず目を光らせることになる。それを見た後は回収し，繰り返し念入りに検討することができる。当案件の当事者と弁護士だけでなく，その他の弁護士及び法学者も判決について研究，批評及び解釈を行うことになろう。そうなれば，屋上屋を架す無駄な監督機構を設置せずに済む。他の法治国家において，司法権が最も腐敗しにくい権力だと見なされているのは，その他の制度的条件を除き，審理の公開，判決の公開も非常に重要な要因となっている。

独立した，公正な，理性的な司法を通じてのみ，政治の権威システムを新たに構築し，自由意思で従うことにより権力運用の制度的コストを減らすことができる。このような独立した司法権が現れて初めて，国の中立化を目にし，事情を飲み込むことができる。こうした状況下においてのみ，一般大衆は体制内で自分の意見を述べることができると感じるのである。たとえ個人がどんなに弱い存在であったとしても，法律制度によって強固な安心感を得ることができる。一般的に言うなら，政府が率先して法を守ってこそ，庶民も法を守る気になるのであり，司法の独立は政府と個人がどちらも法律の制約を受けることを意味する。皆が共に法を守る時，自由意思で従う局面が自然に形成されることになる。この局面が形成されたなら，強制力を用いなくても秩序を維持することができ，各種の制度的コストが大幅に減ることになろう。

〔付記〕この原稿を邦訳するにあたって，松尾総合法律事務所の小杉丈夫弁護士から多大なご協力を賜った。この場を借りて厚く御礼を申し上げる。

14 人格権保護に関する法体系的考察
―― 中国民法典の立法作業を背景に

渠　涛

I　はじめに

子曰く,「学びて思わざれば即ち罔し,思いて学ばざれば即ち殆し[1]」。

私は民法を学び始めて以来ずっと一つの問題に困惑されてきた。それは,民法は大きすぎないかということである。法律の勉強を始めた時に,カリキュラムを見て真っ先に思ったことは,「民法の講義はどうしてこんなに多いんだ?!」ということだった。他の法分野の科目は,一,二学期で修了できるのに,民法だけはどうも果てしがない。民法研究の道に入ってようやく理解したことは,確かに,民法の内容は多い,ということである。その後,さらに次のことに気付いた。民法がこれほど大きくなっていると,他の法部門の学者から嫌われているに違いない。それはなぜかというと,どの大学の法学部も民法の教員数が最も多い。そうなると,教授昇進など何か投票によって決める時に,民法学者の「手」の数に左右されることになりかねないからである。

さらにその後,私は民法は分割させるべきではないか,つまり,今のような「大民法」にしておくのではなく,少なくともこれ以上は拡大させず,縮小させるべきではないか,と考えるようになった。

最近,注目すべきことは,中国共産党第18期中央委員会第4回全体会議の『決定[2]』に「民法典編纂」の五文字が掲げられたことに基づいて,具体的な立法作業がすでに始まっていることである。この動きのなかでは,現在,民法学界では人格権の制度設計をめぐって見解が分かれている。主な論点は大まか

---

(1)　『論語』「為政第二」15。

に三つ，即ち，人格権制度について独立した編を設けるべきか，人格権を民法でどの程度で定めるべきか，一般人格権制度は必要かという点にまとめられるが，結局は人格権制度について民法典に独立した編を設けるべきかいう点に集中している。

　本稿の目的は，民法典のなかでいかに人格権を規定すべきかという問題自身について扱おうというのではなく，各法分野において人格権と関連する現行制度について一度整理をしておくことにある。すなわち，人格権の保護と救済を主テーマに設定し，私ども民法学者としては，民法以外の各法部門の関連知識を謙虚に学び，民法の射程範囲をどのように認識すべきかを改めて考えたいと思っている。簡単に言えば，民法は果たしてどんな事を扱うべきで，どんな事は扱わないでおくべきかを省察し，民法典のなかの人格権関連立法を切り口に，法体系的な思考を提供することを試みるものである。

　このような趣旨を踏まえ，次のように問題意識を示させていただきたい。すなわち，生命・身体・健康・氏名（商号を含む）・名誉（個人および営業上の信用を含む）・栄誉・プライバシー（情報等）並びに遺体の処置および祭祀など，広い意味で人格権の保護と救済と関わりのある制度は，民法に存在するだけでなく，その他の法部門にも程度の違いはあるものの，当然存在する。このような制度を民法に構築する場合，民法のみではなく，各法部門との間の制度設計上の協調が肝心な問題となるように思われる。したがって，人格権の保護と救済の制度を設計する場合，これを法体系全体を俯瞰して総合的に考え，深く研究しなければならないと考える。

　以下，私が民法典編纂を研究した際にこの問題について得た感得を述べさせていただきたい[3]。

---

(2)　つまり，中国共産党第18期中央委員会第4回全体会議で採択された『中共中央関於全面推進依法治国若干重大問題的決定』（『中共中央発「全面的に『法に依る治国』を推進する」若干問題に関する決定』）である。詳細は，「新華網」（http://www.js.xinhuanet.com/2014-10/24/c_1112969836_3.htm）を参照されたい。

(3)　本稿は，筆者が2016年1月23日中国社会科学院法学研究所で開催された「各部門法と人格権保護の関係に関するシンポジウム」において行った基調講演を元に加筆したものである。原文は「中国法学網」（http://www.iolaw.org.cn/showArticle.aspx?id=4668）に掲載。なお，このシンポジウムおよび本稿は，中国社会科学基金プロジェクト（13AFX014）の助成を得ている。

II 民法の拡張と縮減

1 歴史上の拡張と縮減

(1) 拡　張

民法の歴史を振り返ると，民法の拡張と縮減がともに見える。

まず，フランス民法典が制定された時，市民社会と関わる内容を一緒くたに放り込んでしまったため，民法という法部門に奇形的な拡張が生じ，一つの膨大な法部門が生まれてしまった。だから，今の民法がこのような「大民法」となってしまったことの「元祖」はフランス民法典であるといえよう。各国の各大学に民法の教師や研究者が最も多いのも，このように内容が多く，作業量が多いことに由来する。

フランス民法典制定時，フランスはまだ農業中心の社会であった。19世紀後半以降，人類は工業を主とする社会に入った。工業社会を背景に制定されたドイツ民法典は，フランス民法典の基礎の上に民法に更なる拡張を施した上で，民事関係の法律全体を下位概念から中位概念，さらに上位概念へと進むパンデクテン方式に基づき組み立てられ，また，個々の概念は解釈を通してさらに多くの概念を生みだし，新しい社会問題に対応できる無限に拡大する体系を形成したと考えられよう。まさにフランス民法典からその後のドイツ民法典への拡張があったがゆえに，民法の無窮の威力と社会に対する無窮の作用が顕示された。これはドイツ民法典の積極的一面であり，当然肯定されるべきである。

(2) 縮　減

歴史上，民法の拡張とともに縮減も見られる。ただ，この縮減の例は，あえて二つしか挙げられない。一つは日本民法典を代表とする客観的条件に起因する縮減である。明治維新後，「治外法権」の撤廃を急ぎ，「脱亜入欧」の国策によって植民地，半植民地の地位から脱却を目指した。このような背景から，明治政府は日本民法典の制定を急いだが，この法典の制定は外的要因に動かされた結果であり，民族感情から言えば，日本の上流社会の望まぬものであったとはいえよう[4]。日本民法典の条文数はその当時の民法典の中では最少で

---

(4) 拙著『最新日本民法』（中国・法律出版社，2006年）349頁以下を参照されたい。

(1044ヶ条)，その後，改正によって少し増加するが，他の国の民法典は改正過程でもっと増加している。だから，日本民法典は相対的に言えば，簡単なもので，内容も少ない方である。

もう一つはスイス民法典を代表とする主観的な縮減である。周知のように，スイスでは『債務法』が最も早い時期に成立し，民法典はそれに遅れて紆余曲折の道をたどりながら成立したものである[5]。スイスでは，民法典成立後，債務法が名目上その第五編となっているが，条文の配列などからみてもやはり独立したものと見るべきであろう。このような意味で，現在，スイス民法典と称するものは，まさに，人為的に小さくしたものだと考えられよう[6]。

2 現代における拡張と縮減

今日では，民法の拡張と縮減を一体どのように見れば良いのだろうか。

20世紀半ばから，一部の伝統的な市場経済体制の国では，新型の民法典はどのようなものにすべきかを考え始め，それにともなって民法の改正も試みてきた。とりわけ，第二次世界大戦後，新たな国際秩序の形成は一部の国の外部関係に大きな変化を生じさせ，また，これが国の内部関係にも影響を及ぼしている。このような変化には自ずと民法典自身の変化による対応が必要となる。まさにこのような背景のもと，新しいタイプの民法典がいくつか制定されていった。例えば，イタリア民法典，続いてポルトガル民法典，さらにオランダ民法典などがそれである。イタリア民法典が伝統的な民法典をより拡張したものとなったことは，その篇立てや条文の数などが最も直観的に表している。このイタリア民法典を凌駕するのがオランダ民法典であり，1947年から大規模な改正が始まり，2011年にその第10編（国際法）が完成したが，第9編（工業財産権と知的財産権）はなお未完である[7]。それというのも内容があまりにも膨大なものになったからである。これが民法の絶対的な拡張である。

---

(5) スイス債務法の成立は1881年で，1883年に施行したが，民法典は，1892年から起草を開始し，1899年に第一草案が完成し，1904年に法案，1907年通過，1912年に施行といわれている。詳細は，殷生根・王燕訳『瑞士民法典』（中国政法大学出版社，1999年）参照。

(6) 『スイス民法典』は，条文数をあわせて計算すると，民法典977ヶ条＋補充規定61ヶ条＋債務法1186ヶ条＝2224ヶ条となるが，債務法が独立したものと見るならば，民法典と称するものは，中国では，一般的に977ヶ条しかないと見る。

一方，現代になって，人権尊重という新しい理念のもと，私的権利の爆発ともいえる現象が現れ，民法上，権利に対する保護，とりわけ，権利が侵害された場合の救済の方法が最も重要視されてきた。それにともない，不法行為法の膨張を代表とする民法制度の拡張に拍車がかかった。その反面では，縮減という現象はまったく見えなくなったように思われる。

3　中国の現状

一般的に，国に憲法が無くてはならず，社会に民法が無くてはならない，よって，憲法は国の基本法であり，民法は社会の基本法であると定義されている。ただ，民法典は，この時代の社会においてどのような役割を果たすべきであろうか。ひいては，中国は，このような民法の拡張という世界的潮流に臨んで，どのような選択をすべきであろうか。

現在，中国では，民法典立法の作業が展開されている最中であり，民法学界の全体状況としては拡張論一辺倒となっており，民法は縮小すべきだと説く者は一人もいない。

しかし，民法典はどのような内容を含むべきであるのか。消費者契約，労働契約，知的財産権，さらには商法総則等々，すべてを民法に取り込むべきだと主張する民法学者がかなりいるが，果たしてそうすべきであろうか。

思うに，消費者契約に関して細かく考えてみれば，一般の契約との最大の相違は，主体の市場における地位の不平等性にある。その地位が不平等であるからこそ，消費者により手厚い保護を与えているのであって，一般契約法の概念に包摂させることができるものではない。まさにこのことによって，ドイツ民法典は「消費者契約」という概念を民法典の中に取り入れ，簡単な規則も設けているのだが，消費者契約に関する制度全体を収めているわけではない。なぜなら，消費者契約自体に関わる行政管理規則は特に多いからである。

労働契約に関しては，さらにいうまでもないだろう。労働契約は本来，伝統的民法での雇用契約であったが，工業社会の発展にともない，雇用契約だけでは労働者の権利と利益を完全に保障できないことを考慮して，それを民法から独立させて労働契約とし，労働者の保護を強化した。労働契約がようやく民法

---

(7)　詳細は不明であるが，知的財産権を民法典からはずし，個別に単行法として立法するという話も聞いている。

14 人格権保護に関する法体系的考察〔渠　涛〕

から抜け出し，労働者がようやくよりよい保護を得られるようになったのに，今また戻すのでは，法理上の後退になるのではないか。

さらに，知的財産権については，その調整対象には著作権，商標権，特許権等々各種の知的財産権の類型があり，すでに一つの独立した複雑な知的財産権の体系が形成されている。民法学者がどうしてもそれを民法典に取り込まなければならないと主張しても，恐らく知的財産権を研究する学者は決して同意しないだろう[8]。

中国の民法学者の多くは，民法は範囲が広くて奥が深いとか，民法の扱わないものはないとか，民法が分からないなら法律を学んだことにならないといったようなことをよく口にする。しかし，民法学者は民法以外の行政法や刑法などをどれぐらい理解しているのだろうか。私個人の考えだが，台湾の蘇永欽教授[9]のような行政法にも民法にも精通している学者は世界でも貴重であろう。理性的に，中国の民法学者について言えば，二つの法部門をまたいで研究する学者はほとんどいないだけでなく，法実務にあまり関わらない民法学者であれば，民事訴訟法の内容についても知っている者は少ないだろう。さらにいえば，民法学者に，不正競争など経済法が民法とどう関わるのか，刑法は民法とどう関わる[10]のか，民法は行政法とどう関わるのかを語らせてみたらどうなるだろうか。恐らく私のような普通の民法学者ではきちんと説明できないと思う。だから，私は，最近，中国の法学界で大々的に現れている"民法覇権主義"，"民法帝国主義"のような評価（まさに批判）が民法学者の反省を促さなければならないと考えている。自己の専門の重要性を強調することは大事ではあるが，限度が必要だと思う。

確かに，時代が発展し市民間の法律関係も昔のように簡単ではなくなり，むしろますます複雑になってきている。しかし，次のようなことを考えなければならない。

第一に，一冊の分厚い法典の中に各分野に分けた内容を一括して収めること

---

(8)　この点については，オランダ民法典の経験から明らかになっていると思われる。前掲注(7)参照。

(9)　蘇永欽(1951年~)，台湾の法学者で，台湾政治大学法学院院長，司法院副院長兼大法官を歴任し，台湾の行政法学会と民法学会で名高い学者である。

(10)　たとえば，佐伯仁志・道垣内弘人『刑法と民法の対話』（有斐閣，2005年）。同書の中国語版として，于改之・張小寧訳（北京大学出版社，2012年）。

と，分野を分け内容ごとに分冊で法典にまとめることと，どれほどの違いがあるだろうか。

　第二に，あらゆる法律関係と関わる巨大な法典を制定することは可能ではある。しかし，それでも分野を分けてそれぞれの役割を果たさせたうえ，相互の調和が保たれていなければならない。このような「調和」は，民法の体系内でとれていなければならず，民法と法体系全体との間でもしっかりとれていることが当然必要である。なぜなら，これは法体系全体の健全化から必然的に生じる要求だからである。したがって，民法体系のなかでの調和も必要であるが，各法部門間の調和と分業はより重要であると考える。

　歴史と現在を踏まえてみると，中国は改革開放以降，「法治」を前提として「法制」（いわゆる法制度建設）に大いに力を入れてきた。今日にいたって，大量の法律が登場した反面，人々をより困惑させている問題は，過去のような「法律がない」ということではなく，むしろ法制度間の重複と齟齬である。したがって，今日の民法典制定時には，この「調和」に一層配慮しなければならないのである。

Ⅲ　法体系上の予防と救済

　「調和」を考える上で一つ重要な視点としては，法体系全体において，予防と救済のどちらがより重要かということである。どちらも重要で，どちらも欠くことができず，予防と救済を共に重要視しなければならないと答えるべきであろう。中国の民法学者はこれまでの研究でもこの問題に注意を払ったものもいる[11]。しかし，予防と救済の重点配分は各法部門で比率，あるいは役割分担が異なっている。

　私法，とりわけ民法を研究する者は，一般に民法の私権に対する保護を強調する。民法上の私権を独立させる主な目的の一つとしては私権に公権力による侵害を被らせないことにある。これは，ナポレオン民法の時代はそうであったし，ドイツ民法の時代も，現在も変わらないといえる。

---

[11]　たとえば，王利明教授は以前の研究成果で民法の予防と救済の関係について提起している。王利明「我国侵権責任法的体系構建 —— 以救済法為中心的思考（我が国の権利侵害法の体系の構築 —— 救済法を中心として）」中国法学（2008 年第 4 期）。

しかし，今日，この私権は公権力の侵害を受けないという理念は，今一度，多角的に考える必要があるように思われる。「私権は公権力の侵害を受けないこと」を強調する一方，「私法上の権利は公権力による保護」も必要である点も忘れてはならない。なぜなら，私権の保護は私法に頼るだけでは不十分であり，また，私法がその保護作用を発揮する場合の多くは救済であり，予防には欠けているからである。

民法制度として，具体的な侵害が発生する前に，他人に対して予防の意味で一定の行為を請求できるのは「差止め」である。これは物権的請求権か，また不法行為についてはごく限られた要件下で認められるものである。すなわち，直接的な利益への損害が発生する恐れがあるときに，特定の法分野内においてのみ認められ，厳格な適用要件が設けられており，広い範囲で適用される一般規定ではない。これは，損害が発生していない段階で「こうしてはならない」などを要求するのは個人の自由を制限することになり，伝統的民法の原則に反するからである。

IV 人格権保護制度に関する法体系的構想

1 予見可能な民事権利侵害に対する行政取締法規による予防

まず，予見可能で多発的な損害，または発生可能性の大きい大規模損害については，行政法の取締規定で処理することを考えるべきではないか。

インターネット関係の問題の法的規制を例にすると，インターネットでの金融，通販，権利侵害等々は，民法だけで解決できるものなのであろうか。これは，行政公権力が介入して監視，管理，監督し，インターネットの良質な発展を確保することが必要である。行政取締法規によって，事前にインターネット運営会社に対し効果的な管理規制を行い，良好な業界自律意識を形成させる。同時に，行政機関がインターネットの運営過程で会社に対し監督を行い，適切な状況で警告を発し，さらに必要な時には処罰し，取り締まる。これらは民法でできることではなく，公権力の介入に頼らなければならないと思う。

2 予見不可能な民事権利侵害に対する民法規範による救済

民法は何ができるのか。権利，例えば名誉権が侵害，毀損を受けた時，民法

IV　人格権保護制度に関する法体系的構想

は損害賠償を請求することしかできない。これは民事権利侵害救済の基本原理である。中国の民法通則の規定には侵害停止請求権が設けられているが，この侵害停止請求権は実際には非常に無力である。というのも，法院が被害者の請求に対して判決を下す時には，侵害がすでに発生してしまっている可能性が十分に考えられる。これに対し，おそらく民法通則には，「影響除去」請求権が設けられているという異論が想定される。しかし，中国に限っていえば，名誉毀損などの侵害を被った際の最も賢明な処理方法は，損害賠償だけで終わらせることであり，それ以上に影響の除去を求めないほうがいい。なぜなら，影響の除去によって，その影響がますます大きくなりかねないからである。つまり，本来なら限られた人しか知らなかったことなのに，その「除去」によってさらに広範囲の人に知られてしまう結果に終わる可能性が大きいからである。これは，中国民法学界が自慢げに取り上げている条項であるが，実際には役に立たないもので，無用に等しい条項であると思う。よって，予見できない民事権利の侵害こそが民法の事後救済の主な対象なのだと，私は考えている。

　一方，人格権保護の事前予防と事後救済とでは，事前予防がより重要だと思う。権利の保護を事後救済にのみ頼ると，権利侵害訴訟の頻発を招くことになり，訴訟資源の浪費となるといわざるを得ない。つまり，長引く民事訴訟の背後には莫大な社会資本が必要である。予防と救済の両面から見れば，上に述べたとおり，民法は事前予防の機能をほとんど持たず，事後の救済を中心とするものである。将来の民法典における民事権利保護に向けた中心任務は，周到で迅速な民事権利救済体系を構築することであると思われる。この目標を実現するためにも，民事法規範のみを考えるのではなく，手続法としての民事訴訟法上の関連制度などとの協調を十分に考える必要があるであろう。その意味でも，民事法体系の構築は民法で完全に解決できるものではない。将来の民法典は民事権利救済に関する制度においてそれが果たすべき役割の範囲をはっきりさせなければならない。これは民法が重点的に関心を持つべきことである。

3　刑法の罰則による警告と威嚇の作用 ── 民法の行為規範との関係

　民法の行為規範と刑法の刑罰規範との関係をもう一度見てみよう。我々がはっきり認識しなければならないのは，一般庶民の法意識は民法の行為規範のみに頼って高められ，完全なものになるのではなく，刑法上の懲罰や行政上の

293

14 人格権保護に関する法体系的考察〔渠　涛〕

処分を伴わなければならないということである。これに対して，まず，民法にも懲罰的な損害賠償（いわゆる精神損害に関する規定）があり，刑罰に頼らなければならないというわけではないとか，民法は裁判規範だけでなく，行為規範もあり，警告，指導作用もあるといった反論が考えられよう。しかし，民法の中で本当に警告の作用を果たすのは，主に損害賠償であり，それは刑事法上の懲罰や行政法上の処分と同列に論じることはできない。さらに，実はその両者の違いは大きくなく，民法がしっかりと社会に浸透すれば，その行為規範によって良識のある民衆が自然に多くなるという者もいるだろう。その通りだが，その前提としては，良識がある人の社会における比率がある。このようなユートピア的な発想は，共産主義社会になって始めて実現するとしか考えられない。現在の社会では，まさに「『ごめん』で済むなら，警察はいらない」という現状を直視すべきであろう。

V　結　び

我々は，法体系における民法の位置付けをはっきりと認識しなければならない。民法は確かに一つの範囲が広く奥深い体系であり，社会の安定にとっては当然民法の役割が最も大きいにはとどまらず，むしろ欠かせないものである。しかし，社会の安定は民法だけに頼るものではない。専門を越え，法部門を越えた交流と研究が重要なのであり，こうして初めてよりよい民法の体系を，ひいては民法を含む全体の法体系を作り上げることができると考える。したがって，法は一つの体系であること，民法はこの体系の中の一部分にすぎないこと，民法は関連する法部門 —— 特に公法も含めて —— との間の連動と調和が必要であり，これによって法体系全体の中に構築された立体的な権利保護システムを期すのだということをはっきり認識しなければならない[12]。

最近，中国では「創新[13]」という言葉が最も流行っている。しかし，ローマ法以来，民法学は単純に「創新」を追求する学問ではなく，伝統制度の解明，

---

[12] 関連する研究として王利明「建立和完善多元化的受害人救済機制」（中国法学 2009 年第 4 期所収）参考。

[13] 「新しいものを創り出す」の意。日本での流行語にすれば，「イノベーション」になろうか。中国において提起されたスローガンとして「大衆創業，万民創新」がある。

V　結　び

発展，継受のうえ，新しい社会問題への対応を模索してきた[14]。民法の発展は
「創新」のために「創新」をするものではない。とりわけ制度と体系に関して
は，意識的に伝統に挑戦して奇異なものを唱えてはならない。わざと他の国と
の違いを出そうとし，世の中にないような民法の制度や体系を取り入れて，中
国民法の「創新」を示そうという思考方法は，自画自賛に終わるだけであり，
世界，とりわけ世界の民法学界では認められるものには決してならない。

　もし，民法に「創新」があるとするなら，それは新しい社会の現実問題の解
決に応えるものでなければならない。新しく出現した社会問題を解決してこそ，
問題解決の実現という意義において，民法の「創新」と発展が実現されるので
ある。そして，この「創新」は既存の民法制度と体系をしっかり踏まえ，入念
な制度設計を経て初めて「創新」といえるものである。そうでなければ，民法
の「創新」の現実的意義を体現し，「創新」的な科学性を確保することはでき
ないのである[15]。

〔付記〕本稿は，恩師の古稀祝いに捧げるものであることから，本来ならばこの問題につい
　　　て，日本法との比較も取り入れて，日本の関係研究にも触れるべきである。ただ，
　　　この問題についての私の研究は途に就いたばかりであり，まずは中国の問題を把握
　　　しようとしている段階にあるため，不十分であることをお許しいただきたい。
　　　　最後に，人格権関係の日本人学者の研究成果として，中国に紹介された著作では，
　　　五十嵐清（鈴木賢・葛敏訳）『人格権法』（北京大学出版社，2009 年）〔原著は五十
　　　嵐清『人格権法概説』（有斐閣，2003 年）〕が最も注目されていることを紹介してお
　　　く。

------

[14]　イェーリングが「ローマ帝国は三度世界を征服した。最初は武力で，次は宗教（キリ
　　スト教で），三度目は法律で。武力はローマ帝国の滅亡により消滅し，宗教は人民の思
　　想の覚醒と科学発展に伴って影響力が縮小した。唯一法律による世界征服が最も長く続
　　いている」と述べたように，古代ローマ法の現代世界民法制度の発展変遷に深遠な影響
　　を残している。ある意味で，民法の形式だけでなく，民法に関わる具体的な制度の構造
　　についても，現代の主な民法の発展はみなローマ法の詳説，発揚，伝承である。大陸法
　　系の影響を受けたフランス法系やドイツ法系はいうまでもなく，判例法を中心とする英
　　米法系も，ローマ法の伝承と発揚を重視している。
[15]　まさに，私が 1994 年に学会報告で述べたように，「立法においては，自国の実情を考
　　慮して法制度を整備していくことが重要であるが，単なる特色を追求して独善の道を歩
　　めば，歴史上の失敗に再び陥る可能性が十分考えられる」。渠涛「中国における市場経
　　済化と契約法の整備」私法 57 号（1995 年）165 頁参照。

15 中国民法総則における第三者保護規定の欠如をめぐって

朱 曄

I は じ め に

　意思表示が行われる際に，表意者に心裡留保，虚偽表示，錯誤，詐欺，強迫などの事情が存在する場合は，その意思表示は無効又は取り消しうるものとなる。つまり，オーソドックスな考え方によれば，意思表示の体系において，関連する規定全体を「意思の欠陥」と「瑕疵ある意思表示」とに二分しており，前者については，心裡留保，虚偽表示，錯誤が内心の効果意思を欠如する「意思の欠缺」として無効という効果が付与されているのに対し，後者については，詐欺，強迫は，表示行為に対応する内心的効果意思が存在するが，その意思の形成過程に問題が生じたため，「瑕疵ある意思表示」とされ，取消しの効果を与えている。意思表示の法的効果が無効にせよ，取消しにせよ，その意思表示によって形成された法律関係を前提にして，新たに法律関係に入った第三者を保護する必要がある。

　そして，第三者保護の問題をめぐり，パンデクテン方式を採用する立法では，総則の部分で取り扱うのが一般的であり，関連する規定の解釈は重要な争点の一つとなっている。また，不動産の転々譲渡をめぐる事案においては，第三者の保護について物権変動理論に深く関わっているだけでなく，登記制度をも踏まえてその処遇を模索する必要性があろう。したがって，第三者の保護をめぐる問題は，総則，債権，物権を網羅したものであると同時に，民法体系の基本理論にも関連する問題であるため，民法の全体像を透視するうえでは格好の材料になると言えよう。また，意思表示の無効，取消しに関わる第三者保護の問題は，表意者と第三者の要保護性を踏まえつつ，いわゆる静的安全と動的安全

『21世紀民事法学の挑戦』加藤雅信先生古稀記念〔信山社，2018年3月〕　297

との均衡を図りながら解決されることが必要である。

他方，市場経済体制を導入した中国においては，近時パンデクテン方式を参考にしつつ立法作業が進められており，2017年3月に民法総則が採択された。誕生した民法総則を概観すると，パンデクテン体系の色彩が強く見受けられる。そして，意思表示をめぐる条文の中身を見ると，法律行為の無効，取消しに関する規定を設けているものの，これらの条文において第三者の保護に関する規定が見当たらなかった。日本法の経験から分かるように，第三者の保護規定は取引の安全を保障するうえで非常に重要な役割を果たしている。仮に動的安全をも重視するならば，何らかの規定によりこの民法総則の不備を補う必要が生じるであろう。

本稿は，まず，中国民法総則の誕生背景を紹介しつつ，意思表示に関連する規定を焦点に全体像を概観することにしたい。次に，第三者の保護問題をめぐる中国学界の議論を取りまとめながら，既存の中国物権法およびそれに関連する最高人民法院が公布した「司法解釈」の規定の運用状況を解析したい。最後に，民法総則における意思表示に関する規定の不備を解消するために，その問題解決策の方向性を示すことを試みたい。

II　制度誕生の経緯および中身の概観

1　民法総則の整備の背景

1949年中国共産党執政以降の中国において，改革開放政策実施以前のみならず，その実施後においても，数回に渡って民法典制定の試みが行われてきたが，それらのいずれも実現されることはなかった[1]。従って，現状としては，各種の民事単行法およびこれらに関連する最高人民法院が公布した「司法解釈」が重要な裁判規範となっている。具体的には，現在の法律の運用状況を見ると，民法通則，契約法，物権法，不法行為法，婚姻法，相続法などの単行法が基本的な裁判規範となっており，これらの単行法の不備を補うために，単行法の条文数に匹敵する各種の「司法解釈」が公布され，実際に紛争処理に適用されている。また，中国の司法実務の現状を見ると，法規定間の齟齬を解消す

---

(1)　中国民法典整備の歴史について，鈴木賢「中国民法史から見た民法総則の位置づけについて」法律時報89巻5号（2017年）95-96頁を参照。

Ⅱ　制度誕生の経緯および中身の概観

るために，「司法解釈」は極めて重要な役割を果たしている。例えば，詐欺，
脅迫による意思表示の効力については，1986 年に採択された民法通則では無
効となっているのに対し（58 条）[2]，1999 年に採択された契約法では変更又は
取消しとなっている（54 条）[3]。この規定間の齟齬を解消するために，契約法
が施行された 2 ヶ月後，最高人民法院の「司法解釈」は契約法の優先適用を明
確にし，この不都合の修正を行った（「中華人民共和国契約法」を適用する若干事
項についての解釈（一）の 3 条）[4]。この例を通じて明らかになったように，中
国においては，立法機関は条文を制定する際に横断的に法規定間の整合性を厳
密に精査することを怠り，これにより法的安定性が損なわれる事態をもたらす
傾向があると言えよう。

　他方，中国においては，目覚ましい経済発展の裏で，深刻な環境汚染，加熱
する不動産バブル，横行する汚職，そして予測困難な法制度など多くの問題を
抱えている。こうした局面を打開するために，「依法治国」という目標を掲げ，
法治国家への転換を目指して，司法改革が行われている。

　具体的には，現在中国の司法システムについては，制度の構造上，司法権は
強いものではない。こうした制度上の不備が地方保護主義の氾濫をもたらし，
公正な裁判の実現を阻害するだけでなく，自由経済の促進を阻む足かせとも
なっている。したがって，中国社会のさらなる繁栄を図るには，抜本的な制度
改革が必要不可欠である。

　以上を背景に，近時，中国社会が抱えている問題を克服するために，中央レ
ベルでもさまざまな改革が行われてきた[5]。その中で，特に注目すべきは司法
改革であり，2013 年の中国共産党第 18 期中央委員会第 3 回全体会議開催以降

---

(2)　民法通則 58 条は，「次に掲げる民事行為は無効である。(3) 一方が詐欺，強迫の手段
　　を用いて，又は他人の危険に乗じて，相手方に真実の意思に反する状況で行わせたもの」
　　と規定している。

(3)　契約法 54 条 2 項は，「一方が詐欺，強迫の手段を用いて，又は他人の危険に乗じて，
　　相手方に真実の意思に反する状況で締結させた契約については，損失を受けた者は，人
　　民法院又は仲裁期間に，変更又は取消しを請求することができる。当事者が変更を請求
　　した場合は，人民法院又は仲裁機関は取消しをしてはならない。」と定めている。

(4)　「中華人民共和国契約法」を適用する若干事項についての解釈（一）3 条は，「人民法
　　院が契約の効力を確認するに当たって，契約法が施行前に成立した契約について，当時
　　の法律を適用すれば無効となるものの契約法を適用すれば有効なものは，契約法を適用
　　する」と定めている。

の司法改革は，制度改革を全面的に深化させるための重要な構成部分となっている。

そして，民法典の制定も司法改革の一環となっており，2014年10月に開催された中国共産党第18期中央委員会第4回全体会議の決議において，民法典の編纂が明言された。すなわち，本決議においては，「市場法律制度の整備を強化し，民法典を編纂し，発展の企画，投資の管理，土地の管理，エネルギーと鉱産資源，農業，財政税収，金融などに関する法律法規を制定・完備し，商品と要素に関わる自由な流動，公平な取引および平等の使用を促進する」と明言された。この決議を受けて，全国人民代表大会常務委員会は，2015年3月に「工作報告」を公表し，その中では民法典編纂作業を早急に研究し，スタートさせるという説明が行われた。こうした動きを受け，中国民法総則の制定作業が着々と進められ，2017年3月の全国人民代表大会において採択されるに至った。また，民法典編纂の計画によれば，2020年頃は，契約，物権，不法行為，婚姻家庭，相続などの各編も採択される予定である。今回の制定目標は習近平指導体制誕生後に共産党中央委員会全体会議において決議されたため，現在の社会情勢および進捗状況を勘案すると，民法典が計画通りに誕生することはほぼ間違いなかろう。

2 意思表示に関する制度の概観および第三者を保護する規定が削除された経緯

(1) 意思表示に関する制度の概観

中国民法総則は概ねパンデクテン方式を採用しており，その第6章は民事法律行為について規定している。そして，本章の第3節は民事法律行為の効力について定めており，その中に，行為無能力者（144条），制限行為能力者（145条），虚偽表示（146条），重大な誤解（147条），詐欺（148条，149条），強迫（150条）および著しく公平を欠く（151条）ときに行われた法律行為の効力に

---

(5) 何帆（朱曄・訳）「中国法院（裁判所）改革のアプローチ，重点および未来」静岡法務雑誌7号（2015年）123頁以下は，司法改革の経緯と現状を検討しつつ，司法改革にあたっては，司法人員の分類管理，司法の責任制，司法人員の職業保障，省レベル以下の地方法院・検察院の人・財・物の統一管理という4つの改革が試験的に行われていると紹介している。

Ⅱ　制度誕生の経緯および中身の概観

ついて定めている(6)。

　注意すべきは，次の2点である。

　まず，心裡留保の規定については，有力説は民法総則において規定すべきで
あると唱えているものの(7)，誕生した総則で明言した規定が設けられなかった。
ただし，民法総則143条(8)が定める法律行為の有効要件を見ると，心裡留保に
よる意思表示は，この条文の解釈により無効とされる可能性がある。しかしな
がら，日本法の経験を踏まえると(9)，このように処理すれば，心裡留保の表意

---

(6)　第144条　民事行為無能力者が行った民事法律行為は，無効とする。
　第145条　制限民事行為能力者が行った純粋に利益を獲得する民事法律行為又はその年
齢，智力，精神健康状態に相応する民事法律行為は，有効とする。
　　相手方は，法定代理人に対し通知受領日より1か月以内に追認するよう催告すること
ができる。法定代理人が表示を行わないとき，追認を拒否したものとみなす。民事法律
行為が追認される前に，善意の相手方は取消権を有する。取消は通知の方式により行わ
なければならない。
　第146条　行為者と相手方が虚偽の意思表示により行った民事法律行為は，無効とする。
　　虚偽の意思表示を以て隠匿した民事法律行為の効力は，関連法律規定に従って処理す
る。
　第147条　重大な誤解に基づき行った民事法律行為について，行為者は，人民法院又は
仲裁機関に取消を請求することができる。
　第148条　一方が詐欺の手段により，相手方に真実の意思に反する状況で行わせた民事
法律行為につき，詐欺を受けた者は，人民法院又は仲裁機関に取消を請求することがで
きる。
　第149条　第三者が詐欺行為を行い，一方に真実の意思に反する状況で行わせた民事法
律行為につき，相手方がその詐欺行為を知り又は知り得べきときは，詐欺を受けた者は，
人民法院又は仲裁機関に取消を請求することができる。
　第150条　一方又は第三者が強迫の手段により，相手方に真実の意思に反する状況で行
わせた民事法律行為につき，強迫を受けた者は，人民法院又は仲裁機関に取消を請求す
ることができる。
　第151条　一方が，相手方の危急な状態，判断能力の欠如等の状況を利用したことによ
り，民事法律行為の成立時に著しく公平を欠くときは，損害を受けた者は，人民法院又
は仲裁機関に取消を請求することができる。
(7)　楊立新「我国「民法総則」法律行為効力規則統一論」法学（2015年第5期）9頁は，
心裡留保による意思表示については，原則として有効なものとし，相手方が明らかにそ
の状況を知っている場合は，無効とすべきと提案している。
(8)　第143条　次に掲げる要件を具備する民事法律行為は，有効とする。
　(1)　行為者が相応の民事行為能力を有すること
　(2)　意思表示が真実であること
　(3)　法律，行政法規の強行規定に違反せず，公序良俗に反しないこと

者の保護に傾きすぎるという懸念が生じるであろう。

次に，重大な誤解（147条）による意思表示の効果は取消しとされている点である。日本における解釈論としては，錯誤による意思表示の効果については，表意者が自ら無効を主張しない場合に，相手方からの無効主張を認めないとする，いわゆる「取消的無効」が判例・学説によって確立されている[10]。また，立法提案としては，錯誤の効果を取消しとするものも見られ[11]，近時改正された民法においては，その効果を取消しにすることに改められた。錯誤の効果をめぐっては，錯誤表意者の保護と相手方の保護をどう適切に調整するかという側面を抱えており，政策的決定にも関わっている。中国の民法総則は，錯誤の効果を無効とせずに取消しとしたことには，合理性があるように思われる。

以上，意思表示に関する制度を簡潔に纏めてみたが，次は第三者を保護する規定を焦点に，立法時の経緯を踏まえながらその状況の整理を試みたい。

(2) 第三者を保護する規定が削除された経緯

民法総則の制定の経緯を概観すると，中国法学会などの機構から専門家建議案が公開された後，2016年7月に民法総則審議草案が中国全国人民代表大会のホームページにて正式に公布され，草案の内容に対する意見が公開募集されるようになった[12]。この立法機関による正式の草案は，後に採択された民法総則と比べると，条文の数が186か条に止まっているが，章立てなどの全体構造についての変更はほぼ見られなかった。

そして，「意思の欠陥」のある意思表示および「瑕疵ある意思表示」によって形成された法律関係を前提にして，新たに法律関係に入った第三者を保護する規定をめぐって，この草案では関連する条文が設けられた。具体的に言えば，草案の124条は，「行為者と相手方が通謀して，虚偽の意思表示により行った民事法律行為は無効とする。但し，双方ともにこれを以て善意の第三者に対抗することができない。」と規定している。また，草案は，重大な誤解[13]，詐欺，

---

(9) 民法改正研究会（代表加藤雅信）『日本民法典改正案I　第一編　総則』（信山社，2016年）412頁は，相手方が悪意又は重過失のときに限定し，心裡留保による意思表示が無効となるという改正案を示した。

(10) 最判昭和40・9・10民集19巻6号1512頁。

(11) 民法改正研究会（代表加藤雅信）『日本民法典改正案I　第一編　総則』（信山社，2016年）419頁を参照。

(12) http://www.npc.gov.cn/npc/flcazqyj/2016-07/05/content_1993342.htm

著しく公平を欠くなどの場合の法律行為の効果を定めた後（125 条 - 129 条），その 130 条は，「民事法律行為が重大な誤解，詐欺，著しく公平を欠くことにより取り消されたときは，善意の第三者に対抗することができない。」と規定している。

注意すべきは，民法総則の草案が複数回にわたって審議されていたが，第三者保護規定は，他の条文の内容変更によりその条文の番号が変わったものの，そのいずれの審議段階においても残されていたことである。そして，2017 年 3 月全国人民代表大会開催中審議された際に，第三者を保護する規定が削除された。

また，第三者を保護する規定を設けることは，立法機関の草案のみならず，中国の民法学界の状況を見ると，その必要性が一般的に認められている。例えば，虚偽表示をめぐっては，中国の民法学界に大きな影響力を持つ梁慧星教授[14]，王利明教授[15]は，それぞれの主編する民法総則の建議案において第三者保護の規定を設けている。このした状況を考えると，第三者を保護する必要性は学界における強い認識のように思われる。さらに，第三者保護の規定が草案誕生時から民法総則が採択直前まで留保されていたことに鑑みると，こうした規定の必要性に共感する学者が少なからずいたことを窺うことができよう。

それでは，なぜ動的安全に資する第三者保護の規定が消え去ったのであろうか。この疑問を明らかにするには，草案誕生後の学界における意見が手掛かりになる。

民法総則草案 130 条を設けるべきか否かという問題をめぐって，有力説は次のように述べている[16]。すなわち，「物権行為の独自性および無因性を定めた状況下においては，こうした規定を設ける必要性が全くない。」と説明したうえで，「債権行為および物権行為の両方が取り消された場合，善意取得の制度によって解決することが可能であろう」との見解を示した。また，債権行為と

---

(13) 石宏主編『中華人民共和国民法総則条文説明，立法理由及相関規定』（北京大学出版社，2017 年）349 頁は，重大な誤解という概念が錯誤に類似していると説明している。

(14) 梁慧星主編『中国民法典草案建議稿附理由　総則編』（法律出版社，2013 年）246 頁を参照。

(15) 王利明主編『中国民法典学者建議稿及立法理由　総則編』（法律出版社，2005 年）297 頁を参照。

(16) 王洪亮「法律行為与私人自治」華東政法大学学報（2016 年第 5 期）61 頁を参照。

15 中国民法総則における第三者保護規定の欠如をめぐって〔朱　曄〕

物権行為との分離を前提にして，虚偽表示による意思表示を信頼した第三者の保護は，物権法における善意取得制度に依拠するとする立場も見られる[17]。さらに，虚偽表示の効力は絶対的無効としたうえで，第三者保護の保護は物権法における善意取得の規定を適用することに賛同する考え方もある[18]。

そして，立法の経緯および立法機関の考えを忠実に再現した著書は，第三者保護の規定（全国人民代表大会に提出されている草案149条1項但し書きおよび155条）[19]が削除された理由について，次のように述べている。つまり，立法者は，「ある意見は，意思表示の瑕疵が民事法律行為の無効又は取消しをもたらしたときは，第三者に対抗することができるか否かについて，単に第三者が善意であるかどうかを考えるだけでは不十分である。物権法106条の規定によれば，目的物が合理的な価格によって譲渡されているかどうか，および登記，引き渡しが完了しているかどうかの条件を考える必要がある。総則の条文が規定する第三者に対抗する問題は，物の帰属に関わっているため，民法総則において規定する必要がなく，専らこの問題を解決する物権法における善意取得制度を適用すればよい，としている。検討の結果，民法総則はこの意見を採用し，修正を行った。」[20]と説明している。

以上のような近時の議論状況を見ると，本稿の考察に資するポイントとして次のような抽出をすることができると思われる。

まず，中国においては，物権法が誕生したとはいえ，物権の変動をめぐって，ドイツ法に由来する物権行為の独自性および無因性を認めるか否かについて未だに統一的な見解には至っておらず，これに起因して理論的な錯綜をもたらしていると言えよう。したがって，本稿の課題を明らかにするには，物権法の規定を踏まえながら，中国における物権行為の独自性，無因性の必要性に言及し

---

[17]　李永軍「虚仮意思表示之法律行為芻議」中国政法大学学報（2017年第4期）48頁を参照。

[18]　韓世遠「虚仮表示与悪意通謀問題研究」法律適用（2017年第17期）43頁を参照。

[19]　全国人民代表大会に提出されている草案149条1項は「行為者と相手方が虚偽の意思表示により行った民事法律行為は無効とする。但し，双方ともにこれを以て善意の第三者に対抗することができない。」と規定し，155条は，「民事法律行為が重大な誤解，詐欺，著しく公平を欠くことにより取り消されたときは，善意の第三者に対抗することができない。」と定めている。

[20]　杜涛主編『民法総則的誕生　民法総則重要草案及立法過程背景紹介』（北京大学出版社，2017年）410-411頁を参照。

つつ，議論の前提を明示しなければならないであろう。

　次に，意思表示の無効，取消しに関わる第三者保護の問題をめぐっては，立法者および有力な学説は，これを物権法で設けられている善意取得制度に依拠して解決すれば十分との理解を示している。しかしながら，こうした結論になぜ短絡的に結びつくことになるのか，この問題を明らかにするには，まずこれまでの善意取得制度の適用状況を踏まえて，制度の運用に当たって問題がないかを検証することが不可欠であろう。

Ⅲ　従来の理論状況

1　全体像の鳥瞰

　パンデクテン法学を熟知する法学者からすると，中国民法体系はパンデクテン法系の色彩が非常に強いと言えよう。実際，現在の中国法学界では，少なくとも法学教育の現場において，パンデクテン法系に属する概念，定義を中心に講義が展開されており，物権，債権の峻別を前提に民法の解析が行われている。また，研究面においても，パンデクテン法系に属する海外の研究成果も積極的に利用されている。

　一般的に言えば，パンデクテン体系を軸とする民法は，物権と債権とを対立する概念として，法典の二つの柱としている。物権は一定の物を直接に支配して利益を受ける排他的な権利であるのに対し，債権は物権と対立する一つの財産権である。そして，物権は存在を目的としており，債権は消滅をその目的としている。こうした理論構成は，中国においても継承されている。

　注意すべきは，比較法上の分析を見ると，資本主義制度の円熟につれ，状況が若干変化してきている点である。つまり，「資本主義経済組織の下においては，所有権の最も重要な作用は，もはやその客体たる物を物質的に利用することではなく，これを資本として利用して利得を収めること」であり，また，所有権は資本として契約と結合して，他人の支配を実現することが重要視されるようになった[21]。そして，近代資本主義経済の発展に伴い，物権と債権との差異を厳密に区別することが困難になる傾向が現れたと指摘している[22]。した

---

[21]　我妻栄『近代法における債権の優越的地位』（有斐閣，1953 年）9 頁を参照。

がって，物権・債権の概念を厳密に定義することは容易ではないと言えよう。

ただし，仮に科学の近代化は合理化の過程であるとして考えるならば，社会科学に属する民法は円熟した制度になりつつあり，パンデクテン体系はその合理化された結晶と考えられよう。中国において債権・物権の峻別を基礎とするパンデクテン体系の継承は民法学解釈の発達に大変有益であろう。

2 中国における物権変動理論およびこれに関連する物権法の中身

物権変動理論は，ドイツ民法が起源となる物権行為の概念およびこれに関連する物権行為の独自性・無因性の問題に深く関わっており，一連の問題について，中国では1990年代から論争が展開され，その主な見地は以下の三つに大別することが出来る。

まず，経済活動を促進させるべきことを理由に，動的安全を優先すべきだとして，ドイツ民法の物権変動無因性理論を全面的に継受する見解が存在する[23]。次に，オーストリア法やスイス民法で採用された法規定をモデルに，登記効力発生要件主義という制度を導入すべきだとする見解がある[24]。さらに，中国の不動産登記制度の不備を懸念し，国家行政機関の負う責任を軽減すべきだとして，自己責任原則のもとで，不動産取引を行う際，取引関係に入ろうとする当事者に一定のリスクを分担させるべきだとする観点がある。この説によれば，

---

(22) 於保不二雄『債権総論（法律学全集20）〔新版〕』（有斐閣，1972年）5頁の注は，「近代市民社会は，資本主義経済の発展につれて，かなり複雑化し高度化してきている。物権と債権との社会・経済的機能は，社会・経済の具体的・歴史的発展に応じて，絶えず変化し複雑化してきている。物権は債権を介して機能し（物権の債権化），債権ことに金銭債権は証券に化体して流通する（債権の物権化）。また，物権と債権とが各別に機能することは稀で，むしろ，両者は結合し互いに転換する。だから，現在の財産関係は論理的範疇としての物権・債権の概念によって直接に把捉することができない場合が多い。むしろ，このような物権・債権の論理的概念は，無用でありかつ弊害があるようにみえる場合もある。だが，近代市民社会・資本主義経済の基盤に立つかぎり，財産関係が如何に複雑化し，物権・債権の社会・経済的機能が変化しても，財産関係は物権と債権との論理的構造を基礎としているものであり，かつ，そのような関係も物権と債権との論理的大磐石の上に立つかぎりにおいて可能となるものであることを忘れてはならない。」と説明している。

(23) 孫憲忠『論物権法』（法律出版社，2001年）216頁を参照。

(24) 梁慧星『民法学説判例与立法研究』（中国政法大学出版社，1993年）122頁，王利明『物権法研究』（中国人民大学出版社，2002年）156頁を参照。

Ⅲ　従来の理論状況

日本のように登記対抗要件主義を採用すべきだと主張している[25]。

　以上の論争に関連する物権法の条文は，次のようになっている。

　物権法は第6条により，「不動産物権の設定，変更，移転及び消滅は，法律の規定に従い登記をしなければならない。動産物権の設定及び移転は，法律の規定に従い引き渡さなければならない」と定めたうえで，第9条1項により，「不動産物権の設定，変更，移転及び消滅は，法に従い登記をすることにより，効力を生ずる。登記をしなければ，効力は生じないが，ただし法律に別段の規定がある場合を除く。」と規定し，登記効力発生要件主義を不動産物権変動の基本原則としている。そして，動産の物権変動について23条は，「動産物権の設定及び移転は，引渡しの時から効力を生ずるが，但し法律に別段の規定がある場合を除く。」と定めている。

　これに対し，①相続などの法律行為によらない物権変動，②農村部における土地請負経営権の交換・譲渡，③農民の宅地使用権の取得，④地役権の設定に関しては例外を定めている。①については，登記を物権変動の要件としておらず，物権変動原因自体によって物権変動の効力が生じるが，登記を経由しなければ取得した不動産を処分する効力は生じないと定められている（28条—31条）[26]。②および④については，登記を善意の第三者に対する対抗要件としている（129条，158条）[27]。③に関しては，物権法の第13章により規定され，土地管理法の適用対象となっている。そして，農村部の土地は集団所有の範疇に属し，国土資源部という行政機関により集団土地利用権の登記が行われてい

---

[25]　渠涛「中国における物権法の現状と立法問題」比較法学34巻1号（2000年）170頁を参照。

[26]　物権法第28条-31条は，次のように定めている。

第28条　人民法院，仲裁委員会の法的文書又は人民政府の収用決定等により，物権を設定し，変更し，移転し，又は消滅させる場合，法的文書の効力が生じた時，又は人民政府の収用決定等の行為が発効した時に効力を生ずる。

第29条　相続又は遺贈により物権を取得する場合，相続の開始又は遺贈があった時から効力を生ずる。

第30条　建物等を適法に築造，収去するといった事実行為により物権を設定し，又は消滅させる場合，事実行為が完了した時に効力を生ずる。

第31条　本法第28条から第30条までの規定に従い不動産物権を有する場合，当該物権を処分するにあたり，法律の規定に従い登記をする必要があるにもかかわらず，登記をしていないときは，物権的効力を生じない。

15 中国民法総則における第三者保護規定の欠如をめぐって〔朱　曄〕

る。

　以上を要約すると，中国の物権法は，動産については物の引き渡しを物権変動の効力発生要件としている。これに対し，不動産については，登記効力発生要件主義を原則としつつ[28]，登記対抗要件主義をも併存させるような制度を採用している。物権法が不動産の物権変動について二元的な手法を採用している背景には，次のような独自の社会情勢がある。すなわち，現在の中国では「戸口」制度が存在しているため，都市と農村という二元的社会構造をもたらしている。したがって，物権法は都市部における国家所有土地と農村部における集団所有土地の利用を異なる規定によりそれぞれ対応しようとしているのである[29]。

3　物権法の規定から明らかになった内容

　中国物権法の6条，9条，23条が定めた原則を見ると，物権を変動させるには，債権契約および登記又は動産の引き渡しで足り，独立した物権契約を必要としない[30]。しかし，中国法において物権行為概念を承認すべきか否かについては，その議論の状況が安定しているとは必ずしも言えない。近時の学説状況を見ると，物権行為概念の重要性を強調する見解に対し[31]，これを否定する考

---

(27)　物権法第129条は，「土地請負経営権者は土地請負経営権を交換し，譲渡するにあたり，当事者が登記を求める場合，県クラス以上の地方人民政府に土地請負経営権の変更登記を申請しなければならない。登記を経由しなければ，善意の第三者に対抗することができない。」と定めている。
　　　第158条は，「地役権は地役権設定契約が発効した時に設定される。当事者が登記を求めた場合，登記機関に地役権の登記を申請することができる。登記を経由しなければ，善意の第三者に対抗することができない。」と定めている。

(28)　我妻栄，川島武宜『中華民国民法 —— 物権（上）』（中華民国法制研究会，1941年）39-40頁は，古くから登記効力発生要件主義を採用する立法を高く評価している。

(29)　渠涛「中国の物権法制定と物権変動法制」民法改正研究会（代表加藤雅信）『民法改正と世界の民法典』（信山社，2009年）231頁は，土地請負経営権および地役権について対抗要件主義を採用した理由として，取引の範囲が限られるため公示の必要性が低いこと，および人員流動の少ない地域においてその実効性が欠けることが取り上げられている。

(30)　松岡久和「物権変動法制のあり方」民法改正研究会（代表：加藤雅信）『民法改正と世界の民法典』（信山社，2009年）86頁注8は，登記効力発生要件主義の採択は，「必ずしも物権行為の独自性・無因性を認めるべきことに直結しない」と指摘している。

えも見られる[32]。

　日本の学説状況を見ると，独自性を否認する通説は，物権行為の形式を必要とする制度が存在しなければ，独自性を認める実益が現れないとの理解を示している[33]。また，物権行為に条件をつけることが許されないドイツ法では，原因関係である債権契約と物権行為を完全に切断するためには，無因性を承認する必要性が現れると指摘されている[34]。

　こうした指摘を踏まえて考えると，有効な債権契約を物権変動の前提要件としている中国では，無因性を否定することになり，物権行為およびその独自性を論じる必要性は乏しくなる。そのため，「スイス民法は，……原因行為と物権行為を明確に区別せず」[35]という結果が生じる。さらに，中国の民法学界に圧倒的な影響を与える王澤鑑教授は，次のような重要な指摘をされている。つまり，中国民法の条文を踏まえながら，中国法では，「売買契約の不成立，無効，取消時に，売主は買主に対し所有物返還請求権を行使することができる。すなわち，物権返還請求権は不当利得請求権に取って代わっている。」と述べている[36]。

　以上の内容をまとめると，中国法においては，有効な債権契約が存在しない

---

(31)　孫憲忠「民法典総則編“法律行為”一章学者建議稿的編写説明」法学研究（2015 年第6 期）59 頁を参照。

(32)　近時の反対説は，物権の概念および物権の支配権に関する理論を採用しているが，ドイツ法の物権行為理論は中国において立法されておらず，学説の主流にもなっていないと説明している。尹田「論物権対抗効力規則的立法完善与法律適用」清華法学（2017 年第 2 期）38 頁を参照。

(33)　我妻栄，有泉亨補訂『新訂物権法（民法講義Ⅱ）』（岩波書店，1997 年）57 頁は，「ドイツ民法のもとにおいて，物権行為の独自性を認めるのは，物権行為は，形式を必要とし，債権行為と合体して存在することができないからである。そして，物権行為がかようにその存在が外部から認識される限りにおいて，その存否が判然としているという長所をもつものである。わが民法のように，物権行為に形式を必要とせず，その存否を外部から認識し得ない法制の下においては，物権行為の独自性を認めても，格別実益がない」と指摘している。

(34)　原島重義「『無因性』確立の意義について ――『無因性』概念の研究その二」『法政研究』24 巻 1 号（1957 年）87 頁以下は，無因性理論樹立の歴史的背景をも紹介している。

(35)　舟橋諄一・徳本鎮編『『物権（1）物権総則』―― 新版注釈民法（6）』（有斐閣，2000 年）246 頁。（山本進一）

(36)　王澤鑑（小田美佐子訳）「中国民法総則の伝統および特色」法律時報 89 巻 5 号（2017 年）83 頁を参照。

限り，物権変動の効果が生じないことになる。また，物権法の条文に鑑みると，実質上有因主義が採用されたと言えよう。有因主義を基礎とする立法の採用は，中国の社会体制，歴史的な背景を踏まえて考えると必然的な帰結であると理解することができよう[37]。

　留意すべきは，有因主義を導入した場合，以下のことを認識しておくことが非常に重要になる点ある。つまり，契約など物権変動の原因行為が無効又は取り消された場合は，有因主義のもとでは，理論上，物権が従来の所有者に戻り，いわゆる復帰的物権変動が生じることになる。仮に登記公信の原則を採用しなければ，無因主義と比較すると，有因主義の場合は，登記と実際の権利関係とが一致しない可能性が高いため，動的安全を害するおそれが大きくなると言えよう。

Ⅳ　物権法における善意取得制度

1　規定の中身

　前述のように，中国の立法者が民法総則における第三者を保護する規定を削除したのは，その保護を物権法の善意取得制度に依拠すべきと理解しているからである。ここでは，当該制度の中身を考察してみたい。

　真正権利者の保護と取引の安全との均衡を図るために，物権法では善意取得制度が設けられており，その106条は次のように規定している。

　「処分権のない者が不動産又は動産を譲受人に譲渡した場合には，所有権者は取り戻す権利を有する。法律に別段の規定がある場合を除き，次に掲げる事由に該当するときは，譲受人は，当該不動産又は動産の所有権を取得する。

　（一）譲受人が当該不動産又は動産を譲り受けた時に善意であった，（二）合理的な価格で譲渡された，（三）譲渡された不動産又は動産について，法律が登記をしなければならないと規定する場合にはすでに登記をしているか，登記が必要でない場合にはすでに譲受人に引き渡されている。

　譲受人が前項の規定に従い不動産又は動産の所有権を取得した場合には，原所有権者は処分権のない者に損失の賠償を求める権利を有する。

---

(37)　朱曄「不動産の善意取得 —— 中国物権法の条文整理と解釈を中心に」静岡大学法政研究，17巻1号（2012年）282-284頁を参照。

IV 物権法における善意取得制度

当事者がその他の物権を善意取得した場合，前2項の規定を参照する。」

106条の文言では，動産および不動産の善意取得を1か条により混合した形で規定して両者における取得要件を区別して設けていないため，曖昧さが残っている。したがって，こうした解釈の余地に富む条文構造は，錯綜した議論を引き起こす。しかしながら，条文を適用する際の法的安定性は当事者にとって不可欠なものであり，不動産善意取得要件の明確化は，法的予見性を促進するうえで重要な作業になる。

2　立法者の見解

物権法が採択された後，立法機関は「物権法釈義」という立法理由書を出版し，公式な見解を公開した。そして，106条の善意取得の問題については，以下のように説明している[38]。

まず，善意取得の定義および適用範囲について以下のように述べている。すなわち，善意取得とは，譲受人は，財産の所有権の移転という目的をもって，善意で対等の価格によって財産を占有した場合に，たとえ譲渡人が所有権を移転させる権利がなくても，譲受人がその所有権を取得できることである。その適用範囲について，動産のみならず，不動産も善意取得の対象とされている。

次に，善意取得の要件については，次のように解説している。第一に，譲受人は善意でなければならず，譲渡人に処分権がないことにつき知らなかったことが必要である。第二に，譲受人が合理的な価格を支払っていることである。第三に，譲渡された財産については，登記が必要な物は登記がすでに移転済みであること，登記が必要でない物は譲受人に引き渡されたことが不可欠である。このような説明が行われた後に，以上の三つの要件を同時に具備しなければならないことが強調されている。

立法理由書では，善意取得の問題について基本的な説明が行われており，とりわけ，善意，合理的な価格および不動産取引における登記の移転という三つの要件は同時に具備する必要性があるという点について，重要な示唆が得られる。

---

[38]　胡康生主編，全国人民代表大会常務委員会法制工作委員会編『中華人民共和国物権法釈義』（法律出版社，2007年）240頁以下を参照。

311

15 中国民法総則における第三者保護規定の欠如をめぐって〔朱　曄〕

3　最高人民法院の見解

(1) 物権法が採択された直後の解説

　裁判実務に大きな影響を与える最高人民法院は，物権法が採択直後に意見を公開し，善意取得制度について次のような見解を示した[39]。

　まず，善意取得制度の目的について，取引安全の保護，取引の促進，取引の正常な秩序および市場経済の正常な発展が掲げられている。また，取引当事者の信頼利益の保護，取引コストなどの視点から，善意取得制度を設ける理由を説明している。

　次に，善意取得の構成要件をめぐっては以下のように解説されている。

　①譲受人が財産譲渡時は，善意でなければならない。つまり，善意は人の内在的心理活動であり，外部から把握しにくいため，具体的な基準を設ける必要がある。そして，善意の認定方法については，推定の方法によるべきであり，すなわち，原則的に譲受人は善意な者であると推定され，従来の権利者は譲受人の悪意につき挙証しなければならない。なお，その理由について，譲受人に本人の善意につき挙証責任を負わせると，譲受人の負担を加重させ，善意の第三者の保護に不利となるからである，としている。

　②財産が有償で合理的な価格により譲渡されなければならない。有償であることは，善意取得の前提である。多くの無償譲渡の場合は，目的物の出所が疑わしく，誠実な譲受人としては，目的物の出所について詳細に調べる必要性がある。したがって，これを怠って無償に譲り受けた場合は，善意ではなく，あるいは過失があるであろう。また，有償の場合において，合理的な価格は財産取得時の善意を認定する基準になろう。なぜならば，市場経済において，一般論からすれば財産の譲渡は対価が必要であり，これに反する財産譲渡は，この取引が善意によるものでないかもしれないという不信感を引き起こすからである。

　③財産の譲渡について，法律に従って登記が必要である場合には，登記の移転が必要である。つまり，不動産のように登記を財産移転の要件としていることがあり，こうした場合は，登記移転時を財産の移転時としている。

　最後に，善意取得制度の性質については，次のように考えている。すなわち，

---

(39)　黄松有主編，最高人民法院物権法研究小組編著『「中華人民共和国物権法」条文理解与適用』（人民法院出版社，2007 年）327 頁以下を参照。

Ⅳ 物権法における善意取得制度

善意取得制度は，取引安全の保護のために，従来の権利者と譲受人との権利に対して行う強制的な物権配分に関わる国家立法である。そして，譲受人が所有権を取得することは，法律行為ではなく物権法の規定によるものであり，確定的，終局的なものである。

以上の内容から，最高人民法院は，取引の安全および市場経済の健全化が非常に意識されているように窺える。また，挙証責任分配の理由説明の部分を見ると，善意の第三者の保護の必要性が重要視され，これを念頭に置きつつ第三者による立証の負担を減らし，取引の促進を図ろうとする特徴が見受けられる。

(2) 司 法 解 釈⑷

2016 年 2 月最高人民法院は，22 か条の規定を持つ「中華人民共和国物権法」を適用する若干事項についての解釈（一）を公開し，本稿で対象とする善意取得制度（物権法 106 条）に関する主な規定は以下の通りである⑷。

第 15 条「譲受人は不動産又は動産を譲り受けたとき，譲渡人に処分権がないことを知らず，且つ重大な過失がなかった場合は，譲受人が善意であると認定しなければならい。

真正権利者は，譲受人が善意でないことを主張したとき，挙証責任を負わなければならない。」

第 16 条「次に掲げる状況のいずれかが生じたときは，不動産の譲受人が譲渡人に処分権がないことを知っていたと認定しなければならない。（一）登記簿に有効な異議登記が存在するとき。（二）仮登記の有効期間中に，仮登記の権利者の同意を得られなかったとき。（三）司法機関若しくは行政機関が法に従い差押えを裁定し，決定したこと，又はその他形式による不動産の権利の制限に関する事項が，登記簿に記載されたとき。（四）登記簿に記載されている権利主体に誤りがあることを譲受人が知っていたとき。（五）他人がすでに法に従い不動産の権利を所有したことを譲受人が知っていたとき。

⑷ 司法解釈は最高司法機関である最高法院と最高検察院が行う解釈であり，法律の適用において重要な役割を果たしている。制度の詳細については，徐行「現代中国における訴訟と裁判規範のダイナミックス（1）── 司法解釈と指導性案例を中心に」北大法学論集，62 巻 4 号（2011 年）98 頁以下を参照。

⑷ なお，同司法解釈は，物権法 106 条 1 項 1 号にいう「譲受人が当該不動産又は動産を譲り受けた時」（18 条），1 項 2 号にいう「合理的な価格」（19 条），船舶，航空機および自動車などの善意取得（20 条）についても規定している。

313

真正権利者は，証拠を以て不動産の譲受人が譲渡に関し処分権のないことを知るべきであったことを証明したときは，譲受人に重大な過失があったと認定しなければならない。」

第17条「譲受人が動産を譲り受けたとき，取引の相手方，場所又は時機などが取引の慣習に適合しなかった場合，譲受人に重大な過失があったと認定しなければならない。」

第21条「次に掲げる状況のいずれかが生じたとき，物権法106条の規定に基づき所有権の取得を譲受人が主張した場合は，これを支持しない。（一）契約法52条の規定[42]に違反したことを理由に譲渡契約が無効と認定されたとき。（二）譲受人に詐欺，強迫又は他人の危機に乗じたなどの法定事由が存在することを理由に譲渡契約が取り消されたとき。」

物権法が制定されてから約10年後に公布されたこの司法解釈は，その他の民事単行法，たとえば契約法に関する司法解釈と比較すると，極めてコンパクトになっている。また，本司法解釈は，物権法制度を運用する際に抱えている主な課題について規定しており，その内，善意取得制度の適用に関する内容が大きな比重を占めている。この比重の大きさは，司法実務における善意取得制度の適用の難しさを浮き彫りにしていると言えよう。

そして，上記の善意取得に関連する規定の中身を概観すると，善意認定の仕方について相当細かく規定している印象を受ける。たとえば，16条は，登記の効力を踏まえながら詳細な規定を設けており，17条は，取引の慣習に適合するか否かが善意を認定する際の重要な要素であると強調している。また，善意のみを認定の基準とすることは，人間の心の内部を覗くことを意味するので，裁判官にとってその判定が至難の業である。本司法解釈15条は，無重過失という要件を付け加えたため，認定をめぐって，「事実そのものの問題ではなく

---

(42) 契約法52条は，「次に掲げる事由が存在するときは，契約は無効とする。（一）当事者の一方が詐欺，強迫の手段を用いて契約を締結し，国家の利益を害したとき。（二）悪意を以て通謀し，国家，集団又は第三者の利益を害したとき。（三）合法的な形式を以て不法な目的を隠蔽したとき。（四）社会公共の利益を害したとき。（五）法律，行政法規の強制性規定に違反したとき。」と規定している。

なお，契約法52条5号は，強制性規定の違反について定めており，これに関連する家屋売買契約の実証的な研究は，小口彦太「中国契約法の強制性規定に違反する契約の効力に関する基礎的研究」比較法学49巻3号（2016年）11-15頁を参照されたい。

て，事実を法的に評価する問題」[43]に変化し，裁判実務においては善意の認定作業が容易になるであろう。

ここでは，動的安全を保障する観点から，本司法解釈を踏まえ，筆者が懸念するポイントを整理してみたい。

第一に，本司法解釈21条によれば，処分権のない者と第三者との契約が本条（一），（二）の該当事由によって無効又は取り消されたときに，第三者による善意取得の可能性を否定した。しかし，本条の誕生により，保護される第三者の範囲が狭まれ，もともと脆弱な動的安全の保障にとっては弱り目に祟り目ということになる。

第二に，本司法解釈は，善意の具体的な認定に関心を集め，106条の文言解釈上，不動産の取引において第三者を保護するには登記の具備が絶対不可欠であるという問題の解消に至らなかった。しかるに，真正権利者の帰責性が極めて大きい場合，たとえば虚偽表示における第三者への保護が不十分という事態が依然として生じるであろう。

V 従来の実務における善意取得制度の運用状況

中国における裁判実務の検証を踏まえると，人々の重要な財産である不動産に関する善意取得制度を運用する際に，次のような特徴が窺える[44]。

第一に，中国においては，登記の第一義的な機能は不動産の管理にあり，取引の安全を図る機能は第二義である。そして，不動産善意取得の要件として，106条の文理解釈からすると，善意，登記，合理的な価格が必要であると理解することができよう。しかしながら，所有権登記の完備を要件にすると，善意で不動産を取得しようとしている第三者は，登記名義移転が完了するまで保護されなくなる恐れが生じる。

第二に，中国は，歴史上，不動産取引の紛争を処理する際に真正権利者の保護が優先される傾向があると指摘されている[45]。こうした法伝統が存在する中，物権法106条文の内容構造および裁判の実務からして，真正権利者を保護すべ

---

[43] 加賀山茂『現代民法学習入門』（信山社，2007年）87頁を参照。

[44] 朱曄「中国物権法の運用実態への考察 —— 不動産の善意取得を中心に」静岡大学法政研究17巻2号（2012年）11-33頁を参照。

15 中国民法総則における第三者保護規定の欠如をめぐって〔朱　曄〕

き理念がなお尊重されている。具体的に言えば，実務においては，無権利者が登記名義人となっているという権利外観の作出について，真正権利者の過失の程度に関する検証が緻密に行われていない。また，紛争目的物の売買における売主と第三者間の契約の内容が判断の焦点となっており，この契約により真正権利者が侵害されているか否かが非常に重視されている。この裁判手法からして，裁判における価値判断では，真正権利者の権利が侵害されているため，その権利は原則として保護に値するが，第三者が完全な善意者であれば，例外的に第三者の権利を保護するという思考回路が潜在していると言えよう。しかしながら，取引が頻繁に行われている現在，真正権利者の帰責性が原則的に度外視されるような手法は，動的安全に害をもたらしかねない。また，真正権利者と第三者の保護の権衡上にも弊害を与える恐れが生じる。

　第三に，裁判実務では，真正権利者を保護するため，往々にして不動産の売主と第三者との間の契約を無効にする傾向がある。つまり，契約を無効にして，不動産の所有権を遡及的に真正権利者に復帰させるとする手法がしばしば見受けられる。こうした処理の仕方は，強力な職権により民事紛争の解決に介入するという慣習に由来すると考えられる。しかしながら，不動産善意取得紛争を解決するときには，たとえ第三者は善意でないため所有権を取得できないという判断に至ったとしても，物権法106条のみを根拠に真正権利者の保護を図れば，その目的が達成できるため，あえて第三者による契約を無効にする必要性はないであろう。そして，安易に契約を無効にする実務上の問題が，取引の安全に弊害を与えるため，近時，最高人民法院は司法解釈を公布し，この問題を是正しようとしている[46]。

---

(45)　仁井田陞『中国法制史研究 —— 土地法，取引法』（東京大学出版会，1960年）346頁を参照。

(46)　2012年5月「関与審理売買契約糾紛案件適用法律問題的意見」が公布された。
　　なお，最高人民法院は，公布時の記者会見において，契約の効力の認定をめぐる記者の質問に対し，現代契約法の趣旨は取引を奨励し，社会の富を増加させることにある以上，不適切な無効の認定は，取引のコストを増やし，経済発展を阻害するとする旨の解答を行った（人民法院報2012年6月6日第3版を参照）。

VI 問題解決に向けての検討

1 第三者保護をめぐる現状のまとめ

中国における第三者を保護する状況を総括すると，次のようなことが言えよう。

第一に，物権変動理論に注目すると，既に述べたように，中国物権法は登記効力発生要件主義を採用し，事実上有因主義を導入している。このような理論構造では，不動産の取引が無効，取り消された場合，不動産物権変動がはじめから起こらなかったことになる。そして，無因主義を採用した立法と比較すると，有因主義の立法のもとでは，いわゆる復帰的物権変動が発生し，登記と実際の権利関係とが一致しない可能性が高いので，取引の安全を害するおそれが大きい。

第二に，物権法106条を見ると，不動産の善意取得制度については，善意，合理的な価格および登記の移転という三つの要件は同時に備えなければならない。そして，近時公布された物権法に関する司法解釈も登記の移転という必要要件を維持している。中国において登記の中心的な機能は不動産の管理にあるため，登記の完備が善意取得の必要要件とされない可能性は極めて低いと思われる。しかしながら，これに厳格に従えば，不動産の売主が何らかの理由で登記の名義変更手続きを厭うような場合には，登記名義人になれなかった善意の第三者が保護されなくなり，取引の安全を害する結果となる。

第三に，司法実務を踏まえると，中国では，従来から真正権利者を保護する法伝統が存在している。現在の実務においても，真正権利者の権利が侵害されている場合には，その権利は原則的に保護するが，第三者が完全な善意者であれば，例外的に第三者の権利を保護するという価値判断が見受けられる。こうした処理方法のもとでは，取引の安全が害される可能性がさらに増幅するであろう。

翻ってみると，民法総則を制定する際に，立法者は，第三者保護の問題を物権法の善意取得制度に委ねればよいとする理由で，草案段階にあった第三者を保護する規定を削除した。確かに，草案で定めた「民事法律行為が重大な誤解，詐欺，著しく公平を欠くことにより取り消されたときは，善意の第三者に対抗

15 中国民法総則における第三者保護規定の欠如をめぐって〔朱　曄〕

することができない。」という規定に関して，表意者の帰責性などを踏まえてその保護の必要性に応じて類型化するという改良は不可欠である[47]。しかしながら，中国における善意取得制度の運用状況に鑑みると，取引の安全を保障する観点から，こうした条文をさらに合理化して保留しておくことがむしろ望ましいであろう。なぜなら，草案にあった条文は，登記を具備していなかった第三者の保護に余地を与えるからである。以下では，問題解決に向けた私見を簡潔に述べてみたい。

2　問題解決の方向性の提示

　様々な経済活動が活発に行われている中で，当事者の合意を最大限に尊重し，取引の安全を保障することは，経済活動を促進させる効果があり，社会全体の活性化につながる。この目的を実現するために，民法は，無効又は取り消された意思表示によって形成された法律関係を前提にして，新たに法律関係に入った第三者を保護する必要がある。前述のように，本稿は，司法実務をも踏まえて，現行制度が抱える課題を抽出してみた。かかる課題を解決するには，現在二つの方向性が思い浮かべるのではないかと思われる。

　第一に，民法総則の内容を見ると，条文の解釈が必要な部分が多く残されているため，いずれ民法総則の適用に関する最高人民法院の司法解釈が公布されるであろう。その際に，民法総則に欠落した内容を補うことができよう。中国民法は実質的に有因主義を採用しているため，日本法における議論は中国民法の解釈にも大変有益であろう。

　日本の民法改正研究会は，三段階構造を軸とする第三者保護の統合的な立法案を示した。また，立法案を模索するに当たって，従来の考え方，つまり表意者保護と第三者保護とのバランスを図りつつ，それぞれの要保護性の比較衡量を基礎にする考え方を踏襲したうえで，表意者と相手方それぞれの認識を指標として意思表示理論の体系の再構築が行われた[48]。こうした試みに関する詳細な議論は，今後の中国における司法解釈の参考となるであろう。

　第二に，司法解釈が制定されるまで，人々の重要な財産である不動産の取引

---

(47)　民法改正研究会（代表：加藤雅信）・前掲注(9) 31 頁が示した第三者保護規定の統合案は大変参考になる。

(48)　民法改正研究会（代表：加藤雅信）・前掲注(9) 431 頁以下を参照。

318

について，当面の問題を解決するために，次のような第三者の保護に資する解釈方法が考えられよう。

前述のように，物権法における善意取得制度は登記という要件を明文化しており，近時の物権法司法解釈もこの原則を維持しているため，法改正をしない限り，この要件を無視することができない。

しかしながら，善意の第三者を保護する観点から，何らかの方法によってこの不都合を補う必要性があろう。そこで，私見として，物権法20条[49]が規定する順位保全的効力又は権利保全的効力のある仮登記も登記として認めるならば，一定の問題解消に繋がるのではないかと思われる。すなわち，第三者は，比較的容易に申請できる仮登記を備えれば，自己の権利を守るために最大の努力を行ったため，非難されるべき帰責性が払拭されることになると考えられる。そうだとすれば，不動産取引時の注意義務を果たした善意の第三者は，本登記がなくても保護されて然るべきだと思われる。このように，物権法106条でいう登記を拡大解釈し，仮登記も登記としてみなされるという方法をとれば，取引安全の保障に寄与することに結びつくであろう。

また，所有権移転手続きが行われた場合において，善意の第三者が本登記申請済みの時点から，登記完了とみなされるとする不都合を緩和する方法も考えられよう[50]。そして，経済活動の活発化を実現するためにも，この試みにより取引の安全を図る必要性があるように思われる。

Ⅶ　終 わ り に

本稿は，まず中国民法総則の誕生背景を紹介しつつ，意思表示に関連する規

---

(49)　物権法20条は，「当事者は家屋又はその他の不動産物権を売買する契約を締結し，将来物権の実現を保障するために，約定に従い登記機関に仮登記を申請することができる。仮登記後，仮登記の権利者の同意を得ずに，当該不動産を処分した場合，物権的効力を生じない。

　　　仮登記後，債権が消滅し，又は不動産登記が可能となった日から3ヶ月以内に登記を申請しなければ，仮登記は失効する。」と規定している。

(50)　反対意見として，孫美蘭「物権法第106条不動産善意取得構成要件的認定」梁慧星主編『民商法論叢（40巻）』（法律出版社，2008年）323頁は，登記の申請済みだけでは不十分で，登記の完了を善意取得の必要要件としている。

定を焦点に第三者保護の規定の欠落の理由を明らかにした。立法者は第三者の保護を物権法の善意取得制度に委ねれば問題の解決につながると考える。しかしながら，第三者の保護問題をめぐる中国学界の議論，既存の中国物権法の規定およびそれに関連する最高人民法院が公布した「司法解釈」の規定の運用状況をみると，第三者の保護が軽視され，取引の安全が十分に保障されていない傾向があるように思える。そこで，民法総則における第三者を保護する規定の不備という問題を解消するために，解決策の方向性を示すことを試みた。

　取引の安全を確保することは，経済活動の促進に功を奏し，社会全体の活性化に結びつくため，今後の動向に注目しつつ本稿を閉じたい。

16 韓国における賃貸借存続期間の問題について
―― 憲法裁判所の違憲決定を基にして

孟　　觀　燮

I　憲法裁判所と民法

　最近韓国では，憲法改正に向けての動きがある。政府は，2018 年の地方選
挙と同時に憲法改正の国民投票を実施するという目標で動いている。現行憲法
は 1987 年 10 月 29 日に改正され，1988 年 2 月 25 日から施行されている。そ
の主な内容は，大統領の直接選挙制であった。大統領の直接選挙制以外にも，
数多くの改正があったが，本稿に関連する憲法裁判所の設置は，韓国に多くの
変化をもたらしてきた。憲法第 111 条から第 113 条まで憲法裁判所に関する規
定があり，憲法裁判所は，違憲法律審査権（違憲立法審査権），弾劾審判，政党
の解散審判，権限争議に関する審判，憲法訴願に関する審判の権限をもってい
る[1]。　憲法裁判所が設置されて以来，違憲法律審査と憲法訴願により，多く
の法律が廃止，改正されてきた。民法の場合，特に家族法分野で，多くの条文
が違憲，憲法不合致決定により廃止，改正された[2]。代表的な例は，実子否認
の訴の短期除斥期間に関する憲法不合致決定[3]，同姓同本禁婚制度に関する憲

---

(1)　憲法裁判所の権限については，孟　觀燮「憲法裁判所の登場による民法の変化 ―― 韓
　　国の憲法裁判所と民法を素材として」秋田法学第 51 号（ノースアジア大学総合研究セ
　　ンター法学研究所，2010 年）27 頁以下。
(2)　詳細については，孟　觀燮・前掲注(1) 45 頁以下。
(3)　憲裁 1997.3.27　95 헌가 14,96 헌가 7（併合）　民法第 847 条第 1 項は，実子否認の
　　訴の除斥期間を，出生を知った日から 1 年に制限していたが，「出生を知った日から 1
　　年内」という部分に，憲法不合致決定を下した。2005 年民法改正で，「夫又は妻が他の
　　一方または子を相手方とし，その事由があることを知った日から 2 年内に提起しなけれ
　　ばならない」と改正された。

『21世紀民事法学の挑戦』加藤雅信先生古稀記念〔信山社，2018年 3 月〕　　321

16 韓国における賃貸借存続期間の問題について〔孟　觀燮〕

法不合致決定[4], 相続の単純承認擬制規定に関する憲法不合致決定[5], 父姓強制主義に関する憲法不合致決定[6]などがある。財産法分野では, 名誉毀損と関連して「名誉回復に適切な救済の中に謝罪広告を含むことは, 憲法に違反する」[7]とした限定違憲決定1件があるのみで, 家族法分野に比べて, 法律条項の違憲性の問題があまりなかったといえる。憲法裁判所の違憲決定ないし憲法不合致決定が, 家族法に集中していることは, 民法制定当時の家族法が, 韓国社会と家族の変化によって近代化し, 憲法に適応する過程であると分析する学者もいる[8]。

　財産法の場合には, 上記の名誉毀損の限定違憲以外には, すべて合憲決定が下されてきた。代表的な例は, 取得時効に関する決定[9], 主債務者に対する権利行使のみで, 保証人に対する時効中断の効力があると定めている条項に関する決定[10], 不法行為の短期3年の消滅時効期間に関する決定[11], 債権者取消権に関する決定[12], 胎児が生まれた場合のみ, 不法行為による損害賠償請求権を

---

(4)　憲裁1997.7.16　95헌가13　韓国民法第809第1項には, 「同姓同本である血族間では, 結婚することができない」とう規定があったが, 憲法裁判所の決定後, 2005年改正された民法は, 同姓同本禁婚制度に関する規定を削除し, 第809条に近親婚を禁止する規定を設けた。

(5)　憲裁1998.8.27　96헌가22,97헌가2・3・9　96헌바81,98헌바24・25（併合）
　憲法裁判所は, 相続開始があったことを知った日から3か月内に限定承認または放棄をしなかったときには, 単純承認としてみなすということについて, 憲法不合致決定を下した。2002年の民法改正で, 「相続人が, 相続される債務がその財産を超過する事実を, 重大な過失なく, 3月以内に知らなく単純承認したときには, その知った日から3月内に限定承認することができる」（民法第1019条第3項）という規定を新設した。

(6)　憲裁2005.12.22　2003헌가5　韓国民法第781条第1項は, 「子は, 父の姓及び本を継ぎ, 父系に入籍する。ただし, 父が外国人であるときは, 母の姓と本を継ぐことができ, 母の家に入籍する」と規定していたが, 憲法裁判所は「子は, 父の姓及び本を継ぎ」部分について, 憲法不合致決定を下した。この決定は, 2005年12月22日にあったが, 2005年3月の民法改正で母の姓と本に継ぐことも可能としたので, 憲法裁判所の決定が, 民法改正より遅れたケースである（孟　觀燮・前掲注(1)56頁）。

(7)　憲裁1991.4.1.　89헌마160

(8)　尹眞秀「憲法이家族法의변화에미친영향」ソウル大学校法学第45巻第1号（ソウル大学校法学研究所, 2004年）234頁。

(9)　憲裁1993.7.29.92　헌바20　民法第245条1項「20年所有の意思で平穏, 公然に不動産を占有する者は, 登記することにより, その所有権を取得する」と規定し, 原所有者に補償もせず, 所有権を喪失させることが財産権, 平等権に違反しないかという事案。

(10)　憲裁1996.8.29　93헌바6。

322

I 憲法裁判所と民法

もつという解釈に関する決定[13]，扶養義務不履行によって贈与契約の解除は可能であるが，履行した部分に解除権の効果が及ばないことに関する決定[14]などがある。

上記で見てきたように，財産法分野で1件を除き全て合憲判断が下されてきたが，憲法裁判所は，賃貸借存続期間に関する第651条第1項が違憲であると判断した。これは現行民法が施行されて以来の民法の財産分野の規定に対して最初に宣告された単純違憲決定である。

憲法裁判所の宣告前に民法第651条については，関連規定を改正しようとする動きがあった。2004年6月14日に立法予告がされていたものの，国会の任期満了によって廃棄された民法改正案を準備する時に，第651条の改正に関する議論が実現した。すなわち，当時の民法改正委員会では第651条を削除し，賃貸借期間を当事者の自律に任せるが，一定の場合には，社会経済的損失を防ぐため最短期間を保障する必要があり，これに関する規定を新設するという提案があった。結局2004年の民法改正案に第651条に対する改正案は含まれなかった[15]。

以下，韓国の賃貸借存続期間に関する規定を中心に説明をし，憲法裁判所の判決文を紹介していく。

---

(11)　憲裁 2005.5.26. 2004 헌바 90 憲法裁判所は，被害者やその法定代理人が「被害および加害者」を知ったときには，その権利行使が容易にできるので，その不法行為による損害賠償請求権と関連する民事上の法律関係を早く確定することで，法的安定性を図るための合理的な理由があると判断した。

(12)　憲裁 2006.11.30. 2003 헌바 66 憲裁 2007.10.25.2005 헌바 96.

(13)　憲裁 2008.7.31. 2004 헌바 81 韓国の大法院は胎児が死産したときには，損害賠償請求権を否定してきたが，これについて合憲判断を下した。

(14)　憲裁 2009.10.29. 2007 헌바 135 憲法裁判所は，贈与契約の履行が完了した部分について忘恩行為による法定解除権行使の効果を制限したのは，贈与契約が無償・片務契約であること，受贈者の扶養義務不履行については民法の規定があって履行請求が可能であることもあり，贈与者と受贈者間に法律関係を速やかに安定させて贈与者の一方的意思によって法律関係が不安定になることを最小限にするためであると判断した。

(15)　김영주「임대차의존속기간에대한고찰-민법제 651 조제 1 항에대한위헌결정（2011 헌바 234）을 계기로」民事法学(72)（韓国民事法学会）130 頁。

323

II　賃貸借存続期間に関する規定

　韓国民法第 651 条 1 項には，「石造り，石灰造り，煉瓦造りやそれに類似する堅固な建物その他の工作物の所有を目的とする土地賃貸借又は植木，採塩を目的とする土地賃貸借の場合を除き，賃貸借の存続期間は，20 年を過ぎることができない。当事者の約定期間が 20 年を過ぎるときは，これを 20 年に短縮する」。2 項には，「前項の期間は，これを更新することができる。その期間は，更新した日から 10 年を超えることができない」という内容があった。

　韓国民法は，1958 年 2 月 22 日法律第 471 号として制定・公布され，1960 年 1 月 1 日から施行されているが，その民法に，上記の内容が入っていた。1960 年前は，日本民法を使っていた（韓国では，依用民法という）ため，日本民法の第 604 条の「賃貸借の存続期間は，二十年を超えることができない。契約でこれより長い期間を定めたときであっても，その期間は，二十年とする」という規定が適用されていた。しかし日本の場合，借地借家法に，「借地権の存続期間は，30 年とする。ただし，契約でこれより長い期間を定めたときは，その期間とする」という内容があり，立法的に解決しているものの，韓国の場合には，石造り，石灰造り，煉瓦造りやそれに類似する堅固な建物その他の工作物の所有を目的とする土地賃貸借又は植木，採塩を目的とする土地賃貸借の場合を除いては，20 年を超えて契約を締結することができないので，契約自由の観点から 20 年という制限がどうかという疑問があった。韓国の大法院（最高裁判所）は，この 20 年の規定を強行規定としてみなしており，20 年の期間を超過する契約を認めない立場をとっていた。

　すなわち，大法院は「民法第 651 条第 1 項は，その立法趣旨が長い期間に亘り賃借人に賃借物の利用を任せておくと，賃借物の管理が疎かになり，賃借物の改良がうまくいかないことによって発生することのある社会経済的損失を防止するところにある点及び，約定期間が 20 年を過ぎるときはその期間を 20 年に短縮する規定方式に照らし合わせてみると，上記規定は個人の意思によってその適用を排除することができない強行規定とみなすことができ，民法第 651 条第 1 項が民法第 652 条に含まれないということや，賃借物が堅固な鉄筋コンクリート造りの建物で，賃貸人が賃借人から管理費を徴収しつつ賃借物を管理

Ⅲ　憲法裁判所の決定について

しているということ，そして民法第651条第1項が制定される当時に比べて現在の建築技術が発達して建物が堅固になったことによって他の解釈をする必要はない」[16]と判断している。

　今回の憲法裁判所の決定には，賃貸借存続期間についての立法経緯や趣旨なども詳しく載っていて，日本の民法と借地借家法においても言及されているため，日本の学界にも韓国民法を理解するための貴重な資料になる可能性があると考えられる。以下，大法院と異なる宣告をした憲法裁判所の判断内容を翻訳しながら紹介し，3人の裁判官の反対意見も紹介する。

Ⅲ　憲法裁判所の決定について

1　立法経緯と趣旨

　憲法裁判所は，民法第651条第1項 違憲訴願（2013.12.26.2011 헌바 234）において，この20年の立法経緯と趣旨を下記のように説明している。

　この事件の法律条項は民法が1958年2月22日に法律第471号として制定される当時から存在し，現在に至る。1954年10月26日，政府提出案として国会に提出された民法案は第641条において「建物その他の工作物の所有を目的とした土地賃貸借の期間は石造り，石灰造り，煉瓦造り及びこれに類似したものには30年，それ以外の建物には15年，工作物には5年未満とすることはできない」とし，第642条にて「植木，採塩を目的とした土地賃貸借の期間は30年，牧畜を目的とした土地賃貸借の期間は10年未満とすることができない」として，第643条では「前2条の賃貸借期間を定めず，またはその期間より短い期間を設定した場合は，その期限は前2条の制限期間の最短期間とする」として，建物その他の工作物の所有を目的とした土地の賃貸借及び植木，採塩，牧畜を目的とした土地の賃貸借に対して最短期を制限するよう立案した。しかしこれに対する審議を担当した民議員法制司法委員会民法案審議小委員会は，第641条乃至第643条は，地上権においての存続期間に関する規定に類似し，地上権に比べて短期間性を持つ賃貸借の性質に適合しないだけでなく，このような規定を創設すると，賃貸に対する不利益と拘束が過大であり，土地

---

[16]　大法院 2003.8.22　宣告 2003 다 19961 判決.

を容易に他人に賃貸しない傾向を造成するおそれがあり，特に長期間を要する場合は当事者が地上権設定の方法を取るという設定を考慮し，この事件の法律条項と同じ内容で修正案を提示した。但し，これを更新する際に，その期間が更新した日から20年を過ぎないようにした。以後国会の議決を通して更新期間を10年に修正した現行と同じ条項が制定されるに至った。

この事件の法律条項によって「石造り，石灰造り，煉瓦造りまたはこれに類似した堅固な建物その他の工作物の所有を目的とする土地の賃貸借及び植木，採塩を目的とする土地の賃貸借」を除くと，土地の賃貸借と建物その他の工作物の賃貸借や動産の賃貸借が賃貸借存続期間の制限を受ける。

以上の立法経緯をみていくと，この事件の法律条項制定当時は主に土地賃貸借のみを念頭に置き，当事者が長期間使用する必要がある場合地上権を設定し，土地賃貸借の最短期を規定することは土地賃貸人に不利であるという考慮の下で立法をしたとみなせる。すなわち，土地の賃貸借に対して最短期を規定しないことによって，最短期を強制することによる土地賃貸人に異常な不利益の発生を防ごうとしたのだ。

2 事件の概要と請求人の主張趣旨

(1) 事件の概要と審判の対象

① 請求人は2004年2月25日，株式会社○○建設との間に○○民資駅舎の新築に関して，工事の請負契約を締結する際に，○○民資駅舎に関する賃貸借契約を締結する権限を○○建設に委任した。

② ○○建設は2004年7月16日，株式会社○○ F&D と○○駅舎建物であるソウル西大門区○○洞74-12の地上鉄骨鉄筋コンクリート造りの地下2階から地上6階にわたる販売及び業務施設，映画館，駅務施設，建物のうち地上1階から5階までの販売及び業務施設4420坪を期間30年，賃貸料750億ウォンと定め，賃貸する内容の賃貸借契約を締結し，○○ F&D は2004年7月16日から2006年9月29日まで賃貸料元金750億ウォンとその延滞利息2,365,989,766ウォンを支給した。

③ しかし○○ F&D は上記の賃貸借契約期間中20年を過ぎる部分は強行法規である民法第651条第1項に違反し，無効であると主張し，2009年3月30日，請求人を相手に上記賃貸料のうち20年を過ぎる期間に該当する部分であ

Ⅲ　憲法裁判所の決定について

る250億ウォンのうち175億ウォンの不当利得金返還請求の訴を提起し，2010年8月19日勝訴した。これに対して請求人が控訴し，控訴審の継続中に民法第651条第1項に対し違憲法律審判を申請したが，上記申請が棄却されると2011年9月22日，この事件の憲法訴願審判を請求した。

(2) 請求人の主張要旨

① 賃借物の価値の毀損を防ぐため，無条件に賃貸借存続期間を20年に制限する立法は，現代の建築技術の発展を一切反映できない不合理的な手段であり，賃借物が毀損される可能性がない場合も，賃貸借存続期間の例外を認めないことは，侵害の最小性と法益均衡性に反し，賃貸人の財産権と契約の自由を侵害する。

② 同一の建築物において「社会基盤施設に対する民間投資法」または「長期好況賃貸住宅入住者の人生の質の向上支援法」に従い国家または地方自治団体が賃貸借をする場合は30年以上を賃貸できるが，私人が民法上賃貸をする場合には，その期間は20年以下でなければならないということは，不合理的な差別として平等原則に反する。

3　憲法裁判所の判断

(1) 制限される基本権

この事件の法律事項は，石造り，石灰造り，煉瓦造りやそれに類似する堅固な建物その他の工作物の所有を目的とする土地賃貸借又は植木，採塩を目的とする土地賃貸借の場合を除き，賃貸借の存続期間を，当事者の約定で異なる決定をする可能性を排除し，例外なく20年となっている。憲法第10条によって保障される幸福追求権の中には，一般的行動自由権が含まれ，この一般的行動自由権から契約締結の自由，契約の相手方，契約の方式と内容などを当事者の自由な意思として決定することができる契約自由が派生するので，この事件の法律事項により，賃貸借契約の当事者は，賃貸借期間に関する契約の内容を当事者間の合意によって自由に決定することができず，契約の自由が制限される。

また，憲法第23条第1項が保障する財産権は，私有財産に関する任意的利用，収益，処分権が本質であるが，この事件の法律事項は，賃貸借の最長期間を当事者の約定で異なる決定をする可能性を排除し，例外なく20年と規定することにより，賃貸人所有の財産に対する収益，処分権を制限しているので，

所有者である賃貸人の財産権も制限される。

このように一つの規制により，いくつかの基本権が同時に制約される場合には，基本権侵害を主張する請求人の意図および基本権を制限する立法者の客観的動機などを酌量して，事案と一番密接な関係があり，侵害の程度が大きい主な基本権を中心としてその制限の限界を検討しなければならない。この事件の法律事項に対する請求人の主張，立法者の立法動機などを考慮すると，賃貸借存続期間の制限は，契約自由と密接な関係があり，財産権に対する制限は，契約自由に対する制限に付随して二次的に発生するにすぎないので，契約の自由を中心として，この事件の法律事項が憲法的限界を守っているか判断する。

(2) 契約自由の侵害について

契約の自由は，絶対的なものではなく，憲法第 37 条により公共福利などのために制限することができる。ただし，このような法律上の制限をする場合にも憲法第 37 条第 2 項に規定された基本権制限立法の限界を遵守しなければならないので，この事件の法律事項による契約自由の制限が，憲法的限界内のものか検討する。

① 立法目的の正当性および手段の適切性

この事件の法律事項の制定当時に，堅固な建物その他の工作物の所有を目的とする土地賃貸借又は植木，採塩を目的とする土地賃貸借に対して最短期の制限を規定しなかったことは，土地賃貸人のための規定として，その立法趣旨を確認することができるが，堅固でない建物その他の工作物の所有を目的とする土地賃貸借および建物など，賃貸借と関連して賃貸借存続期間を強行規定として制限した理由については，賃貸人のためなのか，賃借人のためなのか，または賃貸借と関連した社会経済的効用性を考慮したものか，その立法趣旨を不明瞭である。

これに関連して大法院は，この事件の法律条項の立法趣旨が，長期間にわたり賃借人に賃借物の利用を任せると，賃借物の管理が疎かになり，賃借物の改良が行われないことによって発生する社会経済的な損失を防止するためであるとしている。大法院は，賃貸借の社会経済的効用性に注目し，当初の立法趣旨が明確でないこの事件の法律条項について，規範の必要性の次元で立法趣旨を解釈したとみなすことができる。

大法院が示した賃借物の管理や改良の怠慢による社会経済的損失を防止する

ための立法目的は，その正当性が認められる。

　また賃貸借存続期間を 20 年までに制限することが，管理や改良の怠慢による賃借物の価値毀損を防止する一つの手段になるという点で，立法目的の達成のための手段としての適切性を排除することはできない。

② 侵害の最小性および法益均衡性

・大法院が示した立法趣旨によると，この事件の法律条項は，賃借人に著しく長期間にわたって物の利用を任せる場合，物に対する管理と改良が怠慢になるという社会経済的観点から規定した強行規定である。ところが当事者は，賃貸借契約をする際に，賃借物の管理と改良に関する事項，すなわち管理，改良の主体とその方法などを具体的に定めることができる。大法院の判例は，賃貸人または所有者を賃借物の適切な管理者として想定しているが，具体的，個別的事情や社会，経済的状況によっては，賃借人に賃借物の管理，改良を任せることで賃借物の適切な利用を図ることができる場合もあり，賃貸人が賃借物を管理すると約定することによって長期間の賃貸借による賃借物管理の怠慢や社会経済的損失のおそれも軽減できる。

　このように賃貸借契約を通じて合理的で効果的な賃借物の管理および改良方式の設定が可能にも関わらず，賃貸人または所有者が賃借物の適切な管理者という前提の下で，賃貸借の存続期間を強制することによって，賃借物管理，改良の目的を達成しようとすることは，賃借物の管理，改良不備による価値下落の防止という目的達成のための必要最小限の手段とはいえない。

・この事件の法律事項は，当事者が具体的事案の特殊性を考慮し，異なる約定をする可能性を残さない強行規定として解釈され，大法院も強行規定とみなしている。しかし，社会経済的状況の変化を考案して賃貸借期間を定めることは，基本的に契約当事者の経済的得失を考慮する自律的判断に任せなければならないといえる。契約当事者が社会経済的状況の変化を予想できないことを想定し，このような契約当事者を保護するために国家が後見的に介入し，私的自治を制限することは正当化され難い。

　賃貸借の存続期間を制限する規定が存在しなくても，当事者の意思が不明瞭な場合には，期間の定めのない契約として解約権を認めることができ，当事者の意思が明らかな場合には，その意思に従えば十分である。また，永久あるいは 20 年以上，長期の期間を定める場合にも，賃貸借契約時に解約権を保留す

れば賃貸借期間内に解約が可能であり，経済事情の変動により約定の賃料が相当ではないときには，賃料増減請求権を行使できるなど，現在の法体系だけでも賃貸借関係を円滑に運用できる装置は十分に存在する。

外国の立法例をみても，賃貸借の存続を制限する例はほとんどなく，日本民法に賃貸借の存続期間を 20 年で制限する規定はあるが，特別法である借地借家法で建物の所有を目的とする土地賃貸借に関しては最短期の規定が存在するだけであり，建物賃貸借については存続期間を制限せず，賃貸人の解約申請および更新拒絶制限に関する規定を置くにとどまっている。

・さらにこの事件の法律条項は，具体的適用において次のような問題点がある。

建物などの賃貸借の場合，当事者が 20 年を超える期間の賃貸借を希望しても，この事件の法律事項によって 20 年を超える部分は無効になるので，当事者は 20 年の賃貸借契約を締結した後，更新する形態を取らなければならない。ところで，今日の大型建築物の新築事業などの場合をみると，土地所有者である建築主が建築物の規模などにより，一定期間の賃料を受け取って建築費などに充当する場合が多い。「社会基盤施設に対する民間投資法」により政府が推進する民間投資事業が，これに関連する経済現実を確認できる参考資料となるが，企画財政府刊行の「民間投資事業の運営現況および推進実績報告」によると，事業施行者に無償で付与される管理運営権の付与期間が，通常港湾施設は 50 年，物流基地やトンネル施設は 30 年，駐車場施設は 20 年となっている。

このように建築物の規模と事業者の性格により，土地所有者である建築主は，賃借人から一定期間の賃料の一括前払いを受け建築費などに充当し，建築主から賃借する賃借人は，商圏の分析など自らの事業収益の判断の下，一定の賃借期間を安定的に確保する。大型建物の新築による賃貸借に関する取引の現状をみると，当事者が 20 年以上の賃貸期間を希望する場合，契約をするときから契約期間を 20 年とし，特別な事由がない限り 10 年の延長が可能であるとして 30 年分の賃料を前払いにする形態で賃貸借契約が成立する場合が少なくない。この事件の法律条項が，経済状況が厳しい段階であった立法当時の社会経済的状況では別に問題がなかったとしても，顕著に変化した現在の社会経済的現象を正しく反映できないにとどまらず，私的自治による自律的な取引関係の形成

を著しく歪曲している。

　また契約以降の事情の変化によって当事者が，この事件の法律条項を悪用するおそれもある。20年以上の賃貸借は，主に大型建物の賃貸借で投資金の回収に関連して問題となるが，賃借した商店と周辺商圏の営業見込みによって，賃借人が20年以上の賃貸借を黙認して継続的に賃借することも可能であり，20年の超過部分の無効を主張して20年の超過期間に該当する賃料相当の不当利得の返還請求もできる。

　(3) 結　論

　結局，この事件の法律条項は，立法趣旨が不明確であり，大法院が解釈するように社会経済的効率性の側面から正当性が認められるとしても，過剰禁止原則を違反して契約の自由を侵害する。

Ⅳ　3人の反対意見

　(1) 上記でみてきたように，この事件の法律条項は，賃貸人の賃貸借目的物に対する所有権を保護し，賃貸人と賃借人の間の契約期間の長期化による紛争の発生を予防する規定として理解される。法廷意見は，この事件の法律条項の立法趣旨が不明瞭であるが，立法目的の正当性と手段の適切性は認められるとしつつ，様々な現実的な理由を挙げこの事件の法律条項が賃貸人の契約の自由を侵害するとしている。法廷意見が侵害の最小性と法益均衡性の要件を満たさないと判断した趣旨は，結局立法目的に照らしてみると，20年という賃貸借契約期間が短すぎると理解される。

　しかし20年という期間の制限が，たとえ最適な手段ではないと考えても，上記でみた立法目的を達成する有用な手段であることは否認できない。国家がその領域の物を保全し，改良して社会経済的損失を防ぐための目的として賃貸借契約期間を制限する場合，その上限をどのように定めるかは，立法者が決めなければならない立法形成の領域である。このような制限により契約当事者に不便があるという事情のみで，立法形成の限界を超えたとはいえない。法廷意見は，経済事情の変化によって当事者が，この事件の法律条項を悪用する可能性があるとしているが，経済事情が変化して契約の内容を変更することが不当であるとはいえない。また法律を悪用する契約の当事者がいるとしても，権利

16 韓国における賃貸借存続期間の問題について〔孟　觀燮〕

濫用など契約の相手方を保護する多様な法理によって防止することができる。

　(2) 結局，この事件の法律条項は，過剰禁止原則に反して賃貸人の契約の自由を侵害したとみなすことができない。

Ⅲ　民法総則

17 民法の基盤にある信義則

平 田 勇 人

Ⅰ　は じ め に

　加賀山茂「民法における体系的思考の第一歩 ──『通則』とは何か」[1]で明快に説明されているように，民法第1編（総則）第1章のタイトルである「通則」とはメタ規範，すなわち上位規範である。民法第1編は総則であり，総則は各則の上位規範であり，その総則を含めて，民法の全条文の上位に位置するのが，第1章の通則として位置づけられている民法第1条（基本原則）と民法第2条（解釈の基準）である。

　憲法がすべての法律の上位規範であるように，民法においても，民法総則の最初に位置する「通則」の規定は，民法の全規定の「ただし書き」であるかのように，民法のすべての規定の効力を制限し，解釈の基準を示す働きをしているという加賀山教授の説明を，判例分析を通じて実証的に考究するのが本稿の目的である。

　拙著『信義則とその基層にあるもの』において，わが国およびドイツ，そしてCISG, UNIDROIT Principles, PECLにおける信義則理論に関する条文や学説を中心にして，信義則に基づく法的推論過程の分析ならびに，信義則の基層にあるものを検討した[2]。そこで抽出した法命題をいくつか列挙すると，「信義則は，明示・黙示を問わず，すべての条文の但し書きの中に存在する」，

⑴　加賀山茂「民法における体系的思考の第一歩としての第一編第一章（通則）」（日本民法典研究支援センター所収の General Provisions 2016 年 3 月 11 日，http://lawschool-jp.com/CcJRcC/）

⑵　平田勇人『信義則とその基層にあるもの』（成文堂，2006 年）。

「信義則は，明示・黙示を問わず，常に各条文に存在する特別規定である」，「成文法と信義則とは相互に補完し合い，もし信義則がなければ成文法は機能不全に陥り，逆に成文法が充実していなければ信義則もその影響を受けるという表裏一体の関係にある」，「信義則はあるときは具体的事情に即して顕現し，またあるときは法律（民法・条約）全体について一般的に覆い被さってくる法の理念なのである」が挙げられる[3]。

こうした理解に基づき，信義則が民法全体にどのように具体化されているのかを判例分析を通じて見ていきたい。

II　信義則の基層にある法的価値の抽出

信義則が民法の全条文の上位に位置する「通則」であることは前述したとおりであるが，この信義則の基層にある法価値は，判例をみると，単独で「信義則」として援用されたり，「信義」と「誠実」という法価値を別個に援用したり，さらには信義則にも関連する基本的価値体系[4]から援用されていることが分かる。例えば，正義，配分的正義，実質的正義，社会正義，社会的妥当性，公平，合理性，具体的妥当性，衡平，公正，信頼関係破壊の法理，信頼保護，禁反言，権利（権限）濫用禁止，権利失効の原則，クリーンハンズの原則，事情変更の原則，公序良俗[5]，私法秩序の基本原則，円満・恩愛，悪意的法律状態の創出の禁止，均衡，といった法価値がそれである。

III　信義則は民法条文にいかに投影・具体化されているか？[6]

周知のように，民法（明治29年に制定・公布）について，債権法を含む財産編の約120年ぶりの大改正が予定されている[7]。以下の信義則に関連する法価値が投影されている193個の条文のうち，条文内容に変更があるのは77個の

---

(3)　平田・前掲注(2) 289頁。

(4)　平田勇人「調停の科学 —— 信義則と調停の基層」（朝日法学論集44・45号合併号，2013年）1-61頁。

(5)　山本敬三『公序良俗論の再構成』（有斐閣，2000年）。

(6)　平田勇人「信義則の民法条文への具体化について」朝日法学論集40号（2011年）（1-119頁所収）。

III　信義則は民法条文にいかに投影・具体化されているか？

条文である（ここでは紙数の関係でそれらの条文をすべて列挙することはしないが，削除や見出しのみの変更に過ぎない 13 個を含む）。

第 1 条（基本原則：第 1 項〔私権の公共の福祉適合性〕，第 2 項〔信義則〕，第 3 項〔権利濫用の禁止〕）── 民法第 1 章の通則として民法第 1 条（基本原則）と民法第 2 条（解釈の基準）が位置づけられている[8]。

第 2 条（解釈の基準：個人の尊厳，両性の本質的平等）── 第 1 条を前提としつつも，私権が市民に与えられる目的が，個人の尊厳と両性の本質的平等を実現するためであることを明確にし，第 1 条と第 2 条は，相互補完して，公共の福祉および個人の尊厳と両性の本質的平等とを同時に実現しようとしている[9]。

第 11 条（保佐開始の審判）── 保佐開始申立却下審判に対する即時抗告事件で申立権濫用を不適用【大阪高決平 18・7・28 家月 59 巻 4 号 111 頁】。

第 21 条（制限行為能力者の詐術）〔旧・第 20 条〕── 根抵当権設定登記抹消登記手続請求控訴事件で控訴人が信義則・権利濫用援用【名古屋高判平 4・6・25 判時 1444 号 80 頁】。

第 33 条（法人の成立等）〔旧第 33 条（法人の成立）→新・33 条 1 項〕〔平成 18 法 50 第 2 項追加←旧 34 条から〕── 損害賠償請求事件で正義・公平を援用【福岡地判平 14・9・11 判タ 1148 号 222 頁】。

第 90 条（公序良俗）── 売買代金返還請求事件で信義則も援用【大阪地判平 7・4・12 判タ 887 号 221 頁】。

第 92 条（任意規定と異なる慣習）── 持分払戻請求本訴，土地建物明渡等請求反訴事件で信義則・権利濫用適用【大阪地判平 8・3・27 判タ 916 号 216 頁】。

第 93 条（心裡留保）── 求償金請求控訴事件で信義則適用【大阪高判平 11・5・27 金判 1085 号 25 頁】。

第 95 条（錯誤）── 損害賠償請求事件で信義則適用【千葉地判平 14・7・12 判地自 250 号 89 頁】。

第 96 条（詐欺又は強迫）── 契約に基づく金員請求事件で信義則適用【津地判平 15・2・28 判タ 1124 号 188 頁】。

第 97 条（隔地者に対する意思表示）── 地位確認等請求事件で信義則適用【東京地判平 17・10・7 労経速 1918 号 11 頁】。

---

(7)　加賀山茂編著『民法（債権関係）改正法案の〔現・新〕条文対照表〈条文番号整理案付〉』（信山社，2015 年）17-52 頁，53-172 頁参照。

(8)　加賀山・前掲注(1) http://lawschool-jp.com/CcJRcC/

(9)　加賀山・前掲注(1) http://lawschool-jp.com/CcJRcC/

17 民法の基盤にある信義則 〔平田勇人〕

第 98 条（公示による意思表示）〔旧・第 97 条ノ 2〕── 保証債務請求事件で信義則不適用【東京地判平 16・8・24 金法 1734 号 69 頁】。

第 99 条（代理行為の要件及び効果）── 貸金請求控訴事件で代理人の権限濫用行為を指摘【名古屋高判昭 51・11・29 判時 851 号 195 頁】。

第 101 条（代理行為の瑕疵）── 損害賠償等請求事件で信義則適用【東京地判平 8・7・30 判時 1576 号 103 頁】。

第 109 条（代理権授与の表示による表見代理）── 立替金請求事件で禁反言適用【大阪地判昭 63・9・22 判時 1320 号 117 頁】。

第 110 条（権限外の行為の表見代理）── 土地建物根抵当権設定登記抹消登記請求,保証債務請求事件で取引における信頼保護を援用【東京地判平 12・8・31 判時 1751 号 97 頁】。

第 113 条（無権代理）── 根抵当権設定登記抹消登記手続請求本訴, 同反訴事件で信義則不適用【最二判平 10・7・17 民集 52 巻 5 号 1296 頁】。

第 117 条（無権代理人の責任）── 根抵当権設定登記抹消登記手続請求, 同反訴請求控訴事件で信義則適用【大阪高判平 6・2・22 民集 52 巻 5 号 1357 頁】。

第 119 条（無効な行為の追認）── 不当利得本訴, 各同反訴請求控訴事件で信義則・禁反言を不適用【東京高判平 13・2・8 判時 1742 号 96 頁】。

第 127 条（条件が成就した場合の効果）── 供託金還付請求権確認請求事件で信義則適用【東京地判平 15・9・12 判時 1853 号 116 頁】。

第 130 条（条件の成就の妨害）── 執行文付与に対する異議事件でクリーンハンズの原則を援用【最三判平 6・5・31 民集 48 巻 4 号 1029 頁】。

第 134 条（随意条件）── 預託金返還請求事件で事情変更の原則を不適用【東京地判平成 10・7・27 判時 1656 号 103 頁】。

第 135 条（期限の到来の効果）── 請負代金請求事件で信義則不適用【東京地判平 13・1・31 判タ 1071 号 190 頁】。

第 137 条（期限の利益の喪失）── 期限の利益存在確認, 貸金請求事件で信義則ならびに権利濫用を引用【最三判平 18・4・18 金判 1242 号 10 頁】。

第 145 条（時効の援用）── 残業代金請求事件で信義則適用【名古屋地判平 17・8・5 労判 902 号 72 頁】。

第 146 条（時効の利益の放棄）── 預金返還事件で信義則不適用【東京地判平 15・3・5 金判 1171 号 37 頁】。

第 147 条（時効の中断事由）── 損害賠償請求事件で信義則不適用【名古屋地判平 16・12・24 交民 37 巻 6 号 1765 頁】。

338

Ⅲ 信義則は民法条文にいかに投影・具体化されているか？

第 149 条（裁判上の請求）── 遅延損害金請求事件で禁反言や訴訟上の信義則不適用【那覇地判平 12・5・11 訟月 47 巻 11 号 3235 頁】。

第 153 条（催告）── 保険金請求事件で信義則適用【大阪地判平 16・6・29 判タ 1180 号 287 頁】。

第 156 条（承認）── 各ビデオ化使用料請求控訴事件で信義則適用【東京高判平 16・8・25 判時 1899 号 116 頁】。

第 158 条（未成年者又は成年被後見人と時効の停止）〔旧・第 158 条，第 159 条〕── 損害賠償請求事件で正義，公平の理念を援用【東京地判平 18・6・7 判時 1937 号 3 頁】。

第 162 条（所有権の取得時効）── 所有権移転登記手続請求事件で信義則不適用【名古屋地判平 19・3・20 判地自 294 号 77 頁】。

第 166 条（消滅時効の進行等）── 地位確認等請求事件で権利失効の原則を適用【青森地判平 17・3・25 判タ 1222 号 191 頁】。

第 167 条（債権等の消滅時効）── 求償金請求事件で公平の理念を援用【東京地判平 16・5・24 交民 37 巻 3 号 648 頁】。

第 173 条（2 年の短期消滅時効 2）── 売買代金請求事件で信義則適用【東京地判平 8・7・1 判時 1598 号 122 頁】。

第 174 条（1 年の短期消滅時効）── 不当利得返還請求控訴事件で公平の理念を援用【東京高判昭 51・9・20 東高民時報 27 巻 9 号 214 頁】。

第 177 条（不動産に関する物権の変動の対抗要件）── 所有権移転登記手続等請求控訴事件で信義則や権利濫用を不適用【東京高判平 16・8・31 判タ 1169 号 250 頁】。

第 198 条（占有保持の訴え）── 工作物撤去等請求事件で正義ならびに信義則適用【最一判平 18・3・23 裁時 1408 号 9 頁】。

第 199 条（占有保全の訴え）── 建築工事禁止仮処分命令申立事件で信義則適用【仙台地判平 7・8・24 判時 1564 号 105 頁】。

第 206 条（所有権の内容）── 損害賠償請求事件で権利濫用を援用【佐賀地判平 7・11・24 判時 1584 号 132 頁】。

第 210 条（〔袋地所有者の〕公道に至るための他の土地〔囲繞地〕の通行権 1）── 占有使用妨害禁止仮処分命令申立事件で権利濫用を不適用【大分地決平 11・3・29 判タ 1011 号 278 頁】。

第 211 条（〔袋地所有者の〕公道に至るための他の土地〔囲繞地〕の通行権 2 ─ 通行権の行使方法）── 通行権確認等請求控訴事件で事情変更の原則を不適用【東京高判平 13・4・26 判タ 1085 号 219 頁】。

17 民法の基盤にある信義則〔平田勇人〕

第 223 条（境界標の設置）—— 構築物収去土地明渡請求控訴事件で公平の観念を援用【札幌高判平 4・4・21 判タ 795 号 174 頁】

第 234 条（境界線付近の建築の制限 1）—— 境界確定請求事件でクリーンハンズの原則を適用【大阪地判昭 63・9・28 判時 1321 号 138 頁】。

第 242 条（不動産の付合）—— 損害賠償請求事件で信義則を不適用【東京地判平 12・3・29 判地自 223 号 77 頁】。

第 249 条（共有物の使用）—— 駐車場専用使用権確認請求控訴，同各附帯控訴事件で信義則適用【福岡高判平 7・10・27 民集 52 巻 7 号 1678 頁】。

第 252 条（共有物の管理）—— 駐車場専用使用権確認請求控訴，同各附帯控訴事件で事情変更の原則を適用【福岡高判平 7・10・27 民集 52 巻 7 号 1678 頁】。

第 256 条（共有物の分割請求 1）—— 土地共有物分割請求事件で信義則不適用【東京地判平 3・10・25 判時 1432 号 84 頁】。

第 258 条（裁判による共有物の分割）—— 空港会社空港建設反対派が共有していた空港用地の共有物分割請求訴訟で権利濫用を不適用【千葉地判平 18・6・28 判時 1967 号 45 頁】。

第 266 条（地代）—— 建物収去土地明渡請求事件で誠実性を援用【東京地判平 8・6・21 判タ 938 号 132 頁】。

第 280 条（地役権の内容）—— 通行権確認等請求控訴事件で権利濫用を不適用【東京地判平 2・2・27 判時 1366 号 65 頁】。

第 302 条（占有の喪失による留置権の消滅）—— 各占有回収請求控訴事件で信義則適用【東京高判平 14・2・5 判時 1781 号 107 頁】。

第 346 条（質権の被担保債権の範囲）—— 不当利得請求事件で信義則不適用【東京地判平 9・10・15 金判 1041 号 41 頁】。

第 364 条（指名債権を目的【物】とする質権の対抗要件）—— 損害賠償請求事件で信義則不適用【東京地判平 13・1・19 判タ 1119 号 187 頁】。

第 369 条（抵当権の内容）—— 通行妨害禁止等，通行地役権設定登記手続請求控訴事件で公平の原則を適用【東京高判平 6・9・29 判タ 876 号 180 頁】。

第 372 条（留置権等の規定の準用）—— 債権差押命令に対する執行抗告事件で信義則あるいは権利濫用を不適用【大阪高決平 10・3・12 金法 1526 号 56 頁】。

第 379 条（抵当権消滅請求 1）〔旧・378 条〕—— 不動産競売開始決定に対する執行異議申立事件で信義則不適用【東京地決平 2・9・1 金法 1275 号 67 頁】。

第 383 条（抵当権消滅請求の手続）—— 土地・建物競売申立事件で公平の観念を援用【東京地決平 4・3・5 判タ 791 号 256 頁】。

Ⅲ　信義則は民法条文にいかに投影・具体化されているか？

第 388 条（法定地上権）── 建物収去土地明渡請求事件で権利濫用適用【大阪地判平 8・10・28 判時 1607 号 92 頁】

第 389 条（抵当地の上の建物の競売）── 競売申立一部却下決定に対する執行抗告事件で信義則適用【大阪高決平 7・9・13 判時 1576 号 49 頁】。

第 398 条（抵当権の目的【物】である地上権等の放棄）── 建物収去土地明渡請求控訴事件で信義則適用【東京高判昭 44・6・10 東高民時報 20 巻 6 号 131 頁】。

第 398 条の 2（根抵当権）── 譲受債権請求事件で信義則を援用【東京地判平 12・4・28 金判 1103 号 32 頁】。

第 398 条の 8（根抵当権者又は債務者の相続）〔旧・第 398 条ノ 9〕── 建物根抵当権設定登記等抹消登記請求事件で信義則適用【東京地判平 11・7・29 金法 1589 号 56 頁】。

第 398 条の 22（根抵当権の消滅請求）── 不動産競売開始決定取消決定に対する執行抗告事件で信義則適用【札幌高決平 4・2・28 判時 1415 号 106 頁】。

第 404 条（法定利率）── 貸金請求上告事件で権利濫用ないし信義則を適用【大阪高判平 18・7・21 判時 1953 号 144 頁】。

第 412 条（履行期と履行遅滞）── 請負代金請求事件，損害賠償請求事件で信義則を援用【名古屋地判平 19・9・21 判タ 1273 号 230 頁】。

第 413 条（受領遅滞）── 損害賠償等請求上告事件で信義則を援用【最一判昭 46・12・16 民集 25 巻 9 号 1472 頁】。

第 415 条（債務不履行による損害賠償）── 保育所廃止処分取消等，損害賠償請求控訴事件，追加的併合申立事件で信義則適用【大阪高判平 18・4・20 判地自 282 号 55 頁】。

第 416 条（損害賠償の範囲）── 損害賠償請求事件でクリーンハンズの原則を援用【大阪地判平 20・4・18 判時 2007 号 104 頁】。

第 418 条（過失相殺）── 損害賠償請求控訴事件で訴訟上の信義則を適用【札幌高判平 18・7・20 労判 922 号 5 頁】。

第 420 条（損害額の予定 1）── 手付金返還（本訴），損害賠償（反訴）請求控訴事件で公序良俗や信義則を援用【福岡高判平 20・3・28 判時 2024 号 32 頁】。

第 424 条（詐害行為取消権）── 貸金等請求控訴事件，同附帯控訴事件で禁反言を適用【大阪高判平 12・7・28 金判 1113 号 35 頁】。

第 427 条（分割債権及び分割債務）── 保管金支払請求事件で衡平の原則を適用【横浜地判平 18・1・26 労判 927 号 44 頁】。

第 446 条（保証人の責任等）── 連帯保証債務履行請求事件で権利濫用を適用【最

17 民法の基盤にある信義則〔平田勇人〕

二判平 22・1・29 裁時 1501 号 1 頁〕。

第 447 条（保証債務の範囲）――貸金請求事件で禁反言ないしは信義則を適用【東京地判平 13・3・23 金判 1124 号 54 頁】。

第 448 条（保証人の負担が主たる債務より重い場合）――保証債務請求事件で信義則を適用【東京地判平 14・12・18 判時 1821 号 35 頁】。

第 454 条（連帯保証の場合の特則）――各求償金請求控訴事件で信義則・権利濫用を適用【東京高判平 11・11・29 判時 1714 号 65 頁】。

第 459 条（委託を受けた保証人の求償権）――求償金請求控訴事件で信義則適用【東京高判平 11・5・25 金判 1078 号 33 頁】。

第 463 条（通知を怠った保証人の求償の制限）――求償金請求控訴事件で信義則適用【東京高判平 11・5・25 金判 1078 号 33 頁】。

第 465 条（共同保証人間の求償権）――求償金請求事件で公平の観念を援用【東京地判昭 54・10・30 判タ 422 号 122 頁】。

第 465 条の 2（貸金等根保証契約の保証人の責任等）――平成 16 年の民法改正により，保証人が自然人である場合の包括根保証契約は無効とされるに至ったが〔民法 465 条の 2〕，本件の保証債務請求事件では信義則適用【東京地判平 17・10・31 金法 1767 号 37 頁】。

第 466 条（債権の譲渡性）――否認権行使請求事件で信義則適用【大阪地判平 14・9・5 判タ 1121 号 255 頁】。

第 467 条（指名債権の譲渡の対抗要件）――譲受債権請求事件で信義則適用【東京地判平 17・6・7 判時 1922 号 92 頁】。

第 468 条（指名債権の譲渡における債務者の抗弁）――根抵当権設定登記抹消登記手続請求本訴，貸金請求反訴事件で信義則と公序良俗違反を援用【最三判平 9・11・11 民集 51 巻 10 号 4077 頁】。

第 478 条（債権の準占有者に対する弁済）――不当利得金返還請求事件で信義則適用【最三判平 16・10・26 判時 1881 号 64 頁】。

第 486 条（受取証書の交付請求）――保険金請求事件で公平の観念を援用【東京地判平 2・7・24 判時 1364 号 57 頁】。

第 493 条（弁済の提供の方法）――損害賠償請求事件で信義則援用【大阪地判平 7・4・24 交民 28 巻 2 号 658 頁】。

第 494 条（供託）――請求異議事件で信義則適用【東京地判平 6・1・26 判タ 853 号 273 頁】。

第 496 条（供託物の取戻し）――損害賠償請求事件で訴訟上の信義則を適用【東京

Ⅲ　信義則は民法条文にいかに投影・具体化されているか？

地判平 11・7・30 金法 1591 号 67 頁】。

第 504 条（債権者による担保の喪失等）── 詐害行為取消，求償金請求事件で信義則不適用【最一判平 8・12・19 金法 1482 号 77 頁】。

第 505 条（相殺の要件等）── 損害賠償請求事件で信義則不適用【大阪地判平 17・4・26 判タ 1197 号 185 頁】。

第 506 条（相殺の方法及び効力）── 売掛金等請求事件で信義則と権利濫用を適用【神戸地判平 15・7・25 判時 1843 号 130 頁】。

第 508 条（時効により消滅した債権を自働債権とする相殺）── 土地建物根抵当権設定登記抹消登記等請求事件で信義則を不適用【東京地判平 18・12・4 判時 1996 号 37 頁】。

第 510 条（差押禁止債権を受働債権とする相殺の禁止）── 損害賠償請求事件で権利濫用を適用【札幌地判平 6・7・18 判時 1532 号 100 頁】。

第 513 条（更改）── 土地所有権移転登記等抹消登記手続請求事件で信義則適用【東京地判平 3・3・22 判タ 765 号 212 頁】。

第 521 条（承諾の期間の定めのある申込み）── 慰謝料等請求事件で信義則を援用【東京地判平 18・3・27 労経速 1934 号 19 頁】。

第 522 条（承諾の通知の延着）── 学説において，民法 522 条は，被申込者が，通信手段を信頼して承諾の通知をした場合に，通信手段の側の事故等で，延着が生じ，それを申込者が，消印等で知りうる場合には，申込者に，信義則上，延着を通知すべき義務が生じるのであり，それに反して，申込者が延着通知を怠った場合には，民法は，信義則違反の効力として，承諾は，延着しなかったものとみなして，契約の成立が認められるとされている[10]。判例を見ると，譲受債権等請求控訴事件で公平の観念を適用【大阪高判平 1・1・26 判時 1330 号 54 頁】。

第 533 条（同時履行の抗弁【権】）── 売買代金請求事件で訴訟上の信義則を不適用【東京地判平 14・3・20 判タ 1118 号 164 頁】。

第 536 条（債務者の危険負担等）── 未払賃金等請求事件で公正，誠実，合理性を援用【横浜地判平 12・12・14 労判 802 号 27 頁】。

第 537 条（第三者のためにする契約）── 契約金請求控訴事件で信義誠実および公平の原則を適用【東京高判昭 52・11・29 東京高民時報 28 巻 11 号 313 頁】。

第 540 条（解除権の行使）── 仮処分異議上告事件で信義則（失権の原則）を適用【最三判昭 30・11・22 民集 9 巻 12 号 1781 頁】。

第 541 条（履行遅滞等による解除権〕── 手付金返還請求控訴事件で信義則適用

────────────

[10]　民法 522 条に関して，加賀山茂『契約法講義』（日本評論社，2007 年）58 頁から引用。

17 民法の基盤にある信義則〔平田勇人〕

【東京高判昭 58・1・31 判時 1072 号 101 頁】。

第 545 条（解除の効果）—— 建物退去土地明渡請求上告事件で信義則を援用【最一判昭 38・2・21 民集 17 巻 1 号 219 頁】。

第 549 条（贈与）—— 宅地開発協力金等返還請求控訴事件で信義則適用【東京高判平 11・9・22 判時 1698 号 77 頁】。

第 553 条（負担付贈与）—— 土地所有権持分移転登記等請求控訴事件で円満な養親子関係とその恩愛を援用【東京高判昭 52・7・13 判時 869 号 53 頁】。

第 554 条（死因贈与）—— 貸金，賃料請求控訴事件で権利濫用を不適用【東京高判平 3・6・27 判タ 773 号 241 頁】。

第 555 条（売買）—— 損害賠償請求控訴事件で信義則適用【大阪高判平 20・3・26 判タ 1283 号 132 頁】。

第 556 条（売買の一方の予約）—— 仮登記に基づく所有権移転登記手続等，不当利得返還請求控訴事件で権利濫用を不適用【仙台高判平 7・7・11 判時 1545 号 26 頁】。

第 557 条（手付）—— 所有権移転登記手続請求事件で権利濫用を適用【大阪地判平 1・12・26 判時 1368 号 97 頁】。

第 566 条（地上権等がある場合等における売主の担保責任）—— 配当金返還等請求事件で不公平，不合理の観念を援用【東京地判平 3・10・31 判時 1430 号 94 頁】。

第 568 条（強制競売における担保責任）—— 民法 566 条と同判例で，民法 568 条においても信義則が投影している。【東京地判平 3・10・31 判時 1430 号 94 頁】。

第 570 条（売主の瑕疵担保責任）—— 損害賠償請求事件で信義則適用【東京地判平 15・5・16 判時 1849 号 59 頁】。

第 572 条（担保責任を負わない旨の特約）—— 原状回復等請求事件で信義則を援用【東京地判平 16・10・28 判時 1897 号 22 頁】。

第 578 条（売主による代金の供託の請求）—— 建物収去土地明渡等請求控訴事件で公平の観点から判断【東京高判平 8・7・31 判時 1578 号 60 頁】。

第 579 条（買戻しの特約）—— 条件付所有権移転仮登記抹消登記手続請求事件で信義則適用【高知地判平 7・7・14 判タ 902 号 106 頁】。

第 587 条（消費貸借）—— 根抵当権抹消登記手続等請求控訴事件で信義則適用【大阪高判平 19・9・27 金判 1283 号 42 頁】。

第 588 条（準消費貸借）—— 債務不存在確認等，貸金返還反訴請求，同附帯控訴事件で権利濫用を適用【東京高判平 18・10・25 金判 1254 号 12 頁】。

第 593 条（使用貸借）—— 土地建物明渡請求事件で権利濫用を適用【千葉地判平 10・9・8 判タ 1020 号 176 頁】。

III 信義則は民法条文にいかに投影・具体化されているか？

第 597 条（借用物の返還の時期）── 建物収去土地明渡請求控訴事件で信頼関係の破壊の法理を適用【大阪高判平 9・5・29 判時 1618 号 77 頁】。

第 599 条（借主の死亡による使用貸借の終了）── 建物収去土地明渡請求事件で衡平の理念を援用【東京地判平 5・9・14 判タ 870 号 208 頁】。

第 601 条（賃貸借）── 損害賠償請求控訴事件で信義則適用【東京高判平 20・1・31 金判 1287 号 28 頁】。

第 605 条（不動産賃貸借の対抗力）── 建物明渡請求控訴事件で信義則適用【東京高判平 13・11・22 金判 1140 号 53 頁】。

第 606 条（賃貸物の修繕等）── 定額補修分担金・更新料返還請求事件で信義則適用【京都地判平 20・4・30 判時 2052 号 86 頁】。

第 611 条（賃借物の一部滅失による賃料の減額請求等）── 保証金等請求事件で事情変更の原則を不適用【大阪地判平 8・7・19 判タ 942 号 154 頁】。

第 612 条（賃借権の譲渡及び転貸の制限）── 建物収去土地明渡請求上告事件で著しい背信的行為の観念を援用【最二判昭 28・9・25 民集 7 巻 9 号 979 頁】。

第 616 条（使用貸借の規定の準用）── 建物収去土地明渡請求事件で信頼関係破壊の法理を不適用【東京地判平 4・9・28 判時 1467 号 72 頁】。

第 623 条（雇用）── 損害賠償請求事件で信義則適用【名古屋地判平 20・10・30 労判 978 号 16 頁】。

第 627 条（期間の定めのない雇用の解約の申入れ）── 解雇無効確認等請求事件で解雇権の濫用法理を適用【東京地判平 19・3・13 労経速 1975 号 16 頁】。

第 628 条（やむを得ない事由による雇用の解除）── 解雇無効確認等請求事件で解雇権濫用の法理を適用【大阪地判平 17・3・30 労判 892 号 5 頁】。

第 632 条（請負）── 損害賠償請求事件で信義則適用【東京地判平 20・2・13 判時 2004 号 110 頁】。

第 633 条（報酬の支払時期）── 工事代金請求事件で信義則を援用【最三判平 9・2・14 民集 51 巻 2 号 337 頁】。

第 634 条（請負人の担保責任 1）── 取立債権請求控訴事件で信義則適用【東京高判平 12・3・14 判タ 1028 号 295 頁】。

第 635 条（請負人の担保責任 2）── 請負代金返還請求事件で不誠実の観念を問題とした【広島地判平 5・5・28 判タ 857 号 187 頁】。

第 641 条（注文者による契約の解除）── 請負代金請求控訴事件で信義則不適用【東京高判平 18・12・26 判タ 1285 号 165 頁】。

第 644 条（受任者の注意義務）── 損害賠償請求事件で公序良俗，私法秩序の基本

17 民法の基盤にある信義則〔平田勇人〕

原則を援用【東京地判平 19・5・23 判時 1985 号 79 頁】。

　第 648 条（受任者の報酬）── 報酬金等請求控訴事件で信義則と衡平の原則を適用【東京高判平 3・12・4 判時 1430 号 83 頁】。

　第 651 条（委任の解除）── 授業料返還等請求事件で信義則適用【東京地判平 15・11・10 判時 1845 号 78 頁】。

　第 656 条（準委任）── 損害賠償請求事件で信義則適用【東京地判平 15・3・20 判時 1840 号 20 頁】。

　第 663 条（寄託物の返還の時期）── 預託金返還請求控訴事件で信義則と事情変更の原則を不適用【東京高判平 11・5・26 東高民時報 50 巻 1～12 号 6 頁】。

　第 666 条（消費寄託）── 預託金返還請求事件で事情変更の原則を不適用【東京地判平 11・7・28 判タ 1026 号 205 頁】。

　第 681 条（脱退した組合員の持分の払戻し）── 持分払戻請求本訴・貸金請求反訴事件で信義則不適用【熊本地判平 10・2・18 判タ 985 号 292 頁】。

　第 688 条（清算人の職務及び権限並びに残余財産の分割方法）── 求償金等請求・同反訴控訴，附帯控訴事件で配分的正義の要請あるいは信義公平によって 6 対 4 の割合でなされるべきものと判示された【東京高判平 15・11・26 判時 1864 号 101 頁】。

　第 695 条（和解）── 建物収去土地明渡請求事件で信義則適用【東京地判平 8・8・29 判時 1606 号 53 頁】。

　第 696 条（和解の効力）── 不当利得返還等請求事件で信義則不適用【東京地判平 17・10・21 判タ 1224 号 263 頁】。

　第 703 条（不当利得の返還義務）── 損害賠償請求権行使請求事件で信義則適用【横浜地判平 18・11・15 判タ 1239 号 177 頁】。

　第 704 条（悪意の受益者の返還義務等）── 不当利得返還金請求控訴事件で信義則，公序良俗を適用【大阪高判平 8・1・23 判時 1569 号 62 頁】。

　第 705 条（債務の不存在を知ってした弁済）── 過払家賃返還請求事件で実質的正義ないし衡平の観念を援用【大阪地判昭 47・7・31 判時 700 号 109 頁】。

　第 708 条（不法原因給付）── 不当利得返還請求事件で正義公平の理念，社会的妥当性の観念を適用【大阪地判平 1・9・14 判時 1348 号 100 頁】。

　第 709 条（不法行為による損害賠償）── 損害賠償請求事件で信頼関係の破壊の法理を適用【福島地判平 1・6・15 判時 1521 号 59 頁】。

　第 710 条（財産以外の損害の賠償）── 保険金請求控訴事件で信義則適用【大阪高判平 13・10・31 判時 1782 号 124 頁】。

　第 711 条（近親者に対する損害の賠償）── 損害賠償請求事件で衡平の原則を適用

Ⅲ　信義則は民法条文にいかに投影・具体化されているか？

【福岡地判平 5・3・26 判タ 822 号 145 頁】。

第 715 条（使用者等の責任）──売買代金請求事件で公平の観念を援用【東京地判平 18・10・27 判時 1972 号 96 頁】。

第 719 条（共同不法行為者の責任）──損害賠償請求控訴事件で信義則適用【高松高判平 16・7・22 判タ 1213 号 119 頁】。

第 722 条（損害賠償の方法及び過失相殺）──損害賠償請求事件で損害の公平な分担の見地から判断【名古屋地判平 18・9・29 労判 926 号 5 頁】。

第 724 条（不法行為による損害賠償請求権の期間の制限）──損害賠償請求事件で正義・公平の観念を援用【東京地判平 18・6・7 判時 1937 号 3 頁】。

第 742 条（婚姻の無効）──婚姻無効確認請求事件で信義則不適用【最二判平 8・3・8 判時 1571 号 71 頁】。

第 748 条（婚姻の取消しの効力）──遺留分減殺等請求事件で憲法 14 条違反や，権利濫用には当たらないと判示【東京地判平 9・10・31 判タ 1008 号 230 頁】。

第 760 条（婚姻費用の分担）──婚姻費用分担申立認容審判に対する即時抗告事件で信義則適用【福岡高決平 17・3・15 家月 58 巻 3 号 98 頁】。

第 766 条（離婚後の子の監護に関する事項の定め等）──子の監護に関する処分（養育費）申立事件で信義則と権利濫用を適用【札幌家判平 10・9・14 家月 51 巻 3 号 194 頁】。

第 770 条（裁判上の離婚）──離婚請求控訴事件で社会正義，信義則を適用【東京高判平 19・2・27 判タ 1253 号 235 頁】。

第 772 条（嫡出の推定）──親子関係不存在確認請求事件で権利濫用を不適用【最二判平 10・8・31 裁時 1226 号 10 頁】。

第 787 条（認知の訴え）──認知請求事件で信義則と権利濫用を不適用【東京地判平 4・9・25 家月 45 巻 5 号 90 頁】。

第 802 条（縁組の無効）──養子縁組無効確認請求事件で権利濫用を不適用【最一判昭 31・10・4 集民 23 号 365 頁】。

第 814 条（裁判上の離縁）──離縁請求控訴事件で社会正義の観念を援用【東京高判平 5・8・25 家月 48 巻 6 号 51 頁】。

第 820 条（監護及び教育の権利義務）──養育費請求事件で信義則不適用【広島地判平 5・8・27 家月 47 巻 9 号 82 頁】。

第 834 条（親権の喪失の宣告）──親権者の職務執行停止・職務代行者選任申立事件で権利濫用を適用【名古屋家判平 18・7・25 家月 59 巻 4 号 127 頁】。

第 842 条（未成年後見人の数）──所有権移転登記手続等請求本訴，所有権移転登

347

17 民法の基盤にある信義則〔平田勇人〕

記抹消登記手続請求反訴事件で信義則適用【最二判平 3・3・22 家月 43 巻 11 号 44 頁】。

第 843 条（成年後見人の選任）── 禁治産宣告の審判に対する抗告事件で誠実の観念を援用【高松高決昭 41・4・26 高民 19 巻 3 号 258 頁】。

第 859 条（財産の管理及び代表）── 損害賠償請求事件で信義則に反するか否かを判断するための 5 つの判断基準が示され，当事者間の信頼，正義の観念などもその 1 つに挙げられている【最三判平 6・9・13 民集 48 巻 6 号 1263 頁】。

第 876 条（保佐の開始）── 裁判所は保佐開始申立却下審判に対する即時抗告事件で申立権の濫用を不適用【大阪高決平 18・7・28 家月 59 巻 4 号 111 頁】。

第 877 条（扶養義務者）── 扶養請求事件で信義則適用【新潟家判昭 47・5・4 家月 25 巻 6 号 150 頁】。

第 879 条（扶養の程度又は方法）── 扶養申立事件で信義則適用【秋田家判昭 63・1・12 家月 40 巻 6 号 51 頁】。

第 884 条（相続回復請求権）── 相続回復請求控訴事件で権利濫用を適用【広島高判平 13・1・15 家月 54 巻 9 号 108 頁】。

第 892 条（推定相続人の廃除）── 損害賠償請求事件で権利濫用ないし信義則を不適用【東京地判平 13・3・13 父民 34 巻 2 号 374 頁】。

第 896 条（相続の一般的効力）── 根抵当権設定登記抹消登記手続請求本訴，同反訴事件で信義則を不適用【最二判平 10・7・17 民集 52 巻 5 号 1296 頁】。

第 899 条〔共同相続の効力 2〕── 不当利得金返還請求事件で信義則適用【最三判平 16・10・26 裁時 1374 号 3 頁】。

第 902 条（遺言による相続分の指定）── 不当利得返還請求事件で第三者による権限の濫用を適用【東京地判平 9・10・28 判タ 980 号 252 頁】。

第 903 条（特別受益者の相続分 1）── 遺産分割及び寄与分を定める処分申立事件で不公平の観念を援用【大阪家判平 18・3・22 家月 58 巻 10 号 84 頁】。

第 904 条の 2（寄与分）── 扶養料等申立却下審判に対する即時抗告事件で信義則不適用【大阪高決平 15・5・22 家月 56 巻 1 号 112 頁】。

第 907 条（遺産の分割の協議又は審判等）── 所有権移転登記手続請求事件で信義則適用【大阪地判平 8・2・20 判タ 947 号 263 頁】。

第 908 条（遺産の分割の方法の指定及び遺産の分割の禁止）── 前出 902 条と同事件【東京地判平 9・10・28 判タ 980 号 252 頁】。

第 922 条（限定承認）── 請求異議事件で信義則適用【最二判平 10・2・13 民集 52 巻 1 号 38 頁】。

第 931 条（受遺者に対する弁済）── 請求異議事件で信義則適用【最二判平 10・2・13 民集 52 巻 1 号 38 頁】。

第 960 条（遺言の方式）── 遺言無効確認請求事件で具体的妥当性の観念を援用【静岡地判昭 25・4・27 判時 40 号 24 頁】。

第 964 条（包括遺贈及び特定遺贈）── 相続税更正処分等取消請求事件で租税回避という悪意的法律状態の創出を問題としている【名古屋地判平 5・3・24 家月 46 巻 12 号 67 頁】。

第 1010 条（遺言執行者の選任）── 遺言執行者選任申立却下審判に対する即時抗告申立事件で申立権の濫用を援用【名古屋高決平 1・11・21 家月 42 巻 4 号 45 頁】。

第 1012 条（遺言執行者の権利義務）── 土地持分移転登記手続請求事件で権利濫用を適用【東京地判平 13・6・28 判タ 1086 号 279 頁】。

第 1027 条（負担付遺贈に係る遺言の取消し）── 土地所有権移転登記等抹消登記請求，更正登記手続反訴請求事件で不均衡，公序良俗，信義則を適用【東京地判平 5・5・7 判時 1490 号 97 頁】。

第 1029 条（遺留分の算定 1）── 貸金庫在庫物搬出禁止等請求事件で訴訟上の信義則を適用【東京地判平 15・5・22 金法 1694 号 67 頁】。

第 1031 条（遺贈又は贈与の減殺請求）── 遺留分減殺請求控訴事件で信義則，権利濫用を適用【東京高判平 4・2・24 判時 1418 号 81 頁】。

第 1041 条（遺留分権利者に対する価額による弁償）── 持分権移転登記等請求控訴事件で公平の理念に基づき判断【大阪高判昭 49・12・19 民集 30 巻 7 号 778 頁】。

第 1042 条（減殺請求権の期間の制限）── 損害賠償請求控訴事件で信義則を不適用【高松高判平 12・12・14 判時 1769 号 76 頁】。

第 1043 条（遺留分の放棄）── 遺留分減殺請求事件で信義則適用【東京地判平 11・8・27 判タ 1030 号 242 頁】。

Ⅳ　判例に投影された信義則を巡る諸価値

信義則という法価値（信義，誠実）は，上記の民法条文と何らかの形で関係しており，民法の条文全体に渡って投影されていると考えられるが，法価値は，単独ないしは，信義・誠実という法価値と併用して判例で援用されていることが明らかになった。前述した信義則に関連すると思われる法価値がそれぞれ，どの条文に投影されているかを解析すると，以下のような結果となった。

17 民法の基盤にある信義則〔平田勇人〕

正義 (33, 158, 198, 708, 724 条), 配分的正義 (688 条), 実質的正義 (705 条), 社会正義 (770, 814 条), 社会的妥当性 (708 条), 公平 (33, 158, 167, 174, 223, 369, 383, 465, 486, 522, 537, 566, 578, 688, 708, 715, 722, 724, 903, 1041 条), 合理性 (536 条), 具体的妥当性 (960 条), 衡平 (427, 599, 648, 705, 711 条), 公正 (536 条), 信頼関係破壊の法理 (110, 597, 616, 709 条), 禁反言 (109, 119, 149, 424, 447 条), 権利濫用法理 (1, 11, 21, 92, 99, 137, 177, 206, 210, 258, 280, 372, 388, 404, 446, 454, 506, 510, 554, 556, 557, 588, 593, 627, 628, 748, 766, 772, 787, 802, 834, 876, 884, 892, 902, 1010, 1012, 1031 条), 権利失効の原則 (166, 540 条), クリーンハンズの原則 (130, 234, 416 条), 事情変更の原則 (134, 211, 252, 611, 663, 666 条), 公序良俗 (90, 420, 468, 644, 704, 1027 条), 私法秩序の基本原則 (644 条), 円満・恩愛という法価値 (553 条), 悪意的法律状態創出の禁止の法理 (964 条), 均衡 (1027 条) がそれである。今回, 抽出・分析した信義則に関連する各法価値が, 全体に占める割合を表にすると次のようになる。

表1 信義則に関連する法価値の出現頻度件数と全体に占める割合

信義則に関連する法価値	出現頻度件数	全体に占める割合
信義・誠実	125 件	54.11%
権利濫用法理	38 件	16.45%
公平	20 件	8.66%
公序良俗	6 件	2.60%
事情変更の原則	6 件	2.60%
正義	5 件	2.16%
衡平	5 件	2.16%
禁反言	5 件	2.16%
信頼関係破壊の法理	4 件	1.73%
クリーンハンズの原則	3 件	1.30%
権利失効の原則	2 件	0.87%
社会的正義	2 件	0.87%
配分的正義	1 件	0.43%

悪意的法律状態の創出の禁止	1件	0.43%
実質的正義	1件	0.43%
公正	1件	0.43%
合理性	1件	0.43%
均衡	1件	0.43%
具体的妥当性	1件	0.43%
社会的妥当性	1件	0.43%
私法秩序の基本原則	1件	0.43%
円満・恩愛	1件	0.43%

Ⅴ　ま　と　め

　裁判所が特定の事案で，民法条文を用いて判断する際に，当該条文と信義則とをどのように関連付けて判断したのかが分かるように表記を統一した（事件名，結果，裁判年月日・出典）。また，なるべく新しい判例を取り上げ，限られた紙面の中でできる限り多くの情報を盛り込むように心がけたつもりであるが，不備な点は今後さらにフォローしていきたい。

　判例分析を通して信義則が，単独で用いられたり，個別的法命題に分解されて用いられたり，関連する法価値と併用されたりと，その形態は様々であるが，民法の全条文に照らし合わせて考察する作業を通していえることは，信義則，権利濫用，公平，衡平，禁反言，失権，事情変更の原則，クリーンハンズの原則，悪意的な法律状態の創出，具体的妥当性，正義（配分的正義等），信頼の保護等，表現は変わっても信義則の基層にある基本的法価値が民法の多くの条文に投影されていることが確認できたのではないだろうか。

　民法において民法総則の最初に位置する「通則」の規定は，民法の全規定の「ただし書き」であるかのように，民法のすべての規定の効力を制限し，解釈の基準を示す働きをしているという加賀山教授の説明を，判例分析を通じて実証的に考究できたのではないかと考える。

351

17 民法の基盤にある信義則〔平田勇人〕

〔付記〕名古屋大学大学院で親身になってご指導をいただき，今日に至るまで学問的にも個人的にも励まし導いていただいている恩師の加藤雅信先生に心からお礼を申し上げるとともに，謹んで本稿を捧げさせていただきたいと思います。

18 非営利団体法制の変容と展開
—— 団体設立スキームの構想

中 野 邦 保

I は じ め に

2009 年から法務省にて検討が開始された民法（債権関係）改正作業は，2017年5月26日に「民法の一部を改正する法律」として結実し，同年6月2日に公布され，2020年4月1日から施行（一部規定を除く）される予定となっている。具体的な改正項目は多岐にわたるが，取引社会を支える債権関係の規定を中心とするものとなっており，本稿が検討対象とする非営利団体法制は改正の直接の対象にはなっていない。

ただ，このことから直ちに，現行民法上，非営利団体法制について何ら改正すべき問題がないということにはならない。実際，今後の民法改正を視野に入れて，2006 年の公益法人制度改革関連三法の制定により公益法人制度の抜本的改革がなされてから，新たに生じた課題や依然として残されたままとなっている問題等につき，引き続き検証の必要があることが指摘されている[1]。また，非営利法人制度の中核的な法律たる「一般社団法人及び一般財団法人に関する法律」（以下，「一般法人法」という）の制定により，民法の規定はわずか5か条（法人の成立と能力に関する2か条以外は，外国法人と登記に関する技術的な規定の3か条）のみとなり，法人の基本的枠組（通則）すら定められていないことか

---

[1] 佐久間毅「企画の趣旨」NBL1104 号（2017 年）4 頁。このような観点から，2017 年の日本私法学会では，「非営利法人に関する法の現状と課題」と題するシンポジウムが開催されたが，私法学会においては，定期的に団体法制についてのシンポジウム（1960年に「法人の代理と代表」，1967 年に「法人格なき社団」，1970 年に「法人論」，2003年に「団体論・法人論の現代的課題」）が開催されており，学界での一定の関心が窺える。

『21世紀民事法学の挑戦』加藤雅信先生古稀記念〔信山社，2018 年 3 月〕　　*353*

18 非営利団体法制の変容と展開〔中野邦保〕

ら，民法の私法の一般法としての性格が失われ，法人制度の体系的透視性を欠く状況にある，との指摘もなされている(2)。

そこで，本稿は，このようなことを背景に，今後の非営利団体法制のあり方について検討するものである。

Ⅱ 裁判例からみた団体法制の課題

1 最高裁判例の紹介

では，具体的にどのような視角で，非営利団体法制を検討するのか。ここでは，今後の非営利団体法制のあり方を考えるうえで参考になると思われる裁判例を紹介して，次の2で本稿の問題意識を示すこととする。

(1) 任意脱退を制限する旨の組合規約の効力

―― 最三判平成11年2月23日民集53巻2号193頁（裁判例[1]）(3)

本件は，Xら2名とYら5名の計7名が，1口100万円で計14口1400万円（Xらは各2口）を出資して中古ヨットを共同で購入し，出資者が会員となり，航海等を楽しむことなどを目的とするヨットクラブを結成する旨の契約を締結したが，ヨットを係留するための諸費用等の負担をめぐって，それを立替えて支払ったXらとYらとの間に対立が生じ，Xらは，Yらに対し，本件クラブから脱退する旨の意思表示をし，組合持分（ヨットの時価額を出資割合に応じて按分した額）の払戻金の支払いなどを求めた事案である。本件クラブの規約には，会員の権利の譲渡および退会に関して，「オーナー会議で承認された相手方に対して譲渡することができる。譲渡した月の月末をもって退会とする。

---

(2) この点につき，民法改正研究会『日本民法典改正案Ⅰ 第一編 総則 ―― 立法提案・改正理由』（信山社，2016年）351頁とそこで掲げられた文献参照。

(3) 本判決の評釈等として，矢尾渉「判解」『最判解 民事篇 平成11年度（上）』（法曹会，2002年）113頁（初出は曹時53巻12号〔2001年〕），同・ジュリ1163号（1999年）138頁，滝沢昌彦・法教228号（1999年）122頁，渡辺達徳・法セ537号（1999年）101頁，松本恒雄・リマークス20号（2000年）54頁，磯村保・判例セレクト'99（法教234号別冊付録）（2000年）20頁，中舎寛樹・民商122巻1号（2000年）109頁，山田誠一・平成11年度重判解（ジュリ臨増1179号）（2000年）85頁，吉田勝栄・平成11年度主判解（判タ臨増1036号）（2000年）94頁，大村敦志・民法判例百選Ⅰ〔第7版〕（別冊ジュリ223号）（2015年）36頁（同『新しい日本の民法学へ（学術としての民法Ⅱ）』〔有斐閣，2009年〕148頁以下所収）などがある。

（これは，不良なオーナーをふせぐ為である。）」との規定（以下，「本件規定」という）があり，これによりＸらの脱退が許されないか否かが問題となった。

　１審は，本件組合契約は遊びを目的とするものに過ぎず，会員の任意脱退を禁止するような強制的な拘束をしなければならない合理的理由はなく，また，本件規定は任意脱退禁止の趣旨で作成したとするＹの主張は，本件規約には任意脱退禁止を端的に明示した規定がなく，組合員間にその旨の合意が成立していたとも認められないので採用しえないとして，Ｘらの請求を認容した。

　これに対し，原審は，本件規定は本件組合からの任意脱退を会員の権利譲渡の方法のみに制限しているものと解するのが相当であるが，このように制限することには合理的な理由が認められ，これ以外の方法により脱退することができなくても，一切の脱退が禁止されているわけではなく，また，組合員は解散請求（民法 683 条）をして残余財産から出資額に応じて分配してもらう方法（同 688 条）も残されている以上，公序良俗には反しないとして，Ｘらの請求を棄却した。原審は，上記のように本件規定を判断した事情として，①本件クラブが，資産として本件ヨット以外，資金的・財政的余裕がなく，②本件規定が，各会員の作業・会費等の負担を増やさないよう，会員の人選と会員の減少防止の観点から定められ，③出資金の清算・返還を伴う任意脱退を認めると，他の会員に予想外の出費を強要し，場合によっては本件ヨットを処分しなければならない事態を招来して本件クラブを消滅させかねず，実質的には，民法 676 条２項に反し，清算前に組合財産である本件ヨットの分割を求めるという側面があるので，任意脱退を容認することは，本件クラブの設立趣意・目的に明らかに反するとともに，民法の規定にも抵触するおそれがあることなどをあげている。

　以上に対し，最高裁は，次のように判示して，組合持分の払戻金請求部分について原判決を破棄し，やむを得ない事由の存否等につき審理をつくさせるために原審に差し戻した。

　「民法 678 条は，組合員は，やむを得ない事由がある場合には，組合の存続期間の定めの有無にかかわらず，常に組合から任意に脱退することができる旨を規定しているものと解されるところ，同条のうち右の旨を規定する部分は，強行法規であり，これに反する組合契約における約定は効力を有しないものと解するのが相当である。けだし，やむを得ない事由があっても任意の脱退を許

18 非営利団体法制の変容と展開〔中野邦保〕

さない旨の組合契約は，組合員の自由を著しく制限するものであり，公の秩序に反するものというべきだからである」。「本件規定は，本件クラブからの任意の脱退は，会員の権利を譲渡する方法によってのみすることができ，それ以外の方法によることは許されない旨を定めたものである」と解釈するとすれば，「やむを得ない事由があっても任意の脱退を許さないものとしていることになるから，その限度において，民法 678 条に違反し，効力を有しないものというべきである」。このことは，本件規定が出資金の払戻しをする財源がなく，会員の減少を防ぐために設けられたとの理由があり，「本件クラブの会員は，会員の権利を譲渡し，又は解散請求をすることができるという事情があっても，異なるものではない」。

(2) 権利能力なき社団における会員資格喪失を伴う規約改正の総会決議の効力
―― 最二判平成 12 年 10 月 20 日判時 1730 号 26 頁（裁判例[2]）[4]

本件は，株主会員組織のゴルフクラブ Y₁ が，会員の要望を受け，ホールの増設やクラブハウスの増改築等を計画し，その費用をゴルフ場経営会社 Y₂ の新株を既存の株主（会員）に引き受けてもらう方法により調達することとし，Y₁ の会員総会にて，規約中の個人正会員の資格要件を Y₂ 株式保有数「2 株以上」から「3 株以上」に改正し，かつ，これを既存の会員にも適用し，この資格要件を満たさない既存会員はその地位を失う旨の決議を行ったため，その改正規定が施行された時点において，入会時に取得した 2 株しか Y₂ の株式を保有していていなかった X が（理由は不明だが上記決議から 34 年後に），Y らに対し，Y₁ の個人正会員たる地位を有することの確認を求めた事案である。入会時の本件クラブの規約には，会員の除名・資格喪失事由あるいは施設拡充の際の費用負担に関する定めがないにもかかわらず，会員総会での多数決により，事後的に会則を変更し，この決議に承諾していない既存会員の意思に関係なく，

――――――――――
(4) 本判決の評釈等として，西尾信一・銀法 586 号（2001 年）76 頁，塩崎勤・民事法情報 174 号（2001 年）147 頁，石原全・ゴルフ法判例 72（金判別冊）（2001 年）56 頁，今泉純一・民商 125 巻 2 号（2001 年）210 頁，後藤元伸・リマークス 24 号（2002 年）10 頁，金子敬明・ジュリ 1256 号（2003 年）191 頁，松久三四彦・判評 551 号（判時 1873 号）（2005 年）181 頁のほか，本判決を含め，ひろくゴルフクラブをめぐる法律関係を検討するものとして，潮見佳男「会員制ゴルフクラブの団体性と契約性」金法 1614 号（2001 年）41 頁以下などがある。なお，原審と 1 審の判決内容については，金判 1106 号 27 頁，30 頁を参照した。

また相応の代替措置なしに，会員たる地位を剥奪しうるのかが問題となった。

1審は，当時，施設拡充の費用調達のために他に適切な手段がなかったことに照らせば，Y1は権利能力なき社団として，社団の自治に委ねられるべき費用調達をめぐる問題の判断・決定につき，会員総会において多数決により決議を行う権能を有していたというべきであるとして，Xの請求を棄却した。

これに対し，原審は，XとY1は入会契約が締結された当時のY1の規約を前提に入会の申入れと承諾をしているので，両者の基本的な法律関係は，入会契約が締結された当時のY1の規約によって定められたものというべきであり，このようにして定められた会員の契約上の基本的な権利を変更するには，会員の個別的な承諾を得る必要があるが，Xの承諾が得られた形跡がない以上，Y1は本件改正規定に基づきXの本件会員権を喪失させることはできないとして，Y1の請求を棄却した第一審判決を取り消し，Xが本件会員権を有することを確認した。

以上に対し，最高裁は，次のように判示し，原判決を破棄し，Xの控訴を棄却する旨の自判をした。

「Y1は権利能力のない社団であり，本件改正決議は，本件規約において定められていた改正手続に従い，総会での多数決により，構成員の資格要件の定めを改正したものである。そうすると，本件改正規定は，特段の事情がない限り，本件改正決議について承諾をしていなかったXを含むY1のすべての構成員に適用されるものと解すべきものであり」，「本件改正規定が施行された……時点において，本件改正規定に定められた資格要件を満たしていなかったXは，本件会員権を喪失したものである」。

(3) 自治会からの脱退の可否と未払い共益費等の支払義務の有無
　── 最三判平成17年4月26日判時1897号10頁（裁判例[3]）[5]

本件は，県営住宅地の入居者を会員とする自治会Xが，Xの役員らの方針等に不満があることを理由に退会の申入れをしたYに対して，その退会の申入れは無効であるとして，未払いの共益費・自治会費の支払い等を求めた事案

---

(5) 本判決の評等釈として，塩崎勤・民事法情報230号（2005年）82頁，鎌野邦樹・判評565号（判時1915号）（2006年）173頁，中村肇・法の支配141号（2006年）86頁，平野裕之・リマークス33号（2006年）6頁，星野豊・法時78巻11号（2006年）90頁，前田雅子・地方自治判例百選〔第4版〕（別冊ジュリ215号）（2013年）12頁などがある。

である。① X の規約には会員の退会を制限する旨の規定がなく，② X が徴収する共益費（月額 2700 円）は団地内の共用施設を維持するための費用であり，③県から委託を受けて本件団地の管理業務を行っている公社が，X が団地全体の共益費を一括して業者等に対して支払うことおよび各入居者は各共益費を X に対して支払うことを指示し，X および各入居者はこの指示に従っていたこと，④自治会費（月額 300 円）は X の運営・活動に必要な経費を賄うための費用であること，との事情があったことから，Y の退会の申入れの効力と X への共益費・自治会費の支払義務の有無が争点となった。

　1 審は，X を民法上の組合であるとしつつも，建物区分所有法の管理組合と類似した性格を有することを理由に，Y の脱退理由に「やむを得ない事由」（民法 678 条 1 項ただし書）を認めることができない以上，Y の退会の申入れは無効であるとして，X の請求を認容した。また，原審は，X を権利能力なき社団としたうえで，X の会員にあっては，共用施設の共同利用やその維持管理，安全かつ良好な居住環境の確保等の公共的利益を享受する対価として共益費の支払義務を負うとともに，これらの利益の確保のために X を運営し，かつ，その諸活動を遂行する上において必要な経費を賄うために自治会費を負担しており，これらの受益，負担の関係は，その性質上個人の処分に委ねられるものではなく，X の設立の趣旨，目的，団体としての公共的性格等に照らして考えれば，X の組織の運営等が法秩序に著しく違背する等の特段の事情がないかぎり，特定の思想，信条や個人的な感情から X に対して退会を申し入れることは条理上許されないとして，Y の退会の申入れを無効とし，X の未払共益費・自治会費の支払請求を認容した。

　他方，X が A に対して提起した本件と争点を共通にする別訴においては，上記原審とは異なり，次に述べる最高裁判決と同一の結論がとられていた。そこで，Y は，親睦団体である X からの退会は入居者の自由であり，この点で，原判決は権利能力なき社団の脱退に関する法令解釈を誤ったものであり，X を退会している以上，自治会費の支払いは容認しえないが，共益費については X でなく公社に対して支払うことには何の異論もないなどと主張して，上告および上告受理申立てをした。

　以上に対し，最高裁は，次のように判示し，上告を一部棄却および一部却下し，原判決の一部につき破棄自判した。

まず共益費の支払義務については，上記②③の事情から，「Yは，本件団地……に入居するに際し，そこに入居している限りXに対して共益費を支払うことを約したものということができる」ので，本件退会の申入れが有効であるか否かにかかわらず，YのXに対する共益費の支払義務は消滅しないとした。そのうえで，退会の申入れの効力につき，「Xは，会員相互の親ぼくを図ること，快適な環境の維持管理及び共同の利害に対処すること，会員相互の福祉・助け合いを行うことを目的として設立された権利能力のない社団であり，いわゆる強制加入団体でもなく，その規約において会員の退会を制限する規定を設けていないのであるから，Xの会員は，いつでもXに対する一方的意思表示によりXを退会することができると解するのが相当であり，……Xの設立の趣旨，目的，団体としての性格等は，この結論を左右しない」と判示して，Xの退会申入れ後の自治会費相当分の支払請求については認めなかった。

2　団体法制の課題

以上紹介した3つの最高裁判例は，今後の非営利団体法制を考えるうえで，次のような課題を提示しているものとして理解することができる。

(1)　団体の目的・性質と団体的拘束性の程度（裁判例[1]の課題）

まず，任意脱退を制限する旨の組合規約の効力が問題となった裁判例[1]については，団体からの脱退の可否という団体的拘束の程度を当該団体の目的・性質を顧慮して考えうることを示唆したものとして理解することができる。

原審は，構成員の脱退の自由と団体の設立目的・存続という関係性に目を向け，団体の資金的・財政的規模と本件規約の趣旨から，出資金の清算・返還を伴う任意脱退を認めると団体を消滅させかねず，任意脱退を制限する旨の規定には合理性があり，任意脱退を容認することは団体の設立趣意・目的にも反するとした。これに対し，最高裁は，このような原審が示した事情を考慮せず，当該団体を組合と法性決定し，その効果として，組合の規定（民法678条）のやむを得ない事由がある場合に脱退を認める旨の部分は強行規定であるので，これに反し任意脱退を制限する旨の本件規定は公序良俗に反し，効力を有しないとした[(6)]。

当然のことながら，組合員の脱退の自由は保障されるべきものであり，本件規定は会員が権利譲渡の方法以外では脱退できない旨を定めていると解すると，

18 非営利団体法制の変容と展開〔中野邦保〕

譲受人をみつけられなければ実質的に脱退できない以上，組合員の自由を過度に制限しているのは間違いない。そして，これまでの先例から，また，多くの学説が，民法 678 条 1 項，2 項を通じて，組合の存続期間の定めの有無を問わずやむを得ない事由があれば常に脱退しうるとして，この点を強行規定であると解していることからすると[7]，やむを得ない事由があっても任意の脱退を許さないのは，組合員の自由を著しく制限し，公序良俗に反するとする判例の結論それ自体には，異論が少ないように思われる[8]。

ただ，この結論はさておき，団体的拘束の問題につき，最高裁のように様々なかたちで存在する個々の団体の目的・性質等を捨象して，当該団体を組合と法性決定し，組合という一事をもって組合の規律によって一律に処理すること

---

(6) なお，このような判例の立場と関連する近時の裁判例として，労働組合からの脱退が問題となった最二判平成 19 年 2 月 2 日民集 61 巻 1 号 86 頁は，一般に，労働組合の組合員は，その意思により組合員としての地位を離れる自由を有するものと解される以上，従業員と使用者との間において，労働組合から脱退する権利をおよそ行使しないことを従業員に義務づけて，脱退の効力そのものを生じさせないとする合意は，脱退の自由という重要な権利を奪い，組合の統制への永続的な服従を強いるものであるから，公序良俗に反し無効であると判示している。また，劇団からの脱退が問題となった東京地判平成 26 年 4 月 14 日判時 2237 号 65 頁は，劇団規約の性質を組合契約ではなく，劇団の運営委託と公演の参加という相互の委任契約と認定したうえで，本件訴訟が劇団の主宰者が退団した劇団員らに対し，劇団の規約に基づき規約違反違約金とチケットノルマ等の支払いを求めた個人間の法律関係に基づくものであることから，このような契約関係においては，本来一方的な意思表示によって退団が認められるべきである以上（民法 651 条，540 条），規約違反違約金と参加取止めによる損害賠償としてのチケットノルマの制度は，劇団の目的や一体性を考慮したとしても，劇団員に過大な負担を課すことによって劇団員の退団の自由を著しく制約するものであって，公序良俗に反し無効になると判示している。

(7) この点に関する先例および制定過程での議論を含めた具体的な学説状況については，矢尾・前掲注(3)『最判解』118 頁以下参照。

(8) 裁判例[1]の判決を契機に，組合において脱退の自由が認められる根拠につき比較法的観点を含め検討するものとして，西内康人「組合における脱退制限とその根拠の検討」法学論叢 180 巻 5・6 号（2017 年）501 頁以下がある。また，非営利団体からの離脱者が脱退時・解散時・分裂時に団体財産に対していかなる権利を有するのか，団体財産維持と離脱者の利益の調整という観点から検討するものとして，山口敬介「非営利団体財産に対する離脱者の権利 (1)～(7)」法協 131 巻 5 号 899 頁以下，6 号 1114 頁以下，7 号 1311 頁以下，8 号 1437 頁以下，9 号 1641 頁以下，10 号（以上，2014 年）1921 頁以下，132 巻 9 号（2015 年）1603 頁以下（裁判例[1]の判決については，法協 131 巻 5 号 907 頁以下参照）がある。

が，団体法制のあり方としてはたして妥当なのか，なお検討を要するように思われる[9]。また，団体の存続という側面からすると，やむを得ない事由のある組合員の脱退の自由を拘束してまで，組合が存続することをそもそも期待すべきではないと考えられる一方で[10]，これを自由に認めると，団体設立目的を達成することが困難となり，場合によっては人員や財政的理由から設立目的と合致しない団体活動を余儀なくされ，団体的拘束が希薄化し，結果的に団体が雲散霧消化しかねない事態を招きうることが考えられるため，このような観点からも検討を要するものと考える[11]。

(2) 団体と構成員の契約関係と団体的規律の効力（裁判例[2]の課題）

また，権利能力なき社団において会員資格喪失を伴う規約改正の総会決議の効力が問題となった裁判例[2]については，総会の決議によって改正された団体的規律の効力[12]を会員と団体との契約関係から処理しうることを示唆したも

---

[9] この点につき，中舎・前掲注(3)120頁以下は，裁判例[1]の原審が組合の多様性を前提にしていることを指摘し，組合の団体性ないし団体的拘束性の程度の認識の相異が678条の強行規定性の理解の相異に反映されていることを指摘したうえで，組合の団体性を一律に画するのは妥当ではなく，共同で営む事業の「性質」とそのような共同事業を営むこととした当事者の「目的」という2つの要素によって導かれる当該組合の団体性の程度に応じ，その団体への拘束性がどの程度是認されるべきか個別に判断するべきであると主張している。

[10] この点につき，矢尾・前掲注(3)『最判解』124頁は，組合の存続が困難・不可能になるという事情は，やむを得ない事由の存否を判断する際に考慮すれば足りると指摘する。

[11] 裁判例[1]のヨットクラブについては，そもそも組合ではなく，単なるヨットの共有関係にすぎないとすれば，この関係からの離脱を認めないことは共有物の分割請求の規定（民法256条）に反するとの指摘もなされている（松本・前掲注(3)57頁）。ただ，注(6)であげた劇団（仮に構成員の脱退により役者数や配役に支障をきたす場合）や裁判例[3]であげた一定の公共性のある自治会などにおいては，その構成員との負担との関係からも，どのようにして団体の設立目的を実現しつつ活動・存続しうるのかは検討を要するように思われる。なお，この点に関し，「いく人かの『結社しない自由』のために他の人の『結社する自由』が侵害される」場合に，結社を強制することが許される条件（結社する自由を優先させる条件）を検討するものとして，浅野有紀「『契約の自由』と『結社の自由』」法哲学年報2001（2002年）131頁以下がある。

[12] なお，団体的規律にかかる問題として，少数の構成員と団体内部の意思決定とが対立し，総会決議での多数決原理を肯定すると少数派の利益が害されうる場面は，南九州税理士会事件（最三判平成8年3月19日民集50巻3号615頁），群馬司法書士会事件（最一判平成14年4月25日判時1785号31頁）等でもみられるが，これらは「法人の目的の範囲」の問題として先鋭化するため，本稿では立ち入らない。

のとして理解することができる。

原審は，当該団体における総会による規約改正決議が，会員の資格喪失という会員の契約上の基本的な権利の変更を伴う問題であることにかんがみ，会員と団体との法律関係は入会時の規約を前提に定められている以上，事後的に規約により会員の権利を変更するためには，会員の個別的な承諾がなければならないとして，あくまでも会員と団体との二当事者間の契約関係の問題として処理した。これに対し，最高裁は，このような原審の枠組を採用せず，むしろ当該団体の社団としての実体を考慮して，当該団体を権利能力なき社団と法性決定し，その効果として，当該権利能力なき社団が，規約に定められた改正手続により，総会での多数決により規約を変更した以上，その改正規定はすべての構成員に適用されるとした[13]。

本判決の結論とその理由づけについては，有償の施設利用契約の解消に伴う会員資格の喪失と構成することも可能があった対外関係でない団体の内部関係（会員の地位）の問題を社団法人の法理によって処理し，本来，当該団体が自己の計算においてなすべき施設拡充を，その団体の総会において，会員に新たな出捐を間接的に強いるようなかたちでの規約を追加する旨の決議を行い，その事後的な規約改正決議に従わなかった既存の会員に対して，本人の意思に反してすら，総会決議（構成員の多数決）により会員の資格を剥奪しうるとの結論を導いているため，様々な観点から評釈等で批判的に検討がなされている[14]。

本稿の問題意識との関係では，団体的規律の問題につき，最高裁のように，

---

[13]　本判決とは異なり，当該団体の特性から団体の法性決定と団体内部の決定機関・方法を直結させて考えない判例もある。入会権の特殊性にもよるが，最一判平成 20 年 4 月14 日民集 62 巻 5 号 909 頁は，原発推進派と原発反対派との間で争われた入会地の一部を原子力発電所の建設用地として処分する旨の決議とそれに基づく契約の効力につき，当該入会団体を権利能力なき社団として法性決定しつつも，この入会団体では，入会権の処分につき，総会ではなく，役員会の全員一致の決議に委ねる旨の慣習が成立していたので構成員全員の同意を要件としないと判示している（反対意見は，当該入会団体を権利能力なき社団と性質決定することに疑問を呈し，本来，入会権の処分は総会において構成員全員の同意を要するのが原則であるので，例外的に役員会の全員一致の決議に委ねる旨の慣行が存在するといいうるためには，それを相当とする合理的根拠が必要であると述べている）。

[14]　本文で述べた本判決の特徴とその問題点の指摘は，潮見・前掲注(4) 44 頁以下による。また，本稿の問題意識との関係では，西脇秀一郎「団体法の二元性（1）──ドイツ民法典社団法の原基的モデルの一考察」龍法 49 巻 4 号（2017 年）498 頁以下も参照。

II 裁判例からみた団体法制の課題

会員と団体との契約関係（権利義務）の問題と把握せずに，当該団体の法性決定に従い，ただちにそこから導かれる団体法理（社団法理）によって一律に処理することが妥当なのか，なお検討を要するように思われる。ここでは，団体的規律の問題を団体法理あるいは契約法理のいずれによって処理するべきか，団体法制における団体法理と契約法理の交錯と両者の適用場面の相異が問題になっていると考える。

(3) 団体の内部関係の二元的処理（裁判例[3]の課題）

さらに，権利能力なき社団である自治会からの脱退の可否と自治会への未払い共益費等の支払義務の有無が問題となった裁判例[3]については，被告の上告受理申立て理由と公営住宅の自治会という事案特殊性によるところもあるが，団体の内部関係の問題を二元的に処理することの可能性を示唆したものとして理解することができる[15]。

原審は，裁判例[1]の原審のように団体の設立趣旨・目的・性質を考慮し，個人的な感情による団体からの脱退を認めず，共益費の支払義務を認めた。これに対し，最高裁は，脱退の可否と共益費の支払義務の問題を切り分け，脱退の可否については，裁判例[1]の最高裁のように団体の設立趣旨・目的・性格は結論を左右するものではないとして，当該権利能力なき社団が，強制加入団体でなく，退会制限の規約がないことから，一方的な意思表示により退会できるとしつつも，共益費の支払義務については，共益費の性格や本件事案の事情を勘案しつつ，裁判例[2]の原審のように構成員と団体との関係に着目して，団体の加入とは関係なく，契約締結時に共益費を支払うことを約していることから消滅しないとした。

このように，裁判例[3]は，裁判例[1][2]の複合的な事案であることから便宜的にそれらとの関係で対比的に述べれば，「脱退の可否」という「団体的拘束の問題」と「共益費の支払義務の有無」という「団体的規律の問題」とに切り分け，前者については当該団体の実体にそくして団体法理によって処理しつつも，後者については構成員と団体との関係に着目して契約法理によって処理したものとして理解することができる。

もっとも，内部関係の問題を二元的に構成しても，脱退の可否については，

---

(15) 本判決につき，西脇・前掲注(14) 495 頁は，1 つの団体を異なる 2 つの性質（社団的な自治会と組合的な共有物管理団体）に分け，二元的に構成するものと指摘している。

363

18 非営利団体法制の変容と展開〔中野邦保〕

どのような団体であれ一方的な意思表示のみで団体から脱退できるとすれば（とくに公共的利益のある団体の会員が無償で何のインセンティブもなく活動を行っているような場合等），依然として，どのようにして団体の設立目的を実現しつつ活動・存続しうるのかが問題となる。また，共益費の支払義務についても，どのような契約関係に基づき根拠づけうるのか（仮に委任契約と基礎づけた場合でも，やむを得ない事由により解除しえないのか）といった点などで[16]，なお理論的に検討する余地がある[17]。

　ただ，このような二元的な構成は，これまでとは異なるかたちで，団体の内部関係の問題を柔軟に解決しうる枠組を提示し，団体法制のあり方を考える新たな視点を提示するものとして理解しうることから，この点でさらなる検討を要するように思われる。

(4) 小　括

　以上みてみると，裁判例[1][2][3]は，いずれも団体の内部関係（団体的拘束と団体的規律）の問題につき，組合か権利能力なき社団かという相異はあれ，当該団体を特定の団体類型と法性決定し，その団体類型に応じた団体法理によって，当該団体をめぐる法律関係を一律に処理することの妥当性とその難しさを示すものであったと理解することができる。

　当然のことながら，現実に存在する団体は多種多様であり，必ずしも特定の団体類型に定型的にあてはめることが適さないものも存在する。団体法理による処理は，こうした団体の多様性を捨象することによって，予測可能性や法的安定性の要請にそうかたちで画一的に解決することを可能にするものとして理解できる。しかし，現実の団体の多様性を前提とするならば，団体の目的・性

---

(16)　これらの点を含め，本判決の理論構成につき検討するものとして，星野・前掲注(5)92頁以下参照。

(17)　本文で述べた問題点に関連する近時の裁判例として，マンション管理組合において，不在組合員（非居住者）に組合費のほか住民活動協力金の支払いを追加で求める規約等の改正の効力が問題となった最三判平成22年1月26日判タ1317号137頁は，本件規約変更の必要性および合理性と不在組合員が受ける不利益の程度を比較衡量すると，本件規約変更は不在組合員において受忍すべき限度を超えるとまではいうことができないとした。他方で，このような組合的な規律を欠く場合において，東京高判平成28年1月19日判時2308号67頁は，別荘地の分譲を受ける際に分譲地所有者全員が締結することを義務づけられた別荘管理契約につき，個別の分譲地所有者からの解除の効力を否定している。

質，団体と構成員との関係，団体設立者（当事者）の意図といった点を考慮し，個別・具体的な解決を志向することが肝要と考える。とりわけ，予測可能性や法的安定性が要請される第三者との関係が問題となる対外関係において画一的な枠組が志向されるならまだしも，団体内部の対内関係の問題にあたっては，むしろ団体の多様性を考慮した柔軟な枠組が模索されるべきように思われる[18]。

このような判断枠組の相異が裁判例[1][2][3]には現れており，団体的拘束が問題となった裁判例[1]の原審では団体の目的・性質等を考慮することによって，団体的規律が問題となった裁判例[2]の原審では構成員と団体との関係に着目した契約法理による処理によって，団体的拘束と規律の双方が問題となった裁判例[3]の最高裁では，内部関係の問題を二元的に構成し，団体法理と契約法理を用いた処理をすることによって，画一的な解決の硬直性を打破することがそれぞれ試みられていたと理解することができる。

以上のことから，団体の多様性を前提に，団体の目的・性質，団体と構成員との関係等を考慮したうえで，今後の非営利団体法制のあり方について検討する必要があると考える。

Ⅲ　今後の非営利団体法制のあり方

1　団体法制をめぐる議論の展開と変容

ここでは，Ⅱで述べた非営利団体法制の課題につき，どのようにして対応しうるか考察するために，これまでの団体法制をめぐる議論の展開について概観する[19]。

(1) 峻 別 論

民法起草者は，社団を人の集合体として財団と区別する意味でしか理解しておらず，組合が法人になりうることを認め，法人格の有無において組合と法人とを区別し，組合を営利・非営利を問わずひろく把握していたため，今日でう，いわゆる権利能力なき社団は組合の一形態と理解していたものと考えられ

---

[18]　もっとも，代表者の対外的責任や脱退時の払戻請求権の有無等においても，団体の法性決定に従った画一的な解決よりも個々の事案に即した柔軟な解決が求められているものと考えられる（この点につき，山下純司「権利能力なき社団と非営利活動」NBL1104 号〔2017 年〕23 頁以下参照）。

18 非営利団体法制の変容と展開〔中野邦保〕

ている[20]。

ところが，大正期に入り，法人格の有無ではなく，団体の実体（社団の単一性）に着目して，むしろ社団と組合とを原理的に区別すべきであるとするドイツ理論の影響を受け[21]，組合と社団を対置させるようなかたちで通説が形成されていった。

その結果，伝統的通説は，社団とは「社会関係において，団体が全一体として現われ，その構成分子たる個人が全く重要性を失っているもの」をいうのに対し，組合とは，「団体であるが，社会関係における全一体としての色彩が比較的淡く，その構成員個人の色彩が強く現われるもの」をいい，「その団体組織は構成員（組合員）相互の間の権利義務として構成されているので，ある意味で契約的色彩をもち，社団と対立する」と説明する[22]。そして，「ある団体が法人であるかどうかは，その団体の外部に対する関係による区別であり，社

---

(19)　ここでは，紙幅の制約から，本稿の問題意識との関係で，阿久澤利明「権利能力なき社団」星野英一編代『民法講座Ⅰ 民法総則』（有斐閣，1984年）237頁以下，山田誠一「団体，共同所有，および，共同関係」星野英一編代『民法講座 別巻1』（有斐閣，1990年）288頁以下，福田清明「日独における社団と組合の峻別論の発展 ―― 民法上の組合の権利主体性を中心に」明治学院論叢法学研究72号（2001年）14頁以下，西脇・前掲注(14) 482頁以下等の叙述を参考に，組合・権利能力なき社団・法人の位置づけを起点に議論の展開を素描するにとどめる。法人本質論を含めた法人理論の展開については，相本宏「法人論」星野英一編代『民法講座Ⅰ 民法総則』（有斐閣，1984年）131頁以下，森泉章・大野秀夫「法人論史 ―― 法人本質論を中心に」水本浩＝平井一雄編『日本民法学史・各論』（信山社，1997年）1頁以下，山田創一「法人制度論」平井一雄＝清水元編『日本民法学史・続編』（信山社，2015年）25頁以下等参照。また，権利能力なき社団をめぐる議論や判例の動向については，本注であげた文献のほか，林良平＝前田達明編『新版注釈民法(2) 総則(2)』（有斐閣，1991年）70頁以下（森泉章執筆部分），河内宏『権利能力なき社団・財団の判例総合解説』（信山社，2004年）1頁以下等参照。

(20)　広中俊雄編『民法修正案（前三編）の理由書』（有斐閣，1987年）90頁（第1編「第2章 法人」理由），634頁以下（第3編第2章「第12節 会社」理由，666条理由），梅謙次郎『民法要義 巻之三』（有斐閣，1984年〔復刻版〕）771頁，774頁。このような理解につき，阿久澤・前掲注(19) 244頁参照。

(21)　ドイツにおける団体類型論の展開につき，法人法定主義との関係を含め権利能力なき社団を中心に検討するものとして，後藤元伸「団体法における団体類型論と法人法定主義(1)～(3・完) ―― 権利能力なき社団を素材として」阪大法学44巻1号（1994年）89頁以下，44巻4号1070頁以下，45巻2号（以上，1995年）314頁以下参照。

(22)　我妻栄『新訂 民法総則（民法講義Ⅰ）』（岩波書店，1965年）128頁，同『債権各論 中巻二（民法講義V₃）』（岩波書店，1962年）754頁以下。

団であるか組合であるかは，その団体の内部組織による区別なのだから，……団体を社団法人と組合とに二分することは，理論として，正当でない。のみならず，社団の実質を有する団体に組合の規定を適用」することは「甚だしく事理に反する」ので，「団体であって，その実体が社団であるにも拘わらず法人格をもたないものを権利能力のない社団」として，可能なかぎり社団法人の規定にしたがって処理すべきであると主張する[23]。

判例（最一判昭和39年10月15日民集18巻8号1671頁）も，この社団・組合峻別論を前提に，「権利能力のない社団といいうるためには，団体としての組織をそなえ，そこには多数決の原則が行なわれ，構成員の変更にもかかわらず団体そのものが存続し，しかしてその組織によって代表の方法，総会の運営，財産の管理その他団体としての主要な点が確定しているものでなければならない」として，組合と類似してはいるものの，なお本質的な差異があるものとして位置づけている[24]。この定式化により，権利能力なき社団として，社団類似の取り扱いをするか否かが決定づけられた。

(2) 類 型 論

もっとも，このような峻別論に対しては，まず，現実に存在する団体はもっとも社団的なものからもっとも組合的なものまで無数の連続系列をなしているにもかかわらず，ある団体の性質を社団または組合のいずれかに帰属させ，そ

---

[23]　我妻・前掲注[22]『民法総則』132頁以下。

[24]　判例があげる権利能力なき社団の4つの要件（(i)組織性の具備，(ii)多数決原理による運営，(iii)団体の独立存続，(iv)団体内容の確定）は，その後の判例においても基本的に受け継がれているが，それらは相関関係的に判断されているものと理解できる。この点につき，これまでの判例を分析した結果，他の財産とは区別された形式と態様によって管理・処分されている財産が存在し，その管理・処分の形式と態様が構成員の変更があっても変化しないことが要件として析出される，との指摘もある（山田誠一「権利能力なき社団——社団の財産とその当事者能力」林良平＝安永正昭編『ハンドブック民法I』〔有信堂高文社，1987年〕19頁）。また，この判例は，財産帰属関係につき，先例（最一判昭和32年11月14日民集11巻12号1943頁）を踏襲し，総有と構成している。この点をめぐり種々の学説が展開されているが（学説状況につき，林ほか編・前掲注[19]『新版注釈民法(2)』85頁以下参照〔森泉章執筆部分〕），近時，総有構成する判例を具体的に検討し，入会集団における総有と多数決原理を前提とする社団の総有とが異質なものであることを指摘する見解がある（江渕武彦「社団財産総有説の功罪」島大法学49巻2号〔2005年〕64頁以下。また，古積健三郎「実在的総合人および総有の法的構造について」法学新報125巻5・6号〔2016年〕275頁以下も参照）。

18 非営利団体法制の変容と展開〔中野邦保〕

の団体の内外の法律関係を一義的な演繹によって判断するのはあまりに単純にすぎるので，当該団体の具体的な性質に応じて適用規定を決定すべきであり，権利能力なき社団については，社団という抽象概念を大前提としてすべての場合を一律に決するのではなく，法人の場合と同じように類型化が必要であり，かつ可能であるとの主張がなされた(25)。

　また，この方向をさらに先鋭化させるかたちで，そもそも社会学では団体を社団と組合とに区別していないばかりか，民商法においては社団的団体であることを法人の要件とはしておらず，この区別が法律上の規律と一致しないことがあることから，社団と組合の区別は曖昧であり，無用であるとの批判がなされた。そのうえで，権利能力なき社団については，問題ごとにその団体に及ぼすべき効果から，権利能力なき社団の要件を個別・具体的に決定して考えるべきであるとの主張がなされた（その結果，各種団体に応じて異なった効果を認めてもよく，団体の性質に応じて，社団，組合の双方の規定を混合的に適用しても差し支えないとする)(26)。

(3) 法人法制の整備

　そして，1990年代後半に入ると，多様な人々のニーズや社会・経済の要請に対応するべく，およそ10年間の間に，各種法人法制の整備が矢継ぎ早やに

(25)　福地俊雄「組合と法人」『契約法大系Ⅶ 補巻』（有斐閣，1965年）39頁，44頁以下，同「法人に非ざる社団について」同『法人法の理論』（信山社，1998年）307頁以下，310頁（初出は神戸法学雑誌16巻1・2号〔1966年〕）。なお，次に紹介する星野説にみられる帰納的思考方法とも関連するが，類型それ自体の基礎法的考察をしたうえで，各種団体類型につき検討するものとして，篠田四郎「私法における類型論 (1)～(3) ── その基礎研究」名城法学30巻2号（1980年）1頁以下，30巻3号1頁以下，4号（以上1981年）30頁以下，同「権利能力なき社団 ── その類型論的・法的構成」『現代における法と行政 矢野勝久教授還暦記念論集』（法律文化社，1981年）151頁以下，同「非典型的匿名組合 (1)(2・完) ── その類型論的・法的構成」名城法学31巻1号1頁以下，3・4合併号（以上，1982年）44頁以下，同「会社法における類型論の展開（序説)」『進展する企業法・経済法 吉永栄助先生古稀記念』（中央経済社，1982年）159頁以下がある。

(26)　星野英一「いわゆる『権利能力なき社団』について」同『民法論集 第1巻』（有斐閣，1970年）247頁以下，279頁以下（初出は法協84巻9号〔1967年〕）。なお，この見解に先立ち，1つの団体が法人と組合の両方の性質を兼ねることはあり，両者の対立は制度の対立ではなく，原理の対立であるところ，その団体の事実関係を正確に把握し，それにあてはまる規定を適用すべきである，との見解も主張されていた（来栖三郎「法律家」同『来栖三郎著作集Ⅰ 法律家・法の解釈・財産法』〔信山社，2004年〕54頁）。

Ⅲ　今後の非営利団体法制のあり方

なされた。

　本稿の問題意識との関係で関連するものを紹介すると，まず，1995年の阪神・淡路大震災でのボランティア活動をきっかけに，1998年に制定された特定非営利活動促進法（NPO法）があげられる。これは，これまで民法では法人を公益法人と営利法人とに二分し，公益でも営利でもない相互扶助や親睦等を目的とする団体については特別法のない限り法人化の途が開かれていなかったことから，市民の自律的な社会貢献活動を支援・促進するかたちで制定されたものである。また，同じく阪神・淡路大震災により，被災マンションの建替えにつき多くの不備が明らかとなったことから，分譲マンションの急増・老朽化に対応し，管理の適正化と建替えの円滑化を図る目的で，2002年に区分所有法の改正とマンション建替え円滑化法の制定がなされたことも注目に値する。

　そして，2001年には，NPOよりも，より広範な設立目的を認め，簡易に法人が設立しうるよう，中間法人法が制定された。また，団体法制との関係では，特定事業への資金供給の円滑化や様々なかたちでの共同事業を振興するために，新たな組織形態（有限責任制の組合制度）を整備することが要請され，2004年に投資事業有限責任組合法（1998年の中小企業等投資事業有限責任組合法を改称）が改正され，2005年に有限責任事業組合法（LLP法）が制定されたことも重要である。同じく2005年には，近年の企業活動の進展や経済情勢の変化に柔軟に対応した法律の現代化を図るべく，会社法が制定されるに至っている。

　このような状況のなか，民法においては，制定以来，公益法人制度について抜本的な見直しが行われず，主務官庁の許可主義のもと，法人格付与・公益性認定・税制上の優遇措置が一体となって裁量により判断されていたため，種々の問題が批判・指摘されていた。そこで，2006年に公益法人制度改革関連三法（一般法人法・公益法人法・整備法）が制定され，これにより，法人格の取得と公益性の判断を分離し，剰余金の分配を目的としない社団または財団について，その行う事業の公益性の有無にかかわらず，準則主義（登記）により法人格を容易に取得しうる一般的な非営利法人制度が創設された[27]。この結果，これまで法人制度の不備・制約から法人格を取得しえない団体を救うために展開されてきた権利能力なき社団論は，議論の前提としていた存在理由（法人化のハードルの高さ）を喪失したため，「法人化できない団体」から「法人化しない団体」へと，その議論の位置づけを変えることとなった[28]。

18 非営利団体法制の変容と展開〔中野邦保〕

(4) 団体法制の変容と団体類型のゆらぎ

以上述べた一連の法人法制の整備により，団体類型そのものにゆらぎが生じている。

峻別論から類型論が展開されるにあたり，各種団体類型との対比から，改めて「法人とは何か」ということが問われた[29]。この問題提起は，「法人の法人格の最小限の属性は何であるか」というかたちで継承され，法人格取得による特有の効果（法人格の属性）が検討された[30]。

その結果，法人の背後にある実体が多様であることばかりか，法技術的概念である法人格そのものも，法人格性の強いものから弱いものへと連続していること（法人格の多様性ないし法人格概念の相対化）が指摘されるに至った[31]。

実際，法制度的には，法人格取得の効果の1つと考えられる「財産の分離独立」については，信託によって財産分離を図ることが可能であり，「有限責任」についても，組合においては，組合員の責任を限定する旨の契約や特定の財産に対してのみ執行しない旨の責任財産限定特約を有効になしうるため，これら

---

(27) 新公益法人制度研究会編著『一問一答 公益法人関連三法』（商事法務，2006年）3頁，13頁，宇賀克也・野口宣大『Q&A 新しい社団・財団法人制度のポイント』（新日本法規出版会，2006年）3頁以下参照。なお，憲法学の観点から，公益法人制度改革と一般社団法人制度を検討するものとして，井上武史『結社の自由の法理』（信山社，2014年）309頁以下がある。

(28) 山本敬三『民法講義I 総則〔第3版〕』（有斐閣，2011年）516頁以下。もっとも，山下・前掲注(18) 22頁によれば，権利能力なき社団をめぐる裁判例数は減少傾向になく，議論の必要性は減じていないと指摘されている。

(29) 星野・前掲注(26) 264頁以下。

(30) 上柳克郎「法人論研究序説」同『会社法・手形法論集』（有斐閣，1980年）2頁（初出は法学論叢90巻4・5・6号〔1972年〕）。この点につき，江頭憲治郎「企業の法人格」竹内昭夫＝龍田節編『現代企業法講座 第2巻』（東京大学出版会，1985年）72頁は，法人にしか存在せず権利能力のない社団には存在しない属性はもはや存在せず，(i)権利義務の帰属，(ii)訴訟当事者能力，(iii)その名義の債務名義によってしか強制執行を受けないという3点のみが全法人につき肯定される最小限の属性であると指摘する。また，加藤雅信『新民法大系I 総則〔第2版〕』（有斐閣，2005年）164頁以下は，典型的な法人の属性として，①法的処理の簡便性，②資本計算の要請，③有限責任の3点をあげ，法人の理念型としては，これに対応した6つの原則（権利主体性・訴訟主体性・債務名義，責任財産の分離・法人の財産の充実，有限責任）があげられるとする。

(31) 星野英一「法人論──権利能力なき社団・財団論を兼ねて」同『民法論集 第4巻』（有斐閣，1978年）145頁以下。

Ⅲ　今後の非営利団体法制のあり方

により実質的に有限責任を導くことが可能と考えられている[32]。他方，法人格を有する場合であっても，社員の無限責任を認める合名会社や，無限責任社員と有限責任社員とで構成される合資会社が認められている。

このように，法人格の属性については，これまでも法制度上の取り扱いから，また解釈論的にその相対化が指摘されていた。そして，このような議論の基点となった権利能力なき社団については，そもそも民法に規定がないこともあり，その財産関係や構成員の責任を中心に種々の議論が展開され，ある意味，流動的な状態であった[33]。近時の団体法制の変容は，これに加えて，社団・組合峻別論が前提とした典型的な社団あるいは典型的な組合についても，その境界を流動的なものとさせ，団体類型そのものの相対化を招いている。

具体的には，社団と組合の相対化として，下記の点を指摘することができる[34]。

（ⅰ）これまで法人は，社団概念を通じて説明されてきたが，前述した法人法制の整備により，民法からは社団に関する規定が削除され，会社法でも会社の

---

(32)　我妻・前掲注(22)『債権各論』810 頁，大村・前掲注(3)引用書 103 頁，道垣内弘人「団体構成員の責任 ——『権利能力なき社団』論の現代的展開を求めて」ジュリ 1126 号（1998年）70 頁参照。

(33)　ここで権利能力なき社団の有限責任について付言しておくと（財産帰属関係については注(24)参照），有限責任の肯定と法人格の有無は直結する問題ではないとの理解のもと，具体的基準（必要十分条件）につき種々の見解が主張されている。具体的には，①債権者が執行できないよう団体財産を分離し，それを維持する仕組みがとられていることを要件に，受益者損失負担の原則から利益分配（営利性）の有無を基準として非営利団体についてのみ有限責任を肯定する見解（星野・前掲注(26) 296 頁以下）のほか，②営利性の有無に関わりなく，「業務の開始にあたりリスクに応じた合理的な出資の引受が構成員によってなされ，以後維持され，かつ財務状況に関して合理的な方法で第三者に対する開示」がなされているときに，有限責任を肯定する見解（江頭・前掲注(30) 76 頁）や，③事業開始の出資状況にかかわらず，当該団体が行う事業のキャッシュ・フローが他に流用されない方策が講じられ，その仕組みを債権者が十分に理解している場合に有限責任を認めてよいとする見解（道垣内・前掲注(32) 70 頁以下）等が主張されている。これらの対立は，どのような団体を典型的な権利能力なき社団と考えるか（同窓会から特別目的会社まで）という時代の変化に応じた変容と指摘されているが（内田貴『民法Ⅰ総則・物権総論〔第 4 版〕』〔東京大学出版会，2008 年〕223 頁以下），まさに団体の目的・性質によって有限責任を認めるか否かが異なりうることを証左しているものと理解できる。

(34)　以下本文で述べる指摘の多くは，内田・前掲注(33) 218 頁以下，山本・前掲注(28) 517 頁以下による。

371

定義から社団という文言が削除された（改正前商法 52 条）。そして，一般社団法人では，2 人以上で設立しなければならないものの（一般法人法 10 条 1 項），社員が 1 人になっても解散事由とされず（同法 202 条），株式会社と合名会社・合資会社においては，1 人（一人会社）でも設立でき（会社法 26 条 1 項，575 条，576 条 3 項），社員が 1 人になっても一人会社として存続が認められるようになった（同法 471 条，641 条）。このように，もはや単に人を構成員とする法人といった意味合いしかないものを，依然として組合と対置させ，「社団」と理解してよいか疑問が呈されている[35]。

(ii) 他方，組合についても，会社法の制定により，内部関係については組合的な規律がなされつつも，社員は有限責任を負うにとどまるとする合同会社が新たに認められているほか（同法 576 条 4 項），より端的には，有限責任である旨を組合契約書および組合の名称や登記により公示することによって，投資事業有限責任組合法では無限責任組合員と有限責任組合員によって構成される投資事業組合を認め（同法 7 条，9 条），有限責任事業組合法では共同で営利を目的とする有限責任事業組合に有限責任を認めている（同法 15 条）。このように，有限責任が社団と組合を区別する基準となっていない法制度が存在している[36]。

(iii) そればかりか，マンション建替え円滑化法は，組合と構成している建替組合（強制加入）に法人格を付与している（同法 6 条 1 項）[37]。そして，ドイツにおいて漸次的に民法上の組合に部分的な権利能力を承認する動きがでてきていることから[38]，近時，法人格を有しないとされる組合についても[39]，法人格取得の効果とされる権利主体性（権利義務の帰属）を承認すべきとの見解ないし立法論が主張されている[40]。この点に関連し，フランスでは非営利社団につき権利能力がその団体の性質に応じて部分的（小さな法人格・大きな法人格）に

---

[35] もっとも，このような流れとは異なり，協同組合法や非営利活動促進法においては社団性の維持を強く要求する傾向にあることが指摘されている（各法における社団性の取り扱いの相異を含め，関英昭「団体法 序論」青山法学論集 51 巻 1・2 号〔2009 年〕321 頁以下，328 頁参照）。

[36] この点に関連し，近時のドイツでの議論を参考に，構成員の無限責任を原則とし，有限責任は法律の規定のある場合にのみ認めるべきであるとする見解も主張されている（後藤元伸「法人における有限責任と組合型団体における無限責任——ドイツにおける民法上の組合の組合員責任論」政策創造研究 6 号〔2013 年〕227 頁）。

[37] このマンション建替え円滑化法と次に述べる投資事業有限責任組合法については，大村・前掲注(3)引用書 100 頁以下，112 頁以下参照。

Ⅲ　今後の非営利団体法制のあり方

取り扱われていることから(41)，法人格ないし権利能力それ自体を量や程度の観点から部分的に認める可能性も検討されている(42)。このように，法人格ないし権利主体性の点でも社団と組合の区別にゆらぎが生じている。

　以上のようにみてみると，これまで典型的な社団と典型的な組合とを分かつものとして考えられてきた諸特徴ないし効果が，団体法制の変容と団体の多様

(38)　民法上の組合が権利能力を有することを明言したドイツ連邦通常裁判所 2001 年 1 月 29 日判決（BGHZ146, 341）については，福瀧博之「ドイツ法における民法上の組合の権利能力（1）（2・完）── BGH の判決と Karsten Schmidt の見解」関西大学法学論集 54 巻 1 号 1 頁以下，2 号（以上，2004 年）173 頁以下等参照。また，住居所有権者の共同関係に部分的権利能力を認めたドイツ連邦通常裁判所 2005 年 6 月 2 日決定（BGHZ 163, 154）と 2007 年の改正住居所有権法については，伊藤栄寿『所有法と団体法の交錯── 区分所有者に対する団体的拘束の根拠と限界』（成文堂，2011 年）103 頁以下等参照。

(39)　なお，近時，一般的に権利能力なき社団にあたると考えられている管理組合につき，区分所有者に対して工作物撤去や違約金などを請求する原告適格を認めた最三判平成 23 年 2 月 15 日判時 2110 号 40 頁を契機に，管理組合の法的性格を検討し，管理組合の手続（集会の決議・規約の定め）にしたがって授権が行われれば，管理組合を契約の当事者とすることができるとする見解がある（山田誠一「区分所有建物の管理組合の法的性格」『経済社会と法の役割　石川正先生古稀記念論文集』〔商事法務，2013 年〕675 頁以下）。このような代理構成との関係では，権利能力なき社団の構成員の有限責任の問題は，代理権の範囲の問題と構成することが可能とする見解もある（後藤元伸「法人格のない人的結合体（団体）と権利共同関係── 権利能力なき社団と民法上の組合の財産関係，ならびに，法人」阪大法学 41 巻 4 号〔1992 年〕1266 頁）。

(40)　かねてより，来栖三郎『契約法』（有斐閣，1974 年）661 頁以下，三宅正男『契約法（各論）下巻』（青林書院，1988 年）1141 頁以下によって主張されていたが，近時の見解として，福田・前掲注(19) 35 頁以下，高橋英治「ドイツにおける民法上の組合の規制の現状と課題── 日本の債権法改正への示唆」同『会社法の継受と収斂』（有斐閣，2016 年）330 頁以下（初出は旬刊商事法務 2026 号〔2014 年〕）がある。なお，独仏の法人論を再読解したうえで，組合をめぐる独仏の取り扱いの相違（権利主体性の承認と法人格の有無を連動させるか否か）から組合の権利主体性を論じるものとして，後藤元伸「法人学説の再定位── 独仏法人論の再読解とミシューおよびサレイユの法人論・合有論」関西大学法学論集 65 巻 5 号（2016 年）136 頁以下がある。

(41)　フランス法における法人格の相対性については，後藤元伸「独仏団体法の基本的構成(2)」阪大法学 47 巻 6 号（1998 年）1224 頁以下，納屋・次注引用論文参照。

(42)　具体的な見解はまだ示されていないものの，納屋雅城「フランス法における無届非営利社団の法的能力と部分的法人格」獨協法学 96 号（2015 年）181 頁以下，同「フランス法における届出非営利社団・公益認定非営利社団の法的能力── 小さな法人格と大きな法人格」獨協法学 98 号（2015 年）19 頁以下参照。

373

18 非営利団体法制の変容と展開〔中野邦保〕

性を背景に，当該団体類型と直結しない法制度や解釈が徐々に出現してきており，各種団体類型が相対化されてきていることが理解できる。そのため，近時は，このような団体法制全体の変化と，起草者の意図およびフランスでは法人が組合の中の特別な類型として発展してきたという歴史的経緯等から，社団は組合の部分集合と考えるべきであるとの見解が主張されている[43]。この見解によれば，組合のうち，一定の特色を備えたものを社団と呼ぶのが最も穏当であり，権利能力なき社団は，組合のうち，法人となりうる内部組織をもつ団体をどう扱うかという問題であるとする。

(5) 契約法との近接性・相対化

さらに，このような団体法制における相対化は，その枠を超え，契約法との関係についても及び，団体法制それ自体にゆらぎが生じている。

会社法の分野においては，企業を「契約」とみる経済学での考え方が「法と経済学」を介して持ち込まれ，契約的企業観が展開したとされるが[44]，民法の分野では，複合契約，マルチ販売組織，会員制サービス提供契約などの現代の多様な組織形態や契約形態を念頭に，「組織法と行為法，団体法と個人法という伝統的な枠組を批判的に捉え直して，団体の組織原理を契約法の視点から読み直す」ことを目的に議論が展開された。そこでは，契約当事者の関係を組織化してある種の団体が形成された場合には，組織形態の如何が意味を持たないことがあり，組織的なものを契約関係として捉えなおす視点の重要性が強調されている[45]。

この方向性は，Ⅱ1で紹介した裁判例[2]の原審に連なるもので，その後も，団体法理と契約法理の関係を意識する議論が展開され[46]，「団体と契約との関係は，相対的で連続的なもの」であることが指摘されるに至っている[47]。そして，近時においては，「団体法的とされる法的効果が発生すべき場面で，契約に妥当する原則がどのように機能し，変化し，場合によっては排除されるのか，そういった機能，変化，排除は何にもとづくのか」という問題設定のもと，団

---

[43] 内田・前掲注(33) 219 頁以下。また同様に，河上正二『民法総則講義』（日本評論社，2007 年) 143 頁は，社団法人は組合の特殊類型と位置づけるのが適当と主張する。

[44] このような展開につき，藤田友敬「契約と組織――契約的企業観と会社法」ジュリ1126 号（1998 年) 133 頁以下参照。

[45] 河上正二「定款・規約・約款」竹内昭夫編著『特別講義商法Ⅱ』（有斐閣，1995 年) 35 頁，44 頁，49 頁以下（初出は法教 138 号〔1992 年〕）。

Ⅲ　今後の非営利団体法制のあり方

体法において契約性が果たす意義と限界を検討し，団体特有の構成員責任が生じる場面では，契約性が排除され，事業性によって基礎づけられていることを指摘する見解も主張されている[48]。

(6) 機 能 論

以上のような団体法制の変容と相対化の動きを受け，団体制度を機能的に捉える考え方（機能論）が主張されている。この見解は，団体を利用して社会・経済活動を行うための選択肢を拡充する方向で各種立法がなされ，団体類型が多様化していることからすると，団体の社会的実体を問題にして，それにふさわしい規律がそこに内在しているとする伝統的な見方（峻別論，類型論）ではもはや説明がつかないとして，団体制度を人々の活動のための手段として位置づけ，人々の活動をよりよく支援しうるよう，既存の団体制度に縛られることなく，その見直しを行いつつ，必要ならば新たな団体類型を創出する方向で，法人制度を目的に応じて使い分けることができる法技術を整備することが求められていると主張する[49]。

---

[46]　たとえば，松本恒男「団体法理・共有法理・契約法理」池田真朗・吉村良一・松本恒雄・高橋眞『マルチラテラル民法』（有斐閣，2002 年）56 頁以下，北川善太郎『債権各論（民法講要Ⅳ）〔第 3 版〕』（有斐閣，2003 年）139 頁以下等のほか，団体と多角的取引との類似性・連続性を検討するものとして，中舎寛樹「三角・多角の観念と団体的発想」椿寿夫編著『三角・多角取引と民法理論の深化』（別冊 NBL161 号）（商事法務，2016 年）238 頁以下がある。また，団体的契約として，立法論を視野に民法上の組合とは異なる組合形態（単独所有組合，有限責任組合）を検討するものとして，山田誠一「団体的契約」山本敬三ほか『債権法改正の課題と方向 —— 民法 100 周年を契機として』（別冊 NBL51 号）（商事法務研究会，1998 年）253 頁以下がある。

[47]　中舎寛樹『民法総則』（日本評論社，2010 年）416 頁。

[48]　西内康人「団体論における契約性の意義と限界 (1)〜(8・完) —— ドイツにおける民法上の組合の構成員責任論を契機として」法学論叢 165 巻 3 号 1 頁以下，4 号 1 頁以下，5 号 1 頁以下，6 号 1 頁以下，166 巻 1 号 1 頁以下，2 号 1 頁以下，3 号（以上，2009 年）1 頁以下，166 巻 4 号（2010 年）1 頁以下（本文の引用部分は，法学論叢 165 巻 3 号 2 頁）。なお，自身によって要約的にまとめられた同「団体論における契約性の意義と限界」私法 73 号（2011 年）168 頁以下と，論評として窪田充見「民法学のあゆみ」法時 83 巻 4 号（2011 年）132 頁以下も参照。

[49]　山本敬三『民法講義Ⅳ-1 契約』（有斐閣，2005 年）759 頁，同・前掲注[28] 517 頁以下。この見解によれば，権利能力なき社団論は，問題となる法的規律ごとに，その基礎におかれた価値・原理ないし政策目的に照らして，それをどのような前提が備わる場合にどこまで適用ないし類推すべきか考えることが必要であるとする。

375

2 団体設立のスキームの構想

　以上検討した近時の裁判例，学説，立法の動向からすると，団体法制が多様化し，各種団体類型そのものにゆらぎが生じ，もはや典型的な団体類型を想定することが難しい状況にあることが理解できる。このような法状況のもとでは，これまでのように，当該団体の団体類型を法性決定し，その法形式に従った効果を認める演繹的な方法（峻別論）も，各種団体類型に付与されている諸効果から，その効果を認めるのにふさわしい団体はどのようなものか考察する帰納的な方法（類型論）も妥当でない。両者はいずれも，典型的な団体類型を念頭に，各種団体類型に応じた効果を認める点で，現在の団体の多様性に十分に対応しえない場合があるからである[50]。そこで，法定の団体類型を前提とした演繹でも帰納でもなく，問題となる規律または効果を当該団体に（類推）適用ないし付与しうるのは，当該団体としてどのようなことをすることまでが求められている場合なのか，当該団体の目的・性質，構成員との関係，団体設立者（当事者）の意図等から個別・具体的に考えるべきではないだろうか[51]。

　そして，近時の団体法制の変容をもふまえると，個人が団体を通じて実現しようとする団体の自律的活動を，法が支援・補完するような団体法制のあり方が求められていると考える。このような方向性は機能論と軌を一にするが，よ

---

[50]　とりわけ，法定の団体類型にあてはまらない団体については，このような典型的な団体類型とその効果を固定的に把握する従来の考え方では対処するのが困難となる。法人法定主義のもとでは，そもそも法定されていない団体を設立することはできないが，団体目的にそって円滑に団体活動を行うにあたり，適切な団体類型がないという事態も指摘されている（松元暢子「非営利法人による公益活動と非営利法人による収益活動」NBL1104 号〔2017 年〕13 頁以下では，そのような例として，収益活動で利益を上げ，その利益の大部分を公益目的に充当するような活動を行う団体があげられている）。

[51]　このような理解は，債務の内容を確定するにあたり，「当事者がどのような利益の実現を約束し，その実現をめざしていかなる規範的拘束を受けたのか」という観点から考察する潮見説によるところが大きい。とりわけ，選択債権における「特定」の有無の判断において，「個物が客観的・物理的に『分別』・『分離』されているかどうかで判断するのではなく，個々の契約の内容に即してみたときに，特定に結びつけられた上記の効果を両当事者に与えるためには当該債権の履行対象の選別としてどこまでのことをすることが求められているのかという観点から判断すべきである」との考え方を参考にしている（潮見佳男『新債権総論Ⅰ』〔信山社，2017 年〕72 頁，222 頁以下）。このようなアブダクション的思考法は，注[49]で紹介した山本説の権利能力なき社団の機能的理解にも通じるものがあると思われる。

Ⅲ　今後の非営利団体法制のあり方

りこれを推し進めるかたちで，今後の非営利団体法制のあり方としては，団体を設立しようとする者が自己の目的に合致したかたちで団体活動が行えるよう，どのような団体を設立し活動しうるか，団体設立スキームを構築し，多様な団体設立形態の可能性を提示することこそが肝要と考える。具体的には，既存の法定されている団体類型を参考に，団体類型を性格づけるファクターを抽出し，これまでの団体法制をめぐる議論の蓄積から個々のファクターの選択可能な組み合わせを検討し，法人法定主義のもと解釈論上どのような内容を有する団体が設立しうるのか提示することが考えられる[52]。このような団体設立スキームの構築によって，団体を設立しようとする者に対し，一方で一定の定型的な団体設立のあり方を提示して無用な不確実性を排除するとともに，他方で法定団体類型の枠組を超えた種々の団体設立のあり方を提示し目的適合的な選択を促進することで，多様な団体目的に応じた自律的な団体活動を支援することが期待できるものと考える。

　最後に一例として，団体設立スキーム構築のための諸ファクターを示しておくと，たとえば，団体設立スキーム設定のため，団体類型を構成するものとして，①団体，②構成員，③設立方法の 3 点をとりあげたうえで，それぞれにつき，次のように団体の性格を基礎づけるファクターを抽出することが可能と考えられる。

---

[52]　この点に関し，ドイツでは，団体法定主義（法律で団体類型の数が定められていること〔numerus clausus〕）により，新たな団体形式を任意に創設することは許されていないものの，団体を形成する契約により，法定の団体類型を補充・変更または混合することは強行法規に反しないかぎり私的自治の領域に属するとされる（後藤元伸「独仏団体法の基本的構成（1）」阪大法学 47 巻 2 号〔1997 年〕357 頁以下）。また，団体法定主義の展開については，後藤・前掲注(21)阪大法学 44 巻 2 号 1079 頁以下参照。

18 非営利団体法制の変容と展開〔中野邦保〕

団体設立スキーム構築のための諸ファクター

団 体

①目的・性質
- ・事業の目的（非営利・営利/公益・共益・私益）
- ・事業体の活動内容・期間（時限性・永続性）
- ・組織の構成（組織的・契約的結合，設立者数）

②能 力
- ・法人格の有無/権利主体性の有無
- ・当事者能力

③団体財産
- ・分離独立の程度（資本維持・充実）
- ・帰属（共有・総有・合有・単独所有・信託）
- ・所得・課税（団体・個人）

④運営・管理
- ・行為主体（代表機関・構成員全員）
- ・総会の運営・決議（多数決原理が支配する範囲）
- ・理事・監事等・設置・権限・義務
- ・ガバナンス体制，対第三者責任

⑤変動・再編
- ・定款の変更
- ・事業譲渡の可否
- ・解散事由，清算，合併の方法

⑥公示・情報開示
- ・団体財産・登記（団体名義・代表者名義等）
- ・規約・定款等（必要的・任意的記載事項）
- ・構成員の権利・義務（責任）と加入・脱退

構 成 員

①団体と構成員の関係
- ・独立性
- ・構成員の資格・数・関係性
- ・出資（持分）の有無と額
- ・議決権の数・取り扱い

②権利・義務
- ・剰余金配当請求の可否
- ・残余財産分配請求の可否
- ・債務の負担
- ・責任（有限・無限）

③加入・脱退
- ・任意加入・強制加入
- ・脱退の自由・制限（やむを得ない事由）
- ・予告期間の定め*
- ・持分の譲渡・払戻請求の可否
- ・基金制度導入の有無**

設立方法

①自由設立	③認証主義	⑤許可主義
②準則主義	④認可主義	⑥特許主義

*ドイツ民法39条は，社団からの脱退の権利を明文で認めつつ，脱退の意思表示の効力が生じるのに，2年以内の予告期間を置くべきことを定款で定めることができるとしている（なお，2年の予告期間は長いとの指摘もある〔林ほか編・前掲注⑲『新版注釈民法(2)』419頁（藤原弘道執筆部分）〕）。

**一般法人法は，定款で基金制度を採用することができると定めており（同法131条），基金を拠出した構成員は社員総会の決議によって一定の限度で返還（払戻し）を受けることができる（同法141条）。

378

Ⅳ　おわりに

　以上，本稿では，今後の非営利団体法制のあり方を検討すべく，近時の判例をもとに団体法制の課題（内部関係をめぐる問題点）を示し，これをめぐる法状況を検討した。そのうえで，団体法制の変容と団体の多様性を前提に，機能論を推し進めるようなかたちで，団体の目的・性質や構成員との関係等を重視した基本的な考え方を示すとともに，多様な団体目的に応じて自律的に団体活動が行えるよう，団体設立スキームを構築していくことを提案した。

　もっとも，本稿では団体設立スキーム構築のために必要な諸ファクターを例示したにすぎず，実際には，諸ファクターの相関関係等を検討し，非営利団体として，どのような団体が設立可能なのかということを提示して，はじめて意味のある内容になることからすると，あくまでもその構想の大枠と方向性を示すにとどまっている。

　そのため，今後は，各種団体類型から諸ファクターを抽出し，その内容を吟味したうえで，これまでの学説・判例を参考にそれらの関係性を検討し，具体的に団体設立スキームを構築していく必要があるが，今後の非営利団体法制のあり方を考えるうえでは，改めて法人法定主義につき再考することが求められているように思われる。

　資本主義の成熟化，グローバル化，高度情報化の波を受け，より複雑・多元化している現代社会においては，多様なニーズに柔軟に応えられるような新たな団体法制が求められている[53]。このようななか，多種多様なニーズに応えられるような団体類型を法律によって定めることは，もはや困難であると同時に適合的でないばかりかコストがかかりすぎるように思われる。そして，団体法制の変容により，各種団体類型それ自体にゆらぎが生じ，その境界が相対化してきていることからすると，法人法定主義を維持することの是非を問う必要があるように思われる。

---

(53)　能見善久「団体――総論」ジュリ1126号（1998年）49頁以下は，団体の形態に対する多様性の要請にどう対処するかが現在の大きな課題であり，社会の経済活動の発展とその他の社会活動などの興隆は，従来の法人類型に当てはまらない形態の団体ないし法人を要請する，と述べている。

18 非営利団体法制の変容と展開〔中野邦保〕

また，法定団体類型はあくまでも典型的な団体類型を法定しているにすぎないとして，典型契約のように理解するのであれば[54]，経済自由主義の影響のもと類型強制からの解放がなされ，やがて混合契約が認められるようになったのと同様[55]，法人法定主義も，団体法制の変容により多種多様な団体が出現してきていることから，やがて自由設立主義へと展開していくものと考えられる。

さらに，歴史的・比較法的見地からみると，法人設立主義につき，団体設立を通じて個人の自由を拡張するかたちで認められるようになった特許主義から準則主義への展開は，現代の団体法制の変容と団体の多様性の背後にある思想や方向性と軌を一にするものがあり，準則主義をさらに発展させるかたちでスイス民法が，非経済的社団について自由設立主義を採用していることからすると（スイス民法 52 条 2 項，60 条）[56]，非営利団体法制につき自由設立主義を採用する余地は十分にあるように思われる。とくに，法人法定主義が法人の設立を国家がコントロールするという意味でその機能を果たしてきたことからすると，現代において，法人格付与の対象となる非営利団体を限定する必然性がどこまであるのか吟味する必要があろう[57]。実際，これまでの議論においても，非営利団体法制については法人法定主義を否定し，自由設立主義でもよいとする見解は主張されている[58]。

以上のような社会的背景，歴史的展開，比較法的見地，議論状況からすると，今後の非営利団体法制の展開において，法人法定主義が桎梏となりうるようにも思われる。そのため，改めてその妥当性を再考する必要があるが，法人設立主義は法人本質論とも関連することが指摘されている[59]。このことからすると，よりよい非営利団体法制のあり方を考えるためには，現代において改めて法人本質論に立ちかえったうえで[60]，法人法定主義の限界と自由設立主義の可能性

---

[54]　このような発想と典型契約との関係については，後藤・前掲注(21)阪大法学 44 巻 1 号 86 頁以下参照。

[55]　この点につき，筏津安恕『私法理論のパラダイム転換と契約理論の再編 —— ヴォルフ・カント・サヴィニー』（昭和堂，2001 年）98 頁。

[56]　法人設立主義の変遷につき，我妻・前掲注(22)『民法総則』118 頁以下。また，近世から近代にかけての団体法の展開については，村上淳一「団体と団体法の歴史」芦部信喜ほか編『岩波講座 基本法学 2 —— 団体』（岩波書店，1983 年）14 頁以下，同『ドイツ市民法史』（東京大学出版会，1985 年）108 頁以下参照。

[57]　この点につき，佐久間毅「非営利法人のいま」法時 80 巻 11 号（2008 年）13 頁。

                                                     Ⅳ　おわりに

を模索する必要があり，この点からも検討を進めていく必要があろう。

⑸8　星野・前掲注⒃ 300 頁以下，篠田・前掲注⒅「権利能力なき社団」206 頁。また，新
　たな法人類型（たとえば，地域生活協同組合といった小規模の事業体が非営利収益活動
　を行うために用いることができる協同組合の類型）を「一般法人とは別に創設すること
　が考えられてもよい」とする見解（大村敦志『民法読解 総則編』〔有斐閣，2009 年〕
　225 頁）や，「必要ならば新たな団体類型を創出してもよい」とする見解（山本・前掲
　注⒆759 頁）も主張されている。他方で，法人法定主義のもとでも，法人となる道・類
　型に満足できない人たちが自分たちの活動の発展をさせるために組織した団体を保護す
　るために権利能力なき社団を利用できないかと述べ，権利能力なき社団を柔軟化させる
　ことによって団体の多様性に対応する見解も示されている（「団体法・法人論の現代的
　課題」私法 66 号〔2004 年〕43 頁〔能見善久発言〕）。
⑸9　後藤・前掲注⒇334 頁は，法人実在説は法人設立に対する国家の関与を嫌う自由設立
　主義に連なると指摘している。
⑹0　その際，個と団体との関係について改めて検討する必要があろうが，この点では，典
　型契約論を支える思想を検討した，大村敦志『典型契約と性質決定』〔有斐閣，1997 年〕
　310 頁以下が参考になると思われる。なお，近時，個人と団体の関係につき，両者を集
　合的主体として捉え，団体一元論（個人は団体である）を主張する見解もある（安藤馨
　「集団的行為主体と集団的利益 ―― その実在性を巡る短い覚書」民商 150 巻 4・5 号〔2014
　年〕587 頁以下，安藤馨・大屋雄裕『法哲学と法哲学の対話』〔有斐閣，2017 年〕48 頁
　以下参照〔この見解に対する民法学からの応答として，同書 83 頁以下の水津一郎コメ
　ント参照〕）。

19 宗教法人法制の検証と展開

櫻 井 圀 郎

I 問題の所在

「宗教法人法」(昭和26年法律126号) は,「宗教団体に法律上の能力を与えること」(1条1項) を目的に,「宗教団体は, この法律により, 法人となることができる」(4条1項) と規定し,「この法律によって法人となった宗教団体を宗教法人という」としている (4条2項) が, 学説上および実務上,「宗教団体」がそのまま「宗教法人」に移行するものとは考えられていない。

また,「宗教法人には, 3人以上の責任役員を置き, そのうち1人を代表役員とする」(18条1項) とし,「責任役員は, 宗教法人の事務を決定する」(18条3項),「代表役員は, 宗教法人を代表し, その事務を総理する」(18条4項) と定めており, 一見, 他の法人 (以下, 宗教法人に対して「一般法人」という。) の理事および代表理事等に匹敵する役員制を定めるものと見える。

「宗教団体」が「宗教法人」になるという規定から,「宗教団体の役員」が「宗教法人の役員」となり,「宗教法人の代表者」である「代表役員」が「宗教法人となった宗教団体」を代表し, 宗教教師[1]・宗教職[2]および信者[3]を指導し, 宗教活動[4]を主宰するものと思われがちであるが,「代表役員及び責任役員の宗教法人の事務に関する権限は, 当該役員の宗教上の機能に対するいかな

---

(1) 「宗教教師」とは, 所定の課程の学修および修行訓練等を終え, 試験検定等を経て, 権限ある機関から, 神職・僧侶・教師など宗教の専門職 (資格) に任職・任命・認定・准允等された者をいう。

(2) 「宗教職」とは, 宗教教師のうちから任命・任職・派遣等されて, 宮司・住職・牧師・司祭・布教師・宣教師・伝道師など宗教活動の専門職 (職務) に就いている者をいう。

『21世紀民事法学の挑戦』加藤雅信先生古稀記念〔信山社, 2018年3月〕　*383*

19 宗教法人法制の検証と展開〔櫻井圀郎〕

る支配権その他の権限も含むものではない」(18条6項)として，そのことを
否定している。

そもそも，「宗教法人」とは何なのか，「宗教法人」と「宗教団体」との関係
は何か，「宗教法人」の代表役員・責任役員の地位および「宗教団体」との関
係は何か，「宗教団体」の本来の目的である宗教活動を決定・指揮・指導・推
進するのは誰であり，宗教活動に基づく不法行為責任は誰が負うのか等々，宗
教団体に関する法人制度（以下「宗教法人制度」という。）に関する問題点は多
岐に及んでいる。

戦前は，「宗教団体法」(昭和14年法律77号)によって，「宗教団体」をその
まま法人とし，宗教団体の設立から宗教活動にまで及ぶ規制がなされていた。

それに対して，「ポツダム宣言」(1945年7月26日・米英支三国宣言)は「言
論，宗教及思想ノ自由並ニ基本的人権ノ尊重ハ確立セラルヘシ」(10項3段)
と要求しており，終戦後の昭和20年12月27日「宗教団体法等廃止ノ件」(勅
令718号)により「宗教団体法」を廃止するとともに，翌日の28日「宗教法
人令」(勅令719号)および「宗教法人令施行規則」(司法文部省令1号)が公布
施行され，宗教法人制度は根本的に転換された。

その後，日本国憲法（昭和21年11月3日公布，昭和22年5月3日施行)(以下
「現行憲法」という。）において，「信教の自由」「政教分離原則」を基礎とする
第20条が定められ，現行憲法下において，昭和26年4月3日，宗教法人令お
よび宗教法人令施行規則を廃止し（附則2項)，「憲法で保障された信教の自由
は，すべての国政において尊重されなければならない。従って，この法律のい
かなる規定も，個人，集団又は団体が，その保障された自由に基づいて，教義
をひろめ，儀式行事を行い，その他宗教上の行為を行うことを制限するものと

---

(3) 「信者」とは，氏子・氏子総代・崇敬者・檀家・檀徒・檀家総代・信徒・信者・信奉者・
教会員・会員など，当該宗教団体の宗教教義を信奉し，宗教的帰属の儀式を経て，当該
宗教団体に属する者となった者をいう。
　　ただし，信者は，基督教プロテスタント教会の多くや単立宗教団体のいくつかでは宗
教団体の構成員であるとされているが，その他の宗教団体においては，宗教団体の宗教
活動の客体であって主体ではないものと解されている（井上恵行『宗教法人法の基礎的
研究』〔第一書房，昭和47年〕327頁)。

(4) 「宗教活動」とは，「宗教の教義を広め，儀式行事を行い，及び信者を教化育成するこ
と」(宗教法人法2条)。

解釈してはならない」（1条2項）を理念とする「宗教法人法」が公布施行され，現在に至っている。

　本稿においては，民法，一般社団法人及び一般財団法人に関する法律（以下「一般法人法」という。），会社法，その余の個別法人法を参照しながら，宗教法人が一般法人と異なる点（以下「宗教法人の特殊性」という。）について言及し，宗教法人法に存する未解明・不明瞭な点について考察するとともに，宗教法人制度の疑問点・問題点について論及し，宗教法人制度の健全な運用に資することを期したい。

　なお，現行憲法上，法律は「宗教的な面」には介入することができず，専ら「世俗的な面」に限ると解されており，宗教法人制度は宗教団体の世俗的な面に限られているが，世俗的な面であっても，宗教団体は，各々独自の宗教教義や宗教理念に立脚し，歴史的な伝統や社会的な慣習などを踏まえて，組織構成され，運営されており，宗教団体の組織，構成，規程，運用，人員配置等は千差万別であり，一概に論じることができない。

　本稿においては，適宜，宗教団体の実例を挙げながら論じることにしているが，必ずしも宗教団体や宗教法人に一般的であるとは限らない。

II　戦前戦後の宗教法人法制

1　明治以降の宗教法制

　明治22年2月11日発布の「大日本帝国憲法（以下「明治憲法」という。）」は，「日本臣民ハ安寧秩序ヲ妨ケス及臣民タルノ義務ニ背カサル限ニ於テ信教ノ自由ヲ有ス」（28条）と「信教の自由」を定めており，宗教団体に関しては，特段の法律を作ることなく，太政官布告や関連法令を適用し，行政通達によって管理されていた。

　「神社」については，「神社ノ儀ハ国家ノ宗祀ニテ」とされ[5]，「国家の祭祀」を所轄する国家の機関として，公法上の営造物法人とされ，神職は国家の官吏とされ，「神社ハ宗教ニ非ス」とされ（いわゆる「国家神道」）[6]，民法上も「祭祀」と「宗教」とが区別されてきた。

---

(5)　明治4年太政官布告234号。

(6)　井上・前掲注(3)34頁。

19 宗教法人法制の検証と展開〔櫻井圀郎〕

一方,「宗教団体」については,民法の「祭祀,宗教,慈善,学術,技芸其他公益ニ関スル社団又ハ財団ニシテ営利ヲ目的トセサルモノハ主務官庁ノ許可ヲ得テ之ヲ法人ト為スコトヲ得」(34条) との規定にも拘らず,公益法人とは認められないままであった。

明治32年,昭和2年,昭和4年には,それぞれ「宗教法案」が帝国議会に提出されているが,いずれも審議未了または否決となっていた。しかし,戦時色が強まり,戦時体制の強化が進むなか,昭和14年,極めて統制・監督・管理の色彩の強い「宗教団体法」が制定施行された。

2 昭和14年の宗教団体法
(1) 宗教団体の設立

宗教団体法 (以下「団体法」という。) では,「宗教団体」とは,「神道教派」「仏教宗派」「基督教其他ノ教団」(以下,それぞれ「教派」「宗派」「教団」といい,合わせて「宗派教団」という。) と,「寺院」「教会」(以下,合わせて「寺院教会」という。) をいうものとされている (1条)。

ここで「教派[7]」とは,「宗教」である「教派神道[8]」の教派のみを指し,「宗教」ではないとされていた「神社神道[9]」は含まれない。

これらの宗教団体のうち,「寺院」は必要的法人制とされ (2条2項),「宗派教団」と「教会」とは任意的法人制とされていた (2条1項)。

宗派教団を設立するには,教派は「教規」を,宗派は「宗制」を,教団は「教団規則」を具して,法人となろうとするときはその旨を明らかにして,主

---

(7) 戦前は,「神道」は,「国家神道」と「教派神道」に区別され,「国家神道」が「宮廷神道 (国体神道)」と「神社神道」に分類されていた。

(8) 「教派神道」とは,明治期に神道系新興宗教として公認された,「黒住教」「神道修成派」「出雲大社教」「實行教」「神道大成教」「神習教」「扶桑教」「御嶽教」「神理教」「禊教」「金光教」「天理教」「神道大教」の「神道十三派」をいう (文化庁編『宗教年鑑』平成27年版〔文化庁,2016年〕5頁)。なお,昭和9年結成の「教派神道連合会」からは,戦後,天理教が離脱し,現在は12派となっている。

(9) 「神社神道」とは,延喜式所掲の「神宮」を頂点とする神社体系の総称。「国家の祭祀」として,「宗教」である「教派神道」から区別されたものをいう (明治15年内務省達乙7号)。戦後,国家管理を離れるに際して,「大日本神祇会」「皇典講究所」「神宮奉斎会」が中心となって「神社本庁」を設立し,「神社本庁」が全国の神社の大多数を包括している (宗教年鑑4頁)。

務大臣の認可を受けなければならないものとされていた（3条1項）。

寺院教会を設立するには，それぞれ「寺院規則」「教会規則」を具して，あらかじめ所属教派教団の管長・教団統理者の承認を経て，かつ，法人になろうとする教会にあってはその旨を明らかにして，地方長官の認可を受けなければならないものとされていた（6条1項）。

このように，宗教団体の設立は，宗派教団であれ寺院教会であれ，法人・非法人を問わず，認可事項とされ，任意設立は許されていなかった。この認可制度を盾に，宗教団体の設立は政策的に規制され，各宗教団体の任意というタテマエを取りながらも，事実上強制的な合同が推進され，神道は13派のままであったが，仏教は56派が28派に，基督教はカトリックとプロテスタントの2派のみとされた。

(2) 宗教団体の役員

宗教団体には，役員として，教派・宗派には「管長」を，教団には「教団統理者」を，寺院には「住職」を，教会には「教会主管者」を置き（4条1項，7条1項），宗教団体を統理し，宗教団体を代表するものとされていた（4条2項，7条2項）。

なお，管長・教団統理者の就任には主務大臣の認可が必要とれ（7条4項），宗教団体の人事についても強い行政的介入が行われていた。

さらに，寺院教会については，檀徒・教徒・信徒の「総代」3人以上を置き，住職・教会主管者を扶ける職務に任じるとともに，その選任・解任に際して市町村長への届出を義務づけていた（8条）。

なお，宗教団体や教師の行う宗教の教義の宣布・儀式の執行・宗教上の行為が「安寧秩序を妨げ，臣民の義務に背く」ときは，主務大臣が，これを制限・禁止し，教師の業務を停止し，宗教団体の設立認可の取消しをすることができるものとされていた（16条）[10]。

また，宗教団体やその在職者が「法令・基本規約に違反し」，「公益を害する」行為をしたときは，主務大臣は，これを取消し，停止し，禁止し，在職者の解任を命じ，教師の業務を停止することができるものとされていた（17条）。

---

[10] 「安寧秩序ヲ妨ケス及臣民タルノ義務ニ背カサル限ニ於テ」とは，臣民には当然の規定であるが，本条文の拡大解釈によって宗教弾圧に利用された。

19 宗教法人法制の検証と展開〔櫻井圀郎〕

(3) 宗教団体の基本規約

　教規・宗制・教団規則（以下「教規宗制」という。），寺院規則・教会規則（以下「寺院教会規則」という。）に記載すべき事項は次の通りとされていた。

　「教規宗制」には，名称，事務所の所在地，財産管理・財務，公益事業などの世俗的事項のほか，宗教的事項である「教義の大要」「教義の宣布」「儀式の執行」「管長・教団総理者その他の機関の組織・任免・職務権限」「寺院・教会その他の所属団体」「住職・教会主管者」「教師の資格・名称・任免・進退」「僧侶」「檀徒・教徒・信徒」なども求められ，認可事項とされていた（3条2項）。

　「寺院教会規則」には，名称，所在地，財産管理・財務，公益事業などの世俗的事項のほか，宗教的事項である「本尊・奉斎主神・安置仏などの称号」「所属の教派教団」「宗教の名称」「教義の大要」「教師の資格・名称・任免・進退」「教義の宣布」「儀式の執行」「住職・教会主管者その他の機関」「檀徒・教徒・信徒」「その総代」「本末寺⑾」「法類⑿」なども求められ，認可事項とされていた（6条2項）。

(4) 「宗教結社」

　「宗教団体」に該当しない⒀が，「宗教の教義の宣布や儀式の執行を行なう団体」は「宗教結社」とされ，宗教結社を組織するときは，「代表者」が「宗教結社規則」を定めて，14日以内に，地方長官に届出るものとされていた（23条1項）。

　なお，宗教結社規則に定めなければならない事項としては，名称，事務所の所在地，組織，財産管理・財務などの世俗的事項のほか，「教義・儀式・行事」「奉斎主神・安置仏」「代表者・布教者の資格・選定方法」などが含まれており（同条2項），認可外の宗教結社であっても，宗教的事項が行政の監督下に置かれていた。

　また，宗教結社に属する「布教者」の氏名・住所は，遅滞なく地方長官に届

⑾　仏教宗派の中核寺院としての「本山」と全国の寺院「末寺」との主従関係。古来，本山と宗派は同一であったが，現行では，宗派は当該宗派に属する全国の寺院を包括する教団であり，本山は宗派に属する寺院であるとして，別異の宗教団体とされる。

⑿　「法類」とは，仏教において，同宗同派に属する僧侶や寺院で密接な関係にあるもの。

⒀　宗教団体としての設立の認可を得られない団体と認可を得ていない団体を意味する。

け出るものとされ（24条），行政による宗教関係者の把握監督を可能にしていた。

3 団体法の廃止

ポツダム宣言の受諾による連合国軍の進駐によって設置された連合国軍総司令部（ＧＨＱ）は，昭和20年10月4日「政治的，社会的及び宗教的自由に対する制限除去の件」により団体法の廃止を指令し，代わる新法令の制定を許さないとしていた。

しかし，同法の廃止によって10万を超える[14]法人であった宗教団体は解散となり，清算手続が必要になるとともに，財産の帰属をめぐる紛争の多発が予想されることから，文部当局はＧＨＱに対して，「宗教団体の財産保全のみ」を目的とした新法令の制定を懇請し，折衝の結果，新法令の制定が許可された[15]。

これにより，昭和20年12月15日「国家神道，神社神道に対する政府の保証支援，保全，監督並びに弘布の廃止に関する件（いわゆる「神道指令」）」を発し，神社神道は国家から分離され，一宗教として他の宗教と同様の保護が許されるものとされ，同月27日「宗教団体法等廃止ノ件」が，翌28日「宗教法人令」が発せられ，昭和21年元旦には，天皇の神格を否定する詔勅（いわゆる「天皇人間宣言」）が発せられた。

4 昭和20年の宗教法人令
(1) 宗教法人の設立

宗教法人令（以下「令」という。）は，「教派教団[16]」および「神社（「神宮[17]」を含む。）」「寺院」「教会（修道会等を含む。）」（以下「社寺教会」という。）は法人

---

[14] 昭和26年4月3日文宗24号文部事務次官通達「宗教法人法の施行に伴う事務移管について」では，神社を含む宗教団体の総数を「約20万」としており，神社数は約8万とされているから，「約12万」「少なくとも10万以上」と推測される。

[15] 昭和26年文宗24号。

[16] 令以降，「教派教団」の「神道教派」には「神社神道」も含まれる。

[17] 「神宮」とは，天照大神を祭神とする「伊勢の神宮」「伊勢神宮」のこと。全国の神社が「本宗」と仰ぎ（神社本庁憲章前文2段，2条），「本宗として奉戴」（神社本庁庁規73条1項）する，神社神道の頂点に存し，「神社」とは区別される。

19 宗教法人法制の検証と展開〔櫻井圀郎〕

となすことができるものとし（1条1項），当該法人を「宗教法人」と呼ぶものとした（1条2項）。

令においては，「教派教団・社寺教会」とは，「宗教法人たる教派教団・社寺教会」を意味し（1条2項），「宗教法人でない教派教団・社寺教会」は「教派教団・社寺教会」に含まれず，法律上の規制の対象外とされた。

すべての宗教団体および宗教結社を規制対象とした宗教団体法とは異なり，あくまでも「宗教団体の財産保全のみ」を目的とした「世俗的な法人法」という立場を明示したものである。

教派教団を設立するには，教派教団の「規則」を作成し，社寺教会を設立するには，所属の教派教団の主幹者の承認を得て社寺教会の「規則」を作成し（2条1項，3条1項・3項），設立登記をすることによって成立する（4条1項）準則主義がとられた。

この「規則」に定めるべき事項は，目的，名称，所在地，財産管理・財務，主管者などの機関，所属の社寺教会（または所属の教派教団），公益事業，規則の変更（2条2項・3条2項）のほか，社寺教会の規則には，氏子・崇敬者・檀徒・教徒・信徒およびその総代（以下「信者総代」という。）が求められている（3条2項）。

この「規則」は，宗教活動を行う「宗教団体の基本規約」ではなく，世俗的事項のみを規定した「宗教法人としての規則」にすぎない。

なお，宗教法人には，宗教法人を主管し，宗教法人を代表する「主管者」を置くものとし（8条），社寺教会には，主管者を扶ける「信者総代」を3人以上置くものとした（9条）。

(2) 経 過 措 置

令施行時（昭和20年12月28日）に現存する，団体法による「法人たる教派教団・寺院教会」は「令による宗教法人」と，「教規宗制・寺院教会規則」は「令による規則」と，「管長・教団統理者・住職・教会主管者」は「令による主管者」と，「総代」は「令による総代」とみなされた（附則2項）。

ただし，「神宮(18)」および「神社」ならびに「靖國神社(19)」は，「宗教団体で

---

(18) 「神宮」は「全国の神社」の奉戴の対象であり，「神社」に含まれない。

(19) 「靖國神社」は，内務省所管の「神社」とは異なり，帝国陸軍（陸軍省）・帝国海軍（海軍省）の共同所管であったため，「神社」に含まれていない。

なかった」ので，この規定は適用されない。そこで，新規の宗教法人としての設立手続が必要となるが，全国８万にも及ぶ神社の手続は困難を極め，令施行後１月余後の昭和21年２月２日勅令70号の附則において，特別の取扱いが定められた。

これにより，「神宮」と，令施行時に地方長官保管の「神社明細帳」に記載された「神社」と，別格官幣社である「靖國神社」とは，「令による宗教法人」とみなされた（２項）（以下，神宮・神社・靖國神社を一括して，「神社」という。）。

そして，神社は，令に準じて「規則」を作成し，主管者の氏名・住所とともに，６月以内に地方長官に届け出るものとし（３項），この期間内に届出をしなかった神社は，この期間の満了時に解散したものとみなるものとされた（４項）。

また，「大宮司」「宮司」「社司」「社掌」は，主管者が置かれるまでの間は「（主管者の）代務者」と（６項），「氏子総代」「崇敬者総代」は「信者総代」とみなされた（６項）。

5　昭和26年の宗教法人法

昭和26年４月３日，令を廃止し（附則２項），「宗教団体」が「礼拝の施設その他の財産を所有し，これを維持運用し（以下「財産管理」という。），その目的達成のための業務及び事業[20]を運営する（以下「業務事業」という。）ことに資するため，宗教団体に法律上の能力を与えること」を目的とする（１条１項）とし，「世俗の法人法」である趣旨を明らかにした宗教法人法（以下「法」という。）が施行された。

法は，「宗教法人」とは「法によって法人となった宗教団体」をいう（４条）とし，「宗教団体」とは「宗教活動」を主たる目的とする「礼拝の施設を備える神社，寺院，教会，修道院その他これらに類する団体（以下「単位宗教団体」という。）」または「単位宗教団体を包括する教派，宗派，教団，修道会，司教区その他これらに類する団体（以下「包括宗教団体」という。）」をいう[21]（２条）とする。

---

[20]　「業務」とは，宗教団体の目的である宗教活動とそれに伴う事務をいい，「事業」とは，「公益事業」「公益事業以外の事業（以下「収益事業」という。）」（６条）をいう（渡部蓊『逐条解説宗教法人法〔改訂版〕』〔ぎょうせい，1992年〕18頁）。

[21]　包括宗教団体に所属しない単位宗教団体を「単立宗教団体」という。

19 宗教法人法制の検証と展開〔櫻井圀郎〕

「宗教法人」は,「規則（以下「宗教法人規則」という。）」を作成して,所轄庁の認証を受け（12条1項），主たる事務所の所在地において設立の登記をすることによって成立する（15条）。「所轄庁の認証」が令との違いである。

III　宗教法人の特殊性

1　宗教法人の目的

「宗教法人」は「宗教団体」の「財産管理」および「業務事業」に資するために「法人格の付与された宗教団体」であり（1条1項・4条2項），「宗教活動」ないし「宗教活動の遂行」を目的とするものではなく,あくまでも「財産管理」と「宗教活動の達成のための業務事業の運営に資すること」が目的である[22]。

したがって,「宗教法人」という名称から「宗教活動を行う法人」と誤解されることが多いが,誤りである。この点,たとえば,学校法人は私立学校の設置を（私立学校法3条），医療法人は病院等の開設を（医療法39条），社会福祉法人は社会福祉事業を行うことを（社会福祉法22条），それぞれ目的とする法人であるのとは,根本的に異なるのである。

なお,行政通達においては,「本法は（中略）宗教そのものの領域に関与することを排している」[23]旨を明示し,「本法は（中略）宗教財産の管理維持,業務及び事業の運営等に資することを主眼としている」「宗教団体の世俗的事項にかかるものであるから,（中略）宗教上の行為,事項その他の信仰上の領域等に干渉しない（中略）ように留意すること」[24]が強調されている。

また,教宗派教団主管者に宛てて,「宗教法人規則の作成にあたっては（中

---

[22]　昭和26年2月28日衆議院文部委員会における,宗教法人法案に関する篠原政府委員による提案理由の補足説明（以下「昭和26年補足説明」という。）においては,第1条の規定について,「この法律の目的は飽く迄憲法の保証する信教の自由を尊重する点に立脚し,決して宗教上の行為にまで触れるものではないことを明らかにしている」と言っている。

[23]　昭和26年4月3日文宗23号文部事務次官通知「宗教法人法の施行に伴う事務について」。

[24]　昭和26年7月31日文宗23号文部大臣官房宗務課長代理通達「宗教法人に関する事務処理について」。

Ⅲ　宗教法人の特殊性

略）法定事項以外の事項を記載しないよう特に注意すること」とし，「宗教法人の規則の作り方」として，「必要的記載事項のみを記載し，それ以外の事項は記載しない」「宗教団体の財務その他の世俗面に関する事項を記載し，宗教面に関する事項は記載しないこと」と重ねて注意を喚起している[25]。

　同上による宗教法人規則の記載例[26]（以下「通達規則例」という。）では，「（宗教活動）のための（財務その他の）業務及び（公益事業その他の）事業を行うことを目的とする」と例記し，「宗教団体の主目的を達成するための業務及び事業を具体的に記載してもよい」と注記している。

　このように，あくまでも「宗教団体の目的（宗教活動）達成のための」であり，かつ「財務その他の業務」すなわち「世俗の業務を行う」であって，「宗教法人としての」ではなく，「宗教活動を行う」でもないのである。

　行政事務においては，宗教法人の目的を「世俗の事務」とし，宗教団体の「財産管理」および「業務事業に資するための」宗教的事項以外の事項（世俗的な事項）についての一切の行為をいうものとしている[27]。

2　宗教法人の役員

(1) 責任役員および代表役員

宗教法人には３人以上の「責任役員」を置き，そのうち１人を「代表役員」とし（18条１項），責任役員が宗教法人の事務を決定し（18条４項），代表役員が宗教法人を代表し，宗教法人の事務を総理する（18条３項）ものとされてい

---

[25]　昭和26年7月31日文宗47号文部大臣官房宗務課長代理発「宗教法人の規則作成，認証申請等について」。

[26]　昭和26年文宗47号の別紙その２の記載例。記載例その１は教派教団等の部，その２は社寺教会等の部。

[27]　文化庁『宗教法人の管理運営の手引・宗教法人の規則質疑応答集』（ぎょうせい，1986年）20-21頁。
　　文化庁『宗教法人の管理運営の手引第二集・宗教法人の事務〔改訂版〕』（ぎょうせい，2000年）４頁では，「……世俗的な業務のすべてを宗教法人の『事務』ということができます。もとより，純粋に宗教上の事項（教義をひろめ，儀式行事を行い，信者を教化育成することなど）は，これに含まれません」と説明されている。
　　文化庁文化部宗務課『宗教法人実務研修会資料（平成25年度版）』１頁では，「宗教法人は，宗教的事項と世俗的事項の二面の機能を合わせもっているが，宗教法人法は，宗教団体の世俗的事項に関してのみ規定している」と説明されている。

19 宗教法人法制の検証と展開〔櫻井圀郎〕

る。

責任役員は一般法人の理事に相当する宗教法人の役員であり，代表役員は一般法人の代表理事に相当する宗教法人の代表者であるが，その資格，選任方法，任免，任期，職務内容等については定められていないので，宗教法人が独自に宗教法人規則において定めることになる[28]。

「代表役員は責任役員の一人」とするのが法の規定であるが，社寺教会等においては，「宮司（住職・牧師等）をもって代表役員に充てる」と定め，「代表役員以外の責任役員は代表役員が指名する」とするのがほとんどで[29][30]，代表役員と責任役員とは各別に規定されており，責任役員のうちから代表役員を選任するとする宗教法人は皆無に近い[31]。

社寺教会の宮司（住職・牧師等）は，教派教団や教派教団の宗教主宰者[32]に任免権があり，社寺教会にないのが通例であるから，単位宗教法人の代表役員の任免は教派教団・地方教区に委ねられていることになる[33]。

---

[28] 昭和26年補足説明では，「その資格，任免，職務等はその宗教法人の特性に応じて自ら定めることになっております」と説明されている。

[29] 昭和26年文宗23号記載例は，「代表役員は○○宗の代表役員が選任する」「代表役員は○○宗の規定によってこの寺院の住職の職にある者をもって充てる」「代表役員以外の責任役員は代表役員が選定し，○○宗の代表役員が任命する」と例示している。

[30] たとえば，神社本庁の神社の場合，「代表役員は，本神社の宮司をもって充てる」「代表役員以外の責任役員は，氏子崇敬者の総代のうちから，総代会で選考し，代表役員が委嘱する」と規定し，曹洞宗の寺院の場合，「代表役員は，曹洞宗の宗制により，この寺院の住職の職にある者をもって充てる」「代表役員以外の責任役員は，この寺院の干与者のうちから代表役員が選定し，曹洞宗の代表役員の委嘱を受ける者とする」と規定し，日本基督教団の教会の場合，「代表役員には主任担任教師を充てる」「代表役員以外の責任役員は，現住陪餐会員である信徒のうちから教会総会の議を経て選任する」と規定している。

[31] 安武敏夫「宗教法人の実態と税務問題」『宗教と税務』（新泉社，1985年）178-179頁は，98％が充て職を定めているという。

[32] 教派教団にあっては教祖・総裁・統理・総統・議長・理事長・管長・貫主など，社寺教会等にあっては宮司・住職・牧師・司祭・布教師・宣教師・伝道師など，宗教活動を主宰する者をいう。

[33] 代表役員に充てられる宮司・住職・担任教師・牧師等は，通例，教派教団・地方教区が任命するものとされており，結果的に，社寺教会の宗教法人の代表者である代表役員が教派教団・地方教区に握られていることになる。そのため，法人の財産を私用に費消する代表役員を代表役員以外の全責任役員で解任決議しても無効であり，地方教区に解任を要望しても受け入れられなければ，なすすべがない。

Ⅲ　宗教法人の特殊性

　なお，「責任役員・代表役員の宗教法人の事務に関する権限は，当該役員の宗教上の機能に対するいかなる支配権その他の権限も含むものではない」と明文をもって規定され（法18条6項），専ら世俗の事務に関する役職者であることが闡明されており，宗教主宰者や宗教職が充てられたとしても，世俗の職務を兼職しているに過ぎない。

(2) 代表役員の職務と事務の範囲

　宗教法人も，一般法人と同様，法令の規定に従い，宗教法人規則で定める目的の範囲内においてのみ，権利を有し，義務を負い（10条），代表役員がその職務を行うについて第三者に加えた損害を賠償する責任を負わなければならない（11条1項）。

　この際，「宗教法人規則で定める目的」とは，「財産の管理など世俗的な事務」のみを意味し，「宗教活動」は含まれないのは既述の通りであるが，見落とされやすい点である。

　また，「代表役員の職務」に「宗教上の権限」は含まれないことは法の規定するところであり（18条6項），宗教法人規則の規定如何に拘らず，代表役員は「宗教活動」に関する権限を有しないので，「宗教活動」に基づく損害については不法行為責任を負わないことになる[34]。

　宗教活動は，宗教団体の活動であり，信教の自由の観点から，宗教職にせよ，信者にせよ，宗教主宰者その他の宗教職または先達の信者等の指揮命令によって行うものではなく，各自の自由に基づいて行うものであるから，当該行為によって第三者に損害を加えた場合の賠償責任は，当該個人が負うのが原則であると解される。

　ただし，宗教活動は，宗教主宰者が最高指導者として指導する活動であるから，その指導に損害を惹起する故意または過失があったときには，宗教主宰者が損害賠償責任を負うのが当然であると解される。そして，宗教主宰者が賠償責任を負う場合には，その賠償義務の履行（金銭の支払い）は，宗教団体の世俗の事務として，宗教法人が行うことになるものと解されよう。

　なお，代表役員が，宗教法人の目的の範囲外の行為によって第三者に損害を

---

[34]　拙稿「宗教活動による不法行為と宗教法人の責任」法政論集（名古屋大学）227号（2008年）675頁以下，拙稿「宗教活動に基づく不法行為と宗教法人の責任」私法（日本私法学会）75号（2013年）186頁以下。

19 宗教法人法制の検証と展開〔櫻井圀郎〕

加えたときは，その行為をした代表役員とその事項の決議に賛成した責任役員が連帯して損害賠償責任を負わなければならない（11 条 2 項）。

3 宗教法人の規則

宗教法人規則は，一般法人の定款に相当する宗教法人の基本規約であるが，一般法人の定款等のように，当該法人の最高法規というわけではない。というのも，宗教法人には元宗教団体が存し，元宗教団体はその基本規約その他の諸規範を有しており，その枠内でのみ，宗教法人規則が機能するという制約があるからである[35]。

本来，宗教法人とは，「宗教団体に資する」ために「宗教団体の世俗の事務」を処理するのが目的であるから，元宗教団体の基本規約等に制約されるのは当然のことである。

そのうえ，元宗教団体が包括宗教団体に属している場合，包括宗教団体には様々な階層での諸規範が多数あり[36]，当然，元宗教団体はその規制を受けるから，宗教法人規則も，その枠内にとどまることになる。

さらに，宗教団体には，団体的な規律によって定められた法規範を超える宗教上の規範が存在し，それ（それら）が，宗教団体においては，絶対的な最高規範（超最高規範）として機能している。

宗教法人規則は，宗教法人が，元宗教団体や包括宗教団体等と無関係に，独立して，定めうるものではなく，実際上は，通例，元宗教団体が定めるものであり，元宗教団体が被包括宗教団体である場合には，包括宗教団体の規約等に基づいて，あるいは，包括宗教団体の承認等を得て，作成するものである[37]。

---

[35] この点，渡部・前掲注⑳逐条解説は，「所轄庁の認証した規則が優先する」としている（88 頁）が，疑問である。世俗の規定によって宗教上の規定が破られるという事態を招きかねないからである。この記述は，宗教法人の世俗の事務に関して第三者と関係する場合の，当該第三者に対する効力という趣旨として理解したい。

[36] たとえば，日本長老教会では，教会法の優先順位として，①憲法総則，②憲法・政治基準各則，③憲法・政治基準細則，④憲法・礼拝指針，⑤憲法・訓練規定，⑥大会法・規準，⑦大会法・準則，⑧大会法・宣言，⑨大会法・見解，⑩大会委員会規則，⑪大会委員会細則，⑫中会法・規程，⑬中会委員会規則，⑭中会委員会細則，⑮小会法と定められており（教会法基本規準 6~9 条），単位宗教法人の規則は小会法の下位規範となる。

Ⅳ　宗教法人法の問題点

1　宗教団体と宗教法人

(1) 宗教団体と宗教法人

「宗教法人」とは，「法人となった宗教団体」である（4条2項）。しかし，これを文字通りに，「宗教団体」がそのまま「宗教法人になった」と解することは誤りである。

というのも，「宗教団体」とは「宗教活動」を主たる目的とする団体であり（2条），「宗教活動」を主たる目的とする「宗教団体」がそのまま「宗教法人」になったとすれば，「宗教法人」が「宗教活動」を主たる目的とすることになり，「宗教活動」が法律下に置かれることになり，国家の下に位置づけられることになるからである。

なるほど，法は「宗教団体は法人となることができる」（4条1項）とし，規則認証の申請書には「宗教団体であることを称する書類」の添付を求め（13条1号），「宗教団体であること」を認証の要件とする（14条1項1号）など，「宗教法人の設立」に「宗教団体の存在」を絶対的要件としており，「宗教団体から宗教法人へ」の移行を定めているように見える。

行政通達においても，認証事務にあたっては，礼拝施設については現地で確認し，信者については適切な方法で確認し，宗教活動の実績を確認するなど，「宗教団体に該当する」ことの確認について留意を求めている[38]。

他方，「宗教法人の設立」には，「（元宗教団体のそれとは異なる，新たな）規則」の作成（12条1項）や「3人以上の責任役員」および「そのうち1人の代表役員」という「（元宗教団体のそれとは異なる，新たな）役員」の選任（18条1項）が必要とされており，「宗教団体からの移行」ではなく，「（元宗教団体とは異なる，新たな）宗教法人の設立」が意図されているように見える。

---

[37]　たとえば，神社の場合，神社本庁の「宗教法人『○○神社』規則準則」に則って宗教法人規則を作成し，神社本庁・統理の承認を受けなければならない（宗教法人「神社本庁」庁規77条）。

[38]　昭和63年3月31日庁文宗78号文化庁次長通達「宗教法人に関する認証事務の取扱いについて」。

19 宗教法人法制の検証と展開〔櫻井圀郎〕

　行政通達においては，「宗教団体そのものに法人格を付与」するものであるとしながらも，「宗教財産の管理維持，業務及び事業の運営等に資することを主眼としている」ものであり，あくまでも「宗教団体の世俗的事項にかかるものである」とし，「宗教上の行為，事項その他の信仰上の領域に干渉しない」ことの留意を求めている[39]。

　また，教宗派教団主管者に宛てては，「宗教法人の規則の作成にあたっては（中略）法定事項以外の事項を記載しないように特に注意すること」とし，「法第12条第1項各号に掲げてある事項のみを記載し，それ以外の事項は記載しない」ことを求め，具体的には「宗教団体の財務その他の世俗面に関する事項を記載し，宗教面に関する事項は記載しない」としている[40]。

　このように，「宗教法人」とは，あくまでも「宗教団体」の「世俗の事務」のみを行う法人なのであって，「宗教団体」の主たる目的である「（本来の）宗教活動」をもその目的の中に取り込むものではないとされているのである[41]。

　この点，「一体の組織体としての宗教法人の中に，法人としての性質（世俗性）と宗教団体としての性質（宗教性）がある」とし，「世俗性と宗教性が宗教団体を本体とする一本の宗教法人の中に解け合っている」と解し，「宗教法人の世間性の部分だけが宗教法人であると言うことは誤りである」とする見解[42]もあるが，疑問である。

　したがって，「宗教活動」は「宗教団体」の主たる目的であることに変わりがなく，「宗教活動」は，法人化の前後を通じて変わりなく，「宗教団体」がそ

---

[39]　昭和26年文宗23号。

[40]　昭和26年文宗47号。

[41]　文化庁文化部宗務課は，「宗教法人は，宗教活動を行う宗教的側面と財産の所有，維持運用など世俗的側面を有しているが，宗教法人法は（中略）世俗的な面についてのみ規定している」とする（「宗教法人制度の概要」『文化庁月報』1995年3月号）。他方，矢吹照夫「宗教団体と宗教法人法」小林孝輔ほか『宗教と法』（北樹出版，1996年）は，「宗教団体は，宗教活動を行う聖の面と世俗的な業務を行う俗の面をもつが，宗教法人法は，宗教団体の法人化とその管理運営に関する俗の面について規定し，（中略）聖の面には立ち入らない」とする（158頁）。「宗教法人に二面性がある」のか「宗教団体に二面性がある」のかは議論の分かれるところであるが，「宗教活動を行うのは，あくまでも宗教団体であって，宗教法人ではない」と考えるべきであり，「宗教団体の法人化によって宗教活動も宗教法人の目的になった」と考えるべきではない（法1条1項・18条6項参照）。

[42]　井上・前掲注(3)基礎的研究357-358頁。

のまま主体として継続することになる[43]（さもなければ，「宗教活動」の主体が消失してしまうことになるからである。）。

　したがって，宗教法人制度とは，「一つの法人」または「一つの団体」でありながら，「宗教活動」を目的とする「宗教団体」と「世俗の事務」を目的とする「宗教法人」が併存することを前提としたものであり，他の法人制度においては考えられない，きわめて特殊な制度となっているのである[44][45]。

　また，法において「宗教活動」とは，法2条において例示されている神社・寺院・教会・修道院等（以下「社寺教会」という。）や教派・宗派・教団・修道会・司教区等（以下「教派教団」という。）のように，自らが主体として，宗教上の理念および教義に立脚し，宗教上の教義を広め，儀式行事を行い，信者を教化育成するということであり，単なる宗教的信念に基づいて行う活動という意味ではない。

　社寺教会といえるためには，当該の宗教施設や設備を保有することは当然として，宗教活動の根幹となる信者の存在が不可欠であり，信者の存在しない団体は神社寺院とは言えない。たとえば，民家の敷地内に置かれた屋敷神，企業の施設内に祀られた祠，学校や病院のチャペル・礼拝堂・仏堂・神殿などは，社寺教会等とは言えないし，結婚式場の会堂・神殿，葬祭場の仏堂，墓地・納骨堂の拝礼施設なども同様である[46]。

　しかしながら，現実には，しばしば，宗教法人に与えられている税制上の優遇措置等を不当に受けるために，社寺教会でないものが，信者名簿を偽造し，

---

[43]　安武・前掲注[31]宗教法人の実態は，「宗教団体が宗教法人の中に解消してしまうというのではなく，宗教団体の一つの側面＝財産活動の側面だけについて法人格を取得するにとどまり，他のもう一つの重要な側面＝宗教活動の側面は（中略）独自性と自主性が保障されている」とする（195頁）。

[44]　この点を失念して，司法手続・行政手続において，「宗教法人が宗教活動を行う」「宗教法人が宗教主宰者その他の宗教職を任命・雇用・使用する」等としたものが散見されるが，問題である。

[45]　拙稿「宗教法人法における宗教団体と宗教法人」宗教法（宗教法学会）24号（2005年）135頁以下，拙稿「宗教法人解散後の宗教活動」キリストと世界（東京基督教大学）22号（2012年）125頁以下，拙著『教会と宗教法人の法律』（キリスト新聞社，2007年）79-122頁，拙稿「宗教法人法の構造とその問題点」キリストと世界7号（1997年）114頁以下。

[46]　拙稿「『宗教団体』の誤解──誤解に基づく過規制と脱法・脱税」宗教法（宗教法学会）32号（2013年）7頁以下。

19 宗教法人法制の検証と展開〔櫻井圀郎〕

架空の信者を偽装するなどして，社寺教会を仮装して申請し，所轄庁に宗教団体と誤認させて，宗教法人規則の認証を得て，宗教法人を設立している例が，少なからず，ある[47]。

(2) 単位宗教団体と包括宗教団体

「包括宗教団体」は，社寺教会の「単位宗教団体」を「包括する宗教団体」である（2条2号）が，「包括する」とは，「都道府県は市町村を包括する」（地方自治法5条2項）の「包括する」と同義である[48]。

都道府県も市町村も独自の意思決定機関（議会）と代表者（首長）を有し，独立の地方公共団体として機能しており，市町村は都道府県の下部機関でもなければ，都道府県は市町村を構成員とする社団法人でもない。

他方，法は，「宗教団体」を，「礼拝の施設を備える」か「単位宗教団体を包括する」かによって2種に分類しており，「礼拝の施設を備えて，単位宗教団体を包括する宗教団体」や「包括宗教団体を包括する宗教団体」を認めていない。

ところが，現実の宗教団体は，神社本庁〜神社庁〜神社（神宮〜神社本庁〜神社庁〜支部〜神社），宗派〜教区〜寺院（本山〜宗派〜教区（大教区〜中教区〜小教区）〜寺院），教団〜教区〜教会，大会〜中会〜小会，連盟〜地方連合〜教会などの3段以上の階層構造をもって運営されている。

そのため，宗教法人としては，奉戴される神宮を被包括宗教団体とし，包括宗教団体である神社庁に礼拝の施設を設けて単位宗教団体を擬制し，教区などは任意団体のまま法律外の組織として置くなどして，神社本庁〜神宮・神社庁・神社，宗派〜寺院，教団〜教会などの2段構造を擬制しなければならない状況となっている[49]。

そのため，たとえば，神社神道では，神宮〜神社本庁〜神社庁〜支部〜神社

---

(47) 本来の社寺教会等の宗教法人規則は容易に認証されない傾向がある反面，冠婚葬祭・墓地納骨堂・出版放送・社会福祉など，明らかに営業目的・営利目的とみられる，偽装された社寺教会等の宗教法人規則は安易に認証されている現状がある（宗教界の聴取）。実際，文化庁および各都道府県の宗教法人名簿には，それに該当すると思われるものが見られる。

(48) 同旨＝井上・前掲注(3)基礎的研究316-317条。

(49) 神社本庁および複数の仏教宗派・基督教団体・新宗教団体での聴取。井上・前掲注(3)基礎的研究318-322条。

という組織体系をとっているが，宗教法人としては，神社本庁を包括宗教法人[50]とし，神宮も，神社庁も，神社も，同列の単位宗教法人としている。その際，神社庁は，本来，包括宗教団体なので礼拝の施設を備えるものではないが，単位宗教法人とするために，礼拝の施設を備えて対応している[51]（以下，神社庁・教区・中会・地方連合等にあたる包括宗教団体を「地方庁区」という。）。

したがって，現実の宗教団体の組織と宗教法人としての組織とが根本的に異なり，事実上，法律外の組織で運営されていて，法律上の組織は単なる名目と化しており，実務上および法律上，様々な問題が惹起されている[52]。

たとえば，法は「当該宗教法人を包括する宗教団体が当該宗教法人と協議して定めた規程がある場合」を想定している（18条5項）が，社寺教会等は，地方庁区に所属し，定例の会議会合に出席し，共通の問題を協議審議し，深い相互の協力関係を築いているが，教派教団とは直接協議することはありえない。そもそも地方に所在する末端の社寺教会等にとって教派教団との距離は遠く，関係は薄く，直接の連絡関係はないのが通例である。

(3) 宗教法人規則の認証

宗教法人の設立には，宗教法人規則を作成し，所轄庁（都道府県知事または文部科学大臣）[53]の認証を受け，登記することが必要である（12条・15条）。

これは，定款を作成し，公証人の認証を受け，登記をすることによって成立する「一般社団法人」（一般法人法10条1項，11条，13条，22条）や，定款を定め，公証人の認証を受け，登記をすることによって成立する「株式会社」（会社法26条1項，27条，30条1項，49条）などと同様，法人設立の準則主義を定めたものと思われる。

「認証」とは，許可・認可とは異なり，規則が法令の規定に適合しているこ

---

[50]　法人となった包括宗教団体をいう。同様に，法人となった単位宗教団体を「単位宗教法人」といい，法人となった単立宗教団体を「単立宗教法人」という。

[51]　神社本庁での聴取による。

[52]　拙稿「教団運営の実態と宗教法人法の限界」『キリストと世界』21号（東京基督教大学，2011年）93頁以下，拙稿「宗教団体の実態と宗教法人法の限界」宗教法（宗教法学会）30号（2011年）27頁以下参照。

[53]　所轄庁は，原則として，主たる事務所所在地の都道府県知事であるが，他の都道府県内に境内建物を備える宗教法人・他の都道府県内に境内建物を備える宗教法人を包括する宗教法人・他の都道府県内にある宗教法人を包括する宗教法人については文部科学大臣となる（法5条）のであり，上級庁のない行政庁である。

19 宗教法人法制の検証と展開〔櫻井圀郎〕

とを確認する手続であると解され[54]，昭和 26 年補足説明も，「規則や手続が法令の規定に適合しているものであることを所轄庁において確認する行為」であるとし，「事実について認定して公の権威をもって宣言するに留まり」「認可とは性質上の相違がある」としている。

しかし，昭和 26 年補足説明は，「当該団体が第 2 条に規定されているような宗教団体であ（中略）ることを所轄庁において確認する行為」であるとし，「宗教団体でないものが宗教法人となったり，はなはだしく不備で法令に違反するような規則をもつ宗教法人ができ」ることを防止することが目的であるとし，同旨の行政通達がなされ[55]，「規則の認証」ではなく，「宗教団体の認証」と誤解される余地もないとはいえない。

その点を顧慮し，法施行当時の行政通達では，「認証の取扱基準」として，「規則や手続が法令に適合しているかどうかを審査することにとどめ，宗教の価値判断を行い，その他宗教本来の領域に触れることのないように注意すること」「本法に基づいて提出された書類等によって判断し，宗教団体に対し本法に基づかない資料を要求し，又は調査することは避けること」としている[56]。

しかし，昭和 63 年には，「礼拝施設についての現地確認」「信者についての確認」「相当年にわたる宗教活動の実績と永続見込みの確認」にも留意して十分審査することを求め[57]，平成 16 年には，「過去 3 年程度の実績一覧とそれを客観的に証明する写真等」「宗教団体の規約と過去 3 年程度それに従った運営」「過去 3 年程度の収支予算書・収支計算書」の提出・調査・確認を求めている[58]。

これらの趣旨を反映してか，都道府県知事においては，「宗教団体の確認」のために，規則・審査基準・処理基準・行政指導指針[59]をもって，法の要件を超える厳しい要件を定めて対応している[60]。

---

[54]　渡部・前掲注⒇逐条解説 112 頁など。

[55]　昭和 26 年文宗 24 号。

[56]　昭和 26 年文宗 23 号。

[57]　昭和 63 年文宗 78 号。

[58]　平成 16 年 2 月 19 日十二庁文 340 号文化庁次長通知「宗教法人法に係る都道府県の法定受託事務に係る処理基準について」。

[59]　地方自治法 15 条，行政手続法 5 条・12 条・2 条 8 号。

Ⅳ　宗教法人法の問題点

2　宗教主宰者と代表役員

(1) 宗教主宰者と代表役員

「宗教法人」とは，「宗教団体」に法人格が与えられたものであり，「宗教団体」が「宗教法人」になったものとされているが，「宗教団体」の「宗教活動」を主宰してきた「宗教主宰者」が「宗教法人」の代表者である「代表役員」に就任するわけではない。

なるほど，多くの社寺教会等においては，「代表役員は宮司（住職・牧師等）をもって充てる」という，いわゆる「充て職」規定を有し，「宗教主宰者」である宮司・住職・牧師等が「代表役員」に就任している。とはいえ，「宗教主宰者」が「代表役員」となっているのではなく，「宗教主宰者」が「代表役員」を兼職しているにすぎない。

包括宗教団体や単立宗教団体においては，宗教主宰者である教祖・総裁・総統・統理・議長・会長・理事長等（以下「教祖等」という。）は専ら崇敬の対象とされ，あくまでも宗教的指導の頂点に存する者として，世俗の事務に関わることや法律上の義務・責任を負わせることに抵抗があることもあって，教祖等を代表役員とはしないで，下位の役職者や教祖等が任命する者を代表役員とする例が多い[61]。

つまり，宗教法人にあっては，宗教団体が法人となったものであるとはいえ，宗教法人の代表者が元宗教団体の全体を代表する者ではないということである。

したがって，「法人となった宗教団体である宗教法人」の組織構造としては，元宗教団体の宗教主宰者とは別に，新たに宗教法人の代表役員が加わった形となり，「宗教団体」と「宗教法人」という二重構造となる[62]。このように考え

---

[60]　宗教法人の規則認証手続に関しては，申請書を提出・郵送しても，「申請が到達したときは遅滞なく審査を開始しなければならない」（行政手続法7条）に反して，申請を受理しない所轄庁が多々あり，宗教関係者の間では「申請後3年」が常識とされ，「3年ルール」と呼ばれているが，10年以上経っても受理されない場合もある（『中外日報』2012年10月20日号，2013年7月7日号）。

[61]　たとえば，「創価学会」においては，会を統理し，教義・化儀を裁定し，本尊に関する事項を司り，儀式行事を主宰し，理事長，副理事長，副会長等を任免する等の権限は「会長」に属する（会則9条）が，「宗教法人創価学会」の代表役員は「理事長」が兼務するものとされている（同15条）。なお，理事長の任免は会長の権限に属し（同10条），理事長の地位は会長を補佐する等にある（同14条）ので，理事長が会長の下位にあり，代表役員が宗教主宰者の下位にあることは，規則上明瞭である。

403

19 宗教法人法制の検証と展開〔櫻井圀郎〕

ないと，宗教法人法は理解できない。

　すると，「宗教団体が宗教法人となった」場合，「宗教活動」は，従前通り，「宗教団体」の宗教主宰者が所管し，宗教職や信者を指導するものと考え，財産管理などの世俗の業務に関してのみ，世俗職である「代表役員」に委ねているという形になる。

　このように，宗教主宰者と代表役員という並列した「二人の代表者」において，宗教法人の特殊性が顕在化する。つまり，宗教法人の代表者である代表役員は，財産管理など世俗の事務を担う世俗上の地位であるにすぎず，宗教活動を主宰する宗教主宰者にかなうものではなく，その指導下にあるのである。

　宗教団体の宗教主宰者が宗教法人の代表役員を兼職するものと定めている場合においては，結果的に，宗教主宰者と代表役員が同一人に帰し，実質的には，宗教主宰者の行為と代表役員の行為とに齟齬は生じないものの，法律上は，宗教主宰者と代表役員とは厳格に区別され，代表役員の行為のみが法律上，宗教法人としての責任を問われる行為となる。

　法は宗教主宰者と代表役員とを峻別しており，両者は当然には一致しないのであって，宗教主宰者が代表役員を兼ねる場合においては，両者を厳格に区別し，混同しないように留意しなければならず[63]，同一人が宗教主宰者兼代表役員であるとしても，法律上は，別人として考えなければならない[64]。

(2) 宗教活動による不法行為責任

　一般に，宗教法人の不法行為責任が問題となるのは，財産管理など世俗の事務に関してであるよりも，宗教活動に関してであるのが通例であろう。一方，

---

(62)　拙稿・前掲注(45)「宗教法人法の構造」「宗教団体と宗教法人」ほか。

(63)　矢吹照夫「宗教法人法の概要」小林ほか・前掲注(41)『宗教と法』（北樹出版，1996 年）166 頁。

(64)　たとえばカトリック教会はローマ教皇庁のもとにあり，司教区（大司教区）ごとに，教皇直結の司教（または大司教）が統治しているが，日本のカトリック教会においては，全国の司教区を治める全司教〔または大司教〕が，協議連絡する組織として，「日本カトリック司教協議会」をカトリック教会法 447 条-459 条に基づいて設置し，会務を総攬し，会を代表する会長に東京大司教区大司教が任命されている。一方で，「日本カトリック司教協議会」の運営・活動に奉仕する機関として，日本の宗教法人法に基づいて，宗教法人としての「カトリック中央協議会」が設立され，日本カトリック司教協議会の会長の職にある者をもって代表役員に充てている（カトリック中央協議会公式ホームページ参照）。

IV 宗教法人法の問題点

宗教法人が不法行為責任を負うのは，「代表役員がその職務を行うにつき第三者に加えた損害」についてである（11条1項）。

既述の通り，法の明文の規定によって，宗教活動は代表役員の職務権限外とされており，宗教活動による加害行為は代表役員がその職務を行うについてのものではありえないのであるから，宗教法人の責任に帰することができないことになる[65]。

そこで，宗教法人の代表役員でない者が不法行為をした場合として，使用者責任（民法715条）が想起されるが，既述の通り，宗教活動は，基本的には，宗教主宰者が最高指導者として主宰・指導する行為であり，宗教団体においては，通例，宗教主宰者の方が代表役員より上位に位置し，代表役員が宗教主宰者を使用し，指揮監督下に置くということは考えられない。

既述の通り，多くの宗教団体において，宗教主宰者が代表役員の任免権を有する立場にあるのであって，その逆に，代表役員には，宗教主宰者を任免し，指揮監督する権限はないからである。それは現行憲法20条に保障された信教の自由の理念に基づくものである。

さらに，宗教団体内部における宗教主宰者と宗教職・信者との関係についても，同様のことがいえ，宗教団体には，一般の人が想起するような，上下の指揮命令系統が存するものではなく，宗教職・信者が，各自の宗教的信仰に基づいて行うものであるのが，信教の自由に基づく原則である[66]。

したがって，宗教活動に起因する不法行為があった場合，その直接の責任者は当該行為の当事者とするほかないが，宗教団体における宗教活動の特殊性に鑑みて，当該不法行為責任の具体的な履行，すなわち賠償金の支払いは，宗教法人が担うということが思索される。とはいえ，なお明解な法的構成には至っていない。

---

[65] 谷口知平「宗教法人の能力，宗教財産の特殊性」『宗教法入門』（新日本法規，1976年）は，住職が名誉毀損した場合には宗教法人が賠償責任を負うとし，その根拠を被用者としているように伺える（132頁）が疑問である。

[66] 具体的には，各宗教団体の教義・規律・伝統・慣習等により大きく異なるとはいえ，信教の自由という点からは，あくまでも宗教職や信者個人の自由意思に基づく行為でなければならない。

19　宗教法人法制の検証と展開〔櫻井圀郎〕

3　宗教職と宗教法人

(1) 宗教職の任免

教派教団・地方庁区に所属する社寺教会の宗教主宰者（宮司・住職・牧師・司祭・教会長など）の任免は、当該社寺教会等においてなされるものではなく、所属の教派教団・地方庁区においてなされるのが通例である。その他の宗教職（権宮司・副住職・副牧師・副教会長・教会主任・布教師・宣教師・伝道師など）についても概ね同様である。

たとえば、「神社」を司る「宮司」は、教派教団である「神社本庁」の「統理」の指揮を受けて、地方庁区である「神社庁」の「庁長」が任命し、「教会」を治める「牧師」は、地方庁区である「中会」に所属する教師の中から中会会議の議を経て「中会」が派遣した特命委員によって就職する等とされている[67]。

このように、多くの場合、宗教職の身分は教派教団・地方庁区に存し、宗教職の任免は教派教団・地方庁区の権限とされており、当該社寺教会の権限外とされている。当然、宗教上の権限を有しない代表役員によって代表される宗教法人の権限の及ぶところではない。

(2) 宗教主宰者の法的地位

法人の事業に個人を使用する場合、最も典型的なのが雇用である。当事者の一方（労働者）が相手方に対して労働に従事し、相手方（使用者）がこれに対して報酬を与えることを要件とする契約であり（民法623条）、労働関係法では労働契約と捉え、労働者が使用者に使用されて労働し、労務に服し、労働の対価対償としての賃金を支払われることを要件としている（労働契約法2条・労働基準法9条10条・労働組合法11条・労働安全衛生法2条など）。

筆者が、主な教派教団および多数の社寺教会において聴取したところでは、宗教主宰者の報酬を、概ね、「給与」と称し、毎月定額で支給しているところが大多数であった。その限りでは、雇用・労働契約とみえる形式をとっている。

各宗教の各団体とも、古来、伝統的に、宗教主宰者と社寺教会とを同一化し、社寺教会は宗教主宰者の責任で維持運用すべきものとされ、宗教主宰者の責任によって、信者からの寄進・布施・寄附・献金等（以下「寄進」という。）を用いて、宗教主宰者および他の宗教職の生計等を含む社寺教会の必要の一切を賄

---

[67]　例として、神社本庁、日本長老教会の定めるところ。

Ⅳ　宗教法人法の問題点

うという経営形態が取られてきたところ[68][69]，昭和年代後期に，税務当局の強い指導を受けて「月給制[70]」を採用したという[71]。

給与の支払いという面から見ると，宗教主宰者も一般の労働者と同様であるように思われるが，宗教主宰者の職務執行を「労働への従事」とするには難がある。なぜなら，「労働に従事する」とは「他人に使用される」ことを意味し，「他人の指揮監督下で労務に服する」ことを意味するからである。

とりあえず，形式的な点から考察すると，宗教主宰者の場合，その所属先の教派教団・地方教区を使用者と考えるのが最も合理性があるが，給与の支払いが社寺教会であるということに諸種の擬制をしなければならない。

所属先の点は捨て置いて，就任先の社寺教会である宗教法人を使用者とすると，その代表者である代表役員は自己であり，会社でいえば社長の立場であって，事業者の立場であり，労働者の立場ではない。もっとも，社会労働保険関係の行政通達には，営業部長や支店長など従業員を兼務する役員はその限りで労働者とみなすというものがある。

しかし，会社等一般法人と違って，宗教法人の場合は，法人や役員の権限は世俗の事務のみに限定され，宗教上の事項に関与することはできず，宗教活動を主宰する宗教主宰者を任免できないのであるから，それを使用することができないのは当然である。

第二に，法人の事業に個人を使用する典型としては「請負」が考えられる。請負は，一方（請負人）がある仕事の完成を，相手方（注文者）がその仕事の結果に対してその報酬を支払うことを要件とする契約である（民法632条）。

宗教主宰者の職務を継続的な仕事とし，一定の期間ごとの仕事の完成を目的とし，それに対する報酬を支払うとするなら，請負と解することは可能なよう

---

(68)　檀家の請求により，筆者が調査したＳ県の宗教法人Ｓ寺では，収支計算書では年収数十万円を計上するのみで，檀家らが納めた年間数百万円の布施は計上されておらず，住職に問い合わせると，布施は住職のものだから開示しないとの回答であった。同様の例は，多数の仏教寺院に見られ，基督教会においても散見される。

(69)　田代収「宗教法人経理の現状」・前掲注(31)『宗教と税務』は，「壇信徒の喜捨・寄進が（中略）僧侶に対する」ものであるという認識や考え方があることをあげている（217頁）。

(70)　概ね，従来の大凡の年収額を12等分して「月給」としたもの。ただし，現在では，ほとんどの宗教職に対して「月給」としての報酬の支払いが約されている。

(71)　現在，ほとんどの社寺教会で，宗教職の報酬は「給与所得」として，所得税の源泉徴収が行われている。

に思われる。しかし，そもそも宗教法人は宗教上の事項についての権限を有しないのであるから，宗教上の事項について請負の注文を為すことはありえないと言わなければならない。

第三に，報酬特約付きの「委任（準委任）」と考えることで，一方（委任者）からの事実行為の委託と相手方（受任者）の承諾に基づく契約である（民法643条・656条・648条）。法人の役員の職務は委任と解されており（一般法人法64条・会社法330条参照），代表役員と宗教法人との関係も委任であることに異論はない。

宗教主宰者の職務についても同様に解しうるように思われるが，この場合も，宗教法人が宗教上の事項について委任することはできないのであるから，成立しえない。

基本的に，単位宗教法人との関係における宗教主宰者の立場は，代表役員として受任者の地位に置かれることのほか，何らの法的関係を有するものではないと考えられる。

なお，宗教主宰者への「給与」は，伝統的に，「布施」「謝儀」「献金」等として行われてきたことが示す通りに，一定の行為に対する報酬・対価・対償ではないと解されるべきであろう。そもそも，前述の通り，社寺教会において宗教主宰者にそれを支払う根拠は，宗教主宰者との関係にはなく，教派教団・地方教区との関係にあり，延いては神仏との関係にある，宗教上・信仰上の行為（奉納行為）であるからである。

(3) 宗教主宰者の税務・労務・厚生

宗教主宰者の報酬が労働の対償としての給与・賃金等であるとするなら，その所得は「給与所得」として，源泉徴収の対象となり，給与等の支払い者である宗教法人は，その支払いの際に，給与所得について所得税の源泉徴収をして，国に納付しなければならなくなる（所得税法28条1項・183条1項）。同様に，給与所得にかかる個人の市町村税について，特別徴収をしなければならない（地方税方法321条の3）。

宗教主宰者が労働者であるとするなら，労働者を使用する事業を適用事業とする，業務上の事由や通勤による労働者の負傷・疾病・障害・死亡等に対して必要な保険給付を行う労働者災害補償保険（以下「労災保険」という。）が適用され（労働者災害補償保険法1条・3条1項），宗教法人について労災保険の保険

関係が成立し，賃金総額に保険料率を乗じて得た額の一般保険料の支払いなどが必要となる（労働保険の保険料の徴収等に関する法律（以下「労保徴収法」という。）3条・11条1項）。

同様に，労働者が雇用される事業を適用事業とする，労働者が失業した場合等の必要な給付を行う雇用保険が適用され（雇用保険法1条・3条），宗教法人について雇用保険の保険関係が成立し，賃金総額に保険料率を乗じて得た額の一般保険料の支払いなどが必要となる（労保徴収法4条・11条1項）。

さらに，常時従業員を使用する法人の事業所を適用事業所とし，適用事業所に使用される者を被保険者とする，労働者の業務外の事由による疾病・負傷・死亡・出産等に関して保険給付を行う健康保険が適用され，宗教法人は，被保険者の保険料額の2分の1を負担し，保険料の全額を納付する義務を負うことになる（健康保険法1条・3条1項・3条3項2号・161条1項・161条2項）。

同様に，常時従業員を使用する法人の事務所・事業所を適用事業所とし，適用事業所に使用される70歳未満の者を被保険者とする，労働者の老齢・障害・死亡について保険給付を行う厚生年金保険が適用され，宗教職と宗教職を使用する宗教法人は，保険料の半額を負担し，納付する義務を負うことになる（厚生年金保険法1条・3条3項2号・9条・82条1項・82条2項）。

しかしながら，本稿で考察したところによれば，宗教主宰者は労働者ではなく，その報酬も給与ではないので，これらはすべて適用されないことになる。

Ⅴ 結 び

従来，宗教法に関する研究は限られており，ほとんどの大学法学部において講じられていないこともあって，特殊な領域であり，法律上特別の規定が設けられ，行政上特別の運営がなされているにもかかわらず，宗教関係者も，法律家も，この点についての十分な知識や理解が伴わず，本来，法律の求めているところとは異なった（事情によっては正反対の）実務が行われてきたことが感じられる。

本稿では，宗教団体にとって最も肝心である，宗教に関して唯一とも言える法律である宗教法人法に即して，宗教法人の法人としての特殊性について検討し，主として行政事務の現場で問題となっている問題のいくつかについて考察

409

した。

　まだまだこの課題の学術上の研究は不十分であり，実務上もさらなる研究が深められることを期待したい。

20 権利能力なき社団論の展開
── 財産帰属の観点からの再検討

伊 藤 栄 寿

I 問題の所在

　権利能力なき社団は，法人になることができない団体を法人に近づけて取り扱うための理論構成として考えられたものである。ところが，2006年の公益法人制度改革により，一般社団・財団法人法等が制定され，非営利法人が容易に設立できるようになった。すなわち，権利能力なき社団とされていた団体の多くが，法人になれることとなった。その結果，「権利能力のない社団を法人並みに扱う論拠の重要な部分が失われた。あえて会社となっていない営利団体を会社並みに扱う必要性がほとんど感じられていない状況と近い」との評価も存在する[(1)]。このような見解によれば，一般社団・財団法人法等の制定により，権利能力なき社団について議論する必要性は大きく減少している，ということになろう[(2)]。

　たしかに，権利能力なき社団の中には法人に移行すべきものも少なくない。法人に移行すべきであるにもかかわらず，あえて法人化しない団体について，法人並みに取り扱うことは不要であるとも考えられる。しかしながら，すべての権利能力なき社団が法人化すべきといえるわけではない。たとえば，専有部分（戸数）の少ないマンションにおいて，管理組合を法人化すべき積極的根拠

---

(1) 内田貴『民法 I 〔第4版〕』（東大出版会，2008年）226頁。

(2) 佐久間毅『民法の基礎1〔第3版〕』（有斐閣，2008年）377頁は，「法の不備に由来する不公平の是正という点では，権利能力なき社団に関する議論の意味は失われたといっても過言ではない」という。山本敬三『民法講義 I 〔第3版〕』（有斐閣，2011年）517頁も，「権利能力なき社団論の意義は大幅に小さくなったことは否定できない」という。

『21世紀民事法学の挑戦』加藤雅信先生古稀記念〔信山社，2018年3月〕

は存在しない。仮に法人に移行すべきといえる団体であっても，法人化していない場合に，どのような取り扱いをすべきかについては，検討しておかなければならない[3]。町内会，自治会，同窓会，PTA，親睦会，入会団体など，法人化していない団体は多数あり，これらが存在する限り，議論をする必要性もなお存在する[4]。実際に，権利能力なき社団に関する紛争は，一般社団・財団法人法等の制定後も減少していないとの指摘がなされている[5]。

　権利能力なき社団については，財産帰属関係からではなく主体関係から検討すべきとの考え方が主流である[6]。それにもかかわらず，次のような2つの理由から，財産帰属関係を検討する必要がある。第1に，入会に関する議論の再燃と，それによる「総有」概念の再検討である。総有の例として，入会の所有関係と権利能力なき社団の財産関係があげられるが，両者の財産帰属構造が同一といえるのか，大きな疑問が示されている。第2に，権利能力なき社団の財産帰属と権利行使の関係についての新たな最高裁判例の登場である。最高裁は，権利能力なき社団の財産は，社団の構成員全員に総有的に帰属するとしてきた。ところが，実質的には，権利能力なき社団に権利が帰属することを認めることにより，社団の権利行使を認める判決が登場している。

　そこで本稿は，権利能力なき社団の財産帰属関係および権利行使に関する議論を整理検討し，財産帰属・行使の観点からすると，持分の有無で分けて検討する重要性を示す。とりわけ，構成員が持分を有すると考えられる権利能力なき社団を検討することこそが求められている，という点を明らかにしたい。なお，権利能力なき社団とされた団体の外部関係を主たる検討対象とし，内部関係である主体間の結合関係，成立要件は検討の対象外とする。

　以下ではまず，入会・総有理論に関する議論を参照し，権利能力なき社団における財産帰属関係を確認する（Ⅱ）。そこでは，権利能力なき社団の財産帰属関係が多様であることを示し，団体の機能に応じて財産帰属関係を再検討する必要性を明らかにする。次に，最高裁判例を参考に，権利能力なき社団論に

---

(3)　内田・前掲注(1) 226 頁も，「法人化していない同窓会や同好会等をどのように扱うかという問題はなお生じるだろう」という。佐久間・前掲注(2) 377 頁も同旨。

(4)　山本・前掲注(2) 517 頁など。

(5)　山下純司「権利能力なき社団と非営利活動」NBL1104 号（2017 年）22 頁。

(6)　共同所有論についても，同様であろう。

おける権利行使関係を確認する（Ⅲ）。判例は，一貫して権利能力なき社団の財産帰属関係が「総有」であるとしてきたが，近時，権利能力なき社団に財産が帰属するかのような新たな判示をしている。また，権利能力なき社団の中でも，紛争が生じることが少なくないマンション管理組合については[7]，一般的に議論されてきた権利能力なき社団とは異なり，持分を観念できる。そこから，持分の有無によって権利能力なき社団を分けて検討する必要性を示す。最後に，本稿の検討結果をまとめ，権利能力なき社団を類型化する視点を提示し，残された課題を明らかにする（Ⅳ）。

Ⅱ　財産帰属関係に関する従来の議論

1　はじめに

権利能力なき社団という民法上に存在しない概念が必要とされた理由は，法人化していない団体をすべて組合（667条）と性質決定することは適当でないと考えられたからである。団体としての組織を備え，代表の方法・総会の運営・財産の管理，その他社団として主要な点が規則によって確定している場合には，法人に準じて考えることが適切である[8]。最高裁もこの考え方を採用し，権利能力なき社団という概念を認めている[9]。

たしかに，ある団体を法人でなければ組合とするというのは不適当であろう。なぜなら，団体には多様なものがあるところ，組合は多様な法人に対応するために用意された制度ではないからである。それゆえ，権利能力なき社団という概念を創設し，問題処理を行うということには一定の合理性が認められる。ただ，権利能力なき社団というのは民法上に存在しない概念であるため，その要件と効果を明確にしなければならない。要件についても多くの議論があるが[10]，本稿の問題関心からは効果が注目される。効果の中でも，ある団体が権利能力なき社団として認められた場合に，財産帰属関係をどのように考えるべきかが問われなければならない。

---

(7)　マンション管理組合の紛争が少なくないことについては，山下・前掲注(5) 22 頁参照。

(8)　我妻栄『新訂民法総則（民法講義Ⅰ）』（岩波書店，1965 年）132 頁以下。

(9)　最判昭和 32 年 11 月 14 日民集 11 巻 12 号 1943 頁，最判昭和 39 年 10 月 15 日民集 18 巻 8 号 1671 頁など多数。

20 権利能力なき社団論の展開〔伊藤栄寿〕

2 入会の財産帰属形態としての「総有」

最高裁は，権利能力なき社団の財産が構成員全員に総有的に帰属することを繰り返し述べている[11]。最高裁は，権利能力なき社団の財産は全構成員の「総有」に属すると理解する，かつての通説的見解[12]を受け継いだものと考えられる。この見解は，総有を「所有権に含まれる管理権能と収益権能とは全く分離し，各共同所有者は，共有における持分権をもたない」ものと定義づける[13]。しかしながら，「総有」として念頭に置かれているものは明確ではない。なぜなら，「ゲルマンの村落共同体の土地を中心とする所有形態にその典型を見出すもの」であるとされ[14]，日本の財産帰属関係を前提にしていたわけではないからである。さらに，この見解は，共同所有を，共有・合有・総有という3つに類型化しているが，これら3つは理想型であるとも述べられており[15]，「総有」などの所有形態はあくまで理想であり，明確な概念として位置づけられていない[16]。「総有」と性質決定することにより，ある財産帰属関係が一義的に明確化できるわけではなく，また，そのようなことが目指されているわけでもない。

そもそも「総有」という概念は，入会の共有関係（入会共有）を説明し，そ

---

(10)　最判昭和39年10月15日民集18巻8号1671頁は，権利能力なき社団の要件として，①団体としての組織を備えていること，②多数決の原則が行われていること，③構成員の変更にもかかわらず団体そのものが存続すること，④組織によって代表の方法，総会の運営，財産の管理その他団体としての主要な点が確定していること，の4点をあげる。しかしながら，たとえば，佐久間・前掲注(2)378頁は，①は④を抽象的に述べているにすぎない，②は不可欠の要素とはされていない（最判昭和49年9月30日民集28巻6号1382頁など），③は明確さに乏しい，などのことから，実質上は④のみが要件として残ると指摘する。また，石田穣『民法総則（民法大系(1)）』（信山社，2014年）405頁は，判例の規準が，権利能力なき社団を他の団体から区別する適切な規準にはなるとは言いがたいと指摘する。

(11)　リーディングケースは，最判昭和32年11月14日民集11巻12号1943頁。その他，権利能力なき社団の成立要件を示したなど多数。

(12)　我妻・前掲注(8)133頁など。ただし，我妻栄＝有泉亨補訂『新訂物権法（民法講義Ⅱ）』（岩波書店，1983年）315頁以下は，総有に該当するものとして入会共有のみをあげており，権利能力なき社団の財産関係をあげていない。

(13)　我妻＝有泉・前掲注(12)316頁。

(14)　我妻＝有泉・前掲注(12)315頁。

(15)　我妻＝有泉・前掲注(12)315頁。

(16)　伊藤栄寿「共同所有理論の現状と課題」みんけん674号（2013年）3頁以下参照。

II 財産帰属関係に関する従来の議論

の解体を防止するために生み出されたものである[17]。入会の構成員全体そのものが，一つの独立した人格者（実在的総合人）であるとされ，財産帰属関係が「総有」と理解された[18]。このように理解する目的は，入会において，各構成員の意思を無視した処分行為を禁じるためである。すなわち，構成員全体に財産が帰属するならば，反対者がいた場合に処分は許されないことになる。共同で入会地を管理し利益を収受するという古典的な入会において，入会は構成員の生存にとって不可欠である。そこで，入会の権利内容を変更するには各自の意思が尊重されなければならず，全員一致の原則を求めるべきことになる[19]。

　民法が入会権について「各地方の慣習に従う」としていること（264条）からも明らかなように，入会権の内容は多様である[20]。入会の財産の帰属関係，権利行使については，民法理論から一義的に決まるわけではなく，あくまで慣習によることになる。入会の財産帰属関係が慣習により定まるのであれば，決定的に重要なことは慣習の中身を明らかにすることである。「総有」という概念を作り出し，性質決定することが重要なのではない。総有とすることの意味は，民法の共有規定が当然には適用されない，すなわち，分割請求が認められず，また，多数決決定を認めず全員一致原則が適用される，ということにある。たしかに，かつては共有が個人主義的に捉えられており，入会に共有規定が適用され，分割請求や多数決決定が許される，という解釈がなされることを防ぐ必要があった。その一つの手段として，総有という概念が考えられた。しかし，単に入会団体が所有している，ないし，入会構成員が（分割請求および多数決

---

[17]　岡田康夫「ドイツと日本における共同所有論史」早稲田法学会誌45巻（1995年）76頁以下，加藤雅信「総有論，合有論のミニ法人論的構造」中川良延ほか編『日本民法学の形成と課題 星野英一先生古稀祝賀 上』（有斐閣，1996年）183頁以下，西脇秀一郎「共同所有論の再検討」龍谷大学大学院法学研究15号（2013年）39頁以下。

[18]　中田薫『村及び入会の研究』（岩波書店，1949年）37頁以下，石田文次郎『土地総有権史論』（岩波書店，1927年）533頁以下，我妻＝有泉・前掲注[12]315頁以下など。論者によって「総有」に対する理解が異なることを指摘するものとして，西脇・前掲注[16]43頁以下がある。実在的総合人・総有の議論について整理・検討を加えるものとして，古積健三郎「実在的総合人および総有の法的構造について」法学新報123巻5・6号（2016年）277頁以下参照。

[19]　古積健三郎「入会権の変容について」法学新報122巻1・2号（2015年）347頁以下。

[20]　本稿では，入会団体が入会地を所有する場合（264条）を念頭に検討する。入会団体が入会地を所有しない場合（294条）は，総有・権利能力なき社団との関係はほとんど問題とならないからである。

20 権利能力なき社団論の展開〔伊藤栄寿〕

決定ができない）共有をしている，と解すれば十分である。すなわち，入会には多種多様なものが存在するところ，その財産帰属を示すために，総有という概念を用いる必要性は現在では存在しなくなっている。さらに，「総有」の定義は論者によって異なり，共通の理解が存在するとは言いがたい[21]。たとえば，総有において，共有者に持分権が存在するか否か争いがある[22]。結局のところ，入会については，その多種多様性を正面から認め検討するべきであり，論者によって理解の異なる「総有」という概念を用いる必要はない。現在，多くの見解は，総有という概念の有用性に疑問を抱いているものと解される[23][24]。

3 権利能力なき社団の財産＝総有理論の問題点

　上述のように，総有という概念は入会共有を説明するために導入することが試みられた。しかし，現在では，総有概念を用いる必要性は存在していない。そして，権利能力なき社団の財産関係を示すためにも，「総有」という概念は必要ではない。その理由として，以下の点があげられる。

　第1に，前述したとおり，総有概念が多義的であるところ，この概念を用いて解決しなければならない問題を見いだしがたい[25]。解決すべき問題を発見できない以上，立法等をする必要性もなく，総有という概念が統一的に理解されることはない[26]。

---

[21]　川島武宜＝川井健編『新版注釈民法 (7)』（有斐閣，2007 年）429 頁〔川井健執筆部分〕。

[22]　たとえば，江渕武彦「共同所有論における学説上の課題」島大法学 60 巻 3・4 号（2017年）21 頁以下は，入会共有においては持分が存在するとして，総有に持分を否定するかつての通説的見解を批判する。また，古積・前掲注[18] 301 頁も，総有に持分が存在するという。

[23]　論者によってニュアンスは異なるが，総有という概念に問題があるという認識は，広く共有されているものと解される。

[24]　他方，解釈論とは別に，「総有」という概念を用いて，土地制度に関する立法論を展開するものとして，五十嵐敬喜『現代総有論』（法政大学出版局，2016 年）1 頁以下がある。また，岡田康夫「入会権の現代的活用」『早稲田民法学の現在　浦川道太郎先生＝内田勝一先生＝鎌田薫先生古稀記念論文集』（成文堂，2017 年）158 頁は，入会権・総有概念が現代的な所有権制度のあり方に問題を提起していると評価する。

[25]　加藤・前掲注[17] 192 頁は，「総有論，合有論は，複数の所有主体者間の団体的結合と，団体の継続性を図るという機能を有するもの」として，総有・合有という財産的帰属形態を機能的に捉えている。

[26]　なお，権利能力なき社団の財産帰属関係を「合有」と理解することも同様である。

II 財産帰属関係に関する従来の議論

　第2に，権利能力なき社団という団体は多種多様であるところ，総有という1つの概念で財産帰属関係を表す必要性に乏しいからである。権利能力なき社団は，設立の目的，構成員の数，活動内容など，さまざまである。さらに，権利能力なき社団の財産帰属，権利行使については，規約等により自由に定めることができる。多種多様な団体の財産帰属形態を，1つの概念で表すことは，必要がないどころか，有害となる可能性すらある。

　第3に，総有には入会共有が想定されているところ，権利能力なき社団の財産関係を総有とすると，権利能力なき社団と入会団体の財産帰属関係はいずれも総有として，同一であるとの誤解を生じさせてしまう。しかし，両者は，①使用収益権能，②処分権能に着目すると大きな違いが存在することが多い。①について，入会権者は，入会の財産について使用・収益権能を有していることが多い。他方，権利能力なき社団の構成員は，団体の財産について使用・収益権能を有していないことが多い。②について，入会権者は，全員の合意によってのみ，入会の財産を処分できることが多い。他方，権利能力なき社団の構成員は，多数決決議によって団体の財産を処分できることが多い。もちろん，入会については慣習，権利能力なき社団については規約等により，財産帰属関係，権利行使について特別な規律が存在しうる。そして，財産帰属関係，権利行使の内容によっては，入会を権利能力なき社団に近づけて理解すべき場合もありうる。実際に，入会団体を権利能力なき社団と解している判例は少なからず存在する[27]。また，逆に権利能力なき社団であっても，入会団体と同様の内部関係を有している場合もありうる。しかし，それは別個の発展形態をたどってきた入会・権利能力なき社団の特徴を見失わせる可能性がある[28]。たとえば，入会団体を権利能力なき社団と安易に認定すると，入会財産を処分する場合には全員合意が必要とされていたにもかかわらず，多数決決議によることが許されることになりかねない。逆に，権利能力なき社団を総有（入会共有）とすると，総構成員の同意がない限り財産を処分できないということになりかねない。し

---

[27]　最判昭和55年2月8日民集34巻2号138頁，最判平成6年5月31日民集48巻4号1065頁，最判平成15年4月11日判時1823号55頁，平成18年3月17日民集60巻3号773頁，最判平成20年4月14日民集62巻5号909頁など。

[28]　このような問題意識から，社団財産を総有とすることの問題性を詳細に検討するものとして，江渕武彦「社団財産総有説の功罪」島大法学49巻2号（2005年）1頁以下参照。

20 権利能力なき社団論の展開〔伊藤栄寿〕

たがって,「総有」という概念を権利能力なき社団に用いることは不適切である[29]。

4 分析枠組み

以上のように,権利能力なき社団を総有として,演繹的に問題を解決することはできない。そもそも,権利能力なき社団を一律に扱い一定の要件を決定した上で,要件を備えた団体には全面的にいくつかの効果を認めるという方法自体に問題がある。そこで,帰属形態ではなく,帰属主体である団体の特質に着目することが求められる[30]。

権利能力なき社団の財産関係が総有であることを批判する代表的な見解は,①団体の内部関係(構成員相互の関係,構成員と団体との関係,団体の意思決定),②団体が権利義務の主体となりうるか,③団体財産の構成員財産からの独立性,④構成員の有限責任,という効果に着目して,効果を認めるにふさわしい要件を考えるべきであるとする[31]。この見解によれば,問題ごとにその性格に適した規定を参照して適用すべき,ということになる。このような考え方は,類型論などとよばれている[32]。

さらに,近時の立法動向を参照し,団体制度は人々の活動のための手段であり,どうすれば人々の活動をよりよく支援できるかという観点から検討されるべきであるとの見解がある[33]。この見解によれば,権利能力なき社団論についても,ものの見方の転換が迫られていることになる。「団体に関する法的規律が,一定の価値や原理ないし政策目的を実現するための手段としての性格を強めているとするならば,権利能力なき社団についても,問題となる法的規律ご

---

[29] 入会団体と権利能力なき社団の関係をどのように考えるのか,という問題は残る。基本的に,権利能力なき社団に多様性を認めるのであれば,入会団体をその一種と捉えることは可能であろう。入会共有の内容が慣習により定まることから明らかなように,入会団体を一義的に決めることはできない。この点に関連して,古積・前掲注[19] 347 頁以下は,入会集団の財産所有形態が総有から現代的な単独所有形態に転換していく旨を主張している。

[30] 河上正二『物権法講義』(日本評論社,2012 年)297 頁。

[31] 星野英一「いわゆる『権利能力なき社団』について」同『民法論集第 1 巻』(有斐閣,1970 年)279 頁以下。

[32] 山本・前掲注(2) 516 頁。

[33] 山本敬三『民法講義IV-1』(有斐閣,2005 年)759 頁。

とに，その基礎に置かれた価値や原理ないし政策目的に照らして，それをどのような前提が備わる場合にどこまで適用ないし類推すべきかと考えることが必要となってくる」[34]。この考え方は，団体制度を機能的に捉えていることから，機能論とよばれている[35]。

機能論がいうように，権利能力なき社団は，団体であることから当然に一定の目的のために設立されている。そうであるならば，その財産帰属関係を分析するにあたっては，当該団体がいかなる目的のために設立されているか，ということが重要になる。さらに，権利行使という観点からは，団体の内部関係を規律するルール（規約等）がどうなっているのかということも重要である。団体の目的および内部関係を検討した上で，財産帰属関係を明らかにする必要がある。

Ⅲ　二重の財産帰属論

1　最判平成26年の概要

ところで，判例は一貫して，権利能力なき社団の財産は全構成員に総有的に帰属する旨判示してきた。しかしながら，最判平成26年2月27日民集68巻2号192頁（以下，「最判平成26年」という）は，従来の判例の考え方に大きな変更をもたらしうる判示を行っている。そこで，以下では，この判決を検討しよう。

事案は，権利能力なき社団であるX（原告・控訴人・被上告人）が，その構成員全員に総有的に帰属する土地について，共有持分の登記名義人の1人の相続人Yに対し，委任の終了を原因として，Xの代表者であるAへの持分移転登記手続を求めるものである。原審は，Xの請求を認容し，Yに対し「X代表者A」への持分移転登記手続を命じた。そこで，Yは，最判昭和47年6月2日民集26巻5号957頁（以下，「最判昭和47年」という）からすると，①権利能力なき社団は代表者への登記手続を求める原告適格を有しない，②仮に①が許されるとしても，権利能力なき社団の構成員全員に総有的に帰属する不動産について，「X代表者A」名義に持分移転登記手続をすることを命じた原判

---

(34)　山本・前掲注(2)517頁以下。

(35)　山本・前掲注(2)518頁。

20　権利能力なき社団論の展開〔伊藤栄寿〕

決が違法である，として上告した。

　Yの引用する最判昭和47年は，①に関連して，権利能力なき社団の財産が構成員全員に総有的に帰属しているという。そこから，社団自身が権利義務の主体とはならないこと，すなわち，登記請求権を有しないことを導く[36]。また，②について，社団の代表者である旨の肩書きを付した代表者名義への登記請求を否定したものである[37]。

　最判平成26年は，①について，当事者適格は紛争解決のために必要で有意義か，という観点から決すべきとする[38]。そのうえで，「実体的には権利能力

---

(36)　具体的には，以下のように判示されている。「権利能力なき社団の資産はその社団の構成員全員に総有的に帰属しているのであって，社団自身が私法上の権利義務の主体となることはないから，社団の資産たる不動産についても，社団はその権利主体となり得るものではなく，したがつて，登記請求権を有するものではないと解すべきである。不動産登記法が，権利能力なき社団に対してその名において登記申請をする資格を認める規定を設けていないことも，この趣旨において理解できるのである。したがって，権利能力なき社団が不動産登記の申請人となることは許されず，また，かかる社団について前記法条の規定を準用することもできないものといわなければならない」。「権利能力なき社団の構成員全員の総有に属する社団の資産たる不動産については，従来から，その公示方法として……社団の代表者個人の名義で所有権の登記をすることが行なわれているのである。これは，不動産登記法が社団自身を当事者とする登記を許さないこと，社団構成員全員の名において登記をすることは，構成員の変動が予想される場合に常時真実の権利関係を公示することが困難であることなどの事情に由来するわけであるが，本来，社団構成員の総有に属する不動産は，右構成員全員のために信託的に社団代表者個人の所有とされるものであるから，代表者は，右の趣旨における受託者たるの地位において右不動産につき自己の名義をもって登記をすることができるものと解すべきであり，したがって，登記上の所有名義人となった権利能力なき社団の代表者がその地位を失ってこれに代る新代表者が選任されたときは，旧代表者は右の受託者たる地位をも失い，新代表者においてその地位を取得し，新代表者は，信託法の信託における受託者の更迭の場合に準じ，旧代表者に対して，当該不動産につき自己の個人名義に所有権移転登記手続をすることの協力を求め，これを訴求することができるものと解するのが相当である。」

(37)　登記請求を否定した理由は，次のように示されている。登記簿上，たんに代表者個人名義の記載にとどめるのではなく，社団の代表者である旨の肩書きを付した記載を認める方法も考えられる。「しかしながら，かりに，そのような方法が代表者個人の固有の権利と区別し社団の資産であることを明らかにする手段としては適当であるとしても，かような登記を許すことは，実質において社団を権利者とする登記を許容することにほかならないものであるところ，不動産登記法は，権利者として登記せらるべき者を実体法上権利能力を有する者に限定し，みだりに拡張を許さないものと解すべきであるから，所論のような登記は許されないものというべきである」。

420

のない社団の構成員全員に総有的に帰属する不動産については，実質的には当該社団が有しているとみるのが事の実態に即している」という。このことに鑑みると，「当該社団が当事者として当該不動産の登記に関する訴訟を追行し，本案判決を受けることを認めるのが，簡明であり，かつ，関係者の意識にも合致していると考えられる」。最判昭和47年は，社団の代表者が自己の個人名義に所有権移転登記手続を請求することを認めているが，「このような訴訟が許容されるからといって，当該社団自身が原告となって訴訟を追行することを認める実益がないとはいえない」。そして，この「訴訟の判決の効力は，構成員全員に及ぶものと解されるから，当該判決の確定後，上記代表者が，当該判決により自己の個人名義への所有権移転登記の申請をすることができることは明らかである」と結論づける。

②については，最判昭和47年が示すように，権利能力のない社団の代表者である旨の肩書きを付した代表者個人名義の登記をすることは許されないから，「X代表者A」への持分移転登記手続は認められないが，「A」個人名義への持分移転登記手続は認められるとする。

最判平成26年は，結論としてYの上告を棄却した。

2 二重の財産帰属論

最判平成26年の主眼は，権利能力なき社団による登記請求権の行使を認めることにあった。しかし，最判昭和47年は，権利能力なき社団は権利義務の主体となれないため，登記請求権を有しないとしていた。そして，代表者に登記請求権が帰属するとしていた。このような判示からすると，権利能力なき社団は登記請求権を行使することができないはずである。そこで，最判平成26年は，権利能力なき社団による登記請求権の行使を認めるために，登記請求権が構成員全員に総有的に帰属する，と理解をしたものと考えられる[39]。

その前提として，権利能力なき社団の財産は，①実体的には「構成員全員に総有的に帰属」するが，②実質的には「社団が有しているとみるのが事の実態

---

(38) 次のように判示されている。「訴訟における当事者適格は，特定の訴訟物について，誰が当事者として訴訟を追行し，また，誰に対して本案判決をするのが紛争の解決のために必要で有意義であるかという観点から決せられるべき事柄である」。

(39) 西内康人「判批」ジュリスト1479号（2015年）68頁参照。

421

に即している」としている。実体的には構成員全員に帰属しているが，実質的には団体に帰属しているという点をどのように理解すべきか，2つの考え方がありうる。1つは，いわば「二重に」帰属していることを事実上認めている，との見方である[40]。これにより，代表者による登記請求権の行使を認めると同時に，権利能力なき社団による登記請求権の行使も認められると解されることになる[41]。判例は，総有という概念により，二重の財産帰属を認めることにより，二重の権利行使を認めていると考えることができる。もう1つは，権利の帰属と行使の分離が認められている，との見方である[42]。権利能力なき社団は登記請求権を有していないにもかかわらず，訴訟法上，登記請求権を行使することが認められていると考えられる[43]。

後者の考え方によれば，最判平成26年は，権利能力なき社団の財産帰属関係について限っていえば，特に新しい判示をしたものではないとの理解が導かれる。ただし，二重の権利行使が認められるため，その相互の関係を検討する必要がある[44]。他方，前者の考え方によった場合，従来の権利能力なき社団の財産帰属論にどのような影響を及ぼすことになるのか，検討をする必要があろ

---

[40]　柳勝司「『権利能力なき』社団の財産の帰属といわゆる総有理論について」名城法学64巻4号（2015年）91頁。同103頁は，団体に財産が帰属していることからすると，権利能力がないとよぶことは適切ではないとし，「公示能力のない社団」「対抗力のない社団」とよぶべきとする。

[41]　西内・前掲注[39] 68頁。

[42]　西内・前掲注[39] 67頁など参照。

[43]　訴訟法上，権利能力なき社団が権利行使できる根拠は2つ考えられる。第1に，固有適格構成である。すなわち，財産の帰属主体とはなりえない権利能力なき社団が，構成員全員に総有的に帰属する権利を行使することができる根拠は，権利能力なき社団が民事訴訟法29条により，個別事件の解決を通じて，すなわち当該事件に限って，権利能力が認められるためと考える。第2に，訴訟担当構成である。権利能力なき社団は，構成員全員に帰属する権利を，自己に帰属する権利として行使するのではなく，訴訟担当者として代わりに行使していると考える。ただ，任意的訴訟担当であれば構成員からの授権が，法定訴訟担当であれば何らかの規定が必要となるが，判例はこの点に言及していない。本判決が固有適格構成をとったと理解するものとして，武藤貴明「判解」『最高裁判所判例解説　民事篇　平成26年度』（法曹会，2017年）110頁以下，訴訟担当構成をとったと理解するものとして，川島隆憲「判批」法学研究88巻3号（2015年）66頁，谷口哲也「判批」法学新報122巻3・4号（2015年）222頁，田邊誠「判批」別冊ジュリスト226号『民事訴訟法判例百選〔第5版〕』（有斐閣，2015年）25頁など。

[44]　西内・前掲注[39] 68頁。

う。

　もちろん，最判平成26年では登記請求権の行使が争われているにすぎず，権利能力なき社団が他の財産について権利行使する場合に当然に射程が及ぶものではない。しかしながら，その前提とする理論構成は，他の財産の権利行使にも応用される可能性がある。そこで，財産帰属関係という観点から財産の二重帰属を認めて，2つの主体からの権利行使を認めるという方向性を押し進めることが適切であるのか，検討を加える必要がある。

3　管理組合の財産帰属と権利行使

　権利能力なき社団の代表者による権利行使も，権利能力なき社団による権利行使も，いずれも認めることはできるのであろうか。両者による権利行使を認める可能性を，最判平成26年より前に示していた判決がある。最判平成23年2月15日判時2110号40頁（以下，「最判平成23年」という）である。

　事案は，権利能力なき社団であるマンション管理組合Xが，規約に違反をして共用部分の改造工事等を行った区分所有者Yに対して，規約に基づく金員等を請求したものである。原審がXの原告適格を否定し，訴えを却下したので，Xが上告した。最判平成23年は，「給付の訴えにおいては，自らがその給付を請求する権利を有すると主張する者に原告適格があるというべきである」とし，破棄差戻しをした。この判示自体は目新しいものではない[45]。

　問題は，権利能力なき社団である管理組合に原告適格を認める意味が存在しない，と思われる点にある。最終的には，管理組合の請求は棄却されるべきものである。というのも，以下のように，権利能力なき社団である管理組合は，共用部分に対して何らの権利も有していないからである。

　区分所有法3条は，「区分所有者は，全員で，建物並びにその敷地及び附属施設の管理を行うための団体を構成」すると定めている。区分所有者は任意で団体を構成するのではなく，区分所有関係の成立と同時に区分所有者の団体を構成する。この区分所有者が構成する団体は，「管理組合」とよばれており，法的性格は権利能力なき社団である，と一般に理解されている[46]。管理組合が権利能力なき社団であれば，その財産は，構成員である区分所有者全員の総有

---

[45]　河野憲一郎「判批」ジュリスト1440号（2012年）126頁。

に帰属する，ということになりそうである。しかしながら，そうではない。区分所有関係における財産の帰属は，区分所有法上，定めが置かれている。

たしかに，管理組合は，区分所有建物・敷地・附属施設を管理する。しかし，まず，区分所有建物のうち，専有部分は区分所有者が所有権を有している。管理組合は，専有部分について，処分はもちろん管理についても何らの権原も有していない。他方，区分所有建物のうち，専有部分以外の共用部分は，全区分所有者の共有となっている（区分所有法15条）。共用部分についても，管理組合に財産は帰属しておらず，管理組合は，共用部分について規約・集会決議により定められた事項について，管理権限を有するにすぎない（区分所有法18条，30条）。敷地・附属施設が共有である場合，これらは共用部分と同様に扱われる（区分所有法21条）。

以上のように，管理組合の財産は全区分所有者に総有的に帰属していないことから，管理組合には訴訟追行権限が認められない。ただ，そうなると，区分所有の建物等の管理を団体的に行うことが難しくなる可能性がある。そこで，区分所有法は，マンションの管理者（管理組合の代表者）に，その職務に関して区分所有者を代理する権限を与え（区分所有法26条1項2項），さらに，訴訟追行権限を認めている（同4項）。もちろん，規約の定めや集会決議による授権があれば，管理組合という権利能力なき社団に訴訟追行権限を与えることができるが，原則としてそのようなものは与えられておらず，また与えなくてもよいことになる。

管理組合は権利能力なき社団であるといっても，全区分所有者に総有的に帰属する財産は多くない。共用部分等は，区分所有者の共有であり，総有ではありえない。判例理論にしたがい，区分所有者全員に総有的に帰属している可能性があると考えられるのは，管理費・修繕積立金等であろう。しかし，管理費・修繕積立金については，基本的に，区分所有者が共用部分等に対する持分にしたがって支払をしており，支払請求や区分所有権から独立して持分を処分することはできないが，持分を観念できる。その証拠に，区分所有の建替えの場合，修繕積立金を取り崩して建替え費用に充当することができるが，建替え

⑷　稲本洋之助＝鎌野邦樹『コンメンタールマンション区分所有法〔第3版〕』（日本評論社，2015年）29頁，山田誠一「区分所有建物の管理組合の法的性格」『経済社会と法の役割 石川正先生古稀記念論文集』（商事法務，2013年）688頁など。

不参加者に帰属する修繕積立金は控除しなければならない（マンション標準管理規約（単棟型）28条2項）。徴収された管理費・修繕積立金には，区分所有者の持分が存在しており，区分所有関係が終了する場合には，持分にしたがって払戻がなされるべきである。このことから，管理費・修繕積立金は，区分所有者全員に総有的に帰属していると評価できない。

　最判平成23年によれば，管理組合および代表者による二重の権利行使が認められるとも考えられるが[47]，共用部分は全区分所有者の共有であり，（判例のいう）総有ではないため，二重の帰属は認められない。したがって，二重の権利行使も認められない。管理組合という権利能力なき社団に原告適格が認められたにすぎず，請求は棄却されるべきものである。

4　財産帰属関係の多様性 ── 持分の有無

　判例は，権利能力なき社団の財産帰属について，「構成員全員に総有的に帰属する」というテーゼを維持している。実体的に，団体に権利義務が帰属することを認めないとしながらも，実質的に団体に権利義務が帰属することを認めている。二重の財産帰属を認めているかのようである。しかしながら，二重の財産帰属なるものを認める必要はない。その理由は，第1に，権利能力なき社団と代表者の双方に，権利行使を認めるべき正当化理由が存在しないからである。たしかに，代表者が何らかの形で権利行使できない場合，権利能力なき社団が権利行使できれば便利であるかのようにもみえる。しかしながら，本来，代表者を変更すべき問題である。第2に，権利能力なき社団といっても，管理組合のように，財産が「構成員全員に総有的に帰属している」とは限らないものが存在するからである。この場合，財産の二重帰属なるものはそもそも認められない。

　権利能力なき社団について考察すべきことは，財産が「構成員全員に総有的に帰属している」場合と，そうでない場合に区別しておくことである。権利能力なき社団であっても，財産が構成員により共有されている場合，すなわち，構成員が持分を有している場合がある。このような権利能力なき社団について，伝統的な権利能力なき社団の財産帰属関係が妥当しないことは明らかであろ

---

　(47)　訴訟法の観点からの検討として，八田卓也「判批」私法判例リマークス44号（2012年）124頁以下が詳しい。

20 権利能力なき社団論の展開〔伊藤栄寿〕

う[48]。組合的な性格をも有しているといえる[49]。

　従来，権利能力なき社団で前提とされてきたのは，構成員が持分を有しない形態の団体であったように思われる。たとえば，多くの町内会・同窓会・自治会などである。構成員が持分を有しない団体において，その意思決定手段は多数決決定が原則となろう。他方，構成員が持分を有する団体も存在する。入会共有，管理組合などである。この種の団体においては，構成員に持分が存在する以上，その意思決定は全員の同意によるべきである。しかしながら，法律，規約，慣習などにより，多数決決定が認められることがある。組合との違いは，団体の設立意思が存在しない，ないし，不明である場合が多いことがあげられる。この団体の場合，構成員は脱退時，基本的に持分の払戻が受けられるべきである[50]。また，解散時にも持分が払い戻されるべきである。そして，団体の第三者との関係では無限責任を負うべきである[51]。権利能力なき社団の場合，構成員に持分がないわけではない。構成員に持分がある場合も一定程度存在することを，正面から認めるべきである[52]。

　なお，営利団体か非営利団体かということで，持分の有無は変わるとも考えられる。営利か非営利かは，主として利益を構成員に分配することを目的としているか否か，ということによって区別される。営利の場合は構成員に持分あ

---

(48)　加藤・前掲注(17) 189 頁以下，加藤雅信『新民法体系Ⅰ民法総則〔第 2 版〕』（有斐閣，2005 年）149 頁も，類似の発想を有するものと考えられる。すなわち，権利能力なき社団について，公益目的の場合には総有論，中間目的・営利目的の場合には合有論を採用すべきとし，後者については，解散・清算時の残余財産分配請求権が認められるとする。

(49)　鈴木禄弥『民法総則講義〔二訂版〕』（創文社，2003 年）100 頁は，「権利能力なき社団と呼ばれうるものは，必ずしも伝統的説明による社団のみでなくて，組合的な性格の強い団体も含まれうるから，正確には『権利能力なき団体』と呼ばれるべきであろう」とする。

(50)　持分の有無には言及していないが，佐久間・前掲注(2) 381 頁は，「構成員が団体に拠出した財産は，団体との合意により返還請求の可否が決められるべきであり，その際，贈与や返還を求めない趣旨が明らかにならない限り，返還されるべきものと考えられる」という。また，山本・前掲注(2) 522 頁も同様である。

(51)　後藤元伸「権利能力なき社団の法理と民法上の組合」法律時報 85 巻 9 号（2013 年）34 頁は，権利能力なき社団の構成員について，有限責任を導くのには何らかの法律構成が必要であり，それができないのであれば，広く無限責任とせざるをえないという。

(52)　これに関連して，山下・前掲注(5) 24 頁は，最判昭和 61 年 9 月 11 日判時 1214 号 68 頁などの検討から，「権利能力なき社団であるからといって，個々の構成員の権利を過度に制約するべきではないという考え方が，求められているといえよう」という。

り，非営利の場合は構成員に持分なし，ということになりそうである。しかしながら，たとえば管理組合の場合には，利益を構成員に分配することを目的としていないので，営利団体といえるのか疑問がある。そこで，団体の目的・内容にしたがって，直接的に持分の有無を判断すべきではないだろうか。

Ⅳ　おわりに

1　本稿のまとめ

　公益法人改革による一般社団法・財団法人法制定により，権利能力なき社団についての議論は低調となっている。しかしながら，権利能力なき社団を「総有」と理解することは，形式的にも実質的にも妥当性を欠くと考えられる。その理由として，①「総有」が論者によって多義的に使われていること，②権利能力なき社団（団体）が多種多様であること，③総有は入会共有を想定されているところ，権利能力なき社団の財産関係を総有とすると，権利能力なき社団と入会団体の財産帰属関係はいずれも総有として，同一であるとの誤解を生じさせてしまうこと，などがあげられる。入会共有については，慣習を明らかにすることが最重要であり，また，権利能力なき社団を検討するにあたっては，当該団体の機能に即した検討が行われなければならない。

　最高裁は，権利能力なき社団の財産が「構成員全員に総有的に帰属する」とのテーゼを維持しつつも，近時，団体財産が全構成員と団体の双方に帰属するかのような理解を示している。これによって，団体と代表者の双方が権利行使することを認める方向に向かっている。ところが，権利能力なき社団ではあるが，その財産帰属関係が総有ではない管理組合について，団体と代表者の双方が権利行使をすることは不可能である。区分所有の場合，共用部分等の権利は区分所有者の共有となっており，区分所有者全員に総有的に帰属しているわけではない。したがって，実質的にも団体に財産が帰属していないこととなり，何の授権もなく団体が権利行使をすることはできない。

　近時の最高裁判例からすると，構成員の持分の有無によって，権利能力なき社団による権利行使の可否が変わってくる可能性があることになる。そして，構成員に持分が存在する権利能力なき社団においては，原則として，意思決定手続として全員一致原則が採用され，脱退時の持分払戻，解散時の持分払戻等

20 権利能力なき社団論の展開〔伊藤栄寿〕

が認められるべきである。第三者との関係では無限責任を負うと解されよう。他方，構成員に持分が存在しない権利能力なき社団においては，原則として，意思決定手続として多数決決議が採用され，脱退時の持分払戻，解散時の持分払戻等は認められないと解される。第三者との関係では間接無限責任となろう。いずれの団体であっても，法律，規約等の定めにより，その内容は異なりうる。

2 残された課題

本稿では，権利能力なき社団の財産帰属関係を検討し，構成員の持分の有無ということが，権利行使という観点からも非常に重要な意義を有していることを明らかにしたにすぎない。どのような団体について，どのような場合に構成員の持分が認められるのかを検討しなければならない。そもそも権利能力なき社団という名称，枠組みの当否も含めて，さらなる検討が必要である。

また，財産帰属関係についても，権利能力なき社団という枠組みは，帰属する財産を一括的に取り扱うという側面がある[53]。この点をどのように評価するのか，たとえば，複数の財産が帰属しているときに，一つの財産を処分することは，やはり「処分」という枠組みで捉えるべきなのか，一体となっている財産の一部の処分ということで，「管理」という枠組みに近づけられるのか，といった点についても考察が必要である。

〔付記〕本稿は JSPS 科研費 16K17033 の助成を受けたものである。

---

[53] 組合財産について分割という観点から，その一体性も含めた議論を行うものとして，平野秀文「組合財産の構造における財産分割の意義 (1)」法学協会雑誌 134 巻 4 号 (2017 年) 1 頁以下参照。

21　民法 173 条 1 号の射程

金 山 直 樹

は じ め に

　民法 173 条 1 号は,「生産者,卸売商人又は小売商人が売却した産物又は商品の代価に係る債権」は,「2 年間行使しないときは,消滅する」と規定している。この条文が,短期消滅時効を代表するような規定として,多くの問題を提起してきたことは周知のごとくである。今回の民法改正に際しては,短期消滅時効制度の〈差別的性質〉が意識されたこともあって,削除されることとなった。したがって,今後はもう民法 173 条の適用問題で頭を悩ますことはないだろう。たしかに,長期的にはそうであろう。

　けれども,法改正は必ず経過問題を伴っている。この点につき,「民法の一部を改正する法律」の附則 10 条 4 項は,「施行日前に債権が生じた場合におけるその債権の消滅時効の期間については,なお従前の例による」と規定している。法務省は,2020 年 4 月 1 日から改正法を施行することを予定しているので,その日までに発生した債権については,今後も短期消滅時効の規定が —— 少なくとも形式上は —— 適用されることになる。このことは,実務上,短期的には,民法 173 条の問題が解消されないことを意味している。たとえば,以下のような設例を考えてみよう（以下では,単に「設例」という）。

　［設例］　2008 年 4 月,中国の企業 X は日本の企業 Y との間で,自社製の加工ピーナッツを売却する基本契約を締結し,それに基づいて商品を納入するとともに,取引高に応じて,基本契約によって定められた代金を受領することとなった。取引高は徐々に増え,それに応じて代金額も増加した。

『21 世紀民事法学の挑戦』加藤雅信先生古稀記念〔信山社,2018 年 3 月〕　　*429*

21 民法173条1号の射程〔金山直樹〕

ところが，取引開始から 5 年余りが経過した 2014 年，中国産のピーナッ
ツに含まれる残留農薬がマスコミで問題とされ，その余波を受けて，XY
間の契約は合意解除により同年 3 月の経過をもって終了した。それから 3
年足らずが経過した 2017 年 1 月，取引の最後の 2 年分（2012 年 4 月
～2014 年 3 月分）につき多額の未払金があることが判明した。それは，X
の経理担当者 A のミスによって誤ったインボイスが発行され，しかも，
A のミスに気づいた Y の経理担当者 B も，あくまでもインボイスに従っ
た支払手続をしていたためであった。契約書には，日本法を準拠法とし，
訴訟については東京地方裁判所を専属管轄とする旨の条項がある。現在は，
2017 年 3 月である。X は Y に対して未払代金の支払いを請求することが
できるか。

　設例においては，取引終了から 2 年以上が経過しているので，民法 173 条が
適用されると，X の請求は認められない。これに対して，173 条が適用されな
いと，5 年の商事時効が適用されることになるが，取引の最後の 2 年分につい
ては未だ 5 年が経過していないので，X の請求は認められる。要するに，173
条の適用の有無が設問の結論を左右することになる。このように，「民法 173
条 1 号の射程」をどう捉えるべきかという問題は，現実の実務においては，未
だに重要性を失っていない。むしろ，改正が実現した現在においてこそ，問題
は深刻さを増してきていると言ってもよい。
　この点を考究するため，以下においては，173 条の沿革を辿ることによって，
わが国の立法の問題点を明らかにするとともに（I），現実の事件を目の前に
して，これまで裁判所がいかなる努力を重ねてきたかを検討しよう（II）。そ
の上で，設例を念頭に，173 条の適用に際して考慮すべき事柄について論じた
い（III）。

I　立法の沿革

　173 条の特徴と問題点を探るためには，それが誕生したフランスにおける状
況を検討した上で (1)，わが国への導入の経緯を探ることが有益である (2)。

I 立法の沿革

1 フランスにおける誕生

いわゆる短期消滅時効は，16・17世紀フランス普通法において，ローマ法由来の30年の普通時効と並んで，特定の債権につき発展をみたものである[1]。その法源は，慣習法と王令である。そこでは，①「小売商人その他の商品の売主が日常供給品・食料その他の商品に関して有する訴権は6カ月以内」に（パリ慣習法126条，商事王令1章8条），②「より日常的でない供給品に関する訴権や卸売商人の訴権（パリ慣習法127条），および，医師，薬剤師の治術・勤労・調剤に関する訴権（同125条）は1年以内」に，それぞれ行使しなければならない，と定められていた。

このような規定が設けられるに至ったのは，立法史料によれば，日常的な物の供給や役務については実際上直ちに決済され，しかもその際，債務者は受取証書も受領しないのが常であることから，これに関してしばしば生じる代金請求の争い・訴訟を避けることが正義と公益にかなうと考えられたからであった。後代の研究者によれば，そうした場合，代金支払債務は，口頭の合意から生じ，しかも，当該債務を証明する書面も作成されないことが通常であるから，一方で，債務は早く決済されるという「弁済の推定」が働き，他方で，そうした債務の性格上債務者が受取証書を受領しないことから生じうる不当かつ濫用的請求から債務者（およびその相続人）を救済するという「証拠上の考慮」が働いていたとされている。要するに，短期消滅時効は，「弁済の強度の蓋然性」のみを根拠としていたのである。そして，このことが，以下の(1)～(3)のような短期消滅時効の制度構造へと反映せしめられ，それが(4)フランス民法典に受け継がれることになる。

(1) 要件と阻却事由

慣習法や商事王令は，「商人間」においても短期消滅時効が認められるかにつき，直接何ら言及していない。しかし，当時の学説は一致して，商人間においては短期消滅時効の適用を否定していた。その理由は，商人間の取引の特殊性，すなわち，誠実の支配，一般市民におけるのと異なり帳簿の整備が証拠上

---

[1] 以下は，金山直樹『時効理論展開の軌跡──民法学における伝統と変革』（信山社，1994年）223-237頁以下〔初出1985年〕を要約したものである（以下においては，「金山・軌跡」として引用する）。この問題に特化した研究として，中田裕康「民法173条1号の適用」千葉大学法学論集7巻3=4号（1993年）124頁以下も参照。

431

21 民法173条1号の射程〔金山直樹〕

の問題を解決していること, 弁済が容易に推定されないこと, に求められている。さらに, 商人ではなく, 市民 (les bourgeois) がその土地の産物たる麦, ぶどう酒, 木材等を売却した場合も, その代金債権につき短期消滅時効は適用されない。結局, 短期消滅時効は, 商人に対する一般市民の債務——売買でいえば自己の使用・消費のため日常品を買った一般市民の代金債務——についてだけ適用されていた。いわば「消費者保護立法」だったのである。

注意すべきは, そのような消費者取引に起因する債権であっても, その存在が, 私署または公署証書(公正証書)や計算書等の「書面」によって証明されるときは, 短期消滅時効の適用が排斥され, 30年の時効の問題とされたことである。パリ慣習法126条・127条, および, 商事王令1章9条が, 1年または6か月の時効が排斥される場合として, « arrêté de compte [compte arrêté], cédule ou obligation » が存在する場合を掲げているのは, このことを意味すると解されている。ここに, « obligation » とは公証人の面前で作成された公正証書債務をいい, « cédule » とは広く債務者による「私署証書」(借用書・支払約束書) をいい, « arrêté de compte [compte arrêté]» とは「計算書」であって供給品目の記載下または商人の帳簿上に債務者が確認・署名したものをいう。書面によって短期消滅時効が阻止される理由は, それによって短期消滅時効の基礎たる弁済推定が破られるからだとされている。このことは, 短期消滅時効完成の前たると後たるとを問わない。

(2) 効果と反証

短期消滅時効が, 「訴訟不受理事由」の一種であることは, ほとんどの学説の認めるところである。ここに訴訟不受理事由とは, 術語として意識して用いられているのではなく, パリ慣習法125条が訴えは「受理されない」(non recevable) と規定しているのに従って, 単に訴えの貫徹につき障害があることを通俗的に表現しているに過ぎない(訴えの却下と請求棄却との明確な区別はない)。ただし, 短期消滅時効に関しては, 商事王令1章10条によって, 時効完成後, 債権者には債務者に対して弁済の有無につき「宣誓[2]」を要求できる権

---

(2) 宣誓についての詳細は, 金山・軌跡237頁以下参照。なお, ボワソナードは, 普通消滅時効についても, その完成後に, 債権者が債務者に対して弁済の有無につき宣誓を求めることができるような制度を構想することになるが, その部分は旧民法の制定過程で削除されている。

利が与えられており，この点で同じく訴訟不受理事由とされる30年の普通消滅時効とは異なった扱いがなされている。それは，短期消滅時効がもっぱら弁済の推定に基礎づけられていること，取引では誠実さが要求されること，そして宣誓による誠実（善意）の証明を要求しても何ら債務者を害さないこと等から正当化されている。宣誓の対象は，弁済の真実性，請求額を負っているか否か — その相続人であれば，被相続人の債務の存否・弁済の有無 — である。債権者がこの宣誓を債務者に要求すると，債務者は請求額を弁済した（あるいは負担していない）旨を宣誓しなければならない（「決訟的宣誓」）。債務者がこの宣誓をすれば債権者敗訴の判決，宣誓をしないときは債権者勝訴の判決がそれぞれ下されることになる。

(3) **消滅時効の二元性**

フランス普通法上，30年の普通消滅時効においては，弁済の推定は，その根拠の一つではあっても，そのすべてではなかった。制度の構造全体から，ことに実体法的観点からみれば，そこでの中心的根拠は，むしろ権利の行使を怠った債権者に対する「懈怠罰」にあり，この理念と，良心・道徳上の要請との調和がそこでの中心的問題であった。それに対して，短期消滅時効はもっぱら「弁済の推定」を根拠としている。そこには，通常，直ちに決済される性質の債務について，商人の不当かつ濫用的な請求から一般市民たる債務者およびその相続人を守るという理念があった。しかも，この理念が時効の要件・効果にまで及んで，上述したように，書面による適用除外や，債権者の宣誓要求権となって現われている。それゆえ，短期消滅時効は，時効とはいっても，普通消滅時効とは性質および存在の平面を異にした制度だということができる。要するに，フランス普通法下において，消滅時効は，「普通消滅時効」と「短期消滅時効」という — 趣旨・制度内容を異にする — 二本立ての制度として存在していたのである。

(4) **フランス民法典**

フランス民法典（1804年）は，普通法上の二本立ての消滅時効制度をそのまま受け継いだ[3]。短期消滅時効については，その2271条以下において，①6カ月，②1年，③2年のものに分類して規定し，②の中で，商人が非商人たる

---

(3) 以下については，金山・軌跡390-392頁参照。

個人に売却した商品の代金について規定している[4]。そして,「書面」がある場合には短期消滅時効は進行せず(2274条2項),また,その援用を受けた者は相手方に対して「宣誓」を要求することができると規定して(2275条),普通法におけると同じく,短期消滅時効につき,普通消滅時効とは異なる扱いをすることを明らかにしている。そして,これと歩調を合わせて,推定や宣誓に関する基本的な規定が——革命期の草案における廃止提案を乗り越えて——復活する形で設けられた(1349条以下)。フランス革命期においては,単純かつ統一的な制度として時効全体を再構成しようとするの構想が見られたが[5],フランス民法典においては,普通法における消滅時効制度がほぼそのまま受け継がれたのである。要するに,消滅時効は,趣旨・制度内容を異にする二本立ての制度として維持されたわけである。

2 わが国における立法の経緯

フランス法は,時効に関してもボワソナードを通じて日本の立法に対して強い影響を与えた。ここでは,(1)旧民法から現行173条への立法の過程を追跡した上で,(2)わが国の立法の評価に及びたい。併せて,(3)当時の立法事実を一瞥しておくことも無益ではないだろう。

(1) 旧民法から現行173条へ

民法173条の元となった旧民法証拠編159条は,次のように規定していた[6]。

旧民法証拠編159条 時効は左の訴権に対しては1个年とす

第1 非商人に為したる供給に関する日用品,衣服其他動産物の卸売商人又は小売商人の訴権。但商人又は工業人に為したる供給と雖も其者の商業又は工業に関せざる場合に於ては亦同じ

第2 右の区別を以て注文者の材料又は動産物に付き仕事を為す居職の職工又は製造人の訴権

---

(4) そこでは,医師,薬剤師の往診,治療,薬剤についての訴権,執達吏の書類送達費および報酬,寄宿舎の主人に対する生徒の寄宿料および教育費,家事使用人の報酬と並べられている。

(5) 金山・軌跡300頁以下参照。

(6) 以下は,金山直樹『時効における理論と解釈』(有斐閣,2009年)40-42頁の要約である(以下では,「金山・理論」として引用する)。

第3 　生徒又は習業者の教育，衣食及び止宿の代料に関する校長，塾主，
　　 師匠又は親方の訴権

　梅謙次郎はこれを出発点としながら，幾つかの点で修正を加えた上で，法典
調査会に次のような草案を提出する。

　草案 174 条　左に掲ぐる債権は 2 年間之を行はざるに因りて消滅す
　　1 　生産者，卸売商人及び小売商人が売却したる動産の代価。但其買主の
　　　　商業に関するものは此限に在らず
　　2 　居職人及び製造人の仕事に関する債権。但其注文者の商業に関するも
　　　　のは此限に在らず
　　3 　生徒及び習業者の教育，衣食及び止宿の代料に関する校主，塾主，教
　　　　師及び師匠の債権

　法典調査会における梅謙次郎の説明によれば，1 号に関して，旧民法を修正
したのは，次の二点である。第一は，時効期間を旧民法の 1 年から 2 年に延長
したことに関する。日本の慣習では，1 年余りも請求しないでおくことは決し
て稀ではない。時効期間が 1 年だと，その前に訴えることが必要となるが，信
用のある人に対しても訴えを起こすようなことは避けるべきであって，信用と
いうものを発達させなければならない。この点，外国の例はいろいろで，その
平均をとることはできないが，2 年くらいが適当だと考えた。第二は，1 号に
「生産者」の文字を加えた点についてである。その文字を加えたのは，たとえ
ば百姓が「消費者」に大根を売った代金債権が 20 年[7]も時効消滅しないのに
対して，商人から物を買った場合には 2 年で時効消滅するというのでは，権衡
を得ないからである。ここでは，梅が「消費者」という言葉を用いて本条の適
用範囲を明確に意識し，「但其買主の商業に関するものは此限に在らず」とい
う但書の場面と対照的に捉えていたことは注目される。要するに，事業者間の
債権は短期消滅時効の対象外とされていたのである。
　法典調査会における若干の字句修正を経て，次のような政府原案が衆議院に
提出されることとなった。

---

〔7〕　この時点では，法典調査会において普通消滅時効期間は 20 年と定められていた。そ
　　のことが念頭にある。

21 民法173条1号の射程〔金山直樹〕

政府原案 173 条 1 項　生産者，卸売商人及び小売商人が売却したる産物及び
　商品の代価。但其買主の商業に関するものは此限に在らず

　政府原案は，衆議院の「民法中修正案委員会」において問題とされることに
なる。それは，普通消滅時効期間を定める 167 条に関する議論の影響を受けた
ものであった(8)。すなわち，普通時効期間を 20 年としていた政府原案に対し
て，それでは長すぎるという点に議論が集中し，採決の結果，時効期間を「15
年」にするという動議が賛成多数で採択されたのである。そして，この普通消
滅時効の期間を 15 年とする修正を受けて，それまで出訴期限規則（1 条 6
項(9)）によって 6 か月とされていた「商人互の売掛金」が，政府原案 173 条 1
号但書によって 2 年の短期消滅時効から除外されると，15 年の普通消滅時効
に服することになる点が問題とされた。反対派は，1) 買主が商人でない場合
（＝但書で除外されない場合）と不権衡である，2) 変化が急激に過ぎる，3) 長期
間にわたる証拠書類の保管を強いられ不都合が生じる，4) 受取証書を無くして
しまうと 15 年間も信用を害し，詐欺・騙取などの害がもたらされる，として
本条の但書を削除する動議を提出した。これに対して，梅は政府委員として，
現在のように時効期間が 6 か月というのでは信用の発達が阻害されるから改め
るべきであり，また民法上の普通時効期間が商人間では適当でないという点は
商法で予定されている特別規定によって ── 今の（施行延期中の明治 23 年）商
法では 6 年なので(10)，おそらく 5 年か 6 年という形で ── 規定されることにな
ろう，と反論している。その際，同時に他の条文も問題とされたので議論は錯
綜したが，採決の結果，但書削除案は賛否同数となり，委員長・星亨の裁定に
よって，いったんは政府原案の維持が決定した。

　ところが，委員会の最終日（1896〔明治 29〕年 3 月 14 日）において，突然，
普通消滅時効期間に関して，債権につき 10 年，債権または所有権以外の財産

---

(8)　この点の詳細は，金山・理論 36-40 頁参照。

(9)　出訴期限規則（1873〔明治 6〕年）1 条 6 号は，「商人互の売掛金」につき 6 か月の時効
　　を規定している。同規則については，内池慶四郎『出訴期限規則略史 ── 明治時効法の
　　一系譜』（慶応通信，1968 年）参照。

(10)　旧商法（1890〔明治 23〕年）349 条は「商事に於ける債権は満期日より若し此期日の
　　定なきときは其債権の生じたる日より 6 个年の満了に因りて時効に罹る。但法律上此よ
　　り短き時効期間を規定したるときは此限に在らず」と規定している。

権につき 20 年に改めるという再修正動議が —— 何らの理由も明示されること
なく —— 提出され，これが直ちに賛成多数で可決された。それに続いて，173
条1号・2号の但書を削除するとの動議が提出され，これも直ちに可決される
という事態が生じた。その結果，173 条には修正が加えられ，衆議院本会議に
よる可決（3月 16 日）を経て，以下のような現行法が成立した（消し線が削除
部分）。

　現行民法 173 条　次に掲げる債権は，2年間行使しないときは，消滅する。
　　1　生産者，卸売商人又は小売商人が売却した産物又は商品の代価に係る
　　　債権。~~但其買主の商業に関するものは此限に在らず~~
　　2　自己の技能を用い，注文を受けて，物を製作し又は自己の仕事場で他
　　　人のために仕事をすることを業とする者の仕事に関する債権。~~但其注文~~
　　　~~者の商業に関するものは此限に在らず~~
　　3　学芸又は技能の教育を行う者が生徒の教育，衣食又は寄宿の代価につ
　　　いて有する債権

(2)　**立法の評価 —— 欠陥立法？**

　以上，民法 173 条の立法の沿革・経緯を辿ってみた。そこから2つの問題が
浮かび上がってくる。

　第一に，173 条のおいては，フランスにおいて普通法から民法典までを貫い
ていた「弁済の推定」という考え方が雲散霧消してしまっている。上述したよ
うに，フランスにおいては，弁済の推定という考え方から，1)書面がある場合
には短期消滅時効を適用せず，また，また，2)その完成後も債権者には債務者
に対して宣誓を求める権利が認めていた。しかも，短期消滅時効は，3)商人の
不当な請求から消費者を守るという明確な制度目的を有していた。

　ところが，わが国においては，ボワソナードが独自の信念から，フランスの
短期消滅時効をモデルにして，すべて時効を「法律上の推定」として構成し
(旧民法証拠編 89 条[11])，それが法典論争における標的の一つとされてしまった。
そこで，現民法の制定に際しては，証拠に関する規定を民法から削除するとと

────────────

[11]　旧民法証拠編 89 条　「時効は時の効力と法律に定めたる其他の条件とを以てずる取得
　又は免責の法律上の推定なり。但動産の瞬間時効に関する第 144 条以下の規定を妨げ
　ず」。

437

21 民法173条1号の射程〔金山直樹〕

もに，時効を権利得喪原因として総則編に規定することが予め決められた（「予決議案」，乙第5号議案）。

その結果，わが国の民法典は，短期消滅時効につき，フランス法に由来する規定，すなわち，1)書面がある場合の例外規定，および，2)宣誓に関する規定をそぎ落としたものになってしまった。それは，短期消滅時効が，その理念とする弁済の推定を裏付ける証拠法上の制度的仕組を欠くものになってしまったことを意味している。たしかに，政府原案は，3)買主が商人である場合を173条1号の適用外とする「但書」を設けることによって，実体法レベルで，商事売買を除外して消費者保護を実現するという理念を明確にしていた。けれども，「民法中修正案委員会」の最終日，そしてそれに続く衆議院本会議において，突然，何の議論もなく談合的に但書が削除されてしまった。採決の結果，消滅時効は一元的な制度として構築され，その中で，短期消滅時効は一定の債権につき時効期間が短いという形でしか特徴づけることのできない制度として成立したのである。

第二に，本来，民法173条は，商人の売買代金請求から消費者を守るという理念を含むものであった。そのことを表していたのが，但書であった。ところが，この部分が削除された結果，同条は，文言上，商人間でも適用されるべきものとなった。委員会においては，なぜ削除すべきかに関する説明はなかったが，衆議院本会議において，星亨が但書削除の趣旨を説明している。その要点は，①但書があると，それに該当するときには民法167条の定める10年か20年の時効⑫のどちらが適用されるのかという疑いが生じるし，②買主が商人である場合については，商法の改正で対応すべきであって，いまここで但書としてわざわざ書いておかなくてもよい，という点にある。

しかし，まず，①については，かえって但書があった方が，民法173条の適用範囲は確定しやすいといえるので，その論は成り立たない。実際，判例の歩みから明らかになるように，但書を削除した結果，債務者が消費者か商人かを区別することなく制度化された173条は，その適用に際して，普通消滅時効との関係で常に疑いを生じさせることになる（→後にⅡで検討する）。それゆえ，①の点は削除すべき理由としては不十分というほかない。次に，②については，

⑿　この時点では，普通時効期間を15年とする原案に修正が加えられ，現行の10年・20年の期間が採択されている。

Ⅰ　立法の沿革

立法の約束を反故にしたという問題がある。なぜなら，現行商法典の制定（1899 年）は，約束を果たす絶好の機会であったにもかかわらず，同 522 条において「商行為によって生じた債権は，この法律に別段の定めがある場合を除き，五年間行使しないときは，時効によって消滅する。ただし，他の法令に五年間より短い時効期間の定めがあるときは，その定めるところによる」と規定するに留まったからである。政府の約束に従えば，商事売買には商事時効を適用できるようにするため，「他の法令」たる民法 173 条の但書を復活させるべきであった。ところが，民法 173 条は，商行為にも適用される時効規定としての合理性を何ら検証することなく，そのままの形で温存されてしまった。

以上から明らかなように，民法 173 条は，規定の内容を見ても，また制定の手続きを見ても，問題が多い。のみならず，商法典制定の際の見直しを約していながらそれを怠り，今回の債権法の改正に至るまで放置してきた。それは，100 年以上にわたる立法府による不作為違法を意味しないだろうか。

(3) 立 法 事 実

ここで，当時の立法事実を振り返ることによって，民法 173 条の社会的基盤を探ってみよう。もっとも，ごく簡単にしか検討できないことをお断りしておきたい。

(a) 問　　屋[13]

日本における流通システムは，鎌倉時代の問丸 ── 都市・市場・港湾など貢納物・商品が集散する要地に居住して物資の管理，発送，取引の仲介，宿所の経営などを広く行った ── から始まり，その後室町，江戸，明治時代を通して流通システムの中核を担ってきた問屋や卸売業によって確立された。そして，明治時代にも，問屋が流通の中心として機能を拡大していった。当時の日本では，米の流通が最も重要とされ，その流通は生産者である農民と消費者とをつなぐため産地仲買人，産地問屋，都市問屋，中次人，米穀小売商と多段階の流通業者を経て最終的に消費者へ届くという経路を取っていた。大半の食用農産物は集散地問屋や都市問屋を通して，また衣料品では製造卸売商などの問屋が流通の中核を担っていた。

その後，政府の産業育成政策により全国展開を目指す消費財メーカーが台頭

────────

[13]　この項目は，岡本純「日本型流通の進展 ── 欧米型との比較から」名古屋外国語大学現代国際学部紀要 5 号（2009 年）169-170 頁による。

21 民法173条1号の射程〔金山直樹〕

し始めた。消費財メーカーにとって自社商品の安定的供給やブランドの構築のためには、それまで流通チャネル（流通経路において主導権を握り、商品や情報の流通、価格をコントロールする存在）の中心となっていた問屋を活用することは大きなメリットを持っており、総代理店や特約店として組織化し活用することにより垂直的な政策を進めていく必要があった。メーカーにとってはブランドの構築や維持のために問屋を自らの組織として活用することで流通段階における乱売を防ぐことが可能になり、代理店や特約店にとっても乱売を防ぐことにより問屋としての利益を確保できるというメリットを有していた。このように、消費財メーカーは、問屋を活用して自身が販売会社を設立するなど、一層強固な系列化を押し進めた。ここに、後に問屋の独自性が認められる素地がある。

(b) 決 済 方 法⑭

日本には江戸時代頃から商店などで日用品の買い物をする際に、帳簿ツケ台帳や売掛帳と呼ばれるものにその内容を記録し、後に一括でその料金を支払う、という後払いシステム、いわゆる「掛売り」という支払方法が存在した。これは当時の農民に合わせた支払方法で、年貢納めのタイミングで一括して支払うため、このようなシステムが生まれたと言われている。掛売りという仕組みは、当然相手に対する信用で成り立っている。それゆえ、江戸時代も末期を迎えるにあたっては、武家屋敷の財政が悪化し、掛売りでは代金の回収が困難な場合も多々見受けられるようになった。

掛売商法の問題への対策を考えていたのが越後屋であった。上顧客ばかりではなく一般顧客の取り込むことを狙って、「掛値なし、価格交渉無し、現物引換現金払」という商法を江戸初期に導入していたのである。これが後に小売りの基本になる。

(c) 取 扱 商 品⑮

商品として、何が取引されていたのか。典型的な売買の対象となっていたものとしては、以下の商品があったようである。

---

⑭　この項目は、新井田剛・水越康介「百貨店の外商制度と掛売りの歴史的変遷 —— 小売業における関係性」マーケティングジャーナル 32 巻 4 号（2013 年）68-69 頁による。

⑮　農商務大臣官房記録課「第五次農商務統計表」（1891 年）259-300 頁による。

米雑穀，菓子，呉服太物織物類，繭及蚕種類，和洋酒，生干塩魚類，薪炭，薬種売薬，味噌醤油酢，青物菓物，煙草，板木竹材

(d) 若干の考察

以上の素描から，①問屋と小売りでは決済方法が異なっていたこと（そのことが後の判例に影響したと考えられる→後述Ⅱ1(1)参照），②取扱商品については，未だ工場生産が一般化する前の時代背景を反映して，農林業産物を中心にしていたことが分かる。この点から見ると，政府原案が，173条の適用範囲として念頭に置いていたのは，①の中の小売りであり，かつ，②に関しては，生産品の消費者への売却であって，それらが基本的に現金決済されるという実態を的確に踏まえたものであったと評することができる。つまり，政府原案は立法事実に裏打ちされていたのである。けれども，議会での修正の結果，立法事実からの乖離が生じた。

このような不完全ともいえる立法を受けて，裁判所は，条文の文言にあくまでも従うべきか，それとも不十分な立法を自らの手で補うべきかが問われることになった。次に，その点を見よう。

Ⅱ　判例の展開

判例は，173条1号が問題となった事案につき，適用を否定した場合と(1)，適用を肯定した場合に分かれている(2)。それぞれの事案と判旨を確認した上で，判例の展開を全体としてどう評価すべきかを考えてみよう(3)[16]。なお，すべて裁判官はその良心に従い独立してその職権を行うので（憲法76条3項），誰が判決を下したかは決定的に重要である。以下において，判明する限り，戦前の判決も含めて裁判官名を記すゆえんである[17]。

---

[16]　以下の判例の検討は，基本的に金山・理論79-81頁に依拠したものであるが，事実関係についてはより詳しくリファーするとともに，考察を深めるように努めている。各判決に付した通し番号は，同書を参照して頂く場合のことを考え，あえて元のままとしている。

[17]　裁判官名の記載は，金山・理論79-81頁を補うことになる。

21 民法173条1号の射程〔金山直樹〕

1 適用否定例

(1) 問屋の有する債権について，判例は一貫して本条の適用を否定している（[72] 大判明治44・5・25民録17輯336頁――繭・絹を扱う問屋につき，他人の委託によって委託者のために業を行い自己のために販売をするのではないので卸売商人または小売商人ではないとして，173条を適用した原審を破棄差戻，[73] 大判大正8・11・20民録25輯2049頁――魚市場営業者は他人のために魚類の競売をするので，問屋であって卸売商人には当たらないとして時効を否定，[74] 大判昭和8・3・25新聞3544号17頁〔裁判官・三橋久美，佐藤共之，細野長良，神原甚造，椎津盛一〕――時効を否定）。学説は賛成と反対に別れている[18]。反対説の論拠は，問屋の取引も商品の売買であって，卸売商人・小売商人の代価債権と実質的に区別する理由がない，という点にある。しかし，判例は，問屋の特殊な機能とその取引・決済形態を考慮したのかもしれない（→前述 I 2(3)(a)参照）。

(2) 民法173条によって2年の時効にかかるべき米代金であっても，これを準消費貸借の目的としたときには，10年の時効に服するとして，本条の適用を否定している（[75] 大判昭和7・10・22新聞3487号8頁〔裁判官・三橋久美，佐藤共之，細野長良，神原甚造，椎津盛一〕――時効も否定）。

(3) 配炭公団の有するコークス売却代金債権につき，公団は本条にいう商人に当たらないとして，本条の適用を否定している（[76] 最判昭和35・7・15民集14巻9号1771頁〔裁判官・小谷勝重，藤田八郎，河村大助，奥野健一〕――時効も否定）。

(4) 油糧砂糖配給公団の大豆油などの売掛債権についても，同様である（[77] 最判昭和37・5・10民集16巻5号1066頁〔裁判官・小谷勝重 藤田八郎，河村大助，奥野健一〕――時効も否定）。

(5) 農業協同組合連合会の有する豚肉の販売代金債権につき，組合連合会は生産者にも卸売商人にも当たらないとして，本条の適用を否定している（[78] 最判昭和37・7・6民集16巻7号1469頁〔裁判官・藤田八郎，池田克，河村大助，奥野健一，山田作之助〕――時効も否定）。

(6) 豚の飼育のために組合員の相互扶助と金融の便を目的として作られた権

---

(18) 賛成は，我妻栄『新訂民法総則』（岩波書店，1965年）494頁，柚木馨『判例民法総論・下巻』（有斐閣，1952年）447頁，田島順『民法総則』（弘文堂，1938年）560頁，反対は，川島武宜『民法総則』（有斐閣，1965年）533頁。

利能力なき社団たる組合の組合員に対する飼料売却代金債権につき，本条にいう「売却」に当たらないとして，本条の適用を否定している（[79] 最判昭和41・9・30民集20巻7号1552頁〔裁判官・奥野健一　草鹿浅之介，城戸芳彦，石田和外，色川幸太郎〕——時効も否定）。

(7) 漁業協同組合が事業の一環として売却した魚類の売掛代金債権等につき，[78] 判決に依拠して，本条の適用を否定している（[80] 最判昭和42・3・10民集21巻2号295頁〔裁判官・奥野健一　草鹿浅之介，城戸芳彦，石田和外，色川幸太郎〕——時効も否定）。

(8) 注文者の個別的注文に合わせて作成する製品で，流通を予定していない特定旅館の宣伝パンフレットの代金債権につき，本条1号にも2号にも該当しないとして，本条の適用を否定している（[81] 最判昭和44・10・7民集23巻10号1753頁〔裁判官・松本正雄，田中二郎，下村三郎，飯村義美，関根小郷〕——時効も否定）。これについては，後にやや詳しく見る（→後述Ⅲ1(2)参照）。

(9) 日本電信電話公社の電話番号簿掲載の広告料債権につき，公社は「小売商人」に該当せず，また，広告掲載契約は「商品の売買」に該当しないとした原審の判断を是認して，本条の適用を否定している（[82] 最判昭和51・12・17民集30巻11号1052頁〔裁判官・岡原昌男，大塚喜一郎，吉田豊，本林讓，栗本一夫〕——時効も否定）。

(10) Xが，Yの指定に基づいて韓国から繊維製品を外貨建てで継続的に輸入してYに引き渡し，YがXに対して，外貨で表示された輸入代金等に一定の割合を乗じた金額につき仮に定めた為替割合により邦貨に換算して支払うとともに，信用状決済までの実際の為替割合の変動により右支払額について生じたXの差損益については，別途，相当期間毎にYとXとの間において清算するという合意があった場合につき，右差損益の清算に関する合意に基づく清算金請求債権は，民法173条1号の「商品の代価」に該当しないとして，本条の適用を否定している（[83] 最判平成元・6・23判時1322号76頁〔裁判官・島谷六郎，牧圭次，藤島昭，香川保一，奥野久之〕——時効も否定）。

2　適用肯定例
(1) 商人間の売買に関して，173条を適用した判決は多い（[85] 大判明治36・4・7民録9輯402頁——時効を認容，[86] 大判昭和7・6・21民集11巻12号

21 民法173条1号の射程〔金山直樹〕

1186頁——酒類醸造者が納品先の酒類販売業者に対して有する代金債権につき時効を認容，[87] 最判昭和36・5・30民集15巻5号1471頁〔裁判官・石坂修一，島保，垂水克己，高橋潔〕，[88] 最判昭和41・3・11金判1号9頁事案判旨不詳〔裁判官・奥野健一，山田作之助，草鹿浅之介，城戸芳彦，石田和外〕——商人間で時効を認容）。たとえば，[87] 判決は，「民法173条1号は，消費者に対し売却した商品の代金債権についてのみならず，卸売商人が転売を目的とする者に対し売却した商品の代金債権についても適用せられるものであるから，卸売商人相互間の本件商品売掛代金債権もまた右規定の適用を受け，二年の短期消滅時効に罹るとした原審の判断は正当である」と述べて，時効を認容している。

　学説は，賛成と反対に別れている。賛成説は，衆議院での修正も含めて，法律の文言・趣旨を尊重しようというものであり[19]，反対説は，もともとの政府案の原意を尊重し，商人間の取引は帳簿関係が明瞭で証拠保全の困難が存在しないから173条を適用すべきでないというものである[20]。だが，判例の整合性からいえば，そもそもこれらの判決は，問屋について173条の適用を否定する[72]～[74] 判決と矛盾しているのではないか。いずれの場合も，商人として商品を売却している点で異なるところがないからである。どちらかの判例を改めなければならない。

　そのほか，173条によって債務者を免責した例としては，以下のものがある。

　(2) 組合員が生産した木炭の売却代金につき旧産業組合が有する債権（[89] 大判昭和2・7・15民集6巻10号478頁〔裁判官・嘉山幹一，吾孫子勝，霜山精一，細野長良，岡村玄治〕——旧産業法5条が商法中商人に関する規定の準用を認めていたことを理由に，商法〔明治32年〕285条〔＝現522条〕但書を通じて民法173条1号を適用して時効を認容[21]。同じ組合でも[78] [79] 判決とは対照的）。

　(3) 電力会社の電力供給に対する対価たる電気料債権（[90] 大判昭和12・6・29民集16巻15号1014頁〔裁判官・矢部克己，森田豊次郎，竹田音治郎，島保，前

---

(19)　梅謙次郎『最近判例批評』（法政大学，1906年）12頁，中島玉吉『民法釈義巻之一・総則編』（金刺芳流堂，1911年）916頁，鳩山秀夫『法律行為乃至時効（註釈民法全書第2）』（巌松堂，1910年）723頁，同『日本民法総論〔増訂改版〕』（岩波書店，1931年）643頁，石田文次郎『現行民法総論』（弘文堂，1930年）525頁，近藤英吉『民法大綱・総則』（巌松堂，1939年）617頁。

(20)　岡松参太郎『註釈民法理由・上（総則編）』（有斐閣，1899年）450頁，吾妻光俊・判民昭和7年度95事件評釈，我妻・前掲注(18)493-494頁，柚木・前掲注(18)449-450頁。

川博彦〕——時効を認容）。

（4）株式会社間で売却した商品の代価の債権（〔91〕最判昭和 37・12・18 裁判集民 63 号 687 頁〔裁判官・垂水克己，河村又介，石坂修一，横田正俊〕——タクシー会社へのタイヤ等の売却代金につき時効を認容）。

（5）生産者が製造し売却したゴルフ用手袋の売買代金債権（〔92〕最判昭和 59・2・23 判時 1138 号 77 頁〔裁判官・谷口正孝，藤崎万里，中村治朗，和田誠一，角田礼次郎〕——手袋製造は第 1 次産業ないし原始産業に属するものではなく，買主が商行為として買い受けていても 173 条 1 号の適用があるとして時効を認容）。

3　判例の評価

以上，大審院・最高裁の判決を網羅的に取り上げた。そこで浮かび上がってくるのは，173 条の適用につき，否定と肯定を分ける基準の曖昧さである。一言でいって，この分野で「判例理論」なるものを探究することは，時間の無駄であるとさえ感じられる。たしかに，教科書においては，教育目的から一定の説明がなされているが，それは判例の全部を映し出したものではありえない。率直に，判例には「不整合」，「不統一」，もっと言えば「破れ」があることを認めるべきである。

そのことを前提にしつつも，大局的な視点から判例を眺めると，どのような風景を描くことができるのだろか。そのことを問うことは，あるべき法を構想する上で無益ではないだろう。この点については，以前に考えたことがあるので，少し長くなるが，脚注も含めて抜粋・引用することをお許し頂きたい[22]。

「こうした判例の足跡から浮かび上がってくるのは，短期消滅時効が衰退の一途を辿りつつある姿である。そのことの意味を考察しておこう。

（a）まず，短期消滅時効の適用を否定した判決をどう読むべきかが問題になる。おそらく，判決は結論だけに注目すべきであって，理由づけは文字通り受け取るべきではない。というのは，たとえば，〔81〕判決によると，旅

---

[21]　この判決については，後の別件に関する上柳克郎「〔78〕批評」民商 48 巻 4 号 572 頁以下の批判が鋭い。なお，旧産業組合に対する貸金債権については商法（明治 32 年）285 条（＝現 522 条）が準用されて 5 年の時効が適用されていること（大判大正 9・10・21 民録 26 輯 1561 頁——中断を認めて時効を否定）との整合性も問題になる。

[22]　金山・理論 82-85 頁。

21 民法173条1号の射程〔金山直樹〕

館の宣伝パンフレット作成の代金債権が問題になる場合，注文者の個別的注文に合わせて作成するときと，そうでないときとで短期消滅時効の適用の有無が異なることになるが，その区別の理由を合理的に説明できないからである。……さらに，……近代的設備を備えた製造業者は173条2号にいう「製造人」（民法の現代語化は「自己の技能を用い，注文を受けて，物を製作……することを業とする者」）にも含まれないというが，何ゆえ近代的設備を備えると製造人ではなく「一般人（？）」になるのか，その点も理解できない。

要するに，判決自体，根拠を欠いたままである。最高裁は，自らの言説に従って真の意味での区別の基準を打ち立てようとしているとは思えないからである。すべては言いがかり的なものとさえ評価できよう。だとすると，判決の文言に囚われることなく，根本に立ち返って事態を観察する必要がある。

(b) そもそも，短期消滅時効の空洞化は，巨視的にみれば，短期消滅時効の本来的恣意性からくる非合理な弊害を克服したというよりも，かつては根拠がありえたかもしれない特別の〈差別的〉扱いが現代では正当性を失っていることを表しているとみるべきであろう。歴史的には，たとえば商人等は，「卑賤な者」とされていたという事情があるし，さらに居酒屋での飲み代にはそもそも訴権さえ認められていなかったのは，酒屋がいかがわしい場所であって債務の原因も好ましくなく，また放蕩により身を持ち崩すことのないように，といった理由からであった[23]。しかも根本には，それらの階層の人々に対する不信用・軽蔑の念があったことを見逃してはならない[24]。いいかえれば，これらの規定は，金銭債権に関しても抽象的等質性が認められていなかった時代，すなわち債権者・債務者の社会的・階級的地位が直接に債権に差異をもたらしていた時代の産物であり，その名残であるといわざるをえない。したがって，近代において資本制が浸透して封建社会の階級性が除去され，債権の抽象的・平等的扱いが貫徹されるようになると，〈名残としての差異〉の正当性は認め難くならざるを得ないのである。

学説には，新たな基準として当事者の力関係に目を向けたものがあった。それは，当事者の社会的地位に格差が存することに着眼して，事実上債権者

---

(23) 金山・軌跡244頁注(31)(32)および243頁注(27)参照。

(24) 短期消滅時効は，起源においては社会的身分に基づく差別の反映だったものが，後の〈歴史〉によって忘却されたといえよう。

の権利行使が容易でない場合には，弱者保護の社会的・法的観点から，170
条から174条までを改正して，期間の長期化と中断の容易化を内容とする立
法論を説いたものであった[25]。だが，すでに判例は条文の文言から離れてで
も，理由なき〈差別〉の解消という時代の要請に対応してきたのである。こ
のようにして描かれた短期消滅時効法衰退の軌跡は，かつて予言されていた
ところであった[26]。

　実際，こうした差別の問題性に目を向ける裁判官がいた。それは電話番号
簿広告掲載料債権に関する判決（[82]判決）における大塚喜一郎・反対意見
であって，173条が適用されるべきだとする説示の中で，一方で，電気料金
債権について同条を適用した先例（[90]判決）と同等の扱いを主張するとと
もに，他方で，居職人または製造人の仕事の報酬にあたるとみるべきかどう
かの点を問題として，「近代工業的機械設備を備えた業者は……居職人又は
製造人にあたらない」とする先例（[84][81]判決）は変更すべきだという。
いわく，「判例のように解すると，零細企業が債権者であるときは同条二号
の適用をうけ，大中企業が債権者であるときはその適用排除による利益をう
けることとなり，結果において居職人又は製造人にあたる零細企業のみが不
利益をうける不合理をまねくこととなる」。その目指す方向は，短期消滅時
効の適用範囲を恣意的かつ中途半端に制限すべきではなく，一律に広く適用
すべきだというものである。その対処方法は〈差別の拡大〉を招きかねない
ものであり，その方向には問題が残るが（その点で判例の「差別封じ込め」の
対処法と対照的），少なくとも差別の存在に気がついていた点は評価に値する。

　(c)　では，173条の適用が正面から認められた事案（[85]～[92]判決）を
どうみるべきか。ことに商人間において2年の時効を適用した判決はそれな
りの数を重ねている（[85]～[88]判決）。それはいかにして正当化できるの
であろうか。

[25]　打田畯一「短期消滅時効制度批判」『民法基本問題150講・総則・物権』（一粒社，
　　　1966年）226頁以下。
[26]　Georges HOLLEAUX, De l'évolution des règles propres aux courtes prescriptions
　　　fondées sur la présomption du payement, thèse Paris, Limoges, 1927 は，フランス普通
　　　法から現代にかけて，短期消滅時効制度がいかに発展・変容・衰退してきたかの全体像
　　　を浮かび上がらせる実証的研究であって，その後の歴史を予言するような内容になって
　　　いる。

447

この点で示唆的なのが，173条1項に2つの異なる時効が含まれていることを前提に判例法の理解を試みる学説である[27]。それによると，(1)買主が消費者の場合には，時効の伝統的・証拠法的理由づけを消費者保護の意味で理解し，(2)買主が商人である場合には，商人間の売買代金債権を商事時効の5年よりさらに短い2年にまで短縮する実質的な理由を問い，そこには懈怠罰の可能性が考えられるという。そして，(2)の場合，つまり商人間では，取引が順調である限り売主は日常業務として容易に時効を中断しうるし（含，代金の一部回収による残部の時効中断），また未払い等の異常事態が生じた場合には迅速に認識して対処しうることから，173条1項の適用は売主の営業における定型的な売買によって発生した本来の代金債権に関する限りにおいては合理性がある，と主張する。

このように，173条の中に(1)消費者保護と(2)商取引の2つの側面をみることは，沿革にも合致し，巧みな解釈だといわざるをえない。実際，(1)に関してはフランス法（＝旧民法＝政府原案）に忠実に，売掛債権の短期消滅時効は消費者（非商人）に対する債権だけに適用され，商人に対する債権については商法522条が適用されると説いたものがあった[28]。その観点からいえば，たとえば電力会社の電力供給に対する対価たる電気料債権について2年の時効で処理をするのは（[90]判決），消費者の側での領収書の保存期間を考えると——もし2年でなければ5年となるので（商502条3号）——妥当だというべきかもしれない。今後は，消費者保護法上の価値を認めて，短期消滅時効を積極的に再評価する余地があろう[29]。

だが，(2)の商取引の側面の評価に関しては問題がある。なるほど，商人間において短期消滅時効を適用した[85]〜[88]判決のルールだけを説明する論法としては，巧妙であり説得力も高い。けれども，このような営業上からくる合理性が同等に認められるべき他の場合（例，[72]〜[74]，[76]，[77]，[80]〜[83]判決の事案）につき，何ゆえ173条の適用が否定されたのかを十分に説明できるかは疑問である。やはり，最後に残された差別の残滓として，商人間において短期消滅時効を適用した[85]〜[88]判決のルールにも訣別

(27) 中田・前掲注(1) 124頁以下。
(28) 柚木・前掲注(18) 449頁。
(29) 金山・理論8頁はこの方向を強調している。

を惜しまないのが一つの合理的態度なのではないだろうか。たしかに，商人間においては職業として特別の世界が形成されており，かつ実務上も長年これに対応しているといえるかもしれない。だが，〈最後の差別〉の撤廃による影響は，時効期間を二年から五年に延長するのに留まるので，少なくとも時効期間を短縮する場合に比べれば，実務上の影響もそれほど大きくはないように思われる。もちろん，そのことが領収書の保存期間の延長という事務処理の増加・負担増に繋がることは覚悟しなければならない」。

　以上，要するに，「人の平等」と同様，「債権の平等」を要請する資本主義社会において，債権の種類によって時効期間に差異 —— もっといえば差別 —— を設けることは，もはや正当化することができない⑶⓪。ここに，短期消滅時効制度が次第に雲散霧消せざるをえない根本的な理由を見ることができよう。そのことが多くの場面で 173 条の死文化をもたらしているのである。

　いろいろな判決を読んで感じるのは，現場の最前線に立たされた裁判官が，無意識のうちにも，173 条の問題性を感じ取ってきたのではないかということである。こうした状況を民法解釈方法論という観点から眺めると，法文の字句に沿った形式的文言解釈の手法から，公平を旨とする実質的判断（実質的平等，弱者・被害者・消費者保護）を重視する手法への推移の一環として捉えることができる。一見，静的に見える消滅時効の分野でもそうした動きが見られたことは，注目に値する。

　このような法の変遷の根本には，社会の変化があるといわざるをえない。立法当時の社会観（殖産興業・富国強兵）や階級観（地位・職業による差別的社会構造）は，とくに戦後の経済成長，そしてこれと呼応する生産様式や生産関係の変化と，新憲法下における人権思想の普及を契機として，変容したのである。そのことが，短期消滅時効や商事時効の衰退を導く背景にあったことは否定しがたい。

⑶⓪　短期消滅時効の隠れた差別意識については，金山・理論 7-8 頁・29-30 頁注⑩参照。

III 解決の方向性 —— 設例を念頭に

設例では，商品売買に基づく代金請求が問題になっている。しかし，だからといって，必ず173条を適用しなければならないわけではない。これまでの判例の趣旨を踏まえた上で，173条の適用を否定することも十分に可能だからである。ここでは，幾つかの判例を具体的に検討して，そこでの考慮要素と判断枠組を抽出するとともに（1），別の角度からの考察も試みたい（2）。

1 判例の考慮要素と判断枠組

ここでは，事案ごとの要素を抽出する。そのためにここで用いる基準は，(1)「国内取引」か「国際取引」か，そして，(2)「近代的な設備を備えた工業によって作られた製品」か否か，という基準である。このような基準は，すでにこれまでの判決の中で用いられ，あるいは，少なくとも当然前提とされていたものであって，決して単なる思い付きで持ち出したものではないことを予めお断りしておきたい。

(1) 国内取引と国際取引

これまで，商人間の売買において173条を適用した事案は，すべて「国内取引」に関するものである。順次，確認しよう。

(a) 商人間の売買に173条を適用した判例

[85] 大判明治36・4・7（民録9輯402頁）—— この判決は，173条を適用しなかった原審を破棄・差し戻したものである。「被上告人〔債権者〕・日本鉱油株式会社」，「上告人〔債務者〕・萩野民三郎」とされていることからすると，石炭・石油の国内取引が問題になったものと思われる。

[86] 大判昭和7・6・21（民集11巻12号1186頁）—— 酒類醸造者が納品先の酒類販売業者に対して有する代金債権につき173条を適用して時効を認容したものだが，「上告人・鷹巣銘醸株式会社」，「被上告人・粟谷松三郎」とされ，判決文の中でも，「上告人は酒類醸造を訴外竹谷清之助は酒類販売を夫々業とする」と説かれているところからすると，国内取引が問題になったと考えられる。

[87] 最判昭和36・5・30（民集15巻5号1471頁）—— これは，「原告・上告

人・丸紅飯田株式会社」と「被告・被上告人・合資会社中村商会」との間の訴訟であり，原告から被告に売却された商品は「服地等」であった。一審では，173条の適用を否定して原告の請求を認めたようだが，公式判例集にはその部分が掲載されていないので詳細は分からない。この訴訟では「輸出商品の供給契約」が問題になっているが，それは，原告から買い受けた「服地等」を海外に輸出することを業とする被告が，原告から商品の供給を受けるための契約であることを意味するに留まっている。それゆえ，当該売買契約自体が国内取引であることに変わりはない。とはいえ，取引が国際化しつつある〈時代〉を感じさせるケースではある。

　[88]　最判昭和41・3・11（金判1号9頁）は，商人間で173条を適用して，時効を認容したものだが，中身は全く不明である。

　(b)「商人間」といえるかがやや疑問だが，173条を適用した判例

　[89]　大判昭和2・7・15（民集6巻10号478頁）——組合員が生産した木炭の売却代金につき旧産業組合が有する債権につき，173条を適用して時効を認容したものだが，国内取引であることは明らかである。

　[90]　大判昭和12・6・29（民集16巻15号1014頁）——電力会社の電力供給に対する対価たる電気料債権につき，173条を適用して時効を認容したものだが，国内取引であることは明らかである。

　[91]　最判昭和37・12・18（裁判集民63号687頁）——株式会社間で売却した商品の代金債権（タクシー会社へのタイヤ等の売却代金）につき，173条を適用して時効を認容したものだが，国内取引であることは明らかである。

　[92]　最判昭和59・2・23（判時1138号77頁）——生産者が製造し売却したゴルフ用手袋の売買代金債権につき，173条を適用して時効を認容したものだが，国内取引であることは明らかである。

　以上，要するに，これまで判例は一つの例外もなく「国内取引」を扱っている。それゆえ，設例は，「国際取引」において173条が適用されるかどうかが問われる初めてのものということになる。このように先例を位置づけると，国際取引については先例を欠いているので，173条の適用を否定しても，直ちには判例違反にはならない，と言えよう。

(2) 近代工業的な機械設備

　この基準は，注文者の個別的注文に合わせて作成する製品で，流通を予定していない特定旅館の宣伝パンフレットの代金債権につき，173条1号にも2号にも該当しないとして，同条の適用を否定した判決の中で説かれた基準である（[81] 最判昭和44・10・7民集23巻10号1753頁――時効を否定）。この判決で注目されるのは，同条2号に関してだが，次のように判示している部分である。

　　「同条2号が，居職人および製造人の仕事に関する債権について同様の短期消滅時効を規定したのは，手工業，家内工業的規模で注文により他人のために仕事をし，または物を製造加工する者の代金決済が，社会の取引の実情に照らして短期に決済されることを理由とするものと解せられるから，近代工業的な機械設備を備えた製造業者の如きはこれに含まれないと解するのが相当である。原審の確定するところによれば，被上告人は資本金4480万円で従業員230名を擁し，高度な印刷技術を要する高級印刷物の印刷販売を目的とする相当規模の会社であるというのであるから，被上告人は同号の製造人に該当しないものというべきである」。

　ここでは，製造者を「手工業・家内工業的規模の製造者」と「近代工業的な機械設備を備えた製造業者」とに区別して，後者には173条は適用されない，と考えられている。この判断枠組によれば，設例でのXが「近代工業的な機械設備を備えた製造業者」であるときにも，173条の適用を否定すべきではないだろうか。

　以上，要するに，既存の判例を前提にした上でも，設例のような事例においては173条の適用を否定することは「可能」である。だが，より積極的に，そのような判断を「すべき」実質的な理由はないのだろうか。若干角度を考えて論じたい。

2　別の角度からの考察

　ここでは，以上とは異なる角度から173条の射程を考えるため，(1)準拠法として民法173条が持つ意味，(2)債権法改正の前倒し的効果，そして，(3)173条の適用を否定した場合の負の波及効果について，それぞれ論じたい。

人・丸紅飯田株式会社」と「被告・被上告人・合資会社中村商会」との間の訴訟であり，原告から被告に売却された商品は「服地等」であった。一審では，173条の適用を否定して原告の請求を認めたようだが，公式判例集にはその部分が掲載されていないので詳細は分からない。この訴訟では「輸出商品の供給契約」が問題になっているが，それは，原告から買い受けた「服地等」を海外に輸出することを業とする被告が，原告から商品の供給を受けるための契約であることを意味するに留まっている。それゆえ，当該売買契約自体が国内取引であることに変わりはない。とはいえ，取引が国際化しつつある〈時代〉を感じさせるケースではある。

　[88] 最判昭和41・3・11（金判1号9頁）は，商人間で173条を適用して，時効を認容したものだが，中身は全く不明である。

　(b)「商人間」といえるかがやや疑問だが，173条を適用した判例

　[89] 大判昭和2・7・15（民集6巻10号478頁）――組合員が生産した木炭の売却代金につき旧産業組合が有する債権につき，173条を適用して時効を認容したものだが，国内取引であることは明らかである。

　[90] 大判昭和12・6・29（民集16巻15号1014頁）――電力会社の電力供給に対する対価たる電気料債権につき，173条を適用して時効を認容したものだが，国内取引であることは明らかである。

　[91] 最判昭和37・12・18（裁判集民63号687頁）――株式会社間で売却した商品の代金債権（タクシー会社へのタイヤ等の売却代金）につき，173条を適用して時効を認容したものだが，国内取引であることは明らかである。

　[92] 最判昭和59・2・23（判時1138号77頁）――生産者が製造し売却したゴルフ用手袋の売買代金債権につき，173条を適用して時効を認容したものだが，国内取引であることは明らかである。

　以上，要するに，これまで判例は一つの例外もなく「国内取引」を扱っている。それゆえ，設例は，「国際取引」において173条が適用されるかどうかが問われる初めてのものということになる。このように先例を位置づけると，国際取引については先例を欠いているので，173条の適用を否定しても，直ちには判例違反にはならない，と言えよう。

21 民法173条1号の射程〔金山直樹〕

(2) 近代工業的な機械設備

この基準は，注文者の個別的注文に合わせて作成する製品で，流通を予定していない特定旅館の宣伝パンフレットの代金債権につき，173条1号にも2号にも該当しないとして，同条の適用を否定した判決の中で説かれた基準である（〔81〕最判昭和44・10・7民集23巻10号1753頁——時効を否定）。この判決で注目されるのは，同条2号に関してだが，次のように判示している部分である。

　「同条2号が，居職人および製造人の仕事に関する債権について同様の短期消滅時効を規定したのは，手工業，家内工業的規模で注文により他人のために仕事をし，または物を製造加工する者の代金決済が，社会の取引の実情に照らして短期に決済されることを理由とするものと解せられるから，近代工業的な機械設備を備えた製造業者の如きはこれに含まれないと解するのが相当である。原審の確定するところによれば，被上告人は資本金4480万円で従業員230名を擁し，高度な印刷技術を要する高級印刷物の印刷販売を目的とする相当規模の会社であるというのであるから，被上告人は同号の製造人に該当しないものというべきである」。

ここでは，製造者を「手工業・家内工業的規模の製造者」と「近代工業的な機械設備を備えた製造業者」とに区別して，後者には173条は適用されない，と考えられている。この判断枠組によれば，設例でのXが「近代工業的な機械設備を備えた製造業者」であるときにも，173条の適用を否定すべきではないだろうか。

以上，要するに，既存の判例を前提にした上でも，設例のような事例においては173条の適用を否定することは「可能」である。だが，より積極的に，そのような判断を「すべき」実質的な理由はないのだろうか。若干角度を考えて論じたい。

2　別の角度からの考察

ここでは，以上とは異なる角度から173条の射程を考えるため，(1)準拠法として民法173条が持つ意味，(2)債権法改正の前倒し的効果，そして，(3)173条の適用を否定した場合の負の波及効果について，それぞれ論じたい。

452

Ⅲ　解決の方向性

(1) 準拠法としての民法 173 条

明治民法典の編纂作業をしていた当時，日本は不平等条約の下，依然として領事裁判権という屈辱を味わっていた。もとより外国との取引に関する紛争はわが国の主権の及ぶところではなかった。たとえば，民事事件につき領事裁判の半ばを占めることになるイギリスとの条約を見れば，1858（安政 5）年，江戸幕府との間で最初の日英修好通商条約が調印され，イギリス人が被告となる事件は領事裁判所に委ねられることになった。その後，1894（明治 27）年 7 月 16 日，日英通商航海条約の調印によって領事裁判を撤廃することが決まるが，法典調査会において時効に関する審議が行われたのは，それに先立つ同年 5 月であった。しかも，新条約の実施については，明確な期日が定められておらず，結局，1899（明治 32）年まで待たなければならなかった[31]。

加えて，そもそも法典編纂が，領事裁判を撤廃するための手段であったことの意味を考えてみる必要がある[32]。本来，法典調査会のメンバーとしては，領事裁判の撤廃の後には，新たな民法典が国際取引の準拠法になりうることを当然に見通しておくべきであった。だが，「法典調査会」の記録を読む限り，そうした見通しの下に議論がなされた形跡はどこにもない。

このような民法典制定時の事情から，わが民法の規定する短期消滅時効は，もっぱら国内取引を念頭に置いたものとなっている。しかも，政府原案を覆して 173 条 1 項の但書を削除した動機・背景には，出訴期限規則という国内事情があった。出訴期限規則においては，①商人から非商人への売掛代金については 1 年，②商人間の売掛代金については 6 ヶ月の出訴期間がそれぞれ定められていた。だが，政府原案に従い②につき 173 条但書によって同条の定める 2 年

---

(31)　領事裁判所に関する歴史研究としては，住吉良人「日本における領事裁判制度とその撤廃(1)(2・完)」法律論叢 42 巻 3 号・43 巻 1 号（1969 年〜1970 年），加藤英明「領事裁判の研究 —— 日本における(1)(2・完)」名古屋大学法政論集 84 号・86 号（1980 年），岩村等「領事裁判記録のなかの民事事件 —— 駐神戸英国領事館の明治初年の裁判記録から」大阪経済法科大学法学論集 33 号（1994 年）参照。

(32)　本野一郎と富井政章は，民法典の制定後，いち早くパリにおいて仏語訳を刊行し（Code civil de l'Empire du Japon, Livres I, II & III, promulgés le 28 avril 1896, Larose, 1898），その「序言」において，今や領事裁判を撤廃するための前提条件がほぼ整った，と宣言している（Préface, p. v-vi）。その間の事情については，金山直樹「パリの〈同窓会〉」新青通信第 4 号〔上記仏訳本復刻版，『仏訳日本民法典（前 3 編）』（1997 年）栞〕（新青出版）参照。

453

21 民法173条1号の射程〔金山直樹〕

の時効の対象外とされると，時効期間が6ヶ月から20年（政府原案）ないし15年（委員会修正可決案）へと，一気に40倍ないし30倍も伸長してしまうことになる。議会多数派が，それでは変化が急激にすぎると感じたことは無理からぬことと言えよう。だから，一方で，普通消滅時効期間を10年に短縮するとともに，他方で，但書の削除によって②の商人間の売掛代金についても普通消滅時効の射程から外して，2年の短期消滅時効に服せしめるという政治判断がなされたのである。ここには，173条がもっぱら出訴期限規則という歴史的所与に引きずられて彫像されたという，立法の力学を見ることができる。

だが，民法典の制定から122年，今やグローバル化の時代を迎え，商取引は世界を駆け巡っている。設例のような事案は，その中で普通に生じる紛争の例として位置づけることができる。現時点において確認しておくべきは，出訴期限規則も短期消滅時効も，不平等条約の下，国際取引を視野に入れることもできず，しかも，将来，日本法が準拠法になるなど夢にも考えなかった〈時代の産物〉だということである。今から見れば，〈過去の遺物〉というべきかもしれない。およそ法制度が過去に拘束され，歴史に刻印されることは避けがたい。けれども，そのことと，我々が今でもその遺物に拘束されるべきかは，自ずから別の問題である。新しいぶどう酒は新しい皮袋に入れなければならない。

のみならず，わが国の過去の遺物は，その背景事情も含めて，外国（企業）との関係においては何ら〈対抗〉することができない。設例においては，合理性を旨とする国際取引において，ドメスティックな173条をそのまま適用して良いかが問われている。日本法が国際取引の準拠法としてふさわしいか，が問われているといってもよい。その点，世界の趨勢を見れば，時効期間についてはローマ法伝統の30年の普通時効期間を短期化するとともに（この点では日本は先鞭をつけたと評しうる），短期消滅時効制度は廃止する方向にあることを忘れてはならない。たとえば，フランスでは，2008年の時効法改正によって，普通消滅時効期間を30年から5年に短縮するとともに，短期消滅時効制度を廃止している。わが国の母法では着実に改革が行われたのである。それは，世界の趨勢を反映した改正だといえよう[33]。設例において，我々は国際取引関係者が納得できる解決規範を提供できるのかどうかが問われている。それは，準

---

[33] 世界の動向に関しては，金山直樹編著『消滅時効法の現状と改正提言』（別冊 NBL 122号，2008年）138頁以下所収の論文および資料参照。

拠法としての日本法の価値を左右するとさえ言えよう。

(2) 債権法改正の前倒し的効果

今回の債権法改正によって，わが国においても短期消滅時効が廃止された。もともと，時効期間をどう定めるかは立法政策の問題であって，改正したからといって，改正前の問題を改正後のルールで処理すべきでないことは言うまでもない。しかし，法改正に前倒し的効果があることは既に判例によって認められている。それは，平成3年法律第96号による改正前の証券取引法の下，平成2年8月当時に締結されたいわゆる損失保証契約を公序に反し無効であるとした判例である（最判平成9・9・4民集51巻8号3619頁 ── 裁判官・遠藤光男，小野幹雄，高橋久子，井嶋一友，藤井正雄）。

債権法の改正作業は，2009年11月から法制審議会民法（債権関係）部会において正式に開始されたが，すでにその作業に入る前の2006年から，法務省の参事官を交えて準備作業が進められていたことを想起すべきである。その時から，短期消滅時効は直ちに削除の候補として取り上げられ，その模様は逐次インターネット等を通じて国民に公開された。損失保証に関する上記判決が「この過程を通じて，次第に，損失保証が証券取引の公正を害し，社会的に強い非難に値する行為であることの認識が形成されていった」と述べて前倒し的な判決を下したことに鑑みると，設例についても，「債権法改正論議を通じて，次第に，短期消滅時効が取引の公正を害し，社会的に正当化し難い制度であることの認識が形成されていった」と述べて，同様に前倒し的に判断することが許されるのではないか。むしろ，改正後の時効法による処理との落差を埋めるためには，前倒し的に改正法を適用すべきではないか。設例において173条の適用を否定することは，実質的には，前倒し的に改正法を適用することを意味している。

(3) 負の波及効果

取引が民法に準拠して行われるのは当然である。取引の実際上，時効期間は領収書の保存期間を意味するので，なるべく変えない方がよいことは言うまでもない。だから，時効期間はできるだけ安定的に解釈すべきだといえる。このことを意識的に述べたものとして，173条1号の適用を認めた［87］最判昭和36・5・30（民集15巻5号1471頁）に関する，平井宜雄「評釈」がある。次のように言う。

21 民法173条1号の射程〔金山直樹〕

「要するに，買主が商人である場合にも本号〔173条1号〕が適用されるか否か，という問題は，論理的な根拠にもとづいて決せられる程度よりは，裁判官の政策的な決断によって決せられる程度がはるかに高い問題に属するであろう。裁判所としては，どちらかに決定しなくてはならないが，どちらを採るにしても，特にきめ手となるべきものはないように思われる。むしろ重要なのは，このような問題については，一たん裁判所が決定した行動の型が，現実の社会生活 —— 特に取引社会 —— における行動の型をも規制していき，また規制されることに対する取引関与者の期待が存在する，ということであり，裁判所は，逆にこのようにして生じた期待を，それが裁判上で問題となった場合には保護すべき役割を担っている，ということである。この意味で —— そしてこの意味でのみ —— 本判決が判例を踏襲したのは適切だった，と思われる」。

（平井宜雄・法学協会雑誌80巻3号409頁）

ここでは，判例変更による負の波及効果が問題とされている。だが，仮にそのような問題意識を共有するとして，しかも仮にかつては「取引関与者の期待」が存在していたとしても，かなり前から改正のための議論がなされ，その結果，すでに短期消滅時効を廃止する法改正が実現した現在において，いったいどのような「取引関与者の期待」を語ることができるのであろうか。実際，設例のような問題が生じた場合において，173条の適用を否定する判決が出され，しかも，それが上級審の目から見れば判例変更に該当すると評価されたとしても，そのことが「取引関与者の期待」を裏切るとまでは言えないように思われる。もちろん，設例につき173条の適用を否定する判決を書くために，わざわざ判例変更をする必要はない。上述のように，すでに173条の適用を否定した判例の積み重ねがある以上，その要素と判断枠組を抽出して（→前述Ⅱ1参照），当てはめるだけで十分だからである。少なくとも，条文の文言上の手がかりなくして問屋の代金債権につき173条の適用を否定した判例よりは，容易に結論を正当化することができるはずである（→前述Ⅱ1(1)・2(2)参照）。このように考えると，設例につき173条の適用を否定する判決が出されたとしても，負の波及効果はほとんど存在しないと評価することができよう。

おわりに

短期消滅時効は，人の社会的地位・職業に基づく差別を反映したものだといえる。だとすれば，その歴史を自覚的に振り返り，一日も早く，差別のない消滅時効制度を目指すべきであった。そのことをようやく成し遂げたのが，今回の債権法改正だということができる。

設例においては，改正前の取引が問題になっている。したがって，173条の適用は，肯定することも否定することもできる。その点は上記・平井評釈が述べている通りである。173条を適用した方がいろいろな意味で無難なことは目に見えている。しかし，そのように穏便に事を済ませるべきか否かは，ひとえに解釈者の見識にかかっている。

この点，筆者の恩師・奥田昌道先生が，最高裁判所判事時代に述べておられたことが思い出される。いわく，「最高裁に上がってくる事案を見ていると，一審の現場の裁判官が一生懸命努力して，何とか妥当な解決をと思って判決を下しているのに，高裁の裁判官が正当に評価していないことがある。私は，そのような高裁判決を覆して，現場の最前線にいる一審裁判官の努力にエールを送りたい」。

裁判官は，今後も少なくとも短期的には，173条という不合理な規定と格闘し続けなければならない。とくに現場の最前線に置かれた一審裁判官はそうであろう。本稿が，与えられた現場においてベストを尽くそうとする裁判官にとって，少しでも役に立つものであれば幸いである。より良い法は，日常的には，裁判の現場からしか生まれないからである。

〔付記〕 本論文は，ある訴訟を機縁として，設例でいうX側の依頼に基づいて執筆した意見書を元にしている。代理人の求めにより，事件番号等の詳細を明らかにすることは差し控えたい。

22 「日常家事行為と表見代理」再論

髙 森 哉 子

I 序

1 最高裁昭和 44 年 12 月 8 日判決（民集 23 巻 12 号 2476 頁）および学説

(1) 夫婦の一方が正当な代理権なしに他方を代理して，その財産を処分したり，借金をしたりした場合につき，日常家事に属する法律行為について，夫婦の連帯責任を定める民法 761 条と 110 条とがどのような関係にたつかについては，種々の議論がある。761 条が夫婦の相互の法定代理権を認めたものか，それともこの規定の基礎に任意代理権の存在を肯定すべきか，法定代理ならば，これに表見代理を認めてよいのかなどの問題である。通説的には，761 条は夫婦相互の代理権を法律上付与したものと解し，表見代理規定の適用については，最判昭和 44・12・8 民集 23 巻 12 号 2476 頁（以下，最高裁昭和 44 年判決と略する）以前は，761 条の日常家事代理権を基本権限として，日常家事の範囲を越える行為について 110 条を適用しうるとして，これを肯定するのが，学説の多数説であった[1]。

この 110 条直接適用説に対しては，夫婦の財産的独立を侵害するおそれがあるのではないかとの批判があり，このように批判する学説は，「日常の家事の範囲は，右に述べるように，各夫婦共同生活の事情により，またその行為をなす目的によって異なり，外部から正確に判断することは困難である。それにもかかわらず，内部的事情に従ってその範囲を限定することは，第三者を害するおそれが多いのみならず，―― 第三者に過当な警戒を強いることになって ――

---

(1) 幾代通『民法総則』（青林書院新社，1969 年）392 頁。

22 「日常家事行為と表見代理」再論〔髙森哉子〕

ひいては夫婦共同生活の運営を妨げる。従って，表見代理の趣旨を類推適用して，日常の家事の範囲内と信ずるについて正当な事由がある場合には，第三者は保護されると解すべきである[2]」とし，「日常の家事の範囲を前記のように広く解し，かつその範囲についてだけ表見代理の趣旨を類推し，それ以外の行為については，代理一般の法理に譲り，とくに代理権の授与があった場合にだけ，それを基礎として110条を適用することが，夫婦の財産的独立の理想に近づくゆえんではあるまいか。[3]」と主張した。

(2) この日常家事行為と表見代理に関する我妻説に従ったのが，最高裁昭和44年判決である。これは，夫Aの主宰していたA商店が倒産した頃，Yの主宰するY商会に対して800余万円の債務を負担していたところから，Yの債権回収のため，Aが妻Xに無断でXを代理して，X名義の不動産（当時500万円を下らない価値のあったXの特有財産）をYに売却してしまったという事案である。

最高裁は，日常家事代理権の性質について明らかにしないまま，761条が夫婦の連帯責任を定めている実質や，そのような効果の生じる前提として，761条は夫婦相互の日常家事代理権をも規定しているものと解し，次に，日常家事行為の範囲の判断基準を述べ，「しかしながら，その反面，夫婦の一方が右のような日常の家事に関する代理権の範囲を越えて第三者と法律行為をした場合においては，その代理権の存在を基礎として広く一般的に民法110条所定の表見代理の成立を肯定することは，夫婦の財産的独立をそこなうおそれがあって，相当でないから，夫婦の一方が他の一方に対しその他の何らかの代理権を授与していない以上，当該越権行為の相手方である第三者においてその行為が当該夫婦の日常の家事に関する法律行為の範囲内に属すると信ずるにつき正当の理由のあるときにかぎり，民法110条の趣旨を類推適用して，その第三者の保護をはかれば足りると解するのが相当である。」と判示している。

最高裁昭和44年判決の原審は，AがXから本件不動産の売却について代理権を授与されていたとはいえないとした上で，Yの表見代理の主張に対しては，夫婦の一方が他の一方を代理して行った行為については，XがAに他の何らかの法律行為を行う代理権を授与していない以上，第三者において当該行

---

(2) 我妻栄『親族法』（有斐閣，1961年）106，107頁。
(3) 我妻・前掲注(2)109頁。

為が日常家事の範囲内に属すると信ずるにつき正当の理由があるときに限り，日常家事代理権を基礎として表見代理の法理を適用するのが相当であるとし，XはA商店の倒産後Yの代理人B弁護士の訪問を受けB弁護士から「お宅の土地と建物をいただくことになっているから権利証・印鑑証明書・委任状をもらいに来た」旨の訪問目的を告げられて，Xは格別の反問，拒絶等することなく，X方二階にB弁護士を案内しているが，B弁護士は本件不動産の真実の所有者は夫Aであると思っていたこともあって，Xに対して何ら念を押さなかったこと，売買契約締結当時AはXの実印は所持していたが，権利証・委任状・印鑑証明書はYに交付しなかったこと（これらは登記の際交付された），本件売買の目的はY商会のA商店に対する債権回収のためであったことから，Yには本件売買が日常家事の範囲内に属すると信ずるにつき正当理由がなかったと判断して，控訴を棄却した。最高裁は，110条を類推適用する旨判示した（前述）上で，「本件売買契約の目的物はXの特有財産に属する土地，建物であり，しかもその売買契約はYの主宰する訴外Y商会が訴外Aの主宰するA商店に対して有していた債権の回収をはかるために締結されたものであること，……右事実関係のもとにおいては，右売買契約は当時夫婦であったAとXとの日常の家事に関する法律行為であったとはいえないことはもちろん，その相手方であるYにおいてその契約がXら夫婦の日常の家事に関する法律行為の範囲内に属すると信ずるにつき正当の理由があったといえないことも明らかである」と判示して，Yの上告を棄却した。

(3) 最高裁昭和44年判決以前の判例は，他方名義の不動産処分は日常家事行為に当たらないことを当然の前提とした上で[4]，一応詳細に認定された事実か

---

(4) 髙森八四郎＝髙森哉子「他方名義の不動産処分と日常家事行為」関西大学法学論集第38巻4号（1988年）1頁以下。ただし，他方の特有財産の処分が日常家事行為に当たることを認めた判例として，東京地判昭和36・7・4下民集12巻7号23頁がある。これは電灯線の配線工事を行うに際して障害になる夫所有の樹林の伐採を夫に無断で妻が承諾したという事案で，「共同の家庭生活を営んでいる夫婦の間では，たとえそれが夫婦のいずれか一方の特有財産の処分にわたる行為であっても，その処分行為が夫婦一方に特有の生活範囲に属する事象ではなく，むしろ家庭生活と云うべき夫婦共同の生活範囲に属するものであり且つその財産的価値が軽微なものであるときは」761条の日常家事行為に当たると判断したが，他方の特有財産の処分が日常家事行為の範囲内に含まれるのは，このような場合だけであろう。髙森＝髙森「夫婦の日常家事行為と表見代理」名城法学第38巻別冊（1989年）37頁。

ら110条の正当理由の有無を判断し，いずれもその正当理由を否定している。筆者は，最高裁昭和44年判決の事案においても，日常家事行為に当たらないことを当然の前提とした上で，110条を直接適用し，認定されている事実から110条の正当理由を否定すれば，理論においても結論においても妥当な判断を下すことができたと考えている⁽⁵⁾。

しかし，最高裁昭和44年判決は，他方名義の不動産処分の事案であっても，日常家事行為に当たるか否かを検討した上で，我妻説に従い110条類推適用説を採り，「その相手方であるYにおいてその契約がXら夫婦の日常の家事に関する法律行為の範囲内に属すると信ずるにつき正当の理由があったといえないことも明らかである」として，110類推の正当理由を否定した（Yの上告を棄却した結論自体は妥当である）。「最高裁判所は，本判決後にも，昭和45年2月27日の第二小法廷判決（昭和44年（オ）第1274号事件）」および同年5月28日の第一小法廷判決（昭和45年（オ）第200号事件）（いずれも判例集には不登載）において，本判決と同旨の見解をとることを明らかにしている。したがって，この問題に関する最高裁判所の見解はすでに固まったものと見てよいであろう。⁽⁶⁾」と評されている。学説も，この最高裁判旨＝我妻説（110条類推適用説）が，現在のところ日常家事行為と表見代理に関する通説である。

2　問題の所在

(1)　しかし，たびたび指摘しているところである⁽⁷⁾が，この最高裁判決には，問題が多い。

第一に，最高裁は，761条が「夫婦の一方と取引関係に立つ第三者の保護を目的とする規定であることに鑑み，単にその法律行為をした夫婦の共同生活の

---

(5)　髙森＝髙森「民法761条と夫婦相互の代理権及び権限踰越の表見代理」（最判昭和44・12・8民集23巻12号2476頁の判例研究）関西大学法学論集40巻3号（1990年）151頁。

(6)　奥村長生「民法761条と夫婦相互の代理権　民法761条と表見代理」判解民昭和44年度（下）97事件 1001頁。

(7)　髙森＝髙森「四　夫婦の日常家事行為と表見代理」『表見代理理論の再構成』（法律文化社，1990年）176頁以下，髙森＝髙森・前掲注(5)，拙著「第二部 日常家事行為と表見代理 第一章 借財と日常家事行為」「第二部 日常家事行為と表見代理 第二章 クレジット契約と日常家事行為」『代理法の研究』（法律文化社，2008年）309頁以下，373頁以下等。

内部的な事情やその行為の個別的な目的のみを重視して判断すべきではなく，さらに客観的に，その法律行為の種類，性質等をも充分に考慮して判断すべきである。」と判示している。問題となった具体的な法律行為が，当該夫婦の日常家事の範囲内に属するか否かを決するにあたって，「さらに客観的に，その法律行為の種類，性質等をも充分に考慮して判断すべきである」なら，「当該越権行為の相手方である第三者においてその行為が当該夫婦の日常の家事に関する法律行為の範囲内に属すると信ずるにつき正当の理由」は，問題にならないはずである。

第二に，最高裁昭和44年判決は，Yの主宰するY商会が，Aの主宰するA商会に対して有していた債権を回収するために，Aが妻Xに無断でXを代理して，Xの特有財産である不動産をYに売却してしまったという事案であるから，最高裁が自ら判示するように，「Yにおいてその契約がXら夫婦の日常の家事に関する法律行為の範囲内に属すると信ずるにつき正当の理由があったといえないことも明らか」な事案であった。したがって，「当該越権行為の相手方である第三者においてその行為が当該夫婦の日常の家事に関する法律行為の範囲内に属すると信ずるにつき正当の理由のあるときにかぎり」とは，はたしていかなる場合か，その内容が不明確である。

第三に，最高裁は，110条類推適用説を採る根拠として，「広く一般的に民法110条所定の表見代理の成立を肯定することは，夫婦の財産的独立をそこなうおそれがあって，相当でないから」とだけ判示しているが，110条を直接適用することが，なぜ夫婦の財産的独立をそこなうことになるのか，その具体的内容が明らかではない。

(2) 日常家事行為と表見代理に関する最高裁判旨（110条類推適用説）が，我妻説に従うものであることは明白だが，我妻110条類推適用説においては，日常家事行為の範囲の判断基準と110条の正当理由のとらえ方及びいかなる事実があるときに110条の正当理由が成立するのかの議論が結び付き，それらに関する我妻説を前提として，110条類推適用を導き出している。我妻説を要約すれば，我妻説は日常家事行為の範囲を，行為者の目的・動機等の主観的意図を重視して広くとらえ[8]，かつ110条の正当理由を「普通の人が代理権があるも

---

(8) 我妻・前掲注(2)106頁，110頁注二，111頁注四。

のと信ずるのがもっともだと思われることである。要するに，信じたことが過失といえない（無過失）ということに帰着する[9]」とし，代理権の授与とともに実印・印鑑証明書・権利証等を交付しているときには，代理人の権限踰越があっても，正当理由が認められる場合が多いとしている[10]。すなわち，もともと，日常家事行為の範囲が広い上に，広げた日常家事の範囲を越える行為に，110条を直接適用すると，実印の保管を委託することが多い身分関係にある夫婦においては，夫婦の一方の無権代理行為にたやすく110条の正当理由が成立してしまうことになるので，夫婦の財産的独立を保護するために，110条の適用については，そこに何らかの制限的要件を附加して，表見代理の成立範囲を狭める必要があったのである[11]。しかも，夫婦の財産的独立を保護するための制限的要件であるはずの「当該夫婦の日常の家事に関する法律行為の範囲内に属すると信ずるにつき正当の理由」は，その具体的内容が何ら明らかにされていないがゆえに，かえって夫婦の財産的独立を侵害する危険性を高めているといわざるをえない[12]。

(3) 日常家事行為と表見代理の問題を考察するに際しては，「夫婦の財産的独立の保護」と「取引の相手方の保護」との真の調和を図るという視点が重要である。そのためには，判例の事実関係を基礎とした，理論と結論の具体的妥当性が検証されなければならない。本稿では，改めて，紙数の許す限り，日常家事代理権の性質，日常家事の範囲の具体的判断基準，日常家事行為と表見代理における110条の正当理由の具体的内容について論じたい。

II 日常家事代理権の性質

1 民法761条の趣旨

民法761条は，「夫婦の一方が日常の家事に関して第三者と法律行為をしたときは，他の一方は，これによって生じた債務について，連帯してその責任を

---

(9) 我妻『新訂　民法総則』（岩波書店，1965年）371頁。

(10) 我妻・同右。

(11) 髙森＝髙森・前掲注(7) 192頁，拙著・前掲注(7)『代理法の研究』376，377頁。

(12) 髙森＝髙森・前掲注(7) 194-202頁，拙著・前掲注(7) 228-230頁，325-330頁，350-353頁。

負う。」と規定する。

　旧法の下では，夫が妻の財産に対する管理権，使用権を有する反面，夫のみが婚姻費用を負担していたが，現行法の下では，婚姻生活における両性の本質的平等の理念に従って，夫婦別産制の下で，婚姻費用は夫婦が分担するものとしている（760条）。この婚姻費用の分担責任に基づいて，日常の家事に関する支出は夫婦が共同して負担すべきものであるならば，日常の家事に関して生じた債務についても，夫婦が共同して責任を負うとするのが，夫婦共同体のきずなを強化することになり，かつ，日常の家事に関する事項についてその夫婦の一方と取引した第三者を保護することにもなる。これが，日常家事行為に関して生じた債務について，夫婦の連帯責任を定めた761条の趣旨である。

2　日常家事代理権の存在

　ところで，761条は日常家事代理権の存在を法文上明らかにしていない（旧法804条は明確に妻の日常家事代理権の存在を規定していた）ために，最高裁昭和44年判決が日常家事代理権の存在を肯定する（ただしその性質は明らかにしていない）以前は，下級審の判例や学説も否定説と肯定説に分かれていた。そこにおける議論の対立は，761条に規定された連帯責任という効果をどのように説明するのか，すなわち，連帯責任を法定責任と解するのか（否定説），あるいは，連帯責任という効果発生の前提として日常家事代理権の存在を肯定するのか（肯定説）という点にあった[13]。

　筆者は，従来の肯定説のように，761条の連帯責任という効果を説明しようとする趣旨ではなく，婚姻共同体の夫婦の実質的なありようを判断すれば，仮に761条という規定がなくても，夫婦は夫婦であるがゆえに，その共同生活を維持するために日常家事の範囲内で，任意的に相互的に代理権を授与しあっていると考えている。日常家事の範囲内で，夫婦の一方が他方の個別的承諾を得ずに他方を代理してなした行為が，すべて無権代理行為であると解するのは，夫婦の共同生活の実態にそぐわないであろう。また，共同生活の実態を重視すれば，内縁関係の夫婦にも，日常家事代理権を肯定してよい[14]。

---

[13]　各説の検討については，髙森＝髙森・前掲注(4)「夫婦の日常家事行為と表見代理」名城法学第38巻別冊（1989年）23-27頁を参照していただきたい。

3 日常家事代理権の性質

日常家事代理権は，本人（夫または妻）の意思にかかわりなく，法律の規定によって与えられる法定代理権[15]ではない。

(1) なぜなら，先ず第一に，法定代理は，代理人が代理人となるについて本人の意思に基づかないものであるが，夫婦は他の人間関係にはみられない，強い精神的経済的紐帯でもって結びつき，婚姻共同生活をともに営んでいるのであるから，日常家事代理権が本人の意思に全く基づかずに与えられる代理権であると考えるのは，共同生活の実態に反するからである。

(2) 第二に，任意代理は，代理人の代理権とその範囲もいずれも本人の意思によって定まるが，日常家事代理権は，761 条本文において，「日常の家事に関して」とその範囲が規定されており，ただし書きにおいて「第三者に対し責任を負わない旨を予告した場合は，この限りでない。」と定められている。すなわち，客観的に判断される日常家事の範囲内において，夫婦間で内部的な禁止や制限をしていても，予めその旨の予告をしておかなければ，本人は責任を免れることができないのである。

(a) しかし，代理権の範囲が法定されているということは，その代理権が法定代理権であるということの論拠にはならない。例えば，会社法 11 条は，1項において，「支配人は，会社に代わってその事業に関する一切の裁判上又は裁判外の行為をする権限を有する。」とし，支配人の代理権の範囲を規定し，3項において，「支配人の代理権に加えた制限は，善意の第三者に対抗することができない。」と定めている。すなわち，本人がある人を，本人のために一定の種類の営業をする代理権を普通に伴っている支配人という地位に任命することによって代理人にした場合，その支配人は，その営業や取引，市場の慣行に

---

(14) 髙森＝髙森・前掲注(7)『表見代理理論の再構成』178，179，190 頁注(4)。幾代・前掲注(1) 391 頁が，「現行七六一条は，やはり，夫婦には（夫婦なるがゆえに）日常家事の範囲内で相互的に代理権を認めたものである（したがって，表見代理が問題になる余地がある），と解するのが妥当と思われる。かりに民法中に同条がなかったと仮定しても，夫婦という実態のあるところ，一定事項については明示的または黙示的に代理権授与があると認定しうるのが通常であろうと思われるから，結局七六一条は —— 旧八〇四条の趣旨をふまえながら —— 夫婦という特殊緊密な人間関係類型において右のような授権を定型化しているもの，と解するのが自然である。」とするのは，私見とほぼ同趣旨である。

(15) 日常家事代理権は，一般的には法定代理権と解されている。例えば，四宮和夫＝能見義久『民法総則〔第 8 版〕』（弘文堂，2014 年）336，337 頁。

Ⅱ　日常家事代理権の性質

おいては普通である行為をする代理権，その彼でなくても，支配人という地位にある代理人ならば，客観的にみて誰でもがもつことを期待されるところの定型的な範囲の代理権を有している（支配人や取締役等が有する定型的な範囲の代理権を，イギリス法においては，usual authority[16]と呼ぶ）。会社法は，11条1項2項において，支配人の代理権の範囲について疑義の生じないように規定しているが，仮に11条という規定がなくても，本人によって支配人という地位に任命された代理人は，定型的な範囲の代理権 usual authority を有しており，これは任意代理権である。支配人であると認識して取引する第三者は，その支配人は，支配人という地位に通常期待される範囲の代理権を有していると思って取引する。また，そのような支配人の包括的な代理権は，支配人が支配人としての職責を果たす上で，必要かつ通常付随することがらであり，支配人を任命した本人は，支配人がその範囲内の行為をすることを，明示，黙示に期待しているのである。

　このような定型的，包括的な代理権を有している支配人に対して，本人が内部的な制限を与えていたとする。それにもかかわらず，支配人が本人から制限されていた取引を，相手方との間で行ってしまったとしても，本人は内部的制限について相手方に通知（notice）を与えていなかったときは，本人は相手方に対して責任を免れない。なぜなら，支配人の定型的な代理権の範囲は，支配人という地位から客観的に判断されるものであり，相手方は代理人をそのような範囲の代理権を有する支配人であると認識して，取引したからである。また，本人もそのような定型的な範囲の代理権を有する支配人という地位に，代理人として任命したのであるから，自らの意思で相手方に，内部的な制限についての通知を与えなかったということは，支配人の定型的な代理権の範囲内に含まれる支配人の行為については，相手方に責任を負うということを，黙示的に同意（consent）していたとみられるからである[17]。したがって，会社法11条3項が規定するように，本人が支配人の定型的，包括的な代理権に内部的制限を与えていたとしても，本人が支配人という地位に任命していた以上は，内部的

⒃　Fridman's Law of Agency (6th edn 1990), p. 60, 65, 66-73. 以下 Fridman と略する。拙著・前掲注⑺「第一部　イギリス代理法と表見代理　第一章　イギリス法における代理の成立」『代理法の研究』5，6，13-18頁。

⒄　Ibid., pp. 59, 65 note 18.

22 「日常家事行為と表見代理」再論〔髙森哉子〕

制限について善意の第三者に対して対抗できないのである（会社法 14 条，同法 15 条[18]，民法旧 54 条[19]も同様の趣旨である）。

(b) 同様に，日常家事代理権においても，支配人（manager）の代理権と同様に，その範囲が 761 条本文で法定されているということが，その代理権が任意代理権であることの妨げになるものではない。ともに婚姻共同生活を営んでいる夫婦は，お互いを自らの意思で domestic manager の地位に置いている。夫または妻は，domestic manager という地位にある代理人ならば，客観的にみて誰でもがもつことを期待されるところの定型的な範囲の usual authority を有している（もちろん後述するように客観的に判断される日常家事代理権の範囲は，極めて限定的なものである）。そして，そのような domestic manager という地位に置いたのであるから，夫婦間で内部的な禁止や制限をしていても，自らの意思で相手方に，内部的な禁止や制限についての予告を与えていなかったということは，客観的に日常家事代理権の範囲内に含まれると判断される夫または妻の行為については，相手方に責任を負うことを，黙示的に同意していたとみられる。したがって，「第三者に対して責任を負わない旨を予告した」場合は，責任を免れることができるのである（761 条ただし書き）。

また，日常家事代理権が法定代理権であるならば，761 条ただし書きは，本人の意思で法定代理権である日常家事代理権の範囲を制限することを認めたことになる（支配人の代理権の制限に関して規定する会社法 11 条 3 項も同様である）。本人の意思で，法定代理権の範囲を制限することはできない。761 条ただし書きが，本人の意思による代理権の制限を認めていること自体が，日常家事代理権が任意代理権であることを示しているといえよう[20]。

---

(18) 拙著・前掲注(7)「第一部 イギリス代理法と表見代理 第一章 イギリス法における代理の成立」『代理法の研究』16 頁。

(19) 一般社団法人法 64 条が，「一般社団法人と役員及び会計監査人との関係は，委任に関する規定に従う。」と明記したことも，支配人の代理権が任意代理権であることの根拠に挙げることができるであろう。

(20) 拙著・前掲注(7)「第一部 イギリス代理法と表見代理 第二章 イギリス代理法と表見代理」『代理法の研究』212-218 頁。

Ⅲ　日常家事の範囲の具体的判断基準

1　日常家事行為の定義

　日常家事行為とは，「衣食住ニ関シ何レノ家ニ於テモ通常必要トスル法律行為ヲ謂フ例ヘハ米，鹽，薪，炭，油ノ買入，衣服ノ調整，家賃ノ支払等ノ如キ即チ是ナリ[21]」というのが立法者の見解である。日常家事行為が抽象的には，個々の夫婦がそれぞれの共同生活を営むために通常必要とする法律行為を指すのであれば，どの家庭の家計簿の支出欄にも日々記入される事項の買入や支出は，日常家事行為に当然含まれる。例えば，食料品や燃料，衣服（ただし相当範囲内での）の買入，家賃・地代・水道・電気・ガス・電話・管理費等の支払，相当な範囲内での家族の保健・娯楽・医療・未成熟の子どもの養育・教育等に関する支出である。これらは，行為の種類・性質からして，夫婦の共同生活を維持するために，日常的に反復継続されることが，社会通念上当然予想される行為である。いいかえれば，「日常家事行為とは，行為の種類・性質からして，夫婦の共同生活を維持するために，日常的に反復継続されることが，社会通念上当然予想される行為である[22]」と定義できよう。

2　最高裁昭和 44 年判決が示した基準

　最高裁昭和 44 年判決は，「その具体的な範囲は，個々の夫婦の社会的地位，職業，資産，収入等によって異なり，また，その夫婦の共同生活の存する地域社会の慣習によっても異なるというべきであるが，他方，問題になる具体的な法律行為が当該夫婦の日常の家事に関する法律行為の範囲内に属するか否かを決するにあたっては，同条が夫婦の一方と取引関係に立つ第三者の保護を目的とする規定であることに鑑み，単にその法律行為をした夫婦の共同生活の内部的な事情やその行為の個別的な目的のみを重視して判断すべきではなく，さらに客観的に，その法律行為の種類，性質等をも充分に考慮して判断すべきである。」と判示している。

---

[21]　梅健次郎『民法要義　巻之四親族編〔明治 45 年版復刻版〕』（有斐閣，1984 年）191 頁。

[22]　髙森＝髙森・前掲注(7)『表見代理理論の再構成』180 頁。

3 我妻説

多くの学説も右最高裁判旨に同調するが，夫婦の内部的事情（社会的地位，職業，資産，収入，地域社会の慣習等）や主観的意図（行為者の行為目的，動機）および客観的事情（行為の種類，性質）の何れに重点をおいて判断するかについては，論者により，かなり差異がある。その中で，行為者の行為目的・動機等の主観的意図等を重視して，日常家事の範囲を最も広く捉えるのは，我妻説である[23]。

我妻説は，「家族の食料・光熱・衣料などの買入，保険・娯楽・医療，子女の養育・教育，家具・調度品の購入などは当然に含まれる。問題となるのは，これらの目的のために資金を調達する行為 —— 既存の財産の処分と借財 —— だが，これも，普通に家政の処理と認められる範囲内（例えば月末の支払いのやりくりのための質入・借財など）においてはもとよりのこと，これを逸脱する場合でも，当該夫婦の共同生活にとくに必要な資金調達のためのものは，なお含まれると解すべきものと思う。[24]」「なお，夫婦が別居する場合には，この効果を生じないものとする立法もある。別居の意味にもよる。夫婦が事実上全く別個独立の生活を営む場合にはそういえるだろう。しかし，例えば婚姻費用を負担すべき夫が子女の養育を妻にまかせて他処に居住するようなときには，妻の権限内となる日常家事の範囲は却って拡大され，夫の財政的援助なしに生活するために，必要な借財をしまたは夫の名義の財産を処分することも含まれると解さねばならない場合が多いと思う。従来の判例は，行為を抽象的に考え，その目的が夫婦共同生活の維持のために必要かどうかを考えないのは不当である。また，夫の不在中に妻が生計に窮して夫名義の借財をしまたは夫名義の財産を処分したような場合に，これを有効とするために，夫が暗黙に代理権を与えたものとみようとするのも，無用のことである。[25]」このように述べる我妻説が，日常家事行為の範囲外であることが問題にもされなかった他方名義の不動産処分の事案で，日常家事行為の範囲に含まれると解すべきであったと主張するの

---

(23) 他説の内容については，髙森＝髙森・前掲注(7)『表見代理理論の再構成』180-182頁を参照していただきたい。

(24) 我妻・前掲注(2) 106頁。なお，我妻・前掲注(2) 110頁は，「夫の名義の借財をすることが一般的に日常の家事に含まれることは，判例も認めているが，その額は著しく低い」とも述べている。

(25) 我妻・同右。

は，最判昭和27・1・29民集6巻1号49頁（スマトラ陸軍司政官夫人事件）や
東京地判昭和26・10・6下民集2巻10号1172頁[26]仙台高判昭和32・4・15高
民集10巻10号531頁[27]である。

4 髙森説

(1) 日常家事行為が，行為の種類・性質からして，夫婦の共同生活を維持す
るために，日常的に反復継続されることが，社会通念上当然予想される行為で
あるならば，その具体的な範囲については，その夫婦の資産・収入・職業・社
会的地位・その夫婦の共同生活が存する地域社会の慣習といった内部的事情と，
その行為の種類・性質等の客観的事情を考慮して，社会通念に照らして客観的
に判断すべきであると筆者は考えている。夫婦の一方が他方の承諾を得ずにし
た行為が，日常家事行為であると判断されれば，夫婦の一方が本人名義で行為
したときは他方は連帯責任，夫婦の一方が他方の代理人として行為したときは
他方は本人としての責任を負わされるのであり，加えて，761条が夫婦の一方
と取引した第三者保護の規定であることを考え合わせれば，日常家事行為の概
念と範囲を曖昧にする行為者の行為目的や動機といった行為者の主観的意図は，
「夫婦の財産的独立の保護」と「取引の相手方の保護」との真の調和を図ると
いう視点からは，日常家事行為の範囲の具体的判断基準に入れるべきではない。

(2) イギリス法においても，夫と共同生活をしている妻は，生活必需品を購
入するために，夫の信用を担保にする authority をもつと推定される。例えば
Phillipson v. Hayter 事件において，Willes 裁判官は，「妻は真に必要であり，
かつ夫が選択した生活様式に適合する商品のために契約する authority を，そ
の商品が妻のやりくりに通常委ねられている家事の範囲に，完全に含まれる限
りにおいて有している。」と述べている[28]。夫と共同生活をしている妻に au-
thority が推定されるのは，妻が夫の信用を担保にして，生活必需品を購入す
る場合に限定される[29]。妻が夫の信用を担保にして借財し，そのお金を現実に
生活必需品の購入にあてたとしても，貸主が夫に請求することはコモン・ロー
上認められず，いわんや生活必需品を購入するために，夫の不動産を処分する

---

[26] 我妻・前掲注(2)110頁。
[27] 我妻・前掲注(2)111頁。
[28] (1870), L. R. 6 C. P. 38 at 42.

等は論外であり，議論の対象にすらされていない。

(3)(a) しかし，我が国において判例上，日常家事行為の範囲が問題とされてきたのは，主として借財と不動産処分の事案であった。本章では，紙数の関係もあり，判例の考察は，我妻説が日常家事行為の範囲に含まれると解すべきであったと批判する判例に限定せざるを得ないが，借財については，拙著「第二部　日常家事行為と表見代理　第一章　借財と日常家事行為」『代理法の研究』（法律文化社，2008年）309頁以下において，借財に関する判例を，自己名義と他方名義に分け，後者を基本代理権として日常家事代理権しかない場合と他に基本代理権のある場合とに分け，更に借財の場合，他人の債務についての連帯債務・連帯保証，高利・サラ金，復代理，手形・小切手行為等に分類して，日常家事行為の具体的判断基準を考察した。一般的には，月収の1〜3割程度の借財が，他方の承諾を得る必要のない日常家事行為の限界と考えるべきである（ただし消費者金融等から高利で借りる場合には，この範囲内でも日常家事行為と認めるべきではない）。この範囲を超える場合には，通常の家庭生活を営んでいれば，夫婦相談の上，他方の特別の承諾を得て，借財するのが普通であると思われる（前掲拙著本文で考察した借財と日常家事行為に関する判例の分類表と一覧表は，363-371頁に参考図表Ⅰ・Ⅱとして添付した）。

(b) クレジッ契約については，その形態はさまざまであるが，拙著「第二部　日常家事行為と表見代理　第二章　クレジット契約と日常家事行為」『代理法の研究』（法律文化社，2008年）373頁以下においては，日常家事行為が問題とされた判例において主として争われたクレジット契約（個品割賦購入あっせん，個品割賦販売，総合割賦購入あっせん等）について考察した。通常の借財の場合は，借主は様々な意図で金銭を借受け，その借受金は様々な用途に費消されるのに対して，立替払契約は，実質においては一種の借財であるが，現実に購入された具体的な商品の代金支払いのために締結される。したがって，立替払契約の日常家事性の判断については，通常の借財の場合と同列に論ずべきではなく，先ず第一に，立替払契約の基礎となった購入商品の売買契約自体の日常家

---

(29) Fridman, p. 133; Bromley's Family Law (7th edn 1987), p. 129; Bowstead on Agency (13th edn 1968), p. 95; Cheshire Fifoot & Furmston's Law of Contract (11th edn 1986), p. 465; Christine Davies, Family Law in Canada (1984), p. 116; Anson's Law of Contract (26th edn 1984), p. 537.

事性を，買主夫婦の資産・収入・職業・社会的地位等の内部的事情と，購入商品の種類・性質・代金・社会的普及度等の客観的事情とを考慮して，社会通念に照らして客観的に判断し（商品の売買契約自体が非日常家事行為であると判断されれば，その代金支払いのための立替払契約の締結も当然非日常家事行為である），商品の売買契約自体は日常家事行為であると判断された場合には，次にその代金支払いのための立替払契約の日常家事性を，手数料の実質的年利率や遅延損害金の定め等を含む支払方法を考慮して客観的に判断すべきである（前掲拙著本文で考察したクレジット契約と日常家事行為に関する判例の一覧表は，435-437頁に添付した）。

　なお，カードによるキャッシング・サービスは，ひとりが数枚のカードを保有するときは，ATMからかなり高額の借財が可能となる点を考慮すれば，カードの貸付限度額や年利率のいかんを問わず，たとえ1回あたりの借受額が月収の1〜3割程度の限度内であっても，日常家事の範囲外と解すべきである。

　(c) 他方名義の不動産を処分する行為は，原則として日常家事行為とみることはできず，例外的に肯定してよいのは，注(4)で挙げた東京地判昭和36・7・4下民集12巻7号23頁（電灯線の配線工事を行うに際して，障害になる夫所有の樹林の伐採を夫に無断で妻が承諾したという事案）のような場合だけであろう。

5　判例の考察

　(1) 我妻説が，日常家事行為の範囲に含まれると解すべきであつたと主張する他方名義の不動産処分の事案のうち，東京地判昭和26・10・6下民集2巻10号1172頁，最判昭和27・1・29民集6巻1号49頁（スマトラ陸軍司政官夫人事件）は，いずれも一方配偶者の長期不在中の事案である。

　(a) 東京地判昭和26・10・6下民集2巻10号1172頁の事案は，以下の通りである。Xは戦災で住居を失ったので，妻Aと子ども5人とともに昭和20年中から知人B宅に寄寓していたが，昭和22年3月21日突然家出をしていずこかへ姿を消した。あとに残されたAは格別の財産もなく，生活に苦労し，子どもが騒ぐとBに叱られるので，5人の子どもとともに単なる知合いにすぎないB宅に寄寓しているのを辛く思い一刻も早くB宅を立退きたく考え，Bも立退きを求めた。そこで，Aは昭和22年10月頃から，しばしばX所有の本件土地中180坪の賃借人であるYに対し，住家を手に入れたいから本件土

地を買ってくれと懇願した。Yは当時Xが家出をして不在であることを知っており，本件土地を買うことには気が進まなかったが，Aに涙をもって頼まれたので，ついにその申出を承諾した。そこで，Aは後日Xが帰宅しても「あなたには絶対迷惑をかけない」旨の覚書をYに入れ，Xが置いていったXの印で委任状その他登記に必要な書類を作り，昭和23年6月8日，Xの代理人としてYと本件土地の売買契約をした。売買代金は10万円と定められ，そのうち5万円の受渡しはすんだが（Xが住居用のバラックを買った時の代金），残代金については菓子屋を始めるか娘を嫁にやるときの費用にあてたいとXが言ったので，Yは「二週間の間をおいて請求してくれればいつでも払う」と言って保管している。その後Xが帰宅し，Yに対して本件土地の所有権移転登記の抹消を求めたのが本件である。

東京地裁は，Xが家出した昭和22年3月21日当時は，東京都においてはインフレの昂進がもっとも甚だしく住宅難であったことは公知の事実であり，Xが家出をすればAおよび子ども5人が直ちに生活に困り，ことに住居については難渋するであろうということをXは当然予想しながら，何らの手当をすることなくあえて家出をしたのは，Xの財産を妻子の暮しの足しにしてよい，住居を得るために換価してよいと，暗に承諾を与えたとしかみることができないから，本件土地処分については，Xは家出にあたり暗にAに代理権を与えたとみるのが相当であると判断して，Xの請求を棄却した。

(b) 学説の中には，配偶者の一方が長期不在中は，他方の日常の家事に関する権限の範囲が拡大するという説（例えば三島説[30]）もある。しかし，筆者は日常家事行為の範囲は，その夫婦の資産・収入・職業・社会的地位・その夫婦の共同生活が存する地域社会の慣習といった内部的事情と，その行為の種類・性質等の客観的事情を考慮して，社会通念に照らして客観的に判断すべきであると考えているので，夫婦の一方の長期不在といった事情によって，日常家事の範囲が縮小したり拡大したりするものではないと解する。したがって，東京地裁がXの処分行為を日常家事行為の範囲の問題としなかったのは正当である。もっとも配偶者の一方が長期不在中は他方の日常の家事に関する権限の範囲が拡大するという論者も，別居によって共同生活が消滅し夫婦が事実上全く

(30) 三島宗彦「日常家事債務の連帯責任」『家族法大系Ⅱ』（有斐閣，1959年）243頁。我妻・前掲注(2)106頁も同旨である。

別個独立の生活を営むようになった場合（いわば離婚の前段階）には，日常家事行為の範囲も著しく縮小すると考える[31]。しかし，三島説が自ら指摘するように，旅行等による単なる長期不在なのか，離婚の前段階としての別居なのかは，外部第三者には容易に窺い知ることのできない夫婦のプライバシーである。かかる不確実な要素をもって日常家事行為の範囲が拡大あるいは縮小すると考えるのは，日常家事行為の概念と範囲を曖昧にするものであり，取引の相手方を害し，夫婦の財産的独立を危うくする議論である。

　前述したように（Ⅱ－3－(2)－(b)）ともに婚姻共同生活を営んでいる夫婦は，お互いを自らの意思で domestic manager の地位に置いている。夫または妻は，domestic manager という地位にある代理人ならば，客観的にみて誰でもがもつことを期待されるところの定型的な範囲の usual authority を有している（もちろん客観的に判断される日常家事代理権の範囲は，極めて限定的である）。そして，そのような domestic manager という地位に置いたのであるから，離婚の前段階として別居をすることになり，夫婦間で usual authority に内部的な禁止や制限をしたのであれば，「第三者に対して責任を負わない旨を予告」（761 条ただし書き）するべきであった。夫婦間の禁止や制限について予告を与えていなかったということは，客観的に日常家事代理権の範囲内に含まれると判断される夫または妻の行為については，相手方に責任を負うことを，黙示的に同意していたとみられるからである。また，配偶者の一方が旅行や単身赴任等で長期不在中は，他方に個別的に授与された任意代理権の範囲（定型的な usual authority ではなくて，actual authority としての express authority や implied authority）が拡大することがあるとみれば足りる。

　(c)　そこで東京地判昭和 26・10・6 下民集 2 巻 10 号 1172 頁であるが，インフレの昂進中甚だしく住宅難であった時代に，扶養すべき妻子がいながらこれを単なる知人宅に放置して家出した X は，生活が困窮した時には自分の財産を暮しの足しにしてよい，住居を得るために処分してよいという黙示の代理権（implied authority）を A に与えていたと解してよいと思う。この意味で，東京地裁の判断は正当である。また，仮に黙示の代理権の授与を認定できなかったとしても，A は X の土地を売却しその売却代金で住居を得たのであるから，

---

[31]　三島・前掲注(31) 244 頁，我妻・前掲注(2) 106 頁。

後に家に帰ってきた無責任なＸが無権代理の主張をすることは，権利濫用の法理（1条3項）により排斥されるべきである。

(2) 我妻説が，同じく一方配偶者の長期不在中の事案で日常家事行為の範囲に含まれると解すべきであったという最判昭和27・1・29民集6巻1号49頁（スマトラ陸軍司政官夫人事件）は，昭和19年4月26日に陸軍司政管としてスマトラに赴任したＸの不在中の昭和21年3月22日，Ｘの妻ＡはＸの母と協議し，仲介者とも相談の上，Ｘの代理人としてＸ所有の本件土地建物を代金10万円で（2万5千円は内金として即日支払われ，これは，昭和21年9月23日Ａが供託している），Ｙに売却する契約を締結し，同年5月17日右不動産について所有権移転登記請求権保全の仮登記をしたところ，その後昭和21年8月12日に帰還したＸが，Ｙに対して右売買契約の無効確認と右仮登記の抹消を請求したという事案である。最高裁は，日常家事行為を問題とすることなく，110条の正当理由を否定している。一般に配偶者の一方が長期不在中に不在者名義の財産について他方と取引する場合には，本人の不在を知っている相手方としては，無権代理の危険を覚悟するか，東京地判昭和26・10・6下民集2巻10号1172頁の事案のように本人帰宅後の追認を期待して取引しているとみるべきであろう。正当理由を否定した最高裁の結論は妥当である[32]。

(3) 仙台高判昭和32・4・15高民集10巻10号531頁は，我妻説が，行為者の行為目的・動機等の主観的意図を重視して，日常家事行為であるという事案である。Ｘの息子Ｂが勤務先のＹ銀行で278万円余の金員を使込んでいる事実が，昭和27年12月25日頃発覚したので，ＹがＢの身元保証人であるＸにその善処を要望したところ，ＸはＢの行為を陳謝した上右使込金額が判然としたならＸ所有の本件不動産を処分してもこれを弁償する旨答え，Ｙとしては直ちにＢの使込金額の調査に取り掛かるとともに，Ｘに対し直接あるいはＢやその母Ａ（Ｘの妻）を通じて，右使込事件を内密にするゆえいち早く本件不動産を提供されたい旨繰返し要求した。しかし，ＸはＢの使込額が不明であることを理由に，容易に右要求に応じようとはせず，一方，使込事件にひどく心を痛め何とでもしてＢを救いたいものと心を砕いていたＡは，そのようなＸの態度を頼りなく思い，昭和28年1月初め，思い余ってＸに無断で

---

(32) 本件の正当理由の有無の判断については，髙森＝髙森・前掲注(4)30-33頁に詳述した。

その印鑑をYのもとへ持ち出した上Yのいうがままに必要書類を作成し，同じころXに無断で持ち出した本件不動産の権利証とともにYに手渡したため，Yは同月6日右各書類により本件不動産につき所有権移転登記を経由した。Xは，B又はAがYの要望に押し切られXの印鑑をYのもとに持ち出す気配があったので，同月5日改印届出をしたが，翌6日戸籍係員が誤ってAが持ち出した元の印鑑について印鑑証明をしたため，その印によって右登記がなされたのである。Xは実弟を通じ本件不動産を他に処分すべく交渉中，同月20日頃同不動産の登記がY名義になっているのを知り，Yに抗議したが確答を得ることができなかったので，Yに対し，所有権移転登記の抹消を求めたのが本件である。

仙台高裁は，XはBの不正行為に対し身元保証人として責任を感じ，本件不動産を処分してもYの損害を賠償する意思であったが，右処分はどこまでもXの手でするつもりであったから，Yの主張のごとく右賠償の債務担保のため本件不動産を売渡担保としてYに提供する意思はなかったものと認めるのが相当であり，XがAにBの不始末につきYと交渉する権限を授与したとはとうてい認められないとした上で，761条は夫婦相互に代理権を認めた規定ではないから，Aに何らかの任意代理権ないし761条の代理権のあることを前提とするYの表見代理の主張は認められないと判断して，Yの控訴を棄却した。

761条は夫婦相互の代理権を肯定した規定ではないとする判断以外の，仙台高裁の判断は正当である（前述したように筆者は，usual authorityとしての日常家事代理権を肯定する）。本件はAの無権代理行為について，Yは悪意であったとさえ思われるケースであり，とうてい110条の正当理由は認められない。我妻説は，子の使込事件を内密にしてもらいたいという母Aの動機を重視したのであろうが，この妻Aによる夫X名義の不動産の処分行為を，なぜ日常家事の範囲に含ませてよいというのか，筆者には理解できない。

Ⅳ 日常家事行為と表見代理

1 110直接適用説 —— 民法110条の正当理由

(1) 筆者は，わが民法の表見代理規定（109，110，112条）に関する起草者の

22 「日常家事行為と表見代理」再論〔髙森哉子〕

見解及び時代の推移に伴う学説の展開を踏まえた上で，イギリス法の estoppel の法理によって，わが民法の表見代理規定における本人の責任を根拠づける[33]。これは，英米法の Agency by estoppel（あるいは Agency by holding out）の法理の研究によって，表見代理理論をわが民法に導入した中島玉吉「表見代理論」[34]と同じ視点で，表見代理制度を考察しようとするものである。中島「表見代理理論」によれば，「本人の表見的行為」がなければ表見代理は成立しない。すなわち，表見代理規定による本人の責任の根拠を，「本人の表見的行為」に求めている。この「表見代理」の由来となった英米法の estoppel の法理による代理は，holding out による代理である。イギリス法における estoppel の法理による代理に関する判例と，わが民法の中核的な表見代理規定である 110 条「正当理由」に関する判例を，機能的比較法[35]の手法を駆使して考察すると，holding out の典型例であるとされる，代理人が本人の信用を担保にして相手方との間で行った今回の取引のやり方や内容が，従来の取引のやり方や内容と同様である場合に，本人がそれらの従来の取引を承認し幾度か相手方の請求に応じて支払ってきたという事情がある場合や，当該の取引についての本人の相手方に対する認容的言動がある場合（例えば契約の履行に積極的な指図を与える等）といった具体的事情は，わが国において 110 条の正当理由が成立すると考えられる具体的事情と共通している。

そもそも，私的自治の原則が支配する近代法においては，欲するがゆえに欲するがままの法律効果を発生させるのが建前であるが，例外的に，人は欲していないにもかかわらず，責任を負わされることがある。例えば，本人が相手方との間で，その代理人を通して，当該取引と同種同量の取引をしたことがあり，これまではそれらの取引を承認し，異議を述べずに履行してきたような場合や，それに準じるような本人の認容的言動がある場合である。このように，「当該取引について，本人は代理人に代理権を与えていると，相手方が推断すること

---

(33) 拙著「第一部 イギリス代理法と表見代理 第三章 表見代理理論の新展開」・前掲注(7)『代理法の研究』（法律文化社，2008 年）255 頁以下。

(34) 中島玉吉「表見代理論」京都法学会雑誌 5 巻 2 号（1910 年）189 頁以下。

(35) 機能的比較法とは，同一の社会的要件事実（同一の事案）に対するイギリス法の法的処理及び法解決と日本法の法的処理及び法解決とを，それぞれの法体系の違いを考慮した上で，具体的に比較するものであり，これにより両法の相互理解と新しい分析視角を得ることができる。拙著・前掲注(33) 299 頁。

Ⅳ　日常家事行為と表見代理

ができるような本人の相手方に対する行動（holding out）」が存在し，その結果，相手方が，当該取引についての代理人の代理権の存在や範囲を信じ，それに導かれて取引した場合には，代理人の代理権の存在や範囲を示すような本人の行為に導かれて取引した相手方を保護するために，estoppel の法理により，本人は後になって相手方の請求を拒絶することはできない。本人は欲していなかったにもかかわらず，相手方を当該取引へと導いた自らの行為に基づいて，責任を負わされるのである。110 条の正当理由が成立する場合とは，そのような場合であり，これは，また，わが民法の起草者である梅謙次郎，富井政章両博士があげる 110 条の正当理由が成立する具体例とも共通するのである。

　(2)　代理人が言辞巧妙に，「自分は本人から当該取引についての代理権を授与されている」と相手方に説明したり，相手方に本人との間に面識がないことを利用して，代理人が本人の替え玉を立て，替え玉に「自分は当該取引については，この代理人に任せている」等と説明させたりしても，これら代理人自身の行為のみでは，決して正当理由は成立しない。また，本人が代理権の授与とともに，代理人に実印，印鑑証明書，白紙委任状，権利証等を交付しており，代理人がこれらを相手方に提示して，授与された範囲を越えた代理権の存在を説明したとしても，正当理由は成立しない。なぜなら，実印，印鑑証明書，白紙委任状，権利証等は，何らかの代理権の存在についての徴表とはなり得ても，具体的な代理権の範囲を徴表するものではないからである。もし，この場合に，相手方が代理人に当該取引についての代理権があると信じたならば，それは代理権の範囲についての代理人自身の説明を信じたにすぎず，当該取引についての，本人から代理人への代理権の授与に相当すると判断できるような，すなわち代理権の範囲を具体的に示すような，本人の行為は存在していない。

　(3)　このように解することは，相手方にとって酷ではない。相手方は，目の前にいる人が代理人であることは分かっているのであるから，代理人が自称する代理権の有無や範囲について，本人に問い合せることが可能であるし，本人に問い合せることによって，無権代理の不利益を回避できる。問い合せることが不可能であれば，取引自体を回避することによって，リスクを回避することもできるのである。

　また，代理制度が認められていることにより，相手方は取引の過程のいちいちにおいて，本人の意思を確認する必要はないが，その代理人を通して本人と

479

取引することは，今回が初めてであったり，過去に取引があったとしても，今回の取引は，従来の取引とは質的量的に異なるという場合には，一度は本人に問い合わせてみるというのが，市民社会の通常の取引形態である。「相手方がこれまで代理人を通して本人と同種同量の取引をしてきたが，いずれもこれらの取引は本人によって承認され，つつがなく履行されてきた」とか「これに準じるような本人の認容的言動」とかいうような「当該取引について，本人は代理人に代理権を与えていると，相手方が推断することができるような本人の相手方に対する行動（holding out）」も存在していないのに，代理権を有しているらしい外観を信じて，本人に問い合せもしないで取引した相手方を保護して，本人に責任を負わせることは，過度に取引の安全を強調するあまり，自己決定，自己責任の原理を軽視し過ぎている。「当該取引について，本人は代理人に代理権を与えているということを，相手方が推断することができるような本人の相手方に対する行動（holding out）」とは，すなわち，相手方からみれば，「本人に代理権の有無・範囲について問い合せをすることが全く不要と感じさせるほどの客観的事情」である。それゆえに，このような客観的事情が存在している場合に，相手方が「代理権の存在を信じ」，それに導かれて，取引した揚合には，本人に問い合せずに取引した相手方であってもこれを保護して，取引の安全を図ろうとしたのが，110条の趣旨である。このように解してこそ，「取引の安全」の強調のみに傾斜することなく，静的安全と動的安全の真の調和が図られる。

(4) 最高裁昭和44年判決を，上記の私見に照らして考察すると，これは他方名義の不動産処分の事案であるから，日常家事行為でないことは明白である。Xの特有財産を，倒産した夫Aの主宰するA商店がYの主宰するY商会に負っていた債務を弁済するために，Aの無権代理によりYに売却されたが，XはA商店の倒産後Yの代理人B弁護士の訪問を受けB弁護士から「お宅の土地と建物をいただくことになっているから権利証・印鑑証明書・委任状をもらいに来た」旨の訪問目的を告げられて，格別の反問，拒絶等することなく，X方二階にB弁護士を案内している。しかし，B弁護士は本件不動産の真実の所有者は夫Aであると思っていたこともあって，Xに対して何ら念を押さなかったし（売買目的を熟知しているB弁護士としては，法律家として自分の言が法律上意味していることを説明すべきであった），かえって小学校を卒業したのみ

で取引の実情にうとい X の無知を奇貨としてあえて説明せず，X もそれゆえ
に何の拒絶もせずただ夫 A の客として B を二階に案内しただけであるから，
本人の認容的言動があったと評価することはできず，110 条の正当理由は成立
しない。

2　110 条類推適用説の危険性

　日常家事行為の範囲を判断するのに，行為者の行為目的・動機等の主観的意
図を重視する我妻説が，日常家事行為の範囲に含まれると解すべきであったと
主張する，最判昭和 27・1・29 民集 6 巻 1 号 49 頁（スマトラ陸軍司政官夫人事
件）や東京地判昭和 26・10・6 下民集 2 巻 10 号 1172 頁，仙台高判昭和 32・
4・15 高民集 10 巻 10 号 531 頁に対する考察で明らかなように，我妻説の立場
では日常家事行為の範囲がかなり広い。その我妻説の立場でも日常家事の範囲
に含まれない非日常家事行為について問題とされる「当該越権行為の相手方で
ある第三者においてその行為が当該夫婦の日常の家事に関する法律行為の範囲
内に属すると信ずるにつき正当の理由」の具体的内容について，我妻説は何も
述べていないし，最高裁昭和 44 年判旨からも全く不明である。

　我妻説に従えば，普通の家政処理の範囲を逸脱する場合でも，当該夫婦の共
同生活にとくに必要な資金調達のためのものは，なお日常家事行為に含まれ
る[36]のであるから，例えば，妻が夫名義の不動産を処分したり夫名義で借財す
るにつき，生計維持という目的なら日常家事行為，妻の遊興費にあてるという
目的なら非日常家事行為ということになる。妻が相手方に生計維持にあてると
巧妙に説明し，相手方がそれを信じたが，実際には遊興費に費消されたという
事案では，相手方は実際には日常家事行為ではなかったのに，その範囲を誤信
していたということになって，その目的・動機の誤信についての正当理由が，
110 条の類推適用という形で判断されることになるのであろう。結局「日常の
家事の範囲内と信ずるについての正当理由」とは，相手方が行為者の説明した
目的から日常家事行為と誤信したが，このように誤信したのは，もっともだと
思われるかどうかという程度の内容でしかないと思われる。夫婦の財産的独立
を侵害する危険性は二重に強まるといわざるをえない（行為者の説明した使途

---

(36)　我妻・前掲注(2) 106 頁。

22 「日常家事行為と表見代理」再論〔髙森哉子〕

目的に対する相手方の誤信を重視することは，夫婦の財産的独立を侵害する結果になることを端的に示す判例として，東京高判昭和37・6・19高民集15巻6号430頁[37]がある）。

V 結 語

日常家事行為が，行為の種類・性質からして，夫婦の共同生活を維持するために，日常的に反復継続されることが，社会通念上当然予想される行為であるならば，その具体的な範囲は，その夫婦の資産・収入・職業・社会的地位・その夫婦の共同生活が存する地域社会の慣習といった内部的事情と，その行為の種類・性質等の客観的事情を考慮して，社会通念に照らして客観的に判断すべきである。客観的に非日常家事行為と判断された行為については，110条を直接適用し，相手方に代理権ありと信ずべき正当理由が成立するか否かを，「当該取引について，本人は代理人に代理権を与えているということを，相手方が推断することができるような本人の相手方に対する行動（holding out）」，すなわち，相手方からみれば，「本人に代理権の有無・範囲について問い合せをすることが全く不要と感じさせるほどの客観的事情があり」それ故に「代理権の存在を信じた」といえるかについて厳格に判断すべきである。それにより，「夫婦の財産的独立の保護」と「取引の相手方の保護」との真の調和が図られよう[38]。

---

[37] 東京高判昭和37・6・19高民集15巻6号430頁に対する考察は，拙著「第二部 日常家事行為と表見代理 第一章 借財と日常家事行為」『代理法の研究』328-330頁参照。
[38] NHKとの放送受信契約と日常家事行為の問題については，稿を改めて論じたい。

482

IV 物権・担保物権

23 「相続登記の欠缺を主張する正当の利益」に関する覚書

石 田　　剛

Ⅰ　は じ め に

　相続により取得された不動産をめぐる取引の安全をどう図るべきかという問題は，長年議論されている難問であり，今次の相続法改正においても重要テーマの一つとされている。周知のとおり，法制審議会は，要綱案の取りまとめに向けて，遺言および遺産分割による物権変動を第三者に対抗するために登記を備えなければならない旨を明文化することを提案している(1)。もっとも，条文案の文言だけからは，従来の判例法理のどの部分がどのように変更されるのか，一義的に明らかというわけではない。法改正が提案どおりに実現すれば，民法177 条の「第三者」の意義につき，特に相続という変動原因に関してより一層

---

(1)　筆者が本稿執筆時に参照しえた資料は，平成 29 年 7 月 18 日開催の法制審議会民法（相続関係）部会の第 23 回会議で取りまとめられ第二次パブリックコメントに供された「中間試案後に追加された民法（相続関係）等の改正に関する試案」及びその補足説明である。相続と登記に関する提案は，平成 29 年 5 月 23 日開催の第 21 回会議で検討の俎上に置かれた民法（相続関係）部会資料 21「積み残しの論点について（2）」において提示された内容「第 3　相続の効力等（権利及び義務の承継等）に関する見直し　1（1）不動産又は動産に関する物権の承継　「遺産分割（遺産分割方法の指定を含む。）又は相続分の指定による不動産又は動産に関する物権の承継は，民法第 177 条又は第 178 条の要件を備えなければ，第三者に対抗することができないものとする。」が最新のものである。なお再校時に平成 30 年 1 月 16 日開催の第 26 回会議で取りまとめられた「民法（相続関係）等の改正に関する要綱（案）」（部会資料 26-1）に接した。その第 5「相続の効力等（権利及び義務等）に関する見直し」1(1)では，「相続による権利の承継は，遺産分割によるものかどうかにかかわらず，法定相続分を超える部分については，登記・登録その他の対抗要件を備えなければ，第三者に対抗することができない。」とされており，中間試案の書きぶりに戻っている。

23 「相続登記の欠缺を主張する正当の利益」に関する覚書〔石田　剛〕

緻密な検討の必要性が生じるのは必至である。その際に，相続（特に共同相続）という変動原因に特有の諸事情や利益状況をどのように斟酌し，「第三者」の範囲の解釈論にそれらをどのように反映させてゆくべきかを精査することが喫緊の課題であると考えられる。

　筆者は，相続不動産の取引安全を図るために177条を活用すべく舵を切った改正案の方向性を積極的に評価すべきだと考えている[2]。しかし，当面の事態への対処療法にとどまることなく，遠い将来をもにらんだ構想としては，思い切ってさらに一歩を進める解釈論が検討されてもよい。筆者は，法定相続分の取得に関しても177条の適用範囲に含めるところまで変動原因無制限説を貫徹し，実際に生じた紛争の事後的解決は「第三者」の範囲論を精緻化することで対応すること，すなわち「相続登記の欠缺を主張する正当の利益」の有無をめぐる規範的評価を通じた柔軟な利益調整の枠組みを構築するのが望ましいと考えている[3]。もっとも，この見解は，講演の場における意見発表であったこともあり，論拠を丁寧に提示する時間的余裕がないまま，おおまかな基本方針を示唆するものにとどまった。また，そこでの議論が，177条全体の規律に関する筆者の構想[4]全体の中にどのように統合されるのか，という点に関しても，意を尽くした説明することができなかった[5]。

　そこで，本稿では，共同相続に特有の利益状況に注目することにより，177条の「第三者」をその出現時期に応じて3段階に区分し，特に熟慮期間経過後遺産分割が終了するまでの間に遺産に法的利害関係に入ろうとする遺産の譲受

---

(2)　本稿執筆時点で参照しえた改正案に対する論評として，松尾知子「遺言制度に迫る危機」法学論集67巻1号（2017年）191頁。伊藤栄寿「民法の相続関係規定の見直しと不動産登記」ジュリ1502号（2017年）56頁，「《座談会》Death Law（デスロー）をめぐる金融実務上の諸問題」金法2051号（2016年）19頁［西希代子］，羽生香織「遺言制度に関する見直し」論究ジュリ20号（2017年）27頁，田高寛貴「遺言と登記をめぐる相続法改正の課題」法時89巻11号（2017年）39頁などがある。

(3)　石田剛「不動産登記の多様な役割と民法理論──相続と登記の問題を素材に」法時89巻9号（2017年）61頁。

(4)　石田剛「不動産二重売買における公序良俗」前田達明編『民事法理論の諸問題　下巻』（成文堂，1995年）129頁，同（「背信的悪意者排除論の一断面（一）（二・完）」立教法学73号（2007年）63頁，74号（2007年）119頁，同「財貨獲得をめぐる競争過程の規律に関する序論的考察（上）（下）」みんけん631号（2009年）2頁，636号（2010年）15頁。

(5)　松岡久和「コメント」法時89巻9号（2017年）82頁。

人や差押債権者などの保護要件として善意無過失を課す試論を展開し，諸賢からのご批判およびご教示を仰ぐこととしたい。

II　判例準則の意義と問題点

はじめに，判例法理の現在の到達点と問題点を確認しておくことにしよう。

1　判例法理

(1)　法定相続分の対抗

共同相続と登記に関するリーディングケースである最判昭和38年[6]は，被相続人の実子の一人の夫が他の3名の推定相続人の相続放棄申述文書を偽造して，被相続人所有の不動産を妻が単独相続した旨の所有権移転登記を経由し，自己の債権者に対して担保目的で譲渡した事案に関するものである。判例は，周知のとおり，法定相続分の取得は登記なしに第三者に対抗できるとする立場を採用している。遺産分割が終了して各相続人に遺産が最終的にどう帰属するかが確定しない段階では，対抗要件としての登記を要求するのは事実上困難であるとか，あるいは相続のように取引行為によらずに財産を取得した者は取引行為により競合する形で財産を取得した者と対等な立場で所有権取得の優劣を争う関係に立たない，などの理由を述べつつ，177条の適用を否定する判例を支持する見解が圧倒的に多く[7]，適用肯定説はもはや過去の学説として葬り去られたものとして紹介されることもある[8]。

(2)　遺産分割結果の対抗

他方において，最判昭和46年は，遺産分割の終了後に出現した第三者との関係では，法定相続分を超える持分の取得に関して，共同相続人間での協議を通じた持分交換の実質があることに着眼し，意思表示による物権変動と類似の扱いが可能であることから，対抗要件としての登記を要求する[9]。

---

(6)　最判昭和38・2・22民集17巻1号235頁。

(7)　伊藤昌司「相続と登記」有地亨編『現代家族法の諸問題』（弘文堂，1990年）404頁。

(8)　沖野眞已「相続財産は危険がいっぱい？――その1：共同相続は複雑怪奇」窪田充見・佐久間毅・沖野眞已『民法演習ノートIII家族法21問』（弘文堂，2013年）262頁。

(9)　最判昭和46・1・26民集25巻1号90頁。

23 「相続登記の欠缺を主張する正当の利益」に関する覚書〔石田 剛〕

　また，相続放棄による相続人の資格の遡及的消滅（939 条）に 177 条は適用されず，他の相続人の放棄により法定相続分以上の財産を取得することになった相続人は，その権利取得を登記なしに対抗することができると解されている[10]。遺産分割の結果一部の共同相続人への分配が 0 となる協議分割が行われると，経済的に見る限り，相続放棄と同じ状態が生じるため，異なる扱いをする正当化根拠が問題となるところ，判例は，形式論的に遡及効を制限する規定の有無を前面に出している。すなわち遡及効が制約を受ける遺産分割（909 条ただし書）においては，一旦法定相続分に応じて取得した共有持分の交換的関係（意思表示に物権変動としての側面）を見出すことができ，より財産権移転を目的とする取引行為との近親性が大きいという考慮（遺産分割における移転主義的発想）がうかがわれる。加えて，相続資格の享受・放棄という選択における身分法上の意思決定を尊重するという考慮が実質的には決定的な根拠であろうという指摘もある[11]。

　(3) 遺言による物権変動の対抗

(a) 遺　贈

　最判昭和 39 年は，遺贈による権利取得は登記をしなければ第三者に対抗できないと解しており，その理由として，遺贈も贈与と同様に無償行為であり，登記をしないかぎり物権変動の効果が不完全にしか生じないことを指摘している[12]。包括遺贈の場合もこの理があてはまるとする下級審裁判例もある[13]。この論拠は，被相続人が生前贈与をした相手方（受贈者）と相続開始後に相続人が譲渡した譲受人との関係に 177 条を適用する際の論拠と同じである[14]。判例が贈与及び遺贈による物権変動の対抗力を論じる文脈においてのみ未登記物権変動の不完全性に言及していることからすると，物権変動の不完全性が贈与と遺贈に共通する無償取得という特殊性に着目したものなのか，それとも意思表示による物権変動の一般論として登記が備えられるまで物権変動の効果を不完全とみるべきだという把握をしているのか，明らかでなく，判例の理解をめ

---

(10)　最判昭和 42・1・20 民集 21 巻 1 号 16 頁。

(11)　佐久間毅『民法の基礎 2』（有斐閣，2006 年）104 頁。

(12)　最判昭和 39・3・6 民集 18 巻 3 号 437 頁。

(13)　大阪高判平成 18・8・29 判タ 1228 号 257 頁。

(14)　最判昭和 33・10・14 民集 12 巻 14 号 3111 頁。

ぐっては解釈が分かれる可能性がある[15]。

(b) 指定相続分

相続分の指定に関しては，遺贈とは異なり，相続を権利変動原因とするものだと解されており，法定相続分の取得は登記なしに対抗できるとする前述の判例法理が指定相続分にも妥当するものとされている[16]。相続分の指定の意義に関しては，遺言相続と法定相続のいずれを基本制度と解するかをめぐる争いがあった[17]。この点につき起草者は，遺留分による制限付きとはいえ，まず被相続人の意思が先行するから，遺言相続が先行し，法定相続はこれを補充するものであるという理解から，相続分の指定を遺産の処分であり[18]，被相続人の意思表示の性質を遺贈あるいはその変体とみていた。これに対して，判例は，遺言相続が法定相続に先行するという理解に与しつつも，相続分の指定は法定相続分を変更する物権変動原因と同視できず，指定相続分は法定相続分と同一の役割を果たすから対抗問題を生じさせないとする理解を採用したのである。

(c) 「相続させる旨」の遺言

「相続させる旨」の遺言は，遺産分割方法を指定し，かつ被相続人の死亡と同時に当然分割の効果を生じさせるものと解されている[19]。相続人の一人に遺産全部を相続させる遺言によって，「相続分の全部が当該相続人に指定された」ものとする最高裁判例を受けて，下級審レベルでは，法定相続分を上回る財産を「相続させる」旨の遺言が，相続分の指定を伴う遺産分割方法の指定であると解されている[20]。全部の遺産を特定の相続人に全部相続させる旨の遺言については，包括遺贈との類似性が高いことから，この場合を別扱いする議論も考えられないではない[21]。遺産分割方法の指定を通じて相続開始時に当然分割と

---

[15] 幾代通「遺贈と登記」『現代家族法大系5』（有斐閣，1979年）127頁以下は，生前贈与の効果と遺贈の効果を比較して177条適用説を支持する。

[16] 最判平成5・7・19家月46巻5号23頁。

[17] 西原諄・判タ882号161頁。

[18] 梅謙次郎『民法要義巻之五 相続編（復刻版）』（有斐閣，1984年）119頁。法改正前の非嫡出子の法定相続分に関する規定の合憲性が争われた最大決平成7・7・5民集49巻7号1789頁は，法定相続分の補充性を強調していた一方，その後この判断は最大決平成25・9・4民集67巻6号1320頁によって明確に否定され，法定相続分が持つ意味の捉え方に変遷があった可能性もある。

[19] 最判平成3・4・19民集45巻4号477頁。

[20] 東京高判昭和45・3・30判時595号58頁。

同じ効果を生じさせるという同遺言の解釈準則によると，「相続させる旨」の遺言に基づく取得は相続開始と同時に確定的に生ずることになり，登記の有無と無関係にその権利取得全体を第三者に対抗できると解することが可能になる[22]。

2 問題点

以上にみた相続と登記をめぐる判例法理の整合性に関しては，すでに次のような指摘がされている[23]。

(1) 遺贈と「相続させる旨」の遺言

遺言が持つ実体法上の効果の違いにより遺贈と「相続させる旨」の遺言との間で対抗要件の要否に関する扱いの区別を正当化できるという論評がある。すなわち「相続させる旨」の遺言の場合，物権変動原因はあくまでも相続であり，被相続人の死亡時に，被相続人の指定した分割方法に従い，受益相続人への確定的な権利移転が生じる。相続登記が保存登記であるから単独申請が可能であるという説明はこのような理解に相応する[24]。

これに対して，遺贈の場合は，遺言執行者（特に指定がない場合は相続人）による遺言執行のプロセスを経て，権利が受遺者に移転する。遺言執行前の段階では，物権変動の効力が不完全にしか生じていないという違いがあり，登記手続上の扱いの違いは，こうした実体法上の利益状況の違いを反映したものにすぎないというのである[25]。

---

[21] 吉野衛「遺言公正証書における不動産登記法上の諸問題」吉野衛編『民法と登記 上巻』（テイハン，1993 年）354 頁，吉田克己「『相続させる』旨の遺言・再考」野村豊弘・床谷文雄編著『遺言自由の原則と遺言の解釈』（商事法務，2008 年）52 頁以下も類型的考察の必要性を説いている。

[22] 最判平成 14・6・10 家月 55 巻 1 号 77 頁。

[23] 比較的最近のものとして，たとえば，小粥太郎「相続不動産の取引の安全」みんけん669 号（2013 年）83 頁，および谷口知平＝久貴忠彦編『新版法民(27)〔補訂版〕』（有斐閣，2013 年）777 頁以下［二宮周平］を参照。

[24] 高木多喜男「相続と登記」不動産登記制度研究会編『不動産物権変動の法理』（有斐閣，1983 年）114 頁。

[25] 米倉明「『相続させる遺言』は遺贈と解すべきか」タートンヌマン 7 号（2003 年）15頁，加毛明「『相続させる』旨の遺言と登記」別冊ジュリスト『民法判例百選Ⅲ 親族・相続』（有斐閣，2015 年）225 号（2015 年）111 頁，佐久間・前掲注(11)106 頁。

もっとも，遺贈に対抗要件としての登記を要求する判例法理には根強い批判もある[26]。確かに遺贈は被相続人の意思表示であるが，相手方のない単独行為である。遺言により権利を取得する受遺者は物権変動の過程に何ら関与する機会を与えられておらず，物権変動の事実を知らされている保障はない。この点に関して受遺者も受益相続人も基本的に変わりがない。被相続人が名宛人への権利承継を確実に行う意思が強ければ強いほど，遺言の存在を事前に受益相続人あるいは遺言執行者に確知させ，自分の死後に受益相続人または受遺者に権利取得が保全されるような行動をとるであろう。その結果，仮に受遺者または受益相続人が物権変動の事実を認識している場合，遺贈の場合は相続人又は遺言執行者との登記につき共同申請を強いられるが，「相続させる旨」の遺言の場合は単独で申請が可能であり，この違いに着眼すると，逆に登記の期待可能性が相対的に高い「相続させる旨」の遺言こそ一層対抗要件主義に服すべきと考えられるにもかかわらず，対抗要件は不要とされている。それならば遺贈についても対抗要件不要とすべきではないか，という具合である。

(2) 遺産分割と「相続させる旨」の遺言

　「相続させる旨」の遺言の趣旨は，遺産分割手続を要することなく相続開始時に受益相続人への分割の効果を生じさせるという意味での分割方法の指定であると解される[27]。つまり遺産の一部または全部につき相続開始と同時に分割が完了していることになる。

　遺産分割の完了または「相続させる旨」の遺言により確定的な権利承継の効果が生じているのであれば，速やかにその物権変動を登記するよう権利取得者に期待してよい。そこで，遺産分割後の第三者については，権利取得につき対抗要件の具備を要求しているのであるが，法定相続分を超える部分にのみ登記を要求する最判昭和46年は，遺産分割における宣言主義よりは，移転主義の発想を色濃く反映している。こうした移転主義的発想は，物権変動の対抗の場面のみならず，詐害行為取消権の行使対象に遺産分割協議が含まれるかどうかという争点をめぐる態度決定においても踏襲されているといえる[28]。

　これに対して，遺産分割に遡及効を認める宣言主義（909条本文）の基本思

---

[26]　伊藤昌司『相続法』（有斐閣，2002年）112頁，田高・前掲注(1)42頁。

[27]　前掲注(19)最判平成3・4・19

[28]　最判平成11・6・11民集53巻5号898頁。

想に照らすと，遺産分割によって確定的に取得した権利についても，相続開始時から相続を原因として完全に効力が生じており，遺産分割後の第三者との関係にも177条の適用を否定するのが一貫した考え方のようにも思われる[29]。

遺言に基づく権利取得に対抗要件を要しないとする考え方は，遺産分割における宣言主義的と遺言相続優先主義的発想を接合させた考え方とみることができる。相続させる旨の遺言に基づく取得は確定的であり，登記の有無と無関係にその権利取得全体を第三者に対抗できることになる。「相続させる旨」の遺言は，節税目的もさることながら，受益相続人への直接帰属と単独での登記申請を可能にすることで権利取得の保全を確実にすることに狙いがあったのであるから，判例法理は受益相続人に過剰な保護を与える一方，共同相続人間の事後の紛争の火種を残すような解決を採用しているといえよう[30]。

以上にみたとおり，遺産分割が終われば，それ以降相続に基づく物権変動を登記しないと対抗できない。もっとも，法定相続分に関しては登記の有無にかかわらず，相続開始時から当然に第三者に対抗できる。他方，遺贈は登記しないと対抗できず，「相続させる旨」の遺言は登記なしに対抗できる。「相続させる旨」の遺言との区別は，意思表示に基づく物権変動なのか，相続という意思表示以外の原因に基づくものなのかの違いに起因しており，無権利法理を適用する判例法理は遺言相続優先主義＋意思表示限定説を前提として，無遺言相続の場合は移転主義的な考え方を採る一方，遺言相続の場合は宣言主義的な考え方をとるものといえる。

III　分析視角の設定

1　共同相続に特有の事情と利益状況

ここで共同相続という変動原因に特有の事情を列挙することにしよう。相続とりわけ共同相続を原因とする物権変動に関してはさまざまな不安定な要因があることが指摘されてきた[31]。さしあたり次の4点に集約することができようか。

---

[29]　加藤雅信『物権法〔第2版〕』（有斐閣，2005年）144頁，山野目章夫『物権法〔第5版〕』（日本評論社，2012年）64頁。

[30]　石田・前掲注(3) 65頁。

Ⅲ　分析視角の設定

⑴　暫定的な共有

第1に，単独相続の場合はあまり問題が生じない一方，実際上は相続のうち相当数を占めると思われる共同相続の場合には，遺産分割が行われるまでに遺産が暫定的な共有状態に置かれる。遺産共有状態においては，自らの意思に基づいて共有関係を形成した者どうしの関係と若干状況が異なり，利害が正面衝突する可能性が高い複数人が好むと好まざるに拘らず必然的に法律関係に関与せざるをえない。また，被相続人の占有権も相続と同時に共同相続人間に観念的に承継され[32]，相続開始後ただちに観念的共同占有状態が発生する一方で，現実に目的不動産を特定の共同相続人が直接占有し，排他的に使用収益を継続しているという事態が頻繁に生じうる[33]。その結果，時として複雑で外部からは分かりにくい占有関係が生じ，不動産の直接占有者の居住・利用利益保護の要請が強く働く場合も少なくない。たとえ取得時効の完成に至らなくても，相当程度の期間にわたって特定の相続人が目的不動産に居住している場合には[34]，居住利益保護の要請にも配慮しながら[35]，第三者に「登記欠缺を主張する正当の利益」があるかどうかを判断する必要も生じる。

⑵　法定相続分による取得の不安定性

第2に，上記の遺産共有状態は，占有関係や権利関係が複雑になりがちであるのみならず，不安定・浮動的な性質を免れない。法定相続の場合でも，特別受益や寄与分等によって，遺産を構成する個々の財産に関して法定相続分の割合どおりに遺産分割がされるとは限らず，協議分割の場合には法定相続分割合から逸脱した分割をすることに対して何らの制約もない。相続人の立場からみれば，遺産分割によって個々の遺産の最終的帰属が決定しない限りは関係者に登記を求めることが事実上困難であるという状況がみられる。

⑶　近時のものに限定すると，沖野・前掲注⑻251頁，小粥太郎「相続不動産取引に潜むリスク─買い手からみた相続不動産」水野紀子編『相続法の立法的課題』（有斐閣，2016年）133頁以下などを参照。

⑶　最判昭和44・10・30民集23巻10号1881頁。

⑶　被相続人の生前から被相続人と建物に同居していた相続人の使用権を暫定的に遺産分割終了時点まで基礎づけるために，黙示の使用貸借契約を推認する判例法理（最判平成8・12・17民集50巻10号2778頁）もこうした占有状況の理解に適合的である。

⑶　今次の改正案でも配偶者に関して短期および長期の居住権による保護が新設されようとしている。

⑶　広中俊雄『物権法〔第2版増補〕』（青林書院，1987年）。

さらに遺言がある場合は，遺言者の意思が尊重されるため，受益相続人以外の相続人は各不動産に対して当然に法定相続分割合に応じて各財産上に具体的な権利を取得するとはいえない。せいぜい遺留分相当額の限度でしか権利取得の期待利益がない場合も考えられる。つまり遺言相続制度の下では法定相続分の範囲での確定的な権利取得の期待利益が各共同相続人に保障されているとはいえないのである。

そのために，遺産分割が終了する前に，相続不動産に法的利害関係を有しようとする者は，遺言および特別受益の存否，遺言の有効性等について十分に留意して行動するよう要請されてもやむを得ない立場にあるといえよう。

(3) 法定相続分の取得に対する相続人債権者の期待利益

第3に，相続不動産に法的利害関係を持つ第三者として出現する者の属性として相続人の債権者が多いという傾向が観察されることである。最高裁判決の事案をみても，共同相続人の債権者が債権回収目的で特定の遺産上の権利を譲り受けた者や持分を差し押さえた者が「第三者」として登場するケースが目立つ[36]。一例として，最判昭和38年が，偽造文書による単独名義の登記の公信力が認められないことから，譲受人を各共同相続人の持分につき無権利者からの取得者と扱いながら，譲渡人の持分の範囲で処分を有効とし，譲受人と他の共同相続人とを共有関係に立たせた点に注目すべきである。不動産の単独所有権の取得を目的とする法律行為と共有持分権の取得を目的とする法律行為は，処分の対象において本来異なるが，ここでは大は小を兼ねる式の思考により，譲受人は単独所有権の取得を意図した以上，次善の策として（広い意味での無効行為の転換の一種？），持分の取得を意図したであろうという意思解釈が当然に成り立つことが前提とされている。しかし，単独所有権がダメなら持分だけでもあったほうがましという意思解釈は，債権回収目的での譲渡であるからこそ成り立つ論法であるように思われる[37]。

---

(36) 前掲最判昭和38・2・22，最判昭和42・1・20，前掲最判昭和46・1・26，前掲最判平成14・6・10。

(37) 小粥・前掲注(31)145頁における，「売主以外の共同相続人の利益と買主の利益の双方を考慮した結果，誰もが望まない結論に達しているのではないか。」という指摘と根本の問題意識を共有する。

Ⅲ　分析視角の設定

(4) 関係の親近性・閉鎖性と利害対立

第4に，遺産共有者は互いに身分法上の特別に近親な関係にあり，生計を共にする者の間では財産関係が厳密に分離されたものとして意識されないことも多い。そうした意識とも関連して，実印やマイナンバーなど個人情報との関係で重要なツールも相互に利用しやすい状況が生じがちであり，遺産分割協議書や相続放棄申述書等の偽造も比較的容易になりやすい。被相続人の遺言の内容が特定の相続人のみを優遇し，共同相続人間の実質的公平に十分な配慮をしていない場合には，被相続人本人に対して直接不満を表明することが憚られる分，増幅したルサンチマンが受益相続人に対して向けられ，感情的なしこりから事後の紛争を生じやすい状況であることは否定できない。

加えて部外者が相続資格者を特定することが時として困難であるという事情もある。法定相続の場合，相続資格者を特定・証明するにあたって，戸籍制度の存在が日本では重要な役割を果たしてきた[38]。しかし，戸籍は個人のプライバシーに関わる重要情報の集積体であるから，これから相続不動産に法的利害関係を持とうとする人が自由にアクセスできる情報ではなく，特に個人情報保護の要請が重視されている現代社会では，部外者による情報収集にはおのずと限界がある[39]。さらに相続欠格事由や廃除・相続放棄等による相続資格の遡及的消滅，戸籍に記載されていない推定相続人の存在が判明する場合や，戸籍の記載が虚偽であることが発覚することも考えられ，戸籍による情報提供とその真正担保にもある程度の限界がある。

上にみてきたような共同相続特有の利益状況をふまえて，次に，①遺産共有の特質と遺産分割手続の位置づけ，②遺言相続と法定相続との関係という二つの視角を設定して，今後の分析の枠組みを示しておくことにしよう。

---

[38]　水野紀子「相続させる」旨の遺言の功罪」久貴忠彦編『遺言と遺留分 第1巻 遺言』（日本評論社，2001年）172頁。

[39]　相続人のあることが明らかでないため相続財産法人が成立する場合（951条），管理人選任の請求権者である利害関係人（952条1項）とは，相続財産の帰属について法律上の利害関係人を有する者であり，受遺者，相続債権者，相続債務者，相続財産上の担保権者，特別縁故者，被相続人からの物権取得者でいまだ対抗要件を具備していない者などであり（谷口＝久貴・前掲注㉓688頁［金山正信・高橋朋子］，買受希望者は事実上の利害関係を有するにすぎないことになろう。

2 遺産共有

(1) 共有物の利用における非排他的関係

遺産共有の解消は遺産分割手続という特別の手続によって行われる点で，通常の共有関係と異質ではあるものの，共有関係の性質それ自体は通常の物権法上の共有と変わりがないと解されている[40]。すなわち各共同相続人は，遺産を構成する個々の財産に相続分割合に応じた持分を有し，遺産分割前であっても持分を自由に処分することができる。目的物の利用方法につき協議することなしに共有者の一人が目的物を単独で占有し利用している場合，他の共有者は当該単独占有者に対して当然にその明渡しを請求することができない[41]。共有者は目的不動産の全体を支配し，持分に応じて，使用収益する権限をもつからである。他の共有者の利用を禁止したり妨害したりする権能を各共有者は有しないという意味で，目的物に対する複数人の使用権限が併存した状態が継続する。持分権は通常の所有権と本質的に変わらないとされているものの，目的物の利用に関して互いに排他的主張をすることができない点に特徴がある。共有物の管理に関しては，持分に応じた多数決が妥当し，保存行為に限り各共有者が単独で行うことができる。保存行為とはもともとは共有物の現状を維持する行為を指称する概念であり，共有物を物理的な滅失・損傷から守る行為がその典型例とされてきたが，現在では，共有者全員の利益になる行為を含むと解されている[42]。遺産共有状態を公示するための共同相続登記を各共同相続人が単独で申請することができる（不登63条2項）のも，法定相続分に応じた取得を保全する意味での保存行為として正当化される[43]。

(2) 遺産分割における宣言主義と移転主義

遺産分割には遡及効があるものとされ（909条本文），遺産分割協議等の結果に即した財産承継が相続開始時になされたものと擬制される。もっとも，分割の遡及効によって第三者の権利を害することはできない（909条ただし書）。

909条の制度趣旨に関しては宣言主義的な理解と移転主義的な理解の二つが可能である。宣言主義は，同条本文の原則を重視し，遺産分割が終了するまで

---

(40) 最判昭和30・5・31民集9巻6号793頁。

(41) 最判昭和41・5・19民集20巻5号947頁。

(42) 佐久間・前掲注(11) 197頁。

(43) 七戸克彦『条解不動産登記法』（弘文堂，2013年）426頁。

は分割の原資である遺産の一体性を維持するために持分の自由な処分を制約するのが望ましいという考慮から，遺産分割によって相続人への遺産の帰属が確定すると考える。もっとも，遺産分割の際に持分を処分して現金を獲得しなければならない場合もあり，持分の処分が行われた場合に当然には有効とはいえない処分行為の相手方の信頼を保護する必要もある。そこで同条ただし書はもっぱら善意の第三者による権利取得のみを認める制度として位置づけられることになる[44]。

　しかし，個人主義を標榜する現行民法のもとでは，家産維持のために遺産分割が制約されることはなく，遺産共有も遺産分割によって可及的に単独所有という原則形態に至るまでの暫定的な帰属状態であり，むしろ遺産分割前における各共同相続人による持分処分の自由を許すべきだと考えられている。909条は，遺産分割前の持分の処分の自由を容認しつつ，持分の譲受人や差押債権者の利益を保護するために第三者の権利を害することができないという遡及効の制限規定を置いたのであり，同条ただし書の「第三者」として保護を受けるには，持分に関して自らが登記を備えていることが必要だと解される（権利保護資格要件としての登記）。この理解によると，同条ただし書の「第三者」は遺産分割前に法的利害関係を持つに至った第三者に限定されることになる。

3　法定相続と遺言相続の関係

　次に法定相続と並んで遺言相続を認める制度の下では，両者の関係性が問題になる。日本では，旧来から遺言の習慣があったわけでもなく，民法制定後も遺言の利用がそれほど活発であったわけでもなかったことから，法定相続分を基本とする考え方をベースとしてきたといわれている[45]。相続人の範囲については戸籍制度を通じて情報提供が可能であることから，物権変動を公示する目的で法定相続分の取得につき対抗要件としての登記を備える必要性は乏しいと考えられてきたのである。最判昭和38年や最判昭和46年はいずれも法定相続の場面のみを念頭におくものであった。遺言相続は法定相続の原則を部分的に修正する意味合いしかないものとして，むしろ例外的な相続形態として受け止

---

[44]　中川善之助・泉久雄『相続法〔第3版〕』（有斐閣，1988年）323頁。

[45]　水野紀子「相続回復請求権に関する一考察」星野英一＝森島昭夫編『現代社会と民法学の動向・下』（有斐閣，1992年）424頁，小粥・前掲注[23]90頁。

められてきたようである。少なくとも民法制定後昭和の時代まで，法定相続があくまでも基本にあり，遺言相続はそれを補完修正するものであるという考え方（法定相続優先主義）が支配的であったように思われる。

これに対して，私的自治の原則の発現として，被相続人は遺留分制度あるいは公序良俗に抵触しない限り，生前に自己の財産を自由に処分することができるのが原則である，とする遺言自由の原則が妥当しているとすれば，法定相続分には遺言が存在しない場合に分配基準を補充する意味合いしかないことになる。このような見方を遺言相続優先主義ということができる[46]。この見方によれば，法定相続分は遺言がない場合の補充的基準に過ぎないから，相続開始と同時に遺産を構成する各不動産に対して共同相続人は確定的な持分権を当然に取得するとはいえない[47]。隠れた遺言の存在により 100% 取得するかもしれないし，逆に零の可能性もあるからである。

体系書や教科書等においては，遺言相続を原則とする旨を明示するものがある一方[48]，基本的に法定相続主義を採用しているとするものもあり[49]，さらには両論を単純に並列表記するにとどめるもの[50]に分かれている。

Ⅳ 改正案の意義と問題点

1 意 義

Ⅲで提示した分析視角に基づき現在の判例法理をながめると，次のように整

---

[46] 二宮周平『家族法〔第 4 版〕』（新世社，2013 年）272 頁。

[47] 合有説に立つ説明として，川島武宜『民法（三）』（有斐閣，1951 年）118 頁，中川善之助＝泉久雄『相続法〔第 4 版〕』（有斐閣，2002 年）19 頁。松尾弘・法時 75 巻 12 号（2008 年）74 頁も，第三者はできるだけ遺産分割の結了をまって相続不動産に法的利害関係を持つのが望ましいと価値判断から，遺産分割前の第三者については，善意無過失と自らの登記具備を保護要件として例外的に保護する趣旨の規定と解すべきだとする。

[48] 内田貴『民法Ⅳ 補訂版』（東京大学出版会，2004 年）327 頁「法定相続は，遺言がない場合に適用されるに過ぎない」，近江幸治『民法講義Ⅶ親族法・相続法〔第 2 版〕』（成文堂，2015 年）219 頁。

[49] 高橋朋子・床谷文雄・棚村政行『民法 7 親族・相続〔第 5 版〕』（有斐閣，2017 年）246 頁。

[50] 潮見佳男『相続法〔第 5 版〕』（弘文堂，2014 年）2 頁。窪田充見『家族法〔第 3 版〕』（有斐閣，2017 年）343 頁は，抽象的な次元でどちらが原則かを論ずる意味はないとする。

IV 改正案の意義と問題点

理することができる。

　一方において，法定相続に関して，法定相続分の取得に対抗要件としての登記を要求しない最判昭和38年と遺産分割後に登場した第三者に法定相続分を超える部分の取得を対抗するために登記を要求する最判昭和46年は，対抗要件制度の適用範囲に関する意思表示限定主義と遺産分割における移転主義の発想の組み合わせにより導かれる。

　他方において，遺言相続に関して，遺贈による権利取得に対抗要件としての登記を要求する一方で，指定相続分及び「相続させる旨」の遺言については対抗要件としての登記を要求しない最判平成5年および最判平成14年は，意思表示限定主義，遺産分割における宣言主義および遺言相続と法定相続の関係についての遺言相続優先主義の発想の組み合わせにより導かれる。「相続させる旨」の遺言に基づく権利取得は相続開始時に確定的に生じること，指定相続分に関しても法定相続分と同様に当然取得の効果が生じるため，権利取得の全体が対抗要件主義の射程外におかれることになる。

　これに対して，改正案は，「相続させる旨」の遺言に関しても，法定相続分の取得を超える部分について対抗要件としての登記を要求することにより，最判平成14年判決の立場を明確に否定している。これは遺産分割における移転主義および法定相続優先主義とより親和性のある枠組みを採用することにより，最判昭和38年と最判46年の判断との調和を図るとともに，遺贈に関する最判昭和39年との不均衡の解消をも狙うものといえる。すなわち改正案は，意思表示限定主義と法定相続優先主義と遺産分割における移転主義の組み合わせによって導かれやすい考え方ということができる。

　条文の文言上法定相続分の取得とそれを超える部分の取得を観念的に分け，前者につき対抗要件具備の有無と無関係に無条件に第三者への対抗を認める一方で，後者についてのみ対抗要件としての登記を要求していた中間試案において，特にこうした傾向は顕著であった。その趣意は，「対抗要件主義の適用範囲をできる限り広く認めることにより取引の安全等を図る観点から，包括承継である相続による権利変動のうち対抗要件主義の適用対象外とするのは，相続開始の事実や被相続人との身分関係によって客観的に定める法定相続分の割合に従ったものに限定し，包括承継の性質を有するものであっても，意思表示が介在し，被相続人による処分性が認められるものについては対抗要件主義の適

用対象とすることにも十分な合理性があるものと考えられる」と説明されている[51]。

　もっとも，改正案の最新版（追加試案）は，当初の中間試案の「法定相続分を超える部分について」という文言を削除するという微修正を施したため，法定相続分も含めて遺産分割後に出現した第三者との関係では遺産分割の結果を登記していない限り，一切権利取得を対抗できず，「相続させる旨」の遺言に関しても，法定相続分を含めて一切権利取得を対抗できない，という読み方を許容する条文になった。今次の改正は，立法趣意はともかく，条文上は解釈の余地が広くなっており，今後も立案担当者の趣旨どおりの解釈が行われる保障はない。たとえば変動原因に関する無制限説（意思表示非限定主義）と遺言相続優先主義と遺産分割における宣言主義を組み合わせた立場からは，立案担当者の想定とは相当異なる帰結も導かれうることになる。

　たとえば，遺産分割における宣言主義を重視する立場からは，遺産分割の結果特定の不動産につき単独所有権を取得した相続人は，所有権移転登記をしなければ，法定相続分を超える部分のみならず，法定相続分についても権利取得を第三者に対抗できないと解することが自然に可能になる[52]。遺産分割結果ができるだけ速やかに登記されるようインセンテイブを与えるには，むしろそのような解釈のほうが望ましいともいえる。

　以上をまとめると，これまでその全体が法定取得と解されてきた「相続させる旨」の遺言に関して，改正案は，法定相続分と意思表示による増加部分とに二分することにより，法定相続優先主義と遺産分割における移転主義への傾斜を強めているとみることが許される。

2　問 題 点

　しかし，改正案がその前提としている，変動原因に関する意思表示限定主義と未登記物権変動の効力の不完全性を根拠に対抗要件としての登記を要求する

---

(51)　平成29年1月24日第17回会議で検討された，法制審議会民法（相続関係）部会資料17「遺言制度に関する見直し」6頁。

(52)　鎌田薫『民法ノート物権法①』（日本評論社，1992年）146頁，良永和隆・みんけん639号（2010年）34頁，田高・前掲注(1)45頁。小粥・前掲注(31)149頁の指摘も方向性は類似している？

論法については，なお疑問を禁じ得ない[53]。

(1) 意思表示限定主義

たしかに民法177条が取引の安全を図ることを主な趣旨とする規範であることから，適用範囲を意思表示による物権変動に限定されるべきだという見解は学説において現在もなお有力といえる[54]。

しかし，判例法理は，明治41年の2つの大審院連合部判決以降[55]，177条が適用されるべき物権変動の範囲につき，自覚的に起草者の意思に沿い，物権変動が意思表示によるものか否かによる区別をしない構想を一貫して維持している。現に法定の取得原因である時効取得についても，変動原因の側面から演繹的に177条の適用範囲から外すのではなく，「第三者」の範囲論の文脈で，時効完成後の第三者との関係に177条の適用を肯定している[56]。このような判例法理の全体的な構想との整合性という点で，改正案が法定相続分の取得に関してのみ177条の適用領域から一律に外すことの正当化根拠は何か，引き続き問われるべきなのである。

177条は登記を怠った者に対して対抗不能という不利益を与えるものであり，未登記物権変動の効力を主張する者に登記の期待可能性があったかどうかが同条の適用範囲を考えるうえでもっとも重要な観点となるはずである。それにも関わらず物権変動が意思表示を原因とするか否かという抽象論から演繹的に適用範囲を区画するのは，なぜそのような論理的連関が正当化されるのか明らかでないし，また解釈手法としてやや硬直的でもあるように思われる。

遺言は相手方のない単独行為であり，物権変動の相手方である受遺者は当該意思表示に関与する機会が保障されているわけではない。その結果，被相続人の死後も受遺者が長期間にわたって遺贈による物権変動の存在を知らない事態が構造的に生じうる。そのため，遺贈に対抗要件としての登記を要求すべきでないという見解もある[57]。意思表示を原因とする物権変動でも登記の具備を期

---

[53] 意思表示制限説に対する批判的コメントについては，石田剛「物権変動法制について」民法改正研究会編『民法改正国民・法曹・学界有志案』（日本評論社，2009年）39頁。

[54] 加藤・前掲注(29)144頁，民法改正研究会編・前掲注(53)140頁，松岡久和「物権変動法制のあり方」ジュリ1362号（2008年）45頁。

[55] 大連判明治41・12・15民録14輯1276頁，1301頁。

[56] 大連判大正14・7・28民集4巻412頁。

[57] 松尾・前掲注(1)182頁，田高・前掲注(1)40頁。

待できない状況が存在する一方，他方で，時効完成後・遺産分割後の第三者との関係のように，意思表示を原因としない物権変動でも登記の具備を期待できる状況は存在しうるのである。

(2) 物権変動の不完全性に依拠した説明

未登記物権変動の効力が不完全であることも対抗要件としての登記を要求することの説得的な論拠にはなりがたい。たしかに遺贈は意思表示による物権変動であり，判例は遺言執行がされない限り，物権変動は確定的に生じないといい，贈与一般に関しても登記という履行行為を経ないと物権変動は確定的に生じないという理解を基礎に据えている。学説では二重譲渡一般について不完全物権変動説[58]，債権の効果説および二段階物権変動説[59]が有力であり，二重譲渡の可能性を未登記物権変動の不完全性に依拠して説明したうえで，対抗要件主義の適用範囲は，その典型的事例である二重譲渡に類比可能な場合に限られるとする論理を組み合わせたものが改正案の立法趣意ではないかと推測される。

しかし，判例は贈与および遺贈などの無償行為につき物権変動の不完全性を語っているだけであり，その究極の根拠を無償処分行為の拘束力の脆弱性に求められているものとも理解される。そうすると「相続させる旨」の遺言はあくまでも分割方法の指定であって，その一部に独立の処分行為を含むものではないとする現在の制度理解との関係性が問われることになろう。

そして，個別事例において受遺者・受益相続人に登記の具備を期待できない場合がありうることをやり玉に上げて，遺言による物権変動に 177 条は一切適用すべきでないという論法にも論理の飛躍がある。この点に関して，時効完成後の第三者との関係で，善意占有者は通常は時効の起算点を意識しないことから，時効完成後に直ちに登記を期待することは無理があるにも関わらず，判例準則は問題を一応 177 条の土俵に乗せたうえで，「第三者」の範囲論において，背信的悪意者排除論の弾力的運用[60]，あるいは再度の時効完成による敗者復活という独自の解釈準則を生み出すことによって，登記の事実上の期待不可能性

---

(58) 我妻栄 = 有泉亨補訂『新訂物権法（民法講義Ⅱ）』（岩波書店，1983 年）149 頁。

(59) 加藤・前掲注(29) 76 頁。

(60) 最判平成 18・1・17 民集 60 巻 1 号 27 頁，下級審ではさらに進んで，第三者の悪意を認定することなく信義則違反を根拠に排除するものもある（東京高判平成 20・10・30 判時 2037 号，東京地判平成 21・9・15 判タ 1329 号 146 頁）。

IV 改正案の意義と問題点

を斟酌する方法を編み出していることが想起される。

3 対抗要件制度以外の第三者保護法理による対処可能性

(1) 宣言主義と遺言優先主義の立場

あわせて改正案を相対化する観点から多くの選択肢を視野に収めた幅広い検討をすることも重要である。別稿で述べたように，相続登記の実務に顕現する国民の法意識は，遺産分割に関する移転主義よりは宣言主義の観念に親しむものであるように思われる[61]。また遺言相続と法定相続との関係についても，遺言がより一層日本社会に浸透した暁には，法定相続優先主義ではなく遺言相続優先主義の発想に立って問題を捉えることも必要だろう。

実際のところ，学説においては，対抗要件制度に関する意思表示限定主義，遺産分割における宣言主義と遺言相続優先主義の発想を組み合わせることで，遺産分割後の第三者，「相続させる旨」の遺言や遺贈も含めて無権利の法理を適用したうえで，取引の安全は94条2項や32条1項後段類推説等によって図ろうとする説も有力である[62]。

相続人の廃除・欠格等の事由が存在するなど，戸籍制度という公的な制度による情報提供が事後的に真実に反することが明らかになった場合の第三者の信頼を保護すべき場面では32条1項後段類推は事態に即した法理ということはできる[63]。もっとも，今後は法定相続情報証明に対する信頼保護の問題として手当がされることが予想され，32条1項後段類推法理の活躍領域は限定的なものとなろう。本稿が主な考察対象とする「相続させる旨」の遺言における対抗問題や，法定相続分と異なる遺産分割結果が生じた場合に登記を信頼した第三者の保護枠組みとしておそらく適切とはいえまい[64]。結局のところ94条2項[65]あるいは110条[66]の類推適用の可能性を追求するしかないであろう。

(2) 第三者の要保護性を軸とする判断枠組み

まず，法定相続分の対抗に関する最判昭和38年において登場した「第三者」

---

[61] 石田・前掲注(3)64頁。

[62] 議論状況の概観として，二宮・前掲注(46)457頁，谷口＝久貴・前掲注(23)782頁［二宮修平］。

[63] この問題については，広中・前掲注(35)148頁，伊藤昌司「相続と登記」有地亨『現代家族法の諸問題』（弘文堂，1990年）407頁。

[64] 松岡久和『物権法』（成文堂，2017年）153頁，田高・前掲注(1)42頁。

が債権者であったという事案の特性による影響を受けているとみられることは
Ⅲ1(3)で指摘したとおりである。法定相続持分を超える部分についてのみの対
抗関係を措定する最判昭和46年に関しても同様にそうした事例的特性を考慮
した判断とみる余地もある。

　加えて，指定相続分に関する最判平成5年の事案を子細にみると，譲受人が
共同相続人の一人の経営する会社であり，かつ法定相続分に基づく登記が相続
税との関係を考慮して共同相続人の合意によって行われていたため，仮に指定
相続分の対抗に登記を要求する一般論に立ったとしても，譲受人が「登記の欠
缺を主張しうる正当な利益を有する者」に当たるかは疑わしいとして，当該事
例を解決する限りでの先例として捉える向きもあった[67]。

　さらに最判平成14年に関しても，全財産を「相続させる旨」の遺言により
取得した受益相続人が被相続人の死後それほど間をおかずに遺言の検認をして
おり，長期間不動産登記を放置したという事情は存在しない一方，他方法定相
続分につき差押えを行った受益相続人以外の相続人に対する債権者は当初から
被相続人の遺産をあてにして無担保で当該相続人に多額の貸し付けを行ったこ
とがうかがえるのであり，被相続人の死亡後に作出された不実の登記を信頼し
て差押えをしたわけではなく，差押債権者を保護する必要性は相対的に低かっ
たという評価も示されている[68]。

　学説では，さらに一歩進めて，不実登記をした相続人の固有債権者は処分対
象となった不動産に対してたとえ善意無過失であっても保護に値する期待利益
を有しないとして，第三者から定型的に排除すべきだという見解もある[69]。

---

[65]　登記申請行為は公法上の行為であるが，贈与に基づく所有権移転登記の申請を代行す
　　る権限も110条の基本権限たりうると解されている（最判昭和46・6・3民集25巻4号
　　455頁）。

[66]　110条類推適用の可能性を追求するものとして，我妻栄・唄孝一『判例コンメンター
　　ル相続法Ⅷ』（日本評論新社，1966年）72頁，水野紀子「相続財産の取引安全における
　　『相続と登記』判例と表見理論」米倉明編著『創立20周年記念論文撰集』トラスト60
　　研究叢書（2007年）。

[67]　横山長・公証110号（1995年）27頁，松尾・判タ1114号89頁はこれを好意的に引
　　用している。

[68]　水野謙・別冊ジュリ『不動産取引判例百選〔第3版〕』（有斐閣，2008年）192号87頁，
　　加毛・前掲注[25]151頁。反対，池田恒男・判タ1114号（2003年）83頁。

[69]　高木多喜男「相続と登記」不動産登記制度研究会編・前掲注[24]107頁。

もともと相続不動産をめぐるリスクはさまざまであり，特に遺産分割が終了しているかどうか不明な段階で，相続人の債権者が相続財産から債権回収を行うにあたっては，通常以上に入念な法律関係の調査が要求されてよい。取引安全の保護は第三者が調査義務を尽くしたかどうか，つまり第三者の善意無過失を軸足に据えた法理によって対処するのが利益状況にふさわしいと考えられる。そのために，無権利法理を貫徹したうえで，94条2項や110条類推適用などの外観法理による対処が提言されていることにも十分な理由がある。そもそも類推適用による保護は要件充足の判断につき予測可能性に難点があり，法理としての安定性に問題を抱えている。加えて無権利法理を貫徹すると，少なくとも法定相続分の取得については遺産分割後も無条件に登記なし対抗することができる現状が温存され[70]，法定相続登記を推進するにあたって強力なブレーキとなってしまい，適当とは思われない。そこで以下において，177条を適用した上で次のように対処することを提案したい。

V　試　論

1　177条に関する解釈論の発展

(1) 対抗要件制度の機能拡張

たしかに対抗要件制度の主な機能は取引の安全を図ることにある。しかし，177条の制度趣旨が取引の安全保護にあるということから，直ちに取引行為によらない物権変動に177条は適用されないとか，両立し得ない権利取得をめぐる競争関係だけに177条が適用されるべきであると主張するのは論理の飛躍がある。相続のような法定の物権変動原因による取得についても，相続不動産を譲り受けようとする人や差押えをしようとする人の取引の安全を保護するために権利の帰属状態を公示する必要があることに何ら変わりはないからである。

加えて，登記が私法上果たすべき役割は決して取引安全の保護に尽きるものでもない。そもそも不動産登記は，「国民の権利の保全を図り，もって取引の安全と円滑に資することを目的とする」ものとされている（不登法1条）。社会の構成員一般に対して不動産の管理処分権の帰属主体に関する情報を提供する

---

[70]　床谷文雄・犬伏由子『現代相続法』（有斐閣，2010年）116頁［吉田克己］。

23 「相続登記の欠缺を主張する正当の利益」に関する覚書〔石田　剛〕

という重要な役割をも担っている。判例が，賃貸不動産の譲受人が対抗力ある賃借権を引き受けるべき場合に所有権移転登記がなければ賃借人に対して賃料を請求することができないとして[71]，対抗要件の機能領域を比較的広く捉えていることがこのことを物語っている（権利保護資格要件的な意味での登記）。

　さらに土地所有権の行使を妨害する建物の所有者（責任の帰属主体）を明らかにするため，自ら建物の登記名義を備えた者が他人への譲渡による所有権喪失を主張して，不法占拠建物の収去と土地明渡義務を免れることはできないとも解されている[72]。ここでは 177 条の類推適用的な処理を通じて，責任の帰属主体としての建物所有権の所在を明確にする機能が登記に託されている（義務免脱資格要件的な意味での登記[73]）。土地工作物の所有者としての 717 条 3 項に基づく責任にも同様の問題があり，さらに地上権者が土地上に所有する工作物を譲渡した場合，未登記のままでは地上権の喪失を土地所有者に対抗することができず，譲渡後も引き続き地代支払い義務を負うべきものと解されている[74]。

　このように，少なくとも判例は，177 条の機能領域を非常に広くみており，このような方向性を積極的に評価するのであれば，不動産の管理処分権の帰属主体を明確にするという意味で相続による取得にも同様に対抗要件としての登記を求めることは何ら背理ではく，むしろ 177 条の趣旨に適合している。とりわけ近時は所有者不明の土地が深刻な社会問題化している。相続登記を行わないまま放置される土地が急増することで，土地の管理処分に深刻な問題が現に生じているのであり，このような問題の発生をできるだけ防止する観点から相続登記を促進してゆくことが喫緊の課題とされているのである。

(2)「登記欠缺を主張する正当な利益」」基準の精緻化

　他方で，共同相続と登記に関する最判 38 年判決が出された後，不動産登記法の特則を手掛かりとした背信的悪意者排除法理の形成や信義則による「第三者」の範囲制限に関する一連の判例法理が確立され，「第三者」の範囲論は飛躍的に発展した。すなわち個別事案ごとの具体的な事情を斟酌しつつ信義則等を用いて「登記欠缺を主張する正当な利益」を実質的にみてゆく解釈手法が定

---

(71)　最判昭和 49・3・19 民集 28 巻 2 号 325 頁。

(72)　最判平成 6・2・8 民集 48 巻 2 号 373 頁。

(73)　鈴木禄弥『物権法講義〔五訂版〕』（創文社，2007 年）158 頁。

(74)　大連判明治 39・2・6 民録 12 輯 174 頁。

V 試 論

着している。その結果，こんにちでは 177 条によると画一的・硬直的な解決となることを避けられず，94 条 2 項や 110 条類推等の外観法理によるほうが具体的な事案に即した柔軟な解決ができるという図式的な対置[75]は説得力が弱まりつつある。現実に生じた権利変動に即した対抗要件の具備がないという不作為に不利益を課すべき問題なのか，それとも真実は権利変動がないのに作出された権利変動の外観に対して真の権利者の意思的関与（作為）ないしそれと同視しうるほどの事情が存在する場合における責任負担の問題なのか，という観点からみれば，相続登記の不具備は明らかに前者の問題だといわなければならない。

そこで 177 条の文理及び起草趣旨にも合致する方向で相続による物権変動を 177 条の適用範囲に含めたうえで，相続の特殊性を考慮して，第三者の範囲論の解釈に善意無過失要件を読み込むという可能性こそが検討に値する。

2 「正当な利益」基準の運用における三段階構造

「正当な利益」の有無という規範的評価に際して，判例は，未登記物権変動の効力を主張する側の登記の期待可能性と第三者の側の要保護性を相関的に考慮する枠組みを採用している。この発想によれば，相続と登記の場面においては，次のような三段階に分けた基準の運用が試みられてよい。

(1) 相続開始時から熟慮期間経過後の間の第三者

177 条適用の前提条件として，未登記物権変動の効力を主張する者が「第三者」より先に登記を備えることを期待できたのに，それを行わなかったという意味での登記懈怠と評価しうる状態が必要である[76]。遡及効を伴う変動原因（取消し，解除，取得時効，遺産分割等）に関して第三者が目的不動産に利害関係を持つにいたった時点を基準として 177 条の「第三者」該当性を二分する枠組みを通じて，すでに「第三者」の範囲論に時間的区分を取り入れる考え方の素地は形成されている。

この考え方を，共同相続と登記の場面に当てはめてみよう。被相続人の死亡後，熟慮期間が経過するまで被相続人から財産を承継すべき相続人及び承継す

---

(75) 加毛・前掲注(25) 151 頁。

(76) 鎌田・前掲注(52) 148 頁，水野謙・古積健三郎・石田剛『〈判旨〉から読み解く民法』（有斐閣，2017 年）99 頁［石田剛］。

べき財産の範囲は確定しない。この間に共同相続人に登記を期待することは相続の制度設計との関係で、構造上一律に不可能というべきである。仮にこの間に共同相続人の一人に対する債権者が当該相続人に代位して法定相続分に応じた持分登記をしようとしても、「保全の必要性」要件を充足しないものとして否定的に解すべきであろう。共同相続人の一人から担保目的で持分権を譲り受けた者や差押債権者は一律に「相続登記の欠缺を主張する正当の利益」を有しないものと考えるべきである。

(2) 熟慮期間経過後遺産分割前に利害関係を持つに至った者

次に、熟慮期間経過後でも遺産分割が終了するまでは、遺産を構成する各財産上に具体的に各相続人がどのような権利を持つかはなお不確定である。そうした状態においてあえて遺産を構成する個別の財産に法的利害関係を持とうとする者は、遺言の存否及びその有効性、遺産分割の有無、特別受益の存否等相続特有のさまざまな留意点に関して調査確認をすべきである。特に目的となる遺産を特定の相続人ないしは相続人以外の者が単独で占有している場合は背後の法律関係を調査することが必須である。共同相続の場合は、ただでさえ占有関係が複雑化し、特定の相続人による排他的利用を保護すべき要請も予想される場面で、相続財産（またその持分）を漫然と譲り受け、差し押える債権者の要保護性は低いといわなければならない。相続人の差押債権者だけを177条の「第三者」から除外すべきだという見解もあるが[77]、差押債権者と譲受人を相続の場面においてだけ区別するには何らかの追加的な説明を要する。むしろ遺産分割前に目的不動産に利害関係を持とうとする第三者は相応の調査確認義務を尽くさない限り「相続登記の欠缺を主張する正当の利益」を有しないという解釈準則を定立するほうがよいのではないか。こうした方向を推し進めるにあたっては、通行地役権に関する最判平成10年の解釈手法が参考になる。

通行地役権に関しては、「譲渡の時に、右承役地が要役地の所有者によって継続的に通路として使用されていることがその位置、形状、構造等の物理的状況から客観的に明らかであり、かつ、譲受人がそのことを認識していたか又は認識することが可能であったときは、譲受人は、通行地役権が設定されていることを知らなかったとしても、特段の事情がない限り、地役権設定登記の欠缺

---

[77] 良永和隆・みんけん（2011年）642号990頁、清水元『プログレッシブ民法物権法〔第2版〕』（成文堂、2010年）82頁。

を主張するについて正当な利益を有する第三者」に当たらないとする準則が確立している[78]。これは，実質的には表現かつ継続の通行地役権を対抗要件制度の適用範囲から外すに等しい判断を，第三者の範囲論という装いのもとで行う解釈テクニックとみることができる[79]。

ところで，通行地役権に特有のかかる解釈準則の正当化根拠としては，一般に次のように言われている。

第一に，そもそも契約書が作成されることがあまり多くなく，事実上地役権者に登記を期待することができない一方，わざわざ登記するまでもなく現地見分によって通行権の存否は比較的容易に確認でき，その気になって調査をすれば権利関係も明らかすることができる以上，権利の保全のために強く登記を要求する必要性に乏しい。

第二に，通行地役権は承役地所有者による承役地の利用を当然に妨げるものではなく，同一の承役地上に他者の通行地役権の重複設定を妨げるものでもない。すなわち目的不動産の占有取得を権利の内容に含まない通行地役権においては，物権の一般的な性質である排他性が認められない。その結果，通行地役権と承役地の所有権や担保物権との法律関係は，両立しがたい物権変動の優劣決定が必要となる法律関係とはやや異質である。

この2点に着眼して，共同相続における遺産分割前の法律関係をながめると，次のような類似性を見出すことができる。

まず，Ⅲ2(1)で指摘したように，各共有者は共有物の全体につき利用権限を有することから，他の共有者の使用を妨害することも許されず，他の共有者の使用権限を否定することはできない。つまり共有物の利用に関し共有者相互間には排他性がないという限りにおいて，通行地役権者相互間および通行地役権者と承役地譲受人との関係と類似した部分がある。伝統的通説が共有持分相互の関係を共有の弾力性という観念のもとで，制限物権と所有権との関係になぞらえたことの意味は，厳密にはこのような趣旨の指摘をするものと再構成することができる。共有持分を譲り受けることは，もちろん他の共有者の持分を否認することを意味しない。むしろ持分の譲受人は譲受行為時において他者の持分の存在を容認しつつ譲り受けるのが通常形態である。つまり他者の持分の存

---

[78]　最判平成10・2・13民集52巻1号65頁。
[79]　石田剛「判批」法教215号（1998年）110頁。

在の認識（悪意）は持分をめぐる取得において第三者の「登記欠缺を主張する正当の利益」の有無を判断する際に，両立しがたい物権変動相互間の優劣を決定する場面で適合的な「悪意」＋「背信性」の二段構えの評価枠組みになじみにくい。そのような意味において一部の用益物権（通行地役権）と所有権との対抗関係と類比可能な点に他の所有権取得原因にはみられない特殊性がある。

　次に，Ⅲ 1(2)で指摘したように，法定相続分による持分取得については，遺産分割が終了するまでは，遺産を構成する各不動産上に持分権を有するか否か，持分割合はどうなるかについて不確定であるという意味で，権利取得の不確定性・浮動性が認められる。そのために，遺産分割前に共同相続登記を行うことを各相続人に期待することは理論上可能だとしても，費用負担の問題もあり，事実上きわめて困難である。仮に相当期間にわたって相続登記がされず放置されていたとしても，事情を知る悪意または過失ある第三者には共同相続登記の欠缺を非難する資格が認められないという評価が可能であろう。

(3) 遺産分割後の第三者・相続させる旨の遺言の場合

　これに対して，遺産分割終了後，権利取得者はその権利取得全部につき登記を備えることが通常は期待され，それを怠った以上，法定相続分をも含めてその権利取得全体を第三者に対抗できないとも解することができる。「相続させる旨」の遺言の場合も，権利取得は確定的であるから，法定相続分も含めて全体として対抗不能とされてよい場合がある一方，法定相続分の範囲では対抗可能とすべき場合もありうる。このような状況においては背信的悪意者排除論の弾力的運用を通じた柔軟な対応が望ましいといえよう。遺言の執行や遺産分割に期間制限を設けるのも一つの選択肢であるが[80]，遺言執行はともかく，遺産分割の期間制限を理論的に正当化することに少なからぬ困難を伴いそうである。各事案における個別事情を問わず一律の期間制限を設けることは，個人の選択に委ねられるべき領域への過剰介入となるおそれがある。

　たとえば，相続人が遺言書を隠匿・破棄することで，受遺者が権利取得を知ることができず，その結果登記を具備できなかった場合，受益相続人は他の相続人によって登記具備を阻止された格好になる。こうした場合は，不登法5条の趣旨に抵触するものと見られ，少なくとも相続人との関係では登記なしに対

---

(80)　水野・前掲注(38) 217 頁，松尾・前掲注(1) 184 頁。

抗でき，かつ不動産登記法5条に抵触する者からの転得者との関係でも絶対的に権利帰属の効果を主張することができると考えるべきであろう[81]。もっとも，この種の問題は，改正案が予定している自筆証書遺言を法務局が保管する仕組みが整えられれば，大幅に減少することが予想される。

　また，現地検分等により，特定の相続人が目的不動産に居住しているなど排他的に利用している場合，そのことを知ることは比較的容易である。たとえ「相続させる旨」の遺言があり，あるいは遺産分割が終了しているからといって，特段の調査確認もせずに，居住利益を無視する形で相続登記欠缺の主張を第三者に許すべきでない場面が生じるだろう。このとき，相続による物権変動の内実についての正確な認識を「第三者」が有していなくても，たとえば特定の相続人による相当期間にわたる居住の事実を知る「第三者」に関しては，時効完成後の第三者に関する判例法理を参考として，悪意要件の充足を緩和したうえで，居住利益保護の必要性を信義則違反の判断に取り込んで，柔軟な対処をすることも求められるであろう。

〔追記〕立教大学への赴任直後，淡路剛久先生のご紹介により参加させていただいた民法判例研究会（当時は神楽坂の出版会館で年4回のペースで開催されていた）でお目にかかって以来，早いもので20年余りの月日が経過した。その間，こんにちに至るまで，先生の驚異的なバイタリティーと学者魂には圧倒され続けてきた。研究会における先生の鋭く明晰なご発言は勿論のこと，席上で先生が摂取される飲料水の量が尋常ではなかった（少なく見積もっても通常人の3倍を超えていた！）ことも第一印象として，強く脳裏に焼き付いている。本稿は，長年の学恩に報いるには甚だ貧弱な覚書にすぎず，自分の能力の乏しさに忸怩たるものがあるが，恥を忍んで献呈することにした。民法177条の解釈において意思表示限定説を採られる先生と真っ向から対立する主張を展開することを通じて，偉大な巨人に挑戦する意気込みだけはあることをおこがましくも示したつもりである。引き続き地道に精進を重ねることを誓いつつ，ご海容を賜ることができれば幸いである。

〔付記〕なお，本研究は，2017年度科学研究費補助金（基盤研究（C）一般（課題番号16K03394，研究代表者石田剛）に基づく研究成果の一部である。

---

[81]　水野・古積・石田前掲注(76)111頁［石田剛］。

24 高齢社会と不動産物権変動
―― 意思無能力者による譲渡の問題

中 村 昌 美

I　はじめに

1　高齢社会と判断能力の状況

　日本の高齢化率は 26.7% と世界でも最も高い率を示し，少し前の研究ではあるが，平成 22 年の厚生労働省の推計によれば認知症罹患率は有病率推定値15% で，認知症有病者数約 439 万人と推計されている。また別の統計によれば，高齢者人口約 2847 万人中（当時）認知症患者数約 280 万人であると，介護認定を受けた高齢者をベースとして推計されている。実に 65 歳以上人口の9.5% に，日常生活に支障を来すような症状・行動や意志疎通の困難さ又は精神症状や問題行動などがあり，レベルは違えども，判断状況に問題があるとされる。平成 27 年（2015）345 万人 10.2%，平成 32 年（2020）410 万人 11.3%，平成 37 年（2025）470 万人 12.8% と推移すると予想されている[1]。実に憂鬱な数字であるが，さらに厳しい数字を示す調査もあり，まだ控えめなものであろう。私法秩序は意思自治を原則とし，大多数の成年者は十分な判断能力を有し，意思能力があり，それゆえ自己の行為について責任を負担するという，法律行為の秩序はこの数字の前にはフィクションにも見えてくる。成年後見制度が改革され，利用が拡大されているが，日本において成年後見制度の利用者は現在203,551 人である[2]。利用者がすべて認知症に起因する意思能力喪失を原因として，後見等の審判を受けたわけではないが，単純計算でわずか 5% 程度の認

---

[1]　http://www.mhlw.go.jp/stf/houdou_kouhou/kaiken_shiryou/2013/dl/130607-01.pdf#search='%E8%AA%8D%E7%9F%A5%E7%97%87%E6%8E%A8%E8%A8%88'

[2]　最高裁判所事務総局家庭局統計「成年後見関係事件の概況 ―― 平成 28 年 1 月〜12 月」

『21世紀民事法学の挑戦』加藤雅信先生古稀記念〔信山社，2018年3月〕

知症患者が後見制度の保護を受けていることになる。意思決定に問題のある——意思自治の原則を負うには該当しない者が取引社会にかくも存在するのである。

大審院時代から意思能力なき者の行為は無効とされてきた（大判明治38年5月11日民録11輯706頁）。その法理により表意者本人は保護され，現代の高齢社会も乗り切れると考えるのは早計である。その理由は主として2点ある。①意思能力の定義が必ずしも明確でない。一律な（たとえばIQなど）基準で，比較的客観的に決定するのか。又は個々的なケースバイケースの判断で，本人の知的状況と行為の難易度を相関的に衡量し，意思能力の有無を判断する方向に移行するのか，後者の基準は適当であり，近時の傾向であるが，本人のいかなる知的状況でいかなる行為である場合，意思能力が喪失されたと決定する基準の定立がいまだ不十分である。出発点から不安定なのである。②当該行為時における意思能力の有無の判断が困難である。裁判時に意思能力の無かったことを証明するのが特に困難である。証明責任の負担で，必要な保護が及ばない。

判断能力に問題を抱える高齢者が関与する取引では，銀行取引と不動産取引に現状では，一番の問題が生じているであろう。本稿では取引頻度は少ないながら，価額が大きく，いったん問題になると，大きな問題となる不動産物権変動に焦点を絞りたい。認知症高齢者などの意思無能力者の不動産譲渡に関し，発生する法的問題はいかなる形態であろうか。

2 意思無能力者の譲渡の態様と効果

不動産を保有するのは多くは高齢者である[3]。高齢期における不動産取引の形態は様々であるが，典型的なローン付きのマイホーム取得ではなく，むしろ①売却，②担保設定，③相続財産の処分（遺産分割・遺留分減殺など）にかかわるものが多いであろう。①の売却については，住宅ローン融資の審査が介在することが少ないので，正常な意思決定に基づかない，意思無能力者による処分がなされても見過ごされがちになる。②の担保設定は周囲の者の必要で，設定を急がされていることも多い。そして，後日それらの行為の無効が主張された場合，物権変動が覆滅することが発生しうる。①・②の行為がなされた後さら

---

(3) 総務省統計局住宅土地統計調査 http://www.stat.go.jp/data/jyutaku/2008/nihon/9_1.html

Ⅰ　はじめに

に第三者が登場しても登記には公信力がなく，また本人の判断能力の低さから帰責性が弱く，民法 94 条・110 条などの類推適用が困難であるので[4]，やはり動的な取引安全は脅かされる面がある。平成 18 年 2 月 23 日の最高裁判決（民集 60 巻 2 号 546 頁）は，人を容易に信頼した当事者に厳しいともいえる，民法 94 条・110 条の重畳適用をし表見責任を認め，取引安全の方向に向いていった。とはいえ，判断能力が減退した者に過度の表見責任は問うべきではない。また，無効主張後の復帰的物権変動については，詐欺や強迫における取消しと登記の判例理論が類推適用されようが，このような機械的ともいえるかたちでの調整は不適当であろう[5]。表意者保護の要請は意思能力者がおこなった取引より，より考慮しなければならないはずである。表意者保護の要請の強い下で，後続する取引への影響から考えて，不動産譲渡における意思能力の判断は，非常に重要となる。たとえ第三者が登場しない場合でも，意思無能力による行為の無効が主張され，権利が回復されることは理論的には，可能で問題がなくとも，現実には権利が回復されないで不当な取引が放置されることは十分に多い。本人にとって喪失する経済的価値も大きい。③の相続財産の処分に関しては，家族間の問題に留まる場合であっても，重要な人生の基盤ともなるべき遺産の配分は十分な意思決定を前提になされなければならない要請はより強い。一般的な取引における物権変動の問題が，相続財産がさらに譲渡された場合は，第三者との関係も生じ，①・②と同じ問題が発生する。意思能力に欠ける譲渡はできる限り，回避しなければならない。

　本稿では第Ⅱ節と第Ⅲ節で，不動産物権変動における意思能力のとらえ方の解明を図る。始めに意思能力のとらえ方の変化を考察し，現在における意思能力をめぐる判例の潮流を探る。特に取引行為における意思能力のとらえ方に焦点をあてる。第Ⅳ節で不動産物権変動における意思確認のあり方と調査義務を考察する。本稿を高齢社会における安心安全な不動産物権変動への一助としたい。

---

(4)　東京地判平成 20 年 12 月 24 日（判例時報 2044 号 98 頁，判例タイムズ 1301 号 217 頁）では，意思無能力を理由に無効とされた物権変動において，第三者に対しての民法 94 条 2 項の類推適用が否定された。

(5)　原島重義・児玉寛『新版注釈民法(6)物権 1』〔舟橋諄一・徳本鎮編〕（有斐閣，1997 年）500 頁。

II 意思能力のとらえ方

1 意思能力の意義

法律用語としての意思能力とは，自己の行為の結果を判断することのできる精神能力で，即ち，行為を弁識する能力——そのような法律行為をすればどのようになるかを理解する能力であるとするのが，判例も通説も共通する立場である[6]。心理的な要素を判断基準とする。

近時の新しい考え方によれば，生物学的要素と心理学的要素を双方考慮し，決定能力・制御能力の双方を意思能力の要素とする考えもある[7]。この立場によれば，判断ができても，その表示をコントロールする機能がない（パソコンなどのあらゆる代替的表現手段を用いたとしても，もはや判断を表示できない状況が当てはまろう。）状況では意思無能力と判断されることになる。生物学的要素を判定基準に入れることにより，意思無能力の立証が容易になり，行為者保護の余地が拡大されうるとしている[8]。

2 意思能力の相対的構成

(1) 新成年後見制度施行前

大判明治38年5月11日（民録11輯706頁）を先例として，意思無能力者の行為は無効とされてきた。この際，意思能力（「事理弁識能力」とも言えよう）の有無については，個別の行為時に判断するとされていたが，ほぼ7, 8歳の知能を当てはめると長年考えられてきた[9]。上記大審院判決後も，一般的な取引行為においても意思無能力を原因とするいくつかの判決が下されていった[10]。

---

(6) 大判明治38年5月11日民録11輯706頁。

(7) 村田彰「任意後見契約と精神能力」実践成年後見45号（2013年）30頁。

(8) 村田・前掲注(7)31頁

(9) 我妻栄『民法講義 民法総則』（岩波書店，1965年）61頁，幾代通『民法総則〔初版〕』（青林書院新社，1969年）51頁，四宮和夫『民法総則〔第4版〕』（弘文堂，1986年）44頁，高梨公之『新版注釈民法(1)総則1』〔谷口知平・石田喜久夫編〕（有斐閣，1988年）246頁。なお，須永醇『意思能力と行為能力〔初版〕』（日本評論社，2010年）53頁以下には民法典生成期から昭和中期までの意思能力のとらえ方の変遷が詳述されている。

(10) 須永・前掲注(9)93頁以下に明治38年5月11日大審院判決以降の意思無能力と法律行為の無効に関する各種の判例が検討されている。

意思能力をほぼ一律にかつ低水準におく考え方は，取引安全には寄与するが，表意者は十分保護されない問題があった。このような伝統的な考え方は，新成年後見制度が発足し，厳しい高齢社会に向かい合う今日には適さない。

(2) 新成年後見制度施行以後

意思能力を客観的な知的能力である「事理弁識能力」[11]と同一視し，一律に判断する立場によるのではなく，意思能力を行為者の知的能力と法律行為の複雑性と相関的に考慮する立場が現在は一般的である。意思能力とは，法律行為を発生させる意思を形成し，それを行為の形で外部に発表して結果を判断，予測できる能力であり，その有無は個々の法律行為について具体的に判断されるものである。意思能力を定義づける，新成年後見制度発足（平成12年4月1日施行）以後の最高裁判決は未だ出ていないが，東京高判平成11年12月14日（金融法務事情1586号100頁）をはじめとする相対的な構成をする立場は現在では判例・学説の主流であると言えよう[12]。意思能力の有無の判断は個別衡量となり，結果的に法的不安定さを増していくことは避けられない。

改正民法3条の2は意思能力について，「法律行為の当事者が意思表示をした時に意思能力を有しないときは，その法律行為は，無効とする。」と明文化したが，意思能力の定義については，解釈論の難しさから，なされなかった[13]。

III　意思能力をめぐる判例動向

不動産譲渡をはじめとする法律行為における意思能力をめぐる下級審判例について，ほとんどがきめ細かい「総合判断説」または「相対的構成説」と言われる相対的構成をする立場に立つと思われる，新成年後見制度下における取引行為に関連する判例の傾向を検討する。従来遺言能力をめぐる争訟は別として，意思能力欠如を認定する裁判例は少ないとされてきたが，意思能力の存在を否

---

(11)　民法（債権関係）部会資料27民法（債権関係）の改正に関する論点の検討(1)17頁

(12)　須永醇『新訂民法総則要論〔第2版〕』（勁草書房，2005年）38頁，加藤雅信『新民法大系民法総則〔第2版〕』（有斐閣，2005年）76頁，四宮和夫・能見善久『民法総則〔第7版〕』（弘文堂，2005年）29頁，内田貴『民法I総則・物権総論〔第4版〕』（東京大学出版会，2008年）103頁，河上正二「意思能力のない者の行為」『民法判例百選I総則・物権〔第7版〕』（有斐閣，2015年）12頁。

(13)　http://www.moj.go.jp/content/000048759.pdf（参考資料1［検討委員会試案］・24頁）

24　高齢社会と不動産物権変動〔中村昌美〕

定する例も多く出ている。近時の下級審判例の検討をしていく。

1　担保提供行為
(1)　保証行為・担保提供行為 —— 意思能力否定例
東京高判平成 11 年 12 月 14 日（金融法務事情 1586 号 100 頁)[14]

＜事実の概要＞

　原告（保証委託会社）が，被告に対し，被告が原告側の補助参加人（金融機関）との間で結んだ金銭消費貸借契約について被告がした保証委託契約に基づき，求償金の支払を求めた。第 1 審ではその請求は棄却されたため，原告が控訴をした。証拠によれば，本件金銭消費貸借の契約書は，被告が自署したものではあるが，被告が，くも膜下出血の後遺症により，記銘力障害，見当式障害があり，ある程度内容のある話ができないなど，精神的には半人前の状態であり，本件金銭消費貸借契約当時，その内容を理解し，右契約を締結するかどうかを的確に判断する意思能力はなかったとして，契約書は，被告の意思に基づいて作成されたものとは認められず，契約が成立したと認めることができないとして，控訴を棄却した。

＜判旨要約＞

　被告は，平成元年 2 月 13 日にくも膜下出血を発病し，同月 15 日から平成 2 年 10 月 4 日まで入院した。被告は，この間，2 度の脳動脈瘤クリッピング手術と脳室腹腔シャント手術を受けたが，前頭葉機能障害の後遺症が残った。平成 2 年 11 月当時，リハビリテーションとして小学校低学年用のドリルをしていたが，記銘力障害，見当識障害があり，作話が認められた。また，被告は，あいさつ程度の簡単な会話はでき，日常生活もなんとか可能であったが，ある程度内容のある話はできず，時々玩具販売店の店番にでることがあったが，一人前の店主あるいは従業員としての労働能力はなかった[15]。

　本件金銭消費貸償契約は，単に被告に 1000 万円を貸し付けたという単純なものではなく，被告の保証委託により原告が参加人に対する債務を保証すること，原告の被告に対する求償債権を担保するため，被告がゴルフ会員権を提供

---

(14)　第 1 審は東京地判平成 10 年 5 月 11 日平成 6 年 (ワ)第 11710 号，なお評釈として F・O・旬刊金融法務事情 1590 号 68 頁がある。

(15)　以下判旨要約で引かれたアンダーラインは全て筆者による。

518

することが一体となっていたものである。その上，右借入金は，結局，義父乙山の参加人に対する既存の債務の弁済に充てられたものである。被告からみれば，何らの利益を受けることなく，債務だけを負わされたことになる。本件の借入れは，精神的に健常な一人前の者でも，そのリスクの高さからみて，借入れの可否を判断するのに，十分な思慮分別を要するものであったといえる。ところが，当時の被告の精神状態は，いわば精神的には半人前の状態であったのであり，被告は，本件金銭消費貸借契約当時，その内容を理解し，右契約を締結するかどうかを的確に判断するだけの意思能力はなかったものと認められる。

<分析>

本人側には後遺障害が明確に残るとは言え，日常生活は送れる知能はある。旧来の基準をあてはめた「事理弁識能力」喪失というレベルには至らない。旧判例の考えによれば十分「判断能力あり。」とされたものであろう。しかし，判決では行為の性格を分析し，行為は実質上自己の借財ではなく，その借財が他人の債務の弁済に充てられ，保有会員権も担保提供されるという複雑な契約であり，かつ本人に利益がなく経済的合理性の見られないものである。本人の主観的状態・行為の客観面から意思能力の存否を判断し，結果的に否定したものである。平成 11 年当時の判断としては柔軟な立場に立ち，リーディングケースとなるものである。この判決の価値判断を受け継ぐものとして，福岡高判平成 16 年 7 月 21 日がある（判例時報 1878 号 100 頁・判例タイムズ 1166 号 185 頁）[16]。

(2) 根抵当権設定 —— 意思能力肯定例

東京高判 平成 12 年 1 月 26 日（判例タイムズ 1069 号 174 頁）[17]

<事実の概要>

不動産を所有している被告が，その持分に根抵当権の設定を受けたと主張請求する原告らに対し，抗弁として根抵当権設定契約の無効又は根抵当権の担保すべき元本の確定等を求めたところ，抗弁が認められ，請求が棄却されたため，原告が控訴した。被告と根抵当権設定契約を行った後，禁治産宣告を受けた原

---

[16] 福岡高判も本人の状況と連帯保証契約行為の困難性を衡量して意思無能力の判断をおこなっている。

[17] 評釈として高橋真「私法判例リマークス（法律時報別冊）」25 号 26 頁，下村信江「判例タイムズ」1084 号 55 頁。

24 高齢社会と不動産物権変動〔中村昌美〕

告との間で，金銭消費貸借取引等が行われる可能性が客観的に失われていた以上，遅くとも本訴提起までには，民法 398 条の 20 第 1 項 1 号により，本件根抵当権の担保すべき元本は確定していたというべきであるとして，原判決を取り消し，請求を一部認容した（のち上告棄却）。

<判旨要約>

被告の意思能力の認定について，平成 6 年 1 月 28 日，依頼されるがまま前後の思慮なく財産を巨額の債務の担保に供したことなどの事実から被告を浪費者と認定し，準禁治産者とする旨の審判をしたこと，本訴提起後，根抵当権設定契約を締結したか否かにつき矛盾する内容の陳述書に署名捺印しているところ，平成 10 年 5 月 27 日，老年性痴呆の疑いがあると診断されていることが認められる。そうすると，本訴提起後の被告の意思能力にはかなり問題があることが窺われ，遅くとも平成 10 年 5 月以降は意思無能力の状態に陥っていたと認められる。しかし，根抵当権設定契約を締結したころは，被告には浪費者であることを理由とする準禁治産宣告の申立ての家事審判事件が係属していただけで，禁治産宣告の申立てはない。また，本人尋問において，被告はその当時ぼけていて物事の判断ができないような状態ではなかったことを認めている。そうすると，根抵当権設定契約締結時において意思能力の不存在を窺わせる事情を見いだすことはできない。

<分析>

過去に行為をした当時の意思能力の判定が困難である。準禁治産宣告のレベル（しかも浪費による申立て）では，意思無能力判定の証拠とならないとしたオーソドックスな判旨である。意思無能力は事理弁識能力をなくす，禁治産宣告を疑念なく受けるレベルでないと容易に認定できないとした旧来の考えを受け継ぐものである。結論的には元本確定の条項を用いて，被担保債権の発生はないものとし，判断能力低減者である本人を保護し，結論的には妥当なものとなった[18]。

---

[18] 他に保証行為について，東京高判平成 12 年 9 月 28 日（判例時報 1731 号 9 頁）は心神耗弱者の裏書きによる保証行為に意思能力をみとめた。東京高判平成 19 年 3 月 15 日（金融・商事判例 1301 号 51 頁）高齢の代表取締役で行為時に入院中各種の治療を行い，リハビリ加療中で知能低下が認められる者の代表行為を有効とした。

2 不動産売買行為

(1) 不動産売買 —— 意思能力否定例

東京高決平成 17 年 4 月 8 日（消費者法ニュース 64 号 86 頁）

＜要約＞

抗告人が，本件不動産を亡売主から買い受けたと主張して，亡売主の相続人である相手方に対し，本件不動産について一切の処分の禁止を求める仮処分命令を申立て，仮処分決定を得た。相続人側が仮処分異議の申立てをしたところ，同決定を取り消す原決定がなされたさらに，抗告人が原決定の取消しを求めて保全抗告を申し立てた事案で，通常の大脳精神活動や判断力などの機能が完全に麻痺した状態であった亡売主がその意思で亡売主名義下にその印章を押捺することもありえなかったといわざるをえず，亡売主作成名義の委任状のうち亡売主の作成名義部分については，民事訴訟法 228 条 4 項による推定は覆されたものであり，同部分は偽造というべきであるから，相手方に対し本件売買契約を締結するための代理権を与えたと認めることはできないなどとして，本件抗告を棄却した事例である。

(2) 不動産売買 —— 意思能力否定例

東京地判平成 20 年 12 月 24 日（判例時報 2044 号 98 頁・判例タイムズ 1301 号 217 頁）[19]

＜事実の概要＞

原告は，売却した不動産について，被告会社に対し，売買契約の無効等を主張して，所有権に基づき，本件移転登記の抹消登記手続を求めた。本件売買契約は原告にとって市場価格から 2 億円以上下回る著しく不利な内容のものであり，また，本件売買契約当時，原告は老人性認知症に罹患しており，その理解力，判断力は相当に衰えていたものと推認できること等から，原告は，本件売買契約当時，本件売買契約の内容及び効果を認識する意思能力を欠いていたとして，本件売買契約を無効とした。さらに原告が本件移転登記の作出に積極的に関与したと評価することは相当でないので，民法 94 条 2 項の法意に照らしても，本件売買契約が無効であり，被告会社に本件不動産の所有権が移転しな

---

[19] 評釈として，塩崎勤「登記インターネット」11 巻 11 号 119 頁，岡田康夫「登記情報」51 巻 4 号 50 頁，田高寛貴「私法判例リマークス」41 号 22 頁，酒井正史「別冊判例タイムズ平成 21 年度主要民事判例解説」29 号 28 頁。

いことを，原告は本件不動産に係る第三者である本件根抵当権登記等の根抵当権者である被告に対抗し得ないとする事情はないとして，原告の請求を認容した。

<判旨要約>

本件不動産の価格は，不動産業者の査定書において，3億2000万円ないし3億9000万円と査定されている。本件不動産は，設定された根抵当権及び抵当権の被担保債権額並びに本件建物の賃借人らに対する保証金債務を差し引いても，2億4000万円以上の剰余価値を有していたということができる。しかるに，本件売買契約は，原告が被告会社に対して本件不動産を5000万円で売却するというものであり，しかも，本件不動産に設定された根抵当権及び抵当権の被担保債権の負担を被告に負わせるなどの約定が付されていないものであって，原告にとって著しく不利な内容のものといえる。本件不動産は原告にとって唯一のめぼしい資産であり，本件建物の賃料は，90歳の原告と病気を患い介護を要する状態にあった妻が生活する上で不可欠なものであったと認められる。本件不動産を低価格で売却することは，合理的判断力を有する者の行動としては理解し難い。

原告は90歳であり，平成19年8月16日，医師によって，記銘力及び計算力の障害並びに構成障害の認められる中等度ないしやや高度の老人性認知症に罹患していると診断された。本件建物の賃借人らに対する電気代及び水道代の請求をしていたが，平成19年1月ころからしなくなった。これは，老人性認知症によって電気代及び水道代の計算をできなくなったことによると推認される。本件不動産の名義移転も気づかず，本件契約書に自ら署名し，実印を押させておきながら，その意味を全く理解していなかったと推認される。被告側が原告と妻の介護付有料老人ホームへの入居申込手続を代行したことを併せかんがみれば，本件不動産を自分の会社に任せてほしいなどと申し向け，老人性認知症のために理解力，判断力が相当に衰え，別件売買契約の内容をよく理解できない原告をして，非常に低廉な代金で締結させたものである可能性がうかがわれるといえる。

原告は，本件売買契約当時，本件売買契約の内容及び効果を認識する意思能力を欠いていたと認めるのが相当である。

3 遺留分減殺請求

(1) 遺留分減殺請求権の時効停止と意思能力 —— 意思能力否定例

最 2 判平成 26 年 3 月 14 日（民集 68 巻 3 号 229 頁）[20]

＜事実の概要＞

亡夫がその遺産の全てを長男である被告（被上告人）に相続させる旨の遺言をしたことにより遺留分が侵害されたと主張して，妻である原告（上告人）が，被上告人に対し，遺留分減殺を原因として，不動産の所有権及び共有持分の各一部移転登記手続等を求めた。時効について上告人が上記時効の期間の満了前 6 箇月以内の間に精神上の障害により事理を弁識する能力を欠く常況にあったことが認められるのであれば，民法 158 条 1 項を類推適用して，弁護士が成年後見人に就職した平成 22 年 4 月 24 日から 6 箇月を経過するまでの間は，上告人に対して，遺留分減殺請求権の消滅時効は，完成しないことになると判示した。上告人の遺留分減殺請求権の時効消滅を認めた原審の判断には，判決に影響を及ぼすことが明らかな法令の違反があるとし，原判決を破棄し，原審に差し戻した事例。意思能力の判断の基準も論点となった。ちなみに，原審判決東京高判平成 25 年 3 月 19 日は，個別の状況の検討はしているが意思能力の存在を認めた[21]。

＜分析＞

時効の起算点としては重要な判決である。その前提としての意思能力の認定につき，二転三転して，結局差し戻し審で意思無能力を認定された事案である。本人の能力状況は変わらないはずであるのに結論がかくも分かれてしまう。判

---

[20] その他掲載文献 裁判所時報 1599 号 1 頁，判例時報 2224 号 44 頁，金融・商事判例 1447 号 22 頁 判例タイムズ 1402 号 57 頁，金融法務事情 2007 号 65 頁。

[21] 「平成 21 年 6 月 27 日付け医師の診断書において，高度の認知症がありと診断され，同年 12 月 18 日，長谷川式簡易知能評価スケールの得点が 6 点，海馬傍回の萎縮の程度が 7.81 とされ，平成 22 年 4 月，後見開始審判を受けたが，—— 太郎死亡後，被控訴人と一緒に先代住職を訪れて太郎の葬儀を依頼し，同葬儀では喪主を務めた。控訴人は，この時，先代住職に対し，太郎の思い出話や，最後の様子を説明し，被控訴人に甲野家の財産を譲り，甲野家を守ってもらう旨話をしていることが認められる。太郎の死亡時に，太郎の死亡や甲野家の財産の承継等について認識する能力がなかったとは認めがたいというべきである。」とされた。一方差し戻し審は平成 21 年の 6 月の診断を重視し，後見審判を受ける以前の時効満了 6 ヶ月以内の時点で意思能力が喪失されていたと認定した。

24 高齢社会と不動産物権変動〔中村昌美〕

断の難しさが実感できる事例である。

(2) 遺留分減殺合意をめぐる損害賠償 —— 意思能力肯定例

東京地判平成 24 年 6 月 27 日（判例時報 2178 号 36 頁，判例タイムズ 1394 号 239 頁）[22]

争点は登記委任を受けた司法書士の意思能力の確認義務の有無であるが，その前提として意思能力の存否の判断がされ，現在の意思能力判断基準の流れを示すものである。

＜事実の概要＞

別訴により，売主の意思無能力を理由として，遺留分減殺による持分移転と売買による持分移転を無効とされた持分全部譲渡契約[23]による土地購入者より土地を購入し，結局所有権を失った原告不動産業者が，登記手続を受任した被告司法書士・司法書士法人に対して，依頼者の意思能力の確認義務を怠った過失があるとして不法行為責任を追及した。依頼者が意思能力を有しないのではないかとの疑いをもつ特段の事情がある場合は別として，登記申請の委託を受けた司法書士は，依頼者はもとより第三者との関係においても，依頼者に意思能力がないかどうかについてまで調査確認義務を負うことはないとして，司法書士の不法行為責任が否定された。

＜判旨要約＞

本人の統合失調症の症状は比較的安定していたと認められる。公証人は，平成 18 年 2 月 15 日，本人と面談し，被告法人が作成した公正証書の文案に基づいて，その内容を 1 つ 1 つ噛み砕いて説明し，公正証書の内容が本人に不利な内容になっていることをも説明し，本人の意思を確認した上で，公正証書を作成したが，その間，本人の意思能力に疑問を感じるような事情はなかったことが認められる。被告は，登記委任前に本人が精神的な病気であると聞いており，本人と面談した。その面談の際，本人につきその意思能力に疑問を持つような言動はなかった。

本人の主治医は，別件訴訟において本人には意思能力は認められない旨を証

---

(22) 評釈として，判例紹介プロジェクト・NBL1005 号 61-62 頁（2013 年 7 月 15 日），佐藤直路・市民と法 84 号 18-24 頁（2013 年 12 月），中村昌美・実践成年後見 93 頁（2016 年 3 月）が挙げられる。

(23) 本件は遺留分減殺のみならず売買による物権変動を含む事案である。

言しているが，看護記録を詳細に検討した上で，担当医師の上記証言はにわか
に採用することができない。遺留分減殺の条件は本人に不利な内容であり，ま
た，関連する持分売買契約の売買代金は市場より安く，本人に不利な不合理な
内容であると主張するが，同居も提案されており，全体としてみるとその契約
内容が不合理なものであるとはいえない。意思能力とは，法律行為を発生させ
る意思を形成し，それを行為の形で外部に発表して結果を判断，予測できる能
力であり，その有無は個々の法律行為について具体的に判断されるものであっ
て，最終的に裁判官の判断すべき法的事項であるとしつつ，本人の状況・取引
の合理性を衡量して意思能力の存在を肯定する。

Ⅳ　意思能力確認の重要性と確認義務

1　意思能力判断の困難性

　第3節での検討で，意思能力の存在が否定され，行為が無効になる裁判例が
相当出てきていることが明確になった。意思無能力を原因とする無効の主張が
認められることはきわめて，事後には難しいという従前の常識は崩れつつある。
当該行為時の本人の知的能力の状況と，行為の難易を個別に検討していく総合
判断説または相対的な構成がとられている。本人の状況は医師の診断・鑑定を
もとに判断されよう。しかし，医師によって違った結論が出ることもある。本
人の状況は，若年の精神障害者のみならず，高齢者でも時々刻々変わることも
ある。本人のした行為の難易度の評価も，これもより評価が難しい。①法律行
為自体の構造の難しさを基準とするのか，②行為の経済的合理性に置くのか，
③行為者の資産状況を重視するのか，④意思決定に至った周囲の支援状況を考
慮にいれるのか，①②③は総合的に衡量されている。④は明示的には考慮され
ていないようであるが，総合的衡量は予測が難しい。個別要素（本人）×個別
要素（行為）で，結論は予測がよりきかない方向に進んでいくのである。個別
事例の積み重ねをして，各行為類型ごとに基準を少しでも客観化していくこと
が必要である。判断能力の低減した者にも意思能力の存在が認定され，取引安
全は守られやすいが本人保護が薄くなる面がある。逆に意思能力の判断基準が
あまりに不明確であると，相手方が取引をためらい，本人の自己決定が阻害さ
れる。一定の基準の定立はとても重要である。

2 不動産物権変動における意思能力

　不動産の譲渡は，最も判断が難しい取引行為類型の一つである。また，不動産物権変動の態様も各種ある。①単純な売却（高齢者は購入よりも売却が多いと思われるが，買い換えもあるかもしれない。）であっても，高額であり，物件価格の適正は判断に苦しむ。申し込みから契約・物権移転・登記申請・引き渡し――つまり不動産物権変動の仕組みそのものの理解，代金の確実な受領，事後の事務の処理等の理解と実行，とハードルは高い。②担保設定を伴う購入はさらに融資の条件・返済計画の理解などは，ハードルはますます上がる。③所有物件への担保設定も担保価値の把握・被担保債権の返済条件の理解など，額が上がれば上がるほどリスクが増す。物権変動理論の理解を要求するのは，妥当ではないが，「権原を譲渡し，確かに適当な代価を受け取る。売却対象が住まいであればそれをなくす。」ことを理解できる能力が最低必要となろう。心神喪失ではなく，心神耗弱とされるレベルでも，十分に意思能力を備えないとの判断がありうる。④不動産の贈与をすることは，より贈与の原因の合理性，経済的視点の検討がされなければならない。贈与によって本人は大きな経済的損失を受けるからである。意思能力存在認定のレベルは高いものとなろう。さらに⑤相続財産関係の処理は，たとえば，遺産分割や遺留分減殺にかかる譲渡などでは（減殺請求をして譲受ける場合も含め），理解はさらに困難になろう。相続の仕組み・遺言の仕組みを理解しなければならない。たとえば，遺留分減殺の合意について，遺留分減殺を請求すること，減殺を受けること・減殺を承認すること，具体的な減殺方法につき合意に達することは相当複雑な判断である（民法1028条〜1044条）。専門家に相談・依頼して助言を受けながら自己決定する能力が必要である。どこまでが遺留分かの判断は実は健常人でも難しい。しかも今後の生活の原資たる受遺財産が目的となっている。減殺を受けて合意に達することは全資産が現金でない限り，複雑な考慮が必要である。遺産分割協議も一般的に難しい行為である。

　成年後見制度下では不動産の売却・処分は保佐では保佐人の同意権が留保された事項であり（民法13条1項3号），自宅不動産の売却は後見制度下では家庭裁判所の許可が必要である項目である（民法859条の3）。不動産譲渡における当該行為の複雑性の判断には特に慎重な考慮が必要である。譲渡の態様についてある程度類型化し，かつ譲渡は個別であるから本人の環境を個別的に検討

しなければなるまい。私見ではあるが，おおむね①から⑤に向かって難易度は
上がっていくと考える。自宅の売却は特に考慮が必要である。

3　意思能力確認の重要性と確認義務の構成

　意思能力の判断基準がある程度定型化されると，裁判結果に納得しやすくな
ることになろう。不動産物権変動については，意思無能力を原因として取引安
全は低下するが，高齢社会の下での意思無能力者保護は甘受していかなければ
ならない。とはいえ，事前に意思決定に問題のある取引はできるだけ回避する
方策を考えなければならない。行為時に意思を確認することが重要である。不
動産物権変動時 —— 行為時における意思能力はいかに行われているのか，確認
義務はだれが，どのように負担するのか，義務違反に対していかなる責任が発
生するのか。意思能力の判断基準が総合判断又は相対的構成に向き，個別の判
断が重要になっていく現在では，早急に解決しなければならない。

　不動産物権変動の過程において，関与する専門家として，①宅地建物取引業
者 —— 売買の仲介が入る場合，②司法書士 —— 登記申請代理の専門家，③公証
人 —— 売買にかかる公正証書作成のある場合，④弁護士 —— 個人間の移転の場
合は，関与は日本ではまれではある，が挙げられる。彼らのうちいずれが，い
かなる本人の意思確認義務を負担するのであろうか。①について，売主の意思
能力確認の過失について，重要事項説明義務違反（宅地建物取引業法47条1項
1号）として争われる可能性はあるかもしれないが，現在あまり問題とされて
いない。本稿では①と④に関し，取り上げない。不動産物権変動に関する意思
能力確認につき，大きな役割を果たす専門家である司法書士と公証人につき，
検討する[24]。

(1)　司法書士の意思能力確認義務

　不動産登記移転申請を受任する司法書士は資格者代理人であり，登記申請の
専門家である。不動産登記申請の際，本人確認，登記申請の前提となる物権変
動の意思確認（本人確認も含めて，意思能力の確認と法律行為の真意の確認を含
む）と登記申請の意思確認をする委任契約上の義務を負うとされていて，その

---

[24]　登記官は登記申請行為について，形式的審査主義のもとでも本人確認義務を一定の要
　　件の下で課されているが（不動産登記法24条），意思能力についての調査確認義務規定
　　はない法的構造となっている。

24 高齢社会と不動産物権変動〔中村昌美〕

義務内容に関する判例も多数存在する[25]。

特に困難ともいえる意思能力の確認方法，義務の内容はいかなるものであろうか。委任契約上の付随義務となるが，具体的な内容については，定説を見ないが，大きく分けて，2つ立場が主張されている。一つは，「注意義務二段階説」である[26]。登記の代理申請を受任した司法書士は意思能力の存在に疑問がないときは，医師の診断を仰ぐ必要は無いとする。疑問を持つ特段の事情がある場合はより慎重な注意義務が課される。特段の事情の有無によって義務レベルが変わる。特段の事情は，精神疾患に罹患しているあるいは高齢のみでは該当しない。人は判断能力を持つという前提[27]で取り組むという点は妥当であるが，意思確認が徹底せず，後に権利関係が覆滅するリスクは増える欠点がある。権利関係が覆滅した後，買主から訴求される債務不履行に基づく損害賠償責任を負う可能性は低くなり，実務上は対応しやすい立場である。

第二の説として，真正登記作成義務を重視し，より踏み込んだ意思能力確認義務を肯定する主張がある[28]。現不動産登記法 61 条下では，権利の登記申請において，登記原因証明情報添付が要求され，主として司法書士がその作成の委任をうけ，作成代理をしている。その際に物権変動の原因の実体関係の存在を確認し，委任者の意思を確認する。司法書士は権利移転の実質審査を補完する立場にある。精神疾患・かなりの高齢などの状況では，意思能力の存在が疑わしいときは（明らかな疑問というのではなく，疑いである。）医師の診断書を得るレベルの注意義務は課すとする。

ただしいずれの立場に立っても，公正証書により登記原因が公証された場合は，公正証書が作成された場合，司法書士には受任義務がある。意思能力ありの判定は公正証書作成時になされたと解するべきとする。登記委任行為自体の意思能力の判断もこの場合特段の事情がない限り，緩やかになされるべきであろう。

---

(25) 近時のものとして，さいたま地判平成 19 年 7 月 18 日（判例時報 1996 号 77 頁），東京地判平成 16 年 9 月 6 日（判例タイムズ 1172 号 197 頁）など。

(26) 東京地判平成 24 年 6 月 27 日（判例時報 2178 号 36 頁，判例タイムズ 1394 号 239 頁）。

(27) 国連障害者権利条約 5 条，12 条。

(28) 佐藤直路「公正証書による登記の受任と司法書士の意思能力確認義務」市民と法 84 号（2013 年）18 頁以下。

IV　意思能力確認の重要性と確認義務

(2) 公証人の意思能力確認義務

　公証人は法令上明記された最も重い意思確認義務を負う。特に，任意後見契約締結の際には通達によりより高い注意義務が規定されている[29]。一般的に遺言・契約等について公正証書が作成される場合，公証人法施行規則 13 条 1 項で証書作成時の能力確認の一定の義務が定められている[30]。意思能力に疑義が生じた場合，関係人（医師や家族であろうか）に問い合わせ，説明を受け，疑問が残った場合は作成をしないことを義務づけられよう。疑義が解けたとして，公正証書を作成したが結果的に後訴で，「意思能力なし。」とされ，判断に誤りがあった場合，手続的に誤りがなければ，実体的な判断のくい違いに関する責任は問われないようである。

　遺言無効・遺贈無効・任意後見契約各無効確認訴訟で，公正証書の無効が争われることも多く，遺言公正証書の無効がみとめられた裁判例も多い[31]。がしかし，結果として無効な公正証書を作成してしまった場合，その帰結として損害を受けた者は作成した公証人に損害賠償を請求することになるであろうが[32]，

---

[29]　なお「民法の一部を改正する法律等の施行に伴う公証事務の取扱い」平成 12 年 3 月 13 日法務省民一 634 法務局長・地方法務局長宛民事局長通達は，任意後見契約締結に際して，①公証人の面接と②本人の事理弁識能力・締結能力に疑義がある場合の診断書と締結状況の記録保全を定めている。

[30]　第 13 条　①公証人は，法律行為につき証書を作成し，又は認証を与える場合に，その法律行為が有効であるかどうか，当事者が相当の考慮をしたかどうか又はその法律行為をする能力があるかどうかについて疑があるときは，関係人に注意をし，且つ，その者に必要な説明をさせなければならない。
　　②公証人が法律行為でない事実について証書を作成する場合に，その事実により影響を受けるべき私権の関係について疑があるときも，前項と同様とする。

[31]　遺言能力をめぐって公正証書遺言の効力を争った争訟は噴出している。無効判決も出され，近時の遺言無効を認める判決例として，京都地判平成 25 年 4 月 11 日（判例時報 2192 号 92 頁），東京高判平成 25 年 3 月 6 日（判例時報 2193 号 12 頁），高知地判平成 24 年 3 月 29 日（判例タイムズ 1385 号 225 号），東京高判平成 22 年 7 月 15 日（判例タイムズ 1336 号 241 頁），東京高判平成 21 年 8 月 6 日（判例タイムズ 1320 号 228 頁），東京地判平成 20 年 11 月 13 日（判例時報 2032 号 87 頁），大阪高判平成 19 年 4 月 26 日（判例時報 1979 号 75 頁），横浜地判平成 18 年 9 月 15 日（判例タイムズ 1236 号 301 頁），東京地判平成 18 年 7 月 25 日（判例時報 1958 号 109 頁），東京地判平成 18 年 7 月 4 日（判例時報判例タイムズ 1224 号 288 頁），東京地判平成 16 年 7 月 7 日（判例タイムズ 1185 頁 291 頁），東京地判平成 13 年 9 月 17 日（判例タイムズ 1181 号 295 頁）などが挙げられる。

529

形式的な違背による損害賠償は別として，遺言能力の確認義務違反として認められた公刊裁判例は，筆者の調べるところみあたらない。公正証書に基づく他の処分行為の場合も同様であろうと推測する。

(3) 意思能力確認義務の再構成

意思能力確認義務の再構成について私見を述べる。まず第一に，不動産物権変動において意思確認に関わる司法書士の義務であるが，資格者代理人としてより慎重に意思確認に向かうべきで高度な義務を負担するべきで，真正名義の登記作成に向かうべきである。確かに司法書士は精神鑑定の専門家ではない。意思能力の喪失といっても，高齢に基づく認知症に起因する精神障害の診断はまだ定型的であるが，精神疾患による精神障害の診断は，医師にとっても複雑であり，定型化しづらく，標準的定型的判断基準であるとされる DSM5 も専門家が対応できる多岐にわたる総合的判断である。精神疾患に基づく能力低下の判断は一般人には，より困難な判断である。認知症と他の疾患が複合することもある，高齢者を当事者とする取引での判断は難しい。行為当時に医学的な判断を前提として，法律的判断を行い，法律上の意思能力を判定していくのは，かなりの難題である。

精神疾患・かなりの高齢などの状況で，自己決定が困難であると，疑わしいときは，①公正証書を作成し，公証人による判断を仰ぐべきであろう。より多くの人が物権変動過程にかかわり，判断ミスを減らしていくことは，本人の大きな利益にもなる。公正証書が作成された事案での，司法書士の意思能力確認義務についての理論構成は妥当であろう。ただし，公証人の意思能力確認義務の内容は，今後検討しなければならない困難な課題である。

次に②委任者側が公正証書化に消極的で，公正証書が作成されない場合，登記原因証明情報を代理作成する場合は，不動産譲渡行為は最も高度の意思能力を必要とする行為であるから，司法書士には医師の診断書を得るレベルの注意義務は課してもよい。誰が見ても能力に問題が大きいという事情に至らなくても，合理的な疑いがある場合より慎重な態度をとるべきであろう。診断書から判断しても，意思能力の存在が確認できなかったときは，真に処分の必要な場合は，後見等の申立てを促し，法定代理人からの委任を受けるべきである。

---

(32) おそらく国家賠償請求になるであろう。東京地判平成 10 年 2 月 18 日判例タイムズ 985 号 150 頁など。責任否定。

③現実的には少ないであろうが，委任者自らが登記原因証明情報を用意した場合は，誰が見ても能力に問題が大きいという事情があるときに，診断書を求める確認義務を負うとする立場が妥当であろう。この際も判断能力なしと診断されたら後見等の申立てを促し，法定代理人からの委任を受けるべきである。

V　おわりに

　意思能力の判定は最終的には事後の裁判となれば，各行為につき，裁判官が法的な判断として決する。しかし，まさに本人が，法律行為をするとき，そしてそのプロセスで何らかの形で，第三者が介在するとき，能力をチェックする義務を負担する者が明確でない。不動産物権変動行為では，第一段階で，登記申請との関係で司法書士が譲渡意思確認・意思能力確認を行うことが多いが，前述東京地判平成24年6月27日によれば，彼らは能力判定の専門家ではないとされ，一応の注意義務を課される状況である。

　公正証書が作成される場合はある程度の意思能力のチェックを受けるであろうが，すべての法律行為が公正証書化はされない。また公正証書化されても証書が無効となった場合の意思能力確認義務違反の責任は，現在の理論状況ではほぼ問えない。

　意思能力の判定は法的安定性を欠く困難な課題となった。取引社会は基本的には不安定を受忍して，本人を保護していくのが，超高齢社会でのいたしかたのない負担であろう。とはいえ，意思確認を慎重におこないつつ，損害が発生した場合の結果責任についての保証をどこかで考慮していかねばならない。公証人・司法書士などの介在する専門家がそれぞれが職分を尽くして，リスクを減らし，場合によっては損害賠償責任も負担する。結果的にリスクが避けられなかった場合は，不動産取引において，登記に公信力のない法制度下では，取引安全が阻害されるのは致し方ない[33]。

　残る問題として，意思決定支援との関係がある。意思能力の存否が，法律実務家では，判断がつきかねた場合，後見制度の利用に向かうのが，私法の構造

---

(33)　登記に公信力を認めないアメリカ法制の下では譲渡能力について，権原保険会社が，保証責任を負うシステムが採られている州が多い。この場合は保険会社の調査義務違反（過失責任）ではなく結果責任が問われる。このような解決も一つの方法である。

からは妥当なことである。法定代理人の代行決定は，法律上の瑕疵をおわない
し，取引安全は保障され，代行決定は本人の利益を図ってなされる合理的なも
のになるはずである（民法644条，858条）。しかし，一個の取引のために，た
とえば遺産分割のため，遺留分減殺のため，一不動産の売却のために，実質上，
終身となる後見申立てをするのは，真に本人の利益・保護を図るものであろう
か。これは深く考えなければならない。2014年に批准された国連障害者権利
条約12条4項は後見の必要性の原則，後見期間が有期であるべきことを規定
している。条約は国内法としての効力はないが，その精神は今後の制度の指針
となるべきものである。個別の取引の法的安定のためにのみ後見を申し立てる
のは実は過剰な後見なのである。また，条約は12条3項で，「締約国は，障害
者がその法的能力の行使に当たって必要とする支援を利用する機会を提供する
ための適当な措置をとる。」と，意思決定の支援の重要性を規定している。現
行法の代行決定制度は，条約によって完全に，否定されるものではないと筆者
は考えるが，意思決定に事実上の支援がある場合の状況を考える示唆になる。
つまり，判断能力に相当な減退があっても，身近な人から適切な支援がある場
合は，意思能力ありと判断する要素としても良いのではないか。ただ公証人・
司法書士など物権変動における意思能力の確認にあたる法律実務家にとっては，
より総合的な難しい判断になる。

25 金銭価値返還請求権の効力と限界
　　——「騙取金員による弁済」における返還請求権の二重構造

　　　　　　　　　　　　　　　　　　　　　　　田　髙　寛　貴

Ⅰ　はじめに

1　加藤不当利得法学＝全実定法投影理論の意義と評価

　不当利得法学の金字塔ともいうべき加藤雅信教授の処女論文『財産法の体系と不当利得法の構造』[1]のもつ第一の意義としては，不当利得に関する 800 以上の裁判例を網羅的に検証し，それらを用いて法体系を組みあげ，もって「法律上の原因の不存在」という不当利得の要件が全実定法体系の投影となっていることを帰納的に実証したことにある。「法律上の原因」の実相がそのようなものであるという理解それ自体は，今日の学界でひろく受容されているといってよいだろう[2]。また，加藤教授がめざした，多様な紛争のうちの一部を取り残したまま単一の概念をもって基礎づけをしたり，「衡平」という茫漠とした

---

(1)　初出は，「類型化による一般不当利得法の再構成(1)-(15・完)」法学協会雑誌 90 巻 7
　　号（1973 年）-98 巻 4 号（1981 年）。『財産法の体系と不当利得法の構造』（有斐閣，
　　1986 年）として一書にまとめられたものが，『加藤雅信著作集　第 3 巻　不当利得論』（信
　　山社，2016 年）のなかに再録された。以下本稿で同書の研究を参照する場合は，著作
　　集の頁で引用することとする。

(2)　潮見佳男『基本講義　債権各論Ⅰ〔第 3 版〕』（新世社，2017 年）319 頁は，「『法律上
　　の原因』を基礎づける財産法の体系全体が不当利得法の体型（とりわけ，「法律上の原因」
　　の有無に関する判断）に投影されているとの観点から不法行為法を再構成していくのが，
　　あるべき理論発展の方向であるともいえそうです（箱庭説＝法体系投影理論）」とする。
　　また，日本私法学会における松岡久和発言でも，「比較法的に見ましても，……不当利
　　得法が実体法体系全体を反映する構造を持つとの理解が広がっているように思います」
　　と述べられている（シンポジウム「不当利得法の現状と展望」私法 74 号（2012 年）59
　　頁）。

『21世紀民事法学の挑戦』加藤雅信先生古稀記念〔信山社，2018 年 3 月〕　　　*533*

無内容な概念によって基礎づけをする[3]従来の議論状況の克服は，多くの類型論の論者がめざすところとも共通するといえよう。

もっとも，加藤教授ご自身は，不当利得法学界における全実定法投影理論（箱庭説）の評価について，「本書の分析内容の学界的位置づけを一言でいえば，学界全体からはともかく，不当利得の本籍地からは"敬して遠ざける"対象となっている」と語っておられる[4]。確かに，加藤説のすべてが不当利得法学の共通の基盤となっているとは正直いいがたい。

加藤教授は，従前の類型論の不完全性を超克し，不当利得法の果たしている機能を分析した帰結として，「矯正法的不当利得」「帰属法的不当利得」，あるいは暫定的概念枠組みたる「両性的不当利得」なるものを導出して，それぞれで異なる主張立証構造・効果になることを示し，そのなかに「法律上の原因」が全実定法体系を投影した箱庭の様相を呈していることの意味を見いだしている。他方，現時の不当利得学説では類型論が大勢を占めており，加藤説においては超克された給付利得や侵害利得といった類型がひろく浸透している。しかも，加藤説が不当利得の機能として導出した「矯正法・帰属法」の類別は，今日の「給付利得・侵害利得」として語られているものと内容的に重なるところが多いとみられており，あえて「給付利得・侵害利得」の類型を否定しなければならない理由が理解できないとか，加藤説も類型論ではないか，という見方がされるのは，ある意味自然なことのようにも思える[5]。

かりに，不当利得の要件論として，欠落や重複の多い類型論を超克し，統一的概念を打ちたてたが，実際の機能から主張立証構造や効果論を分析した結果，従前の類型論と同様の帰結に行き着いた，ということなのだとしても，その過程で析出された諸理論や論証の過程の提示それ自体にも重要な示唆が含まれているのであって，加藤不当利得法学の意義が否定されるものでないのは勿論である。ただ，加藤教授の研究成果の意味をそのような限定的なものとして受け

---

[3] 加藤・前掲注(1)4頁に示された「問題提起」による。

[4] 加藤・前掲注(1)915頁。

[5] 「給付利得」と「侵害利得」の類型と内容がほぼ同様であることを指摘しつつ，加藤説に対する消極的評価を示すものとして，窪田充見編『新注釈民法(15)債権(8)』（有斐閣，2017年）83頁以下〔藤原正則執筆〕等。松岡・前掲注(2)61頁では，加藤教授に対して「類型論をいわばもう卒業してしまったとおっしゃいますが，……同じ考え方を採るグループとして一緒に議論していただきたい」と呼びかけがなされている。

とめる前に，加藤説の「帰属法・矯正法」の類別と，類型論における「給付利得・侵害利得」等とがどのような関係にあり，どこまで重なるものなのか，あるいは類型論や加藤説の提示する類別が網羅性を有するといえるのかを，種々の見地から検証する必要がある[6]。筆者が加藤教授からいただいたご教示に報いるべく，献呈を申し上げるにふさわしい研究主題を模索するならば，以上に述べたような加藤不当利得法学の意義と疑問に正面から向きあうべきかもしれない。しかし，筆者の力量不足から，この問題への取り組みは他日を期さざるをえない。

2 加藤説における夾雑物の析出と本籍地の探究

本稿で検討しようとするのは，加藤不当利得法学のもう一つの意義，すなわち不当利得のなかに混入していた夾雑物の析出に関してである。加藤説は，それまでの「衡平」に支配された不当利得を，実定法上の確固たる制度として純化させることにより，本来は不当利得法の範疇に含まれないはずの事例をあぶり出し，その本籍地を明らかにしようとした。それが，わが国においては加藤説が問題発掘の端緒となり，後に最高裁の受け入れるところともなった「転用物訴権」であり，あるいは，後に三層的法律行為論に結実した「目的不到達による不当利得」であり[7]，そして本稿で主たる考察の対象とする「騙取金員による弁済」である。

要件を具備していないにもかかわらず不当利得返還請求が認められていたこれらの事例について，加藤説は，要件を満たさないから請求は否定されるべきと即断するのではなく，多様な事象を想定しつつ，請求が認められてよい場合を様々な角度から検証して妥当領域を画し，その請求権の本質を探究した。概念法学に陥ることなく，具体的事案における結論の妥当性を見極めて法規範を定立しようとするところには，加藤法学のひとつの特長を見いだすことができるだろう。

しかし，不当利得が純化されたがゆえにそこから放逐された夾雑物は，果た

---

(6) 加藤説を含む現時の不当利得法学の全体状況を分析するものとして，村田大樹「類型論の観点から見る統一不当利得法の将来」田井義信編『民法学の現在と近未来』（法律文化社，2012年）109頁以下がある。

(7) 加藤雅信『新民法大系I 民法総則〔第2版〕』（有斐閣，2005年）261頁以下。

して新たに見いだされた本籍地のなかに無理なく位置づけられたといえるだろうか。騙取金員による弁済について，加藤説は，不当利得ではなく，詐害行為取消権や債権者代位権によって処理されるべき問題であるとし，さらに，一定の要件が具備された場合には金銭価値返還請求権（価値の上のヴィンディカチオ）をも認められる，としている。筆者も，騙取金員による弁済については，不当利得の要件を具備する構造にはなっていないと考えるが，しかし，だからといって詐害行為取消権の要件のもとに解消できるかといえば，必ずしもそうではないように思われる。

3　本稿の目的 —— 不当利得から金銭価値返還請求へ

　騙取金員による弁済における学説の混迷は，判例が示した悪意重過失の要件を，無理に不当利得の要件論（あるいは加藤説では詐害行為取消権の要件論）に入れ込もうとしたところに一因があるのではないか。むしろ，悪意重過失要件については，金銭価値返還請求権そのものの要件として位置づけ，これを不当利得とは別立てで捉えることによって，問題解決の道筋をよりよく描けることになるのではないか。そこで，以下本稿では，騙取金員による弁済の事例における返還請求のあるべき構造を追究することを端緒として，金銭価値返還請求権について考察を及ぼすこととしたい。

　商品交換を媒介し，価値の流通や貯蔵の手段となる貨幣は，硬貨や紙幣といった有体物に化体された存在を超え，預金や各種債権，ひいては電子マネーや仮想通貨など，無形のものへとシフトしている現実がある。本稿で検討しようとしている金銭価値返還請求権は，金銭を動産と同様に「物」として扱う発想の延長線上にあるといえ，これは金銭価値の無形化がすすむ現代の社会動向に逆行するもののようでもある。しかし，財貨帰属に対する法的保護は，その財貨の姿がいかようになろうとも，一定範囲では変わらず要請されるものと解される。無形化の進展と取引安全の要請のもたらす限界もふまえつつ，財貨帰属の法的保護のあり方を追究したい。

II　騙取金員による弁済の不当利得要件論との接合

　まずは，騙取金員による弁済における不当利得の成否に関する従前の議論を

ふりかえっておくこととしよう。以下では，典型ともいうべき自己債務弁済型
（MがXから騙取した金銭によってYに弁済をした場合の被騙取者Xから弁済受領
者Yに対する不当利得返還請求）を念頭におき検討をすすめる。

1 昭和42年判決と昭和49年判決

かつての騙取金員による弁済に関する判例は，「法律上の原因の不存在」「因
果関係の直接性」のいずれの要件にそくして検討されるべきかも不明確なまま，
錯綜していた[8]。そうした状況にいちおうの終止符を打ったものとされるのが，
最高裁昭和42年3月31日判決（民集21巻2号475頁。以下「昭和42年判決」
という）と，それに続く同昭和49年9月26日判決（民集28巻6号1243頁。以
下「昭和49年判決」という）であった。

昭和42年判決は，「Yは，自己らに対してMが負担する債務の弁済として
本件金員を善意で受領したのであるから，法律の原因に基づいてこれを取得し
たものというべきであり，右金員が前記のようにMにおいてXから騙取した
ものであるからといつて，Yについてなんら不当利得の関係を生ずるもので
はない」とした。ここでは，「法律上の原因」の有無を受益者Yの主観的態様
にかからしめる判断が下されている。そして，続く昭和49年判決は，次のよ
うに述べ，判断基準をより精緻化させた。「社会通念上Xの金銭でYの利益
をはかつたと認められるだけの連結がある場合には，なお不当利得の成立に必
要な因果関係があるものと解すべきであり，また，YがMから右金銭を受領
するにつき悪意又は重大な過失がある場合には，Yの右金銭の取得は，被騙
取者又は被横領者たるXに対する関係においては，法律上の原因がなく，不
当利得となるものと解するのが相当である。」

このように，XからYに対する不当利得返還請求につき，Yの悪意重過失
を要件としたこと自体は，その後の学説でもひろく受け入れられている。騙取
金であることを承知しながら受け取った者のなかには，極端な例として，債務
者を唆して自己に弁済する金銭を騙取させたような者も含まれることとなろう。
そうした騙取者と同視すべき弁済受領者は当然として，さらにその延長線上に

---

(8) 詳しくは，加藤・前掲注(1)629頁以下，磯村保「騙取金員による弁済と不当利得」石
田喜久夫＝西原道雄＝高木多喜男先生還暦記念論文集『金融法の課題と展望』（日本評
論社，1990年）251頁以下等参照。

あるものとして，金銭騙取の事情を知り，あるいは知ることにつき重過失があった者に対する返還請求も認められてよい，というのは，感覚的にも妥当な帰結のように思えるところである。

2　悪意重過失の意味と不当利得要件論の関係

　この判決が悪意重過失という要件を打ち出したことに我妻説の影響があったことは，よく知られている。後述するように，我妻説は，悪意重過失という基準を有価証券の即時取得の要件から導出し，これを「法律上の原因」の要件として組み込むことによって，騙取金員による弁済の事例における返還請求の当否を不当利得の問題として位置づけた。今日の多くの学説も，昭和49年判決に依拠しつつ，これが不当利得の問題であることを当然視する。しかし，たとえ因果関係の要件については「社会通念上のもの」で許されるとして緩和をしたとしても，なにゆえ，金銭を受領するにつき悪意重過失ならば法律上の原因がないことになるのか，その理由は明確ではない。まさに衡平による判断そのものということになろうか。

　この点につき，例えば潮見説は，類型論の立場から，騙取金員による弁済が，本来はXに割り当てられるべき金銭的価値がYに帰属していることを理由とする「侵害利得」類型の不当利得の1つであるとして，その要件につき，衡平説に依拠する判例とは異なる次のような構造を提示する。すなわち，Xとしては，①Yの受益と，②Yの受益がXに由来すべきものであることを主張立証しなければならず，判例が社会通念上の因果関係として位置づけているものは，この②の要件の充足性に関する問題として位置づけられる。これに対して，Yは，金銭価値支配権原の喪失の抗弁を出すことができ，それは具体的には，①XM間での契約とそれに基づく金銭の交付によるXの価値支配権原の喪失，または，②Yが金銭的価値の支配権原を取得したことによるXの価値支配権原の喪失となる。この②が，即時取得に対応するものとしてYが悪意重過失の場合に限られることの基礎となるのであって，これはYの抗弁に対するXからの再抗弁として位置づけられる[9]。

　しかし，MがXから金銭を騙取した点に着目すればまさに侵害利得といえ

---

(9)　潮見・前掲注(2) 360頁。

ようが，YがMから金銭を受領したのは，YがMに対する債権を有していたからこそのことであって，「法律上の原因」は確かにある。しかも，Yは金銭を受領したことによって債権が消滅しているのだから，「利得」のみがあるということもできない。侵害利得類型においては，法律上の原因の欠如が原告の主張する請求原因に挙がってこない，ということが一般的には承認されるとしても，騙取金員による弁済において，Yの弁済受領につき「法律上の原因」を否定する直接的な契機を不要としたまま，XからYに対する不当利得の成否を判断するとしてよいのかは大いに疑問である。Yが債権関係に基づき弁済として金銭を受領し，財貨移転が法律関係によって基礎づけられている以上，「不当利得法の異物」とする加藤説の見方は[10]，是認せざるをえないのではなかろうか。

3　加藤説の展開 —— 詐害行為取消構成＋価値の上のヴィンディカチオ

　その加藤説は，騙取金員による弁済が不当利得要件論の枠に収まらないことをふまえ，上述の2つの最高裁判決について次のような疑問を呈するところから立論を始める。すなわち，金銭は高度な代替性をもつのであり，たとえMのYに対する弁済がXからの騙取金員をもってなされ，それをYが知っていようとも，MがXに弁済するに足る十分な資力をもっていれば，Yには責められるべき点は何もないはずである。そうすると，返還請求権が認容されるべきであると考えられるYの悪意とは，MがXからの騙取金員をもって弁済をなすことにより，Mの資力からみて，MのXに対する弁済が不可能となることを知っていることでなければならない。このように考えると，Yの悪意を前提とする不当利得返還請求権は，詐害行為取消権（加藤論稿では，当時の用語法に即し「債権者取消権」の語が用いられている。以下同じ）のうちにほぼ吸収されることになる。そもそも，この事例では，XM間で紛争が解決されるべきところ，Mの無資力によってその債権が功を奏しない場合に，XがM以外の第三者にかかっていく必要が生じるのであり，これはまさに債権の対外的効力として債権者代位権や詐害行為取消権の問題といえる[11]。

　さらに，加藤教授は，債権の対外的効力の問題を基礎としつつ，価値の同一

---

(10)　加藤・前掲注(1) 628頁。

(11)　加藤・前掲注(1) 637頁以下。

25 金銭価値返還請求権の効力と限界〔田髙寛貴〕

性を認定しうる一定の場合に「価値の上のヴィンディカチオ」としてこの請求権に物権的性格を付与する。要するに加藤説は，騙取者 M が無資力であること，及び弁済につき M と Y とが詐害についての害意（共謀）がある場合に，詐害行為取消権行使の効果として X から Y への支払請求をなしうるとし，さらに，価値の特定性が維持されている場合には価値返還請求権が成立し，その効果として優先効が認められるとする[12]。

4 加藤説に対する疑問

加藤説に対しては，判例の客観的理解としては適切でないという批判がある[13]。確かに，判例のいう悪意重過失は，騙取された金銭であることの認識についてのものであり，支払不能ゆえに他の債権者が害される，というのとは次元を異にする。ただ，加藤説は，悪意重過失の意味を読み替えるべきという判例に対する疑問を基礎とする主張と解されるのであって，判例の理解と異なること自体を問題視する必要はない。しかし，そうだとしても，詐害行為取消権の要件である「受益者の悪意」を，悪意重過失の要件に取って代わるものとするのが妥当といえるのかは疑問がある。

判例のいう悪意重過失の極端な例としては，Y が「債務を弁済するための金銭を X から騙取せよ」などといって具体的に指示をし，M を唆したような場合が想起される。このような騙取についての十分な認識がある Y が，かりに M が無資力であることを知らなかった，とか，実際 M が無資力ではなかったという場合，それを主張しさえすれば返還義務を免れられる，としてよいのだろうか。そこまで極端に悪性が強くなくとも，Y が騙取金であることを知りつつ受領をしたというのなら，M の無資力のいかんを問わず，X との関係で Y には返還義務を負わせてよいように思われる。

5 騙取者の無資力と不当利得

このように，Y が騙取金であることにつき悪意重過失の場合に常に M の無資力も必要とする点には疑問があるとしても，加藤説では M の無資力が要件の 1 つに加えられていることは注目すべきと考える。X から金銭を騙取した

---

(12) 加藤・前掲注(1) 640 頁以下。

(13) 窪田編・前掲注(5) 158 頁〔藤原執筆〕参照。

Ⅲ　騙取者の無資力＝債権無価値化の不当利得要件への組入れ

Mこそが第一次的に返還義務を負うべきは当然であるが，詐害行為取消構成
をとる加藤説はこの帰結と符合する。この点，Mの無資力を不問としてYに
対する請求を認める判例によると，Mに対する請求との関係をどう捉えるか
という問題が未解決のまま残ってしまう。そうしたことをふまえるなら，無資
力を要件とすべきという加藤説の指摘は，詐害行為取消権に還元することはで
きないとしても，何らかの形で返還請求の成否を判断する要素に組み込むこと
が検討されてよいのではないか[14]。

　以上述べたとおり，Mの無資力は考慮されるべきだとしても，悪意重過失
要件が満たされている場合にまで必須のものとはいえないとすれば，この両要
素は別次元にあるものとして捉えるべきではないか。そこで，即時取得に由来
する悪意重過失という要素については別途検討することとし，以下では，ひと
まず無資力という要素に着目しつつ，不当利得の要件論を再考してみたい。

Ⅲ　騙取者の無資力＝債権無価値化の不当利得要件への組入れ

1　不当利得の要件が具備される場合とは

　騙取金員による弁済においては，YのMに対する債権が存在する以上，Y
の弁済受領には法律上の原因がある。しかも，債権消滅という効果が生ずる以
上，Yには弁済の受領という利得に相応する損失があるのであって，利得の
みがあるというわけでもない。では，厳密には弁済受領に法律上の原因がない
といえなくとも，せめて，存在しないのと同視してよい場合というのは考えら
れないか。

　それに該当するものとして筆者が想起するのが，Mが無資力であるために
Yが弁済を受領できる見込みが失われていた場合である。Yの債権が無価値
化した状態というのは，いわばYの弁済受領についての法律上の原因が希薄
化している，ともいえる。また，弁済によって消滅すべき債権がもともと無価
値となっていた以上，弁済によってそれが消滅することは，債権者にとって格
別の損失とは評価されず，本来は受けられなかったはずの弁済を受領できたこ
とを利得があったとみることができる。この利得が，Xが金銭を騙取された

---

[14]　無資力を要件とすることの当否をめぐる学説動向については，平田健治「『騙取金銭
　による弁済と不当利得』覚え書き」阪大法学58巻6号（2009年）7頁以下に詳しい。

25 金銭価値返還請求権の効力と限界〔田髙寛貴〕

損失を被ったからこそ，はじめてYにもたらされたものだとすれば，Yの利得とXの損失の間に因果関係があるといえる。

このように，Mの無資力によってYのMに対する債権が無価値化していることを，法律上の原因の不存在に準ずるものとみることによって，XのYに対する返還請求は，はじめて不当利得に準じた状態にあったとして正当化することができるのではなかろうか。

2 加藤「転用物訴権」論との相似性

「法律上の原因」の実質に立ち入って返還請求の可否を決するという判断枠組みは，実は，加藤説が転用物訴権を承認する際のものと符合する。

ここで，加藤教授の転用物訴権論について確認しておこう。加藤説は，ブルドーザー事件判決（最判昭和45年7月16日民集24巻7号909頁）に対する批判的考察をふまえ，「I　MがYの利得保有に対応する反対債権をもっている場合」と「もたない場合」に大別し，後者をさらに「II　Yの利得保有がMY間の関係全体からみて有償と認められる場合」と「III　無償と認められる場合」とに分け，無償の法律関係となっているIIIの場合にのみ，転用物訴権を認めるものとした(15)。この見解は，後に，転用物訴権を限定的にのみ承認するビル改修事件判決（最判平成7年9月19日民集49巻8号2805頁）を導くものとなった。

加藤説は，転用物訴権については，法律上の原因がある以上，不当利得の範疇にはなく，別個独立の法制度としてこれを位置づけるものであるが，その要件を「①債務者（M）の支払不能等による（Xの）債権の不満足」と「②被請求者（Y）の無償の利得」として定式化している。①は，Mの支払不能や所在不明等により，XのMに対する債権が功を奏さない場合にのみ転用物訴権が認められることを示すものであり，これにより，転用物訴権はXのMに対する債権に劣後する補充的な位置づけにあることが明らかとなる。また②に関しては，XがMにもたらした利得が，MからYにさらに給付され，請求時にYのもとに存在しており，また，Yの利得保有につき，MがYに反対債権等を何らもっておらず，かつそれがMY間の無償関係に基づいていることが必要

---

(15)　加藤・前掲注(1) 696頁以下。

Ⅲ 騙取者の無資力＝債権無価値化の不当利得要件への組入れ

である，という[16]。

以上の加藤説により定式化された転用物訴権を，さきに示した騙取金員による弁済の場合と対比させてみよう。被騙取者Ⅹからの騙取金の返還請求は，まずもって騙取者Ｍに対してなされるのが筋であり，弁済受領者に対する請求は副次的な位置づけにある。このことをふまえると，騙取金員による弁済でも，ⅩからＹに請求をなしうるのは，Ｍが支払不能に陥っている場合となり，これは転用物訴権の要件①に符合する。なお，加藤説は，転用物訴権の要件①について，ⅩはＭに対する債権者であるが，この債権は契約上の債権に限らず，不当利得に基づく債権や事務管理の費用償還請求権も含まれうるとしている[17]。この転用物訴権の議論に重ね合わせると，騙取金員による弁済の事例はⅩＭ間の債権が不当利得によって生じた場合に相応する。

では，転用物訴権の要件②についてはどうか。転用物訴権と騙取金による弁済のいずれの事例も，Ｙの利得保有には法律上の原因があり（つまりＭＹ間に債権関係があり），だからこそ不当利得とは異なる，というのが加藤説の基本である。ただし，転用物訴権については，この法律上の原因が（存在はするけれど）無償契約であり，法律関係が脆弱なものと評価される。この点，騙取金による弁済の事例におけるＭＹ間については，Ｙが有している債権が，Ｍが無資力であるがゆえに弁済を受ける見込みがなく，実質的に無価値となっている，という具合に対応させることができる。

以上のようにみていくと，騙取金員による弁済の事例は転用物訴権と連続した側面があり，利害状況を精査して導かれた，加藤説が提唱する転用物訴権を承認するための判断枠組みを応用することが可能なように思われる。

3 不当利得と転用物訴権，騙取金員による弁済との関係

では，上述した騙取金員による弁済の処理は，不当利得や転用物訴権とどのような関係にあるか。これら３つの法構造を図式的に対比させてみよう。

加藤説によれば，不当利得法は，財貨移転を基礎づける法律上の原因がないことを要件として認められるものとされる。三当事者間不当利得については，

---

[16] 加藤雅信『新民法大系Ⅴ 事務管理・不当利得・不法行為〔第2版〕』（有斐閣，2005年）116頁以下。

[17] 加藤・前掲注[16] 117頁。

図1:「三当事者間不当利得」「転用物訴権」「騙取金による弁済」の構造

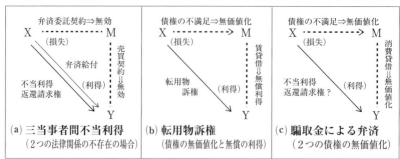

①三当事者の間にある対価関係あるいは補償関係に対応する法律関係の一方が欠落している場合に，その部分で不当利得返還請求権が発生する，というパターンのものと，②対価関係と補償関係の2つともが欠落している場合に，財貨移転が行われた当事者間で不当利得返還請求権が発生する，というパターンのものとがある。②の例としては，売買契約における売主Xが目的物を買主Yに給付することを第三者Mに委託し，その給付がなされたところ，売買契約と弁済委託契約がともに無効だったとき，Yのもとにある目的物につきXは返還請求ができる，といった場合があげられる[18]（→図1(a)参照）。XからM，MからYと物が騙取されたような，はじめからXM間とMY間に法律上の原因がない侵害利得の場合も同様である。

一方，転用物訴権や騙取金員による弁済の場合は，財貨移転を基礎づける法律関係が存在しており，それゆえ加藤説では不当利得法から放逐された。ただ，転用物訴権の事例においては，①XのMに対する債権がMの無資力によって無価値化しており，かつ，②Yの利得の法的根拠が無償契約であって，利得確保の要保護性の低い脆弱な法律関係にしか支えられていない場合に，XからYに対する転用物訴権が認められるとされている。これは，XM間，MY間のそれぞれが，法律関係は存在するものの希薄ないし脆弱な状態になっていると評価することができ，これを法律関係の不存在に準じたものと考えれば，2つの法律関係が不存在で不当利得返還請求が認められる場合と構造自体は類

---

[18] 加藤・前掲注[16] 55頁。

Ⅲ　騙取者の無資力＝債権無価値化の不当利得要件への組入れ

似しているともいえる（→図1(b)参照）。また，騙取金員による弁済の事例で
も，さきに述べた分析からすれば，Mが無資力であるがゆえに，XM間の債
権（不当利得返還請求権），そしてMY間の債権がともに無価値となっており，
このことを法律関係が実質的に希薄となっているとみるならば，転用物訴権と
類似した状況として把握することができる（→図1(c)参照）。

　このように，転用物訴権と騙取金員による弁済は，形式的には法律関係が存
在するものの，実質的には存在しないのと同様の状態となっている場合におい
て，不当利得に準じて返還請求が認められるもの，ということができる。加藤
説によれば，不当利得とは完全に異なる範疇で扱われるべき問題ということに
なるのであろうが，実質的に不存在と同視しうる，という点を捉えるならば，
（不当利得そのものではないとしても）不当利得の趣旨の類推適用が認められる
事例と位置づけることはできるのではないか。そうした意味で，以下ではこれ
を「準不当利得」と仮に呼ぶこととしよう。

　加藤説によれば，不当利得返還請求権は，財貨移転を基礎づける法律関係の
存否という形式論理的視点によって判断されるものであるのに対し，転用物訴
権は，そのような法律関係が存在することを前提とした上で，その法律関係が
脆弱であるか否かにまで実質的に立ち入って判断し，その成否を決するもので
ある，という[19]。転用物訴権に加え，騙取金員による弁済の事例についても，
本来Xが請求をなすべき相手はMであるはずのところ，Mが無資力である場
合に，利得の返還義務を負う者を，因果関係が承認される限りにおいて第三者
に拡張させる機能を有するといえる。

4　騙取金員による弁済における準不当利得返還請求の要件

　転用物訴権は，もともと対価的な不均衡をもたらす無償契約によってしか基
礎づけられていないYの利得保有の法的保護をXとの関係で否定する，とい
うものであるのに対し，騙取金員による弁済の場合では，Yの弁済受領それ
自体は，別段否定されるべき契機を伴うものではない。このことからすると，
上述のようにXの準不当利得返還請求を認めるのにYの悪意重過失を不問と
してしまうと，Yが返還義務を負う場合が不当に拡大することにならないか，

---

[19]　加藤・前掲注[16]122頁。

という疑問が生じるかもしれない。

しかし，不当利得の要件である「法律上の原因の不存在」「Y の利得」は客観的事実を問題とするものであるから，Y の悪意重過失という主観的要素ではなく，M の無資力と結びつけるほうが整合的といえる。また，M の無資力による Y の債権の無価値化という事実が Y の悪意重過失に比して立証が容易だとも思われない。なお，騙取金員による弁済においては，因果関係要件も重要となってこよう。我妻説を受けた昭和 49 年判決は，因果関係を社会通念上のもので足りるとしたが，X が金銭を騙取されたことよって，はじめて Y の弁済受領が可能となったといえるか，という，直接の因果関係の存在が厳格に判断されるべきでもあろう。

さきには，騙取金員による弁済の事例は，法律上の原因の不存在を請求者が立証することを要しないとされる一般的な侵害利得とは異なる旨を述べた。筆者としては，Y の弁済受領には元来法律上の原因が存在することをふまえるならば，請求をする X の側において，「法律上の原因の無価値化」，「X の損失」「Y の利得」「因果関係」という各要件につき主張立証の責任を負うべきであり，そのためには，X が金銭を騙取された事実，M の無資力，Y の弁済受領という 3 点につき，請求原因ないし再抗弁での X の立証を要するものと考える。

Ⅳ　騙取金の返還請求権の二重構造

1　悪意重過失のもつ意味とは —— 別個の返還請求権の定立

以上では，不当利得の要件に準ずる形で要件が定立される準不当利得返還請求権というべきものを構想し，ここでは Y の悪意重過失は要件とする必要がないことを示した。では，判例がいう悪意重過失の要件は，どのように位置づけられるべきか。

昭和 49 年判決が導出される礎となった我妻説は，金銭を騙取された者に対する価値所有権による追及を「即時取得の趣旨」によって遮断し，弁済受領者に金銭の完全な所有権を取得させようとするものであり[20]，後には，悪意重過

---

[20]　我妻栄『事務管理・不当利得・不法行為』（日本評論社，1937 年）51 頁以下。

IV　騙取金の返還請求権の二重構造

失の場合にだけ「金銭の融通性にかんがみ」法律上の原因が欠けるとした[21]。この主観的要件や立証責任の転換については，有価証券の善意取得（手形16条2項・小切手21条等）に由来するものであるとされる[22]。

　我妻説をはじめ昭和49年判決以降の学説の多数は，これを不当利得の要件のなかに組み入れていた。しかし，そもそもが即時取得の要件として説明されるべきものであるとするならば，それを不当利得返還請求権の要件に入れ込むのは，無理があったのではないか。即時取得から導出されたことを直截に法的構成に反映させるならば，ここで問題とされている被騙取者Xから弁済受領者Yに対する請求権は，有体物が騙取されたときに生じる物権的返還請求に相当するものというべきではないか。

　一般に，侵害利得の不当利得が問題となる事例では，不当利得返還請求権のほかに物権的返還請求権も生じうるものとされ，両関係をどのように解すべきか等が論点ともされている。これと同様，騙取金員による弁済における被騙取者Xから弁済受領者Yに対する返還請求権についても，従来議論されていた1つの不当利得返還請求権ではなく，さきに検討した不当利得の亜種としての返還請求権と，有体物の騙取でいうところの物権的請求権に相当するものとの2つが別個に観念されるべきではなかろうか[23]。

2　価値返還請求権に物権的効力を認めることの意味

　では，物権的返還請求権に相当する，悪意重過失の要件によって規律される

---

[21]　我妻栄『債権各論　下巻一』（岩波書店，1972年）1023頁。

[22]　好美清光「騙取金銭による弁済について」一橋論叢95巻1号（1986年）22頁。なお，金銭の即時取得を認める戦前の学説にも有価証券の即時取得を類推適用するものは散見される（能見・後掲注[27]107頁等参照）。価値の上のヴィンディカチオを説く四宮説も，有価証券の即時取得に準じた悪意・無重過失が価値返還請求権の要件になるとする（四宮・後掲注[28]同頁）。同様に，不当利得返還請求につき即時取得の準用による要件の定立を説くものとして，明石三郎「判批」民商57巻4号（1967年）587頁等。

[23]　価値の上のヴィンディカチオを説く論者は，この返還請求権と不当利得返還請求権との接合ないし棲み分けを図っており，2つの請求権が併存するという本稿とは異なっている。例えば，四宮・後掲注[28]同頁は，不当利得返還請求権は，価値のヴィンディカチオの代償たる侵害利得であるとする。また，好美・前掲注[23]12頁以下は，騙取者に対しては不当利得の成立のみを認め，第三者に対しては価値のヴィンディカチオが行使されるとする。

この返還請求権は，有体物におけるのと同様，「物権」として扱うことが認められるか。判例の提示した要件のもとで認められる返還請求権も，物権ではなく債権として性質決定されるのであれば，それは不当利得返還請求権そのものであって，判例が示した返還請求とは別個のものとして構想をしたMの無資力等を要件とする前述の準不当利得返還請求とあわせ，いわば2つの不当利得返還請求権が併存することになる。

請求権が物権的なものであるというためには，追及効と優先効が認められなければならない。昭和49年判決は物権的返還請求権を認めたわけではないが，その帰結は善意無重過失の第三者が現れない限りにおいて金銭の追及効を認めたに等しい。また，Mに金銭を騙取されたXも，Mからの弁済を受領したYも，ともにMの債権者であることからすれば，XとYとの二者間の関係のみでいえば，Xの返還請求権の優先効を認めたとも評しえないではない。

ただ，優先効があるというためには，Y以外のMの債権者（図2にいうA），あるいは，追及効によりYに対する返還請求が認められたときには，Yの債権者（図2にいうB）にも優先効を主張できるといえなければならない。こうした優先効が，追及効とは別に承認されてはじめて，返還請求権が真に物権的であるといえる。しかし，次に述べるように，判例は，昭和49年判決以前の段階で，金銭の返還請求について優先効を明確に否定している。

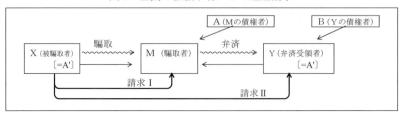

図2：金銭の被騙取者による返還請求

3 金銭所有権＝占有理論の受容による優先効の否定

ここで金銭返還請求権の優先効を否定するに至る判例の状況を確認しておこう。戦前の判例は，騙取金による弁済事例における不当利得返還請求の可否を判断するにあたって，被騙取者に金銭所有権があるものとしつつ，弁済受領者の即時取得を認める等，金銭を物として扱っていた[24]。そうした状況を一変さ

せたのが，金銭の特殊性を法的議論に反映させるべく昭和初期に提唱された「金銭所有権＝占有」理論であった。貨幣は個性がなく，高度の代替性を有するうえ，消費財としての典型的な性質を有することをふまえ，「貨幣の所有権はその占有に溶け込んでいる」として，占有と所有が分離する状態を封じて追及効を断ち，流通性の確保を図った[25]。

　戦後の判例は，この金銭所有権＝占有理論を採用し，かつての判断を覆した[26]。最高裁昭和39年1月24日判決（判時365号26頁。以下「昭和39年判決」という）は，債務者が執行吏に対して騙取した金員を提出したところ，被騙取者がその金員は自己の所有であるとして第三者異議の訴えを提起した事例において，「金銭の所有者は，特段の事情のないかぎり，その占有者と一致すると解すべきであり，また金銭を現実に支配して占有する者は，それをいかなる理由によって取得したか，またその占有を正当づける権利を有するか否かに拘わりなく，価値の帰属者即ち金銭の所有者とみるべき」として訴えを斥けた。金銭返還請求権の優先効を否定した本判決の立場は，預金も含めた金銭価値をめぐる現時の法的扱いの基層をなしているといえる。

4　追及効，優先効を認める必要性と可能性

　しかし，金銭の返還請求権について優先効を認めるべきとの要請は，その後も学界において根強く主張されている。他人から有体物を騙取した者につき破産手続が開始された場合でも，被騙取者は取戻権（破産法62条）を行使できるのに対し，金銭所有権＝占有理論によれば，金銭の被騙取者は不当利得返還請求権を主張できるにとどまり，他の債権者とともに騙取者の財産から按分配当を受けるのみとなる。このように，有体物と金銭とで被騙取者の保護に大きな相違が生ずることに対し，多くの論者が異を唱えてきた[27]。その代表が，金銭につき所有と占有が分離する状況を認め，金銭価値の物権的返還請求を創出す

---

(24)　大判大正元・10・2民録18輯772頁，大判大正9・5・12民録26輯652頁等。この時期の判例状況については，加藤・前掲注(1)665頁等参照。

(25)　末川博「貨幣とその所有権」同『民法論集』（評論社，1959〔初出1936〕年）25頁以下。

(26)　最判昭和29・11・5刑集8巻11号1675頁は，貯蓄信用組合の理事が組合員以外の者からの貯金を受け入れた事例につき業務上横領・背任が成立することの前提として，無効な金銭消費寄託でも金銭所有権は信用組合に帰属するとした。

25 金銭価値返還請求権の効力と限界〔田髙寛貴〕

る見解である。四宮説は，被騙取者には価値所有権が存続するものとして騙取金につき価値返還請求権を認め，第三者異議の訴えや取戻権の行使を可能とする[28]。加藤説も，前述のとおり，詐害行為取消権等の要件を満たし，かつ特定性の要件を満たしたときには，価値の上のヴィンディカチオとして物権的効力が付加されるとする。

騙取金員の返還請求について追及効，優先効を認めるべきとの主張において，しばしば参照されるのが英米法の信託法理である[29]。詳細は割愛するが，アメリカの擬制信託は，あらかじめ約定がされていない場合でも信託は成立し，騙取された金員の取戻しについて，倒産法手続において追及効，ひいては優先効を認めることを可能としているという。わが国において信託を直接の法的根拠として用いることには難があろうが，他人の財産の管理のための財産隔離の法技術ともいうべき信託の考え方は，特定性が維持されることを要件とする金銭価値返還請求権に相応する内容をもつものといえる[30]。

金銭所有権＝占有理論の主唱者である末川説でも，他人のために金銭を保管する場合において，当該金銭がそのまま保管され流通に置かれることが予定されていないときは，管理者の有する占有は所有権を伴うものとはならないとされている[31]。金銭が遺産分割の対象となる旨判示した最高裁平成4年4月10日判決（家月44巻8号16頁）は，この金銭所有権＝占有理論の例外を認めたともいえる[32]。騙取者ないし弁済受領者が他人の金銭の管理者に相応するかは議論の余地があるとしても，一般財産から隔離され特定性が維持されている限

---

(27)　金銭所有権をめぐる学説の変遷については，能見善久「金銭の法律上の地位」星野英一ほか編『民法講座別巻1』（有斐閣，1990年）102頁以下等に詳しい。

(28)　四宮和夫「物権的価値返還請求権について」『四宮和夫民法論集』（弘文堂，1990〔初出1975〕年）97頁以下。

(29)　アメリカ原状回復法における擬制信託を紹介するものとして，古くは松坂佐一『英米法における不当利得』（1976年，有斐閣）167頁等がある。このほか，松岡久和「アメリカ法における追及の法理と特定性」林良平先生献呈『現代における物権法と債権法の交錯』（有斐閣，1998年）357頁以下，植本幸子「アメリカ原状回復法における優先的取戻し(1)(2・完)——連邦倒産事例における擬制信託」北大法学論集56巻1号（2005年）277頁以下，2号（同年）875頁以下等。

(30)　道垣内弘人『信託法理と私法体系』（有斐閣，1996年）202頁以下。

(31)　末川・前掲注(25)270頁。

(32)　道垣内弘人「判批」民法判例百選Ⅲ（別冊ジュリスト225号・2015年）129頁参照。

りにおいて，なお占有を失った被騙取者が所有者の立場にあり，騙取金員を取り戻す権利につき優先効をもつ物権的なものとして位置づけられることは，金銭所有権＝占有理論においても完全に否定されるものではなく，英米法にいう信託法理とも軌を一にする側面があるといえる。

　なお，松岡説は，川村説の説く債権的私的所有概念に想を得て債権的価値帰属権という概念を創出し，物権としての性質決定に拘らず優先効のある債権的請求権の概念を認め，特定性を必ずしも要せず優先効を承認する先取特権的解釈手法の可能性をも提示する[33]。物権・債権の定義いかんに関わる問題であるが，優先効ある権利を物権とするのならば，松岡説でいう優先効のある債権というのは物権として把握されることになるのであって，（特定性要件の有無を別とすれば）物権的価値返還請求権の発想とそれほどの隔たりはないように思われる。

5　金銭価値返還請求権の要件と効果

　以上に述べてきたように，騙取金員による弁済の事例においては，被騙取者 X から弁済受領者 Y に対して，物権的効力を有する金銭価値返還請求権が認められてよいと考える。なお，高度の代替性ゆえに，実際に返還すべきものは同価値の別の金銭でよいのは当然の前提である。

　現行の法体系において金銭価値の返還請求権に優先効を認めるための解釈として相応しいのは，金銭所有権＝占有理論を採用する以前の判例の解釈に立ち返ることのように思われる。昭和 39 年判決の事案は，騙取された金銭につき特定性が維持されており，かつ金銭がすでに第三者に流通されているわけでもないものであったが，このような場合には，被騙取者の債権者による強制執行

---

[33]　松岡久和「債権的価値帰属権についての予備的考察」龍谷大学社会科学研究年報 16 号（1985 年）88 頁，同・前掲注[29]同頁等。松岡説では，後述する誤振込みについても振込依頼人が預金債権に対して先取特権に類した優先権をもつことが説かれる（松岡久和「誤振込事例における刑法と民法の交錯」刑法雑誌 43 巻 1 号（2003 年）100 頁）。ほか，先取特権構成の有用性を説くものとして，安達三季夫「試論 先取り特権の概念による『価値のレイ・ヴィンディカチオ，騙取金による弁済，預金の帰属者，転用物訴権および直接訴権など』の構成(1)(2・完)」法学志林 110 巻 3 号（2013 年）149 頁以下，110 巻 4 号（同年）217 頁以下。なお，道垣内・前掲注[30] 206 頁も，動産保存先取特権の趣旨が償還請求権に妥当すべき場合のある旨を述べる。

の局面において，騙取者の第三者異議の訴えは認められるべきであろう。

また，被騙取者が倒産した場合においては，取戻権が認められてよい。物の帰属保護の法理をつきつめれば，担保物権において価値代替物への物上代位が認められていることの延長線上に所有権に基づく物上代位をも構想しうるところ[34]，そうした価値代替物に対する所有者の帰属確保は，倒産手続の局面において条文上実現されている。代償的取戻権（破産法64条）がそれであり，代位物を求める債権的請求権に取戻権を認めるという手法で代替物の帰属保護を図っている[35]。金銭についてはその存在自体が価値の代替物といってよく，代償的取戻権の規定の存在は，金銭についての取戻権を承認するひとつの根拠とみることもできるだろう[36]。

もっとも，金銭価値返還請求権に関しては，金銭のもつ高度の流通性，代替性が強く意識されねばならない。金銭所有者の追及効には，有価証券におけるのと同様の要件のもと，即時取得による追及効の遮断がなされるべきといえ，それこそが昭和49年判決の示した悪意重過失の意味といえる。また，排他的支配権である物権においては客体の特定性が要求される。この点についても昭和49年判決は一定の解釈指針を示しており，高度の代替性をもつ金銭においては特定性維持要件はある程度緩和されてよいと考えるが，これについてはⅤ3で言及する。

Ⅴ　金銭価値返還請求権の展開

1　価値支配に対する物権的保護の伸張と限界

現代は，現金通貨等，有体物に化体されたもの以外にも，預金や電子マネー，インターネット決済等も多用されるようになっており，金銭価値の形態はいっそう多様化している。そうした状況にあって，金銭価値の帰属保護につき共通の基盤を構築しようとするなら，有体物ではない預金等の金銭価値にも物権法

---

[34]　松岡久和「判批」法教232号（2000年）113頁等参照。

[35]　代償請求権の詳細は，水津太郎「代償的取戻権の意義と代位の法理」法学研究86巻8号（2013年）33頁以下参照。

[36]　広中俊雄『物権法下』（青林書院，1981年）258頁は，特定性が認められる限り，金銭所有権に基づく請求権が肯定され，その強制的実現の方法として動産引渡執行を，倒産の局面では第三者異議の訴えや取戻権，代償的取戻権を認める。

V　金銭価値返還請求権の展開

の適用領域を及ぼすことが追究されてよい。では，上述した物権的な金銭価値返還請求権の適用領域はどこまで拡張できるか。

　債権も物権と同様に財産的価値を有するのであって，だからこそ，債権の帰属が侵害されたときの不法行為による法的保護は，所有権等の侵害の場合と同様に過失があるだけでも成立すると一般に解されているといえる[37]。しかし，債権が第三者に奪取されたときの価値返還請求に関しては，物権に対するのと同様の保護になるとは思われない。有体物を対象とする物権に絶対効が認められているのには，排他的支配が可能であること等，様々な理由があろうが，万人が認める客観的価値が安定的にそのなかに見いだせることも重要であり，そうした財貨の支配に対する確実性があるからこそ，物権としての強力な保護も要請される。そうであるとすれば，有体物に金銭価値を化体させたもの以外について物権的保護の契機を認めてよいかは，金銭価値の存続・維持に対する信用いかんにかかっているといえよう。債権は物権ほどに価値支配の確実性があるとはいいがたい。決済手段として注目されているビットコインにしても，通貨としての価値を担保する機関が存在しておらず，物権的な帰属保護が妥当するとはいえない。

　そのように考えていくと，債権のなかで物権と同様の財貨帰属保護が認められてよいのは，唯一，預金債権ということになろう。銀行が破綻しても預金は保護される措置が講じられること等からも，預金債権の不履行は事実上観念しなくてよい状況にある。銀行に預けたお金は確実に返してもらえる，だからこそ預金は金銭価値の保管，決済の手段として財貨とみなせる。「現金をもっている」のと「預金をもっている」のは同義といえても，「貸金債権をもっている」というのは意味が違う。共同相続された預金債権が遺産分割の対象となるとした最高裁平成 28 年 12 月 19 日大法廷決定（民集 70 巻 8 号 2121 頁）が現れたことも記憶に新しい。当面，有体物以外の金銭価値の返還請求権について追及効や優先効を認めることの妥当領域としては，預金債権を念頭におくので十分であろう[38]。

---

[37]　我妻栄『新訂債権総論』（岩波書店，1964 年）77 頁，幾代通（徳本伸一補訂）『不法行為法』（有斐閣，1993 年）69 頁，加藤・前掲注[16] 92 頁，中田裕康『債権総論〔第 3 版〕』（岩波書店，2013 年）284 頁，窪田充見『不法行為法』（有斐閣，2013 年）101 頁等。

553

2 誤振込みにおける返還請求権の優先効

預金債権の帰属に関する法的保護の問題として，近時さかんに議論されてきたのは，誤振込みの事案である。例えば，AがB銀行（仕向銀行）に振込依頼をするさいに受取人の指定を誤ったため，振込金がC銀行（被仕向銀行）のDの預金口座に振り込まれてしまった場合，AはDに対して誤振込金の返還を請求できるが，この請求権には優先効が認められるのか。

最高裁平成8年4月26日判決（民集50巻5号1267頁。以下「平成8年判決」という）は，誤振込みがあった受取人の口座を受取人の債権者が差し押さえたのに対し，振込依頼人が第三者異議の訴えを提起したという事案である。判決は，振込依頼人と受取人との間に振込みの原因となる法律関係が存在しないにもかかわらず，振込みによって受取人が振込金額相当の預金債権を取得したときは，振込依頼人は，受取人に対し，不当利得返還請求権を有することがあるにとどまるとして，第三者異議の訴えを斥けた。騙取金事例に関する昭和39年判決と同様の判断が示されたことになる。

平成8年判決に対しては，振込依頼人の犠牲のもとに受取人の債権者に「棚ぼた」の利益を得させることになるとして，物権的保護という論拠をとるかはともかくとしても[38]，結論に反対するものが多い。ここで注目したいのは，誤振込金を含む預金債権の成立は認めつつ，その帰属主体を振込依頼人とみることで，預金の取戻しに物権的効力を付与することを志向する見解である。論者により相違はあるが，預金者と金融機関との関係は預金契約によって規律されるものの，預金の帰属に関しては物権法的な処理がされるものとして，相対的構成ないし二重構造として預金関係を把握すること等から，第三者異議の訴えを認めようとしている[40]。なお，学説には，信託の成立を認めることにより誤

---

(38) 以下は，田髙寛貴「金銭論」吉田克己＝片山直也編『財の多様化と民法学』（商事法務，2014年）648頁以下を基礎としたものであり，詳細についてはそちらの叙述に譲る。

(39) 森田宏樹「振込取引の法的構造」中田裕康・道垣内弘人『金融取引と民法法理』（有斐閣，2000年）196頁は，預金契約の当事者が優先権を確保する手段を契約において講ずる方向をめざす。

(40) 岩原紳作「預金の帰属」黒沼悦郎ほか編『企業法の理論 江頭憲治郎先生還暦記念 下』（商事法務，2007年）423頁以下，中舎寛樹『表見法理の帰責構造』（日本評論社，2014年）361頁以下，花本広志［判批］法セ502号（1996年）89頁，道垣内弘人「判批」手形小切手判例百選〔第5版〕(1997年）221頁，川地宏行「原因関係が欠如した振込における預金債権の帰属」法律論叢85巻6号（2013年）176頁以下等。

振込金につき信託財産として保護を図る可能性に言及するものもあるが[41]，前述のとおり，特定性の維持を前提として隔離された財産に追及効，優先効を認めることを物権的保護と呼ぶのだとすれば，誤振込人に物権的請求を認めるのと方向性は同じといえるように思われる。

このように，預金の帰属保護にも物権法理を及ぼせるとするなら，誤振込みの事例にも騙取金事例に関する昭和49年判決の悪意重過失という判断基準を用いることが可能となろう[42]。最高裁平成15年3月12日決定（刑集57巻3号322頁）は，平成8年判決をふまえつつも，受取人が誤振込みであることを知りながらそのことを告げずに誤振込金を含む預金を引き出した場合は詐欺罪が成立するとした。振込依頼人に誤振込金の帰属を認めるとすれば，誤振込金を引き出した受取人に詐欺罪の成立を認めた同決定も，無理なく説明することができるようになる[43]。

3　預金における特定性

金銭価値の返還請求権の優先効を認める上で要請される特定性維持は，預金においてはどう実現されるべきか。昭和49年判決は，「Mが騙取又は横領した金銭をそのままYの利益に使用しようと，あるいはこれを自己の金銭と混

---

(41)　大村敦志「誤振込」同『もうひとつの基本民法Ⅱ』（有斐閣，2007年）145頁，コーエンズ久美子「預金の帰属と優先的返還請求権」山形大学法政論集44巻4=5号（2009年）22頁以下，福井修「判批」富大経済論集61巻3号（2016年）345頁等参照。

(42)　昭和49年判決における悪意重過失の判断枠組みが誤振込みの事案の解決にも妥当することを示唆するものとして，中田裕康「判批」法教194号（1997年）31頁等。他方，藤原正則『不当利得法』（信山社，2000年）373頁は，騙取金員による弁済の考えを誤振込みに応用することについて，金銭の高度の流通性・代替性を考慮すれば，騙取金銭の場合においてのみ第三者の善意・悪意や過失の有無が問題となると解すべきとし，誤振込みの問題は金融機関の構築した振込ネットシステムにおいて観念される被仕向銀行の注意義務により処理されるべきとする（窪田編・前掲注(5)153頁〔藤原執筆〕）。

(43)　最判平成20・10・10民集62巻9号2361頁は，「振込依頼人と受取人との間に振込みの原因となる法律関係が存在しない場合において，受取人が当該振込みに係る預金の払戻しを請求することについては，……これを認めることが著しく正義に反するような特段の事情があるときは，権利の濫用に当たるとしても，受取人が振込依頼人に対して不当利得返還義務を負担しているというだけでは，権利の濫用に当たるということはできない」とした。受取人が払戻請求できることを原則としているものの，本稿の立場からすれば，むしろ判決のいう原則と例外は逆とみるべきものと考える（中舎寛樹「判批」リマークス40号（2010年）9頁）。

25 金銭価値返還請求権の効力と限界〔田高寛貴〕

同させ又は両替し，あるいは銀行に預入れ，あるいはその一部を他の目的のため費消した後その費消した分を別途工面した金銭によつて補填する等してから，Yのために使用しようと，社会通念上Xの金銭でYの利益をはかつたと認められるだけの連結がある場合」には，不当利得が成立するとした。これは，優先効のある返還請求権を認めるさいに要求される特定性維持の内容を示したものと解しうる。同判決によれば，預金口座のなかに返還請求の対象となる金銭が入金され，元からあった預金残高と一体化した場合でも，対象物の特定性は維持されるとみてよいだろう。このことは，金銭が混和した場合には共有になり，共有物たる混和物が一般財産に混入せずそれ自体が特定されている限り物権的救済が受けられる，という形で根拠づけることができる[44]。

問題は，返還請求の対象となる金銭が入金された後に，預入れや引出しにより口座残高に変動があった場合の扱いである。従来の見解では，預金口座に対して被騙取者や誤振込者が優先的な返還請求を主張しうるのはその口座に預金が存する限りであり，いったん預金口座から引き出されてしまうと，その後に口座の残高が増えても，優先効の認められる範囲は回復しないと解されている[45]。しかしそうすると，例えば振り込め詐欺の犯人は，いったん騙取金を預金口座から引き出して再び預け入れれば，簡単に返還請求の優先効を消せてしまう。昭和49年判決からすれば，填補の意図によるか否かを問わず新規預入れ分も優先効ある返還請求の対象に含めてよいと考える。

結局，預金に関しては，銀行口座等において分別管理がされていれば特定性は維持されていると解してよく，当該口座の枠内では，いわば金銭価値の「弾力性」を認めるがごとき上述のような解釈をすることも，金銭の高度の代替性に鑑みれば許されてよいように思われる。

4　受託者に対する過払金返還訴訟と昭和49年判決

これまで述べてきたように，特定性維持が必須の要件となる金銭価値返還請求権は，財産隔離の法技術でもある信託の局面において，その成立の可能性が高いようにも思われる。しかし，昭和49年判決の判断枠組みが信託の局面で適切に用いられるとはいいがたい例もみられる。それは，信託契約における受

---

[44]　道垣内・前掲注(30) 204頁以下。

[45]　詳しくは松岡・前掲注(29) 357頁以下参照。

V　金銭価値返還請求権の展開

託者に対する過払金返還請求の可否をめぐる次のような事例についてである。貸金業者Ａが資金調達のため，顧客Ｘらに対する貸金債権等について，自己及び第三者を受益者として信託銀行Ｙに信託譲渡し，併せて，信託譲渡した貸金債権の管理回収事務をＡが受託する旨のサービシング契約が締結された。その後もＡは顧客Ｘらから弁済金を受領し，自己の受益者としての配当分等を差し引いた上でＹに交付していた。Ａが破綻したことを受け，ＸはＡとの間の金銭消費貸借取引から発生した過払金につき，Ａから信託契約により貸金債権を譲り受けたＹに対して，不当利得返還請求権に基づき支払を求めた。

　この問題においては，Ｙに利得があるといえるのか等々，論ずべき点が多々あり，下級審裁判例はＹの過払金返還義務につき肯定するものと否定するものとに二分されている[46]。ここで注目したいのが，これら裁判例のなかに昭和49年判決の判断基準を用い，悪意重過失がないことを理由として，Ｙの責任を否定するものがあることである。学説には，信託の受益者は即時取得することが認められていないのであるから，即時取得の趣旨に基づく悪意重過失要件の不充足をもってＹの責任を否定することはできない，との指摘がみられる[47]。昭和49年判決のいう悪意重過失要件が本来の不当利得とは別の請求権に関するものとの理解にたてば，この論者の指摘するとおり，この事案で昭和49年判決を解釈基準として用いることが不適切なのは明らかといえよう。

　受託者は信託財産の帰属主体であり，Ｙに利得がないというのは難しいように筆者は考えるが，その点を措くとしても，信託財産の管理権限を有するＹは，信託財産に生じた利得に関して第三者に対する第一次的な責任を負うこと[48]，過払金返還債務は信託譲渡された貸金債権に併存的に帰属すると解すべきこと[49]等々，Ｙに不当利得返還義務があるとする論拠は学説上種々示され

---

[46]　公刊物に登載された裁判例をあげると，Ｙに対する請求を否定したものに東京地判平成24・4・19判時2157号43頁，東京高判平成25・1・24判タ1390号244頁，大阪高判平成25・7・19判時2198号80頁等が，肯定したものに中村簡判平成23・12・22判タ1369号212頁，大阪地判平成25・3・29消費者法ニュース96号349頁，大阪地判平成24・12・7判時2175号41頁等がある。この問題に関する裁判例については，大山和寿「受託者に対する過払金返還請求権についての覚書」青山法学論集56巻4号（2015年）221頁以下に列挙されている。

[47]　大山・前掲注[46] 228頁以下。

[48]　星野豊「判批」ジュリスト1475号（2015年）114頁。

[49]　鎌野邦樹「判批」リマークス49号（2014年）29頁。

ている。いずれにせよ，YにXの損失に起因する利得があるとしてXからの不当利得返還請求が認められるとするならば，悪意重過失でないことをもって，これを否定することはできないとすべきであろう[50]。

VI 結 語

本稿では，騙取金員による弁済を端緒として，金銭価値返還請求権について考察を及ぼしてきたが，その主張の要旨は次のようなものである。

騙取金員による弁済における騙取者から弁済受領者に対する返還請求については，不当利得の問題とされ，悪意重過失要件もそのなかに位置づけられていたが，むしろ不当利得とは別に観念される物権的請求権に相応するものの要件とみるべきである。その結果，騙取金員による弁済の事例では次の2つの請求権が併存することとなる。1つは，準不当利得返還請求権とでもよぶべきもので，Mが無資力であること等を要件とし，その効果はあくまで債権的請求権としての効力にとどまる。他方，金銭価値返還請求権は，Yが善意無重過失であり，かつ，騙取された金銭の特定性が維持された状態ではじめて認められるもので，その効果としては物権的請求権と同様，他の債権者に対する優先効がある。

もとより，金銭のもつ高度の代替性，流通性をふまえるならば，その価値返還請求権については，即時取得による追及効の制約がひろく生じることを甘受しなければならない。金銭所有権＝占有理論を否定することとしても，第三者へ占有が移転した場合に結論が逆転することはそれほど多くないと推察される。他方，物権的効力を認めるために前提とされるべき特定性の維持に関しては，高度の代替性に鑑みればある程度柔軟な対応も認められてよく，特定性が確保された枠としての預金口座の範囲内では，その残高が返還請求をなしうる額を

[50] 前掲東京地判平成24・4・19は，XがAを債権者と認識して弁済をしていたからXY間には直接の給付関係がないとしてYの返還義務を否定したが，道垣内弘人「判批」金法1977号（金融判例研究23号・2013年）70頁は，これを批判し，「民法703条の文言に存在しない『給付』概念を実体化し，そこに意思の要素を組み込むのは，『給付利得』という類型論の言葉に引きずられている」と述べる。異なる論点にかかるものではあるが，元来，不当利得の要件のなかに主観的要素が含まれるものではない，という本稿における主張にも共通のものがある。

VI 結　語

下回る事態に陥っても，その後に預入れがあれば返還請求できる範囲も復活する，との解釈が認められてよい。

　金銭価値返還請求権の全容を明らかにするのには，本稿での考察はなお不十分なものにとどまっている。今後さらに検討をすすめていきたい。

26　地上権設定契約の法的構成

山 城 一 真

Ⅰ　は じ め に

1　検討の課題

本稿は，地上権設定契約の法的構成の考察を目的とするものである。

一般に，地上権設定契約は「物権契約」であり，債権関係を介することなく，物権設定の効力のみを直接に発生させると説かれる[1]。しかし，同じく物権契約の一種とされる抵当権設定契約については，今日，その設定を目的とする債権契約を観念する有力説がある[2]。これと同じ見方は，地上権設定契約についても妥当しないだろうか[3]。それによって，地代の不払，用法違反，地代支払義務の承継といった問題をめぐる解釈論も整理され得ないだろうか。これら諸点の検討は，理論的にみて興味深いだけでなく，約定地上権の重要性が否定され得ないことにかんがみれば[4]，相応の実益をも有すると考える。

---

(1)　稲本洋之助『民法Ⅱ（物権）』（青林書院新社，1983 年）344 頁，近江幸治『物権法〔第 3 版〕』（成文堂，2006 年）等を参照。

(2)　道垣内弘人「抵当権の登記――1・設定」鎌田薫ほか編『新・不動産登記講座 5』（日本評論社，2000 年）32 頁以下（同『典型担保法の諸相 現代民法研究Ⅰ』（有斐閣，2013 年）145 頁）。道垣内教授の問題意識は，地上権設定契約にも及んでいる（同稿 53 頁注(5)に加えて，鎌田薫ほか「不動産法セミナー㉕ 不動産とは何か(5)」ジュリ 1337 号（2007 年）79 頁における発言をも参照）。

(3)　このような見地からの解釈論の筋道を示す議論として，鈴木禄弥『物権法講義 5 訂版』（創文社，2007 年）462 頁以下を参照。また，清水元『プログレッシブ民法 物権』（成文堂，2008 年）174 頁注(2)は，地代を伴う地上権設定契約が双務有償契約であることを明言する。松岡久和『物権法』（成文堂，2017 年）232 頁も，所有権移転と地上権設定とで物権変動の仕組みを異にする理由はないとする口吻である。

26 地上権設定契約の法的構成〔山城一真〕

なお，物権契約という概念は，一般に「物権の変動だけを目的とする合意」
と定義される(5)。本稿では，この用語法に従い，地上権設定契約を，①物権の
変動だけを目的とする契約だとする主張を「物権契約説」，②債権契約たる要
素をも含むとする主張を「債権契約説」とよぶ(6)。

2　疑問の端緒

検討に先立ち，地上権と訳されることがある droit de superficie（仏），Erb-
baurecht（独）の設定方法を略述しておく。物権の内容については，これらの
「地上権」と日本法における地上権とを単純に比較することはできない(7)。し
かし，設定契約の構造に関しては，両法を日本法と比較することは可能であり，
日本法における物権契約説の特徴を知るために有益でもある。

フランス法においては，「地上権」は，合意（convention）によって設定され
ると説かれる。この合意は，具体的には，①土地への建物の付合の放棄という
財産的利益の売却，②建築権の売却，③賃貸借（期間を設定して建築権を与え，
その間は土地への建物の付合を放棄する）という形態を採ることが多いといわれ
る(8)。つまり，地上権は物権であるが，それを発生させるのは賃貸借や売買だ
とされるのである。ここにおいて債権契約説が採用されていることは明らかで
あるが，このことは，フランス法の物権変動システムを想起すれば，みやすい
道理であろう。

これに対して，ドイツ法においては，「地上権」の設定行為それ自体は，物
権行為としての処分行為と構成され，物権的合意と登記とによって行われる。
しかし，地上権設定の原因関係としては，債務負担行為たる債権契約が観念さ
れる。そして，この債権契約は，売買ないしこれに類する契約であり，ただ，

---

(4)　山野目章夫『物権法〔第5版〕』（日本評論社，2012年）193頁は，「地上権が珍しい，
　　などという実態描写は，今日では全く正しくない」という。

(5)　谷口知平ほか『新版注釈民法(13) 債権(4)〔補訂版〕』（有斐閣，2006年）17頁（谷口知
　　平・五十嵐清）。

(6)　したがって，物権行為の独自性を認めつつ，その原因行為たる債権契約を観念する見
　　解は，ここでは債権契約説に類別される。

(7)　日本法においては，土地と建物が別個の不動産とされることによる。詳細につき，三
　　好登『土地・建物間の法的構成』（成文堂，2002年）を参照。

(8)　Ph. MALAURIE et L AYNÈS, *Les biens*, 7e éd., LGDJ, 2017, n° 903, p. 312.

562

その代金が一時金ではなく地代（Erbbauzins）によって支払われるのが通例だ，などと説かれる[9]。この説明による限り，ドイツ法においても，日本法における意味での物権契約説が採用されているわけではないことがわかる。

　本稿では，さらに立ち入った比較法的考察を展開する用意はない。しかし，以上の限りでも，日本法における物権契約説が，比較法的にみて何ら必然性のない── むしろ不自然な ──理論構成であることは窺い知られよう。

3　本稿の構成

　議論は，次のように進める。第一に，民法の規定に即して，債権契約説と物権契約説の要点を整理し，概念の基礎を定める（Ⅱ）。第二に，関連する解釈問題を個々に採り上げ，各説の帰結を把握する（Ⅲ）。これらを踏まえて，最後に若干の課題を示す[10]（Ⅳ）。

Ⅱ　概念の定礎

　債権契約説と物権契約説は，それぞれ，地上権設定契約の法的構成をどのように理解してきたのであろうか。はじめに見通しを示すと，地上権・永小作権規定の起草を担当した梅謙次郎は[11]，債権契約説を前提として起草にあたった。そこでまず，梅らのいう債権契約説の内容を確認する（1）。次いで，主に中島玉吉と川名兼四郎の所説に即して，物権契約説の内容を検討しよう（2）。

---

(9)　H. PRÜTTING, *Sachenrecht*, 35. Aufl., C. H. Beck, 2014, Rn. 870, S. 374. 山田晟『ドイツ物権法　上巻』（弘文堂，1944 年）460 頁をも参照。

(10)　条文の引用および起草過程の資料について。本稿において「民法」を参照する場合，①起草者の構想を考察するときは，現代語化後の文言によって明治民法を参照し（単に「○○条」と示す），②解釈論を考察するときは，債権法改正によって変更される規律については改正法に依拠して考察する（「新○○条」と示す）。起草過程の資料としては，商事法務研究会による復刻版を用い，『法典調査会　民法議事速記録（二）』（商事法務研究会，1983 年）を「法典調査会」，『法典調査会　民法整理会議事速記録』（商事法務研究会，1988 年）を「整理会」として，それぞれ引用する。

(11)　この点につき，星野通『明治民法編纂史研究』（ダイヤモンド社，1943 年）178 頁，民法成立過程研究会『明治民法の制定と穂積文書』（有斐閣，1956 年）53 頁を参照。

26 地上権設定契約の法的構成〔山城一真〕

1 債権契約説 —— 起草者の構想

(1) 双務契約性

起草者が地上権設定契約を一種の双務契約と考えたことは，534条1項が「特定物に関する物権の設定又は移転」と定めるところから容易に窺い知ることができる。

この規定は，当初は「特定物ニ関スル物権ノ移転ヲ目的トスル双務契約……」（傍点引用者）とするものであったが，整理会において「設定又ハ」の文言が加えられた[12]。この修正の理由は，まさに，本条は地上権についても適用されるべきだというものであった[13]。このこととの関係では，二点を確認しておく必要がある。

第一に，梅によれば，これは確認的な修正であり，「移転」にはもともと地上権設定を含む趣旨であったとされる。ところで，「地上権の設定＝物権の移転」というこの説明は，有償での地上権設定が「財産権の移転」を目的とする双務契約，つまり売買契約であると解されていたことを示唆する。事実，梅は，『民法要義』においては，「地上権，永小作権，地役権等ヲ設定スルハ所有権ノ一部ヲ他人ニ移転スルモノナルカ故ニ之ヲ以テ売買ノ目的ト為スコトヲ得ルハ敢テ論ヲ俟タサル所ナリ」と述べている[14]。

第二に，梅は，534条によって反対給付義務の帰趨が決まる場面としては，地上権設定の対価を一時金によって支払うべき場合だけを想定する[15]。次述のとおり，「定期の地代」を支払うべき場合については，地上権消滅と「連帯」して地代の支払義務も消滅する —— つまり，債権者主義は適用されない —— というのである。しかし，このように取扱いが区別される根拠は，説かれていない。

(2) 地上権（含，永小作権）関連規定の解釈

地上権に関する規定は，基本的な内容においては旧民法財産篇のそれを引き継いだものといえる[16]。以下では，「定期の地代」に関して永小作・賃貸借関

---

(12) 整理会（前掲注(10)）277頁。

(13) 整理会（前掲注(10)）279頁。

(14) 梅謙次郎『民法要義 巻之三 債権』（有斐閣（復刊），1985年）475頁。

(15) 整理会（前掲注(10)）279頁。

(16) 沿革につき，小柳春一郎『近代不動産賃貸借法の研究』（信山社，2001年）362頁以下を参照。

係の規定の準用を定めた 266 条の位置づけを確認する[17]。準用される各規定の背後には共通の思想を窺うことができるから，筆者の理解に従ってその内容を整理したい。

(a) 第一に，地上権者が「収益[18]」を得なかった場合について。この場合にも，地代減額請求は認められず（274 条），地上権の放棄は制限される（275 条）が，これらの取扱いの根拠は，永小作権につき，どれほど豊作であっても所有者からの返還請求はできないのだから，凶作の場合のリスクは小作人が負うべきだという「一般ノ原理」によって説明される[19]。もっとも，これらは任意規定であるから，当事者が別段のリスク分配を合意することは妨げられない[20]。

これに対して，地上権の目的たる土地が「滅失」した場合については，起草者は別異の取扱いを想定していた。その場合には，地上権を放棄するために 3 年の経過を俟たずとも，地上権の目的たる不動産の滅失によって地上権が消滅し，これに「連帯」して地代支払義務も消滅するというのである[21]。しかし，この「連帯」がどのようにして基礎づけられるかについても，やはり特段の説明はみられない。

(b) 第二に，地上権設定者が地代の支払を受けなかった場合について。この場合には，地上権設定者は，地上権消滅請求をすることができる（276 条）。

そのうえで問題となるのは，賃貸借契約に関する規定の準用を根拠として，地代不払によって地上権設定契約を解除することの可否である。旧民法における同旨の規定（財産編 173 条）の解釈としては，賃貸借に準じる以上，地代の支払を怠ったときは「地上権解除ノ請求」を受けることがあると説かれていた[22]。しかし，次にみるところからは，起草者がこの解釈を踏襲しなかったことがわかる。

---

[17] 266 条によれば，地上権・賃貸借関連規定は「定期の地代」の支払義務に限って準用される。したがって，土地の使用にかかる義務についてはもちろん，一時金で支払われる地代についても，本条は準用されない（法典調査会（前掲注[10]）176 頁）。

[18] 小作人とは異なり，地上権者は土地から収益を得るわけではないから，地上権への準用（266 条 1 項）にあたっては，「収益」の文言は，「設定契約によって定めた目的に従った使用」と読み替えなければならない。

[19] 法典調査会（前掲注[10]）234 頁。

[20] 法典調査会（前掲注[10]）233 頁。

[21] 法典調査会（前掲注[10]）234 頁。

[22] 亀山貞義＝宮城浩蔵『民法正義 財産編壱部巻之弐』（新法註釋会，1890 年）243 頁。

26 地上権設定契約の法的構成〔山城一真〕

　まず，起草過程をみると，法典調査会において，永小作権における賃貸借関係規定の準用（現在の273条）につき，小作料不払の場合に所有者が何をすることができるかが問われたのに対して，梅は，──276条が排他的に適用されることを想定してであろう──契約総則による解除の可能性には言及することなく，小作料不払による消滅請求が可能だと答えている[23]。他方，地上権については，この問題は明示的には論じられていない。しかし，276条を地上権に準用すべきことを説く際に，地上権者の権利は小作人の権利よりも強固に保護されるべきだと示唆されることからすれば[24]，その際にも契約総則の適用は排除され，276条が排他的に適用されると解されたことが窺われる。

　以上の理解は，梅が執筆した判例評釈によっても裏づけられる。梅によれば，地上権が契約によって設定された場合における地上権消滅請求の法的性質は，地上権設定契約の解除にほかならない。そして，276条が設けられた趣旨は，「賃貸借ハ若シ賃借人ガ一年デモ借賃ノ支払ヲ怠ッタナラバ賃借人ハ之ヲ解除スルコトガ出来ルノヲ（民541），地上権，永小作権ハ特ニ二年間地代又ハ小作料ノ支払ヲ怠ッタ場合ニ於テノミ之ヲ消滅セシムルコトガ出来ルトシ」たと説かれる[25]。つまり，梅は，276条によって解除に関する一般規定が修正されると解したのである。

　(c)　地上権設定契約の法的性質という当面の関心からは，以上にみたところについては二点が注目される。第一に，起草者は，地上権の存続と地代支払義務の存続との間に「連帯」の関係を認めた。しかし，その根拠づけには疑義が残されていた。第二に，債権契約説を前提とすると，276条が一般の解除に優先するということは，同条には，地上権そのものではなく，これを設定する債権契約を規律する趣旨が含まれていることになる。このことは，地上権関連規定と契約総則との適用上の優劣関係の問題を提起する（後述，Ⅲ3⑵）。

　(3)　起草者以後の債権契約説

　起草者以後に債権契約説を明確に説いたのは，横田秀雄である。梅の理解を承継したためであろうか，横田は，梅の説明に残されていた疑義にも一定の応

---

　⑳　法典調査会（前掲注⑽）231頁。

　㉔　276条の準用は整理会において議決されたが，そこでは，本文に述べた趣旨が示されている（整理会（前掲注⑽）76頁）。

　㉕　梅謙次郎『最近判例批評続編』（有斐閣書房，1909年）44頁（新青出版復刻版530頁）。

接を示している。

横田によれば，地上権設定契約には大別して二種のものがある。第一は，財産権の移転を目的とするものであり，無償の場合には贈与，一時金の支払を伴う場合には売買，債権の譲渡等を対価とする場合には交換となる。これに対して，第二は，賃貸借の形式によるものであり，定期の使用料を支払う場合がこれに当たる。後者の場合には，土地の賃貸借と同様の取扱いが妥当し，地上権と地代支払義務との間には「連鎖関係」が認められるという[26]。

以上にみた横田の議論によれば，梅の所説に残された疑義は次のように説明されよう。第一に，地上権の存続と地代支払義務との間に「連帯」「連鎖」の関係（以下，「牽連関係」という）が認められるのは，地上権設定契約が双務契約だからである。第二に，一時金形式と定期金形式とで法的取扱いが異なるのは，地上権の設定原因となる双務契約の形式が異なる（一時金＝売買等，定期金＝賃貸借）からである[27]。もっとも，定期金を対価とするにせよ，地上権という「物権の設定」を目的とする以上，534条の適用が当然に排除されるとは考え難く，いうところの牽連関係の基礎づけをめぐる疑念が払拭されるわけではない。

2 物権契約説
(1) 物権契約説の構成
(a) 物権契約説の嚆矢は，中島玉吉・川名兼四郎の所説に見出される。両者は，地上権設定契約がいわゆる「物権（的）契約」であるとみたうえで，この契約の目的は直接に地上権を設定するところにあり[28]，地上権を設定すべき債務関係を生じさせようとする契約によって地上権が設定されるわけではないと説く[29]。

もっとも，この限りでは，冒頭に述べた意味での「物権契約説」が提唱されたと速断することはできない。中島と川名はともに，物権行為の独自性・無因

---

[26] 以上，横田秀雄『物権法』（清水書店，1905年）437頁以下。
[27] 横田秀雄『債権各論』（清水書店，1912年）114頁においても，534条の適用は一時金形式の場合に限定されている。
[28] 中島玉吉『民法釈義 巻之二上 物権篇上』（金刺芳流堂，1914年）482頁。
[29] 川名兼四郎『物権法要論』（金刺芳流堂，1915年）139頁。

26 地上権設定契約の法的構成〔山城一真〕

性を認め，所有権移転もまた物権行為によって行われると説く[30]。この理解を前提とすれば，地上権設定契約についても，処分行為としての物権契約には義務負担行為としての債権契約が伴うと解する余地がなお残るからである[31]。しかし，それにもかかわらず，中島も川名も，地上権の設定については債務負担契約を観念してはいないようである。

さて，こうしていわゆる物権契約説の礎石を築いた両説であるが，設定契約の構造に関する理解については齟齬をみせる。永小作権に関する議論をも参照しつつ考察しよう。

まず，中島は，物権契約に基づいて債権が発生することはあり得ないという理解を示したうえで[32]，小作料が永小作権設定契約から生じる「負担」であるのに対して[33]，地上権の定期の地代は —— おそらくは地上権設定契約とは別個の契約から生じる[34] ——「債権」であるが，登記されることで地上権と「結合」すると説く[35]（設定契約＋地代契約の二元的構成）。

これに対して，川名は，永小作権設定の物権的意思表示に基づき，永小作権の設定とともに小作料の支払を目的とする「債務」が発生し，両者は例外的に「要因的な」関係に立つ —— 小作料支払債務が成立しなければ，永小作権も成立しない —— と説く[36]（設定契約のみの一元的構成）。川名の以上の議論は，小作料が「永小作権の内容となる」という論理に即したものとみられるが，地上権は地代支払を要素としないから，そこにも同様の理解が妥当するかは問題である。しかし，川名は，地上権に関する地代支払債務もまた「地上権の内容」

---

(30) 中島・前掲注(28) 32 頁以下，川名・前掲注(29) 7 頁以下。

(31) 山下博章『物権法論 上巻下冊』（有斐閣，1927 年）573 頁は，この趣旨であろうか。なお，原島重義「債権契約と物権契約」契約法大系刊行委員会編『契約法大系Ⅱ 贈与・売買 松坂佐一ほか還暦記念』（有斐閣，1962 年）102 頁をも参照。

(32) 中島・前掲注(28) 34 頁以下。

(33) 中島・前掲注(28) 511 頁。

(34) 中島は，地代支払請求権が債権であることは認めるが，その発生原因が地上権設定契約と別個の地代契約であると明言してはいない（中島玉吉「地上権ノ地代ニ就テ」同『民法論文集』〔金刺芳流堂，1920 年〕344 頁を参照）。しかし，物権契約から債権が発生するという帰結を峻拒する以上，地代支払請求権は，物権契約たる地上権設定契約とは別の原因に基づいて発生すると解さざるを得ないであろう。

(35) 中島・前掲注(34) 344 頁以下。

(36) 川名・前掲注(29) 9-10 頁。

となると説いているから[37]，この場合にも，永小作権と同じ論理によって，物権的意思表示に基づいて債権関係が発生すると解されたものと推察される。

（b）　以上を踏まえて，「定期の地代」について賃貸借関連規定が準用される（266条・273条）ことの理論的意義は，どのように理解されるのであろうか。

川名の見解からは，それらの規定は，地上権と地代との「要因的な」関係のあらわれと説明されることになろう。

他方，中島の見解の帰結は微妙である。地上権と地代支払債務との「結合」という関係づけが手がかりを与えそうではあるが，それは，地代請求権の第三者に対する対抗可能性を基礎づけるための論理であり，だからこそ，地代支払債務の登記によって初めて「結合」が生じるとされるのである（後述，Ⅲ 5）。そうすると，地上権設定契約の当事者間の関係を規律する266条所定の諸効果は，登記による「結合」の有無にかかわらず生じそうでもある。

この点について，中島は何も述べていない。ただ，無償の地上権については贈与の規定が，また有償の地上権については売買の規定が，それぞれ「準用」されると説くところには，注意されてよいように思われる[38]。売買の規定の準用が認められるならば，賃貸借関連規定の準用の正当化も容易になり得るだろう。それによると，地上権設定と地代支払義務との間には，双務契約上の牽連関係が認められるはずだからである。しかし，地上権設定契約と地代契約とが別個の法律行為だとされる一方で，それぞれから発生する効果である地上権設定と地代支払義務との間に牽連関係が認められる根拠は，必ずしも明らかではない。

こうした不明瞭さは，実をいえば，中島に限らず，契約総則の適用可能性をめぐる物権契約論者の議論全体を覆っている。

（2）契約総則の適用可能性

（a）　地上権設定契約の「双務」契約性を否定するはずの物権契約論者も，534条が地上権設定に適用されることには疑いを向けない[39]。規定の文言からみて自明である以上，その結論を疑う必要はなかったのであろう。

---

(37)　川名・前掲注(29) 142頁。

(38)　中島・前掲注(28) 493-494頁。

(39)　谷口ほか編・前掲注(5) 660頁（甲斐道太郎）は，534条が地上権設定契約についても適用され得ることについては「異論がない」という。

26　地上権設定契約の法的構成〔山城一真〕

　これに対して，地上権設定契約を「解除」することができるか否かは問題である。約定解除はともかく[40]，法定解除の可否については議論が少なくなかった。

　この問題につき，大判大正9年5月8日民録26輯636頁は，永小作権が設定された土地を造船作業のために使用した事案において，土地の使用態様を理由とする永小作権消滅請求の可能性を認めている。永小作権については賃貸借関連規定が準用される（273条）から，土地に「回復することのできない損害を生ずべき変更」（旧法にいう「永久ノ損害ヲ生スヘキ変更」。以下，「不可逆的損害」という）を加えた場合（271条）だけでなく，設定契約に定めた目的に反する土地の使用を行ったにすぎない場合にも，永小作権の消滅を請求することができる（616条・594条1項・541条）としたのである。

　(b)　地上権についても，これと同様に考えることはできないだろうか。それが可能であれば，地上権設定契約の解除が認められる根拠も一応は説明され得よう。しかし，賃貸借関連規定の準用が認められるのは，永小作権の場合には「永小作人の義務について」であるが（273条），地上権の場合には「地代について」（266条2項）である。したがって，規定の文言に従う限りでは，地上権者による用法義務違反を理由として地上権の消滅を請求することは困難であるようにみえる。

　それでは，大正9年大判のなかに，物権契約の解除を一般的に基礎づけるための論理を見いだす余地はないであろうか。その考察のためには，原判決との比較が有益である。

　原判決は，「目的以外ノ使用ハ永小作権設定契約解除ノ一因タリ得ヘキハ格別此使用ノ事実自体ヨリシテ直チニ永小作権ノ消滅ヲ来スヘキ法意ノ見ルヘキモノナ」しとした。債権契約としての永小作権設定契約の存在を前提に，それが解除されたからといって永小作権が直ちに消長を来すわけではないとみたのであろう。これに対して，大正9年大判は，永小作権設定契約の取扱いには何ら言及せず，あくまで273条の適用問題という枠組みに沿って永小作権消滅請求権が発生する場面を論定した。判決がいかなる根拠に基づいて永小作権消滅請求権の発生を正当化したかは必ずしも明らかではないが，少なくとも，「物

---

(40)　これを認めるものとして，末弘厳太郎『債権各論』（有斐閣，1918年）227頁，近藤英吉『改訂物権法論』（弘文堂，1937年）163頁を参照。

570

権契約の解除」なるものを一般的に承認したわけではないことは確かであろう[41]。

これに対して，原判決の論理に沿いつつまったく異なる議論を展開したのが，本判決の上告理由であった。そこでは，永小作権設定契約の解除と永小作権の消滅請求との区別は「無用」であり，「解除ノ意思表示ヲ為シ得ヘキ場合ニ於テハ又権利ノ消滅ヲ請求シ得ルモノト云ハサル可ラス」（傍点引用者）との主張が展開されている。これは，債権契約説を前提として，永小作権設定契約の解除は永小作権それ自体の消滅をもたらすとの理解を示したものといえるが，この論理に従う限り，地上権設定契約にはそもそも双務契約に関する規定が直接適用されなければならないだろう。その旨を説いたのが，薬師寺志光の評釈であった[42]。

薬師寺は，本判決が616条・594条1項の準用によって解除権を基礎づけることを批判して，制限物権設定契約には，目的の範囲外で制限物権を行使しない旨の合意が含まれており，この合意に基づいて当事者間に債権関係を生じるからこそ，制限物権設定契約には541条が適用されるのだと説く。つまり，本判決の帰結は債権契約説によって支持されるべきであり，そうである以上，契約総則の諸規定は，賃貸借関連規定の準用を俟たずとも当然に適用されると解するのである。

　(c)　以上のとおり，判例は，物権契約の解除を承認したわけではないと解されるのであるが，それにもかかわらず，物権契約論者には，契約総則の「準用」「類推」によって解除の可能性を認めるものが少なくない[43]。しかし，契約の成立に関する規定はともかく，契約の効力や解除に関する規定は双務契約を念頭に置いた規律なのだから，債権発生という効果を伴わない「物権契約」にもそれが適用されると解することには無理があろう[44]。結局，物権契約説による限り，契約総則規定の物権契約への準用は，法が定める限りにおいて認め

---

[41]　なお，本判決の担当裁判官（裁判長）は横田秀雄であったようであるが（法律新聞1715号21頁を参照），その論旨は，前述の横田説とは必ずしも一致しないようにみえる。

[42]　薬師寺志光「判批」志林23巻2号（1921年）85頁，特に91頁以下。

[43]　近藤・前掲注[40]156頁，末川博『契約法　上巻』（岩波書店，1958年）4頁，谷口ほか編・前掲注[5]17頁（谷口知平＝五十嵐清）。

[44]　解除に関する規定の物権契約に対する適用を否定する議論として，石坂音四郎「契約解除ノ物権的効力ト物権契約ノ解除」新法25巻10号（1915年）93頁を参照。

26 地上権設定契約の法的構成〔山城一真〕

られるにすぎず，しかも，その理論的根拠は見出し難いといわざるを得ない。

Ⅲ　解釈論的帰結

地上権設定契約の法的性質を論じることは，個々の解釈問題の解決に役立つであろうか。以下では，地上権の設定段階（1），地上権の存続中（2～4），そして，各当事者の地位を移転する際（5）に生じる問題につき，債権契約説の帰結の解明に重きを置いて各説の帰結を整理する。

なお，以下の検討は，地代を伴う地上権設定契約を主として念頭において進める。また，具体例を掲げる際には，地上権者をX，地上権設定者をY，第三者をZとする符号を用いる。

1　権利の設定

地上権の設定に関して生じる問題として，二つの具体例を検討しよう。

第一に，Yが，Xのために，Ż所有の土地に地上権を設定する旨の契約は，有効か。

物権契約説の特徴は，一般に，「地上権設定契約は，処分権限がある者によってでなければ有効に締結されない」という命題を承認するところに見出される。これに対して，債権契約説からは，処分権限を有しない者がした地上権設定契約は，他人物売買に準じて扱えば足りることとなる。すなわち，契約としては有効であるが，財産権移転の効力を生じないゆえに，地上権設定義務違反を理由とする債務不履行責任が生じる（新561条，415条）。また，後に処分権を取得すれば，当然に地上権設定の効果を生じることとなろう(45)。

第二に，Yが，Xのために，自己所有の土地に地上権を設定した後，その登記をしないうちにZに対して所有権を譲渡して登記を経由したとき，Yは，Xに対してどのような責任を負うか。

債権契約説からは，端的に，地上権設定義務違反を理由とする債務不履行責任（新560条，415条）が問題となる(46)。これに対して，物権契約説からは，債務不履行は問題となり得ないはずだから，地上権侵害を理由とする不法行為責

---

(45)　以上については，抵当権設定契約に関する道垣内・前掲注(2) 32頁以下の分析を参照。

　　　　　　　　　　　　　　　　　　　　　　　　Ⅲ　解釈論的帰結

任（709 条）を追及すべきこととなろう[47]。もっとも，損害賠償に関する限り
は，いずれの見解によっても，具体的な帰結には差異を生じないかもしれない。

2　土地の使用

　土地の使用をめぐる法律関係は，地上権設定者が「貸す義務」を負うか
（(1)），地上権者が用法遵守義務を負うか（(2)）という二つの側面から問題とな
る。

(1)　地上権設定者の「貸す」義務

　(a)　まず，各説の理路を確認する。物権契約説による限り，地上権設定者が
「貸す義務」を負わないことに疑いはない。これに対して，債権契約説におい
ては，地上権設定者の「貸す義務」を観念する余地がある。ただし，「貸す」
という給付をどのように概念規定するか，つまり，①地上権設定時に目的に
従った物を提供する行為，②地上権存続中に目的物を使用させ続ける行為のい
ずれをその内容とみるかは，問題である（便宜上，①を「貸す義務Ⅰ」，②を
「貸す義務Ⅱ」という）。

　(b)　その検討にあたっては，地上権設定を目的とする債権契約の法的性質を
出発点とすべきであろう。この点につき，横田秀雄は，一時金を対価とする場
合は売買，定期金を対価とする場合は賃貸借と説いていた（前述，Ⅱ1(3)）。し
かし，典型契約を類別する際の指標としては，金銭給付ではなく，むしろその
対価たる給付に着目すべきであろう[48]。そうすると，地上権設定契約の法的性
質は，設定者がする「地上権設定」という給付の性質を「権利の移転」と「物

---

[46]　大江忠『要件事実民法(2) 物権〔第 3 版〕』（第一法規，2005 年）251 頁は，「地上権設
　　定契約に基づく債権的請求権としての地上権設定登記請求権」の発生を認める（ただし，
　　同書第 4 版（2015 年）の対応部分（423 頁）の説明からは，傍点部が削除されている）。

[47]　明治期には，不法行為の成立を否定した裁判例がある（大阪控訴院裁判年月日不詳新
　　聞 540 号 16 頁）。その理由として説かれるのは，①所有者は，地上権の負担を負う場合
　　であっても，地上権の目的たる不動産の所有権の譲渡を禁じられるわけではないこと，
　　②所有者が不動産の所有権を譲渡したために地上権を対抗することができなくなったこ
　　とによって生じる損害は，地上権者の登記懈怠によって生じたものであることの二点で
　　ある。しかし，②は首肯し難いであろう（判決に対する批判として，戸口佐太郎「判批」
　　新聞 549 号〔1909 年〕4 頁）。

[48]　本稿では詳論することができないが，さしあたり，v. M.-É. ANCEL, *La prestation
　　caractéristique du contrat*, Economica, 2002, préf. L. AYNÈS, n° 152 s., p. 106 s.

573

26 地上権設定契約の法的構成〔山城一真〕

の利用の供与」のいずれとみるかに応じて，売買または賃貸借のいずれかでしかあり得ないことになるが[49]，この見地からは，地上権設定は，それによって物権変動 ── 広義における「財産権の移転」── を生じさせる点で，売買の特徴を備えるといえる。つまり，地上権設定契約は，地代の支払形態いかんにかかわらず，常に一種の売買とみることが適切であると考えられる。

以上の理解に対しては，①期間の定めがない場合には金銭給付の総量が定まらないため，代金不確定の売買の成立を認めることになってしまう，②地上権設定契約においては，売買とは違って目的物の返還が予定されている，といった疑念が予想される。しかし，終身定期金形式での売買契約が認められることからすれば，①が売買という法性決定の妨げとなるわけではないだろう。②については，後に(4)で論じる。

以上によると，「売主」たる地上権設定者が負う義務は，地上権という権利の供与とともに，契約に適合する状態で目的物を引き渡すこと（貸す義務Ⅰ）を基本的な内容とするといえる。したがって，地上権の目的たる土地が設定契約において定められた用途に適合しないときは，地上権設定者には，契約不適合に基づく債務不履行責任が生じることとなる（新562条以下）。

(c)　さらに進んで，地上権設定者は，使用可能な状態の物の提供し続ける義務（貸す義務Ⅱ）を負うだろうか[50]。この義務は，YがXに対して地上権を設定した後に，その目的たる土地の地盤が自然災害で崩落したような場合に問題となる。先述のとおり，起草者は，このような場合には，土地が滅失すれば地上権も消滅し，それに伴って地代支払義務は当然に消滅するとみていたが（前述，Ⅱ1(1)・(3)），この解決を地上権と地代との牽連関係によって基礎づけるためには，二つの構成が考えられよう。

一つは，物権の客体が失われ，地上権それ自体が消滅する結果，その反対給付である地代支払義務も消滅するという構成である。起草者は，このように考えたとみられる。しかし，地上権の目的たる「土地」とは，幾何学的平面とし

---

[49]　以上に対し，無償の地上権設定は贈与とみてよいだろう。我妻栄『債権各論 中巻一（民法講義 V2)』（岩波書店，1957年）223頁をも参照。

[50]　債権契約説による限り，特約があれば「貸す義務」を負うと解してよいだろう（大判明治37年11月2日民録10輯389頁を参照）。なお，学説には，606条1項の類推により，地代の支払を伴う場合には土地所有者に修繕義務を課すべきだと説くものがある（石田穣『物権法』（信山社，2008年）438頁）。

ての地表ではなく，その上下に及ぶ空間（207条を参照）であると解するなら
ば，地盤それ自体が崩落したとしても，地上権の客体が当然に滅失したとはい
えないように思われる[51]。

そうすると，いま一つの構成として，地上権設定者のなすべき給付は，地上
権設定後も使用可能な状態を維持すること（貸す義務Ⅱ）に及んでおり，その
履行不能に伴って反対給付たる地代支払義務も消滅するとすることが考えられ
よう。しかし，そのような解決を支持し得るかは疑問である。起草者が534条
の適用を認めたように，ここでの問題を契約一般に関する規定の適用によって
解決するならば，売買契約によって所有権が移転された場合と同じく，引渡し
後に目的物が滅失したときは，買主たる者が対価危険を負うと解するのが論理
的であろう（新567条）。このように，土地の使用不能に関するリスクを地上
権者に負担させることは，地上権者が排他的に土地の使用権限を有することと
も整合的である。

以上のとおり，地上権設定者は，貸す義務Ⅱは負わないと解すべきであろう。
したがって，地上権の目的たる土地の地盤が自然災害で崩落したような場合に
も，地代支払義務が当然に消滅すると解すべきではなく，目的物の「滅失」に
かかる問題は，不可抗力による収益不能・減収に関する規律（275条・266条1
項）によって解決されるものと考える（後述，3(3)）。

(2) 地上権者の用法遵守義務

地上権の目的たる不動産の用法に関しては，二つの問題が考えられる。

(a) 第一に，土地に不可逆的損害を加えた場合の取扱いである。永小作権
（271条を参照）とは異なり，地上権についてはこれを禁じる規定はない[52]。し
かし，用益物権者は，その性質上，物を処分する権限を有しないのだから，用
益物権者が物の本質的部分を害してはならないとの原則は，すべての用益物権
に共通する内在的制約だというべきであろう[53]。

---

[51] この場合にも所有権が消滅するとは解し難いこと（207条を参照），区分地上権（269
条の2）が認められていることも，本文に述べた解決を支持する理由となろうか（地上
権の「空間法」的把握につき，篠塚昭次『論争民法学3』（成文堂，1971年）175頁以
下を参照）。ただし，土地が海没した場合のように，私権の客体たる性格を失った場合
の問題はなお残る。

[52] 地上権の行使は，土地そのものに対する変更を伴うことが少ないからであろう。遊佐
慶夫『新訂民法概論 物権篇』（有斐閣，1935年）286頁の指摘を参照。

26 地上権設定契約の法的構成〔山城一真〕

それでは，地上権者がこれに違反した場合には，どのようなサンクションが課されるだろうか。多数の学説は，271 条違反の効果として永小作権消滅請求権が発生することを認める。これは，永小作権に内在する権利の限界を超えた使用に対するサンクションなのだから，その法的性質は，設定者が有する一種の物権的請求権だとみることができるであろう[54]。そうすると，この場合の地上権消滅請求は，物権契約説によっても基礎づけることができると考えられる[55]。

　(b)　第二に，不可逆的損害を生じさせるに至らないまでも，設定契約で定めた目的に反する使用がなされた場合はどうか。大正 9 年大判は，この場合にも永小作権消滅請求の余地を認めたものであったが，その根拠が物権契約説によっては支持し難いものであったことは，既に述べたとおりである[56]（Ⅱ 2(2)(b)）。

　かりに物権契約説を前提として用法違反に基づく地上権消滅請求を承認するならば，物権的請求権の論理によらなければならず，そのためには，たとえば次のような理由づけが成り立たなければならないはずである。地上権は，常に一定の「目的」を伴うから[57]，物権としての権能もこの目的の範囲に限定される。そうであれば，用法違反の使用は，もはや地上権の行使とはいえず，所有権に対する違法な侵害となる。地上権の範囲を超える土地の使用を不可逆的損害を生じさせる変更と同列に扱う学説も[58]，このような理解によるものであろ

---

[53]　梅は，地上権についても，「土地ヲ破壊スルコトハ出来ヌガ破壊シナイ限リハ勝手ニ使用スルコトガ出来ル」と説いていた（法典調査会（前掲注(10)）169 頁）。さらに，西川一男「地上権者ト土地ニ加フル永久ノ損害」新報 21 巻 7 号（1911 年）87 頁が本文と同旨を説く。今日の学説として，我妻栄（有泉亨補訂）『新訂物権法（民法講義Ⅱ）』（岩波書店，1985 年）360 頁をも参照。

[54]　西川・前掲注[53] 88 頁は，土地に永久の損害を生ずべき変更を加えることは「地主ノ権利ヲ侵害スル」という。これに対して，川島武宜＝川井健編『新版注釈民法(7) 物権(2)』（有斐閣，2007 年）919 頁（高橋寿一）は，永小作権消滅請求の根拠を 541 条に求める。

[55]　なお，債権契約説からは，物権的請求権の効果として地上権設定契約も終了すると解すべきことになろう。

[56]　大阪高判昭和 60 年 6 月 25 日判時 1171 号 79 頁は，特に根拠を示すことなく永小作権設定契約の解除を認めたものであるが，本文に述べた疑義は，本判決にも妥当し得よう。

[57]　265 条の文言からは明らかではないが，不動産登記法が地上権の目的を必要的登記事項としているため，実体法においても，地上権設定契約は目的の定めを要素とすると説かれる（山野目章夫『不動産登記法〔増補版〕』〔商事法務，2014 年〕394 頁）。

う。さらに,「地上権の濫用」による基礎づけを図る学説も[59],これに類するものとして位置づけられるかもしれない。

しかし,用法違反と不可逆的損害とは別個の事態であるから,用法違反を271条の延長において取り扱うことには疑問がある。というのは,こうである。「回復することのできない損害」とは,「容易ニ原形ニ服スルコト能ハサラシムルカ如キ」変更をいう趣旨だとされる[60]。しかるに,地上権の目的は細密に特定して定められ得るから[61],単なる用法違反によってはそのような変更がもたらされないこともある。そのような場合への対応までも271条と同じ性格の問題とみるとすれば,「物権ノ如キ強力ナ権利ヲ一方的ナ意思表示ニ依リテ任意ニ消滅セシメ得ルト云フヨウナ重大ナ事項ハ明文ナクシテ妄リニ之ヲ認メル訳ニハ行カナイ[62]」との批判を免れないように思われる[63]。

3 地 代

地代の支払をめぐる地上権設定契約当事者間の法律関係は,地代支払請求権がどのようにして発生・存続するか((1)),地代の支払を怠ったときにどのようなサンクションが課されるか((2))という二つの面から問題となる。併せて,不可抗力による収益不能・減収を理由とする放棄の規律も,ここで検討しよう((3))。

(1) 地代支払請求権の発生・存続

地上権の「対価」としての地代請求権が一種の債権であることは,一致して

---

[58] 富井政章『民法原論 第二巻 物権』(有斐閣,1923年)217頁,舟橋諄一『物権法』(有斐閣,1960年)423頁。大正9年判決を「永久ノ損害ヲ生スヘキ」変更を理由とする消滅請求と並べて扱う論者(たとえば,我妻(有泉補訂)・前掲注[53]382頁)も,このような見方を前提とするものであろう。これに対して,稲本・前掲注(1)366頁は,大正9年判決を引用しつつ,永小作権については賃貸借契約に関する規定の準用によって「永小作人に契約不履行の責任が生じる」可能性があることを認め,「これは,永小作権と地上権の法的性質がはっきりと異なる点の一つである」という。

[59] 中島・前掲注[28]487頁。

[60] 梅謙次郎『民法要義 巻之二 物権編』(有斐閣(復刊),1985年)247頁。

[61] 地上権の目的の特定方法につき,東海林邦彦「地上権の登記とその対抗力の範囲」幾代通ほか編『不動産登記講座Ⅲ』(日本評論社,1978年)87頁以下を参照。

[62] 薬師寺・前掲注[42]89頁。

[63] なお,富井・前掲注[58]230-231頁は,以上とは逆に,永小作権設定の目的の範囲内であったとしても,土地に不可逆的損害を生じさせることがあり得ると指摘する。

認められている。問題は，その発生原因をどのように構成するかである。

物権契約説からは，地代の発生原因は，地上権設定契約とは独立の「地代契約」だと解されるのが通例である[64]。ところで，この地代契約は，契約それ自体のなかには地代支払に対する反対給付を有しないはずだから，その法的性質は双務・有償契約とは解され得ないであろう。そうすると，一つの筋道としては，目的物たる土地が滅失したとしても，地代支払義務者（＝地上権者）は，解除条件等の付款が存しない限り，534条1項を援用するまでもなく地代の支払を免れないこととなりそうである。

これに対して，債権契約説からは，地代は，地上権設定を目的とする売買契約における代金とみることができる。したがって，地上権設定後にその目的たる土地が「滅失」したときは，その帰趨は，対価危険に関する一般原則に従って決せられることとなる。すなわち，引渡し前に土地が滅失したときは，地上権設定契約を解除することによって地代支払義務を免れることができるのに対して，引渡し後，両当事者の責めに帰することができない事由によって土地が滅失したときは，地上権設定契約の解除はもはや問題とならず（新567条を参照），不可抗力による収益不能・減収の問題として解決されることとなろう（前述，2(1)，後述，(3)）。

(2) 地代支払義務違反の効果

地代支払義務違反の効果について，民法は，地上権設定者に対して，地代不払を理由とする地上権消滅請求を認めている（266条1項・276条）。

(a) 物権契約説からは，この規定は，物権の消滅をもたらす特殊な権利を創設したものとみることになろう。そのような権利が認められる実質的な根拠は，予定された地代を得ずに地上権の負担を甘受させることの不当性に認めることができる。しかし，既述のとおり，これを地代と地上権との対価関係によって説明することはできないであろうから，276条の法的性質を「一種の解除ないし告知」とする説明は[65]，単なる比喩的措辞と解されなければならない。

(b) これに対して，債権契約説からは，地上権設定契約の解除（541条）が可能であることを前提として（前述，Ⅱ2(2)(b)），それと地上権消滅請求との関係が問われることとなる。具体的には，276条の定める要件によらずに——た

(64) 先にみた中島説のほか，田島順『物権法』（弘文堂，1935年）210頁をも参照。

(65) 我妻（有泉補訂）・前掲注(53)381頁。

とえば，1年の地代不払によって──地上権設定契約を解除することができるかどうかが問題となるが，この点につき，梅が同条を「契約の解除」に関する規定とみて，これによって解除の通則の適用が排除されると説いていたことは，既に述べたとおりである（前述，Ⅱ 1 ⑵）。

もっとも，厳密にいえば，276条は「契約の解除」のみに関わる規定ではない。遺贈によって地上権が設定され，その負担として地代の支払が義務づけられたような場合にも，地代不払による地上権消滅請求の可否は問題となり得るからである[66]。そうすると，276条は，設定契約の解除とは別に，地上権消滅請求そのものを認めた独自の規定とみるのが論理的であろう。

とはいえ，地上権消滅請求権が解除権とは異なる権利だとしても，そのことから直ちに，両者の選択的行使が可能であると結論づけることはできない。276条の規範目的を顧慮して541条の適用を制限することは，あり得るからである。先述した起草者の構想に加えて，学説上，本条を強行法規とみて，一度の地代不払によって契約を解除することができるとする特約を無効とする見解が多数を占めることにかんがみると[67]，276条の目的論的解釈により，地代不払に関する限りは541条の適用は排除されるとする解決が，現行法には合致するといえよう[68]。

⑶ 不可抗力による収益不能・減収を理由とする放棄

民法は，不可抗力によって小作人の収益が減少した場合についても規律を設けている（274条）。この場合に関する起草者の基本的な理解は，増収による利益をすべて小作人が取得する以上，減収による損失も小作人に帰するべきだというものであった（先述，Ⅱ 1 ⑵⒝）。ただし，例外的に，3年以上の収益不能，5年以上の減収が生じたときは，小作人は，地上権・永小作権を放棄すること

---

[66] 負担付遺贈については，双務契約に関する規定の準用は認められないから（553条を参照），地代の不払を理由とする「解除」（541条）の余地はなかろう。

[67] 我妻（有泉補訂）・前掲注53 381頁および同所引の学説を参照（同所に引用されない見解としては，横田・前掲注26 435頁をも参照）。

[68] 立法論としていえば，解除に関する規定の適用を排除することの合理性には疑問もある。不払期間として想定されている「2年」の期間は，その期間自体が当時の慣行によって定められたものであるうえ，地代が年金形式で支払われることを前提とする。今日の法状況からすれば，信頼関係破壊の法理が適用され得ることを前提として，地代不払の取扱いも解除一般の規律に服するとすれば足りるように思われる。

によって，地代・小作料の支払義務を免れることができる（266条・275条）。

以上の規律は，ある種の事情変更を理由として自己の負担を免れるための要件・効果を法定したものとみることができるが，地上権・永小作権について，事情変更の原則一般とは区別して特にこの種の規定を設けることには，次のような意味があると考えられる。先述のとおり，地上権設定契約を一種の売買契約とみて，地上権設定者は使用可能な状態を維持し続ける義務（貸す義務II）を負わないと解するならば（前述，2(1)(c)），地上権者は，現に地上権の設定を受け，土地の引渡しを受けた以上，地上権設定契約から得られる利益を完全に取得したこととなり，その後にいかなる事情が生じたとしても，地上権設定契約を解除する余地はもはやないと解するのが論理的である。しかし，地上権者が地代の支払を約する目的は，単に名目としての地上権を取得することにではなく，地上権に基づく土地の使用を継続し得ることに向けられているのだから，長期間の使用不能が生じたときは，地上権者に契約からの離脱し得るものとすることが契約の趣旨に合致する。上記の規定は，このように，給付結果を獲得した後に生じる事情変更を理由として自らの債務からの解放を認める点において，特殊な場面を扱ったものとみることができる。

4 目的物返還義務

地上権設定契約において定めた期間が経過したときは，地上権者は，目的物たる土地を返還する義務を負う（269条を参照）。その法的根拠は，物権契約説からは，所有権に基づく返還請求権と説明されることになろう。

債権契約説からは，さらに債権的返還請求権が発生するか否かが問題となる。地上権設定契約が売買＝財産権移転型の契約だという以上，物の「返還」は，地上権設定契約によっては予定されていないかにみえる。しかし，移転の対象となるのは「財産権」であって「目的物」ではないのだから，そのように速断することはできないであろう。所有権移転の場合とは異なり，用益物権設定の場合には，物権が消滅したときに目的物を返還すべきことは，契約の性質からして当然に予定されるところである。したがって，地上権が消滅した場合には，地上権設定契約からも，その目的物を返還し，原状に復する義務が生じると解してよいであろう[69][70]。

5 権利・義務の承継

従来，地代支払義務の法的性質は，地上権の当事者関係が変更した場合における地代支払請求権の第三者への対抗可能性をめぐって論じられてきた。現在の学説は，結論としては，不登法 78 条による登記を具備したときに，それらの事項を第三者に対抗することができると解する。同条が掲げる登記事項のうち，①必要的登記事項は「地上権の目的」（同条 1 号）のみであり，②その余はすべて任意的登記事項であるが[71]，第三者への対抗が問題となる特約事項としては，そのほか，③登記することができない事項の取扱いも問題となる。以下では，②と③を採り上げる[72]。

(1) 任意的登記事項 —— 特に地代支払義務

Y が X に対して地上権を設定し，X が Y に対して地代を支払うことを約した場合において，X が Z に対して地上権を譲渡したとき，Y は，Z に対して地代の支払を求めることができるだろうか。

(a) 否定説は，地代は債権であって地上権の内容とはならず，譲受人に対して地代の支払を求めることはできないとする。富井説に代表されるが[73]，今日の学説には，そのままのかたちでこれを支持するものはみられない。

(b) 承継を肯定する見解は，子細にみるとさらにいくつかに分かれる。

第一に，物に従う債務（*obligatio propter rem*）の観念によって説明するものがある。梅がこの旨を説いて地代支払義務の承継を肯定しており[74]，明治期の

---

[69] 債権的返還請求権の発生を認める見解として，薬師寺・前掲注[42] 86 頁を参照。

[70] 以上の理解は，目的物の物理的使用について地上権設定者の「貸す義務Ⅱ」を否定することと矛盾するようにみえるかもしれない。しかし，貸す義務と返還義務との間には，次のような相違がある。貸す義務は，地代支払の対価となる点で，地上権設定契約の有償性の基礎をなす。この点について，現行法における一般的な理解は，目的物の使用は地上権者の自由に委ね，地上権者は何らの負担も負わないとしてきた。つまり，地上権設定契約の対価構造は，貸す義務を負わないことによって特徴づけられる。これに対して，返還関係は，有償性の基礎とはならない（新 593 条と 601 条とを対照）。むしろ，それは，他人の物の一時的な占有移転を伴う契約において，占有権原の消滅に伴って定型的・必然的に生じる関係だといえる。

[71] 山野目・前掲注[57] 396 頁。

[72] ①の登記がなければ，地上権それ自体が対抗要件を欠くこととなる（不登法 25 条 5 号を参照）から，ここで採り上げる必要はない。

[73] 富井・前掲注[58] 209 頁。

[74] 梅・前掲注[60] 227 頁。

26 地上権設定契約の法的構成〔山城一真〕

大審院判例にも，地代支払義務の承継を肯定する際にこの論理を採用したかに
みえるものがある[75]。

第二に，地代支払義務は「地上権の内容」となるとする見解がある[76]。この
ような説明は，永小作権が小作料の支払をその要素とすることとの対比によっ
て，地代支払義務の承継を基礎づけるものとみられる。

第三に，地代支払義務は，地上権の内容とはならないけれども，これと「結
合する」ことによって第三者にも承継されるようになると説く見解がある。前
述の中島説のほか，「地代債権は土地所有権に従属し，地代債務は地上権に結
合し，それぞれ結合して一個の法律的地位を構成する」とする説明が，その典
型である[77]。そのうえで，この見解は，登記の具備によって結合を生じ，ある
いは，結合を対抗することができるようになると説くのが通例である。

以上の三説は，横並びに比較することができる議論ではない。第一の説明は，
地代支払義務の承継という現象を記述するにとどまるのに対し，第二および第
三の説明は，そうした現象を基礎づけるものだからである。もっとも，後二者
の説明によって示される根拠も必ずしも論理的ではなく，特に第三説について
いえば，登記の有無によって結論を定めたうえで，これをいわば後付け的に
「結合」の論理によって説明しているようにもみえる。

(c) 以上に対して，債権契約としての地上権設定契約を観念するならば，地
代支払義務の承継の問題は，地上権の譲渡に伴って地上権設定契約上の地位の
移転を生じるかという観点からも論じることができる。このような理解は，地
上権の任意的登記事項についての登記はないものの，借地借家法 10 条所定の
借地権の対抗要件が備わっている場合に，後者を根拠として，登記されていな
い取決めを第三者に対抗することができるかという解釈問題についても一定の
示唆を与える。

学説には，この場合に登記されていない取決めの対抗を認めないとすれば，
賃借権が譲渡された場合に賃貸人たる地位の移転が生じることと不均衡である

---

(75) 大判明治 39 年 7 月 5 日民録 12 輯 1074 頁は，「地代ノ支払ハ地上権者ノ義務之レガ収
　　受ハ土地所有権者ノ権利タルモノナレバ特ニ之ヲ変更セザル限リハ地上権ニ従属シ之レ
　　ト運命ヲ共ニスベキ性質ノモノナリ」という。

(76) 山下・前掲注(31) 589 頁。広中俊雄『物権法〔第 2 版増補〕』(青林書院，1987 年) 456 頁，
　　稲本・前掲注(1) 353 頁も同旨か。

(77) 我妻 (有泉補訂)・前掲注(53) 374 頁。

582

として，借地借家法 10 条が適用される限り，登記されていない地代支払義務の承継が認められるべきだと説くものがある[78]。しかし，両者の相違を「不均衡」といえるかは疑問である。上記学説は，地上権と結合した法的地位の対抗の問題として地代支払義務の帰趨を論じるが，そうである以上，その対抗の可否は，物権の対抗の規律によって決せられるべきであろう。これに対して，賃貸借契約の対抗が認められる場合に地代支払義務の承継が認められるのは，契約上の地位の移転が生じることの帰結である。このように，対抗される権利関係の相違が法的取扱いの相違をもたらしているのだとすれば，これを単なる「不均衡」といって批判することはできないはずである[79]。

　これに対して，地上権設定契約の承継という構成を採るならば，賃借権であれ，地上権であれ，土地利用権の設定を目的とする契約の承継が問題とされるのであるから，二つの場面で解決の内容が異なるとすれば，それはまさに「不均衡」である。地上権設定契約上の地位の承継が生じるのであれば，これに基づいて発生する地代支払義務を第三者が承継することは，当然の帰結であろう。また，契約上の地位の移転の対抗要件は，登記に限定される必要もない。当事者間に承継の合意がある場合はもちろん，借地借家法上の対抗要件も含めて，登記以外の一定の要件を具備することで契約上の地位の移転が生じると解することは可能であろう[80]（新 605 条の 2，605 条の 3 を参照）。

(2) 非登記事項

　以上からすれば，非登記事項であっても，それが地上権設定契約の内容となっている限りは，第三者への対抗を認める余地があると考えられる。たとえば，「地代の値上げをしない」等の特約にも，第三者が契約当事者たる地位を承継する限りにおいては対抗可能性を認める余地があろう[81]。このように解す

---

(78)　川島武宜編『注釈民法(7) 物権(2)』（有斐閣，1968 年）421 頁（鈴木禄弥）を嚆矢とする。根拠はいささか異なるが，我妻（有泉補訂）・前掲注(52) 375 頁も同旨を説く。

(79)　地上権の任意的登記事項につき，借地借家法 10 条の要件充足による対抗を否定する山野目・前掲注(56) 400-401 頁をも参照。

(80)　川島ほか編・前掲注(78) 421 頁（鈴木禄弥）が，「地上権譲受人は原則として地上権に付着する地代支払義務の存在を予想しているというべきだから，たとえ地代についての登記がなくともこの義務をも当然に承継する」と説くことも（川島＝川井編・前掲注(54) 880 頁においても同旨），契約上の地位の承継によって正当化され得よう。

(81)　大判明治 40 年 3 月 12 日民録 13 輯 272 頁は，地上権につき，その種の特約は登記がなければ第三者に対して主張することができないという。

ることは，賃借権が承継される場合に，特約事項もまた原則として承継されると解されてきたこととも平仄が合う[82]。また，設定契約の承継と構成することによって，しばしば指摘される「物権法定主義との抵触」の疑義を避けることもできるだろう[83]。

6 小 括

以上，債権契約説からの帰結を探ることに重点を置いて，地上権設定契約の法的性質に関わる議論を整理してきた。その内容を再確認しておこう。

債権契約説からは，地代の支払を伴う地上権設定契約は一種の売買契約とされ，その取扱いは次のようになると考える。

第一に，地上権設定者は，①地上権を設定する義務（新560条・561条），②契約に適合する性質を備えた土地を引き渡す義務を負う（新562条）。①の帰結として，他人物に地上権を設定した場合，第三者への所有権譲渡によって地上権の設定が不能になった場合等には，債務不履行責任を負う余地がある。また，②の反面，別段の定めがない限り，地上権者による土地の利用が可能な状態を維持する債務は負わない。

第二に，地上権者は，①用法遵守義務，②地代支払義務，③終了時の目的物返還義務を負う。①の帰結として，土地に「回復することのできない損害」を生じさせる（271条を参照）程度の使用行為を行った場合でなくても，用法違反を理由として地上権設定契約を解除されることがある（541条）。これに対して，②については，地代不払は，276条の要件を満たさない限り，地上権設定契約の解除原因とはならない。

そして，第三に，地上権者が変更した場合において，新地上権者が地代支払

---

[82] 最判昭和39年6月26日民集18巻5号968頁は，賃貸人の地位の承継によって「従前の賃貸借の内容をそのまま承継する」という一般論を示したうえで，賃料を取立債務とする旨の約定の効力も承継されるという。

[83] 鎌田薫ほか「不動産法セミナー⑩ 登記による公示内容とその意義（下）」ジュリ1303号（2005年）127頁において，安永正昭教授は，物権法定主義を理由に，物権である地上権においては，賃借権とは違って，対抗することができる特約の内容は限定されなければならないと指摘される。しかし，——そもそも物権法定主義からこのような帰結が導かれるのかという疑問は措いても——対抗の対象となるのが地上権設定契約であるとすれば，このような区別をする理由は失われよう。

義務を承継するという帰結は，地上権設定契約上の地位の承継の効果としても正当化することができる。

Ⅳ　結びに代えて —— 残された課題

残された課題を二つ示すことで，本稿の結びに代えたい。

1　法的構成の課題

以上に示した地上権設定契約の法的構成は，実験的な提言の域を出るものではなく，細部の検討を必要とする。しかし，少なくとも，冒頭に述べた意味での物権契約説が地上権設定契約の規律として適切であるかについては，疑問が生じよう。それは，起草過程における理解に即したものでもなければ，民法上の各種規定を適切に捉え得るものでもない。

こうした疑問は，地上権設定の原因として，債権契約を伴わない物権契約なるものを観念することへの疑義を生じさせる。物権契約説は，地上権の設定を，所有権の移転とは異なる法的構成によって把握する。しかし，両者において物権変動の仕組みが異なると解する必然的な理由は，必ずしも明らかではない。また，物権契約説を前提とする叙述においては，「抵当権・地上権等の設定，消費貸借の締結もしくは手付のための金銭の交付，既存の債務の弁済のための金銭その他の物の給付などのように，債権の発生を目的とする契約の存在しない場合」には，「物権の設定または移転だけを目的とする法律行為」が存在するなどと説かれるけれども[84]，そもそも「物権契約」という観念によってこれらを統一的に捉えられるかという疑問も残る。結局，問題の根源は，「物権契約」という概念規定の適否にあるといえよう。

2　立法論の課題

地上権の設定には債権契約が伴うとすれば，立法論としては，266条（それによって準用される規定）のように，地上権という物権そのものではなく，地上権設定契約の効力を定めたとみることができる規律は，債権法に委ねる余地

---

[84]　我妻（有泉補訂）・前掲注(53) 58頁。

26 地上権設定契約の法的構成〔山城一真〕

もあるかもしれない。従前の立法論においても疑問を向けられなかった点ではあるが[85]，たとえば，2年未満の地代不払が解除原因となり得ないのはなぜか，地代の水準に著しい変動が生じたときにも地代の増減額を求めることができないのはなぜかといった点については[86]，「地上権は物権である」という以上に，他の契約 —— とりわけ建物所有目的の土地賃貸借契約 —— と取扱いを異にする理由が検証されるべきであろう。

---

[85] たとえば，民法改正研究会編『民法改正 国民・法曹・学界有志案』（日本評論社，2009年）153頁以下を参照。

[86] なお，債権法改正においては，賃貸借契約の減収による賃料減額請求権・解除権（609条および610条）の削除が提案された（要綱仮案第33・9）が，その理由は，賃料額が経済事情の変動により不相当となったことや近傍類似の土地の賃料に比較して不相当となったこと等を考慮しない（農地法20条，借地借家法11条を参照）点で不合理だというものであった。同じことは，地上権についても妥当しよう。

27 入会権をめぐる訴訟の形態について

古積健三郎

I　はじめに

　1　入会権を対外的に，すなわち入会集団の構成員以外の者に対して主張する訴えを提起する場合に，判例は，入会権が入会集団の構成員全員に総有的に帰属するという理由から，その確認訴訟は構成員全員による固有必要的共同訴訟になるという立場をとった[1]。しかし，これを前提にすると，集団の構成員の一人でも訴えに同調しない場合には，事実上訴えによって入会権を対外的に主張することが不可能となりかねず，その不合理が学説によって指摘されてから久しくなっている[2]。

　もっとも，判例も，このような弊害を回避する方法をいくつか示してきた。一つは，各構成員も入会地上に使用収益権を有しているとして，かかる使用収益権に基づく請求権を対外的に訴訟で主張することは許されるという理論である[3]。しかし，これによると，入会権の管理処分権にかかわるとされる請求については，なお全員が原告とならなければならない。その後，判例は，入会団体が権利能力なき社団に当たる場合には，団体自体が当事者となりその代表者

---

(1)　最二小判昭和 41 年 11 月 25 日（民集 20 巻 9 号 1921 頁）。

(2)　福永有利「判例批評」民商法雑誌 56 巻 6 号（1967 年）983 頁以下，988 頁，星野英一＝五十部豊久「判例批評」法学協会雑誌 84 巻 11 号（1967 年）1579 頁，川島武宜＝潮見俊隆＝渡辺洋三編『入会権の解体III』（岩波書店，1968 年）542 頁［川島武宜＝中尾英俊］，新堂幸司「民事訴訟法理論はだれのためにあるか」（初出，1968 年）同『民事訴訟制度の役割』（有斐閣，1993 年）1 頁以下，41 頁，小島武司「共同所有をめぐる紛争とその集団的処理」ジュリスト 500 号（1972 年）328 頁以下，331 頁参照。

(3)　最一小判昭和 57 年 7 月 1 日（民集 36 巻 6 号 891 頁）。

『21世紀民事法学の挑戦』加藤雅信先生古稀記念〔信山社，2018 年 3 月〕

が訴訟を追行することが許されるという理論を展開した[4]。けれども，判例は，この方法をとる場合でも，代表者が適法に訴訟を追行するための要件として構成員による授権を必要としているため，入会権の処分が全員の同意を要するという前提をとる以上，かかる授権はやはり構成員全員の同意に基づくものでなければならないとすれば，結局，構成員のうち一人でも授権に応じない者が出てくると，代表者による訴えも不可能となりかねない[5]。

このような状況において，最高裁は，入会集団の構成員のうち訴えに同調しない者がいる場合には，これらを被告とすることによって対外的に入会権の確認訴訟を提起することができるという判断を下した[6]。しかし，この方式が認められたのはあくまで入会権の確認訴訟であり，たとえば，入会権に基づく妨害排除請求として第三者に対し登記の抹消等を求める給付訴訟においては，このような方式が認められるのかは定かでない[7]。また，訴えに同調しない構成員を被告とする方法に関しては，はたして訴えに同調しないだけで当該構成員に対する入会権の確認の利益が認められるのか等，理論的に様々な疑問が投げかけられている[8]。

以上のように，入会団体自体が原告となる場合も，各構成員が原告となる場合も，訴えに同調しない構成員の存在によって入会権に関する法的救済の途が閉ざされるという問題は，なお解消されたとはいえない。他方で，判例のように，入会団体が当事者となる訴訟形態を容認する場合には，これと個々の構成員が提起する訴訟との関係を検討する必要も出てこよう。

2　筆者は，別稿において，入会集団の実在的総合人という性質，総有という権利の構造について次のような見解を示した[9]。すなわち，実在的総合人と

---

(4)　最三小判平成 6 年 5 月 31 日（民集 48 巻 4 号 1065 頁）。

(5)　山本弘「権利能力なき社団の当事者能力と当事者適格」青山善充ほか編『民事訴訟法理論の新たな構築　新堂幸司先生古稀記念　上巻』（有斐閣，2001 年）849 頁以下，888 頁。

(6)　最一小判平成 20 年 7 月 17 日（民集 62 巻 7 号 1994 頁）。

(7)　鶴田滋「判例批評」ジュリスト増刊平成 20 年度重要判例解説（2009 年）143-144 頁，高橋宏志『重点講義民事訴訟法下巻〔第 2 版〕』（有斐閣，2012 年）347-348 頁（注 41 の 2）参照。

(8)　福永・前掲注(2)989 頁。

(9)　古積健三郎「入会権の変容について」法学新報 122 巻 1・2 号（2015 年）347 頁以下，365-371 頁，同「実在的総合人および総有の法的構造について」法学新報 123 巻 5・6 号（2016 年）275 頁以下。

は，全構成員の人格によって形成された一つの人格・団体であり，総有とは，所有権が構成員全員とともに団体に不可分・一体的に帰属するという財産帰属形態である。もっとも，各構成員による客体の管理支配が後退し，団体自体の管理支配が前面に出てくれば，入会団体も近代的な社団へと変容し，その所有形態は団体自体による所有に収斂されていく可能性がある。

それでは，このような権利構造を前提にした場合に，入会権に関する訴訟の形態はどうあるべきなのだろうか。そして，訴えに同調しない構成員が存在する場合には，他の構成員はいかにして入会権に関する対外的訴訟を提起することができるのだろうか。

本稿では，入会権の訴訟形態に関する従前の議論を概観し，その問題点を抽出したうえで，入会権の法的構造に関する私見を基準にした場合には，その訴訟形態はいかにあるべきかを論ずることにしたい。結論から言えば，古典的入会権の場合にも，所有権が入会団体に帰属するといえる以上，団体自体が原告となって訴えを提起することができるものの，そのためには構成員全員による意思決定が必要となる一方で，構成員全員に所有権が帰属するともいえる以上，各構成員が共同で訴えを提起することも可能であるが，その訴えは原則として全員が当事者となる必要的共同訴訟にならざるをえない。しかし，後者においても，古典的入会集団では各構成員が互いに入会権を維持する義務を負うと解することができるため，訴えに同調しない構成員がいる場合には，各構成員は当該構成員に対する入会権維持の請求権を保全するために，その地位に代位して訴えを提起しうると考えている。

II　判例・学説の展開について

1　序

本節においては，入会権をめぐる訴訟形態について，判例・学説がどのような議論を展開してきたのかを概観し，その問題点を抽出したい。

冒頭に述べたように，判例は，入会権は構成員全員に総有的に帰属するという実体法理論を前提にして，入会権に関する訴訟を構成員全員による固有必要的共同訴訟として位置づけたが，これによると構成員の間で意見が一致しない場合には，入会権の侵害に対して訴訟による救済の途が閉ざされる恐れがある。

27 入会権をめぐる訴訟の形態について〔古積健三郎〕

そこで，判例もこれに対応した理論をいくつか展開してきた。そして，学説上の議論もかかる判例の展開を受けてより詳細なものとなっていったが，問題の根本的解決には至っていないのが現状といえよう。

2 昭和41年判決と学説の反応

(1) 入会権に関する対外的訴訟が必要的共同訴訟であるか否かは，大審院の判例でははっきりしていなかった。ただ，大審院は，入会権の訴訟において共同訴訟人の一部に対する呼び出しが欠けたままなされた裁判について，裁判の合一確定の要請の観点からその違法性を指摘していた[10]。判例が明確に入会権の訴訟を固有必要的共同訴訟としたのは，最二小判昭和41年11月25日（民集20巻9号1921頁。以下では，「昭和41年判決」という）においてである。

事案は，青森県のX部落の構成員265名が，Y村名義の所有の登記がなされている土地について，Y村に対し，入会権を根拠にして構成員330名の共有名義に登記手続をするように訴えを提起し，第1審で請求が棄却された後には，196名が控訴して入会権の確認請求も追加したところ，控訴も棄却された，というものであった。さらに，128名による上告がなされたのに対して，最高裁は次のように判断して原告らの訴えを却下した。

> 「入会権は権利者である一定の部落民に総有的に帰属するものであるから，入会権の確認を求める訴は，権利者全員が共同してのみ提起しうる固有必要的共同訴訟というべきである（明治39年2月5日大審院判決・民録12輯165頁参照）。この理は，入会権が共有の性質を有するものであると，共有の性質を有しないものであるとで異なるところがない。」

(2) この昭和41年判決の理由は非常に簡単なものであるが，要するに，その趣旨は，入会権が構成員全員に帰属する権利である以上，それに関する裁判は権利の帰属主全員によってなされなければならないというものと思われる。実体法上の権利の構造にかんがみれば，そのような捉え方自体は穏当であろう。それゆえ，当時の学説も昭和41年判決の理論的正当性は容認していたといえる[11]。しかし，それと同時に，入会集団の構成員のうち訴えに同調しない者がいる場合には，事実上入会権に関する対外的訴訟を提起しえないことになり，

---

(10) 大判明治39年2月5日（民録12輯165頁）。

(11) 福永・前掲注(2) 988頁，星野＝五十部・前掲注(2) 1579頁参照。

Ⅱ　判例・学説の展開について

各構成員の権利に対する救済の途が絶たれる恐れがあることも指摘され[12]，その弊害を避けるための方法が論じられた。

その中には，訴訟政策上の観点から，各構成員は他の構成員に訴訟告知をすることによって訴えを提起しうるとし，あるいは，選定当事者の制度を活用すべきとする見解[13]，やむをえない事情がある場合には各構成員は単独で訴えを提起しうるとする見解[14]，各構成員は入会団体の代表者，代表者を欠く場合には他の構成員に対して訴えの提起を催告し，それに応じない場合には自らが入会権の対外的訴訟の当事者適格を有するという見解[15]などがあった[16]。しかし，最も有力と思われたのが，訴えに同調しない構成員を被告として加えることによって，固有必要的共同訴訟の要請を充足するという法的構成である[17]。そして，このような立場を抽象論の中で採用する下級審判例も見られた[18]。

他の構成員を被告として訴えることにより当事者適格を容認する見解の根拠は，基本的に，各構成員の裁判を受ける権利の保障[19]と，他の構成員も当事者になれば，これに判決の効力を及ぼすことによって権利関係の合一確定の要請も満たされるという点[20]にあるだろう。しかし，この立場に対しては，次のような批判がなされた[21]。第一に，他の構成員が積極的に入会権の存在を否定す

---

(12)　川島＝潮見＝渡辺編・前掲注(2)542頁，福永・前掲注(2)988頁，星野＝五十部・前掲注(2)1579頁，新堂・前掲注(2)41頁，小島・前掲注(2)331頁参照。

(13)　小島・前掲注(2)331-332頁。

(14)　松浦馨「環境権侵害差止仮処分訴訟における当事者適格と合一確定の必要性」『実体法と手続法の交錯　山木戸克己教授還暦記念（上）』（有斐閣，1974年）283頁以下，299-300頁。

(15)　池田辰夫「多数当事者紛争における代表適格についての覚書」（初出，1977年）同『新世代の民事裁判』（信山社，1996年）90頁以下，104頁。

(16)　これらの見解の問題点については，中村英郎「必要的共同訴訟」鈴木忠一＝三ケ月章監修『新・実務民事訴訟講座3』（日本評論社，1982年）3頁以下，13-15頁，鶴田滋「共有者の共同訴訟の必要性と共有者の訴権の保障」大阪市立大学法学雑誌55巻3・4号（2009年）781頁以下，792-800頁参照。本稿では，これらについては立ち入らない。

(17)　星野＝五十部前掲注(2)1579頁，小島・前掲注(2)331頁，新堂・前掲注(2)41頁。

(18)　岡山地倉敷支判昭和51年9月24日（判例時報858号94頁）。

(19)　新堂・前掲注(2)41頁。

(20)　前掲注(18)岡山地倉敷支判昭和51年9月24日が，一部の構成員による訴えを認める場合には紛争の統一的解決が阻害される恐れを指摘しつつ，他の構成員を被告として訴える方法を容認している背景には，このような考えがあるといえる。なお，広島地判平成5年10月20日（中尾英俊編『戦後入会判決集第3巻』〔信山社，2004年〕115頁）参照。

591

27 入会権をめぐる訴訟の形態について〔古積健三郎〕

る行動をとっている場合はともかく，単に裁判にかかわりたくないという理由で訴えに同調しない場合には，この者に対する入会権の確認の訴えの利益は見出しがたい。第二は，本来的に被告となる第三者と被告に組み入れられた構成員との関係がどうなるのかという点である。第三は，原告が敗訴した場合，敗訴判決の効力は被告とされた他の構成員にも及ぶのか，及ぶとしてもその根拠は何なのかである。

このような問題点の指摘に対しては，高橋教授によって次のような考え方が示された[22]。すなわち，ここでの訴訟の実質は，原告，本来の被告，訴えに同調しないために被告とされた構成員（二次的被告）の三者間の三面訴訟となる。この三者間の手続の規律は，利害関係に応じて弾力的に処理されるべきであり，本来の被告の自白，請求の認諾を否定する理由も通常は存しない。そして，判決の効力については，入会権の確認請求が原告と二次的被告との間にも立てられているとみるのが従来の考え方に調和するが，強いて二次的被告への請求を立てさせなくとも，二次的被告も当事者として訴訟に関与する以上，原告の本来の被告に対する請求に関する判決内容について，原告および本来的被告に対してもはや争うことができないということをおさえておけばよいという。

訴訟法学説においては以上のような議論が展開される一方で，すでに昭和41年判決が現れる前に，実体法学説においては，入会集団への財産帰属形態について，所有権のうち管理処分権は団体に帰属しつつ，収益権は各構成員に帰属するという見解が有力になっていた[23]。それゆえ，この考え方に従えば，各構成員はその収益権に関しては個別に訴えを提起しうる余地が十分にあった。

3 限定的な権利行使を容認する昭和57年判決

(1) その後，最高裁は，上記の実体法の有力学説に相応するような判断を下

---

(21) 福永有利「共同所有関係と固有必要的共同訴訟 —— 原告側の場合」民事訴訟雑誌21号（1975年）1頁以下，39-40頁。

(22) 高橋宏志「必要的共同訴訟について」民事訴訟雑誌23号（1977年）36頁以下，46-48頁。

(23) 勝本正晃『物権法』（創文社，1952年）252-253頁，我妻栄『物権法』（岩波書店，1952年）297-298頁，松坂佐一『民法提要物権法』（有斐閣，1955年）152頁，柚木馨『物権法〔第3版〕』（青林書院，1960年）218頁，鈴木禄弥『物権法講義』（創文社，1964年）25頁参照。

Ⅱ 判例・学説の展開について

した（最一小判昭和 57 年 7 月 1 日（民集 36 巻 6 号 891 頁。以下では，「昭和 57 年判決」という）。事案は，富士山麓の山梨県山中部落にある Y 神社所有名義の土地について，土地開発のために地上権の設定を受けたとする X が Y 神社に対してその設定登記手続を訴求したのに対し，地元の住民 Z らが当事者参加をして，X に対し，当該土地について Z らが入会権に基づく使用収益権能を有することの確認，立木伐採等の禁止，および地上権設定仮登記の抹消登記手続を請求した，というものである。裁判において，X が Z らは入会権者全員ではないと主張したところ，最高裁は，次のように述べて，使用収益権能の確認および立木伐採等の禁止の請求を認容しつつ，抹消登記手続の請求は棄却した。

「入会部落の構成員が入会権の対象である山林原野において入会権の内容である使用収益を行う権能は，入会部落の構成員たる資格に基づいて個別的に認められる権能であって，入会権そのものについての管理処分の権能とは異なり，部落内で定められた規律に従わなければならないという拘束を受けるものであるとはいえ，本来，各自が単独で行使することができるものであるから，右使用収益権を争い又はその行使を妨害する者がある場合には，その者が入会部落の構成員であるかどうかを問わず，各自が単独で，その者を相手方として自己の使用収益権の確認又は妨害の排除を請求することができるものと解するのが相当である。」

「しかしながら，職権をもって，当事者参加人らの請求中本件山林について経由された地上権設定仮登記の抹消登記手続請求の当否について検討するに，当事者参加人らが有する使用収益権を根拠にしては右抹消登記手続を請求することはできないものと解するのが相当である。けだし，原審が適法に確定したところによれば，当事者参加人らが入会部落の構成員として入会権の内容である使用収益を行う権能は，本件山林に立ち入って採枝，採草等の収益行為を行うことのできる権能にとどまることが明らかであるところ，かかる権能の行使自体は，特段の事情のない限り，単に本件山林につき地上権設定に関する登記が存在することのみによっては格別の妨害を受けることはないと考えられるからである。もっとも，かかる地上権設定に関する登記の存在は，入会権自体に対しては侵害的性質をもつといえるから，入会権自体に基づいて右登記の抹消請求をすることは可能であるが，かかる妨害排除請求権の訴訟上の主張，行使は，入会権そのものの管理処分に関する事項であって，入会部落の個々の構成員は，右の管理処分については入会部落の一員として参与しうる資格を有するだけで，共有におけるような持分権又はこれに類する権限を有するものではないから，構成員各自においてかかる入会権自体に対する妨害排除としての抹消登記を請求することはできないのである。」

27 入会権をめぐる訴訟の形態について〔古積健三郎〕

(2) この昭和 57 年判決は，抹消登記手続の請求権が，入会権自体に基づく妨害排除請求として認められるものであり，個々の構成員の持つ収益権からは導かれないとするにとどまり，入会権自体に基づく妨害排除請求の当事者適格が誰に認められるべきかについては積極的に言及していない。しかし，昭和 41 年判決の立場からは，それは基本的には入会集団の構成員全員ということになるのであろう。もっとも，入会権の管理処分権は入会団体自体に帰属するという実体法の有力学説に従えば，入会権自体に基づく請求に関して当事者適格を有するのは，個々の構成員とは異なる入会団体になる可能性もあるが，昭和 57 年判決は入会権が団体に帰属するという命題までは採用していない(24)。それゆえ，当時，判例が入会団体に当事者適格を容認する立場にあるのかどうかは明らかでなかった。

むしろ，入会団体そのものに関するものではないが，沖縄に古来より存在する血縁的団体の「門中」が管理する財産に関して，最高裁は，「門中」自体は権利能力なき社団にすぎず，当該財産はその構成員に総有的に帰属するものである以上，「門中」そのものに所有権が属することの確認請求は認められないという立場をとっていた(25)。それゆえ，判例は，実体法の有力学説とは異なり，入会団体自体に権利が帰属するという構成はとらないものと思われた。

ともあれ，昭和 57 年判決によって個々の構成員の持つ権利の救済の途がある程度開かれることにはなった。しかし，この判例による限り，入会権自体に基づく請求の範囲如何によっては，個々の構成員に対する救済の途が狭まる恐れもある。判例に対して，入会研究の専門家は，管理処分権と収益権を分別する論法に根本的疑問を投げかけ，むしろ，各構成員には管理処分権も収益権も含んだ権能が共同して帰属し，各構成員は保存行為として，あるいは自己の持分権に基づき訴えを提起しうるという批判を展開していた(26)。

---

(24)　太田豊『最高裁判所判例解説民事篇昭和 57 年度』486 頁以下，492 頁参照。

(25)　最二小判昭和 55 年 2 月 8 日（判例時報 961 号 69 頁）。

(26)　川島 = 潮見 = 渡辺編・前掲注(2) 538 頁以下，川島武宜編『注釈民法(7)』（有斐閣，1968 年）551-552 頁［渡辺洋三］は，各構成員の訴えを保存行為として容認し，中尾英俊「判例批評」ジュリスト増刊昭和 57 年度重要判例解説（1983 年）64 頁以下は，各構成員の持分権を根拠としてこれを容認する。

4　平成6年判決と訴訟法学説の展開

(1)　実体法学説では，入会権の管理処分権は入会団体に属するという見解が有力であったため，入会団体が入会権をめぐる訴訟について当事者適格を有するという学説は有力化しつつあった[27]。裁判例においても，そのような見解をとるものが現れるようになっていたところ[28]，最三小判平成6年5月31日（民集48巻4号1065頁。以下では「平成6年判決」という）は，入会団体の当事者適格を認める判断を下した。

　事案はこうである。愛知県豊田市のX部落は，古来より山林原野等に入会権を有していたところ，その後，構成員の範囲等を明確にするためX₁組合を設立し，構成員の資格等に関する規約を制定した。ところが，旧来は入会集団の構成員であったA₁が部落から転出したにもかかわらず，その入会地に関する共有名義の登記は抹消されず，A₁を相続したA₂に相続による登記がなされ，A₂はさらにY₁のために抵当権設定登記をした後に死亡し，A₂をY₂Y₃が相続した。そこで，X₁組合の構成員全員一致の決議に基づき，その代表者が，X₁の名において，Y₂Y₃に対して係争地がX₁組合構成員全員の総有に属することの確認を求めるとともに，組合員X₂が，Y₂Y₃に対してA₂の登記上の持分につき移転登記手続を，Y₁に対しては抵当権設定登記の抹消登記手続を請求した。第1審はX₁X₂の請求を認めたが，原審は，入会地の総有権の確認請求はX₁組合の構成員全員でしなければならないとして，X₁の請求を却下した。最高裁は，X₁の請求について次のように判断して，X₁の当事者適格およびその代表者による訴訟追行の適法性を容認した[29]。

　「入会権は権利者である一定の村落住民の総有に属するものであるが（最高裁昭和34年（オ）第650号同41年11月25日第二小法廷判決・民集20巻9号1921頁），村落住民が入会団体を形成し，それが権利能力のない社団に当たる場合には，当該入会団体は，構成員全員の総有に属する不動産につき，これを争う者を被告とする総有権確認請求訴訟を追行する原告適格を有するものと解するのが相当であ

---

(27)　舟橋諄一『物権法』（有斐閣，1960年）452-453頁，福永・前掲注(2) 987頁，星野＝五十部・前掲注(2) 1578頁，我妻栄＝有泉亨『新訂物権法』（岩波書店，1983年）446頁。

(28)　大阪高判昭和48年11月16日（判例時報750号60頁），広島高松江支判昭和52年1月26日（判例時報841号3頁）。

(29)　X₂による登記手続請求の可否に関する最高裁の判断も重要ではあるが，本稿は団体の当事者適格に焦点を当てるため，ここでは取り上げない。

27 入会権をめぐる訴訟の形態について〔古積健三郎〕

る。けだし，訴訟における当事者適格は，特定の訴訟物について，誰が当事者として訴訟を追行し，また，誰に対して本案判決をするのが紛争の解決のために必要で有意義であるかという観点から決せられるべき事柄であるところ，入会権は，村落住民各自が共有におけるような持分権を有するものではなく，村落において形成されてきた慣習等の規律に服する団体的色彩の濃い共同所有の権利形態であることに鑑み，入会権の帰属する村落住民が権利能力のない社団である入会団体を形成している場合には，当該入会団体が当事者として入会権の帰属に関する訴訟を追行し，本案判決を受けることを認めるのが，このような紛争を複雑化，長期化させることなく解決するために適切であるからである。」

「そして，権利能力のない社団である入会団体の代表者が構成員全員の総有に属する不動産について総有権確認請求訴訟を原告の代表者として追行するには，当該入会団体の規約等において当該不動産を処分するのに必要とされる総会の議決等の手続による授権を要するものと解するのが相当である。けだし，右の総有権確認請求訴訟についてされた確定判決の効力は構成員全員に対して及ぶものであり，入会団体が敗訴した場合には構成員全員の総有権を失わせる処分をしたのと事実上同じ結果をもたらすことになる上，入会団体の代表者の有する代表権の範囲は，団体ごとに異なり，当然に一切の裁判上又は裁判外の行為に及ぶものとは考えられないからである。」

(2) この平成6年判決は，あくまで入会権を構成員全員による総有と位置づけており，入会団体自体には権利が帰属しないという立場をとるように思われる[30]。しかしなお，紛争解決のための有意性という観点から，入会団体自体に原告適格を認めている。そのため，学説のほとんどは，ここでの入会団体の当事者適格は他人の権利の確認のための訴訟担当として容認されたものと評価している[31]。しかし，他人の権利に関して訴訟担当をすることができるのは，その他人による授権がある場合（任意的訴訟担当）か，他人の有する権利について何らかの法的関係を持つ場合（法定訴訟担当）に限られる。平成6年判決は，入会団体に当事者適格を容認する前提として構成員の授権を問題にしていない以上，ここでの当事者適格が訴訟担当として容認されるというのであれば，それは法定訴訟担当の部類というしかない。おそらく，法定訴訟担当において問

---

[30] 田中豊『最高裁判所判例解説民事篇平成6年度』394頁以下，420頁（注11）。

[31] 高橋宏志「判例批評」法学教室174号（1995年）74頁以下，山本克己「判例批評」ジュリスト増刊平成6年度重要判例解説（1995年）118頁以下，山本・前掲注(5)884頁，八田卓也「入会集団を当事者とする訴訟の形態」法律時報85巻9号（2013年）22頁以下，26頁参照。

Ⅱ　判例・学説の展開について

題となる法的関係は，入会権の帰属主が団体の構成員であるという関係をもっ
て説明することとなろう[32]。

　これに対して，平成 6 年判決の調査官解説は入会団体の当事者適格を単なる
訴訟担当とは捉えていない。すなわち，「入会権は，村落住民各自が共有にお
けるような持分権を有するものではなく，村落において形成されてきた慣習等
の規律に服する団体的色彩の濃い共同所有の権利形態である」という判旨を重
視して，入会権が実体法上入会団体に帰属するということはできないにしても，
その管理処分権は実質的に入会団体に帰属するとみることもでき，入会権確認
請求訴訟は入会団体固有の事件と捉えるほうが，事の実体を反映しているとい
うのである[33]。

　以上のような議論は，入会権がどのような帰属形態をとるものであるのかに
ついての認識の差に起因するものといえよう。すなわち，入会団体の当事者適
格を法定訴訟担当として位置づける見解は，あくまで入会権は団体に帰属しな
いという命題を徹底するのに対し，団体による訴訟を団体固有のものと位置づ
ける見解は，団体への権利の帰属を実質的に容認するのである。

　(3)　次に，平成 6 年判決は，代表者による訴訟追行に対しての授権を基本的
に必要としたうえで，その内容は当該団体の規律によるものとしている。前述
のように，学説においては入会団体自体が訴訟当事者となりうるという見解が
多かったが，当時は，代表者による訴訟追行について特別の授権の必要性およ
びその内容が十分に議論されていなかった[34]。平成 6 年判決は，授権の必要性
の根拠を判決の効力が構成員各自に及ぶことに，その具体的内容の根拠を代表
権のあり方は団体ごとに定められうる点に求めている。

---

[32]　ただ，各部落民の有する入会権の帰属主としての地位とこれから切り離された団体の
　　構成員としての地位が異なるとすれば，権利の帰属主が団体の構成員であるということ
　　をもって団体による訴訟担当の基礎づけとすることには疑問が残る旨が指摘されている
　　（八田・前掲注[31] 28 頁参照）。

[33]　田中・前掲注[30] 405-406 頁。

[34]　一応は，代表者による訴えの提起のためには構成員全員の同意を要するという考え方
　　（舟橋・前掲注[27] 453 頁），団体の規約において財産の処分に必要とされる意思決定がさ
　　れればよいという考え方（谷口知平「判例批評」民商法雑誌 83 巻 5 号（1981 年）827
　　頁以下，831-832 頁は，その可能性を示唆する），特別の授権なしに訴えを提起するこ
　　とはできるという見解（新堂幸司＝小島武司編『注釈民事訴訟法(1)』〔有斐閣，1991 年〕
　　437 頁〔高見進〕がこれに相当するだろう），があったように思われる。

27 入会権をめぐる訴訟の形態について〔古積健三郎〕

しかし，その結果として，学説からは，入会権の確認について団体自体が当
事者となる訴訟を認めるとしても，構成員全員が当事者となって訴えを提起す
る場合に比べて，それが格別のメリットをもたらすとは限らない旨が指摘され
ている[35]。すなわち，平成 6 年判決によれば，結局，入会団体による確認訴訟
は，構成員全員の入会権を確認する意義を持つものであり，その判決の効力が
構成員全員に及ぶという点では，構成員全員による共同訴訟と基本的に異なら
ない。そして，入会権の処分のためには全員の同意を要するという規範が団体
を支配しているならば，平成 6 年判決による限り，全員の授権がなければ，代
表者が入会団体を原告とする訴訟を提起することはできず，逆にあらかじめ全
員の同意が得られる場合であれば，構成員全員による共同訴訟の提起も比較的
容易であろう。また，構成員全員の権利の確認のために代表者が訴訟を追行す
る要件として授権を問題にするのであれば，入会団体自体が当事者適格を持つ
ことの独自の意義も薄れ，端的に構成員全員のために代表者が訴訟を担当する
ということと大きな違いはなくなる。考えられるメリットは，団体自体が当事
者となれば，裁判において一々構成員全員に対する手続をとらなくてもよいと
いう点であろう。ただ，これについても，入会団体の当事者適格を訴訟担当と
して捉える限り，構成員の名は明らかにしなければならないという可能性が残
る[36]。

確かに，平成 6 年判決によれば，入会団体が構成員の多数決によって入会権
の処分をなしうるという規律をとっている場合には，入会団体を原告とする代
表者による訴訟は，構成員の多数決の授権をもって提起することが可能となろ
う。そうなれば，全員が当事者となる固有必要的共同訴訟における難点は回避
される。しかし，すでに別稿でも主張しているように，構成員全員による総有
という形態は，各構成員は入会地に直接の権利を有している状態を意味するの
であり，各構成員の意思を無視して多数決によってその権利を処分しうるとい
うのは法理論的に説明しがたい[37]。それゆえ，団体において入会権の処分を多

---

[35]　山本・前掲注(5) 888 頁参照。

[36]　山本・前掲注[31] 119 頁は，このように解していた。ただし，その後，山本教授はこの
　　点について見解を改めている（山本克己「入会地管理団体の当事者能力・原告適格」法
　　学教室 305 号（2006 年）104 頁以下，107 頁参照）。

[37]　古積・前掲注(9)法学新報 123 巻 5・6 号 298-300 頁参照。

II 判例・学説の展開について

数決によってなしうるという慣習ないし規律が確立する前提には，各構成員の権利が団体に移譲され，団体自体が権利の帰属主となっていなければならない。そして，そのような場合には，もはや判例が前提としてきた総有という所有形態は維持されていないことになるのである。

ところが，平成6年判決は，入会団体に当事者適格を容認する必要性の論証として，入会権が「村落において形成されてきた慣習等の規律に服する団体的色彩の濃い共同所有の権利形態であること」を強調している。この立論が古典的な入会権，総有を前提にしているのは明らかである。そうすると，判例は，全員一致の同意がなければ処分しえない古典的入会権のケースにおいても，構成員全員による訴えのほかに，団体自体の訴えを容認する立場をとっていると考えるべきであるが，構成員全員が訴えに同意している場合に，全員による共同訴訟のほかにあえて団体による訴訟を認めなければならない要因は，いったい何なのか。平成6年判決のいう紛争解決における有意性という言葉だけでは，この点を十分に説明しえないのではないか。

(4) さらに，平成6年判決の事案では，旧来の入会集団X部落がX1組合を設立したという経過があるため，学説においては両者の関係が問われており，あくまでXとX1を別個の存在として位置づける見解が有力である[38]。仮に両者が別個であることを徹底するならば，この事案においては，構成員らの有する総有的権利とX部落との関係が問題となるとともに，さらにそれらとX1組合との関係を問わざるをえないことになる。

この問題に関する平成6年判決の立場ははっきりしないが，おそらくはX1をXの地位をそのまま承継した団体と見て，両者を基本的には同一の団体と捉えているように思われる。なぜなら，X1は判旨のいう入会団体に該当する存在であり，判旨は，これに原告適格を容認する理由の中で，古典的な入会権の帰属する村落住民が「権利能力のない社団である入会団体を形成している場合」に言及している点で，従前の入会集団XとX1をあえて分別していないからである。

---

[38] 山本・前掲注(5)874-878頁，八田・前掲注(31)22頁(注1)。

5 平成 20 年判決の登場と近時の学説

(1) 以上のように，入会団体に当事者適格を認めるとしても，訴えに同調しない構成員が存在する場合の効果的な対処方法は，実務上確立していない状況にあった。平成 6 年判決の後に，最高裁は，共有地の境界確定訴訟において，共有者の一部が訴訟に同調しない残余の共有者を被告として訴えることを容認する判断を下した[39]。しかし，当該判決において，千種裁判官は，このような取扱いは形式的形成訴訟である境界確定訴訟においてのみ妥当しうる，という慎重な補足意見を示していたので，この取扱いが入会権の確認訴訟についても認められるか否かは微妙であった[40]。そのような中で，最一小判平成 20 年 7 月 17 日（民集 62 巻 7 号 1994 頁。以下では「平成 20 年判決」という）は，入会集団の構成員の一部が，訴えに同調しない残余の構成員を被告とすることによって，適法に確認請求の訴えを提起しうるという立場をとった。

事案は，鹿児島県の馬毛島にある入会地が，入会集団全員の同意によらずして Y1 に売却されたとして，構成員 X ら 26 名が係争地に入会権があることの確認を，Y1 および残余の構成員 Y2〜Y42 に対して求めた，というものである。残余の構成員のうち，Y2〜Y5 は Y1 への土地の売却に直接に関わったものであるが，それ以外の構成員は売却の直接の当事者ではなかった。第 1 審も，原審も，入会権の確認を求める訴訟は，入会集団の構成員全員によってなすべき固有必要的共同訴訟であるとして，X らの訴えを却下したが，最高裁は以下のように述べて，原判決を破棄し，第 1 審判決を取り消して，事件を第 1 審に差し戻した。

「上告人らは，本件各土地について所有権を取得したと主張する被上告会社に対し，本件各土地が本件入会集団の入会地であることの確認を求めたいと考えたが，本件入会集団の内部においても本件各土地の帰属について争いがあり，被上告人入会権者らは上記確認を求める訴えを提起することについて同調しなかったので，対内的にも対外的にも本件各土地が本件入会集団の入会地であること，すなわち上告人らを含む本件入会集団の構成員全員が本件各土地について共有の性質を有する入会権を有することを合一的に確定するため，被上告会社だけでなく，被上告人入会権者らも被告として本件訴訟を提起したものと解される。」

---

[39]　最三小判平成 11 年 11 月 9 日（民集 53 巻 8 号 1421 頁）。

[40]　佐久間邦夫『最高裁判所判例解説民事篇平成 11 年度（下）』712 頁は，同判決の射程が共同所有関係の対外的確認のケースには及ばないと見ていた。

Ⅱ　判例・学説の展開について

　「特定の土地が入会地であることの確認を求める訴えは，（中略）入会集団の構
成員全員が当事者として関与し，その間で合一にのみ確定することを要する固有
必要的共同訴訟である。そして，入会集団の構成員のうちに入会権の確認を求め
る訴えを提起することに同調しない者がいる場合であっても，入会権の存否につ
いて争いのあるときは，民事訴訟を通じてこれを確定する必要があることは否定
することができず，入会権の存在を主張する構成員の訴権は保護されなければな
らない。そこで，入会集団の構成員のうちに入会権確認の訴えを提起することに
同調しない者がいる場合には，入会権の存在を主張する構成員が原告となり，同
訴えを提起することに同調しない者を被告に加えて，同訴えを提起することも許
されるものと解するのが相当である。このような訴えの提起を認めて，判決の効
力を入会集団の構成員全員に及ぼしても，構成員全員が訴訟の当事者として関与
するのであるから，構成員の利益が害されることはないというべきである。」

　「最高裁昭和34年（オ）第650号同41年11月25日第二小法廷判決・民集20巻9
号1921頁は，入会権の確認を求める訴えは権利者全員が共同してのみ提起し得る
固有必要的共同訴訟というべきであると判示しているが，上記判示は，土地の登
記名義人である村を被告として，入会集団の一部の構成員が当該土地につき入会
権を有することの確認を求めて提起した訴えに関するものであり，入会集団の一
部の構成員が，前記のような形式で，当該土地につき入会集団の構成員全員が入
会権を有することの確認を求める訴えを提起することを許さないとするものでは
ないと解するのが相当である。」

(2)　前述のように，昭和41年判決以来，訴訟法学説では，訴えに同調しない
構成員を被告とすることによって各構成員は適法に訴えを提起しうるとする見
解が有力であったが，その後は，入会研究の専門家もかかる見解を支持するよ
うになっていた[41]。平成20年判決は，まさにこのような見解を採用したこと
になる。しかし，このように訴えに同調しない構成員を被告とする方式に対し
ては，次のような批判もなされていたところである。

　「共同所有者の一部による提訴拒否が，共同所有物の管理処分に関するかれの決
定権限の正当な行使であるならば，それを行使したがゆえに確認の訴えの被告と
されるというのは，背理なのである。かれが被告とされることを正当化するため
には，提訴賛成派の共同所有者との関係において，提訴の拒否が提訴賛成派の権
利ないし法益の侵害，すなわち違法であり，反対派は提訴に応諾すべき義務を負
うとの評価が，先行していなければならない。それは畢竟，共有物の管理処分の

---

(41)　野村泰弘「入会権と固有必要的共同訴訟（二）」埼玉工業大学人間社会学部紀要3号
　　（2005年）59頁以下，77頁。川島武宜＝川井健編『新版注釈民法(7)』（有斐閣，2007年）
　　566頁［中尾英俊］参照。

27 入会権をめぐる訴訟の形態について〔古積健三郎〕

あり方をめぐる実体法上の問題にほかならない」[42]。

かかる批判に正面から答えたものではないが，この問題に対する高橋教授の立場は次の主張に見ることができる。すなわち，構成員相互間で現存する証拠に対する評価が異なるために，訴え提起の時期をめぐって見解が分かれており，それゆえに訴え提起に同調しない者がいる場合には，その者を被告とする訴えの提起は却下されるべきであり，構成員が訴え提起に関する協力義務に違反したといえる場合にのみ，要するに，共同提訴の拒否が違法・権利濫用に近いと評価される場合にのみ，訴えに同調しない者を被告とする訴えの提起を容認すべきという[43]。

(3) しかし，このように非同調者に対する訴えの適法性を容認するとしても，次に問題となるのは，本来的被告，第三者に対する訴えの判決の効力が，二次的被告となった構成員と第三者との関係でも認められるか否かである。これは平成20年判決においては明らかではない。仮にこれを肯定しようとするならば，それをいかにして正当化するのかが問題となる。

この点に関して，平成20年判決が登場する前に，高橋教授は，従前の見解を部分的に修正して次のような見解を示していた[44]。本来的被告との関係では，原告は二次的被告のための一種の訴訟担当者の地位にあり，二次的被告も，原告の本来的被告に対する請求の判決の結果について争うことができない。二次的被告は，原告によって共同訴訟参加ないしは共同訴訟的補助参加を強制されたような地位にあり，形式的には本来的被告と共同して被告となるが，実質的には，原告から二次的被告への請求は観念されず，むしろ，二次的被告から本来的被告に対する請求が観念されることになる。

これに対しては，当事者適格の判断基準に関して実体法上の権利関係に重きを置く見解から，各構成員が他の構成員の権利に干渉しうる根拠が十分ではないとの批判がある[45]。また，原告が被告となる他の構成員との関係で訴訟担当者の地位に立つことの根拠が脆弱であるとの指摘もある[46]。そのうえで，次の

---

(42)　山本・前掲注(5) 859 頁。

(43)　高橋宏志『重点講義民事訴訟法下〔補訂版〕』（有斐閣，2006 年）231-232 頁参照。

(44)　高橋・前掲注(43) 230-231 頁。

(45)　鶴田・前掲注(16) 801-802 頁。

(46)　八田卓也「判例批評」法律時報別冊私法判例リマークス 39 号（2009 年）106 頁以下，108 頁。

ような説が提示されている。

　まず，鶴田教授は，ドイツ法における人的会社の社員の除名訴訟に関する議論を参考にして，共有者のうち訴えに同調しない者がいる場合には，他の共有者は非同調者に対して訴え提起の授権を求める訴訟を提起するとともに，これと併合して対外的に共有関係の訴訟を提起することが許される，という解釈論を示している[47]。同教授は，かかる授権請求権の根拠を共有者相互間には訴えに協力する義務が存在することに求めるが，そのような協力義務は次のように基礎づけられるとしている。すなわち，持分権が独立している共有においても，各共有者が自己の持分を超えて共有物を処分することは，他の共有者の権利侵害となり許されず，それゆえに，各共有者は共有物に関して訴えの提起を拒絶する自由も有する。しかし，逆に各共有者が自己の持分権を行使しないことによって他の共有者の持分権を侵害することも許されず，かかる侵害が生じうる場合には各共有者は互いに訴えに協力する義務を負う[48]。そして，この理は入会権についての対外的訴訟にも妥当するという[49]。

　他方で，八田教授は，固有必要的共同訴訟の根拠が，①原告側での訴訟への関与の付与に対する他の構成員の利益，および②他の構成員が提訴されずにすむ利益，にあるとし，①の利益は，非同調者に訴訟への参加の機会を与えれば保護され，②の利益は，原告による提訴が他の構成員による不提訴より合理的といえる場合には保護に値しないとして，必ずしも共同所有関係の存否についての判断を介さずして，訴訟担当の資格は容認されるとしている[50]。この見解のねらいは，裁判所が共同所有関係の存在を否定する心証に達したときに，訴え却下ではなく，請求棄却という判決を得ることに対する被告の利益を確保しようとする点にある。すなわち，鶴田説によれば，共同所有関係ないし協力義務を否定する判断が下されると，訴えは却下されることになるが，これを避け

---

(47)　鶴田・前掲注(16) 803 頁以下，鶴田滋「共有者の共同訴訟の必要性と共有者の訴権の保障」民事訴訟雑誌 57 号（2011 年）178 頁以下参照。

(48)　鶴田・前掲注(47) 183〜184 頁参照。当初，鶴田教授は，信義則ないし権利濫用の禁止という一般条項を援用してかかる協力義務を基礎づけていたが（鶴田・前掲注(16) 809 頁），その後は，一般条項に依拠しなくなっている。

(49)　鶴田・前掲注(47) 180 頁参照。

(50)　八田卓也「原告側固有必要的共同訴訟において提訴に同調しない者がいる場合の扱いについて」民事訴訟雑誌 62 号（2016 年）93 頁以下，95 頁，97-99 頁参照。

27 入会権をめぐる訴訟の形態について〔古積健三郎〕

ようというわけである。

(4) さらに問題となるのは，二次的被告に対する訴えの意義をどのように捉えるのかである。平成 20 年判決は，その立論の前提として入会集団の内部で入会権の存在について争いが生じている点を指摘しており，原告の他の構成員に対する請求・確認の訴えの利益を全く不問にしているともいえない[51]。高橋説は，原告の二次的被告に対する請求は実質的に観念されないというが，はたして，このように二次的被告に対する訴えを完全に形式的なものにしてよいのかが問われよう。

そこで，名津井教授は，高橋説をベースとしつつも，各構成員が対外的に入会権の確認を訴える前提として，あくまで集団内部において入会権の存在について紛争が生じていることを要求し，他の構成員を被告としながら対外的に入会権の確認等を求める訴訟形態を，入会集団内部の訴訟と対外的な入会権の確認訴訟との併合として位置づける[52]。この説は一定の支持を受けているようである[53]。もっとも，名津井教授は，集団内部において入会権の存在について争いがない場合には内部での確認の訴えの利益はないため，他の構成員に対する訴えとともに第三者に対する訴えは却下されるべきとしているが[54]，訴えに同調しないことによって他の構成員の訴権を不安・危険に陥れているとの評価も成り立つとして，この場合にもなお訴えの利益を容認しうるとする見解もある[55]。

他方で，八田教授は，他の構成員を被告として訴えることの意義を，端的にその者に対して訴訟へ参加する機会を与えることの便宜として位置づけ（それゆえ，これは訴訟担当を基礎として対外的訴訟の提起が許される場合に限定される），他の構成員が共同所有関係について争わない場合にはこれに対する訴

---

[51] その後，最二小判平成 21 年 12 月 18 日（http://lex.lawlibrary.jp/lexbin/SearchAll. aspx）は，平成 20 年判決と同様の判断を下しているが，この点に関する最高裁の立場は必ずしもはっきりしていない。

[52] 名津井吉裕「判例批評」法学セミナー別冊速報判例解説 4 号（2009 年）127 頁以下，130 頁。

[53] 酒井博行「判例批評」北海学園大学法学研究 44 巻 3・4 号（2009 年）565 頁以下，576 頁，渡辺森児「判例批評」法学研究 83 巻 4 号（2010 年）156 頁以下，164 頁-165 頁。

[54] 名津井・前掲注[52] 130 頁。同旨，渡辺・前掲注[53] 164 頁-165 頁。

[55] 酒井・前掲注[53] 575-576 頁。

えは却下され，共同所有関係について争いがある場合にのみかかる訴訟は係属する，という見解を提示している。このさい，対外的な訴訟と他の構成員に対する訴訟は併合されるものの，それぞれの実体関係の質が異なるため，双方は単に通常共同訴訟の関係に立つにすぎないという。したがって，究極的な立論としては，非同調者に対する訴えの提起は不要であり，これに対する訴訟告知を要件として対外的な訴えの提起を容認すべきとも主張している[56]。

6　まとめ ── 従前の議論の問題点

2〜5において参照した議論は，あくまで解釈論のレベルにとどまるものであり，この問題については，平成8年の新民事訴訟法制定を機縁として立法論も展開されている。ただ，これについては本稿の最後において言及することにしたい。

判例は，入会権を対外的に主張する訴えを構成員全員による固有必要的共同訴訟とする立場を基本として，これによって生ずる難点を回避するためにいくつかの方策を示してきた。これを受けて学説においても様々な解釈論が展開され，近時ではその議論がより精緻なものとなってきているが，従前の議論にはなお以下のような問題がある。

第一に，各構成員が収益権に基づく妨害排除請求の訴えを個別に提起しうるという結論は，かかる収益権が各構成員に個別に独立して帰属するという前提をとらなければ導きがたい。仮に，有力学説のように収益権は個々の構成員に個別に帰属し，管理処分権は入会団体に帰属するという立論をとれば，この点は明快に基礎づけることができるが，後述のように，古典的な入会権をこのように捉えること自体が問題なのである。

第二に，入会団体自体に当事者適格を容認しようとする場合，入会権は構成員全員に総有的に帰属するために，構成員全員が当事者となって訴訟を提起すべきという基本的前提との関係が問われる。入会に関する訴訟が固有必要的共同訴訟になるという立論は，当該訴訟は構成員全員の地位を反映すべきという思想の発現であるとすれば，入会団体自体に当事者適格を認めるとしても，これを潜脱することは許されないはずである。この点については，判例は構成員

---

[56]　八田・前掲注[50] 99-103 頁参照。

27 入会権をめぐる訴訟の形態について〔古積健三郎〕

による授権を代表者による訴訟追行の要件と位置づけているから，全員の授権が必要となれば，そのような潜脱は起こらない。しかし，その反面として，何故，構成員全員のほかに入会団体自体にも当事者適格を容認しなければならないのか，という問題が生ずる。確かに，入会団体が当事者となれば，構成員全員に対する裁判上の手続は不要となるメリットがあるが，そのようなメリットがあるという一事をもって，構成員から区別された団体自体が権利者たる構成員全員の訴訟担当者になりうるという結論が導かれるわけではない。むしろ，団体が訴訟当事者となりうるのは，団体は構成員から完全に分別された存在ではなく，両者には特殊な法的関係があるからであろう。とすれば，そのような法的関係の内実を明らかにしなければならない。

第三に，対外的訴訟に同調しない他の構成員を被告として訴えるという方法にも，根本的な疑問がある。確かに，他の構成員が入会権の存在について争っている場合には，集団内部において入会権を確認する訴えを提起する利益は認められよう。しかし，近時の議論にかんがみると，かかる訴えの存在意義自体が問われる。というのは，非同調者に対する訴えに関しては実質的には請求を観念する必要はなく，むしろ，かかる非同調者の本来的被告に対する請求を観念すべきという議論がなされ，さらには，非同調者を被告として訴えることの意義を訴訟への参加の機会を与える便宜に求める見解すら現れているからである。このことは，非同調者に対する訴えには何ら実質的内容が伴わないことを示しており，いわば，これは対外的訴訟に関して非同調者に対して手続を保障するための便法にすぎない。むしろ，突き詰められなければならないのは，対外的な訴訟の判決の効力が原告に加わらなかった他の構成員にも及ぶとすれば，それをいかにして基礎づけるのかである。これを認めなければ，紛争の抜本的解決は実現されないだろう。この点については，原告となった構成員は二次的被告となった構成員との関係で訴訟担当者の地位に就く，という見解が有力化しつつあるが，問題はかかる訴訟担当の基礎づけである。

筆者は，以上のような問題点が生ずる原因は，従来の判例・学説が，入会集団が実在的総合人という団体であることの意義，総有という権利の構造，および構成員相互間に存在する義務関係を，十分に明らかにしてこなかった点にあると考えている。すなわち，構成員全体が当事者適格を有するという前提と入会団体自体にも当事者適格を付与することとの関係は，入会集団の実在的総合

人という性質によって説明することが可能であり，他方で，一部の入会権者に
よる訴えの提起の許容性は，総有関係における構成員相互間の義務関係をはっ
きりさせることにより，必ずしも三面訴訟といった新たな訴訟形態を観念しな
くても，基礎づけることが十分可能である。そこで，次節では，実在的総合人
という団体に内在する法的関係を説明したうえで，判例の事案はいかに処理さ
れるべきであったのかを検討したい。

Ⅲ　実在的総合人・総有の法的構造と訴訟への反映

1　実在的総合人と近代的社団との異同

　従前から，入会集団は構成員全員が一つの人格・団体として現れる実在的総
合人として位置づけられてきた。そして，その集団に属する財産の所有形態が
総有と呼ばれてきた。したがって，すでに別稿で触れているように，総有とは，
各構成員が目的物を共同で所有するとともに，構成員全員によって形成される
一つの人格・団体も目的物を所有することを意味する。もちろん，このような
所有形態は，所有権を単一人による目的物の全面的支配として位置づける近代
法においては予定されていない。もともと，実在的総合人ないし総有という概
念は，近代前のゲルマン社会において形成されていた村落集団による所有形態
を意味し，我が国においても，江戸時代の村ないし村民に認められた土地の共
同支配形態がかかる所有形態と共通すると考えられ，そのような村落集団の権
利が総有と位置づけられたからである[57]。しかし，民法はこのような従前の慣
習で生成されていた入会集団による所有，すなわち総有をそのまま尊重するこ
とにした以上（民法263条），かかる慣習ないし所有形態が維持されている限り，
それはそのまま法的に尊重されなければならない。したがって，法人法定主義
（民法33条）にもかかわらず，一つの人格たる入会集団自体を権利の帰属主体
とする扱いが実体法上容認される。

　総有においては，構成員には目的物に対する持分がないとする見解が有力で
あるが[58]，すでに別稿で強調しているように[59]，それは適切ではない。確かに，
入会集団の構成員は，民法における共有のように目的物に独立した権利を有す

---

[57]　中田薫「徳川時代に於ける村の人格」（初出，1920年）『村及び入会の研究』（岩波書店，
　　1949年）16頁以下参照。

27 入会権をめぐる訴訟の形態について〔古積健三郎〕

ることにはならない。すなわち，各構成員は自己の権利を自由に譲渡すること
ができないし，目的物の分割請求権も有しない。しかし，実在的総合人という
人格は構成員全員の人格によって形成される以上，ここでは，団体とともに構
成員自体も目的物に直接の権利を有し，ただ，その独立性が制限されるにすぎ
ない。それゆえまた，構成員には収益権のみが帰属し，管理処分権は団体に帰
属するという構成も適切ではない。構成員全員が一つの人格であるならば，各
構成員は，一つの人格の一部として目的物の管理処分権能を担っていて，だか
らこそ，入会権の処分等に関してはその意思決定に参与する立場にあるのであ
る。確かに，ドイツで総有概念を定立したギールケは，収益権と管理処分権の
分属という命題も示していたが[60]，実在的総合人という概念の本来的意義や，
目的物の管理処分に対する構成員の地位を考慮すると，このように二つの権能
を単純に分割するという見解自体に，問題があったのではないか[61]。

　さらに，入会権・総有においては，相互に完全に独立した多数の人格が併存
的に同一物を所有し，そのために各々の権利が相互に制限しあう関係にある共
有とは異なり，本来，すべての構成員の人格は一つの団体人格の一部となる以
上，各構成員は，団体に属する所有権を互いに維持・保存する義務を負う，と
解さなければならない。実在的総合人ないし入会集団が仲間的共同体（Genos-
senschaft）と称されてきた所以がここにある。構成員相互間にそのような義務
関係が存することの徴表としては，第一に，入会権の内容を律する慣習におい
て，全構成員の同意がなければ入会権を処分することができない，という全員
一致の原則がとられてきた事実がある。すなわち，構成員の一人の意思も無視
して入会権を処分することができないというルールが確立しているということ
は，相互に入会権を維持する義務を負っていることの証である。もちろん，狭

---

(58)　我妻＝有泉・前掲注(27) 438-440 頁，最二小判平成 18 年 3 月 17 日（民集 60 巻 3 号
　　773 頁）参照。

(59)　古積・前掲注(9)法学新報 123 巻 5・6 号 301 頁参照。

(60)　Vgl. Otto von Gierke, Die Genossenschaftstheorie und die deutsche Rechtsprechung,
　　1887.S.321f.

(61)　別稿で検討しているように（古積・前掲注(9)法学新報 123 巻 5・6 号 278-282 頁），ギー
　　ルケも，団体の多数決によって侵奪することのできない構成員の特別権の存在を容認し，
　　他方では，各構成員の収益権も団体の統制におかれるとしていた点からは，実質的には，
　　管理処分権が団体のみならず各構成員にも属するとともに，収益権も単純に各構成員に
　　属するわけではないことを認めていたといえよう。

Ⅲ　実在的総合人・総有の法的構造と訴訟への反映

義の共有においても，すべての権利者の同意がなければ共有物の変更をすることができない旨の規定はあるが，これはむしろ，それぞれ完全に独立している権利主体の間では，誰も他人の権利を侵害しえないという一般原理の反映にすぎず，この点で入会権における全員一致の原則とは全くその趣旨が異なる。各構成員が互いに入会権・総有を維持・保存する義務を負うことを示す第二の証としては，前述のように，各構成員には持分権の譲渡の自由も分割請求権も認められないという慣習がある。このことは，狭義の共有とは異なり，構成員は相互に入会権をあくまで共同で維持しなければならないことを示すからである。さらに，第三の証としては，伝統的に各構成員には入会地の維持のために必要な労務・費用を提供することを義務づける慣習規範があり，そもそも構成員となるには，単に部落に定住するのみならず，実際にそのような労務・費用を継続して提供することが求められ，部落から離反してかかる義務を果たせなくなった者は入会権者としての地位を失うというルール（離村失権の原則）があった。逆に言えば，このように入会権の維持のために協力するという義務・規範が現実に機能している集団であるからこそ，その構成員全体が実在的総合人という一つの人格・団体として結実しえたのである[62]。

　これに対して，一般に権利能力なき社団と呼ばれてきた団体はもともとこのような所有形態を前提にするものではなく，少なくとも団体の内部においては，構成員らは，あくまで団体を自らとは切り離し，構成員が供出した財産も基本的には自らとは切り離した団体自体に帰すべきものとしているにもかかわらず，法人法定主義のために，団体自体が一つの法人格を有することができず，端的にそれを財産の帰属主として認めることができないというにすぎない。ここでは，古来の慣習によって生成した総有という所有形態は存在しない。むしろ，権利能力なき社団においては，法人法定主義によって保護しようとした利益が害されない限り，財産は構成員から切り離された団体自体に帰属するという取扱いをするのが妥当である。

　もちろん，実在的総合人，総有という形態は慣習上確立されたものである以上，かかる慣習が変容すれば，かつての実在的総合人が現在では権利能力なき

---

[62]　入会集団において伝統的には本文に述べた内容の慣習が妥当していた点については，中尾英俊『入会林野の法律問題〔新装版〕』（勁草書房，2003 年）69 頁以下，114 頁以下，321 頁以下参照。

27 入会権をめぐる訴訟の形態について〔古積健三郎〕

社団に近接してくる可能性があることも，すでに別稿で論じた通りである[63]。それゆえ，入会団体が訴訟を提起した場合にも，それが依然として実在的総合人の形態を維持しているのか，あるいは現代的な社団に変容しているのかを究明したうえで，その時々の団体の現状に相応した取扱いをしなければならない。

2 古典的総有における訴訟のあり方

(1) 他の構成員の権利の代位行使・訴訟担当構成

それでは，古典的な入会集団が維持されている場合においては，入会権に関する対外的訴訟はいかなる形態をとるべきか。まず，総有とは，全構成員が一つの入会権ないし所有権を保持する状態を意味する以上，各構成員が訴えを提起しようとするならば，必然的に他の構成員の権利にも干渉せざるをえず，昭和41年判決のいうように，全員が共同で訴訟を提起することが原則となる。そして，総有においては収益権能と管理処分権能との分属も認めがたく，すべての権能が一体的に全構成員に帰属する以上，昭和57年判決のように収益権能だけを切り離して，これに関しては各構成員が単独で権利を行使し，個別に訴えを提起しうるという結論もとることができない。

そうなると，構成員のうち訴えに同調しない者が現れれば，各構成員への法的救済の途が開かれないという疑問が当然出てこようが，この点について意味を持つのが構成員相互間の義務関係である。前述のように，各構成員は互いに入会権を維持する義務を負っているために，たとえば，第三者が入会地について不実の登記名義を有し，あるいは入会地を無権原で占有するという場合，かかる不実登記や占有は入会権に対する侵害として位置づけられるから，入会権を維持する義務を負う各構成員は，その義務の履行として侵害を排除する措置をとらなければならない。そして，その具体的内容は，全構成員が有する入会権に基づく妨害排除請求権を行使して，第三者の不実登記の抹消等を求めることとなろう。ところが，ある構成員が妨害排除請求権を行使しようとするにもかかわらず，他の構成員がこれに同調しなければ，それは通常，当該構成員が負う入会権の維持義務の不履行となる。とすれば，訴えを提起しようとする構成員は，これに同調しない構成員に対して有する入会権の維持請求権を保全す

---

[63]　古積・前掲注(9)法学新報122巻1・2号368-371頁参照。

Ⅲ　実在的総合人・総有の法的構造と訴訟への反映

るために，自らが有する妨害排除請求権の一部の権能とともにその者の有する
妨害排除請求権を代位行使することができよう。すなわち，この場合には，入
会権に基づく妨害排除請求権は，確かに権利者全員によって行使されるべきも
のであるが，同時に各構成員は，他の構成員の地位に代位して，換言すれば，
その構成員の権利については訴訟担当者として，訴えを提起することができる
というべきである。このような代位ないし訴訟担当は，民法423条の転用に
よって十分に基礎づけることができる（法定訴訟担当）。全構成員の一部が自ら
当事者となり，また残余の構成員の地位については訴訟担当者となるならば，
入会権に関する対外的訴えが構成員全員による固有必要的共同訴訟であるべき
という原則は，実質的に遵守されることになる。それゆえ，その判決の効力は，
訴えを提起した構成員のみならず被担当者の立場にある構成員にも及ぶ[64]。

　集団構成員間の義務は，高橋説においても容認されており，近時これに重点
を置く見解としては，鶴田説が注目されよう（Ⅱ5(3)参照）。しかし，共有にお
いて，各共有者は自己の持分権を超える行為をすることができず，それゆえに
各共有者は共有物に関する提訴を拒絶する権利も有するとしながら，各共有者
の持分権の不行使が他の共有者の持分権の侵害に当たりうる，という論理には
疑問がある。確かに，誰もが自己の権利，持分権を超える行為をすることはで
きないのは当然の理であるが，共有においては各共有者には独立した持分権が
帰属する以上，それぞれがその行使の自由を有しており，その行使・不行使が

---

[64]　前述の八田説（Ⅱ5(3)参照）は，共同所有関係の存否にかかわりなく，非同調者ない
し被担当者の共同所有関係に対する態度に応じて，訴訟担当の資格を判断するというも
のである。しかし，非同調者が共同所有関係に肯定的態度をとっている場合に，これに
参加の機会を与え，かつ，他の構成員による提訴に合理性（その判断自体も難しいが，
それは措くとして）があるならば，本当に，非同調者は自ら訴えを提起せずとも敗訴判
決の効力に服さなければならないのだろうか。敗訴判決が非同調者の権利を事実上否定
する効果を持つ以上，その効力を甘受するには権利を喪失してもやむをえない事情が必
要であり，基本的には，自らが訴えを提起し，訴訟を追行したという事実が必要となる
のではないか。そのような事実なくして，他の構成員が非同調者の権利に干渉しうると
するには，実体法上非同調者の権利を制限するような法律関係が必要となるだろう。こ
れに当たるのが入会権の維持義務といえる。そして，入会権に関する対外的訴訟のよう
に，係争物たる権利関係（入会権ないしその維持義務）が他の構成員の地位について訴
訟担当をも基礎づけるという場合には，係争物たる権利関係の欠落が同時に訴訟要件の
欠落に当たるとしても，裁判所が訴訟判決ではなく，請求棄却という本案判決を選択す
ることは許されないのだろうか。

611

27 入会権をめぐる訴訟の形態について〔古積健三郎〕

他の共有者の持分権の侵害に当たるとは言い難い。それゆえにこそ，自己の持分に関する限り，提訴，不提訴の自由も認められるのである。それにもかかわらず，なお持分権の不行使が他の持分権の侵害に当たり，不提訴の自由も制限されるというならば，各共有者には独立した持分権，さらには提訴拒絶の自由が存在するという前提自体に問題があることになる。しかしながら，狭義の共有において独立した持分権を否定することはできないだろう。むしろ，集団構成員間において権利の独立性が制限されている場面，すなわち古典的な入会集団においてこそ，各構成員は入会権を維持する義務を負うために，権利不行使ないし不提訴の自由も制限されるのであり，逆にこの理を狭義の共有に及ぼすことは適切ではない。狭義の共有においては，各共有者の持分権の独立性にかんがみ，それぞれの権利行使，訴えの自由を容認すべきであり，そもそも，かかる権利関係を必要的共同訴訟の枠に押し込めること自体の当否を問わなければならない[65]。

　以上のように，古典的入会集団においては，各構成員は互いに入会権を維持する義務を負い，各構成員はその義務の保全のために債権者代位権を基礎として妨害排除請求の訴えを提起することができる[66]。もっとも，しばしば指摘されているように，他の構成員が訴えを提起しようとしない理由が，証拠保全の準備等の観点から，早計な訴えによる敗訴のリスクを避けるために訴訟の提起をさしあたり見合わせるという正当なものであるならば，それは入会権の維持義務に反するものとはならない。それゆえ，このような場合には他の構成員の地位に代位する権限は認められず，それにもかかわらず一部の構成員が訴えを

---

[65]　この点については，古積健三郎「共有における持分の独立性」法律時報 85 巻 9 号（2013年）4 頁以下で論じている。

[66]　下級審の裁判例や学説の中には，入会権に関する対外的訴訟にも民法 252 条但書（保存行為に関する規定）の規律を及ぼして，各構成員は単独で訴えを提起しうるという見解があるが（秋田地大曲支判昭和 36・4・12 下民集 12 巻 4 号 794 頁，石田穣『物権法』〔信山社，2008 年〕499 頁），私見はこれらの見解とは全く異なる。本来，民法 252 条但書は，共有物それ自体の保存を想定したものであり，他の共有者の有する権利，物権的請求権の行使まで認めたものではない（これについては，鶴田滋『共有者の共同訴訟の必要性』〔有斐閣，2009 年〕233 頁以下参照）。私見は，多数人が人格的に結合し一つの団体を形成し，その団体が所有権を有する場合には，各構成員は相互に所有権を維持する義務を負うという点に，他の構成員の権利の行使にも干渉しうる根拠を見出すものである。

提起した場合には，当事者適格を欠くものとしてその訴えは却下されるべきである。

　同様の法的構成は，第三者が入会権の存在を否定する行動をとることによって，構成員が入会権の確認の訴えを提起せざるをえない局面においても妥当する。このように入会権の確認の利益が存在するというのは，入会権の存立が危ぶまれている場合であるから，本来，各構成員は，入会権の維持義務の履行として，通常，第三者に対して入会権の存在を訴えによって主張しなければならないだろう。それにもかかわらず，構成員の一部がそのような訴えに同調しない場合には，訴えを提起しようとする構成員は，非同調者に対する入会権の維持請求権を保全するために，その地位に代位して入会権の確認の訴えを提起することができるというべきである。権利者が権利の存在を主張すること自体も権利の行使に該当するから，このような権利主張そのものを代位権の対象として認めることは十分可能である。

(2) 非同調者に対する訴えの必要性

　このように，訴えに同調しない構成員の地位については代位ないし訴訟担当という構成によって十分にカバーすることができる以上，入会権に関する対外的訴訟においては，訴えに同調しない他の構成員に対して訴えを提起する必要はない。ただ，かかる訴訟担当構成により訴えに参加しなかった他の構成員に判決の効力を及ぼすことには，手続保障との関係で疑問が呈されるかもしれない。しかし，そもそも入会権の維持義務の履行として訴訟に協力しなければならない状況にあるとされる者に，殊更に手続保障を語り，自己が関与しない訴えには拘束されないなどと主張する資格があるのだろうか。確かに，一部の構成員が他の構成員に何も諮ることなく訴えを提起していた場合には，判決，とりわけ敗訴判決の効力を他の構成員に及ぼすことは，その不意打ちになるかもしれない。しかし，そのような問題を避けるには，せいぜい，訴えを提起する構成員には他の構成員に対する訴訟告知（民事訴訟法53条）の義務を課し，他の構成員には何時でも当事者として参加しうる機会を与えれば十分であろう⑹⁷。この場合，訴訟告知を受けた他の構成員も，入会権を維持しようとするのであれば，自ら原告側に共同訴訟参加（民事訴訟法52条）をすればよいのである。有力学説や平成20年判決のように，一部の構成員が対外的に入会権に関する訴えを提起するために残余の構成員を被告とすることは，単に訴訟に同調しな

27 入会権をめぐる訴訟の形態について〔古積健三郎〕

い者との関係ではその訴えの利益が認めがたいという問題のみならず，仮に残余の構成員が原告側に付いて入会権を維持していこうという意思決定をしても，その意思を無視して被告に回してしまうという難点を惹起する。また，逆に，非同調者が，入会権を否定しようとするのであれば，基本的にはその意思決定によって，被告とされた第三者側に補助参加（民事訴訟法 42 条）をすればよい。平成 20 年判決における Y2〜Y5 はそのような立場にある。Y1 が敗訴し入会権を容認せざるをえなくなれば，その反射として Y2〜Y5 らの責任も問題になるからである[68]。

　要するに，入会集団の一員であると主張する者が入会権について対外的な訴訟を提起する場合に，残余の構成員とされた者の中にも，入会権の存在を肯定する者，これを否定する者，さらには肯定も否定もしない者がありうるのであり，これらの者が裁判にどのように関与していくべきかについては，その意思決定にゆだねるのが自然である。入会権の存在について無関心である者を無理矢理訴訟に引き込んだところで，やる気のない当事者が増えるだけになりかねない。訴えに同調しない残余の構成員を一律に被告に加える手法は，紛争の実態に相応しない恐れがある。もちろん，平成 20 年判決における Y2〜Y5 のように第三者と通じて入会権の存在を否定する者が現れれば，原告 X らとの間で入会権ないしはその維持義務の存否について紛争が生じており，この場合には，X らが Y2〜Y5 に対してその確認や侵害の排除を求める利益は認められるため，第三者に対する訴えと並んで Y2 らに対する訴えを提起しうる可能性が生ずる。この場合には，Y2 らに対する訴訟と第三者に対する訴訟との関係を究明しなければならないが[69]，これはあくまで集団内部で紛争が生じている場

---

[67]　八田説（Ⅱ 5(4)参照）は，この点では私見と共通するものといえよう。なお，2015 年 3 月末に国会に上程された民法改正法案では，債権者代位訴訟において債権者には債務者に訴訟告知をする義務を課す規定（423 条の 6）が設けられ（「民法の一部を改正する法律案」http://www.moj.go.jp/MINJI/minji07_00175.html 参照），この法案が可決されたことにより（2017 年 5 月 26 日），本文で述べた問題は自動的に解消する。

[68]　他の構成員が入会権の存在を肯定していても，証拠上の問題から訴えを提起しようとしない場合には，これらの者には一部の構成員による訴えを却下してもらう利益がある。そのため，一部の構成員による訴えに対して他の構成員がこのことを主張する機会をどのように確保するかが問題となる。八田教授はこれを独立当事者参加（民事訴訟法 47 条）によって実現しようとするが（八田・前掲注[50]101 頁），そのような運用が許されるかは定かでなく，この点は将来の課題とせざるをえない。

Ⅲ　実在的総合人・総有の法的構造と訴訟への反映

面に限られ，一般論としては，対外的な訴訟の前提として非同調者に対する訴訟を提起しなければならない必然性はない。

訴えに同調しない者を被告とすべきとする有力学説も，当該訴訟形態を三面訴訟と位置づけながら，必ずしも，ここでは，原告，本来の被告および二次的被告が鼎立した紛争があると見ているわけではなさそうである[70]。というのは，二次的被告に対する請求は考える必要はないとする一方で，二次的被告の本来の被告に対する請求を観念しており，むしろ，二次的被告は，被告といっても，事実上原告の立ち位置に限りなく近いからである。すなわち，ここでの紛争も基本的には入会権者対第三者という二面的なものであることは否定しがたい。そして，その場合の問題の核心は，原告に立つべき者が多数あり，そのうちの一部が任意に原告にならない場合には，他の者はいかにしてその法的地位を代行することができるのか，という点にある。そのための受け皿はやはり，訴訟担当，しかも法定訴訟担当にならざるをえない。

(3) 団体による訴えと構成員との関係

それでは，団体自体による訴えと各構成員との関係はどのように見るべきか。多くの学説は，入会権をあくまで各構成員に帰属する権利と位置づけ，団体自体に権利が帰属することはないという認識の下に，入会団体の訴えを法定訴訟担当と見ている。しかし，このように入会権は各構成員のみに帰属するという考え方は，前述の実在的総合人という入会集団の構造に相応しない。

むしろ，入会権は各構成員に帰属するとともに，その総体たる入会集団にも帰属するというのが，実在的総合人，総有の持つ法的構造である。つまり，入会権には，団体に属するとともに各構成員にも帰属するという二面性が認められる。もちろん，重複性のある二つの主体がそれぞれ独立して入会権ないし所有権を有するとは観念しえないため，ここでは団体の権利と各構成員の権利と

---

(69)　本文で触れたように（Ⅱ5(4)参照），八田教授は，二つの訴訟において問題となる実体関係の質は異なるとして，これらを通常共同訴訟として位置づける。しかし，入会権は全構成員が一体的に有する権利であるため，対外関係と内部関係が完全に次元を異にしているともいえず，この問題はなお将来の課題として検討されるべきと思われる。

(70)　三面訴訟という命題は，伝統的理論のように，訴訟の構造を単に原告の被告に対する請求という二当事者間の対立的な構造，矢印構造とは位置づけず，紛争・訴訟を多数人が一つの基点に関わっていく形態として位置づける思想を背景としている（谷口安平「多数当事者訴訟について考える」法学教室86号（1987年）6頁以下参照）。

の関係をどう捉えるかが問題となる。しかし，この点については，入会団体の構成員が団体の一員としての意思決定をした場合には，構成員の地位は団体に従属し，団体の所有権のみが対外的に効力を持つというべきである。それゆえ，団体内の意思決定として全員一致して入会権の訴えを提起することになれば，団体自体が自らの権利について訴訟の当事者適格を有し，各構成員は当事者適格を有しないことになる。それゆえ，ここでは団体固有の利益に関する訴えが提起されている以上，これは単なる訴訟担当ではなく，訴えの提起において各構成員の名を被担当者として挙げる必要はない。しかしながら，この場合にも，実体法的に各構成員の地位は団体の一部となる以上，その判決の効力は各構成員にも及ぶことになる。他方で，各構成員が団体の一員としての意思決定をしていない段階では，各構成員の権利主体たる地位はなお対外的に維持され，それぞれが自己の権利について訴訟の当事者適格を喪失しない。したがって，この場合には，各構成員は自らに属する入会権ないし所有権について共同で訴えを提起することができるし，それができない場合には，各構成員は他の構成員の権利については訴訟担当者として訴えを提起することができる。

　学説の多数は，入会権があくまで各構成員に帰属する権利であるとしながら，なぜそれとは別の主体が訴訟担当の資格を得ることができるのかについて十分な説明をしていない。仮にこの点を措くとしても，団体の訴訟担当者としての地位と各構成員の本来的当事者としての地位との相互関係は明らかではない。平成6年判決にもこの点については同様の問題がある。判例がこの場面で代表者による訴えの提起の要件としてあげた授権は，むしろ，団体が自らの権利行使として訴えを提起する当事者適格を獲得するための要件と見なければならない。団体の当事者適格と各構成員の当事者適格との関係は，結局，総有ないし実在的総合人という権利ないしその主体の構造を明らかにすることによって，はじめて明快に説明することができるのである。

3　現代的社団への変容との関係

　以上に述べたことは，入会集団が古典的な実在的総合人の形態を維持している場合には妥当するが，古典的な実在的総合人が，集団内の慣習の変容に伴って現代的な社団へと変容する可能性もある。その場合には，入会権に関する対外的な訴訟の形態も必然的に変化せざるをえない。

Ⅲ　実在的総合人・総有の法的構造と訴訟への反映

　入会集団が現代的な社団へと変容すれば，従前は団体および各構成員に二面的に帰属していた入会権ないし所有権は，もっぱら団体のみに帰属することになる。したがって，これについての訴訟の当事者適格ももっぱら団体にあり，各構成員にはもはや当事者適格は認められなくなる。このとき，団体が対外的に代表者を通じて訴えを提起しようとするならば，訴えの提起が代表者の権限に属するか否かが問われることになるが，代表者の権限は団体ごとに定められている以上，平成6年判決のいうように，訴えの提起が認められるか否かは当該団体の規律によることとなろう。そして，入会団体の受けた判決の既判力は，あくまで権利の帰属主とされる入会団体にのみ及ぶのであり，それは団体とは切り離された各構成員に及ぶことにはならない。

　平成6年判決の事案においては，従前の入会集団が新たにその財産を管理するために組合を設立していたため，この組合と従前の入会集団との関係が問われ，両者を一応別個の存在と位置づける見解が少なくない。しかし，形式的に新たな組合が設立されたという事実関係が認められても，その組合に妥当する規範や構成員の範囲が従前の入会集団において支配していた慣習と基本的に異ならないならば，かかる設立行為は単に従前の入会集団の慣習を明文化したにすぎず，設立された組合は従前の入会集団の地位をそのまま承継したものと見るべきである。この場合には，両者を殊更に区別する意味はなく，入会団体による訴えの提起のためには，構成員全員の一致による事前の意思決定が必要となる。これに対して，従前の入会集団の構成員全員の関与の下に，従前の慣習とは異なる規約を定め，構成員の範囲も変更する合意が成立していた場合には，これによって，従前の入会集団は，新たに現代的な社団へと再編されたと見るべきであろう。その場合には，再編された入会団体が代表者によって訴えを提起するためには，当該規約において代表の要件とされている事実が存在すればよい。

　平成6年判決の調査官解説によると，当該事案では，X₁組合の訴えの提起について，事前に構成員全員の一致による決議がなされていたという事実があったようであり[71]，ここでは，仮にX₁組合が従前の実在的総合人Xの性質を受け継いでいたとしても，X₁による訴えの提起には支障がなかったといえ

――――――――――――――――――――
[71]　田中・前掲注(30) 397頁。

617

27 入会権をめぐる訴訟の形態について〔古積健三郎〕

る。もっとも，平成 6 年判決は，X₁組合が権利能力なき社団に該当するという判断を下すに際して，同組合では多数決の原理が支配していたとの認定をしており，この事案では，従前の入会集団が現代的な社団へと変容していた可能性が十分にある⒇。

なお，法人格のない現代的な社団が訴訟の当事者適格を有することに関し，あくまで法人格のない社団自体には権利は帰属しないことを前提にした法的構成も有力であるが⒈，少なくとも古典的入会集団が変容した現代的な社団に関しては，入会権ないし所有権が社団自体に帰属し，それゆえに社団自体が当事者適格を持つと見るべきである。なぜなら，民法は，法人法定主義にもかかわらず，実在的総合人としての入会集団に権利が帰属するという従前の慣習を容認している以上，その慣習の変容によって生成された現代的社団にも権利が帰属することは，なお容認されるからである。

Ⅳ　おわりに ── 近時の立法論について

1　本稿においては，入会集団の実在的総合人としての性格，総有という権利の構造，および構成員相互間の義務関係を考慮するならば，入会集団の各構成員は，他の構成員の地位に関しては訴訟担当者としての資格を基礎として入会権に関する対外的な訴訟を提起しえ，他方では，実在的総合人としての入会集団自体も入会権を自己の権利として訴えを提起しうる旨を主張した。同時に，たとえ入会集団の構成員のうち訴えに同調しない者がいるとしても，入会権を対外的に主張する訴訟においては，全入会権者対第三者という二面的な対立構造を維持しうることも強調した。もちろん，構成員のうち入会権の存在を否定する者が現れているときには，入会権を主張する構成員との関係ではさらなる紛争が生じ，これと対外的な訴訟との関連性が問われることにはなるが，一般論としては，第三者に対して入会権を主張する訴えを提起するために，他の構

⒇　調査官解説によれば，新たに設立された X₁組合の規約では，構成員の特別多数決をもって入会権の処分をすることができることになっていたようである。田中・前掲注⒊0
411 頁参照。

⒈　前掲注⒉5最二小判昭和 55 年 2 月 8 日のほかに，坂田宏「当事者能力に関する一考察」
法学 68 巻 1 号（2004 年）1 頁以下，山本・前掲注⒊6 104 頁以下。

Ⅳ おわりに

成員を被告として訴えなければならない必然性は見出しがたい。

　筆者の立場は，訴えの当事者適格ないし共同訴訟の必要性は実体法上の権利の帰属関係によって律せられるべきというものであり，訴訟法学説の伝統的な見解[74]に従ったものである。これに対して，近時の訴訟法学説では，共同訴訟の必要性は紛争の1回的解決という訴訟政策的判断によるべきとしつつ，他方では，必要的共同訴訟における硬直的な取扱いを緩和しようとする見解が有力である[75]。しかし，いずれの立場によっても，入会権に関する対外的訴訟が固有必要的共同訴訟になる点には基本的に変わりがなく，問題は，常にすべての構成員が原告にならなければならないことの不合理にあった。そして，この不合理は，そもそも実体法上の権利関係が十分究明されていない状況で，実体法上の権利関係の一面にのみしばられた結果，生じていたように思えてならない。従来，入会集団が実在的総合人であること，その所有形態は総有であることは触れられながらも，その具体的法律関係が究明されることなく，ただ，構成員全員が一つの権利の帰属主である，という一面のみが強調されていたのではないのか。

　2　最後に，立法論にも一瞥して本稿を閉じることにする。入会集団の構成員の一部による訴訟担当という筆者の構成は，現行法では民法423条の債権者代位権の転用の下に可能となるものである。しかし，債権者代位権の転用という構成は，基本的には，他の救済手段を期待することができない状況において用いられるべき方法であり，実際に，筆者も，抵当不動産の不法占有者に対する明渡請求の問題は，債権者代位権の転用ではなく，抵当権自体の物権的請求権によって処理されるべき旨を主張している[76]。それゆえ，本稿で扱った問題に関しても，立法論としては，他の構成員が訴えに協力する義務を負うと考えられるケースにおいては，その訴訟参加を強制的に実現する制度の構築も考えられよう。平成8年の新民事訴訟法の制定の過程において議論された参加命令制度の案[77]がこれに相当する。かかる制度案は，裁判所から参加の命令を受け

---

(74)　兼子一『新修民事訴訟法体系〔増補版〕』（酒井書店，1965年）384-385頁参照。

(75)　小島・前掲注(2)328頁以下，高橋・前掲注(22)36頁以下。

(76)　古積健三郎『換価権としての抵当権』（弘文堂，2013年）192頁。

(77)　『民事訴訟手続に関する改正要綱試案』（1993年12月）第二当事者（当事者関係後注）3参照。

27 入会権をめぐる訴訟の形態について〔古積健三郎〕

た者が訴訟に参加しない場合には，残余の構成員のみで訴えを提起しうるとしていたところ，他の構成員が非参加者の実体法上の処分権限に干渉しうることの根拠が明らかではないという理由から，最終的にはその採用が見送られたという経緯がある[78]。しかし，古典的入会集団においては，そのような実体法上の権利に干渉しうる根拠，すなわち入会権の維持義務を容認しうる以上，訴えに同調しない者に参加やその代替措置を求める制度を構築することは，十分に可能である。

もっとも，参加命令制度の導入については，なお留意しなければならない問題がある。それは，訴えに同調しない者が入会権の存在を否定している場合には，これを原告側に参加させるのは紛争の実態に適合しないという点である。そこで，むしろここで求められているのは，非同調者に参加を求めることではなく，その参加がなくても訴えの提起を可能にすることだとして，近時では，非同調者に対して訴訟担当の授権を求める手続を導入しつつ，残余の構成員による訴えを適法とする立法案が提示されている[79]。

この新たな立法案は，提訴者は非同調者の地位について訴訟担当者になり，非同調者が，後に翻意してこれに同調することになれば，原告側に共同訴訟参加をし，逆に提訴者の権利を否定する立場をとるならば，被告側に補助参加をすることができるとしており[80]，その点においては筆者の提示した解釈論と共通している。しかし，この立法案が，集団の構成員間の義務関係を探究することなく，かかる授権手続の制度を，固有必要的共同訴訟の不都合を回避するために実体法上の権利関係を部分的に変容させるものとして位置づけ，その射程を入会権のみならず狭義の共有関係の確認訴訟にも及ぼしている点には[81]，疑問を禁じえない。前述のように，狭義の共有においては，各共有者は独立して権利を行使しうるのが原則である以上，共有関係の確認という訴訟の是非自体を検討しなければならない。そのうえで，入会集団においては構成員相互間に入会権を維持する義務関係が存在するために，これに相応する手続的措置も正

---

[78] 竹下守夫＝青山善充＝伊藤眞編『ジュリスト増刊・研究会民事訴訟法』（1999年）47頁［竹下守夫発言］参照。

[79] 三木浩一＝山本和彦編『ジュリスト増刊　民事訴訟法の改正課題』（2012年）24頁以下。

[80] 三木＝山本編・前掲注[79]30-31頁。

[81] 三木＝山本編・前掲注[79]28頁参照。

　　　　　　　　　　　　　　　　　　　　Ⅳ　おわりに

当化されると考えなければならない。そして，筆者は，かかる立法措置の是非
が，最終的には，債権者代位権の転用による法定訴訟担当という解釈論との比
較において議論されることを望んでいる。

　　〔追記〕本稿は 2016 年 5 月に脱稿したものであるが，その後現れた文献には応接すること
　　　　ができなかったことをご海容いただければ幸いである（わずかに，民法改正につい
　　　　ては少しだけ補充した）。

28 不動産抵当権の売却代金への物上代位の可否について
—— 中国物権法の議論を手がかりとして

鄭　芙　蓉

I　はじめに

本稿は，中国物権法の議論を手がかりとして，不動産抵当権の売却代金への物上代位の可否について検討を加えるものである。

1　問題の所在

抵当権の物上代位については，民法 372 条により，民法 304 条が準用されている。民法 304 条 1 項本文では「目的物の売却……によって債務者が受けるべき金銭」とされているため，一見すると，不動産抵当権の売却代金への物上代位が可能のようである。しかし，実際は争いがあり，これを正面から認めた判例は未だ見当たらない[1]。学説では，解釈論として，売却代金への物上代位を肯定すべきであるとする肯定説[2]，売却代金への物上代位を肯定すべきではないとする否定説[3]及び，売却代金債権を類型化して，類型に応じた処理をすべきであるとする類型説[4]の三つの見解がある。そのうち，肯定説が通説であっ

---

(1)　注目すべき判例として，最判昭和 45 年 7 月 16 日民集 24 巻 7 号 965 頁及び最判平成 11 年 11 月 30 日民集 53 巻 8 号 1965 頁がある。前者は仮差押解放金取戻請求権に対する物上代位を肯定した事案であるが，仮差押解放金は仮差押執行の目的物に代わるものと一般的には言えないから，この判例をもって，判例は売却代金に対する物上代位を許す立場を採用したとまで言えない。また，後者は買戻代金債権に対する物上代位を肯定した事案であるが，買戻権行使の結果，抵当権が消滅し，抵当権者が目的不動産に対して追及力を主張し得なくなるから，これを売却代金に対する抵当権の物上代位を肯定した裁判例とするのも必ずしも適当ではない。

(2)　我妻栄『新訂担保物権法（民法講義Ⅲ）』（岩波書店，1968 年）281 頁，柚木馨編『注釈民法(9)（増補再訂版）』（西沢修執筆）（有斐閣，1982 年）55 頁を参照。

『21 世紀民事法学の挑戦』加藤雅信先生古稀記念〔信山社，2018 年 3 月〕　　*623*

28 不動産抵当権の売却代金への物上代位の可否について〔鄭　芙蓉〕

たが，近時，否定説の支持者が増し，次第に通説化する勢いにある[5]。また，立法論としても，否定説が採用されるべきことについては，意見の一致があるように見える[6]。

　否定説の主な根拠は以下の通りである。第1に，動産先取特権の場合は，目的動産が第三者に売却され，引き渡されれば，先取特権は消滅するので，売却代金に物上代位することが必要になってくる。これに対して，抵当権の場合は，抵当権に追及力があり，不動産所有権が第三取得者に移転しても，競売により抵当権の実行をすればよく，売却代金に物上代位権の行使を認める必要性は必ずしもない[7]。第2に，売却代金に対する物上代位を認めると，売買契約の当事者は，抵当権者が追及力を行使するか，物上代位権を行使するかを予測できないため，代金額決定に迷うことになり，そのうえ，複雑な事態が出現して混乱を招く[8]。第3に，抵当権者が売却代金債権に対して抵当権を行使する方法としては，代価弁済という制度が用意されているから，代価弁済によることだけが許され，物上代位を用いることは許されない[9]。第4に，売却代金に抵当権の物上代位を認める立法例は未だない[10]。

　しかし，否定説のように，不動産抵当権の売却代金への物上代位を否定して，抵当権の追及力だけで解決できるとみるのは本当に妥当といえるだろうか。抵

---

(3)　鈴木禄弥『物権法講義〔4訂版〕』（創文社，1994年）205頁，鈴木禄弥「物上代位制度について」同『抵当制度の研究』（一粒社，1968年）118頁，道垣内弘人「抵当不動産の売却代金への物上代位」同『典型担保法の諸相』（有斐閣，2013年）245頁，内田貴『民法III〔第3版〕』（東京大学出版会，2005年）447頁を参照。

(4)　我妻栄編『判例コンメンタールIII（担保物権法）』（清水誠執筆）（日本評論社，1968年）297頁，北川弘治「抵当権付不動産の売買」中川善之助・兼子一監修『不動産法大系II担保〔改訂版〕』（青林書院新社，1971年）294頁，堀内仁「抵当権付不動産の売買」『契約法大系II　贈与・売買』（有斐閣，1962年）175頁を参照。

(5)　北川善太郎『物権〔第3版〕』（有斐閣，2004年）180頁，高橋眞『担保物権法』（成文堂，2010年）117頁，安永正昭『講義　物権法・担保物権法〔第2版〕』（有斐閣，2014年）270頁，柚木馨・高木多喜男編集『新版注釈民法(9)〔改訂版〕』（小杉茂雄執筆）（有斐閣，2015年）49頁，松岡久和『担保物権法』（日本評論社，2017年）57頁を参照。

(6)　我妻・前掲注(2)281頁。

(7)　柚木・高木編・前掲注(5)49頁。

(8)　鈴木・前掲注(3)205頁。

(9)　道垣内・前掲注(3)256頁。

(10)　北川・前掲注(4)294頁。

当権者にしてみると，抵当権実行は煩雑で，合理的価格が実現される保証もないから，追及力一本に限定されてしまうのでは不利であって，物上代位という手段を残しておくべきなのではないだろうか。最近，このように主張して，解釈論としても，立法論としても，否定説を支持しない見解が登場している[11]。また，否定説には積極的な根拠がないから，改説して肯定説を支持するという見解も見られる[12]。私見としても，売却代金に対する物上代位の道を封じてしまうのは早計であると考える。なぜならば，抵当不動産が売却された場合に，追及力・物上代位いずれの道を取るかについての選択権は抵当権者にあるから，抵当権者自身に選んでもらわなければならないと思われるからである。また，抵当権者の第三取得者に対する追及力の内実は売却代金弁済請求権であり，抵当権実行はその履行確保手段にすぎないとすると，追及力の内実は物上代位の内実と同じになるため，追及力を許して，物上代位を許さないのは理由がないではないか。原点に立ち返って，この問題を再検討する必要があると思われる。

2　本稿の検討対象及び方法

　このような問題意識を持って眺めるとき，中国物権法は，格好の素材を提供しているように思われる。2007年に公布・施行された中国物権法は，抵当目的物の譲渡について，次のように規定している。すなわち，「①抵当権設定者が抵当権の存続期間中に，抵当権者の同意を得て，抵当目的物を譲渡するときは，抵当権設定者は譲渡により取得した売却代金を，抵当権者への弁済期到来前の弁済，または供託に用いなければならない。譲渡により取得した売却代金が被担保債権額を超える部分は，抵当権設定者に属する。不足する部分は，債務者が弁済する。②抵当権設定者は，抵当権者の同意を得なければ，抵当権の存続期間中に抵当目的物を譲渡することができない。ただし，譲受人が債務者に代わって債務を弁済して，抵当権を消滅させた場合は，この限りでない」（物権法191条[13]）。

　詳細な検討は後に譲るが，見方によっては，中国法は不動産抵当権の売却代

---

(11)　米倉明「売却代金債権に対する物上代位の可否 —— 抵当権に基づく場合」法学雑誌
　　tatonnement 9 号（2007 年）1 頁以下。

(12)　近江幸治『民法講義Ⅲ　担保物権〔第 2 版補訂〕』（成文堂，2007 年）59 頁。

(13)　以下特別な断りがない限り，（　）の中の法律は中国の法律のことを指す。

金への物上代位を認めているともいえる。もしこの見方が成立するならば，中国法と日本法は，標題の問題について，正反対の態度を取っていることになる。中国の法制度はどのような経緯で形成され，実際どのように運用され，そこにはどのような議論があるだろうか。これらの問題を検討することを通じて，日本法への有益な示唆を引き出しうると考えるため，本稿は中国法を比較の素材とする。なお，中国法を考察する際に，次の検討方法を取り入れている。第1に，不動産抵当権制度の全体像を明らかにした上で，個別問題に入る方法である。第2に，法制度の変遷を概観し，歴史的な流れの中で法制度を検討する方法である。第3に，制定法のレベルにおいてだけではなく，裁判実務のレベルにおいても，法制度を考察する方法である。

3　本稿の構成

本稿の構成は次のとおりである。まず中国不動産抵当権制度を概観し，中国不動産抵当権制度の全体像を明らかにする。次に，中国における抵当不動産の譲渡の規定を，制度の変遷・裁判実務・学説という三方面から立体的に考察し，中国法が不動産抵当権の売却代金への物上代位を肯定した理由を明らかにする。最後に，中国法からの示唆をもとに日本法を検討する。

Ⅱ　中国不動産抵当権制度の概観

1　不動産抵当権制度の変遷

中国には，民法典がまだ存在していない。過去3度にわたり民法典の起草作業が行われたが，様々な原因によりそれぞれ中断された[14]。2001年WTO加盟後，民法典の第4回目の編纂計画が本格的に開始された。計画では，当時の現行法が欠けていた物権法，人格権法，不法行為法および渉外民事関係の法律適用法という4つの法律を制定し，その後，現行単行法を民法典に統合すること

---

[14]　中国民法典編纂の歴史について詳しくは，鈴木賢「中国における民法通則制定とその背景」法律時報60巻3号70頁以下，5号66頁以下，6号67頁以下（いずれも1988年）を参照。

[15]　物権法は2007年3月に公布され，2007年10月1日から施行された。不法行為法は2009年12月に公布され，2010年7月1日から施行された。渉外民事関係法律適用法は2010年10月に公布され，2011年4月1日から施行された。

Ⅱ　中国不動産抵当権制度の概観

になっている。2007 年から 2011 年にかけて，物権法，不法行為法，渉外民事
関係法律適用法が順次に制定され[15]，民法総則も 2017 年 3 月に採択された[16]。

　現行法では，担保制度に関する根拠法は，1987 年 1 月 1 日に施行された民
法通則，1995 年 10 月 1 日に施行された担保法，そして 2007 年 10 月 1 日に施
行された物権法という三層構造となっている。この三層構造の形成経緯は次の
通りである。

　民法通則[17]は中国の民事基本法として担保制度を定めている（民法通則 89
条）が，その規定は抽象的，原則的なものであるため，ほとんど機能していな
かった。当時，一部の法律には不動産抵当権に関する規定があったが，全面的
なものではなかった。また，不動産抵当権を定める地方法規もあったが，地方
ごとに内容が異なるという問題点があった。そこで，1995 年に担保法が制定
され，初めて担保に関する統一的な中央レベルの法律が制定された[18]。そして，
2001 年に，最高人民法院は「担保法の適用に関する若干問題への解釈」[19]を公
布し，担保法の規定をさらに具体化した。これにより，中国の不動産抵当権制
度は一応確立された。

　ところが，担保法は人的担保（保証・手付金）と併せて，物的担保（抵当権・
質権・留置権）に関する初歩的な規定を定めたにすぎず，法体系上の欠陥や条

⒃　近年の中国民法典の制定について，詳しくは梁慧星（渠涛訳）「中国民法典の制定」ジュ
　　リスト 1359 号（2008 年）134 頁以下，王晨「中国民法典の編成をめぐる論争」JCA ジャー
　　ナル 59 巻 7 号（2012 年）66 頁以下，王晨「中国民法典の編纂と総則編立法」JCA ジャー
　　ナル 63 巻 2 号（2016 年）72 頁以下を参照。

⒄　民法通則は完全な民法ではなく，また民法総則とも異なる。これには，日本民法の物
　　権編に入っている所有権に関する規定，債権編に含まれている契約違反や不法行為に関
　　する規定，さらに知的財産権，人格権，渉外民事関係に関する規定まで盛り込まれてい
　　る。民法通則の邦訳は，小川竹一ほか共訳法律時報 58 巻 9 号（1986 年）70 頁以下を参
　　照。

⒅　担保法の概要については，森川伸吾「中国における担保法の制定」国際商事法務 23
　　巻 10 号（1995 年）1105 頁以下，村上幸隆「中国担保法とその問題点⑴⑵」JCA ジャー
　　ナル 43 巻 4 号 10 頁以下，5 号 20 頁以下（1996 年），曽我貴志「中国担保法の重要問題
　　（上）（下）」NBL589 号 26 頁以下，591 号 49 頁以下（1996 年）を参照。

⒆　これについては，江口拓哉「『担保法』適用に関する若干問題の解釈について」国際
　　商事法務 29 巻 3 号（2001 年）330 頁以下を参照。

⒇　物権法の概要については，拙著（松岡久和と共著）「中国物権法成立の経緯と意義」ジュ
　　リスト 1336 号（2007 年）38 頁以下，田中信行・渠涛編集『中国物権法を考える』（商
　　事法務，2008 年）を参照。

627

文の不足が指摘されていた。そこで，物権法[20]においては，第4編合計71条をもって，担保物権の一般規定，抵当権，質権及び留置権[21]に関する各規定を設けることにより，担保物権制度の体系化が実現された。なお，当初の予定では，物権法制定後，担保法の物的担保に関する規定を廃止することになっていたが，実現できなかったため，担保法は現時点においても有効に存続している。物権法と担保法との関係については，担保法の規定との間に齟齬がある場合は，物権法の規定を優先すると規定されている（物権法178条）。

2 不動産抵当権制度の特徴

日本の不動産抵当権と比較すると，中国の不動産抵当権は，以下の点において特徴的である。

(1) 抵当目的物の範囲

中国では，抵当権の客体となる財産と，抵当権の客体とならない財産が具体的に定められている（物権法180条，184条）。具体的にみると，その特徴とは，

第1に，土地所有権には抵当権を設定することができない。土地については，国有と集団所有しか認められておらず，私人が土地を所有できないからである。

第2に，敷地利用権への抵当権設定は中国において，重要な意味を有する。日本民法では不動産のほか，地上権や永小作権も抵当目的物として認められているが，例はほとんどない。しかし，中国では，土地所有権は原則として私人に認められておらず，土地の利用は土地利用権の形態を採らざるをえないため，敷地利用権への抵当権設定は中国において重要な意味を有する。

第3に，建築中の未完成建物が抵当目的物として認められている。この制度は，融資の需要により，90年代に香港から中国大陸に導入され，二つの形態があるといわれている[22]。一つは建築中の工事に抵当権を設定する場合である。もう一つは青田売りの建物に抵当権を設定する場合である。しかし，いずれの

---

[21] 担保物権の類型については，先取特権・不動産質権は第1審議稿から存在していない。譲渡担保権は第3審議稿の段階で削除された。削除の理由としては，動産抵当権の設定が可能であること（物権法180条1項5号〜7号），抵当権の私的実行が可能であること（物権法195条）が挙げられている。詳しくは，全人大常務委員会法制工作委員会民法室編『物権法の立法背景及び見解の全集』（法律出版社，2007年）27頁を参照。

[22] 詳しい内容は，段匡「シンポジウム 担保法の国際的動向 ── 担保制度の多様性と共通性をめぐる比較研究（中国法）」比較法研究77号（2015年）89頁以下を参照。

Ⅱ　中国不動産抵当権制度の概観

形態にせよ，建築中の建物はまだ完成していないので，抵当権の客体になれないはずである。実務も，建物が完成するまでは，建物の登記簿がないので，登記機関が建設工事請負契約または青田売り売買契約に抵当権設定の事実を記載・登録し，これにより抵当権の効力が発生すると対処している。ゆえに，中国では，未完成建物を担保として融資することは抵当権設定の一種と考えられているが，実際それは債権（建設工事請負契約における注文者の請求権あるいは，青田売り売買契約における買主の請求権）を担保に取ることに過ぎないため，債権質または債権譲渡担保であると言わなければなければならない[23]。

　第4に，土地の上に建物がある場合は，建設用地使用権又は建物だけに抵当権を設定することができない（物権法182条1項）。中国では，土地と建物は別の不動産であるが，両者が物理的に一体をなしているため，譲渡または抵当権設定の場合は，両者を一体として処分しなければならないとされている[24]。抵当権設定場面における処分一体性の規律は，法定地上権のような複雑な問題を避けることができ，一定の意義があるが，譲渡場面における処分一体性の規律（物権法146条・147条）は，所有権に対する過度な制約になるのではないかという問題がある。

(2) 抵当権設定登記の効力

　単純化・統一化した日本物権変動法制とは異なって，中国物権法は，不動産抵当権設定登記と動産抵当権設定登記の効力を区別して規定している。すなわち，不動産抵当権の設定登記が抵当権の効力要件となるが（物権法187条），動産抵当権の設定登記は善意の第三者に対する対抗要件となる（物権法188条）。抵当権設定登記に2つの異なる効力を付与し，2つの物権変動システムを同時に採用しているのは，中国物権法の重要な特徴である。これは異質な法規定を異なる時期に継受した結果であり，物権法制定前にすでに存在したが[25]，物権

---

[23]　同様の見解を示すものとして，張双根「青田売り商品住宅における仮登記制度に対する質疑」清華法学2014年第2期68頁以下を参照。

[24]　詳しくは拙著『中国物権変動法制の構造と理論──日本法との双方向的比較の視点から』（日本評論社，2014年）39頁以下を参照。

[25]　物権法制定前では，登記効力要件主義を採るのが一般であったが（1986年の土地管理法，1994年の不動産管理法），対抗要件主義を採る法律も少なくなかった（1993年の海商法，1995年の民用航空法，1995年担保法）。詳しい内容は，拙著・前掲注[26]79頁以下を参照。

629

法は若干の修正を加えて，それを追認した。

(3) 抵当権の実行方法

中国では，次のような抵当権実行方法が採用されている。すなわち，弁済期が到来した場合には，抵当権者は抵当権設定者との協議により，目的物を評価買取し，または競売もしくは任意売却により得られた売却代金から優先弁済を受けることができる。協議が整わないときは，抵当権者は，人民法院に競売または任意売却を請求することができる。なお，評価買取，任意売却の場合は，市場価格を参照しなければならない（物権法195条）。①設定者との協議を前提とすること，②競売のほかに，私的実行が認められているのは，中国抵当権の実行方法の特徴である。

III 中国における抵当不動産の譲渡の規定

以上，中国不動産抵当権制度の全般について，日本法と比較しながらその特徴を示した。以下では，中国における抵当不動産の譲渡の規定について，制度の変遷，裁判例，学説から考察し，その全貌を明らかにする。

1 制度の変遷
(1) 民法通則に関する司法解釈[26]の規定（1988年）

民法通則には，抵当不動産の譲渡に関する規定は用意されなかった。抵当不動産の譲渡について初めて規律したのは，最高人民法院が公布した「中華人民共和国民法通則を貫徹執行する上での若干の問題についての意見」（以下，「88年司法解釈」という）である。その115条は，「抵当目的物は抵当設定者自身によって占有・保管されている場合は，抵当設定期間内に，債権者の同意がなければ，抵当設定者が当該抵当目的物を第三者に譲渡したとき，または抵当され

---

[26] 中国では，最高人民法院及び最高人民検察院には，それぞれの活動に関わる範囲で法律解釈権が付与されている。最高人民法院が公布した司法解釈及び指示は，下級人民法院と専門人民法院（軍事法院・海事法院・鉄道法院）に対して拘束力があり，裁判所の法令適用につき重要な役割を果たしている。これを法源としてとらえるか否かについて見解が分かれているものの，実際には様々な成文法の不在や欠落を穴埋めたり，政策との矛盾を調整するため事実上の法改正を行うなど，立法的な機能を代替する役割を果たしていると言われている。

ている部分について再び抵当を設定したときは，その行為は無効である」と定めた。

当時の中国においては，質と抵当の概念はまだ分離されておらず，88年司法解釈も，抵当という概念を，質権と抵当権の両者を含む約定物的担保の総称として用いていたため，規定には「抵当目的物は抵当設定者自身によって占有・保管されている場合」という文言があった。また，88年司法解釈では，抵当権者の同意は抵当目的物譲渡の有効要件とされており，抵当権者の同意がない場合は，抵当目的物譲渡の有効性が否定されていた。

(2) 担保法の規定（1995年）

抵当不動産の譲渡について，担保法は次のように規定している。すなわち，「①抵当設定期間内において，抵当権設定者が登記済みの抵当目的物を譲渡する場合，譲渡する旨を抵当権者に，抵当目的物に抵当権が設定されている旨を譲受人にそれぞれ通知しなければならず，それを怠ると譲渡行為は無効である。②抵当目的物の譲渡対価が明らかにその価値を下回る場合には，抵当権者は増担保の提供を抵当権設定者に要求することができ，その提供がない場合には譲渡をすることができない。③抵当権設定者は，抵当目的物を譲渡することによって得た売却代金を，抵当権者への弁済期到来前の弁済，または第三者への供託に用いなければならない。売却代金が被担保債権額を上回る場合は，超過部分は抵当権設定者が取得するが，下回る場合は，不足部分を債務者が支払う」（担保法49条）。

88年司法解釈に比べると，担保法の規定は，次の点において，重要な発展がみられる。第1に，担保法は抵当権者及び第三取得者への通知をもって抵当目的物を譲渡できると認めた。担保法は88司法解釈の立場を変更し，抵当目的物譲渡の有効要件を，抵当権者の同意から抵当権者及び第三取得者への通知と緩和した。抵当権者に対する通知が要求されるのは，抵当物の売却代金を原則として抵当権の被担保債権の弁済に用いなければならず，抵当権設定者は低い価格での抵当物処分に対して，抵当権者は増担保の差入れを要求できるという制度は，担保法に採用されているからである（担保法49条2項を参照）。それに対して，第三取得者に対する通知が要求されるのは，当時，公示制度としての登記制度がまだ整備されておらず[27]，第三者が登記によって抵当権の存在を知り得ない場合もあるからである。第2に，担保法は，抵当目的物の譲渡が

債務の弁済とそれに伴う債権・抵当権の消滅を惹起することを明確に定めた。88 年司法解釈では，抵当目的物譲渡後の抵当権の処遇は不明であったが，担保法は初めてそれを明確にした。

(3) 担保法に関する司法解釈の規定（2003 年）

担保法に関する司法解釈の 67 条は，次のように規定している。すなわち「①抵当権存続期間中に，抵当権設定者が抵当目的物を譲渡する際に，抵当権者または第三取得者に通知しなかった場合は，抵当権がすでに登記されているときは，抵当権者は依然として抵当権を行使することができる。抵当目的物を取得した第三取得者は，債務者の代わりに債務を全部弁済し，抵当権を消滅させることができる。第三取得者が第三者弁済をした後，抵当権設定者に対して求償することができる。②抵当権が登記されていないときは，抵当権者は第三取得者に対抗することができない。抵当目的物の譲渡が抵当権者に損害をもたらした場合は，抵当権設定者がその損害を賠償する責任を負う。」

担保法と比較すると，担保法に関する司法解釈は，次の点において変化が見られる。第 1 に，抵当権の追及力が初めて明文で規定された。すなわち，抵当権設定者が抵当目的物を譲渡する際に，抵当権者または第三取得者に通知しなかった場合は，抵当権がすでに登記されているとき，抵当権者は依然として抵当権を行使することができる。第 2 に，第三取得者の利益を図る規定が初めて定められた。抵当権の追及力を認めると，抵当権者と第三取得者の利益を図る必要性が生じるため，担保法に関する司法解釈は初めて第三者弁済の規定を定めた。すなわち，抵当目的物を取得した第三取得者は，債務者の代わりに債務を全部弁済し，抵当権を消滅させることができる。第三取得者が第三者弁済をした後，抵当権設定者に対して求償することができる。

(4) 物権法の規定（2007 年）

2007 年に物権法が公布・施行された。抵当目的物の譲渡については，物権法は次のように規定している。すなわち，「①抵当権設定者が抵当権の存続期間中に，抵当権者の同意を得て，抵当目的物を譲渡するときは，抵当権設定者は譲渡により取得した売却代金を，抵当権者への弁済期到来前の弁済，または供託に用いなければならない。譲渡により取得した売却代金が被担保債権額を

⑵⑺　当時の登記制度の立法状況については，拙著・前掲注⒇ 97 頁以下を参照。

Ⅲ　中国における抵当不動産の譲渡の規定

超える部分は，抵当権設定者に属する。不足する部分は，債務者が弁済する。②抵当権設定者は，抵当権者の同意を得なければ，抵当権の存続期間中に抵当目的物を譲渡することができない。ただし，譲受人が債務者に代わって債務を弁済して，抵当権を消滅させた場合は，この限りでない」（物権法191条）。

　物権法は，「抵当目的物の譲渡が債務の弁済と抵当権の消滅を惹起する」という点と「第三取得者が第三者弁済をして，抵当権を消滅させることができる」という点において，担保法および担保法に関する司法解釈の立場を踏襲したが，抵当目的物譲渡の有効要件に関しては，物権法は抵当権者の同意を要件とし，担保法および担保法に関する司法解釈の立場から大きく後退して，民法通則に関する司法解釈の時代に戻ったといえる。立法者によると，抵当権者の同意が再び抵当目的物譲渡の有効要件とされたのには2つの理由がある[28]。

　第1に，この制度は，抵当目的物譲渡におけるさまざまなリスクから抵当権者及び第三取得者を保護し，抵当権による債権回収の確実性を高めることができるという点である。すなわち，抵当目的物の自由譲渡を認めると，抵当権者の債権回収のコストが増加してしまうため，抵当権者の利益を確実に保護し，同意なしの抵当目的物の譲渡を禁止する必要がある。また，抵当権目的物の自由譲渡を認めた場合，第三取得者が後日抵当権者に追及されたとき，第三取得者が抵当目的物の所有権を失い，抵当権設定者からも代金を取り戻せない可能性がある。それに対して，抵当権の同意を抵当目的物譲渡の有効要件とした場合は，抵当権者の同意により，債務の弁済と抵当権の消滅という効果が発生するため，第三取得者が抵当権者に追及される可能性はなくなる。ゆえに，第三取得者を保護するためにも，抵当権の同意を抵当目的物譲渡の有効要件とする必要がある。

　第2に，担保法における抵当目的物譲渡の規定はうまく機能しなかったという点である。すなわち，担保法では，抵当権者及び譲受人への通知さえあれば，抵当権設定者が自由に抵当目的物を譲渡することができ，抵当目的物の譲渡対価が明らかにその価値を下回り，しかも，抵当権設定者が増担保を提供しなかった場合のみ，抵当権者が抵当目的物の譲渡を禁止することができるとされていた。しかし，抵当目的物の価値は市場によって絶えず変化し，担保法の規

---

[28]　胡康生『中華人民共和国物権法釈義』（法律出版社，2007年）418頁を参照。

定では，抵当権者は追及力・物上代位いずれの選択をするかは不明確であるため，取引の安全が害される可能性がある。すなわち，譲渡時に抵当目的物の譲渡対価が市場価格を超え，抵当権者が物上代位を選択したが，実行時に不動産価格が上昇し，抵当目的物の譲渡対価が明らかに市場価格を下回るようになったとき，抵当権者が自分にとって有利な追及力を選択するはずである。また，譲渡時に抵当目的物の譲渡対価が明らかに市場価格を下回り，抵当権者が追及力を選択したが，後に不動産価格が下落し，抵当目的物の譲渡対価が市場価格を超えるようになったとき，抵当権者が自分にとって有利な物上代位を選択するはずである。いずれの場合も第三取得者の権利が侵害されているのは明らかである。取引の安全のために，最初の段階で抵当権者に追及力か物上代位かを選択してもらう必要があるが，抵当権者に譲渡の同意権を与えるのは有効な方法である。なぜならば，抵当権者が自らの意思に基づいて物上代位または追及力を選択した以上，たとえ不足があったとしても，もう一つの選択肢に訴えることを封じることができるからである。

2 判 例

中国法は日本法と同様，裁判例に法的拘束力を持たせていないが，司法の統一性と公平性に鑑み，「最高人民法院公報」に掲載された裁判例は下級人民法院に対して事実上の拘束力を有すると一般的にされている。「最高人民法院公報」に掲載された2件の裁判例を紹介する。

(1) 最高人民法院2008年12月23日判決[29]

X会社が，Z銀行から5000万元を借り入れ，Zのために土地使用権甲に抵当権を設定した。その後，Xが「Zに債務を返済し，Zの抵当権を消滅させる」ということをY会社に約したうえ，土地使用権甲をY会社に譲渡したが，この譲渡については，XがZの同意を得ていなかった。また，Yへの移転登記も行わなかった。地価が上昇し，Xが翻意して，XYの売買契約は抵当権者Zの同意を得ていないことを理由として，XYの売買契約の無効を求めて，訴えを提起した。

第1審では，XがXYの売買契約についてZの同意を得なかったため，XY

(29) 最高人民法院 (2008) 民一終字第122号判決。

634

の売買契約が無効であり，Ｘには契約締結上の過失責任があるとして，Ｘが
Ｙに対して７万9320元の損害賠償義務を負うとされた。Ｙが第１審の判決を
不服として，控訴した。第２審では，物権法191条２項本文が規定しているの
は抵当権設定者と第三取得者の売買契約ではなく，抵当権設定者と第三取得者
の間の物権変動であると解釈され，ＸＹ間に物権変動は生じないが，ＸＹ間の
売買契約は有効であり，Ｘには債務不履行責任があるとして，438万元の損害
賠償義務を負うと判断された（中国は２審終審制を採用している。第２審は最終
審である）。

(2) 最高人民法院2014年５月30日判決[30]

Ｙ会社とＸ会社が建設工事請負契約を締結し，Ｘが建物甲を完成して，Ｙ
に引き渡した。Ｙが，Ｚ銀行から400万元を借り入れ，Ｚのために建物甲に抵
当権を設定した。ところがその後，ＹがＸに工事代金を支払わなかったため，
Ｙが代物弁済として建物甲をＸに譲渡したが，ＸＹ間の代物弁済については，
ＹはＺの同意を得ていなかった。また，Ｘへの移転登記も行わなかった。そ
の後，ＹがＺに弁済できず，Ｚが抵当権を実行したが，Ｘがそれに対して執
行異議を申し立てた。

第１審，第２審はともに，物権法191条２項本文は，抵当権設定者と第三取
得者の売買契約について定めるものではなく，抵当権設定者と第三取得者の間
の物権変動について定めるものであると解釈し，本件では抵当権者Ｚの同意
がないため，ＸＹ間の代物弁済契約は有効であるが，ＸＹ間の物権変動は生じ
ないとして，Ｘの執行異議を退けた。

以上のように，物権法191条２項は抵当権設定者と第三取得者の売買契約に
ついて定めたものではなく，両者間の物権変動について定めたものであるとい
う見解は，裁判実務でかなり広範に受け入れられていると考えられる。このよ
うに解釈するメリットは，第三取得者の保護である。抵当不動産売買契約を無
効にすると，第三取得者は抵当権設定者に対して契約締結上の過失責任を追及
することしかできないが，抵当不動産売買契約を有効とすれば，第三取得者は
抵当権設定者に対して債務不履行責任を追及することができる[31]。

---

[30] 最高人民法院（2013）民提字第207号判決。

635

3 中国物権法191条をめぐる学説上の議論

中国物権法の191条に関しては，学説において，次の3つの問題が主に争われている。第1は，物権法191条1項における抵当権者の同意をどう解すべきかである。第2に，抵当権者の同意を得なかった抵当目的物譲渡契約の効力をどう解すべきかである。第3に，物権法191条2項ただし書をどう理解すべきかである。

(1) 抵当権者の「同意」をめぐる議論

抵当権者の「同意」をどう解すべきかについては，処分同意説，物上代位同意説，追及力放棄説の3つの学説がある。

第1に，処分同意説[32]。従来の通説である。この説は，抵当権者の「同意」とは抵当目的物の処分の同意であり，抵当権者の同意がある場合は抵当目的物の譲渡が有効であるが，抵当権者の同意がない場合は，抵当目的物の譲渡が無効であると解する。このように解釈する理由としては，抵当権者の利益を確実に保護すること，取引の安全と秩序を維持することが挙げられている。

第2に，物上代位説[33]。最近の有力説で，この説は物権法191条1項第1文後段の「抵当権設定者が売却代金を期限前の支払いまたは供託に用いなければならない」という部分を重要視して，抵当権者の「同意」とは物上代位の承諾であると解釈する。すなわち，抵当権者の同意があれば，抵当権者が売却代金への物上代位権を取得するが，抵当権者の同意がなければ，抵当権者が売却代金への物上代位権を取得せず，第三取得者に対して抵当権を主張するしかできない。このように解釈すれば，抵当権者の利益を確実に保護することができるだけではなく，処分同意説の理論的な難点，すなわち，抵当権者が抵当目的物

---

(31) 二つ構成の差はかなり大きい。前述した最高人民法院2008年12月23日裁判例の第1審の損害賠償額（契約締結上の過失責任構成説）と第2審の損害賠償額（債務不履行責任構成説）を比較。

(32) 胡・前掲注(28)418頁，王勝明「物権法制定過程におけるいくつかの重要問題」法学雑誌2006年第1期35頁以下，王利明「抵当財産譲渡の法律規制」法学2014年第1期109頁，冉克平「抵当不動産譲渡の法律効果を論じる」当代法学2015年第5期72頁以下を参照。

(33) 許明月「抵当権物譲渡制度の立法欠陥及び司法解釈による救済——物権法191条の評価について」法商研究2008年第2期65頁，葉鋒「抵当不動産譲渡の規則に関する考察と構築」上海政法学院学報2015年第2期47頁以下，仲偉行・張燕「抵当物売却代金への物上代位を論じる」法律適用2010年第12期37頁以下を参照。

Ⅲ　中国における抵当不動産の譲渡の規定

の処分権を有しないことを回避することができると説明されている。

第3に，追及力放棄説[34]。少数説で，抵当権者の「同意」とは追及力放棄の承諾であると解釈する。すなわち，抵当権者の同意がある場合は，第三取得者が抵当権負担なしの不動産所有権を取得し，抵当権者が抵当権設定者に対して売却代金の優先弁済のみを主張できるが，抵当権の同意がない場合は，第三取得者が抵当権負担のある不動産所有権を取得し，抵当権者が第三取得者に対して抵当権を主張する。根拠としては，取引安全を保護すること，処分同意説の理論的な難点を回避することが挙げられている。

(2) 同意なしの抵当目的物譲渡契約の効力をめぐる議論

抵当権者の同意なしの抵当目的物譲渡契約の効力をめぐっては，売買契約無効・物権変動無効説，売買契約有効・物権変動無効説，売買契約有効・物権変動有効説という3つの学説がある。

第1に，売買契約無効・物権変動無効説[35]。この説は抵当権者の同意を抵当不動産売買契約の効力要件であると解し，抵当権者の同意がなければ，抵当不動産の売買契約が無効であり，抵当不動産の物権変動も生じないとする。この説では，抵当権者の同意がなければ，第三取得者は抵当権設定者に対して契約締結上の過失責任を追及することしかできず，第三取得者に対する保護は不十分であるため，現在はあまり支持されていない。

第2に，売買契約有効・物権変動無効説[36]。裁判実務[37]・登記実務[38]で採用され，現在最も多くの支持を得ている学説である。この説によると，抵当権者の同意は抵当不動産の売買契約の効力要件ではなく，抵当不動産の物権変動の効力要件である。抵当権者の同意を得ずに抵当不動産を売却した場合は，抵当

---

(34)　高聖平・王琪「抵当不動産譲渡の規則に関する解釈論」法律科学2011年第5期116頁以下。

(35)　楊明剛『新物権法 —— 担保物権の適用に関する解説及び典型事件の評釈』(法律出版社，2007年) 118頁を参照。

(36)　翟雲嶺・劉耀東「抵当権における滌除制度を論じる —— 物権法191条2項の解釈を中心として」法治研究2014年第9期38頁，王・前掲注(32)110頁以下，陳永強・王建文「抵当物譲渡の法律効果を論じる」政治と法律2009年第9期72頁以下，冉・前掲注(32)75頁。

(37)　前掲最高人民法院2008年12月23日の裁判例，最高人民法院2014年5月30日の裁判例を参照。

(38)　土地登記弁法43条，家屋登記弁法34条。

不動産の売買契約は無効にならないが，抵当不動産の物権変動が生じない。抵当権目的物の売買契約の有効性を認め，第三取得者の権利を確実に保護する点でこの説は評価されるが，「抵当権者の同意をめぐる議論」では，この説は処分同意説を採用しているため，抵当権者が抵当目的物の処分権を有しないという理論的な難点を依然として抱えていると言わなければならない。

第3に，売買契約有効・物権変動有効説[39]。日本法の理解に一番近い見解であり，中国の少数説である。この説によると，物権法191条2項本文の規定はただの取締規定に過ぎず，抵当権者の同意は抵当不動産の売買契約の効力要件でも，抵当不動産の物権変動の効力要件でもない。抵当権が設定された場合，抵当権設定者が自由に抵当不動産を処分することができ，第三取得者は抵当権負担のある不動産所有権を取得する。なお，「抵当権者の同意」を如何に解釈するかに関しては，この説では，物上代位説を取るものもあれば，追及力放棄説を取るものもある。

(3) 物権法191条2項ただし書をめぐる議論

物権法191条2項ただし書は「譲受人が債務者に代わって債務を弁済して，抵当権を消滅させた場合は，この限りでない」をどう解するかについて，2つの学説がある。

第1に，抵当権消滅請求説[40]。従来の通説は，物権法191条2項ただし書は第三取得者の抵当権消滅請求を定めていると考えていた。すなわち，抵当不動産につき所有権を取得した第三取得者は，抵当権者に対し，被担保債権額を支払うことによって，抵当権を消滅させることができるということである。しかし，最近では，この説は次のように批判されている。抵当権消滅請求というのは，第三者が抵当権負担のある不動産所有権を取得した場合に，抵当権負担を消滅させるために設けられた制度である。しかし，抵当権消滅請求説では，抵当権者の同意について処分同意説を採用しているため，抵当権者の同意がなければ，抵当目的物の物権変動が生じないから，第三者が抵当権負担のある不動

---

(39) 劉貴祥・呉光栄「抵当権者同意なしの抵当物譲渡の効力を論じる」比較法研究2013年第5期58頁以下，高・王・前掲注(34)116頁以下，葉・前掲注(33)49頁以下を参照。

(40) 孫憲忠『中国物権法 —— 原理釈義及び立法解説』（経済管理出版社，2008年）464頁，崔健遠『物権：規範及び学説 —— 中国物権法の解釈論を中心として（下巻）』（清華大学出版社，2011年）806頁，王・前掲注(34)113頁。黄松有編『中華人民共和国物権法条文理解と適用』（人民法院出版社，2007年）573頁を参照。

産所有権を取得することができず，抵当権消滅請求が適用されないはずである。

第2に，代位弁済説[41]。物権法191条2項ただし書は抵当権消滅請求ではなく，第三取得者の代位弁済を定めているとする見解であり，有力説である。この説によると，第三取得者は，利害関係を有する第三者として被担保債権額を弁済し，それにより抵当権の負担のない不動産を取得する。なお，代位弁済の規定が物権法で規定されている理由については，中国には債権総論がまだ存在しないため，物権法で代位弁済が規定されたからであると説明されている。

(4) 若干の検討

以上の議論を踏まえて，物権法に対する私見を述べてみたい。第1に，抵当権者同意の解釈については，物上代位説を支持する。処分同意説は，弁済期到来前に抵当目的物の「処分権」が抵当権者にある理由を説明できないため，支持できない。また，追及力放棄説についても，次の理由で支持できない。すなわち，抵当権者の同意を追及力放棄の承諾であると解釈すると，抵当権者側に同意のインセンティブがなくなり，抵当目的物の譲渡について抵当権者が同意しないケースが増えてしまう可能性があるからである。物上代位説を支持する理由は2点ある。まずは，抵当権者の同意を物上代位の承諾と解釈することが，取引慣行に合致している点である。抵当権の負担の付いている不動産を売買するに当たって，売主・買主は抵当権者とよく協議を尽くして，抵当権者が追及力・物上代位のいずれを選択するかについて明らかになってから，取引されるのが一般的である。次は，抵当権者の同意を物上代位の承諾と解釈することは，取引安全に寄与する点である。売主・買主・抵当権者の三者で話合いを尽くして，抵当権者が売却代金への物上代位に承諾した場合は，抵当権者が後になって方針を変えて追及力を主張することが考えられないため，売買契約の当事者が安心して，売却代金額を目的不動産の時価として一義的に決めることができる。これに対して，三者間で話合いをした結果，抵当権者が売却代金への物上代位に承諾しなかった場合は，第三取得者が代位弁済という道を選択しなけれ

---

(41) 孫鵬・王勤労・范雪飛『担保物権法原理』（中国人民大学出版社，2009年）261頁，廖焕国「我が国における抵当不動産譲渡の制度について」法学2009年第4期139頁以下，高・王・前掲注(34)118頁以下，翟・劉・前掲注(36)39頁，曹士兵『中国の担保制度及び担保方法』（中国法制出版社，2015年）267頁，冉・前掲注(32)72頁，葉・前掲注(33)43頁以下を参照。

ばならないため，売買契約の当事者が売却代金額を目的不動産の時価から被担保債権を控除した金額として一義的に決めることができる。

第2に，抵当権者の同意なしの抵当不動産売買契約の効力については，売買契約は有効，物権変動も有効であると考える。抵当目的物の処分権は抵当権設定者にある以上，抵当権設定者が自由に抵当目的物を処分することができるはずである。また，抵当権者の同意とは物上代位の承諾であると解釈すると，抵当権者の同意がない場合は，物上代位が発生しないだけであって，それ以上の効果は生じないと考えられる。

第3に，物権法191条2項ただし書の解釈については，代位弁済説でよいと考える。この説は物権法191条2項ただし書をもっとも忠実に解釈しているからである。また，抵当権消滅請求のメリットとは，不動産の評価額が抵当権の被担保債権額に満たないときに，第三取得者が一定額を支払うことによって，当該不動産上の抵当権を消滅させうることであるが，物権法191条2項では，第三取得者が被担保債権の全額を支払わなければならないため，抵当権消滅請求と解釈しても，メリットはないと思われる。

このように，私見では，抵当不動産の譲渡に関する中国物権法191条は次のように理解することができると思われる。すなわち，「①抵当不動産を売却する場合は，抵当権設定者は抵当権者と協議をしなければならない。抵当権者が売却代金への物上代位に承諾した場合は，抵当権設定者は売却代金を弁済または供託に用いなければならない。売却代金が被担保債権額を超える部分は抵当権設定者に属する。不足する部分は，債務者が弁済する。②抵当権者が抵当不動産の売却を知らない，あるいは売却代金への物上代位に承諾しない場合は，抵当権者が抵当権の追及力を主張することができる。ただし，第三取得者が債務者に代わって債務を弁済して，抵当権を消滅させた場合は，この限りでない」。

IV 結 び

以上，中国法における抵当不動産の譲渡をめぐる議論を紹介し，検討を加えてきた。では，中国法が，日本法へどのような示唆をもたらし得るか。日本法における議論を検討した上で，中国法からの示唆を考える。

IV 結 び

1 日本法の議論に対する検討

「問題の所在」で示したように，不動産抵当権の売却代金への物上代位の可否については，学説上，肯定説，否定説及び類型説の三つの見解がある。

(1) 物上代位肯定説

肯定説は，民法372条・304条の明文の規定が存在し，そのうえ，抵当権者があえて物上代位権を行使する場合に，それを許さないとすることはできないとする。肯定説に立つと，物上代位権と追及力との併存を認めることになるが，この場合の両者の関係については見解が分かれている。重畳的併存説[42]においては，抵当権者は追及力も物上代位権も，双方行使することを許され，物上代位権行使の結果，被担保債権の回収に不足をきたした場合には，不足分について追及力に訴えることを許される。それに対して，選択的競合説[43]においては，抵当権者は目的物に追及して抵当権を実行するか，あるいは物上代位権を行使するか，いずれかを行使することを許され，いずれかを行使した結果，被担保債権の回収に不足をきたしても，もう一方に訴えることができない。

(2) 物上代位否定説

売却代金への物上代位を肯定すべきではないとするのは否定説であり，多数説となっている。その主な根拠は3つある。第1に，抵当権の売却代金と抵当権との関係は，もっぱら代価弁済や抵当権消滅請求の制度に委ね，抵当不動産が存続する限り，あくまで目的不動産に追及して担保の目的を達すべきものであるから，売却代金への物上代位を認める必要はない[44]。第2に，抵当権者があえて物上代位権を行使すると，計算関係における混乱といったマイナスが生ずるので，物上代位権を許すべきでない。例えば，抵当権者が追及力を選択するだろうと当事者が予測して，代金額を一部代償物（売却代金額が目的不動産の時価から被担保債権の金額を控除した場合）と決めた後に，抵当権者が物上代位を選択した場合，あるいは，抵当権者は物上代位を選択するだろうと予測して，代金額を全部代償物（売却代金額が目的不動産の時価である場合）と決めた後に，抵当権者が追及力を選択した場合，以上のいずれの場合にも，不測の損失また

---

(42) 柚木馨『担保物権法』（有斐閣，1958年）245頁以下を参照。

(43) 我妻・前掲注(2)281頁。

(44) 北川・前掲注(5)180頁，小杉・前掲注(5)49頁。道垣内・前掲注(3)254頁，安永・前掲注(5)270頁，高橋・前掲注(5)117頁。

28 不動産抵当権の売却代金への物上代位の可否について〔鄭 芙蓉〕

は利得が売主または買主に生じ，不当利得による清算を図らなければならなくなる[45]。第3に，物上代位制度は，公平の観点から政策的に認められるものであって，目的不動産が存続し，抵当権による追及力が可能な場合には，物上代位を許さないで，追及力に訴えることだけが許されるべきである[46]。

(3) 物上代位類型説

類型説は，肯定説と否定説のどちらもきめの粗い議論であると批判し，売却代金債権を類型化して，類型に応じた処理すべきとする説である[47]。すなわち，全部代償物の場合は，全部代償物に対する物上代位は許され，物上代位の結果，抵当権は消滅し，被担保債権の回収に不足をきたしたとしても，その不足分について追及力に訴えることは許されない。一部代償物の場合は，一部代償物に対する物上代位は許され，抵当権者が物上代位した結果，被担保債権の回収に不足をきたした場合には，その不足分について追及力に訴えることは許される。

(4) 若干の検討

さて，これらの学説についてどう考えるべきだろうか。以下，それぞれの学説について検討を加えるが，結論を先に述べるなら，どの説にも難点があるということである。

第1に，重畳的併存説の難点とは，この説は売却代金が目的不動産の一部代償物である場合において妥当であるが，売却代金債権が目的不動産の全部代償物の場合において不都合な帰結をもたらすということである。なぜならば，全部代償物の場合，売却代金に対して物上代位をしたのは，あたかも目的不動産に追及したようなものであるから，たとえ被担保債権の回収に不足をきたしたとしても，抵当権は消滅すると解すべきであって，追及力に訴えることを許すのは抵当権者の過分な保護になるからである。

第2に，選択的競合説の難点とは，この説は売却代金が目的不動産の全部代償物である場合において妥当であるが，売却代金債権が目的不動産の一部代償物の場合において不都合な帰結をもたらすということである。というのは，一部代償物の場合は，売却代金に対して物上代位をしたとしても，抵当権が完全に実現されたとはいえないから，不足分については追及力に訴えることは許さ

---

(45) 鈴木・前掲注(3)『抵当制度の研究』119頁，高橋・前掲注(5)117頁。

(46) 内田・前掲注(3)447頁。

(47) 北川・前掲注(4)294頁，堀内・前掲注(4)175頁，米倉・前掲注(11)40頁。

IV 結 び

れるべきであって，追及力に訴えることを許さないのは抵当権者の権利侵害に
なるからである。

　第3に，否定説の問題点とは，否定説の根拠づけは決して説得力のあるもの
ではない，ということである。否定説では，抵当不動産の売却代金と抵当権と
の関係は，代価弁済や抵当権消滅請求の制度に委ね，抵当不動産が存続する限
り，売却代金への物上代位を認める必要はないとされている。しかし，代価弁
済・抵当権消滅請求の制度は物上代位の制度とは異なるものである以上，抵当
権者は，どちらの制度も使えると考えるのが妥当であると思われる。また，否
定説では，抵当権者が物上代位権を行使すると，計算関係における混乱といっ
たマイナスが生ずるので，物上代位権を許すべきでないとされている。要する
に，肯定説を採用すると厄介なことが生じるから，その根源である物上代位を
許さないことにして，法律関係をすっきりさせるという議論のようである。し
かし，厄介なことがあれば，厄介なことが生じないように解釈しなければなら
ないのに，肯定説自体を放棄するのは早計であると思われる。最後に，否定説
では，目的不動産が存続し，抵当権による追及力が可能な場合には，物上代位
を許さないで，追及力に訴えることだけが許されるべきであるとされている。
しかし，目的不動産滅失・物上代位可，目的不動産存続・物上代位不可という
図式は民法 304 条 1 項本文を素直に受け取る限り成立しない。また，目的物の
変形物である賃料に対する物上代位を認めている以上，同じ目的物の変形物で
ある売却代金に対する物上代位を認めない理由はないと思われる。

　第4に，類型説についてである。類型説は，売却代金債権の類型を区別して
論じる点で評価されるべきである。しかし，類型説によると，一部代償物の場
合では，抵当権者が追及力を選択するだろうと当事者が予測して，代金額を一
部代償物と決めた後に，抵当権者が物上代位を選択してもよいことになるため，
否定説でいわれているマイナス，すなわち，抵当権者が物上代位権を行使する
と，計算関係において混乱が生じることが依然として解消されない。なお，類
型説の中で，一部代償物に対する物上代位を許すべきではないという議論もあ
る[48]。すなわち，一部代償物の場合，代金額は目的不動産の交換価値のうちか
ら抵当権によって把握された部分を控除した額であって，抵当権の負担のない

---

(48)　北川・前掲注(4) 307 頁，堀内・前掲注(4) 175 頁。

部分なのであるから，物上代位の対象とされるべきではない。しかし，抵当権設定によって目的不動産の全価値が抵当権者に把握されることになっているのだから，抵当権者の承諾なしに，ある部分を抵当権の負担から外すことは許されないと思われる。

2　中国法からの示唆

では，中国法は日本法に対していかなる示唆をもたらしうるだろうか。私見では，次の2点をあげることができると思われる。

第1に，売却代金への物上代位の意義についてである。抵当不動産が売却された場合は，抵当権は消滅しないから，抵当権者は抵当権を実行すれば，被担保債権の回収ができるため，目的不動産の売却代金への物上代位を認めても意味がないと考えられていた。しかし，追及力に訴える場合には競売によらなければならず，その手続は煩雑であり，しかも合理的な価格の実現が保障されない。それに対して，売却代金への物上代位が許されるならば，追及力の場合よりもはるかに簡易・迅速に債権を回収することができる。中国法は，立法として売却代金への物上代位を認めることが可能であること，物上代位は抵当権者にとって魅力ある債権回収方法であることを示している点で，参考になる。

第2に，物上代位から生じる清算の問題についてである。上述の日本の議論で見てきたように，日本でも，物上代位は抵当権者にとって大きなメリットであると認識されている。しかし，物上代位を認めると，不当利得の清算関係が混乱するという事態が生じるため，多数説は物上代位を認めない。では，物上代位を認めるが，不当利得による清算をしなくてもよい方法はあるだろうか。

中国法はその方法を示している。すなわち，抵当権不動産を譲渡する場合に，買主・売主は抵当権者とよく協議を尽くして，抵当権者が追及力・物上代位いずれの手段を選択するかをはっきりさせ，当事者はそれを前提に売却代金額を決めるという方法である。具体的に言うと，つまり，抵当権者が物上代位を選択した場合は，抵当権者が後になって方針を変えて追及力を主張することが考えられないため，売買契約の当事者が安心して売却代金額を目的不動産の時価として決めることができる。なお，この場合は，抵当権者が，物上代位の結果，抵当権が消滅するということを承知したうえで，物上代位を選択したとみることができるため，売却代金が被担保債権の回収に不足していても，不足分につ

いて追及力に訴えることは許されない。これに対して，抵当権者が追及力を選択した場合は，抵当権者が後になって方針を変えて物上代位を主張することが考えられないため，売買契約の当事者が安心して売却代金額を目的不動産の時価から被担保債権の金額を控除した後の金額として決めることができる。なお，抵当権者が，追及力を選択すると，売却代金は一部代償物となり，一部代償物とは目的不動産の交換価値のうちから抵当権によって把握された部分を控除した額であるため，それに物上代位できないということを承知したうえで，追及力を選択したとみることができるため，売却代金が一部代償物となった後に，売却代金への物上代位を選択することは許されない。

　中国法のメリットとは，売却代金への物上代位を認めても，不当利得による清算の必要が生じないことである。不当利得による清算が生じない理由は抵当権者がそれについて事前の承諾があるからである。では，解釈論で中国法のこの発想を導入することができないだろうか。もし可能であるならば，肯定説の問題点，すなわち，物上代位を認めると，不当利得の清算関係が混乱するということは解消され，日本でも民法304条の通り，売却代金への物上代位が認められることになるではないか。私見では，民法304条1項における「差押え」の意義を分析することにより，日本法でも中国法と同じ結論を得ることができると考える。具体的に言うと，つまり，選択競合説の問題点とは，一部代償物の場合に，売却代金に対して物上代位をしたとしても，抵当権が完全に実現されたとはいえないから，不足分については追及力に訴えることを許さないのは抵当権者の権利侵害になる，という点である。しかし，民法304条1項における差押えに「抵当権者の物上代位への承諾」が含まれているとみれば，その不都合が解消される。すなわち，抵当権者が差押えして，一部代償物に物上代位をしたというのは，物上代位により抵当権が消滅することを抵当権者が承知したうえで，物上代位をしたとみることができるから，不足分が生じたとしても，不足分について追及力に訴えることは許されないと解することができる。

3　残された課題

　本稿は，中国物権法の議論を手がかりとして，不動産抵当権の売却代金への物上代位の可否について検討を加えてきた。物上代位は，抵当権者にとっては簡易・迅速な債権回収の方法であるため，売却代金への物上代位の道を封じて

しまうのは早計であると考える。抵当不動産の譲渡の場合に，抵当権者に追及力・物上代位のいずれかを選択させ，抵当権者が一つの手段を選んだとき，抵当権者の承諾を理由に，もう一つの手段を封じる中国法の発想は示唆的である。民法304条1項の差押えの意義に「抵当権者の物上代位への承諾」が含まれていると解釈すれば，選択的競合説の問題点が解消され，中国法と同じ結論を得ることができると主張した。しかし，判例は民法304条1項の差押えの意義を「第三債務者への保護」とみているため，差押えに「抵当権者の物上代位への承諾」が含まれていると解釈することが可能であるかどうか，賃料の物上代位の場合においてもこの解釈が可能であるかを検討しなければならないが，紙幅の関係で本稿ではできなかった。これを今後の課題として，本稿を閉じることにする。

29 動産譲渡担保権と動産売買先取特権の優劣
—— 譲渡担保権の重複設定との関係

水 津 太 郎

I はじめに

1 問題意識

譲渡担保の法的構成について，判例法理は，所有権的構成から担保的構成へと移り変わってきたとされる[1]。このことは，判例法理において，譲渡担保に対する基本的な評価が移り変わってきたことを示すものであると考えられる。そうだとすれば，譲渡担保については，古い時期にあらわれた判例が，今日においても，その判例が取り扱った問題について，判例としての意義をもっているかどうかを検証しなければならないはずである。言い換えると，古い時期にあらわれた判例について，これとまったく同一の問題を取り扱った新しい判例がまだあらわれていないというだけで，その判例を現に通用しているものと位置づけるのは適切ではないように思われる[2]。

本稿は，このような問題意識から，動産譲渡担保権と動産売買先取特権の優劣について，昭和 62 年判決[3]が示した次のルールをあらためて検討するものである。それによれば，譲渡担保権者は，「民法 333 条所定の第三取得者に該当する」とされる。このルールは，いわゆる理由づけ命題に属するものの，特段の留保を付すことなく，判例として引用されている[4]。それどころか，現実

---

(1) ここでいう「担保的構成」の意味については，道垣内弘人「譲渡担保判例の法形成」同『非典型担保法の課題』（有斐閣，2015 年）2 頁〔初出 1998 年〕。

(2) 同様の問題意識にもとづいて，不動産譲渡担保権者が目的物を処分した場合のルールを検討するものとして，田髙寛貴「譲渡担保の法的構成・再論」名法 254 号（2014 年）263 頁。

(3) 最判昭和 62・11・10 民集 41 巻 8 号 1559 頁。

『21世紀民事法学の挑戦』加藤雅信先生古稀記念〔信山社，2018年 3 月〕　　*647*

的には，今後もこのルールを前提として考えていくべきであろうというものすらみられる[5]。これに対し，平成18年判決[6]は，後順位譲渡担保権を設定することができるかどうかについて，「重複して譲渡担保を設定すること自体は許される」という判断を示した[7]。

2　課題と方法

このように，後順位譲渡担保権を設定することを認めた平成18年判決のルールは，譲渡担保権者が333条の「第三取得者」にあたるとした昭和62年判決のルールと，整合していないのではないか[8]。かりにそうであるとしたら，この昭和62年判決のルールは，平成18年判決があらわれたことで，今日においては，判例としての意義を失っているとみるべきではないか。この問題を検討することが，本稿の課題である。

以下では，まず，昭和62年判決と平成18年判決について，それぞれの内容や射程を確認し（Ⅱ・Ⅲ），次いで，両判決の判断が，法的構成や評価の面で整合しているかどうかについて，検討をおこない（Ⅳ），最後に，先に示した昭和62年判決のルールが，判例として現に通用しているとみるべきであるかどうかについて，結論を示すこととする（Ⅴ）。

---

(4)　平野裕之『担保物権法〔第2版〕』（信山社，2009年）306頁，髙橋眞『担保物権法〔第2版〕』（成文堂，2010年）51頁・309頁，森田修『債権回収法講義〔第2版〕』（有斐閣，2011年）181頁，生熊長幸『担保物権法』（三省堂，2013年）225頁・239頁・336頁，安永正昭『講義 物権・担保物権法〔第2版〕』（有斐閣，2014年）481頁，柚木馨＝髙木多喜男編『新版注釈民法(9)〔改訂版〕』（有斐閣，2015年）722頁〔福地俊雄＝占部洋之〕，河上正二『担保物権法講義』（日本評論社，2015年）68頁・335頁，松岡久和『担保物権法』（日本評論社，2017年）281頁・371頁，道垣内弘人『担保物権法〔第4版〕』（有斐閣，2017年）342頁など。

(5)　能見善久＝加藤新太郎編『論点体系 判例民法3〔第2版〕』（第一法規，2013年）291頁〔関口剛弘〕。

(6)　最判平成18・7・20民集60巻6号2499頁。

(7)　この判断に対する評価については，後で検討をおこなう（Ⅲ2）。

(8)　同様の疑問を投げかけるものとして，加賀山茂『現代民法 担保法』（信山社，2009年）309頁，清水裕一郎「譲渡担保と動産先取特権の競合」法学研究論集40号（2014年）227頁。

II　動産譲渡担保権と動産売買先取特権の優劣

1　昭和62年判決の判断構造

　昭和62年判決の事案は，簡略化すると，次のようなものであった。Ｘは，Ａに対して現在および将来において有する商品代金その他一切の債権を，極度額の限度で担保するために，Ａとの間で，Ａが所有するα倉庫内にある一切の在庫商品について譲渡を受ける旨の契約を締結し，占有改定の方法によりその引渡しを受けた。その後，ＹはＡに対し，甲商品を売却し，これをα倉庫内に搬入した。Ｙは，動産売買先取特権にもとづいて，甲商品について競売を申し立てた。これに対し，Ｘは，第三者異議の訴えを提起して，動産競売の不許を求めた。本件では，次の3点が問題となる。

(1)　集合動産譲渡担保の法的構成

　第1に問題となるのは，集合動産譲渡担保の法的構成である。これについては，一つひとつの動産ごとに個々の譲渡担保権が成立するとみる見解（分析論）と，集合物の概念を構成し，集合物について1つの譲渡担保権が成立するとみる見解（集合物論）とが対立している。後者はさらに，集合物の構成部分である動産についても，譲渡担保権の効力が及ぶとみる見解と，集合物の構成部分である動産については，集合物の内容が固定化されるまでは，譲渡担保権の効力は及ばないとみる見解とに分かれる。前者は集合物論Ｉ，後者は集合物論Ⅱと呼ばれている[9]。集合物論Ⅱによれば，集合物の内容が固定化していない限り，甲商品については，そもそもＸの譲渡担保権は成立しない。したがって，甲商品について成立するのは，Ｙの動産売買先取特権のみである。これに対し，分析論と集合物論Ｉによれば，甲商品についても，Ｘの譲渡担保権の効力が及ぶことになる。

　昭和62年判決は，このうち，集合物論Ｉのような考え方をとったものである。すなわち，同判決によれば，これに先行する判決[10]がすでに示したように，

---

[9]　森田・前掲注(4)146頁。集合物論Ｉをたんに集合物論，集合物論Ⅱを集合物論徹底説と呼ぶものもある。生熊・前掲注(4)324頁，安永・前掲注(4)415頁，松岡・前掲注(4)354頁。

[10]　最判昭和54・2・15民集33巻1号51頁。

29 動産譲渡担保権と動産売買先取特権の優劣〔水津太郎〕

構成部分の変動する集合動産であっても，その種類，所在場所および量的範囲を指定するなどして目的物の範囲を特定するときは，「一個の集合物として譲渡担保の目的とすることができる」。そして，譲渡担保権者は，占有改定の方法により引渡しを受ければ，「集合物を目的とする譲渡担保権につき対抗要件を具備」したことになり，その効力は，集合物としての同一性が保たれている限り，「新たにその構成部分となった動産を包含する集合物」にも及ぶ。

(2) 333条の適用領域

そうすると，第2に，集合物の概念と結びつけられた効果との関係で，本件が333条の適用領域に含まれるかどうかが問題となる。333条は，先取特権の目的物である動産が，第三取得者に引き渡されたケースを対象とするものである。これに対し，昭和62年判決の事案では，まず，①Xが集合物について譲渡担保権の設定を受け，占有改定の方法による引渡しにより対抗要件を備え，次に，②甲商品について，Yの動産売買先取特権が成立し，続いて，③甲商品がα倉庫に搬入されたことで，Xの譲渡担保権の効力が甲商品に及び，最後に，④その効力が，①の時点にさかのぼる。つまり，甲商品についてYの動産売買先取特権が成立する（②）よりも前に，譲渡担保権者Xに対して甲商品が引き渡されたこととなるかのようである（④→①）。そうだとすると，先取特権の目的物である動産が第三取得者に引き渡された場合を規律する333条は，そもそも適用されないのではないか[11]。この問題について，昭和62年判決は，本件も333条の適用領域に含まれることを前提としている。調査官によれば，このことは，④の効果があるからといって，②と③の観念的な順序までが入れ替わるわけではないと説明されている[12]。

(3) 333条の「第三取得者」

そこで，第3に，譲渡担保権者Xが甲商品について占有改定の方法により引渡しを受けたことで，333条により，Yは，甲商品について動産売買先取特権を行使することができなくなるのではないかが問題となる。昭和62年判決は，譲渡担保権者も同条の「第三取得者」にあたるとした。ここでは，占有改定の方法による引渡しも，333条の「引き渡し」に含まれる[13]ことが前提とさ

---

[11] そのように解するものとして，新美育文「担保」判タ493号（1983年）111頁。

[12] 田中壮太「昭和62年判決判解」最判解民事篇昭和62年度（1990年）684頁。

[13] 大判大正6・7・26民録23輯1203頁。

650

れている。したがって，昭和 62 年判決によれば，Y は，甲商品について，動産売買先取特権を行使することができない。この意味において，X の動産譲渡担保権と Y の動産売買先取特権は，そもそも競合しない[14]。そのため，X は，第三者異議の訴えによって，Y が甲商品についておこなった動産競売の不許を求めることができるとされた[15]。

2　333 条に関するルールの射程

このように，昭和 62 年判決は，集合物について譲渡担保権が設定され[16]，占有改定の方法により引渡しがされた後に，動産売買先取特権の目的物である動産が集合物の構成部分にとりこまれたケースにおいて，譲渡担保権者は，333 条の「第三取得者」にあたるとしたものである。

この 333 条に関するルールは，昭和 62 年判決の事案とは反対に，動産売買先取特権が成立した後で，その目的物である動産を構成部分に含む集合物について譲渡担保権が設定され，占有改定の方法により引渡しがされた場合にも，適用されると考えられる[17]。また，動産売買先取特権が成立した後で，その目的物である動産について個別動産譲渡担保権が設定され，占有改定の方法によ

(14)　田中・前掲注(12) 686 頁・689 頁参照。

(15)　ただし，昭和 62 年判決には，「特段の事情のない限り」という留保がつけられている。この留保には，最判昭和 56・2・17 民集 35 巻 9 号 1328 頁と同様に，譲渡担保権の目的物の価額が被担保債権額を上回る場合には，譲渡担保権者は，第三者異議の訴えを提起することができない，という意味が込められているようである（田中・前掲注(12) 686 頁・689 頁）。そして，第三者異議の訴えを提起することができない場合には，譲渡担保権者は，333 条の「第三取得者」にあたらないとされているようにも読める。しかし，333 条の「第三取得者」にあたるかどうかと，第三者異議の訴えを提起することができるかどうかは，別の問題である。したがって，この読み方によれば，昭和 62 年判決があえて 333 条を持ち出す必要はなかったことになる。角紀代恵「昭和 62 年判決判批」法協 107 巻 1 号（1990 年）145 頁のほか，伊藤眞「昭和 62 年判決判批」伊藤眞 = 上原敏夫 = 長谷部由起子編『民事執行・保全判例百選』（有斐閣，2005 年）47 頁も参照。

(16)　なお，本件は，動産の売主がその目的物について，動産の買主から譲渡担保権の設定を受けた事案であった。伊藤進「昭和 62 年判決判批」同『権利移転型担保論』（信山社，1995 年）〔初出 1988 年〕86 頁。けれども，昭和 62 年判決の判決文には，このような事情を考慮して射程を限定する手掛かりはない。今尾・後掲注(47)(1) 217 頁注(19)の批判的指摘を参照。

(17)　伊藤・前掲注(16) 85 頁のほか，千葉恵美子「昭和 62 年判決判批」椿寿夫編集代表『担保法の判例Ⅱ』（有斐閣，1994 年）5 頁参照。

29 動産譲渡担保権と動産売買先取特権の優劣〔水津太郎〕

り引渡しがされた場合も，同じルールにより処理されよう[18]。昭和62年判決によれば，集合動産譲渡担保権が設定され，占有改定の方法により引渡しがされた後に集合物の構成部分にくみこまれた動産についてすら，333条により動産売買先取特権を行使することができないとされる。そうである以上，現に存在する動産について，集合動産譲渡担保権や個別動産譲渡担保権が設定され，それぞれ占有改定の方法により引渡しがされたときは，よりいっそう333条の適用を否定するのは困難であると考えられる。

つまり，昭和62年判決が示した333条に関するルールは，動産売買先取特権の成立と集合動産譲渡担保権の設定の前後を問わず，また，動産売買先取特権の目的物について個別動産譲渡担保権が設定されたときにも，適用されるとみるべきである。

Ⅲ　譲渡担保権の重複設定

1　平成18年判決の判断構造

平成18年判決の事案のうち，譲渡担保権の重複設定とかかわる部分を簡略化して示すと，次のとおりである。Aは，Yに対して現在および将来において有する売掛債権等一切の債権を，極度額の限度で担保するために，Yとの間で，Yが所有するα漁場のいけす内にある養殖魚の全部について譲渡を受ける旨の契約を締結し，占有改定の方法によりその引渡しを受けた。他方で，YはXに対し，α漁場の一部である漁場の特定のいけす内にある養殖魚（以下，「原魚」という）を譲渡した。YとXとの間で締結された契約（以下，「本件契約」という）は，Yが自分の所有する原魚をXに売却すること，Xが原魚の飼育管理をYに預託すること，原魚を現実の商品としてBに販売しようとするときは，YがXから原魚を買い戻して加工し，これを再度Xに販売することを内容とするものであった。その後，Yについて，民事再生手続の開始決定がされた。Xは，本件契約によりその目的物である本件物件の所有権を取得したとして，所有権にもとづいてその引渡しを求めた。

平成18年判決によれば，本件契約は，譲渡担保契約ととらえるべきだとさ

---

(18)　生熊・前掲注(4)225頁・293頁，安永・前掲注(4)481頁のほか，田中・前掲注(12)683頁を参照。

Ⅲ 譲渡担保権の重複設定

れる。そして，Xの請求は，譲渡担保権の実行にもとづいて本件物件の引渡しを求める趣旨を含むものと考えられる[19]。そこで，そのような請求を肯定することができるかどうかが問題となった。ここでは，次の3点を検討する必要がある。

⑴「通常の営業の範囲」内の処分と譲渡担保権の設定

第1に，YがXにした譲渡担保権の設定は，Yの「通常の営業の範囲」内の処分にあたるか。Yには，その「通常の営業の範囲」内で，集合物の構成部分である動産を処分する権限が与えられている。そして，Yがこの権限内でおこなった処分の相手方は，その動産について，Aの譲渡担保権の負担を受けない権利を取得することができる。そのため，YがXにした譲渡担保権の設定がYの「通常の営業の範囲」内の処分にあたるならば，Xは，Aの譲渡担保権の負担を受けない譲渡担保権を取得することができるはずである。

これに対し，平成18年判決においては，YがXに対し，後順位譲渡担保権を設定することができるかどうかが問われている。この問題設定は，YがXにした譲渡担保権の設定が，Yの「通常の営業の範囲」内の処分にあたらないことを前提とするものである[20]。平成18年判決と同年月日に言い渡され，同旨を判示した関連事件の判決[21]では，XとYとの間でされた特約の解釈として，この前提が追記されている。それによれば，「本件各譲渡担保の目的物につき，第三者のために譲渡担保を設定することが，Yにゆだねられた通常の営業の範囲内の処分……といえないことは明らかである」。

⑵ 占有改定と即時取得

第2に問題となるのは，Xが譲渡担保権を即時取得（192条）することができるかどうかである。判例によれば，占有改定による即時取得は否定される[22]。

---

[19]　宮坂昌利「平成18年判決判解」最判解民事篇平成18年度下（2009年）859頁注⑿を参照。

[20]　山下英久「後順位譲渡担保権についての考察」甲南ロー5号（2009年）105頁も，同旨だと考えられる。これに対し，足立公志朗「流動動産譲渡担保に後れる特定動産譲渡担保の効力―最判平成18.7.20（民集60巻6号2499頁）を機縁として」行政社会論集24巻2号（2011年）29頁は，Xが後順位譲渡担保権を取得したことを正当化するためには，YがXにした譲渡担保権の設定が，Yの「通常の営業の範囲」内の処分にあたる必要があるとみているようである。

[21]　最判平成18・7・20判タ1220号94頁。

29 動産譲渡担保権と動産売買先取特権の優劣〔水津太郎〕

平成18年判決も，このことを前提として，「占有改定による引渡しを受けたにとどまる者に即時取得を認めることはできないから，Xが即時取得により完全な譲渡担保を取得したということもできない」と判示している。

(3) 後順位譲渡担保権の設定と効力

そうすると，第3に，後順位譲渡担保権の設定の可否とその効力が問題となる。平成18年判決は，次のように判示して，Xの請求を棄却した。すなわち，「重複して譲渡担保を設定すること自体は許される」。この場合において，譲渡担保権の順位は，「占有改定の方法による引渡しをもってその対抗要件が具備され」た先後によって定まる。ただし，そうである「としても，劣後する譲渡担保に独自の私的実行の権限を認めた場合，配当の手続が整備されている民事執行法上の執行手続が行われる場合と異なり，先行する譲渡担保権者には優先権を行使する機会が与えられず，その譲渡担保は有名無実のものとなりかねない。このような結果を招来する後順位譲渡担保権者による私的実行を認めることはできないというべきである」。

調査官によれば，「本判決は，『後順位譲渡担保権』の概念を一応承認しつつ，後順位譲渡担保者による私的実行の権限を否定する判断を示した」[23]ものである。もっとも，このようにとらえると，後順位譲渡担保権の設定を認める意味が問題となる。これについては，①先順位譲渡担保権が実行されたときに，後順位譲渡担保権者は，先順位譲渡担保権者から譲渡担保権設定者に支払われる清算金に対して，優先弁済権を行使することができ，また，②先順位譲渡担保権の被担保債権が弁済により消滅すれば，その時点で後順位譲渡担保権の順位が上昇すると説かれている[24]。

2 判例としての意義

このように，平成18年判決によれば，譲渡担保権の重複設定が認められる。

---

(22) 最判昭和32・12・27民集11巻14号2485頁，最判昭和35・2・11民集14巻2号168頁。

(23) 宮坂・前掲注(19)851頁。

(24) 宮坂・前掲注(19)851頁。後順位譲渡担保権の設定を認めることと，その私的実行を否定することとを区別して，後順位譲渡担保権の設定を認める意義を強調するものとして，田高・前掲注(2)274-277頁。重複設定をめぐる議論状況については，同・272-274頁を参照。

Ⅲ　譲渡担保権の重複設定

もっとも，この判断を示した部分は，傍論にとどまると評価するものもある[25]。そうだとすると，後順位譲渡担保権の私的実行を否定した部分の判示も，同じように傍論だということになろう。けれども，この部分の判示は，譲渡担保権の実行にもとづいて本件物件の引渡しを求める趣旨を含んだ X の請求を棄却するためにあらわされた規範であり，「当該の裁判の結論を導き出すための論理的前提として表明されているのでない」[26]ものではないから，この定義に従う限り，傍論ではないと考えられる。したがって，譲渡担保権の重複設定を認めた部分の判示も，傍論にとどまるとみるべきではないであろう[27]。後順位譲渡担保権の設定を認めないのならば，後順位譲渡担保権の私的実行を否定する判断を示すことは無意味だからである。そして，「このように重複して譲渡担保を設定すること自体は許されるとしても」という表現は，仮定の認容ではなく，事実の認容を示したものである —— 調査官によれば，「一応承認」の意味である（1(3)）—— と考えられる。なぜなら，この表現は，A の「譲渡担保が設定され，占有改定の方法による引渡しをもってその対抗要件が具備されているのであるから，これに劣後する譲渡担保が，X のために重複して設定されたということになる」という文章に続けて，つまり「劣後する譲渡担保」が成立することを認めたうえで，そうであるとしても，という意味で用いられたものだからである。したがって，平成 18 年判決は，譲渡担保権の重複設定を認めたものであって，その判断には，判例としての意義が認められるとみるべき

[25]　道垣内弘人「集合動産譲渡担保論の新段階」金判 1248 号（2006 年）1 頁，田村耕一「平成 18 年判決判批」熊法 111 号（2007 年）125 頁，今尾真「平成 18 年判決判批」明治学院ロー 8 号（2008 年）64 頁のほか，平野・前掲注(4)263 頁・294 頁，松岡・前掲注(4)316 頁・337 頁・371 頁など。

[26]　川島武宜「判例研究の方法」同『川島武宜著作集 第 5 巻』（岩波書店，1982 年）159頁〔初出 1964 年〕〔傍点原文〕。

[27]　傍論であるかどうかに言及しないものとして，小山泰史「平成 18 年判決判批」銀法 673 号（2007 年）76 頁，古積健三郎「平成 18 年判決判批」民商 136 巻 1 号（2007 年）31 頁，千葉恵美子「平成 18 年判決判批」重判解平成 18 年度（ジュリ臨増 1332 号）（2007年）77 頁，武川幸嗣「平成 18 年判決判批」判評 582 号（2007 年）23 頁，片山直也「平成 18 年判決判批」金法 1812 号（2007 年）39 頁，池田雄二「平成 18 年判決判批」北法 59 巻 3 号（2008 年）1527 頁，池田雅則「平成 18 年判決判批」潮見佳男＝道垣内弘人編『民法判例百選Ⅰ〔第 7 版〕』（有斐閣，2015 年）199 頁のほか，生熊・前掲注(4)338 頁，安永・前掲注(4)403 頁，河上・前掲注(4)379 頁など。これらの文献は，傍論ではないという評価を前提としていると考えられる。

655

である。

かりに先に引用した部分の判示は傍論であるととらえたとしても，その部分の判示が，事実上，先例として機能することを否定することはできない[28]。今後，後順位譲渡担保権の設定の可否やその効力が裁判において争われたときに，平成18年判決と異なる判断が示される可能性は，著しく低いように思われる。実務において，平成18年判決の判断を前提とした対応や検討が進められている[29]のは，そのためだとみることができよう。

3　譲渡担保権の重複設定に関するルールの射程

平成18年判決の事案では，先行する譲渡担保権は，集合動産譲渡担保権であった[30]。では，先行する譲渡担保権が個別動産譲渡担保権であったときにも，平成18年判決のルールは適用されるのか。この問題については，否定的に解する見解がある[31]。しかし，後順位譲渡担保権の設定を認める意味として挙げられていること（1⑴）や，後順位譲渡担保権にもとづく私的実行を否定すべきであることは，個別動産譲渡担保権が先行して設定されている場合にも，同じようにあてはまる。したがって，平成18年判決のルールは，先行する譲渡担保権が個別動産譲渡担保権であったときにも適用されるとみるべきである[32]。

---

[28]　森田修「平成18年判決判批」法協124巻11号（2007年）2598頁が，後順位譲渡担保権の設定を認めた部分の判示を「傍論」（2601頁）ないし「傍論的」（2606頁）とする一方で，その判示に「先例的意義」（2607頁・2613頁）を認めているのは，このような意味で理解することができる。

[29]　小林明彦「集合動産譲渡担保をめぐる検討課題」伊藤眞 = 道垣内弘人 = 山本和彦編著『担保・執行・倒産の現在』（有斐閣，2014年）73頁〔初出2012年〕，栗田口太郎「集合動産譲渡担保の効力」小林明彦 = 道垣内弘人編『実務に効く 担保・債権管理判例精選』（有斐閣，2015年）142頁。

[30]　これに対し，Xの譲渡担保権の目的物が集合物であるか，個別動産であるかについては，田村・前掲注[25]124頁，足立・前掲注[20]22頁の検討を参照。

[31]　髙橋・前掲注[4]301頁注[41]。なお，森田・前掲注[28]2613頁，平野・前掲注[4]294頁は，平成18年判決のルールが個別動産譲渡担保にまで適用されるかどうかは，ブランクであるとする。

[32]　宮坂・前掲注[19]851頁，武川・前掲注[27]200頁，池田（雄）・前掲注[27]1530頁注[22]，松岡・前掲注[4]371頁。さらに，田髙・前掲注[2]275頁も参照。

Ⅳ　333条の「第三取得者」と譲渡担保権者

譲渡担保権者が 333 条の「第三取得者」にあたるとした昭和 62 年判決の
ルールと，譲渡担保権を重複して設定することを認めた平成 18 年判決のルー
ルは，整合性がとれているのか。以下では，法的構成（1）と評価（2）の観点
から，順に検討をくわえていこう。

1　法的構成の整合性
(1) 所有権的構成と担保的構成

譲渡担保においては，所有権その他の権利を移転するという法形式と，債権
を担保するためであるという実質とが乖離する。そこで，譲渡担保の法的構成
をどのように考えるべきかが問題となる。

所有権的構成によれば，所有権は譲渡担保権設定者から譲渡担保権者へと完
全に移転し，債権担保の目的であることは，譲渡担保権設定当事者間の債権的
な拘束を意味するにとどまるとされる。これに対し，担保的構成と呼ばれる見
解は，次の 2 つの方向に分かれる。1 つは，所有権は譲渡担保権設定者から譲
渡担保権者へと移転するものの，譲渡担保権設定者も，物権的な権利をもって
いると構成するもの，もう 1 つは，所有権は譲渡担保権設定者にとどまり，譲
渡担保権者は，制限物権である担保物権の設定を受けるにとどまると構成する
ものである。

(2) 昭和 62 年判決の法的構成と平成 18 年判決の法的構成

昭和 62 年判決によれば，譲渡担保権者は，333 条の「第三取得者」にあた
る。そして，同条の「第三取得者」は，所有権取得者に限られると考えられて
いる[33]。そこで，昭和 62 年判決は，所有権的構成をとったものだとみる見解
がある[34]。これに対し，そこまではっきりと言い切らずに，昭和 62 年判決は，
所有権の移転という側面に着目したものであるなどと説明する見解もある[35]。

---

[33]　林良平編『注釈民法(8)』（有斐閣，1965 年）209 頁〔西原道雄〕，我妻栄『新訂担保
物権法』（岩波書店，1968 年）93 頁，柚木馨・高木多喜男『担保物権法〔第 3 版〕』（有
斐閣，1982 年）76 頁，高木多喜男『担保物権法〔第 4 版〕』（有斐閣，2005 年）55 頁。
さらに，大判昭和 18・3・6 民集 22 巻 147 頁を参照。

29　動産譲渡担保権と動産売買先取特権の優劣〔水津太郎〕

この説明は，担保的構成のうちの所有権移転を認める構成によって，昭和 62 年判決を理解する方向を示すものだとみることができよう(36)。実際，昭和 62 年判決の調査官は，このような方向に沿った解説を与えている(37)。それによると，現在の判例法理は，「譲渡担保の担保的性質を十分認めつつも，その方法としての所有権移転の外形自体に一定の物権的効力を認めており，それが担保権の行使と矛盾しない限りは所有者としての権利主張を肯定している」。そのため，所有権移転の側面をとらえれば，昭和 62 年判決のルールを正当化することができるわけである。

これに対し，平成 18 年判決は，譲渡担保権の重複設定を認める一方で，後順位譲渡担保権にもとづく私的実行を否定した。この判決をどのように位置づけるべきかについては，さまざまな見解が主張されている。たとえば，担保的構成をとったものであると読むもの(38)，所有権的構成から担保的構成への移行を示しているとみるもの(39)，債権担保の目的との調和を考慮しつつ，所有権の移転という構成を維持しているとみるもの(40)，所有権的構成から読み解く余地を示すもの(41)，後順位譲渡担保権にもとづく私的実行が否定されている以上，所有権的構成と結論は同じであるとするもの(42)などがある。平成 18 年判決の調査官によれば，結論としては，担保的構成のうち，所有権の移転を認める構

---

(34)　とくに強調するのは，近江幸治「昭和 62 年判決判批」重判解昭和 62 年度（ジュリ臨増 910 号）（1988 年）81 頁。所有権的構成と親和的とみるものとして，河上・前掲注(4) 335 頁。

(35)　この方向に位置づけられるものとして，伊藤（進）・前掲注(16) 79 頁，角・前掲注(15) 144 頁，千葉・前掲注(17) 3 頁・4 頁，松岡・前掲注(4) 281 頁など。なお，高木多喜男「昭和 62 年判決判批」同『金融取引の法理 第 1 巻』（成文堂，1996 年）106 頁〔初出 1988 年〕は，所有権移転構成と担保権設定構成とを対置したうえで，昭和 62 年判決は，前者の構成にたつものだとしている。

(36)　このことを明確に説くものとして，生熊・前掲注(4) 337 頁。

(37)　田中・前掲注(12) 673 頁・686 頁。

(38)　清水裕一郎「複数の譲渡担保の競合」法学研究論集 39 号（2013 年）233 頁など。

(39)　ここに属するとみられるのは，千葉・前掲注(27) 77 頁，生熊・前掲注(4) 338 頁，河上・前掲注(4) 379 頁など。

(40)　武川・前掲注(27) 200 頁，片山・前掲注(27) 39 頁。

(41)　古積・前掲注(27) 32 頁。

(42)　町田余理子「動産譲渡担保の法的構成 —— 担保権的構成の再構築」岡山大学大学院社会文化科学研究科紀要 29 号（2010 年）48 頁。

Ⅳ　333条の「第三取得者」と譲渡担保権者

成に属する設定者留保権説に近いとされる[43]。この学説の主張者も，平成18年判決を自説に親和的なものと位置づけている[44]。

　このようにみると，昭和62年判決と平成18年判決を整合的に理解するためには，1つの方向として，設定者留保権説を基礎に据えることが考えられる[45]。しかし，そのような試みが，この学説の理解として適切なものであるかどうかは明らかでない。というのは，平成18年判決の調査官が援用した設定者留保権説の主張者は，昭和62年判決に反対し，334条・330条を類推適用することで，譲渡担保権者を質権者と同じように処遇すべきだとしているからである[46]。

　かりに昭和62年判決と平成18年判決が法的構成において整合していないとしても，それだけの理由にもとづいて，昭和62年判決のルールについて，その判例としての意義を否定することはできないであろう。他方で，法的構成について整合的に読み解く途を示すことができたとしても，昭和62年判決と平成18年判決について，それぞれのルールの基礎にある評価が矛盾しているとみられるときは，評価の首尾一貫性を確保するために，昭和62年判決のルールは，平成18年判決があらわれたことで，その意義を失ったとみるべきであると考えられる。そこで，以下では，評価のレベルに着目して，両判決のルールの整合性を検討することにしよう。

2　評価の整合性
(1)　非競合型のルールと競合＋順位型のルール

　民法によれば，動産について複数の一般先取特権の優劣が問題となるときは，それらの先取特権は競合し，その優劣は順位によって定められる（329条1項）。

---

[43]　宮坂・前掲注(19) 851頁。

[44]　道垣内・前掲注(4) 319頁。もっとも，この見解によれば，先行の譲渡担保権者は所有権を担保目的で取得する一方，後行の譲渡担保権者は設定者留保権を担保目的で取得することになる。そのため，後者を，後順位譲渡担保権の設定と評価することができるかどうかが問題となる（池田(雄)・前掲注(27) 1527頁，髙橋・前掲注(4) 302頁参照）。設定者留保権説のうち，二段物権変動構成をとるものによれば，「結局は，目的物上に後順位担保権が設定されたのと同じ結果になる」とされている（鈴木録弥「譲渡担保」同『物的担保制度の分化』〔創文社，1992年〕386頁〔初出1966年〕）。

[45]　石田剛＝武川幸嗣＝占部洋之＝田髙寛貴＝秋山靖浩『民法Ⅱ物権』（有斐閣，2010年）337頁・343頁〔占部〕。

[46]　集合物の内容が固定化した後について，道垣内・前掲注(4) 343頁。

29 動産譲渡担保権と動産売買先取特権の優劣〔水津太郎〕

また，動産について一般先取特権と動産先取特権の優劣が問題となるときは，それらの先取特権は競合し，共益費用の先取特権を除いて，動産先取特権が一般先取特権に優先する（同条2項）。さらに，動産について複数の動産先取特権の優劣が問題となるときは，それらの先取特権は競合し，その優劣は順位によって定められる（330条）。他方で，動産について先取特権と質権の優劣が問題となるときは，質権者には，330条の規定による第1順位の先取特権と同一の権利が与えられる（334条）。つまり，ここでも，先取特権と質権は競合し，その優劣は順位によって定められる。

このように，民法は，動産について先取特権と先取特権の優劣または先取特権と質権の優劣が問題となるときは，それらの複数の物的担保を競合させたうえで，その優劣を順位によって定めることとしている（競合＋順位型のルール）。

これに対し，333条によれば，先取特権は，その目的物である動産が第三取得者に引き渡された後は，その動産について行使することができない。つまり，同条は，動産について先取特権者と第三取得者の優劣が問題となるときは，両者の競合を排除するという方法で，第三取得者を先取特権者に優先させている（非競合型のルール）。

すでにみたとおり（1(2)），ここでいう「第三取得者」は，所有権取得者に限られると考えられている。これに対し，動産質権者は，動産の引渡しを受けた者ではあるものの，「第三取得者」にあたらない。このことは，すぐ上で確認したように，先取特権と動産質権の優劣が，明文上，競合＋順位型のルールによって定められている（334条）ことから明らかである。

このようにみると，民法は，競合＋順位型のルールと非競合型のルールとを，次のように使い分けていることがわかる。すなわち，先取特権の目的物である動産について権利を取得した者があらわれたとしても，担保価値を優先的に把握するにとどまり，その動産について他の債権者のための物的担保が重複して成立することを妨げることができないときは，その者は，333条の「第三取得者」にあたらない。複数の権利者の優劣は，競合＋順位型のルールによって定められる。これに対し，先取特権の目的物である動産について，その担保価値を優先的に把握するだけではなく，これを債務者の財産から完全に逸出させる方法で取得した者があらわれたときは，その者は，333条の「第三取得者」にあたる。ここでは，非競合型のルールが適用される。

660

IV　333条の「第三取得者」と譲渡担保権者

(2) 譲渡担保権の重複設定と競合＋順位型のルール

では，譲渡担保権者は，333条の「第三取得者」にあたるのか。(1)の考察を
ふまえると，先取特権の目的物である動産について，債務者が譲渡担保権を設
定したときにも，質権を設定したときと同じように，なお債務者のところに，
その動産を他の債権者のための物的担保に供する権限が残されていると評価す
るならば，譲渡担保権者は，「第三取得者」にあたらないとみることになる。
この場合には，その動産について先取特権と譲渡担保権が競合し，両者の優劣
は順位によって定められる。もちろん，譲渡担保権については，その順位を定
める規定はない。そこで，譲渡担保権の順位をどのように考えるべきかが問題
となる[47]。学説においては，設定者留保権説との関係でみたように（1(2)），質
権の順位を定める334条・330条を譲渡担保権について類推適用する見解[48]が
有力である。

これに対し，先取特権の目的物である動産について，債務者が譲渡担保権を
設定したときは，その動産を他の債権者のための物的担保に供する権限は，も
はや債務者のところに残されていないと評価するときは，譲渡担保権者は，そ
の動産を債務者の財産から完全に逸出させる方法で取得した者として，333条
の「第三取得者」にあたることになる。この場合には，その動産については，
譲渡担保権のみが成立する[49]。

---

[47]　議論状況については，今尾真「流動動産譲渡担保権と動産売買先取特権との優劣に関
する一試論(1)〜(3完)」明法65号（1998年）197頁，66号（1999年）179頁，67号（1999
年）261頁，堀竹学「流動動産譲渡担保と動産売買先取特権の優劣」総合政策論叢19
号（2010年）21頁を参照。

[48]　田原睦夫「動産の先取特権の効力に関する一試論 —— 動産売買先取特権を中心にして」
同『実務から見た担保法の諸問題』（弘文堂，2014年）22頁〔初出1981年〕，近江幸治
「動産売買先取特権をめぐる新たな問題点」『現代判例民法学の課題　森泉章教授還暦記
念』（法学書院，1988年）385頁。

[49]　333条の効果は，一般に，先取特権の消滅であると説かれている（生熊・前掲注(4)
225頁を参照）。これに対し，先取特権の効力は存続するものの，譲渡担保権に劣後す
る効果をともなうものとして，同条を運用すべきであるとする見解がある（古積健三郎
「『流動動産譲渡担保』と他の担保権の関係(1)(2・完)」彦論287・288号〔1994年〕
384頁，289号〔1994年〕120頁）。しかし，譲渡担保権者を先順位とするのであれば，
333条ではなく，334条・330条の類推適用によるほうが適切であろう（山野目章夫「昭
和62年判決判批」平井宜雄編『民法の基本判例〔第2版〕』〔有斐閣，1999年〕100頁
参照）。

29 動産譲渡担保権と動産売買先取特権の優劣〔水津太郎〕

この分析によれば，譲渡担保権者が333条の「第三取得者」にあたるとした昭和62年判決は，先取特権の目的物である動産について，債務者が譲渡担保権を設定したときは，債務者には，もはやその目的物である動産を他の債権者のための物的担保に供する権限は残されていないという評価を前提としたものだととらえられる。これに対して，平成18年判決は，後順位譲渡担保権の設定を認めている。その説明の仕方はさまざまであるものの，このルールは，債務者が譲渡担保権を設定したときも，債務者には，なおその目的物である動産を他の債権者のための物的担保に供する権限が残されているという評価を基礎とするものだとみることができる。したがって，平成18年判決のルールの基礎にある評価は，昭和62年判決のルールの基礎にある評価と，矛盾していると考えられる。

3 想定される批判や疑問に対する応答

以上の検討に対しては，次の批判や疑問が投げかけられるかもしれない。

第1に，平成18年判決によれば，先順位譲渡担保権の設定は，後順位譲渡担保権から私的実行の権限をはく奪する効果をともなう[50]。この効果に着目して，譲渡担保権者が333条の「第三取得者」にあたるとみることはできないか。しかし，先順位譲渡担保権者の私的実行の権限を保護すべきであるということと，動産譲渡担保権と動産売買先取特権の優劣について，非競合型のルールを採用すべきであるということは，別のレベルの問題だと考えられる。

第2に，動産売買先取特権と動産譲渡担保権について，それぞれ担保としての意義や効用を比較し，前者よりも後者を保護するべきであるという観点から，譲渡担保権者は333条の「第三取得者」にあたるとする見解がある[51]。この見解によれば，本稿には，そうした機能的な考察が不足しているようにみえるかもしれない。しかし，体系的なバランスを保つためには，非典型・非占有型の約定担保である動産譲渡担保権と動産売買先取特権の優劣について，非競合型のルールを適用すべきではない。なぜなら，すでにみたように（2(1)），民法は，

---

[50] 平成18年判決は，単純な重複設定を認めたものではないことに注意をうながすものとして，森田・前掲注(28) 2607頁。

[51] 河野玄逸「動産売買先取特権の射程距離(上)」NBL294号（1983年）14頁，中祖博司「集合物譲渡担保と動産売買先取特権の競合」NBL307号（1984年）11頁。

典型・占有型の約定担保である動産質権と動産売買先取特権の優劣についてすら，競合＋順位型のルールを適用している（334条・330条）からである。

　第3に，動産売買先取特権と複数の動産譲渡担保権の優劣が問題となる。Ａがｂから甲動産を購入し，現実の引渡しを受けた後，甲動産について，ＣとＤのためにそれぞれ譲渡担保権を設定し，順に占有改定の方法により引渡しをした場合，Ｂ，ＣおよびＤの優劣はどのように定められるのか。昭和62年判決と平成18年判決のルールを形式的に組み合わせれば，甲動産について競合するのは，ＣとＤの動産譲渡担保権のみであり，ＣとＤの動産譲渡担保権の順位は，対抗要件の具備の先後に従い，Ｃが先順位，Ｄが後順位ということになろう。Ｃは，333条の「第三取得者」にあたるからである。しかし，Ａは，Ｃのために動産譲渡担保権を設定した後も，Ｄのために動産譲渡担保権を設定することができ，ＣとＤの優劣は順位によって定まるとしておきながら，Ｂの動産売買先取特権についてのみ，333条により，これを行使することができないとする合理的な理由はない。本稿の考察によれば，甲動産については，Ｂの動産売買先取特権，Ｃの動産譲渡担保権，Ｄの動産譲渡担保権が競合し，ＣとＤの順位は，対抗要件の具備の先後に従い，Ｂの順位は，動産譲渡担保権の順位をどのように考えるかによって定まる。334条・330条類推適用説によるときは，Ｂは，原則として（330条2項参照），ＣとＤに劣後することとなる。

Ｖ　お わ り に

　昭和62年判決によれば，譲渡担保権者は，「民法333条所定の第三取得者に該当する」とされる。このルールは，いわゆる理由づけ命題に属するものの，特段の留保を付すことなく，判例として引用されている。しかし，このルールは，「重複して譲渡担保を設定すること自体は許される」とした平成18年判決があらわれたことで，今日においては，判例としての意義を失ったとみるべきである。というのは，平成18年判決のルールの基礎にある評価は，昭和62年判決のルールの基礎にある評価と，矛盾していると考えられるからである（Ⅳ2）。先に引用した平成18年判決の判示について，これを傍論であるととらえるとしても，事実上，その部分の判示が先例として機能することを否定することはできない（Ⅲ2）。したがって，この立場にたったとしても，譲渡担保権者

29 動産譲渡担保権と動産売買先取特権の優劣〔水津太郎〕

が333条の「第三取得者」にあたるとした昭和62年判決のルールは，将来において変更される可能性が高い「弱い判例」[52]となったとみるべきである。

昭和62年判決のルールは，動産売買先取特権の成立と集合動産譲渡担保権の設定の前後を問わず，また，動産売買先取特権の目的物について個別動産譲渡担保権が設定されたときにも適用される（Ⅱ2）。他方，平成18年判決のルールは，先行する譲渡担保権が集合動産譲渡担保権であったときだけでなく，個別動産譲渡担保権であったときにも適用される（Ⅲ3）。したがって，333条に関する昭和62年判決のルールが平成18年判決によってこうむった影響は，動産譲渡担保権と動産売買先取特権の優劣一般に及ぶこととなる。

---

[52] 中野次雄編『判例とその読み方〔3訂版〕』（有斐閣，2009年）25頁〔中野〕。

30 アメリカ不動産担保法における所有権留保の現状について
―― ニューヨーク州法における未履行売主リーエンの処遇を中心に

青 木 則 幸

I は じ め に

アメリカ合衆国（以下，米国と呼ぶ）における人的財産担保法である UCC 第9編では，所有権留保は，少なくとも法形式としては採用されておらず，留保売主の担保権も UCC 第9編の担保権が利用され，売買代金担保権の制度によって調整されていることが知られている。

これに対し，米国不動産担保法では，「割賦払式不動産売買（instalment land contract）」と呼ばれる取引類型が，不統一の各州法に依拠しつつも，全米の議論において共通に認識されており，この取引は所有権留保を要素とする。すなわち，与信売主が正式な所有権に類比される不動産権であるコモンロー上の権原（legal title）を移転する時期を，不動産の買主が割賦式債務の履行を終える時期だと約定する取引である。

学説では，不動産担保法の領域でも，所有権留保の法形式の正当性や確実性に対して懐疑的な説が多い[1]。また，実務書でも，金融機関から有利な融資を受けることのできない低所得者が利用する高金利金融取引の一つとして取り扱われることもある[2]。

しかし，このような学説上の批判にも拘わらず，割賦払式不動産売買契約は，現役の取引類型である。実務での利用が少なくないばかりでなく，州法上その効力を修正しつつも承認している法域が少なくない。詳しくみてみると，確実

---

(1) GRANT S. NELSON ET AL., REAL ESTATE FINANCE LAW § 3.38 (6th ed. 2014).

(2) MICHAEL T. MADISON ET AL., THE LAW OF REAL ESTATE FINANCING § 8.02[2][a] (1999).

『21世紀民事法学の挑戦』加藤雅信先生古稀記念〔信山社，2018年3月〕

性が低いとする指摘は，法域による，登記法制および執行法制の多様性を前提としており，一つの法域に絞った場合には，確実性は必ずしも低くない。

　注目を要するのは，米国で一般的に認識されている取引実態における，留保売主としての地位と約定担保権者としての地位の連続性である。すなわち，売主が買主に所有権にあたるコモンロー上の権原を移転したうえで最優先のモーゲージの設定を受けるという取引局面も存在するが，両者は不動産売買契約の過程の観点からは必ずしも分離できない。というのは，米国では，不動産売買契約締結後，終了（closing）までの間に，買主と売主あるいはその他の金融機関との交渉を経て，与信のアレンジが最終的に決定されるのが通常であると考えられている。この過程において，所有権の移転を理論的前提としたモーゲージの設定が行なわれる前に，代金の一部が支払われている場合が多い。そして，この状態における法律関係を，割賦弁済の完了まで維持するのが，割賦払式不動産売買の沿革である。

　本稿では，不動産金融法について，建国期から判例の蓄積が厚く，保守的なまでに判例法の原則を重視するとみられるニューヨーク州法（以下，NY州法と呼ぶ）について，多様な問題を指摘されつつも実務で利用され続ける所有権留保の法形式が，いかなる基本的な制度ないし理論によって支えられているのか，その現状を分析したい。

　なお，上記の学説の正当性を検証するためには，NY州法とは基本を異にする多様な法域の多様な局面で生じている病理現象の分析を要するが，本稿の目的は，その比較のパラメーターの軸を明らかにすることにあり，紙幅の制約上も，その基礎研究の部分にとどまらざるを得ない。

II　理論的背景 —— 不動産売買契約における売主の救済手段

1　割賦払式不動産売買契約と不動産売買契約の共通性

　割賦払式不動産売買契約は，現在ではモーゲージ代替制度としての実質が広く認識されているが，不動産売買契約の法形式を利用した担保手段であり，理論的には，不動産売買契約において売主が求めうる救済手段に依拠している。

　米法では，不動産売買契約の過程は，売買契約書の交付による契約の締結（execution of contract）と，その後の終了（closing）に区別され，取引上の法律

関係は，この2時点で画される，締結過程の契約，未履行契約（executory contracts），既履行契約（executed contract）の3態に分けて論じられる[3]。

　売主が，正式な所有権であるコモンロー上の権原を買主に移転し，なおも与信を継続する場合には買主からモーゲージの設定を受けることができるのは，売主がディード（deed）と呼ばれる所有権移転の意思表示を表章する証書の交付が前提となるが，このディードの交付が不動産売買契約を終了させる[4]。買主の代金債務が残存していても，それは売主の了承による金融取引に移行したものとして論じられる。すなわち，未履行契約における売主（vendor）の地位は終了し，既履行契約における譲与者（grantor）の地位についての議論となるのである。

　売買契約では，広く，買主が「手付（earnest money）」や「頭金（down payment）」という名目で代金の一部を先に支払い，その後に，残額の支払いと引替えに所有権を移転するという取引が行なわれる。売買契約締結後に，買主の資金調達が難航して，引換給付としての所有権の移転が遅れることは間々あり，この場合に売主が利用しうる救済方法（remedy）の議論が蓄積されてきた[5]。契約法に広くみられる損害賠償請求（damages），特定履行（specific performance），原状回復請求権（restitution）に加え，失権条項（forfeiture clause）の追及と未履行売主リーエン（vendor's lien）の実行が認められうる。

　割賦払式不動産売買契約は，このうち失権条項と未履行売主リーエンを利用し，売主が，割賦弁済の終了まで，ディードを交付することなく，売買契約を未履行契約のままに留める取引として出現したものである。

2　失権条項による救済

「失権条項（forfeiture clause）」とは，救済方法に関する特約である。未履行

---

(3)　*See*, DAN B. DOBBS, LAW OF REMEDIES § 12.10 (2d ed. 1993).

(4)　なお，米国の不動産登記制度は，共同申請の原則をとっておらず，買主が単独で，売主から交付を受けたディード証書を，登記制度を管轄する郡役所において，綴込登記をすることによる。わが国の登記請求権に類比される議論は存在しない。また，売主の地位が消滅した後に生じる目的物の瑕疵の問題は，未履行売買契約における買主の救済（remedy）ではなく，ディードに規定された権原保証条項（いわゆる物的条項（covenants running with land）である）の履行の問題とされている。

(5)　*See*, DOBBS, *supra* note (3), § 12.10, 12.12 (1993).

30 アメリカ不動産担保法における所有権留保の現状について〔青木則幸〕

契約を失権させ，所有権移転義務を免れたうえで，売買契約に基づき買主が手
付や頭金という名目で支払った金銭や，所有権（コモンロー上の権原）移転前
の占有の対価（賃料）という名目で支払った金銭，あるいは，一部弁済や割賦
払式の弁済として金銭など，買主の既払金を没収する内容である。

　割賦払式土地売買契約の方法を用いる売主は，必ず次のような没収条項を入
れるのだとされる。「"期日が契約の核心部分であり"[6]，買主が適時弁済を含む
契約内容に違反する場合には，売主が，契約の終了を宣言し，法的執行方法を
へずに目的物の占有を再取得し，既払いの弁済金を約定損害賠償額として保有
できる旨」の約定である[7]。

　NY 州法は，はやくから，売主の救済手段としての失権の主張を認めてきた。
　関連する最初期の先例は，〔1〕Havens v. Patterson 事件判決（1870 年）[8]の
ようである。本件では，土地売買契約（1853 年 11 月 22 日）があり，親子と思
われる買主 2 名が直ちに占有を開始したがまもなく 1 名が死亡して相続があり，
その後に，履行期（売主のディードの交付と引替えに，買主が残債務を支払うべき
期日）が到来し買主が債務不履行に陥った。（なお，買主らは，売主が目的物の占
有を回復した後 8 年後に残債務の弁済を提供したが，これによる売主の義務の強制
履行の請求は，一貫して否定されている。）主要な争点は，買主が既払金の回復請
求権を有するか否かという点であった。第 1 審は，相続人には回復請求を認め，
第 2 審もこれを維持した。売主側が上訴。本判決（最上級審にあたる Court of
Appeal（Church 判事））は，上訴を容れて維持された第 1 審判決を破棄した。
説示は，売買契約後の買主の占有がエクイティ上の所有権に基づくものであっ
たこと，その後に占有を回復した売主側に落ち度がないことを確認のうえ，次
のようにいう。仮に承認するとすれば「自ら懈怠し履行を拒絶した契約上の未

---

(6) 米法では，相手方の履行遅滞があっても，それだけで直ちに救済を求めることはできないとされる。不動産売買契約では，エクイティによって，期日は契約の核心部分ではないと考えられているからである。ただし，いくつかの場合には，期日が契約の核心部分となる。①契約当事者が「期日が契約の核心部分である」旨の合意をしている場合，②時間の経過により価値の変動する目的物を扱う売買契約で，黙示の合意ないし法解釈によって合意が擬制される場合，③債務不履行後に債権者が催告を行なった場合，である。実務では，期日が契約の核心部分である旨の契約条項があるのが通常である。Comment, *Equitable Relief against Forfeitures in Land Sales*, 32 YALE L. J. 65 (1922).

(7) NELSON ET AL., *supra* note (1), at 123 (6th ed. 2014)

(8) Havens v. Patterson, 43 N.Y. 218 (1870).

Ⅱ　理論的背景

履行の合意について，それに基づく既払い金の回復請求を許す原則を承認することになってしまう。かような原則は，コモンローでもエクイティでも認められないものである。」

　その後，1881 年には，その後の多数法域に影響を与えたとされる著名な先例が出ている。〔2〕Lawrence v. Miller 事件判決（1881 年）[9]である。本件事案では，売買契約の締結に際して買主が 2000 ドルを支払っていた。その後，未履行土地売買契約の売主 Y が 2 度にわたり弁済の提供をした（ディードを作成して持参した）が，買主の資金調達の不備により反対給付がなかったため弁済に至らなかった。その後，売主 Y は 2000 ドルを返さぬまま本件土地を第三者に売却した。本件は，その後に買主から未履行土地売買契約の買主たる地位を譲り受けた X が売主 Y に対し，2000 ドルの返還を請求した事案である。判旨には，代金債務が全額でいくらであったのか言及されていない。判旨（Folger 裁判長）は，先例から「弁済を拒絶ないし懈怠した者が，その者が締結した未履行契約に基づいて支払われた金銭の回復を請求することは，コモンローでもエクイティでも認められていない」という準則を導き，本件事案について「本件金銭の回復を認めることは，自ら契約に違反した当事者による訴えを認めることになり，違法である」とし，また，「X による，Y には実際に被った損害を越える金額を取得する権利がないというもっともらしい主張も，失当である」とする。本判決は，ディードと引替えに代金を完済する期日が売買契約証書には書かれておらず債務不履行後に口頭で催告がなされた事案であるが，論旨は前掲〔1〕判決と共通である。

　法域によっては，売買契約における売主の救済方法として，失権条項を行使すること自体を制限する立場がある。しかし，NY 州法は，違約者に原状回復請求を認めないとする〔2〕事件判決の準則を原則として維持し，不動産売買契約における失権条項の効力を一般的には制限しない[10]。次のような事情による。①実務では，没収条項は標準約款として用いられており，没収条項のない事案

---

(9)　Lawrence v. Miller, 86 N.Y. 131（1881）.

(10)　1942 年には，NY 州法で，Lawrence 事件判決の法理を否定する立法提案があった（Act, Recommendation and Study Relating to Recovery for Benefits Conferred by Party in Default Under Contract, 1942Report pf N.Y. Law Rev. Commn., at 179.）が，同提案は否決されている。

は判例に現れていない。②買主が既払金の回復を請求する場合，没収条項がない場合には上記(2)①の基準による損害額を越える金額である場合，没収条項がある場合には過大な予定賠償額である場合でなければ，買主の回復請求は認められない[11]。実際の損害額がいくらであるのかの立証責任は買主側にあり，（後述の割賦払式土地売買契約でない限り）立証できるような既払金額がある事案は，判例には現れていない。

3　未履行売主リーエン

売主には，売買目的物上の優先弁済権である法定のリーエンが認められる。契約終了前の売主に認められる未履行売主リーエン（vendor's lien）である。この未履行売主リーエンは，エクイティ上のモーゲージと考えられており，モーゲージのフォークロージャー手続と同一の手続によって実現される。

(1) 売買契約の当事者が取得しうるエクイティ上のリーエン

不動産売買契約における売主が取得しうるリーエンは，売買契約の段階に応じて，2種類が存在する。売買契約の終了前の売主に与えられる未履行売主リーエン（vendor's lien）と，終了後の売主に与えられる既履行売主リーエン（grantor's lien）である。

前述のように，売主からみて，売買契約の終了は，ディードの交付による所有権の移転時点である。売主が所有権を移転し契約が終了したにもかかわらず，買主の代金債務が残っている場合には，エクイティ上，買主の所有する不動産上に，売主の優先弁済権が与えられる。これが既履行売主リーエンである。

一方，未履行売主リーエンは，所有権を買主に移転する前の売主に認められるリーエンである。

売主が所有権を維持している不動産上に，売主のエクイティ上の優先弁済権であるリーエンが成立するというのは，奇妙に聞こえるが，次のような理論的背景をもつ。米法では，売買契約締結によって，売主が所有権（理論的には，コモンロー上の権原（legal title））を買主に移転し契約を終了させる前であっても，買主に「エクイティ上の権原（equitable title）」としての所有権の移転を

---

[11]　Maxton Builders, Inc. v. Lo Galbo, 502 N.E.2d 184 (N.Y. 1986). *See also*, Arthur L. Corbin, *The Right of A Defaulting Vendee to the Restitution of Instalments Paid*, 40 YALE L. J. 1013, 1023-25 (1931).

II　理論的背景

認める。理論的には，売買契約によって，売主は買主のための受託者として所有権（コモンロー上の権原）を留め，買主は売主のための受託者として代金を保有する関係になる，と説明される。そして，売買契約終了前に買主から第三者への処分その他による物権変動が生じる場合には，エクイティ上の権原が第三者に移転し，その後，売主は第三者のための受託者としてコモンロー上の権原を保有すると説明される。エクイティ上の所有権者は，売買契約上の義務を履行すれば，受託者である売主に対して，特定履行の方法で，コモンロー上の権原の移転を請求できるが，残金を支払えなければ特定履行の方法による救済を受けることができない。そこでエクイティ上，未履行買主には，既払金を回復する請求権を被担保債権とするリーエンが認められるとされる[12]。これと対称をなすのが，未履行売主リーエンだとされる。買主が受託している金銭の支払いを得られない場合に，その請求権を保全するために未履行売主リーエン（vendor's lien）を取得するとされるのである。

　未履行売主リーエンを実現する手続は，モーゲージの実行手続と同様のフォークロージャーである。後述のように，未履行売主が未履行売主リーエンを自ら主張する事案は，目的物の第三取得者やモーゲージ権者との関係がほとんどであり，買主に対して他の救済手段を選ばず敢えて未履行売主リーエンを主張する事案は多くない。しかし，NY州法では，〔3〕Conners v. Winans 事件判決（1924年）[13]が先例として挙げられる。本件事案は，土地の代金12500ドル中，3000ドルが頭金名目で支払われ，残金および利息年5%が年賦となる旨の約定のある割賦払式不動産売買契約が締結された。また，所有権の移転については，合計6000ドルが支払われた時点で，残額を被担保債権とするモーゲージ証書の交付と引替えに，ディードを交付する旨の約定であった。買主は契約の翌月から占有を開始したが，割賦払式債務につき債務不履行に陥ったため，売主が未履行売主リーエンによるフォークロージャーを訴求した。

　判旨（Smith 判事）は，未履行売主リーエンを認定し，その法的性質が上記のようなエクイティ上のリーエンであることを確認した上で，次のようにいう。「売主も買主も，適切な条件が充足されれば，エクイティ上，目的物上のリーエンのフォークロージャーを訴求できる。」

[12]　Elterman v. Hyman, 84 N.E. 937 (N.Y. 1908).
[13]　Conners v. Winans, 204 N.Y.S. 142 (1924).

30 アメリカ不動産担保法における所有権留保の現状について〔青木則幸〕

(2) 未履行売主リーエンの対抗力

米法における不動産に関する権利の対抗関係が問題となる場合，不動産の二重売買やモーゲージの重複設定，あるいは，同一不動産の売買とモーゲージの競合など，多くの事案では，不動産登記制度が対抗要件制度として機能する。履行売主リーエンはこの例外であるとされる。

(a) NY 州法における不動産登記制度

NY 州法において，不動産登記制度の適用の有無は，個別の権利ごとに定められた制定法の規定で決せられるが，多くの規定が準用する原則を規定するのは，不動産の二重売買に関するニューヨーク州不動産法（RPL）291 条である。「登記されていないコンベイアンス（conveyance）は，その後に，同一の不動産を，同一の売り主から，買うないし買う契約をする者に対して無効（void）である。……ただし，そのような買主は，誠実（in good faith）性かつ有効約因（valuable consideration）を備えており……かつ，その者のコンベイアンスないし契約が，最初に適切に登記されていなければならない」（RPL § 291）。

「コンベイアンス」は多義語であり，NY 州法でも行為の意味で用いられる場合と当該行為を生じさせる原因証書の意味で用いられることがあるが，本法では，次のように定義されている。「あらゆる種類の不動産権（estate）ないし不動産上の権利（interest in real property）を設定し，移転し，モーゲージに供し，あるいは，譲渡する旨の個別の証書（every written instrument）」および「不動産のタイトルが影響を及ぼしうる証書」（RPL § 290(3)）だとする。要するに，物権変動の意思表示を表章する証書の意味であり，これが綴込登記の対象となる。物権変動の種類は，原則としては物権の設定と移転を含むとみてよいが，制度上対象とならないもの（無償譲渡など）や例外規定も多く，個別に確認を要する。少なくとも，売買契約における売主の履行として売主が買主に交付するディードや，モーゲージ設定者がモーゲージ権者に交付するモーゲージ証書が，この規定でいう「コンベイアンス」の典型例であることは争いがない。

NY 州法は，このような物権変動の意思表示を表章する証書の綴込登記を前提に，レース・ノーティス型の対抗要件制度を規定している。前提として，米法でも，不動産権の設定および移転（conveyance）は，時間順に優劣が決せられる。この原則の例外として，制定法（RPL § 291）の効力により，①所有者

672

からの敵対的ないし相容れない物権変動（conveyance）の優先関係の判断において，先行する物権変動（所有権の移転，モーゲージないしリーエンの付着を含む。以下同じ。）について善意無過失（誠実要件とよばれる）の者になされた有償の物権変動は優先する。②登記は擬制通知として機能し，登記のなされたあとに生じる敵対的物権変動が善意で行なわれる余地を排除する。③ただし，上記①・②の恩恵を受けるためには，自ら登記を経た者でなくてはならない。要するに，ある物的処分につき，(i)対抗関係にある先行の物的処分について善意無過失であったこと，(ii)有償の物的処分を受けたこと，(iii)その物的処分を生じさせた証書の謄本の綴込登記を行なうことという3要件が，対抗要件である。

　このように，米法（レース・ノーティス型）の登記制度は，先行する物的処分につき善意無過失で譲渡・設定を受けた者の保護を論拠とする点に特徴があるが，この保護は無権利者からの譲受人の保護に向けられているわけではない。対抗関係における，物権変動の原則たる時間的優先関係（first in time）に対する，例外的処遇の論拠に過ぎない。（対抗関係でない場合にも適用される一般原則としての善意取得制度（192条）に，対抗要件制度である178条の公示機能の不備を補正する機能を担わせている，わが国の動産の対抗要件制度と似て非なる制度であることに注意が必要である。）また，有償要件は，判例法上かなりの緩和がみられ，通常の売買やモーゲージの設定を想定する限り問題になることはない。それゆえ，実態は，わが国の177条で悪意者排除説をとるのに類比される処遇になるとみてよい。

　(b) 未履行売主リーエンと登記

　では，未履行売主リーエンには，不動産登記法による対抗要件制度の適用があるのか。

既にみたように，未履行売主リーエンは，不動産売買契約の終了（closing）の前，未履行契約（executory contract）である間にエクイティによって認められる売買目的物上のリーエンである。コモンロー上の権原（title）は売主に帰属しており，登記法にいう「コンベイアンス」（＝物権変動の意思表示たる証書）は交付されていない。それゆえ，RPL §291の適用があり得ないことは明らかである。

　紛らわしいのは，買主Bが取得するエクイティ上のタイトルの公示制度との関係である。

30 アメリカ不動産担保法における所有権留保の現状について〔青木則幸〕

既にみたとおり，未履行買主にエクイティ上のタイトルを認めその処分を認めるのが確定された判例法である。NY州法は，未履行売買契約書の綴込登記を認め，このエクイティ上のタイトルの取得に対抗力を付与する（RPL §294(1)）。ただし，この綴込登記は，未履行買主によるエクイティ上の権利の重複的処分によって生じうる対抗関係の基礎となるだけで，未履行売主リーエンの対抗要件とは考えられていない。未履行売主リーエンは，未履行の売買契約上の関係からエクイティ上生じていると説明されるのであって，買主に認められるエクイティ上のタイトルの物的処分（Bによる設定）の擬制を介した説明はみられない。

また，未履行買主Bは，エクイティ上のタイトルを第三者 C_1 に売却したり第三与信者 C_2 にモーゲージを設定したりしうる。これは，エクイティ上の不動産権を目的財産とするだけで，譲渡やモーゲージの設定は，通常の（コモンロー上の）物的処分（conveyance）であると説明され，対抗要件も前掲 PRL §291 による[14]。ただし，上記のように A の未履行売主リーエンは B による物的処分によって発生するものとは考えられておらず，実在しない観念上の（B の意思表示を表章する）証書の綴込登記もありえない。

以上のように，未履行売主リーエンは，不動産登記制度に基づく対抗要件制度の適用のないエクイティ上のリーエンであると解されている。

(3) 売買契約終了前 —— 未履行売主リーエンと他の権利の競合

売主 A が，法的所有権（＝コモンロー上の権原）を移転する前，すなわち，A がエクイティ上未履行売主リーエンを保有し，買主 B がエクイティ上のタイトルを保有する状態で，生じうる A のリーエンと他の物的権利の競合には，次のようなものがある。

(a) 後発の物的処分（conveyance）

まず，売買契約によって未履行売主リーエンが発生した後に，B がエクイティ上のタイトルの物的処分（conveyance）をすることによって生じる競合が

---

[14] なお，この B から C_1 ないし C_2 に対する「コンベイアンス」の綴込登記は，A からの買主 D_1 やモーゲージ権者 D_2 に対する公示としては機能せず，C らは，B が AB の未履行契約書を綴込登記したことを確認のうえで，B からの処分を受け，その処分についてディードないしモーゲージの綴込登記を行なうことになる。*See,* ROBERT H. BOWMAR, MORTGAGE LIENS IN NEW YORK, at 76-77 (1990).

674

ありうる。BがAとの売買契約締結後，Aからディードの交付を待たず，目的物をCに売却する，あるいは，Cにモーゲージを設定するという取引によって生じる。

これらの場合，競合関係は，登記制度の適用のある対抗関係ではなく，エクイティ上のリーエンの負担に関する善意有償取得者ルールによって規律される。不動産登記制度についてレース・ノーティス型の制定法を採用するNY州法においても，C（有償の譲受人やモーゲージ権者）がAのリーエンを負担するか否かの規範は，CがAのエクイティ上のリーエンについて善意無過失で物的処分（conveyance）を受けたのであればリーエンの負担を免れる。登記法によるCの対抗要件のひとつである（善意無過失・有償に加えての）綴込登記は無関係である[15]。

NY州法における先例は，〔4〕Champion v. Brown事件判決（1822年）である。本件では，不動産売買契約の約定代金8000ドル中7500ドルについて買主が6年間で弁済する旨の割賦払式不動産売買契約を締結し，目的不動産を引渡した。しかるに，同年中に買主が死亡し，相続人から（契約の解消を請け負うとして）未履行契約を買い受けたYが目的物の占有を開始した。そこで，売主XがYに対して，契約の特定履行を求めた。判旨（Johns大法官）は，買主の相続人からYへのエクイティ上のタイトルの合意に基づく有償譲渡があったとし，XY間に人的責任はないが，「責任を負担したestateを取得していることから」「Yが，悪意の買主であるならば」その責任を免れないとして，目的物の占有の回復（redelivery）と中間利益の支払いを命じた。その根拠として，「土地の売買契約の時点から，売主は，土地について，買主のための受託者となっており，買主は，金銭について，売主のための受託者になっている。売主は売買代金について土地上のリーエンを有しており，土地からの売買代金の回収を訴求しうる。」とする。そのうえで，英国の先例[16]を引き，「Eldon卿の判示によると，未払いの売買代金のための未履行売主リーエンは……買主（vendee）に対してだけでなく，買主からの悪意の買主（purchaser）に対しても存在する。」と判示した。

同旨の判断は，執行法制が確立されていくなかで，リーエン権者の救済を

---

[15] *See*, BOWMAR, *supra* note (14), at 278.

[16] Mackreth v. Symmons, 15 Ves. 329.

30 アメリカ不動産担保法における所有権留保の現状について〔青木則幸〕

フォークロージャーだとする考え方が確立された後にも承継されている。〔5〕
Charles v. Scheibel 事件判決（1926 年）[17]では，無担保の与信売主 X が，買主
Y1 が目的物を不動産仲介業者 Y2 に転売し引渡しを経た後に，Y1 の債務不履
行を理由に本件訴訟を提起し，売主リーエンの実行（foreclosure）を主張した。
判旨（Larkin 判事）は，未履行売主リーエンを認定のうえ，次のようにいう。
「支払いを受けていない売主が目的物に有するリーエンは，買主に対して有効
であり，また，対世効がある（against the whole warld）。もっとも，売主が権
利放棄をした場合や，買主から転得者への移転に際して転得者の善意有償取得
によって消滅する場合は別である。」

いずれも，登記法の対抗要件ではなく，善意有償取得者が不動産に付着して
いるエクイティ上の権利を免れるという古い法理に依拠していることが理解さ
れよう。

(b) 売買契約の締結に先行する物的処分との関係

米法では，AB の売買契約に先立って行なわれた物的処分の効力が，買主 B
が将来取得する不動産上に及んでいるという事案も存在しうる。B が C のた
めに B が将来取得する不動産を目的物とするモーゲージを設定し対抗要件を
具備しているという取引も，限定的な事案ながら，有効と解されているからで
ある。すなわち，モーゲージ設定時に B に登記の対象となる既取得不動産が
あり，その既取得不動産上のモーゲージを，当該不動産に関連する不動産に及
ぼす旨の爾後取得材差条項には，登記の効力が及ぶとされている。珍しい事案
であるが，NY 州法でも，公共事業用に不動産を数多く買収する事業者を債務
者とするモーゲージで認められた先例が存在する[18]。ただし，爾後取得財産条
項は，買主の法的所有権の取得を条件としていると解されており，未履行売主
リーエンとの競合は生じないと考えられている。

(c) 先発の物的負担

売買契約締結前に，買主について生じる買主の財産上の物的負担が，売買契
約締結によって買主が取得すべき不動産に及ぶという事案は，米法では一般的
に生じうる。B の一般債権者である C の差押えに類比される事案が，そのよ
うな効力をもつものと考えられているからである。米国の不動産法では，動産

---

(17)　Charles v. Scheibel, 218 N.Y.S. 545 (1926).

(18)　Chase Nat. Bank of City of New York v. Sweezy et al., 281 N.Y.S. 487 (1931).

676

法とは異なり，判決リーエン制度を採用している法域が多い。NY 州もその 1
つである。判決リーエンは，勝訴判決を不動産登記制度を管轄する郡役所に登
録するドケッティングと呼ばれる手続によって発生するリーエンである。その
効力は，ドケッティングによって公示され，債務者 B の既取得の不動産およ
び将来取得する不動産のすべてに及びうる優先弁済権である。特定不動産上の
リーエンと区別する意味で一般リーエンと説明される。

　NY 州法は，伝統的に，エクイティ上の権利を差押え禁止財産とする制定法
のもと，債務者 B の保有するエクイティ上の権原は，判決リーエンの対象と
ならないとする立場をとってきた[19]。既にみたように，未履行売主リーエンは，
法的所有権の帰属する売主に認められるエクイティ上のリーエンであり，その
存続中（ディード交付前），買主 B にはエクイティ上のタイトルしかないのだ
から，上記の立場では，C の判決リーエンと A の未履行売主リーエンの競合
は生じ得ない。この立場は，執行法に関する制定法の変更により，改められた
が，判決リーエンが，ドケッティングの時点で，すでに債務者の財産上に付着
しているエクイティ上の権利に劣後することには異論がない[20]。この場合，判
決リーエン権者が先行するエクイティ上の権利について善意無過失であっても，
先行するリーエンの負担を免れない。これは，特定物上のリーエンと一般リー
エンの性質の違いだと説明される。

　では，判決リーエンのドケッティングが，売買契約に先行している場合はど
うか。この点についての先例は見当たらず，はっきりしないが，実務書には次
のような記述がみられる。「未履行売主のエクイティ上の権利が判決リーエン
の客体であるとしても，判決リーエンは未履行売主リーエンに劣後するであろ
う。」「一般的に，判決債権者は，善意悪意にかかわらず，債務者の財産を発見
した時点で，当該財産上にリーエンを獲得するといってよい」[21]。

(4) 売買契約の終了と売買代金モーゲージの取得

　未履行売主リーエンは，売主によるディードの交付によって消滅する。しか
し，実務では，売主のディードの交付は必ずしも代金の完済と引替えとは限ら

---

[19]　1R.S. 744 § 4 *See*, R.S., *Judgment as Lien on Judgment Debtor's Equitable Interest in
　　 Real Property*, 30 A.L.R. 504 (1924).

[20]　*See*, Kiersted v. Avery, 4 Piage 9 (1832).

[21]　BOWMAR, *supra* note (14), at 182.

30 アメリカ不動産担保法における所有権留保の現状について〔青木則幸〕

ない。代金の一部についてなお売主の与信が残存する場合も存在する。

(a) 売主に対するモーゲージの設定

この場合，ディードの交付によって未履行売主リーエン（vendor's lien）は消滅し，かわって既履行売主リーエン（grantor's lien）が発生する。しかし，売主は，通常，代金の完済を待たずディードを交付する場合には，引替えにモーゲージの設定を受ける。モーゲージの設定があれば，エクイティ上のリーエンの権利放棄（waiver）が認定される。それゆえ，判例でも，所有権留保の法形式をとってきた割賦払式不動産売買契約の売主が，売買代金の完済前にディードを交付して売買契約を終了させる場合には，モーゲージの設定を受ける事案になるのが通常である。

売主が取得するのは，ディードの交付によって買主に移転した法的所有権上に設定されたコモンロー上のモーゲージである。対抗関係は，買主から交付を受けたモーゲージ証書の謄本の綴込登記による。既にみたように，これは，Bからの複数の物的処分（conveyance）（目的物の譲渡や他のモーゲージの設定を含む）の優先関係について，原則である時間順の例外として，後発処分も，先発処分について善意無過失かつ有償でなされ登記を具備すれば優先することができることを意味する。

(b) 売主のモーゲージの売買代金モーゲージとしての処遇

さらに，売主のモーゲージは，売買代金モーゲージとして処遇される。売買代金モーゲージとは，一般的に次のように定義される。「融資の対価として支払われる金銭的価値（proceeds）が，(1)不動産のタイトルを取得するため，あるいは，(2)タイトルが取得される取引と同一の取引の一部としてモーゲージが供される場合には当該不動産上に土地改良物（建物等）を建設するために用いられる場合に，不動産の売主ないし第三者たる融資者に対して与えられるモーゲージである」[22]。そして，売買代金モーゲージは「登記の有無を問わず，不動産に付着しているあらゆる種類のモーゲージ，リーエンその他の優先的請求権のうち，当該売買代金モーゲージ設定者が不動産のタイトルを取得する前に，当該設定者が設定したモーゲージその他の優先弁済権や，当該設定者に対して発生したリーエンその他の請求権で，に優先する」[23]。この売買代金担保

---

[22] Restatement (Third) of Property (Mortgages) § 7.2 (a).

[23] Restatement (Third) of Property (Mortgages) § 7.2 (b).

678

権の優先準則は，先行して対抗要件を具備した法定・約定担保権にも優先しうる優先権を与えうるが，実際の適用場面は限定的である。

売買代金モーゲージの優先準則が適用される典型的事案は，売買代金モーゲージの設定時に，既に目的物上に負担されている，買主に関連する他の優先権がある場合である。上記のように，取引慣行上，与信売主がディードを交付しコモンロー上のタイトルを買主に移転するのが，モーゲージの設定と引替えであることから，典型的には，2つの場合が想定されている。

まず，①買主Bの一般債権者C1が，売主Aのディード交付前に，Bに対する判決債権者としてドケッティングを済ませている場合である。この場合に，一般リーエンである判決リーエンが，後発の売買代金担保権に劣後するのは当然視されている。

また，買主の設定するモーゲージとの関係では，稀に，②買主が，既に所有する他の不動産にモーゲージを設定する際，将来取得する関連する他の不動産にモーゲージの効力を及ぼす旨の爾後取得財産条項をおいている場合がある[24]。この爾後取得財産条項が有効である場合には，この場合も，売買代金モーゲージの優先が生ずる場面だということになる。

じつは，売主の売買代金モーゲージの優先準則が機能するのは，典型的には，この2つの場面だけなのである。これらと区別を要するのは，買主が（売主の売買代金モーゲージの客体となる）目的物の所有権取得後に設定した他のモーゲージとの関係である。通常，③売主の売買代金担保権は買主の所有権取得と引替えに設定される。買主が所有権取得後に第三者のために設定するモーゲージは後発モーゲージとなる。この両者の優先関係は登記の先後によって決せられる。売主に設定されたモーゲージが売買代金担保権としての要件を充足するものであっても，登記制度による対抗要件（誠実・有償・登記）を具備した後発担保権が出現した以上，なしえた登記の懈怠によって擬制通知の効力を確保しておかなかった売主に保護は与えられないのである[25]。

(c) 売買契約の終了と売買代金与信者の競合

売主Aがディードの交付時に取得する売買代金モーゲージとの競合について，しばしば問題となるのは，売買契約締結後その終了までの間に，買主B

---

[24] 前掲注[18]参照。

[25] Wells Fago Bank, N.A. v. Rotter, 128 A.D.3d 1199 (N.Y.App.Div. 2015).

30 アメリカ不動産担保法における所有権留保の現状について〔青木則幸〕

が長期的な金融手法として，売主 A と融資者 C の両方から部分的な与信を行なうアレンジをする場合に生じる，複数の売買代金モーゲージの競合という現象である。この場合，売主 A も融資者 C も，B によるアレンジへの承諾を介してディードの交付時に互いのモーゲージが設定されることを認識しているのが通常であり，またモーゲージの設定および綴込登記も同日になされるのが通常である。

NY 州における先例は，〔6〕Boies v. Benham 事件判決（1891 年）[26]である。本件事案では，①売主 A が買主 B と目的物を 1800 ドルで売る旨の不動産売買契約を締結した。②契約終了前に，B は資金調達のアレンジとして，C から1000 ドルの融資を受けそれを A に支払い，残額について A からの与信を受けることにし，A および C の了承を得，このアレンジに基づいて，B が C から1000 ドルの融資を受けた。④B は 1000 ドルの支払いと引替えにディードの交付を受けた。⑤その上で，B は A と C のためにそれぞれモーゲージを設定する旨のモーゲージ証書を交付し，いずれも同日中に交付され綴込登記がなされた。判旨（Bradley 判事の法廷意見）は，他法域の判例を参照しつつ[27]判例法として次のような準則を述べる。「売主が未履行売主ないし既履行売主として既に取得していて，未払いの売買代金の担保のためにモーゲージによるコモンロー上のリーエンに置き換えられる（substitution）まで存続していた，エクイティ上のリーエンゆえに，売主によってその代替として取得されたモーゲージは，その設定と同時に買主から取得された第三者のモーゲージに優先する。」「売主のモーゲージについては，リーエンの連続性（continuity）が破壊されておらず，単に法的性質がエクイティ上のリーエンからコモンロー上のリーエンにかわっただけ（merely changed）だからである。」そのうえで，売主は，優先権を放棄することができるが，上記のアレンジによって買主 B がディードの受領と引替えに第三者 C にもモーゲージを交付することを認識していただけでは，優先権の放棄は認められないと判示し，A の売買代金担保権に，C の売買代金担保権に対する優先を認めた。この立場は，現在の NY 州法でも維持されている[28]。

---

(26)　Boies v. Benham, 28 N. E. 657 (N. Y. 1891).

(27)　参照されているのは，次の 3 判例である。Clark v. Brown, 85 Mass. 59 (1862); Turk v. Funk, 68 Mo. 18 (1878); Appeal of Williamsport Nat. Bank, 91 Pa. St. 163.

このような立場に対しては，次のような問題点を指摘するものもある。「売主の優先は，少なくとも経済的観点からみると，実務感覚に反するものである。結局，融資者も売主も，売買取引を可能にした貢献は同じであるし，両者とも同一の特定不動産上の担保に依拠している。さらに，売買代金モーゲージ権者たる融資者は，特に住宅ローンの事案では，売主の与信額よりも相当大きい金額について経済的利害関係をもつことがしばしばある」[29]。

しかし，結論的には支持が厚い。次のように説明される。「売主は，金銭と言うより，特定の不動産を手放したというだけでなく，売主には不動産上の権利を放棄するつもりはなく，ただ，売買代金債務の弁済を受けるためにその権利を行使することができるとの理解があるだけである。このことは，かりに，モーゲージ設定者が第三者から融資を受けその債務を担保するためにモーゲージを設定するであろう，そのようにして取引における資金調達の一部を行なうであろうということ，について，売主が知り得たとしてもかわらない。」このような「喪失の危険 (hazard of losing)」を抱えた売主に，財産権の帰属がなかった融資者に対する優先を認める趣旨であるという[30]。

III 救済方法の限定における未履行売主リーエンの位置づけ

米国における割賦払式不動産売買の議論で，長年問題とされてきたのは，売主が，失権条項による救済を多用したことである。

既にみたように，失権条項は，契約締結後，終了までの間に，買主が代金の一部を支払っている不動産売買契約に一般的にみられるものであり，割賦払式不動産売買契約に限られない。NY 州法は，理論上前掲〔2〕判決を維持し，一般に，失権条項を承認する立場である。

しかし，特に割賦払式土地売買で，買主が相当額を支払った後に，債務不履行に陥り，失権条項が行使された場合，裁判所がエクイティ（衡平）の立場か

---

(28) *See*, Giragosian v. Clement, 604 N. Y. S. 2d 983 (N. Y. App. Div. 1993).

(29) Restatement (Third) of Property (Mortgages) § 7.2 cmt.(d); NELSON ET AL, *supra* note (1), at 1300.

(30) Restatement (Third) of Property (Mortgages), *supra* note (22) § 7.2 cmt.(d). *See also*, NELSON ET AL., supra note (1), at 1300.

30 アメリカ不動産担保法における所有権留保の現状について〔青木則幸〕

ら，失権条項の効力を否定し，売主の担保権をエクイティ上のモーゲージであると構成して，フォークロージャーを命じる構成をとる。

NY 州法では，〔7〕Greder Services, Inc v. Johnson 事件判決（1981 年）[31]が，他法域の先例[32]を参照しつつ，採用したのがはじめてのようである。事案は，割賦払式不動産売買契約の約 5 年後，買主が元本 5291 ドル余に加え，利息 4000 ドル以上を支払い，また，不動産の改良によって価値が上昇させたという事実が認められる中，失業により債務不履行に陥った。そこで売主 X が失権条項の行使し，Y に対する明渡しを訴求した。

判旨（Joslin 判事）は，次のように述べて，不動産手続法による公売を命じた。「当裁判所で判断される買主のエクイティ上の権利がわずかなものであり，売主を取引の安全を害する行為から隔離するにさして意味が無い場合，裁判所は失権を認め不動産の占有回復を認めるにやぶさかでない（no reluctance）。しかしながら，被告のエクイティ上の権利の大きさからみて，本件取引はエクイティ上のモーゲージであるとみなす必要がある。そのように解することが，本件事実，NY 州法の多数説，および，他法域で確立された法理に沿うものと考える。」

同旨の判断は，〔8〕Bean v. Walker 事件判決（1983 年）[33]において，より明確に展開されている。事案では，売主 X が買主 Y との間で割賦払式不動産売買契約を締結。代金 15000 ドルは 15 年の月賦（利息 5％）で支払われる旨，および，遅滞が生じたあと 30 日経過した時点で X が契約の終了を宣言し，占有を回復し，「損害額の予定（liquidated damages）」として既払金を取得でき，また，この金額はペナルティとしてではなく X 所有不動産を Y が占有する対価たる賃料の趣旨である旨が約定されていた。8 年後，Y は，元本 7000 ドル余（総額 12000 ドル余）を支払った時点で債務不履行に陥り 30 日が経過した。そこで X が不動産回復訴訟を提起した。

判旨は，次のように述べる。「コモンロー上のモーゲージの設定者は，エクイティ上のタイトルを保有している。それゆえ，コモンロー上の所有者（legal

---

(31)　Gerder Services, Inc. v. Johnson, 439 N. Y. S. 2d 794 (1981).

(32)　先進的な先例として引かれるのは，カリフォルニア州における Freedman v. The Rector, Wardens and Vestrymen, 230 P. 2d 629 (Cal. 1951)である。

(33)　Bean v. Walker, 95 A. D. 2d 70 (1983).

682

Ⅲ 救済方法の限定における未履行売主リーエンの位置づけ

owner) であるモーゲージ権者は，略式手続では，占有を回復することができない。まず，エクイティ上の所有者のエクイティ上の受戻権を消滅させる必要がある。」そして，そのような消滅のための展開されてきたのが，「現行法では制定法（PRAPL § 1301 以下）の適用を受けるモーゲージのフォークロージャーたるエクイティ上の救済方法（equitable remedy）である」とする。そのうえで，「解決の鍵」は，「不動産売買契約の買主に，売主が占有を回復しうる時点より前に消滅することになる権利」（つまり，売主のエクイティ上のリーエンの付着するエクイティ上のタイトル）があるか否かであるとする。NY 州法がこれを認めることに争いはない。

問題は，売主が，未履行売主リーエンの実行ではなく，失権条項の行使による救済を求めており，NY 州法が一般にはそのような救済方法の行使可能性を認めているにもかかわらず，本件ではそれが認められないのか，そうだとすると，両者の区別をいかなる規範によって行なうか，である。

まず，判旨は，次のように述べて，エクイティにより，失権条項の行使を否定する。債務残高における既払金の割合の高さと，目的物の価値の増加を理由に，「かような結果が基本的な不衡平（basic inequity）については，いうを俟たない（requires no further comments）」。「失権効が，財産の不衡平な処分の結果になり，途方もない金銭的損害（exhorbitant monetary loss）の結果になるとすれば，エクイティが介入し得るしまた介入しなければならない。」

その上で，次のような区別の基準を示す。「われわれのみるところ，このルール（前掲〔2〕判決に代表される，違約者による回復請求権を否定するルール）は，頭金に関係する事案か，買主が既に占有を離れている事案について，認められてきた」という。

既にみたように，NY 州法が，不動産売買契約の一般的ルールとしては，失権条項が不衡平にあたるとする基準は既払金額の割合（10%）が基準となってきた。債務者ないしその承継人が不動産の占有を継続している場合であっても，失権条項の行使を認めるのが原則であることは明らかである。上記の判旨も，既払金額と占有の放棄を，要件のようには取り扱っていない。

ただ，既に放棄された不動産は，フォークロージャーによる公売によって売主の優先弁済の原資の獲得が認めない場合が想定されている。この意味で，債務不履行時の売主と買主の衡平を図る要素としてあげられているに過ぎない。

683

30 アメリカ不動産担保法における所有権留保の現状について〔青木則幸〕

少なくとも予定される損害賠償額が適切であれば，失権条項による救済が認められる余地があり，認められない場合でも，売主は，未履行売主リーエンに基づくエクイティ上のモーゲージ権者として，フォークロージャーによる救済を受けることができる。

Ⅳ　おわりに

以上のように，割賦払式不動産売買契約は，不動産売買契約取引一般において認められる救済手段のうち，失権条項による救済と未履行売主リーエンの実行による救済をひきあてに，売主が，割賦弁済の完済まで，契約を終了させない取引だと考えられてきた。

この取引で重要な役割を演じるのは，売買契約後，所有権移転前の売主を，目的物の受託者と構成することを前提に認められる，買主のエクイティ上のタイトルと，売主のエクイティ上のリーエンである。これらの権利は，コモンロー上のタイトルをなす物的不動産権の登記による対抗要件制度には服さない。もっとも，誠実・有償取得者の保護のエクイティ上の準則には服する。登記による対抗要件制度が，対抗関係を誠実・有償・登記の3要件を備える者の保護の観点から規律する法制度のもとでは，両制度の近接性を指摘できよう。

一方，割賦払式不動産売買の利用には，暴利行為と紙一重の側面もみられる。失権条項の利用は，特に買主の既払金額が大きい場合には，立証困難な損害賠償の予定の制度趣旨を越えて，売主に目的物の所有権の維持と既払金の二重取得を可能にするからである。この問題については，1980年代以降，裁判所が失権条項による救済を求める留保売主に対して，未履行売主リーエンに基づくフォークロージャーを命ずることで，解決が図られてきている。エクイティ上の再構成の一種である。ただし，裁判所が常にそのような再構成を行なうわけではない。損害賠償額の予定として機能しうる既払額（相場は代金の10％未満）の場合には，失権条項による留保売主の救済が認められうる。この場合，売主は，コストのかさむフォークロージャーの手続を回避しうるのである[34]。

以上のように，割賦払式不動産売買契約は，学説からの批判にもかかわらず，

---

(34)　*See*, BOWMAR, *supra* note (14), at 182.

IV　おわりに

実務に有用性を与える現状にあるとみてよい。もちろん，留保売主の担保権の実体がリーエンとして説明されるのなら，リーエン理論が多数見解であるモーゲージに包摂されるべきだとの学説の分析も当然である。しかし，不動産売買取引の過程において，頭金の支払い後に金策を行なう買主との間で，どの時点までに所有権（コモンロー上のタイトル）を移転するのかは，フレキシブルであってよい。この点で連続性のある取引像を想定しつつ，売主の地位につき，完全な所有者（売買契約前）と約定担保権者（ディードの交付による所有権移転後）のいずれでもない，コモンロー上の所有権を受託するエクイティ上のリーエン権者の地位を観念することには，なお実務上の有用性が認められているものといえよう。

V 債権総論

31 損害軽減義務の内容に関する一考察
―― ドイツ法上の Obliegenheit の観点から

小 林 友 則

I 問題の所在

1 損害軽減義務をめぐる議論

債務者の債務不履行に基づき債権者に生じる損害の中には，債権者が回避ないし軽減することが可能な損害も存在する。このため，債権者にそのような損害を回避ないし軽減することを求め，その要請を法制度に取り込むことが認められるかが問題となる。

この問題は，債権者（ないし被害者）の損害軽減義務という形でとらえられ，第一義的には，債権者が損害の回避ないし軽減が可能であったにもかかわらずこれを怠った場合（損害軽減義務違反）に，回避ないし軽減しえた損害の賠償請求が否定されるかが問題となる。

この損害軽減義務は，英米法では古くから認められていた法理であり[1]，ドイツにおいては明文で認められている[2]。しかし，日本には明文でこれを認める規定は存在していない[3]。このため，日本においては，主として損害軽減義務を日本法へ導入する議論が展開されてきた。そこではとりわけ，民法418条の過失相殺制度との関係で損害軽減義務を取り込むことが検討され[4]，その後，

---

[1] 英米法の損害軽減義務については，日本において比較的早い段階で損害軽減義務について論じた谷口知平博士（谷口知平「損害賠償額算定における損害避抑義務 ―― Avoidable Consequences の理論の示唆」川島武宜他編『損害賠償責任の研究 我妻榮先生還暦記念（上）』〔有斐閣，1957年〕239頁以下）のほか，言及する論稿は少なくないが，とりわけ，長谷川義仁『損害賠償調整の法的構造』（日本評論社，2011年）97頁以下が広範囲かつ詳細な考察を行っている。

[2] BGB254条2項

31 損害軽減義務の内容に関する一考察〔小林友則〕

損害軽減義務が履行請求権と抵触することが強く意識されるようになってからは，履行請求権との関係を主軸に据えた議論が展開されてきた(5)。

2 最高裁平成21年1月19日判決の登場

日本法に損害軽減義務を導入する議論が展開される中，損害軽減義務の問題に正面から取り組んだ最高裁判決が登場した。それが最高裁平成21年1月19日判決（民集63巻1号97頁）である（以下，平成21年判決と呼ぶ）。

本件は次のような事案である。カラオケ店などの経営を業とするXがYの所有するビルの地下1階部分を借り受けてカラオケ店を営業していたところ，平成9年2月12日，地下1階において排水用ポンプの不具合が原因で汚水が噴き出すなどして店舗部分が浸水し，Xは本件店舗部分でのカラオケ店の営業ができなくなった。XはYに対して本件ビルの修繕を再三要求したが，Y

---

(3) 近年の債権法改正をめぐる議論の中で，損害軽減義務を民法に取り込むことが検討され，民法（債権法）改正検討委員会が策定した「債権法改正の基本方針」においても損害軽減義務を明文で定めることが提案されていた（民法（債権法）改正検討委員会編『詳解債権法改正の基本方針II契約および債権一般(1)』〔商事法務，2009年〕284頁）。しかし，2017年に成立した改正民法では，損害軽減義務を明文化することは見送られている。

(4) 債務不履行が生じた後における損害の発生や拡大に債権者の過失が関わった場合も民法418条の過失相殺制度で問題としうることは，早くから承認されていた（我妻栄『新訂債権総論』〔岩波書店，1964年〕129頁，同『債権総論』〔岩波書店，1930年〕76頁）。また，谷口・前掲註(1)237頁や，斎藤彰「契約不履行における損害軽減義務 —— 損害賠償額算定の基準時との関連において」石田・西原・高木三先生還暦記念論文集刊行委員会編『損害賠償法の課題と展望 石田喜久夫・西原道雄・高木多喜男先生還暦記念論文集(中)』（日本評論社，1990年）51頁，そして長谷川・前掲註(1)も過失相殺制度との関係で損害軽減義務を位置づける議論を展開する。

(5) 内田貴『契約の時代』（岩波書店，2000年）（初出：内田貴「強制履行と損害賠償 ——『損害軽減義務』の観点から」法曹時報42巻10号〔1990年〕）170頁以下，森田修『契約責任の法学的構造』（有斐閣，2006年）（初出：同「『損害軽減義務』について —— 履行請求権の存在意義に関する覚書その2」法学志林91巻1号〔1993年〕）187頁以下，吉川吉樹『履行請求権と損害軽減義務 —— 履行期前の履行拒絶に関する考察』（東京大学出版会，2010年）（初出：同「履行期前の履行拒絶に関する一考察 —— 損害軽減義務と履行請求権(1)〜(5)」法学協会雑誌124巻10号1頁，11号54頁，12号104頁〔以上，2007年〕，125巻1号134頁，2号94頁〔以上，2008年〕）。なお，損害軽減義務と履行請求権に関する議論を概観するものとして，吉川吉樹「損害軽減義務と履行請求権」内田貴＝大村敦志編『民法の争点』（有斐閣，2007年）174頁がある。

はこれに応じず，逆に本件ビルの老朽化等を理由とした賃貸借契約の解除など
を主張してＸに退去を求めた。そこで平成 10 年 9 月 14 日，ＸはＹの修繕義
務の不履行を理由として営業利益喪失等による損害の賠償を求める本訴を提起
した。

　原審はＹの修繕義務の不履行を認め，修繕に要する 1 か月の期間経過後か
らＸの求める損害賠償の終期である平成 13 年 8 月 11 日までの 4 年 5 か月分
の営業利益の賠償請求を認めた。

　これに対し，最高裁は，①本件ビルは老朽化によりＸが賃貸借を長期にわ
たり継続しえたとは考えにくいこと，②本訴が提起された時点で営業の再開は
実現可能性が乏しいものとなっていたこと，③Ｘは設備資金の相当部分を本
件事故により保険金で取得していること，④他の場所でもカラオケ店の営業を
行うことが可能であったことを挙げ，「遅くとも，本件本訴が提起された時点
においては，Ｘがカラオケ店の営業を別の場所で再開する等の損害を回避又
は減少させる措置を何ら執ることなく，本件店舗部分における営業利益相当の
損害が発生するにまかせて，その損害のすべてについての賠償をＹらに請求
することは，条理上認められない」とし，「Ｘが上記措置を執ることができた
と解される時期以降における上記営業利益相当の損害のすべてについてその賠
償をＹらに請求することはできない」として破棄差戻した。

3　平成 21 年判決が提起した問題

　平成 21 年判決は，従来の議論において過失相殺制度との関係で位置づけら
れていた損害軽減義務を民法 416 条の損害賠償の範囲との関係で問題としたた
め，損害軽減義務の問題をいかなる制度との関係でとらえるかという問題を提
起することとなった[6]。しかし，それ以外にも，本判決は次のような実際的な
問題を再認識させる契機となった。すなわち，被害者はどのような内容あるい
は範囲の損害軽減義務を負わなければならないかという問題である。

　本判決において争われたのは，いかなる範囲でＸに営業利益喪失による損
害の賠償請求が認められるべきかであり，この点の判断につき決定的な事項は，
損害軽減義務としてＸにどのような行為態様を求めうるかという問題であっ

---

[6]　もっとも，損害軽減義務を民法 416 条との関係でとらえることについては，平井宜雄
『損害賠償法の理論』（東大出版会，1971 年）179 頁以下が早い時期から言及していた。

た。ただし，本件における損害の回避・軽減措置の内容は他の場所での営業再開に向けた着手としてほぼ確定していたため，この問題はいつの時点でこれに着手しなければならないかという形で現れた。

本判決の評釈等においてこの問題に言及するものには，最高裁が提示した「本訴が提起された時点」を損害軽減義務が生じた起点であると解するものが多い[7]。そこではこのように解する理由として，最高裁でも言及されているように，この時点で営業再開の実現可能性が乏しくなった点が挙げられる[8][9]。このほか損害軽減義務の起点として挙げられる時点としては，X が保険金を受け取った時点（平成 9 年 5 月）[10]や，X が賃料の供託を終了した時点（平成 10年 4 月）[11]がある。保険金受取り時については最高裁も言及しており，X において経済的に代替取引が容易になった点を評価することが考えられる。他方，X が賃料供託を終了した時点については，賃貸借契約の継続に対する X の期待を保護すべきかという観点において特に重要な意味を見出しうる。

4 損害軽減義務の内容を考えるための視点

平成 21 年判決の評釈等において損害軽減義務の内容を考える際に基礎に置

---

(7) 住田英穂「判批」甲南法学 51 巻 2 号 31 頁，高橋譲「判批」ジュリスト 1399 号 147 頁，中田裕康「判批」法学協会雑誌 127 巻 7 号 143 頁，難波譲治「判批」私法判例リマークス 40 号 25 頁（以上，2010 年）。

　渡邉拓「判批」横浜国際経済法学 18 巻 3 号（2010 年）234 頁は，本訴の提起時は損害回避措置を執るべきであったか否かの判断要素のうち，時系列的に最も遅いものと指摘しているが，基準時とすることに異論を述べてはいない。

(8) 山田希「判批」立命館法学 337 号（2011 年）521 頁は，訴え提起直前まで民事調停の場で営業再開に係る話し合いが行われていた点に着目する。そして，事業を目的とした賃貸借の主たる保護法益である借主の経済的利益に関わる営業再開か立退料の支払いかという問題で当事者が攻防を続けている以上，立ち退きを前提とした損害軽減措置を問題とすべきではないとする。

(9) 四ッ谷有喜「判批」速報判例解説 5 号（2009 年）86 頁は，損害軽減義務が認められるための判断基準として，本判決が代替取引が容易であることに加えて「不履行となっている債務の履行強制に固執するべきでな」いことを挙げていると指摘する。

(10) この時点に言及するものとして，千葉恵美子「判批」判例評論 609 号（判例時報2051 号）（2009 年）171 頁，山田希・前掲注(8) 521 頁がある。山田教授はこの時点で Y から 2 度目の解除の意思表示がなされており，Y の修繕義務の履行を拒絶する意思が明確になっていた点も指摘する。

(11) 千葉恵美子・前掲注(10) 171 頁。

かれた視点として，次の2点を指摘することができる。第1に，社会通念・取引通念から考えて，被害者にどのような行為を要求することが妥当であるか，また許容されるかという観点（社会的観点），第2に，契約との関係で当事者はいかなる行為を要請されているかという観点（契約的観点）である。

この2つの視点は，損害軽減義務の内容を考えるための重要な視点であるといえ，多かれ少なかれ，これらの視点からの考慮を組み入れなければ具体的な内容の確定は行うことができない。しかし，この2つの視点は次のような問題をかかえている。まず，第1の社会的観点においては，制度的な支えのないむき出しの価値判断が前面に出てくるという問題。第2の契約的観点については，損害軽減義務が問題となるのは契約関係の展開から逸脱した場面であるため，契約規範から遠い領域ゆえに擬制の側面が強くなるという問題を指摘しうる[12]。このため，社会的観点・契約的観点のみからダイレクトに損害軽減義務の内容を確定することには問題があり，法的観点から一定の方向づけ，ないし支えの提供を行う必要があると考える。

そこで本稿では，損害軽減義務の内容はどのように考えていくべきかをさらに検討したい。

5 考察の視点

損害軽減義務は，債務者が負う典型的な義務とは異なり，履行請求権を基礎づけるものではない。さらに，付随義務にさえ認められるところの，その違反の場合における損害賠償請求権も基礎づけない。損害軽減義務の違反の場合には，被害者が損害賠償請求権を縮減され，あるいは喪失するのみである。

典型的な法的義務の場合であれば，その内容は，とりわけ義務を基礎づける契約等の法制度から考えていくことが重要であるといえる。しかし，これとは異なる法的性質を有する損害軽減義務においてもまったく同様の考え方でよいかは，検証する必要がある。

この点，損害軽減義務を明文で認めるドイツ法では，損害軽減義務は，その法的性質の特殊性から法的な義務（Rechtspflicht）と区別され，オブリーゲンハイト[13]（Obliegenheit）という概念で把握されている[14]。そこで本稿では，オ

---

[12] 民法418条が本来想定する債務不履行前の不履行回避・損害軽減措置との対比で考えると，その問題がより鮮明となるだろう。

プリーゲンハイトがどのような特徴・構造をもつ概念であるかに着目してドイツ法の考察を行うことにより[15]，損害軽減義務の内容を考えるための手がかりを探求することとしたい。

II　Reimer Schmidt の見解

オプリーゲンハイトはもともと保険法上の概念であった。これを独自の解釈を加えた上で民法に導入したのが Reimer Schmidt である。しかも Schmidt は，他の法分野の概念の民法への単純な導入ではなく，民法における新たな規範概念の構築と，それに伴う法体系の再構築を試みた。このため，Schmidt の考察は，オプリーゲンハイトが義務などの既存の概念とどのように違うのかという問題との関係で，当該概念の基盤部分における法秩序や当事者関係の構造にまで及んでいる。そこで以下では，Schmidt がオプリーゲンハイトをどのような概念として考えていたのか考察し，その上で，Schmidt 自身は損害軽減義務をどのようにとらえたのかについても検討を加える。

1　オプリーゲンハイト概念の意義

Schmidt は，自身がオプリーゲンハイトと呼称する概念について，次のような問題意識に基づき考察を行っている[16]。すなわち，法による強制をめぐる法秩序には，義務（Pflicht）と単なる負担（Last）などの義務でないものだけではなく，特別な利益状況を背景として義務性を弱められた行為類型が存在している。そこでこのような類型を適切に規律するために，法による強制をめぐる

⒀　Obliegenheit は日本法では間接義務と訳される場合が多いが，本稿では Obliegenheit を「オプリーゲンハイト」として表記する。この点については，拙稿「損害軽減義務の法的性質に関する一考察──過失相殺制度を中心として」名古屋大学法政論集 270 号（2017 年）273 頁（註 27）も参照。

⒁　損害軽減義務の法的性質をめぐるドイツ法の議論については，橋本佳幸「過失相殺法理の構造と射程（二）──責任無能力者の「過失」と素因の斟酌をめぐって」法學論叢 137 巻 4 号（1995 年）2 頁以下，および拙稿・前掲注⒀272 頁以下も参照。

⒂　オプリーゲンハイトをめぐるドイツ法の議論を全体的に考察するものとして，生田敏康「ドイツ法におけるオプリーゲンハイトについて－民法を中心に」早稲田法学会誌 41 号（1991 年）1 頁がある。

⒃　Reimer Schmidt, Die Obliegenheiten, 1953, S. 3ff.

法秩序を整理し，そこに当該類型を位置づける必要がある。

(1) 法秩序の整理

Schmidt は 2 つの観点から法秩序の整理を行っている。

第 1 に，法制度が想定する状況を実現するための手段という観点である。ここでは，法制度において設定された法律効果が要件の充足に関わる当事者（たとえば義務者やオプリーゲンハイト負担者）にとって利益となる効果であるか，それとも不利益となる効果であるかが問題とされる[17]。すなわち，利益となる法律効果を設定する法制度においては，利益による誘因（Anreizung）という手段で要件の充足にかかる行為（たとえば義務やオプリーゲンハイトの履行）が行われるようにする。これに対し，不利益となる法律効果を設定する法制度においては，不利益を課すことを通じた強制（Nötigung）という手段で要件の充足にかかる行為が行われないよう図られることになる。

要件の充足に関わる当事者にとって，不利益となる法律効果は有利となる法律効果よりも要件充足行為を行うことに対する動機付けとしてより強いものとなる傾向があるといえる。このため，法制度が設定する法律効果が利益的か不利益的かという違いは，法制度における要件の充足に向けられた強制の強度にかかわることになる。

第 2 に，法制度が法律効果を設定している目的という観点である。すなわち，Schmidt は，法制度には，一方で社会的あるいは経済的な緊張関係が立法者の意図や構想に沿う形で克服されるように，一定の要件に一定の法律効果を"機能的に（funktionelle）"結び付けている法制度[18]，他方で，要件充足にかかる行為が行われること自体が法の目的として設定されており，当該行為が行われるように一定の要件に一定の法律効果を"目的的に（teleologisch）"結び付けている法制度があるとする。

ここでも両者の違いは要件の充足にかかる行為に向けられた強制の強度にかかわってくる。すなわち，機能的にのみ法律効果を設定している法制度においては，要件が充足されるか否かについて直接的な関心はないため，強制の強度

---

(17) Schmidt, a.a.O.(Fn. 16), S. 53ff.

(18) Shmidt は要件・効果が機能的な関係のみを有する法制度として，法律が定める形式を欠く法律行為を無効とする BGB125 条や，行為基礎の障害の場合に契約の適合を求めうることを定める BGB313 条を挙げる（Schmidt, a.a.O.(Fn. 16), S. 57）。

も相対的に弱いものとなる。これに対し，目的的に法律効果を設定している法制度においては，要件の充足にかかる行為が確かに行われるよう，強制の強度は強いものとなる。

(2) 法秩序の類型とオプリーゲンハイトの位置づけ

以上の2つの観点からの整理に基づき，Schmidt は強制をめぐる法秩序を次の4つに分類する。第1に，要件を充足する者に利益となる法律効果を要件充足に機能的に結びつける法制度（機能的誘因要件）。第2に，要件充足者に不利益となる法律効果を要件充足に機能的に結びつける法制度（機能的強制要件）。第3に，要件が充足されるよう，要件充足者に利益となる法律効果を要件充足へ目的的に結びつける法制度（目的的誘因要件）。第4に，要件が充足されないよう，要件充足者に不利益となる法律効果を要件充足へ目的的に結びつける法制度（目的的強制要件）である。

Schmidt は目的的強制要件に分類されるものを義務（Pflicht）として把握した上で，オプリーゲンハイトも目的的強制要件に分類する。その上で Schmidt は目的的強制要件に分類される義務には，強い法的強制力を与えられた「狭義の義務」（以下，法的義務と呼ぶ）と，これより弱められた法的強制力のみを与えられた「広義の義務」が存在するとし，この「広義の義務」がオプリーゲンハイトであるとする。

(3) オプリーゲンハイトの特徴

以上の法秩序の分類におけるオプリーゲンハイトの位置づけから，オプリーゲンハイトには，まず，次の特徴が想定されていることになる。第1に，法はオプリーゲンハイトが遵守されることを目的として設定した上で負担者にその遵守を求め，違反の場合には負担者に不利益となる法律効果を生じさせることでその遵守を強制していること。第2に，法的義務よりも弱められた強制力のみが与えられること。具体的には，その違反の場合にも履行請求権や損害賠償請求権が発生しない。

Schmidt は，法的義務との違いを当事者の利益状況に求める[19]。すなわち，法的義務においては，権利者のみが義務の履行に利益を有しており，権利者の利益のために義務の履行がなされる。これに対し，オプリーゲンハイトにおい

───────────

[19]　Schmidt, a.a.O.(Fn. 16), S. 104.

ては，確かに相手方もその履行に利益を有しているが，同時にオプリーゲンハイトを負担する者もその履行に固有の利益を有している。ただし，Schmidt はここのオプリーゲンハイトの当事者の利益を考える際には，オプリーゲンハイトの不履行を要件として法律あるいは契約に基づき生じる法律効果は考慮しないとする。

　その上で，Schmidt は，オプリーゲンハイトには法的義務よりも弱められた強制力のみが与えられる理由について，次のように説明する[20]。すなわち，オプリーゲンハイトが遵守されるのは，相手方の利益のためだけでなく，オプリーゲンハイト負担者の固有の利益のためでもある。このため，その違反のサンクションは負担者の固有の利益に関する地位に向けられるのがふさわしい。そして，オプリーゲンハイト負担者と相手方の関係に由来する権利がある場合には，オプリーゲンハイトの違反は当該権利に関する負担者の法的地位の縮減や否定を帰結するものとなる。

　もっとも，Schmidt は当事者の利益状況が直接的にオプリーゲンハイトを基礎づけると考えているわけではない。Schmidt はオプリーゲンハイトを目的的強制要件，すなわち，その遵守が法の目的として設定されているものととらえるため，法の目的となっていることの根拠がオプリーゲンハイトを基礎づける根拠へとつながることになる。ただし，統一的なオプリーゲンハイトという法制度が存在するわけではないため，様々な利益状況に応じた具体的なオプリーゲンハイトそれぞれにつき，法的根拠を考える必要があるとする[21]。

2　オプリーゲンハイトである損害軽減義務
(1) 損害軽減義務の根拠
　Schmidt は被害者が損害軽減義務というオプリーゲンハイトを負担する根拠を，矛盾行為禁止の原則に求め，次のように主張する[22]。すなわち，損害の回避・軽減措置をとらないという自己加害行為は，確かにそれ自体では違法と評価されるものではない。しかし，回避・軽減しえた損害を含めた完全な損害の賠償請求権を行使することとの関係においては，そのような自己加害行為も法

---

(20)　Schmidt, a.a.O. (Fn. 16), S. 104.

(21)　Schmidt, a.a.O. (Fn. 16), S. 104.

(22)　Schmidt, a.a.O. (Fn. 16), S. 109ff.

秩序からの非難をうけることになる。その法秩序からの非難を基礎づけるのが矛盾行為禁止の原則である。なぜなら，損害軽減義務を遵守しない者が増加損害の賠償請求を行うことは，自己の先行行為と矛盾するものと評価されるからである。

したがって，自己加害行為は完全な損害賠償を要求することとの関係でのみ，信義則に反するのであり，自己加害をしない，すなわち損害の回避・軽減措置をとるという命令規範は，損害賠償制度との関係においてのみ構築されうる。

(2) 損害軽減義務の違反の効果[23]

損害軽減義務というオプリーゲンハイトを遵守しない場合のサンクションは，被害者の損害賠償請求権に向けられる。そこでは，損害賠償請求権を行使する権限のみならず，請求権それ自体が失われ，あるいは縮減される。

この点，Schmidt は，一面において，損害軽減義務を履行することが損害賠償請求権発生の要件としてとらえうることを認める[24]。しかし，そもそも目的的強制要件であるオプリーゲンハイト制度の本質は，オプリーゲンハイト負担者に法的な不利益を課すことでオプリーゲンハイトが遵守されるよう強制する点にある。このため，オプリーゲンハイトを単なる権利発生の条件としてとらえることはその本質を見誤ることになるとし，損害軽減義務についても損害賠償請求権の喪失というサンクションを課すことに重点がおかれなければならないとする。

他方で，Schmidt は，損害軽減義務違反の効果につき，Adriani によって指摘された次の点[25]を適切な指摘であると高く評価する[26]。すなわち，物的な危険は所有者が負担すべきことが原則（所有者危険負担の原則：casum sentit dominus）であるところ，第三者が過失により損害を惹起した場合は例外となり，損害を転嫁しうる。そして，損害軽減義務について規律する BGB254 条は，損害を転嫁しうるというこの例外を覆し，人は損害を自ら負担しなければならないという原則に立ち返えらせるものである。

---

(23) Schmidt, a.a.O.(Fn. 16), S. 110.

(24) Schmidt, a.a.O.(Fn. 16), S. 114.

(25) Hans Adriani, Der Schuldbegriff in § 254 BGB, 1939, S. 23.

(26) Schmidt, a.a.O.(Fn. 16), S.114

III Schmidt の見解に対する批判

　現在，ドイツ法において，オプリーゲンハイトという概念は広く受け入れられるに至っている。しかし，オプリーゲンハイト概念についての Schmidt の主張がそのまま受け入れられたわけではない。むしろ，Schmidt の見解は様々な方面から批判にさらされた。そして現在，オプリーゲンハイト概念が用いられる際に総論として異論なく共有され，意識されているのは，オプリーゲンハイトが，その違反の場合に履行請求権や損害賠償請求権が認められず，行為者が権利や利益を失うのみの拘束的行為類型であるという点のみといえる[27]。

　もっとも，本稿の関心は，オプリーゲンハイトという概念にそもそも存在意義があるかという点ではなく，オプリーゲンハイトが，関連する法制度，あるいは当事者関係とのかかわりの中でどのような構造を有しているかという点である。そして，Schmid の見解に対して展開された批判の中でも，特にこの点に踏み込んだのが，Schmidt がオプリーゲンハイトを義務の一種として分類することに対する批判を展開した議論である。そこで以下では，この議論を考察し，Schmidt によるオプリーゲンハイトの構造の理解に問題がないかを検討したい。

1 オプリーゲンハイトの義務性に対する批判

(1) 非難可能性に着目する見解

　オプリーゲンハイトの違反には非難可能性がないとする主張をもとに，Schmidt の見解に疑問を呈するのが Kurz Ballerstedt である。Ballerstedt は，義務であるといえるためには，少なくともその違反に非難可能性がなければならないとし，次のように主張する[28]。すなわち，法的義務の違反の場合には，過失がなければ，通常，法律効果は発生しない。このため，弱められた強度の

---

[27]　もっとも，現在においてもオプリーゲンハイト概念との関係で引用されるのは Schmidt の論稿であり（この点，Susanne Hähnchen, Obliegenheiten und Nebenpflichten, 2010, S. 20ff. 参照），Schmidt の見解はドイツ法において今なおその存在感を失っていない。

[28]　Kurt Ballerstedt, Besprechung von Reimer Schmidt, Die Obliegenheiten, ZHR 121 (1958), S. 82.

義務であるオプリーゲンハイトの違反の場合に過失がないにもかかわらずサンクションを課すことは，矛盾を生じさせる。

この点，Schmidt 自身は，矛盾行為禁止の原則との関係でオプリーゲンハイトの違反に違法類似の性質を見出す。このため Ballerstedt は，矛盾行為禁止の原則にも言及し，次のように主張する。すなわち，矛盾行為禁止の原則は，Schmidt がオプリーゲンハイトとして位置づける先行行為につき，過失があることを要件としていない。このため，矛盾行為禁止の原則からオプリーゲンハイトの非難可能性を基礎づけることはできない[29]。しかも，そもそも矛盾行為禁止の原則は一般条項として法の欠欠を補うものであるため，オプリーゲンハイトが認められる領域は当該原則がカバーする領域からはずれている[30]。

もっとも，Ballerstedt 自身は，非難可能性というカテゴリーにいかなるものが含まれるか，そしてどのような場合に非難可能性が存在するといえるかについて，詳細な検討は行っていない。

(2) 違法性に着目する見解

Ballerstedt が法とはひとまず離れた非難可能性を問題としていたのに対し，法的観点を問題とするのが Peter Hanau である[31]。Hanau は，義務となるか否かのメルクマールは，その行為を行うことを法が求めており，当該行為を行わないことが違法と評価されるか否かであるとする。

この点，Hanau は，オプリーゲンハイトと法的義務がともに行為命令によって基礎づけられていること，そして，行為命令によって基礎づけられているか否かは人の行為に法律効果が結び付けられている法制度を分類するための重要なメルクマールであることを認める。しかし，Hanau は，行為命令は一定の行為を合法なものとするのではなく，ただ法律効果の発生ないし不発生の要件を作り出すに過ぎないとし，行為命令に違反することが直ちに違法と評価されるわけではないとする。そして，オプリーゲンハイトは，法的義務と異なり，その履行を法が求めているわけではなく，その違反は違法と評価されないと主張する。

---

[29] Ballerstedt, a.a.O.(Fn. 28), S. 82.

[30] Ballerstedt, a.a.O.(Fn. 28), S. 86.

[31] Peter Hanau, Objektive Elemente im Tatbestand der Willenserklärung, AcP 165 (1965), S. 236ff.

(3) 利益状況に着目する見解

当事者の利益状況に着目することで，オプリーゲンハイトが法的義務とは異なると主張するのが Hans Josef Wieling である[32]。Wieling は，義務としてカテゴライズしうるものは，権利者が義務の対象である行為がなされることに利益を有しており，その利益において義務者にその行為が強制されるものでなければならないとする。その上で，オプリーゲンハイトにおいては，負担者が要求されている行為を行うことにつき，相手方はなんら利益を有していないと主張し，オプリーゲンハイトを義務としてとらえることはできないとする。

Wieling は相手方がなんら利益を有さないことを示す例として，HGB377 条において要求されている買主の瑕疵通知義務を挙げる[33]。すなわち，HGB377 条は，買主に対し，引き渡された商品を検査すること，および瑕疵を発見した場合に遅滞なく売主に通知することを義務づけ，買主がこの検査・通知義務を怠った場合には，もはや買主は瑕疵を追及する権利を失うと定めている。しかし，Wieling は，この場面において，売主は瑕疵の通知がなされることについてなんら利益を有していないと主張する。

(4) サンクションの強度に着目する見解

違反の場合のサンクションの強度によってオプリーゲンハイトと法的義務を区別することに疑問を呈する見解も存在する。オプリーゲンハイト違反の場合に認められる権利の喪失というサンクションは，履行請求権や損害賠償請求権の発生といったサンクションより重いものとなりうるという主張は古くから展開されていた[34]。たとえば，保険契約者が保険事故につながる危険について保険者に通知することを内容としたオプリーゲンハイトにおいては，保険契約者がこのオプリーゲンハイトに違反した場合のサンクションは保険金請求権の喪失であり，履行請求権や損害賠償請求権の発生より重いサンクションと評価されうる。

---

[32]　Hans Josef Wieling, Venire contra factum proprium und Verschulden gegen sich selbst, AcP 176 (1976), S. 347f.

[33]　Wieling, a.a.O.(Fn. 32), S. 348.

[34]　Otto Hillebrecht, Die Verletzung der Anzeigepflicht nach dem Reichsgesetz über den Versicherungsvertrag, 1910, S. 100; Walther Weyermann, Die versicherungsrechtliche Obliegenheit nach dem Bundesgesetz über den Versicherungsvertrag vom 2. April 1908, 1929, S. 91.

31 損害軽減義務の内容に関する一考察〔小林友則〕

違反の場合のサンクションの強弱による区別に疑問を呈する見解においては，次のような主張がなされている[35]。すなわち，オプリーゲンハイト違反の場合に履行請求権や損害賠償請求権が認められず，オプリーゲンハイト負担者が権利や利益を失うのみであるのは，相手方の利益を鑑みてそれで十分であるからではなく，通常の法律効果では目的を十分に果たすことができないからである。

2 Schmidt の構造理解の問題点

(1) 非難可能性に着目する見解

Ballerstedt の批判は，オプリーゲンハイトの基礎づけに対する疑問としてとらえることができる。すなわち，Schmidt は矛盾行為禁止の原則によってオプリーゲンハイトの違反に違法類似の性質を見出すとともに，この観点からオプリーゲンハイトを基礎づけることを試みていた。したがって，Ballerstedt の批判は，Schmidt によるオプリーゲンハイトの基礎づけの構造を遮断するものとなる。

この点，確かに，矛盾行為禁止の原則は，先行行為と矛盾する後行行為のみを問題とする法原理であり，先行行為に否定的評価を導くものではない。それゆえ，少なくとも直接的に，矛盾行為禁止の原則からオプリーゲンハイトを基礎づけることには無理があると解される。

(2) 違法性に着目する見解

Hanau の見解は，Schmidt の理解のうち，法がオプリーゲンハイトの遵守を目的として設定していると解する点への疑問としてとらえることができる。すなわち，Hanau は，オプリーゲンハイトが行為命令によって基礎づけられていることを認めた上で，それだけで当該行為がなされることを法が求めていると解することはできないとする。

この点，Schmidt は，矛盾行為の禁止の原則から，法はオプリーゲンハイトの履行を求めているという評価を導き出す。しかし，矛盾行為禁止の原則がオプリーゲンハイトを基礎づけるかについては疑問の残るところであるため，同様に，当該原則から直接的に Schmidt の主張する評価を導くことは困難であると考える。

---

[35] Carl Ritter, Das Recht der Seeversicherung. Ein Kommentar zu den Allgemeinen Deutschen Seeversicherungs-Bedingungen, Bd. 1, Neudruck 1953, S. 36.

(3) 利益状況に着目する見解

Wieling の批判は，Schmidt の見解のうち，オプリーゲンハイトの履行につき相手方も利益を有すると解する点に対して疑問を呈するものであった。しかも現在，オプリーゲンハイトについて言及される際には，オプリーゲンハイトの履行に負担者が利益を有しているという点のみ取り上げられることも少なくないため[36]，Wieling のこの問題意識は現在も一定程度共有されているといえる。

確かに，オプリーゲンハイトの履行それ自体についての利益のみを想定すれば，Wieling が HGB377 条の瑕疵通知義務を例として示したように，相手方の利益を考えることは困難な場合が多いといえる。しかし，この場合でも，たとえば売主が常に瑕疵に対応することを求められるとするならば，通知の有無は売主の利益を左右することになる。

したがって，Wieling の批判は，相手方の利益をどのような形でとらえるか再検討を促す意義を有すると考えるべきである。

(4) サンクションの強度に着目する見解

サンクションの強度に関して展開された議論は，オプリーゲンハイト違反の場合のサンクションの意義についての Schmidt の理解に再考を迫るものといえる。すなわち，Schmidt はオプリーゲンハイト違反のサンクションが法的義務より弱められていることや，負担者の固有の利益に関する地位に向けられることの理由については，オプリーゲンハイトの履行に負担者も利益を有していることを言及するにとどまる。しかし，それだけでは不十分であることは間違いないだろう。

Ⅳ　オプリーゲンハイト概念の構造

1　オプリーゲンハイトに関する Schmidt の理解の疑問点

Schmidt の見解に対して展開された批判を踏まえるならば，オプリーゲンハイト概念についての Schmidt の理解には再検討が必要であるといえる。そこで以下では，まず Schmidt のオプリーゲンハイトについての Schmidt の理解の特徴，および Schmidt の見解に対する学説の批判を再度整理した上で，

---

[36]　Josef Esser/ Eike Schmidt, Schuldrecht, Bd. 1: Allgemeiner Teil: Teilbd. 1, 8. Aufl. 1995. S. 113; Erwin Deutsch, Versicherungsvertragsrecht, 5. Aufl 2005, S. 145 など。

Schmidt の理解の疑問点を指摘する。

(1) Schmidt の理解の特徴

Schmidt は，オプリーゲンハイトには次の特徴が存在していると解している。

①オプリーゲンハイトが履行されることにつき負担者と相手方の両者が利益を有する

②オプリーゲンハイト違反の場合，負担者の固有の利益に関する地位に非難（サンクション）がむけられる

③違反の場合のサンクション（強制）の強度は法的義務より弱められている

④法がオプリーゲンハイトの遵守を目的として設定している

⑤オプリーゲンハイトは矛盾行為禁止の原則によって基礎づけられる

(2) 学説による批判のポイント

これに対し，学説において次のような批判が展開されていた。

まず，Ballerstedt は，矛盾行為禁止の原則はオプリーゲンハイトの非難可能性を基礎づけるものではないという主張を展開した。この主張は上記の Schmidt の理解の特徴の整理における⑤の点に問題があることを示す。また，法はオプリーゲンハイトの遵守を求めていると解することはできないとする Hanau の主張は，上記の④，さらには⑤に疑問を呈する。そして，Wieling により呈された相手方は利益を有していないのではという疑問は，上記の①の点に関わる批判として位置づけられる。さらに，サンクションの強度に着目する議論は，上記②および③につき再考を迫るものであった。

最後に，Ballerstedt や Wieling が主眼を置いていた主張，すなわちオプリーゲンハイトの違反には非難可能性あるいは違法性を見出すことができないという点もオプリーゲンハイトの特徴に関わる批判として再度摘示しておく必要がある。

(3) Schmidt の見解の疑問点

Schmidt の見解の考察および Schmidt の見解に対する学説の批判を踏まえるならば，Schmidt の見解については次の点につき検討が必要である。

第1に，オプリーゲンハイトの履行にかかる相手方の利益とは何か（上記①の点）。第2に，オプリーゲンハイト違反の場合のサンクションが向けられる負担者の固有の利益に関する地位とは何か（上記②の点）。第3に，第2の点と関連して，なぜ違反の場合のサンクションは負担者の固有の利益に関する地位

に向けられるのか（上記②の点）。第4に，オプリーゲンハイト違反の場合のサンクションの強度が法的義務より弱められているのはなぜか（上記③の点）。第5に，法がオプリーゲンハイトの遵守を目的として設定しているか否かはどのように考えればよいか（上記④の点）。第6に，オプリーゲンハイトはどのように基礎づけられることになるか（上記⑤の点）である。

2　オプリーゲンハイトに関する Schmidt の見解の検討

⑴　オプリーゲンハイトの履行にかかる相手方の利益とは何か

Wieling が指摘するように，オプリーゲンハイトの履行がなされることに対する相手方の利益を観念することは困難な場合が存在する。

もっとも，Schmidt は相手方の利益について，必ずしもオプリーゲンハイトの履行自体についての利益に限定していない。たとえば，損害軽減義務については，被害者が損害賠償請求権を行使することにより生じた損害は加害者に転嫁されることになるため，損害が回避・軽減されることは加害者（相手方）の利益に関わるのだとする。すなわち，加害者（相手方）の利益を，損害軽減義務（オプリーゲンハイト）が履行されること自体から直接生じる利益ではなく，損害賠償制度によって課される不利益を回避しうるという間接的な利益としてとらえているのである。

このような観点から Wieling が挙げた瑕疵通知義務について考えるならば，売主（相手方）は商品の瑕疵に対応しなければならないという負担を瑕疵担保制度ないし契約に基づいて課されているところ，買主（負担者）からの瑕疵の通知（オプリーゲンハイトの履行）により，早期に，ひいては少ない負担で瑕疵に対応することができるという利益を享受しうると解することができる。

⑵　オプリーゲンハイト違反のサンクションが向けられる負担者の固有の利益に関する地位とは何か

Schmidt は，オプリーゲンハイトにおいては，法的義務と異なり，その履行につきオプリーゲンハイト負担者も固有の利益を有しているとする。そして，損害軽減義務の場合，損害の発生を回避すること，あるいは被る損害を可能な限り少なくすること自体が，被害者（オプリーゲンハイト負担者）の固有の利益であるとする。しかし，損害軽減義務違反の場合の法律効果である損害賠償請求権の縮減ないし喪失というサンクションは，被害者のこの利益に向けられて

705

いるのではない。むしろ，当該サンクションは，被害者が損害賠償制度に基づいて自身が被った損害を加害者（相手方）に転嫁しうるという利益に向けられていると解される。

この点，Schmidt も，オプリーゲンハイトの違反は，オプリーゲンハイト負担者と相手方の関係に由来する権利に関する負担者の法的地位の縮減や否定を導くとしている。したがって，オプリーゲンハイト違反の場合に着目すべきは，オプリーゲンハイト負担者に権利ないし利益を与える法制度であるということができる。

(3) なぜ違反の場合のサンクションは負担者の固有の利益に関する地位に向けられるのか

すでに検討したように，オプリーゲンハイト違反との関係で問題となる両当事者の利益は，オプリーゲンハイト負担者に権利ないし利益を与える法制度に基づく利益・不利益であり，それゆえに両利益は裏表の関係にある。たとえば損害軽減義務においては，損害軽減義務違反（オプリーゲンハイト違反）との関係で問題となる被害者（オプリーゲンハイト負担者）の利益は，損害賠償制度により自己に生じた損害を加害者に転嫁しうるという利益であり，加害者（オプリーゲンハイトの相手方）の利益は損害賠償制度によって課される損害賠償の負担を回避しうるという利益である。このため，オプリーゲンハイト違反の場合のサンクションを負担者の固有の利益に関する地位に向けることで，オプリーゲンハイト違反において問題の中心になっている両当事者の利益関係に，適切に焦点を当てることができるといえる。

(4) オプリーゲンハイト違反のサンクションの強度が法的義務より弱められているのはなぜか

Schmidt は，オプリーゲンハイト違反の場合に履行請求権や損害賠償請求権の発生といった強い強制が認められない根拠について，このような強い強制が認められる法的義務は権利者の利益において義務者によって履行されるのに対し，オプリーゲンハイトは負担者の固有の利益において履行されるものだからという説明を行うのみである。

この Schmidt の説明は，次のような意味でとらえることができる。すなわち，履行請求権や損害賠償請求権は権利者（オプリーゲンハイトにおいては相手方）の利益に合わせた法律効果といえるため，オプリーゲンハイト違反のサン

IV　オブリーゲンハイト概念の構造

クションが負担者の固有の利益に関する地位に向けられるという観点から，相手方の利益に向けられた法律効果は考慮の外に置かれるという文脈において，履行請求権や損害賠償請求権は認められないのだと。

　もっとも，Ballerstedt や Hanau が主張するように，オブリーゲンハイトの違反に非難可能性や違法性を見出すことができないことを認めるならば，法的義務と異なり強い強制が認められない根拠は非難可能性・違法性の欠如に求めることができ，むしろその方が説得的であると考える。

　(5) 法がオブリーゲンハイトの遵守を目的として設定しているか否かはどのように考えればよいか

　Schmidt は，法はオブリーゲンハイトの履行を負担者に求め，その履行がなされることを目的として設定していると解するが，Hanau はこれに反対の立場をとる。もっとも，両者に明確な根拠があるわけではないため，この対立は法が目的として設定する，あるいは法が履行を求めるということの意味，そしてその評価基準が曖昧であることに起因していると考えられる。

　この点，損害軽減義務の場合について考えるならば，Schmidt も損害軽減義務の不履行それ自体が違法と評価されると考えるわけではなく，完全な損害賠償請求権の行使との関係でのみ，損害軽減義務の履行が矛盾行為禁止の原則から法的に要求されると解する。そしてこの観点から損害軽減義務を基礎づけるのである。

　このため，法が目的としているかを直接的に問題とするよりも，オブリーゲンハイトがどのように基礎づけられるかを問題とする方が有益であると考える。

　(6) オブリーゲンハイトはどのように基礎づけられることになるか

　Schmidt は，オブリーゲンハイトの根拠を一律にとらえることはできないとし，個々の具体的なオブリーゲンハイトについて，個別に負担根拠を検討する。そして，損害軽減義務については，完全な損害賠償請求との関係において，矛盾行為禁止の原則によって基礎づけることを試みる。しかし，先述の通り，矛盾行為禁止の原則は先行行為に対するなんらかの要請を内包するものではないため，矛盾行為禁止の原則によって損害軽減義務を基礎づけることには無理があると言わざるを得ない。

　もっとも，Schmidt が完全な損害賠償請求との関係で損害軽減義務を基礎づけようとし，損害の回避・軽減措置をとるという命令規範は，損害賠償制度と

707

の関係においてのみ構築されうるとした点は一考に値する。そこで，次のように考えれば，批判の対象となっている矛盾行為禁止の原則を介することなく，損害軽減義務を基礎づけられると考える。すなわち，損害賠償制度が被害者の回避・減少しえた損害の賠償請求権をも導いてしまう制度として構築されている場合には，被害者が損害軽減義務を履行して妥当な範囲の損害賠償請求権のみを発生させることが，制度として望ましいあり方となる。このため，そのようなある意味不完全な損害賠償制度からは，被害者に損害の回避・軽減措置が要求されることになる。この要求は法制度の要求としてとらえることが可能であり，したがって損害軽減義務を基礎づける根拠となりうる。

3 まとめ
(1) オプリーゲンハイト概念の構造

オプリーゲンハイトが問題となる場面においては，一方でオプリーゲンハイト負担者に権利ないし利益を，他方でオプリーゲンハイトの相手方に義務ないし不利益を課す法制度（以下，オプリーゲンハイト基盤制度と呼称する）があり，オプリーゲンハイト概念の構造に深く関わっている。

まず，オプリーゲンハイトにおいては，オプリーゲンハイトの相手方だけではなく，負担者もオプリーゲンハイトの履行との関係で固有の利益を有している。もっとも，負担者がオプリーゲンハイトとの関係で有する利益には2種類のものがある。第1に，オプリーゲンハイトの履行それ自体についての利益，第2に，オプリーゲンハイト基盤制度により権利・利益を与えられ，保護されるという利益である。他方，オプリーゲンハイトの相手方が有する利益は，オプリーゲンハイトが履行されること自体から直接生じる利益ではなく，オプリーゲンハイト基盤制度を介して課される不利益を回避するという間接的な利益である。

オプリーゲンハイト違反があった場合には，オプリーゲンハイト負担者の利益にむけられたサンクションが課される。その際，問題とされる負担者の利益は，オプリーゲンハイトの履行についての利益ではなく，オプリーゲンハイト基盤制度により与えられる利益である。すなわち，オプリーゲンハイト違反により，オプリーゲンハイト負担者は，オプリーゲンハイト基盤制度により与えられていた権利や利益，すなわち当該制度の保護を失うことになる。これは，

オプリーゲンハイトの違反がオプリーゲンハイト基盤制度に望ましくない結論を実現させてしまうものであるため，オプリーゲンハイトの違反者はもはやオプリーゲンハイト基盤制度の保護に値しなくなるからである。

(2) 損害軽減義務の構造

以上の構造で損害軽減義務の構造をとらえると次のようになる。

まず，損害軽減義務というオプリーゲンハイトとの関係でオプリーゲンハイト基盤制度として位置づけられるのは民法415条の損害賠償制度である。

損害軽減義務を履行すること，すなわち損害の回避・軽減措置をとることについて，被害者（オプリーゲンハイト負担者）は自己に生じる損害を回避・縮小しうるという利益を有している。さらに，損害軽減義務との関係で問題となる被害者の利益として，損害賠償制度により損害賠償請求権を取得し，自己に生じた損害を転嫁しうるという利益がある。他方，加害者（オプリーゲンハイトの相手方）は，被害者が損害軽減義務を履行すること自体についてはなんら利益を有していないが，被害者が損害軽減義務を履行して生じる損害を少なくすることにより，損害賠償制度によって自己に転嫁される損害も少なくなるという利益を有する。

損害軽減義務の違反があった場合，損害賠償制度により被害者に与えられていた利益にむけられたサンクションが課される。すなわち，被害者は損害賠償請求権の全部ないし一部を，換言すれば加害者への損害の転嫁という損害賠償制度の保護を失うことになる。これは，損害軽減義務の違反が損害賠償制度において望ましくない結論，すなわち被害者に回避・減少しえた損害の賠償責任を加害者に負わせるという結果を実現させてしまうため，損害軽減義務の違反者はもはや損害賠償制度の保護に値しなくなるからである。

(3) 損害軽減義務の内容を考えるための視点

以上で考察したオプリーゲンハイトの構造を鑑みれば，オプリーゲンハイトという法的地位について考えるにあたっては，オプリーゲンハイトの違反があった場合にオプリーゲンハイト負担者がもはやオプリーゲンハイト基盤制度の保護に値しなくなるという評価が重要である。

したがって，損害軽減義務の内容を考えるにあたっては，被害者がどのような内容の損害回避・軽減措置をとらなければ，もはや損害賠償制度の保護に値しなくなるかという観点を考慮に入れることが望ましいと考える。

32 民法改正と「保証人の保護」

能登真規子

I　はじめに

　2004（平成16）年の民法改正により，保証契約は書面（電子書面を含む）によって行われるべき要式契約となり（民法446条2項，3項），「根保証契約」が条文に明記され「貸金等根保証契約」という類型が設けられて（465条の2・1項），金額と期間の限度のない包括根保証契約は，個人が保証人になる場合について，存在しえないものとなった（465条の2・2項，465条の3）。保証制度に関する法改正は，1896（明治29）年の民法制定後，1933（昭和8）年の身元保証ニ関スル法律（以下，身元保証法）の制定以来である。

　2015（平成27）年3月31日に国会提出された「民法の一部を改正する法律案」[1]（以下，改正法案）にも保証制度の改正が含まれるが，保証人の保護のあり方についての検討は2004年の民法改正時からの残された課題でもあった[2]。

　今回の改正法案の提出理由は，「社会経済情勢の変化に鑑み，消滅時効の期間の統一化等の時効に関する規定の整備，法定利率を変動させる規定の新設，保証人の保護を図るための保証債務に関する規定の整備，定型約款に関する規定の新設等を行う必要がある。これが，この法律案を提出する理由である」[3]というものであった。「保証債務に関する規定の整備」が例示の一つに挙げら

---

(1)　改正法案〔http://www.moj.go.jp/MINJI/minji07_00175.html〕。本稿におけるウェブサイトへのアクセスは2016年9月25日現在とする。

(2)　吉田徹 = 筒井健夫編著『改正民法［保証制度・現代語化］の解説』（商事法務，2005年）6-9頁。

(3)　「理由」〔http://www.moj.go.jp/content/001142183.pdf〕

『21世紀民事法学の挑戦』加藤雅信先生古稀記念〔信山社，2018年3月〕　　*711*

れ，さらには，「保証人の保護を図るための」と修飾されて，一見して保証制度の大変革を思わせる。しかし，改正法案の規定を詳細に参照すれば，少なくとも保証人の保護という点については，現実には，その文言から想起されるような成果に到達したものではないことが示される。

債権法分野の改正については，私法学会シンポジウムを初めとして議論の蓄積があり(4)，今回の改正法案の内容が明らかになってからも，多くの研究が公表されている(5)。本稿では，これらの先行研究とは少し趣を異にし，主に，法制審議会の審議プロセスに注目して，改正法案の保証に関する議論を整理する。なお，検討対象の拡散を防ぎ，また紙幅の都合にも対応するため，「保証人保護の方策の拡充」に焦点を絞って見ていくことにする。

II 審議過程と改正法案の内容

1 審議の日程

法制審議会民法（債権関係）部会（以下，部会）(6)では，5年以上の長期にわたり審議が行われた。「民法（債権関係）の改正に関する中間的な論点整理」（以

(4) 能見善久ほか「民法100年と債権法改正の課題と方向」私法61号（1999年）3-114頁，加藤雅信ほか「日本民法典財産法編の改正」私法71号（2009年）3-59頁，椿寿夫＝新美育文＝平野裕之＝河野玄逸編『民法改正を考える』法律時報増刊（日本評論社，2008年），民法改正研究会『民法改正と世界の民法典』（信山社，2009年），改正検討委員会編『債権法改正の基本方針』別冊NBL126号（商事法務，2009年），民法改正研究会編『民法改正 国民・法曹・学界有志案』法律時報増刊（日本評論社，2009年），瀬川信久編著『債権法改正の論点とこれからの検討課題』別冊NBL147号（商事法務，2014年）等。

(5) 山野目章夫「民法（債権関係）改正のビューポイント①〜⑯」NBL1038号（2014年）8-12頁から1053号（2015年）50-55頁まで毎号連載，潮見佳男『民法（債権関係）改正法案の概要』（金融財政事情研究会，2015年），加藤雅信『迫りつつある債権法改正』（信山社，2015年），椿久美子「保証規定改正と債権者義務の多様化・拡大化」大塚直ほか編『社会の発展と権利の創造 淡路剛久先生古稀祝賀』（有斐閣，2012年）117-151頁等。

(6) 法務省のウェブサイト〔http://www.moj.go.jp/shingi1/shingikai_saiken.html〕には，法制審議会民法（債権関係）部会の各種決定や議事録，部会資料が掲載されている。紙幅の都合上，一部を除き，個々のファイルのURLは割愛する。なお，商事法務（編集）の『民法（債権関係）部会資料集』は第3集〈第1巻〉まで刊行されている（2016年11月末現在）。

II　審議過程と改正法案の内容

下，『論点整理』），「民法（債権関係）の改正に関する中間試案」（以下，『中間試案』）の決定後には，それぞれパブリック・コメント手続も実施された。

　保証に関する審議は，表1のとおりの会議日程で行われた。

表1　「保証債務」に関する審議と部会資料

年月日	会議	主な部会資料等
21/11/24	1	
22/3/23	6	部会資料 8-1　検討事項(3) 部会資料 8-2　検討事項(3)詳細版
23/1/11	21	部会資料 21　中間的な論点整理のたたき台(1)
3/8	25	部会資料 25　中間的な論点整理のたたき台(1)(2)【改訂版】
4/12	26	部会資料 26　中間的な論点整理案　⇒ **中間的な論点整理**
		パブリック・コメント（23/6/1～8/1） **中間的な論点整理・中間的な論点整理の補足説明**
24/2/14	41	部会資料 36　論点の検討（8）
4/3	44	
5/29		第1分科会第4回会議 分科会資料 3　保証人保護の方策の拡充に関する補足資料
11/6	61	部会資料 50　論点の補充的な検討(1)
25/1/15	66	部会資料 55　中間試案のたたき台(3)（概要付き）
2/19	70	部会資料 58　中間試案のたたき台(1)(2)(3)（概要付き）改訂版
2/26	71	部会資料 60　中間試案（案）　　　　　　⇒ **中間試案**
		パブリック・コメント（25/4/16～6/17）　**中間試案**
6/18	73	部会資料 62　論点の補充的な検討(5)
9/17	77	部会資料 67A　要綱案のたたき台(2) 部会資料 67B　要綱案の取りまとめに向けた検討(4) 部会資料 64-5「中間試案」に対して寄せられた意見の概要（各論） 　　【速報版(4)】

32 民法改正と「保証人の保護」〔能登真規子〕

年月日	会議	主な部会資料等
11/19	80	部会資料 70A 要綱案のたたき台(5) 部会資料 70B 要綱案の取りまとめに向けた検討(7) 部会資料 64-8「中間試案」に対して寄せられた意見の概要（各論）【速報版(7)】 部会資料 71-4「中間試案」に対して寄せられた意見の概要（各論 3）
26/3/18	86	部会資料 76A 要綱案のたたき台(10) 部会資料 76B 要綱案の取りまとめに向けた検討(12)
5/20	88	部会資料 78A 要綱案のたたき台(12) 部会資料 78B 要綱案の取りまとめに向けた検討(14)
5/27	89	
6/24	92	部会資料 80B 要綱案の取りまとめに向けた検討(16) 部会資料 80-1 要綱仮案の原案（その 2） 部会資料 80-2 要綱仮案の原案（その 2）参考資料 部会資料 80-3 要綱仮案の原案（その 2）補充説明
8/5	95	部会資料 82-1 要綱仮案の第二次案 部会資料 82-2 要綱仮案の第二次案　補充説明
8/26	96	部会資料 83-1 要綱仮案（案）　　　⇒ **要綱仮案** 部会資料 83-2 要綱仮案（案）補充説明
12/16	97	部会資料 84-1 要綱案の原案（その 1） 部会資料 84-2 要綱案の原案（その 1）参考資料 部会資料 84-3 要綱案の原案（その 1）補充説明
27/1/20	98	
2/10	99	部会資料 88-1 要綱案（案）　　　⇒ **要綱案** 部会資料 88-2 要綱案（案）補充説明
2/24		法制審議会総会「要綱」答申
3/31		改正法案の国会提出

＊「会議」の欄の数字は「民法（債権関係）部会第○回会議」を示す。
　表中の資料名は略記であり，正式には「民法（債権関係）の改正に関する」が付く。

「民法（債権関係）の改正に関する要綱案」（以下，『要綱案』）には「保証債務」以外に全体として 40 近い項目が存在するが，保証に関する議論は，比較的多くの審議がなされた論点の 1 つであったと考えられる。

Ⅱ　審議過程と改正法案の内容

2　改正法案と『要綱案』の対応関係

2015（平成27）年3月31日の法律案要綱は，部会で決定された同年2月10日の『要綱案』をその原型とする。法律案要綱と『要綱案』の項目は同一であり，それが改正法案の条項に対応している。

改正法案の「保証債務」の「第一目　総則」は，『要綱案』の「一　保証債務の付従性」，「二　主たる債務者の有する抗弁等」，「三　保証人の求償権」，「四　連帯保証人について生じた事由の効力」と「六　保証人保護の方策の拡充」の一部である「5　保証人の請求による主たる債務の履行状況に関する情報提供義務」と「6　主たる債務者が期限の利益を喪失した場合における情報の提供義務」を受けたものである（改正法案446条，448条，457条，458条，458条の2，458条の3，459条，459条の2，460条，461条，462条，463条）。

「第二目　個人根保証契約」においては，2004年改正により設けられた民法465条の2以下の「貸金等根保証契約」の規定が修正されている。『要綱案』の「五　根保証」に対応する。

『要綱案』の「六　保証人保護の方策の拡充」の残りである「1　個人保証の制限」「2　個人保証（求償権保証）の権限」「3　個人保証の制限の例外」「4　契約締結時の情報提供義務」は，改正法案「第三目　事業に係る債務についての保証契約の特則」として，新たな条文となった。なお，このうちの1，2，3については，『要綱案』とそれを受けた法律案要綱が改正法案として条文化される段階で，見出しの表記が変更された。「1　個人保証の制限」が「公正証書の作成と保証の効力」（465条の6）と「保証に係る公正証書の方式の特則」（465条の7）に，「2　個人保証（求償権保証）の制限」が「公正証書の作成と求償権についての保証の効力」（465条の8）に，「3　個人保証の制限の例外」が「公正証書の作成と保証の効力に関する規定の適用除外」（465条の9）へと改められている。

条文の内容をふまえれば，新たな見出しの方が適切だといえよう。しかし同時に，「保証人保護の方策の拡充」として時間をかけて審議されてきた「個人保証の制限」が結果的に見送られたことも指摘しておかなければならない。

3　新しい保証区分

2004（平成16）年の民法改正以降，民法446条以下の「第4款　保証債務」

715

は,「第一目 総則」と「第二目 貸金等根保証契約」に分けられた。今回の改
正法案は,その全体を「第一目総則」と「第二目個人根保証契約」「第三目事
業に係る債務についての保証契約の特則」に再構成する。

　構成の変更は保証に新しい区分をもたらす[7]。2004年改正で新設された「貸
金等根保証契約」(民法465条の2)には「保証人が法人であるものを除く」と
いう限定が付けられ,社会的実態として異なる個人保証と法人保証が民法の法
文上も区別された[8]。今回の改正法案は,新たに「事業に係る債務」に関する
特別な規律を受けない個人保証(経営者等による保証)という区分も追加する
(表2参照)。

　なお,「経営者等による保証」に分類に入るのは,改正法案465条の9に列
挙される,主債務者の理事・取締役等による保証,主債務者(法人以外)と共
同して事業を行う者,主債務者の事業に従事する主債務者の配偶者による保証
である。

　法人による保証については,主たる債務者が期限の利益を喪失した場合にお
ける情報の提供義務(458条の3),個人根保証に関する規定(465条の2以下),
事業に係る債務を保証する意思についての公正証書の作成(465条の6,465条
の8),事業に係る債務についての保証の契約締結時の情報の提供義務(465条
の10)の適用が除外されている。3つの情報提供義務のうち,保証人請求時の
主たる債務の履行状況に関する情報の提供義務に関する458条の2は適用除外
の対象となっていない。

---

(7)　平野裕之『保証人保護の判例総合解説〔第2版〕』(信山社,2005年)3-13頁等で提
　　唱されていた保証人の類型の部分的な組入れだとも位置づけうる。ただし,平野裕之「経
　　営者保証,ホステス保証及び取締役保証」平野裕之ほか編『現代民事法の課題 新美育
　　文先生還暦記念』(信山社,2009年)121-158頁で主張されているほどの保証人保護は
　　達成されていない。

(8)　下村信江「保証と法主体 —— 貸金等根保証と根保証人の保護を中心として」宇佐見大
　　司＝大島和夫編『変わりゆく人と民法』(有信堂,2009年)242-261頁(特に245-247頁)

Ⅲ　審議の詳細

表 2　「個人による保証」の新しい保証区分

	個人一般（右以外）	経営者等による保証
債務一般の 保証・根保証	保証人の責任等　〔446 条〕	
	主たる債務の履行状況に関する情報の提供義務　〔458 条の 2〕 （保証人請求時）	
	主債務者が期限の利益を喪失した場合における情報の提供義務 〔458 条の 3〕	
債務一般の 根保証	保証人の責任等（極度額の定め）　〔465 条の 2〕	
	元本確定事由　〔465 条の 4 ①〕 　　保証人の財産への強制執行・担保権実行 　　保証人の破産手続開始決定 　　主債務者又は保証人の死亡	
貸金等債務 の根保証	元本確定事由　〔465 条の 4 ②〕 　　主債務者の財産への強制執行・担保権実行 　　主債務者の破産手続開始決定	
	元本確定期日（5 年内又は 3 年）〔465 条の 3〕	
求償債務の 保証・根保証	保証人が法人である根保証契約の求償権の保証　〔465 条の 5 ①②〕 　　極度額・元本確定期日の定めがなければ無効	
事業に係る 債務の 保証・根保証	公正証書の作成と保証の効力　〔465 条の 6〕	公正証書の作成と 保証の効力に関する 規定の適用除外 〔465 条の 9〕
	保証に係る公正証書の方式の特則 〔465 条の 7〕	
	公正証書の作成と求償権についての 保証の効力　〔465 条の 8〕	
	契約締結時の（主たる債務者の）情報の提供義務　〔465 条の 10〕	

Ⅲ　審議の詳細

　次に，Ⅱにまとめた改正法案の内容，特に「保証人保護の方策の拡充」として議論された論点が，どのように規定として形作られることになったのかを見ていくことにしたい。

32 民法改正と「保証人の保護」〔能登真規子〕

1 原　案

『論点整理』[9]の後に用意された〈部会資料36〉[10]には，多様な方策が「保証人保護の方策の拡充」として整理されていた。かつての法典調査会と同様に[11]，主だった国々の制度が調査され，その成果が取り入れられていた[12]。

その方策は「(1)　保証契約の締結の制限」と「(2)　保証契約の締結の制限以外の保証人保護の方策」の小項目に分けられた。(1)は主債務者が消費者の場合の個人による保証や主債務者が事業者の場合の第三者（経営者以外の個人）による保証を一定の例外（債権者が消費者である場合など）を除いて無効とし[13]，(2)は保証契約締結時，締結後の債権者の義務を細かく設定し，債権者に有利な条項に対する制限を提案するものであった[14]（表3参照）。

2　意見の対立と分散

〈部会資料36〉が審議された第44回会議では，その時間のすべてが「保証債務」の検討にあてられた。その会議時間帯の後半に「保証人保護の方策の拡充」が取り上げられた。それぞれの立場・主張を理解するため，少し長くなるが，各委員等の発言の要点を順にまとめてみる[15]。

事務当局[16]による「保証人保護の方策の拡充」の趣旨説明の後，委員（弁護

---

(9)　『論点整理』では，「1 保証債務の成立」の「(2)保証契約締結の際における保証人保護の方策」「(3)保証契約締結後の保証人保護の在り方」「(4)保証に関する契約条項の効力を制限する規定の要否」と「8 その他」の(1)主債務の種別等による保証契約の制限」に分けて検討されていた。

(10)　「部会資料36　民法（債権関係）の改正に関する論点の検討(8)」41-78頁。

(11)　佐野智也「民法起草時における参照外国法令の分析」法政論集257号（2014年）89-108頁。

(12)　フランス，ドイツ，イギリス，アメリカ（ニューヨーク州，カリフォルニア州）の保証制度の状況が〈部会資料8-2〉69-79頁〔石川博康〕，79-83頁〔石田京子〕で参照できるほか，法務省民事局参事官室（参与室）編『民法（債権関係）改正に関する比較法資料』別冊NBL146号（商事法務，2014年）79-90頁にも収録されている。第43回会議提出の資料「諸外国における保証法制及び実務運用についての調査研究業務報告書」もある。

(13)　〈部会資料36〉73-74頁。

(14)　〈部会資料36〉74-77頁。

(15)　本文にはごく短い抜粋しか取り上げることができない。各委員等の意見の詳細については，「第44回会議議事録」〔http://www.moj.go.jp/content/000100842.pdf〕33〜51頁を参照いただきたい。

718

Ⅲ　審議の詳細

表3　〈部会資料36〉の「保証人保護の方策の拡充」

(1) 保証契約の締結の制限		一定の保証契約については，一定の例外を除き，無効とする。
(2)①保証契約締結の際	債権者の義務	(a) 保証人が保証の意味や連帯保証の効果を理解するために十分な説明を行う。 (b) 主債務者の資力に関する情報を保証人に提供する。 (c) 保証人に説明した内容を公正証書に残す。
	方式	(d) 保証契約書における一定の重要部分は保証人が手書きをする。
	内容	(e) 保証人の資力に照らして過大な保証は禁止される。
(2)②保証契約締結後	債権者の義務	(a) 主債務者の返済状況を保証人に通知する。 (b) 分割払の約定がある主債務の期限の利益を喪失させる場合には保証人に期限の利益を維持する機会を与える。
(2)③契約条項の効力の制限		(a) 債権者が保証人に対して負うべき担保保存義務を免除する旨の条項について，その効力を制限する。 (b) 保証人が保証債務を履行した場合の主債務者に対する求償権の範囲を制限する条項について，その効力を制限する。

士）により2012（平成24）年1月20日付の日本弁護士連合会の「保証制度の抜本的改正を求める意見書」[17]に基づく説明が行われる[18]。保証債務を理由とする倒産申し立ての多さ，保証を理由とする自殺・自死の存在，保証自体が事業再生の阻害要因になっているという事実から，個人保証を法人保証と区別し，かつ，一般法の中でその法律上の組み立てを明らかにすべきだという主張，そして，個人保証を原則として禁止しつつ金融機関の借り入れに対する経営者の保証等を例外として認め，その保証に対してさまざまな制限を課するという主張である。続いて，比較法資料として提出された委員（大学）の意見書が比較的簡単に紹介される[19]。

---

[16]　前掲注[15]〔金関係官・法務省民事局付〕。

[17]　〔http://www.nichibenren.or.jp/library/ja/opinion/report/data/2012/opinion_120120.pdf〕

[18]　前掲注[15] 34-36頁〔中井委員・弁護士（大阪弁護士会所属）〕。

[19]　山野目章夫「フランス保証法における過大な個人保証の規制の法理」〔http://www.moj.go.jp/content/000097381.pdf〕。

32 民法改正と「保証人の保護」〔能登真規子〕

部会長[20]が自由な意見を求めた後の最初の発言者は関係官（金融庁）であった[21]。「金融監督上も，経営者以外の第三者の個人連帯保証に依存しない融資慣行を確立するということを，監督上の一つの原則として掲げて」いる旨を宣言し，保証人保護の要請への理解を示しつつも，現実の問題として，経営者側の人として企業の代表者以外が保証人になっていたり，事業者がお互いを保証し合うという例が多数あるため，「本当に必要な融資が受けられないようなケースが生じたりするようなことがないように慎重な検討が必要である」との発言である。個別の方策についても，「実務的に非常にコストが掛かることになったり，あるいは本当に融資を必要とする方に融資が行かないといったような弊害が生じないように」という点が強調される。

次に，委員（銀行）が「私が言わんとすることは，もう想像されると思いますけれども」と前置きをしつつ，経営者だけうまく外れるような定義が非常に困難であること，個人保証への一律の禁止は金融のイノベーションを阻害する危険性があることを説く。〈部会資料36〉に列挙された方策については，基本的に，社会立法的な禁圧条項で対応すべきであり民法の問題ではないと否定し，唯一，主債務者の返済状況の照会に対する回答については，これを明記することで守秘義務の問題がなくなるため，受入れ可能だという姿勢を見せる[22]。

委員（消費生活）は，消費生活センターの相談事例より，知り合いの「絶対に迷惑掛けないから」という言葉で自分の立場や責任を認識せずに保証人になった人にとっては債権者等から説明を受けるくらいでは保証問題（トラブル，被害）はなくならないとして，個人保証は原則無効という形への期待を示す[23]。

日弁連の意見を説明した委員（弁護士）が再び発言し，経営者保証の対象の絞り込みと保証契約締結時の手書き要件，公正証書等の要件，保証内容の規制について，委員（銀行）の意見に反論する。ただし，債権者の保証契約締結後の情報提供義務については，定期的なものでなくても，保証人の請求時について認められればよいとする[24]。

---

(20) 前掲注(15) 36頁〔鎌田部会長・早稲田大学総長〕。

(21) 前掲注(15) 36-37頁〔佐藤関係官・金融庁総務企画局企画課調査室長〕。

(22) 前掲注(15) 37-38頁〔三上委員・株式会社三井住友銀行法務部〕。

(23) 前掲注(15) 38頁〔岡田委員・消費生活専門相談員〕。

(24) 前掲注(15) 38-39頁〔中井委員〕。

幹事（弁護士）は，2006（平成18）年3月31日付で中小企業庁金融課が示した信用保証協会における第三者保証人徴求の原則禁止をふまえ，個人保証における経営者と第三者との類型分けの努力をすべきだとする[25]。

　幹事（大学）は，保証契約締結前の情報提供の重要性を指摘して，債権者の説明義務違反の結果として保証人の意思に瑕疵の問題が生じた場合には，保証契約の誤認による取消しを認めるべきであるとし，さらに，特別解約権の明文化ができないにしても，主たる債務者が債務を履行しないという事態に陥ったとき，債務不履行に至るおそれのある一定の事由が生じたときには，債権者に一定の通知義務を課すべきだとする。過大な保証の問題については，「保証人の意思決定に不当な制約が加えられて，不利な契約をさせられたというような根拠がどうしても必要になってくるのではないか」として，客観的要件に加え，窮迫，軽率，無経験等の主観的要件が必要だという立場をとる[26]。

　再び，委員（銀行）が保証契約締結の制限に否定的な発言をする。経営者の範囲が明確になったとしても，定義に当てはまらない場合に保証契約が無効になることを考えて萎縮効果がありうる，経営者保証だけを外せば他の個人保証は全部禁止してよいというものではない，例外が増えるとその規定がますます難しくなるという主張である。過大な保証の問題は保証責任を全部なくするのではなく，一定の範囲まで縮減するという方策も検討すべきであると提案し，事業者の再生の問題をもたらす経営者保証について合理的な縮減ができないのは税務上，無税償却ができないためであると訴える。また，事例の多様性をふまえ，一律に法律の網をかぶせることの是非を議論することには疑問があるとも指摘する[27]。

　委員（大学）が，保証引受契約の，債権者の意思と全く無関係に保証債権を成立させるという考え方と契約締結の際における債権者の行為規範との関係を尋ね[28]，関係官（法務省）が，仮に保証引受契約が導入されるのであれば，保証引受契約の当事者である主債務者が説明義務や情報提供義務を負うことになると答える[29]。

---

[25]　前掲注(15) 39頁〔高須幹事・弁護士（東京弁護士会所属）〕。

[26]　前掲注(15) 39-41頁〔山本（敬）幹事・京都大学教授〕。

[27]　前掲注(15) 41-42頁〔三上委員〕。

[28]　前掲注(15) 42頁〔松本委員・一橋大学教授〕。

32　民法改正と「保証人の保護」〔能登真規子〕

　幹事（弁護士）は，金融取引の萎縮効果について，金融庁のホームページの数字を示して，保証債務残高の比だけで見る限り信用保証協会が第三者保証の禁止を打ち出した後に保証債務残高が激減したわけではなく，慎重に検討する必要があるものの抽象的にそのことだけを恐れていてもいけないとする[30]。

　委員（弁護士）が3度目の発言で，債権者の説明義務・情報提供義務を怠った場合には特別の取消しを認める方向で検討を進めること，過大な保証の禁止については責任範囲の減免の制度という形に発展させること等を主張する[31]。

　委員（会社法務）は，「個人保証人の保護という大きな方向性それ自体については，もちろん産業界も全く異論はない」としつつ，「現実にはやはり主たる債務者の日常生活上のニーズというものが厳然として存在しておりますので，個人保証の全面禁止という方策が，果たしてそれと本当に整合的なのか，むしろそうした生活者の日常的なニーズに応えられなくなってしまうのではないかという疑問」を呈する意見が多かったとする[32]。

　委員（弁護士）は，個人保証を原則禁止するとはいえ，家賃保証や奨学金保証等一定のものについては例外的に許容するという考え方への賛意を示す。過大な保証の議論について，「確実に1％，2％の確率で起きる悲惨な事態と，すんなり何事もなく終わる98％を比べて，社会的有用性があるから過大保証を禁止すべきでないという考え方はおかしいのではないか」と保証の利便性や融資萎縮に基づく議論を批判し，「万が一のときでもその人の人生が破壊されないような額面の保証に限るような国にすべきではないか」と主張する。ただし，過大保証の禁止の表現が難しいため，家賃保証等の例外を許容するという[33]。

　幹事（大学）は，保証人の保護として，手続的な保護（契約内容とリスクに関する情報提供，連帯の意味）と内容的な保護（過大な保証の禁止），契約締結後の事後的な保護の方策（債権者による通知，期限の利益の維持）を積極的に検討する必要を主張する[34]。保証引受契約における主債務者の説明義務の扱いに関する質問には，部会長が分科会での補充的な検討が予定されている旨を回答する

---

(29)　前掲注(15) 42頁〔金関係官〕。

(30)　前掲注(15) 42頁〔高須幹事〕。

(31)　前掲注(15) 43頁〔中井委員〕。

(32)　前掲注(15) 43-44頁〔佐成委員・東京瓦斯株式会社総務部法務室長〕。

(33)　前掲注(15) 44-45頁〔岡委員・弁護士（第一東京弁護士会所属）〕。

(34)　前掲注(15) 45-46頁〔鹿野幹事・慶應義塾大学教授〕。

が，別の委員（大学）より，債権者による説明と主債務者による説明を単純に等値するというのは大変危険であるとの意見が示される[35]。

　幹事（弁護士）は，保証人保護の議論では一定程度，やや政策的な考慮を反映させるべき場面なのではないかとし，個人保証の場面に応じて，契約成立段階の入口の問題，契約締結後の一定の説明義務的な規律，実際に保証履行請求するところで機能する比例原則に関する規律という切り口を組み合わせる必要があり，中心的な規律は過大な保証への規律だと主張する[36]。

　委員（会社法務）は，分科会での議論について，主債務者と保証人の間の保証引受契約に一般的に何らかの瑕疵等が存在する場合にそれが債権者にどういう影響を及ぼすのかという観点からも十分議論するように要望する[37]。

　幹事（大学）は，保証引受契約に関して，主債務者と保証人という両当事者の間の関係が債権者という第三者の有する権利に影響を与えても別におかしいことではないと説明し，主債務の期限の利益を喪失した時の対応については，債権者の状況としては大きく変わるので，保証人との関係では分割払いのままということにはならないのではと指摘するが，保証人の保護を進めることに反対をしているわけではないとする[38]。

　以上が第44回会議における「保証人保護の方策の拡充」についての委員，幹事，関係官の発言の概要である。その主張にはかなりの隔たりがあり，具体的な規定の在り方を議論するため，第1分科会で補充的な審議が行われることになった。

　なお，この会議の終盤に興味深いやりとりが見られた。委員（弁護士）が，この論点について，「明らかに価値観の対立で…最後まで恐らく意見は分かれたままと思います。この法制審の部会なり，法務省なりがいろんな意見はあるけれども，こういう案でいきたいという意思決定をどこかでしなければいけない…大きな論点になると，全会一致というのはなかなか厳しい」のではないかと発言した[39]。これに対して，幹事（法務省）は「保証に関して，これほど意

---

(35)　前掲注(15) 46頁〔松本委員〕。
(36)　前掲注(15) 46-48頁〔深山幹事・弁護士（第二東京弁護士会所属）〕。
(37)　前掲注(15) 48頁〔佐成委員〕。
(38)　前掲注(15) 48頁〔道垣内委員・東京大学教授〕。
(39)　前掲注(15) 49-50頁〔岡委員〕。

32 民法改正と「保証人の保護」〔能登真規子〕

見が対立しているのだから，多数決で決めざるを得ないのではないかという御指摘に対しては，今後どうなるか，今の段階で軽々に申し上げることはできませんが，私は再三約束してまいりましたように，基本的に多数決で決めない，納得のいくまで議論して，現時点における最善のものを見付けていく努力をしていきたいと考えております」と回答した。結局，保証契約の締結段階での制限を設けるか否か，どの程度置くかといった大きな方針についても，全員の意見表明は行われなかった。

　この部会の構成員は部会長1名と委員18名，幹事18名，関係官9名であった(40)。民法改正の議論全体の論点の多さが影響しているものとも考えられるが，全員の意見が述べられたわけではないので，部会の総意の内容を外野から判断することは困難である。個人保証の制限という方策に対して，金融庁と銀行，事業会社法務室の反対意見，消費生活相談員の控えめな賛成意見はわかりやすいが，その中間に位置する他の意見には微妙な相違があるように見受けられる。いずれにせよ，審議は，各種の意見の隔たりを埋め合わせることなく，続けられることとなる。

　3　「コンセンサス」

　第1分科会第4回会議(41)では〈部会資料36〉と〈分科会資料3〉に即して議論が行われた。〈分科会資料3〉は，日弁連と大阪弁護士会それぞれからの条文提案を基に，「第1　個人保証の原則的無効」「第2　保証債務の減免」「第3　契約締結時の説明義務，情報提供義務」「第4　手書き，公正証書」「第5　主たる債務の履行状況に関する情報提供義務」「第6　比例原則（過大な保証の禁止）」という論点に整理されたものである(42)。

　委員（銀行）が「全面的に反対」「全銀協では弁護士会の提案に全面的に反対という意見で全て」と直接的な発言する等，真っ向からの対立が見られた(43)。「現在の実務でも基本的にはいわゆる経営者等以外の第三者保証はできるだけとらない方向で実務は固まって」(44)おり，それ以上は一歩も譲歩しないという

---

(40)　名簿（平成24年4月3日現在）〔http://www.moj.go.jp/content/000097382.pdf〕。

(41)　「第1分科会第4回会議議事録」16-49頁。

(42)　前掲注(41)17頁。

(43)　前掲注(41)18，41頁〔三上委員〕。

Ⅲ　審議の詳細

姿勢である。

　個人保証の原則的無効に対しては学者からも異論が相次ぐ[45]。リスクの認識を確保させて保証契約の成立・有効性を認めていき，それから過大な保証の制限を考えるべきだという意見，「第2　保証債務の減免」以下の合理化措置との関連で「第1　個人保証の原則的無効」の枠についての議論に戻ってくるべきという意見等である。

　分科会長が「事業者向け融資については個人保証は原則として無効とする，ただし，経営者保証については無効とはしない…，事業者の概念，経営者の概念・定義については更に詰めていく。…個人保証であっても除外すべき場合があるかないかについても検討する。更に分科会資料3の第2以下についての検討をした上で…暫定的な了解については見直すことがある。…理論的根拠については更に引き続き検討する」[46]というまとめを行うと，委員（弁護士）も，個人保証の原則的無効に固執することはなかった。事業者の事業に係る金融債務の経営者を除く個人保証の禁止以外に，消費者信用についての個人保証の禁止，事業者の事業に関わる債務（金融債務以外）の経営者を除く個人保証の禁止も意識すべきだと指摘するにとどまった[47]。その後，実質的な内容に関わる「第2」と「第6」，契約の締結と履行のプロセスに関する「第3」から「第5」についての意見交換が行われ，その整理は事務当局に委ねられた[48]。

　第1分科会での「有用性の認められる個人保証を個別的に列挙するアプローチの仕方では，現実的な成案を得ることが困難ではないか」という問題提起をふまえ，第61回会議[49]の資料には「個人を保証人とする保証契約を原則的に無効とするという考え方については，対象とする保証契約を貸金等根保証契約（民法第465条の2第1項）に限定し，かつ，いわゆる経営者保証は除外するという案に絞り込んだ上で，引き続き検討するものとしてはどうか」[50]と記載さ

---

[44]　前掲注[41] 21頁〔三上委員〕。

[45]　前掲注[41] 29，39頁〔山本（敬）委員〕，30-31頁〔鹿野幹事〕，38-39頁〔沖野幹事・東京大学教授〕。

[46]　前掲注[41] 32，39頁〔中田分科会長・東京大学教授〕。

[47]　前掲注[41] 40頁〔中井委員〕。

[48]　前掲注[41] 40-49頁。

[49]　「第61回会議議事録」32-52頁。

[50]　〈部会資料50〉8頁は注[41] 29〜30頁の筒井幹事の発言が基と見られる。

32 民法改正と「保証人の保護」〔能登真規子〕

れた。

「引き続き検討する」とはいうものの，単純な継続ではなく，無効とする保証契約の対象範囲を「保証をめぐる社会的な問題が類型的に見て現実化していると考えられるものに限定する」[51]という「個人保証の原則的無効」から「個人保証の制限」への方針変更が行われた[52]。「これ以上個人保証の禁止の範囲を拡大することについては慎重であるべきだ」[53]との委員（会社法務）の発言に示されるように，個人保証の原則的無効という発想は別段，委員等の中で共有されていなかったとも見受けられる。ふり返って見れば，保証人の保護という論点に関しては，ここが改正議論の潮目であった。

第66回会議[54]では「中間試案のたたき台(3)」が示された。「保証契約における責任制限」として検討されてきた「(1)保証債務の減免」「(2)比例原則（過大な保証の禁止）」は，この時点では，他の方策と同様に「引き続き検討する」とされていた。なお，『中間試案』における「引き続き検討する」については，「現在はまだ十分な成案を得るには至っていないけれども，今後も具体案を詰める作業を続ける必要があるというレベルでのコンセンサスが得られるもの」[55]だとの説明が行われている。

第70回会議[56]，第71回会議[57]の資料には文言修正が含まれていたが，実質は変えていないという説明がなされる[58]。なお，この頃の状況については，「同床異夢の中間試案」「一種の停戦協定」だという委員（会社法務）の発言もあった[59]。

部会では，この時点においてもなお，徹底的な議論を経て到達された，終局的なコンセンサスが得られたものではなかった。2回目のパブリック・コメント手続が実施されたが，この『中間試案』に対するパブリック・コメントは，

---

(51)　〈部会資料50〉9頁。

(52)　〈部会資料50〉6-15頁。

(53)　前掲注(49) 36-37頁〔佐成委員〕。

(54)　「第66回会議議事録」9-20頁。

(55)　前掲注(54) 13頁〔筒井幹事〕。

(56)　「第70回会議議事録」39-43頁。

(57)　「第71回会議議事録」53-56頁。

(58)　前掲注(56) 53頁〔筒井幹事〕。

(59)　前掲注(56) 55-56頁〔佐成委員〕。

少なくとも保証債務の規定に関しては，賛成にせよ反対にせよ，意見の寄せづらい状況で実施されたものと言わざるを得ない。

4　現状維持と改正

『中間試案』に対するパブリック・コメント手続終結の翌日，第73回会議[60]では，開始直後に，「個人保証の見直しは必要である一方，金融庁の監督指針に沿って金融機関の運用において行われている第三者保証まで禁止することは問題がある」という趣旨の発言が委員（会社社長），委員（銀行），関係官（金融庁）から相次いで行われた[61]。「『いわゆる経営者』の範囲が現行の監督指針[62]で保証の受入が認められている範囲よりも狭くなり，経営に実質的に関与する者による保証が制限されれば，資金調達が窮屈になるだろう」[63]というものだった。これに対しては，幹事（弁護士）より「個人保証の範囲を制限して保護を図ろうという議論自体を否定」[64]することにもつながるという反論もあったが，そこから先に議論が深められることはなかった。情報提供義務，とりわけ主債務者の信用状況についての説明を行う義務については，資金調達や経済活動に支障を来すと強く主張され[65]，裁判所による保証債務の減免，比例原則についても，保証契約に対する事後的な介入は保証契約の有用性が損なわれるとして拒絶された[66]。

---

[60]　「第73回議事録」1-63頁。

[61]　前掲注[60]2頁〔大島委員・株式会社千疋屋総本店代表取締役社長〕，〔中原委員・株式会社三菱東京UFJ銀行コンプライアンス統括部法務室長〕，〔佐藤関係官〕。

[62]　中小企業庁が2006（平成18）年3月31日に信用保証協会の行う信用保証制度において経営者本人以外の第三者を保証人として求めることを原則として禁止すると発表している。金融庁も2011（平成23）年7月14日に「主要行等向けの総合的な監督指針」及び「中小・地域金融機関向けの総合的な監督指針」を改正して，経営者以外の第三者による個人連帯保証等の慣行の見直しを行う旨を発表している。しかし，金融庁の監督指針では「経営者以外の第三者が，経営に実質的に関与していないにもかかわらず，例外的に個人連帯保証契約を締結する場合には，当該契約は契約者本人による自発的な意思に基づく申し出によるものであって，金融機関から要求されたものではないことが確保されているか」を確認したうえで，第三者との間の保証契約の余地を残す。

[63]　前掲注[60]3頁〔中原委員〕。

[64]　前掲注[60]11頁〔深山幹事〕。

[65]　前掲注[60]20頁〔大島委員〕。

[66]　前掲注[60]33頁〔佐成委員〕。

32 民法改正と「保証人の保護」〔能登真規子〕

部会の中に意見統一があったようには思われないが，資金調達という主たる債務者のニーズを重視する立場からの上記主張をふまえ，次の第80回会議[67]では，保証実務の現状維持に配慮した案が示される[68]。

「保証人保護の方策の拡充」の「(1)個人保証の制限」については，制限の対象とならない，いわゆる経営者の範囲が広げられていく。「(ア)主たる債務者が法人その他の団体である場合のその代表者」等の5つの類型[69]が列挙され，さらには，「ウ保証人（法人を除く。）が自発的に保証する意思を有することを確認する手段を講じた上で，自発的に保証する意思を有することが確認された者による保証契約は，上記ア又はイにかかわらず，有効とするものとする」とされた[70]。そのうえで，「公正証書作成手続の厳格性に鑑み，保証人が公正証書によって任意に保証契約を締結した場合には，保証人に自発的な保証意思があるとみなす」として，公正証書を用いる案が示される[71]。

「(2)　契約締結時の説明義務，情報提供義務」については，主たる債務者の収入及び現在の資産等の説明を行う主体が，債権者ではなく，「事業のために債務を負担する者」すなわち主たる債務者に変更された[72]。また，第三者による詐欺（民法96条2項）と同じ構造により，保証人が説明事項について誤認をした場合で債権者が悪意・有過失のときには保証契約を取り消すことができることが明記された。

保証人の責任を制限するための方策については，身元保証法5条を参考にした裁判所による減免の制度，比例原則はどちらも採用されず，代わりに，保証債務の弁済に充てられるべき責任財産を一定の範囲に限定するという考え方が提示された[73]。

---

(67)　「第80回議事録」1-39頁。

(68)　〈部会資料70A〉〈部会資料70B〉。

(69)　〈部会資料70A〉5頁　[(ア)主たる債務者が法人その他の団体である場合のその代表者 [(イ)主たる債務者が法人その他の団体である場合のその業務を執行する権利を有する者] (ウ)主たる債務者が法人である場合のその無限責任社員　[(エ)主たる債務者に対し，業務を執行する権利を有する者と同等以上の支配力を有するものと認められる者] (オ)主たる債務者が法人である場合のその総社員又は総株主の議決権の過半数を有する者。

(70)　〈部会資料70A〉5頁。

(71)　〈部会資料70A〉10-11頁。

(72)　〈部会資料70A〉11頁。

(73)　〈部会資料70B〉1頁。

Ⅲ　審議の詳細

　保証人保護の方策をかなり削った提案であったと思われるが，なお不足に感じられたのか，委員（会社社長）は，個人事業主の配偶者が保証する場合，事業承継予定者が保証をする場合，事業承継を行った先代の経営者が保証をする場合において困難が生じ，中小企業の資金調達に支障が生じると批判を続ける[74]。

　個人保証における過大性のコントロールの方策に関する幹事（大学）の提案—保証契約締結時の資産及び収入については抽象的な基準，保証債務履行時の資産及び収入についてはやや具体的な基準を用意し，保証債務に係る責任の減縮を請求する—[75]も簡単に拒絶される。委員（銀行）は，民法に規定を置くのではなく商工会議所や全銀協，行政機関が参加する「経営者保証に関するガイドライン研究会」のガイドラインに委ねるべきと主張し[76]，さらに，委員（会社法務）は「この論点，経済界の中で議論をしておりますと，やはり相当拒絶反応が強いということだけは申し上げておきたいと思います」と，ここでも，議論に入ることすら許さないような意見が述べられる[77]。

　上記経済界の連携の成果か，第86回会議[78]の資料では，個人保証の制限についての規定内容も変更された。「⑴主たる債務者が事業のために負担した貸金等債務を主たる債務とする保証契約（保証人が法人であるものを除く。）又は貸金等根保証契約は，保証人が次に掲げる者である場合を除き，その効力を生じない。　ア主たる債務者が法人その他の団体である場合のその理事，取締役，執行役又はこれらに準ずる者　イ主たる債務者が法人である場合のその総社員又は総株主の議決権の過半数を有する者」[79]というものである。主たる債務者を法人に限りつつ，業務執行をする権利を基準とした〈部会資料70A〉よりも経営者に該当する対象者を広げている。これに対しては，委員（大学）から

---

[74]　前掲注[67]7頁〔大島委員〕。たとえば，「㈢　主たる債務者に対し，業務を執行する権利を有する者と同等以上の支配力を有するものと認められる者」に当たらなくても，個人事業主の配偶者による個人保証が可能となる旨明記せよと主張する。

[75]　前掲注[67]36頁〔山野目幹事・早稲田大学教授〕。第80回会議には，山野目章夫「個人保証における過大性のコントロールの方策」（2013年）も提出された。〔http://www.moj.go.jp/content/000119461.pdf〕〕。

[76]　前掲注[67]37頁〔中原委員〕。

[77]　前掲注[67]39頁〔佐成委員〕。

[78]　「第86回会議議事録」12-48頁。

[79]　〈部会資料76A〉6-11頁。

32 民法改正と「保証人の保護」〔能登真規子〕

は，個人保証を原則禁止とする以上，例外を緩やかに認め列挙を例示とするのは適切ではないとする意見[80]が，委員（会社社長）からは，個人事業主の配偶者と事業承継予定者についても認められるようにするべきだという意見[81]が提出された。

また，経営者以外の行う個人保証が例外として認められる根拠をその者の自発的な意思に求める説明は資料から削除され，保証契約締結に先立つ公正証書の作成が保証人の意思や保証の意味についての理解の確認方法として位置づけられて，その方式が詳細に書き込まれた[82]。

「(2) 契約締結時の説明義務，情報提供義務」については，主たる債務者が提供すべき情報は，「ア 資産及び収入の状況イ主たる債務以外に負担している債務の有無，額及び履行状況ウ主たる債務の担保として他に提供し，又は提供しようとするものがあるときは，その旨及びその内容」となり[83]，〈部会資料70A〉には存在したものの，情報提供がやや困難であると思われる「(ウ)当該事業の具体的な内容及び現在の収益状況」は除外された。

「主たる債務の履行状況に関する情報提供義務」に関しては，「債権者は，委託を受けた保証人から請求があったときは，保証人に対し，遅滞なく，次に掲げる事項に関する情報を提供しなければならない。(1)主たる債務についての不履行の有無 (2)履行期が到来した元本，利息及び遅延損害金の額（既払額を除く。）」[84]とされた。保証人からの請求に応じるべきであると法定されれば，債権者は主たる債務者に対する守秘義務の負担から解放される。毎年の情報提供により保証人に解約の機会を提供するというような目的を持つものではない[85]。

別の場面，主たる債務者が支払いを怠った場合について，その通知（情報提供）を行わなかったときの効果としては，保証人との関係における期限の利益喪失の回避と通知時までの遅延損害金請求禁止の2案が併記されたが[86]，その

---

(80) 松岡久和「第86回会議の議題に関する意見」〔http://www.moj.go.jp/content/000121594.pdf〕。

(81) 大島博「法制審議会民法（債権関係）部会第86回会議に対する意見」〔http://www.moj.go.jp/content/000121592.pdf〕。

(82) 〈部会資料76A〉6頁。

(83) 〈部会資料76A〉10頁。

(84) 〈部会資料76A〉10頁。

(85) フランス通貨金融法典 L.313-22条。

730

後，第88回会議[87]で，情報提供がなかった場合の効果は遅延損害金の請求禁止となる。

5 書き換え

2013（平成25）年初めの『中間試案』で継続検討とされていた内容が，2014（平成26）年前半までのおよそ1年間で次々と削除され，書き換えられていった。

個人保証の原則無効は，一定の保証人による一定の取引上の債務の保証への制限を意味するものとなった。制限が課される保証契約には，第86回会議時（2014年3月）には，「主たる債務者が事業のために負担した貸金等債務を主たる債務とする保証契約（保証人が法人であるものを除く。）」と事業と関係がない場合を含む「貸金等根保証契約」が含まれていたが，第88回会議時（同年5月）に，「主たる債務者が事業のために負担した貸金等債務を主たる債務とする保証契約又は根保証契約であってその主たる債務の範囲に主たる債務者が事業のために負担する貸金等債務が含まれるもの」に限定された[88]。

第80回会議（2013年11月）に公正証書を用いた保証意思の確認手続が現れ，主債務者（会社）の経営者にはこの手続は不要とされたが，第88回会議（2014年5月）で，「ウ　主たる債務者が個人である場合の主たる債務者と共同して事業を行う者又は主たる債務者の配偶者（主たる債務者が行う事業に従事しているものに限る。）」が追加された。「主たる債務者の配偶者」を保証意思の確認手続の要らない者として明記することに対しては，多くの委員等から懸念や反対を示す意見が示された[89]。しかし，その文言の削除には至らず，『要綱仮案』で「主たる債務者が行う事業に現に従事している主たる債務者の配偶者」に変更されるにとどまった。

続く第89回会議（2014年5月）[90]では，裁判所による減免の制度，比例原則に代わる制度として現れた「保証人の責任制限」が審議されたが，意見の隔た

---

(86) 〈部会資料76B〉1-3頁。

(87) 「第88回会議議事録」47-57頁。

(88) 〈部会資料78A〉20頁。

(89) 前掲注(87)54-56頁において道垣内幹事，潮見幹事，山本（敬）幹事，鹿野幹事，中田委員（以上5名学者），岡委員（弁護士）が否定的な発言をしている。

(90) 「第89回会議議事録」1-9頁。

32 民法改正と「保証人の保護」〔能登真規子〕

りは大きく，今回の改正プロセスで取り組むには限界があるという現状認識が示されて[91]，最終的に制度の導入は見送られた。

第 92 回会議（同年 6 月）[92]には「要綱仮案の原案」[93]が示され，その後は大きな変更点は見られない。第 95 回会議[94]，第 96 回会議[95]では公正証書の内容等の細かな質問が行われ，『要綱仮案』が決定された。

その後，第 97 回会議[96]で，「個人保証の制限」における経営者概念に関して，「又はこれらに準ずる者」という言葉の意味について質問がなされたものの，議事録から読み取れる範囲では保証債務に関連して，それ以外に注目すべき議論はなかった。しかし，この回に配布された「民法（債権関係）の改正に関する要綱案の原案（その 1）」には，『要綱仮案』[97]の「個人保証の制限の例外」の 2 つ目，「イ　主たる債務者が法人である場合のその総社員又は総株主の議決権の過半数を有する者」の部分がさらに変更され，「主たる債務者を支配しており，実質的に主たる債務者と同一であると評価することができる」者を含ませる修正が行われている。この点については〈資料 84-3〉にその趣旨の説明があるにとどまった。

こうして，2015（平成 27）年 2 月 10 日に『要綱案』が決定された。

IV　「保証人の保護」の顛末

今回の改正法案には，個人貸金等根保証に関する包括根保証の禁止（極度額の定めの必要性）および要式行為性を定めた 2004（平成 16）年改正後の民法 465 条の 2 の規定を，その内容を維持したまま，賃貸借契約から生じる賃借人の債務の個人根保証や継続的売買における代金債務の個人根保証等，個人根保証全般に拡張する（改正法案 465 条の 2）こと[98]等も含まれており，保証人の保

---

(91)　前掲注(90) 9 頁〔筒井幹事〕。

(92)　「第 92 回会議議事録」33-42 頁，〈部会資料 80B〉。

(93)　〈部会資料 80-1〉〈部会資料 80-3〉。

(94)　「第 95 回会議議事録」20-21 頁。

(95)　「第 96 回会議議事録」22-23 頁。

(96)　「第 97 回会議議事録」18-21 頁。

(97)　『要綱仮案』29 頁。

(98)　潮見・前掲注(5) 119 頁。

732

Ⅳ 「保証人の保護」の顛末

護の要素が全くないというわけではない。2004年民法改正時の参議院法務委員会[99]，衆議院法務委員会[100]における附帯決議への最低限の応答も，一応は達成されたことになるのであろう。

　しかし，個人保証の原則無効に関する議論は，逆に，事業に係る貸金等債務の保証・根保証の契約締結をより確実にする手続の設置に行き着いた。公正証書により保証意思が確認される以上，保証人による保証否認の訴訟は困難となろう。保証契約締結前の情報提供義務は主たる債務者が負うものとなり，債権者が義務違反の責任を問われることはない。締結後の情報提供義務も，保証人を将来に向けて解放する等の効果を想定したものではなく，逆に主たる債務者の信用情報を扱う債権者の負担軽減に資する。このように，債権者を保護する内容も多く含まれており，今回の改正を保証人の保護を強化したものと総括するのは適切とは思われない[101]。

　古くから，「保証法は債権者の保全と保証人の保護とのあいだにおける妥協である」[102]と言われてきた。保証人の保護が謳われていたはずの今回の民法改正であるが，「保証の利他性」[103]の要素が薄い，保証の中では特殊な性格を有する経営者保証が議論の中心とされたために，保証人一般の地位に対する保護の検討が十分には行われなかったように思われる。しかも，保護を受けるはずの呑気者，軽はずみ者[104]である保証人本人には発言の機会がなかったのに対し，債権者と主たる債務者の代弁者は，今回，委員等として審議過程をリードし，自分達が許容できる限度，望む内容での保証制度の改正を勝ち取っている。債権者の側に妥協は見られない。保証の新しい区分はそのための工夫から生じた結果であり，何か保証の新たな理念を表すものでもない。これが，法制審議会の審議過程をたどった本稿の結論である。

　民法の中立性のために，積極的な保証人保護法制の導入は困難であると考え

---

(99)　「第百六十一回国会参議院法務委員会会議録第五号」24頁〔http://kokkai.ndl.go.jp/
　　　SENTAKU/sangiin/161/0003/16111090003005.pdf〕。

(100)　「第百六十一回国会衆議院法務委員会会議録第十号」35頁〔http://kokkai.ndl.go.jp/
　　　SENTAKU/syugiin/161/0004/16111190004010.pdf〕。

(101)　無意味な規律であるとの批判もある（加藤・前掲注(5)25-27頁）。

(102)　西村信雄編『注釈民法(11)債権(2)』（有斐閣，1965年）211頁〔椿寿夫〕。

(103)　西村信雄『継続的保証の研究』（有斐閣，1952年）15頁。

(104)　前掲注(102)214頁〔椿寿夫〕。

733

32 民法改正と「保証人の保護」〔能登真規子〕

られたという面はあるかもしれない。保証契約を締結するか否か，どのような内容の保証債務を負担するかは保証人各自の自由に委ねられ，それ以上の保証人保護は不要である。そのような考え方がうかがわれる。改正法案の提出理由にも謳われた「保証人の保護」については，検討が行われたものの，結局，一部で期待されたほどの成果には至らなかった。今回の民法改正を「保証人の保護」の実現であると表現することは誤解を招くものと言わざるを得ないであろう。

　〔付記〕本稿は，JSPS 科研費 26380112 の助成を受けた研究成果の一部である。
　　　　2017(平成 29)年 6 月 2 日，「民法の一部を改正する法律」（法律第 44 号）が公布された。

33 保証制度に関する債権法改正の考察

山 田 創 一

I はじめに

平成21年10月28日に，千葉景子法務大臣により法制審議会に債権法改正の諮問がなされた（諮問第88号）。それは，①国民一般に分かりやすいものとすることと，②民法制定以来の社会・経済の変化への対応を図ることという観点から債権関係の規定に関し見直しを求めたものであった。これを受けて法制審議会に「民法（債権関係）部会」が設置され，平成21年11月24日の同部会の第1回会議以来，審議が積み重ねられてきた。

法制審議会民法（債権関係）部会は，平成23年4月12日に「民法（債権関係）の改正に関する中間的な論点整理」を決定してパブリックコメントを行い，また，平成25年2月26日に「民法（債権関係）の改正に関する中間試案」を決定してパブリックコメントを行った[1]。さらに，平成26年8月26日に「民法（債権関係）の改正に関する要綱仮案」を決定した。そして，平成27年2月10日に要綱案の決定を行い，同年2月24日の法制審議会の総会において，要綱の決定（法務大臣への答申）がなされ，平成27年の通常国会に「民法の一部を改正する法律案」として提出された。しかし，継続審議となり，それ以降の国会審議においても継続審議となったが，平成29年の通常国会において改正法が成立した[2]。

今回の民法改正法案の提出理由について，法務省は，「社会経済情勢の変化に鑑み，消滅時効の期間の統一化等の時効に関する規定の整備，法定利率を変

---

(1) 「民法（債権関係）の改正に関する中間試案」の問題点に関しては，拙稿「民法（債権法）改正の中間試案に関する考察」専修ロージャーナル9号（2013年）25頁以下参照。

『21世紀民事法学の挑戦』加藤雅信先生古稀記念〔信山社，2018年3月〕　　*735*

動させる規定の新設，保証人の保護を図るための保証債務に関する規定の整備，定型約款に関する規定の新設等を行う必要がある。これが，この法律案を提出する理由である。」としている[3]。

そこで，本稿では，今回の債権法改正のいわば目玉というべき「保証人の保護を図るための保証債務に関する規定の整備」が，①国民一般に分かりやすい

---

(2)　今回の改正は，我妻説に代表される伝統的理論からこれに対する根本的批判を展開する批判理論に学理的に大転換しようとする大改正といえる。山本教授は，我妻説に代表される伝統的理論の主要な特質を，「①給付請求権を中核としたスリムな債権理解，②履行請求権の当然性，③原始的履行不能の除外，特定物ドグマ（①のコロラリー），④無責の後発的不能における債権の当然消滅，双務契約の場合の危険負担制度による問題処理，⑤履行請求権と填補賠償請求権との選択（併存）の否定（債務転形論），⑥3分体系，⑦損害賠償・解除における過失責任原理の採用，履行補助者論の採用等」と整理され，これに対する根本的批判を展開する批判理論の主要な特質を，「①給付請求権を中核とした債権理解の否定，②履行請求権の救済手段視，③原始的履行不能ドグマ・特定物ドグマの否定，④無責の後発的不能における債権の当然消滅の否定，⑤履行請求と填補賠償との選択の自由の承認（債務転形論の排斥），⑥債務不履行の一元的把握，⑦損害賠償・解除における過失責任原理や履行補助者論の放棄，⑧危険負担の解除制度への吸収等」と整理されている（山本豊「債務不履行・約款」ジュリ1392号〔2010年〕85頁）。中間試案では，批判理論のほとんどが反映されている（拙稿・前掲注(1)59頁，山本豊「債務不履行」只木誠＝ハラルド・バウム編『債権法改正に関する比較法的検討──日独法の視点から』〔中央大学出版部，2014年〕283頁）。なお，山本教授は，「民法（債権法）改正検討委員会試案」において，「②履行請求権の救済手段視，⑤履行請求と填補賠償との選択の自由の承認（債務転形論の排斥）は，採用されず，むしろ履行請求権の優先原則が基本的には維持された」と指摘するが（山本・前掲「債務不履行」283頁），法務省経済関係民刑基本法整備推進本部の内田参与は，中間試案に関し，「中間試案では，まず，債務不履行の際の救済手段の第一として履行請求権についての規律を置くことを提案しています。」とし，「伝統的な説明のように，履行義務が不能によって填補賠償債務に形を変えるという説明よりも，履行請求権と填補賠償請求権が選択的に併存すると考えた方が実体に合い，また柔軟な処理ができるように思われます。」と指摘しており（内田貴『民法改正のいま　中間試案ガイド』〔商事法務，2013年〕118頁・123頁），②履行請求権の救済手段視，⑤履行請求と填補賠償との選択の自由の承認（債務転形論の排斥）は採用されているとみてよいであろう。また，要綱仮案・要綱及び民法改正法案では中間試案より後退したとはいえ批判理論の多くが維持されている（鈴木仁志「民法改正法案の本質的問題点」法民498号〔2015年〕49頁，なお，中間試案より後退した危険負担に関する民法改正法案の問題点に関しては，拙稿「危険負担に関する債権法改正」新報122巻9・10号〔2016年〕563頁以下，拙稿「危険負担に関する債権法改正の考察」日不116号〔2016年〕48頁以下参照）。こうした改正がなされると伝統的理論を中心に据えて展開されてきた実務に多大な影響を及ぼすことは避けられないであろう。

I　はじめに

ものとすることと，②民法制定以来の社会・経済の変化への対応を図ることという法務大臣より法制審議会になされた諮問に応える改正法になっているかを，以下の保証人の保護に関する中心的な改正部分に絞って検証することとしたい。

---

(3)　商事法務編『民法（債権関係）改正法案新旧対照条文』（2015 年）の「はしがき」参照。マスコミ報道では，改正法案が「消費者保護」を重視したかのような報道がなされたが（朝日新聞・毎日新聞・読売新聞の平成 27 年 2 月 25 日朝刊参照），この点は大きな誤報である。すなわち，河上教授は，「新聞では『消費者の保護に配慮』との見出しが踊ったが，ミスリーディングである」と批判し（河上正二「【番外編】債権法講義・特論──『定型約款』規定の問題点」法セ 726 号〔2015 年〕104 頁），角教授も，「マスコミにおいては，今般の改正は『消費者の保護』に配慮したものであるとの報道がなされている。しかし，消費者関連規定として挙げられるのは，個人保証と敷金，定型約款くらいであり，さらに，定型約款，個人保証については，改正案の内容が消費者保護に資するものであるかは，はなはだ疑問である。その意味で，今般の改正が『消費者の保護』に配慮したものであるというのは，ミスリーディングだといわざるを得ない。」と批判している（角紀代恵「債権法改正─立ち止まる勇気」金判 1472 号〔2015 年〕1 頁）。また，加藤教授も「約款をめぐる改正提案のように，現行法とくらべて消費者の地位は少しもよくなっておらず，約款作成者に事後改訂の自由を認めるような，比較法的にも特異な『消費者保護の後退』といえる改正提案，また，保証人がかつての商工ファンド事件と同様の悲惨な目に遭いかねないような改正提案を，マスコミが『消費者保護』の名のもとに報じるのは，国民をミスリードし，報道機関としての本来の役割をまっとうしていないように思われる。」と批判している（加藤雅信『迫りつつある債権法改正』〔信山社，2015 年〕32 頁）。とりわけ，法制審議会民法（債権関係）部会委員であった松岡教授自身も，「マスコミの多くは，今回の改正が消費者保護を重視したと報じている。しかし，これは誤解を招くおそれがある。……改正案は消費者保護の視点からでない基本ルール整備を内容とする。」と指摘し（松岡久和「経済教室　民法改正　商取引に変化も」日本経済新聞平成 27 年 2 月 20 日），また，同部会委員であった松本教授（現在は一橋大学名誉教授，国民生活センター理事長）も，「消費者保護のための特別の規定を今回の債権法改正に盛り込まないことは，産業界の主張を受けて，法制審部会の審議のかなり早い段階で確認されている。実際には，消費者保護の観点からは，……現状より不利となる部分がある。」と指摘しており（松本恒雄「日本の債権法改正法案における消費者利益への配慮または無配慮」法學論叢 36 巻 1 号〔2016 年〕71 頁以下〔韓国全南大学〈鄭鐘休先生停年退任紀念論文集〉〕），改正法は消費者保護を重視していないと言うべきであろう。なお，改正法で規定された定型約款の規定の問題点に関しては，拙稿「定型約款に関する債権法改正の考察」名城 66 巻 3 号（2016 年）273 頁以下，河上正二「債権法講義〔各論〕特講──民法改正法案の「定型約款」規定を考える」法セ 749 号（2017 年）66 頁以下参照。

Ⅱ 民法改正法の概要

1 個人保証の制限
(1) 公正証書での意思表示

　事業のために負担した貸金等債務を主たる債務とする保証契約又は主たる債務の範囲に事業のために負担する貸金等債務が含まれる根保証契約については，その契約の締結に先立ち，その締結の日前1箇月以内に作成された公正証書で保証人になろうとする者が保証債務を履行する意思を表示していなければ，保証契約の効力を生じない（465条の6第1項）。なお，この規定は，保証人が個人の場合にしか適用されない（465条の6第3項）。

(2) 公正証書作成の方式

　公正証書を作成する際の方式としては，①保証契約の場合には，主たる債務の債権者及び債務者，主たる債務の元本，主たる債務に関する利息，違約金，損害賠償その他その債務に従たる全てのものの定めの有無及びその内容並びに主たる債務者がその債務を履行しないときには，その債務の全額について履行する意思（連帯保証人の場合には，債権者が主たる債務者に対して催告をしたかどうか，主たる債務者がその債務を履行することができるかどうか，又は他に保証人があるかどうかにかかわらず，その全額について履行する意思）を有していること，②根保証契約の場合には，主たる債務の債権者及び債務者，主たる債務の範囲，根保証契約における極度額，元本確定期日の定めの有無及びその内容並びに主たる債務者がその債務を履行しないときには，極度額の限度において元本確定期日又は元本を確定すべき事由が生ずる時までに生ずべき主たる債務の元本及び主たる債務に関する利息，違約金，損害賠償その他その債務に従たる全てのものの全額について履行する意思（連帯保証人の場合には，前記の履行する意思）を有していることを公証人に口授しなければならない（465条の6第2項1号）。

　保証人予定者の発語や聴取に不自由がある場合には，通訳や筆記等の方法によったうえで，その旨を公正証書に付記する（465条の7）。

(3) 公証人による確認

　公証人は，保証人になろうとする者の口述を筆記し，これを保証人になろうとする者に読み聞かせ，又は閲覧させ（465条の6第2項2号），保証人になろ

II 民法改正法の概要

うとする者が，筆記の正確なことを承認して署名押印し（465条の6第2項3号），最後に公証人がその証書は民法に掲げる方式に従って作ったものである旨を付記して署名押印する（465条の6第2項4号）という手続きを経て有効となる。

(4) 求償権についての保証

これらの規定は，事業のために負担した貸金等債務を主たる債務とする保証契約又は主たる債務の範囲に事業のために負担する貸金等債務が含まれる根保証契約の保証人の，主たる債務者に対する求償権に係る債務を主たる債務とする保証契約（主たる債務の範囲にその求償権に係る債務が含まれる根保証契約）についても，準用される（465条の8第1項）。保証人が個人の場合にしか適用されない点も同様である（465条の8第2項）

(5) 経営者保証の例外

個人保証の制限の例外として，これらの規定は，以下の場合に適用が除外され，公正証書を作成しなくとも保証人になることができるとされる。すなわち，主たる債務者が法人であるときに，保証人になろうとする者が，①理事，取締役，執行役又はこれらに準ずる者である場合，②主たる債務者の総株主の議決権の過半数を有する者である場合，③主たる債務者の総株主の議決権の過半数を他の株式会社が有する場合における当該他の株式会社の総株主の議決権の過半数を有する者である場合，④主たる債務者の総株主の議決権の過半数を他の株式会社及び当該他の株式会社の総株主の議決権の過半数を有する者が有する場合における当該他の株式会社の総株主の議決権の過半数を有する者である場合，⑤株式会社以外の法人が主たる債務者であるときにおいて②③④に掲げる者に準ずる者である場合に，適用が除外され，さらに，保証人になろうとする者が，法人でない主たる債務者と共同して事業を行う者又は法人でない主たる債務者が行う事業に現に従事している主たる債務者の配偶者である場合についても，適用が除外され，公正証書を作成しなくとも保証人になることができる（465条の9）。

2 契約締結時の情報提供義務

主たる債務者は，事業のために負担する債務を主たる債務とする保証又は主たる債務の範囲に事業のために負担する債務が含まれる根保証の委託をする個

人の保証人に対し，①財産及び収支の状況，②主たる債務以外に負担している債務の有無並びにその額及び履行状況，③主たる債務の担保として他に提供し，又は提供しようとするものがあるときは，その旨及びその内容といった事項に関する情報を提供しなければならない（465条の10第1項）。

　主たる債務者がこうした事項に関して情報を提供せず，又は事実と異なる情報を提供したために，保証の委託を受けた者がその事項について誤認をし，それによって保証契約の意思表示をした場合において，債権者がこうした事実を知り又は知ることができたときは，保証人は，保証契約を取り消すことができる（465条の10第2項）。なお，この規定は，保証人が個人の場合にしか適用されない（465条の10第3項）。

3　契約締結後の情報提供義務

　これらの要件を満たして保証契約が有効となった場合でも，その後に主たる債務者が債務不履行に陥り遅延損害金が増大して多額の保証債務の履行を強いられるおそれがあるので，主たる債務者の委託を受けた保証人から債権者に請求があったときは，債権者は，保証人に対し，遅滞なく，主たる債務の元本及び主たる債務に関する利息，違約金，損害賠償その他その債務に従たる全てのものについての不履行の有無並びにこれらの残額及びそのうち弁済期が到来しているものの額に関する情報を提供しなければならない（458条の2）。なお，この規定は，保証人が法人である場合にも適用される。

　また，主たる債務者が期限の利益を喪失した場合には，保証人の不測の損害発生を防止するため，債権者は，保証人に対し，期限の利益の喪失を知った時から2箇月以内に，その旨を通知しなければならない（458条の3第1項）。その期間内にこうした通知をしなかったときは，債権者は，保証人に対し，主たる債務者が期限の利益を喪失した時からこうした通知を現にするまでに生じた遅延損害金に係る保証債務の履行を請求することができない（458条の3第2項）。なお，この規定は，保証人が個人の場合にしか適用されない（458条の3第3項）。

Ⅲ　民法改正法の問題点

1　経営者以外の第三者保証の禁止

　今回の保証に関する改正法の第一の問題点は，経営者以外の第三者保証の禁止が採用されなかった点である。

　この点に関しては，平成18年3月31日の中小企業庁通達「信用保証協会における第三者保証人徴求の原則禁止について」により，中小企業庁では，信用保証協会が行う保証制度について，以下の場合を除き経営者本人以外の第三者を保証人として求めることを原則として禁止している。例外的に第三者保証が認められる場合としては，①実質的な経営権を有している者，営業許可名義人又は経営者本人の配偶者（当該経営者本人と共に当該事業に従事する配偶者に限る。）が連帯保証人となる場合，②経営者本人の健康上の理由のため，事業承継予定者が連帯保証人となる場合，③財務内容その他の経営の状況を総合的に判断して，通常考えられる保証のリスク許容額を超える保証依頼がある場合であって，当該事業の協力者や支援者から積極的に連帯保証の申し出があった場合（ただし，協力者等が自発的に連帯保証の申し出を行ったことが客観的に認められる場合に限る。）である。例外的に経営に関与していない第三者の保証が認められる場合にも，「事業の協力者や支援者」といった属性による縛りがあって，債務者の事業とは無関係の債務者の親族や知人のような者は認められていない点は注意を要する。

　また，金融庁が平成22年12月24日に公表した「金融資本市場及び金融産業の活性化等のためのアクションプラン」において，「経営者以外の第三者の個人連帯保証を求めないことを原則とする融資慣行を確立し，また，保証履行時における保証人の資産・収入を踏まえた対応を促進」することとしていることを踏まえて，平成23年7月に，金融庁が定めた「主要行向けの総合的な監督指針」を改正し，金融機関が企業へ融資する際に，経営者以外の第三者の個人連帯保証を求めないことを原則とする旨の監督指針を定め，平成28年3月に，金融庁が定めた「主要行向けの総合的な監督指針」においても，同様の指針が受け継がれている。すなわち，「Ⅲ－10　経営者以外の第三者の個人連帯保証を求めないことを原則とする融資慣行の確立等」において，「Ⅲ－10－2　主

33 保証制度に関する債権法改正の考察〔山田創一〕

な着眼点(1) 経営者以外の第三者の個人連帯保証を求めないことを原則とする融資慣行の確立」とし、「個人連帯保証契約については、経営者以外の第三者の個人連帯保証を求めないことを原則とする方針を定めているか。また、方針を定める際や例外的に経営者以外の第三者との間で個人連帯保証契約を締結する際には、必要に応じ、『信用保証協会における第三者保証人徴求の原則禁止について』における考え方を踏まえているか。特に、経営者以外の第三者が、経営に実質的に関与していないにもかかわらず、例外的に個人連帯保証契約を締結する場合には、当該契約は契約者本人による自発的な意思に基づく申し出によるものであって、金融機関から要求されたものではないことが確保されているか。」との項目が定められている。

そうであるとすれば、中小企業庁や金融庁が積み上げてきた経営者以外の第三者保証禁止の流れに水をさす今回の改正は、不当な改正と言えよう。情義的な理由で連帯保証人になった者が過酷な責任を問われ破産や自殺に追い込まれている現実を、無視する改正と言える。こうした現実を防止するために、中小企業庁や金融庁が積み上げてきた経営者以外の第三者保証禁止の流れを明文化するのが、立法の正しいあり方であろう⁽⁴⁾。改正法が成立し、もし連帯保証人の破産者や自殺者が増加した場合には、「民法出でて連帯保証人亡ぶ」改正と

---

(4) 平成25年の第183回通常国会において、民主党ら野党3党が経営者以外の第三者保証を禁止する内容の「民法の一部を改正する法律案」を参議院に提出し、参議院では野党が多数を占めていたことから野党の賛成により可決され（平成25年6月12日）、衆議院に送付されたが、その後廃案となり成立しなかった法律案がある。立法論としては、むしろ平成25年に参議院で可決された改正案の方が妥当である。「特定貸金等保証契約」とされる法律案の内容は以下の内容である。

「（特定貸金等保証契約の制限）

第四百六十五条の六　保証人が金銭の貸付け又は手形の割引を業として行う者との間で締結する保証契約のうち、主たる債務者が事業のために負担する貸金等債務を主たる債務とする保証契約及び主たる債務の範囲に当該貸金等債務が含まれる根保証契約（以下「特定貸金等保証契約」という。）は、次に掲げる場合を除き、その効力を生じない。

一　保証人が法人である場合

二　保証人が主たる債務者である法人の代表者である場合

（特定貸金等保証契約の求償権）

第四百六十五条の七　前条各号に掲げる場合における特定貸金等保証契約の保証人の主たる債務者に対する求償権についての保証契約は、当該保証契約の保証人が次に掲げる者である場合を除き、その効力を生じない。

Ⅲ　民法改正法の問題点

言われても，反論できないであろう。

　この点，日本弁護士連合会は，「本改正法案に賛成する」としつつ，「本改正法案には，なお不十分な点もあるので，国会において，これを踏まえた十分な審議が行われることを要望する。」としている。そして，「当連合会が行った保証人保護の提案からみればまだ不十分である。特に，第三者保証について公証人による意思確認を要するとした点は重要な前進ではあるものの，意思確認さえすれば保証契約を締結できる点で情義に基づく保証を排除できないのではな

　一　前条第一号に掲げる場合における特定貸金等保証契約に係る求償権についての保証契約である場合にあっては，法人又は当該保証契約の主たる債務者である法人の代表者

　二　前条第二号に掲げる場合における特定貸金等保証契約に係る求償権についての保証契約である場合にあっては，法人」

　この法案の発議者の1人である小川敏夫議員は，いわゆる第三者保証の不当性に関し，「まず一つとして，金融機関等は，本来，当該企業の収益性，事業の採算性を査定して融資すべきでありまして，経営に関与していない第三者の資産を債権の引き当てとすべきではないということ。二番目としまして，保証人は主債務者からの懇請に基づいて，対価を得ることもなく，やむなく，かつリスクを客観的に判断し得る状況にないままに保証契約を締結することがほとんどであること。三に，上記のような事情によることから，保証人は保証契約により負うこととなる責任を十分理解しないままに保証契約を締結していることが多いと見られること。四番目に，客観的リスク判断もなく，かつ負担する責任についての理解も不十分であることから，保証人としては予期せぬ債務の履行を求められ極めて酷な状況となることが多く，そのために保証契約が，自殺，連鎖倒産，サラ金からの借入れ，夜逃げ，家族離散など，保証人とその家族の生活を破綻させる原因となっていることが多く見られるなどの問題がある」と指摘しており，また，同法案の発議者の1人である森ゆうこ議員も，「第三者保証を原則禁止したその最大の理由は，安易に，まあ安易にといいますか，迷惑掛けないから頼むと言われて保証契約を締結した結果，保証債務が予期しない過大なものとなってそれがその第三者保証人の生活に破綻を来すと，破産に追い込まれる，あるいは自殺する，そういう悲惨な結果になると，こういうことはすぐさま対応しなければならないという問題意識から生じているところでございます。」と指摘している（第183回国会参議院法務委員会会議録第11号15・19頁）。

　「情義的保証人は，契約の理解・情報が不足しがちであるという消費者保護的見地に加え，主債務者との人的関係から保証を引き受けるか否かの任意性が低下し，保証引受けから経済的利益を享受しない保証人にとって経済的合理性を欠く点で，要保護性が高い。」（齋藤由起「過大な責任からの保証人の保護」ジュリ1417号〔2011年〕80頁）という点を配慮した改正案と言えよう。この平成25年に参議院で可決された改正案に関する詳細な分析に関しては，村上広一「いわゆる第三者保証を制限する民法の改正について」名城論叢14巻4号（2014年）77頁以下参照。

33 保証制度に関する債権法改正の考察〔山田創一〕

いかとの意見も根強い。そこで，根本に遡り，第三者保証に関する金融取引実務の更なる健全化を実現した上で第三者保証を無効とする制度を導入するのが将来のあるべき姿と考える。」と指摘している[5]。日本弁護士連合会が本改正法案が「不十分である」ことを認識し認容した上で「本改正法案に賛成する」のは無責任であり，「第三者保証を無効とする制度」の導入を，「将来のあるべき姿」でなく「現在のあるべき姿」として主張すべきである。日本弁護士連合会消費者問題対策委員会編「2014年日弁連破産事件及び個人再生事件記録調査」によれば，破産に関しては，保証債務を原因とするものが22.42%，第三者の債務の肩代わりを原因とするものが4.76%，個人再生に関しては，保証債務を原因とするものが10.31%，第三者の債務の肩代わりを原因とするものが3.95%となっている。また，警察庁の「平成27年中における自殺の状況」によれば，平成27年の自殺者数は24,025人であり，その内の原因・動機特定者（17,981人）において，経済・生活問題を原因とする自殺は4,082人で，「年齢階級別，原因・動機別自殺者数」によると，4,082人のうち原因・動機が，負債（多重債務）が667人，負債（連帯保証債務）が18人，負債（その他）が707人，借金の取り立て苦が51人とされる。こうした現在の悲劇を防ぐために，「第三者保証を無効とする制度」は「現在のあるべき姿」としてまさに立法で対策が求められている問題といえる。加藤教授も，「今回の保証法改正につき，日弁連も，『積極的に評価されるべきものである』として賛意を表しているが，私には理解しがたいところである。行動にも言葉にも責任がともなう。悲劇が起きた後ほぞを噛んでみても，すでに遅いのである。」と，日本弁護士連合会の対応を厳しく批判している[6]。

2 公正証書による意思確認

保証に関する改正法の第二の問題点は，個人保証において，原則として公正証書による意思確認を強行規定として規定した点である（465条の6）。いわゆる第三者保証において，公正証書による意思確認が求められれば，債権者側と債務者・保証人側との社会経済的力関係からすれば，おそらく強制執行認諾文言の入った証書も作成されることになるであろう。融資を受ける側は，金銭を

---

(5) 日本弁護士連合会「『民法（債権関係）の改正に関する要綱』に対する意見書」1・2・4頁〔平成27年3月19日〕。

Ⅲ　民法改正法の問題点

融資する側の条件を飲まなければ融資を受けられないのである。公正証書の費用はおそらく債務者及び保証人の側の負担の下で，しかも，債務名義の効力を有する強制執行認諾文言入りの公正証書（民事執行法 22 条 5 号）を法律の強制（保証意思宣明公正証書）に乗じて作らされるとあっては，「消費者保護」とは正反対の改正法と言えよう。立法担当者が保証人の意思確認のために公正証書を利用することが，こうした最悪の弊害を生み出すことに何故楽観的なのか[7]，疑問を禁じ得ない。

　この点に関しては，学説からも厳しい批判がなされている。例えば，角教授は，「公正証書を作成するために公証役場に行くのは，融資が決まってからである。保証人になろうとする者が，公正証書の作成を拒否すれば，融資話はご破算になってしまう。このような状況下で公正証書の作成を拒否できる人は，いったい何人いるだろうか。さらに，債権者としては，せっかく，保証人となろうとする人を公証役場に連れて行ったのだからと，同人が保証債務を履行する意思を表示した公正証書を作成したら，ただちに，強制執行認諾文言付保証契約書を作成する可能性が大である。これでは，保証人の保護は，現行法よりも後退してしまうおそれすらある。」と批判される[8]。

　また，加藤教授は，「『民法改悪』が問題となるのは，保証を頼まれて，公証

---

(6)　加藤・前掲注(3) 26 頁以下。群馬弁護士会も，平成 27 年 3 月 20 日の「『債権法改正要綱案』に対する会長声明」において，「要綱案では，いわゆる『経営者保証』等以外の第三者による個人保証については，事前に公正証書を作成することにより引き続き可能とされている。つまり，個人保証の制限の例外が広範に認められているのであって，第三者の個人保証をめぐる被害を予防するには不十分である。そもそも金融庁は，監督指針において，金融機関に対し第三者個人保証の原則禁止を求めており，現在，第三者個人保証を徴求しない実務が拡がっている。個人保証に依存しない融資慣行の確立は，多重債務・破産・自殺などの『保証被害』を防ぐとともに，中小事業者の再チャレンジを阻害しないための成長戦略にも位置づけられる大切な視点である。これと逆行する保証制限の広範な例外規定は問題である。」と改正案を批判している。なお，日本弁護士連合会は，平成 24 年 1 月 20 日の「保証制度の抜本的改正を求める意見書」6 頁においては，「保証被害の深刻さに鑑みれば，そもそも個人保証を原則として禁止すべきである。すなわち，保証は，書面でその旨の意思表示をするだけで保証人の全ての財産及び収入が被担保債権の引当てとなるものであり，極めて簡便かつ包括的でその意味で強力な信用補完方法であるが，それゆえに過大な負担を軽率に負ってしまう保証被害が後を絶たないことからすれば，この際，政策的見地から，かかる信用補完手段は原則として認められないものとすべきである。」と述べていた。

745

役場に行った気のいい保証人，ないし強いしがらみのもとに断ることができない保証人についてである。これまでも，公正証書については，サラ金，クレジット会社，中小企業関係の金融業者等が，契約書のなかに『公正証書の作成』という項目を入れることが少なくなかった。それは，定額の金銭支払いを目的とする債務等については，執行受諾文言付きの公正証書（いわゆる『執行証書』）をあらかじめ作成しておけば，裁判等をへることなくただちに債務者に対して強制執行をすることが可能なので（民事執行法22条5号），債権者にとってはきわめて有利であったからである。今回のような改正がなされれば，金融業者としては，公証役場まで来てくれた保証人となろうとしている人に，執行受諾文言付きの公正証書の作成を求めるであろう。もちろん，断る人もいるではあろうが，簡単に断れるような人であれば，そもそも保証人になることを断るであろうから，気の弱い人，立場上断れない人等が公証役場にやってくるのである。このような気のいい人たちに対して，"飛んで火にいる夏の虫"

---

(7)　保証意思宣明公正証書の作成と同じ機会に，保証契約書を執行認諾文言付きの公正証書で作成することは手続上可能というのが法務省の見解である（第193回国会参議院法務委員会会議録第12号2頁〔小川秀樹政府参考人〕）。法制審議会民法（債権関係）部会委員である松岡教授は，「事業のために負担した債務を保証する場合には，根保証でなくても公証人のところで慎重な手続きを採らない限り無効とする。手間と費用がかかり個人保証の抑制効果が見込まれる。」と指摘しているが（松岡・前掲注(3)），いささか楽観的すぎるのではないかと思われる。同部会委員であった松本教授は，「第三者保証のためには公証人の面前での保証人の意思確認が必要ということになると，この際，特定公正証書も一緒に作成しようかという傾向が出てくる可能性があり，この面では，消費者保護・保証人保護に逆行する危険性がある。」と指摘している（松本・前掲注(3)82頁）。また，群馬弁護士会は，平成27年3月20日に，「『債権法改正要綱案』に対する会長声明」を出し，「公正証書作成による保証を許容する建て付けは，保証契約の締結そのものも公正証書により併せて行われることで，結果として保証被害を誘発しかねない懸念がある。すなわち，保証人について『執行認諾公正証書』が作成されることとなり，訴訟手続を経るまでもなく突然，自宅・給料・生命保険などを差し押さえられる危険が生じ得るのである。この観点からは，公正証書による例外は，個人保証の単なる『骨抜き』であるだけでなく，むしろ『有害』であるとの指摘もできる。ところで日本弁護士会連合会は，平成26年2月20日付けで『保証人保護の方策の拡充に関する意見書』を公表し，第三者保証の原則禁止を求めるとともに，公正証書作成による例外は，創業時の融資に限定して容認する案を提示している。当会としても，個人保証の例外はより厳格に制限する方向で議論すべきであるとの考えから，国会における今後の民法改正議論において，再検討が行われるよう求める。」と改正案を批判している。

(8)　角・前掲注(3)1頁。

Ⅲ　民法改正法の問題点

というような言葉を使いたくはないが，保証契約成立のために"口述を伴う公正証書"の作成を求める今回の債権法改正は，実は，見た目のいい"毒饅頭"の法的枠組を提供したものなのである。法を知っている法務省関係者が，この"毒饅頭"的な機能を知らないはずがない。実質的には―連帯債務・併存的債務引受があるので―意味がない『公正証書作成手続き』を改正民法の保証の箇所に盛り込むことによって，世の中に対する"見栄え"を確保し，保証人に対する強制執行が簡単になるような法改正を提案する，担当官たちの責任感を疑う。」⑼と，改正法の問題点を鋭く批判している。そして，法務省民事局幹部が，国会議員に対し，「公証人を教育するから大丈夫です」と説明している点に関しても，「公正証書を作ろうとする者がどの公証人役場に行くかの選択は自由にできる。執行証書の作成を断る公証人がいたとしても，ブラックじみた金融業者としては，簡単に執行証書の作成に応じてくれる公証人役場を選べばいいだけの話である。また，基本的に手数料仕事であって独立採算制のもとで行われている公証実務を前提とすれば，すべての公証人に『教育』が行き届くと考えることは夢物語でしかない。ある公証人が，著者に対して，『問題がある公正証書作成の依頼もなかにはあるのですが，その作成を断っても結局ほかの公証人役場で作ってもらうことになるので，断っても意味がないのです』と語ったことがある。このような公証実務を熟知しているはずの法務省民事局幹部が，『公証人に対する教育』で問題に対処すると国会議員に語っているとしたら，それは無責任にすぎ，詭弁に近いというべきであろう。」と指摘し⑽，「かつて商工ファンドが，公正証書による強制執行等を多用しながら，金融が逼迫した中小企業とその保証人をしゃぶりつくしたことが大きな社会問題となったことは，今なお記憶に鮮明である。それが繰り返されることになりかねない債権法

⑼　加藤雅信「保証人を"人身御供"に差し出すのか，債権法改正」消費者法ニュース101号（2014年）111頁。

⑽　加藤・前掲注⑶26頁。なお，法制審議会民法（債権関係）部会資料70A「民法（債権関係）の改正に関する要綱案のたたき台⑸」10頁は「自発性があると認められる保証を選別する手段としては，保証契約の締結に当たって公証人を関与させることが考えられる。」と指摘し，また，加藤新太郎教授は，「公証人が改正趣旨を踏まえて行う十分な真意確認による担保に期待してよいであろう」と指摘しているが（同「債権法改正と裁判実務との関係」金判1482号〔2016年〕1頁），個人的情義から断り切れない保証人の存在及びサラ金問題で公証人が悪徳金融業者に利用されてきた歴史に鑑みると，楽観論すぎるのではないかと思われる。

747

改正を推進するのだとしたら，私はそれを推進する行政当局の良心を疑う。」と厳しく批判している[11]。

保証意思の確認としては，公正証書による必要はなく，「書面」によらせることで十分である[12]。そして，加藤教授がフランス民法1326条を参考に提案されるように，「書面」に関し，「少なくとも一定額以上の個人保証契約にかんしては，①保証文言，②債権者，③主たる債務者，④主たる債務，⑤保証限度額，⑥保証期間についての手書きで，かつ手書きの署名と印鑑証明付きの押印がある私署証書を保証契約の成立要件にする」という規定を置くことにすれば[13]，保証人に対する強制執行を容易とするような法改正ではなく，軽率性を防止する保証人の意思確認としても十分であり，立法論として合理的で妥当な改正提案と言える。

3 個人保証の制限が適用されない主たる債務者の配偶者

保証に関する改正法の第三の問題点は，個人保証の制限の例外として，法人でない主たる債務者が行う事業に現に従事している主たる債務者の配偶者が保証人になる場合には，公正証書を作成しなくても保証人になることができるとしている点である（465条の9第3号）。公正証書で保証人の意思確認を行う問題性については百歩譲るとしても，主たる債務者の配偶者を，「主たる債務者が行う事業に現に従事している」という縛りがつくものの，保証人保護の枠組みから外すのは，不当な改正と言える。

---

[11] 加藤・前掲注(3)26頁。

[12] 円谷峻編『民法改正案の検討　第1巻』（成文堂，2013年）268頁〔伊藤進〕。

[13] 加藤・前掲注(3)27頁。「悪徳業者対策を私法である民法一本で行うのでは，実効性がない。」ので，悪徳金融業者の手から保証人を守るために，「私法的規律，行政法的規律，刑事罰を一体として規律しうる特別法」によって実効性ある規律を行うべきである（加藤・前掲注(3)28頁）。なお，フランス民法1326条に関しては，法務省民事局参事官室（参与室）編『民法（債権関係）改正に関する比較法資料』別冊NBL146号（商事法務，2014年）79頁，商事法務編『民法（債権関係）部会資料集第1集〈第1巻〉』（商事法務，2011年）743頁以下，ピエール・クロック（平野裕之訳）「フランス法における保証人に対する情報提供 ── 近時の状況及び将来の改革の展望」慶應法学2号（2005年）199頁以下，大沢慎太郎「フランスにおける保証人の保護に関する法律の生成と展開(1)」比較法学42巻2号（2009年）80頁以下，同「フランスにおける保証人の保護に関する法律の生成と展開（2・完）」比較法学42巻3号（2009年）58頁以下参照。

Ⅲ　民法改正法の問題点

　この点に関し，法制審議会民法（債権関係）部会委員である松岡教授は，「経営者などが自らの経営する会社の債務を保証する場合は迅速に融資を受ける必要性も考慮し，この手続きを要しない。ただ，貸す側ではなく借りる側から強く望まれたからであるが，経営者の配偶者が行う保証がこの例外の中に残ってしまった。配偶者保証こそが問題だとする多くの外国法制との比較で課題を残した。」と指摘し，不本意な改正法であることを自認している(14)。また，この点に関しては，法制審議会においても多くの委員・幹事が異論を唱えており，①「配偶者が主たる債務者が行う事業に従事している場合には公正証書によらなくても保証ができるという点です。その説明が……情義に基づくという側面が弱い，とされている。しかし，夫婦間というのは一般的には情義性が一番強いとされているのではないかと思います。最もまずい類型だと少なくともイギリスでは考えられており，この……叙述は少なくとも説明にはならないだろうと思います。ある種の個人事業で配偶者も働いているというふうな場合には，しばしば，家庭の財産と会社の財産というものの分別が不十分なことがあるという実態に鑑みて，といった説明ならば，まだ，一応の理由はあるかなと思いますが，それでも反対でありますけれども，情義に基づくという側面が弱いと書かれるとどうかなという気がいたします。」(道垣内弘人幹事)，②「私が気になっていましたのは，事業に従事するという概念が一体，何を指しているのかということです。道垣内幹事が言われるように，家庭の財産と会社の財産の分別が不十分になるようなポジションで実際に従事しているという場合がかろうじて正当化できるということは理解できるわけですけれども，単純に仕事の中のごく一部を行っているだけである，例えば配達を手伝っているだけであるとか，あるいは医者の場合に，看護師として働いているだけであるというようなケースがこの従事している者に入ってくると見ますと，本当にそれでよいのかという疑問が出てきます。ほかにより適切な言葉があれば，より限定することが必要ではないかと思いますが，そもそも，情義性という観点からいえば極めて危ないケースであるというのは，私もまったくその通りと思います。そのような目でもう一度，見直す必要があるのではないかと思います。」(山本敬三幹事)，③「私も，前回，確か大島委員からでしたか，配偶者をここに入れ

────────────

(14)　松岡・前掲注(3)。

33 保証制度に関する債権法改正の考察〔山田創一〕

るべきだという御意見が出されたときに，それは反対だということをはっきり申しましたし，その際，配偶者については，情義性により保証人になることを断れないという危険性があり，そのため配偶者による保証は，日本のみならず，比較法的にも非常に問題が多い類型として捉えられているのではないかという趣旨のことを申し上げました。また，そのときにも，配偶者が共同事業をしているとか，ほかに立てられた類型に当てはまるのであれば，そちらの類型で例外扱いされるということは考えられるだろうけれども，配偶者であるということだけで特別扱いをするのは適切ではないという意見を申し上げたところです。今回は，配偶者であれば直ちに例外扱いになるというのでなく，事業に従事しているという概念によって少し絞りをかけられており，この点は事務局において御苦労されたのだとは存じます。しかしそれでも，『共同して事業を行う者又は主たる債務者の配偶者』とされており，共同事業まではいかない配偶者をある程度，しかも事業に従事という不明確な概念の下で例外として拾い上げる意図が見えるわけでして，なお，これには賛成できません。」(鹿野菜穂子幹事)，④「1点だけですが，今の配偶者については消極意見でございます。その背景といいますか，今日も衆議院の附帯決議が配られております。それから，前回，確か参議院の附帯決議が配られたと思います。この部会でこの附帯決議が配られたことの意義を十分考えるべきだと思います。そういう目で見直すと，附帯決議の5番に個人保証に依存しない融資を確立するべく，民法その他の関連する各種の法改正等の場面においても，ガイドラインの趣旨を十分踏まえるよう努めろと，こう書かれています。配偶者について特別枠を設けるのはこの付帯決議に反するのではないかと思います。」(岡正晶委員)，⑤「配偶者について銀行のようなきちんとしたところは，従事しているかどうかというのが曖昧なので，危ないから……公証人の方にいくのではないかと思います。そうでなくて，きちんとしていないところはとにかく配偶者の保証を取ってしまうということになってしまいまして，そうすると，かえって問題が大きくなるのではないかとも思います。」(中田裕康委員)，⑥「一言だけです。私も反対です。『又は』以下を削除していただかないと賛成はできません。」(潮見佳男幹事) といった反対意見が法制審議会で表明されている[15]。

───────────

[15] 平成 27 年 5 月 20 日「法制審議会民法（債権関係）部会第 88 回会議議事録」54 頁
-56 頁。

Ⅲ　民法改正法の問題点

　日本弁護士連合会も，「本改正法案では，『主たる債務者が行う事業に現に従
事している配偶者』による保証が，経営者保証として個人保証制限の例外とさ
れたが，これは不十分と言わざるを得ない。かかる経営者保証が例外として認
められるのは，経営規律の維持を図るためであるところ，配偶者については，
共同して事業を行う者に該当する場合にのみ経営規律に関わるものとして容認
すれば足りると考える。それゆえ，この点については，国会審議において十分
な審議が行われることを要望する。仮に，現時点で修正することにより中小企
業金融に支障が生じるおそれがあるとすれば，金融監督行政において，その解
消を図るための施策を速やかに実行し，かつ，国会審議において早期にこのよ
うな例外を廃止する方向での附帯決議がなされることを強く求めるものであ
る。」と指摘し，国会での修正ないし早期にこのような例外を廃止する附帯決
議を求めている[16]。

4　保証人の責任制限

　保証に関する改正法の第四の問題点は，保証人の責任制限の規定が設けられ
なかった点である。

　民法（債権関係）の改正に関する中間試案では，「保証人が個人である場合
におけるその責任制限の方策として，次のような制度を設けるかどうかについ
て，引き続き検討する。ア　裁判所は，主たる債務の内容，保証契約の締結に
至る経緯やその後の経過，保証期間，保証人の支払能力その他一切の事情を考
慮して，保証債務の額を減免することができるものとする。イ　保証契約を締

---

[16]　日本弁護士連合会・前掲注(5)4頁以下。群馬弁護士会は，平成27年3月20日の「『債
権法改正要綱案』に対する会長声明」において，「要綱案では，事業に従事する者の配
偶者保証について，公正証書の作成すら不要としている。しかし，配偶者保証は，情宜
的な保証の典型例であり，事業を従事していることのみをもって制限なく保証を許容す
ることは問題である。」と批判している。平成25年に参議院で可決されたものの，その
後廃案となり成立しなかった経営者以外の第三者保証を禁止する内容の「民法の一部を
改正する法律案」の発議者の1人である森ゆうこ議員は，「配偶者であるとか，……そ
ういう方たちというのは，むしろ，この保証被害の深刻さに鑑みますと，経営者との関
係性がより深い，他の人よりもより深いということから情義性，未必性，無償性，軽率
性がより認められやすい対象者であるということから，例外として認めるべきではない
と考えております。」と指摘している（第183回国会参議院法務委員会会議録第11号
24頁）。

751

結した当時における保証債務の内容がその当時における保証人の財産・収入に
照らして過大であったときは，債権者は，保証債務の履行を請求する時点にお
けるその内容がその時点における保証人の財産・収入に照らして過大でないと
きを除き，保証人に対し，保証債務の［過大な部分の］履行を請求することが
できないものとする。」と指摘されていた。そして，その（概要）で，「保証契
約については，特に情義に基づいて行われる場合には，保証人が保証の意味・
内容を十分に理解したとしても，その締結を拒むことができない事態が生じ得
る」ので，「保証人が個人である場合におけるその責任制限の方策を採用すべ
きであるとの考え方」であり，アに関しては，「身元保証に関する法律第5条
の規定を参考にした保証債務の減免に関するもの」で，「保証債務履行請求訴
訟における認容額の認定の場面で機能することが想定されている」ものである
とし，イに関しては，「いわゆる比例原則に関するもの」であると説明されて
いた[17]。

　平成28年3月に，金融庁が定めた「主要行向けの総合的な監督指針」にお
いても，「Ⅲ−10 経営者以外の第三者の個人連帯保証を求めないことを原則と
する融資慣行の確立等」の「Ⅲ−10−2 主な着眼点(2) 保証履行時における
保証人の履行能力等を踏まえた対応の促進」において，「保証人（個人事業主た
る主債務者を含む。）に保証債務（当該主債務者の債務を含む。）の履行を求める
場合には，……保証債務弁済の履行状況及び保証債務を負うに至った経緯など
その責任の度合いに留意し，保証人の生活実態を十分に踏まえて判断される各
保証人の履行能力に応じた合理的な負担方法とするなど，きめ細かな対応を行
う態勢となっているか。」との項目が定められている。金融庁がこうして積み
上げてきた保証人の責任制限の流れを明文化するのが，立法の正しいあり方で
あろう。

　日本弁護士連合会は，「経営者保証が，中小企業の円滑な資金調達を実現す
るための信用補完制度としての側面を有することは否定しないものの，保証履
行責任が顕在化した時の保証人の責任制限制度を新設することは，保証人の生
活保護ないし再建のためのみならず，日本経済の中核を担う中小企業の活性化
のためにも必要な改正検討項目であると言える。過渡的には，金融監督行政や

────────────
(17)　商事法務編『民法（債権関係）の改正に関する中間試案の補足説明』（商事法務，
　　2013年）231頁以下。

Ⅲ　民法改正法の問題点

『経営者保証に関するガイドライン』などのソフトローの活用により，実質的な保証人の責任制限制度を実務に根付かせる努力を継続すべきであるが，早期に，それを基本法である民法に定めることが極めて重要であると考える。民法に定めることが執行制度や破産制度等との関係で難しい場合は，特別法で定めるべきである。」としているが[18]，「早期に，それを基本法である民法に定めることが極めて重要」であるにもかかわらず，今回の改正法でこの点の改正が見送られたのは極めて不当と言うべきである[19]。身元保証に関する法律第5条の規定を参考にした保証債務の減免に関する規定や，比例原則に関する規定を，保証人の責任の制限規定として置かなかったところに，今回の保証法の改正が，「消費者保護」の改正でない本質を示していると言えよう。

---

(18)　日本弁護士連合会・前掲注(5)4頁。なお，日本弁護士連合会は，平成24年1月に，「保証の情誼性に照らせば，説明義務を尽くされても，保証を拒めずに契約に応じ，後に経済的破綻に追い込まれてしまう保証人を救済することができない。したがって，過大な保証の禁止など，比例原則としての規制を設けるべきである。この点，2006年（平成18年）の貸金業法改正により，年収の3分の1を超える貸付は基本的に禁止されることとなった（貸金業法13条の2）。また，2008年（平成20年）の特定商取引法，割賦販売法改正により，日常生活において通常必要とされる分量を著しく超える商品・役務の購入契約を締結した場合に解除が認められた（特商法9条の2，割販法35条の3の12）。保証人についても『能力に応じた負担』という考え方が採られるべきであって，貸金業法の総量規制や特商法や割販法の過料販売解除権も参考とされるべきである。また，貸金業法施行規則10条の21の1項6号では『生計を維持するために不可欠』な不動産は保護されるべき手立てがなされているが，保証人についても，同様の保護がなされるべきである。なお，フランスでは，消費法典L313-10条において『自然人によってなされた保証契約につき，その締結時において保証人の約定が保証人の財産及び収入に対し明白に比例性を欠いていたときは，保証人が請求された時点で保証人の財産がその債務を実現させることを許容する場合でない限り，その保証契約を主張することができない』と定められており，また，民法典2301条において『保証から生じる債務の総額は，消費法典L331-2条において定められた最低限度の財産を，保証人となった自然人から奪う結果を生ぜしめることはできない』と定められていることが参照されるべきである。」（日本弁護士連合会・前掲注(6)10・11頁）と述べていた。なお，フランスの保証人保護の制度に関しては，法務省民事局参事官室（参与室）編・前掲注(13)82頁以下，商事法務編・前掲注(13)747頁以下，大沢・前掲注(13)「法律の生成と展開(1)」84頁以下，大沢・前掲注(13)「法律の生成と展開（2・完）」64頁以下，能登真規子「保証人の『過大な責任』──フランス保証法における比例原則」名法227号（2008年）374頁以下，齋藤由起「個人保証規制のあり方を考える（下）──フランスにおける事業債務の保証規制を手がかりに」法時89巻11号（2016年）144頁以下参照。

5 保証の規制の潜脱

保証に関する改正法の第五の問題点は，保証に関する規制のみを設け，代替的機能を有する連帯債務や併存的債務引受（重畳的債務引受）に対する規制を設けなかったために，少なくとも裁判所で保証に関する規制の類推適用が認められるまでは，別の制度を用いることにより保証に関する規制を免れることが可能となっているという点である。

この点に関し，加藤教授は，「保証・連帯債務・併存的債務引受（重畳的債務引受）の３つの法制度は機能代替的な側面があり，保証だけを規制しても，保証の代わりに連帯債務の負担，併存的債務引受のいずれかを依頼できるので

⒆　群馬弁護士会も，平成 27 年 3 月 20 日の「『債権法改正要綱案』に対する会長声明」において，「要綱案で示された保証人保護に関する規定は，いずれも重要な改正であるが，更に保証人保護を拡充するためには，実際に保証債務の履行を請求された際に，保証人の財産をいかなる範囲で保証人のもとに留め置くことが可能となるのかが，最終的な保証人保護の観点からは重要である。この点，法制審議会民法（債権関係）部会の第 88 回会議で『保証人（法人を除く。）の責任の制限，特に，保証人の責任を保証人が責任を減縮する請求をした時点で保証人が有していた財産（自由財産及び差押禁止財産を除く。）の額の限度とする制度を設けること』が検討課題とされていたものの，未だ議論が不十分であるとして，要綱案では取り上げられなかった。しかし，保証の情誼性に照らせば，説明義務を尽くされても保証を拒めずに契約に応じる事態に備えて責任制限規定を明確にしない限り，後に経済的破綻に追い込まれてしまう保証人を救済することができない。従って，保証人保護の方策として，保証人の責任を制限する規制を設けるべきである。この点，第 186 回国会において『株式会社地域経済活性化支援機構法の一部を改正する法律』が可決される際に，衆参両議院において『個人保証に依存しない融資を確立するべく，民法（債権法）その他の関連する各種の法改正等の場面においても『経営者保証に関するガイドライン』の趣旨を十分踏まえるよう努めること』と附帯決議がなされ，同ガイドラインでは，『多額の個人保証を行っていても，早期に事業再生や廃業を決断した際に一定の生活費等（従来の自由財産 99 万円に加え，年齢等に応じて 100 万円〜360 万円）を残すこと』や『保証債務の履行時に返済しきれない債務残額は原則として免除すること』として，保証人の責任制限が盛り込まれている。しかし，要綱案では，前記附帯決議が尊重されず，上記経営者保証ガイドラインの枠組みが取り入れられなかったばかりか，保証人の責任制限規定そのものが規定されていない。したがって，国会における今後の民法改正議論において，保証人責任制限規定を立法する方向での再検討が行われるよう求める。」と改正案を批判している。また，齋藤教授も，「健全な保証システムの構築のためには，過大な責任からの情誼的保証人の保護を保証の定型的な問題として切り出して，暴利行為を基礎にした保証の特別規定を置き，全部無効だけでなく一部無効や減額のような柔軟な効果も認めるべきではないだろうか。」と指摘している（齋藤・前掲注⑷82 頁）。

あれば，与信をする金融業者としては，痛くもかゆくもない。……金融業者としては，保証を頼んだ者が公証役場に行くことを嫌がるのであれば，連帯債務者になるか，併存的債務引受をしてくれることを依頼すればいいだけで，上記の規制は絵に描いた餅でしかない。……連帯債務や併存的債務引受につき保証と同様の規律をするための規定を置くことは少しも難しいことではない。……わざわざ抜け道を用意したうえで，保証人になる者の『公証人に対する口述』を要件としているように思われる。最初に，"見掛け倒しの改良点"と述べたゆえんである。」と批判している[20]。「民法（債権関係）の改正に関する中間試案」において，併存的債務引受の箇所に，注意書きとして，「併存的債務引受のうち，①引受人が債務者の負う債務を保証することを主たる目的とする場合，②債務者が引受人の負う債務を保証することを主たる目的とする場合について，保証の規定のうち，保証人の保護に関わるもの（民法第446条第2項等）を準用する旨の規定を設けるという考え方がある。」との記載があったが，改正法ではこうした考え方は採用されなかった[21]。保証の規制の潜脱という危険性を認識しながら，立法で手当をすることなく，安易に法形成まで時間のかかる裁判所の判断に委ねてしまう消極的姿勢からも，今回の立法が「消費者保護」の改正でない一端が窺われるものと言えよう。

Ⅳ　私　見

今回の改正により，新設される保証人保護の条文は，465条の6から465条の10までの規定をみると，改正前の現行法の条文と比べ，著しく長文の規定となっており，国民一般に分かりやすい条文と言えるかはなはだ疑問である。その点は一歩譲ったとしても，情義に基づいて保証人になる者が過酷な責任を

---

[20]　加藤・前掲注(9)110頁。なお，松田教授も，「行為規範として成立するまでは，裁判で争われることのない併存的債務引受については，たとえその実質が保証の潜脱であったとしても，併存的債務引受として有効に成立する。民法改正がなされた場合，この状況は，当面，併存的債務引受，あるいは損失補償契約，連帯債務等によって，保証の潜脱を許しているものであるということになる。」と指摘する（松田佳久「保証の潜脱に利用される併存的債務引受」日不30巻1号〔2016年〕47頁）。

[21]　保証規定の潜脱を防止するために保証規定を準用する提案が取り下げられた経緯については，松田・前掲注[20]46頁以下参照。

33 保証制度に関する債権法改正の考察〔山田創一〕

追求されることを回避すべきであるという点を実現することが，民法制定以来の社会・経済の変化への対応を図ることとして今回の改正で求められていたのではなかろうか。前章で5点に渡って問題点を指摘したが，今回の改正法は，情義に基づいて保証人になった者に過酷な責任を追求することを容認し，さらに自殺者を増加させかねない制度となっており，法務大臣から改正に際し諮問されたこととは逆行する立法となっている。①国民一般に分かりやすいものとすることと，②民法制定以来の社会・経済の変化への対応を図ることという法務大臣より法制審議会になされた諮問に応える改正法でない以上，今回の改正は，個人で根保証人となった者の保護を拡張した465条の2から465条の5までの規定や，情報提供義務を前進させた465条の10，458条の2，458条の3の規定はともかく[22]，少なくとも465条の6から465条の9までの保証法に関する限り廃案とすべきであったと考える[23]。

　かつての民法典論争において，旧民法を不平等条約改正のために断行すべきとの強い圧力がある中で，旧民法延期案が国会で可決されたが，貴族院において後に民法起草委員に選任される富井政章氏は，明治25年5月27日に旧民法延期案に対する賛成演説を行っている。富井氏は，「元来此一般の人民が……裁判官と雖も能く此法典が分るでありましょうか。私共は分らぬことが屡々あるのです。……実に誤解を来し易いと私は思います。実施した上で漸々修正すれば宜いではないかと云う説がありましたけれども，第一，一旦実施した上は修正することは甚だ困難であろうと思います。それから1，2年実施した結果は50年100年にも残ろうと思います。其間に既得権が生ずるとか判決例が生ずる其結果と云うものは数十年解けないことがあろうと思います。果して悪いと云うことであれば昨日から出ました，人民を試験の道具とすると云う如きことをせずして，3年や4年後れても些々たることであるに依って十分の修正を加えらるるが当然のことであろうと思います。……法典を拵えると云うことは決して条約改正のためでない，日本国の法典を作るんであります。それ故に十分に日本の事情に適し日本の名誉となす所の法典を作らねばならぬ。其上で条約改正をすると云うことなら分って居る。条約改正のために斯くまで烈しい攻撃のある所の法典を作ろうと云うことは私にはどうしても了解することが出来ない。是がなければ条約改正が出来ないならば条約改正は左まで有難いとは思わぬ。」と指摘している[24]。条約改正の圧力のない今回の債権法改正において

IV　私　見

は，「一旦実施した上は修正することは甚だ困難」ということを考慮し，平成
29 年の通常国会で成立させるべきでなく，延期案を可決し，慎重の上にも慎
重な対応をすべきであったと言えよう。

⑵　民法（債権関係）の改正に関する中間試案では，「契約締結時の説明義務，情報提供
　義務」について，「事業者である債権者が，個人を保証人とする保証契約を締結しよう
　とする場合には，保証人に対し，次のような事項を説明しなければならないものとし，
　債権者がこれを怠ったときは，保証人がその保証契約を取り消すことができるものとす
　るかどうかについて，引き続き検討する。ア　保証人は主たる債務者がその債務を履行
　しないときにその履行をする責任を負うこと。イ　連帯保証である場合には，連帯保証
　人は催告の抗弁，検索の抗弁及び分別の利益を有しないこと。ウ　主たる債務の内容（元
　本の額，利息・損害金の内容，条件・期限の定め等）エ　保証人が主たる債務者の委託
　を受けて保証をした場合には，主たる債務者の［信用状況］」が提案され，「主たる債務
　の履行状況に関する情報提供義務」として，「事業者である債権者が，個人を保証人と
　する保証契約を締結した場合には，保証人に対し，以下のような説明義務を負うものと
　し，債権者がこれを怠ったときは，その義務を怠っている間に発生した遅延損害金に係
　る保証債務の履行を請求することができないものとするかどうかについて，引き続き検
　討する。ア　債権者は，保証人から照会があったときは，保証人に対し，遅滞なく主た
　る債務の残額［その他の履行の状況］を通知しなければならないものとする。イ　債権
　者は，主たる債務の履行が遅延したときは，保証人に対し，遅滞なくその事実を通知し
　なければならないものとする。」が提案されていたが（前掲注⑰ 229 頁），それより改正
　法は保証人保護という点で後退したものになっている。また，法制審議会民法（債権関
　係）部会委員であった松本教授は，改正法の 465 条の 10 に関し，「主たる債務者が事実
　に反したことがらを個人保証人に伝えたとしても，そのことを債権者が知り，または知
　りうべきであった場合にのみ，保証契約が無効となるという第三者詐欺の場合と類似の
　構造になっているため……，保証委託の際に債権者も同席しているような場合を除き，
　保証人保護の実効性はあまり期待できないだろう。」と指摘する（松本・前掲注⑶ 82 頁）。
　なお，平野教授は，保証に関する情報提供義務に関し，「主債務者の説明義務違反だけ
　で取消権が成立することにはなっていないが，債権者にリスクを負わせこれだけを要件
　としてもよいのではないかと考える。主債務者の説明が書面によってなされることは必
　要とはされておらず，説明が不十分であったか誤っていたか争いになる可能性がある。
　債権者に保証契約の際に主債務者のなした説明の保証人に対する確認義務も規定すべき
　である。このおかげで，説明が十分されていないまたは虚偽の説明がされたことを知っ
　た債権者は，保証人からの辞退を待つまでもなく，契約締結を控えることになる。根保
　証においては，主債務者の信用不安の発生が重要であるが，これについての通知義務を
　債権者に負わせる規定は提案されていない。特別解約権を解釈により認めるべきであ
　り，その前提としても債権者の主債務者の信用不安についての情報提供義務を認める規
　定を置くべきことを再度強調しておこう。」（要綱仮案についての指摘であるが改正法に
　ついても妥当する）と指摘している（平野裕之「保証——個人保証を中心に」法時 86
　巻 12 号〔2014 年〕79 頁）。

757

㉓　改正法の成立に際し，平成29年5月25日の参議院法務委員会で，保証制度に関しては，「個人保証人の保護の観点から，以下の取組を行うこと。」として，以下の4点の附帯決議が付けられている。立法者が自ら認めている保証に関する改正法の問題点なので，以下に列挙しておくこととする。すなわち，

「1　いわゆる経営者等以外の第三者による保証契約について，公証人による保証人になろうとする者の意思確認の手続を求めることとした趣旨を踏まえ，保証契約における軽率性や情義性を排除することができるよう，公証人に対しその趣旨の周知徹底を図るとともに，契約締結時の情報提供義務を実効的なものとする観点から，保証意思宣明公正証書に記載すること等が適切な事項についての実務上の対応について検討すること。

2　保証意思宣明公正証書に執行諾諾文言を付し，執行証書とすることはできないことについて，公証人に対し十分に注意するよう周知徹底するよう努めること。

3　個人保証の制限に関する規定の適用が除外されるいわゆる経営者等のうち，代表権のない取締役等及び「主たる債務者が行う事業に現に従事している主たる債務者の配偶者」については，本法施行後の状況を斟酌し，必要に応じ対応を検討すること。

4　我が国社会において，個人保証に依存し過ぎない融資慣行の確立は極めて重要なものであることを踏まえ，個人保証の一部について禁止をする，保証人の責任制限の明文化をする等の方策を含め，事業用融資に係る保証の在り方について，本法施行後の状況を斟酌し，必要に応じ対応を検討すること。」

なお，加藤教授も，「債権法改正法案の保証の『第三目　事業に係る債務についての保証契約の特則』におかれた第465条の6以下の規定を今回の債権法改正からすべて削除する。」と提言されている（加藤・前掲注(3) 28頁）。

㉔　「貴族院に於ける旧民法延期案に関する富井政章の賛成演説」（信山社，2009年）。国会審議において，保証に関する債権法改正に関し，本稿で述べたような多くの問題点が指摘されていることに関し，加藤雅信「国会審議にみる債権法改正法案のゆくえ——ついにとどめを刺された債務不履行の無過失責任論」消費者法ニュース111号（2017年）5頁以下参照。なお，元裁判官の加藤新太郎教授は，今回の債権法改正に関し，「立法事実が乏しく，机上で構想された要素の強い法改正部分は，実際には規範として使われず，裁判実務にもあらわれないことになろう。」と指摘しているが（前掲注(10) 1頁），今回の民法改正にこうした規定が多く規定されていることは問題であり，延期案を可決した上で，「十分に日本の事情に適し日本の名誉となす所の法典を作」るため時間をかけて修正をすべきであったと言える。加藤雅信教授も，「［最終提案一］今回の債権法改正法案にもとづく改正にはあまりに問題が多いので，提案されている民法改正それ自体を見送る。［最終提案二］今回の債権法改正法案にもとづく改正提案のうち，肯定的に評価できる『法定利率』と，他に影響を及ぼすことがない『敷金』の問題の二点だけを改正し，残余の改正は見送る。」のどちらかを採用すべきと主張される（加藤・前掲注(3) 303頁）。

34 民法改正後の債権者代位権の無資力要件

山 田 　 希

I 　問題の所在

　債権者代位権のいわゆる無資力要件については，従来，その要否を中心に議論が展開されてきた。現在の学説は，少なくとも一般債権者が代位権を行使する限りにおいては，例外なく債務者の無資力を要求するものと思われる[1]。というのも，本来は債務者の自由に委ねられるべき財産関係に，債務名義をもたない一般債権者が干渉するためには，それを正当化するだけの根拠が必要になると考えられているからである。

　もっとも，そこでいう「無資力」とは，いったいどのような状態を指すのだろうか。代表的な教科書には，「債務者の資力（責任財産）が不十分なため，債権者が債務者の権利を行使しなければ自己の債権が完全な満足を受けることができない（または，そのおそれがある）こと」[2]，あるいは，より端的に「弁済のための資力がないこと」[3]とある。その一方で，無資力を「債務超過」と同視するものもあり[4]，両者の異同を含め，無資力の意味内容が問題となる。

---

(1) 　一般債権者が代位権を行使する場合であっても無資力要件を不要と主張する，かつての学説として，天野弘「債権者代位権における無資力要件の再検討（上）（下）」判タ280号24頁以下，282号（以上1974年）34頁以下。
(2) 　近江幸治『債権総論〔第3版補訂〕』〔成文堂，2009年〕137頁。
(3) 　中田裕康『債権総論〔第3版〕』〔岩波書店，2013年〕209頁。
(4) 　たとえば，内田貴『民法III〔第3版〕』〔東京大学出版会，2005年〕277頁，片山直也「責任財産・無資力（特集 法学入門 —— 法律学の『言葉』民法）」法学セミナー〔2005年〕33頁がある。早い時期のものでは，細田弥彦『債権法概説』（成文堂，1980年）47頁が「債務超過（無資力）」を代位権行使の要件とする。

34 民法改正後の債権者代位権の無資力要件〔山田 希〕

ところで，債権者代位権の規定は，「民法の一部を改正する法律」（平成 29年法律第 44 号）により，内容の一部が変更されることとなった。もっとも大きな変更点は，債権者代位権の行使後も債務者は処分権限を奪われず，第三債務者も債務者に履行することを妨げられないとされたことである（改正後の民法423 条の 5）。債権者代位権は，—— 学説の一部に強い異論はみられたものの ——これまでの間，ずっと債権者本人の債権を回収する手段として有効に機能してきた。しかし，この変更により，今後債権回収機能は大幅に制限されることになる。

中間試案の段階では，このほかにも，金銭の引渡しを受けた代位債権者に相殺を禁ずる旨の提案がなされていた。改正作業が本格化する前から，学説のなかには，かかる方向での改正を期待しつつ，それとの関係で，無資力要件の見直しを主張する見解もあった(5)。これによれば，いわゆる「本来型」代位権の機能を責任財産の保全に純化するのであれば，無資力要件の内容は，保全処分と同様の「債権保全の必要性」でよく，「債権者が債務者の権利を行使しなければ自己の債権が完全な満足を受けられないおそれがあれば足り」，裁判官の裁量に委ねることも考えられるという。

実務の面で具体的な問題が生じていたわけではなかった債権回収機能を制限する今次の改正には，率直に言って失望を禁じえない。しかし法案が成立した以上は，それを前提とした制度の運用が必要となる。そこで，本稿では，無資力要件を基本的には維持しつつ，「無資力」の内容を見直すことにより，この要件の緩和を試みることとしたい。

II 「無資力」をめぐる学説の変遷

1 民法起草時における「無資力」への無言及

民法 423 条 1 項の「自己の債権を保全するため」という要件は，もともと旧

---

(5) 工藤祐巌「債権者代位権（特集「債権法改正の基本方針」を読む）」法律時報 81 巻10 号（2009 年）21 頁，同「債権者代位制度をどう見直すか」椿寿夫ほか編『民法改正を考える』（日本評論社，2008 年）217 頁も参照。片岡義広も「無資力になるおそれ，すなわち保全の必要性があればよい」とする（沖野眞已ほか「インタビュー『債権法改正の基本方針』のポイント —— 企業法務における関心事を中心に①」NBL907 号〔2009年〕27 頁）。

II 「無資力」をめぐる学説の変遷

民法（明治 23 年法律第 28 号）の規定にはなく，現行民法典を起草する際に新たに付け加えられたものである。旧民法の規定は，「債権者ハ其債務者ニ属スル権利ヲ申立テ及ヒ其訴権ヲ行フコトヲ得」（財産編 339 条 1 項）という極めて簡素な内容であった。しかし，これでは「如何ナル場合ニ於テモ此方法ニ依リサヘスレバ出来サウニ思ハレル」ため，「ドウ云フ目的ヲ以テ……出来ルカト云フコトヲ指示スノガ固ヨリ必要デア〔ル〕」として，要件の追加が提案された[6]。

なお，当初の条文案では「自己ノ債権ヲ保護スル為メ」とされていたが，「保護」が「保全」に修正されたのは，単にそのほうが「穏当」だからという理由である[7]。法典調査会における審議の過程では，この要件にかんするこれ以上の説明はなく，「無資力」への言及もない。

法典調査会で上記の立法提案を行ったのは穂積陳重であるが，穂積以外の起草委員もまた，この要件に，とくに積極的な意味を与えてはいない。実際，富井政章の著書には，「債権保全ノ必要ナル場合ナラサルヘカラス」という記述の後に，「此ノ権利ノ行使ニヨリテ多少債務者ノ財産増加スルカ又ハ減少スルヲ防クト云フ結果ナカルヘカラス従テ他人ノ事務ニ干渉シテ其ノ権利ヲ行フコトヲ許サス」とあるにとどまる[8]。梅謙次郎に至っては，「債権ヲ保全スル為メトハ因リテ以テ其債権ノ履行ヲ確保センカ為メニスルヲ謂フ」と述べるのみである[9]。

起草者が無資力要件に言及していないことは，もちろんこの要件の緩和を正当化する積極的な根拠にはならない。しかし，少なくとも，それが立法者意思に明確に反する結果にはならないことを示してはくれるだろう。

2 現実に弁済を受けられないこと？

時代が進むにつれて，債権保全の必要性にかんする，より詳しい記述がみられるようになる。大正・昭和初期の学説は，債務者の権利不行使によって債権

---

(6) 法務大臣官房司法法制調査部『法典調査会 民法議事速記録三〔日本近代立法資料叢書 3〕』（商事法務研究会，1984 年）100 頁。

(7) 法務大臣官房司法法制調査部『法典調査会 民法整理会議事速記録〔日本近代立法資料叢書 14〕』（商事法務研究会，1988 年）246 頁。

(8) 富井政章『債権総論 完〔復刻叢書法律学篇 38〕』（信山社出版，1994 年）93 頁。

(9) 梅謙次郎『民法要義 巻之三 債権編〔復刻版〕』（有斐閣，1984 年）78 頁。

34 民法改正後の債権者代位権の無資力要件〔山田　希〕

者が現実に弁済を受けられない場合だけでなく，その「危険」があれば足りるとするものが多い。しかし，現実に弁済を受けられない場面を想定していると思われる記述もあり，この期の学説の共通した理解を示すことは困難である。

たとえば，石坂音四郎は，詐害行為取消権の場合には「現実ニ弁済ヲ受クルコト能ハサルコト」すなわち「支払不能」が必要であるが，債権者代位権の場合には「弁済ヲ受クルコト能ハサル危険」があれば足りるとする[10]。民法起草者とは異なり，石坂が債務者の資力に言及しているのは，記述の文脈からすると，債権者代位権の制度趣旨を強制執行の準備に求めたからだと推測される。一方，債権保全の必要性を，債権者が弁済を受けられない「危険」でよいとした理由は，詐害行為取消権との違いを指摘するほかは，とくに言及がなく，不明である。

いずれにせよ，石坂は，債権者代位権を詐害行為取消権とは区別したうえで，前者の場合には，弁済期の到来した債務を現実に弁済できないこと（支払不能）までは要求していない。これと同様の記述は，鳩山秀夫や中島玉吉の著書にも等しくみられるところである[11]。もっとも，中島は，その危険が，たんに想像によるものではなく，具体的な基礎により立証される必要がある旨を説いている。

これに対し，磯谷幸次郎は，債権保全の必要があるのは，「債務者ノ第三者ニ対シテ有スル権利ヲ行使スルニ非サレハ，他ニ適当ナル弁済ヲ受クルノ途ナキ場合」[12]に限られるとする。なお，川名兼四郎は，「債権者カ債務者ノ権利ヲ行ハサレハ遂ニ自己ノ債権ノ弁済ヲ受クルコト能ハサル状況ニ陥ルヘキ虞アル

---

(10)　石坂音四郎『日本民法　第三編債権第二巻』（有斐閣書房，1912年）652頁以下には，次のような一節がある。「代位権ハ強制執行ノ準備トシテ存スル点ヨリ論スレハ債権者カ満足ヲ受クルコト能ハサル危険アル場合ニノミ債務者ノ権利ヲ行使スルコトヲ得ルモノト解セサルヘカラス第四百二十四条ニ規定スル取消権ニ関シテハ其要件トシテ債権者カ損害ヲ受クルコトヲ要スルカ故ニ取消権ヲ行フニハ債権者カ現実ニ弁済ヲ受クル能ハサルコト即支払不能カ存スルコトヲ要ス然レトモ代位権ニアリテハ債権ヲ保全スル必要アルヲ以テ足レリトスルカ故ニ債権者カ現ニ弁済ヲ受クルコト能ハサルコトヲ要セス弁済ヲ受クルコト能ハサル危険アルヲ以テ足ルモノト解セサルヘカラス」。

(11)　川名兼四郎『債権総論　全』（金刺芳流堂，1915年）186頁，鳩山秀夫『日本債権法（総論）』（岩波書店，1916年）158頁，中島玉吉『民法釋義　巻之三　債権総論上』（金刺芳流堂，1921年）627頁以下。

(12)　磯谷幸次郎『債権法論（總論）〔第5版〕』（巌松堂書店，1927年）295頁。

762

場合」であるとしているところ，その具体的な状況として，債務者が時効の中断措置をとらない場合が示されている。これをみる限り，そこでは「現実に弁済を受けられないこと」（支払不能）に近い状態が想定されているものと思われる。

3 「共同担保」ないし「責任財産」の不足

時代がさらに進むと，「無資力」を「共同担保」の不足と説明する記述がみられるようになる。たとえば，松坂佐一は，「債権者が代位権を行使しうるためには，債務者の資力が不十分で，もしこれを行使しなければ，総債権者の共同担保に不足を生ずるおそれがある場合でなければならない」[13]とする。

「責任財産」という用語を「共同担保」とともに用いた説明もある。たとえば，林良平は，「『自己ノ債権ヲ保全スル為メ』という要件は，債権者が代位権を行使しなければ総債権者の共同担保である債務者の責任財産に不足を生じ，ひいては債権者が債権の満足を受けられなくなるおそれがあることと解される」[14]とし，奥田昌道も，「責任財産の保全が代位権制度本来の目的であるならば，債権保全の必要性という要件は，債務者の無資力，すなわち総債権者の共同担保たる責任財産に不足を生ずるおそれがあること，それ故に，共同担保保全の必要であると解される」とする[15]。

近時の学説では，潮見佳男も，奥田と同様の記述に加え，「現実に弁済を受けることができなくなる必要はな」く，「現実に弁済を受けられなくなる危険があれば足りる」とする[16]。このような説明は，言うまでもなく，債権者代位権を，代位債権者個人の債権回収ではなく，総債権者の共同担保である責任財産の保全を目的とする制度であると捉える思想を基礎としたものである。

4 債務超過

2000年代に入ると，「無資力」を「債務超過」と同視するものが見受けられ

---

[13]　松坂佐一『民法提要 債権総論』（有斐閣，1982年）104頁。

[14]　林良平編『債権総論』（青林書院，1987年）125頁。

[15]　奥田昌道『債権総論〔増補版〕』（悠々社，1992年）256頁。

[16]　潮見佳男『債権総論Ⅱ──債権保全・回収・保証・帰属変更〔第2版〕』（信山社，2001年）16頁。

34 民法改正後の債権者代位権の無資力要件〔山田　希〕

るようになる[17]。たとえば，内田貴の教科書には，「保全の必要性とは，代位権を行使しないと債務者が無資力（債務超過）になり，完全な弁済を受けられなくなることを意味するとされた」[18]とある。片山直也も，無資力と債務超過を同義のものと扱い，「無資力は，『債務超過』すなわち消極財産（負債）の評価額の総計が積極財産（資産）の評価額の総計を超過している状態によって形式的に判断される」[19]と述べている[20]。このような概念を無資力の説明に用いる意図は定かではないが，債務超過が破産手続開始原因の１つ（破産法 16 条，223 条）であることを考えると，とくに詐害行為取消権との関係で，倒産法制との接合が意識されているものと推測される。

　では，その「債務超過」とは，どのような状態を指すのだろうか。債務超過は，同じく破産手続開始原因の１つである「支払不能」（破産法 15 条 1 項）とは，「客観的な経済状態」である点では共通している。しかし，支払不能とは，①積極財産として「信用や労力ないし技能」が斟酌されない点，②消極財産に「期限未到来の債務」が含まれる点で異なっている[21]。

　債務超過が破産手続開始原因とされているのは，「債権の回収不能が生ずる抽象的な危険が発生しており，それ以上危険を拡大させないため」[22]であると解されている。債務超過とは，このように，破産手続を開始して債務者の事業を終了させなければ，債権者をはじめとする利害関係者に及ぶ危険が拡大するような状態をいう。問題は，債権者代位権の行使にも，かかる危機的な状態に債務者が陥ることまで要求すべきかどうかである。事業の終了ではなく，総債権者の共同担保である責任財産の保全が代位権の制度趣旨である点を踏まえるなら，答えは自ずと導かれるだろう。

---

(17)　もっとも，細田弥彦『債権法概説』（成文堂，1980 年）47 頁が，すでに「債務者の資力が債務超過をもって代位権発生の要件とする」と述べていた。

(18)　内田貴『民法Ⅲ　債権総論・担保物権〔第 3 版〕』（2005 年，東京大学出版会）277 頁。

(19)　片山直也「責任財産・無資力（特集　法学入門—法律学の『言葉』民法」法学セミナー605 号（2005 年）33 頁。

(20)　沖野眞已ほか「インタビュー『債権法改正の基本方針』のポイント──企業法務における関心事を中心に①」NBL907 号（2009 年）26 頁の沖野発言（「無資力というのは基本的に債務超過を想定しているとしますと」）も，無資力と債務超過を同視する立場をとる。

(21)　宗田親彦『破産法概説〔新訂第 4 版〕』（慶應義塾大学出版会，2008 年）120 頁。

(22)　伊藤眞『破産法・民事再生法〔第 3 版〕』（有斐閣，2014 年）114 頁注 88。

5　小　括

　以上のように，「無資力」にかんする学説の説明を並べてみると，同じ言葉を用いながらも，そこに込められた意味内容には微妙な違いのあることがわかる。もっとも大きな違いは，現実に弁済を受けられないことを要するか，その危険があればよいかである。前者だとすれば，債権者代位権の行使が認められるのは，被保全債権の額だけで債務者の積極財産を上回るか，強制執行の可能な財産が被代位権利（またはその権利の目的物）だけであるなど，極めて限定的な場面にとどまることになる。これに対して，後者の場合には，より広範な場面での行使が可能となる。

　もっとも，それが「債務超過」を指すかどうかは，また別の問題である。債務超過は，破産手続を開始させるべき危機的な状況であるから，そこまでには至らなくても，債権者代位権の行使は可能と解すべきである。一例をあげるなら，事業に利用している土地・建物や機械などを売却すれば，何とか弁済することはできるが，そうしてしまうと事業自体が継続できなくなってしまうというような場合にも，代位権の行使を認めてよいと考える。

Ⅲ　フランス法の状況

1　民法典の改正前

　わが国の債権者代位権の規定は，周知のとおり，フランス民法典旧 1166 条をモデルとする[23]。同条は，いわゆる一身専属権を代位権の対象から除外するほかは，とくに債権者代位権の要件を定めていない[24]。もとより，債権者代位権の行使が裁判で認められるのは，── あらゆる訴訟と同様に ──「訴えの利益」がある場合に限られる。そして，債権者代位権の場合にそれがあるとされるのは，債務者が「支払不能」（insolvabilité）に陥っている場合が多い[25]。

　もっとも，債権法の概説書等には，支払不能には至っていなくても，「債務

---

[23]　法務大臣官房司法法制調査部監修『法典調査會 民法主査會議事速記録 民法第一議案〔日本近代立法資料叢書 13〕』（商事法務研究会，1988 年）185 頁によれば，フランス法のほかにも，オランダ法，イタリア法，スペイン法，カナダ法を参照している。

[24]　改正前の民法典 1166 条は，「前条の規定にかかわらず，債権者は，自己の債務者の権利及び訴権を行使することができる。ただし，債務者の一身に専属する権利は，この限りでない。」と定めていた。

34 民法改正後の債権者代位権の無資力要件〔山田　希〕

者の責任財産が，債権者に完全な満足を与えるには不足した状態」[26]であれば
よいとか，「支払不能に陥る危険」（menace d'insolvabilité）や「債権の危殆化」
（mise en péril de la créance）があればよいと記されている[27]。要するに，債務者
の支払不能は，「債権者代位権の行使に必要な要件ではない」[28]。実際，破毀院
は，A に損害賠償債権を有する X が，A と不動産を共同所有する Y らを相手
に起こした分割（および換価処分）の訴えにつき，「A の権利不行使は X の権
利を害するものであり，債務を弁済しないという A の断固たる意思が債権の
危殆化を招いた」との理由で債権者代位権の行使を認めた原審の判断を是認す
る判決を下している[29]。

2　改正後の規定に関する若干の考察

　フランス民法典（契約法，債務一般法，債務証拠法）は，2016 年 2 月 10 日の
オルドナンスにより改正され，同年 10 月 1 日から施行されている。改正後の
債権者代位権の規定（1341 条の 1）は，次のとおりである。「債務者が，自己の
財産上の権利及び訴権の行使を懈怠することによって債権者の権利を害すると
きは，債権者は，債務者のために，当該権利及び訴権を行使することができる。
ただし，債務者の一身に専属するものは，この限りでない。」[30]。

　同条の「懈怠すること」（carence）という文言は，2015 年 2 月のオルドナン
ス草案で用いられていた「不行使」（inaction）という文言を修正したものであ
る[31]。この修正により，債権者代位権は，債務者の権利行使に懈怠がある場合，

---

(25)　ここでは，さしあたり破毀院第 1 民事部 1966 年 2 月 7 日判決（Bull. civ. I . n° 88）と
　　破毀院第 1 民事部 1977 年 6 月 22 日判決（Bull. civ. I . n° 296）をあげておくが，これら
　　以外にも多くの判例が債務者の「支払不能」を理由に訴えの利益を認めている。

(26)　M. FABRE-MAGNAN, *Droit des obligations*, 4ᵉ éd., 2016, p. 602.

(27)　F. TERRÉ=Ph. SIMLER=Y. LEQUETTE, *Droit civil, Les obligations*, 11ᵉ éd., 2013, p.
　　1196.

(28)　B. FAGES, *Droit des obligations*, 5ᵉ éd., 2015, p.414.

(29)　Cass. civ. 1ʳᵉ, 23 mai 2006, *Bull. civ.*, I , n° 263.

(30)　同条の原文は，次のとおりである。«Lorsque la carence du débiteur dans l'exercice
　　de ses droits et actions à caractère patrimonial compromet les droits de son créancier,
　　celui-ci peut les exercer pour le compte de son débiteur, à l'exception de ceux qui sont
　　exclusivement rattachés à sa personne. »

(31)　もっとも，この文言は，すでに判例によって用いられている。Cass. civ. 1ʳᵉ, 4 juin
　　2009, Bull. civ., I , n° 145 ; Cass. civ. 1ʳᵉ, 4 juin 2009, n° 08-13009.

とくに引き延し目的で訴訟追行をなおざりにするような場合にも行使できるようになったといわれている[32]。

改正後の条文に対しては，「害する」（compromet）の意味が曖昧であるとの学説の批判もあるが[33]，立法者は，従来の判例の傾向を踏まえ，債権者代位権を行使できる範囲を広く解する余地を残したといえる。"carence" もそうであるが，改正法が定める要件は比較的緩やかである。その一方で，効果の面では，依然として代位債権者に優先権が認められておらず，これらの点で，現行法下の日本の判例実務とは対照的である。

IV　日本の裁判例にみる債務者の「無資力」

1　無資力が認められた例

一般債権者が代位権を行使するのは，実際には，債務者がどのような資力状態のときなのだろうか。債権者代位権は裁判外でも行使しうるため，裁判例を分析するだけでは必ずしも実態を把握することにはならないかもしれない。しかし，それ以外の方法もないことから，以下では，裁判例を手がかりに，債務者の陥っている状況を簡単に概観してみたい。

裁判所が債務者の無資力を認めた例としては，①被保全債権の額だけで債務者の資産を上回っている場合[34]，②詐欺等の犯罪を行った者が多数の被害者に対し多額の損害賠償債務を負う一方，とくに目ぼしい財産を有していない場合[35]，③債務者の営業が譲渡され，他に目ぼしい財産もない場合[36]，④債務超過の状態にある場合[37]，⑤銀行取引停止処分を受けている場合[38]，⑥唯一の財

---

(32)　G. CHANTEPIE=M. LATINA, *La réforme du droit des obligations*, 2016, p. 785.

(33)　G. WICKER=L. SAUTONIE-LAGUIONIE, Les actions ouvertes aux créanciers, JCP, éd. G., 25 mai 2015, n° 21, p. 70.

(34)　名古屋高判平成 24 年 1 月 31 日判タ 1389 号 358 頁，東京高判平成 22 年 12 月 24 日判タ 1351 号 162 頁，宇都宮地判平成 10 年 2 月 18 日 LEX/DB28050639。

(35)　東京地判平成 24 年 12 月 20 日 LEX/DB2550282。

(36)　広島地判平成 5 年 7 月 15 日金法 1386 号 82 頁，東京高判平成 16 年 8 月 25 日判時 1899 号 116 頁。

(37)　東京地判平成 13 年 4 月 18 日判タ 1106 号 207 頁。

(38)　東京地判昭和 59 年 9 月 17 日判時 1161 号 142 頁，東京地判平成 6 年 2 月 28 日判時 1521 号 82 頁，東京地判平成 10 年 9 月 29 日金法 1549 号 41 頁。

産が無効な契約に基づいて第三者に譲渡されており，この財産の取戻しのために債権者代位権が行使された場合[39]，⑦債務者の経営する会社が倒産し，債務者自身も所在不明である場合[40]，⑧債務者の借入金，収入その他生計の状況からみて無資力だと考えられる場合[41]，⑨交通事故の加害者が小規模経営のガラス店に勤務している一店員である場合[42]，⑩抵当権の被担保債権について代位債権者が消滅時効の援用をしたという事案で，強制競売の開始当時から債務者が多額の債務を負担していたほか，公租公課も滞納していた場合[43]などがある。

　上記の例は，④の「債務超過の状態にある場合」を除き，代位権を行使しなければ債権者が「現実に弁済を受けられない場合」である。無資力の立証が困難であることが，このように裁判実務上では無資力の範囲が狭くなる結果を招いているとも推測されるが，現行法下の代位権が，債権者自身の債権を回収するために用いられることに鑑みれば，かかる状況は，むしろ望ましいものであるといえる。しかし，改正後は，このような実務も見直されるべきであろう。

2　債務超過と無資力

　裁判例のなかには，債務者が「債務超過の状態にはない」として代位権の行使を否定された例がある。しかしながら，事業に利用している土地・建物や機械などを売却しなければ弁済ができないような場合や，回収困難な貸付金が「短期貸付金」として計上されているような場合[44]にまで，債権者代位権の行使を否定するべきだろうか。

　債務超過を原因として破産手続が開始された場合には，破産者の財産の管理処分権は破産管財人に移転し，債権者による権利行使が制限されることになる（破産法30条2項）。これに対して，改正後の民法では，債権者代位権が行使されても，債務者は被代位権利の処分権限を奪われず，第三債務者も引き続き債務者に弁済できる。また，破産手続は，債権回収ができなくなる危険が拡大す

---

(39)　浦和地判平成6年10月18日 LEX/DB22007681。
(40)　大阪地判平成5年7月16日判時1506号126頁。
(41)　札幌地判昭和54年3月30日判時941号111頁。
(42)　甲府地判昭和51年10月17日交通民11巻6号159頁。
(43)　東京高判昭和40年4月6日判時411号66頁。
(44)　東京地判平成27年3月26日 LEX/DB25525446は，結論としては「短期貸付金が回収困難と認めるに足りる事情は認められ〔ない〕」として，代位権の行使を否定している。

IV　日本の裁判例にみる債務者の「無資力」

るのを防ぐ目的で開始されるのに対し，債権者代位権は，強制執行の準備を目的として行使される。このような制度の違いを踏まえるなら，無資力を債務超過と同じ状態と考えなければならない必然性はないといえる。

3　無資力に準じた状況

債権者代位権は，所在が不明の不法行為者に対する債権を保全するために行使される場合もある。たとえば，いわゆる振り込め詐欺の被害者が，振込先口座の名義人に対して不当利得返還請求権を有するような場合である。東京地判平成19年10月5日（金法1826号56頁）は，「本件のような振り込め詐欺の事案において，……本件口座に不当に利得した金員そのものが預金として滞留し，本件口座の開設及びその後の入出金状況並びに本件口座凍結後本件口座名義人が同口座につき何らの措置を執っていないことから，本件口座名義人が今後，本件口座に残存した預金の払戻しを請求する見込みがないと判断される場合」には，その事情も，無資力の判断において債権者に有利に考慮されるべきであると判示する[45]。

4　小　括

裁判例において債務者が無資力だとされているのは，ほとんどの場合，被担保債権だけで債務者の積極財産を上回る場合など，代位権を行使しなければ債権者が現実に弁済を受けられないと思われる場合であった。代位権を債権者自身の債権回収のために行使しうる現行法のもとでは，「無資力」を厳格に解し，代位権を行使できる範囲を限定することにも一定の合理性がある。しかし，改正後の民法のもとでは，債務者が処分権限を奪われなくなることから，代位権のこの機能は一歩後退し，その分，責任財産の保全を目的とした制度に近づくこととなる。にもかかわらず，代位権を行使できる範囲をこれまでと同様に限

---

[45]　これと類似の事件として，京都地判昭和56年3月6日訟月27巻9号1600頁は，小切手を盗取，行使した者が仮名で通常郵便貯金口座に預け入れているとして，国に対し右貯金の返還を求めた債権者代位訴訟において，債務者の「所在は警察の捜査によっても不明であり，資産としては本件貯金債権のみが判明し，かつ，同人はこれを行使しようとしていないのであるが，本件のような不法行為者に対する債権を保全しようとする場合，右程度の事情が判明すれば，その無資力の立証は果たされたと認めるが相当である」と判示する。

769

定しなければならない必然性はない。

では，無資力要件は，今後，どのように考えるべきだろうか。債権者代位権は，これまで以上に強制執行の準備としての機能を果たしていくことになる。だとすれば，債権者代位権の要件である「債務者の無資力」は，「債権者が弁済を受けられなくなるおそれがあるとき」，具体的には，民事保全法20条1項がいう「強制執行をすることができなくなるおそれがあるとき」，または「強制執行をするのに著しい困難を生ずるおそれがあるとき」に認められると解すべきである[46]。

さらに付言すれば，上記の意味での「無資力」は，「債務超過」と同義ではない。あえて言うなら，「債務超過のおそれ」でよい（民事再生法21条1項，会社更生法17条1項1号参照）。破産法が債務超過を破産手続開始原因としているのは，債権者が弁済を受けられなく危険が拡大するのを防ぐことが目的であるが，債権者代位権は，そうではないからである。

V　結びに代えて

本稿では，改正後の民法のもとでの「無資力」要件について検討を加え，これを緩和する方向での提案を行った。しかし，これはあくまでも，代位権の行使後も債務者が処分権限を奪われないとする規定に合わせた弥縫策である。債権者代位権がこれまでに果たしてきた役割と，現行法のもとでこの制度がもつ潜在的な可能性を踏まえるなら，そう遠くない将来に，もとの形に戻す再度の改正を強く望むものである。その場合の「無資力」要件は，本稿が提案したような緩やかな内容ではなく，厳格なものとすべきであろう。

---

[46]　片岡義広「債権者代位権・詐害行為取消権」NBL920号（2010年）16頁。

35 多数当事者間相殺の法的性質と「集団的な行為理論 (théorie de l'acte collectif)」
—— フランスにおける「複合行為 (acte complexe)」概念の発展

深 川 裕 佳

I　は じ め に

　本稿は，フランスにおける「集団的な法律行為 (acte juridique collectif)」概念の発展を紹介して，この概念によって「多数当事者間相殺 (マルチラテラル・ネッティング) (compensation multilatéral)」を説明する近年のフランスの博士論文 (ROUSSILLE (Myriam), *La compensation multilatérale*, Dalloz-Sirey, 2006.) を検討し，法定相殺ではなく合意に基づいてなされる相殺，いわゆる「相殺契約」[1]の法的性質を解明するための手がかりを得ようとするものである。

　フランスにおいては，ドイツ学説の影響を受け，早い時期から法律行為概念が学説および判例に登場した。本稿において紹介する集団的な行為概念も，ドイツにおける Gesamtakt に遡ることができるものである。しかし，集団的な行為は，後に述べるように，フランスの学説において，独自の意義が見出されている。

　集団的な行為（集団的な一方行為）は，今日のフランスの教科書では，特に，会社 (société) や非営利社団 (association) などの設立行為，多数決による議決を説明する際に用いられている。本稿において想定する多数当事者間相殺は，たとえば金融機関の決済システムに見られるように，多くの場合，セントラル・カウンターパーティを介入させて，多数間に錯綜する金銭債権を最小の差額の弁済のみによって簡易に決済する仕組みである。このような仕組みの法的な性質を解明するには，単に債権の消滅原因としての相殺のみを検討するだ

---

(1)　我妻栄『新訂・債権総論』(岩波書店，1964 年) 353 頁。

『21世紀民事法学の挑戦』加藤雅信先生古稀記念〔信山社，2018年3月〕　　*771*

けでは不十分であり，一定の規則に基づいてなされる組織だった取引を説明するための理論を検討する必要がある。そこで，フランスの学説が，多数当事者間相殺を説明するのに，団体の設立行為や集団的な意思決定を説明するのに用いられる「集団的な行為（集団的な一方行為）」という概念を持ち出すことも奇異なことではないものと思われる。

「フランス私法学においては，伝統的に，法律行為の一般理論ではなく，契約の一般理論を提示する」[2]のが一般的であり，本稿において，フランスにおける法律行為論，特に集団的な行為概念を検討することは不思議にも思われるかもしれない。そこで，以下においては，まず，集団的な行為論の基礎として，フランスにおける法律行為概念の受容を紹介することが必要になるものと思われる（後述Ⅱ）。その上で，ドイツにおいて提唱された Gesamtakt 概念がフランスにおいてどのように受容され（後述Ⅲ），そして，学説において議論が展開されていったのかということを紹介し（後述ⅣおよびⅤ），多数当事者間相殺を集団的な一方行為として議論することの意義を検討する（後述Ⅵ）。

Ⅱ　フランスの学説における「法律行為（l'acte juridique）」概念の受容

「法律行為（l'acte juridique）」という用語は，ドイツの「Rechtsgeschätft」の訳語としてフランスにおいて受容されたものと考えられている（このような訳語が不適切であると指摘する学説[3]もある）。代表的な法律用語辞典では，「法律行為」は，次のように定義されている。

　　法律行為（acte juridique）（その表意者の考え（pensée）では）法律効果を生じることに向けられた意思による行為（acte de volonté）。[4]

フランスの学説が，たとえばサレイユ（SALEILLES）の研究[5]のように，ド

---

(2)　GHESTIN (Jacques), LOISEAU (Grégoire) et SERINET (Yves-Marie), *La formation du contrat: Le contrat, le consentement, in* J. GHESTIN [sous la direction de], *Traité de droit civil*, t. 1, 4e éd., LGDJ, 2013, no 3 (p. 3).

(3)　RÉMY (Philippe), 《Plans d'exposition et catégories du droit des obligations : Comparaison du projet Catala et des projets européens》, *in* F. TERRÉ [sous la direction de], *Pour une réforme du droit des contrats*, Coll. Thèmes & commentaires, Dalloz, 2009, p. 92 (note 30).

(4)　CORNU (Gérard), *Vocabulaire juridique*, PUF, 2016, p. 23.

イツの影響を受けて，早い時期から法律行為概念を論じてきたことは，すでに，日本において紹介されている[6]。フランスにおける法律行為概念の体系化に向けた努力は，19世紀末から20世紀の初頭にかけての体系書にみられる[7]。フランスでは，これらを「体系化に向けた最初の努力」と評価するものもある[8]。破毀院判例も，古いものから（たとえば，破毀院民事部1939年2月28日判決（Civ. 28 févr. 1939, Bull. civ. N. 61 p. 109.）），今日に至るまで（たとえば，破毀院（民事第一部）2016年4月14日判決（Civ. 1re, 14 avr. 2016, Légifrance n° 15-10746, non publié au bulletin.）），「法律行為（acte juridique）」という用語をその判決理由において用いている。

　法律行為に関する一般規定を立法化することが1945年に設置されたフランス民法典の改正委員会によって検討されたものの[9]，後に紹介するように，結局，2016年契約法等改正（Ordonnance n° 2016-131 du 10 février 2016）まで，フランス民法典にその一般規定は存在しなかった。そうであっても，「法律行為」概念は，今日では，「満場一致で」私法学において受け入れられているものと認識されている[10]。

Ⅲ　多数者による法律行為：Gesamtakt と「複合行為（acte complexe）」

1　「Gesamtakt〔合同行為〕」の仏語訳としての複合行為（acte complexe）

本稿の問題関心に関連して，複数人の関与する法律行為の分類として，フラ

---

(5) SALEILLES (Raymond), *De la déclaration de volonté : Contribution à l'étude de l'acte juridique dans le code civil allemand*, F. Pichon, 1901.

(6) 浜上則雄「法律行為論の『ローマ・ゲルマン法系』的性格」阪大法学65号（1968年）36-47頁。

(7) CAPITANT (Henri), *Introduction à l'étude du droit civil*, Pédone, 1898, p. 209 et s.; PLANIOL (Marcel) et RIPERT (Georges), *Traité élémentaire de droit civil: Conforme au programme officiel des facultés de droit*, 10e éd., LGDJ, 1928, n°s 264-270; BAUDRY-LACANTINERIE (Gabriel) et CUSTAVE (Chéneaux), *Précis de droit civil*, t. 1, 11e éd., Recueil Sirey, 1911, n°s 102-102-25.

(8) BRENNER (Claude), 《Acte juridique》, *Répertoire de droit civil*, Dalloz, 2013, n° 5.

(9) *Travaux de la commission de réforme du code civil*, t. 3, Recueil SIREY, 1947-1948, p. 2-347. ウーアン・ロジェ（山本桂一訳）「〔外国法制通信〕フランス民法典改正委員会の事業」ジュリ81号（1955年）48-49頁，浜上・前掲論文注(6)43-47頁。

(10) BRENNER, *supra* note(8), n° 6.

ンスの学説において，「単純行為（acte simple）」と「複合行為（acte complexe）」という区別が提案されている。

　この複合行為概念をフランスにはじめて取り入れたのは，ド・ブザン（de BEZINS）の論文[11]であるとされる[12]。同論文は，複合行為について，次のように述べて，この概念がドイツの Gesamtakt を取り入れたものであることを明らかにしている。

　　「複合行為（acte complexe）」というのは，ドイツにおける「Gesammt-akt」，イタリアにおける「atto complesso / complessivo」の文字通りの翻訳である。我々の考えでは，複合行為には，一つの全体的な人々（un gens général）がおり，ドイツにおいて，Vereinbarung と呼ばれるものと同じように，Gesammtakte と呼ばれるものに相当する。[13]

　その後，フランスの学説では，法律行為の複合性に関する議論は，特に団体を組織する場面に関して，以下のように，理論的な展開を示している。

2　デュギにより提唱された「集団的な行為（acte collectif）」理論

　団体的な性質を説明するために，(a)トゥールーズ学派のオーリウ（HAU-RIOU）による「制度理論（théorie de l'institution）」と，(b)ボルドー学派のデュギ（DUGUIT）による「集団的な行為理論（théorie de l'acte collectif）」という二大学説が提唱された。これらの二つの学説は，それぞれの論文自体には明記されていないものの，複合行為の概念に影響を受け[14]，これを刷新したものと位置づけられている[15]。

(1)　モーリス・オーリウの「制度理論（théorie de l'institution）」

　オーリウ（HAURIOU）は，次のように述べて，法人を契約によるものとし

---

[11]　de BEZINS (Guillaume), 《Exposé des théories allemandes sur l'acte complexe》, *Recueil de législation de Toulouse*, 1905, p. 289-351.

[12]　ROUJOU de BOUBÉE (Gabriel), *Essai sur l'acte juridique collectif*, LGDJ, 1961, p. 170 (note 2). ド・ブザンの法律行為論については，小島慎司『制度と自由 —— モーリス・オーリウによる修道会教育規制法律批判をめぐって』（岩波書店，2013 年）94 頁，100-102 頁に紹介がある。

[13]　de BEZINS, *supra* note (11), n° 2.

[14]　MOREAU (Jacques), 《À la recherche de l'acte complexe: L'exemple du droit public français》, *Droits*, n° 7 (L'acte juridique), PUF, 1988, p. 76.

[15]　ROUJOU de BOUBÉE, *supra* note (12), p. 170.

Ⅲ　多数者による法律行為： Gesamtaktと「複合行為（acte complexe）」

てではなく，「制度（institution）」として説明した[16]。

この新しい説〔制度理論（théorie de l'institution）〕の概要は，次のとおりである。制度（institution）というのは，社会の中で法的に自己実現し存在する，活動（œuvre）または，企業（entreprise）の理念（idée）である。それは，このような理念を実現するために，機関（organe）を手に入れて，その権能を具体化する。他方で，この理念を実現することに関与する社会的団体の構成員の間において，その権能を有する機関によって指導され，かつ，手続きに基づいて決定された一致した〔意思の〕表示（manifestations）をもたらす。[17]（〔　〕内は筆者。）

(2) レオン・デュギの「集団的な行為理論（théorie de l'acte collectif）」

(a) デュギの法律行為論：多数者行為の三類型

制度理論に対して，ドイツやイタリアにおいて発展した「合同行為」の概念をフランスに導入したのは，デュギ（DUGUIT）の研究[18]であるとされている[19]。制度理論も集団的な行為理論も，いずれも公法分野において唱えられたものであるが，制度理論に対して，フランスにおける「現代の私法学説によって優遇されているのは，集団的な行為理論（théorie de l'acte collectif）である」[20]とされる。

デュギは，法律行為を一人による「単独行為（acte juridique unilatéral）」と，二人以上の複数人による「多数者行為（acte juridique plurilatéral）」とに分ける[21]。さらに，後者を三つに分類し，協定（convention）としての①契約（con-

---

(16)　オーリウの制度理論については，杉山直治郎「附合契約の観念に就て（5・完）」法協42巻12号（1924年）2181頁，米谷隆三「制度法学の展開」一橋論叢1巻5号（1938年）714-715頁などに紹介されている。また，近年の研究として，小島・前掲論文注(12) 83頁以下，時本義昭『法人・制度体・国家』（成文堂，2015年）83頁以下がある。

(17)　HAURIOU (Maurice) 《L'institution et le droit statutaire》, *Recueil de législation de toulouse*, 2ᵉ série, t. 11, 1906, p.10.

(18)　DUGUIT (Léon), *Traité de droit constitutionnel: La règle de droit*, t. 1, 3ᵉ éd., Boccard, 1927.

(19)　LEQUETTE (Suzanne), *Le contrat-coopération*, Economica, 2012, nᵒ 82. デュギの法律行為論については，赤坂幸一＝曽我部真裕訳「レオン・デュギー『一般公法講義』(1926年) (2)」金沢法学47巻2号（2005年）218-233頁において紹介されている。

(20)　CHÉNEDÉ (François), *Les commutations en droit privé*, Economica, 2008, nᵒ 94.

(21)　DUGUIT, *supra* note (18), § 37 (p. 368).

trat）および②同盟（union），ならびに，協定ではない③集団的な行為（acte collectif）とする[22]（なお，本稿では，「convention」を契約と区別するために「協定」と訳すことにする）。デュギは，それぞれの特徴を以下のように述べる。

(b) 契約（contrat）：対立する意思の合致による協定

デュギは，契約が対立する利益を有する二つの意思表示の合致に基づくものであることを，次のように指摘する。

　　契約は，その特別な性質が明確に定められた法律行為である。それは，あらかじめの同意（accord）を含む二つの意思表示によって構成される。これらの意思表示のそれぞれは，異なる目的（objet）を有する。相手方によって定められるために，それぞれは，異なる目標（but）を有する。その行為は，全体で，二人の者または二つの人的集団を一つにまとめる状況（situation），すなわち，その間で債権者・債務者の関係を生じさせる目的を有する。…それぞれの者またはそれぞれの人的集団は，一方が債権者で他方が債務者であるというような異なる状況にあり，対立する利益を有する。[23]

このようなデュギの考え方は，フランスにおいて，契約を対立する意思の合致として説明する発端（origine）であると指摘する学説もある[24]。

(c) 同盟（union）：同一の目的を有する意思による協定

契約は，常に協定（convention）であるが，協定であっても契約でない多数者行為も存在するという[25]。それが次に紹介する同盟（union）である。

同盟は，「二人以上の者が関係を有し，定められた点について同意する」ものであり[26]，契約が債権債務を発生させるのに対して，「恒久的な規則（règle permanente），または，客観的な法的状況，すなわち地位（état（status））」を生じさせる[27]。

同盟（union）という用語は，以下のように，デュギによって，ドイツの Vereinbarung の仏語訳として作り出されたものである。

---

(22) *Id.*, § 37 (p. 374).

(23) *Id.*, § 38 (p. 383-384).

(24) CHÉNEDÉ, *supra* note (20), p. 90 (note 4).

(25) DUGUIT, *supra* note (18), § 40 (p. 409).

(26) *Ibid.*

(27) *Id.*, § 40 (p. 409).

Ⅲ　多数者による法律行為：Gesamtaktと「複合行為（acte complexe）」

　一定の場合には，実際には意思の合致（accord de volontés）が存在し，したがって多数者行為であり，協定ではあるが，しかし，契約は存在しない。…〔それは〕契約でもなく，単独行為でもない。イェーリングと複数のドイツの研究者は，これを Vereinbarung と呼んだが，それは，フランス語においては同盟（union）が文字通りの訳であり，私〔デュギ〕は，それを受け入れることを提案する。[28]（〔　〕内は筆者。）

　同盟において，「二人の加入者は，同一のもの（chose）を望む。その意思（vouloir）は，異なる目標（but）を有することができるが，しかし，常に同一の目的（même objet）〔直接的には協定（convention）の承諾を表示する目的，間接的には規則または法的地位を作り出す目的〕を有する」[29]（〔　〕内は筆者）。契約の場合には，当事者が異なる目的を有するものと分析されているのとの違いである。

　デュギが同盟の例として挙げるのは，婚姻と労働協約（convention collective de travail）である[30]。

　⒟　集団的な行為（acte collectif）：複数の一方的な意思表示の総和

　ここまでに紹介した契約や同盟においては，デュギによれば，それぞれの意思表示の間に「相互依存（interdépendance）」が存在するのに対して，たとえば非営利社団における定款の投票のように，「同時に，同一の目標（même but）によって定められる同一のもの（même chose）」を求める「相互依存でない一方的な意思表示の単なる複数性（pluralité）が存在する」だけの行為がある[31]。デュギは，これがドイツにおける Gesamtakt に相当することを次のように述べる。

　　厳密にいえば一方行為が存在するのでもなく，意思の重なり（concours de volontés）が一方的な意思表示（déclarations de volonté unilatérales）の総和（somme）に過ぎない場合を区別しなければならない。このような場合において，集団的な行為（acte collectif）という表現を用いなければならない。これは，ドイツにおいては，Gesammtakt である。その言葉は，まさに正

⑵　Id., § 37 (p. 375).
⑵　Id., § 40 (p. 410).
⑽　Id., § 40 (p. 411-412).
㉛　Id., § 39 (p. 405).

777

しく，一方行為の複数性（pluralité d'actes unilatéraux）を意味している。[32]

デュギは，株式発行会社と非営利社団の設立を挙げて，これらは「協定も契約もなく，同じ目標（but）を目指す意思の一方的な表示が複数あって，意思の重なり（concours）が存在するという法的形式の注目に値する二つの例」[33]であるという。非営利社団の定款の投票においても，同様に，一方的な意思の重なりが存在するものとされる[34]。

IV　フランス私法学における「集団的な行為」理論の発展

1　ドゥモーグの貢献による「集団的な行為」概念の私法学における普及

(1)　ドゥモーグによる複合行為概念の分類：集団的な一方行為（actes unilatéraux collectifs）と多数者間行為（actes multilatéraux）

私法学において，デュギの提唱した集団的な行為理論を発展させて広めたのは，ドゥモーグ（DEMOGUE）であるといわれる[35]。

ドゥモーグは，「法律行為の間で，これを生じさせる意思の数に応じて区別するのが伝統的である」と指摘し，法律行為のこのような伝統的な分類基準に対して，対立する利益の有無によって定められる当事者によって法律行為を分類すべきことを主張する。すなわち，複数人間においても，①ただ一つの，または，同一の利益を有する複数の意思を含む場合には，遺言や放棄，催告のような一方行為が存在する[36]。これに対して，②双方行為（acte bilatéral）が存在し，ドゥモーグは，「双方行為，すなわち協定（convention）または契約（contrat）を特徴づけるものは，二つの対立する利益の間の交換（transaction entre deux intérêts opposés）である」[37]と指摘する。

このように対立する利益があるかどうかによって一方行為と双方行為（協定・契約）とを分けることによって，ドゥモーグは，複数人による法律行為

---

(32)　*Id.*, § 37 (p. 374).

(33)　*Id.*, § 39 (p. 400).

(34)　*Id.*, § 39 (p. 408).

(35)　CHÉNEDÉ, *supra* note (20), n° 96; LEQUETTE, *supra* note (19), n° 82.

(36)　DEMOGUE (René), *Traité des obligations en général*, t. 1, Librairie Artur Rousseau, 1923, n° 16 (p. 34-35).

(37)　*Id.*, n° 16 bis (p. 37).

（複合行為）も，これらのいずれかに分けることができるものと考える。単独行為と契約の「二類型の間に，ドイツの学説は，中間的な種類を導入することを提案した。すなわち，複合行為（acte complexe），言い換えれば，Vereinbarung である」[38]。総会（assemblée）の投票や非営利社団の取締役会の投票のように[39]，その特徴は，「対立する利益を有するというのではない複数人が介入するもの」[40]である。ドゥモーグは，総会の投票や非営利社団の設立などの「これらの行為を，我々は，あるときは，私〔ドゥモーグ〕が集団的な一方行為（actes unilatéraux collectifs）と呼ぶものに，あるときは多数者間行為（actes multilatéraux）と呼ぶものに，より単純にまとめることができるように思われる」[41]（〔 〕内は筆者。）と指摘する。

(2) 集団的な一方行為（acte unilatéral collectif）：同一の利益を有する複数人による意思表示

ドゥモーグは，一方行為には，さまざまなものが含まれていると述べ[42]，その中には，たとえば，無効行為の追認，受任者または事務管理者による行為の承認，第三者のためにする契約の受益の意思表示や諾約のように，「双方行為（acte bilatéral）を補うものがあり，したがって，実際には，三つの同意（consentement）を含む」ものがあるという[43]。

また，株主総会や債権者集会，経営者集会における配当投票[44]のように，集団による決定[45]を，ドゥモーグは，集団的な一方行為の例として挙げる。ドゥモーグによれば，一方行為が「ただ一人に由来する場合には単純（simple）であり，または，同一の利益（mêmes intérêts）を有する複数人に由来する場合には，『集団的（collectif）』である」[46]。このように，ドゥモーグによって「集団的な一方的行為」という名前で呼ばれるものは，複合行為（acte complexe）

---

(38) *Id.*, n° 16 (p. 36).
(39) *Id.*, n° 16 (p. 37).
(40) *Id.*, n° 16 (p. 36).
(41) *Id.*, n° 16 (p. 36-37).
(42) *Id.*, n° 16 ter (p. 39).
(43) *Ibid.*
(44) *Id.*, n°ˢ 16 ter (p. 40) et 380 (p. 595).
(45) DEMOGUE (René), *Traité des obligations en général*, t. 2, Librairie Arthur Rousseau, 1923, n° 545 (p. 147).
(46) DEMOGUE, *supra* note (36), n° 16 ter (p. 40).

の一種であり[47]，イェリネックが Vereinbarung と名付けたものに相当するものとされている[48]。

一方行為にはこのように様々なものが含まれるために，ドゥモーグは，「一方行為であるかどうかを知るためには，意思の数ではなく，当事者の数を考えなければならない」[49]と述べて，意思の数によって単独行為と契約を区別してきた伝統的な見解（前述，Ⅳ 1(1)）を批判する。このような考え方を受け継いで，後の学説において，当事者の数だけでなく，その利益によって法律行為を分類するという考え方が主張されることになる（後述，(5)）。

(3) 多数者間行為（actes multilatéraux）：開かれた契約（contrat ouvert）

複合行為のもう一つの形態である多数者間行為について，ドゥモーグは，会社や非営利社団などを例として考える[50]。

ドゥモーグは，「二者間契約とは別に，多数者間契約（contrat multilatéral）がある。これは，二人以上の面前でなされるものである。しばしば，会社，非営利社団，多種の団体がこれに含まれる。それぞれの利益を有する一組の当事者（une série de parties）が存在する。このような行為は，われわれが，部分的に，複合行為（acte complexe），または，Vereinbarung と呼ぶものであり，そこでは，その意思が単純に融合した（fondu）というのではない」と指摘する[51]。

たとえば，二人の者で団体を作った場合に，ドゥモーグは，その契約を「開かれた契約（contrat ouvert）」と考え，これはすでに完成されているのであるが，「既存の構成員それぞれと新しい加入者の間の関係によって補完される」ものであって，その契約は，「十分な人が集まった日に成立するが，しかし，なお開かれた形態のままである」[52]という。このような開かれた契約は，「すでに成立して，債務を作り出すのであるが，しかし，新しい加入者とそれぞれの既存の契約者を結びつける法的関係の網の目（réseau）によって補完されうるものである」[53]。

---

(47) *Id.*, p. 351 (note 6).

(48) *Id.*, p. 35 (note 4).

(49) *Id.*, n° 16 ter (p. 40).

(50) *Id.*, n° 16 sext; DEMOGUE, *supra* note (45), n° 549.

(51) DEMOGUE, *supra* note (45), n° 589 (p. 243).

(52) *Id.*, n° 589 (p. 245).

(53) *Id.*, n° 589 (p. 246).

Ⅳ　フランス私法学における「集団的な行為」理論の発展

デュギが株式発行会社と非営利社団の設立を一方的な意思表示の重なりによって形成される集団的な行為と考えたのに対して（前述，Ⅲ2(2)(d)），ドゥモーグは，このようにして，各構成員が契約によって結びつけられていると考える。

(4)　協定（convention）の一種としての契約の位置づけ

デュギは，先に述べたように，一方で，契約の用語を売買のようなもの（デュギによれば主観的行為（acte subjectif））に限定し，他方で，Vereinbarungには，同盟（union）の訳語を当てて協定（convention）の新しい分類と考え，労働協約のような法規的行為（acte réglementaire）も含めて[54]，協定の意味を広く解していた。これに対して，ドゥモーグは，このような「用語法上の混乱は無用のように思われる」[55]と述べる。

デュギは，同盟の例として，労働協約や婚姻を挙げているが，ドゥモーグは，これらを契約の一種であると考える[56]。このような違いは，一方でデュギが契約を基本にして多数者行為を分類したのに対して，ドゥモーグは，契約を協定（convention）の一種に過ぎないものと考えていることによるものと思われる。ドゥモーグは，協定と契約の関係を次のように述べる。

　　法律行為の中に，対立する利益を有する複数人が存在するものは，協定（convention）という名前を有する。…債務を作り出す目的を有する協定は，特に，契約という名前を有する。契約は，それゆえに，協定の特別な分類である。[57]

ここには協定・契約が対立する利益を有する複数人の存在を前提にすることが示されており，「私〔ドゥモーグ〕は，このような定式を，総会の投票〔による議決〕のように，それぞれの個人が対立する利益（intérêts opposés）を有していない，集団的な一方行為（それは通常は複合行為と形容されるものである。）と区別するために用いる」[58]と述べている。

---

[54]　法規的行為については，杉山直治郎「附合契約の観念に就て(3)」法協42巻9号（1924年）1594頁（注3）に紹介がある。

[55]　DEMOGUE, *supra* note (36), n° 22 (p. 66).

[56]　*Id.*, n°s 23 bis. (p. 75) et 23 ter; DEMOGUE, *supra* note (45), n° 895.

[57]　DEMOGUE, *supra* note (36), n° 22 (p. 65-66).

[58]　*Id.*, p. 66 (note 1).

35 多数当事者間相殺の法的性質と「集団的な行為理論（théorie de l'acte collectif）」〔深川裕佳〕

⑸ マルタン・ド・ラ・ムットの研究によるドゥモーグの学説の発展

　このようなドゥモーグの見解を発展させて，その後の学説[59]では，利益と当事者の数に着目して，契約と一方行為を分けるという考え方が主張される。

　マルタン・ド・ラ・ムット（MARTIN de la MOUTTE）は，ドゥモーグの見解を発展させて，「協定（convention）は，常に，二つ以上の相対立する法的利益の調和を示すものである」[60]のに対して，「一方行為（acte unilatéral）は，実際に，相対立する法的利益の間の調和を示すものではない」[61]と述べる。このように，当事者の数と利益の数に着目した分類は，ドゥモーグの見解を発展させたマルタン・ド・ラ・ムットに始まるものと指摘する学説もある[62]。

　協定と一方行為を分ける基準を前述のように利益の対立の有無に求めたマルタン・ド・ラ・ムットは，唯一の同一の利益（un seul et même intérêt）を示す意思表示が一つではなく複数である場合にも，相対立する法的利益があるわけではないので，一方行為でありうるとして，ドゥモーグの学説を評して，「ドゥモーグは，これらの取引を一方行為に整序することをためらわなかった。すなわち，それらは，彼が明確に言うように，『単純な』一方行為（acte unilatéral simple）ではなく，『集団的な』一方行為（acte unilatéral collectif）である。このような結論は，完全に理にかなったものと思われる」[63]と述べている。

　このようにして，マルタン・ド・ラ・ムットは，法律行為の当事者の数をその利益によって定めるという考えを発展させた。このように利益の対立しない複数人を一つの当事者とする考えをさらに展開すれば，双方行為（協定・契約）にも，一方行為にも，単純なもの（当事者が単独の場合）と複合的なもの（当事者が複数人で構成される場合）とが存在すると整理することが可能になりそうである（集団的な行為について，近年，このような整理をする学説があることについては，後述，Ⅴ1⑵。なお，このような考えは，フランスにおいて主張されている共同行為（acte conjonctif）概念にもつながるものと思われるが，これは別稿において検討する）。

⑸　MARTIN de la MOUTTE（Jacques），*L'acte juridique unilatéral : Essai sur sa notion et sa technique en droit civil*, Sirey, 1951.

⑹　*Id.*, n° 34.

⑹　*Id.*, n° 35.

⑹　CHÉNEDÉ, *supra* note ⑳, n° 87.

⑹　MARTIN de la MOUTTE, *supra* note ⑸, n° 44.

782

2 ルジュ・ド・ブベによる「集団的な行為」の体系化

(1) 法律行為の一類型としての「集団的な行為」

その後，ド・ブザンの導入した「複合行為」を受け継いで行われたものと評価される[64]「集団的な行為」に関する「初めての体系的な研究」と位置づけられている[65]のは，ドイツの学説に影響を受けて行われたルジュ・ド・ブベ（ROUJOU de BOUBÉE）の博士論文である。

この研究において，ルジュ・ド・ブベは，一方行為と契約の間に，第三の類型として，集団的な行為を付け加えることが望ましいと考えて[66]，以下のようにして，契約と集団的な行為を区別する。

契約は，それによって対立する利益（des intérêts antagonistes）がその間で妥協点，一定の均衡を確立するという意思の合致（l'accord de volonté）である。しかし，その外側に，それと同じような取引とは分析できないような意思の合致が存在する。なぜならば，その介入する意思は，対向するものではなく，全く逆に同一の内容を申し込むものだからである。すなわち，それらは同じものであり，同一の目標（un même but）を実現することを目指す。これが，特別な成立形式においてその特徴的な性質を有する「集団的な行為（acte collectif）」である。[67]

(2) 集団的な行為の特徴：同一目的を有する平行な意思の混同

このような集団的な行為は，単なる一方行為の積み重なり（juxtaposition）ではなく，平行な意思（volontés parallèles）が混同（fusion）したものであって，これによって，一つの意思（volonté unique）が発生するという[68]。

集団的な行為の典型例として，ルジュ・ド・ブベは，非営利社団と会社の設立行為および非営利社団における投票による議決を挙げる[69]。

非営利社団や会社の設立は，学説及び立法によって契約と性質決定されてき

---

[64] PASTRÉ-BOYER (Anne-Laure), *L'acte juridique collectif en droit privé français : Contribution à la classification des actes juridiques*, Presses universitaires d'Aix-Marseille, 2006, n° 5 (p. 22).

[65] CHÉNEDÉ, *supra* note [20], n° 96.

[66] ROUJOU de BOUBÉE, *supra* note [12], p. 17.

[67] *Id.*, p. 315.

[68] *Id.*, p. 189.

[69] *Id.*, p. 31.

たが，ルジュ・ド・ブベは，法人格（*intuitus personae*）を有する団体において，順境にあっても逆境にあっても同盟（alliance）する意思[70]としての「組合意思（*affectio societatis*）」は，契約と相容れないものと考える[71]。そこでは，構成員は並行的な利益（intérêts parallèles）を有しており，利益の集中（convergence d'intérêts）が生じるものと考えられている。

また，非営利社団における議決について，ルジュ・ド・ブベは，つぎのように述べて集団的行為であると説明する。「すべての議決は，多数決の投票にしても，満場一致であっても，契約ではなく，集団的行為である。実際に，…同一の内容の，同一の目標（but）の実現に向けられた一致した意思の束（un faisceau de volontés concordantes）に直面する。対立する利益も異なる利益も存在しない」[72]。

このようにして，ルジュ・ド・ブベは，「集団的な行為」は，協定（convention）でなく，一致した意思の一方的な表示の総和（somme）であると考える。

(3) 集団的な行為と集団的な契約（contrat collectif）・労働協約の区別

ルジュ・ド・ブベは，集団的な契約と労働協約を，集団的な行為とは異なるものと考えている。

集団的な行為は，ルジュ・ド・ブベによれば，集団的な効果のための行為（acte à effet collectif）ではなく，集団的な成立のための行為（acte à formation collectif）である[73]。すなわち，ルジュ・ド・ブベは，「『集団的（collectif）』という用語は，行為の効果における態様を示すのではなく，その成立において特色を有するのである」と述べ，集団的な行為が法律行為の成立において問題になるものと指摘する。

これに対して，労働協約の場合，「『集団的な契約（acte collectif）』という表現において，集団的という用語は，ただ相対性の驚くべき例外を生じることに向けられている」[75]。そこで，労働協約は，集団的な行為ではなく，真の契約であるという[76]。

---

(70) *Id.*, p. 66.

(71) *Id.*, p. 67 et 315-316.

(72) *Id.*, p. 165.

(73) *Id.*, p. 29 et 31.

(74) *Id.*, p. 282.

(75) *Id.*, p. 282.

V　集団的な行為概念の衰退と復活

1　一人会社を整合的に説明するために再評価された「集団的な一方行為」

(1)　一人会社の設立行為と一方行為

　その後，フランスにおいては，「適切な法制度の適用を提言してないという不都合性」から，「集団的な行為理論は，制度理論のように，単なる学理的な構成の状態にとどまった」のであり，「1978 年の改正時に，会社契約（contrat de société）の法的性質を立法者が維持したことで，その議論は，実務的な関心を欠いて尽きてしまった」[77]（傍点筆者）。

　ところが，1985 年 7 月 11 日の法律（Loi n° 85-697）によって，この状況が変化した。すなわち，同法律によって，「会社は，法律に規定されている場合には，一人の意思による行為（acte de volonté d'une seule personne）によって設立することができる。」（フ民 1832 条 2 段落）として，「一人会社（la société unipersonnelle）」に関する規定が創設されたことが，「会社の契約的分析を支持する学説全体に致命的な打撃となった」[78]ものと考えられている。

　フランスの学説は，一人会社を整合的に説明するために，「集団的な行為（acte collectif）を再び呼び起こして，以後は，それは，一方行為の一つの形態を示すものとなっている」[79]というのである[80]。そして，学説は，一人会社の場合には，「単独の一方行為（l' acte juridique unilatéral individuel）」であり，同一の目的を追求して共同する意思を有する二人以上による場合には，「一方行為は集団的（collectif）」であるものと述べるようになっている[81]。

　今日の教科書の中には，「多数決がこのカテゴリに入ることに間違いはない。

---

[76]　*Id.,* p. 283.

[77]　LEQUETTE, *supra* note [19], n° 82.

[78]　*Id.,* n° 83.

[79]　*Id.,* n° 83.

[80]　WICKER (Guillaume), *Les fictions juridiques : Contribution à l'analyse de l'acte juridique,* LGDJ, 1998, n° 245.

[81]　BERTREL (Jean-Pierre), 《Le débat sur la nature de société》, *in Droit et vie des affaires, études à la mémoire d'Alin SAYAG* , LITEC, 1997, p. 131-145, n°ˢ 4 (p. 133) et 15; LEQUETTE, *supra* note [19], n° 83.

35 多数当事者間相殺の法的性質と「集団的な行為理論（théorie de l'acte collectif）」〔深川裕佳〕

学説は，今日では，法人の設立行為をそこに付け加える傾向にある」[82]として，次のように説明するものがある[83]。

　　たしかに，このような行為〔法人の設立のような行為〕は，多数決とは完全には同一視できるものではない。それは，参加していない人に対して同一の拘束力をもたらすわけではないからである。しかし，このような相違は，成立方式における深い類似性を隠すものではない。すなわち，双方〔法人の設立行為および多数決〕の場合に，法律効果は，同一の目的（un même objectif）を追求することを表明するために，同一の内容を有する意思表示の束（faisceau de déclarations de volonté）に並行的に付与されたものである。[84]（〔　〕内は筆者）

(2) 今日の学説における集団的な一方行為概念の理論的位置づけ

　集団的な行為について，さらに問題になるのは，この集団的な一方行為が，①契約と一方行為と並ぶ第三類型であるのか，または，②一方行為の一種であるのか，という位置づけである（なお，法律行為を一方行為と双方行為とに分けて，集団的な行為に言及しない教科書もある[85]）。

　Gesamtakt を合同行為として導入した日本においては，その概念の意義自体に賛否はあるものの，一般に，契約及び単独行為と並ぶ第三類型として整理されている[86]。フランスにおいても，前述のように，ルジュ・ド・ブベは，集団的な一方行為を第三類型とする前者①の立場に立っている[87]ものと考えられている[88]。フランスの教科書においてもこのような整理を示すものもあるし[89]，

---

[82]　FLOUR (Jacques), AUBERT (Jean-Luc) et SAVAUX (Éric), *Les obligations*, l'acte juridique, t. 1, 14ᵉ éd., Dalloz, 2010, nᵒ 506.

[83]　なお，法人の設立を集団的な行為として説明する学説として，次のものがある。CARBONNIER (Jean), *Droit civil : Les personnes*, t. 1, 21ᵉ éd., PUF, 2000, nᵒ 196 (p. 404); MARTY (Gabriel) et RAYNAUD (Pierre), *Droit Civil: Les obligations*, t. 2, vol. 1, Sirey, 1969, nᵒ 369 (p. 38).

[84]　FLOUR et al., *supra* note [82], nᵒ 507 (p. 477).

[85]　LARROUMET (Christian), *Droit civil*, t. 3, 1ᵉʳᵉ partie, 6ᵉ éd., Economica, 2007, nᵒˢ 43 (p. 39) et 49.

[86]　我妻栄『新訂・民法総則』（岩波書店，1965 年）244 頁，川島武宜『民法総則』（有斐閣，1965 年）157-161 頁，加藤雅信『新民法大系・民法総則〔第 2 版〕』（有斐閣，2005 年）194 頁。

[87]　ROUJOU de BOUBÉE, *supra* note [12], p. 17.

[88]　CHÉNEDÉ, *supra* note [20], p. 91 (note 6).

786

　　　　　　　　　　　　　　　　　　　V　集団的な行為概念の衰退と復活

また，後に紹介するように，フランス民法典の2016年契約法等改正に向けた
カタラ草案[90]でも，この立場からの立法提案が示されている。

　これに対して，集団的な行為概念を採用する学説において支持を集めている
のは，一方行為の一種とする後者②の立場であるとされている[91]。集団的な行
為は，一人会社の設立（単純な一方行為）を複数人による会社の設立（集団的な
一方行為）と整合的に説明するために再評価された概念であり，このような経
緯からは，集団的な行為が一方行為の下位概念に位置付けられるのは，自然な
ことであろうと思われる。

　さらに，近年の学説では，集団的な行為を，法律行為の性質または態様と考
えるものがある[92]。このような説明からは，たとえば，一方で，多数決による
決定や法人の設立行為のように「意思の一方的表示の束（faisceau de déclara-
tions unilatérales de volonté）」によるものが「集団的な一方行為」であり，他方
で，たとえば労働協約のように，二つの集団の間であれ，一つの集団と個人の
間であれ，「異なる目的を追求する二当事者間で締結される同意から生じる集
団的な行為」が「集団的な協定（convention collective）」と称されることにな
る[93]。

　集団性を法律行為の性質や態様として考える近年の学説の傾向は，ドゥモー
グによりなされた複合行為の整理を，集団的な行為という名のもとに行ってい
るようにもみえる。すなわち，ドゥモーグのように契約も協定の一種に過ぎな
いものとすれば（前述，Ⅳ1(4)），デュギのように集団的な行為を協定と対峙さ
せる（前述，Ⅲ2(2)(d)）必要はなくなる。そこで，集団的な協定・契約（多数者
間契約）と集団的な一方行為の二つがあるものと考えることができる。

　ただし，このように，集団的な行為を双方行為と一方行為の両方にまたがる

----

[89]　AUBERT (Jean-Luc) et SAVAUX (Éric), *Introduction au droit et thèmes
fondamentaux du droit civil*, 13ᵉ éd., Dalloz, 2001, nᵒ 211; TERRÉ (François),
Introduction générale au droit, 8ᵉ éd., Dalloz, 2009, nᵒ 220.

[90]　CATALA (Pierre), *Avant-projet de réforme du droit des obligations et de la
prescription*, La documentation française, 2006.

[91]　PASTRÉ-BOYER, *supra* note [64], nᵒ 345 (p. 245-246); CHÉNEDÉ, *supra* note [20], p. 91
(note 6) et nᵒ 103 (p. 98); LEQUETTE, *supra* note (19), nᵒ 96 (note 6).

[92]　CHÉNEDÉ, *supra* note [20], nᵒ 103 (p. 98); FLOUR, AUBERT et SAVAUX, *supra* note
[82], nᵒ 504.

[93]　FLOUR et AUBERT, *supra* note [82], nᵒ 505 (p. 475-476).

もの（行為の性質・態様）と考えるにしても，いずれの集団的な行為にどのような場面が含まれるかということについては，見解の相違がありうる。とくに，問題となるのは，団体の設立行為がこれに含まれるかということである。集団性を法律行為の性質や態様として考える近年の学説においても，団体の設立行為を一方行為の一種として整理するものがある[94]のに対して，より最近の学説には，ドゥモーグが団体の設立行為を多数者間契約（開かれた契約）として説明しているように（前述，Ⅳ 1 (3)），団体の設立行為を契約的に考えるものもあらわれている[95]。このように，集団的な行為という概念は，なお，フランスの学説においてその内容が異論のないものとして受け入れられているとはいい難い状況にある。

2 フランス民法典 2016 年契約法等改正における法律行為規定の立法化

(1) カタラ草案における集団的な法律行為に関する規定案

2016 年契約法等改正に向けて提示されたカタラ草案には，1101-1 条第 1 段落において，法律行為に関する定義規定を設けることが提案されており，そこでは，「法律行為は，法律効果（des effets de droit）に向けられた意思の行為（des actes de volonté）である」という条文案が示されている。そして，同条第 4 段落には，①「一方的法律行為（acte juridique unilatéral）」および②「協定的法律行為（acte juridique conventionnel）」から区別して，③集団的な法律行為（acte juridique collectif）が独自の類型として定義されて，「集団的な法律行為は，集団の構成員によって合議によって（collégialement）なされた決定である」とされている[96]。

カタラ草案が集団的な法律行為を独立の類型とする理由は，次のように説明されている。第一に，集団的な法律行為の表意者は「集団の構成員」であるために，表意者が「二人」である「協定」および表意者が「一人」である「一方

---

[94]　*Id.*, n° 507.

[95]　日本においては，納屋雅城「フランス法における団体設立行為の法的性質――民法上の組合の法的性質の再検討」近畿大學法學 52 巻 1 号（2004 年）114 頁によって紹介されている。フランスの博士論文として，次のものがある。CHÉNEDÉ, *supra* note [20], n° 102; HAMELIN (Jean-François), *Le contrat-alliance*, Economica, 2012, n° 94; LEQUETTE, *supra* note [19], n°s 85 et 111.

[96]　CATALA, *supra* note [90], p. 14.

行為」とは異なっていること，第二に，集団的な法律行為は非営利社団や会社などのそれぞれの集団に応じた特別の合目的性と能力に属するのに対して，協定は契約自由の原則に服し，一方行為は一般には債務の発生原因ではなく法律または慣習の庇護のもとにのみ発展することができるというように，作用する領域も異なっていることである[97]。

(2) カタラ草案への批判

これに対して，学説では，「集団的行為は，法律行為の『嫌われ者（mal-aimé）』であって，その特性は，特別の言及をするのに十分には明らかでないものと思われる」として，立法化には批判的な見解も示されていた[98]。

テレ草案[99]では，法律行為の一般規定は提案されておらず，法律行為の文言は断片的に条文に現れるのみであり，集団的な行為に関する一般規定もない。その理由は，法律行為の有効性を認めつつも[100]，条文上は，「その他の法律行為について契約に関する規定の類推による適用を予定する単純な規範が本質的に重要となる」と考えるからである[101]。すなわち，「法律行為の大部分が契約に関するものである。そうすると，法律行為に基づく法典においては，同意の瑕疵に直面するその利用者は，契約が法律行為であり，法律行為の種が意思表示であり，それゆえに，契約が同意の瑕疵によって無効になるという条件を知るために意思表示に関する規定を参照しなければならないということを知らねばならないことになってしまう」のであるが，「契約に基づく法典化における方がより簡単に答えを発見できる。それというのも，契約の有効性の条件についての規定を参照すれば十分だからである」[102]という。

確かに，フランス民法典には，いくつかの部分的な改正によって，断片的には，「法律行為（l'acte juridique）」という用語が採用されている。たとえば，1980年7月12日の「法律行為の証拠に関する法律」（Loi n° 80-525）によって

---

[97] *Id.*, p. 15.

[98] WITZ (Claude), 《Contrat ou acte juridique?》, *in* F. TERRÉ [sous la direction de], *Pour une réforme du droit des contrats*, Coll. Thèmes & commentaires, Dalloz, 2009, p. 65.

[99] TERRÉ (François) [sous la direction de], *Pour une réforme du droit des contrats*, Dalloz, 2009.

[100] WITZ, *supra* note [98], p. 56.

[101] *Id.*, p. 64-65.

[102] *Id.*, p. 57.

挿入された「一方当事者のみが他方当事者に対して金額の支払いまたは物の引渡を約束する法律行為」（フ民1326条）という文言や「法律行為の証拠」（同法典1348条）という文言や，2000年3月13日の「情報技術に対する証拠法に適応し，電子署名に関連する法律」（Loi n° 2000-230）によって創設された「法律行為の完成に必要な署名は，添付されたものを識別する」（同法典1316-4条〔2016年法改正（Ordonnance n° 2016-131，3条）によって削除〕）という文言である。

　しかし，近年でも，学説では，ドイツにみられるような法律行為の一般理論がフランス民法典に規定されることは，「きわめてありそうにもないことのようである」[103]と考えられてきた。フランス司法省が2015年2月25日にホームページにおいて公表した契約法等改正のオルドナンス草案においても，テレ草案と同様に，法律行為に関する一般規定も，集団的な行為に関する一般規定も見当たらない[104]。

　ところが，その経緯は明らかでないものの，2016年契約法等改正によって，フランス民法典においては，「第3編第3章，債務の発生源」（同法典1100条以下）として以下のような条文が設けられることになった。

　フランス民法典 第3編第3章　債務の発生源

　新1100条　債務は，法律行為（actes juridiques），または，法律事実（faits juridiques），法律の権限のみによって生じる[105]。

　債務は，他人に対する良心義務（un devoir de conscience）の任意の履行（l'exécution volontaire），または，履行約束から生じうる。

　新1100-1条第1段落　法律行為は，法律効果を生じさせることに向けられた意思表示（des manifestations de volonté）である。それは，協定（convention）であることも，一方的（unilatéraux）であることもある。

　このようにして，2016年契約法等改正においては，法律行為に関する一般規定が創設され，これを協定と一方行為とに分けることが示されているのみで，

---

[103]　BRENNER, *supra* note (8), n° 6.

[104]　この草案については，馬場圭太「ヨーロッパ私法の展開とフランス債務法の改正」龍谷大学社会科学研究45号（2015年）29頁を参照。

[105]　フランス民法典新1100条第1段落の「法律事実（fait juridique）」は，日本の学説の整理における「事件」（我妻・前掲書注(86) 232-233頁）に相当するものと考えられる。

集団的な行為については，規定が設けられなかった。本稿において紹介したように，集団的な行為概念にどのようなものが含まれるかということについて学説には様々な議論がなされており，フランスにおいて，集団行為の特性は立法化するのになお十分に明らかでないという批判はもっともなものであったと思われる。たとえば，学説は，集団的な行為を持ち出して法人の設立行為を説明する見解が多い中（前述Ⅴ1⑵），カタラ草案によると，集団的な法律行為は構成員によってなされることが予定されているものであるから，その集団の構成員になるための意思表示は，この中に含まれていないようにみえる（他方で，一方行為が同一の利益を有する複数人によってなされる場合に関する条文案は，同草案1101-1条第3段落に提案されているが，これは，条文上，集団的な行為とは別の類型とされている）。このことは，集団的な行為の意義およびその内容が，フランスの学説において，なお明確でないことを示している。

Ⅵ　相殺契約の法的性質に関する若干の検討

1　多数当事者間相殺（compensation multilatéral）に関するルシーユの研究の概要

ここまでに紹介した集団的な行為概念に関する議論の発展を参考にして，以下では，本稿の冒頭に掲げたルシーユ（ROUSSILLE）の博士論文[106]において展開される集団的な一方行為としての多数当事者間相殺について検討していくことにする。

ルシーユは，「多数当事者間相殺（compensation multilatérale）」を「集団的な仕組み（mécanique collective）」であり，金融取引における「決済の全体的な仕組み（mécanique globale de règlement）」であるという[107]。この仕組みは，つぎの二段階の決済プロセスから成り立っている。第一に，差額の計算によって各加入者の支払うべき，または受け取るべき金額が定まり，これによって，差額債権の支払いまたは受領について，各加入者を集団に結び付ける債権・債務が生じ（この時点では決済はまだ行われていない。），第二に，この債権・債務の清算が行われることによって，多数当事者間相殺に供されたもとの債権について

[106]　ROUSSILLE (Myriam), *La compensation multilatérale*, Dalloz-Sirey, 2006.

[107]　*Id.*, n° 1014.

最終的な決済が行われる[108]。

多数当事者間相殺は，前述のプロセスに表れているように，当然に集団的な性質を有しており，これは，「残額を払い込むことのみによって，負担している債務をすべて会計するための全体的な決済の方法を採用するという，多数者の意思に由来する」[109]。この法律行為としての多数当事者間相殺は，次のような集団的な行為（acte collectif）であるという。

> 二種類の集団的な行為（acte collectif）が存在する。すなわち，一方的な集団的行為（acte collectif unilatéral）と，協定的な集団的行為（acte collectif conventionnel）である。前者は，複数の意思表示の集中（convergence）から生じるものである。たとえば，非営利社団における多数による決定において問題になる。多数当事者間相殺は，実行される度に，…それがこの種の行為であることを示す。しかしながら，それが組織される枠組（cadre）は，協定（convention）である。それは，協定の性質を有する集団的な行為の第二類型に近づく。[110]

ここに述べられるように，ルシーユは，集団的な行為を法律行為の性質または態様と考えて，その中には一方行為と双方行為とがあると考える立場に賛成しているものと思われる（前述，Ⅴ 1 (2)）。その上で，ルシーユによると，①決済取引の実現のための技術的な制度および態様に適用される規則は，「協定＝枠組」によって定められ[111]，②その規則（協定＝枠組）に従って多数当事者間相殺を実際に行う度に，当事者は，自己の債権額を集中的な計算に組み込むという「集団的な一方行為」を行うものと考えられている[112]。以下では，紙幅の都合から，実際に相殺の効果をもたらす後者②の意思表示（集団的な一方行為としての相殺の意思表示）を取り上げて検討することにする。

2 「協定＝枠組」を機能させる相殺の意思表示：集団的な一方的行為

多数当事者間相殺においては，この仕組みへの加入者すべての個別的な意思

---

[108]　*Id.*, n° 552.

[109]　*Id.*, n° 1013.

[110]　*Id.*, n° 502.

[111]　*Id.*, n°s 516, 530 et 553.

[112]　*Id.*, n° 530.

VI 相殺契約の法的性質に関する若干の検討

表示が集まって，あらかじめ定められた規則に従って多数当事者間相殺が行われる[113]。これをルシーユは，集団的な一方的行為であるという。

このような個別的な意思表示が集団的行為であるのは，ルシーユによれば，三人以上の者が集まる場合にのみ行われるものだからである[114]。セントラル・カウンターパーティが介入しない場合には，加入者全員の間でこのような意思表示がなされるために，それが前述のような三人以上の者を集める場合になされる集団的行為であることは明らかであるが，セントラル・カウンターパーティが介入する場合には，加入者とセントラル・カウンターパーティの間での二者間行為があるようにも見える。そこで，ルシーユは，これを説明して，「提供者〔決済サービス提供者としてのセントラル・カウンターパーティ〕が介入する場合には，…〔ほかの加入者と〕一緒に契約を締結していなくても，〔決済〕システムの加入者は，同一の取引（opération）に参加し，それは集団的な方法（manière collective）によって」[115]なされるものという（〔　〕内は筆者）。

また，このような個別的な意思表示が一方的行為であると考えられているのは，次のような理由による。その意思表示は，あらかじめ定められた規則に基づいてなされるものではあるが，加入者間の「いかなる同意の交換にも基づかない」ものであり，しかも，加入者の利益が「その負担している債務を全体的に清算するという同一の方向に向けられていることのみを示す」ものであることから，ルシーユは，これを集団的な「一方行為」（acte collectif unilatéral）であると考える[116]。

ここまでに紹介した，多数当事者間相殺の仕組みを発動させる加入者の行為を集団的な一方的行為とするルシーユの考え方については，集団的な一方的行為に関する本稿の検討を踏まえれば，次のことを指摘することができるものと思われる。集団的な行為という概念については学説に争いがあるものの，その中に含まれるものとして共通して支持を得ていたのは集団的な意思決定であった（デュギについて，前述，Ⅲ 2 (2)(d)。ドゥモーグについて，前述，Ⅳ 1 (2)。ル

---

[113] *Ibid.*

[114] *Id.*, nᵒˢ 530 et 545.

[115] *Id.*, nᵒ 545.

[116] *Id.*, nᵒ 546.

ジュ・ド・ブベについて，前述，Ⅳ 2 (2)。また，カタラ草案について，前述，Ⅴ 2 (1))。多数当事者間相殺について，加入者となる資格や反復して行われる決済手続きなどを定める規則（協定＝枠組）があらかじめ合意されている場合に，その後に，これに従って行われる個別の相殺の意思表示は，規則（協定＝枠組）に定められた決済プロセスを始動させ，定められた方法によって簡易な決済を実現するという集団的な意思決定と考えることもできそうである。

Ⅶ　おわりに

　本稿では，フランスの議論を検討して，相殺契約の法的性質について検討した。その検討をまとめれば，以下のとおりである。

　フランスにおいて，集団的な一方行為（acte unilatéral collectif）という概念は，学説において，Gesamtakt または Vereinbarung を受容して提唱されたものであった。しかし，フランスにおいては，法律行為の一般規定化に対する懐疑的な見解が強く，学説において広く支持を集めるということはなかったようである。ところが，その後，フランス民法典の改正（1978 年）によって一人会社に関する規定が創設されたことで，一人によるまたは複数人による社団の設立行為を一方行為（単純な一方行為と集団的な一方行為）として説明するために，集団的な一方行為という用語が再評価され，フランスでは，ここに集団的な一方行為概念の意義が見いだされることになる。

　このような集団的な一方行為は，一方で，①意思表示に着目すれば，デュギやルジュ・ド・ブベによって示されるように，複数人によってなされる一方的な意思表示の総和（束）に基づく行為であるし，他方で，②当事者に着目すれば，ドゥモーグやマルタン・ド・ラ・ムットによって示されるように，利益の対立しない複数人によって構成される一人の当事者の意思表示に基づく行為として理解される。前者①の立場は，集団的な一方行為を，単独行為とも契約とも異なる独自の行為類型とする立場に結びつきやすく，また，後者②の立場は，集団的な一方行為を，一方行為の一種（一人の当事者が複数人によって構成されているにすぎない場合）とする立場に結びつきやすい。さらに，後者②のように集団的な行為を一方行為の一種と考えれば，双方行為（協定・契約）においても集団的な行為を観念できるようになって，集団的な行為における集団性は，

Ⅶ おわりに

法律行為の分類（一方行為・双方行為）ではなく，その性質または態様であると考える近年のフランスにおける学説の主張にもつながる。

　集団的な行為に関する議論はこのような発展を見せつつも，フランスにおいては，なおその意義が十分に明らかになっていない。このことは，フランス民法典の2016年契約法等改正において，集団的な行為概念の条文案が提案されていたものの，これが立法化に結び付かなかったことによっても示されている。たとえば，デュギとルジュ・ド・ブベが集団的な一方行為の例として法人の設立行為を挙げており，今日の学説も同様の例を挙げるものがある。これに対して，ドゥモーグは，このような場面において，構成員は開かれた契約で結ばれると考え，より最近の学説も，契約としてこの場面を説明するものが現れている。ドゥモーグが集団的な一方行為の例として考えているのは，集団的な意思決定（株主総会や債権者集会における決定）である。集団的な行為に関する条文案を有していたカタラ草案においても，集団的な行為は，その条文の文言からすれば，法人の設立ではなく，ドゥモーグのように，集団的な意思決定をする場合を想定していたようである。

　以上のような集団的な行為概念を参考に，フランスにおける近年の博士論文であるルシーユの研究は，多数当事者間相殺契約について，①各加入者が一定の規則に同意してその仕組みに加入する場面と，②加入者全員でその仕組みを作動させて差額の計算と清算をする場面とを分けて，その法的性質を検討すべきと考えて，相殺の法的効果をもたらす後者②の意思表示は，セントラル・カウンターパーティを伴う場合にも，そうでない場合にも，集団的な一方行為としてなされるものと指摘している。多数の加入者のそれぞれの意思は，いずれも，相殺を通じて差額のみの簡易な決済を実現するという一つの目的に向けられているからである。

　本稿では，このルシーユの見解を検討して，ここに言及されている集団的な一方行為としての多数当事者間相殺の意思表示は，法人の設立というよりも，集団的な意思決定に近いことが示唆されているものと考えた。すなわち，前述①によって定められた規則に従って，前述②によって参加者が簡易な決済を実現することを決定する場合に，定められたプロセスを経て多数当事者間相殺が実行されるのである。相殺適状を満たした場合には，法定相殺の一方的な意思表示が法定相殺を発動させてその効果を生じさせる。合意による相殺において

35 多数当事者間相殺の法的性質と「集団的な行為理論（théorie de l'acte collectif）」〔深川裕佳〕

も，当事者の間で相殺の条件と効果（差引計算とその差額の清算方法を含む。）をあらかじめ定めて差額の授受のみによる簡易な決済を行うための仕組みをつくっておけば，相殺の一方的な意思表示をした参加者間で，この仕組みを作用させて効果を発生させることができる。

なお，本稿は，拙稿（深川裕佳「三角（多数者）間相殺と三角・多角取引」椿寿夫編著『三角・多角取引と民法法理の深化（別冊 NBL161 号）』（商事法務，2016 年）105-114 頁）において検討した多数者間相殺を「集団的な法律行為」という観点から発展させたものであり，そこで，さらに課題として残されるのは，ルシーユが検討するように，多数当事者間相殺において，各参加者が一定の規則に同意してその仕組みに加入する場面がどのような法的性質を有するのかということである。この問題については，今後，検討を続けていきたいと考えている。

36　損害賠償債権を受働債権とする相殺の禁止について

深　谷　　　格

I　は じ め に

「民法の一部を改正する法律」（平成 29 年法律 44 号）により，民法 509 条
（以下，民法の条文は条文番号のみ記す）は改正された。同条に関しては小川由
美子「損害賠償債権の相殺と民法 509 条（1）-（4）完」（1988～1990 年）[1]（以
下「小川論文」）が数少ない本格的論考だが，その後の判例・学説のフォローを
必要とし，改正前 509 条及び改正 509 条の立法過程についても再考すべき点が
あるように思われる。本稿では，小川論文を参照しつつ明治民法の立法過程の
議論や判例・学説の展開を回顧し，改正の意義及び妥当性について検討する。

II　改正前 509 条の立法過程の再検討

小川論文によれば，509 条は 2016 年改正前のフランス民法（以下「仏民」）
1293 条 1 号を継受した旧民法財産編 526 条 1 号（「左ノ場合ニ於テハ法律上ノ相
殺ハ行ハレス　第一　債務ノ一カ他人ノ財産ヲ不正ニ取リタルヲ原因ト為ストキ」）
を修正して形作られ[2]，ドイツ民法（以下「独民」）第 1 草案 287 条（独民 393
条に相当）の影響も強く受けた[3]。

2016 年改正前の仏民 1293 条 1 号は，相殺の要件が具備されても，例外的に

---

(1)　小川由美子「損害賠償債権の相殺と民法 509 条（1）-（4）完」名法 122 号（1988 年），
　　124 号（1989 年），127 号（1989 年），131 号（1990 年）。
(2)　小川・前掲注(1)122 号 132 頁，131 号 368 頁。
(3)　小川・前掲注(1)124 号 363-372 頁，131 号 369 頁。

『21世紀民事法学の挑戦』加藤雅信先生古稀記念〔信山社，2018年 3 月〕　　*797*

36 損害賠償債権を受働債権とする相殺の禁止について〔深谷　格〕

相殺が行われない場合として、「所有者が不当に奪われた物の返還請求」を挙げる。これは、所有物の略奪以外の不法行為によって生じた損害賠償債権を受働債権とする相殺を容認するが、同条同号はカノン法の法格言 "Spoliatus ante omnia restituendus. (略奪された者は、何よりもまず回復されるべきである)" 及びローマ法（マルクス・アウレリウスやヴァレンチニアヌスの勅法）に由来し、自力救済の禁止を目的とした占有保護制度である(4)。このようにフランス民法及び旧民法は財産侵奪の場合にのみ相殺を禁ずる限定主義に立つ(5)。これに対し、独民第1草案287条（独民393条）はユスチニアヌスの勅法 "Possessionem autem alienam perperam occupantibus compensatio non datur. (他人に属する財産を不法に占有する者は相殺権を与えられない)" に由来するが、ユスチニアヌスの勅法が相殺禁止の対象を他人の物の違法な占有取得に限る限定主義に立っていたのを修正し、ドイツ民法は故意不法行為一般によって生じた債権を受働債権とする相殺を禁止する包括主義を採用した(6)。わが民法はフランス民法（自力救済禁圧の系譜）とドイツ民法（相殺禁止の系譜）を継受し、後者の影響を多大に受けたが、故意、過失を区別せずあらゆる不法行為から生じた債権を受働債権とする相殺を禁ずる点でドイツ民法以上に包括主義の性格が強いとされる(7)。しかし、はたして立法者はドイツ民法以上に相殺禁止の対象を広げる趣旨であったのだろうか。

509条の立法理由を小川論文は次のように説明する。

　「穂積博士は、相殺を禁止する対象を他人の財産を不正に取得した場合に限定しなかったことについて『不法行為ト云フモノガ人ノ財産ヲ取ルト云フコト丈ケニ極メル理由ハドウモ必要ヲ見出サナイノデアリマス』と説明しておられる。」(8)

　「相殺禁止の範囲を不法行為一般に広げた理由を穂積博士は次のように説明しておられる。『如何ナル不法行為ニ依リマシテモ自分カラ不法行為ヲ為シ之ニ依テ債

---

(4)　小川・前掲注(1) 131 号 366-367 頁。2016 年 2 月 10 日のオルドナンス 131 号 [Ordonnance n° 2016-131 du 10 février 2016] により、フランス債務法は大改正され、改正前 1293 条 1 号に相当する規定は 1347-2 条である。新法 1347-2 条の趣旨は改正前 1293 条 1 号の趣旨と基本的に異ならない。

(5)　小川・前掲注(1) 122 号 113-115 頁，131 号 375 頁。

(6)　小川・前掲注(1) 124 号 340-346 頁。

(7)　小川・前掲注(1) 124 号 362-377 頁。

(8)　小川・前掲注(1) 124 号 366-367 頁。

798

Ⅱ　改正前509条の立法過程の再検討

務ヲ負ヒ，然ウシテ其相手方ノ債権ト之ヲ相殺スルコトガ出来ルト云フコトヲ許シマスレバ，取リモ直サズ此不法行為ヲ為シマス者ニ利益ヲ与ヘルノデアル。モット沢山ニ申シマスレバ不法行為ヲ奨励スルト云フコトニナルカモ知ラヌ。夫故ニ他人ノ財産ヲ取リ去ツタ場合ノミナラズ如何ナル場合デモ不法行為ニ依テ自分ガ債務ヲ負フテ居レバ，其債務ヲ負フテ居ル者カラシテ相殺ヲ主張スルコトガ出来ヌト云フコトニ規定スルノガドウモ穏当デアラウト思フ。近頃ノ新ラシイ法典ハ然ウ云フ風ニ多ク広ク規定ガシテアリマス（句読点筆者）。』」[9]

しかし，ここで小川論文が引用する穂積の説明中省略された部分（上記の2つの引用箇所の間に位置）は重要なので次に掲げる。

　　穂積陳重発言「既ニ留置権ノ規定ニ於キマシテ不法ニ占有ナシ然ウシテ留置権ヲ行ナウト云フコトハ出来ヌト云フ規定ニナツテ居リマス」[10]

このように，穂積は留置権に関する295条2項に言及し，509条を同条と同趣旨の規定だと捉えている。法典調査会提出の295条の原案は次のとおりである[11]。

　　295条　他人ノ物ヲ占有シ且其物ニ関シテ生シタル債権ヲ有スル者ハ其債権ノ弁済ヲ受クルマテ其物ヲ留置スルコトヲ得但其債権カ弁済期ニ在ラサルトキハ此限ニ在ラス
　　前項ノ規定ハ占有カ不法行為ニ因リテ始マリタル場合ニ之ヲ適用セス

相殺も留置権もローマ法の悪意の抗弁［exceptio doli］に由来し[12]，両者の制度趣旨と機能が類似するからこそ穂積は509条の説明において留置権規定を

---

(9)　小川・前掲注(1)124号367頁。

(10)　法務大臣官房司法法制調査部監修『日本近代立法資料叢書3　法典調査会民法議事速記録』（商事法務研究会，1984年）591頁。

(11)　法務大臣官房司法法制調査部監修『日本近代立法資料叢書2　法典調査会民法議事速記録二』（商事法務研究会，1984年）327頁。

(12)　相殺がローマ法の悪意の抗弁に由来することにつき，富井政章『民法原論第二巻』（有斐閣，1906年初版，1917年改版3版）311-312頁，三潴信三『全訂担保物権法』（有斐閣，1926年）32頁，71頁，勝本正晃『担保物権法上巻』（有斐閣，1949年）84頁，深谷格『相殺の構造と機能』（成文堂，2013年）11頁，留置権がローマ法の悪意の抗弁に由来することにつき，富井・前掲311-312頁，三潴・前掲32頁，71頁，小池隆一『担保物権法論』（清水書店，1937年）19頁，勝本・前掲84頁，高島平蔵『物的担保法論Ⅰ総論・法定担保権』（成文堂，1977年）105頁，清水元『留置権概念の再構成』（一粒社，1998年）139頁，関武志『留置権の研究』（信山社，2001年）121頁及び126頁注(1)参照。

799

36 損害賠償債権を受働債権とする相殺の禁止について〔深谷　格〕

援用したのであり，295 条 2 項の沿革と解釈を 509 条の解釈上参考にすべきである。

穂積は法典調査会で，295 条 2 項は旧民法債権担保編 92 条 1 項（「留置権ハ財産編及ヒ財産取得編ニ於テ特別ニ之ヲ規定シタル場合ノ外債権者カ既ニ<u>正当ノ原因ニ由リテ</u>其債務者ノ動産又ハ不動産ヲ占有シ且其債権カ其物ノ譲渡ニ因リ或ハ其物ノ保存ノ費用ニ因リ或ハ其物ヨリ生シタル損害賠償ニ因リテ其物ニ関シ又ハ其占有ニ牽連シテ生シタルトキハ其占有シタル物ニ付キ債権者ニ属ス」（傍線は筆者））に修正を加えたもので，その趣旨は旧民法の規定とほとんど異ならないと述べる[13]。

295 条 2 項は「占有が不法行為によって始まった場合」を留置権の成立を否定する抗弁事由として規定するが，旧民法債権担保編 92 条 1 項は「正当ノ原因」による占有を留置権の成立を主張する者が主張立証すべき事実として規定する。両法条で主張立証責任の所在が異なる[14]が，占有が不法行為によって始まった場合でないことが留置権の成立要件である点では違いがない。

旧民法債権担保編 92 条 1 項は次に示すボワソナード民法草案 1096 条 1 項に由来する[15]。

　「本法典の第 2 編および第 3 編の特別規定によって債権者に留置権が認められる場合の外，この権利は債権者が正当の原因により債務者の動産または不動産を占有しており，かつ，その債権がその物につきなされた譲渡により，或いはその物の保存のためになされた費用により，或いはその物の惹起した損害で所有者が責任を負う場合により，その債権が占有に牽連しまたはこの物に関して生じたときは，すべての債権者に属する。」[16]

フランス民法典には留置権の一般規定がなく，債務の弁済を受けるまで目的物の引渡しの拒絶を認める個別規定が散在している[17]。ボワソナードはフランスの判例・学説により構成された留置権概念を継受し，留置権の一般規定を設

---

(13)　法務大臣官房司法法制調査部・前掲注(11) 328 頁。

(14)　法務大臣官房司法法制調査部・前掲注(11) 328 頁。

(15)　Boissonade (G.), Projet de Code civil pour l'Empire du Japon accompagné d'un commentaire, nouvelle édition, tome 4, Tokio, 1891, p. 197.

(16)　清水元訳（清水・前掲注(12) 124-125 頁）による。

(17)　2016 年改正前の仏民 545 条，548 条，555 条，570 条，867 条，1612 条，1673 条，1749 条，1948 条，2082 条，2087 条，2280 条等である。

けた[18]。

　旧民法債権担保編 92 条の「正当ノ原因」はボワソナード民法草案 1096 条の
"cause légitime" に当たる。ボワソナードは，この要件は「そこに不法な担保
を見出すため，債権者がその債務者のある所有物の占有を詐術によって取得し，
あるいは，保持すること（傍線は筆者）を防止することを目的としている。」と
注釈し[19]，「詐術によって」と不法占有が故意によることを前提としている。

　295 条 2 項に関する穂積の法典調査会での説明中に「此留置権ヲヤリマセヌ
ト云フ事柄ハ殊更ニ留置権ヲ得ヤウト思ツテ不正当ナ途ヲ以テ其物ノ占有権ヲ
得ル欺テ債務者ノ手カラ不法ニ得ルト云フヤウナ場合ニハ留置権ハナイト云フ
コトヲ知ラセルト云フノガ趣意デアツテ不法行為ニ因ツテ始マツタルモノハ有
セヌ」（傍線は筆者）[20]という記述があり，『民法修正案理由書』には「既成法典
ハ占有ノ原因ヲ表面ヨリ観察シテ正当ノ原因ニ基クコトヲ要スト規定セリ然レ
トモ単ニ正当ノ原因ニ因リテ占有スト云フトキハ其始メ不正ノ原因タルモ後ニ
至リテ正当ト為ルトキハ留置権ハ存立スル如ク解セシムルニ足ルヘシ之レ本案
ノ避ケントスル疑点ニシテ占有カ詐欺ノ如キ不正ノ原因ニ由リテ始マリタルト
キハ其後ニ至リ正当ノ名義ヲ得ルモ法律ハ之ニ因リテ留置権ヲ生セシムヘキニ
アラス」（傍線は筆者）[21]とある。穂積は不法行為による占有開始の場合に留置
権を不成立とするが，不法行為の例として「殊更ニ留置権ヲ得ヤウト思ツテ不
正当ナ途ヲ以テ其物ノ占有権ヲ得ル」行為や詐欺を挙げており，故意不法行為
を前提としていたと考えられる。

　法典調査会の審議では，故意不法行為による目的物取得の場合に留置権を否
定する独民第 1 草案 235 条と同第 2 草案 230 条が参照されたが，留置権を否定
すべき場合を故意不法行為の場合に限るかについては議論されずに 295 条 2 項
の成立に至った。

　民法典の起草委員や草創期の学者には，295 条 2 項の「不法行為」を 709 条
の「不法行為」と同義としつつ，窃盗や詐欺，暴行，強迫という故意不法行為
の例のみを挙げる者[22]や，ドイツ民法に倣って故意不法行為に限定する解釈を

---

　[18]　清水・前掲注[12] 115 頁。

　[19]　Boissonade (G.), op. cit., p. 202.

　[20]　法務大臣官房司法法制調査部・前掲注[11] 328 頁。

　[21]　廣中俊雄編著『民法修正案（前 3 編）の理由書』（有斐閣，1987 年）312 頁。

採用する者[23]が多い。

その後，295条2項の「不法行為」を709条の「不法行為」と同義とする説が通説となった[24]。また，占有開始時に有していた占有権原をその後喪失した場合（権原喪失型）にも295条2項を類推適用して留置権を否定する判例法理が形成された[25]。

穂積陳重は509条の起草の際，相殺禁止の対象を他人の財産の不正取得の場合に限らなかった。但し，彼が留置権の規定を援用した点と，故意不法行為による占有開始に基づく留置権の否定が留置権規定の趣旨だと当時一般に理解されていた点とを踏まえると，509条における「不法行為」も「故意不法行為」を念頭に立法されたと解すべきではないか。509条の趣旨や改正のあり方はこの点も踏まえて検討する必要がある。

Ⅲ　判例の展開

以下では，小川論文と同じ視角で，509条の趣旨，不法行為債権相互の相殺の可否，債務不履行に基づく損害賠償債権の相殺の可否の3点から判例を回顧

---

(22)　梅謙次郎『訂正増補民法要義巻之二』（有斐閣，1911年）304頁。富井・前掲注(12) 316頁。松波仁一郎・仁保亀松・仁井田益太郎『帝国民法正解 第四巻』（有斐閣，1896年）892-893頁。横田秀雄『物権法』（清水書店，初版1905年，訂正第15版1913年）564-565頁。川名兼四郎『物権法要論』（金刺芳流堂，1915年）186頁。

(23)　岡松参太郎『註釈民法理由〔再版〕』（有斐閣，1897年）320頁。

(24)　道垣内弘人『担保物権法〔第4版〕』（有斐閣，2017年）27頁等。

(25)　清水・前掲注(12) 260-268頁，関・前掲注(12) 467-585頁。なお，柚木馨・高木多喜男『担保物権法〔第3版〕』（有斐閣，1982年）27-28頁の「そもそも本項（引用者注：295条2項）は，ローマ法において盗品に費用をだした盗人はその故に所有権回収の訴を拒否しえない，とせられたことに始まる。フランスの判例は広く，返還すべき物の上に費用を支出した悪意占有者に留置権を否定したが，これはわが民法における196条2項但書に該当するにすぎず，ドイツ民法（273条2項但書）に至っては再び狭く，故意でなした不法行為によって目的を取得した場合にのみ，留置権を排除しているのである。わが民法はこの沿革をうけて，占有取得行為が不法行為である場合にのみ当然に留置権を否定することとし，悪意占有者は裁判所の期限許与をまって始めて留置権を失うにすぎないものとしたのである（民196条2項但書）。したがって，無権限なることを過失によってしらない占有者のごときは，何らその留置権を妨げられないというのが民法の趣旨なのであり，かように占有瑕疵に段階を設けてこそ，債権者・債務者間の保護の調節が期せられる」との批判は重要である。

する。小川論文の引用する最新の裁判例は名古屋高金沢支判昭61・1・24判タ
610号93頁である[26]ので，1985年で区切って見ていこう。

1　民法509条の趣旨

(1) 1985年まで

　大判昭3・10・13民集7巻780頁は，不法行為債権相互の相殺につき509条
の文理解釈から反対債権（自働債権）が何であれ不法行為から生じた債務と相
殺することは一切禁じられているとするが，相殺禁止の実質的理由については
述べていない。その後の大審院判例も509条の趣旨については述べていない[27]。

　最判昭32・4・30民集11巻4号646頁（以下「32年判決」）は，被用者惹起
交通事故につき使用者責任を負う使用者が当該事故の相手方に対する不法行為
に基づく損害賠償債権を自働債権，715条の使用者責任にかかる損害賠償債務
を受働債権とする相殺を主張した事案について，509条の趣旨が不法行為の被
害者に現実の弁済によって損害の塡補を受けさせること（本稿では，以下「満
足趣旨」とする）にあるとする。

　最判昭42・11・30民集21巻9号2477頁（以下「42年判決」）は，建物賃貸
借契約の滞納家賃債権と同契約解除による545条3項に基づく家賃相当損害金
債権を自働債権とし，土地売買契約の解除に基づく買主の代金内金返還債権を
受働債権とする相殺の事案について，509条の趣旨として満足趣旨と不法行為
の誘発防止（本稿では，以下「抑止趣旨」とする）を挙げる。

　最判昭49・6・28民集28巻5号666頁（以下「49年判決」）は，同一の交通
事故による損害賠償債権相互の相殺の事案について32年判決を引用し同趣旨
を述べる。

　最判昭54・3・8民集33巻2号187頁は，不法行為の加害者が被害者に対す
る自己の債権を執行債権として自己に対する被害者の損害賠償債権について受
けた転付命令の事案について，42年判決を引用し同趣旨を述べる。

　このように，509条の趣旨として戦後の判例は満足趣旨と抑止趣旨を挙げる。
満足趣旨のみを挙げる32年判決と49年判決は交通事故の事案であり不法行為

---

[26]　小川・前掲注(1)127号318頁注(17)参照。

[27]　例えば，大判昭8・6・28新聞3581号7頁，大判昭11・4・22法学5巻9号1357頁，
　　大判昭12・4・10民集16巻428頁。

36 損害賠償債権を受働債権とする相殺の禁止について〔深谷　格〕

の誘発は論理的にあり得ない。自動車の普及に伴い交通事故も増え不法行為債権相互の相殺が問題となり，立法者が想定していなかったこの事態を前に509条の適用の正当化のため満足趣旨が強調されるようになったのではないか。

(2) 1986年以降

最判平8・6・17LEX/DB 28031236（抑止趣旨），東京地判平15・12・25LLI/DB判例秘書 L05835463（満足趣旨と抑止趣旨），東京地判平17・3・30LLI/DB判例秘書 L06031377（満足趣旨が主たる趣旨，抑止趣旨が副次的な趣旨）の後，大阪高決平17・7・6判時1918号17頁（以下「17年決定」）は，同一の交通事故により双方に損害賠償債権が発生した場合，一方当事者が自動車保険契約を締結していた保険会社が保険代位により得た保険契約者（＝交通事故の一方当事者）の損害賠償債権に基づき他方の損害賠償債権を差し押さえることは509条の規定を潜脱し許されないとし，509条の趣旨は満足趣旨と抑止趣旨にあり，双方過失に起因する同一交通事故によって生じた損害賠償債権については，相殺禁止の趣旨のうち抑止趣旨は当てはまらないが満足趣旨は妥当するとした。

17年決定は満足趣旨と抑止趣旨を挙げるが，不法行為について故意，過失，種類を問わないとした点と，抑止趣旨が問題とならない事案でも満足趣旨に当てはまる事案であれば相殺が禁止されるとした点とは従来の裁判例が明言していなかった点である。

2　不法行為債権相互の相殺の可否

(1) 1985年まで

大審院判例は不法行為債権相互の相殺を509条に従い禁止するが，その実質的理由については述べていない[28]。

32年判決は，Y会社所有トラックをY被用者Aが運転中の事故で同乗のY被用者Bが死亡しBの相続人XがYの使用者責任を追及したが，YがBの過失によるY所有トラックの毀損に基づくYのBに対する損害賠償請求権とYの使用者責任に係る損害賠償請求権との相殺を主張した事案について，509条に従い相殺を禁じた原判決を支持した。その際，509条の趣旨が満足趣旨にあることと715条の使用者責任が不法行為による債務であることとを実質的理

---

[28]　大判昭3・10・13民集7巻780頁，大判昭8・6・28新聞3581号7頁，大判昭11・4・22法学5巻9号1357頁。

由として挙げる。

49 年判決は，衝突した 2 台の自動車の過失ある運転者の使用者の使用者責任に基づく損害賠償債権相互の相殺の事案について，32 年判決を引用し 509 条の趣旨が満足趣旨にあることを理由として「双方の被用者の過失に基因する同一交通事故によって生じた物的損害に基づく損害賠償債権相互間」でも相殺が許されないとした[29]。

最判昭 54・9・7 交民集 12 巻 5 号 1173 頁（以下「54 年判決」）は，49 年判決を引用し運送会社同士の「各被用者の過失に基因する同一事故によって生じた物的損害に基づく損害賠償債権相互間」の相殺は 509 条により許されないとした。大塚喜一郎裁判官の反対意見は「当事者双方の過失に起因する同一の交通事故によって生じた物的損害に基づく損害賠償債権相互間においては，相殺が許される」とし，509 条の趣旨は満足趣旨と抑止趣旨にあるが，同条を「双方当事者の過失に起因する同一交通事故によって生じた不法行為（以下，双方的不法行為という。）債権相互間」に適用することは妥当でないとする。その理由は「双方的不法行為のうち先に損害賠償請求権を行使した原告は，現実の弁済を受けることができる」が，被告は「現実弁済の履行を強制され」「原告が被告から現実弁済を受けた後に支払能力を喪失した場合には事実上不公平な結果

[29]　但し，本件原判決（東京高判昭 46・10・8 民集 28 巻 5 号 684 頁）は，509 条の規定は被害者保護の規定で，その趣旨は満足趣旨と抑止趣旨にあるが，「本件のように，自働債権および受働債権が双方の過失により惹起された同一事故に基づく損害賠償債権である場合，双方とも不法行為の被害者であるのに一方の被害者にのみ満足趣旨を強調することは同じく被害者である他方の立場との間に著るしい不均衡を生ぜしめることになるし，自働債権を本訴に対する反訴または別訴によって訴求するのは自由であること，さらには，民法上被害者みずからが不法行為による損害賠償債権を自働債権として相手方の（不法行為以外の原因による）反対債権と相殺することは禁じられていないことを勘案すると，満足趣旨を強調することは妥当性を欠き，また右のような場合には，報復的不法行為の誘発という弊害を生ずる懸念は皆無である。そして自動車の衝突事故のような社会的にみて一個の事実から生じた債権債務の関係につき相殺による清算を許すときは，別訴による証拠調の反覆が回避でき，当事者にとっても前記債権関係につき迅速簡明な決済が得られる利点がある。」として，「本件のように，双方の債権が，双方の過失による一個の衝突事故によって生じた物損に基づく損害賠償債権である場合には，民法第 509 条の適用がなく，損害賠償債権を受働債権とする相殺ができると解すべきである。」とする。本判決は原判決に比して理由付けが不十分ではなかろうか（小川・前掲注(1) 127 号 311-312 頁参照）。

36 損害賠償債権を受働債権とする相殺の禁止について〔深谷　格〕

を生ずる」し「双方的不法行為による反射的な作動による運転ミスの場合，未熟な機械的運転ミスの場合など，伝統的な過失概念ではまかないきれ」ず「これらの事故は，性質上，損害賠償債権の相殺を許さないことによって誘発を防止することを期待できない」から，509条の抑止趣旨は「故意または伝統的な概念での過失による不法行為の再発を防止する意味で是認」しうるが「双方的不法行為による事故発生を防止する現代的意義は喪失」しているものの双方的不法行為による「損害のうち治療費，逸失利益等による人的損害については，人の生存にかかわるものであるから現実の弁済を受けさせる必要がある」が物的損害にはそのような合理的理由がないから「双方的不法行為によるもので，受働債権が物的損害賠償債権の場合は，民法509条は適用されない」とする。

このように，1985年までの最高裁判例は不法行為債権相互の相殺を認めない。但し，49年判決以前に双方的不法行為の場合に相殺を禁じた下級審裁判例は，満足趣旨を理由とする大阪高判昭39・2・28判タ159号139頁と佐賀地判昭44・3・20交民集2巻2号354頁のみであり，圧倒的多数が双方的不法行為の双方の損害賠償債務の相殺を認めていた[30]。その理由として次の点が挙げられる。①同一事故に基づく不法行為債権相互間では一方の債権だけが現実に弁済を受けるに値するとは言えないから，満足趣旨を根拠とする相殺禁止は合理的根拠を欠き，双方とも不法行為の被害者であるのに一方の被害者にのみ満足趣旨を強調することは両当事者間に著しい不均衡を生ぜしめる。②相殺を許しても報復的不法行為の誘発の弊害を招く余地はない。③自動車衝突事故のよ

[30]　東京地判昭40・7・20下民集16巻7号1257頁。横浜地判昭41・11・20下民集17巻11・12号1084頁。東京地判昭43・3・30判タ219号113頁。東京地判昭43・10・24判タ228号197頁。東京地判昭44・9・22判時602号76頁。岡山地判昭45・2・13判時593号81頁。東京地判昭45・9・28判タ257号251頁。東京地判昭45・10・28判タ257号256頁。大阪高判昭45・12・22判時626号61頁。大阪地判昭46・3・23判タ264号358頁。横浜地判昭46・6・19交民集4巻3号926頁。高松高判昭46・6・29高民集24巻2号252頁。東京高判昭46・7・20東高民時報22巻7号118頁。東京高判昭46・10・8高民集24巻3号369頁。東京地判昭47・2・9交民集5巻1号167頁。福岡地小倉支判昭47・2・24交民集5巻1号252頁。東京高判昭47・3・8判タ278号343頁。宇都宮地判昭47・6・20判時686号85頁。仙台高秋田支判昭47・8・20交民集5巻4号927頁。東京高判昭47・11・9判時690号44頁。東京地判昭47・12・13交民集5巻6号1718頁。東京高判昭48・6・25交民集6巻3号1056頁。大阪地判昭49・2・28交民集7巻1号255頁。

うな社会的にみて一個の事実から生じた債権債務関係につき相殺による清算を許すときは，別訴による証拠調の反覆が回避でき前記債権関係につき迅速簡明な決済が得られる。

しかし，49年判決以後の下級審裁判例は双方的不法行為による損害賠償債務の相殺を認めていない[31]。

(2) 1986年以降

神戸地判平8・1・18交民集29巻1号63頁は，双方有過失の自動車衝突事故の事案について，54年判決大塚反対意見は立法論としては傾聴に値するが，509条は制限なしに不法行為による損害賠償請求権を受働債権とする相殺を禁止しているから双方の過失に起因する同一交通事故による物的損害に基づく損害賠償債権相互間でも相殺は許されないとした。その後，実質的な理由を述べずに主張自体失当等としてかかる相殺を禁ずる判決が続いた[32]が，17年決定は，同一交通事故の事案について，509条の趣旨は満足趣旨と抑止趣旨にあるとし，双方過失に起因する同一交通事故による損害賠償債権については，相殺禁止の趣旨のうち抑止趣旨は当てはまらないが満足趣旨は妥当するとして相殺を認めなかった。

3 債務不履行に基づく損害賠償債権を受働債権とする相殺

債務不履行に基づく損害賠償債権を受働債権とする相殺への509条の適用に関する最上級審判決は存在しない。そこで，以下では下級審裁判例を概観する。

(1) 1985年まで

朝鮮高等法院判昭15・10・8朝鮮高等法院判決録27巻173頁（以下「朝鮮15年判決」）は，土地の二重譲渡で第二譲受人が先に登記を備えたことによる第一譲受人の譲渡人に対する損害賠償請求に対し，譲渡人が自己の第一譲受人に対する別の損害賠償債権を自働債権とする相殺を主張したが，受働債権は債務不履行に基づく損害賠償債権であり509条によって相殺が禁止されるか否か

---

[31]　東京地判昭51・11・12交民集9巻6号1542頁。大阪地判昭54・4・10交民集12巻2号484頁。新潟地判昭54・8・29交民集12巻4号1140頁。

[32]　最判平8・6・17LEX/DB28031236。名古屋地判平13・10・1交民集34巻5号1353頁。東京地判平13・10・2交民集34巻5号1358頁。青森地弘前支判平14・6・10LLI/DB判例秘書L0570688。

36 損害賠償債権を受働債権とする相殺の禁止について〔深谷　格〕

が問題となった事案について「既ニ譲渡シタル土地ニ付登記簿上所有名義カ依然トシテ譲渡人ニアルヲ奇貨トシ擅ニ他ニ処分シタルトキハ譲渡契約上ノ債務不履行ヲ生スルコト勿論ナリト雖更ニ自己ノ占有スル他人ノ物ヲ擅ニ領得セル点ニ於テ不法行為成立スルモノニシテ所論ノ如ク単純ナル債務不履行アルニ過キサル場合ト同一ニ論スヘキニアラス而シテ右ノ場合ニ第一ノ譲受人ハ譲渡契約上ノ債務不履行ニ因ル損害賠償ヲ請求スルト不法行為ニ基ク損害賠償ヲ請求スルトハ其ノ事由（ママ）ニ決シ得ヘキトコロナレトモ若シ譲渡人ニ対シ後者ニ因ル損害賠償ヲ請求シタルトキハ譲渡人ハ相殺ヲ以テ譲受人ニ対抗スルヲ得サルモノトス蓋シ苟モ不法行為者ニ対シテハ現実ノ賠償ヲ為サシメントスル法ノ精神ハカカル場合ノ不法行為者ヲモ包含セシムル趣旨ト解スルヲ相当トスレハナリ」と判示し，本件は債務不履行と不法行為の請求権競合の事案であり単純な債務不履行のみが成立している事案ではないとし，満足趣旨から不法行為に基づく損害賠償債権を受働債権とする相殺が509条によって禁止される旨を判示した。

　小川論文は本判決を債務不履行に基づく損害賠償債権を受働債権とする相殺への509条の適用を否定した裁判例だとする[33]が，債務不履行と不法行為の両方の損害賠償債権が成立する請求権競合の事案で，不法行為に基づく損害賠償債権を受働債権とする相殺の509条による禁止を肯定し，かつ，債務不履行に基づく損害賠償債権を受働債権とする相続の可否については判示していない裁判例だと評価すべきであろう。

　戦後になって，東京地判昭39・9・17下民集15巻9号2208頁（以下「39年判決」）が登場した。事案は次の通りである。抵当権が設定されたA所有本件土地建物のうち建物をAはBに賃貸したが，Bは建物賃料及び権利金をAに支払う代わりに抵当権の被担保債権をAに代わって弁済し，抵当権を消滅させることを約したところ，Bが被担保債権の一部を弁済せず，抵当権が実行され，Bが本件土地を競落し本件建物も競落人からBが取得し，双方を転売した。AのBに対する賃借物返還債務の履行不能による損害賠償請求に対し，Bは第三者から譲り受けたAに対する債権との相殺を主張した。39年判決は「Aが本訴において請求しているのは債務不履行による損害賠償である」が

---

(33)　小川・前掲注(1)127号305-306頁。

「その債務不履行を構成する事実は」「Aに返還し得べきであった本件土地建物を故意に第三者に売却したと云うBの行為であり，これは又同時に不法行為としても評価し得べく，かかる場合不法行為による損害賠償請求権につ」いての満足趣旨は「債務不履行による損害賠償請求権についても妥当する」として相殺を認めなかった。

大阪地判昭52・6・24判時880号60頁は，婚姻予約不履行による損害賠償請求権を受働債権，共有持分返還請求権を自働債権とする相殺につき，「離婚に伴なう慰藉料請求権や内縁の不当破棄による慰藉料請求権が不法行為より生じた債権であることは一般に承認されて」おり「これに対して相殺が許されないことは民法第509条の規定上明らかであるが，婚姻予約不履行に基づく慰藉料請求権も，形式的には債務不履行により生じた債権の構成をとるとはいえ，実質的には右諸権利とほとんど差異のない権利であるから，民法第509条の類推適用があり，この請求権に対し反対債権による相殺をもって対抗することは許されない」と判示した。

神戸地尼崎支判昭54・2・16判時941号84頁は，労災事故被害者Xの使用者Yに対する債務不履行及び不法行為に基づく損害賠償請求に対しYが立替払債権及び貸金債権を自働債権とする相殺を主張した事案について，「安全保護義務の不完全履行があった」としてYの債務不履行による損害賠償義務を認め「受働債権が債務不履行に基づく損害賠償債権であっても，債務不履行を構成する事実が同時に不法行為を構成するに足りるものであるときは，民法509条の適用があり，相殺は許されない」と判示した。

東京高八王子支判昭56・6・25東高民時報32巻6号152頁は，建物賃貸借終了後の賃料相当額損害金債権を受働債権とし未払給料債権及び貸金債権を自働債権とする相殺につき，賃料相当額損害金の「請求が本件建物部分の所有権を侵害する不法行為に因る損害の賠償を求めるものとみるべきである以上，たとえ，それが他方において建物貸借の終了による返還債務の不履行となるべき一面をも併せ有するとしても，その理に変りに（ママ）なく」として509条に従い相殺を許さなかった。

(2) 1986年以降

大阪高判平14・11・29LLI/DB判例秘書L05720934は，債務不履行及び不法行為に基づく損害賠償請求に対し新株発行無効による払込金返還請求権を自

働債権とする相殺を主張した事案について，「不法行為に基づく損害賠償請求権を受働債権とする相殺は，民法509条により許されないし，債務不履行に基づく損害賠償請求権を受働債権とする相殺も，当該債務不履行が不法行為をも構成することから，同条の類推適用により許されない。」と判示した。

東京地判平15・12・25LLI/DB判例秘書L05835463は，B社の営業上の権利義務を承継したA社がCに対する受け株代金残金債権を自働債権としCのAに対する株券返還債務の履行遅滞に基づく損害賠償債権を受働債権とする相殺を主張した事案について，「上記株券返還債務は，Bの違法な無断売買を原因として生じたものであり，同返還債務の履行遅滞に基づく損害は，同時に，Bの不法行為（違法な無断売買）により生じた損害であると評価することもできるものである。そして，民法509条が不法行為債権を受働債権とする相殺を禁止しているのは」満足趣旨と抑止趣旨のためであり，「かかる趣旨に鑑みれば，債務不履行に基づく損害賠償債権が同時に不法行為に基づく損害賠償債権と評価し得るような場合にも，同条の類推適用により相殺を認めないこととするのが相当である。」と判示した。

このように，509条の適用か類推適用かの法律構成に差異はあるが，債務不履行に基づく損害賠償債権が同時に不法行為に基づく損害賠償債権と評価し得る場合には，かかる損害賠償債権を受働債権とする相殺を禁止する態度を裁判例は維持している。

Ⅳ　学説の展開

学説についても判例と同様に時期と論点を区分して概観する。相殺禁止をもたらす不法行為の態様についての学説も検討する。

1　民法509条の趣旨
(1)　1985年まで

梅謙次郎は，不法行為による債務を負う者は法律の保護を受けるべき価値のない者であると述べ[34]，また，当該債務者が相殺をしてその義務を免れうるな

---

(34)　梅謙次郎『民法要義巻之三債権篇』（1897年）335頁。

IV 学説の展開

ら不法行為に対する制裁はほとんど目的を達しないことになるとし[35]，そこに不法行為による損害賠償債務を受働債権とする相殺の禁止の理由を求める。

また，岡松参太郎は抑止趣旨が509条の趣旨だとする[36]。

このように，初期の学説は，509条を不法行為者に対する制裁を貫徹し抑止趣旨に立つ規定だと捉えていた[37]。満足趣旨については石坂音四郎も言及するが，それは不法行為債務を受働債権とする相殺を認めることが正義に合しないと考えられていたからにすぎず，被害者保護の観点は乏しく不法行為制度は加害者に対する制裁として捉えられていた[38]。

したがって，509条の「不法行為」は故意不法行為も過失不法行為も含意すると解されていた[39]が，独民393条を参照し故意不法行為についてのみ相殺禁止規定を設けるべきだとする立法論的見解も存在した[40]。

その後，林信雄は，509条の立法趣旨として，加害者への制裁の趣旨に加えて被害者救済の点から満足趣旨が妥当だと述べた[41]。

戦後，我妻栄は，「不法行為の被害者には現実の弁済によって損害の填補を受けさせようとする趣旨（「治療代は現金で」）であるが，同時に，自力救済を防ぐ趣旨ともなる（給料を支払わない雇主の物を横領し，これによって負担する損害賠償債務を給料請求権で相殺するなど）。」[42]と述べ，以後加害者への制裁でなく満足趣旨と抑止趣旨が強調されるようになった。

42年判決以後，509条の趣旨を満足趣旨と抑止趣旨と捉える学説が多数を占め，49年判決以後はこれらの趣旨への力点により学説が分かれる[43]。

---

(35) 梅謙次郎『民法原理（債権総則）』（1900年）796頁。

(36) 岡松参太郎『註釈民法理由下巻』（1897年）330-331頁。

(37) 例えば，川名兼四郎は，不法行為者に相殺する利益を与え，保護する必要はないとし（川名兼四郎『債権総論』〔金刺芳流堂，1904年〕360頁），不法行為者が被害者に対して相殺権を有するとすると不法行為を誘導するおそれがあると述べる（川名兼四郎『債権法要論』〔金刺芳流堂，1915年〕558頁）。他に，鳩山秀夫『増訂改版日本債権法（総論）』（岩波書店，1925年）384頁。薬師寺志光「双方的不法行為と相殺」法曹会雑誌13巻3号（1935年）19頁。田島順・柚木馨・伊達秋雄・近藤英吉『註釈日本民法（債権編総則）下巻』（厳松堂書店，1936年）329-330頁（田島順）。

(38) 石坂音四郎『日本民法第三編債権総論下巻』（初版，有斐閣，1915年）1573-1574頁。

(39) 田島・柚木・伊達・近藤・前掲注(37)。

(40) 鳩山・前掲注(37)。

(41) 林信雄『判例を中心としたる債権法論（総論）』（凡進社，1934年）344頁。

(42) 我妻栄『新訂債権総論』（岩波書店，1964年）330-331頁。

811

36 損害賠償債権を受働債権とする相殺の禁止について〔深谷　格〕

(2) 1986 年以降

青野博之は，民法制定当初は抑止趣旨に重きがあったが現在は満足趣旨が重要視されているとし「これは，不法行為が加害者制裁から被害者救済へとその制度の中心を移していったことによる」とし，「損害填補機能を犠牲にしてまでも，制裁機能を重視すべきであるというわけではな」く「相殺が禁止されるべき根拠は，現実の弁済が要請される場合に限定すべき」だとする。そして「自賠法が人損についての特別法であることに照らし，過失による不法行為の場合において，人損が発生したときは，相殺を禁止すべき」だとする[44]。

体系書レベルでは 509 条の趣旨につき伝統的な理解が基本的に受け継がれている[45]が，以下の個別論点の検討ではむしろ伝統的見解に対して批判的なものが少なくない。

2　相殺禁止をもたらす不法行為の態様

(1) 1985 年まで

梅謙次郎は不法行為の態様に言及していない[46]。初期の多数説は不法行為の態様が何であれ（故意か過失かを問わず）不法行為から生ずる債権を受働債権とする相殺を禁ずる[47]。しかし，鳩山秀夫は，独民 393 条を参照し，抑止趣旨が 509 条の趣旨であるから，立法論としては故意不法行為についてのみ当該不法行為から生じた債権を受働債権とする相殺を禁止するのが正当だとする[48]。

戦後 1985 年までの代表的な体系書は，相殺禁止をもたらす不法行為の態様につき故意と過失とで区別しない[49]。但し，星野英一は，509 条の趣旨を抑止趣旨とし故意不法行為者のみに相殺を禁止すれば足り，過失不法行為に基づく損害賠償債務を受働債権とする相殺は認めてよいとする[50]。山本進一は，独民

[43]　この点につき，小川・前掲注(1) 127 号 321-322 頁参照。

[44]　青野博之「判批」判評 572 号（2006 年）196 頁。

[45]　奥田昌道『債権総論〔増補版〕』（悠々社，1992 年）576 頁。前田達明『口述債権総論〔第 3 版〕』（成文堂，1993 年）504-505 頁。潮見佳男『債権総論 II〔第 3 版〕』（信山社，2005 年）374 頁。加藤雅信『債権総論』（有斐閣，2005 年）416-417 頁。小野秀誠『債権総論』（信山社，2013 年）336 頁。

[46]　梅・前掲注(34)，前掲注(35)。

[47]　岡松・前掲注(36)。川名・前掲注(37)。石坂・前掲注(38)。田島・柚木・伊達・近藤・前掲注(37) 330 頁。

[48]　鳩山・前掲注(37)。同旨，薬師寺・前掲注(37) 23-24 頁。

812

IV　学説の展開

393条が故意不法行為に基づく債権に対してのみ相殺を禁止するにとどまり，スイス債務法125条1号も不法に奪取しまたは悪意に取得した物の返還または賠償の義務についてのみ相殺を禁止するという例に倣い，相殺禁止事由を不法行為の性質に応じて個別的に考察すべきだとする[51]。宗宮信次は，独民393条，仏民1293条，スイス債務法125条を参照し，立法論として①ドイツ法のように，故意不法行為のみに相殺を禁止するか，②被害者自身に現実に賠償を取得させることを要する場合（例，労災や人格権侵害に対する損害賠償）のみに相殺を禁止するか，③509条を廃止して不道徳な不法行為上の債務に対する相殺の意思表示は民法90条違反として効力を否定するか，のいずれかにすべきだとする[52]。石田穣は，抑止趣旨のためには過失不法行為の場合や被害者の損害賠償債権の譲受人が相殺を主張する場合にまで相殺を拒否できるのは行き過ぎだとし，故意不法行為の被害者に対して相殺がなされるような場合に限り損害賠償債権との相殺を禁止すべきだとし，満足趣旨から相殺により被害者が生活上窮迫の状態に陥るおそれがある場合に限り損害賠償債権との相殺を禁止すべきだとする[53]。能見善久は，509条の趣旨を抑止趣旨とし原則として故意不法行為の場合にのみ相殺を禁止すれば足りるが「既に債権を有する者がその弁済を強要する際に過失で損害を与える」という危険行為の防止のため，509条が故意と過失とを区別せずに相殺を禁止することは不当とは言えないとする[54]。野村豊弘は，損害賠償債権が過失不法行為の場合には抑止趣旨が妥当しないが，満足趣旨を強調すれば，509条が，相殺禁止の対象債権が故意不法行為の場合と過失不法行為の場合とを区別しない点も正当化されるとする[55]。

---

(49)　我妻・前掲注(42)。柚木馨（高木多喜男補訂）『判例債権法総論〔補訂版〕』（有斐閣，1971年）499-501頁。於保不二雄『債権総論〔新版〕』（有斐閣，1972年）418-419頁。四宮和夫『事務管理・不当利得・不法行為　下巻』（青林書院，1985年）642頁。

(50)　星野英一『民法概論Ⅲ（債権総論）』（良書普及会，1978年）296頁。

(51)　山本進一「判批」法論31巻3号（1957年）160-161頁。

(52)　宗宮信次「不法行為による債務の相殺禁止制度の当否」自正11巻10号（1960年）21-22頁。

(53)　石田穣「判批」法協86巻1号（1969年）129-130頁。高木多喜男・加藤雅信・石田穣・國井和郎・潮海一雄・能見善久・藤岡康宏・前田達明・伊藤高義『民法講義6　不法行為等』（有斐閣，1977年）386頁（石田穣）。

(54)　能見善久「判批」法協93巻7号（1976年）1151-1153頁。

(55)　野村豊弘「判批」民商81巻6号（1980年）839-840頁。

813

36 損害賠償債権を受働債権とする相殺の禁止について〔深谷　格〕

(2) 1986 年以降

体系書レベルでは多数が相殺禁止をもたらす不法行為の態様について制限を設けない立場である[56]。

これに対し，平井宜雄は，起草者は(i) 不法行為被害者への迅速な弁済（満足趣旨）と(ii) 抑止趣旨を立法趣旨として挙げるが，それならば独民 393 条のように故意不法行為による債務についてのみ相殺禁止をすればよいのに，そういう規定ではないので(ii)には疑問があり，(i)の迅速な弁済の必要があるのは生命・身体に対する傷害のような重大な法益侵害の場合であり，相殺禁止をこのような場合に限るべきだとし，故意及びそれに準ずる不法行為者には一種の制裁として現実に生じた損害を賠償させるのが 509 条の趣旨だとして同条の適用範囲を限定すべきだとする[57]。

幾代通は，現代法における不法行為は多種多様で債務不履行と必ずしも截然と区別できないことや，相殺禁止制度の支柱の一つである倫理的制裁という思想は刑事責任と民事責任の分化の確立した近代法のもとではもはや時代錯誤であること等を指摘し，限定した範囲の不法行為（例えば，故意不法行為等）についてだけ相殺を禁止する立法論もありうるが，むしろ立法論としては 509 条を全廃すべきだとする[58]。

青野博之は，双方的不法行為の損害賠償債権の相殺に関して，満足趣旨から物損相互間の相殺は許されるが，人損の場合には 509 条により相殺を禁止すべきだとする[59]。

平野裕之は，満足趣旨を基礎として「人損について故意または重過失の場合には不法行為者は相殺ができない」としつつ 509 条の柔軟な適用の余地を残すことを認める[60]。

---

[56]　奥田・前掲注(45)。前田・前掲注(45)。林良平（安永正昭補訂）・石田喜久夫・高木多喜男『債権総論〔第 3 版〕』（青林書院，1996 年）338-339 頁。淡路剛久『債権総論』（有斐閣，2002 年）594-595 頁。川井健『民法概論 3 債権総論〔第 2 版〕』（有斐閣，2005 年）354-356 頁。

[57]　平井宜雄『債権総論〔第 2 版〕』（弘文堂，1994 年）225-226 頁。

[58]　幾代通（徳本伸一補訂）『不法行為法』（有斐閣，1993 年）342-343 頁。

[59]　青野博之「判批」法時 52 巻 8 号（1980 年）143 頁，同・前掲注(44) 197-198 頁。

[60]　平野裕之『債権総論』（信山社，2005 年）140 頁。なお，平野裕之「相殺規定の見直しは必要か」椿寿夫＝新美育文＝平野裕之＝河野玄逸編『法律時報増刊　民法改正を考える』（日本評論社，2008 年）267-268 頁参照。

Ⅳ　学説の展開

3　不法行為債権相互の相殺の可否

(1)　1985 年まで

　不法行為債権相互の相殺を最初に論じた薬師寺志光は 509 条の廃止を主張する。その理由として，①不法行為制度は損害の塡補を目的とし，不法行為者の制裁を目的とすべきでない，②不法行為者に相殺を許すことが不法行為を認容する結果となるという論法によるなら不法行為者には過失相殺や損益相殺も認めるべきではないことになり妥当でない，③抑止趣旨は過失不法行為の場合には妥当しないし，故意不法行為，しかも相殺の目的をもって不法行為をした場合以外は相殺の利益を与えるべきである，と述べる。薬師寺は解釈論としても双方的不法行為の場合には 509 条の適用を否定する。その理由として，同一生活関係から不法行為を生じた場合に不法行為者たる一方の債務者から相殺の利益を奪うとその反射作用として相手方に利益を与えることになり，一方の不法行為者を犠牲にして他の不法行為者を保護することは正義に反するから，相殺の容認によって当事者間の公平を図ることが正義にかなうとする[61]。

　その後の展開は小川論文に詳しい。同論文によれば 32 年判決が交通事故事案で相殺を否定したことが契機となり相殺肯定説が多数説となった。49 年判決以前，相殺肯定説は 509 条の趣旨を満足趣旨と抑止趣旨と捉え，抑止趣旨については，問題となる債権が交通事故を契機として発生していることから相殺を認めても不法行為の誘発防止のおそれはないとし，満足趣旨については，交通事故事案では当事者双方に現実弁済の要請があり当事者一方のみの現実弁済を強調した相殺禁止は却って当事者に不公平な結果を招くとし，相殺の公平確保機能と紛争の一回的解決が訴訟経済に資する旨を説いた。49 年判決と 54 年判決は交通事故事案に 509 条を適用して相殺を禁止する立場を維持した。しかし，49 年判決以降も学説上は相殺肯定説が多数説で次の類型に分かれる。509条の趣旨を満足趣旨と抑止趣旨と捉え，満足趣旨より被害者が生活上窮迫の状態に陥るおそれがある場合に相殺を禁じ，抑止趣旨より故意の不法行為の場合に限り相殺を禁ずる説。同一事故に基づく不法行為債権が問題となる場合には抑止趣旨に反しないから相殺を容認する説。事故時の不法度に着眼して不法度の高い者からの相殺を禁ずる説。故意及びそれに準ずる不法行為者からの相殺

---

[61]　薬師寺・前掲注(37) 22-26 頁。

36 損害賠償債権を受働債権とする相殺の禁止について〔深谷 格〕

を禁ずる説。相殺による当事者間の公平と満足趣旨とを比較し相殺を禁ずべき実質的理由の有無により柔軟に考える説。同質的な不法行為債権相互間の相殺は認めるが人損による損害賠償債権を受働債権とする相殺は自賠法3条の趣旨に照らし人身事故被害者保護の必要性を重視して禁ずる説。両当事者が保険に加入している場合に保険金の支払額への影響の有無で相殺の可否を判断する説[62]。

(2) 1986 年以降

滝澤孝臣は，54 年判決大塚反対意見を参照し，双方的不法行為で一方が無資力の場合には相殺を認めるのが公平・妥当であり，この場合に相殺を認めても自力救済，報復的な不法行為の誘発の危険はなく，無資力の不法行為者は自らの損害賠償債務を現実に履行しえないのに，有資力の不法行為者に対してのみ損害賠償債務の現実の履行を要請するのは公平でないと述べる[63]。また，資力の有無が事前に確定できない場合が多いから，資力の有無を問わず同一事故に係る不法行為債権相互間の相殺を認めるべきだとする[64]。

青野博之は，双方的不法行為の場合には 509 条の相殺禁止の趣旨のうち満足趣旨は妥当するから相殺は許されないが相殺禁止は人損に限定されるべきだとする[65]。

藤井勲は，双方的不法行為における 509 条の適用には①誘発，報復的要因が皆無で現実補償の実現要請も相互に全く同じだから，片方だけ優先する必要がなく，②民法典の起草当時，交通事故による双方損害の同時発生は想定外であり，③別訴での請求は煩雑であり双方の支払能力に差があるときには不公平が生じる等の点で疑問があるとする[66]。

---

[62]　小川・前掲注(1) 127 号 323-330 頁。

[63]　滝澤孝臣「同一事故に係る不法行為債権相互間の相殺」銀法 663 号（2006 年）46-47 頁。

[64]　滝澤・前掲注[63] 47 頁。

[65]　青野・前掲注[44] 197 頁。

[66]　藤井勲「民法 509 条（不法行為債権の相殺禁止）の射程距離」交通法研究 35 号（2007 年）94-95 頁。

4　債務不履行に基づく損害賠償債権を受働債権とする相殺

(1)　1985 年まで

朝鮮 15 年判決の評釈として，債務不履行に基づく損害賠償債権を受働債権とする相殺を初めて論じた山中康雄は，債務不履行も不法行為も違法の侵害者が被害者の損害を賠償する責めを負うという本質においては異ならないとし，原債権が債務不履行に基づく損害賠償債権に転換する過程が特に高度の違法性（反公序良俗性）を帯びる場合には 509 条の適用を認める[67]。

39 年判決は，債務不履行を構成する事実が同時に不法行為としても評価できる場合に債務不履行による損害賠償請求権を受働債権とする相殺を禁止したが，同判決以後，債務不履行による損害賠償債権であっても相殺禁止の対象となるとする学説が増加した。その嚆矢である乾昭三は，509 条の立法理由や旧民法，フランス民法，ドイツ民法の規定を参照し，39 年判決を評価しつつ同判決より狭く「第一に，不法行為と評価される債務不履行は，故意または重過失による場合に限る」とし「第二に，不法行為と評価される債務不履行は，物の返還と同視すべき債務の不履行に限る」とする。第一はドイツ民法を参照したことによる限定だが，独民 393 条が故意不法行為に限定するのに対し 509 条が不法行為について故意・過失の限定をしていないことを尊重し，かつ，軽過失による債務不履行を不法行為と評価しないとする。第二は旧民法やフランス民法につながるローマ法の伝統を考慮したものである[68]。その後，乾は第二の基準が狭すぎるとして「生命・身体・名誉等の人格権侵害を伴う加害的履行の場合を追加」した[69]。

和田衞は，509 条の趣旨を満足趣旨と抑止趣旨と捉え，抑止趣旨を強調するなら債務不履行が同時に不法行為としても評価し得る場合という要件に加えて「故意の下になした債務不履行」に限って 509 条の類推適用を受けることになるとし，満足趣旨に着目すると故意・過失を問わない結果となるが適用範囲を拡大すると相殺制度の機能を著しく損なうので，被害者の要保護性の高い場合

---

[67]　山中康雄「判批」京城帝大法学会論集 12 冊 3・4 号（1941 年）240-242 頁。

[68]　乾昭三「債務不履行に基く債権に対する相殺の禁止」立命 63・64 号（1966 年）622-631 頁。林（安永補訂）・石田・高木・前掲注[56] 339 頁は乾説を支持する。

[69]　乾昭三「損害賠償請求権の性質」乾昭三 = 徳本鎮編『不法行為法の基礎』（青林書院新社，1977 年）312 頁。

36 損害賠償債権を受働債権とする相殺の禁止について〔深谷　格〕

（相殺によって被害者が窮迫に至る事情の存する場合）という要件を付加すべきだとし「要保護性の高い場合の徴表を被害法益の面からとらえて要件化」し要件化の例として「生命・身体・名誉等の人格権侵害の場合という要件を掲げる説」[70]を紹介する[71]。

　また，債務不履行が不法行為としての性質を帯びている場合に，当該債務不履行による損害賠償債権を受働債権とする相殺を 509 条の類推適用により禁止すべきことを説く体系書が少なくない[72]。

(2) 1986 年以降

　この問題に関する新しい学説はほとんど登場しておらず，柳澤秀吉「債務不履行における相殺の禁止」があるにとどまる。柳澤は，抑止趣旨のみが 509 条の存在理由であるから，509 条で相殺禁止の対象となる受働債権は故意の不法行為から生じた損害賠償債権に限られるべきであり，債務不履行についても故意の債務不履行から生じた損害賠償債権を受働債権とする相殺に限り 509 条によって禁止されると説く[73]。

V　改正 509 条の立法過程の検討

1　法制審議会における審議前の改正提案

　2009 年 3 月末に民法（債権法）改正検討委員会は，「債権法改正の基本方針」を取りまとめ，509 条については【3.1.3.28】（損害賠償債権を受働債権とする相殺）で，〈ア〉債務者が債権者に損害を生ぜしめることを意図してした不法行為に基づく損害賠償請求権，〈イ〉債務者が債権者に損害を生ぜしめることを意図して債務を履行しなかったことに基づく損害賠償請求権，〈ウ〉生命または身体の侵害があったことに基づく損害賠償請求権（〈ア〉および〈イ〉に掲げる請求権を除く。）を受働債権とする相殺を債権者に対抗できないとする提案を行った。

---

(70)　これは乾説のことである（乾・前掲注(69)）。

(71)　和田衞「判批」民研 255 号 27-29 頁。

(72)　柚木（高木補訂）・前掲注(49) 499-500 頁。四宮和夫『請求権競合論』（一粒社，1978 年）102-103 頁。前田達明『民法 VI 2（不法行為法）』（青林書院新社，1980 年）402 頁。

(73)　柳澤秀吉「債務不履行における相殺の禁止」『名城大学創立 40 周年記念論文集 法学篇』（法律文化社，1990 年）235-294 頁。

この提案の解説[74]は509条の趣旨として満足趣旨と抑止趣旨とを挙げており，抑止趣旨から〈ア〉と〈イ〉，満足趣旨から〈ウ〉が導き出される。過失による交通事故等の双方的不法行為は〈ア〉と〈イ〉には該当しないが人身事故の場合には〈ウ〉に該当するので相互に相殺が禁止される。

また，民法改正研究会の改正提案[75]は，509条に「ただし，当事者双方の過失に基づく不法行為による同一の事故によって，双方の財産権が侵害されたときは，この限りでない。」と但書を付加し，双方的不法行為については，当事者の一方に故意がある場合や一方の非財産的利益が侵害された場合に限って相殺を禁止する。当事者双方の過失に基づく双方的不法行為の場合に相殺を禁止しても不法行為誘発の防止にはならないとする考えや生命・身体・名誉等の非財産的利益は被害者に現実に損害の塡補を受けさせる必要性の高い法益であり，相殺の利益に優先する考え方が前提にある。

2　法制審議会及び国会における審議

法制審議会民法（債権関係）部会第8回会議（以下「第○回会議」）に提出の部会資料10-2は，509条につき「[A案] 民法509条を維持した上で，当事者双方の過失によって生じた同一の事故によって，双方の財産権が侵害されたときに限り，相殺を認める」，「[B案] 民法509条を削除し，以下のいずれかの債権を受働債権とする場合に限り，相殺を禁止するという考え方。(1) 債務者が債権者に損害を生ぜしめることを意図してした不法行為に基づく損害賠償請求権。(2) 債務者が債権者に損害を生ぜしめることを意図して債務を履行しなかったことに基づく損害賠償請求権。(3) 生命又は身体の侵害があったことに基づく損害賠償請求権（(1)及び(2)を除く。）。」という提案を示した。A案は民法改正研究会の改正提案，B案は「債権法改正の基本方針」である。

第47回会議の部会資料39は，A案を甲案，B案を乙案と名称変更し，丙案「民法第509条を維持するものとする。」を付加した。提案の補足説明によれば，

---

[74]　民法（債権法）改正検討委員会編『詳解・債権法改正の基本方針Ⅲ —— 契約および債権一般(2)』（商事法務，2009年）59-60頁。

[75]　「民法改正研究会」（加藤雅信代表）は，2008年10月13日の第72回日本私法学会シンポジウムでの民法改正案の公表以来，改正案を数度改訂したが，ここに掲げるのは第3次案『民法改正　国民・法曹・学界有志案（法律時報増刊）』（日本評論社，2009年）である。

36 損害賠償債権を受働債権とする相殺の禁止について〔深谷　格〕

甲案は，双方的不法行為には抑止趣旨が妥当しないから相殺禁止の例外とし被害者保護の観点から生命又は身体以外の法益侵害に対する損害賠償債権を受働債権とする相殺を容認する提案である。乙案は，抑止趣旨から故意又はこれに準ずる不法行為に基づく損害賠償債権を受働債権とする相殺のみを禁止し，満足趣旨から生命又は身体に生じた損害についてのみ相殺禁止の対象とする提案である。また，乙案は，債務不履行に基づく損害賠償債権を受働債権とする相殺の禁止の可能性を認める。丙案は，責任保険の保険給付によって損害が塡補され得る場合には相殺を認めずに保険給付を利用してそれぞれの損害を現実に賠償させるべきだという考えから現行 509 条を維持すべきであるという提案である。そして，部会資料 39 は，比較法として，独民 393 条，ユニドロワ国際商事契約原則第 8.4 条，ヨーロッパ契約法原則第 13：107 条を引用している。

　第 47 回会議では，弁護士会では丙案支持が多いという意見があったが[76]，債務不履行のうち安全配慮義務や保護義務の違反を理由とする損害賠償請求権については 509 条の適用対象外だと捉えられているが，それを考慮に入れた乙案を精緻なものにすべきだという意見が出された[77]。

　乙案に字句の修正を加えたものが部会資料 56 及び 58 だが，第 67 回，第 70 回，第 71 回会議では意見がなく部会資料 58 の提案がそのまま「民法（債権関係）の改正に関する中間試案」となった。中間試案の 509 条に関する改正提案は，乙案に字句の修正を加え，(1) 債務者が債権者に対して損害を与える意図で加えた不法行為に基づく損害賠償債権，(2) 債務者が債権者に対して損害を与える意図で債務を履行しなかったことに基づく損害賠償債権，(3) 生命又は身体の侵害があったことに基づく損害賠償債権，の債務者は，相殺をもって債権者に対抗することができないとする。

　中間試案に関するパブリックコメントでは，(2)（債務不履行に基づく損害賠償債権を受働債権とする相殺に関する規律）のような規定を設けると相殺禁止の対象が広がり妥当でないという意見や「損害を与える意図」という要件が不明確だという意見が多かった。

　「損害を与える意図」は，第 79 回会議の部会資料 69B によれば破産法 253 条 1 項 2 号の「悪意」と同義だとされる。この破産法の条文は非免責債権とし

---

(76)　中井康之委員，岡正晶委員の意見（第 47 回会議議事録 49-50 頁）。

(77)　潮見佳男幹事の意見（第 47 回会議議事録 50-51 頁）。

V　改正509条の立法過程の検討

て「破産者が悪意で加えた不法行為に基づく損害賠償請求権」を挙げるが，「悪意」とは単なる故意ではなく他人を害する積極的な意欲，すなわち「害意」を意味すると解されている[78]。これを踏まえて，沖野眞已幹事が「故意」より「悪意」のほうがよいと述べ[79]，他のメンバーからの支持もあり，「悪意」という用語が民法改正法案にも採用されるに至った。免責の効果は責任が消滅するのであって債務は消滅しないというのが通説であり[80]，効果の点で債務の消滅をもたらす相殺とは異なるが，免責の効果として債務自体が消滅するとする有力説[81]もあり，非免責債権に関する破産法上の規律を参考に相殺禁止債権に関する民法の規律を設計するのは不自然ではない。

　債務不履行に基づく損害賠償債権を受働債権とする相殺については，509条の趣旨を超えて禁止の範囲が広がらないように文言を工夫すべきだとの意見が出された[82]。

　また，現実の給付を得させることによる被害者の要保護性の高い場合として生命・身体の侵害の場合が挙げられ，かかる侵害による損害賠償債権を受働債権とする相殺を禁止すべきことが強調された[83]。

　双方的不法行為あるいは双方的債務不履行については，規定を設けず解釈に委ねる方向性が示された[84]。

　以上の議論を踏まえ第92回会議の部会資料80-1では次のような提案がなされた。

　　次に掲げる債権の債務者は，相殺をもって債権者に対抗することができない。

---

[78]　伊藤眞・岡正晶・田原睦夫・林道晴・松下淳一・森宏司『条解破産法〔第2版〕』（弘文堂，2014年）1680-1681頁。竹下守夫編『大コンメンタール破産法』（青林書院，2007年）1086-1087頁。田原睦夫・山本和彦監修/全国倒産処理弁護士ネットワーク編『注釈破産法（下）』（金融財政事情研究会，2015年）694頁。伊藤眞『破産法・民事再生法〔第3版〕』（有斐閣，2014年）728頁。

[79]　第79回会議議事録39頁。

[80]　伊藤・岡・田原・林・松下・森・前掲注[78]1675頁。竹下・前掲注[78]1086頁。田原・山本・前掲注[78]688頁。

[81]　兼子一『新版・強制執行法・破産法』（弘文堂，1964年）267頁。伊藤・前掲注[78]724-725頁。

[82]　深山雅也幹事と潮見幹事の意見（第79回会議議事録36頁）。

[83]　沖野眞已幹事，松尾関係官の意見（第79回会議議事録37-39頁）。

[84]　潮見幹事の意見（第79回会議議事録40頁）。

36 損害賠償債権を受働債権とする相殺の禁止について〔深谷 格〕

　　(1) 債務者が債権者に対してした悪意による不法行為に基づく損害賠償請求権
　　(2) 債務者が債権者に対してした人の生命又は身体の侵害に基づく損害賠償請求
　　　権（(1)に該当するものを除く。）

　(1)は破産法253条1項2号の規律に倣ったものである。(2)は破産法253条1項3号が「破産者が故意又は重大な過失により加えた人の生命又は身体を害する不法行為に基づく損害賠償請求権（前号に掲げる請求権を除く。）」を免責の対象外としていることを参考とし，人損による損害賠償請求権については被害者に現実の賠償を受けさせる必要性が特に高いことを考慮して，一律に相殺禁止としたものである[85]。但し，破産法253条1項3号と異なり(2)には「故意又は重大な過失」という限定がない。

　その後，若干の文言修正を経て，次掲の民法改正法案509条となり，第192回国会での審議を経て修正を受けることなく改正法として成立した。

　　（不法行為等により生じた債権を受働債権とする相殺の禁止）
　　第509条　次に掲げる債務の債務者は，相殺をもって債権者に対抗することができない。ただし，その債権者がその債務に係る債権を他人から譲り受けたときは，この限りでない。
　　1　悪意による不法行為に基づく損害賠償の債務
　　2　人の生命又は身体の侵害による損害賠償の債務（前号に掲げるものを除く。）

　1号の「悪意」については，前述のように破産法253条1項2号の「悪意」の解釈が参考になる。改正民法は，本条と同様に詐害行為取消権規定や改正469条，同511条等で破産法の規定や法理を随所に取り入れており，このような破産法との規範の共通化が妥当か否か，本条のみならず改正民法全体について改めて検討する必要がある。

　なお，第192回国会衆議院法務委員会で，枝野幸男議員が，「悪意」は民法の規定では「ある事情を知っていること」という意味で従来用いられていたのに，それとは異なる意味で「悪意」という文言を用いることは混乱を招くのではないか，できるだけ普通の人にもわかりやすくしていこうという改正の趣旨に反するのではないかという趣旨の質問をし，それに対して，小川秀樹政府参考人（法務省民事局長）が「十分周知できるように，解説，説明などで努力

---

[85]　部会資料69B・4頁。

V 改正509条の立法過程の検討

したい」と答弁している[86]。

2号は「人の生命又は身体の侵害による損害」に限定しているが、物損でも現実の賠償を受けさせる必要性の高いものがあるので、やや狭い印象がある[87]。また、生命、身体以外の人格権ないし人格的利益への2号の類推適用も検討の余地がある[88]。債務不履行に基づく損害賠償債権を受働債権とする相殺は、当該債務不履行が「人の生命又は身体の侵害による損害」を生ぜしめた場合には2号で禁止されることになるが、2号の適用がない場合に1号の禁止の対象となり得るかが問題となる。潮見佳男は、「本条の趣旨を考慮に入れ、個々の債務不履行の態様・内容ごとに個別に判断する」[89]と述べ、山野目章夫は、雇主のハラスメントによる損害の賠償のような債務不履行と不法行為の請求権競合の事案を例に挙げて、債務不履行による損害賠償債権への1号の類推適用を認める[90]。双方的不法行為の場合の相殺の可否は解釈に委ねられたが、人損を伴う場合、本条2号の文理解釈によればかかる相殺は禁止されることになる。しかし、一方が無資力者の場合には相殺を禁止すると衡平を欠くことが懸念される。

相殺には当事者の一方の無資力の危険を他方が負担するという事態を回避する衡平確保機能があるとされるが、509条の趣旨のうち抑止趣旨が妥当せず、満足趣旨のみが妥当する双方的不法行為の場合に、相殺の衡平確保機能と509条の満足趣旨の調整をいかに図るかという問題の解決は先送りされた。

法務大臣から法制審議会への民法（債権関係）の改正に関する諮問88号によれば、民法を「国民一般に分かりやすいものとする」ことが改正の目的の一つとされているが、509条1号も2号も、この改正の目的に適っているか疑問なしとしない。

穂積陳重らは、明治民法の立法過程で故意不法行為者による相殺の禁止を念頭に置きながら明文化には至らなかった。交通機関を含む科学技術の発達は、

---

[86] 第192回国会衆議院法務委員会議事録16号。

[87] 須加憲子「不法行為債権を受働債権とする相殺」円谷峻編著『民法改正案の検討 第2巻』（成文堂、2013年）107頁参照。

[88] 乾・前掲注[69]参照。

[89] 潮見佳男『民法（債権関係）改正法案の概要』（金融財政事情研究会、2017年）197頁。

[90] 山野目章夫『新しい債権法を読みとく』（商事法務、2017年）151頁（初出はNBL1045号（2015年）92頁）。

36 損害賠償債権を受働債権とする相殺の禁止について〔深谷　格〕

立法者が想定しなかった過失不法行為の急増をもたらし，立法者の意思と規定の運用実態との間にずれが生じた。今回の改正は，明治民法制定後の判例・学説の展開を踏まえつつ，特に平井宜雄，青野博之，平野裕之，乾昭三らの見解に即して，従来の判例法理とは異なる規範を立てるものであり，今後の判例の展開が注目される。

37　担保保存義務と免除特約

渡　邊　　力

I　は じ め に

　保証人など弁済につき正当な利益を有する者（以下，単に「代位権者」[1]と称する）が存在する場合に，債権者が故意または過失によって担保を喪失または減少させたときは，代位権者は，その喪失・減少により償還を受けることができなくなる限度において，その責任から解放される（民法504条）。この債権者に課せられる「担保保存義務」の制度趣旨，法的性質または要件・効果には，古くから争いがある。

　他方で，とりわけ金融機関による融資の際には，この担保保存義務が債権者にとって過度の制約になっていると指摘される。たとえば，長期継続的な銀行取引では債務者による担保の差換えや解除などの要請に応じる必要があるところ，債権者に同義務があることで，銀行に支障がなくとも，それに応じることができないとされる。このような実情に鑑みて，金融実務においては，古くから債権者と保証人・物上保証人との間で担保保存義務を免除する特約を結ぶことが一般的とされる。この担保保存義務免除特約（以下，単に「免除特約」と称する）の有効性自体は，民法504条が任意法規であることを理由に，判例および学説によって肯定されてきた。もっとも，保証人など代位権者を保護する観点から，免除特約の効力も一定の制限に服すべきであると一般に認識され，そ

---

[1]　改正民法504条1項では単に「代位権者」と称するため，本稿でもこの例による。なお，後述の通り，本稿のテーマとの関係で民法改正による直接の影響はみられない。商事法務編『民法（債権関係）改正法案新旧対照条文』（商事法務，2015年）132頁，潮見佳男『民法（債権関係）改正法案の概要』（きんざい，2015年）173頁ほか参照。

『21世紀民事法学の挑戦』加藤雅信先生古稀記念〔信山社，2018年3月〕　　*825*

の制限の根拠および基準などが争われてきた。これに対して，近時は逆方向の発想もみられ，免除特約の基準論が担保保存義務（民法504条）自体の解釈に還元されるとの指摘や，同条の範疇での一体的な解釈基準の構築こそが重要との立場もみられる。

これらの議論状況を踏まえるならば，弁済者代位において問題となる債権者の担保保存義務について，まずはその制度趣旨および法的性質を明らかにする必要が認められる。それと同時に，同義務を免除する特約の有効性および制限の根拠および基準も明らかにされなければならない。その際に，担保保存義務と免除特約の関係解明が改めて求められている。また，弁済者代位における関係当事者，すなわち債権者・債務者・代位権者間の保護のバランスを考慮した基準の構築が重要になってくる。このように，弁済者代位制度の全体像の中で，同義務と免除特約の関係を明らかにし，関係当事者を法的に位置付ける作業が必要になるといえよう。

そこで本稿では，従来の日本の議論状況を分析することによって，求償と弁済者代位制度の枠組みにおける担保保存義務の位置付けとその趣旨を明らかにしつつ，同義務との関係で免除特約の効力および制限基準について一定の考察を加えたい。

II　担保保存義務の議論状況

はじめに，債権者の担保保存義務（民法504条）の沿革を確認し，法的性質および保護対象の問題を簡単に概観する。そのうえで，同義務の制度趣旨ないし意義に関する従来の日本の議論を検討する。なお，紙幅の関係からその他の解釈論には踏み込まない。

1　沿革からみる法的性質と保護対象

そもそも民法504条は，代位権者すべてを保護対象として担保保存義務を定めている。しかし本規定の比較法および立法的沿革をみると(2)，ドイツ，フランスなど各国の立法例は保証人の求償権確保のために同義務を認めており，また旧民法も保証人と連帯債務者・不可分債務者のために同義務を規定していたとされる。この限定された保護対象が現行民法で代位権者一般に広がった理由

について，すべての代位権者は弁済につき正当の利益を有するため，それらの者の間に保護の厚薄を付けるべきではないからと説明される[3]。もっとも，起草段階の議論を細かくみれば，保証人・物上保証人など直接に債権者との合意によって債務または責任を負った者には民法504条の適用があるが，第三取得者への適用は疑問視されており，それ以外の代位権者への適用は念頭になかったとも指摘される[4]。このような立法経緯を踏まえて，同条による担保保存義務については，代位権者を総じて保護対象とみる一方で，保証人保護との関連で語られることが多いといえる。また，このような見方は，代位権者の保護に関する類型化論へとつながっているといえる[5]。

他方で，債権者が担保保存の「義務」を負うかという法的性質の問題について，フランスでは債権者の義務性が一般に肯定されている一方で，ドイツでは特定の場合に保証人を保護するための特別規定にすぎないと理解されている[6]。日本でも，通常の義務とみる見解がある一方で，いわゆる「間接義務」としての性質を強調する見解もみられる[7]。後者によれば，間接義務とは，義務として強制されないが，それをしなければ法的に不利益を受けるものとされる。

---

(2) 磯村哲編『注釈民法(12) 債権(3)』（有斐閣，1970年）357頁〔石田喜久夫〕，王樹智文「＜史料＞債権総則（46）」民商96巻2号（1987年）121頁以下，高橋眞「担保保存義務を負担すべき相手方である法定代位権者の範囲と注意義務の程度の異同の有無」椿寿夫編『代位弁済——その実務と理論〔新版〕』銀法別冊1号（1995年）196頁，辻博明「担保保存義務に関する一考察——民法第504条の立法過程を中心に」岡法56巻1号（2006年）33頁以下，同「担保保存義務に関する一考察——判例・学説の推移（16）」岡法60巻4号（2011年）78-79頁ほか参照。

(3) 梅謙次郎『民法要義 巻ノ三』（有斐閣，大正元年訂正増補，1912年）323頁。また，我妻栄『新訂 債権総論』（岩波書店，1964年）264頁ほか参照。

(4) 高橋・前掲注(2) 196-197頁。

(5) 高橋眞『求償権と代位の研究』（成文堂，1996年）125頁以下，山野目章夫「担保保存義務における類型別義務範囲の考察」金法1416号（1995年）6頁以下参照。

(6) 柚木馨「債権者の担保喪失に因る代位弁済者の免責」民商1巻1号（1935年）89頁，石田・前掲注(2) 358頁，辻博明「担保保存義務に関する一考察——沿革的・比較法的考察（1）～（12・未完）」岡法61巻1号23頁以下（2011年）～66巻2号75頁以下（2016年），大沢慎太郎「フランス担保保存義務の法的構造（1）-（3・完）」早稲田大学大学院法研論集123号73頁以下（2007年）～125号1頁以下（2008年）ほか参照。

(7) 柚木・前掲注(6) 87-89頁，伊藤進「担保差換えと担保保存義務免除特約の効力」法時63巻6号（1991年）23頁，山野目章夫「担保保存義務の意義，法的性格」椿寿夫編『代位弁済——その実務と理論〔新版〕』銀法別冊1号（1995年）188-189頁ほか参照。

37 担保保存義務と免除特約〔渡邊　力〕

もっとも，間接義務も一種の義務であることに加えて，効果として損害賠償責任が生じないことを強調する限度で意味を持つにすぎないとして，議論の意義に乏しいと指摘されている⁽⁸⁾。そのため，現在のところ，両者の区別をつけることなく「担保保存義務」と一般に称されている。本稿でも，通常の義務とは異なることを留保しつつ，一般的な呼称に従いたい。

2　制度趣旨・意義

それでは，次に担保保存義務の制度趣旨ないし意義に関する学説をみてゆきたい。

〔ア〕期待保護説　　まず，民法 504 条は代位権者を保護するための規定であり，代位すべき期待自体の保護を目的とするとみる見解がある⁽⁹⁾。

〔イ〕制裁説　　次に，債権者は，自己の権利である担保を自由に喪失・減少しうるが，それによって代位権者を害したときは，その不利益は債権者が負担すべきと指摘する見解がある⁽¹⁰⁾。

また，とりわけ保証人保護の視点から債権者への注意義務違反を規定したとみる見解がある⁽¹¹⁾。この見解は，保証人に対する担保保全の注意義務は他の代位権者に対するより一層高度であるべきこと，さらに未必的で責任範囲が広範不確定な継続的保証では注意義務も一時的保証債務より高度であるべきことを指摘したうえで，民法 504 条は保証人などに対する債権者の注意義務違反を規定しており，故意・過失は債権者がこの注意義務に違背した態度をとったことを意味するという⁽¹²⁾。

これらの見解は，民法 504 条をもっぱら担保を喪失・減少させた債権者の不注意な行動に対する制裁という点に重点をおくものとみられる⁽¹³⁾。

---

(8)　石田・前掲注(2) 358 頁，遠藤浩＝林良平＝水本浩監修『現代契約法大系 6 巻』（有斐閣，1984 年）107 頁〔野田宏〕，山野目・前掲注(7)「担保保存義務の意義，法的性格」189 頁ほか参照。

(9)　柚木・前掲注(6) 87-89 頁，石田・前掲注(2) 357 頁，野田・前掲注(8) 110 頁，鈴木正和「銀行取引と担保保存義務」判タ 578 号（1986 年）22 頁ほか。

(10)　石田文次郎『民法大要（債権総論）〔改訂第 3 版〕』（有斐閣，1940 年）134 頁，前田達明『口述債権総論〔第 3 版〕』（成文堂，1993 年）483 頁。

(11)　西村信雄『継続的保証の研究』（有斐閣，1952 年）221 頁以下，242 頁。また，辻・前掲注(2)「判例・学説の推移(16)」88-89 頁も参照。

(12)　西村・前掲注(11) 230 頁。

Ⅱ　担保保存義務の議論状況

〔ウ〕折衷説　　これらに対して，代位権者の期待保護と債権者への制裁の両側面を指摘する見解がある[14]。そもそも民法504条は，代位権者が弁済後に原債権に代位して担保を実行することにより求償権を確保する状況を想定し，代位権者の代位の利益を保護するため，本来は自由であるはずの債権者の担保管理・処分に一定の制約を課したものとみる。そのうえで，同条は，債権者の担保管理・処分の自由を制約するために担保喪失・減少行為時の故意・過失を要求することで，不法行為的色彩を帯びた制度となっていると指摘する[15]。

〔エ〕消極説・制限説　　以上に対して，民法504条が代位権者の利益保護の規定であることは認めつつも，銀行与信取引の実情に鑑みて，同条による債権者の担保保存義務は合理性が低いと評価したうえで，免除特約の必要性を強調する見解がある[16]。これによれば，銀行与信取引の大部分が長期の継続的取引であり，その間に担保の解除・変更が不可避な場合が多いにもかかわらず，この場合に銀行が代位権者からの担保保存義務違反の主張を覚悟しなければならないことは不合理であるとされる。

　さらに銀行取引実務の視点から，民法504条自体を疑問視する見解も存在する[17]。この見解は，継続的な銀行取引では融資と担保が有機的に組み合わされ，各種担保が繰り返し設定・解除・変更されることから，個々の変更・解除に代位権者の同意が必要となると円滑な取引の運用に大きな支障が生じるという。また銀行取引における根保証は，個々の担保への代位を目的とするよりは，最終的な滞債権の保証を目的としているという。さらに，代位権者には担保物件の第三取得者や後順位担保権者なども広く含まれるところ，これらの者に対してはあらかじめ免除特約を付すことは不可能であり，個別の同意もまず得られないという。このような実情から，民法504条による担保保存義務は銀行取引

⒀　学説の整理について，潮見佳男『債権総論Ⅱ――債権保全・回収・保証・帰属変更〔第3版〕』（信山社，2005年）333-334頁参照。

⒁　梅・前掲注⑶323-325頁，我妻・前掲注⑶263-264頁，星野英一『民法概論Ⅲ（債権総論）』（良書普及会，1978年）264頁，潮見・前掲注⒀『債権総論Ⅱ』334頁，吉田邦彦『債権総論講義録』（信山社，2012年）169頁。

⒂　潮見・前掲注⒀『債権総論Ⅱ』334頁。

⒃　石井眞司「銀行保証約款における担保保存義務免除の特約」手形研究196号（1973年）22-24頁。

⒄　鈴木（正）・前掲注⑼22頁。

にとって大きな支障となりかねないとされる。

　他方で，民法504条の義務範囲が広すぎることから生じる不都合を回避する手段として免除特約の問題があるならば，むしろ同条の義務範囲を制限的に解すべきことが本来必要であると指摘する見解がある[18]。この見解によれば，免除特約の効力につき裁判例がとる判断基準こそ民法504条の判断基準となるとされる。

3　学説の動向

　以上の学説状況を概観すると，民法504条による担保保存義務の制度趣旨・意義について，まずは代位権者の代位への期待保護とみる見解〔ア説〕と債権者による担保喪失・減少行為に対する制裁とみる見解〔イ説〕の2つのアプローチが抽出されうる。もっとも，これらは矛盾せず，両趣旨を併せ持つ制度とみる折衷的な見解〔ウ説〕も有力である。以上の見解は担保保存義務の存在自体は肯定したうえで，その制度趣旨について説明するものである。これに対して，とりわけ銀行実務の要請から同義務の存在自体に消極的な評価を加える見解〔エ説〕がある。他方で，立法的沿革の視点をもとに，同義務の保護対象を保証人に限定するか，または他の代位権者と区別した議論を展開する見解がみられる〔各説内の個別の見解参照〕。なお，フランス法の影響のもと，近時は同条を強行法規的にみられないかとの指摘もみられる[19]。

Ⅲ　免除特約の議論状況

　次に，担保保存義務の免除特約の効力および制限基準に関する従来の議論状況をみてゆく。まず従来の判例の動向をまとめたうえで，学説状況を分析的に整理して紹介する。これら判例と学説の動向を踏まえることで，次の全体的な考察につなげたい。

---

[18]　田高寛貴「契約法と担保法 —— 担保保存義務免除特約とその第三者効」加藤雅信ほか編『21世紀判例契約法の最前線 野村豊弘先生還暦記念論文集』（判例タイムズ社，2006年）122頁。

[19]　椿寿夫「債権者の担保保存義務を免除する特約」法セ684号（2012年）14頁ほか参照。

Ⅲ　免除特約の議論状況

1　判例の動向

まず大審院時代に，大判昭和 12 年 5 月 15 日[20]が，銀行融資に際して銀行と連帯保証人との間で担保保存義務免除特約が締結されていた事案で，民法 504 条は代位権者保護を目的とする一種の便宜的規定であって公益的意義を有しないことから，免除特約も信義則または公序良俗に反せず有効と判断していた。その後，最判昭和 48 年 3 月 1 日[21]が，最高裁として初めて，信用金庫の融資に際して根保証人との間で免除特約が締結されていた事案で，保証人との関係で免除特約は有効と判示した。もっとも，後述の学説で触れるように，代位権者の保護という担保保存義務の趣旨および特約条項の例文性から，保護対象者や同特約の効力制限事情の有無が問題視されていた。

その後，最判平成 2 年 4 月 12 日[22]は，信用保証協会が求償保証人との間で他の求償担保につき免除特約を締結した事案で，前掲昭和 48 年判決を引用し，保証人との関係で免除特約を原則有効としつつ，同特約が信義則または権利濫用によって制限されうると明示した。本判決は，債権者（保証協会）による担保差換えが問題となったところ，担保権実行時の競落価額や実際の競落の有無といった結果だけで特約の効力を判断すべきではなく，現地見分，情報収集または付近の地価調査といった債権者側の行為態様も考慮に入れて，債権者の故意・重過失およびその他特段の事情を判断すべきと判示した。本判決に対して，免除特約への制限事由に関して一定の具体的な判断基準を提示した点に意義があると評価されている。ただし，信義則違反と故意・重過失との関係が不明瞭との指摘がある[23]。また，本判決は保証人以外の代位権者との関係で免除特約の効力に触れるものでもなかった。

続く最判平成 7 年 6 月 23 日[24]は，求償債権者と求償物上保証人（根抵当権設定者）との間で他の担保にかかる免除特約が締結されていた事案で，保証人・物上保証人と債権者との間で締結された免除特約は原則有効としつつも（前掲昭和 48 年判決参照），信義則違反または権利濫用によって制限される場合があ

---

(20)　法律新聞 4133 号 16 頁。

(21)　金法 679 号 34 頁。

(22)　金法 1255 号 6 頁。

(23)　伊藤・前掲注(7) 24 頁，今西康人「担保保存義務免除特約の効力について」林良平 = 甲斐道太郎編『谷口知平先生追悼論文集 2・契約法』（信山社，1993 年）261 頁ほか参照。

(24)　民集 49 巻 6 号 1737 頁。

りうると判示した。さらに本判決は，保証などの契約・特約の締結時の事情，その後の債権者と債務者の取引経緯，債権者による担保喪失・減少行為時の状況などを総合して，債権者の当該行為が金融取引上の通念からみて合理性を有し，保証人などが特約の文言にかかわらず正当に有し，または有しうべき代位の期待を奪うものとはいえないときは，他に特段の事情がない限り，債権者が当該特約の効力を主張することは，信義則に反せず，また，権利濫用にも当たらないと判断した。本判決は，前掲平成2年判決と同じく，免除特約の制限基準を具体化するものと評価されている。他方で，本判決は，物上保証人から担保物件を譲り受けた者との関係でも免除特約を原則有効としつつ（最判平成3年9月3日民集45巻7号1121頁参照），しかし，債権者と物上保証人との間に免除特約があるため，債権者が担保を喪失・減少させても民法504条による免責効果が生じなかった場合は，担保物件の第三取得者への譲渡によって改めて免責の効果が生ずることはないから，第三取得者は，免責の効果が生じていない状態の担保の負担がある物件を取得したことになり，債権者に対し，同条により免責の効果を主張することはできないと判示した。この点につき，本判決は契約（特約）の第三者効を否定しつつ，特約の当事者間での免責されない状態を第三取得者が承継したとみているといえる。そうであれば，免除特約の効力承継の効果は債権者の担保喪失・減少行為以後に現れた第三取得者との関係に限られることとなり，当該行為時に存在していた特約当事者以外の代位権者には免除特約の効力は及ばないことになる[25]。このように，本判決は免除特約の効果の及ぶ範囲を代位権者一般に拡張しつつも，第三取得者との関係では一定程度限定を加える点でも意義があると評価されている。

　以上のように，従来の判例は，担保保存義務の免除特約を有効と解したうえで，例外的に信義則または権利濫用による制限を認めつつ，事例における制限基準の具体化をはかる傾向にある。また，担保保存義務による保護対象を代位権者一般にある程度拡張する傾向もうかがえる。

2　学説の分析的紹介

次に，免除特約に関する学説の状況を分析的にみてゆく。

---

[25]　潮見・前掲注[13]『債権総論Ⅱ』339-342頁参照。

Ⅲ　免除特約の議論状況

〔A〕特約有効説　　まず，民法504条は代位権者の利益保護を目的とした一種の便宜的規定であり，公益的規定ではないため，当事者間での免除特約も単純に有効とみる見解がある[26]。

〔B〕特約制限説　　これに対して，免除特約を制限する見解が一般的である。これにもニュアンスの異なる複数の見解がある。

〔B-1〕消極的な制限説　　先にみた通り，銀行与信取引の実情に鑑みて担保保存義務に消極的な評価を与えたうえで，その義務を免除する特約は合理的かつ現実的な要請であるとして，その必要性を強調する見解がある[27]。この見解は，免除特約にも合理的な限界があることは認めつつ，銀行が取引上通常要求される適当な注意を，つまり担保・他の保証の解除・変更時点で実質的に保証人の求償の期待を害しないと判断するにつき相当の注意を払っている限り，特約の効力を広く認めるものである。

他方で，この見解を敷衍しつつ，免除特約は担保保存義務を完全に免除するものではなく，ただ，債権者の注意義務の程度が軽減され，故意・重過失がある場合にのみ保証人が免責されるというべきか，あるいは，民法504条の故意・過失が担保の喪失・減少自体についての故意・過失であるのに対し，右特約のもとでは，そのほかに担保の喪失・減少の結果として保証人の求償を害することについての故意・過失もあることが免責の要件となるというべきか，と指摘する見解がある[28]。

〔B-2〕保証人保護説　　保証契約の特殊性および免除特約の例文的文言としての性質を理由として，文言だけにとらわれない信義則の原則に従った合理的意思解釈の必要性を強調し，特約によっても担保保全の注意義務が免除されるわけではなく，ある程度これが軽減される趣旨に解しうるとみる見解がある[29]。

また，この見解に賛成しつつ，保証人に対する法的保護の全体像と債権者に与えられるべき法的保護との比較衡量を前提として，免除特約に基づく債権者

[26]　上野隆司「中小公庫の代理貸付の法務 —— 代理貸付の実行(4)」金法482号（1967年）18頁，水田耕一『基本金融法務講座〔2〕貸出』（金融財政事情研究会，1958年）345頁。また，前掲大判昭和12年5月15日参照。

[27]　石井・前掲注(16)24-25頁。また，鈴木（正）・前掲注(9)22-23頁も参照。

[28]　野田・前掲注(8)110頁。

[29]　西村・前掲注(11)250頁。

37 担保保存義務と免除特約〔渡邊　力〕

の行為については，少なくとも信義則違反や権利濫用の可能性を十分に審理すべきと指摘する見解がある[30]。

　さらに，約款に対する一般条項規制の趣旨に鑑みて，金融取引における包括根保証人の保護において民法504条は内容的合理性を有し，その保護法理の一環として積極的に位置付けられるなら，任意法規である同条につき，債権者対保証人に関する限り，いわゆる「秩序付け機能」を付与することができ，同条からの著しい逸脱，つまり債権者の故意・重過失による担保保存義務違反については，免除特約の主張は，信義則違反または権利濫用と評価されるとみる見解がある[31]。この見解は，同条を「半ば」強行法規的に理解すべきという。

　他方で，法が保証人に特別に与えた保護を外すことが許されない場合があることを前提として，担保保存義務の免除特約がその場合に該当するならば，当該特約は無効と解されると指摘する見解がある[32]。これによれば，担保保存義務規定を強行規定と解する考え方がありうるのか，その理由はなにかという点について，さらなる検討が必要だと指摘される[33]。

〔B-3〕代位権者保護説　　担保保存義務の免除特約に対して信義則ないし権利濫用法理による制限を加えることに賛成しつつ，その根拠を保証人保護法理にのみ求めるべきではなく，民法504条が代位権者の利益保護を規定していることから，共同担保関係に一般化すべきことを主張する見解がある[34]。

〔B-4〕制限基準の具体化説　　これらに対して，免除特約への制限基準の具体化を重視するものがある。たとえば，免除特約を一応認めつつ，銀行の担保保存義務を手放しに免除したものではなく，銀行による担保減少が保証人を害する意図での場合または過失に基づいての場合はもちろん，債権回収の見地から少なくとも広義の客観的合目的性も存しない場合には，銀行の担保減失・

(30)　椿寿夫「債権者の担保保存義務」金法512号（1968年）18頁。また，石田・前掲注(2)368頁も参照。

(31)　今西・前掲注(23)267頁。

(32)　辻・前掲注(2)「判例・学説の推移（16）」91頁。

(33)　辻・前掲注(2)「判例・学説の推移（16）」91頁。また，椿・前掲注(19)法セ14頁参照。

(34)　近江幸治「共同抵当の放棄と担保保存義務の免責および免除特約」田山輝明ほか編『民法学の新たな展開　高島平蔵教授古稀記念』（成文堂，1993年）412-413頁。また，宮川種一郎「担保保存義務について」金法665号（1972年）4頁，魚住庸夫「債権者の担保保存義務とその免除特約の効力」藤林益三＝石井眞司編『判例・先例　金融取引法〔新訂版〕』（金融財政事情研究会，1988年）242頁，前田・前掲注(10)483-486頁ほか参照。

Ⅲ 免除特約の議論状況

減少行為について，免除特約は制限されるべきとみる見解がある[35]。

また，特約制限の具体的基準が問題であると指摘しつつ，銀行が担保を変更・解除するについて，銀行取引の通念からみて，通常要求される程度の注意を欠けば，銀行はその特約の全面的有効性を保証人や物上保証人に対して主張できないとみる見解がある[36]。さらにこの見解は，担保物件の第三取得者や後順位担保権者を含む代位権者一般の問題として，代位権者の諸態様を考慮しつつ，債権者の注意義務の内容・程度をより具体的に判断すべきとする。

他方で，特約制限理論につき特約の有効性の承認とその意味との関係でとらえたうえで，特約により民法504条の適用が排除されることを前提としつつ，理論的には同条では間接義務としての担保保存義務違反が保証人の免責要件とされるのに対して，特約の効力制限で問題とされる故意・過失すなわち注意義務違反は，特約の持つ合理的目的遂行義務を故意・重過失で懈怠したことを意味するとみる見解がある[37]。

〔C〕民法504条一元化説　　以上に対して，担保保存義務と免除特約を一体的に把握する視点を重視する見解がある。たとえば，免除特約は債権者の注意義務の免除・軽減を目的とした条項ではなく，金融取引の実情に適合しない民法504条を合理的なものに修正し，銀行取引の長期・継続的な観点から円滑な与信と確実な債権回収を目的とした条項とみたうえで，一般取引上要求される注意義務を怠った過失により合理的必要があると誤信して担保を差し換えたときは，銀行は免除条項による効果を主張できないとする見解がある[38]。

また，免除特約の適用範囲を画する基準をもって民法504条の義務範囲を適正に画する解釈に還元されるとみる見解がある[39]。この見解によれば，免除特約の当事者間では，金融機関が通常の取引業務を通常求められる注意をもって行うことが前提とされ，それを逸脱する形で金融機関が担保を喪失・減少させ

---

(35)　加藤一郎＝鈴木禄弥編『注釈民法(17) 債権(8)』(有斐閣，1969年) 331頁〔鈴木禄弥〕。この見解も保証の場面を念頭におくが，他の代位権者と比べて保証人保護を強調するものではない。

(36)　中井美雄「担保保存義務と銀行取引」加藤一郎ほか編『銀行取引法講座〔下〕』(金融財政事情研究会，1976年) 474-477頁。

(37)　伊藤・前掲注(7) 24-25頁。

(38)　塚原朋一「判例研究」金法1264号 (1990年) 26頁。

(39)　田高・前掲注(18) 122頁。また，高橋・前掲注(5)『求償権と代位の研究』193-195頁参照。

る行為を行った場合には免除特約の効果は生じないとされる。このような免除特約に関する判断基準が民法504条の解釈に還元されるべきであり，むしろ同条の義務範囲を適正に画する解釈こそが本来的に重要であると指摘される。

他方で，代位権者の利益保護と長期継続的な金融取引の円滑という2つの要請の調和に関して，これまでは民法504条の要件・免除特約の効力・信義則などによる免除特約制限の各段階ではかってきたことに対して，むしろ同条の解釈問題に一元化して基準の明確化をはかるべきことを指摘する見解がある[40]。具体的には，同条を実質的な意味での信義則を表す制度と理解したうえ，同条の要件を，①債権者の行為の合理性，②代位権者の代位の期待の正当性，という観点から再検討する（①は，故意・過失および「喪失・減少」の要件の問題，②は，「その担保」および喪失・減少と償還不能の因果関係の要件の問題）。①では，金融取引上の要請を，②では，代位権者の類型（保証人か物上保証人かなど），代位の対象となる担保の状況，特約に関する代位権者の認識を考慮する。特約は，①を補強し，②を減殺する要素として位置付けられるという。

〔D〕民法504条要件明確化説　　最後に，民法504条に「償還不能限度」という要件を明確に位置付けることで同条の制度自体を合理的なものとして再評価できれば，免除特約を含めた制限的解釈や派生的な問題をめぐって生じた過度に複雑な議論を避けることができると指摘する見解がある[41]。

3　学説の動向

上記の通り，古くは，債権者の担保保存義務に対する免除特約について，民法504条が任意規定であることから単純に有効であるとみる見解〔A説〕があった。しかしその後は，とりわけ保証の特殊性を強調することで，当該免除特約も全面的に有効なのではなく，信義則違反・権利濫用によって制限すべき場合があるとみる見解〔B-2説〕が注目された[42]。さらに，上記判例の動向とも連動して，特約制限の根拠および基準を具体化すべきことが意識された

---

[40]　中田裕康『債権総論〔第3版〕』（岩波書店，2013年）375頁。また，債権回収の集団的秩序という視点からこの見解を支持するものがある（森田修『債権回収法講義〔第2版〕』〔有斐閣，2011年〕344頁参照）。

[41]　松岡久和「担保保存義務の忘れられた要件」現代民事判例研究会編『民事判例II——2010年後期』（日本評論社，2011年）6-21頁。

〔B-4説〕(43)。また，この効力制限の視点は，上記判例の動向も踏まえつつ，保証人の保護に限らず，代位権者一般の保護をも視野に入れて議論すべきとの指摘がみられる〔B-3説〕。その一方で，とりわけ銀行取引実務上の要請から，担保保存義務自体への消極的評価を背景にして，同義務の免除特約の有効性を重視する立場があり，特約制限には抑制的な姿勢をみせる見解〔B-1説〕も有力である。もっとも，これらB説の立場はいずれも免除特約の有効性を前提にしつつ，例外的に効力を制限するという方向性が基礎となっているため，判断枠組みの点では大きな相違はないと捉えられるかもしれない。しかし，ひとくちに例外的制限といっても，実務上の要請から債権者保護を強調して基準化するか〔B-1説〕，または保証人（代位権者）の保護を強調して基準化するか〔他のB説〕，さらには両視点を総合的に考慮すべきか〔C説参照〕，いずれの視点に依拠するかによって実際の制限基準の内容には相当程度の相違が生じうる。この点は，上記判例が参考となるが，いまだ全体的に明らかとはいえず，今後の議論の深化が必要と指摘されている。

他方で，従来の学説では，弁済者代位における担保保存義務の存在を前提として免除特約の有効性が捉えられてきた。近時は，免除特約も含めて担保保存義務（民法504条）に関する一体的な判断枠組みの構築を目指す見解〔C説〕や，さらに同条の要件を明確化することによって免除特約の問題も解決されるとの視点を提示する見解〔D説〕がみられる。このように，両者の関係に着目した議論の展開が重要視されている。今後は，弁済者代位制度内における担保保存義務の位置付けと両者の関係の分析を深める必要があるだろう。

Ⅳ　若干の考察

ここまで，担保保存義務と免除特約に関する議論状況をみてきた。従来の判例・学説の大きな流れをみると，当該義務に関する民法504条も任意規定であ

---

(42)　一般法理として消費者法や約款規制の観点からの制限も問題となりうるが，通常は事業者間の金融取引が念頭におかれるため，これらのアプローチは採用しがたいと指摘される（今西・前掲注(23) 262頁参照）。

(43)　従来の議論における特約制限の根拠について，①信義則違反・権利濫用に加えて，②債権者の故意・過失あるいは注意義務違反，または③客観的合目的性ないし合理的必要性の欠如，という3つに分類可能と指摘される（伊藤・前掲注(7) 24頁参照）。

37 担保保存義務と免除特約〔渡邊 力〕

るため，当事者合意による免除特約は原則有効であるが，信義則ないし権利濫用法理による一定の制限に服する，と一般的に把握されているといえよう。もっとも，従来の議論状況をつまびらかに分析してみると，当該義務の制度趣旨・意義や保護対象，免除特約への制限根拠および基準については諸種の見解に分かれており，いまだに混乱がみられる。さらに近時は，免除特約の問題を民法504条の担保保存義務の解釈論に一体化してとらえる立場も有力である。このように議論が分かれる理由は，いくつかの異なるレベルの分析視点が混在することに起因していると思われる。そこで，同義務と免除特約の関係に着目しつつ，まずは従来の議論状況を理念的に整理してみたい。そのうえで，同義務と免除特約の問題について若干の考察を加えたい。

1 議論状況の整理

　免除特約に関する諸見解を概観すると，3つの異なる分析視角に立って議論が行われているとみうる。それは，①担保保存義務の制度趣旨・意義，②同義務の沿革，そして③実務的な利益衡量という3つの視角である。上記諸見解が，それぞれ異なる視点または複数の視点を組み合わせて当該義務と免除特約の問題を把握しようと試みてきたことにより，議論が複層化していると考えられる。そこで，議論の枠組みを整備するため，まずは両者の関係を念頭に理念型として浮かび上がる構図を素描してみたい。

　第一に，債権者の担保保存義務の制度趣旨との関連で免除特約をとらえる①のアプローチがある。前述の通り，当該義務の制度趣旨は，〔ア〕期待保護説，〔イ〕債権者への制裁説，〔ウ〕折衷説に分かれる。まず，ア説により同義務を代位権者の期待保護の制度とみるならば，保護されるべき代位権者が免除に合意していることをもって，当該特約の有効性を強調しやすいとみうる。そのため，信義則・権利濫用による免除特約への制限は，あくまで例外とみることにつながる。これに対して，イ説による債権者への制裁の制度とみるならば，それを定めた民法504条が任意規定であるにしても，制裁を受けるべき債権者から発信される免除特約については，有効性を制限する方向に結び付きやすいとみうる。そのため，信義則・権利濫用による免除特約への制限が強調されることになる。他方で，ウ説により代位権者の期待保護と債権者への制裁の両趣旨を有する制度とみるならば，免除特約についても，代位権者と債権者の双方の

IV　若干の考察

事情を総合的に考慮して，信義則・権利濫用による制限を導く方向につながり
やすいといえよう。

　第二に，担保保存義務の立法的沿革の視点を重視する②のアプローチがある。
これによれば，その沿革はフランスさらにはローマ法の保証法理に行き着く規
定であることから，保証人保護のために債権者に課された注意義務規定という
視点が強調される〔イ説参照〕。その結果，担保保存義務の保護対象を保証人
に限るか，または保証人と他の代位権者で保護の度合いを変えるべきとの類型
論的な主張につながる。そして，このような視点から免除特約をみれば，保証
人の保護が蔑ろにされることを避けるために当該特約を極力制限すべきとの主
張につながりやすいといえる。

　第三に，実務的な利益衡量の視点を重視する③のアプローチがある。これに
よれば，とりわけ継続的な銀行取引を念頭において，銀行の有する担保の差換
え・解除の必要性をもって，担保保存義務自体に対する実務上の不都合性が強
調されている。この視点から，当該義務への消極的な評価が加えられる〔エ
説〕。そして，このような不都合性を回避するために同義務の免除特約の有効
性を強調して，なるべく特約を制限しない解釈へとつながる。さらに，実務的
な視点を背景に展開された特約制限の基準論を担保保存義務（民法504条）自
体の解釈論へと還元する流れもみられる。

　以上のように，担保保存義務と免除特約の関係は3つの異なるレベルの視点
に分けることが可能であり，このような分析視角は議論の整理概念として有用
である。もっとも従来の議論では，これら3つの視点が複層的に主張される
ケースもみられる。そのため，とくに免除特約との関係でいえば，対象が保証
人に限られるのか，または代位権者一般を対象としているのか不明瞭な説明も
みられる。また，特約制限の基準についても，信義則違反や権利濫用を根拠に
一定の制限を加えるとしながらも，原則として保証人（代位権者）を保護する
のか，または債権者を優位に扱うのかが不明確なため，結果的に制限基準とし
て不明瞭な説明も一部にみられる。このように，分析の基軸が揺らいでいるこ
とから議論の錯綜した状況が生じているとも見受けられるため，上記のような
基本となる分析枠組みの整備が必要といえよう。

839

2 若干の考察

これまでみてきた免除特約は，そもそも担保保存義務（民法504条）の存在を前提とした議論である。そのため，上記①の視角のように，従来から同義務の制度趣旨との関連で免除特約が問題とされてきた。もっとも，制度趣旨との対応関係から導かれる論理的帰結としての基本ラインに硬直化すべきではなく，その基本枠組みを意識しつつも，そこには上記③の実務的な視角も加味されるべき場合がある。さらに，上記②の沿革的な視角から代位権者を分析的に把握する方向性も意識する必要がある。これによって，対象場面や保護の度合いが異なってくるからである。

本稿でも，このような従来の議論から抽出される分析枠組みを意識しつつ検討することが基本的に妥当なものと考える。ただし，担保保存義務と免除特約の関係をみるだけでは分析枠組みとして不十分である。なぜなら，同義務も弁済者代位制度内の規定・規律であるため，そもそも弁済者代位制度内における同義務規定の位置付けを考える必要が生じるからである。ひいては，弁済者代位制度は保証人など代位弁済者の求償権を確保するために認められるとの通説的な理解を前提とするならば，求償制度との関連も意識した議論が必要となる[44]。このように，債権者の担保保存義務および免除特約も，求償制度および弁済者代位制度の全体像の中に位置付けて，その制度趣旨および法的性質と整合性の採れた解釈論を展開すべきである。

以下では，これまでの求償権と弁済者代位制度の研究成果を基礎に据えつつ[45]，債権者の担保保存義務と免除特約の全体的な位置付けについて若干の考察を加えたい。

---

[44] 求償と代位との関係で担保保存義務を検討するものとして，たとえば寺田正春「金融機関の担保管理における債権者担保保存義務免除特約の適用とその限界」大阪市大証券研究年報14号（1999年）48頁，福田誠治「担保者相互間における求償とその求償期待の保護——負担分配において，精確な意味での均衡を探求することは公平に合致するか」西村重雄＝児玉寛編『日本民法典と西欧法伝統』（九州大学出版会，2000年）443頁以下ほか参照。

[45] 渡邊力『求償権の基本構造』（関西学院大学出版会，2006年）1頁以下，同「求償権と弁済者代位——請求権競合論からの再検討」法政論集254号（2014年）393頁以下および同「代位弁済者保護制度——求償権，事前求償権，弁済者代位」みんけん683号（2014年）2頁以下。

⑴ 求償権と弁済者代位制度

そもそも「(事後)求償権」とは,「弁済その他の自己の出捐をもって他人の債務を弁済した者がその他人に対して有する償還請求権」と定義される[46]。そして,従来の一般的見解によれば,固有の求償権は債務者と弁済者間の個別の法律関係によるとみられてきた[47]。この個別の法律関係は,連帯債務,保証,物上保証,第三者弁済など,求償が問題となる外部関係によってさまざまである。しかし,内部関係としての求償関係を総体的にみれば,①委任の費用償還請求権,②事務管理の費用償還請求権,③債務者の意思に反する場合には不当利得の返還請求権が根拠とされる[48]。もっとも,これでは実質的根拠または機能の説明とはならないため,前著において,求償型不当利得論の分析視角を敷衍しつつ求償権の実質的根拠および機能の解明を試みた[49]。その結果,すべての求償場面における求償権の実質的根拠および機能は,債権者・債務者・第三者(弁済者)という三当事者関係において,第三者が債務者に代わって弁済したという財貨秩序に反する不当な利得を利得者(債務者)から損失者(弁済者)に返還させ,本来あるべき財貨秩序に適合した状態を回復させるという「財貨秩序の矛盾を調整する機能」を有する権利であると統一的に捉えうることを指摘した。

他方で,これら広義の代位弁済の場面では,弁済者代位の要件を満たせば,債権者の有する原債権および原担保が代位弁済者に移転する。その法的性質に関する従来の議論状況を概括すれば,(a)原債権の消滅(原担保単独移転)アプローチと,(b)原債権の存続移転(付従性による原担保移転)アプローチがみられる[50]。古くは(a)のように,弁済による原債権の消滅という法原則を強調して,原担保のみが求償権に接木的に移転されるとみる見解(旧接木説)もあっ

---

[46] 渡邊・前掲注(45)『求償権の基本構造』11 頁参照。

[47] 我妻説に代表される一般的な立場である。詳細につき,渡邊・前掲注(45)『求償権の基本構造』123-124 頁参照。

[48] 渡邊・前掲注(45)『求償権の基本構造』124 頁,同・前掲注(45)「代位弁済者保護制度」3-7 頁参照。

[49] 渡邊・前掲注(45)『求償権の基本構造』186-187 頁,同・前掲注(45)「代位弁済者保護制度」12-13 頁参照。

[50] 渡邊・前掲注(45)「求償権と弁済者代位」418-420 頁,同・前掲注(45)「代位弁済者保護制度」10-11 頁参照。

37 担保保存義務と免除特約〔渡邊　力〕

た。しかし，これでは担保権の付従性に反するうえ，原債権の消滅によって担保の行使範囲や消滅時効が不確定になるとの批判を受けて，現在では(b)のアプローチを採ることが一般的であり，判例・通説は法律上の債権移転説を採用する。この見解によれば，代位弁済で消滅するはずの原債権および原担保が法の規定によって代位弁済者に移転するとみつつ，①求償権と原債権の別債権性，②原債権の求償権確保性，さらに③両債権の主従的競合関係が示されている[51]。

　以上を踏まえつつ，統一的な代位弁済者保護制度にまつわる基本構想を提示した[52]。まず，1) 事後求償権の枠組みが，代位弁済の場面全体を網羅的に見渡して，債務者と代位弁済者間の利害関係を適切に評価しつつ，求償権の成立要件と求償範囲などの効果を明定する。なお，2) 意思的要素の介在する場面での事後求償権を実質的に強化するために，事前保護制度（事前求償権と免責請求権）[53]が用意される。以上に対して，3) 中軸をなす事後求償権と部分的に併存する形で，弁済者代位が代位弁済者（求償権者）の保護を強化する。具体的には，①原債権者が原債権につき原担保を有する場合に，原債権の範囲内で代位弁済者に原担保の移転・行使を認めることで事後求償権の回収機能が強化される。さらに，②債務者の無資力の危険が高いことから，原担保設定者または原保証人などが複数存在する場合に，それらの二次的責任負担者間の利害調整を行う機能も有するものである。

(2) 担保保存義務と免除特約の位置付け

　このような求償権と弁済者代位制度の中で担保保存義務の位置付けを検討する。そもそも弁済者代位は，上記の通り，代位弁済者の保護のため，①原債権と原担保を代位弁済者に法定移転させると同時に，②二次的責任負担者である

---

(51)　債権法改正によっても，現在の判例・通説の解釈枠組みは維持される。潮見・前掲注
　　(1)『民法（債権関係）改正法案の概要』170 頁参照。

(52)　渡邊・前掲注(45)「代位弁済者保護制度」16 頁。なお，制度統一化の意義については，
　　渡邊・前掲注(45)『求償権の基本構造』188-190 頁，同・前掲注(45)「代位弁済者保護制度」
　　14-16 頁参照。

(53)　本稿では詳述できないが，①事前求償権は，事後求償権の将来の成立を予測しつつ，
　　代位弁済前にその成立・行使を認める事前清算・担保付与の権利であり，②免責請求権
　　は，受託保証人を代位弁済行為から免責させる努力を債務者に義務付ける権利である。
　　これが奏功すれば，受託保証人は代位弁済を行わずに済むため（代位弁済の回避手段），
　　受託保証人の保護のための強力な方策となりうる（渡邊・前掲注(45)「代位弁済者保護制
　　度」7-10 頁，13-14 頁参照）。

IV　若干の考察

代位権者間でリスク分配を明確化することによって（民法 501 条参照），代位弁済が促進され，ひいては債権者の本来的な債権回収機能の強化にも資する制度であるといえる。それでは，このような弁済者代位制度内において，債権者に課される担保保存義務（民法 504 条）をどのように捉えるべきであろうか。

　まずもって債権者に担保保存義務を課すこと自体は，債権者による担保の維持であって，本来的な債権回収機能に支障をきたすことはなく，かえって回収機能の強化に資するといえる。そして，弁済者代位制度が，上記の通り，原債権の移転というよりも，そこに付着した原担保の移転による代位弁済者の保護を重視したものであるならば，債権者に課される担保保存義務は弁済者代位制度の基盤を形成・維持する重要な機能を有するとみうる。つまり，債権者が担保を喪失・減少させるときには，原担保を代位弁済者に法定移転させられなくなる可能性が生じるため，弁済者代位制度の意義の大半が失われることになるのである。これに加えて，弁済者代位では，保証人や物上保証人などの二次的責任負担者間での利害調整（責任分担）を法が予定している（民法 501 条）(54)。この場合に，債権者が自由に担保を喪失・減少させられるのであれば，二次的責任負担者間のバランスを崩すだけでなく，場合によっては二次的責任負担者の員数減によって責任分担機能を基盤から喪失させることになりかねない。以上から，民法 504 条による担保保存義務には，代位権者の有する代位の期待保護という目的があるだけでなく，弁済者代位制度の基盤維持機能も認められ，それに故意・過失によって違反した債権者に対して制裁を加えるという目的をも併せ有するとみうる。その際に，統一化された日本の弁済者代位制度における二次的責任負担者間の利害調整という機能面に着目するときには，保証人の保護のみを強調することは妥当ではなく，同義務規定は基本的には代位権者全般を対象とする規律と考えるべきである(55)。このような意義と機能に鑑みるときには，債権者の担保保存義務は求償権と弁済者代位制度内で重視されるべき規律といえる。

　もっとも，既述の通り，銀行の有する担保の差換え・解除の必要性をもって，担保保存義務自体に対する実務上の不都合性が強調されている。このような同義務への消極的な評価を前提にして，そのような不都合性を回避するために免

---

(54)　改正 501 条 3 項は改正前民法 501 条後段の枠組みを基本的に維持している。

(55)　もとより代位権者の属性による類型的考察を否定するものではない。

843

37 担保保存義務と免除特約〔渡邊 力〕

除特約の有効性を強調する見解も有力である。たしかに，民法504条を任意法規とみたうえ，担保保存義務の趣旨につき代位権者の期待保護の視点を強調するならば，その期待を有する代位権者が自ら利益を放棄する以上は，このような特約も有効とみる余地が生じよう。しかしながら，上述の通り，同義務には弁済者代位制度の基盤を維持するという機能から債権者に制裁を課すという側面があることに鑑みるときには，免除特約の有効性を当事者意思にのみ過度に依拠することは望ましくない。そのため，実務的な要請をもって弁済者代位制度の根幹にかかわる担保保存義務自体の意義を消極的かつ限定的に解釈すべきではないし，また当事者合意に基づく免除特約にも一定の制限が必要と考える。

(3) 免除特約に対する制限の根拠と基準

それでは，上記の視点を踏まえつつ，特約制限の根拠および基準についてはどのように考えるべきであろうか。この問題を解決するためには，公序良俗違反と信義則・権利濫用を根拠とした二段階の判定基準を用いることが妥当ではないかと考える。

そもそも，金融取引実務の要請を考慮すれば，担保保存義務の免除特約の必要性も理解できるところである。しかし，そのために債権者が代位権者の利益を事前に一律に奪うことは自己の利益および都合を過度に追求する行為とみうるため，一方的に不利益を被る代位権者の真摯な承諾がない限り，公序良俗の視点から社会的に妥当な合意とはいいがたい。そこで，第一次的に，免除特約の締結時点を基準時として，いわゆる現代的暴利行為[56]への該当性を判定すべきである。つまり，前述の通り，特約当事者間に弁済者代位制度の基盤を揺るがす構造面での客観的な不均衡が存在するため（客観的要素の充足性），一方的に不利益を被る代位権者の真摯な承諾がなければ（主観的要素の充足性），両者の相関関係から当該免除特約も公序良俗違反で無効と判断すべきである。そのため，債権者としては，特約締結時に代位権者に対して将来発生しうるリスクを明確に説明し，そのうえで真摯な承諾を得ることによって主観的要素の充足性を排除しておく必要がある。これは構造上の不均衡に起因する問題であるため，代位権者が事業者であっても妥当しよう。そして，もし当該免除特約が無

---

(56) 詳細に踏み込む余裕はない。たとえば大村敦志『もうひとつの基本民法 I』（有斐閣，2005年）15-25頁，山本敬三『民法講義 I 総則〔第3版〕』（有斐閣，2011年）275-276頁ほか参照。

効と判断されれば，債権者は民法 504 条による故意・過失を要件とする（厳格な）担保保存義務を負うことになる。他方で，かりに免除特約が有効に締結されたとしても，第二次的に，債権者による担保喪失・減少行為時点を基準時として当該行為の信義則違反または権利濫用への該当性を判定すべきである。この第二次判定に際しては，すでに有効性が担保された免除特約に基づく行為であるため，そこでの判定基準は緩やかなものでよく，債権者の行為に故意・重過失があるなど取引上の社会通念に照らして特段の事情がなければ債権者は担保保存義務から免責されると考える[57]。

　以上の二段階の判定を通して，債権者と代位権者の保護のバランスのとれた基準を提示できる。

3　民法(債権関係)改正法の影響

　最後に，民法 504 条に関する民法（債権関係）改正の内容と従来の解釈論への影響に触れておく。

　改正 504 条 1 項は，従来の民法 504 条の規定内容を基本的に維持しつつ，これに追加する形で，同条によって責任を減免された代位権者が有していた担保財産を譲り受けた第三取得者も，同条による責任減免の効果を主張できることを明示した。これは，抵当不動産が問題となる場面で同旨の判断を示した判例（最判平成 3 年 9 月 3 日民集 45 巻 7 号 1121 頁）を踏まえつつ，それを超えて物上保証人から担保財産を譲り受けた第三取得者にまで一般化して規定するものである[58]。他方で，改正 504 条 2 項が追加され，担保保存義務違反を理由とする責任の減免に関するルールが妥当しない場合が明文化された。すなわち，債権者が担保を喪失・減少させたことについて取引上の社会通念に照らして合理的な理由があると認められるときは，代位権者は責任減免の効果を主張できないと規定するものである。ただし，これは改正前民法 504 条の解釈として，債権者の過失の中に取り込んでいた障害要件を明示したものとされ，これによって何らかの変更が企図されているわけではないとされる[59]。

　このように，債権者の担保保存義務に関する従来の解釈論が改正後も基本的

---

[57]　前記判例の基準が基本的に参考となる。

[58]　潮見・前掲注(1)『民法（債権関係）改正法案の概要』174 頁。

[59]　潮見・前掲注(1)『民法（債権関係）改正法案の概要』174 頁。

に維持され，同義務の免除特約もこれまで通り解釈論にゆだねられる。そのため，本稿で扱った問題は今後も議論されるべき重要テーマである。

V　結びに代えて

　本稿では，担保保存義務と免除特約に関して，従来の判例と学説の分析を通して，求償権と弁済者代位制度の枠組みを踏まえつつ，同義務の制度趣旨を明らかにしたうえで，それとの関連で免除特約の効力と制限根拠・基準について具体的に考察を加えた。その結果，同義務には代位権者の代位への期待保護のみならず，弁済者代位制度の基盤維持機能から生じる債権者への制裁という両側面があることを確認した。そのうえで，とりわけ後者の側面から民法504条による担保保存義務自体の意義を再認識すべきことに加えて，同義務の免除特約にも基準の異なる二段階の制限を加えるべきことを指摘した。その二段階の制限基準とは，第一次的な特約締結時における公序良俗違反性の事前判定と，その特約の有効性を前提とした，第二次的な債権者の担保喪失・減少行為時における信義則違反・権利濫用による基準の軽減された行為時判定である。この第一次判定をもって当該免除特約に対する代位権者の真摯な承諾に基づく有効性が担保されると同時に，第二次判定をもって債権者の担保喪失・減少行為の妥当性が担保される。

　以上を要するに，弁済者代位制度において債権者の担保喪失・減少などによって構造的に不利益を被る代位権者が，銀行など債権者からの情報提供と誠実な説明を受けて，自己に生じうる不利益を正確に理解したうえでなお真摯な承諾を行うのであれば，そのような免除特約は社会的に妥当性を有するとみうる。そうであれば，その後に個別の承諾を得ずとも，債権者による担保喪失・減少行為は基本的に認められるべきであろう。ただし，取引上の社会通念に著しく反する行為は私的自治の範疇を超えるため，信義誠実違反・権利濫用によって例外的に制限されるべきである。ここでの問題の本質をあえて単純化していえば，金融実務において銀行などの債権者が，免除特約への承諾拒否を恐れて，または必要な手間を惜しんで，保証人などの代位権者に対してリスクに関する十分な情報提供と説明を行ってこなかった点にあるといえよう。

　最後に，本稿では本論各所で触れたように種々の問題が積み残された。とり

V　結びに代えて

わけ，民法 504 条の保護対象および要件・効果について検討を深めなければならない。他方で，今後の裁判例の集積を待ちつつ，代位権者の属性および個別の担保喪失・減少行為に応じた具体的な判定基準の構築を模索してゆきたい。

加藤雅信先生古稀記念
21世紀民事法学の挑戦　上巻

2018（平成30）年3月30日　第1版第1刷発行

編　集　加藤新太郎・太田勝造
　　　　大塚　直・田髙寛貴 編
発行者　今井 貴 今井 守
発行所　株式会社 信 山 社
〒113-0033　東京都文京区本郷6-2-9-102
Tel 03-3818-1019　Fax 03-3818-0344
info@shinzansha.co.jp
出版契約 2018-8074-6-01010 Printed in Japan

ⓒ 編著者, 2018　印刷・製本／亜細亜印刷・牧製本
ISBN978-4-7972-8074-6 C3332　分類323.340
8074-01011：012-045-015《禁無断複写》. p. 884

JCOPY 〈(社)出版者著作権管理機構　委託出版物〉
本書の無断複写は著作権法上での例外を除き禁じられています。複写される場合は、
そのつど事前に、(社)出版者著作権管理機構（電話 03-3513-6969, FAX 03-3513-6979,
e-mail:info@jcopy.or.jp）の許諾を得てください。

◆ 学術世界の未来を拓く研究雑誌 ◆

民法研究 第2集　大村敦志 責任編集

民法研究　広中俊雄 責任編集

法と社会研究　太田勝造・佐藤岩夫 責任編集

環境法研究　大塚 直 責任編集

消費者法研究　河上正二 責任編集

憲法研究　辻村みよ子 責任編集
〔編集委員〕山元一／只野雅人／愛敬浩二／毛利透

行政法研究　宇賀克也 責任編集

社会保障法研究　岩村正彦・菊池馨実 責任編集

医事法研究　甲斐克則 責任編集　（近刊）

法と哲学　井上達夫 責任編集

国際法研究　岩沢雄司・中谷和弘 責任編集

ジェンダー法研究　浅倉むつ子 責任編集

EU法研究　中西優美子 責任編集

法と経営研究　加賀山茂・金城亜紀 責任編集

信山社

◇ 加藤雅信著作集 ◇

第1巻　所有論

第2巻　契約論

第3巻　不当利得論 (既刊)

第4巻　不法行為論

第5巻　製造物責任論

第6巻　失火責任論

第7巻　日本国憲法論・日本人の法意識

第8巻　東洋人・西洋人の法意識・中国法

第9巻　債権法改正史・私論　上巻

第10巻　債権法改正史・私論　下巻

第11巻　ある法学者の世界周遊記

第12巻　或る法学者の生涯

第13巻　民法総論・立法学

第14巻　民法総則

第15巻　物権法

第16巻　債権総論

第17巻　契約法

第18巻　事務管理・不当利得

第19巻　不法行為法

第20巻　不法行為法各論－環境法・製造物責任・水害・予防接種禍

第21巻　家族法

第22巻　民法学から法律学へ－商法・民事訴訟法・知財法・行政法・諸法

第23巻　Law and Society

（以下、続刊）

＊本著作集は、第1巻から第10巻までにモノグラフィーないし同一テーマからなる巻を収録し、2巻の随想集を挟んで、第13巻以降をいわゆる論文集とした。なお、第13巻以降は「仮の構成」であり、出版時に変更される可能性がある。また、第24巻以降は60歳代以降に執筆した論稿を中心に収録する予定である。

信山社

日本民法典改正案 I 第一編 総則 民法改正研究会 編（代表：加藤雅信）

迫りつつある債権法改正 加藤雅信

民法改正と世界の民法典 民法改正研究会（代表：加藤雅信）

韓国家族法 青木 清

消費者保護と私法理論 宮下修一

フランス民法 大村敦志

民事紛争解決手続論 太田勝造

民商法の課題と展望 大塚龍児先生古稀記念
　大塚龍児先生古稀記念刊行委員会 編

現代日本の法過程 宮澤節生先生古稀記念
　上石圭一・大塚浩・武蔵勝宏・平山真理 編

民法学の羅針盤 吉田邦彦 編

東アジア民法学と災害・居住・民族補償
　（民法理論研究）　吉田邦彦

不当利得法 藤原正則

時効理論展開の軌跡 金山直樹

製造物責任の理論と法解釈 平野裕之

市民法の新たな挑戦 加賀山茂先生還暦記念
　松浦好治・松川正毅・千葉恵美子 編

現代民法担保法 加賀山茂

相殺の担保的機能 深川裕佳

現代民事法の課題 新美育文先生還暦記念
　平野裕之・長坂純・有賀恵美子 編

和解は未来を創る 草野芳郎先生古稀記念
　豊田愛祥・太田勝造・林圭介・斎藤輝夫 編

民事裁判心理学序説 菅原郁夫

国際私法年報 国際私法学会 編

民法典編纂の新方針 日本民法典資料集成 I 広中俊雄 編著

信山社